Stefan Loose Travel Handbücher

W0075185

Wir danken dem Team der Rough Guides
in London und allen, die uns mit Informationen
versorgt und geholfen haben.

Wir freuen uns über Ergänzungen und
Korrekturen, die uns helfen, dieses Buch zu
verbessern und aktuell zu halten, am besten per
E-Mail. Neue Adressen möglichst in einen Plan
einzeichnen. Auch Anregungen, Lob und Kritik
sind willkommen.
Besonders hilfreiche Leserbriefe belohnen wir
mit einem Freiexemplar aus unserem Verlags-
programm.

Zuschriften bitte an:
Stefan Loose Travel Handbücher
Zossener Str. 52/2, 10961 Berlin
✉ info@stefan-loose.de

Stefan Loose Travel Handbuch

Indien
Der Süden

3., vollständig überarbeitete Auflage

**David Abram, Devdan Sen,
Nick Edwards, Mike Ford und Beth Wooldridge**

Aktuelle Reisetipps auf 656 Seiten!

Indien Der Süden
Stefan Loose Travel Handbücher
3., vollständig überarbeitete Auflage **April 2006**
© DuMont Reiseverlag, Ostfildern

Das Buch basiert auf der englischsprachigen
Originalausgabe **India** von David Abram u. a.,
ISBN 1843535017, © Rough Guides Ltd.,
80 Strand, London, WC2R ORL, UK

Gesamtredaktion und -herstellung:
Bintang Buchservice GmbH
Zossener Str. 55/2, 10961 Berlin
www.bintang-berlin.de

Übersetzung: Günter Feigel, Silvia Mayer, Werner Mlyneck, Anke
Munderloh und Jessika Zollickhofer
Fotos: s. Bildnachweis S. 12
Karten: Anja Linda Dicke, © Rough Guides
Lektorat: Silvia Mayer, Werner Mlyneck und Jessika Zollickhofer
Layout und Herstellung: Britta Dieterle
Farbseitengestaltung: Matthias Grimm
Umschlaggestaltung: Gritta Deutschmann

Printed in China

ISBN 978-3-7701-6105-8
ISBN 3-7701-6105-X

Inhalt

Wissenswertes im Kasten

Gateway of India, Mumbai

Sightseeing in Mumbai

Ein Hauch von duftendem Kardamom ...

Die Grenzen Südindiens sind zwar nicht festgelegt, unbestritten ist aber, dass die spitz zulaufende tropische Hälfte der riesigen Halbinsel sich deutlich vom landumschlossenen Norden unterscheidet. Wird man nach einem Winterflug vom nebligen Delhi in die Treibhaushitze von Chennai (Madras) oder Thiruvananthapuram (Trivandrum) entlassen, eröffnet sich eine Welt, die von den gedämpften Farben des Punjab und der großen indischen Flusstäler weit entfernt ist. Im Süden scheinen die Palmenhaine grüner und die Reisfelder leuchten geradezu, die Gesichter sind brauner und die darauf gemalten Kastenzeichen außergewöhnlich rot. Die schweren Regenfälle der Region lassen auf den sonnengebleichten vulkanischen Böden außer in den heißesten Monaten das ganze Jahr über üppige Weizenfelder und Palmenplantagen gedeihen. Die Farben Südindiens – von Seidensaris, schimmernden Tanzkostümen, politischen Werbeplakaten am Straßenrand und Jasminblüten – strahlen mit der Sonne um die Wette.

Die drei größten Flüsse Südindiens – der Godavari, der Krishna und der Kaveri – und ihre unzähligen Nebenflüsse fließen über eine flache, fruchtbare Schwemmlandebene, die seit frühester Zeit bewohnt war. Von den prähistorischen Industalkulturen des Nordwestens durch kahle Hügelketten getrennt, haben sich die frühesten südindischen Gesellschaften vermutlich unabhängig von ihren nördlichen Nachbarn entwickelt. Zeitweilige Invasionen – von marodierenden Muslimen bis zu das Evangelium verkündenden, nach Pfeffer hungernden Portugiesen und den erfolglosen Franzosen – hinterließen ihre Spuren in dem Gebiet, das in einigen der ältesten Inschriften Indiens „Dravidadesa", „Land der Draviden", genannt wird. Jedoch hat niemand, nicht einmal die rücksichtslos effizienten Briten, den Süden jemals vollständig unterwerfen

können. So haben hier Traditionen, Sprachen und Lebensweisen seit mehr als 2000 Jahren überlebt – eine Tatsache, die der Reise in die Region eine einzigartige Note verleiht.

Das Fortbestehen einer eigenen dravidischen Kultur erklärt zum Teil den Regionalismus, der das politische und kulturelle Leben des Südens seit der Unabhängigkeit 1947 zunehmend beherrscht. Mit Ausnahme der ehemaligen portugiesischen Kolonie Goa und der Andamanen und Nikobaren wurden die Grenzen der in diesem Buch behandelten Bundesstaaten – Karnataka, Kerala, Tamil Nadu und Andhra Pradesh – nach Sprachregionen gezogen. Jeder Staat weist eigene Musik-, Tanz-, Architekturstile und Küchen auf, von den religiösen Bräuchen und der Kleidung ganz zu schweigen. Versuche von New Delhi, das Land durch die allgemeine Einführung des Hindi, der am weitesten verbreiteten Sprache des Nordens, als Regierungs- und Bildungssprache zu einen, sind stets auf Widerstand gestoßen und haben den Regionalparteien, deren Anführer allerorts von riesigen Reklametafeln strahlen, regen Zulauf beschert.

Noch stärker als der Einfluss der Politik ist in Südindien aber die Macht der Religion. Sie durchdringt – der säkularen Verfassung des Landes zum Trotz – immer noch jeden Aspekt des Lebens. Die vorherrschende Religion ist der Hinduismus, der von etwa 80% der Bevölkerung praktiziert wird. Wenn die heiligen Gipfel des Himalaya den Kopf des Hinduismus darstellen und der Ganges seine Hauptschlagader, dann sind die Tempelkomplexe des Südens sein spirituelles Herz und seine Seele. Ihre jede Skyline überragenden, riesigen Türme sind ein Ausdruck der Ehrfurcht, die den in ihnen aufbewahrten Gottheiten über die Jahrhunderte hinweg entgegengebracht wurde. Einige, wie der Subramanya-Tempel in Tiruchendur in Tamil Nadu, gelten als so alt wie die menschliche Sprache selbst; andere, wie der Waldtempel von Sabarimala in Kerala sind weniger alt, ziehen aber mehr Pilger an als Mekka. In den Augen der meisten ausländischen Besucher am faszinierendsten sind jedoch die enormen Chola-Heiligtümer von Tamil Nadu. Schließt man sich den Menschenströmen an, die Madurais Meenakshi-Sundareshwar-Tempel oder den Shri Ramalingeshwara in Rameshwaram besuchen, gelangt man zu den Ursprüngen der letzten überlebenden klassischen Kultur der Welt, deren Hymnen, Gebete und Riten teilweise älter sind als die ägyptischen Pyramiden.

Im Vergleich dazu ist der Islam, unter den Religionen Südindiens an zweiter Stelle, ein sehr junger Glaube, der zuerst im 12. Jh. von arabischen Händlern an der Küste eingeführt wurde. Später bauten Seitenlinien der islamischen Dynastien, die den Norden regierten, über den Godavari hinaus feudale Königreiche auf und breiteten so die islamische Kultur über den mittleren Dekkan aus. Zu weiteren Bestandteilen des großen südindischen Schmelztiegels gehören etwa ein Dutzend christliche Konfessionen sowie Jains, Anhänger des Propheten Mahavira, eines Zeitgenossen Buddhas, und eine verschwindend geringe Zahl von Juden.

Ungeachtet vereinzelter Kastenunruhen der vergangenen Jahre bleibt Südindien eines der entspanntesten, angenehmsten und am problemlosesten zu bereisenden Reiseziele Asiens. Abgesehen von den abgeschiedensten Gegenden gibt es überall jede Menge Unterkünfte, die sauber und für westliche Maßstäbe billig sind. Frisch zubereitetes, nahrhaftes Essen – vor allem leckerer Fisch – ist fast immer erhältlich. In der Regel klappt es mit dem Transport, auch wenn die bloße Größe und die geografischen Hürden des Südens lange Fahrzeiten bedeuten können. Das ausgedehnte Schienennetz der Region ist ein Wunderwerk, das zu jeder Tages- und Nachtzeit unzählige Menschen befördert. Und sollte kein Zug in den gewünschten Ort fahren, wird wahrscheinlich ein Bus ans Ziel führen. Zudem erleichtert die weite Verbreitung des Englischen die Verständigung. Südinder sind die gesprächigsten und neugierigsten Mitreisenden, weshalb jede Zugfahrt stets durch Gespräche verkürzt wird, die unweigerlich mit „Coming from?" oder „Your native place?" beginnen.

Wie sehr man eine Reise durch Südindien genießt, wird wahrscheinlich weniger davon abhängen, ob man Glück mit Hotels, Restaurants und Transportmitteln hat, als vielmehr von der eigenen Reaktion auf das Land selbst. Viele erwarten eine Art exotische Reise in die Vergangenheit und sind dann überrascht, eine Konsumkultur anzutreffen, die ebenso materialistisch ist wie anderswo. Der legendären südindischen Fähigkeit, neue Ideen zu assimilieren, ist es jedoch zu verdanken, dass Tradition und Moderne hier Seite an Seite gedeihen. Bei einem Spaziergang durch die Innenstadt von Bangalore kann es passieren, dass man in einem Moment einen Computerprogrammierer streift und im nächsten einen in Safrangelb gehüllten Asketen, während Ochsenkarren und streunendes Vieh sich unter japanische Kleinwagen mischen. Es gibt natürlich den üblichen Reisestress: unendliche Warteschlangen, überfüllte Busse und wenig Privatsphäre. Aber gerade, wenn man einem Nervenzusammenbruch nahe ist, wartet Südindien mit etwas auf, das die Mühe lohnt: dem Anblick eines wilden Elefanten aus einem Zugfenster, einem üppigen vegetarischen Essen, liebevoll auf einem frischen Bananenblatt angerichtet, oder einem Hauch von duftendem Kardamom im Tee nach einer die ganze Nacht dauernden Kathakali-Aufführung.

Bildnachweis

Umschlag
vorn: picture-alliance / KPA/Hackenberg
innen: Siegfried Reetz

S/w-Fotos:
Hans-Joachim Aubert: S. 365.
Indisches Fremdenverkehrsamt: S. 587.
Renate Loose: 3, 612.
Andreas Pröve: S. 9 (2), 13, 41, 149, 187, 294, 433, 438, 465, 493 (2), 552.
Siegfried Reetz: 79, 370, 446 (2).
Birgit Sutarna: S. 226.

Farbseiten
1. Farbbogen, Seite 1: Andreas Pröve; Seite 2–3(4): Siegfried Reetz; Seite 6–7 (9): Andreas Pröve;
Seite 8: Siegfried Reetz.
2. Farbbogen, Seiten 1–8 (14): Andreas Pröve.
3. Farbbogen, Seiten 1–2 (3): Andreas Pröve;
Seite 3: oben Siegfried Reetz, unten: Indisches Fremdenverkehrsamt; Seite 5–6 (5): Andreas Pröve; Seite 7: oben Andreas Pröve, unten (2): Siegfried Reetz; Seite 8: Siegfried Reetz.
4. Farbbogen, Seite 1: Siegfried Reetz, Seite 4–5 (8): Andreas Pröve; Seite 6 oben: Siegfried Reetz, unten: Indisches Fremdenverkehrsamt; Seite 7 (2): Indisches Fremdenverkehrsamt; Seite 8: Siegfried Reetz.

Abkürzungen der Bundesstaaten

Ad	.......Andamanen		Ma	.......Maharashtra
AP	.......Andhra Pradesh		Mu	......Mumbai
Goa	.......Goa		Or	........Orissa
Kar	......Karnataka		TN	........Tamil Nadu
Ker	.......Kerala			

REISEVORBEREITUNG

Ein- und Ausreise

Visa

Deutsche, Schweizer und Österreicher benötigen für die Einreise nach Indien ein Visum. Wer geschäftlich oder zu Studienzwecken nach Indien fährt, muss ein Geschäfts- bzw. Studentenvisum beantragen, ansonsten genügt ein **Touristenvisum**. Letzteres ist ab Ausstellungsdatum (*nicht ab Abfahrts- oder Einreisetag*) **6 Monate gültig**, berechtigt zur mehrfachen Einreise, ist nicht verlängerbar und kostet derzeit 50 Euro bzw. 75 sFr.

Visa stellen die indischen Vertretungen (Adressen s. u.) aus. Man reicht zwei farbige Passfotos, den noch mindestens 6 Monate gültigen Reisepass und das Antragsformular ein, das man per Post oder direkt bei der Botschaft erhält. Es ist auch möglich, es sich von der **Website der indischen Botschaft**, 🖥 www.indianembassy.de bzw. www.indischebot schaft.de herunterzuladen. Wer das Visum per Post beantragt, muss auch den Original-Beleg über die Zahlung der Visagebühr (per Postanweisung oder Banküberweisung) beifügen. Das Visum wird in der Regel recht zügig ausgestellt. Botschaften in den Nachbarländern Indiens lassen einen hingegen oft lange warten und verlangen Empfehlungsschreiben von der Botschaft des Antragstellers (kostenpflichtig) oder erheben eine zusätzliche Gebühr für die Übersendung des Visum-Antrags nach Delhi. Touristenvisa sind auf dem Postweg erhältlich. Man sollte sich vergewissern, dass das Visum die Unterschrift eines Botschaftsangehörigen trägt, sonst kann es passieren, dass man nicht ins Land gelassen wird.

Achtung: Indische Feiertage!

Wer ein Visum für Indien beantragt, sollte beachten, dass die diplomatischen Vertretungen im Ausland (High Commissions, Botschaften und Konsulate) an indischen Feiertagen geschlossen sein können. Es empfiehlt sich daher, sich vorab telefonisch oder per Internet über die Öffnungszeiten zu informieren.

Visa-Verlängerungen sind in Indien nicht mehr möglich, obwohl in bestimmten Fällen manchmal eine Ausnahme gemacht wird. Die meisten Leute, deren 6-monatiges Touristenvisum

ausläuft, fahren nach Bangkok oder in die Hauptstadt eines Nachbarstaates, z. B. Colombo in Sri Lanka, um dort ein neues zu beantragen. Allerdings ist das ein etwas riskantes Unternehmen, denn manchen Touristen wurde ohne ersichtlichen Grund die erneute Einreise verweigert. Man sollte sich möglichst bei anderen Touristen nach der aktuellen Lage erkundigen und unbedingt einige Zeit vor Ablauf des Visums ins Nachbarland reisen, damit man notfalls mit dem alten Visum wieder einreisen und den Rückflug nach Hause antreten kann, falls der Antrag abgelehnt wird.

Wer das Land erst nach mehr als 180 Tagen verlässt, muss eine Bescheinigung über eine Steuerbefreiung (*tax clearance certificate*) besorgen, die es in der Ausländerabteilung der Steuerbehörde (*income tax department*) in jeder größeren Stadt gibt. Sie ist kostenlos, aber man sollte Bankbelege vorlegen, die beweisen, dass man legal Geld gewechselt hat. Diese Bescheinigung wird zwar selten verlangt, aber man kann nie wissen.

Indische Botschaften und Konsulate im Ausland

Deutschland Botschaft: Tiergartenstr. 17, 10785 Berlin, ☎ 030/25 79 50, 📠 2579 5102, ✉ info@indianembassy.de, 🖥 www.indischebotschaft.de. Generalkonsulat: Raboisen 6, 20095 Hamburg, ☎ 040-33 80 36, 📠 32 37 57. Generalkonsulat: Friedrich Ebert Anlage 26, 60325 Frankfurt, ☎ 069-153 00 50, 📠 55 41 25, 🖥 www.cgifrankfurt.de. Generalkonsulat: Widenmayer Str. 15, 80538 München, ☎ 089/2102390. **Österreich** Opernring 1, Stiege E, 4. Stock, 1010 Wien, ☎ 01/505 8666-69. **Schweiz** *Indische Botschaft,* Kirchenfeldstr. 28, 3005 Bern, ☎ 031/351 111-0, ✉ info@indembassybern.ch, 🖥 www.indembassybern.ch. **Sri Lanka** High Commission: 36-38 Galle Rd, Colombo 3, ☎ 01/242 1605, 🖥 www.indiahcsl. org. Konsulat: 31 Rajapihilla Mawatha, PO Box 47, Kandy, ☎ 08/224563. **Thailand** Botschaft: 46 Soi 23 (Prasarn Mitr), Sukhumvit Rd, Bangkok 10110, ☎ 02/258 03 00, ✉ indiaemb@mozart.inet.co.th.

Konsulat: 113 Bumruangrat Rd, Chiang Mai 50000, ✆ 053/24 30 66.
Vietnam Botschaft: 58–60 Tran, Hung Dao, Hanoi, ✆ 04/824 4989, ✉ india@netnam.org.
Generalkonsulat: 49 Tran Quoc Thao St, 3rd District, Ho Chi Minh City, ✆ 08/231539.

Diplomatische Vertretungen in Indien

Deutschland Deutsche Botschaft, 6/50-G Shanti Path, Chanakyapuri, New Delhi 11 00 21, ✆ 011/ 2687 1831-37, ✉ info@new-delhi.diplo.de, 🖥 www.germanembassy-india.org.
Deutsches Generalkonsulat, Hoechst House, 10th floor, Nariman Point, 193 Backbay Reclamation, Mumbai 400 021, ✆ 022/2283 2422, ✉ info@mumbai.diplo.de, 🖥 www.germanconsulatemumbai.org.
Deutsches Generalkonsulat, 49 Ethiraj Rd, MICO Building, Chennai 600 105, ✆ 044/2821 0810, ✉ germanychennai@eth.net.
Österreich Österreichische Botschaft, EP-13, Chandra Gupta Marg, Chanakyapuri, New Delhi 110 021, ✆ 011/2688 9050, ✉ new-delhi-ob@bmaa.gv.at.
Österreichisches Generalkonsulat, 26 Maker Chambers VI, Nariman Point, Mumbai 400021, ✆ 022/2287 4758.
Österreichisches Konsulat (ohne Passbefugnis), Salgaocar House, Dr. F. Louis Gomes Rd, Vasco da Gama, Goa, ✆ 0832/2513816, ✉ auscom@sancharnet.in.
Österreichisches Konsulat (ohne Passbefugnis), c/o Kothari Buildings, 115 Mahatma Gandhi Salai, Chennai, ✆ 044/2833 4513.
Schweiz Schweizer Botschaft, Nyaya Marg, Chanakyapuri, New Delhi 110 021, ✆ 011/2687 8372, 678 9132, ✆ 687 3093, ✉ vertretung@ndh.rep.admin.ch.
Generalkonsulat, 102 Maker Chambers IV, 10th Floor, 222 Jamnalal Bajaj Marg, Nariman Point, Mumbai 400 021, ✆ 022/2288 4563 bis 5, ✉ vertretung@mum.rep.admin.ch.

Zollbestimmungen

Jede Person über 17 Jahren darf 1 US Quart (0,95 l – aber niemand wird wegen 5 ml mehr Probleme bekommen) Spirituosen oder eine Flasche Wein plus 250 ml Spirituosen einführen; außerdem 200 Ziga-retten oder 50 Zigarren oder 250 g Tabak. Eventuell wird man aufgefordert, alle Wertsachen in das Formular *Tourist Baggage Re-export Form* einzutragen, damit man sie ohne Schwierigkeiten wieder mit nach Hause nehmen kann, und die Devisenerklärung auszufüllen, sofern man über US$10 000 oder die entsprechende Summe in einer anderen Währung einführt.

Informationen

Fremdenverkehrsämter

Die indische Regierung unterhält eine Reihe von Fremdenverkehrsämtern im Ausland, die zahlreiche Broschüren bereithalten.

In Indien betreiben sowohl Landes- als auch Kommunalregierungen **Touristeninformationen**, die allgemeine Reisehinweise geben und eine Vielzahl an Informationsmaterial vorrätig haben, von Stadtplänen bis zu Hochglanzbroschüren über spezielle Reiseziele. Das indische Ministerium für Tourismus, dessen Hauptbüros sich in New Delhi, 88 Janpath, und in Mumbai gegenüber dem Bahnhof Churchgate befinden, unterhält in den meisten regionalen Hauptstädten eigene Informationsbüros, neuerdings **Indiatourism** genannt, der alte Name **Government of India Tourist Offices** dürfte aber noch längere Zeit gebräuchlich sein. Diese operieren jedoch unabhängig von den bundesstaatlichen Informationsschaltern, den **State Tourism Development Corporations**, die im Allgemeinen unter ihren Initialen (z. B. in Kerala KTDC) bekannt sind und eine große Bandbreite an Reiseserviceleistungen anbieten, darunter geführte Touren, Autovermietung und eigene Hotels (die in diesem Buch mit der jeweiligen Abkürzung gekennzeichnet sind). Internet-Adressen der staatlichen indischen Tourismusbehörden s. S. 16.

Für zusätzliche Verwirrung sorgt, dass die Tourismusbehörde der indischen Regierung ein eigenes Unternehmen gegründet hat. Die *ITDC (India Tourism Development Corporation)* ist verantwortlich für die *Ashok*-Hotelkette und bietet einen Tour- und Reiseservice, der nicht selten mit den der entsprechenden bundesstaatlichen Stellen konkurriert.

Indiatourism im Ausland

Deutschland: Baselerstr. 48, 60329 Frankfurt/M., ℡ 069-242 94 90, ℻ 24 29 49 77, ✉ info@india-tourism.com, 🖳 www.india-tourism.com.
Niederlande: Rokin 9–15, 1022 KK, Amsterdam, 🖳 www.indiatourismamsterdam.com, ℡ 020-620 8991.

Internet-Adressen der staatlichen indischen Tourismusbehörden im Süden

Nicht aufgeführte Bundesstaaten haben keine eigene Website.
Andhra Pradesh: 🖳 www.aptourism.com
Goa: 🖳 www.goatourism.org
Karnataka: 🖳 www.kstdc.nic.in
Kerala: 🖳 www.keralatourism.org
Lakshadweep: 🖳 www.lakshadweeptourism.com
Maharashtra: 🖳 www.maharashtratourism.gov.in
Orissa: 🖳 www.orissatourism.com
Pondicherry: 🖳 www.tourisminpondicherry.com
Tamil Nadu: 🖳 www.tamilnadutourism.org

Indien im Internet

Das Internet ist in Indien weiter verbreitet als in den meisten anderen Ländern der Welt. Es gibt mehrere ausgezeichnete Indien-spezifische Websites und Portale zu zahlreichen Themen. Die nachstehende Auswahl ist mehr genereller Natur und für „Einsteiger" gedacht; weitere, speziellere Websites finden sich in den Regionalkapiteln.

Allgemein

🖳 www.britannicaindia.com
Äußerst interessante Allgemeininfos zu Indien.

🖳 www.indiamike.com
Beliebtes Reiseforum, das der indophile Mike Szewczyk aus seinem Wohnzimmer in New Jersey organisiert. Lebhafte Chat Rooms, Bulletin Boards, Fotoarchive, Reiseberichte von Mitgliedern und täglich aktualisierte News.

🖳 www.travelintelligence.net/wsd/articles/artbyplce_143.html
Riesiges Angebot in Top-Qualität, darunter inspirierende Reiseberichte von Indien-Experten wie William Dalrymple, Sue Carpenter und Justine Hardy.

Nachrichten und Medien

🖳 www.guardian.co.uk/india
Qualitativ hochwertige Nachrichten und Artikel über Indien enthält der Abschnitt „Special Report" auf den preisgekrönten Internet-Seiten des *Guardian*, dazu Links zu archivierten Indien-Beiträgen und ein ausgezeichnetes Dossier über Kashmir. Der Zugang ist kostenfrei.

🖳 www.http://in.news.yahoo.com
Indien-spezifische Nachrichten von Yahoo.

🖳 www.samachar.com
Eine der besten Nachrichten-Gateways mit Links zu den wichtigsten indischen Zeitungen.

🖳 www.tehelka.com
Das alternative Nachrichtenmagazin ist berühmt-berüchtigt für die Aufdeckung von Korruptionsskandalen in der Regierung.

🖳 www.timesofindia.indiatimes.com;
🖳 www.hinduonline.com;
🖳 www.hindustantimes.com;
🖳 www.deccanherald.com
Die Websites führender indischer Tageszeitungen bringen detaillierte Nachrichten zum nationalen Geschehen. Die Online-Version des *Deccan Herald* hat ein schnell ladendes Nur-Text-Format.

Religion

🖳 www.sacredsites.com
Der Indien-Abschnitt dieser Website beinhaltet wissenschaftliche Informationen über die heiligsten Stätten Indiens mit Abbildungen in hoher Qualität.

🖳 www.hinduweb.org
Erstaunlich umfangreicher Internet-Auftritt mit diversen Themen wie hinduistische Kunst, Geschichte, Religion und Philosophie. Links zu anderen Sites werden von Benutzern hinzugefügt.

🖳 www.hindulinks.org
Portal mit fast 30 000 Links zu hinduistischen Themen.

🖥 www.jainnet.com
Website zum Thema Jainismus mit präziser Einführung, religiösen Liedern und Karten.

Reiseinformationen

🖥 www.auswaertiges-amt.de;
🖥 www.bmaa.gv.at; 🖥 www.eda.admin.ch
Die Außenministerien Deutschlands, Österreichs und der Schweiz informieren über potenzielle Risikogebiete.

Tourismus

🖥 www.indien-aktuell.de (d)
Diese Website bietet aktuelle Tourismusinfos, z. B. zu Flugverbindungen, Festivals und Messen.

🖥 www.tourismofindia.com
Eine sehr nützliche Website, die eine große Bandbreite an Informationen liefert, darunter Stadtführer, Zug- und Flugpläne, Verzeichnisse von Hotels und Veranstaltungskalender.

🖥 www.india-tourism.com (d)
Die europäische Website des indischen Fremdenverkehrsamtes bietet ebenfalls umfassende Informationen (in mehreren Sprachen).

🖥 www.indev.org
Website des *India Development Information Network* für Informationen über indische Entwicklungsthemen: Diskussionen, Neuigkeiten über NGOs und nützliche Links.

Kultur

🖥 www.artindia.net
Portal für die darstellenden Künste in Indien.

🖥 www.themusicmagazine.com
„Elektronisches" Musikmagazin, deckt eine unglaubliche Bandbreite ab, von Bob Dylan bis zur *ghazal*-Musik.

🖥 www.carnaticmusic.com
Sehr gut organisierte Site zur klassischen karnatischen (südindischen) Musik.

🖥 www.planetbollywood.com
Bollywood-Portal zum Verschlingen von Hochglanzmaterial über die indische Filmszene.

🖥 www.sruti.com
Die Internet-Ausgabe einer renommierten Musik- und Tanzzeitschrift, die sich den indischen Kunstformen verschrieben hat.

🖥 www.stardustindia.com
Die erste Adresse für Klatsch und Tratsch aus Bollywood.

🖥 www.geocities.com/athens/acropolis/1863/kolam.html
Anleitung zum Zeichnen von *kollam*, den geometrischen Mustern aus Reispulver, mit denen Frauen Fußböden und Türschwellen dekorieren. Weitere Anregungen hierzu finden sich auf der Website
🖥 www.angelfire.com/cantina/visithra.

Landkarten und Stadtpläne

Im Land selbst gute Karten über Indien zu bekommen ist schwierig. Die Regierung verbietet den Verkauf detaillierter Karten von Grenzregionen, wozu die gesamte Küstenlinie und insbesondere die Grenzgebiete zu Tibet und Pakistan zählen. Streng genommen ist der Besitz einer solchen Landkarte verboten, weshalb man sie nicht in aller Öffentlichkeit zu Rate ziehen sollte. Man bekommt sie aber außerhalb Indiens.

Es ist sinnvoll, eine Übersichtskarte von zu Hause mitzubringen, z. B. die Karte *Indian Subcontinent* von *Bartholomew / Collins* im Maßstab 1 : 4 000 000, die farbig abgestufte Höhenlinien hat und eine zuverlässige Routenkarte für das ganze Land ist. *Hildebrand's Travel Map India, Nepal* im gleichen Maßstab ist ebenfalls gut.

In Zusammenarbeit mit dem *World Mapping Project* veröffentlichte der britische Reiseverlag *Rough Guides* vor kurzem eine Regionalkarte von Südindien im Maßstab von 1 : 1 200 000. Die übersichtlich gestaltete und auf reißfestem, wasserbeständigem Plastikpapier gedruckte Karte ist topaktuell und wurde von den Autoren dieses Buches in der Praxis getestet. *Nelles* deckt mit regionalen Karten im Maßstab 1 : 1 500 000 Teile des Landes ab. Diese Karten sind hervorragend, mit farbig abgestuften Höhenlinien, Entfernungsangaben und eingefügten Stadtplänen, und weisen sogar die kleinsten Orte aus. Sie können einzeln gekauft werden – das komplette Set kostet ein Vermögen. *Ttk,* eine

Firma mit Sitz in Chennai, publiziert einfache Karten zu den Bundesstaaten, die in Indien fast überall erhältlich sind. Sie sind schlecht gezeichnet, aber immerhin lassen sich aus ihnen die Entfernungen zwischen zwei Orten entnehmen.

Bei der Planung von Zugreisen ist die Karte von *Indian Railways* auf der Rückseite ihrer Broschüre *Trains at a Glance* (s. S. 51) hilfreich.

Wer Stadtpläne in einem größeren Maßstab als jenem, den die Pläne in diesem Buch haben – die darauf angelegt sind, empfohlene Restaurants und Hotels leicht auffindbar zu machen – benötigt, bekommt sie manchmal von den Tourist Offices. Sowohl *Ttk* als auch das offizielle indische Landesvermessungsamt *Survey of India*, Janpath Barracks A, New Delhi 110 001, ✆ 011/2332 2288, haben Stadtpläne im Maßstab 1 : 10 000 und 1 : 50 000, die aber alles in allem weniger akkurat und aktuell sind als die ausgezeichneten A-Z-Stadtatlanten der Eicher-Reihe (nur Delhi, Mumbai, Kolkata, Chennai und Bangalore), die in Indien produziert und in allen guten Buchhandlungen verkauft werden.

machen, von der Unannehmlichkeit, tagelang völlig durchnässt zu sein, ganz zu schweigen. Die weit verbreiteten Überflutungen verschmutzen außerdem die Wasserreservoirs und spülen die Abwässer aus den Kanälen, schaffen also zusätzliche Krankheitsherde. Die Zeit zwischen April und September, wenn der Südwestmonsun auf der ganzen Halbinsel in vollem Gange ist, sollte daher ausgeklammert werden. Von Ende Oktober bis April ist das Wetter in Karnataka und Goa ideal, in Kerala jedoch weniger zuverlässig, denn hier beschert der „zurückweichende" oder Nordwestmonsun dem Monat November einen ständig bewölkten Himmel und Regenschauer. Im auf der östlichen Seite der Berge liegenden Tamil Nadu fallen zu dieser Zeit noch stärkere Niederschläge. Um die schönste Jahreszeit des tiefen Südens und der Andamanen genießen zu können, sollte man zwischen Januar und März herkommen, bevor die Hitze allmählich wieder steigt. Die zweite Aprilhälfte und der Mai sind unerträglich für alle, die keine intensive tropische Hitze gewohnt sind.

Klima und Reisezeiten

Abgesehen von der unbarmherzigen tropischen Sonne liegt die Ursache für Südindiens unbändige Fruchtbarkeit in den hohen Niederschlägen. Anders als der Norden des Landes, in dem es nur im Sommer einmal heftig regnet, erlebt der größte Teil der indischen Halbinsel jährlich zwei Monsune – einen vom Arabischen Meer im Südwesten heraufziehenden und einen von stürmischen Nordwestwinden vor dem Golf von Bengalen hergetragenen. Die schwersten Niederschläge fallen in den Westghats, einer Bergkette, die parallel zur Südwestküste verläuft. Diese überwiegend von dichtem Wald bedeckten Berge bilden eine Wand, die den ersten, im Juni einbrechenden und bis Ende Oktober dauernden Sommermonsun aufhält.

Kurz gesagt, wer eine Südindienreise plant, sollte die Regenzeit meiden. Die sintflutartigen Regenfälle und das allgemeine Chaos, das die jährlichen Überschwemmungen mit sich bringen, verlieren sehr schnell den Reiz des Neuen. Straßensperren, Erdrutsche und über die Ufer getretene Flüsse können selbst den sorgfältigsten Reiseplan zunichte

Reiserouten

Je nachdem, mit wem man spricht, verlaufen Südindiens Grenzen unterschiedlich: Während einige den Krishna-Fluss, die nördliche Grenze von Indiens letztem Hindu-Reich, als die wahre Nord-Süd-Grenze betrachten, bildet für andere der Godavari oder aber die Vindhya Hills noch weiter nördlich am Rande der Ganges-Ebene die kulturelle Trennlinie. Im vorliegenden Reisehandbuch gehen wir von **Mumbai** (Bombay) als Reisebeginn aus, einer heißen, chaotischen Stadt, in der die meisten internationalen Flüge landen. Mumbai genießt einen ziemlich schlechten Ruf, weshalb die meisten Leute gleich weiterfahren. Wer jedoch bleibt, erlebt die Realität des modernen Indiens, von den Entbehrungen der städtischen Slums bis zum Glitzer und Glamour der Bollywood-Filme.

Das andere wichtige Eingangstor ist **Chennai** (Madras), die Hauptstadt von Tamil Nadu im tiefen Süden, die ein etwas weniger stressiger Ankunftsort ist. Sie ist zwar ebenfalls eine große, aus allen Nähten platzende Metropole, aber unter der Oberfläche verbergen sich einige kulturelle Kostbarkei-

Durchschnittliche Tageshöchsttemperaturen (°C) und Niederschläge (mm)

	Jan	Feb	März	Apr	Mai	Juni	Juli	Aug	Sept	Okt	Nov	Dez
Bangalore (Kar)												
Ø (°C)	28	31	33	34	33	30	28	29	28	28	27	27
Nied. (mm)	13	22	30	50	135	263	320	318	253	134	29	4
Chennai (TN)												
Ø (°C)	29	31	33	35	38	37	35	35	34	32	29	28
Nied. (mm)	24	7	15	25	52	53	83	124	118	267	309	139
Hyderabad (AP)												
Ø (°C)	29	31	35	37	39	34	30	29	30	30	29	28
Nied. (mm)	2	1	3	1	5	7	89	86	14	1	5	2
Kochi (Ker)												
Ø (°C)	31	31	31	31	31	29	28	28	28	29	30	30
Nied. (mm)	9	34	50	139	364	756	572	386	235	333	184	37
Madurai (TN)												
Ø (°C)	30	32	35	36	37	37	36	35	35	33	31	30
Nied. (mm)	26	16	21	81	59	31	48	117	123	179	161	143
Mumbai (M)												
Ø (°C)	31	32	33	33	33	32	30	29	30	32	33	32
Nied. (mm)	0	1	0	0	20	647	945	660	309	17	7	1
Panjim (Goa)												
Ø (°C)	31	32	32	33	33	31	29	29	29	31	33	33
Nied. (mm)	2	0	4	17	18	580	892	341	277	122	20	37

ten wie öffentliche Tanz- und Musikvorstellungen. Chennai ist mit seiner regelmäßigen Flug- und Schiffsverbindung nach Port Blair auch das wichtigste Sprungbrett für die **Andamanen**, ein von Korallenriffen und kristallklarem Wasser umgebener abgeschiedener Archipel 1000 km östlich des Festlandes im Golf von Bengalen.

Nach Chennai ist der erste Haltepunkt der Mehrheit der Besucher **Mamallapuram**, eine alte Hafenstadt, die von verwitterten Baudenkmälern übersät ist, darunter der berühmte Ufertempel. Um die ausgetretenen Pfade zu verlassen, braucht man sich nur ins Landesinnere nach **Kanchipuram** zu begeben, dessen unzählige Hindu-Schreine das goldene Zeitalter des berühmten Chola-Königreiches umspannen, oder nach **Tiruvannamalai**, wo einer

der mächtigsten Tempelkomplexe der Region eindrucksvoll von dem Sockel eines heiligen Berges, Ort zahlreicher Ashrams und Meditationshöhlen, aufragt. Zurück an der Küste findet sich die ehemalige französische Kolonie **Pondicherry**, die gallisches Flair bewahrt hat, besonders die Restaurants, in denen man *coq au vin* und schweren Burgunder bestellen kann, bevor man über die Promenade bummelt. Das Kaveri (Cauvery)-Delta weiter im Süden beherbergt eine erstaunliche Fülle an Monumenten, von denen sich einige der beeindruckendsten um **Thanjavur** (Tanjore), der einstigen Hauptstadt der Cholas, befinden. Beherrscht wird der Ort von dem Ehrfurcht einflößenden Brihadishwara-Tempel. Man kann gut und gerne Tage damit zubringen, das wasserreiche Hinterland der

Stadt zu erkunden, indem man Bronzegießerdörfer, bröckelnde Ruinen und vergessene heilige Stätten in dem Netz von Flüssen und Bewässerungskanälen aufsucht. Die meisten Besucher eilen jedoch südwärts nach **Madurai**, der Stadt mit der stärksten Atmosphäre der Region, wo den imposanten Meenakshi-Sundareshwar-Tempel ein typisch tamilisches, sprühendes Leben umgibt.

Die beiden anderen großen Anziehungspunkte in Tamil Nadu sind die Insel **Rameshwaram**, deren Haupttempel eine große Einfriedung von Säulengängen aufweist, und **Kanniyakumari**, der verheißungsvolle südlichste Zipfel Indiens, wo der Golf von Bengalen, der Indische Ozean und das Arabische Meer zusammenfließen. Die dunklen Schatten, die von hier aus am Horizont zu erkennen sind, markieren die **Süd- und Westghats**, die sich in einer praktisch ununterbrochenen Kette über 1000 km bis nach Mumbai erstrecken und so eine steile Barriere zwischen Tamil Nadu und dem benachbarten Kerala bilden. Die von ausgedehnten Wäldern und windgepeitschtem Grasland bedeckten Berge ragen auf der indischen Halbinsel zu den höchsten Gipfeln auf. Deren Flanken werden von terrassenförmigen Tee- und Kaffeeplantagen sowie Kardamomhainen geprägt. Die Bergstationen **Udhagamandalam** (nach wie vor besser bekannt unter dem Namen „Ooty") und **Kodaikanal**, von Indiens ehemaligen Kolonialherrschern als Sommerluftkurorte gegründet, ziehen Scharen regenhungriger indischer Besucher an, im Winter aber auch viele ausländische Touristen.

Der Reiz des benachbarten Kerala liegt weniger in seinen religiösen Bauten, von denen viele für Nicht-Hindus nicht zugänglich sind, sondern in seiner ansteckend unbeschwerten, tropischen Atmosphäre. Dieser einen langen Küstenstreifen umfassende und von einer steilen Hügelkette begrenzte Bundesstaat ist der feuchteste und am dichtesten besiedelte Staat des Südens. Mit seiner ganz eigenständigen Kultur hebt er sich deutlich von seinen Nachbarn ab. Seine surrealistische Form des ritualisierten Theaters, Kathakali, südostasiatisch angehauchte Architektur und allgegenwärtigen kommunistischen Graffiti (Kerala war der erste Ort der Welt, wo eine kommunistische Regierung auf demokratischem Wege gewählt wurde) sind vielleicht die sichtbarsten Kennzeichen dieses Unterschieds. Wer ein paar Tage damit zubringt, die Gewürzmärkte in den kleinen Gassen des alten **Kochi** (Cochin), die Dschungel der Cardamom Hills um das **Periyar Wildlife Sanctuary** oder die verborgene Wasserwelt der **Backwaters** an der Küste zu erkunden, begreift schnell, weshalb viele Traveller hier viel länger als geplant bleiben. Wer nicht unter Zeitdruck steht und Nord-Kerala im Winter durchquert, sollte ein paar Tage dafür einplanen, eine Darbietung des Teyyattam, einen nur in den Dörfern um Kannur zu sehenden, faszinierenden Maskentanz, aufzuspüren.

Eine kurze Fahrt über die Berge und man ist in **Mysore** in Karnataka, dessen prächtiger Maharadschapalast, bunte Märkte und angenehmes Klima es zu einem der beliebtesten Touristenziele Südindiens gemacht haben. **Bangalore**, die hektische moderne Hauptstadt, zählt hingegen nicht zu den Highlights des Bundesstaates, der hauptsächlich über ein riesiges, von Granitfelsen übersätes Hochland verstreut sind. Die meisten, wie z. B. die reich verzierten Hoysala-Tempel von **Belur** und **Halebid** oder das ungewöhnliche Jain-Riesenstandbild in **Sravanabelgola**, sind religiöse Werke. Zu den anderen herausragenden Sehenswürdigkeiten gehören die Mausoleen, Moscheen und Paläste persischen Stils in **Bijapur**, Karnataka, das oft das „Agra des Südens" genannt wird. Fast unübertroffen sind jedoch das Ehrfurcht gebietende Ausmaß und der verblasste Glanz der Vijayangar-Ruinen in **Hampi** am Fluss Tungabhadra. Bevor der Ort 1565 von verbündeten moslemischen Sultanaten geplündert wurde, war dies die prächtige Hauptstadt des letzten südindischen Hindu-Reiches, das den größten Teil der Halbinsel einnahm.

Nur eine Tagesreise von hier nach Westen bieten die von Palmen gesäumten, weißen Sandstrände **Goas** eine Abwechslung zu den felsigen Gebieten des Dekkan. Viele Traveller erliegen hier ganz den Sinnesfreuden, die warmes Meerwasser, ununterbrochener Sonnenschein und billige Drinks bieten, und können sich kaum von der Küste losreißen.

Weiter östlich geht die Fahrt über eine Reihe kleinerer früherer Königsstädte durch das Zentrum der Dekkan-Hochebene nach **Hyderabad**, der Hauptstadt von Andhra Pradesh, deren Wahrzeichen der Charminar und die Festung Golconda sind. Andhras weitere Attraktionen liegen im Gegensatz dazu abseits der ausgetretenen Pfade.

Nur wenige westliche Besucher machen sich auf den Weg dorthin, obwohl **Puttaparthy**, der Ashram von Indiens berühmtestem lebenden Heiligen Sai Baba, und **Tirupati**, dessen Tempel mehr Pilger sieht als jeder andere Ort der Welt, bedeutende Reiseziele für Südinder darstellen.

Wer noch weiter die Ostküste hochfährt, erreicht den hinduistischen Pilgerort **Puri** und den grandiosen Sonnentempel von **Konarak** in Orissa.

Anreise

Kaum jemand fährt auf dem Landweg oder mit dem Schiff nach Indien. Der normale Weg von Europa aus ist der Flug mit einer europäischen oder asiatischen Fluggesellschaft nach Delhi oder Mumbai (Bombay). Mit Zubringermaschinen von *Air India* sowie Inlandfluggesellschaften, die ein ausgedehntes nationales Flugnetz bedienen, lassen sich zahlreiche andere indische Städte erreichen.

Nonstop-Flüge ab Deutschland erreichen Delhi in 7 Stunden und 15 Minuten, Mumbai in 7 1/2 Stunden. Wer Geld sparen möchte, sollte einen Flug mit Umsteigen und möglicherweise Übernachtung auf dem Weg wählen. Es gibt mehrere Flüge über europäische Städte oder die Golfstaaten.

In jedem Fall sollte man sich vor dem Kauf eines Flugtickets umhören, denn die Preise unterscheiden sich mitunter erheblich.

Flüge

Lufthansa fliegt tgl. von Frankfurt/M., *British Airways* und *Air India* tgl. von London und *Air France* tgl. von Paris nach **Delhi** und **Mumbai**. *Austrian Airlines* bedient die Strecke 5x wöchentlich ab Wien. Die Preise für ein Rückflugticket bewegen sich zwischen 430 und 600 Euro zzgl. Tax (170–210 Euro). Natürlich gibt es daneben nicht jede Menge weiterer Angebote anderer Fluggesellschaften.

Lufthansa fliegt auch tgl. von Frankfurt und *British Airways* 2x wöchentlich von London nach **Chennai**, wobei das Ticket ca. 70 Euro mehr kostet. Direktflüge nach **Bangalore** mit *Lufthansa* ab Frankfurt (6x wöchentlich) sind einiges teurer. Günstiger ist es via London mit Umsteigen in Delhi oder Mumbai. Das Gleiche gilt für Direktflüge nach **Goa** (Hochsaison) mit *Condor* ab München mittwochs.

Normalerweise ist die Geltungsdauer von Billigtickets auf 6 Monate begrenzt. Für die Umbuchung des Rückflugs müssen etwa 50 Euro bezahlt werden. Trotzdem sollte man keine *open date tickets* kaufen, da zu manchen Zeiten Flüge von und nach Indien Monate im Voraus ausgebucht sind.

Die **Abflugsteuer** beträgt entweder Rs 750 – für die meisten internationalen Flüge – oder Rs 210 für Inlandflüge sowie Flüge nach Pakistan, Bangladesh, Nepal, Sri Lanka, Myanmar (Burma), die Malediven und Afghanistan. Seit kurzem ist die Steuer zunehmend im Ticketpreis enthalten, aber es schadet nicht, vorsichtshalber nachzufragen, wenn man das Flugticket kauft.

Gebuchte Flüge müssen bei einigen wenigen Airlines noch spätestens drei Tage vor Abflug rückbestätigt werden, was auch telefonisch geschehen kann. Nicht selten sind die Maschinen überbucht, und die Letzten kommen trotz Rückbestätigung nicht mehr mit. Es empfiehlt sich daher, rechtzeitig am Flughafen zu erscheinen.

Bitte bei Auslandsflügen an die **Airport Tax** von Rs 750 denken, falls sie nicht schon im Flugpreis enthalten ist.

Flugbuchung im Internet

Um Flüge online zu buchen, muss man kein Reiseexperte sein. Am besten beschränkt man sich bei der Suche auf einige der etablierten Reiseportale. Auch die Seiten der Fluggesellschaften lohnen einen Blick, da es hier oft besondere Online-Tarife gibt. Grundsätzlich sollte man darauf achten, dass Kreditkartendaten verschlüsselt übertragen werden.

Von der Stiftung Warentest (Heft 2/2004) geprüft und für gut befunden:
L'Tur 🖳 www.ltur.de
Expedia 🖳 www.expedia.de
AVIGO 🖳 www.avigo.de

Weitere Websites:
1A-FLY.DE 🖳 www.1a-fly.de
Billiger reisen 🖳 www.billiger-reisen.de
Billigflüge 🖳 www.billigfluege.de
Del Mundo 🖳 www.delmundo.de
Discount-Flug 🖳 www.discount-flug.de

Flug.de 🖳 www.flug.de
Flugbörse 🖳 www.flugboerse.de
Opodo 🖳 www.opodo.de
STA Travel 🖳 www.statravel.de
Travel Jungle 🖳 www.traveljungle.de
Travel Overland 🖳 www.traveloverland.de
Travel Scout 24 🖳 www.travelscout24.de

Wer noch einen **Reisepartner** sucht, kann z. B. folgende Seiten anklicken:
Globetrotter 🖳 www.globetrotter.de/de/forum
DZG 🖳 www.dzg.com/schwarzesbrett/reisepartner

Gesundheit

Gesundheitsvorsorge

Die medizinische Vorbereitung auf die Reise sollte frühzeitig beginnen. Aktuelle Informationen erhält man von einem Arzt mit Kenntnissen über Tropenmedizin, den Landesimpfanstalten, den Universitätsinstituten für Tropenmedizin oder im Internet unter:

🖳 www.istm.org
Website der Internationalen Gesellschaft für Reisemedizin mit einer kompletten Liste von Kliniken in aller Welt, die auf Reisemedizin spezialisiert sind.

🖳 www.tripprep.com
Liefert eine umfangreiche Datenbank (nur online) über notwendige Impfungen für alle Länder und Informationen über medizinische Hilfe vor Ort.

Gesetzlich sind für Indien keine **Impfungen** vorgeschrieben (nur wer aus einem Gelbfieber-Risikoland nach Indien einreist, muss eine entsprechende Impfbescheinigung vorlegen), aber für eine Reise nach Indien empfehlen Tropeninstitute neben den üblichen Vorsorgeimpfungen (Tetanus, Diphtherie, Polio) eine Impfung gegen Hepatitis A sowie eine Malariaprophylaxe und bei längeren Reisen während der Trockenzeit (Nov–Mai) eine Schutzimpfung gegen Meningitis.

Alle Impfungen können notfalls in Delhi, Mumbai und anderen Großstädten vorgenommen werden, man sollte sich aber vergewissern, dass die Nadel steril ist. Impfungen gegen Mumps, Masern, Tbc und Röteln sind für jeden zu empfehlen, der nicht als Kind dagegen geimpft wurde oder davon betroffen war. Krankheiten, für die man keine Impfung benötigt, sind: Pocken (jetzt in Indien praktisch ausgerottet), Cholera (weil die Impfung kaum schützt, s. u.) und Gelbfieber (nur erforderlich für Afrika).

Es ist dringend ratsam, *vor* der Reise zum Zahnarzt zu gehen. Bekommt man in Indien schlimme Zahnschmerzen, sollte man nach Mumbai fahren und ein ausländisches Konsulat nach einem empfehlenswerten Zahnarzt fragen. Auch sollte man immer eine Ersatzbrille oder zumindest einen Brillenpass im Gepäck haben.

Tropenmedizinische Institute in Deutschland

Berlin	Spandauer Damm 130, Haus 10, 14050, ✆ 030-30 11 66, 🖳 www.charite.de/tropenmedizin
Dresden	Friedrichstr. 39, 01067, ✆ 0351-480 3801.
Düsseldorf	Moorenstr. 5, 40225, ✆ 0211-811 7031.
Hamburg	Bernhard-Nocht-Str. 74, 20359, ✆ 040-42 81 80, ✉ rmz@gesundes-reisen.de, 🖳 www.gesundes-reisen.de.
Heidelberg	Im Neuenheimer Feld 324, 69120, ✆ 06221-56 29 25, Informationen vom Band über Asien ✆ 06221-56 56 33.
Leipzig	Delitzscher Str. 141, 04129, ✆ 0341/9092614/-12, 🖳 www.mccl.de
München	Leopoldstr. 5, 80802, ✆ 089-218 013 500, Informationen vom Band über Asien ✆ 089-218 013 508, 🖳 www.tropinst.med.uni-muenchen.de
Rostock	Ernst-Heydemann-Str. 6, 18055, ✆ 0381-494 7583.
Tübingen	Keplerstr. 15, 72074, ✆ 07071-298 2365. ✉ reisemedizin@med.uni-tuebingen.de 🖳 www.medizin.uni-tuebingen.de/tropenmedizin

Vorsichtsmaßnahmen

Es grassieren zahlreiche Schauergeschichten über schlimme Krankheiten, die man sich auf einer Indienreise einfangen kann, doch sind diese eher die Ausnahme als die Regel. Der Standard der Hygiene und der sanitären Anlagen hat sich im Laufe der letzten zehn Jahre erheblich verbessert. Wer vorsichtig ist, wird wahrscheinlich mit nichts Schlimmerem als einer milden Form des „Delhi belly" zu kämpfen haben. Wichtig ist es, die Abwehrkräfte zu stärken und sich der Gesundheitsrisiken durch unbehandeltes Wasser, Moskitostiche und offene Wunden bewusst zu sein.

Entscheidend ist, was man isst: Eine einseitige **Ernährung** schwächt die Abwehrkräfte. Man sollte deshalb ein ausgewogenes Maß an Proteinen, Kohlenhydraten, Vitaminen und Mineralien zu sich nehmen. Da man sehr viel schwitzt, sollte man darauf achten, nicht zu viel Salz zu verlieren. Es kann auch nicht schaden, täglich Multivitamin- und Mineraltabletten einzunehmen. Vor allem muss man *genug* essen und für ausreichend Schlaf und Ruhe sorgen. Der Hygienemangel in Indien wird oft betont. Wer sich aber ständig Sorgen macht, verliert die Freude an der Reise. Gesunder Menschenverstand und bestimmte Vorsichtsmaßnahmen sind natürlich angebracht, denn Bakterien verbreiten sich in tropischem Klima sehr schnell, und Europäer sind gegen viele indische Keime nicht immun. Näheres zum Wasser s. Kasten.

Was das **Essen** anbelangt, so ist nicht auszuschließen, dass gerade Touristenrestaurants und westliche Gerichte gesundheitliche Probleme verursachen. Besondere Vorsicht ist bei vorbereiteten, wieder erwärmten Gerichten geboten – sie waren u. U. schon eine ganze Weile der Hitze und den Fliegen ausgesetzt. Alles, was in Gegenwart des Gastes gekocht oder gebraten (und somit entkeimt) wird, ist in der Regel unbedenklich, allerdings kann Fleisch manchmal nicht einwandfrei sein, vor allem in Orten, in denen es häufig Stromausfälle (Kühlschrankausfälle) gibt.

Wasser

Die meisten Europäer, die nach Indien fahren wollen, beschäftigt die Frage, ob das dortige Leitungswasser trinkbar ist. Die Antwort lautet nein, denn es enthält viele Mikroorganismen, an die Europäer nicht gewöhnt sind. Allerdings ist es nahezu unmöglich, unbehandeltes Wasser ganz zu meiden: Es wird zur Herstellung von Eiswürfeln benutzt, die ungebeten in Getränke getan werden, Lassis werden damit gemacht, Küchengeräte damit gewaschen usw. In Flaschen **abgefülltes Wasser** ist heutzutage, abgesehen von den entlegensten Gegenden, überall erhältlich. Es scheint auf den ersten Blick die einfachste und preiswerteste Lösung zu sein, hat aber einige entscheidende Nachteile: Zunächst ist das Wasser selbst nicht immer so sicher, wie es scheint. So wurden bei unabhängigen Tests im Jahre 2003 in Mineralwasserproben führender indischer Marken Rückstände von **Pestiziden** gefunden, die bis zu 104-mal höher waren als von der EU-Norm vorgeschrieben. Am schlimmsten verunreinigt waren die Produkte der Top-Abfüller *Kinley*, *Bisleri* und *Aquaplus*. Der zweite große Nachteil von abgefülltem Wasser ist der dadurch entstehende **Plastikmüll** – man muss sich nur den Müllberg von einigen Flaschen Wasser vorstellen, die man pro Tag konsumiert, und diesen millionenmal multiplizieren; heraus kommen riesige Berge an nicht abbaubarem Deponiemüll, die Jahr für Jahr allein von Touristen produziert werden.

Die beste Lösung unter den Gesichtspunkten Gesundheit und Umwelt besteht deshalb darin, das Wasser selbst zu sterilisieren. Die **chemische Entkeimung** ist dabei die billigste Methode. **Jod** ist für lange Reisen nicht zu empfehlen, aber **Chlortabletten** sind sehr effektiv, schnell und preiswert, wobei sich der unangenehme Nachgeschmack mit neutralisierenden Tabletten oder Zitronensaft vermeiden lässt.

Als Alternative kann man auch in einen **Reinigungsfilter** mit chemischer Entkeimung investieren, um auch kleinste Viren abzutöten. Immer mehr kompakte und leichte Modelle sind an Ständen und in großen Apotheken erhältlich, wobei sich Schwangere und Menschen mit Schilddrüsenproblemen vergewissern sollten, dass kein Jod als Entkeimungsmittel verwendet wird.

Verderbliche Lebensmittel, die einige Zeit ungekühlt draußen gelegen haben, sind auf jeden Fall verdächtig. Kein rohes, ungeschältes Obst und Gemüse essen, auch keinen Salat, bei dem man nicht sicher ist, dass er in eine Jod- oder Kaliumpermanganat-Lösung getaucht wurde. Strohhalme sollte man meiden, da sie meist staubig sind gebraucht sind. Als Faustregel gilt: Hält man sich an Cafés und Restaurants mit flottem Service, wo das Essen frisch zubereitet wird, gibt es meist keine unangenehmen Folgen.

Die **persönliche Hygiene** ist von großer Bedeutung: Oft die Hände waschen, vor allem vor dem Essen. Alle Wunden müssen sauber gehalten, zum Schutz vor einer Infektion mit Jod oder einem Antiseptikum behandelt und bedeckt werden. Man sollte weder Getränke noch Zigaretten mit Fremden teilen, und niemals einen Rasierer oder eine Zahnbürste. Ebenfalls nicht ratsam ist es, barfuß herumzulaufen; am besten trägt man Badelatschen, auch in der Dusche.

Falls man dennoch krank wird und keinen Arzt findet, ist es gut zu wissen, dass die meisten Medikamente in Indien ohne Rezept erhältlich sind.

Im folgenden genannte Dinge sind für die Reiseapotheke zu empfehlen – viele sind auch in Indien zu weit günstigeren Preisen erhältlich.

Ratschläge, wie man sich vor **Moskitostichen** schützt, stehen unter Malaria (s. S. 28). Wer dennoch gestochen wird, sollte versuchen, sich nicht zu kratzen. Das fällt zwar schwer, aber andernfalls kann es zu einer Infektion und tropischen Geschwüren kommen. *Tiger Balm* und auch getrocknete Seife können den Juckreiz lindern.

Gesundheitsrisiken

Die nachfolgend aufgeführten Gesundheitsrisiken sollte man kennen – aber man braucht nicht in ständiger Angst davor zu leben. Wer die wichtigsten Impfhinweise beachtet und sich einigermaßen umsichtig in Indien verhält, wird höchstwahrscheinlich keine ernsthaften Probleme bekommen.

AIDS

Die schnelle Zunahme von HIV/AIDS-Fällen *(acquired immune deficiency syndrome)* ist erst seit kurzem von der indischen Regierung als nationales Problem erkannt worden. Die zögerliche Haltung liegt teilweise daran, dass die Krankheit mit Sex in Verbindung gebracht wird, einem Thema, das in Indien traditionell tabu ist. Bisher sind es nur Nichtregierungs- und ausländische Organisationen, wie z. B. die WHO, die Informations- und Präventionskampagnen gestartet haben. Eigentlich müsste längst bekannt sein, dass ungeschützter Geschlechtsverkehr mit Zufallsbekanntschaften ein unverantwortliches und lebensgefährliches Spiel ist – man sollte im Falle eines Falles Kondome dabeihaben (am besten von zu Hause, da die indischen weniger zuverlässig sind; außerdem muss man bedenken, dass die Hitze die Haltbarkeitsdauer der Kondome beeinflussen kann) und auf deren Gebrauch bestehen.

Wer in Indien eine Injektion oder Bluttransfusion braucht, sollte sich nach Möglichkeit vergewissern, dass neue, sterile Spritzen benutzt werden, oder eigene mitbringen; das Blut sollte besser von Freiwilligen als von kommerziellen Spenderunternehmen kommen. Wer sich beim Herrenfrisör rasieren lässt, sollte darauf achten, dass eine saubere Klinge benutzt wird. Auch auf Piercing, Akupunktur und Tätowierungen sollte man verzichten, sofern nicht sicher ist, dass das eingesetzte Gerät steril ist.

Bisse

Wanzenbisse sind sehr unangenehm; ein Hinweis darauf sind zerquetschte Exemplare im Umkreis billiger Hotelbetten. Eine von Wanzen befallene Matratze kann man den ganzen Tag in der heißen Sonne liegen lassen, um das Ungeziefer loszuwerden, aber oft hausen die Wanzen auch im Bettrahmen oder sogar in Wänden und Böden.

Andere berüchtigte Quälgeister sind **Sandfliegen**, deren Bisse unerträglich jucken können.

Läuse sind ebenfalls unangenehm, aber medizinische Seife und Shampoo (vorzugsweise von zu Hause) vertreibt sie meistens. Bisse sollte man nicht kratzen, da das zu Infektionen führen kann, manchmal mit so gefährlichen Folgen wie einer Blutvergiftung oder einem Geschwür.

Zecken- und Lausbisse können Typhus übertragen, der sich durch Fieber, Muskel- und Kopfschmerzen sowie später rote Augen und masernähnlichen Ausschlag bemerkbar macht. Wer glaubt, darunter zu leiden, sollte sich behandeln lassen.

Vorschlag für eine Reiseapotheke

Basisausstattung

- Verbandzeug (Heftpflaster, Leukoplast, Blasenpflaster, Mullbinden, elastische Binde, sterile Kompressen, Verbandpäckchen, Dreiecktuch, Pinzette)
- sterile Einmalspritzen und -kanülen in verschiedenen Größen (mit ärztlicher Bestätigung, dass sie medizinisch notwendig sind, damit man nicht für einen Fixer gehalten wird)
- Fieberthermometer
- Kondome
- Lärmstopp (gegen Lärmbelästigung)
- Beipackzettel

Malaria-Prophylaxe

- Chloroquin (z. B. Resochin*, nur für gefährdete Gebiete)
- Paludrine* (zusätzlich zu Chloroquin, nur für gefährdete Gebiete)
- Lariam*, Riamet oder Malarone* zur Standby-Therapie
- Mückenschutz (Jaico oder Sketolene-Konzentrat 40%; für Kinder: Zanzarin)

Schmerzen und Fieber

- keine acetylsalicylsäurehaltigen Medikamente, Benuron, Dolormin, Paracetamol/Aspirin (in Indien *crocin* genannt)
- Buscopan (gegen krampfartige Schmerzen)
- Antibiotika* gegen bakterielle Infektionen (in Absprache mit dem Arzt)

Magen- und Darmerkrankungen

- Imodium akut (gegen Durchfall, v. a. vor längeren Fahrten)
- Elotrans (zur Rückführung von Mineralien; Kinder: Oralpädon Pulver)
- Dulcolax Dragees, Laxoberal Tropfen (gegen Verstopfung)
- Talcid, Riopan (gegen Sodbrennen)

Erkrankungen der Haut

- Desinfektionsmittel (Betaisodona Lösung, Hansamed Spray, Kodan Tinktur)
- Tyrosur Gel, Nebacetin Salbe RP (bei infizierten oder infektionsgefährdeten Wunden)
- Soventol Gel, Azaron Stift, Fenistil Tropfen, Teldane Tabletten (bei Juckreiz nach Insektenstichen oder allergischen Erkrankungen)
- Soventol Hydrocortison Creme, Ebenol Creme (bei starkem Juckreiz oder stärkerer Entzündung)
- Cortison- und antibiotikahaltige Salbe gegen Bläschenbildung nach Quallenkontakt
- Wund- & Heilsalbe (Bepanthen)
- Fungizid ratio, Canesten (bei Pilzinfektionen)
- Berberil, Yxin (Augentropfen bei Bindehautentzündungen)

Erkältungskrankheiten

- Olynth Nasenspray, Nasivin
- Dorithricin, Dolo Dobendan (bei Halsschmerzen)
- Silomat (Hustenstiller)
- Acc akut, Mucosolvan, Gelomyrtol (zum Schleim lösen)

Kreislauf

- Korodin, Effortil (Kreislauf anregend)

Reisekrankheit

- Superpep Kaugummis, Vomex

Sonnenschutz mit UVA- und UVB-Filter

- Ladival Milch bzw. Gel, Ilrido ultra Milch
- Sonnenschutzstift für die Lippen

Bitte bei den Medikamenten Gegenanzeigen und Wechselwirkungen beachten und sich vom Arzt oder Apotheker beraten lassen.

(* rezeptpflichtig in Deutschland).

Die meisten **Schlangen** sind harmlos. Um überhaupt ein Exemplar zu Gesicht zu bekommen, muss man schon suchen – wenn man schwer auftritt, verschwinden sie meist. Die weit verbreitete Angst steht in keinem Verhältnis zur realen Gefahr, denn Giftschlangen greifen nur dann an, wenn sie attackiert werden. Gefährlich ist evtl. die Zeit nach Sonnenuntergang zwischen 18 und 20 Uhr, vor allem bei Regen. Einige Schlangen töten durch ein Blutgift, in diesem Fall benötigt man sofort ein Serum; andere töten durch ein Nervengift, dann ist außerdem eine künstliche Beatmung wichtig. **Skorpionstiche** sind in dieser Region generell nicht tödlich.

Blutegel, die sich in Dschungelgebieten u. U. an einem festsaugen, sollte man mit Salz oder der Glut einer Zigarette entfernen – nicht versuchen, sie herauszuziehen!

Cholera

Cholera wird auf demselben Weg verbreitet wie Hepatitis A und Typhus. Die Symptome sind plötzlicher, wässriger Durchfall mit Krämpfen und ein allgemeines Schwächegefühl. Wer an Cholera erkrankt, sollte sich so schnell wie möglich in ärztliche Behandlung begeben und viel mit Kochsalz (2 Teelöffel auf 1 Liter) versetztes Wasser trinken. Bislang gibt es keinen effektiven Impfstoff gegen diese Krankheit.

Dengue-Fieber

Diese Viruskrankheit tritt überall in Asien auf und wird durch die *Aedes aegypti*-Mücke übertragen, die an ihren schwarz-weiß gebänderten Beinen zu erkennen ist. Sie sticht während des ganzen Tages. Nach der Inkubationszeit von bis zu einer Woche kommt es zu plötzlichen Fieberanfällen, Kopf- und Muskelschmerzen. Nach 3–5 Tagen kann sich ein Hautausschlag über den ganzen Körper verbreiten. Bei Stufe 1 klingen die Krankheitssymptome nach 1–2 Wochen ab.

Ein zweiter Anfall (Stufe 2) kann zu Komplikationen (inneren und äußeren Blutungen) führen. Wie bei der Malaria sind ein Moskitonetz und der Schutz vor Mückenstichen der beste Weg der Vorsorge. Es gibt keine Impfung oder spezielle Behandlung. Schmerztabletten, Fieber senkende Mittel und kalte Wadenwickel lindern die Symptome. Ein einfacher Test kann Dengue-Fieber verifizieren: 5 Minuten den Oberarm abbinden, öffnen und in der Armbeuge nachsehen – falls rote Flecken erscheinen, ist es zu 90% Dengue-Fieber.

Durchfallerkrankungen

Durchfall ist das häufigste Leiden unter Touristen. Ist er nur leicht und kommen keine weiteren Symptome hinzu, handelt es sich vermutlich lediglich um eine Reaktion des Magens auf ungewohntes Essen. Wird er von Krämpfen und Erbrechen begleitet, kann dies ein Hinweis auf eine Lebensmittelvergiftung sein. In beiden Fällen verschwindet der Durchfall wahrscheinlich nach 24–48 Stunden auch ohne Behandlung. Derweil ist es wichtig, dass man verlorene Flüssigkeit und Salze ersetzt, deshalb sollte man eine Elektrolytlösung trinken (in Indien Electrolyte genannt). Ist sie nicht zu bekommen, sollte man einen halben Teelöffel Salz und acht Teelöffel Zucker in einem Liter Wasser auflösen.

Zur Not, z. B. vor langen Fahrten, kann auf *Imodium*, das die Darmtätigkeit ruhig legt, zurückgegriffen werden (aber nur in geringen Dosen, da die Ausscheidung von Krankheitserregern verzögert wird).

Zudem hilft eine Bananen- oder Reis-und-Tee-Diät, *kitchri* (ein einfaches *dhal*- und Reisgericht) und Cola in Maßen, denn Letztere enthält Zucker, Spurenelemente, Elektrolyte und ersetzt das verloren gegangene Wasser. Generell sollte man viel trinken und die Zufuhr von Salz nicht vergessen.

Wenn der Durchfall Blut oder Schleim enthält und Symptome wie faulig riechendes Aufstoßen und Blähungen hinzu kommen, kann es sich auch um eine bakterielle oder Amöben-**Ruhr** oder um Lambliasis handeln. Bei Verdacht auf eine dieser Krankheiten und bei länger andauernden Durchfällen unbedingt einen Arzt aufsuchen!

Nicht vergessen darf man, dass Malaria- und andere Tabletten sowie die Pille bei Durchfall weitgehend ihre Wirksamkeit einbüßen.

Häufiger als Durchfälle sind **Verstopfungen**, die man einfach durch eine große Portion geschälter Früchte (z. B. Ananas) verhindert.

Erkältungen

Erkältungen kommen in den Tropen häufiger vor als man denkt. Schuld sind vor allem Ventilatoren und Klimaanlagen, die krasse Temperaturwechsel und zu viel Zugluft bescheren. Nass geschwitzt in klimatisierte Räume zu flüchten, ist nicht ratsam, wenn man nicht etwas zum Wechseln oder Überziehen dabeihat.

Gelbsucht

Hepatitis A ist nicht die schlimmste Krankheit, die man sich in Indien einfangen kann, aber da sehr viele Touristen davon betroffen sind, ist eine Impfung ratsam. Hepatitis A wird durch infizierte Lebensmittel, Wasser oder Speichel übertragen, kann monatelange Erschöpfung, Fieber und Durchfall zur Folge haben – und Leberschäden hervorrufen. Die *Havrix*-Impfung hat sich als sehr wirksam erwiesen (auch als Kombi-Impfung *Twinrix* für Hepatitis A und B erhältlich); sie ist zwar teuer, hält aber bis zu zehn Jahre vor. Der Schutz durch Gammaglobulin, das traditionelle Serum für Hepatitis-Antikörper, hält nicht lange an, weshalb man die Injektion möglichst kurz vor Reisebeginn bekommen sollte: Je länger die geplante Reise, desto höher sollte die Dosis sein.

Während in Indien die meisten Menschen nach einer harmlosen Hepatitis A-Infektion im Kindesalter gegen diese Krankheit immun sind, trifft dieses nur auf ein Drittel aller Europäer zu. Ob die Impfung notwendig ist, zeigt ein Antikörpertest.

Die schwere Lebererkrankung **Hepatitis B** wird vor allem durch sexuellen Kontakt und durch Blut (ungenügend sterilisierte Injektionsnadeln, Bluttransfusionen, Tätowierung, Akupunktur) übertragen. Eine rechtzeitige vorbeugende Impfung, z. B. mit *Gen H-B-Vax,* ist sehr zu empfehlen.

Geschlechtskrankheiten

Gonorrhoe und die gefährlichere **Syphilis** sind in Asien weit verbreitete Infektionskrankheiten, vor allem bei Prostituierten. Dass der Verkehr mit Prostituierten ohne Kondom ein großes Risiko darstellt, muss mittlerweile nicht mehr betont werden. Bei den ersten Anzeichen einer Erkrankung (Ausfluss / Geschwüre) unbedingt ein Krankenhaus zum Anlegen einer Kultur und zur Blutentnahme aufsuchen.

Giardiasis Lambliasis

Giardia lamblia ist eine Protozoenart, die schwere Durchfälle, Übelkeit und allgemeine körperliche Schwäche verursacht, jedoch kein Blut im Stuhl oder Fieber. Giardiasis Lambliasis ist weltweit verbreitet, besonders in Regionen mit mangelhaften Hygienebedingungen. Die Symptome ähneln der einer Amöben-Ruhr, doch bestehen einige wichtige Unterschiede: Glücklicherweise greift Giardiasis weder die Leber noch andere Organe an, aber sie bleibt im Darm und verursacht daher auf lange Sicht schleichende Krankheiten. Mit Antibiotika oder Papayakernen ist diesem Tierchen nicht beizukommen. Hier helfen nur Amöben abtötende Medikamente wie *Flagyl* und *Fasigyn,* die schon nach einmaliger Behandlungsdosis wirksam sein können. Allerdings darf während der Einnahme auf keinen Fall Alkohol getrunken werden. Wer sich nicht kurieren lässt, kann durchaus nach einer Weile wieder einigermaßen fit sein und sich gesund fühlen, aber die Krankheit wird immer wieder ausbrechen und die Lebensfreude erheblich beeinträchtigen.

Hauterkrankungen

Bereits vom Schwitzen kann man sich unangenehm juckende Hautpilze holen. Gegen zu starkes Schwitzen hilft Körperpuder, der angenehm kühlt und in Apotheken oder Supermärkten erhältlich ist. Für andere Erkrankungen sind häufig Kopf-, Kleider-, Filzläuse, Flöhe, Milben oder Wanzen verantwortlich. Die beste Vorbeugung ist eine ausreichende Hygiene – möglichst 2x täglich den Körper waschen und so häufig es geht die Wäsche wechseln. Zudem hilft gegen Hautpilze Baumwollwäsche. Gegen Kopfläuse hilft *Organoderm*, oder, wenn man wieder in Deutschland ist, *Goldgeist.*

Kinderlähmung (Polio)

Selbst in Europa treten immer noch Epidemien auf. Wer während der letzten 10 Jahre die Schluckimpfungen versäumt hat, sollte sich vom Hausarzt den Schluckimpfstoff verschreiben lassen.

Klimatische Belastungen

Sonne und Hitze können Touristen unerwartet zu schaffen machen, vor allem im tropischen Süden. Viele bekommen **Hitzepickel**, bevor sie sich akklimatisiert haben. Dabei handelt es sich um eine juckende Infektion der Schweißdrüsen, die durch exzessives Schwitzen verursacht wird. Eine kalte Dusche, *Prickly Heat Powder* oder Zinkoxidpuder (wird in Indien verkauft) oder Körperpuder und lockere Baumwollkleidung helfen.

Dehydrierung ist ein weiteres Gesundheitsrisiko, deshalb sollte man unbedingt genug Flüssigkeit (mit Elektrolytlösung) trinken, vor allem, wenn einem heiß ist und/oder man sich schlapp fühlt. Ein Gefahrenzeichen ist unregelmäßiges Wasserlassen (z. B. nur einmal am Tag), aber auch dunkler Urin könnte bedeuten, dass der Körper mehr Flüssigkeit braucht (könnte allerdings auch ein Hinweis auf Hepatitis sein, s. o.).

Die **Sonne** kann einen Sonnenbrand oder -stich verursachen. Ein Sonnenschutzmittel mit hohem Lichtfaktor ist unerlässlich, vor allem in der ersten Zeit. Ein Sonnenhut ist ebenfalls zu empfehlen, insbesondere wenn man viel herumläuft.

Eine Überhitzung des Körpers kann zu einem u. U. tödlichen **Hitzschlag** führen. Anzeichen sind eine sehr hohe Körpertemperatur ohne Fiebergefühl, begleitet von Kopfschmerzen und Desorientierung. Ein erster Schritt zur Besserung besteht darin, die Körpertemperatur zu senken (z. B. durch eine lauwarme Dusche) und sich in einem klimatisierten Zimmer auszuruhen. Außerdem sollte man viel Flüssigkeit zu sich nehmen und einen Arzt aufsuchen, wenn sich der Zustand nach 24 Std. nicht gebessert hat.

Malaria

Ein Schutz gegen Malaria ist unbedingt notwendig. Die Krankheit ist überall in Indien, abgesehen von Bergregionen, verbreitet und gilt heute als eine der häufigsten tödlichen Krankheiten auf dem Subkontinent.

Die Mücke *Anopheles*, die den Malariaerreger *Plasmodium falciparum* übertragen kann, sticht während der Nacht, also zwischen Abenddämmerung und Sonnenaufgang. Am Abend schützen helle Kleidung (lange Hosen, langärmlige Hemden, engmaschige Socken) und ein Mücken abweisendes Mittel, das auf die Haut aufgetragen wird. Einige Apotheken bieten sanftere Mittel an, die auf Zitronella- und Nelkenöl basieren. Einige Tropenerfahrene schwören auf die Einnahme von Vitamin B.

Ist der Schlafraum nicht mückensicher (lückenlose Mückengitter an Fenster und Türen), sollte man unter einem **Moskitonetz** schlafen. Am sichersten ist ein eigenes Netz, da die vorhandenen manchmal beschädigt sind. Löcher verschließt man am besten mit Klebeband. Bei niedrigen Temperaturen in klimatisierten Räumen sind die Mücken zwar weniger aktiv, aber keineswegs ungefährlich. Notfalls hilft auch eine Räucherspirale, ein

Coil, das Risiko zu verringern. Coils sind grüne Spiralen, die wie Räucherstäbchen abbrennen und für ca. 8 Stunden die Luft verpesten. Oft werden sie abends in offenen Restaurants unter die Tische gestellt, um die herumschwirrenden Moskitos zu vertreiben. (Es gibt allerdings gesundheitliche Bedenken, wenn Coils in schlecht durchlüfteten Räumen eingesetzt werden, und Asthmakranke sollten sie gänzlich meiden). Immer verbreiteter sind elektrische Insektenvernichter.

Ist man nach Einbruch der Dunkelheit unterwegs, sollte man sich mit einem **Mückenschutzmittel** einreiben: Ein sehr wirksames indisches Mittel ist das überall erhältliche *Odomos*, das einen angenehmen Zitronengeruch hat. Die meisten Touristen bringen jedoch eines von zu Hause mit. Eine gute Alternative für Leute mit empfindlicher Haut sind die neuen Bänder, die man an Hand- und Fußgelenken anbringt; sie sind genauso wirksam wie ein Spray.

Häufig wird noch die Einnahme von 2–3 Tabletten *Resochin* an zwei Tagen wöchentlich eine Woche vor Einreise ins infizierte Gebiet bis 4 Wochen nach der Rückkehr empfohlen. Allerdings sind immer mehr Erreger der *Malaria tropica* gegen diese Präparate resistent. *Resochin* gilt jedoch weiterhin als wirksam gegen die Erreger der anderen, nicht tödlichen Formen von Malaria. Zunehmend raten Tropeninstitute von chemischen Prophylaxen ab und empfehlen mechanischen Schutz.

Wer sich in einem Gebiet ohne ärztliche Versorgung infiziert hat, kann zur Überbrückung mit einer *Standby*-Therapie mit Mefloquin (*Lariam*), Atoraqun/Proguanil (*Malarone*) oder Artemether/Lumefantrin (*Riamet*) beginnen.

Zu möglichen **Nebenwirkungen** der Antimalariatabletten zählen Juckreiz, Ausschlag, Haarausfall, Sehstörungen und (im Falle von *Lariam*) sogar Depressionen. Wer dennoch beabsichtigt, *Lariam* zu benutzen, sollte mit der Einnahme schon zwei Wochen vor Abflug beginnen (normalerweise braucht man erst eine Woche vorher anzufangen), um zu sehen, wie der Körper darauf reagiert. Auf Mefloquin sollte verzichtet werden, wenn man zu den Inselresorts fährt, da es möglicherweise gefährliche Nebenwirkungen für Taucher hat.

Wer aus Indien zurückkehrt und an einer nicht geklärten fieberhaften Erkrankung leidet, auch wenn es sich nur um leichtes Fieber und Kopfschmerzen handelt und die Symptome erst Monate nach der Rückkehr auftreten, sollte dem Arzt unbedingt über den Tropenaufenthalt berichten und auf einem Bluttest bestehen. Die ersten Symptome einer Malaria können denen eines banalen grippalen Infektes ähneln und werden daher häufig verkannt, was schon nach wenigen Tagen das Leben bedrohen kann.

Meningitis

Die meisten Mediziner empfehlen eine Impfung gegen Meningitis (Hirnhautentzündung). Sie wird durch Bakterien in der Luft übertragen (z. B. durch Husten und Niesen) und greift die Hirnhaut an. Meningitis kann tödlich sein; Symptome sind Fieber, starke Kopfschmerzen, ein steifer Hals und ein Ausschlag auf Bauch und Rücken.

Pilzinfektionen

Frauen leiden im tropischen Klima häufiger unter Pilzinfektionen. Vor der Reise sollten sie sich daher entsprechende Medikamente verschreiben lassen. Eine Creme oder Kapseln sind besser als Zäpfchen, die bei der Hitze schmelzen.

Tollwut

Da in Indien Tollwut häufig vorkommt, ist es ratsam, um Hunde und Affen einen Bogen zu machen und nicht mit Tieren zu spielen, auch wenn sie noch so süß aussehen. Ein Biss, ein Kratzer, selbst der Speichel eines infizierten Tieres kann die Krankheit verbreiten. Die Stelle sofort mit Seife oder einem Reinigungsmittel sanft waschen und möglichst mit Alkohol oder Jod desinfizieren. Man sollte so viel wie möglich über das Tier herausfinden und möglichst auch die Adresse des Besitzers. Falls das Tier infiziert sein könnte oder die Wunde zu brennen und zu eitern anfängt, muss man sofort

handeln – Tollwut ist tödlich, sobald die Symptome aufgetreten sind.

Es gibt zwar eine Impfung, aber sie ist sehr teuer und nur maximal 3 Monate wirksam. Sie ist jedoch empfehlenswert, wenn man vorhat, in ländlichen Regionen zu arbeiten.

Typhus / Paratyphus

Typhus, der durch infiziertes Essen oder Wasser übertragen wird, ist zwar in Indien verbreitet, tritt aber außerhalb der Monsunzeit selten auf. Typische Symptome: über 7 Tage hohes Fieber einhergehend mit einem eher langsamen Puls und Benommenheit. Empfehlenswert ist die gut verträgliche Schluckimpfung mit *Typhoral L* für alle Reisende. Drei Jahre lang schützt eine Injektion des neuen Typhus-Impfstoffs *Typhim VI*, dann muss er wieder aufgefrischt werden.

Wundinfektionen

Unter unhygienischen Bedingungen können sich schon aufgekratzte Moskitostiche zu beträchtlichen Infektionen entwickeln, wenn sie unbehandelt bleiben. Wichtig ist, dass jede noch so kleine Wunde sauber gehalten, desinfiziert und evtl. mit Pflaster geschützt wird. Antibiotika-Salben unterstützen den Heilprozess. Wer mit nesselnden Quallen in Kontakt gekommen ist, sollte ein Antihistaminicum oder Cortisonsalbe auftragen (als Erste-Hilfe-Maßnahme hilft Essig) und sofort einen Arzt aufsuchen.

Wundstarrkrampf (Tetanus)

Wundstarrkrampf-Erreger findet man überall auf der Erde. Verletzungen kann man nie ausschließen, und wer evtl. noch keine Tetanusimpfung hatte, sollte sich unbedingt zwei Impfungen im 4-Wochen-Abstand geben lassen, die nach einem Jahr aufgefrischt werden müssen. Danach genügt eine Impfung alle 10 Jahre. Am besten ist die Impfung mit dem Tetanus-Diphterie-(Td-)Impfstoff für Personen über 5 Jahre, um gleichzeitig einen Schutz vor Diphterie zu erhalten.

Wurmerkrankungen

Winzige oder größere Exemplare, die überall lauern können, setzen sich an den verschiedensten Körperstellen bzw. -organen fest und sind oft erst Wochen nach der Rückkehr festzustellen. Die meis-

Ayurvedische Medizin

Ayurveda, ein 5000 Jahre altes, holistisches medizinisches System, wird in Indien vielerorts praktiziert. Ayurvedische Ärzte und Kliniken in größeren Städten behandeln auch Ausländer, und manche Apotheken haben sich auf die Herstellung ayurvedischer Mittel spezialisiert, darunter auch Toilettenartikel wie Seifen, Shampoos und Zahnpasta.

Das Wort *ayurveda* stammt aus dem Sanskrit und bedeutet **„Wissen von der Verlängerung des Lebens"**; die Lehre geht von der grundsätzlichen Gleichheit von Selbst und Natur aus. Insofern ist Ayurveda ein Verwandter der Wissenschaft des Yoga, die aus derselben Periode der vedischen Philosophie stammt. Er legt großen Wert auf die Harmonie von Geist, Körper und Seele und sieht hinter vielen Krankheiten psychosomatische Ursachen. Anders als die allopathische Medizin des Westens, die darauf basiert, herauszufinden, wo das Leiden liegt, und es dann zu vernichten, betrachtet Ayurveda den ganzen Patienten: Krankheit wird als Symptom für ein Ungleichgewicht angesehen, deshalb wird dieses Ungleichgewicht behandelt, nicht die Krankheit.

Die ayurvedische Theorie besagt, dass der Körper von drei *doshas* (Kräften) kontrolliert wird, die sich ihrerseits aus den fünf Grundelementen Raum, Feuer, Wasser, Erde und Luft zusammensetzen. Beim gesunden Körper befinden sich alle drei Kräfte im für den jeweiligen Typ richtigen Verhältnis zueinander. Um ein Ungleichgewicht zu diagnostizieren, fragt der ayurvedische Arzt *(vaid)* nicht nur nach den körperlichen Beschwerden, sondern auch nach dem familiären Hintergrund, alltäglichen Gewohnheiten und emotionalen Zügen.

Ungleichgewichte werden typischerweise mit Kräuterheilmitteln behandelt, die darauf abzielen, jene der drei Kräfte, die gestört ist, zu verändern. Für gewöhnlich gehört dazu auch die Anwendung von Ölen oder die Einnahme eigens zubereiteter Heilmittel. Die **ayurvedischen Mittel** werden nach traditionellen Rezepten aus einheimischen Pflanzen hergestellt und sind daher billiger als Markenprodukte oder importierte Medikamente. Eine traditionelle, streng vegetarische Diät wird ebenfalls für langfristige Heilerfolge empfohlen. Außerdem verschreibt der Arzt möglicherweise verschiedene Yoga-Reinigungsmethoden, damit der Körper Abfallprodukte loswird. Für Uneingeweihte klingen diese Techniken eher unangenehm – z. B. das stückweise Schlucken eines langen Stoffstreifens, den man anschließend wieder herauszieht, um Schleim aus dem Magen zu entfernen.

Ayurvedische **Massagen** mit Kräuterölen, die Linderung für eine Vielzahl von Beschwerden bringen sollen, werden vor allem in Kerala angeboten.

ten sind harmlos und durch eine einmalige Wurmkur zu vernichten, andere sind gefährlich, z. B. Hakenwürmer. Sie bahnen sich den Weg durch die Fußsohlen, deshalb sollte man auf feuchten Böden unbedingt Sandalen tragen.

Nach einer Reise in abgelegene Gebiete ist es empfehlenswert, den Stuhl auf Würmer untersuchen zu lassen. Notwendig ist das, wenn man über längere Zeiträume auch nur leichte Durchfälle hat.

Medizinische Versorgung in Indien

Bei kleineren gesundheitlichen Problemen können **Apotheken** für gewöhnlich weiterhelfen. Die meisten indischen Ärzte sprechen Englisch, und viele Hotels stellen einen Arzt. Die Grundmedikamente werden nach den Standards von *Indian Pharmacopoea (IP)* hergestellt; die meisten sind ohne Rezept erhältlich – immer auf das Verfallsdatum achten!

Der Standard der **Krankenhäuser** ist unterschiedlich. Private Kliniken und Missionskrankenhäuser sind oft besser als staatliche, verfügen aber mitunter nicht über die gleichen Einrichtungen. Krankenhäuser in Großstädten, darunter Universitätskliniken, sind i. A. recht gut; Städte wie Mumbai und Bangalore bieten eine erstklassige medizinische Versorgung, die allerdings recht kostspielig ist.

Viele Krankenhäuser verlangen von den Patienten (selbst in Notfällen), dass sie das notwendige Material wie Medikamente, Gipsverbände und Impfstoffe selbst kaufen und für Röntgenaufnahmen zahlen, bevor die Ärzte mit der Behandlung beginnen. Allerdings liegen die Kosten für Privatbehandlungen hier erheblich niedriger als im Westen (unbedingt alle Originaldokumente und Quittungen aufbewahren, um ggf. die Unkosten von der Versicherung zu Hause zurückzufordern). Demgegenüber nehmen staatliche Krankenhäuser alle chirurgischen Eingriffe und Nachbehandlungen kostenlos vor, und in den meisten anderen staatlichen medizinischen Einrichtungen sind die Kosten in der Regel so niedrig, dass die Ausgaben für einfache Behandlungen u. U. geringer sind als jene für die Auslandskrankenversicherung.

Man ist im Krankenhaus auf die Hilfe eines Freundes angewiesen oder muss eine Abmachung mit einer der Reinigungskräfte treffen, denn normalerweise haben sich Verwandte um den Patienten zu kümmern, ihn zu waschen und ihm Essen zu geben.

Adressen der ausländischen Vertretungen (die im Notfall Rat geben) und von Kliniken und Krankenhäusern finden sich unter den praktischen Tipps der jeweiligen Städte.

Versicherungen

Reiserücktrittskostenversicherung

Bei einer pauschal gebuchten Reise ist eine Rücktrittskostenversicherung meist im Preis inbegriffen (zur Sicherheit sollte man nachfragen). Wer individuell plant, muss sich um die Absicherung dieses Risikos selbst kümmern. Reisebüros bieten z. T. Versicherungen an oder vermitteln den Abschluss.

Viele Reiserücktrittskostenversicherungen müssen kurz nach der Buchung abgeschlossen werden (in der Regel bis 14 Tage danach). Bei Krankheit oder Tod eines Familienmitglieds oder Reisepartners ersetzt die Versicherung die Stornokosten der Reise. Eine Reiseunfähigkeit wegen Krankheit muss ärztlich nachgewiesen werden.

Die Kosten der Versicherung richten sich nach dem Preis der Reise und der Höhe der Stornogebühren. Sie liegen in der Regel zwischen 15 und 90 Euro pro Person. Zum Teil gibt es eine Selbstbeteiligung.

Reisegepäckversicherung

Viele Versicherungen bieten die Absicherung des Verlustes von Gepäck an, einige haben sich sogar darauf spezialisiert (z. B. Elvia). Allen Versicherungen ist gemein, dass die Bedingungen, unter denen das Gepäck abhanden kommen „darf", sehr eng gefasst sind. Deshalb ist es wichtig, die Versicherungsbedingungen genau zu studieren

Entscheidet man sich für eine Reisegepäckversicherung, ist darauf zu achten, dass sie Weltgeltung hat, die gesamte Dauer der Reise umfasst und in ausreichender Höhe abgeschlossen ist. Wer eine wertvolle Fotoausrüstung mitnimmt, kann darüber nachdenken, eine Zusatzversicherung abzuschließen (s. u.). Tritt ein Schadensfall ein, muss der Verlust sofort bei der Polizei gemeldet werden. Eine **Auflistung** aller Gegenstände mit Wertangabe ist dabei hilfreich. Ansonsten sollte alles, was nicht ausreichend versichert ist, im Handgepäck transportiert werden.

Auslandskrankenversicherung

Ohne eine Auslandskrankenversicherung mit Rücktransport abgeschlossen zu haben, sollte niemand sein Heimatland verlassen. Bei Krankheiten und Unfällen kann sehr schnell eine erhebliche Summe zusammenkommen, die aus eigener Tasche bezahlt werden müsste. Versicherte können die Kosten dagegen nach Einreichen der Rechnungen bei der Versicherung geltend machen.

Einschränkungen gibt es natürlich auch hier, besonders bezüglich Zahnbehandlungen (nur Notfallbehandlung), chronischen Krankheiten (Bedingungen durchlesen) und so genannten gefährlichen Sportarten – dazu können in Indien Bergsteigen, Wildwasserfahrten und Tauchen gezählt werden, Jeepsafaris jedoch wahrscheinlich nicht. Die meisten Versicherer zahlen den Rücktransport nur, wenn er „medizinisch notwendig" ist. Beim *ADAC*, der *Europäische Reiseversicherung* und *Huk-Coburg* genügt es, dass der behandelnde Arzt den Transport in die Heimat für sinnvoll erachtet. Bei einer Schwangerschaft ist eine schriftliche Bestätigung des Versicherers ratsam, dass er für Kosten von Frühgeburten und die medizinische Versorgung des Neugeborenen aufkommt.

Die später bei der Versicherung einzureichende **Rechnung** sollte folgende Angaben enthalten:

- ► Name, Vorname, Geburtsdatum, Behandlungsort und -datum
- ► Diagnose
- ► erbrachte Leistungen in detaillierter Aufstellung (Beratung, Untersuchungen, Behandlungen, Medikamente, Injektionen, Laborkosten, Krankenhausaufenthalt)
- ► Unterschrift des behandelnden Arztes
- ► Stempel

Auslandskrankenversicherungen werden von nahezu allen großen Versicherern und auch von einigen Kreditkartenorganisationen angeboten. Sie sind meistens für ein Jahr gültig, decken jedoch nur Reisen von jeweils bis zu 42 Tagen, manche bis acht Wochen ab. Es empfiehlt sich der Abschluss eines Jahresvertrages. Wer länger als sechs Wochen verreisen möchte, sollte nach Langzeittarifen fragen.

Gepäck

Die Liste auf Seite 33 dient auch uns seit vielen Jahren als Hilfe beim Packen. Sie ist jedoch keineswegs vollständig und kann nach individuellen Bedürfnissen ergänzt werden. Die meisten Dinge findet man auch problemlos in Indien, noch dazu billiger als zu Hause.

Geld

Indiens Landeswährung ist die Rupie, meist Rs abgekürzt, die sich in 100 Paise unterteilt. Es gibt fast nur Papiergeld, und zwar im Wert von 10, 20, 50, 100, 500 und seit kurzem 1000 Rupien, außerdem sind noch einige wenige Scheine im Wert von 1, 2 und 5 Rupien im Umlauf. Münzen beginnen bei 10 Paise, dann folgen 20, 25 und 50 Paise sowie 1, 2 und 5 Rupien.

Banknoten, vor allem mit niedrigerem Nennwert, können sehr mitgenommen aussehen. Nicht akzeptieren sollte man Geldscheine, die eingerissen

sind, denn niemand wird sie einem wieder abnehmen. Man kann sie jedoch bei der *Reserve Bank of India* und in größeren Filialen anderer großer Banken eintauschen. Man sollte sie aber nicht Bettlern geben, da diese nichts damit anfangen können – es wäre eine Beleidigung.

Wechselkurse			
1 Euro = 53,6 Rs	100 Rs = 1,87 Euro
1 sFr = 34,4 Rs	100 Rs = 2,92 sFr
1 US$ = 45,2 Rs	100 Rs = 2,22 US$

Große Geldscheine können ein Problem darstellen, da die wenigsten Leute über Wechselgeld verfügen. Viele Inder können es sich nicht leisten, viel Geld herumliegen zu haben, und auch von Ladenbesitzern und Rikschafahrern kann man nicht unbedingt erwarten, dass sie große Scheine wechseln können (und wenn sie Wechselgeld haben, rücken sie es ebenso ungern heraus wie der Fahrgast selbst). Wenn man ein paar Lebensmittel mit einem 100-Rupien-Schein bezahlt, kann es passieren, dass man warten muss, bis der Laufbursche von seiner Runde durch den Ort auf der Suche nach Wechselgeld wieder zurückkehrt. Größere Scheine sind allerdings leichter zu verstauen; sie können in Hotels oder Banken in kleinere umgetauscht werden.

Achtung: Der 500-Rupien-Schein ist dem 100-Rupien-Schein täuschend ähnlich.

Reisekosten

Indien ist immer noch eines der billigsten Reiseländer der Welt. Mit wenig ausländischer Währung kommt man oft sehr weit. Das bedeutet, dass man fast immer etwas Anständiges für sein Geld bekommt, egal ob man sehr sparsam oder eher luxuriös reist.

Wir geben zwar ungefähre Beträge an, mit denen gerechnet werden muss, aber man sollte nicht schon zu Beginn einer langen Reise die strenge Vorgabe haben, dass das mitgebrachte Geld unbedingt eine bestimmte Anzahl von Wochen oder Monaten reichen muss. Es ist zwar möglich, tagelang sehr wenig auszugeben, aber wer sich über

Garderobe

- Feste Schuhe (für Trekking-Touren reichen Turnschuhe meist aus)
- Sandalen
- Gummi- oder Trekkingsandalen (Pilzgefahr!)
- Hosen bzw. Röcke aus Baumwolle
- Kurze Hosen (nur für Strände, zum Baden und in Touristenenklaven)
- Hemden oder Blusen
- T-Shirts
- Jacke (für die An- und Abreise, kühle Nächte in den Bergen und ac-Busse)
- Pullover
- Regenschirm (keine Gummijacke wegen Wärmestau!)
- Sonnenschutz: Hut/Brille (in unzerbrechlicher Box)/Sonnencreme mit hohem Lichtschutzfaktor (in Indien schwer zu finden)
- Socken (für den Abend dichte, nicht allzu kurze Socken als Moskitoschutz)
- Unterwäsche (aus Baumwolle); ggf. BH
- Badekleidung, für Frauen außerhalb der Touristenzentren einteiliger Badeanzug

Hygiene und Pflege

- Zahnbürste, Zahnpasta in stabiler Tube
- Shampoo/Haarpflegemittel, Hautpflegemittel
- Nagelschere und -feile
- Rasierer (in abgelegenen Gebieten ist ein Nassrasierer zu bevorzugen)
- Feuchties (zur Hygiene unterwegs und wo es kein Wasser gibt)
- Tampons
- Kondome
- Plastiktüten (für schmutzige Wäsche und als Nässeschutz)
- Nähzeug (Zwirn/Nähseide/Nadeln/Sicherheitsnadeln)
- Toilettenpapier (in öffentlichen Toiletten nicht vorhanden)

Sonstiges

- Adapter
- Abflussstöpsel
- Reisewecker (oder Armbanduhr mit Wecker)
- Taschenlampe, Taschenmesser
- Reiseapotheke (s. S. 25)

- Multivitamin- und Mineraltabletten
- Ohrenstöpsel (gegen Straßenlärm im Hotelzimmer und Musik im Bus)
- Aufblasbare **Nackenstütze** für längere Fahrten
- Notizbuch und Stifte
- Taschenrechner (für Währungsumrechnung)
- Reisepass (evtl. Internationaler Studentenausweis und Personalausweis)
- Impfpass (oder zumindest eine Kopie davon)
- Passfotos, Visitenkarten
- Geld (Bargeld/Reiseschecks/Abrechnung über Schecks/Kreditkarte)
- Flugtickets, Visum, Führerschein
- Kopien der Dokumente (wegen des Einreisestempels nach der Einreise anfertigen)
- Reiseführer, Landkarten, Reiselektüre
- Kleine Geschenke (Postkarten, Briefmarken, Münzen, Fotos von daheim oder Sofortbildkamera für Fotos von den Gastgebern, Buntstifte, Murmeln oder Haargummis statt Bonbons für Kinder)

Wer in einfachen Unterkünften wohnen wird, braucht zudem

- Seife oder Waschlotion im bruchsicheren Behälter
- dünne Handtücher, die schnell trocknen (in den meisten Hotels vorhanden)
- Waschmittel in der Tube (für alle, die selbst Wäsche waschen)
- Plastikbürste (zum Reinigen von Wäsche und Schuhen)
- Kordel (als Wäscheleine oder zum Aufspannen des Moskitonetzes)
- Klebeband (um zu packen und Löcher im Moskitonetz zu verschließen)
- kleine Nägel oder Reißzwecken (zum Befestigen des Moskitonetzes)
- Vorhängeschloss mit Kette (um Gepäckstücke im Zug anzuschließen)
- kleine Schlösser (fürs Gepäck)
- Moskitonetz
- Schlafsack (Leinenschlafsack, Bettbezug oder 2 dünne Tücher); so braucht man sich nicht um den Zustand der Bettwäsche im Hotelzimmer zu sorgen, Kopfkissenbezug

Eintrittspreise

Im Jahr 2000 kündigte der *Archaeological Survey of India* eine neue Eintrittsgebührenordnung an, die für Ausländer und Einheimische unterschiedlich hohe Eintrittspreise vorsieht. Danach sollten ausländische Besucher (einschließlich nicht in Indien lebende Inder) für die bedeutenden archäologischen Stätten US$5–10 Eintritt oder die entsprechende Summe in Rupien zahlen, also oftmals einen um ein Vielfaches höheren Eintrittspreis als Einheimische.

Die Preise werden entweder in Dollar oder in Rupien erhoben. Wenn, wie es bei manchen Sehenswürdigkeiten der Fall ist, Dollar verlangt werden, basiert der von uns angegebene Preis auf dem Dollarkurs zurzeit der Recherche – immer daran denken, dass er Schwankungen unterliegt.

einen längeren Zeitraum nicht angemessen ernährt und ausruht, tut sich keinen Gefallen.

Für Ausländer liegen die Eintrittspreise zu Museen und historischen Sehenswürdigkeiten in Indien höher als für Einheimische, ebenso zahlen sie in exklusiven Hotels und für Flugtickets mehr und in Dollars (siehe Kasten).

Wie viel man ausgibt, hängt davon ab, wo man hinfährt, wo man absteigt, wie man herumkommt, was man isst und einkauft. Mit ca. 10 Euro (Rs 500) pro Tag kommt hin, wer in lokalen *dhabas* isst und nicht viel umherreist; das Doppelte reicht für recht komfortable Hotels der mittleren Preisklasse, Mahlzeiten in kleineren Restaurants, regelmäßige Rikscha- oder Taxifahrten und Eintrittsgelder für Sehenswürdigkeiten. Wer ein Budget von ca. 30 Euro (Rs 1500) pro Tag zur Verfügung hat, kann sich schon verwöhnen lassen. Um noch mehr auszugeben, muss man ständig in klimatisierten Verkehrsmitteln herumreisen, stets in noblen Hotels absteigen und in den vornehmsten Restaurants essen. 5-Sterne-Luxus ist in Indien – gemessen am westlichen Standard – relativ billig. doch vor allem die damit verbundenen Sondersteuern können das Budget schließlich sprengen.

Unterkünfte kosten ab 3 Euro pro Nacht (s. S. 42), ein einfaches vegetarisches Essen in einem durchschnittlichen Restaurant normalerweise weniger als die Hälfte. Reisen über lange Entfernungen erfreuen durch ein phänomenal gutes Preis-Leistungs-Verhältnis, solange man sich an staatliche Busse und die normale 2. Klasse der nicht klimatisierten Züge hält, wird aber schnell teurer, wenn man sich z. B. für die ac-Klasse in einem „superfast"-Intercity entscheidet. So liegt beispielsweise der Preis für eine vierstündige, 200 km lange Strecke je nach Komfort irgendwo zwischen Rs 50 (1 Euro) und Rs 300 (6 Euro).

Es macht auch einen Unterschied, wo man sich aufhält: Mumbai z. B. ist für teure Unterkünfte bekannt, und Touristenenklaven wie die Strände von Goa bieten selten preisgünstiges Essen und verlocken außerdem zum Kauf von Souvenirs. In der tiefsten Provinz – und fern von anderen Touristen – wird man die Preise hingegen unglaublich niedrig finden, dafür ist das Angebot natürlich sehr begrenzt.

Einige Individualreisende haben ihre helle Freude daran, eine geradezu wettbewerbsmäßige Pfennigfuchserei zu betreiben, was Inder eher abstoßend finden – sie wissen, wie viel ein Flugticket nach Delhi oder Mumbai kostet und haben eine ungefähre Vorstellung davon, wie viel ein Europäer verdient. Man sollte zwar, wo angebracht, feilschen, aber niemandem ein paar hart erarbeitete Rupien missgönnen, sondern bedenken, wie viel man für die gleiche Leistung zu Hause zahlen müsste und wie viel wertvoller das Geld für diese Person als für einen selbst ist. Selbst wenn man bei jeder Rikschafahrt den Höchstpreis zahlt, wird es die Ausgaben für die Reise nur minimal erhöhen. Andererseits sollte man nicht übertrieben viel für etwas zahlen, dessen üblichen Preis man kennt. Gedankenlose Verschwendung kann vor allem in abgeschiedenen Gebieten, die von unverhältnismäßig vielen Touristen aufgesucht werden, zur Inflation beitragen und so selbst Grundnahrungsmittel und -dienstleistungen für die Einheimischen unerschwinglich machen.

Reiseschecks und Kreditkarten

Es ist ratsam, neben etwas Bargeld immer auch einige Reiseschecks, darunter ein paar mit niedrigerem Nennwert, für das Ende der Reise sowie einen eventuell erforderlichen Kauf ausländischer Währung aufzubewahren. US-Dollars sind am einfachsten einzutauschen, an zweiter Stelle rangiert das britische Pfund. In Touristengebieten und großen Städten werden aber auch andere bekannte Währungen (sFr, Euro) problemlos eingetauscht. Wer mit über US$10 000 oder der entsprechenden Summe in einer anderen Währung nach Indien einreist, muss eine Devisenerklärung ausfüllen.

Reiseschecks sind nicht so schnell verfügbar wie Bargeld, aber selbstredend sicherer (und bei Banken bekommt man dafür einen etwas besseren Kurs). Aber nicht alle Banken akzeptieren sie, und wenn, dann zumeist bekannte Namen wie *Thomas Cook* und *American Express*; manchmal werden selbst *American Express*-Reiseschecks nur in US-Dollars akzeptiert. Sowohl *American Express* als auch *Thomas Cook* unterhalten Büros in allen größeren indischen Städten. Die Adressen sind in den jeweiligen Ortskapiteln angegeben; außerdem ist beim Kauf der Reiseschecks eine vollständige Liste der entsprechenden Büros erhältlich.

Eine **Kreditkarte** ist eine nützliche Ergänzung, denn immer mehr Hotels, Restaurants, große Läden und Touristenzentren sowie Flug- und Bahngesellschaften akzeptieren sie mittlerweile. Am weitesten verbreitet sind:

Wer mehrere Karten besitzt, sollte sie alle mitnehmen; man bekommt damit in etwa den gleichen Kurs wie in einer Bank, und es kann überraschend lange dauern, bis der Rechnungsbetrag vom Konto zu Hause abgebucht wird. Bei allen Filialen der *Bank of Baroda* (Bobcards) und der *Standard Chartered Grindlays* bekommt man mit der VISA-Karte Rupien. Es ist zu beachten, dass Barauszah-

lungen auf solche Karten als Darlehen behandelt werden und vom Tag der Auszahlung an tägliche Zinsen fällig werden; außerdem kann zuzüglich noch eine Transaktionsgebühr fällig werden. Eine weitere Möglichkeit ist die Barabhebung von **Geldautomaten** in Indien mit einer **EC-Karte** (auf das Maestro-Zeichen achten) – die Hausbank erteilt hierzu weitere Informationen. Größere Filialen der wichtigsten indischen Banken verfügen inzwischen über Geldautomaten, wobei der Höchstbetrag, der innerhalb von 24 Std. abgehoben werden kann, unterschiedlich ist. Ein Nachteil der Plastikvariante als Hauptquelle zur Versorgung mit Bargeld liegt natürlich darin, dass die Karte leicht verloren gehen oder gestohlen werden kann, sodass es ratsam ist, eine oder mehrere Alternativen und im Verlustfall die Telefonnummer für die Kartensperre parat zu haben.

Es ist illegal, Rupien nach/von Indien ein- bzw. auszuführen. Ohnehin bekommt man dafür im Westen keinen besonders guten Kurs (allerdings vielleicht in Thailand, Malaysia oder Singapore).

Zusätzlich zu den nachfolgend aufgeführten haben sowohl *American Express* als auch *Thomas Cook* Büros in mehreren großen Städten Indiens; Adressen im jeweiligen Ortskapitel – man kann sich beim Kauf der Reiseschecks auch eine komplette Liste aushändigen lassen. Wer vorhat, sehr viel Geld auszugeben, bespricht sich vor Abreise mit seinem Kartenaussteller, ob ein Limit vorgesehen ist und ob man es erhöhen sollte, damit bei Prüfung im Laden oder Hotel nicht ein ablehnender Bescheid aus dem Computer rattert.

Der **Verlust** ist umgehend den Büros des jeweiligen Kartenausstellers mitzuteilen. Man sollte sich den Eingang der Verlustmeldung mit Datum und Uhrzeit bestätigen lassen, da ab diesem Moment die Verantwortung bei einer etwaigen Weiterverwendung der Karte für den daraus entstehenden finanziellen Verlust beim Kreditkarteninstitut liegt.

Banken und Wechselstuben

Bei regulären Banken, insbesondere staatlichen wie der *State Bank of India (SBI)* Geld zu wechseln kann zeitraubend sein, da man Formulare ausfüllen und an verschiedenen Schaltern anstehen muss, deshalb immer gleich eine größere Summe wechseln. Die Banken in den großen Städten sind wahrscheinlich die effizientesten, allerdings wechseln nicht alle Fremdwährungen, manche akzeptieren nur US-Dollars oder britische Pfund, andere lösen keine Reiseschecks ein. (Banken erheben normalerweise eine Gebühr von 1% pro Transaktion, *Grindlays* verlangt pauschal Rs 200). Mit Privatunternehmen wie *Thomas Cook* und *American Express,* die Büros in den meisten Bundeshauptstädten unterhalten, hat man derlei Probleme nicht.

In den größeren Städten und Haupttouristenzentren gibt es für gewöhnlich mehrere zugelassene Wechselstuben, deren Kurse meist nicht so günstig wie die der Banken sind, wo man dafür aber wesentlich unkomplizierter Geld tauschen kann. In kleineren Städten besteht die beste Aussicht auf Erfolg bei der *State Bank of India,* man kann sich aber umhören, ob es eventuell noch eine Alternative gibt. Bei der Ankunft auf kleineren Flughäfen lassen sich u. U. nur US-Dollars oder britische Pfund in bar einwechseln.

Außerhalb der regulären **Öffnungszeiten** der Banken (Mo–Fr 10–14 oder 16 Uhr, Sa 10–12 Uhr) wechseln große Hotels möglicherweise Geld, aber wahrscheinlich zu einem niedrigeren Kurs. Wechselstuben sind länger geöffnet als Banken. Die Banken am Flughafen von Delhi, Mumbai und Chennai sind zwar rund um die Uhr geöffnet, aber keine von ihnen liegt besonders günstig. Notfalls bleibt nur der Schwarzmarkt.

Wechselquittungen *(encashment certificates)* sollte man aufbewahren. Sie werden verlangt, wenn man vor Verlassen des Landes übrig gebliebene Rupien zurücktauschen möchte und wenn man mit Rupien Flugtickets kauft oder Zugbetten reserviert.

Die *State Bank of India* verlangt inzwischen eine Gebühr für das Formular zur Steuerbefreiung (s. S. 14 um herauszufinden, wer eines benötigt).

Überweisungen

Eine schnelle Möglichkeit des Geldtransfers aus dem Heimatland bietet die *Reisebank AG* (mit Filialen in fast allen deutschen Bahnhöfen und Flughäfen) in Zusammenarbeit mit *Western Union* an. In Deutschland wird das Geld bar bei einer der Filialen eingezahlt (oder per Lastschrift vom Konto des Einzahlers eingezogen) und kann innerhalb von 15 Minuten bei einem der zahlreichen *Western Union*-Büros in Indien gegen eine durchschnittliche Gebühr von ca. 7,5% der Gesamtsumme abgeholt werden. Der Einzahler muss dem Abholer eine zehnstellige Geheimzahl übermitteln, z. B. telefonisch. Zur Abhebung ist ein Pass erforderlich. Die Auszahlung erfolgt bar in Rupien bis maximal Rs 20 000, zwischen Rs 20 000 und 50 000 in Form eines Schecks. Nähere Informationen über die **Reisebank AG**, Eschborner Landstraße 42–50, 60489 Frankfurt/Main, ✆ 069-9788 0700, 🖷 9788 0700 oder 0180-522 5822, ✉ info@reisebank.de, 🖥 www.reisebank.de.

Einen ähnlichen Überweisungsservice bieten auch *American Express* und *Thomas Cook.*

Bakschisch

Von vermeintlich reichen Sahibs oder Memsahibs wird wie von wohlhabenden Indern auch Großzügigkeit bei der Gabe von Bakschisch erwartet.

Es gibt drei Hauptformen von Bakschisch. Die häufigste ist das **Trinkgeld,** eine kleine Belohnung für einen kleinen Dienst, die jeder – vom Kellner über den Pförtner bis zu der Person, die Passagieren Gepäck auf das Dach eines Busses hievt oder ein Privatfahrzeug bewacht – gern entgegennimmt; Rs 10 sind in den genannten Fällen ausreichend. Taxifahrer und das Personal in billigeren Hotels und Restaurants rechnen nicht unbedingt mit einem Trinkgeld, aber wissen es natürlich zu schätzen.

Teurer als Trinkgelder kommt Bakschisch, das man zahlt, damit **Gesetze gebeugt werden,** von denen viele scheinbar zu eben diesem Zweck eingerichtet worden sind. Zum Beispiel kann es darum gehen, eine historische Sehenswürdigkeit außerhalb der Öffnungszeiten besichtigen zu dürfen, einen Platz oder eine Liege in einem „vollen" Zug zu bekommen oder eine bürokratische Prozedur zu beschleunigen.

Bei der dritten Art von Bakschisch handelt es sich um **Almosen**. In einem Land ohne Wohlfahrtssystem ist dies ein wichtiger gesellschaftlicher Brauch. Die traditionellen Empfänger sind Menschen mit Behinderungen und verstümmelten Gliedern. Es ist sicher richtig, es den Einheimischen gleich zu tun und ihnen Kleingeld zu geben. Bettelnde Kinder sind hingegen ein anderer Fall, denn sie wenden sich ausschließlich an Touristen. Wenn sie einem einen kleinen Dienst erweisen, ist es nur fair, dass sie etwas Geld, einen Kugelschreiber o. Ä. bekommen, erfüllt man aber jede Bitte, werden die Kinder dazu ermutigt, jeden Touristen zu bedrängen.

Frauen unterwegs

Indien ist kein Land, das allein reisenden Frauen große Steine in den Weg legt. Kleinere Ärgernisse sind eher an der Tagesordnung. Dennoch ist es ratsam, sich ein etwas dickes Fell zuzulegen.

Indische Straßen werden fast ausnahmslos von Männern dominiert, woran man sich vielleicht etwas gewöhnen muss, vor allem an das ständige Angestarrtwerden und die „anerkennenden" Pfiffe. Meist reicht es, die Blicke zu ignorieren und schnell weiterzugehen. Die meisten Mitreisenden in Zügen und Bussen sind Männer, die u. U. höchst unwillkommene Gespräche über Sex, Scheidung und die lockeren Beziehungen im Westen beginnen. Das lässt sich zwar meist nicht verhindern, aber wenn eine Touristin zu große Begeisterung für derartige Diskussionen bekundet, könnte der Eine oder Andere auf die Idee kommen, sie habe eine lockere Einstellung gegenüber Sex, und die Situation könnte bedrohlich werden. Das kann nerven und lässt sich bis zu einem gewissen Grad vermeiden, indem man sich an öffentlichen Orten zu anderen Frauen gesellt.

Die Begleitung eines männlichen Travellers macht einen Riesenunterschied aus. In diesem Fall kann die Frau davon ausgehen, dass indische Männer sich an ihn (den sie natürlich für den Ehemann halten – was manchmal von Vorteil ist) wenden.

Abgesehen von den penetranten Blicken und anzüglichen Kommentaren ist **sexuelle Belästigung** oder *Eve teasing* („Eva necken"), wie es hier genannt wird, zwar ärgerlich, aber meistens nicht bedrohlich. Nordindische Männer fallen eher dadurch auf, dass sie die Rechte der Frau missachten, als südindische. Mit der Zeit lernt frau, eine Situation richtig einzuschätzen.

Es ist am besten, in der Öffentlichkeit keine (für indische Verhältnisse) gewagte Kleidung zu tragen – ein *salwar kamise* (langes Hemd und Pluderhose) oder schlabberige Kleider und Hosen sind ideal – und weder zu rauchen noch zu trinken.

Auf eine unerwünschte Berührung mit einem Abwehrschlag zu reagieren ist völlig in Ordnung. Es lenkt auch die Aufmerksamkeit anderer auf die Situation, sodass vielleicht jemand hilft oder sich zumindest mit dem Übeltäter befasst – ein Mann, der die gesellschaftlichen Regeln missachtet, stößt in jedem Fall auf Missbilligung.

Einen Bollywood-Film im Kino anzuschauen, macht Spaß und ist wesentlicher Bestandteil einer Indienreise. Doch leider bleibt man bei dieser Gelegenheit selten unbehelligt. Die Zuschauer sind überwiegend junge Männer, daher lieber mit einer Gruppe von Leuten ins Kino gehen und/oder im Balkonbereich sitzen – das ist zwar etwas teurer, aber das Publikum ist dort weitaus gesetzter.

Gewalttätige sexuelle Übergriffe auf Touristinnen sind zwar sehr selten, aber die Zahl gemeldeter Vergewaltigungen nimmt zu. Vorsichtsmaßnahmen sind z. B.: Nachts einsame, schwach beleuchtete Straßen und Wege meiden; hat man am Tage einen vertrauenswürdigen Rikscha- oder Taxifahrer gefunden, sollte man ihn für die Abendfahrten behalten und nach Möglichkeit jemanden finden, der einen zum Hotel begleitet. Während Inderinnen sich noch immer scheuen, eine Vergewaltigung anzuzeigen – sie wird als Schande für Täter *und* Opfer betrachtet –, sollten Europäerinnen nie zögern, die Straftat der Polizei zu melden und vor der Weiterreise andere Touristen sowie Einheimische darüber zu informieren, in der Hoffnung, dass Druck seitens der Gemeinde den Täter vielleicht ans Licht und schließlich vor Gericht bringt. Zurzeit gibt es keinen Zufluchtsort für Touristinnen, die Opfer eines sexuellen Übergriffs wurden; die meisten Betroffenen suchen Unterstützung von anderen Reisenden oder fahren nach Hause.

Allein reisende Frauen machen aber in Indien auch durchaus positive neue Erfahrungen. Zum

Beispiel nehmen Busfahrer und -schaffner sie nicht selten unter ihre Fittiche, und bei vielen Gelegenheiten stoßen sie auf besondere Freundlichkeit. Frauen sind in einigen Privathäusern willkommener als westliche Männer und lernen am Lehmofen der Familie vielleicht die Feinheiten der indischen Küche kennen. Auf Busbahnhöfen und Bahnhöfen gibt es oft eine spezielle Warteschlange *(ladies' queue)* und einen Wartesaal nur für Frauen, und in Nachtzügen geschlossene Frauenabteile, die eine Oase der Ruhe darstellen – sofern sie nicht mit lauten Kindern gefüllt sind.

In Hotels sollte man nach „Gucklöchern" in der Tür (und in den Gemeinschaftsbädern) Ausschau halten und beim Umziehen oder Schlafengehen die Vorhänge zuziehen. Und nicht vergessen, Tampons von zu Hause mitzubringen, da sie außerhalb der indischen Städte nur schwer zu bekommen sind.

Frauenorganisationen in Indien

All India Democratic Women's Association (AIDWA), 121 VP House, Rafi Marg, New Delhi 110001, ℡ 011/2371 0476 oder 2331 9566, 🖳 www.aidwa.org. Frauenorganisation mit den erklärten Zielen Demokratie, Gleichstellung und Emanzipation.

Forum against the Oppression of Women, 29 Bhatia Bhawan, Babrekan Road, Gokale Road (North), Dadar, Mumbai 400028, ℡ 022/2422 2436. Eine Hilfsorganisation, die auch Workshops veranstaltet.

Kali for Women, B1/8 Hauz Khas Bagh, New Delhi 110006, ℡ 011/2685 2530. Feministischer Verlag, publiziert eine Reihe leicht verständlicher Bücher über die indische Frauenbewegung.

Lesben und Schwule

Homosexualität wird in Indien eigentlich nicht akzeptiert und findet daher zumeist im Geheimen statt. Die homosexuelle Szene in Indien geriet 1998 mit der indienweiten Ausstrahlung des höchst umstrittenen Films *Fire* von Deepa Mehta ins Rampenlicht. Da der Film das traditionelle heterosexuelle Familienleben in Frage stellt, verursachte er großen Aufruhr und wurde in einigen Bundesstaaten verboten. Für Lesben wird es eher schwierig

sein, mit Gleichgesinnten in Kontakt zu kommen; selbst die indische Frauenbewegung (Indian Women's Movement) behandelt lesbische Liebe nicht als ein Thema, für das es sich einzusetzen gilt. Die einzigen öffentlichen Vertreter einer versteckten Szene sind die unten aufgeführten Organisationen und einige wenige nationale Frauenvereinigungen.

Männliche Homosexualität beschränkt sich inzwischen nicht mehr nur auf die Alternativszene von Schauspielern und Künstlern und wird in der städtischen Mittel- und Oberschicht zunehmend akzeptiert.

Nachrichten, Artikel und nützliche Infos zu Schwulen- und Lesbenthemen bietet die Zeitschrift *Bombay Dost* (Rs 50; 🖳 www.bombaydost.com). Sie erscheint vierteljährlich und wird in Mumbai im *Danai Bookshop* in der Khar-Danda Road sowie im 105A Veena-Beena Shopping Centre verkauft.

Sehr ausführliche Adresslisten zu schwulenfreundlichen Unterkünften, Bars etc. weltweit sowie einen Veranstaltungskalender und zahlreiche Links zu regionalen Websites findet man im Internet unter 🖳 www.boyztravel.com/destinations.

Kontaktadressen in Indien

Am besten schreibt man die Organisationen zwecks Informationen an, denn in den meisten Fällen handelt es sich um Postfachadressen:

Gay Bombay, 🖳 www.gaybombay.org. Zwanglose Beratung, Chats, Hintergrundinformationen und Adressen für Schwule in Mumbai.

Humrahi, 🖳 www.geocities.com/westhollywood/heights/7258. Forum für Männer in New Delhi.

Humsafar Trust, 🖳 www.humsafar.org. Hat sich dem Safer Sex unter schwulen Männern verschrieben, bietet aber auch aktuelle Informationen.

Sangini Naz Foundation, PO Box 3910, Andrews Gunj, New Delhi 110049. Zusammenschluss lesbischer Frauen mit Informationen, Beratung und Begegnungsmöglichkeiten. Hotline ℡ 011/2685 1970 (Fr 6–20 und Sa 16–18 Uhr).

Shakhi, PO Box 3526, Lajpat Nagar, New Delhi 110065. Guesthouse und Beratungsstelle für lesbische Frauen.

Stree Sangam, PO Box 16613, Matunga, Mumbai 400019. Hilfsorganisation für lesbische und bisexuelle Frauen.

Reisen mit Behinderungen

Behinderungen sind in Indien weit verbreitet; viele sind Ergebnis von Krankheiten, die im Westen heilbar wären, z. B. grauer Star, hier jedoch zu lebenslanger Behinderung führen, weil die Betroffenen sich keine medizinische Behandlung leisten können. Behinderte haben kaum Chancen, einen Job zu bekommen, und so haben sie meist nur die Wahl, von der Familie versorgt zu werden oder auf der Straße um Almosen zu betteln.

Für behinderte Reisende hat dies durchaus positive Auswirkungen, denn Inder reagieren z. B. auf Behinderungen nicht mit derselben Verlegenheit wie manche Westler. Andererseits findet man so gut wie nie einen Rollstuhl neuerer Technik oder eine Behindertentoilette (die großen Flughäfen verfügen meist über beides, allerdings ist die Toilette nicht immer in einem benutzbaren Zustand), und die Straßen sind voller Hindernisse, die ein Blinder oder ein im Rollstuhl sitzender Tourist allein kaum bewältigen kann. Der Bordstein ist oft hoch, das Pflaster uneben und von Müll übersät, und Rampen gibt es nicht, dafür Schlaglöcher und offene Abwasserkanäle. Manche der teureren Hotels besitzen Rampen für Gepäck und Lieferungen, die sich manchmal auch für Rollstühle eignen.

Gehbehinderte werden mit den vielen voll gestellten, holprigen Gehwegen und steilen Treppen in Indien zu kämpfen haben. Ein weiteres Problem sind die vielen Menschen, die einem etwas verkaufen wollen (und die nur schwer abwimmeln kann, wer z. B. an Krücken geht). Das viele Anstehen und die Hitze kosten viel Energie, daher kann ein leichter Klappstuhl von unschätzbarem Wert sein.

Inder sind aber in der Regel sehr hilfsbereit, wenn jemand z. B. nicht allein in den Bus einsteigen kann oder die Treppe hochkommt. Taxis und Rikschas sind preiswert und flexibel, und einem behinderten Fahrgast, der eines für den ganzen Tag mietet, hilft der Fahrer bestimmt beim Ein- und Aussteigen. Wer einen Führer einstellt, kann ebenfalls damit rechnen, dass dieser bei Treppen und Hindernissen hilft. Völlige Unabhängigkeit ist ein Ding der Unmöglichkeit, doch in Begleitung eines nicht behinderten Reisepartners ist eine Indienreise durchaus machbar. Ausführlichere Informationen bei den unten stehenden Organisationen. Es gibt auch einige Pauschalreiseveranstalter, die sich speziell an Behinderte wenden. In jedem Fall ist es aber wichtig, vor der Buchung mit dem Veranstalter genau abzuklären, welche Bedürfnisse man hat. Außerdem sollte man sicher gehen, dass ein Versicherungsschutz besteht.

Nähere **Informationen** über Behindertenreisen bekommt man über die unten stehenden Organisationen. Ebenfalls hilfreich ist die US-Datenbank im Internet 🖳 www.access-able.com.

Die Nationale Koordinationsstelle Tourismus für Alle (NatKo), Kötherhofstr. 4, 55116 Mainz, 🖳 www.natko.de, der acht deutsche Behindertenverbände angehören, berät Anbieter bei der Verwirklichung behindertengerechter Unterkünfte, Programme usw. und nennt Behinderten hilfreiche Adressen für die Reiseplanung, die sich auch in einer von der NatKo herausgegebenen Broschüre finden. Dem Verband gehören u. a. die folgenden drei Vereine an:

Behindertenorganisationen

Bundesarbeitsgemeinschaft Hilfe für Behinderte, Kirchfeldstr. 149, 40215 Düsseldorf, ☏ 0211-31 00 60, 📠 310 0648, ✉ info@bagh.de, 🖳 www.bag-selbsthilfe.de. Gibt Telefonnummern und Adressen von Reiseveranstaltern heraus.

BAG cbf (Bundesarbeitsgemeinschaft der Clubs Behinderter und ihrer Freunde), Eupener Str. 5, 55131 Mainz, ☏ 06131-225 514, 📠 238 834, verschickt gegen Rückporto (1,45 Euro) eine Adressenliste aller bekannten Behinderten-Reiseveranstalter.

Bundesverband Selbsthilfe Körperbehinderter e.V., Altkrautheimer Str. 17, Postfach 20, Krautheim an der Jagst, ☏ 06294-68303, 📠 68155. Hilft mit Informationen und Ratschlägen weiter.

Reisen mit Kindern

Inder sind Kindern gegenüber sehr tolerant, deshalb kann man sie praktisch überall hin mitnehmen. Und Kinder helfen oft, das Eis zwischen Fremden zu brechen.

Die Anreise per Flugzeug ist immer beschwerlich, muss jedoch nicht zum Stress werden. Am lästigsten sind die Wartezeiten auf den Flughäfen. Diese lassen sich allerdings sehr gut nutzen, um sich und die Kinder in den überall vorhandenen Wasch- bzw. Mutter und Kind-Räumen in Ruhe zu waschen, die Zähne zu putzen und die Kleidung zu wechseln, was in den beengten Flugzeugtoiletten nur mit Mühe zu bewerkstelligen ist.

Der Komfort im Flugzeug selbst variiert je nach Fluggesellschaft. Die renommierten bieten „schwebende" Kinderbettchen für Säuglinge, Kinder-Menüs, die vor denen für Erwachsene ausgegeben werden, damit man den Kindern beim Essen behilflich sein kann. Meist gibt es Spiele, Bastelmaterial oder Ähnliches. Es kann aber passieren, dass es weder Milch noch eine Möglichkeit, sie zu erwärmen, gibt, von Babynahrung ganz zu schweigen. Besonders mit einem Kind unter 2 Jahren, das noch keinen Anspruch auf einen Sitzplatz hat, sollte nur eine der großen Fluggesellschaften in Betracht gezogen werden. Der Service ist ungleich besser, und Erwachsene mit Kindern werden beim Aus- und Einsteigen bevorzugt behandelt, was bei Billiganbietern nicht unbedingt üblich ist. In jedem Fall empfiehlt sich eine Ausrüstung mit Windeln, Babynahrung und Wechselwäsche wie für eine Dreitagereise, um für einen unvorhergesehenen Aufenthalt gewappnet zu sein.

Man sollte das Kind vor der Reise gründlich untersuchen lassen und darauf achten, dass es alle erforderlichen Impfungen – einschließlich gegen Kinderkrankheiten – besitzt. Vor allem Kleinkinder müssen besonders vor Sonne, unsauberem Trinkwasser und Hitze geschützt werden, und das ungewohnte Essen, vor allem die reichliche Verwendung von Chili, kann – auch für ältere Kinder – ein Problem darstellen. Durchfall, der für Erwachsene nur lästig ist, kann bei Kindern lebensgefährlich sein: Eine Elektrolytlösung (s. S. 26) ist dann sehr wichtig. Unbedingt erforderlich ist auch, dass das Kind über die Gefahren der Tollwut Bescheid weiß und sich von Tieren fern hält. Evtl. ist eine Tollwutimpfung ratsam. Hinweise zur Malariaprophylaxe s. S. 28.

Wer mit einem Baby reist, findet **Windeln** in den meisten größeren Städten zu ähnlichen Preisen wie im Westen. Es ist jedoch ratsam, eine Extra-Packung für Notfälle mitzunehmen. Wird das Baby nicht gestillt, gehört auch **Trockenmilch** ins Gepäck; es gibt sie zwar überall in Indien, aber sie schmeckt dort u. U. anders. Für den Notfall sollte man auch ein paar Päckchen Trocken-Babynah-

rung im Gepäck haben, die in heißem, abgekochtem Wasser aufgelöst werden kann – zu bekommen in jedem Café oder bei einem *chai-wallah*.

Für Touren, Wanderungen und Spaziergänge sind Babyrückentragen ideal; es gibt sie mittlerweile auch mit integriertem Moskitonetz. Es sollte nur so viel **Gepäck** wie unbedingt nötig mitgenommen werden, da es beim Umgang mit den Kleinen ansonsten nur hinderlich ist. Wenn das Kind noch klein ist, sollte man auch einen zusammenklappbaren Buggy einpacken, vor allem, weil es darin schlafen kann, solange die Erwachsenen mit Essen etc. beschäftigt sind. Kinder unter zwei Jahren zahlen im Flugzeug 10% (ohne Anspruch auf einen Sitzplatz) und Kinder unter 12 Jahren 50% des Erwachsenentarifs.

Ein lebhafter Erfahrungsbericht über eine erfolgreiche Indienreise mit Kindern (mit Ratschlägen zum Reisegepäck und anderen wichtigen Informationen) findet sich unter ▭ www.travel.guardian.co.uk/activities/family/story/0,7447,511603,00.html.

Sehr wichtig ist die Einbeziehung der Kinder in die Vorbereitung der Reise. Kinder möchten am Planen oder Kofferpacken teilnehmen und ihre Wünsche sollten im Rahmen des Möglichen berücksichtigt werden.

Nicht vergessen!

► Reisepass/Kinderausweis (Kinder jeglichen Alters brauchen für Indien einen Pass oder Kinderausweis mit Lichtbild)
► Impfpass
► SOS-Anhänger mit allen wichtigen Daten
► Kleidung – strapazierfähige Sachen
► Wegwerfwindeln
► Babynahrung
► Fläschchen für Säuglinge
► Walkman und Kassetten / CDs
► Spiele und Bücher
► Fotos von wichtigen Daheimgebliebenen gegen Heimweh
► Kuscheltier (muss gehütet werden wie ein Augapfel, denn ein verloren gegangener Liebling kann allen den Rest der Reise verderben – evtl. nur das zweitliebste Kuscheltier mitnehmen)
► Sonnencreme mit hohem Lichtschutzfaktor, Kopfbedeckung

PRAKTISCHE TIPPS

Übernachtung

Das ganze Jahr über bereisen mehr Inder als ausländische Touristen Indien – auf Urlaubs-, Pilger- oder Geschäftsreise –, und die Besucher erwartet eine riesige Zahl von Hotels und Guesthouses. Alles in allem bieten die Unterkünfte, wie so vieles in Indien, ein gutes Preis-Leistungs-Verhältnis, allerdings liegen die Preise für Luxusherbergen mit westlichem Komfort und Service vor allem in Großstädten auf internationalem Niveau.

Preiskategorien der Unterkünfte

Wir haben die Hotels mit **Zahlencodes** gekennzeichnet. Die Preise beziehen sich jeweils auf ein Doppelzimmer; nur bei Unterbringung im Schlafsaal geben wir den Preis in Rupien an. Die meisten Mittelklasse- und alle teuren bzw. Luxushotels berechnen eine Luxussteuer von 10–15 % sowie eine Gemeindesteuer von 5 %. Die Steuern sind in unseren Kategorien jeweils berücksichtigt.

Indien hat keine eigentliche Touristensaison, deshalb bleiben die Preise in den meisten Unterkünften das ganze Jahr über gleich. Bestimmte Resorts und einige Orte an bekannten Touristenrouten nehmen jedoch etwas höhere Preise oder lassen nicht mit sich handeln, wenn die Nachfrage groß ist. Das betrifft die Hill Stations im Sommer (April–Juli) und Goa sowie andere Badeorte im Winter (Dez–Jan), vor allem um Weihnachten und Neujahr. Wo angebracht, weisen wir auf derartige Preisschwankungen hin.

❶	=	bis Rs 150
❷	=	Rs 150–300
❸	=	Rs 300–500
❹	=	Rs 500–700
❺	=	Rs 700–1000
❻	=	Rs 1000–1500
❼	=	Rs 1500–2000
❽	=	Rs 2000–3000
❾	=	über Rs 3000

Preiswerte Hotels

Obwohl die Unterkunftspreise in Indien allgemein steigen, gibt es immer noch eine Vielzahl an billigen Hotels, die auf Rucksacktouristen und weniger wohlhabende Inder ausgerichtet sind. Die meisten verlangen Rs 150–250 für ein Doppelzimmer, außerhalb der Großstädte manchmal sogar weniger als Rs 100. Am billigsten ist normalerweise ein Schlafsaalbett in einer Jugendherberge oder einem Hotel (Rs 30–100). Sogar noch günstiger sind Gästebetten in religiösen Einrichtungen und Pilgerherbergen, den so genannten *dharamshalas* (s. u.).

Budget-Unterkünfte reichen von schmuddeligen Bruchbuden bis zu gemütlichen Guesthouses und sind natürlich billiger, je weiter man sich von den ausgetretenen Touristenpfaden entfernt. Am teuersten sind sie in Mumbai, wo die Preise mindestens doppelt so hoch liegen wie für gleichwertige Unterkünfte in den meisten anderen Städten.

Kalte Duschen oder „Kübelbäder" sind üblich – was in Indien fast das ganze Jahr über kein Problem darstellt. Es ist jedoch ratsam, den Zustand der Bäder und Toiletten zu kontrollieren, bevor man eincheckt. Auch nach Bettwanzen und Moskitos sollte man Ausschau halten – Blutflecken um das Bett herum und an den Wänden sind verräterisch.

Wenn ein Taxi- oder Rikschafahrer behauptet, die vom Fahrgast angesteuerte Unterkunft sei voll, geschlossen oder umgezogen, ist wahrscheinlicher, dass er ein Hotel, von dem er eine Provision kassiert (die nicht selten auf die eigene Rechnung aufgeschlagen wird), ansteuern will. In einigen großen Touristenzentren agieren gewerbsmäßige Schlepper. Sie können nerven, aber manchmal lohnt es, etwas mehr zu zahlen, vor allem wenn man nachts alleine irgendwo ankommt. Eine Möglichkeit, die Schlepper zu vermeiden, ist es, sich nicht vom Fleck zu rühren – manche Flughäfen und die meisten größeren Bahnhöfe verfügen über Zimmer (*Retiring Rooms*).

Hotels der Mittelklasse

Selbst wer auf einen gewissen Komfort nicht verzichten mag, braucht dafür kein Vermögen auszugeben. Ein großes, sauberes Zimmer mit frisch gemachten Betten, eigener sauberer Toilette (oft eine westliche) sowie fließend Warm- und Kaltwasser kann noch unter Rs 400 (7 Euro) kosten. Extras, die den Preis in die Höhe treiben können, sind Gemeindesteuern, TV, Moskitonetze, Balkon und vor allem Airconditioning.

Letztere (in Indien a/c abgekürzt) bietet nicht zwangsläufig den Nutzen, den man sich davon verspricht – in manchen Hotels zahlt man das Doppelte für eine Klimaanlage, die so verstaubt, schwerfällig und laut ist, dass man um den Schlaf gebracht wird –, aber jedes Hotel, das darüber verfügt, darf sich als Mittelklassehotel ausgeben. Manche bieten auch eine Zwischenversion, die als *air-cooled* – laut und nicht so effektiv wie eine volle Klimatisierung, aber bei großer Hitze besser als nichts – bezeichnet wird und nur in trockeneren Landstrichen anzutreffen ist, da diese Kühlvorrichtungen in Gegenden mit extrem hoher Luftfeuchtigkeit wie an der südindischen Küste und im Golf von Bengalen nicht funktionieren. Darüber hinaus haben viele Mittelklassehotels ein Restaurant und bieten Zimmerservice.

Neue Hotels sind im Innern meist mit Marmor (oder einem Imitat) verkleidet, wodurch sie mitunter charakterlos wirken. Sie sind jedoch viel sauberer als ältere Hotels, wo sich der Dreck in Risse und Spalten bohrt und die Feuchtigkeit bald die Farbe frisst. Einige Mittelklassehotels haben ihre Zimmer komplett mit Teppichböden ausgelegt, die aufgrund der Feuchtigkeit oft muffig riechen.

Die meisten Landesregierungen betreiben *tourist bungalows*, die Mittelklassehotels vergleichbar sind, für gewöhnlich aber auch teurere Zimmer mit ac und billigere Schlafsaalunterkünfte bieten. Meist sind sie ihr Geld wert, auch wenn der Standard von Bundesstaat zu Bundesstaat und sogar innerhalb eines Bundesstaates variiert. Einige sind eher heruntergekommen, andere sehr gut in Schuss, und unter denen in Kerala befinden sich sogar regelrechte Luxusunterkünfte. In diesem Buch sind die staatlichen Unterkünfte durch Hinzufügung der Abkürzung des staatlichen Betreibers – z. B. KTDC für *Kerala Tourist Development Corporation* – gekennzeichnet. Reservierungen für staatliche Hotels können telefonisch beim jeweiligen Haus oder über staatliche Touristeninformationen im ganzen Land erfolgen.

Luxushotels

Die meisten indischen Luxushotels fallen unter eine der beiden folgenden Kategorien: altehrwürdige Institution oder moderne Hotelkette und beschränken sich im Großen und Ganzen auf die großen Städte und Touristenzentren.

In den einstigen Hochburgen der britischen Kolonialisten, wie z. B. die Hill Stations, gibt es edle Übernachtungsmöglichkeiten in Gebäuden, denen noch der verblichene Glanz des Raj anhaftet. In einigen Bundesstaaten wurden schöne alte Forts und Paläste *(thikanas)* in so genannte **Heritage Hotels** verwandelt.

Moderne Luxusanlagen – schick, hell und geschäftsmäßig – gehören meist zu Hotelketten, entweder indischen oder internationalen. Der *Taj Mahal Palace and Tower* in Mumbai zum Beispiel, das größte Hotelunternehmen des Landes, gehört zu einer Kette, die ehemalige Paläste in Rajasthan zu Hotels umgestaltet hat. Einige Taj-Hotels zählen zu den besten oder zumindest teuersten Hotels der Welt. Andere Hotelketten sind *Oberoi, Hilton, Hyatt, Marriott, Sheraton* und die *Ashok*-Kette der *India Tourist Development Corporation*. Man findet solche Hotels in den meisten Bundeshauptstädten und in einigen Resorts, die von reichen Indern und ausländischen Touristen bevorzugt werden. Diese Hotels geben ihre Preise zunehmend in US-Dollar an, beginnend bei US$110 bis zu US$500 für ein Doppelzimmer.

In Palast- und Heritage Hotels dagegen bekommt man immer noch hervorragenden Service fürs Geld, und die Preise nähern sich erst allmählich jenen gleichwertiger Hotels im Westen. Eine ganze Reihe von Heritage Hotels werden unter 🖳 www.indianheritagehotels.com vorgestellt.

Reservierungen für viele der größeren Hotelketten sind in Büros rund um den Globus möglich, aber auch über das Internet. Daher sind in diesem Buch auch die Websites der Hotels aufgeführt, sofern sie existieren. Es ist zu beachten, dass 5-Sterne- und andere Luxushotels auf ihren Websites Tarife anbieten, die häufig erheblich unter den Standardpreisen liegen, mit denen man telefonisch oder bei unangemeldetem Erscheinen konfrontiert wird. Preisnachlässe bieten Reiseveranstalter wie die *Travel Corporation of India,* ✆ 069-56 53 53 (Frankfurt/Main), die je nach Saison bis zu 60% Ermäßigung auf den Übernachtungspreis bestimmter Luxushotels gewährt.

Sonstige Unterkünfte

Viele Bahnhöfe bieten so genannte „**Retiring Rooms**", in denen Passagiere schlafen können, sofern der Bahnhofslärm es zulässt. Diese Zimmer sind vor allem dann praktisch, wenn man früh morgens einen Zug erwischen muss, sie sind aber meist lange im Voraus ausgebucht. Die Preise sind unterschiedlich, entsprechen jedoch i. A. denen der Budget-Hotels. Die Zimmer sind groß und sauber, wenngleich etwas steril; oft sind auch Schlafsäle vorhanden, wo man unter Garantie im Morgengrauen von einem ganzen Räusper-Chor geweckt wird. Gelegentlich findet sich auf einem Hauptbahnhof sogar ein Zimmer mit ac – ein echtes Schnäppchen. *Retiring Rooms* können nicht im Voraus reserviert werden – also einfach hingehen und fragen, ob ein Zimmer frei ist.

Die lokalen Touristenbüros in Mumbai und Kerala haben so genannte *paying guest* oder *homestay schemes* eingerichtet, die Besuchern die Möglichkeit bieten, gegen Bezahlung bei einer **Gastfamilie** zu wohnen. Die internationale Organisation SERVAS vermittelt ebenfalls indische Gastfamilien. Weitere Informationen unter 🖥 www.servas.de.

Camping ist ebenfalls möglich, allerdings leuchtet kaum ein, weshalb sich jemand nachts in ein Zelt einschließen möchte, wenn man für ein paar Rupien auf einem kühlen *charpoi* (eine Art einfaches Bett) auf einer Dachterrasse schlafen kann.

YMCAs und **YWCAs** finden sich nur in großen Städten. Sie sind gepflegter und kostspieliger als Mittelklassehotels. In der Regel sind sie das Geld wert, aber oft ausgebucht und manchmal nehmen sie nur Männer bzw. Frauen auf.

Offizielle und nicht offizielle **Jugendherbergen**, einige davon unter staatlichem Management, liegen planlos über das Land verstreut. Mit einem JH-Ausweis bekommt man einen Preisnachlass, doch auch Besucher ohne Ausweis werden selten abgewiesen. Für gewöhnlich schließen sie tagsüber nicht. Die Preise entsprechen jenen der billigsten Hotels. Auch einige religiöse Einrichtungen bieten Pilgern und Besuchern Unterkunft und nehmen eventuell auch Touristen auf. Oft wird eine Spende erwartet – willkommen ist sie immer; einige der größeren Institutionen verlangen einen minimalen Festbetrag. Pilgerstätten, vor allem jene, die weit von anderen Unterkünften entfernt liegen, verfügen meist auch über **Dharamshalas (Pilgerherbergen)**. Sie sind sehr billig und sehr einfach und fast immer mit einfachen Gemeinschaftsbädern ausgestattet. Einige bieten aber auch Zimmer mit eigener Du/WC. *Dharamshalas* bieten Unterkunft gegen eine Spende oder einen winzigen Unkostenbeitrag, der manchmal nicht höher als Rs 20 ausfällt.

Praktische Hinweise zur Übernachtung

Check-out-Zeit ist in den teureren Hotels 12 Uhr mittags. Man sollte sich aber gleich bei der Ankunft danach erkundigen, denn viele erwarten, dass man das Zimmer bereits um 8 Uhr morgens verlässt. In den meisten Unterkünften der unteren bis mittleren Preisklasse gilt ein 24-Stunden-System, d. h., man muss zur gleichen Uhrzeit, zu der man das Zimmer belegt hat, wieder auschecken. Manche Unterkünfte gestatten noch nach der offiziellen Check-out-Zeit die Nutzung ihrer Einrichtungen, manchmal gegen eine geringe Gebühr, während einige wenige nicht einmal das Gepäck aufbewahren, sofern man nicht für eine weitere Nacht bezahlt.

Leider bieten nicht alle Hotels **Einzelzimmer**, daher kommt die Reise oft teurer, wenn man allein reist. In Hotels, die keine Einzelzimmer haben, kann man aber manchmal einen kleinen Preisnachlass erzielen. Zimmer mit drei oder vier Betten sind hingegen keine Seltenheit – sie sind für Familien und kleine Gruppen sehr preiswert.

In billigen Hotels und Jugendherbergen braucht man keine **Extragebühren** auf der Rechnung zu befürchten. Aber je höher die Hotelklasse (über US$200–300), desto wahrscheinlicher ist, dass Steuern und Servicegebühren sich in die Rechnung einschleichen. Manchmal erhöhen sie den ursprünglichen Preis bis um ein Drittel. Die Servicegebühr beträgt in der Regel 10%, die Steuern werden hingegen von den Landesregierungen festgelegt und variieren daher von Bundesstaat zu Bundesstaat.

Wie viele andere Dinge in Indien auch, lässt sich der Zimmerpreis durchaus **verhandeln**. Wenn der Preis zu hoch erscheint oder alle Hotels in der Stadt leer sind, kann man feilschen. Vielleicht erreicht man nichts, aber wer nicht wagt, der nicht gewinnt.

Jugendherbergswerke

DJH Service GmbH, Bismarckstr. 8,
32754 Detmold, ☎ 05231/74010; 📠 740149,
✉ service@djh.de, 🖥 www.jugendherberge.de.
**Junge Hotels Austria – Österreichisches
Jugendherbergswerk**, Helferstorferstr. 4,
1010 Wien, ☎ 01/533 1833; 📠 533 183385,
✉ office@jungehotels.at, 🖥 www.oejhw.at.
Schweizer Jugendherbergen, Schaffhauser Str.
14, 8042 Zürich, ☎ 044/3601414, 📠 3601460,
✉ bookingoffice@youthhostel.ch,
🖥 www.youthhostel.ch.

Essen und Trinken

Indisches Essen genießt auf der ganzen Welt den wohlverdienten guten Ruf, aromatisch und schmackhaft zu sein. Besonders für **Vegetarier** ist Indien ein Schlaraffenland. Inder sind daran gewöhnt, dass manche Menschen bestimmte Diätvorschriften beachten: Folglich werden auch die eines Touristen respektiert, und niemand wird einen deshalb für verschroben halten. Tatsächlich sind einige der besten Speisen Indiens vegetarisch, und selbst überzeugte Fleischesser werden mit Begeisterung köstliche Linsen- und Gemüse-Currys verdrücken.

Die meisten religiösen Hindus und die große Mehrheit der Menschen im tiefen Süden essen weder Fleisch noch Fisch. Einige orthodoxe Brahmanen nehmen sogar nur Essen zu sich, das von einem Mitglied ihres Haushaltes zubereitet wurde, und verzehren weder Zwiebeln noch Knoblauch, da diese angeblich niedere Instinkte wecken. Jains sind noch strenger und meiden auch Tomaten, die sie an Blut erinnern. Veganismus ist hingegen nicht verbreitet, daher müssen Veganer wachsam sein, denn Milchprodukte sind in allen möglichen Gerichten enthalten.

Viele Restaurants weisen darauf hin, ob sie vegetarisch kochen oder nicht (veg oder non-veg) und wir erwähnen dies ebenfalls in unseren Restaurantangaben. Man sieht auch Werbung für rein vegetarische Küche (pure veg), was bedeutet, dass weder Eier noch Alkohol serviert werden.

Als Fleischesser sollte man in Indien vorsichtig sein: Selbst wenn es **Fleisch** gibt, ist dessen Qualität vor allem in den größeren Städten nicht gewährleistet, und die Portionen sind ohnehin klein – insbesondere in den Bahnhofslokalen, wo es dem Essen nur etwas Aroma verleihen soll. Zu beachten gilt, dass es sich bei „mutton" (Hammelfleisch) in Wirklichkeit um Ziegenfleisch handelt. Hindus essen selbstverständlich kein Rindfleisch und Moslems kein Schweinefleisch, deshalb findet man beides nur in einigen wenigen christlichen Enklaven, wie den Strandgebieten von Goa, und in tibetischen Gemeinden.

Es gibt im Wesentlichen vier verschiedene Arten von Speiselokalen: **Billige indische Lokale** (dhabas, bhojanalayas und udipis), Restaurants, Tourist Restaurants und Schnellrestaurants. Dhabas und bhojanalayas bieten einfache, aber oft gute Küche. Das Angebot besteht aus Gemüse-Curry, dhal (Linsen in einer würzigen Soße, „da'al" ausgesprochen), Reis oder indischem Brot und manchmal Fleisch. Dhabas liegen oft am Rand von Schnellstraßen und verköstigen traditionell vorwiegend Lastwagenfahrer. Sie können extrem schäbig sein. Es ist daher ratsam, erst einmal einen Blick hineinzuwerfen. Anders verhält es sich in der Regel mit den so genannten udipi-Restaurants. Diese bieten billige und köstliche Snacks wie masala dosa, iddli, vada und Reisgerichte an, die stets frisch zubereitet und von uniformierten Kellnern serviert werden.

Restaurants unterscheiden sich in Preis und Qualität, sie können vegetarisch oder nicht vegetarisch sein und bieten eine Vielzahl an Gerichten. Luxusrestaurants, z. B. die der 5-Sterne-Hotels, sind für indische Verhältnisse teuer, bieten dafür jedoch Gelegenheit, klassische indische Küche von Top-Qualität zu probieren: reichhaltig, raffiniert und lecker – zu einem weit niedrigeren Preis als zu Hause (vorausgesetzt, man findet dort überhaupt derart gutes indisches Essen). Man sollte wenigstens einmal eines dieser Restaurants besuchen, aber den Wein, der ausnahmslos überteuert ist, meiden.

Die **Tourist Restaurants** richten sich vor allem an ausländische Touristen mit weniger abenteuerlustigem Gaumen oder schlicht Heimweh. Man findet sie in Badeorten, Hill Stations und Touristenzentren. Hier wird westliches Essen serviert: Pfannkuchen und Gebäck, Omelettes und Toast, Pommes frites, gebratene Garnelen, Getreideprodukte und Obstsalat. Sie sind in der Regel recht teuer, manchmal sogar völlig überteuert und natürlich nicht authentisch indisch.

Schließlich gibt es noch die internationalen **Fastfood-Lokale**, die Burger (ohne Rindfleisch) und Pizza am laufenden Band produzieren.

Wer das Glück hat, zu einer indischen Familie nach Hause eingeladen zu werden, wird in den Genuss des authentischsten indischen Essens kommen. Die meisten Inderinnen sind hervorragende Köchinnen, die von Kindheit an bei ihren Müttern, Großmüttern und Tanten in die Schule gegangen sind. Hinweise zum Wasser s. S. 23.

Indisches Essen

Was Westler als **Curry** bezeichnen, umfasst eine Vielzahl von Gerichten mit einer jeweils anderen *masala* oder Gewürzmischung. Currypulver gibt es in Indien nicht – am nächsten kommt ihm hier die nördliche *garam masala* („scharfe Mischung"), eine Kombination aus getrocknetem, gemahlenem schwarzen Pfeffer und anderen **Gewürzen**, die einem Gericht ganz am Ende des Kochvorgangs zugefügt werden. Zu den häufig verwendeten Gewürzen gehören Pfeffer, Kardamom, Gewürznelken, Zimt, Chili, Kurkuma, Knoblauch, Ingwer, Koriander – sowohl Blatt als auch Samen –, Kreuzkümmel und Safran. Manche werden unzermahlen benutzt – also aufpassen und nicht darauf beißen.

Es ist die indische Vorliebe für **Chili**, die viele westliche Besucher schreckt. Die meisten Ausländer gewöhnen sich jedoch daran. Wenn nicht, hält man sich an milde Gerichte wie *korma* und *biryani*, wobei Fleisch oder Gemüse mit Reis zusammen gekocht wird, und isst viele *chapatis*. Inder mildern den Effekt von Chili oft durch Chutneys, *dahi* (reinem Joghurt) oder *raita* (Joghurt mit Pfefferminzblättern und Gurken oder anderen Kräutern und Gemüsesorten). Bier ist nach scharfem Chiligenuss zum Nachspülen mit am besten; die wichtigsten Öle, die das Brennen verursachen, lösen sich nämlich in Alkohol, nicht jedoch in Wasser auf. Vegetarische Currys werden normalerweise (auch auf englischen Speisekarten) unter den Hindi-Bezeichnungen ihrer wichtigsten Zutaten aufgeführt. Bei Fleisch-Currys findet man oft nähere Angaben, wie z. B. *korma* (mit Joghurtsoße, mild) oder *dopiaza* (mit Zwiebeln, mittelscharf), aus denen die verwendete *masala*-Mischung oder die Zubereitungsart ersichtlich ist.

Die **regionalen Unterschiede** sind groß: Vor allem im Norden Indiens, aber auch weiter südlich bis Hyderabad, lebt der Einfluss der Moguln in Form der **Mughlai-Küche** fort. Sie ist überwiegend nicht vegetarisch und absolut köstlich. Beliebte Zutaten sind z. B. Sahne, Mandeln, Sultaninen und Safran. Taucht „Mughlai" im Namen eines Gerichts auf, weist es normalerweise auf ein mildes, sahniges Gericht hin. *Mughlai paratha* ist ein würziges Brot mit Ei.

Die zweite weit verbreitete nördliche Zubereitungsart ist **Tandoori**. Der Name bezieht sich auf den Lehmofen *(tandoor)*, in dem das Essen gebacken wird. Im Falle von *Tandoori chicken* wird das Hähnchen vor dem Garen in einer Mischung aus Joghurt, Kräutern und Gewürzen mariniert. Kleine Fleischstücke ohne Knochen, die auf dieselbe Art mariniert und gebacken werden, heißen *tikka*; sie werden möglicherweise in einer mäßig scharfen *masala (tikka masala)*, in einer mit Mandeln *(pasanda)* angereicherten, oder aber in einer sämigen Buttersoße *(murg makhani* oder *butter chicken)* dargereicht. Auch Brote, wie *naan* und *roti*, werden im *tandoor* gebacken.

In der ganzen moslemischen Küche des Nordens gibt es zu deftigen Fleisch- und Hühnergerichten oft hauchdünnes *rumali roti* („Taschentuchbrot"). **Dhal** passt zu fast jedem Fleisch- oder Gemüsegericht und kann auch gut mit Reis oder Brot verzehrt werden.

Vor allem im Süden gibt es in vielen Lokalen üblicherweise **Tagesmenüs**, die hier schlicht „meals" heißen. In der Regel besteht ein solches Tagesgericht aus einem Berg Reis, umgeben von verschiedenen leckeren Gemüse-Currys, *sambar dhal*, Chutney und Joghurt. Dazu gibt es meistens *poppadums, vadas* und *rasam*, eine scharfe Suppe. „Meals" werden üblicherweise auf einem Metallteller oder *thali* (auch in Nordindien gebräuchlich) mit einer Vertiefung für jede Beilage serviert, manchmal aber auch auf einem Bananenblatt. In den meisten traditionellen Restaurants kann man essen, so viel man möchte, und Kellner gehen mit Schüsseln für den „Nachschlag" herum. Im Süden gehört es zum guten Ton, mit den Fingern zu essen – es kann sein, dass überhaupt kein Essbesteck vorhanden ist. Man sollte stets nur mit der rechten Hand essen, da die Linke als unrein gilt, und sich zuvor die Hände waschen. Zum Essen nur die Fingerspitzen benutzen, damit das Essen nicht auf dem Handteller landet!

Snacks

Der kleine Hunger zwischendurch lässt sich in Indien mit seiner großen Auswahl an Snacks und Finger Food leicht stillen. *Chana puri*, ein Kichererbsen-Curry mit *puri* (oder einem anderen Brot) zum Stippen, sehr beliebt im Norden des Landes, lässt sich nur im Sitzen verzehren. Das südindische Gegenstück ist *iddli sambar* – eine Linsen-Gemüse-Soße mit Reiskuchen zum Tunken. Die begehrteste Zwischenmahlzeit Südindiens ist jedoch *masala dosa*, ein knuspriger Reisfladen mit Kartoffel-Gemüse-Füllung.

Zu dem Finger Food, das auf der Straße angeboten wird, gehören *bhel puris* (eine Mumbai-Spezialität aus zerkleinertem Gemüse – gefüllte *puris* mit Tamarindensoße), *pani puris* (die gleichen *puris* in pfeffrig-scharfe Soße getaucht – nur etwas für Abgehärtete), *bhajis* (frittierter Gemüsekuchen in Kichererbsenmehl), *samosas* (Fleisch oder Gemüse in einer gebratenen Teigtasche) und *pakoras* (Gemüse oder Kartoffel, in Kichererbsenmehl gewendet und frittiert). Kebabs sind im Norden und um Hyderabad verbreitet, vor allem *shish kebab*, Lammhackfleisch, das auf einem Spieß gegrillt wird, aber auch *shami kebab*, kleine, in Öl gebratene Lammhackbällchen. Kebab in *kathi*, d. h. in einem in der Bratpfanne gebackenen Brot, ist ein Snack, der in Kolkata (Kalkutta) erfunden wurde, inzwischen aber auch in anderen Städten erhältlich ist. Für alle Snacks von der Straße gilt jedoch, dass sie Keime anziehen, wenn sie lange herumliegen – deshalb sollte man darauf achten, dass das Essen frisch zubereitet wurde. Mit besonderer Vorsicht sind Snacks zu genießen, die mit Wasser (z. B. *pani puris*) oder mehrfach wieder verwendetem Speiseöl zubereitet werden. Es ist ratsam, sich langsam an indische Verhältnisse zu gewöhnen, bevor man Straßensnacks isst.

In Indien herrscht kein Mangel an würzigen Nuss- oder Kernmischungen, die oft als *channa chur* bezeichnet werden. Geröstete Jackfruit-Kerne werden manchmal als pikanter Snack verkauft, sind jedoch eher mild. Äußerst günstig bekommt man Cashewnüsse. Erdnüsse, auch als „monkey nuts" oder *mumfuli* bekannt, werden meist geröstet und ungeschält angeboten. Ausschau halten sollte man nach *gram*-Verkäufern; sie verkaufen trockene, geröstete Kichererbsen – *gram* genannt.

Nichtindische Küchen

Chinesisches Essen hat sich in den großen Städten verbreitet. Es wird i. A. von indischen Köchen zubereitet und ist nicht eben authentisch. Allerdings gibt es in einigen wenigen Städten große chinesische Gemeinden und hervorragende chinesische Restaurants.

Westliches Essen schmeckt oft scheußlich und ist im Vergleich zu indischem Essen teuer. Allerdings servieren die internationalen Restaurantketten das gleiche Standardessen wie überall auf der Welt, aber zu weitaus niedrigeren Preisen. Filialen

Paan

Für manchen ist es vielleicht beruhigend zu wissen, dass das rote Zeug, das die Leute überall auf der Straße ausspucken, kein Blut ist, sondern ein Saft, der durch das Kauen von *paan* produziert wird. *Paan* fördert die Verdauung (wird folglich gewöhnlich nach den Mahlzeiten konsumiert) und wirkt überdies leicht stimulierend. Am weitesten verbreitet und von durchschlagendster Wirkung ist *paan* im Nordosten.

Ein *paan* besteht aus gehackten Nüssen (die immer als Betelnüsse bezeichnet werden, obwohl es sich tatsächlich um die Nuss der Arekapalme handelt); sie werden in ein Blatt (das wiederum wirklich vom Betelbaum stammt) gewickelt. Hinzu kommen Zutaten wie *katha* (eine rote Paste), *chuna* (weißer Löschkalk), *mitha masala* (eine Mischung süßer Gewürze, die auch hinuntergeschluckt werden kann) und *zarda* (Kautabak, der auf keinen Fall verschluckt werden darf, vor allem nicht, wenn er mit *chuna* kombiniert wird). Das so entstandene dreieckige Päckchen wird in die Wange gestopft und langsam gekaut, und im Falle von *chuna* und *zarda paans* wird der Saft im Gehen ausgespuckt. Auf den Geschmack von *paan* kommt man erst mit der Zeit. Anfänger sollten die süße und harmlose *mitha*-Variante versuchen, die ohne Probleme hinuntergeschluckt werden kann – und möglichst dabei bleiben.

von *Pizza Hut, Domino's, KFC* und *McDonald's* sind in Mumbai, Chennai, Pune und Bangalore vertreten. *Wimpy's*, einheimische Fastfood-Ketten wie *Nirula's* und *Kwality* und unabhängige Fastfood-Cafés finden sich in jeder Stadt.

Touristenzentren wie Goa und Kovalam bieten hingegen eine passable Auswahl an westlichem Essen, von Konditoreien, die Kuchen und Croissants verkaufen, bis zu Restaurants, die auf Terrassen bei Kerzenschein Lasagne servieren. Kleine Käsereien tauchen hier und da auf und bieten eine Alternative zu dem faden konservierten Käse von *Amul*. Mumbai wartet außerdem mit einer Auswahl von Tex-Mex-, Thai-, japanischer, italienischer und französischer Küche auf, oftmals jedoch nur in den Restaurants der Luxushotels.

Frühstück

Jede Region Indiens heißt den Tag auf andere Art willkommen. Im Süden sind *iddli, sambar* und *masala dosa* am geläufigsten, während die Filialen der Kette *India Coffee House* durchgehend anständigen Kaffee und Toast bieten.

In Städten, die sich einen Ruf als Traveller-Treffpunkte erworben haben, servieren Budget-Hotels und Restaurants die übliche Hippie-Kost – Bananenpfannkuchen, Müsli usw. –, außerdem Omelettes, Toast, Porridge (nicht immer aus Hafergrütze), Cornflakes und sogar Rührei mit Schinken.

Süßigkeiten

Die meisten Inder sind Süßschnäbel, und indische Süßigkeiten, die meist aus Milch zubereitet werden, können extrem süß sein. Von der festeren Sorte ist *barfi*, eine Art Fondant, der aus eingekochter und kondensierter Milch zubereitet wird. Man bekommt *barfi* in verschiedenen Geschmacksrichtungen und Farben, von schlichtem, cremigem Weiß bis zu hellgrüner *pista* (Pistazie), oft mit Blattsilber bedeckt (das man isst). Zu den vielen anderen Süßspeisen, die aus eingekochter Milch zubereitet werden, zählen das weniger klumpige, runde *penda* und die dünnen, rautenförmigen *kaju katri*, außerdem feuchtes *sandesh* und das härtere *paira*.

Das knusprigere *mesur* wird aus Kichererbsen hergestellt. Zu den zahlreichen Arten von gallertartiger *halwa* – ganz anders als die nahöstliche Variante – gehört die gehaltvolle *gajar ka halwa* aus Karotten und Sahne.

Zu den weicheren und klebrigeren Süßigkeiten zählen **jalebis**, die orangefarbenen, von Sirup triefenden Röhrchen in den Schaufenstern der Süßwarenläden. Sie werden aus frittierter Melasse hergestellt und sind so unbekömmlich wie sie aussehen. *Gulab jamuns*, frittierte, in Sirup getauchte lockere Rahmkäsebällchen sind auch nicht viel gesünder. Sowohl im Norden als auch im Süden verbreitet ist *ladu*: Bällchen aus Grieß, Rosinen und Zucker. Eine Spezialität unter den bengalischen Süßigkeiten, die weithin als die besten gelten, ist **rasgulla**, in Sirup schwimmende, mit Rosenwasser durchsetzte Käsebällchen.

Indische **Schokolade** wird zunehmend besser, und auch *Cadbury's*- und *Amul*-Riegel sind überall erhältlich. Aber keine der einheimischen Markenimitationen schweizerischer oder belgischer Schokolade, die auf den kosmopolitischen Märkten angeboten werden, ist die Ausgabe wert.

Die besten der großen Hersteller von **Speiseeis**, deren uniformierte Verkäufer Eiswägelchen durch die Straßen schieben, sind *Kwality* (jetzt im Besitz von und angeboten als *Walls*), *Vadilal's, Gaylord* und *Dollops*. Sie haben viele, in der Regel leicht erkennbare Nachahmer. Manche kennen keinerlei hygienische Bedenken – deshalb Wassereis meiden. Eisdielen fabrizieren kunstvolle Gebilde, unter denen vor allem Eisbecher mit Früchten sehr beliebt sind; *Connaught Circus* in Delhi hat eine recht gute Auswahl. Eine Geschmacksprobe wert ist **kulfi**, eine gefrorene Süßigkeit mit Pistazien-, Mango- und Kardamom-Geschmack, die indische Antwort auf Eiscreme. *Bhang kulfi*, nicht überall erhältlich, aber zum Holi-Fest beliebt, enthält eine Prise Cannabis und hat eine interessante Wirkung, ist aber mit Vorsicht zu genießen.

Obst

Welches Obst erhältlich ist, hängt von der Region und der Jahreszeit ab, aber es gibt immer eine gute Auswahl. Man sollte möglichst jedes Obst, auch Äpfel *(sev)*, schälen oder 30 Minuten lang in eine starke Jod- oder Kaliumpermanganat-Lösung tauchen. Straßenverkäufer bieten oft mundgerecht geschnittenes Obst an, das sie mit Salz oder *masala* bestreuen. Man sollte aber nichts kaufen, was so aussieht, als hätte es schon eine Weile herumgelegen.

Mangos *(aam)* sind fast immer im Angebot, doch nicht alle sind süß genug, um ganz frisch gegessen zu werden – manche werden für Pickles oder Currys verwendet. **Bananen** *(kela)* unterschiedlicher Sorten gibt es das ganze Jahr über zu kaufen. **Orangen** und **Mandarinen** sind i. A. leicht zu finden, ebenso **Honigmelonen** sowie Durst löschende **Wassermelonen**.

Von den weniger bekannten Früchten ist die **Chiku** erwähnenswert. Sie sieht aus wie eine Kiwi und schmeckt ein bisschen nach Birne.

Ein kulinarisches Glossar befindet sich im Anhang, s. S. 623.

Getränke

In Indien scheint sich manchmal alles um **Tee** *(chai)* zu drehen; er wird in Darjeeling und Assam sowie in den Nilgiri Hills angebaut und von *chaiwallahs* an nahezu jeder Straßenecke verkauft. Dabei kam das Getränk erst im Zuge einer staatlichen Kampagne in den 50er Jahren des 20. Jhs. in Mode, obwohl Teesträucher schon 1838 von der East India Company aus China eingeführt wurden.

Normalerweise wird indischer Tee zubereitet, indem man zerriebene Teeblätter, Milch und Wasser in einem Topf aufkocht, die Mischung in eine Tasse oder ein Glas mit viel Zucker gießt und dann zum Abkühlen von einer Tasse in die andere kippt. Oft wird Ingwer und/oder Kardamom hinzugefügt. Wer aufpasst, kann verhindern, dass zu viel Zucker hineingetan wird. Manchmal, vor allem in Touristenorten, bekommt man vielleicht ein Kännchen Tee europäischen Stils *("tray" tea)* – gewöhnlich ein Teebeutel in lauwarmem Wasser.

Pulverkaffee erfreut sich zunehmender Beliebtheit und ist stellenweise verbreiteter als Tee. Der vertraute Ausruf *"garam chai"* ("heißer Tee") an Straßenständen und in Eisenbahnwaggons wird immer häufiger durch *"kofi"* ("Kaffee") ersetzt. In den Großstädten hat die Kaffeekultur schon Einzug gehalten, und in Mumbai finden sich einige angesagte Coffeeshops, wo richtiger Cappuccino und Espresso serviert wird.

Einer der besten Orte, um eine anständige Tasse südindischen Kaffees zu bekommen, ist die Kette *India Coffee House,* die in jeder südlichen Stadt vertreten ist. Mit dem Trinken des milchigen keralischen Kaffees ist ein ganzes Ritual verbunden: Er wird zum Abkühlen in ausladenden, schwungvollen Bewegungen von einem hohen Glas in ein anderes gegossen.

Soft Drinks (in Indien unter der Bezeichnung *cold drinks* geläufig) sind allgegenwärtig. *Coca Cola* und *Pepsi* sind erst in den frühen 90er Jahren nach Indien zurückgekehrt, nachdem sie 17 Jahre verbannt worden waren. Während ihrer Abwesenheit entstanden eine ganze Reihe indischer Cola-Getränke, wie z. B. *Campa Cola* (harmlos), *Thums Up* (nicht schlecht), *Gold Spot* (Orangensprudel) und *Limca* (soll Gerüchten zufolge zwielichtige Verbindungen zu italienischen Firmen unterhalten und Zusätze enthalten, die dort verboten sind). Alle enthalten eine Menge Zucker und nicht viel mehr: Indische Soft Drink-Unternehmen haben sogar schon mit dem Slogan „Absolut keine natürlichen Zutaten!" geworben, und keines dieser Getränke wird lange den Durst löschen.

Empfehlenswerter ist einfaches **Wasser** in behandelter, gekochter oder abgefüllter Form. Zu beachten sind jedoch neuere Berichte über hohe Rückstände von Pestiziden in abgefülltem Wasser (s. S. 23). Des Weiteren gibt es Trinkpäckchen von *Frooti Jumpin, Réal* und ähnlichen Fruchtsaftherstellern in den Geschmacksrichtungen Mango, Guave, Apfel und Limone. Wenn die Packung alt und nicht mehr einwandfrei aussieht, sollte man sie besser nicht anrühren, da sie möglicherweise wiederverwertet wurde. Auf den Bahnsteigen größerer Bahnhöfe befindet sich meistens ein Stand, der Himachal-Apfelsaft verkauft. Noch besser ist die Milch der **grünen Kokosnüsse**. Diese werden in den Küstenregionen vor allem im Süden von Straßenverkäufern angeboten, die die Kokosnuss mit einer Machete „köpfen" und einen Strohhalm für die Flüssigkeit dazu reichen (danach löffelt man das Fleisch aus und isst es). An manchen Straßenständen gibt es auch frisch gepressten **Zuckerrohrsaft** zu kaufen. Er schmeckt köstlich und ist gar nicht so süß, wie man annehmen möchte, aber ausgesprochen gesund ist er natürlich nicht.

Indiens tollstes kaltes Getränk, **Lassi**, wird aus geschlagenem Joghurt gemacht und entweder mit Salz, Zucker oder Obst getrunken. Die Qualität reicht von köstlich bis zu fade und wässerig. Verkauft wird es quasi in jedem Café, Restaurant und Imbiss. Frisch zubereitete Milchshakes sind ebenfalls verbreitet; man bekommt sie an Ständen mit Mixern. Diese verkaufen auch Fruchtsaft, der gewöhnlich aus Obst, Wasser und Zucker (oder Salz) besteht.

Auch Straßenverkäufer, die **Obstsäfte** in nicht eben hygienischen Verhältnissen feilbieten, neigen dazu, dem Saft Salz und *garam masala* beizufügen! Bei allen mit Wasser zubereiteten Getränken muss – so appetitlich sie auch aussehen mögen – darauf geachtet werden, wo das Wasser herstammt, und auf Eiswürfel verzichtet werden.

Das einst in Indien weit verbreitete **Alkoholverbot** ist heutzutage nur noch in Gujarat und in einigen der Hill Stations im Nordosten wirklich in Kraft. Die meisten Inder trinken Alkohol, um so schnell wie möglich betrunken zu werden. Diese Neigung hat schreckliche Auswirkungen auf das Familienleben, vor allem unter den Arbeitern und Bauern. Deshalb haben Politiker auf der Jagd nach Stimmen immer mal wieder auf die Alkoholverbotskarte gesetzt.

Bier ist fast überall erhältlich, für indische Verhältnisse allerdings teuer. Die Preise unterscheiden sich von Bundesstaat zu Bundesstaat, aber i. A. muss man mit etwa Rs 50–80 für eine 650-ml-Flasche rechnen. *Kingfisher, King's Black Label* und *Fosters* sind die Marktführer, daneben gibt es viele weitere. Alle Lagerbiere (die meist chemische Zusätze wie Glyzerin enthalten) sind in der Regel nicht schlecht, wenn man sie kühl bekommt. Eine billigere und oft gut schmeckende Alternative zu Bier ist *toddy* (Palmwein). Frisch gezapft ist der Palmsaft süß und alkoholfrei, er fermentiert aber innerhalb von zwölf Stunden.

Spirituosen kursieren meist als „Indian Made Foreign Liquor" (IMFL), wenngleich die vor kurzem zugelassene ausländische Alkoholindustrie rasch expandiert. Manche Scotch-Sorten, wie z. B. *Seagram's Hundred Pipers*, werden inzwischen in Indien abgefüllt und stehen hoch im Kurs; *Smirnoff*-Wodka und weitere bekannte Marken sind ebenfalls erhältlich. Manche indischen Whiskeysorten sind nicht übel und vergleichsweise erschwinglich; Gin und Brandy können ziemlich herb sein, während indischer Rum süß und eigenartig schmeckt.

In Acht nehmen sollte man sich vor illegal gebranntem *Arak,* der oftmals Methanol und andere Gifte enthält. Lizenzierter, einheimischer Schnaps, der in verschiedenen Bundesstaaten unter Namen wie *bangla* verkauft wird, ist gewöhnungsbedürftig.

Zwar zeichnet sich mit Winzereien wie *Grovers* in der indischen Weinlandschaft eine allmähliche Besserung ab, doch die **Weine** können, obwohl sie kostspielig sind, Kenner selten zufrieden stellen. Die Importweine, die in schicken Restaurants und Luxushotels kredenzt werden, sind sündhaft teuer.

Verkehrsmittel

Die Verkehrsverbindungen zwischen Städten sind in Indien vielleicht nicht die schnellsten oder bequemsten der Welt, aber sie sind billig, reichen mehr oder weniger in jeden Winkel und lassen Reisenden oft die Wahl zwischen Zug und Bus, manchmal Flugzeug und seltener sogar Schiff. Die Transportmöglichkeiten in und um Städte sind sogar noch vielfältiger, sie reichen von Rikschas, die noch von barfüßigen Männern gezogen werden, bis zu Fähren.

Egal ob man den Land- oder Schienenweg, öffentliche oder private Verkehrsmittel bevorzugt – Indien bietet die Chance, einige echte Klassiker auszuprobieren: Schmalspurbahnen, Dampflokomotiven, *Ambassador*-Wagen und *Enfield Bullet*-Motorräder. Manche Leute kommen sogar nur ihretwegen nach Indien!

Eisenbahn

Eine Bahnfahrt zählt zu den schönsten Erlebnissen in Indien. Es ist ein System, das chaotisch wirkt, aber funktioniert, und zwar gut. Natürlich haben die Züge oft Verspätung, manchmal um Stunden und nicht nur Minuten, aber sie fahren und sind obendrein erstaunlich effizient: Wenn der Zug, auf den man gewartet hat, in den Bahnhof einrollt, wird sich die Reservierung, die man am anderen Ende des Landes einige Wochen zuvor getätigt hat, auf der an den Waggon geklebten Liste finden, und zur Essenszeit ist die Mahlzeit, die man bestellt hat, beim nächsten Halt fertig und wird in den Zug bis zum Sitzplatz gebracht.

Bedenken sollte man, dass die Fahrten nicht selten zwölf Stunden oder länger dauern und man mit einem Nachtzug einen ganzen Tag sowie die Übernachtung im Hotel spart – sofern man im Zug gut schlafen kann. Während Schlafwagen tagsüber recht voll werden können, hat zwischen 21 und 6 Uhr jeder, der ein Bett reserviert hat, Anspruch auf dessen alleinige Nutzung. Wer nachts fährt, sollte aber stets sein Gepäck am Bett anschließen. Zu diesem Zweck befindet sich normalerweise unter der unteren Liege ein Kettenschloss.

Strecken und Klassen

Das Eisenbahnnetz deckt fast ganz Indien ab; nur einige wenige Orte (in nördlichen Bergregionen) sind nicht mit dem Zug zu erreichen. **Intercity-Züge**, „express" oder „mail" genannt, unterscheiden sich stark in der Fahrtzeit, die sie für eine bestimmte Strecke benötigen. Sie sind zwar für westliche Verhältnisse langsam, aber dennoch viel schneller als die lokalen **„passenger"**-Züge, die man nur für abgelegene Ziele zu nehmen braucht. Express- und Mail-Züge kosten einiges mehr als normale Passagierzüge; wer keine Reservierung vornimmt, muss daher darauf achten, den richtigen Fahrschein zu kaufen, andernfalls ist ein Bußgeld fällig.

Zunehmend werden auch spezielle **„super-fast"** Züge mit ac eingesetzt – die Rajdhani-Expresszüge verbinden weit entfernte Städte mit New Delhi, während die Shatabdi-Expresszüge tagsüber zwischen großen, nicht weiter als eine achtstündige Fahrt voneinander entfernten Städten verkehren. Die „super-fast" Züge sind sehr viel teurer als die normalen, dafür ist die Versorgung mit Mineralwasser, Snacks und guten Mahlzeiten im Preis enthalten.

Die meisten Linien sind entweder Regelspur- oder Breitspurbahnen. Letztere sind schneller, und viele Regelspur-Linien werden jetzt in Breitspurbahnen umgewandelt. Es gibt auch einige wenige **Schmalspurbahnen** (oft als „toy train", Spielzeugbahn, bezeichnet), insbesondere in die Hill Stations, wie z. B. Ootacamund (Ooty).

Indian Railways (IR), 🖳 www.indianrail.gov.in, unterscheidet zwischen nicht weniger als sieben Klassen; allerdings hat man auf den Hauptstrecken meist nur zwischen den folgenden vier zu wählen: 2. Klasse ohne Reservierung, 2. Klasse Schlafwagen (nur mit Reservierung), 1. Klasse (mit Ventilator) und 1. Klasse mit ac (Sitz- oder Schlafwagen mit 2- oder 3-stöckigen Betten, so genannte *two-* oder *three-tier*, „teier" ausgesprochen). Die meisten Traveller (nicht nur solche mit schmalem Geldbeutel) reisen in der 2. Klasse und bevorzugen Abteile ohne ac, denn ein geöffnetes Fenster bietet genug Kühle und bringt einen in Kontakt mit der Außenwelt, während man im ac-Abteil zwangsläufig hinter Glas eingeschlossen ist, das oft so gut wie undurchsichtig ist. Bei einer Nachtfahrt auf einen Schlafwagen zu verzichten, bedeutet dagegen, an falscher Stelle zu sparen. Bettrollen (Laken, Bettdecke und Kissen) sind in der 1. Klasse und der 2. Klasse mit ac erhältlich – man bucht sie zusammen mit dem Ticket oder bevor man in den Zug steigt.

Die nicht reservierte **2. Klasse** ist furchtbar überfüllt, laut und ohne Aussicht auf eine Liege zum Schlafen, dafür aber unglaublich billig: Für eine 1000 km lange Strecke zahlt man z. B. nur Rs 103 (etwas über US$1). Die engen und harten hölzernen Sitze sind (wenn man das Glück oder Geschick hat, überhaupt einen zu ergattern) jedoch nur für kurze Strecken oder ganz Abgehärtete geeignet. Wesentlich angenehmer ist der 2. Klasse-Schlafwagen (für 1000 km Rs 190 bzw. Rs 300 für eine bessere Liege statt einfachem Lattenrost), der auch für Tagesfahrten vorher gebucht werden muss. Wer ein Ticket ohne Reservierung hat und damit in einem Schlafwagen reist, muss – selbst wenn der Wagen nicht voll ist – ein Bußgeld von Rs 60 zusätzlich zum Differenzbetrag zahlen. Die Schlafwagenklasse kann tagsüber ziemlich voll sein, dafür ist hier immer etwas los, dank Erdnuss-, *chai-* oder Kaffeeverkäufern, Wandermusikanten, Bettlern oder Putzmännern, die durch jedes Abteil kommen. Nachtfahrten im 2. Klasse-Schlafwagenabteil sind relativ komfortabel (vorausgesetzt, die Betten sind nicht aus Holz, sondern aus Schaumstoff). Die komfortablen Abteile mit 2–4 Betten in der **1. Klasse** (für 1000 km Rs 990) werden vorwiegend von Englisch sprechenden Geschäftsreisenden genutzt. Sie kosten etwa dreieinhalb Mal so viel wie der 2. Klasse-Schlafwagen. Die in „passenger trains" nicht immer vorhandene 1. Klasse – sie soll in diesen Zügen ganz abgeschafft werden – schirmt einen bis zu einem gewissen Grad vom chaotischen Lärmen und Treiben ab.

Es gibt fünf **ac-Klassen** (außer in „passenger trains"), aber auf jeder Fahrt stehen jeweils nur ein oder zwei zur Verfügung, ausgenommen der Rajdhani, der drei ac-Klassen bietet. Am preiswertesten ist der ac-Sitzwagen (oft als CC, *chair car*, bezeichnet), mit bequemen Sitzen zum Zurücklehnen, der nur doppelt so viel wie der 2. Klasse-Schlafwagen kostet (für 1000 km Rs 522). Die berühmten „superschnellen" Shatabdi-Expresszüge haben ausschließlich solche Abteile, allerdings zwei verschiedene Klassen – einen klimatisierten *ordinary chair car* und, zum doppelten Preis, einen klimatisierten *executive chair car*. Gelegentlich wird ein solcher Wagen auch an normale Express- oder Mail-Züge angehängt. Schlafwagen mit 3-stöckigen Betten und ac (3AC) kosten etwas weniger als die normale 1. Klasse, sind aber im Rajadhani teurer. *Three-tier* ist ein bisschen eng, vor allem mit viel Gepäck, aber sehr preiswert (für 1000 km Rs 845). Verbreiteter sind allerdings Schlafwagenabteile mit 2-stöckigen Betten und ac (2AC), die halb so viel wie die 1. Klasse kosten (für 1000 km Rs 1350), im Rajdhani aber kostspieliger sind.

Am komfortabelsten ist die 1. Klasse mit ac (1AC), Abteilen mit zwei oder vier Betten, Teppichboden und etwas einladenderen Toiletten/Waschräumen, aber bei einem Preis von Rs 2630 pro 1000 km (im Rajdhani noch mehr) kann man eigentlich auch fliegen. Bettzeug wird in den meisten klimatisierten Zügen kostenlos gestellt; im Rajdhani und Shatabdi sind auch die Mahlzeiten im Fahrpreis enthalten.

Frauenabteile *(ladies' compartments)* gibt es in allen Nachtzügen für allein oder in einer weiblichen Gruppe reisende Frauen; sie sind meist eng, aber Touristinnen bieten sie Zuflucht vor unerwünschten Männerblicken. Außerdem bieten sie eine gute Gelegenheit, mit Inderinnen ins Gespräch zu kommen. Manche Bahnhöfe verfügen auch über Wartesäle nur für Frauen.

Fahrpläne und Tickets

Indian Railways veröffentlicht einen jährlichen **Fahrplan** aller Mail- und Expresszüge – also von allen Zügen, die man wahrscheinlich nutzen wird. Er ist unter dem Namen *Trains at a Glance* für Rs 25 von Informationsschaltern und Zeitungsständen an allen Hauptbahnhöfen sowie bei Indian Railways-Vertretungen im Ausland erhältlich. Fahrpläne und -preise sind auch unter ⌨ www.indianrail.gov.in. Alle **Fahrpreise** werden genau nach der zurückgelegten Strecke berechnet.

Jeder Zug hat einen eigenen Namen und eine Nummer, die deutlich sichtbar in den Reservierungshallen des Bahnhofs angeschrieben stehen. Wenn man ein 2.-Kl.-Ticket kauft, ist es sinnvoll,

Rekordzahlen der indischen Eisenbahn

Indien verfügt mit einem Schienennetz von über 60 000 km Länge über das zweitlängste Eisenbahnnetz der Welt. 14 000 Lokomotiven sorgen täglich für den Transport von etwa 12 Mill. Fahrgästen. Mit rund 1,6 Mill. Beschäftigten ist die indische Eisenbahn der größte Arbeitgeber der Erde.

Leider gibt es auch ein paar Zahlen, auf die das indische Verkehrsministerium weniger stolz sein kann: Jährlich passieren nämlich 400 bis 500 Unfälle (mit 700–800 Todesopfern). Somit gilt die indische Eisenbahn weltweit als die gefährlichste. Das schlimmste Eisenbahnunglück der Geschichte ereignete sich 1995 in Ferozabad, nahe Delhi, als ein Wirbelsturm einen Zug von einer Brücke blies. 800 Menschen kamen damals ums Leben. Bei den meisten Unfällen wird „menschliches Versagen" als Ursache angegeben. In Wirklichkeit aber sind die Probleme auf mangelnde Ausbildung, unzulängliche Instandhaltung und fehlende finanzielle Unterstützung durch den Staat zurückzuführen.

Zugreisende können sich jedoch trösten: Es ist wesentlich sicherer, die Bahn als den Bus zu nehmen, denn laut offizieller Statistik sterben auf den Straßen des Landes jeden Tag durchschnittlich 233 Menschen (85 000 im Jahr).

auch die kleine Extragebühr für eine Sitzplatz- oder Schlafwagenreservierung (im Preis der 1. Kl. ist sie bereits enthalten) zu zahlen. Dazu füllt man ein Formular aus, in dem man den gewünschten Zug, dessen Nummer, das Reisedatum und den Ausgangs- und Zielbahnhof sowie – zur Belustigung der meisten Traveller – auch Alter und Geschlecht angibt.

Reservierungen

Die meisten Bahnhöfe (aufgelistet in *Trains at a Glance)* verfügen über vernetzte Reservierungsschalter, sodass man sofort erfährt, ob noch Plätze vorhanden sind. Die **Reservierungsbüros** der großen Bahnhöfe befinden sich oft in einem separaten Gebäude und haben in der Regel Mo–Sa 8–20 und So 8–14 Uhr geöffnet. In größeren Städten haben die Hauptbahnhöfe spezielle **Touristen-abteilungen** mit hilfsbereitem, Englisch sprechendem Personal eingerichtet, um die Warteschlangen für Ausländer und im Ausland lebende Inder zu verkürzen; wer jedoch nicht in britischen Pfund oder US-Dollar (Reiseschecks oder Bargeld) bezahlt, muss zum Beweis dafür, die Rupien rechtmäßig erstanden zu haben, eine Umtauschquittung vorlegen. Anderswo kann der Kauf eines Tickets lange Wartezeiten bedeuten; Frauen können sie jedoch möglicherweise umgehen, wenn es einen Fahrkartenschalter mit „ladies' queue" gibt. Einige Bahnhöfe haben ein Wartenummernsystem, so dass man sich einen Tee holen oder den Fahrplan studieren kann, bis die gezogene Nummer aufgerufen wird. Auch viele Reisebüros erledigen gegen eine annehmbare Gebühr von Rs 25–50 die Fahrkartenreservierung. Wer im Zug kein Ticket vorweisen kann, muss ein saftiges Bußgeld zahlen, wenn der Schaffner („TC" genannt) vorbeikommt.

Es ist wichtig, Zugfahrten im Voraus zu planen, da die Nachfrage es oft unmöglich macht, am geplanten Abfahrtstag noch ein Ticket für eine längere Strecke zu bekommen (wenngleich das neue **Tatkal**-Quotensystem (s. Kasten) die Sache ein wenig einfacher macht, sofern man bereit ist, einen Zuschlag zu zahlen). Traveller mit wenig Zeit kaufen die Fahrkarten für die Weiterreise gleich nach der Ankunft, um nicht noch einmal zum Bahnhof marschieren zu müssen. In den meisten großen Bahnhöfen werden auch Tickets für Fahrten, die in einem anderen Ort beginnen, verkauft. Man kann sogar schon von zu Hause aus über Indian Railways-Vertretungen im Ausland (s. S. 55) Tickets für spezielle Fahrten reservieren. Reservierungen sind bis zu 6 Monate im Voraus möglich, für die 1. Klasse müssen sie mindestens einen Monat, für die 2. Klasse mindestens drei Monate im Voraus erfolgen.

Bei **Ticketstornierungen** wird der Fahrpreis bis zu 24 Std. vor Abfahrt erstattet, die Reservierungsgebühr jedoch einbehalten (Rs 10 in der 2. Klasse, Rs 20 im Schlafwagen, Rs 30 für 1. Klasse und ac-Sitzplatz, Rs 50 für 1. Klasse ac). Tritt man 24–4 Stunden vor planmäßiger Abfahrt des Zuges zurück, erhält man 75% zurück. Legt man das nicht genutzte Ticket für eine über 500 km Strecke bis zu 12 Stunden, für eine 200–500 km lange

Tatkal-Tickets

Indian Railways hat kürzlich ein neues Last-Minute-Reservierungssystem mit der Bezeichnung *Tatkal* eingeführt. Unter Indern ist es umstritten, doch für ausländische Touristen kann es eine große Hilfe sein. Unter diesem Programm wird eine Quote von 10% der Plätze in den meisten Zügen zurückbehalten, die erst kurz vor der Abreise in allen Büros mit Computersystem gebucht werden können. Die Tickets werden ab 8 Uhr am Tag vor der Reise ausgestellt, mit einem Zuschlag von Rs 150 für *sleeper* oder *chair cars* bzw. Rs 300 für 1. Klasse und ac-Schlafwagen. Der große Haken ist die Regelung, dass immer der gesamte Preis vom Ausgangs- bis zum Endbahnhof der Zugverbindung bezahlt werden muss – auch wenn man nur einen Teil der Strecke zurücklegen möchte. *Tatkal* lohnt sich also nicht, wenn man z. B. mit dem *Guwahati–Kanniyakumari Express* nur von Trichy nach Madurai fahren will. Wer dagegen einen Großteil der Strecke zurücklegen möchte und sich für diese Variante entscheidet, bekommt mit an Sicherheit grenzender Wahrscheinlichkeit kurzfristig noch eine Fahrkarte, besonders wenn man sich schon am Tag vor der Abreise darum kümmert, denn vielen Einheimischen sind diese Tickets zu teuer. Eine der Strecken, auf denen sich *Tatkal* für Reisende aus dem Ausland anbietet, ist die Route **Mumbai–Goa** mit der *Konkan Railway,* denn die Standardtickets sind hier bereits Wochen im Voraus ausgebucht und daher für gerade in Indien eingetroffene Touristen nicht erhältlich (sofern man sie nicht bereits im Heimatland zu Höchstpreisen bei einer Vertretung von *Indian Railways* gebucht hat).

Strecke bis zu 6 Stunden und für eine Kurzstrecke bis zu 3 Stunden nach Abfahrt des Zuges vor, kann man immer noch 50% zurückfordern. Sind für den gewünschten Zug **keine Plätze** mehr vorhanden, hat man verschiedene Möglichkeiten: Zum einen werden einige Sitzplätze und Betten für Touristen zurückgehalten – beim Touristenschalter oder Stationsvorsteher nach der „tourist quota" fragen! Diese Plätze sind jedoch gewöhnlich nur in den großen oder den Ausgangsbahnhöfen erhältlich. Klappt es damit nicht, gibt es noch andere spezielle Quoten, wie z. B. eine für „Notfälle" *(emergencies)*, die erst am Abfahrtstag bekannt gegeben werden und möglicherweise ungenutzt bleiben. Eine weitere Alternative mit Zuschlag ist das so genannte **Tatkal**-Ticket (s. S. 53).

RAC-Tickets („Reservation Against Cancellation") verschaffen ein Vorrecht auf einen Schlafwagenplatz, falls einer storniert wird. Mit einem RAC-Ticket darf man in den Zug steigen und einen Sitzplatz besetzen, bis der Schaffner einem einen Liegewagenplatz zuweist.

Die ungünstigste Variante ist ein Wartelisten-Ticket (zu erkennen an dem Buchstaben „W" vor der Passagiernummer), mit dem man zwar in den Zug darf (außer Shatabdi- und Rajdhani-Züge), aber nicht in den reservierten Bereich; in diesem Fall sucht man so schnell wie möglich den Fahrkartenkontrolleur auf. Man kann ihn vielleicht überreden, einen freien Platz (so vorhanden) für einen zu finden.

Ansonsten besteht, vor allem im Ausgangsbahnhof, als letzter Ausweg noch die Möglichkeit, den Schaffner mit etwas Bakschisch dazu zu bewegen, einem einen nicht reservierten Platz zu „reservieren" oder – noch besser – eine Gepäckablage, auf der man sich nachts ausstrecken kann. Im nicht reservierten Bereich zu reisen ist jedoch zu unbequem, um es für eine längere Strecke ernsthaft zu erwägen.

Indrail Passes

Indrail Passes, die Ausländer sowie im Ausland ansässige Inder erwerben können, beinhalten alle Fahrt- und Reservierungskosten für einen Zeitraum von einem halben bis zu 90 Tagen. Selbst wenn man viel reist, kommen sie letztendlich wesentlich teurer, als wenn man die Tickets einzeln kauft (vor allem in der 2. Kl.), aber dafür ersparen sie einem das Schlangestehen und ermöglichen es, pro-

blemlos und kostenfrei Reservierungen zu tätigen oder zu stornieren. Ein Railpass verschafft einem i. A. auch leichter einen Sitzplatz oder ein Bett in einem „vollen" Zug. So haben Passinhaber ein Vorrecht auf „tourist quota"-Plätze. Indrail Passes sind gegen britische Pfund oder US-Dollar an den Touristenschaltern der Hauptbahnhöfe in Indien sowie über Indian Railways-Agenturen im Ausland erhältlich.

Indrail Passes – Preise in US$

	ACC-Airconditioned Class (Schlaf- oder Sitzwagen)		FC-First Class (mit Liege- oder ac-Sesselwagen)		2. Kl.	
	Erw.	Kind	Erw.	Kind	Erw.	Kind
1 Tag*	95	48	43	22	19	10
4 Tage*	220	110	110	55	50	25
7 Tage	270	135	135	68	80	40
15 Tage	370	185	185	95	90	45
21 Tage	396	198	198	100	100	50
30 Tage	495	248	248	125	125	63
60 Tage	800	400	400	200	185	95
90 Tage	1060	530	530	265	235	120

Nur außerhalb Indiens erhältlich; Halbtages- und 2-Tage-Pässe sind ebenfalls im Angebot. Kinder unter 5 Jahren fahren umsonst.

Indian Railways im Internet

Die Websites von Indian Railways, 🖳 www.indianrail.gov.in, bieten neuerdings die Möglichkeit der Online-Reservierung. Zur Zeit der Recherche war dazu allerdings noch ein Bankkonto in Indien (bei *HFDC, Citibank* oder *SBI)* notwendig, um die Bezahlung abwickeln zu können. Weitere Nachteile sind ein langwieriger Anmelde- und Login-Prozess und die allgemeine Unzuverlässigkeit der indischen Post bei der Zustellung der Tickets. In der Regel sind ausländische Reisende besser bedient, wenn sie ihre Fahrkarte persönlich kaufen oder bei einem Reisebüro buchen.

Abgesehen davon ist die Website sehr nützlich, wenn es um Informationen über **Preise**, **Fahrpläne** und die **Verfügbarkeit von Schlafwagenplätzen** geht, die man ansonsten nur vor Ort und nach längerer Wartezeit erhält. Wenn das Surfen auf diesen Seiten bequem vonstatten gehen soll, benötigt man jedoch eine schnelle Internet-Verbindung und einen guten Pop-up-Blocker, doch alles in allem sind sie ein nützliches und Zeit sparendes Instrument.

Indian Railways-Agentur in Deutschland

Asra Orient Reisedienst, Kaiserstr. 50, 60329 Frankfurt, 📞 069-25 30 98, 📠 23 20 45, 📧 info@asraorient.com, 🖳 www.asraorient.de.

Gepäckaufbewahrung

Die meisten Bahnhöfe in Indien verfügen über eine Gepäckaufbewahrung („cloakrooms", manchmal auch „parcel offices" genannt). Sie sind sehr praktisch, wenn man einen Ort besichtigen und noch am selben Tag weiterreisen möchte. Theoretisch muss man ein aktuelles Zugticket oder einen Indrail Pass vorweisen, um Gepäck zu lagern, aber danach wird nicht immer gefragt. Es kann allerdings sein, dass die Annahme verweigert wird, wenn das Gepäck nicht abzuschließen ist. Verliert man den Gepäckschein, gibt es Schwierigkeiten. Bei der Abgabe des Gepäcks sollte man sich vergewissern, dass die Gepäckaufbewahrung geöffnet ist, wenn man es wieder abholen möchte. Die Standardgebühr beträgt zur Zeit Rs 10 für 24 Std.

Flüge

Aufgrund der großen Entfernungen innerhalb des Landes gerät man leicht in Versuchung, das Flugzeug zu nehmen, doch angesichts der Preise überlegt so mancher Reisende es sich schnell anders. Ausländer müssen die Flugtickets bei einigen Airlines zudem in US-Dollar bezahlen und rund 15% mehr Geld ausgeben als Einheimische. Ein Rückflugticket ist nicht billiger als zwei einfache Flüge, und während ein kurzer Flug schon für US$50 zu haben ist, schlägt ein längerer ordentlich zu Buche. So kostet die Strecke Delhi–Chennai über US$270, dauert allerdings auch nur 2 1/2 Std. (die Bahnfahrt dagegen anstrengende 36 Std.). Verspätungen und Ausfälle können den Zeitvorteil zwar relativieren (vor allem auf Kurzstrecken), aber wer wenig Zeit hat und große Entfernungen zurücklegen möchte, muss wohl oder übel fliegen.

Die staatliche indische Inlandfluggesellschaft **Indian Airlines** (IA, 🖳 www.indian-airlines.nic.in) bedient landesweit über 140 Strecken. Zusätzlich unterhält **Air India** (🖳 www.airindia.com) Shuttleflüge zwischen den größten Städten und ihrem Heimatflughafen Mumbai mit Anschluss an die eigenen internationalen Flüge.

Jet Airways (🖳 www.jetairways.com) verkehrt auf vielen der großen IA-Strecken und hat in der Regel einen effizienteren, aufmerksameren Service als die staatliche Fluggesellschaft. Eine der kleineren privaten Fluggesellschaften, **Sahara**, 🖳 www.airsahara.net, bietet ein zuverlässiges, stetig wachsendes Streckennetz, das mittlerweile die meisten Landesteile umfasst. Die größte Erfolgsstory der letzten Jahre geht jedoch auf das Konto von **Air Deccan**, 📞 080/3900 8888, 🖳 www.airdeccan.net, der ersten Billigfluggesellschaft Indiens. Die Preise wurden erheblich reduziert, indem Flüge ohne jegliche Extras angeboten werden. *Air Deccan* fliegt 35 Städte in Indien an, oft zu spottbilligen Tarifen. So gibt es z. B. Tickets von Delhi nach Mumbai für nur Rs 500, wobei solche Tickets allerdings meist schnell vergriffen sind. Die Flüge sind in der Regel voll ausgebucht, sodass man sich bereits lange vor dem Abflug um ein Ticket kümmern muss. Das geht ganz einfach (auch vom Ausland) über die

Internet-Seiten von *Air Deccan*, wo auch ausländische Kreditkarten akzeptiert werden.

Im Fahrwasser von *Air Deccan* sind weitere Billigflieger auf dem Markt erschienen, allen voran die Gesellschaft **Kingfisher Airlines**, 🖳 www.flykingfisher.com, die im Mai 2005 von dem extravaganten Biermogul Vijay Mallya gegründet wurde. Unter dem Slogan „Fly the Good Times" bietet *Kingfisher* ganz im Sinne seines Gründers ein extravaganteres Flugerlebnis als die Konkurrenz: Die als „Funliners" bezeichneten Flieger sind mit weißen und roten Designer-Polstergarnituren ausgestattet, und die ausschließlich weibliche Kabinen-Crew besteht aus so genannten „Flying Models". Die in Delhi beheimatete Gesellschaft **Spicejet**, 🖳 www.spicejet.com, tritt eher in die Fußstapfen von *Air Deccan*, d. h. niedrige Preise haben Priorität vor irgendwelchen Kinkerlitzchen.

Alle Inlandfluggesellschaften haben eine Reihe interessanter Angebote. So gewährt IA Fluggästen unter 30 Jahren sowie Studenten 25% Rabatt, über 65-jährigen sogar 50%, während *Jet* und *Air Deccan* auch Vielfliegerpässe und Rabatte anbieten (s. u.).

Ein Problem bei Flügen (vor allem mit der weniger effizienten *Indian Airlines*) ist die Tatsache, dass mitunter beträchtlich viel Zeit dabei draufgeht, im Büro der Fluggesellschaft um eine **Reservierung** anzustehen. Oft geht es schneller, wenn man den Flug über ein Hotel oder Reisebüro bucht, was bei privaten Fluggesellschaften ohnehin die Regel ist. Wer keine Reservierung hat, sollte früh am Flughafen sein. Selbst wenn man eine Reservierung hat, sollte man sie immer 72 Stunden vor Abflug rückbestätigen.

Fluggesellschaften haben in allen Orten, die sie anfliegen, Büros oder Vertretungen; die Adressen finden sich in diesem Buch in den jeweiligen Ortskapiteln. IA-Tickets müssen in harter Währung oder mit Kreditkarte (in kleineren Städten wie Leh nicht möglich) bezahlt werden. Kinder unter 12 Jahren zahlen die Hälfte, unter 2 Jahren (in Begleitung einer voll zahlenden, erwachsenen Einzelperson) 10%. Sofern man in ausländischer Währung zahlt, werden keine Stornogebühren verlangt, verlorene Tickets werden hingegen nicht ersetzt. Flugpläne für alle Inlandflüge (mit Preisangabe) sind in Stadtmagazinen sowie in Zeitungsbeilagen aufgeführt und können über die Websites der jeweiligen Gesellschaft abgerufen werden.

Angebote für Vielflieger

Einzelheiten über die Angebote der Billigfluggesellschaften finden sich auf den jeweiligen Internet-Seiten.

Indian Airlines, 🖳 www.indian-airlines.nic.in:
Discover India Fare – für alle Inlandflüge unbeschränkt gültig: US$400 für 7 Tage, US$600 für 15 Tage oder US$850 für 21 Tage (keine Einzelstrecke darf zweimal geflogen werden).
India Wonderfare – 7 Tage in einer bestimmten Region gültig; US$300.

Jet Airways, 🖳 www.jetairways.com:
Visit India Fare – Unbeschränkte Nutzung all ihrer Strecken: US$400 für 7 Tage, 15 Tage US$630, 21 Tage US$895; 7 Tage in einer bestimmten Region (entweder Nord- oder Südindien) für US$320.

Air Deccan, 🖳 www.airdeccan.net:
Value Flier – Vielfliegerrabatt mit 14 Flügen für Rs 24 000 (US$520).

Air Sahara, 🖳 www.airsahara.net:
Sixer – 6 Tickets für Rs 36 000 (US$780).

Busse

Züge sind zwar das Haupttransportmittel in Indien und i. A. komfortabler als Busse, aber es gibt Orte, die auf dem Schienenweg nur mühsam und zeitraubend zu erreichen sind. Busse fahren fast überall hin und verkehren häufiger als Züge (allerdings überwiegend tagsüber).

Die Busse unterscheiden sich etwas in Preis und Ausstattung. Die staatlichen sind ziemlich heruntergekommen und bis zum Dach mit Menschen, Kleinvieh und Gepäck gefüllt. Sie decken jedoch die meisten Strecken ab. Auf viel befahrenen Strecken zwischen großen Städten und Urlaubsorten gibt es in der Regel zusätzlich private Busunternehmen, die mehr Beinfreiheit, getönte Fensterscheiben und verstellbare Sitze bieten. In manchen Bundesstaaten sind diese Busse auch erheblich billiger als die staatlichen. Kleinere private Busgesellschaften sind manchmal nur halblegal und im Falle einer Panne völlig hilflos.

Einen Hinweis auf den Grad an Komfort gibt die Bezeichnung des Busses. „**Ordinary**" haben zumeist kaum gepolsterte, nicht verstellbare, harte Sitzgelegenheiten. „**Deluxe**" oder „**luxury**" sind ziemlich austauschbare Begriffe. Manchmal steht

„deluxe" für einen Bus, der sein Verfallsdatum längst überschritten hat. Der eine oder andere Bus wird auch als ein „2 by 2" angepriesen, was bedeutet, dass es sich um einen Luxusbus mit jeweils nur zwei Sitzen beiderseits des Ganges handelt. Auf staatliche Busse bezogen, bedeuten diese Bezeichnungen jedoch nicht unbedingt einen Unterschied zu den „ordinary" Bussen. Private Busse dieses Namens sollten allerdings einen weicheren, verstellbaren Sitz garantieren. Man kann dies bei der Buchung herausfinden und sollte auch fragen, ob der Bus über eine Musikanlage und einen Videorekorder verfügt – wenn ja, ist an Schlaf nicht zu denken. Auf den hinteren Plätzen spürt man übrigens schlechte Straßen stärker. Aus Sicherheitsgründen sollte man möglichst im mittleren Bereich des Busses sitzen.

Das **Gepäck** wird bei privaten Bussen im Bodenraum verstaut – gegen eine „Sicherheitsgebühr" von ca. Rs 5. In staatlichen kann man es in der Regel in eine Ecke des Busses stopfen, wo es nicht stört, allerdings wird man manchmal gebeten, es auf das Dach zu packen; dann sollte man sich vergewissern, dass es gesichert ist (am besten schließt man es selbst an oder schaut zu, wie es befestigt wird) und nicht in Gefahr ist, total zusammengequetscht zu werden. Ein kleines Bakschisch für denjenigen, der es oben für einen verstaut, ist angebracht.

Ein **Busticket** ist i. A. leichter zu besorgen als ein Zugticket, auch wenn es in großen Busbahnhöfen manchmal über 20 Schalter gibt, von denen jeder für eine andere Strecke zuständig ist. Beim Kauf des Tickets erfährt man das Kennzeichen des Busses und bekommt manchmal eine Platznummer. Wie in Bahnhöfen auch gibt es meist eine schnellere *ladies' queue,* allerdings ist sie möglicherweise nicht in Englisch ausgeschildert. In einen normalen staatlichen Bus darf man auch ohne Fahrkarte einsteigen, und in Busbahnhöfen außerhalb der großen Städte kann man gewöhnlich ohnehin erst im Bus zahlen, weshalb man sich schnell einen Platz sichern muss. Express- und private Busse können meist und sollten auch reserviert werden, und es empfiehlt sich, vorher genau abzuklären, wo der Bus abfährt. Man kann notfalls auch bei privaten Unternehmen erst im Bus zahlen, aber die Aussichten auf einen Sitzplatz sind dann geringer.

Schiff

Abgesehen von Flussfähren verkehren innerhalb Indiens nur wenige Schiffe. Von Kolkata (Kalkutta) fahren Schiffe zu den Andamanen.

Auto

Es ist weitaus üblicher, dass Touristen in Indien herumgefahren werden, als dass sie selbst fahren. Autovermietungen stellen in der Regel Autos mit Chauffeur zur Verfügung, und Taxis sind zu günstigen Tagessätzen zu haben. Ein über die Tourist Offices vermitteltes **Auto mit Chauffeur** einer lokalen Autovermietung oder Filiale von Hertz, Budget oder Europcar kostet am 38 Euro pro Tag. Bei längeren Reisen schläft der Fahrer im Auto. Die großen internationalen Verleihketten sind die beste Wahl für Selbstfahrer; in Indien verlangen sie etwa 30% weniger als mit Chauffeur, wobei eine Kaution von Rs 1000 hinterlegt werden muss. Zahlt man den Wagen schon zu Hause, kann es weitaus teurer werden.

Autofahren in Indien ist nichts für Anfänger. Wer selbst fährt, sollte immer auf das Unerwartete gefasst sein. In Indien herrscht Linksverkehr, aber kaum jemand hält sich an Verkehrsregeln. Ein ungeschriebenes Gesetz lautet: Der Stärkere hat immer Recht.

In den Städten herrscht Verkehrschaos; Fahrzeuge scheren ohne Warnung ein und aus; Fußgänger, Radfahrer und Kühe bewegen sich sorglos mitten auf der Straße. Auf dem Lande sind die Straßen eng, stark reparaturbedürftig und von überladenen *Tata*-Trucks, die niemandem weichen, mit Beschlag belegt; auch Ochsenkarren oder Ziegenherden können die gesamte Straße blockieren. Um zu überholen, hupt man – der Fahrer vor einem gibt ein Signal, wenn es sicher ist; wenn nicht, bewegt er seine Hand mit der Innenfläche nach unten rauf und runter. Zahllose Schlaglöcher verhindern eine gemütliche Fahrt. Während des Monsun können die Straßen überflutet werden: Flüsse treten über die Ufer und Brücken werden weggeschwemmt. Bevor man losfährt, sollte man daher Einheimische um Rat fragen, sehr vorsichtig fahren und möglichst auf den Hauptstraßen bleiben.

Für Indien ist ein **internationaler Führerschein** erforderlich. Der Abschluss einer Versicherung ist zwingend, aber nicht teuer. In den meisten Städten besteht keine Gurtpflicht (vorgeschrieben nur in Delhi, Mumbai und wenigen anderen Städten), aber man sollte sich trotzdem unbedingt anschnallen. **Unfälle** sind häufig, weshalb man stets wachsam sein sollte. Sehr gefährlich sind Nachtfahrten – nicht alle schalten die Lichter an, und Ochsenkarren haben ohnehin keine. Wenn man einen Unfall hat, ist es besser, den Schauplatz schnell zu verlassen und den Schaden sofort der Polizei zu melden, denn im Nu kann sich ein Mob ansammeln, vor allem wenn Fußgänger oder Kühe beteiligt sind.

Benzin ist recht preiswert, dafür verlangt der Straßenzustand seinen Tribut. Auf Kfz-Mechaniker kann man sich nicht immer verlassen, deshalb ist es von Nutzen, wenn man ein bisschen über die **Wartung von Fahrzeugen** weiß. Auch eine häufige Überprüfung des Wagenzustands ist ratsam. Erfreulicherweise finden sich fast überall Reifenpannen-*wallahs*.

Für den **Import eines Autos oder Motorrades** nach Indien benötigt man ein *carnet de passage,* ein Dokument, das sicherstellen soll, dass man das Fahrzeug nicht illegal verkauft. Man bekommt es von ausländischen Automobilclubs wie dem ADAC. Es lohnt sich, ein paar Ersatzteile mitzubringen, da ausländische in Indien manchmal schwer zu finden sind, allerdings gibt es fast überall Imitationen minderer Qualität.

Das klassische indische Auto ist der *Hindustan Ambassador* (im Grunde ein *Morris Oxford),* der heutzutage weitgehend von moderneren Fahrzeugen wie dem *Maruti Suzuki* verdrängt wird. Wenn man ein Auto mietet, hat man vermutlich die Wahl zwischen diesen beiden oder ein paar anderen, darunter der *Tata Sumo,* eine Art Landrover, der vor allem in Bergregionen beliebt ist. Wer daran interessiert ist, einen Wagen zu kaufen, sollte wissen, dass der *Ambassador* nicht gerade berühmt für modernen Komfort oder niedrigen Verbrauch ist, dafür aber Stil und historischen Wert hat. Spätere Modelle lohnen sich nicht, da der Preis höher und die Qualität schlechter als im Westen ist.

Motorrad

Indienrundreisen per Motorrad kommen bei ausländischen Besuchern zunehmend in Mode, haben jedoch ihre Tücken. Abgesehen von den furchtbaren Straßenverhältnissen (s. o.) und den daraus folgenden Strapazen, ist das Motorradfahren in In-

dien auch insofern nicht unproblematisch, als Pannen keine Seltenheit sind. Falls man irgendwo im Nirgendwo liegen bleibt, muss man versuchen, einen leeren Lkw anzuhalten, der das Motorrad zur Reparatur an den nächsten Ort transportiert. In einigen Touristenorten gibt es **Motorradverleihe**, was für Touren in der Gegend nützlich ist, allerdings ist der Zustand der Motorräder ungewiss. Es ist ratsam, den Helm von daheim mitzubringen.

Der **Kauf eines Motorrads** in Indien ist überlegenswerter. Wer hinter einem alten britischen Klassiker her ist, für den ist die *Enfield Bullet* (350er-Modell), die am billigsten in Pondicherry an der Küste von Tamil Nadu zu haben ist, das Richtige. Wer hingegen mehr Wert auf niedrigen Preis und praktischen Nutzen legt, sollte ein kleineres Modell, vielleicht sogar ein Moped oder einen Motorroller, wählen. Viele japanische Motorräder werden inzwischen in Indien hergestellt, ebenso wie Vespas und Lambrettas, und Motorräder verschiedenen Typs können problemlos neu oder gebraucht gekauft werden. Am besten schaut man sich zunächst bei Tankstellen und Reparaturwerkstätten um. Natürlich muss man um den Preis feilschen – ein Motorrad in passablem Zustand kann man etwa für die Hälfte bis Zweidrittel des ursprünglichen Preises bekommen. Wer geschickt im Handeln ist, kann es am Ende der Reise zu einem ähnlichen Preis wieder verkaufen – vielleicht an einen anderen Ausländer, indem man in Hotels und Restaurants dafür wirbt.

Ein gewisser bürokratischer Aufwand lässt sich bei der Besitzübertragung eines Fahrzeugs nicht umgehen, aber Werkstätten können einem in der Regel einen Makler („auto consultant") vermitteln, der einem gegen eine geringe Gebühr (um Rs 300) hilft, einen Käufer oder Verkäufer zu finden, und den nötigen Papierkram erledigt. Ein Motorrad wird zum Preis eines 2. Kl.-Personenfahrscheins im Gepäckwagen eines Zuges befördert (man holt sich am Gepäckschalter ein Formular und zahlt dort eine geringe Gebühr).

Um sicher zu gehen, dass man keinen Schrott angedreht bekommt, sollte man sich ein wenig mit Mechanik auskennen. Wer selbst keine Ahnung hat, sollte jemanden mitnehmen, der einen Blick auf Motor, Gabel, Bremsen und Federung wirft. Nicht vergessen, dass ein bequemer Sitz für eine angenehme Fahrt entscheidend ist.

Wer sich nicht traut, allein mit dem Motorrad in Indien herumzufahren, kann sich einer organisierten Motorradtour anschließen. Anbieter sind z. B. *Blazing Trails,* ✆ 0044/1293/53 33 38, 🖳 www.jewelholidays.com, und *HC Travel UK,* ✆ 0044/1256/770775, 🖳 www.hctravel.com, beide in Großbritannien, sowie *Classic Bike Adventure* in Spanien, „Casa Tres Amigos", Assagao (bei Anjuna) 403 507, ✆ 0034/9832/24 44 67, ✆ 26 20 76, 🖳 www.classic-bike-india.de.

Fahrrad

In vielerlei Hinsicht ist ein Fahrrad das ideale Transportmittel, denn es bietet völlige Unabhängigkeit und Kontakt zu Einheimischen. Man kann draußen campen, es gibt aber fast in jedem Dorf auch eine billige Unterkunft – das Fahrrad mit aufs Zimmer nehmen! Wer müde wird, kann das Fahrrad auch als Gepäckstück auf den Bus laden oder es im Zug transportieren.

Um ein **Fahrrad von zu Hause** mitzubringen, braucht man keine besonderen Papiere, aber indische Ersatzteile und Zubehör unterscheiden sich u. U. in Größe und Norm, so dass man eventuell improvisieren muss. Deshalb sollte man die wichtigsten Ersatzteile und Werkzeuge sowie eine Luftpumpe dabeihaben. Packtaschen sind die nahe liegenden Gepäckstücke für eine Radreise, aber äußerst unpraktisch, wenn sie nicht am Rad hängen, deshalb sollte man erwägen, auf das ideale Fahrradgepäckstück und die formschöne Technologie zugunsten eines Rucksacks, den man auf dem Gepäckträger befestigen kann, zu verzichten.

Der **Kauf eines Fahrrads** bereitet in Indien keine großen Schwierigkeiten. In den meisten Städten gibt es Fahrradläden und sogar Fahrradmärkte. Der Vorteil eines einheimischen Fahrrads ist, dass Ersatzteile leicht zu bekommen sind, außerdem zieht es keine Menschenmenge an, wenn man es abstellt. Der Nachteil ist, dass sie meist schwerer sind als ausländische und nicht dem neuesten Stand der Technik entsprechen. In größeren Städten werden zunehmend auch Mountainbikes angeboten, aber deren Kauf lohnt nicht, die Qualität zu wünschen übrig lässt. Ein Fahrrad wieder zu verkaufen dürfte kein Problem sein: Man wird zwar kein Bombengeschäft machen, kann es aber vielleicht privat oder an einen Fahrradverleih verkaufen.

Leihfahrräder sind in den meisten Städten zu finden. In der Regel sind sie nur für den örtlichen Gebrauch bestimmt: Das ist eine gute Möglichkeit, herauszufinden, ob die eigenen Beine und der Hintern ein indisches Rad aushalten, bevor man sich eines anschafft. Die Kosten liegen bei Rs 10–30 pro Tag, in Touristenzentren gelegentlich höher; als Sicherheit muss man manchmal eine Kaution oder den Pass hinterlegen.

Cycle Federation of India, C-5A/262, DDA Flats, Janak Puri, New Delhi 110058, ✆ 011/255 3006, ist der wichtigste Radsportverband in Indien.

Nahverkehrsmittel

In und um Städte stehen verschiedene öffentliche Verkehrsmittel zur Verfügung. **Busse** sind die gängigsten. Sie sind i. A. Eindecker, obwohl es in Mumbai und anderswo auch Doppeldecker (mitunter Gelenkbusse) gibt. Stadtbusse können unglaublich voll werden, deshalb Vorsicht vor Taschendieben, mit Rasierklingen ausgestatteten Taschenaufschlitzern und „Eve-teasers" (s. S. 37). Das Gleiche gilt für **Vorortzüge** in Mumbai (der einzige andere Ort, in dem man eventuell Züge im Nahverkehr benutzen möchte, ist Chennai).

Man kann auch **Taxis** nehmen; meist sind es ziemlich klapperige *Ambassadors* (in großen Städten schwarz und gelb) und *Maruti*-Transporter. Manchmal ist der Fahrer bereit, den Zähler einzuschalten. Theoretisch kann man die Polizei rufen, wenn er es nicht tut, aber der übliche Kompromiss besteht darin, vor dem Einstieg einen Fahrpreis auszuhandeln. Natürlich ist es von Vorteil zu wissen, wie viel die Strecke in etwa kosten sollte, allerdings sollten die Angaben in diesem oder in anderen Büchern nur als ganz grobe Richtlinie genommen werden. An Orten wie Hauptbahnhöfen findet man vielleicht Leute, die sich ein Taxi ins Zentrum mit einem teilen. Viele Bahnhöfe und die meisten Flughäfen betreiben Taxistände mit Vorauszahlungssystem, d. h. man zahlt vor Abfahrt eine feste Summe; es gibt auch teurere vorausbezahlte Limousinen.

Die **Motor-Rikscha**, das indischste aller Fahrzeuge, besteht aus der vorderen Hälfte eines Motorrollers mit ein paar Sitzen hinten. Sie sind billiger als Taxis, wendiger im Verkehr und gewöhnlich mit einem Zähler ausgestattet (allerdings muss man den Preis oft trotzdem vorher aushandeln, weil der Taxameter nicht eingeschaltet wird). Sie sind jedoch etwas instabil und die Fahrer oftmals ziemlich leichtsinnig, aber das gehört zum Vergnügen einer Motor-Riksha-Fahrt dazu. In größeren Touristenzentren bedrängen Riksha-*wallahs* Touristen sehr, und ist man erst einmal eingestiegen, kann es passieren, dass sie an mehreren Läden Halt machen, bevor sie zum gewünschten Ziel fahren. Außerdem hindert auch eine Einigung über den Preis vor der Fahrt den Riksha-*wallah* nicht unbedingt daran, unterwegs oder am Ziel eine neuerliche Diskussion um den Fahrpreis zu entfachen. In der Regel ist es besser, selbst eine Riksha anzuhalten, anstatt eine aufgedrängte zu nehmen, und die vor teuren Hotels wartenden zu meiden.

In ein oder zwei Städten gibt es auch eine größere Variante von Motor-Rikshas, **Tempos** oder **Vikrams** genannt, mit 6–8 Sitzen hinten, die gewöhnlich feste Strecken zu Einheitspreisen abfahren. Hier und da stößt man auch auf Pferdekutschen, so genannte **Tongas**. Diese von unterernährten Pferden gezogenen Gefährte sind bei Touristen am unbeliebtesten. Noch langsamer und billiger sind **Fahrrad-Rikshas**. Ausländischen Touristen ist oft nicht wohl dabei, sie zu benutzen, denn außer in großen Touristenzentren sind die Fahrrad-Rikshafahrer meist ausgemergelte, auf der Straße lebende Männer, die einen erbärmlichen Lohn für ihre Mühsal bekommen. Andererseits: Nimmt man sie nicht in Anspruch, geht es ihnen noch schlechter, und an Ausländern verdienen sie mehr als an Einheimischen.

Wer eine Reihe von Orten in der Umgebung sehen möchte, sollte erwägen, ein Taxi oder eine Motor-Riksha für den Tag zu mieten. Am besten sucht man einen einigermaßen gut Englisch sprechenden Fahrer und handelt mit ihm vorher einen Preis aus. Es ist wahrscheinlich billiger, als man vermutet hat, denn der Fahrer wird sich unweigerlich als Führer betätigen und als Quelle lokalen Wissens erweisen – ein Trinkgeld ist in der Regel angebracht.

Sport

Beliebte Sportarten in Indien

Kaum jemand assoziiert mit Indien wahrscheinlich sofort Sport – bei den Olympischen Spielen 2004 in Athen gewann Indien nur eine einzige Silbermedaille. Doch **Kricket**, Hockey und Fußball haben hier alle ihren angestammten Platz. Darunter ist Kricket mit Abstand am beliebtesten und ein schönes Beispiel dafür, wie etwas Urenglisches zu etwas Urindischem wurde.

Pferderennen können für einen Tagesausflug unterhaltsam sein, besonders wenn man Tumult und Aufregung mag. Rennbahnen gibt es im ganzen Land, überwiegend in großen Städten wie Mumbai und Pune. Lokalzeitungen und jedes Stadtmagazin geben bekannt, wann Pferderennen stattfinden.

Ein weiterer (hauptsächlicher) Zuschauersport ist **Polo**, das ursprünglich aus dem nördlichen Kashmir stammt, sich aber von den Briten übernommen zu einem der Symbole des Raj entwickelte. Die Prinzen von Rajasthan galten in den 30er, 40er und 50er Jahren als die besten Polospieler der Welt. Heutzutage spielt in erster Linie die Armee Polo.

Nach Jahren der Flaute feiert **Hockey**, das Indien regelmäßig olympische Medaillen beschert hatte, ein Comeback. Die große Ausbeute an Medaillen hatte in den 60ern ein Ende, als der internationale Hockey Kunstrasen einführte, der für Indien ein ungewohnter Boden war (und immer noch ist). Dennoch ist Hockey nach wie vor sehr beliebt, vor allem in Schulen.

Die Situation der **Leichtathletik** verbessert sich ständig, so dass Indien heutzutage mit Sprinterinnen der Weltklasse aufwarten kann.

Volleyball ist ein in ganz Indien beliebter Volkssport, und Mitspieler sind fast immer willkommen.

Fußball ist ähnlich populär, vor allem zur heiß umkämpften nationalen Meisterschaft. Die besten Mannschaften sind in Kolkata (Kalkutta) ansässig und umfassen drei legendäre Vereine: Mohan Bagan, East Bengal und Mohamadan Sporting, von denen jeder seine begeisterten Fans hat. Im Unterschied zu den meisten anderen beschäftigen diese Teams professionelle Spieler, darunter sogar ausländische, die überwiegend aus Afrika kommen.

Tennis ist in Indien schon immer ein Sport der Mittelklasse gewesen und erfreut sich in dem Maße, in dem diese Klasse sich ausdehnt, zunehmender Beliebtheit. Das Land kann mit ein oder zwei Weltklassespielern aufwarten, z. B. dem Duo Bhupati und Paes, die im Männerdoppel 1999 für kurze Zeit den ersten Platz auf der Weltrangliste einnahmen.

Golf ist äußerst beliebt – wiederum in der Mittelklasse – und in Indien relativ preiswert. Der zweitälteste Golfplatz der Welt befindet sich in Kolkata (Kalkutta) und einer der am höchsten gelegenen bei Shimla.

Kabadi, ein Spiel, bei dem zwei Mannschaften à sieben Spieler versuchen, die Gegner auf einem eingegrenzten Spielfeld unter unaufhörlichen „kabadikabadikabadi"-Rufen zu „fangen", ist ein traditionelles indisches Freizeitvergnügen. Es ist zwar bislang ein Amateursport, wird aber sehr ernst genommen und in bundesstaatlichen und nationalen Meisterschaften ausgetragen. Inzwischen ist Kabadi sogar Teil der Asian Games. In Südindien ist diese Sportart nicht so beliebt wie im Norden.

Freizeitsport für Touristen

Indien bietet zahlreiche Sportmöglichkeiten, darunter Wandern und Tauchen. Wer solche Aktivitäten plant, braucht allerdings einen guten Versicherungsschutz.

Wandern

In den **Ghats** und den **Nilgiri Hills** lassen sich kürzere Wanderungen unternehmen, die für jeden zu schaffen sind. Der Zugang zur besten Wanderregion im Süden (bei Ooty) ist allerdings nicht uneingeschränkt möglich, weil dort Sandelholzschmuggler ihr Unwesen treiben.

Auf seltener begangenen Routen (wo es schwerwiegende Folgen haben kann, wenn man sich verirrt oder die Verpflegung zur Neige geht) ist es ratsam, einen ortskundigen **Führer** mitzunehmen.

Vorschläge zu bestimmten Routen werden in den jeweiligen Regionalkapiteln gemacht.

Die **Kleidung** sollte angesichts der zu erwartenden Temperaturunterschiede in Schichten getragen werden können.

Tauchen und Schnorcheln

Die Andamanen und Lakkadiven bieten erstklassige Tauchgebiete und verfügen über gut ausgestattete, renommierte Tauchzentren. Verglichen mit Thailand z. B. sind die indischen Tauchschulen jedoch kostspielig.

Für Individualtouristen sind die Andamanen im Golf von Bengalen, etwa 1000 km östlich vom Festland, das vielversprechendste Ziel zum Tauchen und Schnorcheln. Dieser abgeschiedene Archipel, Teil einer unterseeischen Bergkette, die sich von Sumatra im Norden bis zur Küste von Burma (Myanmar) erstreckt, wird von riesigen Korallenriffen umgeben. Im kristallklaren Wasser wimmelt es von tropischen Fischen und anderen Meereslebewesen. Angesichts der hohen Kosten für Tauchkurse beschränken die meisten Besucher sich aufs Schnorcheln, aber wenn man bereits ein PADI-Zertifikat hat, lohnt es sich, bei einer der drei Tauchschulen der Inselgruppe (s. S. 603) eine Ausrüstung zu leihen. Wer einen Kurs im offenen Meer absolvieren möchte, sollte ihn rechtzeitig im Voraus buchen, da es in der Hochsaison zwischen Dezember und Februar zu Engpässen kommen kann.

Die andere indische Inselgruppe, die von klarem Wasser und einer reichen Meereswelt umgeben ist, sind die Lakkadiven (Lakshadweep), ein klassisches Kokospalmen-Atoll, etwa 400 km westlich von Kerala im Arabischen Meer. Die seichten Lagunen, ausgedehnten Korallenriffe und die ungewöhnlich gute Sicht machen diese Inseln zu einem idealen Ziel sowohl für Anfänger als auch für erfahrenere Taucher. Der Haken ist, dass Ausländer aufgrund von Besuchsbeschränkungen nur auf zwei Inseln der Gruppe reisen dürfen: Nach Kadmat (nur im Rahmen einer 6-tägigen Tour von Kochi aus) sowie nach Bangaram, wo nur eine einzige Unterkunft, ein sündhaft teures 5-Sterne-Resort, zur Verfügung steht. Dieses Problem lässt sich nicht umgehen, da man ein Zimmer in diesem Hotel reserviert haben muss, um die erforderliche Besuchserlaubnis zu bekommen.

Qualifizierte Taucher sollten ihren gültigen Tauchschein und/oder ihr Logbuch mitnehmen. Wer keinen absolvierten Tauchgang innerhalb der letzten zwölf Monate nachweisen kann, muss u. U. eine kurze Prüfung ablegen, die um Rs 300 (7 Euro) kostet.

Einkaufen

In Indien findet man so viele schöne, exotische und noch dazu preiswerte Souvenirs, dass man manchmal gar nicht weiß, was man zuerst kaufen soll. Außerdem sind alle möglichen Dinge (z. B. maßgeschneiderte Kleidung), die zu Hause kostspielig sind, hier wesentlich günstiger zu erstehen. Es kann zwar sein, dass man selbst auf der Reise an Gewicht verliert, doch dafür wird das Gepäck bestimmt schwerer – es sei denn, man schickt etwas per Post nach Hause.

Wo einkaufen?

Eine Reihe der in Touristengegenden angebotenen Waren werden woanders hergestellt. Dabei macht es natürlich mehr Freude (und ist billiger), sie an ihrem Ursprungsort zu erwerben. Die besten Angebote sind zusammen mit einigen Dingen, die nur in einer bestimmten Region erhältlich sind, in den entsprechenden Abschnitten dieses Reiseführers angegeben. In Indien wimmelt es von etwas aufdringlichen **Straßenverkäufern** – oftmals Kinder. Desinteresse sollte man deutlich bekunden, die Verkäufer aber nicht grundsätzlich schneiden, da sie manchmal vernünftige Souvenirs unter Ladenpreis anbieten und mit sich handeln lassen.

Praktisch alle Landesregierungen betreiben **Kunsthandwerksläden** („emporia") und die meisten haben Filialen in Großstädten wie Mumbai. Die Waren in diesen Läden sind in der Regel von guter Qualität, dafür sind die (festen) Preise etwas hoch. Ein Besuch lohnt auch, um sich ein Bild davon zu machen, welche Art Kunsthandwerk erhältlich ist und wie viel es in etwa kostet.

Handeln

Außer beim Kauf von Essen, Haushaltswaren und Zigaretten wird fast immer erwartet, dass man um den Preis feilscht. Die Vorgehensweise ist vor allem eine Frage des persönlichen Stils, man sollte aber stets heiter und gelassen bleiben. Feste Regeln gibt es nicht – es geht darum, wie viel der Gegenstand einem Wert ist. Es ist jedoch nicht schlecht, vorher zu wissen, wie viel man ausgeben will oder sollte. Unerfahrene Touristen werden sofort erkannt, deshalb sollte man vom ersten Tag an so tun, als wüsste man genau, was man will – oder aber mit dem Einkaufen noch warten.

Die zu Beginn der Verhandlungen geforderte Summe hat nicht viel zu besagen. Manche Reiseführer empfehlen, etwa ein Drittel des Ausgangspreises zu zahlen, aber das ist nur eine vage Richtlinie. Vielleicht lässt sich der Preis nur ganz wenig drücken, es kann aber auch passieren, dass man am Ende nur ein Zehntel des Ausgangspreises zahlt. Wer zu wenig bietet, wird vielleicht aus dem Laden geschoben, weil er einen „beleidigenden" Preis geboten hat, aber das ist Teil des Spielchens, und wenn man am nächsten Tag zurückkommt, wird man wie ein alter Freund begrüßt. Aber niemals um etwas feilschen, das man gar nicht haben will, und nie eine Summe nennen, die man nicht zu zahlen bereit ist. Es ist wie bei einer Auktion: Hat man einen Preis geboten, ist man verpflichtet, ihn zu zahlen.

Manchmal halten Rikscha-*wallahs* und Taxifahrer unaufgefordert bei bestimmten Geschäften, die ihnen eine kleine Provision für die Vermittlung potenzieller Käufer bezahlen. In Städten, wo diese Praxis weit verbreitet ist, einigen sich Touristen und Fahrer oft einfach darauf, bei fünf Geschäften anzuhalten und sich die Provision zu teilen, denn schließlich kosten die Fahrtunterbrechungen beide Seiten Zeit. Wer von einem Schlepper oder Fahrer in einen Laden gelotst wird und dort etwas kauft, bezahlt einen Preis, der ca. 50% über dem normalen liegt, d. h. die „Unkosten" für den Schlepper einschließt. Wer nicht in der Stimmung ist, sich auf derlei Spielchen einzulassen, sollte hartnäckig darauf bestehen, unverzüglich ans eigentliche Ziel gebracht zu werden.

Metallarbeiten und Schmuck

Kunsthandwerker haben seit über 1000 Jahren **Bronzestatuen** hinduistischer Götter gegossen. Die Götterbilder werden im Wachsausschmelzverfahren („Guss in verlorener Form") hergestellt. Dabei wird zunächst ein Modell aus Bienenwachs geformt, dann mit Ton verkleidet und schließlich gebrannt. Das Wachs schmilzt und hinterlässt eine Tonform mit Hohlraum. In diesen wird flüssiges Metall gegossen; nach dem Erkalten wird die Tonform zerschlagen und das Gussteil bearbeitet. Kleine Figuren können aus einem Stück gefertigt werden, aber größere müssen aus bis zu einem Dutzend Teilen zusammengesetzt werden, wobei die Schweißnähte durch kunstvolle Verzierungen verdeckt werden. Die hochwertigsten Statuen weisen fein gearbeitete Finger und Augen auf, und das Metall sollte keine Flecken oder Vertiefungen haben. Man findet sie überwiegend im Süden (besonders begehrt sind tanzende Shivas, Natarajas genannt). **Dokra** ist eine besondere Kunstform aus

West-Bengalen und Orissa, bei der ebenfalls im Wachsausschmelzverfahren hübsche Figurinen, oft in Gestalt von Tieren, hergestellt werden.

Messing- und Kupferwaren können hervorragend gearbeitet sein. Erhältlich sind z. B. Tabletts, Teller, Aschenbecher, Tassen und Schüsseln.

Bidri-Arbeiten (s. S. 367), benannt nach ihrem Ursprungsort Bidar (Karnataka), werden hergestellt, indem eine Rotgusslegierung mit feinen Mustern in Messing oder Silber eingelegt und dann mit Salmiaksalz geschwärzt wird, so dass nur die Einlegearbeit glänzt. Weit verbreitet sind *bidri*-Schmuckkästchen, -armreifen, -geschirr und *hookahs* (Wasserpfeifen), besonders in Karnataka und Andhra Pradesh.

Beim Kauf von wertvollen Metallen sollte man sich lieber an **Silber** als Gold halten, aber es ist sehr schwierig, echtes Silber von billigem Weißmetall zu unterscheiden, das nicht selten in Souvenirläden als Silber verkauft wird. Silber ist in der Qualität unterschiedlich, aber in der Regel zu vernünftigen Preisen zu bekommen.

Gold hat gewöhnlich 22 Karat, ist aber wegen der Steuern relativ teuer (daher ist Schmuggelhandel mit den Golfstaaten weit verbreitet). Es besitzt hohen Investitionswert – Frauen bewahren ihr Vermögen traditionell in dieser Form auf; der Schmuck einer Braut ist wichtiger Bestandteil ihrer Mitgift. Gold und Silber werden i. A. nach Gewicht verkauft; die Verarbeitung kostet sehr wenig.

Wer nichts davon versteht, sollte vom Kauf von **Edelsteinen** absehen. Allerdings kann man einige Edel- und Halbedelsteine günstig in Indien erstehen, besonders einheimische, wie Granat, schwarze Sternsmaragde und Mondsteine.

Holzschnitzereien und Steinmetzarbeiten

Verzierte **Holzschnitzereien** von Göttern und Göttinnen aus Sandelholz sind eine Spezialität von Mysore, und **geschnitzte Elefanten** stehen überall hoch im Kurs.

Keralische Kunsttischler stellen immer noch hübsche **Schmuckkästchen** her, in denen früher die Mitgift einer Frau aufbewahrt wurde. In manchen Läden werden auch alte, manchmal ein wenig ramponierte Holzschnitzereien aus renovierten Häusern oder Tempeln angeboten, meistens zu angemessenen Preisen.

Die **Steinmetzarbeiten** von Mamallapuram, dem Steinhauerzentrum Indiens, sind ausgesprochen preiswert, zumindest die kleineren Stücke – mit den größeren wird sich kaum ein Reisender „belasten" wollen.

Leicht zu transportieren sind die Gegenstände aus **Pappmaché**, die in den landesweit anzutreffenden Kashmiri-Läden verkauft werden (die meisten scheinen ihre Ware allerdings aus Delhi zu beziehen).

Stoffe und Kleidung

Textilien sind so sehr ein Teil der indischen Kultur, dass Gandhi ein Spinnrad auf der Nationalfahne haben wollte. Was er im Sinn hatte, war der einfache weiße hausgesponnene Stoff, den Nehru trug, dessen Mütze, Jacke und *dhoti* bis heute ein Kennzeichen der Anhänger der Kongress-Partei sind. Hausgesponnener, auf dem Handwebstuhl gewebter, handbedruckter Stoff heißt *khadi* und wird in den so genannten staatlichen *Khadi Gramodyog* im ganzen Land verkauft. Die Färbe- und Druckmethoden reichen von der Abknüpf- *(bandhani)* Technik aus Rajasthan bis zu von Hand oder im Siebdruckverfahren gemusterten Kaliko/Kattun- (abgeleitet von der Stadt Calicut – jetzt Kozhikode – in Kerala), Baumwoll- und Seidenstoffen.

Saris für den Alltagsgebrauch werden normalerweise aus Baumwolle hergestellt. Für besondere Anlässe wird **Seide** verwendet. Frauen aus dem Westen sind für ihre Ungeschicklichkeit im Tragen dieses sehr eleganten Kleidungsstückes bekannt – es braucht Jahre der Übung, einen Sari richtig anzulegen –, aber Seide lässt sich in Indien in der Regel günstig einkaufen, nur muss man sicher gehen, dass sie echt ist (früher bestand der Test darin, zu prüfen, ob der gesamte Stoff durch einen Ehering gezogen werden könnte; inzwischen gibt es jedoch Synthetikstoffe, mit denen dies anscheinend ebenfalls möglich ist, deshalb sollte man einen Faden verbrennen und daran riechen, um sicher zu sein). Seide aus Varanasi ist zwar weltberühmt, doch die beste indische Seide kommt heutzutage aus Kanchipuram und Madurai in Tamil Nadu. Einen guten Ruf genießen außerdem Seidenstoffe aus Mysore, aber die dortige Industrie machte in jüngerer Zeit negative Schlagzeilen, da ihr vorgeworfen wird, sich der Kinderarbeit zu bedienen.

Gern gekauft werden auch die mit zahlreichen winzigen Spiegeln bestickten Kleiderstoffe aus Rajasthan, bengalischer **Brokat** namens *baluchari* und *ikat*-Arbeiten nach indonesischem Vorbild sowie **Batikstoffe** aus Orissa, Madhya Pradesh und Gujarat. Hübsche Reisemitbringsel sind u. a. *lunghis* aus Südindien (sowohl als Bettlaken als auch als Kleidungsstück zu gebrauchen) und *salwar kamise*, die elegante, von moslemischen Frauen, unverheirateten Mädchen und Studentinnen der Mittelschicht getragene Kombination aus Pluderhose und langem Oberteil. Lange, weite Hemden – bevorzugt aus *khadi* hergestellt und als *kurta* oder *panjabi* bekannt – sind in der indischen Hitze sehr praktisch und werden traditionell von Männern über weißen Baumwollhosen getragen. In Souvenirgeschäften werden bedruckte Laken angeboten, die sich auch als Wandschmuck ganz gut machen. Man wird feststellen, dass jede Region ihre eigenen Stoffe, Färbemethoden und Macharten hat – die Auswahl ist unbegrenzt.

Man kann auch einfach einen Stoff aussuchen, ihn zu einem Schneider bringen und sich daraus ein Kleidungsstück nach eigenem Geschmack nähen lassen, was in Indien sehr preiswert ist. Will man sich förmliche westliche Kleidung machen lassen, sollte man eine etwas vornehmere Adresse in einer großen Stadt aufsuchen. Ein Hemd oder ein Paar Pyjama-artiger Hosen kann dagegen jeder Dorfschneider im Nu herstellen. Viele Schneider können zudem ein Kleidungsstück, das man bereits besitzt, nachschneidern.

Teppiche und Brücken

Wenn Touristen in ein Kashmiri-Kunstgewerbegeschäft gebeten (oder gebracht) werden, geschieht dies nicht selten in der Absicht, einen Teppich zu verkaufen. **Kashmir-Teppiche** zählen zu den strapazierfähigsten der Welt, und mit etwas Vorsicht und Sachverstand lässt sich in Indien für relativ wenig Geld ein kostbares Stück erstehen (wer nicht aufpasst, kann aber auch arg übers Ohr gehauen werden). Ein echter Kashmir-Teppich trägt auf der Rückseite ein Etikett, das den Herkunftsort Kashmir nennt sowie Angaben zum Material (Wolle, Seide oder „silk touch" – Wolle mit etwas Baumwolle und Seide, um dem Teppich etwas Glanz zu verleihen), zur Größe, Dichte der Knoten pro square inch (je mehr, desto besser) und zum Na-

men des Designs macht. Um herauszufinden, ob es tatsächlich Seide ist, sollte man den Teppich mit einem Messer ankratzen und den Fussel verbrennen – echte Seide schrumpft völlig zusammen und hat einen eigentümlichen Geruch. Schon beim Zücken eines Messers wird der Verkäufer eines unechten Seidenteppichs wahrscheinlich Einwendungen machen.

Wer sichergehen will, dass der Teppich auch wirklich zu Hause ankommt, sollte ihn persönlich bei der Post aufgeben. Selbst wenn der Teppichverkäufer schwört, das gute Stück erst zu einem späteren Zeitpunkt auf den Weg zu schicken, geht die Sendung unverzüglich hinaus (was problematisch ist, wenn daheim niemand das Paket in Empfang nehmen kann), und falls mit Kreditkarte bezahlt wird, muss man damit rechnen, dass der Betrag trotz anders lautender Beteuerungen sofort abgebucht wird. Außerdem sollte man sich nach dem fälligen Einfuhrzoll erkundigen. Es ist ratsam, das Geschäft, in dem der Kauf getätigt wird, sorgfältig auszuwählen, denn manche Leser berichten, dass bestellte (und bezahlte) Teppiche niemals ihren Bestimmungsort erreichten.

Dhurries (Web- oder Kelim-Teppiche) aus reiner Wolle entstammen einer älteren Kunsthandwerkstradition und sind billiger. Sie werden hauptsächlich in Uttar Pradesh hergestellt, aber auch in Rajasthan, Gujarat, im Punjab sowie in Andhra Pradesh. In letzter Zeit wurden zahlreiche Fälle von Kinderarbeit aufgedeckt, vor allem in Mirzapur, doch inzwischen haben sich NGOs des Problems angenommen und führen in den Webereien erfolgreiche Bildungs- und andere grundlegende Erziehungsprogramme durch.

Malereien und Antiquitäten

Nur Experten sei geraten, größere Summen für Kunstgegenstände und Antiquitäten auszugeben, aber Souvenirjäger können in diesem Bereich ansprechende Dinge für wenig Geld erstehen.

Die einstige Chola-Hauptstadt Thanjavur (Tanjore) im Kaveri- (Cauvery) Delta von Tamil Nadu ist im ganzen Süden für ihre Schule der religiösen Malerei berühmt, die sich im 19. Jh. dank der Förderung des lokalen Maharadscha gründete. „Malerei" ist eigentlich nicht die richtige Bezeichnung, da die Bilder teilweise als flaches Gipsrelief gearbeitet und mit wertvollen Steinen, Glasscherben,

Perlen, Kamee und Elfenbein eingelegt sind. Bevorzugte Themen der Tanjore-Schule sind Balakrishna (Krishna als krabbelndes Baby, das Butterbällchen stiehlt) und Darstellungen von Vishnus anderen Inkarnationen. Man stößt überall in der Region auf diese Bilder, aber nur in **Thanjavur** kann man wahrscheinlich die Künstler bei der Arbeit sehen. Die Preise reichen von etwa Rs 2000 bis zu Rs 200 000, je nach Größe, Qualität der Darstellung sowie dem Wert der Intarsien und des Goldblatts.

Preiswert und fast überall erhältlich sind die ursprünglich aus dem südindischen Kerala stammenden Malereien auf Baumblättern, doch auch hier bestehen qualitative Unterschiede.

In fast allen Souvenirgeschäften werden im traditionellen Stil gehaltene **Miniaturen** verkauft, die oft als Antiquitäten angepriesen werden, doch handelt es sich dabei um (durchaus hübsche) Massenware.

Wer **Antiquitäten** erwirbt, braucht, sofern sie echt sind – und das ist eher unwahrscheinlich – eine Exporterlaubnis, die praktisch nie erteilt wird. Dasselbe gilt für „Kunstschätze". Alter und Rang können vom **Archaeological Survey of India**, Sion Fort, Sion, Mumbai 400002, ✆ 022/407 1102, festgestellt werden. Diese Institution stellt auch Ausfuhrgenehmigungen aus.

Sonstiges

Natürlich ist nicht alles typisch Indische alt oder traditionell. **CDs**, **Schallplatten** und **Kassetten** mit klassischer, *Bhangra*-, *filmi*- und westlicher Musik sind sehr billig und populär. Es gibt auch ein gutes Angebot an **Videos**. Bei Filmen in tamilischer oder Telugu-Sprache ist die Wahrscheinlichkeit, dass sie mit englischen Untertiteln versehen sind, größer als bei Hindi-Filmen.

Bücher sind in Indien ebenfalls gute Erwerbungen, egal ob indische oder englische Literatur. Auch sie sind gewöhnlich viel billiger als in Europa, wenngleich die in Indien produzierten meistens nicht so gut gedruckt und gebunden sind. Besonders lohnenswert sind Hardcoverausgabe der heiligen indischen Schriften.

Holzspielzeug ist in verschiedenen Kunsthandwerksdörfern in Andhra Pradesh, darunter Vijayawada und Ettikopakka im Distrikt Vishakaptnam, erhältlich.

Tamilische **Schattenspielfiguren** in Souvenirgröße werden von den meisten staatlichen Läden in Tamil Nadu verkauft.

Bambusflöten sind unglaublich billig. Andere **Musikinstrumente**, wie *tabla*, *sitar* und *sarod* lassen sich nur mühsam transportieren und sind überdies auch im Westen erhältlich, wenngleich meist für mehr Geld bei schlechterer Qualität. Es macht wenig Sinn, eine *sitar* mit nach Hause zu nehmen, die praktisch nicht zu stimmen ist, auch wenn sie schön aussieht. Musikschüler sollten ihre Instrumente bei Instrumentenbauern oder in etablierten Fachgeschäften kaufen. Ein guter Ort ist Chennai, wo man karnatische Schlaginstrumente hoher Qualität findet.

Weitere mögliche Souvenirs sind Küchenutensilien wie *tiffin boxes*, Blechspielzeug zum Aufziehen, Filmplakate, Tee (aus Darjeeling, Assam und Nilgiri), Kaffee, Gewürze und Fächer aus Pfauenfedern (sie sollen allerdings Unglück bringen).

Dinge, die man nicht kaufen sollte, sind Elfenbein und alles, was von seltenen oder geschützten Arten abstammt, darunter Produkte aus Schlangenhaut und Schildkrötenpanzern. An den Kauf von Drogen darf man nicht einmal denken!

Feste und Feiertage

Praktisch jeder Tempel in jedem Ort oder Dorf des Landes feiert sein eigenes Fest. Zu den größten und aufwändigsten in Südindien zählen die drei jährlichen Feste in Madurai, das im Juni oder Juli stattfindende Rath Yatra in Puri und das Dussehra-Fest in Mysore im September oder Oktober. Die meisten sind religiöser Natur, aber Ausgelassenheit ist i. A. eher angesagt als Feierlichkeit, und Zuschauer sind in der Regel willkommen. Wer das Glück hat, ein lokales Fest mitzuerleben, für den könnte es sich als das Highlight der Reise entpuppen. Da wir hier unmöglich jedes Fest in jedem Dorf aufführen können, sollte man unter den jeweiligen Regionalkapiteln nachschauen, wo die wichtigsten lokalen Feste genannt werden.

Unten findet sich eine Liste mit den wichtigsten nationalen und regionalen Feierlichkeiten. Dazu einige kurze Erklärungen: Feste der Hindus, Sikhs, Buddhisten und Jains richten sich nach dem **indi-**

schen **Mondkalender**, weshalb die Termine sich gegenüber dem gregorianischen Kalender von Jahr zu Jahr verschieben. Sie mehr als ein Jahr im Voraus zu bestimmen, ist äußerst kompliziert und bleibt am besten den Astrologen überlassen. Moslemische Feste richten sich nach dem **islamischen Kalender**, dessen Jahr kürzer ist und deshalb gegenüber dem gregorianischen Kalender jährlich elf Tage „verliert".

Wer Glück hat, kommt in Indien in den Genuss, zu einer **Hochzeit** eingeladen zu werden. Obwohl offiziell verboten, zahlt die Familie der Braut normalerweise eine hohe Mitgift an den Bräutigam, die Ursache von Streitigkeiten sein kann. Arme Familien sehen sich oft gezwungen, jahrelang zu sparen, um ihre Töchter verheiraten zu können.

Die wichtigsten indischen Feste

Indien hat vier Nationalfeiertage:
26. Januar (Tag der Republik)
15. August (Tag der Unabhängigkeit)
2. Oktober (Gandhis Geburtstag) und
25. Dezember (Weihnachten)

Jeder Bundesstaat begeht jedoch zusätzliche, eigene öffentliche Feiertage, und die meisten Geschäfte schließen an den großen Feiertagen ihrer Religion, die unten mit einem Sternchen gekennzeichnet sind.

Da die meisten der aufgeführten Feste hinduistisch sind, haben wir in Klammern die Monatsnamen des hinduistischen Kalenders angegeben.

Abkürzungen:

B = buddhistisch	M = moslemisch
C = christlich	N = nicht religiös
H = hinduistisch	P = Parsi
J = jainistisch	S = Sikh

Jan–Feb (Magha)

H **Pongal** (1. Magha): Tamilisches Erntefest, das mit Prozessionen, geschmückten Kühen und *rangolis* (Kreidezeichnungen auf den Türstufen der Häuser) gefeiert wird. *Pongal* ist ein süßer Brei aus frisch geerntetem Reis, der von allen, auch den Kühen, gegessen wird. Das Fest ist auch als Makar Sankranti bekannt und

wird in Karnataka, Andhra Pradesh und im Osten Indiens begangen.

H **Vasant Panchami** (5. Magha): Eintägiges Frühlingsfest zu Ehren von Saraswati, der Göttin der Gelehrsamkeit. Man lässt Drachen steigen, trägt gelbe Saris und lässt die Schulbücher und Stifte der Schüler von der Göttin segnen.

C **Fest von Mar Thoma**: Eine farbenprächtige Prozession geschmückter Wagen führt zu dem alten Ort, an dem der Hl. Thomas zum ersten Mal indischen Boden betreten haben soll.

N **Goa Carnival**: Goas Karneval kennzeichnen Tempel-Festwagenumzüge und durch *feni* ausgelöstes Chaos in der Hauptstadt Panjim.

N **Elephanta Music and Dance Festival** in Mumbai.

H **Elefantenfest** im Shiva-Tempel von Thiruvananthapuram mit einer spektakulären Elefantenprozession.

Feb–März (Phalguna)

H **Shivratri** (10. Phalguna): Jahrestag von Shivas *tandav* (Schöpfungs-) Tanz und sein Hochzeitstag. Beliebtes Familienfest, aber auch ein Sadhu-Fest der Pilgerfahrt und des Fastens, vor allem in wichtigen Shiva-Tempeln.

H **Holi** (15. Phalguna)*: Wasserfest, wird während Dol Purnima (Vollmond) abgehalten, um den Frühlingsanfang zu feiern. Es ist zwar besonders in Nordindien beliebt, wird aber auch in Mumbai und Nord-Karnataka ausgelassen gefeiert. Man muss damit rechnen, mit Wasser, Farbe, farbigem Pulver und anderen Gemischen torpediert zu werden; manchen daraus resultierenden Flecken ist mit keinem Waschmittel beizukommen, daher an diesem Tag die Sonntagskleider im Koffer lassen!

März–April (Chaitra)

H **Gangaur** (3. Chaitra): Rajasthani-Fest (wird auch in Bengalen und Orissa begangen) zu Ehren von Parvati; mit Tänzen und Gesängen.

H **Ramanavami** (9. Chaitra)*: Ramas (Held des Ramayana) Geburtstag wird mit Lesungen des Epos und Vorträgen über Ramas Leben und Lehren begangen.

C **Ostern***: Feier der Wiederauferstehung Jesu. Karfreitag wird besonders gefeiert.

P **Pateti**: Parsisches Neujahr, auch als No Ruz bekannt; gefeiert wird die Schöpfung des Feuers. Festessen, Gottesdienste und Geschenkaustausch.

P **Khorvad Sal** (eine Woche nach Pateti): Geburtstag von Zarathustra (alias Zoroaster). Wird in den Parsi-Feuertempeln und mit Festessen in der Familie gefeiert.

H **Chittirai**, Madurai (Tamil Nadu): Von Elefanten angeführte Prozession.

H **Arat Festival, Thiruvananthapuram**: Fest zu Ehren der Götter der Rajas von Travancore, die in einer Elefantenprozession zum Meer geleitet werden (findet nochmals im Okt/Nov statt).

April–Mai (Vaisakha)

HS **Baisakhi** (1. Vaisakha): Für Hindus ist es das Neujahr des Sonnenjahres, das mit Musik und Tanz begrüßt wird. Für die Sikhs ist es der Jahrestag der von Guru Gobind Singh begründeten *Khalsa* (der Sikh-Bruderschaft).

J **Mahavir Jayanti** (13. Vaisakha)*: Geburtstag von Mahavira, dem Begründer des Jainismus. Das bedeutendste Jain-Fest des Jahres.

H **Puram Festival**, Thrissur (Kerala): Frenetisches Trommeln und Elefantenparaden.

B **Buddha Jayanti** (16. Vaisakha)*: Buddhas Geburtstag. Am gleichen Tag gelangte er auch zur Erleuchtung und ins Nirvana.

Juli–Aug (Shravana)

H **Naag Panchami** (3. Shravana): Schlangenfest zu Ehren der *naga*-Schlangengötter. Wird vor allem in Rajasthan und Maharashtra gefeiert.

H **Raksha Bandhan/Narial Purnima** (16. Shravana): Fest zu Ehren des Meeresgottes Varuna. Brüder und Schwestern tauschen Geschenke aus, die Schwester bindet eine *rakhi* genannte Schnur um das Handgelenk ihres Bruders. Brahmanen tauschen nach einem Fastentag die heilige Schnur, die sie tragen, aus.

N **Tag der Unabhängigkeit** (15. Aug.)*: Indiens größte weltliche Feier, zum Jahrestag der Unabhängigkeit von Großbritannien.

Aug–Sep (Bhadraparda)

H **Ganesh Chaturthi** (4. Bhadraparda): Ganesh gewidmetes Fest, wird vor allem in Maharashtra gefeiert. In Mumbai werden in riesigen Prozessionen Abbilder des Gottes zum Meer getragen und versenkt.

H **Janmashtami** (23. Bhadraparda)*: Krishnas Geburtstag, ein Anlass zum Schlemmen und Feiern, vor allem in Vaishnava-Zentren wie Udipi und Mumbai.

Sep–Okt (Ashvina)

H **Dussehra** (1.–10. Ashvina)*: 10-tägiges Fest (i. A. 2 öffentliche Feiertage), steht in Verbindung mit dem Triumph über Dämonen, besonders Ramas Sieg über Ravana im *Ramayana* und Durgas über den büffelhäuptigen Mahishasura (wird besonders aufwändig in West-Bengalen gefeiert, wo es Durga Puja heißt). Dussehra-Feiern beinhalten Vorführungen des *Ram Lila* (Leben Ramas). Mit am erlebenswertesten in Mysore (Karnataka).

N **Mahatma Gandhis Geburtstag** (2. Okt.)*: Feierliches Gedenken an den Gründer des unabhängigen Indien.

Okt–Nov (Kartika)

H **Diwali** (Deepavali) (15. Kartika)*: Das Lichterfest und größte Fest Indiens feiert Ramas und Sitas im *Ramayana* beschriebene Rückkehr. Zu den Feierlichkeiten gehört das Anzünden von Öllampen und Knallern, außerdem werden Süßigkeiten und Geschenke verteilt.

J **Jain-Neujahr** (15. Kartika): Fällt mit Diwali zusammen, so dass Jains gleichzeitig mit Hindus feiern.

Nov–Dez (Margashirsha oder Agrahayana)

N **Hampi Festival** (Karnataka): Von der Regierung unterstütztes Musik- und Tanzfestival.

Dez–Jan (Pausa)

CN **Weihnachten** (25. Dez.)*: Das Fest der Christen ist besonders in den christlichen Regionen von Goa und Kerala sowie in großen Städten beliebt.

N **Carnatak Music Festivals**, Chennai: Etwa einen Monat im Jahr organisiert die Stadt ca. 13 große Musikveranstaltungen, „conferences" genannt, die jeweils mehrere Tage dauern.

N **Mamallapuram Dance Festival**: Farbenfrohes, mehrtägiges Tanz- und Musikfest auf einer Bühne vor dem berühmten Flachrelief.

N **Kerala Kalamandalam Festival**, Cheruthuruthy: Das jährliche Musik- und Tanzfestival ist das Schaufenster dieser führenden Institution der bildenden Künste; es zeigt die besten Künstler Keralas und zieht Musiker und Tänzer aus dem ganzen Land an.

Bewegliche Feste

H **Kumbh Mela**: Großes, alle drei Jahre in einer der vier heiligen Städte Nasik (Maharashtra), Ujjain (MP), Haridwar (UP) oder Allahabad/Prayag (UP) abgehaltenes Fest. Die Maha Kumbh Mela oder „Große" Kumbh Mela, die größte religiöse Zusammenkunft in Indien, wird alle 12 Jahre in Allahabad veranstaltet; das nächste Fest soll dort 2013 stattfinden.

M **Ramadan** (1. Tag: ca. 22. Sep 2006, 11. Sep 2007, 31. Aug 2008): Der Beginn des Monats, in dem Moslems von Sonnenauf- bis -untergang nicht essen, trinken und rauchen dürfen und sexuell abstinent sein sollten.

M **Id ul-Fitr** (ca. 22. Okt 2006, 11. Okt 2007, 30. Sep 2008)*: Feier zum Ende des Ramadan.

M **Id ul-Zuha**: Pilgerfest, um Abrahams Bereitschaft, seinen Sohn Ismail zu opfern, zu gedenken. Man schlachtet und verzehrt ein Schaf.

M **Muharram**: Fest zum Gedenken an das Martyrium des (schiitischen) Imam, Enkel des Propheten und beliebten Heiligen Hussain.

Medien

Indien produziert für seine über eine Milliarde Einwohner mit einer Alphabetisierungsrate von etwa 50% sage und schreibe 4700 Tageszeitungen in über 300 Sprachen und weitere 39 000 Zeitschriften. Es gibt eine große Zahl von **englischsprachigen Tageszeitungen**. Die bekanntesten nationalen sind *The Hindu, The Statesman, Times of India, The Independent, Economic Times* und *Indian Express* (in der Regel am regierungskritischsten). *Asian Age,* die gleichzeitig in Indien, London und New York erscheint, ist eine konservative Boulevardzeitung. Alle großen indischen Zeitungen haben **Websites** (s. S. 16), wobei die der *Times of India,* der *Hindustan Times* und der *The Hindu* die aktuellsten und ausführlichsten Nachrichten liefern.

Die indische Presse ist die freieste Asiens. Die Regierung wird oft unverblümt angegriffen. Dennoch sind die meisten Zeitungen, wie im Westen auch, Teil des politischen Establishments und drucken kaum etwas, was den „nationalen Konsens" in Gefahr bringen könnte.

In den letzten Jahren sind eine Reihe von **Nachrichtenmagazinen** im Stil von *Time* und *Newsweek* auf den Markt gekommen. Die besten sind das unabhängige *India Today* und das von *The Hindu* herausgegebene *Frontline.*

Filmfan- und -klatschblätter sind sehr beliebt (*Screen* und *Filmfare* sind die besten).

Ausländische Veröffentlichungen wie die *International Herald Tribune, Time, Newsweek, The Economist* und die internationale Ausgabe des britischen *Guardian* sind alle in den großen Städten erhältlich (die meisten Zeitungen haben aber auch Internet-Seiten, wo die Tagesausgabe kostenlos gelesen werden kann). **Deutsche Zeitungen und Zeitschriften** findet man in den Goethe-Instituten in Mumbai (Adresse siehe im Ortskapitel).

Die **Deutsche Welle** ist in Indien auf verschiedenen Frequenzen, vor allem in den Abendstunden, über Kurzwelle zu empfangen. Wir empfehlen, sich vor der Reise bei der Deutschen Welle nach den aktuellen Frequenzen zu erkundigen, 💻 www.dw-world.de. Von lokalen Sendern und in vielen Hotels werden Teile der DW-Hörfunk- und Fernsehprogramme per Satellit ausgestrahlt. Die staatliche **Fernsehgesellschaft** Doordarshan, die eine sachliche Kost erbaulicher Programme sendet, muss mit dem plötzlichen Massenzugang zu **Kabel- und Satelliten-TV** konkurrieren und verliert dabei zunehmend an Boden. Der Hauptanbieter auf Englisch ist Rupert Murdochs Star TV, zu dem der BBC World Service und Zee TV, das eine progressive Mischung von Hindu-Klatschgeschichten, Film-, Nachrichten- und Musikprogrammen bietet, gehören. Weitere Sender sind CNN, National Geographic, MTV, der Discovery Channel, der ungemein populäre Channel V, der von spärlich bekleideten Models aus Mumbai und DJs moderiert wird, und eine wachsende Zahl annehmbarer Spielfilmkanäle wie Star Movies, HBO und AXN.

Post und Telekommunikation

Man braucht während einer Indienreise nicht vom Rest der Welt abgeschnitten zu sein. Die Post ist relativ zuverlässig, wenn auch etwas langsam; internationale Telefongespräche sind einfach zu tätigen, und auch E-Mail/Internet ist heutzutage weit verbreitet.

Post

Post kann zwischen 3 Tagen und 4 Wochen nach oder von Indien unterwegs sein, je nach dem, wo man sich aufhält; im Durchschnitt braucht sie 10 Tage. Briefmarken sind nicht teuer: Aerogramme und Postkarten kosten, egal wohin, immer das Gleiche. Am besten lässt man die Post vor den eigenen Augen abstempeln. Die meisten Postämter haben Mo–Fr von 10–17 und Sa von 10–12 Uhr geöffnet, aber die Hauptpostämter in den großen Städten, wo sich normalerweise der poste-restante-Schalter befindet, haben längere Öffnungszeiten (Mo–Fr 9.30–18, Sa 9.30–13 Uhr). Briefmarken kann man auch in großen Hotels kaufen.

Der Service **Poste restante** (postlagernd) ist im ganzen Land recht zuverlässig, allerdings legen die einzelnen Postämter nach eigenem Gutdünken fest, wie lange sie Briefe aufbewahren. Bei Zeiträumen von über einem Monat ist es daher sinnvoll, auf dem Brief das voraussichtliche Ankunftsdatum des Adressaten zu vermerken. Briefe werden alphabetisch geordnet; in größeren Postämtern geht man sie selbst durch. Um eine falsche Ablage zu vermeiden, muss der Name leserlich geschrieben sein: Familienname in Großbuchstaben und unterstrichen, dennoch vorsichtshalber auch unter dem Vornamen nachgucken. Briefe sollten folgendermaßen adressiert sein: Name, c/o Poste Restante, GPO (wenn das Hauptpostamt gewünscht wird), der Name der Stadt und des Bundesstaates. Manchmal sind die örtlichen Touristeninformationen praktischer als das GPO, wie z. B. in Chennai. Nicht vergessen, zur Abholung den Pass mitzunehmen!

American Express-Büros bewahren ebenfalls Post für Inhaber von Amex-Reiseschecks oder -Kreditkarten auf.

Pakete sollte man sich nicht nach Indien schicken lassen – die Gefahr besteht, dass sie verloren gehen. Wenn es sich nicht vermeiden lässt, sollte man sie sich wenigstens per Einschreiben schicken lassen.

Ein Paket von Indien aus zu verschicken ist sehr aufwendig: Zunächst muss man es auf der Post vom Zoll abfertigen lassen (er kümmert sich oft nicht darum, aber man sollte sich besser vergewissern). Anschließend bringt man es zu einem Schneider und macht einen Preis aus, damit er es in billigen Baumwollstoff hüllt (den man u. U. selbst besorgen muss), zusammennäht und mit Wachs versiegelt. In den GPOs der großen Städte sind meist Leute zur Hand, die so etwas erledigen. Als Nächstes bringt man das Paket zum Postamt, füllt die erforderliche Zollerklärung aus (am besten kreuzt man an, dass es sich um ein Geschenk handelt, und gibt einen Wert von unter Rs 1000 oder „no commercial value" an, um bürokratische Verwicklungen zu vermeiden), klebt sie auf, kauft die Briefmarken und lässt sie abstempeln. Dann ist das Paket versandfertig. Pakete sollten nicht mehr als 1 m lang und nicht schwerer als 20 kg sein. Auf dem Seeweg ist das Porto unglaublich billig, und das Paket ist durchschnittlich 3 Monate unterwegs – es kann aber auch nur halb so lange oder aber viermal so lange dauern. Es ist eine gute Möglichkeit, Übergepäck und Souvenirs loszuwerden, doch man sollte auf diesem Weg nichts Zerbrechliches versenden.

Bücher und Zeitschriften können billiger als **Drucksache** („book post") verschickt werden, wenn der Umschlag oder das Päckchen nicht verschlossen ist oder durch einen Packpapierstreifen zusammengehalten wird. Als Alternative zur Post gibt es zahlreiche Kurierdienste, die jedoch nicht so zuverlässig sind, wie sie sein sollten, und es hat Beschwerden über verlorene gegangene Pakete gegeben. Am sichersten ist es, auf international bekannte Unternehmen wie DHL zurückzugreifen. Luftpostpakete sind teuer. Nicht vergessen, dass alle Pakete aus Indien zu Hause wahrscheinlich Verdacht erregen und durchsucht oder geröntgt werden: Also nichts Riskantes schicken!

Telefon

Telefonbüros privater Telefongesellschaften mit internationalem Selbstwählverfahren sind weit verbreitet. Sie werben mit den Abkürzungen STD/ISD *(standard trunk dialling/international subscriber dialling)* und sind äußerst schnell und einfach zu benutzen. Manche haben rund um die Uhr geöffnet. Sowohl nationale als auch internationale Verbindungen werden selbst gewählt. Wenn man **ins Ausland telefonieren** möchte, wählt man die 00, die Landesvorwahl, die Ortsvorwahl (ohne die Anfangsnull) und die gewünschte Rufnummer; nach dem Gespräch zahlt man – abgerechnet wird nach Sekunden. Die Preise unter den privaten Anbietern variieren, sind jedoch etwas niedriger als bei den offiziellen Telekommunikationsbüros. Viele haben auch Faxgeräte. Telefongespräche vom Hotel aus sind in der Regel teurer.

Tagsüber (Mo–Sa 8–19 Uhr) sind Selbstwählgespräche sehr teuer, aber sonn- und feiertags sowie tgl. von 7–8 und 19–20.30 Uhr sinkt der Tarif auf die Hälfte. Nach 20.30 Uhr wird es noch billiger.

Home country direct: Inzwischen kann man von fast allen öffentlichen Telefonzellen aus ein Gespräch per Kreditkarte oder ein R-Gespräch über einen Operator herstellen. Wenn das Telefon keine *home country direct*-Taste hat, wählt man gebührenfrei 000, die Landesvorwahl und die Zahl 17.

Da die Gebühren für Gespräche vom und ins **Mobilnetz** in Indien wesentlich günstiger sind als in westlichen Ländern, melden sich viele ausländische Touristen für die Zeit ihrer Reise bei einem lokalen Netzbetreiber an. Dazu muss man in einem Mobiltelefonladen eine indische SIM-Karte kaufen, die ca. Rs 150 kostet, hinzu kommen Gebühren für eine Zusatzkarte (Rs 150–500). Die Verkäufer beraten über die verschiedenen Mobilfunkanbieter und helfen beim Aufbau der Verbindung. Hauptanbieter in den einzelnen Bundesstaaten ist jeweils eine der großen Gesellschaften *Airtel, BPL* oder *!dea* (früher *AT&T*). Wer sich innerhalb der Netzabdeckung seines Anbieters bewegt, kommt bei den Gebühren für SMS und Gespräche billig davon. Außerhalb jenes Netzbereichs muss dagegen zusätzlich eine Roaming-Gebühr bezahlt bzw. bei einer Reise in einen anderen Bundesstaat jedes Mal eine neue SIM-Karte gekauft werden. Es ist zu beachten, dass beim Roaming sowohl für den Anrufer als auch für den Angerufenen Gebühren fällig werden.

Net2phone

Inzwischen bieten Internet-Läden in Indiens Metropolen den so genannten Net2phone-Service an, mit dem unglaublich billig über das Internet telefoniert werden kann: So kostet ein Gespräch nach Europa oder in die USA nur Rs 2–3. Zur Zeit der Recherche beschränkte sich dieser Service noch auf internationale Gespräche. In den Regionalkapiteln sind Net2phone-Anbieter aufgeführt, aber es werden ständig mehr, sodass es sich lohnt, Ausschau nach dem Logo zu halten.

Internet und E-Mail

In allen großen Städten und in vielen Touristenzentren gibt es öffentliche Internet- und E-Mail-Einrichtungen, in der Regel Internetcafés, aber auch viele Hotels und STD-Zellen bieten diesen Service. Die Gebühr für die Internet-Nutzung liegt zwischen Rs 10 und Rs 60 pro Std. für das Lesen von E-Mails und Surfen im Netz. Drucken kostet extra. Die meisten Lokale bieten Angebote für Mitglieder, die die Kosten reduzieren können. Es ist ratsam, regelmäßig zu checken, ob man noch im Netz ist oder die Verbindung etwa getrennt wurde; in Großstädten und Urlaubsorten sind zumeist schnellere ISDN/Breitband-Verbindungen vorhanden, die aber doppelt so teuer sind wie einfache Dial-up-Verbindungen. Läden, die E-Mail-Service neben anderen Büroserviceleistungen anbieten, sind billiger, aber man muss E-Mails über ihre private Adresse senden bzw. empfangen, d. h. die Nachrichten können von anderen gelesen werden, und die Verbindung ist auf jeden Fall langsamer.

Kriminalität

Trotz der erdrückenden Armut und der gähnenden Kluft zwischen Arm und Reich ist Indien alles in allem ein sicheres Reiseland. Touristen sind jedoch beliebte Zielscheibe von Dieben (unter denen sich möglicherweise auch einige Traveller befinden) und müssen mit viel Ärger rechnen, wenn Pass, Geld und Rückflugticket den Besitzer wechseln.

Internationale Vorwahlen

Nach Indien von Deutschland, Österreich, Schweiz	✆ 0091
Von Indien nach Deutschland	✆ 0049
Österreich	✆ 0043
Schweiz	✆ 0041

Der gesunde Menschenverstand legt daher einige Vorsichtsmaßnahmen nahe.

Wertsachen sollte man immer in einem Geldgürtel oder einem Geldbeutel um den Hals tragen. In letzterem Fall sollte die Schnur unter der Kleidung versteckt werden und nicht leicht durchzuschneiden sein. Vorsicht an bevölkerten Orten, wie z. B. vollen Bussen oder Zügen, wo Taschendiebe ein leichtes Spiel haben – in gewissen Orten gehört das Aufschlitzen von Taschen mit Rasierklingen fast schon zum Alltag, und nicht selten werden Neuankömmlinge mit Juckpulver überschüttet, das sie für eine Weile außer Gefecht setzt. Und natürlich darf man keine Wertsachen unbeaufsichtigt am Strand lassen, wenn man schwimmen geht. Rucksäcke in Schlafsaalunterkünften sind ebenfalls begehrte Diebesbeute.

Budget Traveller tun gut daran, ein **Vorhängeschloss** dabeizuhaben – gut geeignet zum Abschließen der Zimmertüren in billigen Hotels. Starke Kombinationsschlösser sind ideal. Zusammen mit einer längeren Kette kann man damit das Gepäck auch an Sitze oder Gepäckhalter in Zügen ketten. Wertsachen auf Busfahrten oder Flügen nicht im Gepäck verstauen, sondern immer bei sich tragen! Befindet sich das Gepäck auf dem Dach eines Busses, sollte man sich vergewissern, dass es gut gesichert ist. Die Zeit kurz vor dem Aussteigen ist in Zügen und Bussen die günstigste Zeit für Diebe, deshalb muss man dann besonders gut auf seine Sachen sowie auf Ablenkungsmanöver achten; Gepäck auch nie in die Nähe offener Fenster stellen! Nicht vergessen: Beliebte Touristenstrecken sind auch beliebte Diebesstrecken! In seltenen Fällen werden Ausländer mit Drogen betäubt und anschließend ausgeraubt. Es ist daher ratsam, von Mitreisenden oder Zufallsbekanntschaften angebotene **Lebensmittel und Getränke höflich abzulehnen**, es sei denn, man konnte sich selbst davon überzeugen, dass diese sich unbeschadet das Gleiche einverleibten.

Trotz allem sollte man nicht überängstlich werden, sondern immer ruhig bleiben und dem gesunden Menschenverstand vertrauen. Die Kriminalitätsrate in Indien ist weitaus niedriger als in westlichen Ländern, und Gewaltverbrechen gegen Touristen sind extrem selten. Die wenigsten Menschen, die sich einem auf der Straße nähern, hegen böse Absichten. Die meisten wollen etwas verkaufen (auch wenn das nicht immer sofort erkennbar ist), ihr Englisch ausprobieren, eine ausländische Frau kennen lernen, eine europäische Anschrift in ihrem Adressbuch stehen haben oder ein Foto mit einem Ausländer drauf machen.

Wer sich irgendwie bedroht fühlt, sollte unverzüglich Hilfe suchen. Deutlich erkennbare Schalter der Touristenpolizei *(tourism police)* befinden sich in Hauptbahnhöfen, vor allem in ausgesprochenen Touristenzentren – dort ist die Touristenpolizei auch am Hauptbusbahnhof vertreten. Auch vor den Toren manch viel besuchter Sehenswürdigkeit findet sich mitunter ein gut gekennzeichneter Stand der Touristenschützer.

Vorsicht vor **Kreditkartenbetrügereien**; eine Kreditkarte kann dazu benutzt werden, Duplikate anzufertigen, sodass dann Beträge für fiktive Transaktionen vom Konto abgebucht werden. Deshalb sollte man darauf bestehen, dass die Karte vor den eigenen Augen durchgezogen wird und sie keinen Augenblick unbeaufsichtigt in fremden Händen lassen.

Selbst **Affen** müssen hier erwähnt werden – es ist nichts Ungewöhnliches, dass sie Dinge aus Hotelzimmern mit geöffneten Fenstern stehlen oder nichts ahnenden Spaziergängern sogar Taschen von der Schulter reißen.

Es ist ratsam, etwa 100 getrennt vom Rest der Barschaft aufzubewahren, zusammen mit der Quittung für Reiseschecks, der Versicherungs- und Telefonnummer für evtl. Forderungen sowie eine Kopie der Reisepassseiten, die die persönlichen Angaben und das Indienvisum enthalten. Das ist eine große Hilfe, falls man alle Wertsachen verliert.

Wenn es zum Schlimmsten kommt und man ausgeraubt wird, sollte man zunächst so schnell wie möglich die örtliche **Polizei** informieren. Es ist höchst unwahrscheinlich, dass sie die gestohlenen Sachen wieder auftreibt, aber man braucht ihren Bericht, um später die Reiseversicherung in Anspruch nehmen zu können. Man sollte sich adrett anziehen und auf eine zähe Verhandlung gefasst sein – vor allem Stadtpolizisten sind meist von den vielen Reisescheck- und Versicherungsbetrügereien schon abgestumpft.

Der **Verlust des Reisepasses** bereitet echten Ärger, bedeutet aber nicht unbedingt das Ende der Reise. Man meldet den Verlust unverzüglich der Polizei, die daraufhin die immens wichtige Bescheinigung über eine Strafanzeige („complaint form") ausstellt, die man braucht, um herumzureisen und in Hotels einzuchecken sowie um irgendwelche Ausgaben für die Beschaffung neuer Papiere später bei der Versicherung geltend zu machen. Mit der *complaint form* kann man jedoch kein Geld und keine Reiseschecks wechseln.

Wer pleite ist, bittet am besten den Hotelmanager um ein Darlehen (das Personal wird den Pass beim Einchecken gesehen haben, und die Nummer wird im Fremdenbuch stehen). Als Nächstes ruft man die Botschaft oder das nächste Konsulat in Indien an (s. S. 15).

Normalerweise muss man Pässe persönlich beantragen und abholen, aber wenn man festsitzt, ist es gewöhnlich möglich, die erforderlichen Formulare per Post zugeschickt zu bekommen. Zur Abholung muss man allerdings selbst zur Botschaft oder zum Konsulat gehen. „Behelfspässe" sind der billigste Ersatz, aber in der Regel sind sie nur für die wenigen Tage der Rückreise gültig. Wer nicht sicher ist, wann er Indien verlässt, muss den kostspieligeren „vollwertigen Pass" beschaffen; dieser kann nur von den Botschaften in Delhi und größeren Konsulaten in Mumbai ausgestellt werden, nicht von jenen in Chennai oder Panjim.

Tierbeobachtung

Man kann davon ausgehen, dass man am Rande von Ortschaften und Dörfern auf viele der unter „Fauna" (s. S. 80) beschriebenen Tierarten stößt,

Drogen

Future is black if sugar is brown –
Indisches Antidrogenplakat

Indien ist ein Zentrum für den Anbau von Cannabis und in weniger großem Umfang von Opium, und Derivative dieser Drogen sind leicht zu bekommen. *Charas* (Haschisch) wird überall im Himalaya angebaut.

Der Konsum von Cannabis wird von ehrbaren Indern missbilligt – wenn einer in einem Film eine *chillum* raucht, handelt es sich mit Sicherheit um den Bösewicht. Sadhus hingegen ist es gesetzlich erlaubt, *ganja* (Marihuana) als Teil ihrer religiösen Hingabe an Shiva, der dessen narkotische Wirkung ursprünglich entdeckt haben soll, zu rauchen.

Bhang (ein Mittel, das aus Marihuanablättern zubereitet wird und angeblich manchmal halluzinogene Beigaben wie Stechapfel enthält) ist legal und überall in *bhang shops* erhältlich. Es wird benutzt, um Süßigkeiten und Getränke wie das für seine Stärke berüchtigte *bhang lassi* zuzubereiten, das schon so manchen unvorsichtigen Touristen umgehauen hat. *Bhang shops* verkaufen oft auch *ganja,* minderwertiges *charas* und Opium *(chandu),* hauptsächlich aus Rajasthan und Madhya Pradesh. Auch die Opiumderivate Morphium und Heroin sind relativ leicht erhältlich. „Brown sugar",

der Touristen nicht selten auf der Straße angeboten wird, ist drittklassiges Heroin. In den Städten steigt unter der armen Bevölkerung die Zahl der Drogensüchtigen bedrohlich an. Varanasi gilt inzwischen als die Stadt mit dem größten Heroinproblem. Der Konsum anderer, illegaler Drogen wie LSD, Ecstasy und Kokain beschränkt sich weitgehend auf Touristen in Partyorten wie Goa.

Alle genannten Drogen mit Ausnahme von *bhang* werden vom indischen Gesetzgeber scharf überwacht. Wer mit weniger als 5 g Cannabis erwischt wird und nachweisen kann, dass es für den eigenen Konsum bestimmt war, unterliegt einer Haftstrafe von maximal 6 Monaten, aber es dauert manchmal Jahre, bis der Fall vor Gericht verhandelt wird (2 Jahre sind die Regel, 8 Jahre schon vorgekommen). Polizeirazzien sind insbesondere an den Stränden von Goa sowie um Idukki und Kumily in Kerala gang und gäbe. „Gleich eine Strafe zahlen" wird eventuell bei der Festnahme akzeptiert – es bedeutet allerdings wahrscheinlich, dass man alles vorhandene Geld abgeben muss –, aber sitzt man erst einmal auf der Wache ein, ist kaum noch etwas zu retten. Eine kleine Zahl der in indischen Gefängnissen Schmachtenden sind wegen Drogenbesitzes einsitzende Ausländer.

aber ein Ausflug in das eine oder andere Naturreservat bietet die beste Chance, Tiere in freier Wildbahn zu beobachten. Die Reservate werden von mittellosen Regierungsstellen verwaltet und sind deshalb weit entfernt von den gut organisierten, gepflegten Nationalparks, die man vielleicht von zu Hause kennt. Informationen sind mitunter äußerst schwer zu bekommen, und das Personal vor Ort ist meist keine große Hilfe.

Allerdings verfügen die größeren, leichter zugänglichen Tierreservate über eine passable Infrastruktur, und Besucher werden im Geländewagen, Minibus, Bus oder manchmal auch im Boot herumgefahren. Man sollte jedoch nicht erwarten, mit diesen von der Parkverwaltung organisierten Standardbeförderungsmitteln viel zu sehen zu bekommen.

Die meisten selteneren Tiere halten sich von Gruppen lautstarker Ausflügler weise fern. Wenn möglich, sollte man versuchen, **Wandersafaris** mit einem zuverlässigen, anerkannten Guide im Wald zu organisieren. Bevor man Geld für einen Guide ausgibt, sollte man jedoch einen Blick in die Empfehlungsbücher werfen.

Unterkünfte sind i. A. in allen außer den ganz abgelegenen Schutzgebieten und Reservaten vorhanden, aber nicht immer sehr komfortabel. Größere Parks verfügen meist über eine Reihe luxuriöser Resortanlagen westlichen Stils für Reisegruppen. Beurteilungen der angebotenen Unterkünfte finden sich bei der Beschreibung der einzelnen, im Regionalteil dieses Führers vorgestellten Parks, zusammen mit genauer Angabe der Anfahrtsmöglichkeiten. Wir geben außerdem Hinweise zu der jeweils besten Jahreszeit für einen Besuch und zu den dort anzutreffenden Tierarten.

Es folgt eine Auswahl (in alphabetischer Reihenfolge) der unserer Ansicht nach lohnendsten Tierschutzgebiete und Nationalparks in Südindien, sowohl was die Tierwelt als auch die natürliche Umgebung anbelangt.

- **Cotigao Wildlife Sanctuary** (Goa): Versteckt im äußersten Süden Goas gelegen, nahe dem Palolem Beach. Der ausgedehnte, Laub abwerfende Mischwald und die Hügel im Hintergrund entschädigen für die relativ wenigen Tiere. Beste Zeit: November bis März. S. S. 293.
- **Eravikulam National Park** (Kerala): 17 km nordöstlich von Munnar im Schoß der Westghats. Berühmt für seine wachsende Population

von Nilgiri-Tahr, einer seltenen Antilopenart, die nur hier, im hohen Grasland vorkommt. Man kann sie am besten während der (anstrengenden) Besteigung des Anamudi, Südindiens größtem Berg, beobachten. Beste Zeit: Januar bis April. S. S. 408.

- **Indira Gandhi (Anamalai) Wildlife Sanctuary** (Tamil Nadu): In den südlichsten Ausläufern der Cardamom Hills. Dieser Park ist abgeschiedener als der Mudumalai und folglich weniger besucht. Er umschließt einige wunderschöne Berglandschaften und beherbergt eine reiche Fauna. Beste Zeit: Januar bis März. Wegen Sicherheitsrisiken derzeit geschlossen.
- **Simlipal National Park** (Orissa): Westlich von Baripada in den Ostghats. Rund um den Berg Khairbhurn erstreckt sich eines der letzten echten Wildnisgebiete Ostindiens. Hier leben neben Tigern, Leoparden, wilden Elefanten und vielen anderen Säugetieren auch Krokodile, Pythons und jede Menge Vögel. Beste Zeit: November bis Februar. S. S. 582/583.
- **Mahatma Gandhi National Marine Park** (Andamanen): Die kleinen Inseln dieses Reservates, die von lebenden Korallenriffen umgeben sind, ragen aus dem kristallklaren Wasser, in dem es von tropischen Fischen, Schildkröten und anderen Meereslebewesen wimmelt. Kann mit einem täglichen Ausflugsboot erreicht werden (von der Hauptstadt Port Blair einen Bus an die Küste nehmen). Beste Zeit: Januar bis März. S. S. 602.
- **Mudumalai Wildlife Sanctuary** (Tamil Nadu): 1140 m hoch in den Nilgiri Hills gelegen. Eines der am leichtesten zu erreichenden Reservate im Süden. Es bietet eine große Bandbreite an Unterkünften und Wanderwegen sowie Zugang zu riesigen, geschützten Waldgebieten. Beste Zeit: Januar bis März. Wegen Sicherheitsrisiken derzeit geschlossen.
- **Periyar Wildlife Sanctuary** (Kerala): Ehemals das Jagdgebiet eines Maharadschas, um einen künstlichen See hoch oben in den Cardamom Hills gelegen. Gelegentlich werden Tiger gesichtet, wahrscheinlich ist es jedoch, Elefanten zu begegnen. Günstig gelegen für Ausflüge in die Berge und zu Teeplantagen. Gute Unterkünfte, darunter ein abgelegener Beobachtungsturm, zu dem man wandern muss. Beste Zeit: Oktober bis März. S. S. 404.

- **Vadanemmeli Crocodile Bank** (Tamil Nadu): 15 km nördlich von Mamallapuram. Hier werden bedrohte Arten einheimischer Krokodile, Echsen und Schildkröten gezüchtet, um anschließend in der Wildnis ausgesetzt zu werden. Angehörige des lokalen Irula-Stammes sammeln das Gift von Giftschlangen, um Serum herzustellen. Ganzjährig geöffnet. S. S. 470.
- **Vedanthangal Bird Sanctuary** (Tamil Nadu): Ein wunderbarer, gemischter Reiherhorst 86 km südwestlich von Chennai, wo man 250 Arten von Zugvögeln (Sumpfvögel) sehen kann, die vom Nordwestmonsun hergetragen werden. Beste Zeit: Dezember und Februar. S. S. 473.

Websites zur Tierwelt Indiens

🖳 **www.indev.nic.in/wwf** Homepage des indischen World Wildlife Fund, der sich dem Tier- und Umweltschutz auf dem Subkontinent widmet.

🖳 **www.5tigers.org** Hier erfährt man alles, was man jemals über Tiger wissen wollte – und noch mehr.

🖳 **http://environment:123india.com** Reportagen, Safariberichte und die neuesten Nachrichten über die Tierwelt aus dem ganzen Land.

🖳 **www.camacdonald.com/birding/asiaindia. htm** Vorstellung der besten Orte zur Vogelbeobachtung sowie von Informationsquellen im Netz und in gedruckter Form, mit zahlreichen schönen Bildern und Berichten über kürzliche Erkundungstouren von Vogelfreunden.

🖳 **www.nbs.it/tiger** Hintergrundinformationen zur aussterbenden Raubkatze Indiens, mit genauen Statistiken zur Wilderei – sehr deprimierende Lektüre.

Verhaltenstipps

Kulturelle Unterschiede betreffen alle möglichen Kleinigkeiten. Auch wenn Ausländern gegenüber gewöhnlich Nachsicht geübt wird, brauchen Besucher, die mit den indischen Gepflogenheiten nicht vertraut sind, dennoch ein paar Hinweise, um niemanden zu beleidigen und sich nicht zu blamieren.

Unsere Aufzählung von Verhaltensregeln ist bei weitem nicht vollständig: Wer unsicher ist, sollte einfach darauf achten, wie sich die Inder benehmen.

Essen und die Rechte-Hand-Vorschrift

Am häufigsten tritt man beim Essen in den Fettnapf. Gegessen wird normalerweise mit den Fingern, was einige Übung erfordert. Die oberste Regel lautet: **Nur mit den Fingern der rechten Hand essen!** In Indien wie in ganz Asien wird die linke Hand zum Poabwischen, Füßewaschen und für andere weniger appetitliche Aufgaben gebraucht (man zieht auch die Schuhe mit der linken Hand an bzw. aus), während die rechte Hand zum Essen, Händeschütteln usw. benutzt wird.

Wie streng der Einzelne dies sieht, ist unterschiedlich – *Brahmanen* (die am oberen Ende der Hierarchie stehen und eine der beiden „rechtshändigen Kasten" sind) und Südländer sind i. A. am rigorosesten. Während man eine Tasse oder ein anderes Essgerät auch in der linken Hand halten darf und es normalerweise kein Drama ist, wenn man die linke Hand dazu benutzt, ein Stück vom *chapati* abzureißen, sollte man damit nicht essen, Essen weiterreichen oder sich den Mund abwischen. Am besten hält man sie außer Sichtweite unter dem Tisch.

Diese Regel geht über das Essen hinaus. Man darf niemandem etwas mit der linken Hand reichen oder damit auf jemanden zeigen. Im Allgemeinen sollte man auch Dinge nur mit der rechten Hand entgegennehmen – obwohl es ein Zeichen von Respekt ist, dazu beide Hände zu benutzen.

Die andere Regel, die man beim Essen und Trinken beachten sollte, besagt, dass die Lippen nicht das Essen von anderen berühren dürfen – *jhuta* (besudeltes Essen) ist absolut tabu. Deshalb zum Beispiel nicht vom *chapati* abbeißen und es dann weiterreichen. Wenn man mit anderen gemeinsam aus einer Tasse oder Flasche trinkt, sollte man eine Berührung mit den Lippen meiden und stattdessen das Getränk in den Mund gießen. Dieser Brauch schützt im Übrigen auch vor Krankheiten wie Hepatitis. Es ist üblich, sich vor und nach dem Essen die Hände zu waschen.

Religiöse Stätten

Religion wird in Indien sehr ernst genommen. Es ist daher wichtig, religiösen Gebäuden, Schreinen, Bildern sowie Betenden immer den gebührenden

Respekt zu bezeugen. Vor dem Betreten eines Tempels oder einer Moschee zieht man die Schuhe aus und lässt sie vor dem Eingang stehen (Socken sind in Ordnung und schützen die Füße vor den brennend heißen Steinen). Manche Tempel – vor allem die der Jains – erlauben nicht, dass man Lederwaren an oder mit sich trägt und verbieten menstruierenden Frauen den Zutritt. Man sollte sich konservativ kleiden (s. u.) und sich möglichst unauffällig verhalten. In eine Moschee wird man normalerweise zu den Gebetszeiten nicht eingelassen, und Frauen ist der Zutritt manchmal generell untersagt. In einem Hindu-Tempel darf man das innere Heiligtum meist nicht betreten; und einen buddhistischen Stupa oder ein buddhistisches Monument sollte man immer im Uhrzeigersinn umschreiten (mit dem Stupa zur Rechten). Hindus sind sehr abergläubisch, was das Fotografieren von Götterbildern und im Inneren von Tempeln anbelangt; im Zweifelsfall lieber darauf verzichten. Von Beerdigungen oder Verbrennungen sollte man generell keine Fotos machen.

Trauerfeiern sind sehr private Angelegenheiten und sollten nicht gestört werden. Bei hinduistischen Beisetzungen wird der Leichnam gewöhnlich schon wenige Stunden nach dem Tod von in weiße Tücher gehüllten Verwandten (Weiß ist die Farbe der Trauer) zum Verbrennungsort getragen. Der älteste Sohn, dem die Aufgabe obliegt, den Scheiterhaufen anzuzünden, muss beim Tode eines Elternteils seinen Kopf kahl rasieren und Weiß tragen. Wer in Varanasi oder an einem anderen Ort eine Leichenverbrennung sieht, sollte sich diskret im Hintergrund halten und auf gar keinen Fall den Fotoapparat zücken.

Kleidung

Inder haben über angemessene Kleidung sehr konservative Vorstellungen. Von Frauen wird erwartet, dass sie sich sittsam kleiden und Beine und Schultern bedecken. Hosen sind akzeptabel, aber Shorts und Miniröcke sind für viele anstößig. Männer sollten nicht mit freiem Oberkörper herumlaufen und außer in den großen Strandresorts möglichst keine Shorts (Zeichen für eine niedere Kaste) tragen. Diese Regeln gelten erst recht in Tempeln und Moscheen. Wer einen *dargah* (Sufi-Schrein) oder einen Sikh-*gurudwara* betritt, muss den Kopf mit einer Mütze oder einem Tuch bedecken; Besuche-

rinnen sind angehalten, Arme und Beine bedeckt zu halten. Doch auch von Männern wird erwartet, dass sie keine nackten Beine zeigen. Nicht selten werden Kopfbedeckungen (und manchmal auch Tücher, um die Extremitäten zu bedecken) für Besucher kostenlos ausgeliehen.

Der Anblick von Jains im „Adamskostüm" oder *naga sadhus* sollte nicht zur Annahme verleiten, FKK würde in Indien gebilligt.

Die meisten Inder verstehen nur schwer, weshalb reiche Sahibs aus dem Westen in zerlumpten Kleidern herumrennen oder die niedrigsten Schichten der indischen Gesellschaft nachahmen, die liebend gern etwas Anständiges zum Anziehen hätten. Gepflegte und „anständige" Garderobe verbessert den Eindruck, den man auf die Einheimischen macht, enorm und verringert außerdem die Gefahr sexueller Belästigungen.

Sonstige mögliche Fauxpas

Küsse und Umarmungen werden in Indien als sexuelle Handlungen angesehen, die in der Öffentlichkeit nichts zu suchen haben. In konservativeren Gegenden (d. h. außerhalb der vom Westen beeinflussten Viertel der großen Städte) sollten Pärchen nicht einmal Händchen halten, obgleich man manchmal Männer Hand in Hand sieht, was ein Zeichen von „Brüderlichkeit" ist.

Auf die **Füße** achten! Beim Betreten eines Privathauses zieht man normalerweise die Schuhe aus (dem Beispiel des Gastgebers folgen), und beim Sitzen sollte man vermeiden, dass die Fußsohlen auf jemanden zeigen. Eine versehentliche Berührung mit dem Fuß erfordert immer eine Entschuldigung.

Das **indische Englisch** kann sehr förmlich sein. Inder sprechen einen nicht selten mit „Sir" oder „Madam", vielleicht sogar mit „Good Lady" oder „Kind Sir" an. Deshalb erscheint ihnen das Englisch der Touristen u.U. als unhöflich. Besonders Fluchen erregt in Indien Anstoß, und der Gebrauch des F-oder S-Wortes wird Inder wahrscheinlich schockieren.

Persönliche Kontakte

Menschen aus der westlichen Welt genießen in Indien einen ambivalenten Status. In gewisser Hinsicht repräsentiert der Besucher den reichen Sahib, dessen Kultur die Welt beherrscht. Insofern halten einen manche Inder für „besser" als sich selbst.

Andererseits ist man als Nicht-Hindu ein Ausgestoßener und befleckt mit seiner Anwesenheit theoretisch einen orthodoxen Hindu oder einen Angehörigen der hohen Kasten. Angehörigen jedweder Religion sind überdies die Moralvorstellungen und Normen spiritueller wie körperlicher Reinheit des Westens suspekt.

Als Traveller trifft man ständig auf Leute, die mit einem ins Gespräch kommen möchten. Da Englisch nicht ihre Muttersprache ist, wissen sie vielleicht nicht, wie man im Westen für gewöhnlich eine Unterhaltung beginnt, deshalb kann ihre Einleitung etwas abrupt und zugleich sehr förmlich wirken. „Excuse me good gentleman, what is your mother country?" ist eine typische erste Frage. Es ist auch die erste einer ganzen Reihe von Fragen, die indische Männer alle aus dem gleichen Lehrbuch auswendig gelernt zu haben scheinen, um westliche Touristen kennen zu lernen. Manche Fragen mögen zunächst etwas befremden – „What is your qualification?" (Was für eine Ausbildung haben Sie?), „Are you in service?" (Haben Sie eine Arbeitsstelle?). Andere fragen nach westlichen Gepflogenheiten oder dem Grund der Reise, aber vor allem interessieren die Familie und die Arbeit.

Man mag es merkwürdig oder sogar aufdringlich finden, dass völlig Unbekannte so etwas wissen wollen, aber in Indien sind diese Themen unter Fremden Bestandteil höflicher Konversation und helfen dabei, die gesellschaftliche Stellung des Gegenübers zu bestimmen. Familie, Arbeit und Einkommen gelten in Indien nicht als Privatangelegenheit, weshalb es völlig in Ordnung ist, Leute danach zu fragen. Neugierig zu sein ist in Indien im Gegensatz zum Westen keine negative Eigenschaft.

Dinge, die Inder wahrscheinlich merkwürdig finden, sind: Atheist zu sein (man könnte sich für die Reise eine Religion zulegen), allein zu reisen, die Familie allein zu lassen, um nach Indien zu fahren, ein unverheiratetes Paar zu sein (die Leute denken zu lassen, dass man bald zu heiraten beabsichtigt, kann das Leben erleichtern) sowie in der 2. Klasse zu reisen oder in billigen Hotels abzusteigen, obwohl man als Tourist doch relativ reich ist. Wahrscheinlich wird man immer wieder verschiedenen Leuten die gleichen Dinge erklären müssen. Andererseits kann man selbst auch unbegrenzt Fragen über Indien stellen. Englisch sprechende Inder, insbesondere Angehörige der Mittelschicht,

sind in der Regel äußerst gut informiert und gebildet und wissen bestens über das Weltgeschehen Bescheid.

Yoga, Meditation und Ashrams

Die meisten Reisenden, die Indien zum ersten Mal besuchen, möchten so viel wie möglich erleben – Tempel, Wandertouren, Paläste, wilde Tiere, Strandleben – und suchen zum Ausgleich noch eine wie auch immer geartete Form von Spiritualität. Kein anderes Land der Welt kann sich in dieser Hinsicht einer längeren Tradition und besserer Möglichkeiten rühmen als Indien. **Yoga** und **Meditation** werden praktisch überall in Indien gelehrt. Besondere Kurse werden in Tempeln, Meditationszentren, Klöstern und Ashrams abgehalten. **Ashrams** sind Gemeinden, in denen Menschen zusammen leben, arbeiten und lernen, angetrieben von einem gemeinsamen (gewöhnlich spirituellen) Ziel. Sich einem Guru anzuvertrauen oder aber einen Kurs zu belegen, sind zwei völlig verschiedene Dinge. Wofür man sich entschließt, hängt letztendlich von der eigenen Persönlichkeitsstruktur ab. Wer einen Guru wählt, sollte sehr vorsichtig sein und keine übereilte Entscheidung treffen.

Näheres zu Yoga- und Meditationskursen sowie Ashrams findet sich bei den jeweiligen Ortskapiteln im Buch. Die meisten Zentren bieten Kurse, für die man sich kurzfristig anmelden kann, hingegen müssen viele der beliebteren rechtzeitig gebucht werden.

Sonstiges

Elektrizität Meistens 220 V 50 Hz Wechselstrom, obwohl es auch Gleichstrom gibt, deshalb checken, bevor man den Stecker hineinsteckt. Die meisten Steckdosen haben drei runde Buchsen und nehmen europäische Stecker mit zwei runden Kontaktstiften an. Stromausfälle und Stromschwankungen sind keine Seltenheit; beim Gebrauch von empfindlichen Geräten wie Laptops sollten daher konstante Spannungsstabilisatoren eingesetzt werden.

Flughafensteuer Die Abflugsteuer betragt entweder Rs 750 – für die meisten internationalen Flüge – oder Rs 210 für Inlandflüge sowie Flüge nach Pakistan, Bangladesh, Nepal, Sri Lanka, Myanmar (Burma) und die Malediven. Seit kurzem ist die Steuer zunehmend im Ticketpreis enthalten, aber es schadet nicht, vorsichtshalber nachzufragen, wenn man den Flug rückbestätigt. Diese Steuer betrifft auch internationale Schiffsfahrten.

Fotografieren Es ist verboten, „strategisch wichtige" Objekte wie Flughäfen, Militäranlagen, aber auch Brücken, Bahnhöfe und Autobahnen zu fotografieren. Wer Menschen ablichten möchte, sollte höflichkeitshalber um Erlaubnis fragen, obwohl wahrscheinlicher ist, dass sie freiwillig fürs Foto posieren. Filme sind zu durchschnittlichen westlichen Preisen fast überall in Indien zu bekommen – das Datum auf der Schachtel beachten (leider werden oft alte Filme in neuer Verpackung verkauft – Konica hat, um dies zu verhindern, begonnen, seine Schachteln mit Hologrammen zu versehen). Es ist selten ein Problem, Filme entwickeln zu lassen, allerdings ist die Qualität der Bilder nicht immer so gut wie vielleicht zu Hause. Die Labors von Konica und Kodak sind in der Regel zuverlässig.

Diafilme, normale und hoch empfindliche Filme bekommt man in den großen Städten, spezielle Marken wie *Velvia* sind hingegen nicht erhältlich, und kaum ein Fotogeschäft bewahrt Filme in einer Kühltruhe auf. Nicht vergessen, die Kameraausrüstung vor Staub zu schützen – es ist fast unmöglich, in Indien einen Fachmann zu finden, der eine teure Kamera reparieren kann.

Maße und Zahlen 100 000 sind ein lakh (geschrieben 1,00,000); 10 Mill. sind ein crore (1,00,00,000).

Namensänderungen Aus politischen Motiven werden immer mehr indische Städte von Anglizismen gesäubert. So wurde Bombay in den 90er Jahren zu Mumbai, Madras zu Chennai, Poona zu Pune, Shimla zu Simla und Benares zu Varanasi. Anfang 2001 wurde Kalkutta offiziell in Kolkata umbenannt.

Öffnungszeiten Geschäfte in Indien haben normalerweise Mo–Sa von 9.30–18 Uhr geöffnet. Die meisten großen Läden halten sich an diese Zeiten, während die Öffnungszeiten kleinerer Geschäfte von Ort zu Ort und Religion zu Religion variieren, aber meist länger sind. Die staatlichen Tourist Offices haben Mo–Fr von 9.30–17, Sa von 9.30–13 Uhr geöffnet und jeden 3. (manchmal auch jeden 2.) Sa im Monat geschlossen. Die Tourist Offices der Bundesstaaten haben in der Regel Mo–Fr von 10–17 Uhr geöffnet.

Toiletten Ein Toilettenbesuch gehört zu den weniger angenehmen Erfahrungen in Indien: Die Toiletten sind mitunter schmutzig, stinken und sind außerdem potenzielle Krankheitsherde. Darüber hinaus muss man sich an die Hockstellung gewöhnen, da die traditionelle asiatische Toilette ein Loch im Boden mit zwei kleinen Flächen zu beiden Seiten für die Füße (anstelle eines Sitzes) ist. Papier, wenn verwendet, wird meist in einen Eimer neben dem Klo, nicht in die Toilette, geworfen. Inder benutzen einen Krug Wasser und ihre linke Hand anstelle von Klopapier, eine Methode, die man früher oder später vielleicht ebenfalls bevorzugt. Wer jedoch Papier nimmt, sollte stets einen Vorrat dabeihaben – es ist in der Regel nicht vorhanden. Besonders schwierig stellt sich die Situation für Frauen aus westlichen Ländern dar, denn vor allem auf Bus- und Autoreisen finden sie höchst selten zumutbare sanitäre Einrichtungen am Straßenrand vor. Die Toiletten in den klimatisierten Eisenbahnwaggons sind dagegen meistens einigermaßen sauber, ebenso jene in Restaurants der mittleren und oberen Preisklasse. Die meisten Hotels in Touristengebieten, selbst die billigsten, verfügen über WCs, wie sie auch im Westen üblich sind. Eine jüngste Errungenschaft stellen die Tourist Toilets bei allen auf dem üblichen Sightseeing-Plan stehenden historischen Stätten dar. Die Benutzung kostet Rs 2; dafür werden saubere Sitzklos, Toilettenpapier, Wasser und Spiegel geboten.

Wäschereien In Indien geht niemand in die Wäscherei. Wenn Inder ihre Wäsche nicht selbst waschen, geben sie sie einem *dhobi-wallah*. In jedem Ort gibt es entweder einen *dhobi-wallah* in der Unterkunft oder in deren Nähe. Der *dhobi-wallah* bringt die schmutzige Wäsche zu einem *dhobi ghat*, einem öffentlichen Kleiderwaschbereich (z. B. ein Flussufer), wo sie einem altmodischen Prozess unterzogen wird: Sie wird getrennt, eingeseift und ordentlich in die Mangel genommen, um den Dreck herauszuschlagen. Anschließend wird sie zum Trocknen in die Sonne gehängt und später zu Bügelschuppen getragen, wo jedes Teil mit messerscharfen Bügelfalten versehen und dank geheimnisvoller, versteckter Zeichen seinem rechtmäßigen Besitzer zugeordnet wird. Der *dhobi-wallah* bringt die Kleidung absolut makellos zurück, allerdings macht die raue Behandlung die Wäsche kaputt: Knöpfe gehen verloren, und der Stoff scheuert durch. Wer seine maßgeschneiderten Designerklamotten lieber nicht der Gnade eines *dhobi-wallah* aussetzt, findet in großen Städten auch chemische Reinigungen.

Zeitverschiebung Indien hat eine einzige Zeitzone, und zwar das ganze Jahr über: MEZ + 4 1/2 Std., zur Sommerzeit + 3 1/2 Std. In Indien wird die Zeit als IST (Indian Standard Time) gemessen, was Spötter mit „Indian stretchable time" übersetzen.

Zigaretten Indische Zigaretten, wie z. B. *Wills, Gold Flake, Four Square* und *Charms*, sind nicht schlecht, wenn man sich erst mal an sie gewöhnt hat, und reißen kaum ein Loch in den Geldbeutel (Rs 10–30 pro Packung), aber wem sie zu stark sind, der kann sich in den größeren Städten mit importierten Marken wie *Marlboro* und *Benson and Hedges* oder Tabak zum Selbstdrehen eindecken. Einer der häufigsten Gerüche in Indien rührt von *beedi* her, der billigsten Zigarette, die aus einem einzigen Tabakblatt minderer Qualität gedreht wird. Wer selbst dreht, sollte gute Blättchen von zu Hause mitbringen, da das indische Zigarettenpapier.

INDIEN UND SEINE BEWOHNER

Flora und Fauna

Das hohe Bevölkerungswachstum und die sich rapide ausbreitende Industrie gefährden die südindische Natur, auch wenn die Region noch einen großen Reichtum an charakteristischer Flora und Fauna aufweist. Zwar sind viele Arten in den letzten 50 Jahren ausgerottet worden, aber genug haben überlebt, um eine Reise in ländliche Gegenden lohnenswert zu machen. Wer an weniger besuchten Stränden entlangspaziert oder über die Reisfelder der Küstenebene wandert, wird Dutzende exotischer Vögel sehen, und das Hügelland im Landesinneren beherbergt eine erstaunliche Vielfalt an Gewächsen. Die Mehrheit der größeren Säugetiere der Halbinsel bleiben in den dichten Wäldern der Westghats, wo eine Reihe benachbarter Reservate ihnen etwas Schutz vor Jägern und Holzfällern bietet, die Indiens empfindlichen Waldregionen in den letzten Jahrzehnten großen Schaden zugefügt haben.

Flora

Etwa 3500 Arten von Blütenpflanzen sind in Südindien neben unzähligen niederen Arten von Gräsern, Farnen und Farnkräutern identifiziert worden. Die größte Pflanzenvielfalt bieten die Westghats, wo nicht selten über 100 verschiedene Baumarten auf einem nur einen Hektar großen Gebiet zu finden sind. Viele Arten wurden von den Portugiesen aus Europa, Südamerika, Südostasien und Australien eingeführt, aber es gibt auch eine große Anzahl einheimischer Arten, die in dem feuchten Klima gedeihen.

Entlang der Küste herrschen **Reisfelder** und **Kokosplantagen** vor, die einen nahezu ununterbrochenen Streifen üppigen Grüns bilden. Dornenartiges **Stachelkopfgras** hilft ebenfalls, die wandernden Sanddünen hinter den meilenlangen Sandstränden der Malabar- und Coromandel-Küste zu halten, während **Strand-Kasuarinas** in den Wintermonaten für rosa und karmesinrote Farbtupfer sorgen.

In Städten und Dörfern begegnet man oft Dutzenden schöner blühender Bäume. Die indische **Kassie**, auch Indischer Goldregen, bringt Ende Februar vor dem Monsun ein Meer gelber Blüten und langer Samenkapseln hervor. Dies ist auch die Zeit, wenn **Mango**- und indische **Korallenbäume** in voller Blüte stehen; beide bringen strahlend rote Blüten hervor.

Zu den eigenartigsten Bäumen, die sowohl in Küsten- als auch in bergigen Regionen wachsen, zählt der stattliche **Banyan-Baum**, der sich fortpflanzt, indem er Wurzeln von seinen unteren Zweigen abwirft. Die größten Exemplare nehmen ein Areal von 200 m ein. Der Banyan-Baum wird von den Hindus verehrt, weshalb man oft kleine Schreine zu Füßen ausgewachsener Bäume findet. Das Gleiche gilt für den **Peepal** mit seinen charakteristischen spatelfömigen Blättern. Tempelhöfe umschließen oft riesige Peepals, von deren niedrigeren Zweigen Glück verheißende rote Stoffstreifen hängen.

Die Westghats beherbergen einen faszinierenden Pflanzenreichtum, von Blütenbäumen und -pflanzen bis zu Farnen und Pilzen. Der **Shola-Dschungel**, üppig bewachsene Flächen feuchten, immergrünen Waldes, der die tieferen Bergtäler bedeckt, weist mit die größte Pflanzenvielfalt auf. Geschützt von einem grünen Blätterdach – das bis zu 20 m oder noch höher sein kann – überragen gestützte Wurzeln und riesige Baumstämme ein üppiges Gestrüpp von Dornensträuchern, Kletterpflanzen und Farnkraut, und stellenweise Bambusdickicht.

Verbreitete Baumarten sind der **Kadam**, **Sisso** oder **Martel**, **Kharanj** und der **Teakbaum**, während der seltenere **Sandelholzbaum** auf den höher gelegenen, trockeneren Plateaus südlich von Mysore gedeiht. Daneben gibt es Dutzende Vertreter der *Ficus*- oder Feigenbaum-Familie sowie zahllose (und ökologisch schädliche) Eukalyptus- und Gummibäume, die von der Forstbehörde für den Verkauf angepflanzt werden.

Fauna
Säugetiere

Die indische Halbinsel beherbergt über 50 Arten wild lebender Säugetiere, doch als Tourist in einem der beliebten Küstenorte wird man kaum etwas Aufregenderes sehen als einen Affen oder ein Baumhörnchen. Während einer Expedition nach Goa in den 70er Jahren klagte der bedeutende indische Zoologe Salim Ali, das einzige Tier, das er zu Gesicht bekommen hätte, sei eine einsame tote

Bengalkatze am Straßenrand gewesen. Die meisten größeren Tiere sind bis zur Ausrottung gejagt worden, und die wenigen verbliebenen durchstreifen die dichten Wälder am Rande der Westghats, in den dünn besiedelten Waldzonen des **Nilgiri-Biosphärenreservats.**

Das größte indische Säugetier ist natürlich der **Asiatische Elefant,** untersetzter und mit wesentlich kleineren Ohren als sein afrikanischer Verwandter, aber deshalb nicht weniger verehrungswürdig. Wer durch Kerala und Tamil Nadu reist, wird immer wieder Elefanten in Tempeln und auf Festen sehen, aber um ein Exemplar in der Wildnis zu erblicken, muss man sich in die Berge vorwagen, wo trotz der starken Einschränkung ihres natürlichen Habitats noch etwa 6500 dieser Dickhäuter leben. Zu den besten Beobachtungspunkten zählen Periyar in Kerala (s. S. 404) und Nagarhole in Karnataka (s. S. 320). Letzteres ist berüchtigt als der Ort, wo der britische Jäger G. P. Sanderson zur Zeit, als dies das Jagdgebiet des Maharadschas war, das brutale *khedda*-System zum Einfangen von Elefanten erfand. Dabei wurden Herden in Einpfählungen getrieben und gefangen oder getötet. Zwischen 1890 und 1971 sollen auf diese Weise 1536 Elefanten gefangen worden sein, während 225 von ihnen starben – eine Zahl, die wahrscheinlich nur die Spitze des Eisbergs darstellt. Heutzutage sind wilde Elefanten, die in das Artenschutzabkommen aufgenommen wurden, zunehmend von Dorfbewohnern bedroht: Jedes ausgewachsene Tier frisst im Durchschnitt 200 kg Vegetation und trinkt 100 l Wasser täglich, und die Suche nach Nahrung und Wasser bringt sie unweigerlich in Konflikt mit benachbarten ländlichen Gemeinden.

In ganz Indien sind Dorfbewohner, die durch die Einrichtung von Tierreservaten umgesiedelt wurden, nicht selten verantwortlich für die Wilderei, die den Bestand an **Tigern** so bedrohlich reduziert hat. Heutzutage sind sie in Südindien daher nur noch sehr selten zu sehen. Einige Raubkatzenarten haben jedoch überlebt. Zu den anpassungsfähigsten und schönsten zählt der Leopard oder **Panther** *(Panthera panthus).* Diese selten zu sehenden Raubkatzen, die durch die dichten Wälder der Ghats streifen, jagen Affen und Wild, gelegentlich auch Vieh und Hunde am Rande von Dörfern. Sie sind aufgrund ihrer charakteristischen schwarzen Flecken im tropischen Laubwerk schwer zu entdecken, auch wenn ihr Paarungsruf (der sich wie das Sägen von Holz anhört) in abgelegenen Gegenden regelmäßig durch die Nacht hallt. Die **Bengalkatze** *(Felis bengalensis)* ist eine Miniaturausgabe des Leoparden und verbreiteter. Sie hat einen buschigen Schwanz und runde Flecken auf weichem, lederfarbenem oder grauem Fell und ist etwa so groß wie eine Hauskatze. Sie lebt in der Nähe von Dörfern, wo sie sich von Hühnern, Vögeln und kleinen Säugetieren ernährt. Eine weitere Katze mit einer Vorliebe für Geflügel, die Dorfbewohner manchmal als Haustier halten, wenn sie sie einfangen können, ist die zahme indische **Zibetkatze** *(Viverricual indica),* die an ihrem geschmeidigen Körper, gestreiftem Schwanz, ihrer langen spitzen Schnauze und den kurzen Beinen zu erkennen ist.

Wildkatzen teilen sich ihr Territorium mit einer Reihe anderer Säugetiere, die nur auf dem Subkontinent anzutreffen sind. Eines, das man wahrscheinlich zu Gesicht bekommt, ist der **Gaur,** das indische Wildrind *(Bos gaurus).* Diese urtümlich aussehenden Tiere mit ihrem charakteristischen glatten schwarzen Fell und knielangen weißen „Socken" suchen im Bambusdickicht und im schattigen Gehölz nach Nahrung. Die Bullen sind besonders beeindruckend: Sie erreichen eine Ehrfurcht gebietende Größe von 2 m, haben schwere, gebogene Hörner und vorstehende Höcker.

Mit seinem langen Fell und weißen, V-förmigen Latz zählt der **Lippenbär** *(Melursus ursinus)* – dessen tamilischer Name *(bhalu)* Rudyard Kipling zu der gleichnamigen Figur im Dschungelbuch inspirierte – zu den putzig aussehenden Bewohnern der regionalen Wälder. Leider ist er ebenfalls sehr selten, da seine Vorliebe für Zuckerrohr ihn (wie den Elefanten auch) in direkten Konflikt mit dem Menschen bringt. Lippenbären sind gelegentlich an Waldwegen zu sehen, aber wahrscheinlicher ist, dass man auf ihre Hinterlassenschaften trifft: zerstörte Termitenhügel und angekaute Ameisennester. Das Gleiche gilt für das stattliche indische **Stachelschwein** *(Hystrix indica)* oder *sal,* das man weitaus seltener sieht als die Erdhügel, die es aufgräbt, um an Insekten und Cashew- oder Teaksämlinge zu kommen, sowie den **Vorderindisch-Ceylanische Schuppentier** *(Manis crassicaudata)* oder *tiryo:* eine Art gepanzerter Ameisenbär, dessen harte graue Schuppen es vor Raubtieren schützen.

In Vollmondnächten und im Halbdunkel der Morgen- und Abenddämmerung kann man nach Nachttieren wie dem **Schlanklori** *(Loris tardigradus)* Ausschau halten. Dieses scheue Tier – ein entfernter Verwandter des Lemuren, mit hervortretenden runden Augen, einem Pelz und spindeldürren Gliedern – wird etwa 20 cm lang. Es bewegt sich wie in Zeitlupe, es sei denn, ein Insekt schwirrt in seiner unmittelbaren Nähe herum, und ist ein beliebtes Haustier der Waldbewohner. Auch der **Mungo** *(Herpestes edwardsi)* wird manchmal als Haustier gehalten, um die Häuser frei von Skorpionen, Mäusen, Ratten und anderen Schädlingen zu halten. Er nimmt es sogar mit Schlangen auf – manchmal sieht man in Darbietungen von Schlangenbeschwörern einen Mungo, der in einer Staubwolke mit einer Königskobra ringt.

Der späte Abend ist auch die beste Zeit, um **Fledermäuse** zu beobachten. In Südindien leben vier Arten, darunter die rötlichgelbe Flughundeart *Rousettus leshenaulti* oder *vagul* – auf Englisch *fruit bat* (Obst-Fledermaus) genannt, weil sie einen Geruch ausströmt, der an gegorenen Fruchtsaft erinnert –, die sehr seltene rotbraune Hufeisennase und der Malaiische Falsche Vampir *(Megaderma spasma)*, der sich vom Blut lebenden Viehs ernährt. **Flughunde** *(Pteropus giganteus)*, die größten der indischen Fledermäuse, sind ebenfalls in beträchtlicher Zahl vertreten. Mit einer Flügelspannweite von über einem Meter fliegen sie in lautstarken Gruppen zur Nahrungsaufnahme zu Obstgärten, wobei sie mitunter auf dem Weg in Stromleitungen geraten: Erschöpfte Flughunde, die von geladenen Leitungen hängen, sind kein ungewöhnlicher Anblick im Landesinneren.

Des Weiteren findet sich in Waldgebieten das **Indische Riesenhörnchen** *(Ratufa indica)* oder *shenkaro,* dessen Fell schwarz, in den unteren Bereichen rot-orange ist. Es ist zweieinhalbmal so groß wie sein europäischer Verwandter und lebt im Blattwerk von Bäumen, wobei es bis zu 20 m weit von einem Zweig zum anderen hüpfen kann. Das wesentlich kleinere **Dreistreifen-Palmenhörnchen** *(Funambulus palmarum)* oder *khadi khar,* zu erkennen an drei schwarzen Streifen auf dem Rücken, ist ebenfalls in den Wäldern anzutreffen. Das **Fünfstreifen-Palmenhörnchen** *(Funambulus pennanti)* sieht man überall, vor allem in Stadtparks und Dörfern.

Waldlichtungen und offenes Grasland werden von vier Wildarten abgegrast. Als schönste gilt allgemein der **Axishirsch** *(Axis axis)* oder *Chital,* der sich in großen Gruppen am Wasserstellen und Salzlecken versammelt. Gelegentlich verirrt er sich auch in ein Dorf, um Schutz vor Jägern zu suchen. Der unscheinbarere, lederfarbene Indische Pferdehirsch oder **Sambar** *(Cervus unicolor)* ist ebenfalls gut vertreten, obwohl er in den 70er und 80er Jahren unter von Vieh verbreiteten Krankheiten zu leiden hatte. Zwei Wildarten, denen man seltener begegnen wird, die aber ebenfalls am Rande von Wäldern leben, sind der **Indische Muntjak** *(Muntiacus muntjak),* dessen Schrei dem Bellen eines Haushundes stark ähnelt, und das scheue **Fleckenkantschil** *(Tragulus meminna),* ein grau geflecktes Mitglied der Familie *Tragulidae,* das mit nur 30 cm Höhe Indiens kleinstes Wild ist. Beide Arten sind Nachttiere und extrem scheu. Sie sind die bevorzugte Beute von Goas kleineren Raubtieren: der **Streifenhyäne** *(Hyaena hyaena),* dem **Schakal** *(Canis aureus)* oder *colo* und dem **Asiatischen Wildhund** *(Cuon alpinus),* die in Rudeln jagen.

Delphine suchen regelmäßig die seichten Gewässer der abgeschiedeneren Buchten und Strände Südindiens auf. Von den Anwohnern werden sie traditionell als Plage betrachtet, da sie sich über die mageren Fischbestände hermachen. Diese seit langem bestehende Antipathie beginnt jedoch allmählich zu bröckeln, da die Einheimischen das touristische Potenzial der Delphine erkannt haben. Palolem Beach in Goa (s. S. 288) ist ein verlässlicher Ort zum Beobachten von Delphinen.

Ein Überblick über die südindischen Säugetiere wäre nicht vollständig ohne die Erwähnung der **Affen.** Die am weitesten verbreitete Art ist der nicht sehr ansehnliche **Makake** *(Macaca mulatta)* oder *makad* mit rosa Hinterteil, der überall dort ausharrt, wo er Speisereste auftreiben oder diese unachtsamen Menschen wegschnappen kann: In Aktion sehen kann man ihn bei Tempeln und Picknickplätzen. Der schwarzgesichtige **Hanuman-Langur** ist im Gegensatz dazu weniger wagemutig. Er zieht sich bei jeder Bedrohung in Bäume zurück. Er ist erheblich größer als der Makake, hat ein blassgraues Fell, lange Glieder und einen langen Schwanz. In Waldgebieten stellt der charakteristische Ruf der Languren ein wirksames Frühwarnsystem vor großen Raubkatzen und anderen Raub-

Der indische Tiger: Kurz vor dem Aussterben?

Wenige Tiere üben eine solche Faszination auf den Menschen aus wie der Tiger, der gefürchtet und bewundert, in Mythen unsterblich gemacht wird und in der Werbung für alle möglichen Produkte, von Frühstücksflocken bis zu Kraftstoffen, als Markenzeichen herhalten muss. Aber nur in Indien kann diese seltene und geheimnisvolle große Raubkatze noch in der freien Wildnis dabei erspäht werden, wie sie durch Teakbaumwälder und Terai-Gras pirscht, an die sie hervorragend angepasst ist. Als einsamer Jäger an der Spitze der Nahrungskette hat sie nur einen Feind.

Noch bis zur Jahrhundertwende durchstreiften bis zu 100 000 Tiger den Subkontinent, obwohl *shikar* (die Tigerjagd) seit langem der „Sport der Könige" war. Einer alten Überlieferung zufolge sollte es einem Herrscher Glück bringen, wenn er es auf insgesamt 109 tote Tiger brachte, weshalb *nawabs*, Maharadschas und Mogulkaiser alle mit verheerender Wirkung hinlänglich von ihrem Privileg Gebrauch machten. Es waren jedoch die schießwütigen Briten, die die Tigerjagd zum Exzess trieben. Fotos von *burrasahibs* mit Tropenhelm und kurzen Hosen hinter Bergen gestreifter Tierkadaver wurden zu einem abgegriffenen Bild des Raj. Selbst Prinz Philip, inzwischen Präsident des Worldwide Fund for Nature, konnte nicht widerstehen, bei einer Visite einen Tiger zur Strecke zu bringen.

In den Jahren nach der Unabhängigkeit brachte die demographische Entwicklung den indischen Tiger dem Aussterben gefährlich nahe. Da die Bevölkerung in ländlichen Bezirken wuchs, wurden mehr und mehr Wälder für den Ackerbau abgeholzt – wodurch große Fleischfresser ihrer Hauptnahrungsquelle und der Deckung, die sie zum Jagen brauchen, beraubt wurden. Gezwungen, als Alternative Vieh zu reißen, gerieten die Tiger in direkten Konflikt mit dem Menschen. Manche Tiere wurden aus schierer Verzweiflung sogar zum Menschenfresser und griffen Siedlungen an. Die Wilderei hat einen noch höheren Tribut gefordert. Auf dem Schwarzmarkt sind schon immer hohe Preise für lebende Tiere – ein Ti-

ger kann bis zu US$100 000 einbringen – und für verschiedene Körperteile, die magische Kräfte oder medizinische Wirkung haben sollen, gezahlt worden. Das Fleisch wird benutzt, um Schlangen fern zu halten, das Hirn, um Akne zu heilen, die Nase, um die Geburt eines Sohnes herbeizuführen, und das Nierenfett – das großzügig auf das betroffene Organ geschmiert wird – als Mittel gegen männliche Impotenz.

Bis in ganz Indien mit dem Wildlife Protection Act 1972 ein Verbot der Tigerjagd verhängt wurde, waren die Zahlen auf unter 2000 gesunken. Als drastische Reaktion, die darauf abzielte, die Öffentlichkeit aufzurütteln, wurde im folgenden Jahr das **Projekt Tiger** aus der Taufe gehoben. Auf persönliches Geheiß der damaligen Premierministerin Indira Gandhi wurden neun Urwälder für die letzten Tiger reserviert. Bauerngemeinschaften wurden dafür umgesiedelt und entschädigt und bewaffnete Ranger eingestellt, um Wilderern das Handwerk zu legen. Die Nachfrage nach Tigerprodukten ließ jedoch mit dem Projekt Tiger nicht nach, so dass die Wilderer weiter ihrem Geschäft nachgingen, unterstützt von organisierten Schmugglerbanden. Verdeckte Ermittler machen immer wieder riesige Funde von Tigerknochen und -fellen. In den letzten Jahren haben sich die Wilderer auf neue Tötungsmethoden verlegt. Im Mai 2003 wurden vier Tiger (ein Weibchen und drei Junge) durch Stromschlag getötet, als sie mit einem Elektrokabel in Berührung kamen, das von Wilderern im Dschungel von Kerala ausgelegt worden war. Ein Jahr zuvor waren im Norden Maharashtras drei tote Tiger entdeckt worden, die aus einem vergifteten Wasserloch getrunken hatten.

Die Angestellten des Projekt Tiger zögern verständlicherweise, den lukrativen Touristenstrom zu gefährden, indem sie zugeben, dass Tiger immer seltener gesichtet werden, tatsächlich sieht die Prognose aber sehr finster aus: Die Zahl der Tiger nimmt trotz der 23 durch das Projekt Tiger eingerichteten Orte stetig ab. Offizielle Statistiken geben optimistisch eine Population von 3000–3500 an. Unabhängige Untersuchungen sind dagegen pessimistischer. Sie gehen von einer Zahl von unter 2000 aus. Ein Wachstum der Tigerpopulation, ermittelt durch das Zählen von Tatzenabdrücken – die ebenso wie Fingerabdrücke als individuell unterschiedlich gelten –, das Anfang der 90er Jahren für Zuversicht sorgte, hat sich als fraglich herausgestellt.

Die dürftig ausgestatteten Parkwächter kämpfen noch immer einen aussichtslosen Kampf. 1996 wurde Schätzungen zufolge alle 18 Stunden ein Tiger gewildert, und bis heute soll sich an dieser traurigen Situation nichts geändert haben. Pessimistische Experten behaupten sogar, dass Indiens exotischstes Tier bei der gegenwärtigen Vernichtungsrate innerhalb der nächsten zwei Jahrzehnte aussterben wird.

tieren dar. Daher stößt man oft unter den von einer Languren-Kolonie bewohnten Bäumen auf Herden von Chitals.

Reptilien

Reptilien sind in der Region mit über 40 registrierten Arten von Schlangen, Eidechsen, Schildkröten und Krokodilen zahlreich vertreten. Am leichtesten sind sie in offenem Kulturland zu entdecken, denn Reisfelder und Dorfteiche bieten hinreichend frisches Wasser, Eiablageplätze und Beute (Frösche, Insekten und kleine Vögel). In den Wäldern im Landesinneren erschwert hingegen das dichte Blattwerk ihre Beobachtung.

Dem alltäglichsten Reptil des tropischen Indiens wird man aber wahrscheinlich im Hotelzimmer begegnen: dem **Gecko** *(Hemidactylus)*, der sich mit seinen weit gespreizten Zehen an Wänden und Decken festhält. Diese die meiste Zeit über täuschend unbeweglich wirkenden, kleinen, gelbbraunen Eidechsen flitzen blitzschnell in Ritzen und Löcher, wenn man versucht, sie zu fangen, oder wenn eine unvorsichtige Mücke, Fliege oder Kakerlake in ihre Nähe kommt. Das weitaus seltenere **Chamäleon** ist noch schwieriger zu fassen, hauptsächlich, weil es aufgrund seiner ständig wechselnden Tarnung kaum zu erspähen ist. Sein Blick ist hingegen ungetrübt: Die Augen bewegen sich unabhängig voneinander, so dass nahende Feinde genau lokalisiert werden können. Beute wird mit der schnellen, 40 cm langen Zunge aufgesaugt. Die andere bedeutende Echse ist der **Bengalenwaran** *(Varanus bengalensis)*. Dieses riesige, braun gefleckte Reptil sieht aus, als wäre es *Jurassic Park* entstiegen. Es wird über einen Meter lang und war in Küstengebieten, wo es sich auf Straßen und Felsen sonnte, ein vertrauter Anblick. Warane werden jedoch oft von Dorfbewohnern getötet und

verspeist, so dass sie immer seltener werden. Zu den wenigen Orten, an denen man sie mit Sicherheit sieht, gehört South Andaman im Archipel der Andamanen.

Schildkröten begegnet man am ehesten während des Monsuns. Zwei Arten schwimmen in Dorfteichen und -brunnen umher, solange diese mit reichlich Wasser gefüllt sind: die Klappenweich- *(Lissemys punctata)* und die Vorderindische Erdschildkröte *(Melanochelys trijuga)*. Keine der beiden ist bedroht. Im Gegensatz dazu ist die Zahl der Bastardschildkröten *(Lepidochelys olivacea)* in den letzten Jahrzehnten stark gesunken, da die Dorfbewohner ihre Nester plündern, nachdem die Tiere zur Eiablage an den Strand gekrochen sind. Das beeindruckende Naturschauspiel der Eiablage findet jedes Jahr an einer Reihe von Stränden der Region statt, vor allem in Morgim in Nord-Goa und auf der Andamanen-Insel Havelock. Lokale Küstenwachen und Wissenschaftler vom Ozeanographischen Institut in Goa überwachen die Wanderung und patrouillieren an den Stränden, um Wilderer abzuschrecken. Dennoch bleibt der jährliche Eierschmaus ein Höhepunkt im gastronomischen Kalender der Anwohner und wird von den Fischerfamilien, die die illegale Beute auf den lokalen Märkten verkaufen, sehnsüchtig erwartet. Nur in Orissa in Ostindien, wo ein Schutzgebiet eigens für die Meeresschildkröten eingerichtet wurde, haben diese Reptilien den jahreszeitlichen Vernichtungsfeldzug überlebt und sich in gesunder Zahl vermehrt.

Ein ebenso seltener Anblick ist heutzutage ein **Krokodil**. Ihre Zahl ist so weit gesunken, dass sie dem Aussterben nahe sind, auch wenn der Cambarjua-Kanal nahe Old Goa und abgeschiedenere Abschnitte der Mandovi- und Zuari-Flussarme noch Überreste von Salzwasserkrokodilkolonien beherbergen. Die verniedlichend „salties" genannten Reptilien sonnen sich im Schlamm und auf Felsen im Fluss und reißen gelegentlich Kälber und Ziegen oder schnappen nach einem Menschen, wenn sie auch nur die geringste Chance erhalten. Das Sumpfkrokodil (auf Englisch unheilvoll *mugger crocodile*, Räuberkrokodil, genannt) ist hingegen harmlos. Es bewohnt abgeschiedene Süßwasserbäche und Flussufer. Alle indigenen Krokodile Indiens sind in der wunderbaren Anlage Crocodile Bank nahe Mamallapuram zu sehen (s. S. 470).

Schlangen

23 Schlangenarten sind in Südindien verbreitet, von der **Indischen Python** *(Python molurus* oder *har* auf Konkani) – eine über 4 m lange, im Wald lebende Riesenschlange – bis zur harmlosen **Gewöhnlichen Blindschleiche** *(Typhlops braminus)* oder *sulva,* die winzig und vollkommen blind ist und oft mit einem Regenwurm verwechselt wird.

Zu den acht in der Region vorkommenden Giftschlangen gehören Indiens vier gefährlichste Arten: die Kobra, die Bungar, die Kettenviper und die Sandrasselotter. Obwohl diese in den Küstenregionen und in kultivierten Gebieten relativ verbreitet sind, wird selbst die aggressivste Schlange beim ersten Anzeichen eines nahenden Menschen davongleiten. Dennoch sterben alljährlich 10 000 Inder an Schlangenbissen, und wer regelmäßig über Reisfelder spaziert oder Wanderungen plant, sollte sich für den Fall eines Falles mit den folgenden vier oder fünf Arten vertraut machen, denn deren Bisse sind fast immer tödlich, wenn sie nicht sofort mit einem Antiserum – in den meisten Kliniken und Krankenhäusern erhältlich – behandelt werden.

Die indische **Kobra** *(Naja naja)* oder *naga* ist in den meisten Landesteilen anzutreffen und spielt eine wichtige Rolle in der hinduistischen Mythologie. Sie ist zugleich die am weitesten verbreitete Giftschlange Indiens. Das hellbraune oder graue Reptil ist für den „Hut" berühmt, den es spreizt, wenn es angegriffen wird, und dessen Rückseite gewöhnlich die charakteristische brillenähnliche Zeichnung trägt. Sein großer Bruder, die Königskobra *(Naja hannah* oder *Naga raja)* ist weitaus seltener anzutreffen. Sie bewohnt die abgelegenen Waldgebiete an der Grenze zu Karnataka. Diese schöne braune, gelbe und schwarze Schlange, die über 4 m lang werden kann, ist sehr selten, obwohl die umherziehenden Schlangenbeschwörer, die auf Märkten auftreten, manchmal eine halten. Ihrer Fangzähne beraubt, richten sie sich auf und „tanzen", wenn sie von dem Beschwörer gereizt werden, oder werden für grausame (und oft tödliche) Kämpfe gegen Mungos eingesetzt. Die Königskobra ist außerdem die einzige Schlange der Welt, die sich ein Nest aus Laub und Ästen baut.

Bungars oder **Kraits** *(Bungarus caeruleus),* die sich durch ihre stahlblaue Farbe und schwachen weißen Querbinden hervorheben, sind um einiges gefährlicher als die indische Kobra: Selbst der Biss eines gerade geschlüpften Jungen ist tödlich. Die **Kettenviper** *(Viperi russeli)* ist ebenfalls nicht ungefährlich. Sie ist an drei unterbrochenen Streifen zu erkennen, die sich über den gesamten braunen Körper erstrecken. Die Kettenviper zischt ihr Opfer an, bevor sie sich darauf stürzt und ihm ihre zentimeterlangen Fangzähne ins Fleisch bohrt. Eine weitere, häufig vorkommende Giftschlange Südindiens ist die **Sandrasselotter** oder **Efa** *(Echis carinatus).* Sie ist grau und trägt ein pfeilförmiges Zeichen auf ihrem dreieckigen Kopf. Sie hält sich in Ritzen zwischen Steinmauern auf und ernährt sich von Skorpionen, Eidechsen, Fröschen, Nagetieren und kleineren Schlangen. Sie zischt ebenfalls, wenn sie bedroht wird, indem sie die seitlich an ihrem Kopf befindlichen, gezackten Schuppen zusammenreibt. **Seeschlangen** *(Enhdrina schistosa)* sind in Küstengebieten verbreitet und eine Begegnung kann tödlich verlaufen (ihr Biss soll 20-mal giftiger sein als der einer Kobra). Schwimmer stoßen aber nur selten auf sie, da sie sich nur in tiefem Wasser weit vor der Küste bewegen.

Harmlose Schlangen sind weitaus zahlreicher als ihre mörderischen Verwandten und meist auch schöner anzuschauen. Die hübsche **Schmuck-Baumschlange** *(Chrysopelea ornata)* zum Beispiel hat ein äußerst kompliziertes geometrisches Muster aus Rot, Gelb und Schwarz, während die **Glanzspitznatter** *(Dryhopis nasutus)* oder *sarpatol* sittichgrün ist und einen peitschenähnlichen Schwanz hat, den sie über einen Meter hinter sich herzieht. Die allgegenwärtige **Gelbbäuchige Rattenschlange,** oft mit einer Kobra verwechselt, hat ebenfalls eine schöne Zeichnung. Sie hinterlässt jedoch einen üblen Geruch verwesenden Fleisches. Weitere verbreitete nicht giftige Schlangen sind die Wolfszahnnatter *(Lycodon aulicus)* oder *kaidya,* die

Gefleckte Sandboa *(Eryx conicus)* oder *malun*, die Kukri-Schlange *(Oligodon taeniolatus)* oder *pasko* und die Nachtbaumnatter *(Boiga trigonata)*.

Vögel

Man muss kein Ornithologe sein, um an Südindiens reicher Vogelwelt Gefallen zu finden. Wenn man die Region bereist, sind immer wieder atemberaubend schöne Vögel zwischen Zweigen oder auf Oberleitungen an der Straße zu erspähen.

Dank der international bekannten goanischen Biermarke *Kingfisher* ist der **Eisvogel** zum inoffiziellen Maskottchen dieses Bundesstaates geworden. Drei Eisvogelarten sind häufig in den Reisfeldern und Feuchtgebieten der Küstenebene zu sichten, wo sie sich von kleinen Fischen und Kaulquappen ernähren. Mit seinem riesigen Schnabel und den grün-blauen Flügeln ist der Gurial *(Pelargopsis capensis)* der größte und charakteristischste Vertreter der Familie, auch wenn der Braunliest *(Halcyon smyrnensis)* mit seinem schillernd türkisen Gefieder und dem korallenroten Schnabel sowie der gewöhnliche Eisvogel *(Alcedo atthis)* anziehender sind.

Andere verbreitete und bunt gefiederte Vögel sind die grasgrünen, blauen und gelben **Bienenfresser** *(Merops)*, die eindrucksvolle **Goldamsel** *(Oriolus oriolus)* und die **Hinduracke** *(Coracius bengalensis)*, die für ihre strahlend blauen Schwungfedern und ihre ausgelassenen Kunstflugstücke zur Paarungszeit berühmt ist. **Wiedehopfe** *(Upupa epops)*, erkennbar an ihrer eleganten schwarz-weißen Haube, hellbraunem Gefieder und dem typischen „hupopo"-Ruf, streichen ebenfalls über Felder und Dörfer, ebenso wie **Purpurnektarvögel** *(Nectarina asiatica)* und mehrere Arten von **Bülbüls**, **Drosseln** und **Drongos** *(Dicrurus)*, darunter der Trauerdrongo *(Dicrurus adsimilis)* – ein Winterbesucher, der oft auf Telegrafenmasten sitzt. Mit etwas Glück erhascht man vielleicht einen Blick auf den **Fahlbauch-Paradiesschnäpper** *(Terpsiphone paradisi)*, der weit verbreitet ist. Mit seinem dicken schwarzen Kamm und den langen silbernen Schwanzfedern gehört er zu den hübschesten Vögeln der Region.

In der Umgebung von Reisfeldern, Teichen und Salzsümpfen wimmelt es gewöhnlich von Wasservögeln. Am häufigsten anzutreffen ist der schneeweiße **Kuhreiher** *(Bubulcus ibis)*, der gewöhnlich überall dort zu sehen ist, wo Kühe und Rinder weiden, da er sich von auf diesen lebenden Maden, Insekten und anderen Parasiten ernährt. Der **Silberreiher** *(Egretta alba)* ist ebenfalls ganz weiß, jedoch länger und schlanker und hat einen langen gelben Schnabel, während das dritte Mitglied dieser Familie, der **Seidenreiher** *(Egretta garzetta)*, einen kurzen schwarzen Schnabel und während der Paarungszeit zwei lange Schwanzfedern hat. Ausschau halten sollte man auch nach dem grau-braunen **Paddyreiher** *(Ardeola grayii)*, Indiens geläufigstem Reiher. Der sich durch seine hellgrünen Beine, die gefleckte Brust und kauernde Haltung hervorhebende Vogel steht stundenlang bewegungslos im Wasser, um auf Fische oder Frösche zu warten.

Die Jagdtechnik des schönen **Weißbauch-Seeadlers** *(Haliaetus leucogaster)* ist eine ganz andere. Dieser schwarz-weiße Fischadler kreist 20–30 m über der Wasseroberfläche, um sich dann mit seinen scharfen gelben Krallen blitzschnell auf seine Beute – gewöhnlich Seeschlangen und Makrelen – hinabzustürzen. Andere Greifvögel wie die **Brahminenweih** *(Haliastur indus)* – zu erkennen an ihrer weißen Brust und kastanienbraunen Kopfzeichnung – und der **Schwarzmilan** *(Milvus migrans)* – ein dunkelbrauner Bussard mit einem gegabelten Schwanz – sind um kleinere Ortschaften und Fischerdörfer herum häufig zu sehen, wo sie mit Scharen von krächzenden **Glanzkrähen** *(Corvus splendens)* und **Dohlen** *(Corvus monedula)* um Speisereste wetteifern. Riesige rosaköpfige **Königsgeier** *(Sarcogyps clavus)* und der **Bengalengeier** *(Gyps bengalensis)*, der eine weiße Krause um seinen kahlen Hals und Kopf hat, zeigen sich immer dann, wenn es Kadaver auszunehmen gibt.

Weitere Greifvögel, nach denen man Ausschau halten sollte, vor allem um offenes Ackerland herum, sind der **Weißaugenteesa** *(Butastur teesa)*, der **Östliche Wespenbussard** *(Pernis ptilorhyncus)* und der **Gleitaar** *(Elanus caeruleus)*, berühmt für seine blutroten Augen.

Waldvögel

Die regionalen Wälder mögen zwar viele der größeren Tiere verloren haben, bieten aber Ornithologen immer noch aufregende Möglichkeiten. Eine Art, die jeder Vogelfreund im Wald zu erspähen hofft, ist der **Nashornvogel**, von dem drei Unterarten gesichtet wurden: Der *Tockus birostris* mit seinem blau-braunen Gefieder und langem gebogenen Schnabel, kommt am häufigsten vor, obgleich der Malabar-Hornvogel (*Anthracouros malabaricus*), zu erkennen an seinen weißen Flügel- und Schwanzspitzen und dem hellen Streifen auf dem Gesicht, oft auf der Suche nach Obst und Eidechsen Dörfer aufsucht. Der prächtige Doppelhornvogel (*Buceros bicornis*) ist hingegen schwer zu finden, denn er beschränkt sich auf die dichtesten Wälder, wo man ihn gelegentlich durch das Blätterwerk huschen sieht. Er wird bis zu 130 cm lang, hat einen schwarz-weiß gestreiften Körper und ebensolche Flügel und einen riesigen gelben Schnabel mit einem langen, gebogenen Hornaufsatz.

Einige **Spechtarten** leben ebenfalls im Inneren der Wälder, darunter zwei Vertreter des Goldspechts; der Orangespecht (*Dinopium bengalensis*) ist mit seiner karmesinroten Krone und den hellen, gelben Flecken auf dem Rücken der buntere der beiden. Das Cotigao-Schutzgebiet in Süd-Goa (s. S. 293) ist einer der letzten verbliebenen Lebensräume des indischen schwarzen Waldspechts, der aus den stärker entwaldeten Hügeln weiter im Norden fast völlig verschwunden ist. Trotz seines purpurroten Schnabels und des weißen Bürzels ist dieser scheue Vogel eher zu hören als zu sehen, denn er produziert zwischen Dezember und März laute Trommelgeräusche an Baumstämmen.

Ein Vogel, dessen Ruf regelmäßig in den Wäldern der Westghats zu vernehmen ist, vor allem in den Teakbaumregionen, ist der des wilden Vorfahren des Haushuhns – des **Bankivahuhns**. Die am stärksten vertretene Art ist das schwer zu entdeckende, farbenfrohe, rote Bankivahuhn (*Gallus gallus*) mit goldenen Halsfedern und einem metallisch-schwarzen Schwanz. Sein größerer Verwandter, das Sonnerathuhn (*Galolus sonneratii*), hat ein dunkleres Gefieder mit gelben Tupfern und Streifen. Beide bewohnen Lichtungen und sind am ehesten zu sehen, wenn sie am Rande von Waldwegen nach Futter stöbern.

Geschichte

Südindien – die riesige Halbinsel in Form eines Dreiecks jenseits des Narmada River – wird im Norden von der nur spärlich bewachsenen Vindhya Range begrenzt, einer Gruppe von nach Süden hin steil abfallenden Tafelbergen. Viele Jahrhunderte lang verhinderte diese geografische Grenze einen Austausch zwischen den beiden Regionen. Der Süden blieb so weitgehend isoliert von den Veränderungen, die aus Nordwesten über die Gangesebene schwappende Invasionswellen mit sich brachten.

Die Geschichtsschreibung des Subkontinents hat vor allem das Vordringen dieser Neuankömmlinge verfolgt und so die Einwirkung des Nordens auf den Süden in den Mittelpunkt gestellt. Zwar sind fremde Einflüsse über das Vindhya-Gebirge auf die Dekkan-Ebene nach Süden gelangt, aber mehr in einem Prozess der allmählichen Assimilation, weniger durch Eroberung, was es den Gesellschaften der Halbinsel ermöglichte, sich eigenständig zu entwickeln. Einige der charakteristischsten kulturellen Merkmale und Traditionen Indiens sind im tiefen dravidischen Süden gewachsen, von wo aus sie sich nach Norden verbreiteten.

Frühgeschichte

Im Vergleich zu dem außergewöhnlichen Reichtum an archäologischen Funden in Nordwest-Indien sind die Spuren **prähistorischer Besiedlung** im Süden dürftig. Jedoch wurde eines der ältesten menschlichen Artefakte, die jemals in Asien ausgegraben wurden, in Pallavaram nahe Chennai (Madras) entdeckt. 1863 fand der britische Archäologe Bruce Foote eine ovale Streitaxt, die er auf das Jüngere Paläolithikum datierte. Seit dieser ersten Entdeckung sind ähnliche Werkzeuge aufgetaucht – nach Süden bis zum Flussdelta der Kaveri hinab –, was bezeugt, dass die Region zur gleichen Zeit, als ähnliche Gruppen im weiten Norden auf der Bildfläche erschienen, also vor 400 000 bis 10 000 Jahren, von **nomadischen Jägern und Sammlern** bewohnt war.

Der erste Archäologe, der die verschiedenen im Süden gefundenen Steingeräte in eine zeitliche Abfolge brachte, war Mortimer Wheeler, dessen Arbeit an der Coromandel-Küste nahe Pondicherry 1945 zeigte, dass Metall vergleichsweise spät in die Region eingeführt worden war. Indem er die Zeitspannen der oberen Gesteinsschichten anhand der darin gefundenen römischen Münzen bestimmte, wies Wheeler nach, dass Kupfer erstmals Mitte des

2. Jahrtausends v. Chr. auftauchte. Zu dieser Zeit waren eine rudimentäre **Landwirtschaft** und die **Domestizierung von Tieren** in den offenen Küstengebieten und Flussdeltas weit verbreitet.

Es ist zwar nie bewiesen worden, aber man geht davon aus, dass neue Technologien, darunter die Metallverarbeitung, wahrscheinlich aus dem Nordwesten, wo die hoch entwickelten städtischen Industalkulturen (die Region entlang der heutigen indisch-pakistanischen Grenze) bereits um 3000 v. Chr. etabliert waren, nach Südindien gelangte. Jüngste paläobotanische Studien weisen auf eine starke Zunahme an Niederschlägen zu dieser Zeit hin, was vermutlich erklärt, weshalb die Landwirtschaft florieren konnte und Städte entstanden. Die Einwohner von **Harappa** und **Mohenjo Daro**, große urbane Zentren, die ihre Blütezeit zwischen 2300 und 1800 v. Chr. erreichten, waren mit Sicherheit sehr geschickt im Umgang mit Wasser. Unter den Ruinen ihrer gut organisierten Städte sind neben Waagen und Gewichten, Metallschmuck, Waffen, Edelsteinen, Siegeln und zierlichen Gefäßen Reste ausgeklügelter Abwasser- und Bewässerungssysteme gefunden worden. In riesigen Gemeinschaftsspeichern wurde der Überschuss an Getreide gelagert, was auf eine höchstwahrscheinlich durch Handel reich gewordene Gesellschaft schließen lässt. Die Existenz von Palästen und großen Häusern zeigt, dass diese sich in verschiedene Schichten unterteilte; außerdem ist nachgewiesen, dass sie eine eigene Schrift und ein festes Glaubenssystem besaß.

Nach der sensationellen Entdeckung der Ruinen von Harappa im 20er Jahren nahm man lange Zeit an, dass Invasionen aus dem Nordwesten schließlich den Niedergang der Industalkultur herbeiführten, inzwischen scheint es aber wahrscheinlicher, dass eine anhaltende Dürre der Auslöser war. Dieselben klimatischen Veränderungen könnten auch erklären, wie die Kenntnisse der **Metallurgie** und des **Reisanbaus** erstmals nach Süden fanden: Aufgrund sinkender Niederschläge und schlechter Ernteerträge verarmten die einst blühenden Städte des Industales, und die Einwohner waren gezwungen, auf der Suche nach fruchtbareren Böden nach Süden zu ziehen.

Die Draviden

Einige Historiker haben diese Migrationstheorie weiter entwickelt, um den Ursprung der so genannten Draviden zu erklären, die den Süden zur gleichen Zeit, als die Industalkultur im Niedergang begriffen war (im zweiten Jahrtausend v. Chr.), kolonisiert haben sollen. Der überzeugendste Beweis dafür, dass die Draviden aus dem Nordwesten stammen, ist jedoch linguistischer Natur. Kannada, Telugu, Malayalam und Tamil – die modernen Hauptsprachen Südindiens – haben völlig andere Wurzeln als die Hauptsprachen des Nordens, die sich von der so genannten indoarischen Sprachgruppe ableiten, und gründen sich im Wesentlichen auf das Sanskrit. Im Laufe der Jahre sind einige gewagte Vergleiche zwischen dravidischen und anderen asiatischen Sprachen (insbesondere Japanisch) angestellt worden, aber die einzige überlebende asiatische Sprache mit eindeutig dravidischen Stammformen ist Brahui, das von den Nomaden des Hochlands von Baluchistan (Belutschistan) an der iranisch-pakistanischen Grenze gesprochen wird. Diese Tatsache legt nahe, dass die Draviden mit ziemlicher Sicherheit im 4. oder 3. Jahrtausend v. Chr. aus dem Grasland Baluchistans kamen, und zwar über das Industal, wo sie jene Metallverarbeitungs- und Landwirtschaftstechniken erlernten, die es ihnen in der Folge erlaubten, feste Siedlungen im tiefen Süden zu errichten.

Obwohl die dravidischen Stämme, die sich in fruchtbaren, durch dicht bewaldete Hügel und Bergketten voneinander getrennten Flusslandschaften konzentrierten, technologisch weitaus rückständiger als die Zivilisationen des Industals waren, schufen sie sich eine starke landwirtschaftliche Grundlage und teilten sich allmählich in verschiedene kleine Fürstentümer auf. Wie die Einwohner Harappas ergänzten sie ihre im Wesentlichen auf Landwirtschaft basierende Existenz durch Handel mit Luxusgütern wie Muscheln, Edelsteinen und Perlen (das Alte Testament berichtet, dass König Salomon alle drei Jahre Schiffe nach Südindien zum Einkauf von Silber, Gold, Elfenbein, Affen und Pfauen schickte). Dieser Seehandel dehnte sich im Laufe der Jahrhunderte kontinuierlich aus und ermöglichte es den regionalen Oberhäuptern, ihre Herrschaft weiter ins Landesinnere auszudehnen und dort größere Siedlungen zu bauen.

Die Arier

Bis weit in das 20. Jh. hinein glaubten Archäologen, dass der dramatische Niedergang der Städte des

Industals zwischen 1800 und 1700 v. Chr. durch die Ankunft der Invasoren aus dem Nordwesten beschleunigt worden wäre. Jüngste Radiokarbonmethoden haben jedoch gezeigt, dass der Niedergang bereits zwei oder drei Jahrhunderte zuvor einsetzte – bevor Angehörige eines hellhäutigeren Nomadenstammes, deren Mitglieder sich selbst *Aryas* oder **Arier** nannten, erstmals in den nördlichen Ebenen auftauchten.

Die genaue Wanderroute ist unter Historikern umstritten. Einige behaupten, die Neuankömmlinge reisten in südöstlicher Richtung durch Persien, während andere davon ausgehen, dass sie über Afghanistan kamen. Allgemeine Übereinstimmung herrscht jedoch darin, dass sie aus einer Region um den Kaukasus stammen und Teil einer alten Diaspora waren, die sich bis nach Westeuropa ausbreitete (ihre Sprache, eine antiquierte Form des Sanskrit, weist erstaunlich enge Verbindungen zu Latein, Griechisch und Keltisch auf).

Die wichtigste historische Quelle dieser Zeit ist der **Rigveda**, der 1028 Hymnen, epische Gesänge, Beschwörungsformeln, Lieder und Anweisungen für religiöse Rituale enthält und im Umfang der *Ilias* und *Odyssee* zusammen entspricht. Dieses schwierige, anspruchsvolle Werk mit 10 600 kunstvollen metrischen Versen enthält Abschnitte, die zwischen 1400 und 1500 v. Chr. verfasst wurden. Sie wurden mündlich überliefert und erst in der Neuzeit schriftlich festgehalten. Die heiligen Schriften der Arier beinhalten eine Fülle von Einzelheiten über ihren Alltag, philosophische Anschauungen und religiöse Praktiken. Häufige Bezüge zu Agni, dem Feuergott, und Indra, dem festungsstürmenden Gott des Firmaments, deuten auf gewaltsame Zusammenstöße mit dunkelhäutigen, indigenen Bewohnern des Nordens, die als Dasa oder **Dasyus** bekannt sind. Letztere wurden von den Kriegerstämmen auf ihrer Expansion nach Osten Mitte des 2. Jahrtausends v. Chr. verdrängt. Diese Eroberungen sind nicht zuletzt den von Pferden gezogenen **Streitwagen** mit Speichenrädern zu verdanken, mit denen die Arier die trockenen Ebenen für damalige Zeiten unerhört schnell überqueren konnten.

Mit Anbruch der **Eisenzeit** zu Beginn des 1. Jahrtausends v. Chr. erstreckte sich das Herrschaftsgebiet der Arier, inzwischen ein lockerer Bund von Stämmen, die einander ebenso sehr wie die einheimischen Feinde bekämpften, nach Süden bis zum Vindhya-Gebirge und zu den reichen Böden des Dekkan. Dahinter lag das wilde, unerforschte Territorium „**Dakshinapatha**" („der Weg nach Süden"), der durch dichte Wälder und mit Schluchten durchsetzte Hügel versperrt war.

Die Sanskritisierung des Südens

Der *Rigveda* berichtet von dem Zögern der Arier, auf dieser Route nach Süden vorzudringen. Es steht aber fest, dass einige ihrer Priester *(Brahmanen)* und Wanderasketen *(Rishis)* es dennoch taten, wahrscheinlich auf der Suche nach Förderern. Neben ihren heiligen Versen, der vedischen Philosophie und der Schmiedekunst brachten sie die Idee von der Ungleichheit der Rassen mit, Ergebnis eines jahrhundertelangen Krieges gegen die Dasyus, die zu jener Zeit anscheinend bereits eine niedere Gruppe unter den drei bestehenden Schichten der arischen Gesellschaft – Priester (Brahmanen), Krieger (Kshatriyas) und Handwerker (Vaishyas) bildeten. Das **Kastenwesen**, ein Produkt des Übergangs von der nomadischen zur sesshaften Gesellschaft – basierend auf Vorstellungen von **Varna** („Farbe" = Kaste) und ritueller Unreinheit – scheint unter den Stammesführern Südindiens Anklang gefunden zu haben: Sie setzten die neuen Ideen und Schriften der Brahmanen ein, um ihre Herrschaft zu rechtfertigen.

Die kulturellen Einflüsse gelangten langsam, aber alles durchdringend von Norden nach Süden. Im 6. Jh. bildeten die brahmanischen Anschauungen bereits die religiöse Grundlage vieler kleiner Häuptlingstümer und größerer Fürstentümer, die sich im Süden ausgebreitet hatten und wo die Dorfkultur unter der Führung der Brahmanen inzwischen fest verwurzelt war – diese Lebensweise blieb in der Region über die folgenden 2000 Jahre weitgehend intakt.

Die Maurya-Dynastie

Im Ganges-Tiefland begannen unterdessen kleine Stammeskönigreiche *(janapadas)* mit anderen zu verschmelzen und größere Verbände *(mahajanapadas)* zu bilden, die jeweils von einem einzigen Herrscher von befestigten Hauptstädten aus regiert wurden. Zwei neue reformatorische religiöse Bewegungen gewannen ebenfalls im Norden an Boden. Die erste, der **Buddhismus** (s. S. 124), entstand aus den Lehren eines jungen Prinzen von den nepalesischen Vorbergen, Siddharta oder **Gautama Buddha** (563–483 v. Chr.). Überdies begann der **Jainismus**, um dieselbe Zeit von dem Propheten **Mahavira** (599–527 v. Chr.) gegründet, Anhänger zu gewinnen, besonders unter der herrschenden Elite einer Dynastie, die die mächtigste des Subkontinents werden sollte.

Die **Mauryas** füllten die Lücke, die der Abzug **Alexander des Großen** aus dem Nordwesten hinterlassen hatte, und regierten die Region südöstlich des Ganges. 320 v. Chr. rissen sie den Thron ihrer Erzfeinde, der Nandas, an sich, um ihren König **Chandragupta Maurya** zum ersten De-facto-Kaiser Indiens zu machen – sein Reich erstreckte sich vom Punjab bis Karnataka. Als strenggläubiger Jain verzichtete er schließlich auf den Thron und hungerte sich auf einem Hügel bei Sravanabelagola (immer noch ein wichtiges südindisches Pilgerzentrum) zu Tode, wodurch er in den Rang eines Heiligen aufstieg.

Von ihrer Hauptstadt Pataliputra (nahe dem heutigen Patna in Bihar) regierten die Mauryas über ein riesiges Gebiet des Subkontinents, das während der Herrschaft von Chandraguptas Enkel **Ashoka**, der in einer blutigen Schlacht die mächtigen Kalingas an der Ostküste (heute Orissa) besiegte, erheblich ausgedehnt wurde. Nach diesem schrecklichen Kampf, bei dem 100 000 Menschen getötet und 150 000 verschleppt wurden, bekehrte sich der erschütterte Kaiser zum Buddhismus und wählte den Weg der Gewaltlosigkeit. Edikte, die die Grundlehren des neuen kaiserlichen Glaubens verkündeten, wurden im ganzen Reich aufgestellt; Missionare und Gesandte wurden ausgesandt, um die Botschaft des „rechten Lebenswandels" *(dhamma)* überall zu verbreiten. Derartige Erlasse sind bisher jedoch nicht weiter südlich als bei den Goldfeldern um Mysore aufgetaucht, und es ist anzunehmen, dass der größte Teil des Dekkan und der indischen Halbinsel, einschließlich des heutigen Andhra Pradesh, Kerala und Tamil Nadu, außerhalb der Maurya-Einflusssphäre blieb.

Die Maurya haben den tiefen Süden vielleicht nie erobert, aber ihre Lebensweise und ihr Regierungssystem beeinflussten die Entwicklungen in dieser Region nachhaltig. Durch Handel und Umgang mit Jain- und buddhistischen Mönchen sickerte allmählich die Idee von Eigenstaatlichkeit in den Süden durch, die die herrschenden Mächte auf

der Halbinsel dazu ansspornte, ihre Reiche auszudehnen.

Dravidadesa: Die frühen Königreiche

Auf den acht in Stein gehauenen Edikten, die Ashoka im 3. Jh. v. Chr. an den Grenzen seines Reiches aufstellen ließ, finden sich Inschriften, die seine Verständigungsbereitschaft gegenüber seinen „unbesiegten Nachbarn" *(avijita)* zum Ausdruck bringen. Das Verzeichnis enthält die älteste bekannte Erwähnung der drei alten Herrscherclans, die den tiefen Süden in den letzten Jahrhunderten des 1. Jahrtausends v. Chr. beherrschten: die **Cholas** der Coromandel-Region und des Kaveri-Flussgebietes; die **Pandyas**, deren Hauptstadt sich in Madurai befand, und die **Cheras** aus dem Südwesten Keralas. Zusammen umfassten die Königreiche dieser drei Dynastien ein Gebiet, das im Norden als **Dravidadesa**, „Land der Draviden", bekannt war.

Über die frühen Königreiche des Südens ist eine Fülle von historischen Einzelheiten überliefert, zumeist in der bemerkenswerten Form klassischer tamilischer Poesie, die als **Sangam** bekannt ist und zwischen dem 1. und 3. Jh. n. Chr. in den literarischen Akademien *(sangam)* von Madurai verfasst wurde. Die Texte, die erst im 19. Jh. wiederentdeckt wurden, beziehen sich auf eine Ära, in der die indigene dravidische Kultur des tiefen Südens durch sanskritische Einflüsse aus dem Norden umgeformt wurde. Dennoch zeigen sie anschaulich, dass einige der charakteristischsten Merkmale der indischen Zivilisation – darunter Yoga, Tantra, der Kult um den Gott Murugan und die Göttinnenverehrung – mit ziemlicher Sicherheit aus dem Süden stammen und lange, bevor die Arier die Region vollständig beherrschten, weit verbreitet waren.

Das Sangam berichtet auch von den stürmischen politischen Beziehungen unter den drei Dynastien, die oft gegeneinander oder gegen die Herrscher des benachbarten Sri Lanka Krieg führten. Letztendlich scheinen sich jedoch alle drei einer geheimnisvollen vierten Dynastie, den **Kalabhras**, unterworfen zu haben. Über sie sagen die Gedichte des Sangam nicht viel mehr, als dass sie „schlechte Könige" *(kaliarasar)* waren. Buddhistische Texte aus späterer Zeit lassen vermuten, dass die Kalabhras ursprünglich Bergstämme waren, die von der

Dekkan-Hochebene herunterkamen, um die Bewohner der Flusstäler und Küstenregionen zu überfallen, später den Jainismus und Buddhismus annahmen, die dravidischen Könige stürzten und die Brahmanen verfolgten.

Die Expansion des Handels

Die kulturelle Blüte der Sangam-Ära im Süden während der ersten beiden Jahrhunderte n. Chr. wurde durch ein schnelles Wachstum des Seehandels in der gesamten Region angeregt. Neben arabischen Kaufleuten trafen in den Häfen der Malabar- und Coromandel-Küste nun auch **römische Schiffe** ein. Nach einem Jahrhundert unbarmherzigen Bürgerkrieges war in Rom wieder Frieden eingekehrt, der in der kaiserlichen Hauptstadt eine neuerliche Nachfrage nach Luxusgütern wie Perlen, Gewürzen, Parfüm, Edelsteinen und Seide mit sich brachte. Als Augustus Ägypten eroberte, um einen Zugang zum Roten Meer zu haben, und Hippalus entdeckte, dass die Monsunwinde ein Schiff von dort in etwa zwei Wochen über das Arabische Meer tragen würden, war für die Römer der Weg frei, diesen Appetit nach exotischen orientalischen Gütern zu stillen.

Eine lebhafte Vorstellung von dem daraufhin folgenden Boom vermittelt das außergewöhnliche Schifferhandbuch *Periplus Maris Erythraei* (Periplus des Erythräischen Meeres), geschrieben von einem anonymen Kaufmann und Abenteurer aus Alexandria. Es beinhaltet genaue Beschreibungen des Handels, der Häfen und Hauptstädte des tiefen Südens und enthüllt, dass die Region ein Lagerplatz für wertvolle ausländische Güter – insbesondere chinesische Seide und Öle aus dem Gangestal – darstellte und die Coromandel- allmählich die Malabar-Küste als wichtigstes Handelszentrum der indischen Halbinsel in den Schatten stellte.

Untermauert wurde diese Annahme von Mortimer Wheelers Entdeckung des römischen Haupthandelspostens **Arikamedu**, gleich südlich des heutigen Pondicherry in Tamil Nadu. Die hiesigen großen Backsteingebäude, Wasserreservoirs, Bäder sowie eine riesige Menge an Artefakten – darunter Scherben von vorchristlichen Keramiken aus Arezzo und unzählige Münzen – legen die Vermutung nahe, dass es in erster Linie die Gier nach römischem Gold war, die den antiken Handel im Süden antrieb. Tatsächlich beschwert sich der rö-mische Chronist Strabo, dass die indischen Kaufleute im Begriff seien, sich die gesamten römischen Vorräte an Goldmünzen unter den Nagel zu reißen. In jüngster Zeit sind gewaltige Mengen davon ausgegraben worden, vor allem in der Gegend um den alten Hafen **Muziris**, nahe dem heutigen Kannur in Nord-Kerala.

Die Satavahanas

Der enorme Handelsreichtum, der um die Jahrtausendwende nach Südindien floss, gepaart mit den von den Mauryas erzielten Fortschritten in der Staatsverwaltung, ermöglichte es den Herrschern der Region, größere und besser organisierte Königreiche zu bilden, die von gut ausgerüsteten Heeren gestützt wurden. Die Zeit war reif für das Emporkommen einer größeren Macht, und so stiegen im 1. Jh. v. Chr. die **Satavahanas**, eine geheimnisvolle Stammesdynastie aus dem Dekkan, auf, die innerhalb von hundert Jahren die Mauryas ablösten. Zur Zeit, als Ptolemäus seine *Geographia* schrieb, in der Mitte des 2. Jhs. n. Chr., umfasste das Reich mit Sitz in **Pratisthana** (nahe dem heutigen Paithan in Maharashtra) 30 befestigte Städte und erstreckte sich von einer Küste zur anderen. Verwaltet wurde es von Adligen und verteidigt von halb autonomen militärischen Garnisonen mit einem Heer, das dem römischen Chronisten Plinius zufolge aus einer 30000 Mann starken Kavallerie und 9000 Kriegselefanten bestanden haben soll.

Dank ihrer Kontrolle über den lukrativen Außenhandel der Region waren die Satavahanas (oder „Andhras" wie sie in manchen alten Texten genannt werden) auch emsige Förderer der Künste, verantwortlich für einige der großartigsten Baudenkmäler Indiens jener Zeit, insbesondere die berühmten ornamentalen Tore *(toranas)* des buddhistischen Stupa in **Sanchi** (in Madhya Pradesh), und viele der mustergültigsten Felsengräber des nordwestlichen Dekkan. Die Krönung der Andhra-Kunst ist jedoch der Stupa-Komplex von **Amaravati** in Andhra Pradesh (s. S. 546), dessen hervorragende Basreliefs von vielen Wissenschaftlern für die schönsten altindischen Skulpturen gehalten werden. Einige davon befinden sich heute im Government Museum von Chennai.

Das frühe Mittelalter: 600–1200 n. Chr.

Die Geschichte des frühen Mittelalters in Südindien – vom Zeitpunkt des Niedergangs der Satavahanas bis zur Ankunft der Moslems – ist gekennzeichnet vom Aufstieg und Fall eines ganzen Mosaiks **regionaler Dynastien**. Diese bekämpften einander ausnahmslos, um für kurze Zeit die Oberherrschaft zu gewinnen und dann die Macht an irgendeinen ihrer benachbarten Widersacher abtreten zu müssen. Erst als das Schwert des Islam im 13. Jh. auf den Dekkan herabfuhr, ergab sich die Halbinsel einem einzigen Herrscher.

Um dies zu erklären, sind verschiedene Theorien aufgestellt worden; die überzeugendste besagt, dass die Königreiche, die miteinander im Streit lagen, allgemein zu klein waren, um längere Zeit große Territorien unter ihrer Kontrolle zu halten. Aufständische Kleinherrscher gefügig zu machen, bedeutete, kostspielige militärische Expeditionen auszusenden, die unweigerlich dem eigenen Herrschaftsbereich die Verteidigungskräfte entzogen.

Trotz dieser anhaltenden Machtbalance, die dem Aufstieg einer Oberherrschaft im Wege stand, ließ die dadurch gewährte langfristige politische Stabilität die Entwicklung eigenständiger regionaler Kulturen zu. Die Fülle von historischen Denkmälern, die über Südindien verstreut sind, belegen auf anschauliche Weise die Unterschiede zwischen diesen Kulturen und wie sie einander über die Jahrhunderte gegenseitig beeinflussten.

Chalukyas, Pallavas und Cholas

Unter den Staaten des südlichen Dekkan taten sich besonders die **Chalukyas** hervor, die Untergebene der Kadambas (Hindu-Herrscher der Region, die später zu Goa wurde) gewesen waren, bis **Pulakeshin I.** abtrünnig wurde und eine Hauptstadt in Vatapi (Badami, s. S. 355) gründete. Hier, auf einem felsigen Steinabbruch über einem See, erbauten der König und dessen Nachfahren eine Reihe herrlicher Steintempel. Diese entwickelten sich von einfachen Felsenaushöhlungen zu raffinierteren frei stehenden, mit kunstvoll gearbeiteten ikonographischen Skulpturen geschmückten Bauwerken, die zu den ersten Gebäuden der Region zählten, die südindische Architekturstile mit nordindischen vereinten.

Der auffallende Reichtum der Chalukyas zog unweigerlich die Aufmerksamkeit ihrer habsüchtigen Nachbarn an. Nachdem sie zwei Invasionen abgewehrt hatten, ergaben sie sich 753 n. Chr. schließlich den **Rashtrakutas**, deren Herrschaftsbereich sich über einen großen Teil des Dekkan erstreckte.

Die südlichen Feinde der Chalukyas, die **Pallavas**, kamen nach der Unterwerfung der Kalabhras, der „schlechten Könige", die einst die drei frühen Dynastien der Region zerschlagen hatten, empor. Sie waren ursprünglich Buddhisten, konvertierten aber im 5. Jh. zum Brahmanismus und schufen anschließend ein Königreich, das sich von der Mündung des Krishna bis an den Rand des Kaveri-Flussgebietes im Süden erstreckte. Von Anfang an scheinen die Pallavas eifrige Seefahrer gewesen zu sein, die mit den Griechen, Satavahanas und Römern – wie Münzenfunde unter den Ruinen des antiken **Mamallapuram**, unmittelbar südlich von Chennai (Madras), beweisen – Handel trieben. Die außergewöhnliche Fülle von Steintempeln, Basreliefs im Freien und sorgsam in Felsen gehauenen Höhlen, die um dieses Fischer- und Steinmetzdorf herum liegen, erinnert an eine Zeit, als der Ort zu den geschäftigsten Häfen Asiens zählte.

Die meisten der Bauwerke von Mamallapuram wurden Mitte des 7. Jhs. begonnen, während der Herrschaft von Narasimha Varman I. (alias *Mamalla*, „der Große Ringer"), und in den folgenden zwei Generationen vollendet. Das bekannteste von allen ist der **Shore Temple (Ufertempel)** am Strand, der wahrscheinlich erste aus losen Steinblöcken errichtete Schrein des Subkontinents. Überragt von einem hohen, pyramidenförmigen Turm *(vimana)*, ähnelt er stark dem besser erhaltenen Kailasanatha-Tempel in der früheren Hauptstadt der Pallavas, **Kanchipuram**, wo der chinesische Pilger Hsiuen-tsang Mitte des 7. Jhs. einhundert buddhistische Klöster sowie achtzig größere Hindutempel gesehen haben will.

Der Shore Temple in Mamallapuram war das wichtigste architektonische Vorbild für die **Cholas**, ein Zweig der alten Dynastie gleichen Namens, die 897 n. Chr. ihre Unabhängigkeit von den Pallavas errungen hatte, als Letztere vollauf damit beschäftigt waren, die Rashtrakutas abzuwehren. Während ihrer 250-jährigen Herrschaft dehnten die Cholas ihren Machtbereich von ihrer königlichen Hauptstadt **Thanjavur** ins Flussgebiet des Kaveri aus, indem sie sowohl die Pandyas als auch die Cheras besiegten. Später eroberten sie außerdem Sri Lanka, die Malediven und die Andamanen sowie Enklaven auf Java und Sumatra, die sie einnahmen, um den Handel mit Südostasien zu kontrollieren.

Das Handelsmonopol der Cholas finanzierte zusammen mit der riesigen Beute, die ihre militärischen Feldzüge einbrachten, einen beachtlichen Bauboom. Der größte Visionär unter den Herrschern der Chola-Dynastie war **Rajaraja I.** (985–1014), der den kolossalen Brihadishwara-Tempel, seinerzeit der größte Indiens, errichten ließ. Die unterhalb des hoch aufragenden Turmes die Mauern des Schreins zierenden Fresken vermitteln ein Bild von der Pracht und Kultiviertheit des Chola-Hofes, an dem dank großzügiger Förderung der Künste – am berühmtesten darunter die Bronzegüsse, aber auch karnatische Musik, Bildhauerei, Tanz und Literatur – Werke hervorgebracht wurden, die bis heute unübertroffen geblieben sind.

Bhakti und die tamilischen Dichter

Ab dem 8. Jh. breitete sich die als *bhakti* bekannte Form des Hinduismus, die sich zuerst in Tamil Nadu entfaltete hatte, nach Norden in den übrigen Teil Indiens aus, um zur vorherrschenden hinduistischen Strömung im ganzen Land zu werden – was sie bis heute geblieben ist. Im Wesentlichen war es eine Volksbewegung, deren Betonung, dass jeder einzelne Gläubige eine persönliche Beziehung zu einem von ihm gewählten Gott *(ishtadevata)* aufbauen kann, die hinduistische Glaubensausübung revolutionierte, indem sie einen für alle Kasten offenen religiösen Weg und ein Ziel bot.

Die großen Meister der *bhakti* waren die **Dichterheiligen** Tamil Nadus, von denen oft behauptet wird, sie hätten Jainismus und Buddhismus aus Indien „weggesungen". Obwohl in der Praxis eine Vielzahl von Göttern verehrt wurde, teilte sich die Bewegung in zwei Hauptstränge – die **Nayanmars**, die Shiva huldigten, und die **Alvars**, die Vishnu verehrten. Ihre Gedichtsammlungen, das größte literarische Vermächtnis Südindiens, sind bis heute im Umlauf. Die Dichter selbst wurden nahezu vergöttlicht und erscheinen als Schnitzereien in vielen Tempeln.

Die vier berühmtesten der 63 Nayanmar-Dichterheiligen waren **Campantar**, der den König von Madurai dazu brachte, dem Jainismus abzuschwören, und der ein großes Kultzentrum in Chidamba-ram unterhielt; **Cuntarar**, ein Brahmane, der zwei Frauen aus einer niederen Kaste hatte; **Appar**, selbst ein vom Jainismus Konvertierter, und **Manikkavachakar**, dessen mystische Gedichte immer noch in Häusern und Tempeln in ganz Tamil Nadu gesungen werden. Die Bewegung der Vaishnavas hatte ihr Zentrum in Srirangam (nahe Trichy). Zu ihren Dichtern zählten Männer und Frauen aller Gesellschaftsschichten. Der gefeierteste Alvar war **Nammalvar**, ein *shudra,* der sein Leben fastend und meditierend verbrachte. **Antal**, die beliebteste weibliche Alvar, soll Vishnus Statue in Srirangam geheiratet haben und wurde daraufhin als Inkarnation von Vishnus Gefährtin Shri betrachtet.

Alle Gedichte erzählen von der ekstatischen Reaktion auf intensive Erfahrungen göttlicher Gnade, ein Gefühl, das oft als eheliche Liebe beschrieben und in Versen voll Zärtlichkeit und Schönheit ausgedrückt wird. Sie betonen die selbstlose Liebe zwischen Mensch und Gott und behaupten, dass nur eine solche Liebe zum ewigen Bund mit dem Göttlichen führe. *Bhakti*-Anhänger bereisten den Süden singend und tanzend und forderten Gegner zu öffentlichen Debatten heraus.

Zu den bedeutendsten Folgen der *bhakti*-Revolution im Hinduismus gehörte der Bau von **Tempelstädten**. Da *bhakti* die Wichtigkeit der individuellen Hingabe an einen bestimmten Gott oder eine Göttin betonte, erlebte der Kult unter dem Volke einen enormen Aufschwung und führte zu einem wahren Bauboom an Pilgerschreinen. Dieser Prozess ging einher mit der Assimilation wichtiger regionaler Gottheiten in das hinduistische Pantheon. So erhielten Bäume, Felsen, Höhlen oder Gewässer, die an einem bestimmten Ort als heilig betrachtet wurden, allmählich ihre „Legitimation", indem sie mit Shiva oder Vishnu identifiziert wurden. Gute Beispiele sind die Gottheiten Chidambaram und Madurai, zwei der bedeutendsten religiösen Zentren Südindiens, deren Wichtigkeit schon lange, bevor ihre Sanskritisierung sie im 6. Jh. mit Shiva in Verbindung brachte, fest verankert war.

Mit der Zeit geschah das Gleiche mit weniger großen lokalen und Dorf-Gottheiten, bis unzählige Kultzentren im Süden in einem komplexen Netz miteinander verwoben waren. Die Institution der **Pilgerreise**, die „ortsansässige" und weit entfernte Gottheiten verband, tauchte erstmals in der Ära der tamilischen Heiligen als ein wesentliches Element des Hinduismus auf und ist seitdem eine wichtige einigende Kraft in Indien geblieben. Es ist kein Zufall, dass einige der bezeichnendsten Schriften der *bhakti*-Bewegung die *Mahatmyas* sind, von Brahmanen intonierte Gesänge, die die Bedeutung individueller Tempel und deren Beziehung zu anderen Schreinen erhellen.

Der Vormarsch des Islam

Zu Beginn des 11. Jhs. erschien eine neue Figur auf der politischen Bühne Nordindiens. **Mahmud**, ein türkischer Eroberer, der in Ghazni, nahe Kabul in Afghanistan, ein mächtiges Königreich gegründet hatte, unternahm zwischen 1000 und 1027 n. Chr. siebzehn Raubzüge in die nordindischen Ebenen. Seiner war der erste von vielen moslemischen Einfällen aus dem Nordwesten, die – nach 200 Jahren ununterbrochener Scharmützel und Kriege mit lokalen Herrschern – zur Schaffung eines islamischen Reiches mit der Hauptstadt Delhi führten.

Das 1206 n. Chr. gegründete **Delhi-Sultanat** hatte anfänglich wenig Einfluss auf den Süden. 1309 richtete dessen Führer, der Sultan **Allauddin Khilji**, sein Augenmerk gen Süden. Nachdem er Gerüchte von in den großen tamilischen Tempeln gelagerten Schätzen vernommen hatte (Rajaraja hatte dem Brihadishwara-Tempel erst kurz zuvor 880 kg Gold gespendet), nutzte er den Niedergang der Cholas, um einen Raubzug durchzuführen. Es ist belegt, dass sein General **Malik Kafur**, militärisches Genie und früherer Hindu-Sklave, mit 1000 beutebeladenen Kamelen zurückkehrte, darunter dem berühmten Kohinoor-Diamanten.

Dies war jedoch lediglich der Auftakt zu der zweiten Expedition des Sultanats 1310–1311, in deren Verlauf Allauddins Heer sogar in den tiefen Süden vordrang. Nachdem es Städte überfallen und die großartigen Chola-Tempel des Kaveri-Delta entweiht hatte, erreichte es am 10. April 1311 Madurai und plünderte die Hauptstadt der Pandyas gnadenlos; die wenigen Bewohner, die nicht geflohen waren, wurden massakriert. Von Kafurs Kommen unterrichtet, hatten viele Tempel ihre Schätze versteckt oder vergraben. Einige davon, wie die 80 kostbaren Chola-Bronzen, die in den 60er Jahren in Chidambaram zum Vorschein kamen, wurden wiederentdeckt; andere sind bis heute verschwunden.

Abgesehen von der massenhaften Zerstörung von Kunstschätzen war das wichtigste Vermächtnis der Allauddinschen Plünderung die Schaffung eines kurzlebigen **moslemischen Sultanats** in Tirupparakunram nahe Madurai. Das von der Spitze eines riesigen Sandstein-Felsvorsprungs auf die Stadt hinunterblickende Grab seines achten und letzten Sultans, **Sikander Shah**, ist nach wie vor einer der wenigen echten moslemischen Schreine des tiefen Südens.

Die Dekkan-Sultanate

Die Delhi-Sultanate waren zwar militärisch stark genug, um den größten Teil Indiens zu unterwerfen, bewiesen aber immer wieder ihre Unfähigkeit, die territorialen Neuerwerbungen mittels einer effizienten Verwaltung zu festigen. Schließlich artete die Herrschaft der Sultanate durch die ständigen Kriege des Despoten **Muhammed-bin-Tughluq** und dessen größenwahnsinnigen Plan, die Hauptstadt von Delhi nach Daulatabad, 1000 km südlich im Dekkan, zu verlegen, in ein von Verschwendung geprägtes Terrorregime aus. Durch Dürre, Hungersnot und eine drohende Invasion der Moguln gezwungen, Daulatabad aufzugeben und nach Delhi zurückzukehren, kämpfte Tughluq bis zu seinem Tod um den Erhalt seiner Macht. Mitte des 14. Jhs. hatte sein Nachfolger **Feroz Shah** die Kontrolle über den Dekkan vollständig verloren.

Im Zuge des Debakels von Daulatabad sah einer von Tughluqs ehemaligen Generälen, **Zafar Shah** alias **Bahman Shah**, seine Chance gekommen, eine eigene Dynastie zu gründen, die er in sicherem Abstand südlich der alten Hauptstadt in **Gulbarga** (heute im Norden Karnatakas) ansiedelte. Die Herrschaft der **Bahmanis** währte etwa 200 Jahre und war ebenso blutig wie die des alten Delhi-Sultanats. Zafar Shahs Sohn **Mohammed Shah** (1358–73) soll in seinen Kriegen mit Nachbarstaaten, darunter die Vijayanagars, die ihr Reich etwa zur selben Zeit gründeten (s. u.), eine halbe Million Menschen abgeschlachtet haben.

Im 15. Jh. verlegten die Bahmanis ihre Hauptstadt weiter nach Nordosten nach **Bidar**, wo sie eine gewaltige Festung errichteten, die noch heute steht. Unter der umsichtigen Leitung von **Mahmud Gawan**, einem fähigen Minister, der mehreren Sultanen in Folge diente, blühte die Dynastie auf, um nach seinem Tod einen dramatischen Niedergang zu erfahren. Im folgenden Machtgerangel erklärten die Regenten der vier größten Distrikte des Königreiches – Bijapur, Ahmadnagar, Bidar und Golconda – ihre Unabhängigkeit. Bijapur ging im 16. Jh. aus diesem Kampf schließlich als größte Macht hervor. Dessen Herrschaft belasteten jedoch Konflikte sowohl mit Vijayanagar als auch den Portugiesen, an die es 1510 den Hafen Goa verlor.

Das Kräftegleichgewicht zwischen den Dekkan-Königreichen erfuhr nach 1565 eine entscheidende Wendung zugunsten der Moslems, als die Sultanate nach Jahren der Kämpfe untereinander einen Kriegspakt gegen den gemeinsamen Hindu-Feind, die **Vijayanagars**, schlossen. In der Schlacht von Talikota im selben Jahr vernichtete das Bündnis die Hindu-Armee und machte sich an die zerstörerischste Plünderung einer Stadt, die der Subkontinent je erlebt hatte. Innerhalb von 21 Jahren hatten sich die Dekkan-Sultanate jedoch völlig der Macht der Moguln unterworfen.

Vijayanagar: 1346–1565

Südlich des Bahmani-Herrschaftsgebietes bildete der Krishna-Fluss die Grenze zu dem mächtigen Hindu-Königreich Vijayanagar, das als Antwort auf drohende moslemische Invasionen im Süden in Erscheinung trat. Seine Gründer waren zwei Brüder aus Andhra Pradesh, **Harihara** und **Bukka**, die angeblich 1327 von Tughluq während seiner Plünderung Kampilis gefangen genommen und nach Delhi gebracht wurden, wo sie zum Islam übertraten. Anschließend wurden sie als Regenten in ihre Heimatstadt gesandt, um dort nach einem Aufstand die Ordnung wieder herzustellen. Der Legende zufolge soll der Weise Vidyaranya die Brüder wieder zum Hinduismus bekehrt und dazu ermutigt haben, abtrünnig zu werden (einige indische Historiker bestreiten dies jedoch und behaupten, Harihara und Bukka entstammten einer Seitenlinie der Hoysalas).

Wo auch immer ihre Wurzeln gelegen haben mögen: Die Brüder begründeten am Ufer des Tungabadhra-Flusses (im heutigen Hampi) eine rasch wachsende Dynastie. Nach einer Reihe kurzer Kriege gegen die Hoysalas, Madurai und die Gajapatis aus Ostindien taten sich die Herrscher der südlichen Königreiche aus Pragmatismus mit den ehrgeizigen Neuankömmlingen zusammen, da sie erkannten, dass die beste Aussicht auf Schutz vor einfallenden Moslems in einer starken Hindu-Front im Norden bestand. Diese Vermutung erwies sich als richtig. Zu einer Zeit, da der Einfluss der türkischen, persischen und afghanischen Kultur in Nordindien am stärksten war, blieb der durch Vijayanagar abgeschirmte Süden außerhalb der islamischen Reichweite – eine Tatsache, die die auffallenden kulturellen Unterschiede, die bis heute zwischen dem Norden und Süden des Subkontinents bestehen, vielleicht besser zu erklären vermag als alles andere.

Vijayanagars goldenes Zeitalter war die Regentschaft von **Krishna Deva Raya** (1509–29), bevor das Handelsmonopol für Gewürze und arabische Pferde von den Portugiesen und anderen europäischen Mächten untergraben wurde. Zwar waren die Bijapuris eine ständige und kostspielige Quelle von Ärgernissen, doch garantierte die gut organisierte Verwaltung des Königs zusammen mit dessen Kontrolle über etwa dreißig wohlhabende Häfen, dass der Reichtum nicht versiegte.

Die Hauptstadt der Dynastie, Vijayanagar („Stadt des Sieges") wurde für eine viel zu kurze Zeit zu einer der glanzvollsten der Welt. Reisende wie Domingo Paes, der hier von 1522 bis 1524 weilte, staunten über die Pracht dieses Könighofes, den Reichtum seiner Basare und den Aufwand seiner Feste. Krishna Deva Rayas Herrschaft war auch jene Periode, in der der Süden zu einigen seiner eindrucksvollsten **Tempeltürmen** *(gopura)* kam: Der König ließ sie errichten, um die Loyalität der Brahmanen und Einwohner entfernter Regionen, auf die Vijayanagar nur bedingt Einfluss hatte, zu fördern.

Nach Krishna Deva Rayas Tod 1529 schwächten interne Konflikte und Auseinandersetzungen mit den Portugiesen das Reich. Es waren jedoch die alten Feinde der Vijayanagars, die Bijapuris, die ihrer glanzvollen Herrschaft schließlich ein plötzliches und blutiges Ende bereiteten. Nachdem die Vijayangars über ein Jahrhundert lang von den ständigen Fehden der Dekkan-Sultanate profitiert hatten, begingen sie einen fatalen Fehler, als sie in den 50er Jahren des 16. Jhs. auf ihren Feldzügen die Moscheen schändeten. Dies brachte die Sultane schließlich derart auf, dass sie ihre Differenzen beilegten und aufmarschierten, um die Vijayanagars 1565 in Talikota anzugreifen. Zunächst schien die

Schlacht zugunsten der Hindus auszugehen, doch plötzlich wendete sich das Blatt, als zwei ihrer moslemischen Generäle zum Feind überliefen. Der Vijayanagar-Regent, Rama Raya, wurde gefangen genommen und geköpft, während sein Bruder, Tirumala, mit dem Rest der Armee floh und die Hauptstadt schutzlos den Gegnern auslieferte.

Die folgende Plünderung dauerte sechs Monate und legte die prachtvollste Stadt Asiens in Schutt und Asche. Wie vorauszusehen war, stritten die Dekkan-Sultane über die Beute und verbrachten die nächsten hundert Jahre damit, einander zu bekämpfen, so dass die Region für eine Invasion der Moguln offen war.

Die Portugiesen

Etwa zur selben Zeit, als Vijayanagar seine Blütezeit erlebte, erschienen die Vorboten einer neuen Regionalmacht am Horizont des Arabischen Meeres. Vasco da Gamas Ankunft an der Malabar-Küste 1498, ausgelöst vom Streben nach „Christen und Gewürzen", bahnte einen Weg, der nach nur 15 Jahren zur Schaffung der ersten echten Kolonie Europas im Osten führte.

Goa, früher ein Hafen der Vijayanagars, war von den Bahmanis erobert worden, die ihrerseits 1510 von den Portugiesen unter **Admiral Alfonso de Albuquerque** vertrieben wurden. Danach expandierte die Kolonie trotz wiederholter Versuche der Moslems, ihren Besitz zurückzuerobern, in einem atemberaubenden Tempo. Auf dem Höhepunkt ihrer Macht war die Stadt der Dreh- und Angelpunkt eines Handelsnetzes, das von den Philippinen bis zum Nordatlantik reichte, mit Kathedralen, die denen Roms Konkurrenz machten, und einer Einwohnerzahl, die zeitweise sogar jene Lissabons überstieg.

Dennoch waren die Portugiesen, trotz ihres frühen Monopols über den asiatischen Seehandel, das von der unüberwindbaren Übermacht ihrer Marine rücksichtslos durchgesetzt wurde, nicht in der Lage, frühzeitig die Führung über ihre europäischen Rivalen zu gewinnen. Wiederholte Ausbrüche von Krankheiten dezimierten die Bevölkerung Goas, und die Niederlage der Vijayanagars 1565, die zu der Zeit einer der wichtigsten Handelspartner der Stadt waren, hatte verheerende Auswirkungen auf die gesamte portugiesische Wirtschaft. Unfähig, die

Kontrolle über die Seewege zu behalten, musste Portugal mit ansehen, wie sein Handelsreich allmählich beschnitten wurde, zunächst von den Holländern und später von den Franzosen und Briten.

Goa überlebte hingegen bis 1961 als portugiesische Kolonie, war aber am Ende des 17. Jhs. praktisch entmachtet.

Das Mogulreich

Die Moguln, Nachfahren von Timur und Dschingis Khans Mongolen aus Samarkand in Zentralasien, machten ihren Anspruch auf Nordindien 1526 nach Baburs Sieg über den Delhi-Sultan Ibrahim Lodi geltend. Dank ihres revolutionären Einsatzes von leichten Waffen und einer mobilen Artillerie schlugen die Invasoren ein Heer, das 10-mal so stark war wie ihr eigenes. Der Sieg begründete ein Reich, das bis zu seinem Untergang 200 Jahre später zum größten und mächtigsten seit Ashokas Herrschaft 18 Jahrhunderte zuvor werden sollte. Die aufeinander folgenden Kaiser, eifrige Förderer der Künste ebenso wie gefürchtete Militärstrategen, vermischten persische und indische Kulturelemente, um einige der größten Schätze des Subkontinentes zu schaffen, darunter die Rote Burg in Delhi und den Taj Mahal in Agra.

Aurangzeb und die Marathas

Die Moguln hatten jedoch bis zur Herrschaft von **Shah Jehan** (1627–58), als das nördlichste der Dekkan-Sultanate, Ahmadnagar, annektiert wurde, wenig Einfluss auf den Süden. Hundert Jahre nach ihrer Plünderung Vijayanagars ergaben sich auch Bijapur und Golconda dem letzten der Großmoguln, **Aurangzeb** (1658–1707).

Aurangzeb, der expansionistischste Herrscher der Dynastie, war ein frommer Sunnit, berüchtigt für seine harte Behandlung der Hindus und die Wiedereinführung der verhassten *jizya*-Steuer für Nicht-Moslems, die sein Urgroßvater Akbar aufgehoben hatte. Aurangzebs Erzfeind in der Dekkan-Region war ein Bund niedrigkastiger Hindukrieger, der **Marathas**. Anders als die Moguln griffen diese nicht mit großen, offiziellen Armeen an, sondern führten Guerilla-ähnliche Überfälle aus, um sich anschließend in die Sicherheit auf Tafelbergen thronender, uneinnehmbarer Festungen zurückzuziehen.

Traditionelles Steinmetzhandwerk in Pondicherry (Tamil Nadu)

Seilherstellung in Thiruvananthapuram (Kerala)

Nicht nur die südindischen Feste sind ein Feuerwerk der Farben

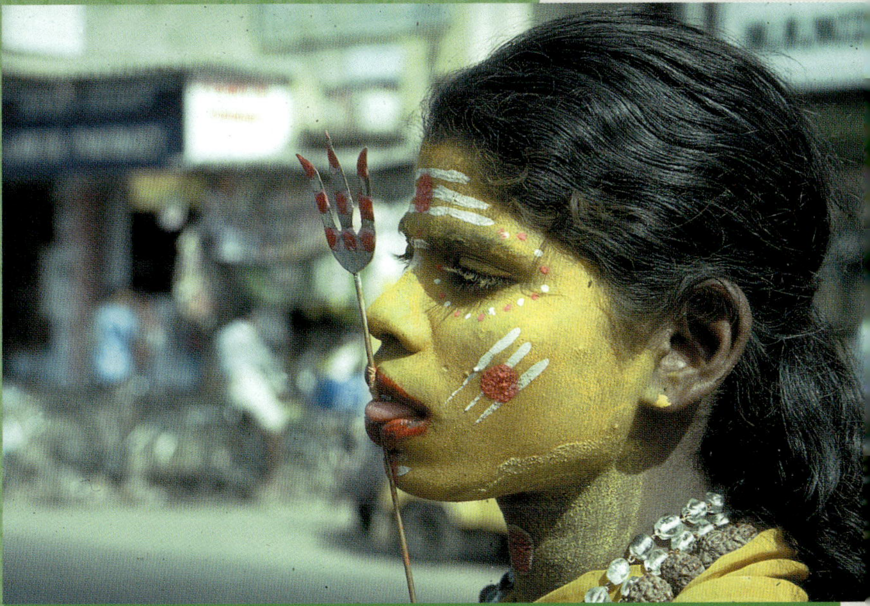

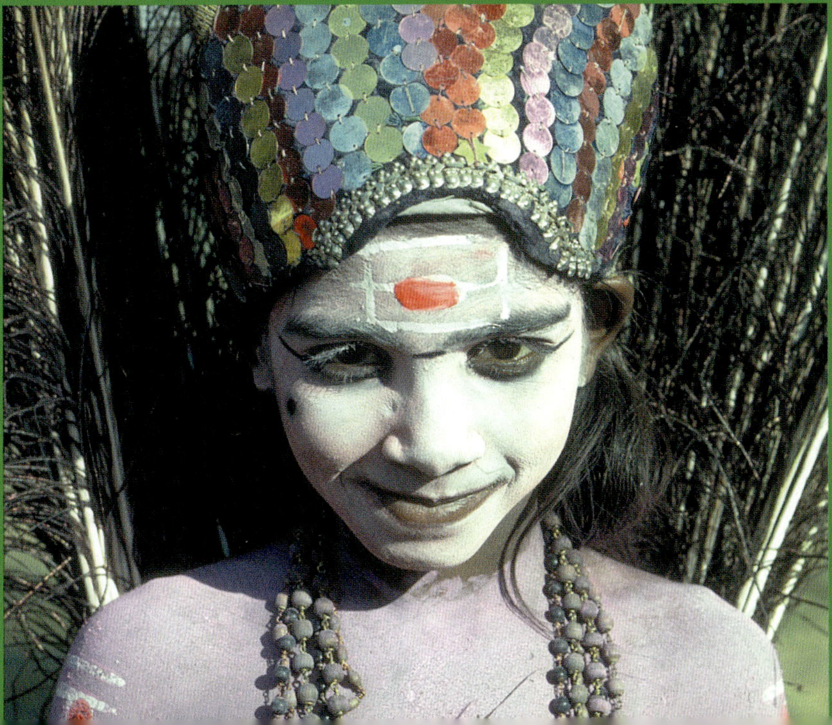

Die Kontroverse um die 500-Jahr-Feiern

Am 18. Mai 1498 gingen drei portugiesische Karavellen vor der Küste Nord-Keralas an einem Strand namens Kappad vor Anker, nachdem sie von Lissabon aus in etwas über zehn Monaten über das Kap der Guten Hoffnung hierher gesegelt waren. Auf den Tag genau 500 Jahre später versammelten sich Gruppen wütender Demonstranten am selben Strand, um Bilder jenes Forschungsreisenden zu verbrennen, der die damalige Expedition leitete – **Vasco da Gama**. Durch seine Umrundung der Südspitze Afrikas und seiner Eröffnung eines Seeweges zu den Gewürzmärkten Westindiens veränderte da Gama den Lauf der Weltgeschichte, wofür er seitdem von der portugiesischen Öffentlichkeit als Nationalheld gefeiert wird. In Indien wird er hingegen als Pirat und Plünderer geschmäht, der aus Gier nach „schwarzem Gold" – Pfeffer von der Malabar-Küste – barbarische Verbrechen beging.

Während die einzelnen Auswirkungen der Reisen da Gamas weiterhin hitzige Debatten auslösen, sind die wesentlichen Fakten seiner drei Expeditionen nach Indien dank der Tagebücher von Alvaro Velho, einem von da Gamas Soldaten, belegt. Darin wird genau beschrieben, wie eine kleine Flotte von fünf Schiffen im Juli 1497 in Lissabon in See stach, wobei die sich im Wind blähenden Segel mit dem heiligen Christus-Symbol dem Unternehmen die Aura messianischer Entschlossenheit verliehen. Die Route führte sie um die Kapverdischen Inseln und 4000 Meilen südöstlich, wo sie Anfang November das Kap der Guten Hoffnung umrundeten.

In Malindi wurden da Gama die Dienste eines erfahrenen Seemannes, des arabischen Schiffskapitäns Ibn' Masjid, zuteil, der die drei verbliebenen Karavellen über den Indischen Ozean nach **Calicut** lotste. Nachrichten über von den Portugiesen unterwegs verübte Gräueltaten waren ihnen jedoch vorausgeeilt, weshalb der örtliche Zamorin („Herrscher der See"), **Mana Vikrama**, da Gama kurzzeitig einsperren ließ, bevor ihm erlaubt wurde, seine Laderäume mit Pfeffer zu füllen und abzu-

fahren – eine Beleidigung, die der stolze portugiesische Admiral nie vergessen sollte.

Vier Jahre später kehrte er nach Calicut zurück, diesmal auf Rache sinnend. Er beabsichtigte nicht nur, die aus seiner Sicht „unverschämte Behandlung" seiner Person durch den Hindu-Herrscher zu rächen, sondern auch den Tod von 53 Portugiesen, die während einer vorangegangenen Expedition 1500 getötet worden waren. Als Auftakt zu seinem Angriff lauerte da Gama einem moslemischen Schiff aus Mekka auf und ließ alle 700 Passagiere und die Besatzung bei lebendigem Leibe verbrennen. Anschließend machte er sich daran, die Stadt zu bombardieren. Während die Kanonade Calicuts Tempel und Häuser zerstörte, befahl da Gama seinen Leuten, die Besatzungen von etwa einem Dutzend Handelsschiffen, die im Hafen vor Anker lagen, zusammenzutreiben. Bevor er sie umbrachte, ließ er die Hände, Ohren und Nasen der Gefangenen abhacken und schickte die Teile in einem kleinen Boot ans Ufer.

Diese entsetzliche Tat schuf einen Präzedenzfall: Genozid wurde ein Kennzeichen des frühen portugiesischen Kolonialismus in Asien, während die Europäer ihre Handelsverbindungen die südindische Küste hinauf bis nach Goa ausdehnten. Daher nahmen goanische nationalistische Politiker und Journalisten 500 Jahre später Portugals Einladung, an den Feierlichkeiten zum Gedenken an Vasco da Gamas Seereise teilzunehmen, mit einigem Befremden zur Kenntnis.

Von jenen ursprünglichen Gräueltaten einmal abgesehen, fanden goanische Freiheitskämpfer, die gekämpft hatten, um die Portugiesen zu vertreiben, es besonders absurd, dass nun von ihnen erwartet wurde, den Beginn der portugiesischen Herrschaft zu feiern. Eine Organisation namens *Deshpremi Samiti* wurde gegründet, um gegen die Feiern zu Felde zu ziehen, was in der goanischen Presse heftige Debatten auslöste.

Die Kontroverse erreichte schließlich ihren Höhepunkt, als die Kerala Tourism Development Corporation ankündigte, eine aufwendige Inszenierung von da Gamas Ankunft mit hölzernen Nachbildungen der drei Karavellen und Touristen in der Rolle der portugiesischen Seeleute auf die Bühne bringen zu wollen. Die Pläne führten zu großen Protestmärschen in Goa, und die Regierung in Delhi war gezwungen, eine Erklärung abzugeben, dass Indien unter keinen Umständen an den so genannten „Feiern" des Jahres 1498 teilnehmen würde.

Der Jahrestag ging schließlich friedlich vorüber. Gleichwohl trug das Wiederaufführen von da Gamas schändlichem Betragen si-

cherlich wenig dazu bei, die Beziehungen zwischen Indien und seinem ersten Kolonisator zu verbessern. Von Bedeutung ist jedoch, dass die Kontroverse dazu diente, die Inder eine Parallele zwischen der Ausbeutung in der Kolonialzeit und den Aktivitäten der Multis von heute, die aktuelle Handelsabkommen dazu nutzen, aufstrebende Märkte in Indien zu erschließen, erkennen zu lassen. Es ist daher kein Zufall, dass neben den Bildern Vasco da Gamas am Kappad-Strand auch solche von *Coca-Cola*- und *Pepsi*-Flaschen verbrannt wurden.

Unter ihrem verwegensten und fähigsten Führer **Shivaji**, den Aurangzeb „Die Bergratte" nannte, gelang es den Marathas bei zahllosen Gelegenheiten, die überlegenen Mogul-Truppen zu überlisten, und mit der Zeit beherrschten sie einen großen Teil Westindiens. In Shivajis Todesjahr 1680 reiste Aurangzebs Sohn Akbar heimlich von Delhi nach Süden, um eine Allianz mit seinem Gegner zu schließen. Mit dessen Hilfe hoffte er, seinen Vater stürzen zu können. Doch der Plan endete in einer großen Niederlage für den Thronräuber und dessen Hindu-Verbündete. Bald darauf verlegte Aurangzeb seinen Hof von Delhi nach Aurangabad, um die Unterwerfung der Marathas persönlich zu überwachen. Von dort unternahm er auch die siegreichen Feldzüge gegen Bijapur und Golconda, die dem Mogulreich seine größte Ausdehnung bescherten.

Aurangzeb mag zwar die Grenzen des Reiches weiter nach Süden verschoben haben als alle seine Vorgänger, aber seine Politik führte letztendlich zum Niedergang der Dynastie. Um die Adligen seiner Neuerwerbungen im Dekkan auf seine Seite zu ziehen, verlangte der Kaiser weniger Steuern von ihnen. Die dadurch fehlenden Einnahmen versuchte er in der Folge durch ein Überbesteuern seiner Bauern wieder einzutreiben. Das musste zu **Bauernaufständen** führen, die durch die Ausbreitung leichter Waffen zu dieser Zeit, die Aurangzebs schwerfälliges Elefantenheer vor Probleme stellte, noch verheerender waren. Überdies war die Last, eine Armee, deren jährliche Verluste auf 100 000 Mann und etwa 300 000 Tiere geschätzt wurden, ständig neu auszurüsten, für die zerstörten Dekkan-Staaten enorm. 1702–03 rafften Hungersnöte

und Seuchen Schätzungen zufolge 2 Millionen Menschen in der Region dahin.

Nach dem Tod des letzten Großmoguls 1707 lösten innerhalb von 50 Jahren acht inkompetente Kaiser einander ab. Den Todesstoß erlitt die Mogul-Dynastie 1779, als der Perser Nadir Shah Delhi überfiel und sich mit einer riesigen Beute, darunter dem Pfauenthron, davon machte. „Die Straßen," schrieb ein Augenzeuge, „waren von Leichen übersät wie ein Garten von Unkraut. Die Stadt lag in Trümmern und sah wie ein abgebranntes Feld aus".

Holländer, Briten und Franzosen

Die portugiesische Oberhoheit über den Indischen Ozean war zu der Zeit, als Babur in Delhi einfiel, bereits umfassend, doch weder er noch seine Mogul-Nachfolger fühlten sich im Mindesten durch die Gegenwart ausländischer Mächte vor ihrer Küste bedroht. Tatsächlich begrüßten sie die Händler als Lieferanten von Silber und Gold, die sie dazu verwenden konnten, Geld zu münzen. Im Laufe des 17. und 18. Jhs. wurden die europäischen Mächte jedoch zu einer nicht zu unterschätzenden Kraft, die schließlich die Moguln als Herrscher über Indien ablöste.

Die ersten, die die Vormachtstellung der Portugiesen im Handel angriffen, waren die **Holländer**, deren billigere und leichter manövrierbaren *fluyt*-Schiffe die altmodischeren, plumpen *caravelas* aus Lissabon problemlos überflügelten. Entschlossen, Asien nicht den mehr und mehr Anhänger gewinnenden Römisch-Katholischen zu überlassen, gewann die protestantische **Niederländisch-Ostin-**

dische **Kompanie** – gegründet 1602, nur einige Jahrzehnte nach Hollands siegreichem Unabhängigkeitskampf gegen Spanien – systematisch die Kontrolle über den internationalen Gewürzhandel, indem sie den Portugiesen 1641 die strategisch wichtigen Molukken, 1663 Ceylon und bald darauf die wichtigsten Häfen an der Malabar-Küste abnahm.

Obwohl sie zwei Jahre vor ihrem holländischen Gegenspieler gegründet worden war, hinkte die britische **East India Company** anfangs hinterher. Sie operierte in bescheidenerem Maßstab mit einer Flotte kleinerer, privater Schiffe. Dem Beispiel der Holländer folgend errichtete sie entlang der Küste eine Kette von Handelsposten oder *Faktoreien,* wo Waren – überwiegend Textilien – bis zur jährlichen Verschiffung gelagert werden konnten. Das erste Hauptquartier (ab 1612) in Surat, Gujarat, wurde 1674 nach Bombay verlegt. Mitte des 17. Jhs. besaßen die Briten bereits 27 solcher Außenposten, der größte darunter **Fort St. George** an der Coromandel-Küste – der Vorläufer von Madras (dem heutigen Chennai). Mit der Zeit, als der Textilhandel in Indien eine andere Gestalt annahm, entwickelten sich die Faktoreien von reinen Lagerhäusern zu großen Finanzzentren, deren Einfluss weit ins Landesinnere reichte. Nach und nach siedelten sich Webergemeinden um sie herum an, während mehr und mehr Rekruten ankamen, um für die expandierende Verwaltung sowie das für ihren Schutz erforderliche Militär zu arbeiten.

Die größte Bedrohung für Großbritanniens frühe indische Kolonien stellten nicht die lokalen Herrscher dar, sondern rivalisierende Europäer. Im Falle von Fort St. George erwiesen sich die **Franzosen** – deren eigene Ostindienkompanie, gegründet 1664, weiter südlich an der Coromandel-Küste in **Pondicherry** ihren Sitz hatte – als die ärgsten Widersacher. Anfangs beugten Vereinbarungen der beiden rivalisierenden Gesellschaften einer bewaffneten Auseinandersetzung vor. Doch als 1740 der Österreichische Erbfolgekrieg ausbrach, standen Briten und Franzosen einander als Mitglieder feindlicher Koalitionen gegenüber – in einem Konflikt, der sich, obwohl er in Zentraleuropa angesiedelt war, als ein Wendepunkt in der Geschichte Südasiens erweisen sollte.

Der erste Zusammenstoß zwischen Frankreich und Großbritannien erfolgte 1746, als der französische Gouverneur von Pondicherry, der gerissene Diplomat **Joseph François Dupleix**, mit Hilfe einer französischen Flotte unter dem Kommando **Admirals La Bourdonnais** Fort St. George einnahm. Unter den während der kurzen französischen Besetzung (das Fort wurde zwei Jahre später zurückgegeben) Inhaftierten befand sich ein junger Sekretär der Ostindienkompanie, dessen Demütigung durch die Franzosen oft als Erklärung für seinen plötzlichen Karrierewechsel vom Schreiberling zum Soldaten angeführt wird. **Robert Clive**, der als einer der Gründer des britischen Raj gilt, verdiente sich seine ersten militärischen Sporen in der politisch unsicheren karnatischen Region um Madras.

Dupleix wusste seit langem, dass der beste Weg, den französischen Einfluss und Handel auszudehnen, darin bestand, Bündnisse mit jeweils dem lokalen Herrscher, der gerade mit einiger Wahrscheinlichkeit aus den während des Auseinanderbrechens des Mogulreiches im Süden tobenden Kämpfen als Sieger hervorgehen würde, zu schließen. So wurden die Briten und Franzosen in die Konflikte regionaler Herrscher hineingezogen und fanden sich nicht selten auf gegnerischen Seiten des Schlachtfeldes wieder.

Zu einem derartigen Zusammenstoß kam es 1751, als europäische Mächte sich einschalteten, um rivalisierende Söhne des Nawab von **Arcot** zu unterstützen. Clive, damals erst 26 Jahre alt, tat sich hervor, indem er 50 Tage lang eine riesige, stellenweise schon durchbrochene Festung mit nur 200 Mann gegen eine weit überlegene Truppe von 15 000 Franzosen und deren indische Verbündete hielt. Die Niederlage der Franzosen, der erste große Triumph britischer Truppen in der Geschichte Indiens, machte Clive zum Helden, ein Ruf, den er kurz darauf festigte, indem er durch den Monsun marschierte, um sich maßgeblich an der Belagerung von **Trichinopoly** zu beteiligen. Die Franzosen verloren die Hälfte ihrer Armee in dieser zweiten Schlacht und mussten mit ansehen, wie ihr Schützling, Chandra Sahib, gefangen genommen und umgebracht wurde. Dupleixs Ruf sollte sich nie wieder erholen: Er wurde zwei Jahre später abberufen und starb mittellos.

Die Briten besiegten die Franzosen abermals 1760 in Wandiwash, eroberten schließlich Pondicherry nach einer achtmonatigen Belagerung, und beendeten damit den französischen Versuch, in Indien an die Macht zu kommen. Für Robert Clive war der **Karnatische Krieg** nur ein lokales Geplänkel verglichen mit seinen bedeutsamen späteren Leistungen in Bengalen, wo sein Sieg in **Plassey** 1757 das Fundament für eine 200 Jahre währende britische Herrschaft legte. Er und seine Landsleute lernten dabei jedoch Lektionen, die ihnen in der Zukunft sehr von Nutzen sein sollten: Nicht zuletzt hatten sie erkannt, wie erfolgreich eine relativ kleine Anzahl an äußerst disziplinierten Truppen gegenüber einer weitaus größeren, aber undisziplinierten Armee sein konnte.

Haider Ali und Tipu Sultan von Mysore

Nach den großen Niederlagen in Karnatik (Teil des heutigen Karnataka) waren die Franzosen zwar am Boden, aber noch nicht völlig geschlagen – dank des einen verbliebenen Dorns im Auge der Briten: **Haider Ali**, der ihren territorialen Ambitionen im Wege stand. Der ehemalige General des Maharadscha von Mysore hatte den Thron seines Herrn 1761 an sich gerissen und beherrschte innerhalb kurzer Zeit praktisch den gesamten Süden. Das Geheimnis seines Erfolges lag in seiner Bereitwilligkeit, von den Europäern, insbesondere den Franzosen, zu lernen. Er eignete sich ihre militärischen Taktiken an und ließ seine Infanterie von ihren Offizieren ausbilden. Zwischen 1767 und 1769 schlug er eine Reihe von Schlachten gegen die Briten, die er stets – im Gegensatz zu anderen indischen Herrschern – als eine Bedrohung für Indien insgesamt angesehen hatte und die er schließlich nach seiner Androhung, Madras anzugreifen, zu einem höchst vorteilhaften Abkommen nötigte.

Von korrupten Beamten in Madras und Kalkutta zurückgehalten, versäumten die Briten es, darauf mit entsprechender Schärfe zu reagieren, sammelten unter dem Gouverneur **Warren Hastings** aber wieder Kräfte. 1778 lagen sie wieder einmal im Krieg mit den Franzosen und wehrten zugleich im Westen die Marathas ab, was Haider Ali zum Anlass nahm, eine große Offensive zu starten. Unterstützt von den Franzosen, die Truppen von See an Land brachten, um sich an der Schlacht zu beteiligen, zwang Haider die Briten erneut, um Frieden zu ersuchen.

Dies war alles andere als eine ehrenvolle Periode in der Geschichte des britischen und französischen Weltreiches. Während ihrer diversen Aufmärsche und Geplänkel im Karnatik wurden regelmäßig Tempel geschändet, und Massaker waren an der Tagesordnung. Alles in allem wurden eine Million Tamilen getötet. Einmal wurden 400 verwundete Hindu-Frauen von einer Meute britischer Soldaten vergewaltigt, während der französische General Lally in der Kaveri-Region mit seinen Kanonen auf brahmanische Priester feuerte, weil sie sich weigerten, ihm zu sagen, wo ihre Tempelschätze versteckt waren.

Nach Haiders Tod 1782 setzte dessen Sohn **Tipu Sultan**, alias „der Tiger von Mysore", die Feldzüge seines Vaters fort, erhielt dabei aber immer seltener die Unterstützung der Franzosen, die zu dieser Zeit begonnen hatten, ihr Engagement in Indien zu verringern. Am Ende wurde Tipu Sultan von den einstigen Verbündeten seines Vaters böse im Stich gelassen. 1799 unterließen sie es, Truppen zu seiner Verstärkung auszuschicken, als eine von Lord Wellesely und dessen Bruder Arthur (der spätere Duke of Wellington, der durch Waterloo berühmt wurde) angeführte Armee sich im Vormarsch auf **Srirangapatnam** befand. Tipu Sultan starb, während er einen Durchbruch seiner hauptstädtischen Mauern abzuwehren versuchte (eine Geschichte, die den Stoff für Wilkie Collins Roman *Der Monddiamant* lieferte), und Mysore ging zurück an die alte Hindu-Dynastie, die Haider Ali abgesetzt hatte. Nach über einem Jahrhundert ständigen Konflikts zwischen den europäischen Mächten und ihren verschiedenen Verbündeten gewannen die Briten schließlich den Kampf über die Kontrolle Indiens.

Die britische Herrschaft im Süden

Nach ihrem Sieg in Srirangapatnam annektierten die Briten unter Hastings Nachfolger **Lord Cornwallis** die Küstengebiete und Ebenen im Landesinneren, die Tipu Sultan unterstanden hatten, und widmeten sich einer Periode relativ ungestörter Herrschaft.

Die **Madras Presidency**, die sich von der Telegu sprechenden Region Andhra Pradeshs bis zur Malabar-Küste erstreckte, unterlag einem berüchtigten „Hände-weg"-Regime, mit riesigen Verwaltungsdistrikten, auf die Kolonialbeamte wenig Einfluss hatten. Das Leben ging im Wesentlichen so weiter wie vor dem Entstehen des britischen Raj.

Anders als im Norden, wo durch die Industrielle Revolution in Großbritannien herbeigeführte wirtschaftliche Veränderungen bedeutende Auswirkungen hatten, waren die Erzeugnisse des Südens für die einheimischen Konsumenten bestimmt. Als die Spinnereien von Lancashire der Baumwollindustrie von Bengalen das Äußerste abverlangten, blieben die Weber in Madras davon weitgehend unberührt.

Trotzdem beschränkte sich der Unmut gegen die britische Herrschaft nicht nur auf die nördlichen Ebenen, wo in Lucknow 1857 die so genannte **Indian Mutiny** (von den Indern „der Erste Unabhängigkeitskrieg" genannt) ausbrach. Zu **Aufständen** kam es auch in Waldgebieten von Andhra Pradesh, und die Mopilah-Moslems von Malabar organisierten ebenfalls kleine Protestaktionen. Im Allgemeinen kamen die Gegner der Briten jedoch nicht von Niedrigkastigen oder Stammesvölkern, sondern ironischerweise von Mitgliedern der Englisch sprechenden, studierten Elite in Madras, wo im 19. Jh. eine wachsende **Nationalbewegung** entstand. Annie Besants *Home Rule League,* ansässig im Hauptsitz der Theosophical Society in Adyar, wandte sich offen gegen die Kolonialherrschaft, während Publikationen wie *The Hindu* die nationalistische Botschaft unter den gebildeten Bevölkerungsschichten verbreiteten.

Der Süden seit der Unabhängigkeit

Die Unabhängigkeit vollzog sich in Südindien 1947 relativ friedlich, während der Norden unter den Schrecken der Teilung *(Partition)* litt. Mit Ausnahme des Nizam von Hyderabad – der versuchte, seinen Besitz zu behalten und deshalb von der neuen indischen Armee enteignet werden musste – traten die Fürstentümer Cochin, Travancore und Mysore würdevoll der Indischen Union bei. Sie waren zwar ihrer Privatschatullen und des Großteils ihres Landes beraubt, viele der ehemaligen Herrscher nutzten ihren privilegierten Hintergrund jedoch, um sich in den neuen Staaten einflussreiche Positionen zu sichern, indem sie Parlamentsabgeordnete oder Industrielle wurden.

Mit dem Schwinden der britischen Herrschaft kam es zu einem Aufflammen regionalistischer Gefühle. Im Süden wurden Rufe laut, die Bundesstaatsgrenzen nach Sprachregionen zu ziehen, was

1956 zum **State Reorganization Act** (Gesetz zur staatlichen Neuordnung) führte. Die Region wurde in vier Hauptstaaten geteilt: das Kannada sprechende Gebiet wurde zu Mysore (später in Karnataka geändert), die Telegu-Zone, die sich aus Andhra Pradesh und der früheren Tamil-Region der Madras Presidency zusammensetzte, wurde zu Madras (in der Folge in Tamil Nadu umbenannt), und Kerala wurde aus der Malayalam sprechenden Malabar-Küste gebildet. Goa blieb hingegen bis 1961 unter portugiesischer Kontrolle, bis Indiens erster Premierminister, **Jawaharlal Nehru,** die Geduld mit dem portugiesischen Diktator Salazar verlor und Truppen hinschickte.

Von Anfang an war Nehru strikt gegen die Schaffung von Bundesstaaten auf linguistischer Basis. Er prophezeite, dass ein solcher Schritt zu Zersplitterungen, Spaltungen und Regionalismus führen würde. Die politischen Unruhen der letzten 50 Jahre geben ihm Recht. Mit dem Popularitätsgewinn der pro-dravidischen **DMK** in Tamil Nadu und der **Telegu Desam** in Andhra Pradesh wird die politische Szene des Südens vollständig von **Regionalparteien** der ein oder anderen Couleur dominiert, was ein Zeichen für das weit verbreitete Misstrauen gegenüber der Zentralregierung in Delhi ist. Dies ist am deutlichsten im Widerstand gegen die Einführung von Hindi – der am meisten gesprochenen Sprache Nordindiens – als Sprache des Bildungswesens und der Gesetzgebung zum Ausdruck gekommen. Seit diese Parteien mehr Stimmenanteile gewannen, beherrschen bundesstaatsspezifische Themen und Forderungen nach größerer regionaler Autonomie zunehmend die politischen Programme aller vier Bundesstaaten.

Konflikte zwischen Kasten und Kommunen

Seit der Unabhängigkeit haben Kastenkonflikte deutlich zugenommen. Das Kastenwesen war in der südindischen Gesellschaft schon immer stärker verwurzelt als im mehr vom Islam beeinflussten Norden. Doch die Gesetze, die in den vorangegangenen zwei Jahrzehnten verabschiedet worden waren, um ein größeres Mitspracherecht unterer, tribaler und „Other Backward Castes" (Sonstiger Rückständiger Kasten; OBCs) im Regierungs- und Bildungswesen zu erzielen, vermochten diese uralte soziale Kluft nicht entscheidend zu verringern. Die

1950 verabschiedete indische Verfassung legte den Grundstein für Gesetze zur Abschaffung der Kastendiskriminierung, mit Klauseln, die die Staaten zwangen, eine Politik der „positiven Diskriminierung" durchzuführen. Es wurden Quoten für „Unberührbare" und OBCs in Bildungseinrichtungen, im Parlament, in Regionalversammlungen und staatlichen Behörden eingeführt.

Die 1979 zum Zwecke der Durchsetzung der **Quotenregelung** eingesetzte Mandal Commission trat vehement für eine positive Diskriminierung ein, und im August 1990 kündigte Premierminister **V. P. Singh** an, dass seine Partei den Empfehlungen der Kommission folgen würde. Zyniker bezichtigten ihn des Versuchs, der gegnerischen Kongress-Partei die Wählerblöcke der Moslems und Niedrigkastigen wegschnappen zu wollen, doch die folgenden Rückschritte trugen entscheidend zur Niederlage von V.P. Singhs Janata Dal-Koalition in den Wahlen von 1991 bei.

Die Quotenregelung ist im Süden nach wie vor umstritten. Diese Politik hat sicherlich eine Zunahme des Anteils Niedrigkastiger an der Regierung bewirkt, hatte aber auch einige negative Auswirkungen. So werden begehrte Universitätsposten und Stellen im öffentlichen Dienst oftmals an unqualifizierte Leute vergeben, anstatt an besser ausgebildete Mitglieder höherer Kasten. Dies ruft Sektierertum und Ressentiments hervor, die sich zunehmend in Gewalttätigkeiten entladen. Im Verlauf der letzten zehn, zwölf Jahre führten gewalttätige Zusammenstöße zwischen Brahmanen und niedrigkastigen Bauern dazu, dass über ganze Distrikte in Tamil Nadu der Ausnahmezustand verhängt wurde.

Eine weitere negative Folge der positiven Diskriminierung ist die **Kasten-Politisierung**. Um gewählt zu werden oder machtvolle Koalitionen zu bilden, müssen indische Politiker heutzutage *vote banks* mobilisieren – Blöcke von Wählern bestimmter Kasten oder ethnischer Gruppen. Im Gegenzug erwarten die Wählergruppen von ihren Führern, dass diese sich bei der Regierung für ihre Interessen einsetzen, was oft dazu führt, dass nationale oder bundesstaatliche Interessen den Forderungen der Minderheiten untergeordnet werden.

Seit der Ausweitung der Quotenregelung auf benachteiligte Moslems und andere, d. h. „ethnische" Minderheiten unter Premierminister **Narasimha Rao** 1994 werden die bundesstaatliche und die nationale Politik zunehmend nicht nur von der Kaste, sondern auch von kommunalen Belangen dominiert – genau die Art von Sektierertum, die der Mandal-Bericht und die ausgesprochen säkulare Verfassung Indiens auszulöschen versuchten.

Dem Süden sind kommunale Konflikte, wie sie den Norden immer wieder heimsuchen, früher erspart geblieben. In den letzten fünf Jahren ging die stete Zunahme von Kommunalparteien wie der rechtsextremen pro-hinduistischen **BJP** jedoch mit gewalttätigen Zusammenstößen zwischen Hindus und Moslems einher, insbesondere in Tamil Nadu. Die Spirale der Gewalt erreichte am 14. Februar 1998 ihren Höhepunkt, als 15 Bomben in den dicht bevölkerten Vierteln von Coimbatore explodierten und 60 Menschen töteten. Der damalige Innenminister und Vorsitzende der BJP, L. K. Advani, sollte auf einer Kundgebung in der Stadt sprechen, was die islamische Extremistenorganisation **Al-Umma** zum Vorwand nahm, frühere Angriffe auf Moslems in der Region zu rächen.

Tamilischer Nationalismus und der Krieg in Sri Lanka

Das berühmteste Opfer kommunaler Gewalt in Indien seit der Ermordung Mahatma Gandhis durch einen Hindu-Extremisten 1948 war der ehemalige Premierminister **Rajiv Gandhi** (Sohn von Indira), der auf einer Wahlkampftour in Tamil Nadu am 21. Mai 1991 getötet wurde. Das Attentat war ein Vergeltungsschlag für Rajivs Intervention im Bürgerkrieg des benachbarten Sri Lanka – ein Konflikt, der die Außenpolitik im Süden seit über 18 Jahren beherrscht und die Küstenregionen von Tamil Nadu bis heute bewegt.

Der ethnische Konflikt zwischen der Mehrheit der (buddhistischen) Singhalesen und der tamilischen Minderheit in Sri Lanka entwickelte sich 1987 schließlich zu einem offenen Krieg. Als Reaktion auf die ständigen Zusammenstöße zwischen sri-lankischen Regierungstruppen und den rebellischen *Liberation Tigers of Tamil Eelam* (LTTE – im Volksmund auch als „Tamil Tigers" bezeichnet) entsandte Sri Lankas Präsident J. R. Jayawardene seine Armee zum Sturm auf die LTTE-Basis auf der Jaffna-Halbinsel im Norden der Insel. Unter dem Druck indischer Tamilen, die vehement gegen die Behandlung ihrer Glaubensbrüder in Sri Lanka protestierten, nahm Premierminister Rajiv Gandhi Gespräche mit der Jayawardene-Regierung auf. Im Juli 1987 unterzeichneten beide Länder schließlich ein Friedensabkommen, das der indischen Armee u. a. erlaubte, einzugreifen und die Tamilen zu entwaffnen. Doch am Ende verwickelte sich Indien in einen schmutzigen Krieg mit der LTTE, der auf beiden Seiten hohe Verluste zur Folge hatte – und letztlich in der Ermordung Rajiv Gandhis gipfelte. Derweil strömten Millionen tamilischer Flüchtlinge über die Palk Strait, um sich in Lagern um Rameshwaram, Tamil Nadu, niederzulassen.

Indien gelang es erst nach der Niederlage Rajiv Gandhis bei den Wahlen von 1989, sich aus dem Konflikt zurückzuziehen: Die neue Regierung zog im März 1990 alle Truppen von der Insel ab. Rajiv und sechzehn weitere Personen wurden im darauf folgenden Wahlkampf im Mai 1991 von einer Selbstmordattentäterin getötet. Sieben Jahre später sprach ein indisches Gericht 26 Personen der Tat schuldig. Alle waren militante Sri-Lanker oder indische Verbündete der Verschwörer der LTTE.

Der Krieg in Sri Lanka beeinflusst auch die Politik in Tamil Nadu, der Heimat von schätzungsweise 60 Millionen Angehörigen der tamilischen Sprachgruppe. In Folge der Ermordung Rajivs erlebte die damals dominierende tamilisch-nationalistische **DMK**, der vorgeworfen wurde, Partisanen auszubilden, eine schwere Niederlage und war gezwungen, sich von der LTTE zu distanzieren. Andererseits konnten tamilisch-nationalistische Politiker es sich nicht leisten, allzu offen gegen die LTTE zu opponieren, da diese in Tamil Nadu großen Rückhalt in der Bevölkerung genießt und bei Wahlen nicht selten das Zünglein an der Waage spielt.

Der Aufstieg der BJP

Mit dem Niedergang der Kongress-Partei (und dem gleichzeitigen Aufstieg der hinduistisch-nationalistischen Partei BJP) in den 90er Jahren litt die Politik auf nationaler Ebene unter einer zunehmenden Zersplitterung. Die kurzlebigen Regierungen in New Delhi wurden nicht mehr von einer Partei beherrscht, sondern zumeist von instabilen Koalitionen, die in erster Linie Zweckgemeinschaften waren. Daher bekamen regionale Parteien, wie die pro-tamilische DMK und AIADMK Aufwind. Sie hatten bis dahin landesweit unverhältnismäßig wenig Einfluss ausgeübt, in ihren heimatlichen Wahlbezirken hingegen seit Jahrzehnten enormen Zulauf genossen.

Wie mächtig dieses neue politische Element war, zeigte sich nach den **Nationalwahlen** von 1998, aus denen eine Koalition unter Führung der BJP als Sieger hervorging. Um sie aus dem Feld zu schlagen, kollaborierte die Kongress-Partei – angeführt von Sonia Gandhi, der Witwe des ehemaligen Premierministers Rajiv Gandhi – mit **Jayalalitha**, der Parteivorsitzenden der AIADMK und Ex-Filmstar. Als diese aus der von der BJP angeführten Koalition ausstieg, sah Premierminister Vajpayee sich gezwungen, Neuwahlen für April 1999 auszurufen – die dritten innerhalb von drei Jahren.

Zu Beginn der Wahlkampagne wiegte sich die Kongress-Partei noch in dem Glauben, mit einem Mitglied der Familie Gandhi an der Parteispitze könne sie die in Jahren innerparteilicher Kämpfe und Korruptionsskandale verlorene breite Unterstützung der Wählerschaft wiedergewinnen. Doch die Dinge nahmen eine unerwartete Wendung, als sich der lange schwelende Grenzkonflikt zwischen Indien und Pakistan in Kashmir plötzlich dramatisch zuspitzte.

Während die restliche Welt sorgenvoll die NATO-Bombenangriffe auf Belgrad verfolgte, schlichen sich mindestens 800 pakistanische Kämpfer bei **Kargil** über die so genannte Waffenstillstandslinie (de facto die Grenze) unweit der Straße von Srinagar nach Leh. Als Reaktion entsandte die indische Regierung mehrere tausend Soldaten und schwere Artillerie in die Region und ließ kurz darauf auch Luftangriffe fliegen. Innerhalb weniger Tage befanden sich die beiden Länder am Rande eines Krieges – nur wenige Monate nachdem beide erfolgreich nukleare Langstreckenraketen getestet hatten. Der Konflikt konnte zwar beigelegt werden, doch Pakistan hatte empfindliche Verluste erlitten. Im Juli 1999 hatte die indische Armee schließlich sämtlichen Boden zurückerobert, der zuvor von den Rebellen eingenommen worden war. Schätzungen zufolge wurden 700 pakistanische und 330 indische Soldaten getötet, bevor der pakistanische Präsident Nawaz Sharif sich dem internationalen Druck beugte und seine Truppen abzog.

Jayalalitha sah sich ins politische Abseits katapultiert, denn ihre Partei verlor mit Pauken und Trompeten gegen die Koalition unter Vorsitz der BJP, zu der auch die DMK mit Jayalalithas Erzrivalen **M. Karunanidhi** an der Spitze zählte. Da sie kein Ministeramt mehr bekleidete, musste sie sich nun den zahlreichen Korruptionsvorwürfen, datierend aus ihrer Regierungszeit als Ministerpräsidentin Tamil Nadus (1991–96) stellen. Im Oktober 2000 wurde sie vom Obersten Gerichtshof in Chennai (Madras) für schuldig befunden, von Geschäftsleuten Bestechungsgelder für illegale Bauvorhaben angenommen zu haben, und zu einer Bewährungsstrafe von drei Jahren verurteilt. Bei den anschließenden Unruhen – Jayalalithas Anhänger setzten einen besetzten Schulbus in Brand und töteten dabei drei unschuldige Frauen – wurden 5000 Demonstranten verhaftet.

Das neue Jahrtausend

Im April 2001 wurde Jayalalithas Revisionsantrag vom Obersten Gerichtshof in Chennai abgewiesen. Darauf vertrauend, dass der Gerichtsbeschluss zu einem späteren Zeitpunkt revidiert werden würde, kandidierte sie einen Monat später trotzdem bei den **Regionalwahlen** in Tamil Nadu, obwohl sie sich angesichts ihrer Vorstrafe nach indischem Wahlrecht nicht hätte aufstellen lassen dürfen. Ihre Kampagne war von Anfang an ein persönlicher Rachefeldzug gegen Karunanidhi, der inzwischen eine Koalition aus 16 Parteien, dominiert von der DMK und BJP, anführte. Jayalalithas Vendetta schien bei den tamilischen Wählern gut anzukommen: Sie verhalfen ihrer Koalition zu einem erdrutschartigen Sieg. Als neue Ministerpräsidentin verlor sie keine Zeit und ließ Karunanidhi zusammen mit rund tausend seiner Anhänger unter dem Vorwurf der Korruption verhaften. Das Fernsehpublikum im ganzen Land verfolgte entsetzt, wie der damals 78-jährige ehemalige Ministerpräsident die Treppen seines Hauses hinabgestoßen und in ein Polizeiauto verfrachtet wurde. Diese entwürdigende Festnahme sowie die zweier Kabinettsminister, die zu intervenieren versucht hatten, riefen einen Sturm der Entrüstung in Delhi hervor. Der Gouverneur von Tamil Nadu, der Jayalalitha trotz ihres Vorstrafenregisters hatte kandidieren lassen, musste den Hut nehmen, und Karunanidhi wurde ein paar Tage später („aus humanitären Gründen") aus der Haft entlassen. Allerdings musste er sich den Vorwürfen stellen, während seiner Amtszeit Bestechungsgelder von Straßen-

baufirmen in Chennai angenommen zu haben. Der **Machtkampf in Tamil Nadu** wurde von gewalttätigen Protesten begleitet.

Die ausländischen Medien interessierten sich jedoch mehr für die Abenteuer des legendären Banditen und Sandelholzschmugglers **Veerapan**, der seinen Verfolgern ein ums andere Mal entwischte. Im Jahr 2000 sorgte er durch die Entführung von **Rajkumar**, Südindiens berühmtestem Filmstar der Gegenwart, für weltweite Schlagzeilen. Trotz einer groß angelegten Fahndung konnte der Räuber mit dem ausladenden Schnurrbart immer wieder in den Wäldern der Grenzregion zwischen Karnataka, Kerala und Tamil Nadu entkommen. Die Bande hielt die Geisel 107 Tage lang in ihrer Gewalt, während randalierende Fans des Stars die Großstadt Bangalore wiederholt völlig lahm legten. Nach Rajkumars Freilassung, die durch einen undurchsichtigen Deal zustande gekommen war, bei dem die Regierung eine geheim gehaltene Summe Lösegeld gezahlt hatte, zog sich Veerapan mit seiner Bande wieder in den Dschungel zurück.

Nach der Entführung und Ermordung eines ranghohen Politikers im Dezember 2002 wurde die Jagd nach der Bande wieder intensiviert. Doch selbst die Eliteeinheit National Security Squad vermochte Veerapan nicht zu fassen. Erst am 20. Oktober 2004 gelang es der Polizei schließlich, den Banditen, dem die Tötung von insgesamt 130 Menschen und 2000 Elefanten vorgeworfen wurde, zu fassen. Veerapan war zu jenem Zeitpunkt schwer erkrankt, was von verdeckten Ermittlern ausgenutzt wurde: Sie infiltrierten seine Bande und lockten ihn in einen Hinterhalt. Auf dem Weg ins Krankenhaus wurden Veerapan und seine Begleiter auf einer einsamen Dschungelstraße erschossen – das unrühmliche Ende einer Menschenjagd, die die Regierung alles in allem sage und schreibe 1,5 Milliarden Rupien (ca. 28 Mio. Euro) gekostet hatte.

Im ländlichen Südindien war der Jahrtausendwechsel vor allem von katastrophalen **tropischen Regenfällen** gekennzeichnet, die während der Monsune über der Region niedergingen. Im Jahr 2000 verwüsteten sintflutartige Regenfälle den südlichen Bundesstaat Andhra Pradesh. Schätzungsweise 12 Millionen Menschen waren von der Außenwelt abgeschnitten oder verloren Haus und Hof, als der Wasserpegel der Flüsse stellenweise um bis zu 4 m anstieg. Dabei hatte es erst ein Jahr zuvor zwischen den Ministerpräsidenten von Tamil Nadu und Karnataka erbitterte Auseinandersetzungen wegen **Wassermangels** gegeben – ein Streit, der bis heute andauert. Karnataka hatte wiederholt die Wasserzufuhr aus dem Kaveri-Fluss unterbrochen, obwohl Tamil Nadu laut einem Vertrag ein verbrieftes Recht auf die Wasserversorgung aus diesem Fluss besitzt.

Viele Beobachter sahen diesen so genannten „River Dispute" als symptomatisch für den zunehmenden **Regionalismus**, der sich seit langem in Südindien ausbreitet. Mit dem Zulauf, den Parteien wie die DMK, AIADMK und Telegu Desam zu verzeichnen haben, ging eine deutliche Schwächung des politischen Einflusses Delhis einher. Unfähig, eine Mehrheitsregierung zu bilden, sah sich die von Atal Bihari Vajpayee geführte BJP gezwungen, eine Koalition mit der NDA (National Democratic Alliance) zu schmieden und entsprechende Zugeständnisse zu machen, die einen signifikanten Machtzuwachs der südindischen Staaten in Delhi zur Folge hatten.

Ende 2001 rückte die Innenpolitik in den Hintergrund, als für Indien eine der spannungsgeladensten Phasen seiner traditionell problematischen **Beziehungen mit Pakistan** begann. Nach dem Scheitern der Kashmir-Gespräche beim Gipfel in Agra brachte eine Serie terroristischer Anschläge die beiden Länder erneut an den Rand eines Krieges. Man hatte keinerlei Zweifel, dass Pakistan hinter den Anschlägen in Indien steckte. Vajpayee kündigte an, dem Nachbarland den Krieg erklären zu wollen. Erst nach diplomatischen Bemühungen seitens der USA und Großbritanniens sowie beschwichtigender Erklärungen aus Islamabad ließ sich die Regierung in Delhi vorübergehend besänftigen.

Eine hitzigere Konfrontation stand jedoch noch bevor. Auslöser war ein Selbstmordanschlag islamistischer Rebellen auf eine Kaserne der indischen Armee bei Jammu im April 2002, bei dem auch Frauen und Kinder getötet wurden. Diesmal beugte sich Vajpayee den Falken des rechten Flügels seiner eigenen Partei und forderte eine „Entscheidungsschlacht", die er mit einem massiven Truppenaufmarsch an der Westgrenze vorbereitete. Die Krise konnte erst nach erneuten diplomatischen Anstrengungen der USA entschärft werden.

Ebenfalls im Frühjahr 2002 wurde Indien zu allem Überfluss auch noch von schweren **regionalen Unruhen** erschüttert, nachdem 38 hinduistische Pilger, die sich im Zug auf der Rückfahrt von der umstrittenen Tempelanlage Ayodhya befanden, von moslemischen Aufständischen auf dem Bahnhof Godhra im Bundesstaat Gujarat auf brutalste Weise getötet worden waren. Die Gräueltat zog furchtbare Vergeltungsmassaker im ganzen Land nach sich, bei denen Schätzungen zufolge 2000 Todesopfer zu beklagen waren, wobei sich die Unruhen aber nicht weiter nach Süden ausdehnten.

Etwa zur gleichen Zeit spitzte sich die Lage weiter zu – nach der Ermordung mehrerer Hindus in Kashmir und durch einen Anschlag islamistischer Terroristen auf Akshardam, das Hauptquartier der Swaminarayan-Sekte in Gujarat, bei dem 33 Menschen getötet und 72 verletzt wurden. Die Ereignisse vermochten die folgenden Kashmir-Friedensgespräche jedoch nicht zum Scheitern zu bringen.

Friedensgespräche und die Bomben von Mumbai

Im März 2003 wurden die Kashmir-Friedensgespräche schließlich von indischer Seite wieder abgebrochen, nachdem Islamabad erfolgreiche Tests seiner mit nuklearen Sprengköpfen ausgerüsteten Shaheen-Raketen verkündet hatte, die über eine Reichweite von 750 km (d. h. bis nach Delhi) verfügen. Doch schon im Mai wurden die Verhandlungen wieder aufgenommen, und schließlich verlas Vajpayee eine **Friedenserklärung**, in der er ankündigte, die Busverbindung zwischen Delhi und Lahore wieder freizugeben und mehrere hundert seit dem Kargil-Krieg inhaftierte Pakistaner freizulassen. Pakistan antwortete mit der Ankündigung weiterer „vertrauensbildender Maßnahmen" (u. a. Lockerung von Handelsbeschränkungen, Reiseerleichterungen, Austragung sportlicher Wettkämpfe) und rief später sogar einen Waffenstillstand an der Demarkationslinie aus.

Die genannten Schritte ebneten den Weg für ein Gipfeltreffen zwischen beiden Staaten, das schließlich Anfang 2004 in Islamabad stattfand. Im Beisein der Weltpresse posierten Pervez Musharraf und Atul Bihari Vajpayee für einen historischen Händedruck und loteten Möglichkeiten aus, die gegenseitigen diplomatischen Beziehungen zu festigen und den Kashmir Highway zwischen Srinagar

Die Landwirtschaftskrise in Südindien

Im Laufe des vergangenen Jahrzehnts kam es in Südindien zu einer schweren landwirtschaftlichen Krise mit schlimmen Folgen für die Landbevölkerung. Mehrere hunderttausend Bauernfamilien mussten ihr Land aufgrund von Verschuldung und Missernten verlassen. Viele von ihnen nahmen sich aus Protest gegen die Politik der Regierung sogar das Leben.

Die Hauptursache der Krise ist in der so genannten „Grünen Revolution" zu sehen. Ab den 60er Jahren führte Indien, unterstützt von westlichen Regierungen und Hilfsorganisationen, moderne Landwirtschaftstechniken ein, um die Weizen- und Reisproduktion zu intensivieren. Die auf dem Gebrauch hochwertiger neuer Samensorten und chemischer Düngemittel beruhenden neuen Methoden brachten einen drastischen Zuwachs der landwirtschaftlichen Erträge. (Indien überstand so 1988 eine schwere Dürre und war etwa zur gleichen Zeit in der Lage, von Hunger geplagten Bauern in der Sahelzone Getreide zukommen zu lassen). Die langfristigen Auswirkungen müssen jedoch noch untersucht werden.

Einer der großen Nachteile der Grünen Revolution ist die wachsende Kluft zwischen den wohlhabenden, Land besitzenden Bauern und deren besitzlosen Pächtern, die ihre Pacht mit einem Teil der Ernte entrichten *(share cropping)*. Arme Bauern und deren Familien, die sich die teuren Samen und Chemikalien nicht leisten können, sind durch eine steigende Schuldenlast gezwungen worden, auf der Suche nach bezahlter Arbeit in die Städte zu ziehen. Die Mehrheit von ihnen endet auf der Straße oder in den riesigen Slums, die in den letzten zwanzig Jahren am Rande aller südindischen Städte entstanden sind.

Jüngste globale Wirtschaftstrends haben sich auch auf dem südindischen Lande bemerkbar gemacht. Das „General Agreement on Tariffs and Trade", **GATT**, ist vermutlich der bedeutendste darunter. Der 1994 abgeschlossene Vertrag zielt darauf ab, den freien Handel zu fördern, indem ausländische Investoren vor wirtschaftlichem Protektionismus geschützt werden. GATT und ähnliche politische Maßnahmen stoßen zwar in der Geschäftswelt auf breite Zustimmung, sind aber in einem Land, das seine Kolonialgeschichte so empfindsam gemacht hat wie Indien umstritten (zumal es mit den Idealen Gandhis von *svadeshi* – umweltfreundlicher Selbstversorgung durch Kleinbauern – groß geworden ist).

Eine Komponente des Vertrags, die in Indien auf sehr Kritik stößt, ist die Förderung der **Gentechnologie**. Sie erlaubt es den Multis, die Samen für Südindien zu produzieren, ihre Produkte patentieren zu lassen, wodurch es Bauern verboten ist, diese selbst neu anzupflanzen. Dabei spielt keine Rolle, dass die Samen möglicherweise aus Entwicklungsländern wie Indien stammen, wo Generationen von Bauern mühsam experimentiert haben, um seuchen- und dürreresistente Sorten zu gewinnen. Wenn ein Unternehmen beweisen kann, dass es den Samen in irgendeiner Form verändert hat, ist es von GATT dazu berechtigt, ihn patentieren zu lassen.

Das Thema sorgte in Indien für Entrüstung, aber nicht viel mehr – bis bekannt wurde, dass die teuren Samen nicht einmal den versprochenen Erntezugewinn brachten, in den Augen der Kleinbauern ihr einziges Plus. 1993, am Jahrestag von Gandhis Geburtstag, verteilten eine halbe Million Bauern „Quit India"-Botschaften an die US-amerikanische Firma *Cargill,* deren genmanipulierte Sonnenblumensamen von vielen Bauern in Nord-Karnataka gekauft worden waren. Wütende Demonstranten gelang es, die Fabrik des Unternehmens in Bangalore innerhalb einer halben Stunde zu zerstören. Die Polizisten, von denen viele Verwandte auf dem Lande hatten, setzten ihnen keinen großen Widerstand entgegen.

Die unter dem Namen **Seed Satyagraha** bekannt gewordene bäuerliche Graswurzelbewegung macht ihre Verbindung zum antikolonialen Kampf deutlich, indem sie den Namen, den Gandhi für seine Kampagne gewaltlosen zivilen Widerstands, *satyagraha*, wählte, aufgegriffen und das Spinnrad durch einen Samen als Symbol für die Bewegung ersetzt hat. Ihr Handeln wird von vielen als zweiter Freiheitskampf betrachtet, und ihre Ideen haben sich in den letzten Jahren von Karnataka über Andhra Pradesh und Tamil Nadu bis nach Kerala verbreitet.

Staatliche Unterstützung erhielt Seed Satyagraha jedoch erst Ende der 90er Jahre, als das Gerücht umging, der Riesenkonzern *Monsanto* plane, in der Region ein neu entwickeltes, so genanntes **Terminator-Gen** einzuführen. Dieses Gen bringt Pflanzen mit sterilen Samen hervor, d. h. Samen, die nicht wieder verwendet werden können, wodurch die Bauern gezwungen sind, vor jeder Aussaat neue Samen sowie die dazugehörigen Düngemittel zu kaufen. Darüber hinaus wird befürchtet, dass durch Bestäubung auch andere Pflanzen steril werden könnten, was für die Bauern eine komplette Abhängigkeit von ausländischen Firmen bedeuten würde. Um auf dieses Risiko aufmerksam zu machen, rief der zehn Millionen Mitglieder starke karnatakische Bauernverband KRSS die **Operation Cremate Monsanto** ins Leben. Dessen Mitglieder vernichteten Baumwollpflanzen auf Testgelände und machten durch Massendemonstrationen gegen die Welthandelsorganisation (WTO) von sich reden. Angesichts eines drohenden landesweiten Bauernaufstandes erließ die indische Regierung ein Verbot des Terminator-Gens und verlangte von allen Exportländern eine Garantie, dass die nach Indien eingeführten Samen „Terminator-frei" sind. Anschließend butterte sie mehrere hunderttausend Dollar in eine erfolglose Klage gegen die US-Regierung, die einem texanischen Konzern 1997 die Patente für Basmati-Reis zugesprochen hatte. Inzwischen erhielt auch *Monsanto*, der weltgrößte Produzent genmanipulierter Samen, die Patentrechte auf den Weizen, der zur Herstellung von *chapatti*-Fladenbrot verwendet wird, obwohl die Sorte in jahrhundertelangen Experimenten von indischen Bauern entwickelt worden war.

Eine weitere einschneidende Veränderung erfuhren Millionen indischer Bauern Ende der 80er Jahre, als Indien sich beim Internationalen Währungsfond (IWF) um einen Kredit in Milliarden-Höhe bewarb. Dieser wurde nur unter der Auflage gewährt, dass die indische Regierung das Hilfsprogramm abschafft, das die Bauern jahrelang mit kostenlosem oder billigem Strom, Treibstoff, Düngemitteln und Pestiziden versorgt hatte. Nach Ansicht der WTO bedeutete diese staatliche Hilfe einen „Verstoß gegen die Gesetze des freien Marktes".

Die Bauern wurden in groß angelegten Kampagnen dazu ermuntert, anzubauen, was sich gut verkaufen lässt, z. B. Baumwolle. Das hat den zusätzlichen Vorteil, die für die Rückzahlung des IWF-Kredites notwendigen Devisen einzubringen. Innerhalb weniger Jahre waren so riesige Landflächen (in Andhra Pradesh allein 60% der landwirtschaftlich genutzten Fläche) vom „Weißen Gold" bedeckt. Doch der von den multinationalen Agrarkonzernen finanzierte Werbefeldzug verschwieg wohlweislich, dass die Baumwollpreise unerwartet fallen, Schädlinge gegen Pestizide immun werden, die Samen nicht immer aufgehen oder plötzlich sehr viel mehr Wasser benötigen können. Als dies 1999–2000 alles gleichzeitig passierte, bedeutete das für Millionen südindische Bauern den Ruin. Allein in Andhra Pradesh begingen rund 500 Bauern Selbstmord, indem sie das nutzlos gewordene Pflanzenschutzmittel schluckten.

Trotzdem wurden die Feldversuche mit genmanipulierter Baumwolle 2001/2002 fortgesetzt. Die im darauf folgenden Jahr veröffentlichten Ergebnisse zeigten eine Steigerung der Erträge um 80%. Die Resultate verstärkten den Druck auf die Zentralregierung, ihre Gesetze zur Verhinderung der Einführung genetisch veränderter Samen zu lockern – Musik in den Ohren des damaligen Ministerpräsidenten von Andhra Pradesh, **Chandrababu Naidu**, der seit langem die Genmanipulation gefordert hatte, um die vornehmlich auf der Landwirtschaft basierende Wirtschaft seines Bundesstaates in den lukrativeren Dienstleistungssektor zu zwingen. Naidu hatte die Bauern bereits zuvor durch eine drastische Reduzierung der Reissubventionen verärgert (und die Weltbank entzückt). Trotz seiner Beliebtheit bei den Besserverdienenden scheiterte er jedoch bei den Wahlen im Mai 2004 kläglich an den Protesten der Landbevölkerung und verschwand mitsamt seiner Partei von der politischen Bildfläche. Jene dramatische Umwälzung bei den Wahlen erteilte den politischen Führern der gesamten Region die Lektion, das Elend der südindischen Bauern nicht zu ignorieren, wenn sie nicht selbst dabei auf der Strecke bleiben wollten.

und Muzaffarabad wieder freizugeben. Parallel zu diesem offiziellen Dialog führte Indien auch hinter den Kulissen Gespräche mit Separatistenführern in Kashmir und verständigte sich mit ihnen auf einen gewaltlosen Fahrplan. Seit Ausbruch des Konflikts war dies die erste Annäherung zwischen beiden Parteien, die ernsthaft Anlass zur Hoffnung auf ein endgültiges Ende der Feindseligkeiten gab.

Dessen ungeachtet blieben die Beziehungen zwischen Hindus und Moslems in einigen Regionen Indiens äußerst angespannt. Als den ersten Angeklagten der Gräueltaten nach dem Massaker von Godhra in Ahmedabad der Prozess gemacht wurde, legte der *Archeological Survey of India* seinen lang erwarteten **Ayodhya-Bericht** vor. Nachdem extremistische Hindus 1992 die Moschee Babri Masjid zerstört hatten, war eine Debatte darüber entbrannt, ob sich unter der Moschee tatsächlich jemals ein Rama-Tempel befunden hatte. Es kam alles andere als überraschend, dass die „Expertenkommission" des ASI (ernannt von der rechten BJP-Regierung, die die Zerstörung der Babri Masjid durch Hetzkampagnen einiger ihrer prominenten Politiker mitzuverantworten hatte) zu dem Schluss kam, es lägen Beweise für die Existenz eines ehemaligen Tempels vor, was mit einer stillschweigenden Rechtfertigung der Zerstörung der Moschee durch Hindu-Aktivisten gleichzusetzen war.

Der Ayodhya-Abschlussbericht riss alte Wunden auf und führte zu erneuten Spannungen zwischen Hindus und Moslems. Am 25. August 2003, dem Tag nach seiner Veröffentlichung, wurden **Bombenanschläge im Zentrum von Mumbai** verübt – aus Sicht der Kommentatoren eine unmittelbare Folge des Streits um die Babri Masjid. Einer der Sprengsätze explodierte in einem Taxi neben dem **Gateway of India**, dem wichtigsten Touristenzentrum Mumbais, und forderte 107 Menschenleben. Zwar wollte keine Organisation die Verantwortung für die Anschläge übernehmen, doch wurden schon bald nach der Tat vier Verdächtige festgenommen, denen Verbindungen zu militanten islamischen Gruppen vorgeworfen werden.

Die Wahlen 2004

Nachdem Indien einen nie da gewesenen wirtschaftlichen Boom zu verzeichnen hatte und in Kashmir endlich Frieden möglich schien, versuchte Premierminister Vajpayee mit seiner von der BJP geführten Koalition Kapital aus der positiven Stimmung im Land zu schlagen. Im Mai 2004 setzte er **vorgezogene Wahlen** an, doch der unter dem Slogan „India Shining" geführte Wahlkampf sollte sich als böser Bumerang erweisen. Ein Grund dafür war die Tatsache, dass von dem Boom, der im Wesentlichen der Informationstechnologie zu verdanken war, vor allem die Besserverdienenden in den Städten profitierten, während die große Mehrheit der Bevölkerung leer ausging. Die Spitzenkandidatin der Kongress-Partei, **Sonia Gandhi**, ging daher direkt bei der armen Landbevölkerung auf Stimmenfang. Außerdem schickte sie ihren Sohn Rahul und ihre Tochter Priyanka in den Wahlkampf, um auch die jüngere Wählerschaft anzusprechen (etwa die Hälfte der Wahlberechtigten in Indien sind unter 35).

Anstatt des erwarteten Ausbaus der Mehrheit für Vajpayee und seine Regierung kam es zu einer politischen Wende, die zu den spektakulärsten der jüngeren Geschichte zählt. Die Kongress-Partei erhielt beim Urnengang überraschend die meisten Stimmen, und Sonia Gandhi wurde folgerichtig mit der Bildung einer neuen Regierung beauftragt. Doch zur Verblüffung aller verzichtete sie auf den Posten der Premierministerin und verkündete stattdessen ihren Rücktritt. Es kam zu lautstarken Tumulten im Parlament, gefolgt vom schlimmsten Einbruch des indischen Aktienmarktes in seiner 129-jährigen Geschichte. Schließlich sprang der 71-jährige ehemalige Finanzminister **Manmohan Singh** in die Bresche, um den Posten des Premierministers zu übernehmen. Singh ist der erste Sikh an der Spitze einer indischen Regierung.

Eines der Opfer der nationalen Wahlen im Süden war der Ministerpräsident von Andhra Pradesh, **Chandrababu Naidu**. Er war an die Macht gekommen, nachdem er angekündigt hatte, mit der Korruption aufzuräumen, die Bürokratie einzudämmen, die Arbeit der Staatsregierung transparenter und effizienter zu machen und die regionale Wirtschaft umzukrempeln. In seiner „Vision 2020" nahm die **Informationstechnologie** eine Schlüsselrolle ein. Bis Ende der 90er Jahre war Bangalore die unumstrittene IT-Hauptstadt Indiens gewesen, doch angetrieben von Naidus Reformen holte Andhras Hauptstadt Hyderabad schnell auf und überflügelte ihre Rivalin schließlich sogar als führender Software-Standort des Landes. In „Cyberabad" angesiedelte Unternehmen erhielten für je-

Der Tsunami in Südindien

Das Epizentrum des verheerenden indonesischen Seebebens Ende 2004 war zwar 2000 km von Indien entfernt, doch ein großer Küstenabschnitt im Südosten des Landes lag direkt auf der Route des durch das Beben ausgelösten Tsunami. Am Morgen des 26. Dezember 2004 krachten nacheinander drei riesige Flutwellen zwischen 9 und 12 m Höhe auf die Strände am Golf von Bengalen. Am schwersten getroffen wurden die Inseln der Andamanen und Nikobaren, die Distrikte Nagapattinam-Karaikal und Cuddalore in Tamil Nadu, Kannyakumari am Südzipfel der Halbinsel sowie ein kleiner Küstenstreifen der Kollam-Allapuzha-Backwaters in Kerala. Offiziellen Schätzungen zufolge fanden etwa 11 000 Menschen den Tod, bis zu zehn Mal so viele wurden obdachlos. Die wirkliche Zahl der Opfer liegt aber wahrscheinlich sehr viel höher.

Es folgten massive Aufräumarbeiten, wobei sich ein Großteil der Hilfsaktionen auf die am stärksten betroffenen Fischergemeinden konzentrierte, von denen viele durch die Katastrophe ihre Lebensgrundlage verloren hatten. Unzählige Häuser, Boote, Netze und Werkzeuge waren zerstört, und die meisten ihrer ehemaligen Besitzer hatten keinerlei finanzielle Rücklagen. Weiter landeinwärts wurden riesige Flächen einstmals fruchtbarer Reisfelder durch starke Salzablagerungen vorerst unbrauchbar, wobei noch unklar ist, ob auf diesen Feldern jemals wieder eine Ernte eingefahren werden kann.

Die weniger als 1000 km von der Küste Sumatras entfernten **Inseln der Andamanen und Nikobaren** zählten zu den am schwersten getroffenen Regionen im gesamten Katastrophengebiet. Die Killerwelle spülte ganze Landstriche, Strände und Wälder weg, riss Korallenriffe auseinander, ließ Leuchttürme versinken und machte ganze Ortschaften dem Erdboden gleich. Die Schätzungen bezüglich der Todesopfer bewegen sich zwischen 800 und 10 000. Von den für Touristen zugänglichen Inseln trug Little Andaman die schwersten Schäden davon. Mehr als zwei Drittel der gesamten offiziellen Todesopfer in Indien waren in **Nagapatinam**

und den umliegenden Fischerdörfern zu verzeichnen. Die Stadt liegt etwa auf halber Höhe der Küste von Tamil Nadu am Delta des Flusses Kaveri (Cauvery). Die dicht besiedelte Region beherbergt auch einige bedeutende Pilgerstätten. In der christlichen Basilika von **Velankanni** kamen 650 Gläubige ums Leben, mehrere tausend weitere Menschen gelten als vermisst. Weiter nördlich waren im moslemischen *dargah* von **Nagur** weitere tausend Tote zu beklagen. Am Marina Beach in der Hauptstadt von Tamil Nadu, **Chennai** (ehemals Madras), wurden über 100 Erwachsene und Kinder von der Flut mitgerissen. Das nahe gelegene **Mamallapuram** (Mahaballipuram) wurde ebenfalls getroffen, hatte aber nur wenige Todesopfer zu beklagen. Die Schäden beschränkten sich größtenteils auf Strandhütten, die in der Zwischenzeit wiederaufgebaut wurden.

Die zweite Region in Tamil Nadu, in die der Tsunami schwere Wunden riss, war **Kannyakumari** an der Südspitze Indiens. Über 1000 Touristen waren zeitweilig auf dem Vivekananda Memorial Rock von der Außenwelt abgeschnitten. Die Palk Bay und der nördliche Abschnitt des Golfs von Mannar – einschließlich der hinduistischen Tempelstadt **Rameshwaram** – blieben größtenteils verschont, weil sie im Schutz der vorgelagerten Insel Sri Lanka liegen.

Die Flutwellen waren auch an der gesamten indischen Südwestküste in **Kerala** zu spüren, doch größere Schäden und Todesopfer beschränkten sich auf einen kleinen Küstenabschnitt westlich der Backwaters zwischen Kollam (Quilon) und Allapuzha (Allepey), wo etwa 600 Dorfbewohner umgekommen sein sollen. In Kovalam wurden Strandhütten und andere provisorische Gebäude weggespült, doch der Urlaubsort erholte sich schnell von den Folgen.

An den belebten Stränden von **Goa**, an denen es am Morgen des 2. Weihnachtstages von Menschen wimmelte, wurden während des Tsunami und an den Tagen danach ungewöhnlich hohe Wasserstände und Wellen verzeichnet, die einige Hütten in Palolem beschädigten. Ansonsten blieb der Bundesstaat jedoch verschont.

den geschaffenen Arbeitsplatz Rs 20 000 an Subventionen von der Regierung. Zu den großen Konzernen, die nach Hyderabad umzogen, zählten auch die amerikanischen Riesen Microsoft und Dell.

Naidu war davon überzeugt, dass der Schlüssel zur Bekämpfung von Andhras Problemen darin lag, die Basis der Wirtschaft von der Landwirtschaft in den Dienstleistungs- und IT-Sektor zu verlagern. Nicht Felder, sondern Call-Center sollten fortan die Grundlage für zukünftigen Wohlstand im Bundesstaat bilden. Es muss jedoch betont werden, dass seine „Revolution" bei der Weltbank Entzücken hervorrief, bei den Bauern hingegen überhaupt nicht gut ankam. Während es den gut Verdienenden in Hyderabad immer besser ging, hatte die arme Landbevölkerung des Bundesstaates unter der schlimmsten Wirtschaftskrise seit Jahrzehnten zu leiden. Infolge von Missernten und Schulden, die vornehmlich auf das Konto der Regierungspolitik gingen, nahmen sich Tausende Bauern im gesamten Süden im den Anfangsjahren des neuen Jahrtausends das Leben. Im Zuge dieser Politik, die von der Presse den Stempel „Digitale Teilung" verpasst bekam, kürzte Naidu die Subventionen in der Landwirtschaft noch weiter und versagte den Bauern sogar die kostenlose Stromversorgung, die ihnen zuvor noch versprochen worden war (s. S. 107, Kasten).

Die Wahlen 2004 verschafften Andhras Landbevölkerung die lang ersehnte Gelegenheit, Naidu abzustrafen: Seine Partei erlitt eine vernichtende Wahlschlappe, und die Reformen wurden gestoppt. Dasselbe Muster wiederholte sich im gesamten Süden, wo die Landwähler ihre Unzufriedenheit mit einer Wirtschaftspolitik ausdrückten, von der zwar die Mittelklasse in den Städten profitierte, die aber nicht im Geringsten geeignet war, die Armut in den Dörfern zu verringern.

In Tamil Nadu musste auch **Jayalalithas** AIADMK eine böse Wahlniederlage einstecken, nachdem sie sich der BJP-geführten Koalition in Delhi angeschlossen, den Bauern die kostenlose Stromversorgung gekappt und weitere Maßnahmen zum Nachteil der Landbevölkerung durchgesetzt hatte.

Die großen Widersprüche des Landes bleiben auch dem Indienbesucher nicht verborgen: Obwohl Indien in der Lage ist, Satelliten in eine Umlaufbahn zu schicken, Atomraketen zu bauen und be-

mannte Weltraummissionen durchzuführen, gelingt es ihm nicht, Millionen Bürger mit sauberem Trinkwasser, ausreichender Ernährung und einer einfachen Ausbildung zu versorgen. Goldman Sachs stellte erst kürzlich fest, Indien sei die Heimat von fast einem Drittel aller Software-Entwickler und einem Viertel aller unterernährten Menschen der Welt. Ob diese eklatante Kluft in den kommenden Jahren überbrückt werden kann, wird davon abhängen, inwieweit Indiens politische Führung in der Lage ist, eine stabile Regierung zu bilden und ihre Eigeninteressen zurückzuschrauben.

Religionen

Diese großartige und alte Nation war einst die Quelle des menschlichen Verstandes, der Gipfel der Zivilisation, das Musterbeispiel von Mut und Menschlichkeit, die Vollendung eines guten Herrschaftssystems und einer sesshaften Gesellschaft, die Mutter aller Religionen, die Lehrerin aller Weisheit und Philosophie.
Sri Aurobindo (1907)

Der Süden, der einige der schönsten, ältesten und bemerkenswertesten Tempel Indiens beherbergt, gilt seit langem als eine Hochburg des Hinduismus. Die religiöse Hingabe, die Millionen von Pilgern demonstrieren, ist nur der augenfälligste Beleg dafür, dass der hinduistische Glaube jeden Bereich des Lebens durchdringt, von gesellschaftlichen Strukturen bis zur Erziehung und Politik. Das riesige Pantheon hinduistischer Gottheiten ist allgegenwärtig – von den Ehrfurcht gebietenden Tempelportalen über *beedi*-Päckchen bis hin zu den kleinen, tragbaren Schreinen, die Wohnungen, Busse, Autos und Geschäfte zieren.

Die zweite bedeutende Religionsgemeinschaft sind die Moslems. Seit dem 12. Jh. kamen sie als Kaufleute und Regenten nach Südindien und erbauten überall in der Region Moscheen. Heute sind sie überwiegend in den großen Städten und in Kerala anzutreffen.

Man nimmt an, dass Christen seit dem 1. Jh. n. Chr. in Südindien heimisch sind. Sie haben unterschiedliche Glaubensrichtungen entwickelt und halten ihre Gottesdienste in allen möglichen Gebäuden ab: von schlichten Hütten bis zu majestätischen, von Portugiesen, Franzosen oder Briten erbauten Kathedralen.

Jains und Buddhisten stellen heutzutage zwar nur einen winzigen Teil der Bevölkerung, doch mehrere herausragende Tempel in Südindien zeugen von ihrer wichtigen Rolle in der Vergangenheit.

Von den ehemals einflussreichen keralischen Juden ist nur noch ein kleines Grüppchen übrig geblieben. Juden kamen ursprünglich sowohl aus der arabischen Welt als auch aus Europa, angezogen von den Schätzen der Malabar-Küste und dem dortigen Gewürzgürtel. Ihr Erbe ist noch in Fort Cochin (Kochi) lebendig. In Mumbai gibt es eine im Aussterben begriffene Gemeinde von Parsen. Beide Gruppen heiraten nach wie vor nur Angehörige ihrer eigenen Gemeinschaft, um ihre Kultur und Identität zu bewahren.

Hinduismus

Der heutige Hinduismus – die „Religion" von über 85% der Südinder – ist das Ergebnis einer mehrere tausend Jahre langen Evolution und Assimilation. Bei der Verbreitung des Hinduismus auf dem Subkontinent spielte Südindien eine tragende Rolle, denn es brachte Reformer wie **Shankara** hervor

(s. S. 114), und südindische **Vaishnavas** (Anhänger von Vishnu und dessen Inkarnationen) machten sich im 13. Jh. angesichts moslemischer Übergriffe auf hinduistische Institutionen für die Verbreitung der Krishna-Verehrung stark. Sie errichteten Glaubenszentren in Krishnas mythologischer Heimat Braj, südlich von Delhi. Seither bildet der Vaishnavismus den Kern des südindischen Hinduismus.

Der Hinduismus kennt weder einen Gründer noch einen Propheten, stellt keinen einheitlichen Glauben dar und kennt keine allgemein vorgeschriebene Praxis oder Doktrin; er umfasst hunderte von Göttern und Göttinnen, Glaubensvorstellungen und -praktiken sowie die verschiedensten Bräuche und Philosophien. Manche Hindu-Gottheiten werden nur in zwei oder drei Dörfern verehrt, andere, wie Vishnu und Shiva, sind auf dem gesamten Subkontinent verbreitet. Hindus (vom persischen Wort für Inder abgeleitet) nennen ihren Glauben und ihre religiösen Bräuche *dharma*, was natürliche wie moralische Gesetze umfasst, die einen Weg vorgeben, ein Leben in Harmonie mit der natürlichen Ordnung bei gleichzeitiger Erreichung persönlicher Ziele und Erfüllen der Anforderungen der Gesellschaft zu führen.

Götter und Göttinnen des Hinduismus

Vishnu: Die Hauptaufgabe Vishnus, des „Durchdringers", ist es, die Ordnung der Welt zu bewahren, zu erhalten, wiederherzustellen und zu schützen. Vishnu hat vier Arme, die ein Muschelhorn, eine Wurfscheibe, eine Lotusblüte und eine Keule halten und eine blaue Hautfarbe. Er wird oft mit einer Schlange und mit seinem Halb-Mensch-halb-Adler-Fahrzeug Garuda abgebildet.

Die Vaishnavas, die oft an zwei vertikalen Strichen auf ihrer Stirn zu erkennen sind, sehen Vishnu als obersten Gott an und glauben, dass er sich neunmal auf der Erde gezeigt habe. Diese Inkarnationen *(avatars)* erfolgten als Fisch (Matsya), Schildkröte (Kurma), Eber (Varaha), Löwe (Narsingh), Zwerg (Vamana), eine Axt schwingender Brahmane (Parasuram), Rama, Krishna und Balaram (manche behaupten allerdings, Buddha sei der neunte Avatar).

Vishnus zukünftige Herabkunft auf die Erde als Kalki, der Retter, der kommen wird, um die Reinheit wiederherzustellen und das Böse zu vernichten, wird sehnsuchtsvoll erwartet.

Die wichtigsten Avatars sind Krishna und Rama, Held des *Ramayana*-Epos (s. S. 117). **Krishna** ist der Held der *Bhagavad Gita*, in der er drei Wege zur Erlösung (Moksha) verkündet: selbstloses Handeln (Karmayoga), Wissen (Jnana) und Hingabe an Gott (Bhakti), und erklärt, dass Moksha in diesem Leben erlangt werden kann, selbst ohne Askese und Verzicht. Dies sprach alle Kasten an, da es die Notwendigkeit des Rituals und der Dienste brahmanischer Priester bestritt, und entwickelte sich schließlich zum Bhakti-Kult, der die fromme Gottesliebe als Mittel zur Erlangung von Moksha betrachtet und in gefühlvollen Liedern, in denen das Streben nach der Vereinigung mit Gott besungen wird, zum Ausdruck kommt. Durch Bhakti wurde Krishnas Rolle erweitert, und er nahm verschiedene Gesichter an: Am verbreitetsten ist er als der verspielte Kuhhirte, der mit Hirtenmädchen *(gopis)* tanzt und sie verführt, jeder vortäuschend, sie sei seine einzige Geliebte. Er wird daneben auch als ein kleiner, pausbäckiger, schelmischer Säugling dargestellt, der dafür bekannt ist, Butterkugeln zu stehlen und in Frauen zärtliche Gefühle von mütterlicher Liebe zu wecken. Wie Vishnu ist Krishna von blauer Farbe und wird oft tanzend und Flöte spielend abgebildet. Vishnu wird insbesondere in der Form von Lord Venkateshvara in Tirumala (Andhra Pradesh) verehrt. Seine ungemeine Beliebtheit verdankt dieses Pilgerzentrum in erster Linie seiner Rolle als Erfüller von Wünschen: Täglich kommen viele Tausend Menschen zu diesem Schrein, um Gefallen zu erbitten.

Shiva: Der Shaivismus, der Shiva-Kult, wurzelt ebenfalls in Bhakti. Er verlangt vom Gläubigen auf der Suche nach der göttlichen Vereinigung selbstlose Liebe, doch ist Shiva nie in menschlicher Gestalt auf der Erde erschienen. Er hat viele verschiedene Formen, z. B. als Nataraja, Herr des Tanzes, Mahadev, Großer Gott, und Maheshvar, Göttlicher Herr, Quelle allen Wissens. Obwohl er auch in mehreren Furcht erregenden Formen erscheint, geht seine Rolle über die des Zerstörers hinaus, und er wird als der Ursprung des gesamten Universums verehrt.

Shiva wird oft mit vier oder fünf Gesichtern, einem Dreizack in der Hand, Schlangen um den Körper und einem dritten Auge auf der Stirn gezeigt. In Tempeln wird er mit dem Lingam (Phallussymbol) identifiziert, der in der das weibliche Geschlecht repräsentierenden *yoni* ruht. Sowohl in Form einer Statue als auch eines Lingam wird Shiva von dem Stier Nandi beschützt und oft von einer Gefährtin begleitet, die ebenfalls verschiedene Formen annimmt und als die Schöpfungskraft *shakti,* die ihm Macht verleiht, betrachtet wird. Ihre erotischen Handlungen waren zwischen dem 9. und 12. Jh. ein beliebtes Thema in der Bildhauerei.

Shiva wird in ganz Indien verehrt; seine Anhänger sind an einem, zwei oder drei horizon-

talen, auf die Stirn gemalten Strichen zu erkennen. Insbesondere die shaivitischen Asketen verehren Shiva in Gestalt des schrecklichen **Bhairav**. Sie lehnen familiäre und Kastenbindungen ab und greifen auf extreme meditative und yogische Praktiken zurück. Viele, wenngleich nicht alle, rauchen *ganja,* Shivas bevorzugtes Kraut. Einige asketische Praktiken gehören in den Bereich des Tantrismus, in dem die Konfrontation mit allem Unreinen, wie Alkohol, Tod und Sex, benutzt wird, um das Heilige mit dem Profanen zu verschmelzen und zur tiefen Erkenntnis zu gelangen, dass Shiva allgegenwärtig ist.

Ganesh: Der rundliche, lächelnde, elefantenköpfige Ganesh ist der erste Sohn von Shiva und Parvati. Er wird vor jeder Unternehmung (außer Bestattungen) angerufen. Er sitzt auf einem Lotusthron, und sein Bild wird oft über Tempeleingängen, in Geschäften und Häusern aufgestellt. In seinen vier Armen hält er eine Muschel, einen Diskus, eine Schale Süßigkeiten (oder eine Keule) und eine Wasserlilie. Er wird stets von seinem Reittier, einer Ratte, begleitet. Ihm wird nachgesagt, das *Mahabharata* geschrieben zu haben, wie es ihm von dem Weisen Vyasa diktiert wurde. Ganesh wird von vielen als der Gott des Wissens, des Erfolgs, des Wohlstands und Friedens angesehen. Im Süden ist er meist als Vinayaka bekannt, dem zu Ehren am Ende der Monsunzeit ein riesiges Fest, *Vinayakapuja,* stattfindet; am berühmtesten und aufwendigsten sind die Feierlichkeiten in Mumbai.

Durga: Shivas Gefährtin **Parvati** (auch als Uma bekannt) zeichnet sich in erster Linie durch ihre Schönheit und Treue aus, doch in ihrem anderen Aspekt als **Durga** zählt sie zu den furchterregendsten weiblichen Gottheiten. In welcher Form auch immer, Shivas Gefährtin ist *shakti,* die fundamentale Kraft, die ihn antreibt. Unter Durgas vielen Formen – jede eine Furcht erregende Göttin, begierig darauf, Dämonen zu töten – sind Chamunda, Kali und Muktakeshi, aber in all ihren Erscheinungen ist sie Mahadevi (Große Göttin). Statuen zeigen sie mit zehn Armen, den Kopf eines Dämonen, einen Speer und andere Waffen tragend; sie trampelt auf Dämonen herum oder tanzt auf Shivas Körper.

Eine Schädelkette ziert ihren Hals, und die blutige Zunge hängt ihr aus dem Mund – ein besonders grausiger Anblick auf Darstellungen von Kali. In all ihren Tempeln sind Tieropfer ein wichtiger Bestandteil der Andacht, um ihre Gier nach Blut zu befriedigen und ihren erbarmungslosen Zorn im Zaum zu halten.

Lakshmi: Die hübsche Göttin Lakshmi wird meist auf einer Lotusblüte sitzend oder stehend dargestellt und manchmal auch Padma (Lotus) genannt. Sie verkörpert Schönheit, Anmut und Liebreiz und ist die Göttin des Glücks und Reichtums. Als Vishnus Gefährtin erscheint sie in verschiedenen Formen neben jedem seiner *avatars;* die wichtigsten sind Sita, die Frau von Rama, und Radha, Krishnas bevorzugtes *gopi.* In vielen Tempeln wird sie in der Form von Lakshmi Narayan als weiblich-männliche Einheit mit Vishnu gezeigt.

Murugan: Bilder dieses Sohnes von Shiva und seiner Gefährtin Pavarti sind vor allem in Tamil Nadu und im ländlichen Kerala verbreitet. Sie zeigen ihn als glorreichen, mit Blumen geschmückten Jüngling. Er bietet Schutz vor allem Bösen und ist daher ein beliebter Familiengott. Möglicherweise geht er auf einen präarischen Fruchtbarkeitsgott zurück.

Karttikeya: Obwohl er manchen Legenden zufolge der Sohn von Ganga oder sogar Agni ist, wird allgemein geglaubt, dass Karttikeya der zweite Sohn von Shiva und Parvati ist. Er ist in erster Linie ein Kriegsgott und war unter den nördlichen Guptas, die ihn als Skanda verehrten, und den südlichen Chalukyas, für die er Subrahmanya war, beliebt. Dargestellt wird er üblicherweise mit sechs Gesichtern, Pfeil und Bogen in den Händen und aufrecht stehend. Karttikeya wird von Gläubigen angerufen, die sich männliche Nachkommen wünschen.

Ayappa: Ein weiterer Sohn Shivas, der in diesem Falle einer sonderbaren mythischen Vereinigung mit Vishnu entstammt. Ayappa wird ebenfalls mit der Rolle des Beschützers assoziiert. Sein Schrein in Nord-Kerala zieht überwiegend männliche, schwarz gekleidete Pilger in Scharen an. Die übliche Darstellung Ayappas, auf einem Tiger reitend mit einem Gefolge von Leoparden, steht für seinen Sieg über das Böse.

Hanuman: Indiens größter Affengott, Hanuman, taucht im *Ramayana* als Ramas wichtigster Verbündeter im Kampf gegen den Dämonenkönig von Lanka auf. Hanuman, als ein Riesenaffe mit einer Keule in der Hand dargestellt, ist der Gott der Akrobaten und Ringer, wird aber auch als Ramas und Sitas größter Anhänger sowie als Verfasser der sanskritischen Grammatik angesehen. Affen finden als seine Vertreter in Tempeln in ganz Indien Schutz.

Saraswati: Die schönste Hindu-Göttin – mit ihrem makellosen, milchigen Teint – und Frau von Brahma sitzt oder steht auf einer Wasserlilie oder einem Pfau und spielt die Laute, Sitar oder Vina. Aufgrund ihrer Verbindung mit dem im *Rigveda* erwähnten Fluss Saraswati wird sie als eine Göttin der Reinheit und Fruchtbarkeit betrachtet, aber auch als Erfinderin der Schrift, Königin der Beredsamkeit und Göttin der Musik verehrt.

Sani: Eng verbunden mit dem Planeten Saturn, wird Sani seiner zerstörerischen Kräfte wegen gefürchtet. Sein Bild, eine schwarze Statue mit hervorstehender blutroter Zunge, findet sich oft an Straßenecken. Jeden Sonnabend (Saniwar) werden Schnüre mit grünen Chilischoten und Zitronen in Läden und Häusern aufgehängt, um seinen bösen Einfluss abzuwehren.

Khamdenu: Erwähnt werden muss hier auch die heilige Kuh, Khamdenu. Ihr wird gehuldigt, indem allen Kühen, die ungestört durch Straßen und Tempel in ganz Südindien trotten, Respekt entgegengebracht wird. Der Ursprung der Heiligkeit der Kuh ist ungewiss; einige Mythen berichten, dass Brahma Kühe und Brahmanen gleichzeitig schuf, um *ghee* (Butterschmalz) zur Verwendung in priesterlichen Zeremonien zur Verfügung zu haben. Bis heute werden Kuhdung und -urin benutzt, um Häuser zu reinigen (tatsächlich hält der Urin Insekten fern), und das Töten oder Verletzen von Kühen durch einen Hindu ist ein schlimmes Vergehen. Die Kuh wird oft als Mutter der Götter bezeichnet, und jeder Teil ihres Körpers ist bedeutsam: Ihre Hörner symbolisieren die Götter, ihr Gesicht die Sonne und den Mond, ihre Schultern Agni (den Feuergott) und ihre Beine den Himalaya. Hindus berühren die Flanken einer Kuh, um Fruchtbarkeit und Wohlstand zu erlangen.

Frühe Entwicklungen

Die Grundlagen des Hinduismus wurden im 2. Jahrtausend v. Chr. von den Ariern geschaffen, Halbnomaden, die in das Industal im Norden eingewandert waren. Sie brachten einen Glauben an Götter mit, die mit den Elementen in Zusammenhang stehen, darunter **Agni**, den Gott des Feuers und des Opfers, **Surya**, den Sonnengott, und **Indra**, den Hauptgott. Die meisten dieser Gottheiten verloren in späterer Zeit an Bedeutung, doch Indra wird noch immer als der Vater aller Götter betrachtet und Surya wurde bis ins Mittelalter weithin verehrt.

Die arischen Glaubensvorstellungen sind in den **Veden** festgehalten, Schriften, die von „Sehern" *(rishis)* „gehört" *(shruti)* wurden. Sie wurden jahrhundertelang mündlich überliefert und schließlich zwischen 1000 v. Chr. und 500 n. Chr. in Sanskrit niedergeschrieben. Die frühesten sind die *Samhitas* (Hymnen), später folgten die *Brahmanas* (rituelle Erklärungen) und *Aranyakas* („Wald-Texte").

Die älteste und wichtigste *Samhita*, der *Rigveda*, enthält Hymnen auf Gottheiten und *devas* (göttliche Mächte) und wird von anderen Büchern, die Rituale und Gebete für zeremonielle Handlungen aufführen, ergänzt. Die *Brahmanas* betonen die korrekte Ausführung von Ritualen, wobei sie sich auf Vorstellungen von **Reinheit und Verunreinigung** stützen, die bis heute vorherrschen, und konzentrieren sich auf Opferzeremonien. Die strenge Einhaltung des Rituals ersetzte bald die Verehrung der *devas*, deren Bedeutung noch dazu von der Suche nach einer einzigen kosmischen Macht als ihrem Ursprung untergraben wurde. Diese Kraft stellte man sich schließlich als den absoluten Schöpfer **Brahma** vor, die Personifikation früherer Vorstellungen von Brahman, einem unpersönlichen Prinzip kosmischer Einheit.

Dieser allmächtige Obergott stand im Mittelpunkt der *Aranyakas*, die ihre letzte Stufe in den *Upanishaden* erreichten. Letztere beschreiben in schönen, gefühlvollen Versen die mystische Erfahrung der Einheit der Seele *(atman)* mit Brahma, die idealerweise durch Askese und Meditation erreicht wird. In den *Upanishaden* wurde das Konzept von **Samsara**, einem Zyklus von Tod und Wiedergeburt, der durch Leiden gekennzeichnet ist und sich durch Verlangen fortsetzt, und **Moksha**, der Befreiung von *samsara*, fest verankert. Diese

beiden grundlegenden Aspekte der hinduistischen Weltanschauung werden heute von nahezu allen Hindus akzeptiert, zusammen mit dem Glauben an **Karma**, der Überzeugung, dass die gegenwärtige Stellung eines Menschen in der Gesellschaft die Folge seiner Handlungen in diesem und in früheren Leben ist.

Philosophische Entwicklungen

Die Kompliziertheit der hinduistischen Sicht der Götter und der Konzepte von *samsara*, *atman* (die menschliche Seele) und *moksha* provozierte natürlich philosophische Debatten und führte schließlich zur Gründung von sechs geistigen Strömungen, die als **Darshanas** bekannt sind. Jede Schule präsentierte eine andere Darlegung der wahren Natur von Moksha und wie dies zu erlangen sei.

An erster Stelle stand die **Advaita Vedanta**-Schule von **Shankara** (ca. 788–850 n. Chr.), der den Hinduismus als reinen Monotheismus, an der Grenze zum Monismus (der Glaube, dass alles eins ist: in diesem Fall mit Gott), interpretierte. Er behauptete unter Berufung auf Schriften der *Upanishaden*, dass das Wesen der menschlichen Seele mit der Gottes identisch sei *(tat tvam*, was so viel heißt wie „das Absolute ist mit dir wesenseins", einer der großen Lehrsätze dieser Schule, entnommen den *Upanishaden)* und dass alles andere – die Erscheinungswelt und alle *devas* – eine von Gott geschaffene Illusion *(maya)* seien. Shankara wird als Heiliger und Philosoph an den 12 **jyotirlingas** verehrt: heiligen shaivitischen Orten, die mit dem grenzenlosen Lingam des Lichts assoziiert werden, das einst als Manifestation Shivas Brahma und Vishnu überredete, Shivas Überlegenheit anzuerkennen.

Eine weitere bedeutende Darshana legt ihren Schwerpunkt auf die jahrhundertealte Praxis des **Yoga** (wörtlich „die Handlung, sich mit einem anderen zu verbinden"), erläutert von **Patanjali** (2. Jh. v. Chr.) in seinen *Yoga Sutras*. Patanjali interpretierte Yoga als die Verbindung von Geist und Körper oder die Vereinigung des Geistes mit Gott und stellte verschiedene Praktiken vor, die zusammen ausgeführt zu einem Verständnis der grundsätzlichen Einheit aller Dinge führen können. Die gebräuchlichste Form von Yoga im Westen ist *hatha-yoga*, wobei der Körper und dessen Lebensenergien durch Körperhaltungen und Atemtechniken unter Kontrolle gebracht werden, mit Ergebnissen, die von innerer Ruhe bis zur Fähigkeit, durch die Luft zu fliegen, in andere Körper zu schlüpfen oder unsichtbar zu werden, reichen sollen. Zu den anderen Praktiken zählen *mantra-yoga*, das Rezitieren von Formeln und die Meditation über mystische Diagramme *(mandalas), bhakti-yoga* (Hingabe), *jnana-yoga* (Wissen) und *raja-yoga* (königlich), die höchste Form des Yoga, wenn der Geist sich mit Gott vereinigt.

Die Volksgötter

Neben den *Dharma Shashtras* und *Dharma Shutras* sind die wichtigsten, vermutlich spätestens im 4. Jh. n. Chr. vollendeten Werke der *smriti* (Überlieferung) die *Puranas*, lange, mythologische Geschichten, die sich um die vedischen Götter und deren Heldentaten drehen, sowie die beiden größten Epen des Hinduismus: das *Mahabharata* und das *Ramayana*. Durch diese Texte sind die Hauptgötter und -göttinnen fest in der hinduistischen Religion verankert worden. Neben **Brahma**, dem Schöpfer, wurde **Vishnu** als Erhalter anerkannt, und **Shiva** („gütig, freundlich"), im *Rigveda* als Rudra bezeichnet, wurde aufgrund seiner zerstörerischen Kräfte geachtet. Die drei werden oft als Trinität, *tri-murti*, dargestellt, doch mit der Zeit verlor Brahma an Bedeutung und Shiva und Vishnu wurden zu den beliebtesten Gottheiten. Fast alle Hindus gehören Sekten an, die Shiva oder Vishnu in der ein oder anderen Form aktiv verehren.

Weitere Götter und Göttinnen, die in der Mythologie der *Puranas* zu Leben erwachen – jede/r als menschliche oder halb menschliche Gestalt beschrieben und von einem Reittier („Fahrzeug") begleitet – werden in ganz Südindien bis heute verehrt. Flussgöttinnen, Ahnen, Wächter über bestimmte Orte und Beschützer vor Krankheiten und Naturkatastrophen sind ebenso wichtig für das Dorfleben wie die Hauptgötter.

Kaste und Gesellschaftsstruktur

Die Vielschichtigkeit der hinduistischen Gesellschaft geht auf die *Dharma Shashtras* und *Dharma Shutras* zurück, Schriften, die zur gleichen Zeit wie die Veden aus dem „Gedächtnis" *(smriti)* geschrieben wurden. Sie legten vier hierarchische Klassen oder **Varnas** fest, denen bestimmte religiöse und gesellschaftliche Pflichten, die *varna-*

shradharma, zugeordnet sind. Als höchste Gesellschaftsschicht galten die **Arier**. Sie hatten bereits ein Klassensystem entwickelt, bevor sie den Subkontinent erreichten: Ihr Adel war als *kshatra* bekannt und die gewöhnlichen Stammesangehörigen als *vish*. Ihr Kontakt mit dunkelhäutigeren Menschen, den **Dasas**, ließ sie um ihre „rassische Reinheit" fürchten, was zu einer Unterteilung der Gesellschaft nach **Varna** (wörtlich „Farbe") führte – eine rassistische Institution ohnegleichen, die 3000 Jahre überdauert hat.

Die Varnas sind in absteigender Rangfolge: **Brahmanas** (Priester und Lehrer), **Kshatryas** (Herrscher und Krieger), **Vaishyas** (Händler und Landwirte) und **Shudras** (Diener). Die ersten drei Klassen, als die „zweifach Geborenen" bekannt – ursprünglich eingeführt als Bezeichnung für die an ihrem eigentlichen Geburtsort und danach als Arier Wiedergeborenen – kennzeichnet eine heilige Schnur, die von der Initiation an getragen wird. Ihnen sind die religiösen Texte und Rituale ohne Einschränkung zugänglich. Außerhalb der Kastengesellschaft stehen als „**Unberührbare**" klassifizierte Gruppen, deren berufliche Tätigkeiten sie mit Schmutz oder mit dem Tod in Berührung bringen (z. B. Leichenbestatter, Lederarbeiter und Reiniger). Obwohl die Diskriminierung der Unberührbaren inzwischen, z.T. dank Gandhis Kampagnen – er benannte die Unberührbaren in *harijans*, „Kinder Gottes" um – strafbar ist, ist die unterste Schicht der Gesellschaft keineswegs verschwunden. Der politisch korrekte Begriff, wenn von dieser Gesellschaftsschicht die Rede ist, lautet heutzutage **Dalit**. Kinder, Witwen und Asketen blieben außerhalb des Varna-Systems.

Als am Ende des vedischen Zeitalters neues Gedankengut die absolute Macht der Priesterschaft bedrohte und Religionen wie der Buddhismus und Jainismus Gleichheit predigten, antworteten die Brahmanen mit der Schrift ***Manu-smriti*** (die in Erinnerung gebliebenen Worte Manus, des ersten Menschen). Um das 3. Jh. v. Chr. von einer Reihe brahmanischer Autoren verfasst, erläuterte das *Manu-smriti* das Varna-System im Detail und definierte die Rolle und Aufgaben jedes Varna sowie die Regeln des Umgangs der Gruppierungen miteinander. Die moralische Grundlage des Unterteilungssystem lautete, dass jeder seine Aufgabe gewissenhaft und mit Stolz erfüllen sollte, anstatt zu versu-

Das Mahabharata

Das *Mahabharata,* achtmal so umfangreich wie die *Ilias* und *Odyssee* zusammen, ist das beliebteste aller Hindu-Werke. Geschrieben um 400 n. Chr. berichtet es von einer sich befehdenden Kshatrya-Familie im nördlichen Indien (Bharata) im 4. Jahrtausend v. Chr. Wie alle Götterepen erzählt das *Mahabharata* eine spannende Geschichte, wobei die Charaktere unterschiedliche moralische Werte verkörpern. Im Wesentlichen versucht es, die Stellung der Kriegerkasten, der Kshatryas, zu erhellen und zu zeigen, dass sie ebenso wie die Brahmanen religiöse Erfüllung erlangen können.

Die Hauptfigur ist **Arjuna**, ein hervorragender Bogenschütze, der mit seinen vier Brüdern – Yudhishtra, Bhima, Nakula und Sahadeva – den **Pandava**-Clan vertritt, Verteidiger der Rechtschaffenheit und ausgezeichnete Kämpfer. Arjuna gewann seine Frau **Draupadi** in einem Bogenschützenwettkampf, aber damit keine Eifersucht aufkommt, willigt sie ein, die Frau aller fünf Brüder zu werden. Die Pandavas werden von ihren Vettern, den bösen **Kauravas**, unter dem Anführer Duryodhana, dem ältesten Sohn von Dhrtarashtra, Herrscher des Kuru-Königreiches, gehasst.

Als Dhrtarashtra sein Königreich den Pandavas übergab, waren die Kauravas alles andere als erfreut. Duryodhana forderte Yudhishtra (bekannt für seine Muskeln, aber nicht für sein Hirn) zu einem Wettspiel heraus. Die Würfel waren manipuliert; Yudhishtra verspielte nicht nur seinen Besitz, sondern auch sein Königreich und seine mit den Brüdern geteilte Frau. Die Kauravas boten an, das Königreich zurückzugeben, wenn es den Pandavas gelänge, mit ihrer Frau 13 Jahre unerkannt im Exil zu leben. Die Pandavas waren – trotz zahlreicher Intrigen – erfolgreich, mussten bei ihrer Rückkehr jedoch feststellen, dass die Kauravas nicht gewillt waren, sich an die Abmachung zu halten.

So kam es zur großen Schlacht des *Mahabharata,* von der im 6. Buch, der **Bhagavad Gita** – als unabhängige Erzählung ungemein beliebt – berichtet wird. Vishnu steigt als **Krishna** auf die Erde hinab und greift als Arjunas Wagenlenker in die Schlacht ein. Die *Bhagavad Gita* schildert den fantastischen Kampf der Cousins, die einander mit magischen Waffen und roher Gewalt bekämpfen. Arjuna befindet sich in einem Dilemma, da er das Töten seiner eigenen Verwandten im Streben nach einem rechtmäßigen Königreich für sich und seine Brüder nicht zu rechtfertigen vermag. Krishna tröstet ihn, indem er ihn daran erinnert, dass seine Hauptaufgabe, sein *varnashradharma,* die eines Kriegers ist. Und was noch wichtiger ist, er weist ihn darauf hin, dass die Seele *(atman)* eines jeden unsterblich ist und von einem Körper zum anderen wandert, deshalb brauche Arjuna den Tod seiner Cousins nicht zu bedauern. Krishna überzeugt Arjuna, dass er durch die Erfüllung seines Dharma nicht nur Gesetz und Ordnung hütet, indem er das Königreich aus den Händen unrechtmäßiger Herrscher befreit, sondern im Geist der Hingabe *(bhakti)* auch den Göttern dient, und garantiert ihm so die ewige Vereinigung mit dem Göttlichen in dem seligen Zustand von Moksha.

Die Pandavas gewinnen schließlich die Schlacht, und Yudhishtra wird zum König gekrönt. Später erbt Arjunas Enkel Pariksit den Thron und die Pandavas ziehen zum **Berg Meru**, dem mythischen Zentrum des Universums und Aufenthaltsort der Götter, wo Arjuna den ihm von Krishna verheißenen Moksha findet.

---

chen, die Aufgaben eines anderen zu übernehmen. Dieses Argument legt zusammen mit **Karma** (dem Ergebnis der eigenen Taten) und dem Konzept der Wiedergeburt, das sich ab dem späten vedischen Zeitalter entwickelte, nahe, dass man das ist, als was man geboren wird. Durch gute Taten hat man aber vielleicht das Glück, im nächsten Leben in eine höhere Gesellschaftsschicht hineingeboren zu werden.

Diese Ethik schlägt sich auch in der ***Bhagavad Gita*** nieder, in der arische Glaubensvorstellungen mit Hilfe des Lobpreises aller vier Gruppen – der

Das Ramayana

Rama ist die siebte von Vishnus zehn Inkarnationen. Seine Lebensgeschichte wird im Epos des *Ramayana* erzählt. Obwohl Rama möglicherweise auf einer historischen Gestalt beruht, wird er eher als eine Verkörperung der Eigenschaften Vishnus angesehen.

Rama war der älteste von vier Söhnen, die Dasaratha, dem König von Ayodhya, von seinen drei Frauen geboren wurden, und der Thronfolger. Als Rama gekrönt werden soll, erinnert eine seiner Frauen, **Kaikeyi**, den König an sein vor Zeiten gegebenes Versprechen, ihr zwei Wünsche zu erfüllen. Der erste lautet, dass ihr ältester Sohn Bharata anstelle Ramas König werden und die zweite, dass Rama für 14 Jahre in die Wälder verbannt werden soll.

Rama kommt in einem beispielhaften Beweis von Kindesgehorsam der unglückseligen Bitte seines Vaters nach und verlässt die Stadt zusammen mit seiner Frau **Sita** und seinem Bruder Laksmana. Von ihrem Exil aus setzen sie ihren langen Kampf gegen die von Ravana, dem bösen König von Lanka angeführten dämonischen Kräfte fort. Eines Tages erspäht Ravanas Schwester Suparnakhi Rama in den Wäldern und verliebt sich in ihn. Als tugendhafter und treuer Ehemann weist Rama sie ab. Suparnakhi versucht daraufhin, Sita umzubringen, die sie als Hindernis bei der Eroberung von Ramas Herz ansieht. Laksmana greift ein und schneidet ihr zur Vergeltung Nase und Ohren ab. Suparnakhi flieht zu ihrem Bruder, der 14 Riesen mobilisiert, um Rama zu beseitigen. Rama vernichtet sie eigenhändig und tötet anschließend 14 000 Krieger. Ravana ist außer sich vor Zorn, hört jedoch auf seine Berater, die vorschlagen, Rama nicht länger zu bekämpfen, sondern seine geliebte Frau zu entführen, was ihn sicherlich bald an gebrochenem Herzen sterben ließe. So wird Sita gefangen genommen und in einem Wagen zu einem von Ravanas Palästen auf der Insel Lanka geflogen. Entschlossen, Sita zu finden, nimmt Rama die Hilfe **Hanumans**, des Affenkönigs, in Anspruch. Rama und Laksmana machen sich auf die Suche nach Sita und finden heraus, dass sie auf der Insel Lanka gefangen gehalten wird. Hanuman springt über die Meerenge und schleicht sich in Ravanas Palast, wo er hört, wie der böse König versucht, Sita zur Heirat zu überreden. Er lässt ihr die Wahl zwischen dem Vollzug der Ehe und dem Gefressenwerden – werdet meine Braut oder „Meine Köche sollen Eure Glieder mit Schwertern zerhacken und mir Euch zum Morgenmahl servieren." Hanuman berichtet Rama von dem Gehörten, woraufhin dieser ein Heer zusammenstellt und sich auf den Angriff vorbereitet. Diesmal bilden die Affen eine Brücke über die Meerenge, so dass das Heer auf die Insel hinübergelangt, und nach harten Kämpfen ist Sita gerettet und mit dem siegreichen Rama wieder vereint.

Auf der langen Reise zurück nach Ayodhya kommen Zweifel an Sitas Ehre auf. Um ihre Unschuld zu beweisen, bittet sie Laksmana, einen Scheiterhaufen zu errichten. Bevor sie die Flammen durchschreitet, betet sie zu Agni und bittet um Schutz. Agni führt sie durch das Feuer zu einem entzückten Rama. Sie ziehen in Ayodhya ein, geleitet von einem Lichterzug der Bevölkerung. Dieses erleuchtete Nachhausekommen wird seitdem als Diwali gefeiert – das Fest der Lichter. Bald darauf wird Rama endlich zum rechtmäßigen König gekrönt.

Damit ist die Geschichte aber noch nicht zu Ende: Als erneut Zweifel an Sitas Treue aufkommen, wird sie von der Erdgöttin in deren Reich aufgenommen und Rama bittet vergeblich um ihre Rückkehr.

Weisheit der Brahmanen, der Tapferkeit der Kshatriya, des Fleißes der Vaishya und des Dienstes der Shudra – gegen Reformatoren und Ungläubige verteidigt werden. Ihr Umgang miteinander war bereits klar definiert. Das *Manu-smriti*, das weiterhin die Grundlage des **Hindu-Gesetzes** bildet, legt die Regeln der Reinheit fest – z. B. darf der Schatten eines Shudras niemals auf einen Brahmanen fallen, andernfalls muss der Brahmane ein Reinigungsritual vollziehen.

Innerhalb der vier Varnas wird der soziale Status eines Menschen in der Hindu-Gesellschaft durch die so genannte **Jati** näher definiert, d. h. jedes Individuum wird nach seiner familiären Abstammung und Berufstätigkeit klassifiziert (ein Vaishya kann z. B. Schmuckverkäufer, Tuchhändler, Kuhhirte oder Bauer sein). Als die Portugiesen im 16. Jh. erstmals nach Indien kamen, stießen sie auf diese Unterteilungen und bezeichneten sie als „castas" (Stämme, Clans oder Familien), ein Begriff, der zu dem Wort **Kaste** führte. Die Kaste legt einem Hindu Einschränkungen in allen Aspekten des Lebens auf, von der Nahrungsaufnahme über religiöse Pflichten und Kontakte zu anderen Kasten bis zur Wahl des Ehepartners. Selbst Angehörige anderer Glaubensrichtungen werden Kasten zugeordnet, damit ihre Stellung in der Gesellschaft klar definiert ist. Die Christen in Kerala haben sich dieses Klassifizierungssystem sogar zu eigen gemacht und eine eigene Kastenordnung entwickelt.

Es gibt fast 3000 Jatis; die Abgrenzungen und Beschränkungen, die sie erzwingen, bilden immer wieder den Mittelpunkt von Reformbewegungen und eine Zielscheibe für Kritiker. Während die Varna-Zugehörigkeit von der Geburt bis zum Tod fest steht, ist die Jati-Identität etwas flexibler und erlaubt in manchen Fällen einen sozialen Aufstieg. Dann geht es darum, die Ethik, das Benehmen und die Bräuche der angestrebten Jati anzunehmen. Ob der neue Rang in der Hierarchie behauptet werden kann, hängt allerdings davon ab, ob die anderen Kasten bereit sind, die Stellung des „Aufsteigers" anzuerkennen.

Dennoch tendieren Hindus immer noch dazu, innerhalb ihrer Kaste zu heiraten – wer einen Angehörigen einer anderen Kaste ehelicht, wird nicht selten von seiner Familie und Kaste ausgegrenzt, so dass das Ehepaar in einer Gesellschaft, in der die Kastenzugehörigkeit vor allen anderen Aspekten der Identität rangiert, auf sich allein gestellt ist.

Kasten haben innerhalb ihrer Gruppe besondere Beziehungsmuster, während sie zugleich strenge Verhaltensregeln im Verkehr mit anderen Kasten befolgen. Jede Kaste behauptet ihren Platz in der Gesellschaft durch Interaktion und Segregation, gleichwohl gibt es ein Element der Brüderlichkeit, vor allem zwischen Kasten, die in der Hierarchie dicht beieinander liegen. Dagegen sind die Beziehungen innerhalb einer Kaste auf nationaler Ebene durch die räumliche Trennung und kulturelle Vielfalt Indiens beschränkt. Jede Region weist so starke rituelle und linguistische Eigentümlichkeiten auf, dass z. B. ein Brahmane aus Goa mit einem Brahmanen aus Tamil Nadu nur sehr wenig gemein hat.

Religiöse Bräuche

Ein Hindu hat drei Ziele im Leben: **Dharma**, die Pflichten gegenüber der Familie und Kaste zu erfüllen und durch den rechten Lebenswandel religiöse Verdienste *(punya)* zu erwerben; **Artha**, rechtmäßig zu Wohlstand zu gelangen, und **Karma**, Wunsch und Erfüllung. Das Hauptanliegen der meisten Hindus ist es, durch ein redliches und mildtätiges Leben innerhalb der von Kaste und Kult auferlegten Einschränkungen schlechtes Karma zu verringern und Verdienste *(punya)* zu erwerben, in der Hoffnung, bei der Wiedergeburt einen höheren sozialen Status zu erlangen.

Die linke Hand gegen die rechte

Die einschlägige Literatur geht davon aus, dass das Kastenwesen erst spät, etwa im 9. Jh., in das tamilische Gebiet gelangte. Da die tamilische Gesellschaft im Wesentlichen eine agrarische war, gab es nur wenige Familien, die sich als Kshatriyas (Krieger) einordnen konnten, so teilte sich der größte Teil der Bevölkerung in Brahmanen, Shudras und Unberührbare auf. Die Mehrheit unter den Tamilen, die Shudras, gliederte sich in weitere zwei Gruppen, die linkshändigen und die rechtshändigen Kasten – die Idangai und die Valangai. Die Namen weisen darauf hin, welche Hand von der jeweiligen Gruppe als „rein" angesehen wurde (in dem überwiegenden Teil des hinduistischen Indiens gilt die rechte Hand als die reine, während die linke minderwertig ist). Diese scheinbar harmlose Unterteilung hat von Anfang an zu scharfen Konflikten und Rivalitäten geführt. Zu der linkshändigen Gruppe zählen Handwerker, Weber, einige Landwirte, Kuhhirten und Kürschner; zu der rechtshändigen Händler, die meisten Landwirte, einige Weber, Musiker, Barbiere, Wäscher, Töpfer und Arbeiter.

Diese Ziele sind mit den vier traditionellen Lebensabschnitten verbunden. Den ersten durchlebt man als Kind und Schüler, indem man mit Hingabe von den Eltern und dem Guru lernt. Als Nächstes kommt der Abschnitt als Hausvorstand, der für die Familie sorgen und Söhne großziehen soll. Hat er/sie dies vollbracht, steht es ihr oder ihm frei, im Zölibat zu leben, sich allein in den Wald zur Meditation zurückzuziehen und schließlich auf jeglichen Besitz zu verzichten, um ein heimatloser Asket zu werden, in der Hoffnung, so das höchste Ziel, **Moksha**, zu erreichen.

Einige wenige Hindus, darunter auch ein paar Frauen, folgen diesem Lebensideal und erreichen das letzte Stadium als **Sanyasi** (Entsager), in safranfarbene Tücher gekleidete **Sadhus**, die um Essen bettelnd durch Indien wandern und sich in abgeschiedene Höhlen, Wälder und auf Hügel zur Meditation zurückziehen. Sie sind in den meisten indischen Städten kein ungewöhnlicher Anblick. Viele halten sich über längere Zeiträume in bestimmten Tempeln auf. Nicht alle haben zuvor eine Familie gegründet: Manche wählen diesen Lebensweg schon in jungen Jahren als ein *chella*, Schüler eines älteren Sadhu.

An die dharmischen Prinzipien von **Reinheit und Befleckung** halten sich hingegen mehr Hindus. Die offenkundigste Regel verlangt von hochkastigen Hindus, den Kontakt zu potenziell verunreinigenden Niedrigkastigen auf ein Minimum zu beschränken. Alle körperlichen Ausscheidungen sind verunreinigend (deshalb ernten Westler komische Blicke, wenn sie sich die Nase putzen und das Taschentuch wieder einstecken oder Toilettenpapier verlangen). **Wasser** ist das oberste Reinigungsmittel; es wird für Waschungen vor Gebeten benutzt und in allen Flüssen, insbesondere der Ganga (dem Ganges) verehrt.

In den meisten Wohn- und Geschäftsräumen von Hindus steht ein kleiner **Altar** mit Bildern der jeweiligen Lieblingsgötter. Außerhalb der eigenen vier Wände finden Kulthandlungen in Tempeln statt. Sie bestehen aus **Puja**, der Hingabe zu Gott – manchmal ein einfaches Gebet, häufiger jedoch ein komplexer Vorgang, bei dem das Götterbild umschritten wird, ihm Blumen, Reis, Zucker und Räucherstäbchen geopfert werden und es mit Wasser, Milch oder einer Sandelholzmasse gesalbt wird (meist führt ein Tempelpriester, der *pujari*, dies für

den Gläubigen aus). Das Ziel der Puja-Zeremonie ist **Darshan** – Gott zu erblicken – und so seinen oder ihren Segen zu bekommen. Unabhängig davon, ob die Gläubigen die Gottheit einfach nur ehren oder aber um etwas bitten – eine gute Ernte, einen Sohn etc. –, sie verlassen den Tempel stets mit *prasad*, d. h. mit einem Schälchen Essen oder mit Blumen aus dem Heiligtum, einem Geschenk der Pujaris.

Gemeinsame Gottesdienste und Zusammenkünfte auf dem Weg zu Pilgerstätten werden mit *kirtan* oder *bhajan*, dem Singen von Hymnen, vielleicht Lobverse oder Krishna aus dem *Bhagavad Purana*, oder wiederholten Rufen von „Jay Shankar!" (Gepriesen sei Shiva) gefeiert. Tempelzeremonien werden von Pujaris auf Sanskrit durchgeführt. Sie dienen dem Götterbild in täglichen Ritualen, mit denen der Gott symbolisch geweckt, gebadet, gefüttert und gekleidet wird, und bereiten ihn am Ende jedes Tages für die Nacht vor. Das Abendritual, **Aarti**, ist das aufwendigste: Lampen werden angezündet, im Heiligtum gesegnet und unter Trommel-, Gong- und Beckenschlägen von einem Gläubigen zum anderen gereicht. In vielen Dörfern sind *devatas* (Dorfgottheiten) gewidmete Schreine wichtiger als Tempel, da diese Götter das Dorf schützen, aber auch Unglück bringen können, wenn sie vernachlässigt werden.

Jeder der großen Lebenseinschnitte – Geburt, Initiation (wenn Söhne der drei „zweifach geborenen" Varnas die heilige Schnur erhalten und ein Guru ihnen ein Mantra ins Ohr flüstert), Heirat, Tod und Einäscherung – ist Anlass für innige Gebete, ausgelassene Feiern und Schlemmen. Das bedeutendste Ereignis im Leben eines Hindus ist die **Heirat**, die rituelle Reinheit symbolisiert und für Frauen so wichtig ist, dass sie die Initiation ersetzt. In der Regel erstrecken sich die Festessen, das Tanzen und Singen in den Familien der Braut und des Bräutigams über mindestens eine Woche vor und nach der Hochzeit. Die eigentliche Hochzeit ist vollzogen, nachdem das Brautpaar siebenmal ein heiliges Feuer umschritten hat. Dabei liest der die Trauung vornehmende Brahmane heilige Verse.

Die Hochzeit zieht nahe und entfernte Verwandte aus dem ganzen Land an. Sie kommen nicht nur, um die Vereinigung eines Mannes und einer Frau zu erleben, sondern auch um die gesellschaftliche Stellung der Gruppe zu bekräftigen. Zu den meisten indischen Eheschließungen haben die Eltern gewöhnlich ihren Teil beigetragen, denn sie bahnen die Ehe an. Liebesheiraten nehmen jedoch zu, vor allem in Städten, hängen aber in der Regel immer noch von der Zustimmung der Eltern ab.

Der Jahrhunderte alte Brauch der **Mitgift**, in Form von Geld, Schmuck und anderen wertvollen Sachen, die die Familie der Braut der des Bräutigams übergibt, ist inzwischen offiziell verboten. Dennoch wird eine solche Gabe immer noch weithin verlangt und auch unaufgefordert überreicht, weil es der Tochter andernfalls schlecht ergehen kann. Diese Praxis ist unter Hindus wie Christen, in der Mittelklasse ebenso wie unter den Armen üblich. Für Letztere bedeutet sie zumeist eine endlose Spirale aus Sparen und Verschuldung. Bei wohlhabenderen, kosmopolitischen Familien besteht die Mitgift heutzutage mindestens aus einem Motorrad, Fernseher und/oder einer Urlaubsreise.

Die Familie des Mannes kann noch lange nach der Hochzeit weitere „Geschenke" fordern. Nach wie vor werden viele Frauen, deren Mitgift die Erwartungen nicht erfüllte, misshandelt oder sogar verbrannt, vor allem in ländlichen Gebieten, wo längst nicht alle Frauen lesen und schreiben können und über ihre in der Verfassung verankerten Rechte informiert sind. Trotz heftigen Widerstandes von Seiten progressiver Frauengruppen ist die Tradition der Mitgift so tief in der indischen Kultur verwurzelt, dass sie sich nicht so leicht abschaffen lässt, und die Regierung scheint in dieser Hinsicht machtlos zu sein.

Die indische Gesellschaft missbilligt zwar im Allgemeinen eine **Scheidung**, aber mit der zunehmenden Modernisierung ist diese, insbesondere unter der Mittelklasse, häufiger geworden. Das Hindurecht erkennt hingegen eine Scheidung nicht an, weshalb die Prozedur relativ kompliziert ist.

Für Hindus ist der **Tod** ein entscheidender Vorgang innerhalb eines endlosen Kreislaufs von Wiedergeburten. Hindus verbrennen ihre Toten, mit Ausnahme kleiner Kinder, die begraben oder in einen Fluss geworfen werden. Dem ältesten Sohn obliegt es, den Scheiterhaufen anzuzünden. Die Asche wird gewöhnlich auf einem heiligen Fluss, wie dem Ganges in Nordindien, verstreut. Je nach hinduistischer Gemeinde können die Riten nach dem Tod sehr lang und kompliziert sein. Ein Priester *(purohit)* ist jedoch unbedingt erforderlich. Witwen tragen traditionell Weiß und stehen nach altem hinduistischen Glauben außerhalb der Gesellschaft.

Wallfahrten

Das hinduistische Jahr ist reich an **Festen** zu Ehren von Gottheiten, wobei Mythen nachgespielt und heilige Stätten geehrt werden. Die größten Feste werden an Orten, die durch ihre Verbindung mit Göttern, Göttinnen, Wundern oder großen Lehrern geweiht sind, aber auch an heiligen Flüssen und auf Bergen abgehalten. Sie alle sind das ganze Jahr über wichtige **Pilgerstätten**, die von Gläubigen zum *darshan*, Erblicken der Welt der Götter, und um sich Verdienste zu erwerben, aufgesucht werden.

Die Reise *(yatra)* zu einer Pilgerstätte ist genauso bedeutend wie das Erreichen des heiligen Ortes. Gruppen von Hindus (insbesondere Sadhus) wandern oft von einer Stätte zur nächsten. Moderne Transportmittel haben das Unternehmen jedoch leichter gemacht, und jeder Bundesstaat arrangiert Pilgertouren, wobei Bus- und Jeepladungen voller singender Familien von einem Tempel zum nächsten stürmen und sich mit religiösen Andenken eindecken.

In Südindien befinden sich viele wichtige Pilgerstätten. Der Venkateshvara-Tempel auf dem Tirumala Hill in Andhra Pradesh behauptet, mehr Pilger anzuziehen als jeder andere heilige Ort der Welt. Und jedes Jahr wandern ungefähr zwei Millionen Gläubige zum Ayappa-Waldtempel bei Sabarimala in Kerala hoch. In Kanniyakumari, am südlichsten Zipfel Indiens, sollen die Wasser des Indischen Ozeans, des Golf von Bengalen und des Arabischen Meeres zusammenlaufen. Pilgertouren hierher werden oft mit Besuchen der großen Tempel von **Tamil Nadu** kombiniert, wo shaivitische und vaishnavitische Heilige Kultbewegungen gründeten und Indiens größte Tempel gebaut wurden. Madurai, Thanjavur, Chidambaram und Srirangam sind wichtige Pilgerzentren, die den Höhepunkt jener architektonischen Entwicklung darstellen, die in Mamallapuram begann. Auf ihren Festen werden die Gottheiten oft auf riesigen Holzwagen durch die Straßen gezogen – diese lebhaften und lautstarken Veranstaltungen sind ein unvergessliches Erlebnis. Ebenso wie Tempel, die bestimmten Gottheiten geweiht sind, gibt es historische Stätten, wie die ehemalige Vijayanagar-Hauptstadt in **Hampi**, die Anziehungspunkte für Pilger darstellen. Mehr als eine gemeinsame Ideologie ist es diese heilige Geografie, verbunden mit der Volksmythologie, die Hunderte von Millionen Hindus vereint. Aber auch nationalistische Kämpfe, insbesondere als Reaktion auf christliche Missionare sowie moslemische und britische Herrschaft haben die Hindus zusammengebracht.

Islam

Moslems – etwa 10% der Bevölkerung – bilden in fast jeder Stadt und jedem Dorf eine bedeutende Minderheit. In den meisten südlichen Bundesstaaten ist ihr Anteil geringer, mit Ausnahme von Kerala, wo fast ein Viertel der Einwohner Moslems sind; sie konzentrieren sich in den Fischer- und Handelsgemeinden entlang der Malabar-Küste. Die einzige größere Stadt im Süden mit ausgesprochen islamischer Atmosphäre ist Hyderabad in Andhra Pradesh, doch auch in Mumbai und Chennai gibt es lang etablierte moslemische Viertel.

Der Glaube an einen einzigen Gott, Allah, die Verurteilung der Götzenanbetung, die Einhaltung strenger Diätvorschriften und das Feiern spezieller Feste heben Moslems von ihren hinduistischen Nachbarn ab. Solche Unterschiede waren es zum Teil, die zu Spannungen innerhalb der Gemeinden führten, insbesondere während der Teilung 1947 und nach der Zerstörung der Babri-Moschee in Ayodhya in Uttar Pradesh 1992 (s. S. 108). Zwar entging der Großteil Südindiens Anfang der 90er Jahre den schlimmsten Exzessen, aber in Mumbai kam es zu einem schrecklichen Blutbad (s. S. 151), ein Ereignis, das der hervorragende Film *Bombay* des Regisseurs M. Ratnam dokumentiert.

Ursprung und Entwicklung

Der **Islam**, „die Unterwerfung unter Gott", wurde von **Mohammed** (570–632 n. Chr.) begründet. Er wird als letzter einer Reihe von Propheten angesehen und übermittelte der Menschheit Gottes letzte und vollende Offenbarung durch die göttlich übersandte „Rezitation", den **Koran** (Quran). Der Koran, die maßgebliche Schrift des Islam, enthält die Grundlagen des islamischen Glaubens: dass es nur einen Gott, Allah, gibt (auch wenn er 99 weitere Namen trägt) und Mohammed sein Prophet ist.

Der eigentliche Beginn des Islam wird auf das Jahr 622 n. Chr. datiert, als Mohammed und seine Anhänger, die aus Mekka vertrieben worden waren, die *hijra* (Wanderung) nordwärts nach Yathrib, später Medina, „Stadt des Propheten", unternahmen. Die Hijra markiert den Anfang des islamischen Mondkalenders: Das gregorianische Jahr 2006 ist für Moslems 1427 AH *(Anno Hijra)*.

Von Medina aus befehligte Mohammed Überfälle auf nach Mekka ziehende Karawanen und führte seine Gemeinde in Schlachten gegen die Mekkaner an, beseelt von *jihad*, dem „Bemühen" für Gott und den Islam. Dieses Konzept von einem heiligen Krieg war die treibende Kraft hinter der erstaunlichen Verbreitung des Islam – bis 713 hatten sich Moslems westlich bis nach Spanien und östlich bis an die Ufer des Indus ausgebreitet. Als sich **Mekka** 630 ohne Blutvergießen Mohammed ergab, ließ er die Götzenbilder aus dem heiligen Schrein, der Kaaba, entfernen und erklärte ihn zum Pilgerzentrum des Islam.

Mohammeds Nachfolger als Anführer der *umma*, der islamischen Gemeinschaft, war **Abu Bakr**, der Vertreter des Propheten oder Kalif, der erste einer Reihe von Kalifen, die die orthodoxe Gemeinde bis zum 11. Jh. n. Chr. leiteten. Es kam jedoch bald zu einer Spaltung, als der dritte Kalif, Othman, von Anhängern Alis, Mohammeds Schwiegersohn, 656 n. Chr. getötet wurde. Diese neue Sekte, die sich **Shi'as** („Partisanen") Alis, nannte, betrachtete Ali und dessen Nachfolger – unfehlbare „Imame" – bis 878 n. Chr. als Führer der Umma. Danach wurde ihre religiöse Autorität durch einen Gelehrtenstab, die *ulema*, ersetzt.

Bis zum 2. Jh. nach der Hijra (9. Jh. n. Chr.) hatte der orthodoxe oder **sunnitische Islam** die Form angenommen, in der er noch heute besteht. Eine Sammlung von Überlieferungen über den Propheten, **Hadith**, wurde die Quelle der **Sunna** (Bräuche) Mohammeds. Vom Koran und der Sunna wurden sieben Hauptglaubenssätze aufgestellt: der Glaube an einen einzigen Gott, an Engel als seine Boten, an Propheten (einschließlich Jesus und Moses), an den Koran, an die Doktrin der Vorherbestimmung durch Gott, das Jüngste Gericht und die leibhaftige Wiederauferstehung aller Menschen an diesem Tag. Unter dem islamischen Gesetz, der **Sharia**, wurde mit den **Fünf Säulen des Islam** auch die Religionsausübung vereinheitlicht. Die erste „Säule" ist das Glaubensbekenntnis, *shahada*: „Es gibt keinen Gott außer Allah und Mohammed ist sein Prophet". Die anderen vier sind das Gebet *(salat)* fünfmal täglich, Almosengeben *(zakat)*, Fasten *(saum)*, insbesondere im Monat Ramadan, und, wenn möglich, die *hajj*, (Hadsch; Pilgerreise) nach Mekka, das höchste Ziel eines jeden praktizierenden Moslems.

Der Islam in Südindien

Die ersten Moslems, die sich in Indien niederließen, waren Händler, die im 7. Jh. an der Südküste landeten, wahrscheinlich auf der Suche nach Holz für den Schiffsbau. Später, 711, kamen Moslems nach Sind, im Nordwesten, um gegen Hindu-Piraten vorzugehen, und verjagten die hinduistische Regierung. Ihre Gegenwart war jedoch nur von kurzer Dauer. Weitaus bedeutender war die Invasion Nordindiens, zunächst unter **Mahmud von Ghazni**, ab dem 12. Jh. dann unter den türkischen **Sultanaten**. Abgelöst wurden sie von den mächtigen **Moguln** (s. S. 96 ff.), die den Islam weit nach Zentral- und Nordindien hinein brachten, während der Süden größtenteils unberührt blieb.

Die Moslems der Malabar-Küste und insbesondere Keralas sind nicht die Nachfahren von Einwanderern aus Zentralasien, sondern das Ergebnis einer langen Geschichte des Handels und Austauschs mit der arabischen Welt. Diese Moslems der **Moplah-Gemeinde** haben neben ihren hinduistischen und christlichen Nachbarn ein einzigartiges Erbe bewahrt. In jüngster Zeit haben aus den Golfstaaten zurückgekehrte „Gastarbeiter" der Moplah-Gemeinde zu neuem Wohlstand verholfen und Städten wie Kozhikode eine Verschönerungskur verpasst.

Viele Moslems, die sich in Indien niederließen, heirateten Hindus, Buddhisten und Jains, so dass die Gemeinde sich ausdehnte. Ein weiterer Wachstumsfaktor war die missionarische Arbeit von **Sufis** im heutigen nördlichen Karnataka, die zunahm, als im 14. Jh. die Dekkan-Sultanate an die Macht kamen. Die Sufi-Lehren forderten Abstinenz und Selbstverleugnung im Dienste Gottes und versprachen göttliche Erkenntnis durch Meditation und mystische Erfahrungen. Sie verbreiteten sich in Indien insbesondere unter den Shaivas und Vaishnavas, die mit den Sufis das Verlangen nach persönlicher Nähe zu Gott teilten. Aufgrund dieser Ähnlichkeit fiel es den Sufis auch nicht allzu schwer, sich in der Kulturlandschaft des mittelalterlichen Indiens zurechtzufinden. Allerdings waren nicht alle Sufis sanftmütiger Natur: Manche verbreiteten das Wort mit missionarischem Übereifer und scheuten dabei nicht immer vor Gewaltanwendung zurück. Ihr Einsatz von Musik (insbesondere *qawwali*-Gesängen) und Tanz, der von orthodoxen Moslems abgelehnt wird, gefiel den Hindus, für die *kirtan* (Singen) eine wichtige Rolle in der Religionsausübung spielte. Ein *qawwali*, der vom Leben des Sufi-Heiligen Waris Ali Shah berichtet, zieht Parallelen zwischen dessen Jugend und der Kindheit Krishnas – für orthodoxe Moslems unerhört, für Hindus hingegen anziehend. Sufi-Schreine *(dargahs)* in ganz Indien bilden eine Brücke zwischen Islam und Hinduismus. Die wichtigsten Schreine in der Region sind das Grab von Hazrat Gesu Daraz in Gulbarga, Nord-Karnataka, der Schrein Sikander Shah bei Madurai und das Golgumbaz-Mausoleum in Bijapur.

Religiöse Bräuche

Moslems sind dazu aufgefordert, fünfmal täglich zu beten. Sie können dies zu Hause oder in einer **Moschee** tun – Letztere füllt sich jeden Freitag zum gemeinschaftlichen Mittagsgebet (nur die Drusen, eine in Mumbai ansässige esoterische Sekte, halten ihr Gemeinschaftsgebet am Donnerstag ab). Die Moscheen sind an ihren weißen Zwiebeltürmen und hohen Minaretten zu erkennen, von denen ein Muezzin die Gläubigen zum Gebet ruft. Die Bandbreite reicht von großen Prachtbauten wie in Hyderabad bis zu bescheideneren Gebetshäusern wie in ländlichen Gegenden Karnatakas, wo eine Moschee häufig nicht viel mehr ist als eine einfache Mauer zwischen zwei Minaretten auf einem Acker außerhalb des Dorfes. Alle Moscheen enthalten ein *mihrab*, eine Nische, die die Gebetsrichtung (nach Mekka) anzeigt. In manchen finden sich außerdem ein *mimbar* (Kanzel), von dem die Freitagspredigt gelesen wird, eine Wasserquelle für das Waschungen und ein separater Balkon für Frauen.

Ein viel diskutiertes Thema ist die **Stellung der Frau** im Islam. Es ist üblich, dass Frauen verschleiert sind. In streng orthodoxen Gemeinden tragen die meisten eine *burqa*, gewöhnlich schwarz, die sie von Kopf bis Fuß verhüllt. In größeren Städten bedecken viele Frauen hingegen ihr Haar nicht.

Wie andere Inderinnen auch, sind die moslemischen Frauen den Männern im öffentlichen Leben nicht gleichgestellt. Im Haus hingegen, wo sie oft in einem Innenhof den Blicken der Männer verborgen sind, üben sie großen Einfluss aus. Theoretisch ist Bildung Jungen und Mädchen gleichermaßen zugänglich, aber Mädchen verzichten meist mit 16 Jahren auf eine weitere Schulausbildung. Sie werden stattdessen dazu ermuntert, die traditionelle Rolle der Ehefrau und Mutter anzunehmen.

Zur Hochzeit bekommen Frauen von ihrem Mann eine „Morgengabe" als finanzielle Absicherung und als Zeichen des ihr entgegengebrachten Respektes. Anders als allgemein angenommen ist die Polygamie nicht weit verbreitet. Sie kommt zwar vor (Mohammed selbst hatte mehrere Frauen), viele Moslems bevorzugen jedoch die Monogamie und mehrere Sekten heben sie sogar als Pflicht der Moslems hervor.

Eine **Scheidung** kann entweder von einem indischen Gericht oder nach islamischem Gesetz ausgesprochen werden, doch eine Frau kann sich von ihrem Mann nur in gegenseitigem Einverständnis scheiden lassen.

Christentum

Rund 15 Millionen der insgesamt 22 Millionen in Indien beheimateten Christen leben in Südindien und gehören einer der (weitgehend indisierten) etablierten christlichen Konfessionen an. Außerdem wird zunehmend experimentiert, so gibt es z. B. Ashrams, die eine Synthese aus hinduistischen und christlichen Elementen lehren und die innere Einkehr (Meditation) zum Ziel haben.

Das Christentum in Südindien

Das Christentum in Südindien blickt auf eine lange Vergangenheit zurück. Der **Apostel Thomas** („der Ungläubige") soll 54 n. Chr. – kurz nach dem Tod von Jesus – in Kerala eingetroffen sein, um reisende jüdische Händler, die im aufstrebenden Hafen Muziris lebten, zu bekehren. Es gibt viele wundersame Geschichten über Mar Thoma, wie der heilige Thomas auf Malayalam genannt wird. Eine Legende berichtet davon, wie er sich in Palur (heute Malabar) einer Gruppe hinduistischer Brahmanen näherte, die versuchten, die Götter zu besänftigen, indem sie Wasser in die Luft spritzten; sollten die

Götter die Opfergabe annehmen, würden die Tropfen über ihnen hängen bleiben. Der heilige Thomas warf ebenfalls Wasser in die Luft, das wundersamerweise oben blieb, was die Brahmanen dazu veranlasste, an Ort und Stelle zum Christentum überzutreten. Im Süden wird gemeinhin geglaubt, dass der heilige Thomas am 21. Dezember 72 n. Chr. in Mylapore bei Madras (was von dem altsyrischen Wort *madrasa* kommt und „Kloster" heißt) den Märtyrertod starb. Das Grab ist seitdem ein wichtiger Wallfahrtsort, weshalb die Portugiesen Ende des 19. Jhs. an dieser Stelle die gotische San Thome-Kathedrale errichteten. Mündlicher Überlieferung zufolge ist dies die **älteste Konfession der Welt**, schriftliche Zeugnisse christlicher Aktivitäten auf dem Subkontinent reichen jedoch nur in das 6. Jh. zurück, als einwandernde syrische Gemeinden durch eine königliche Charta Siedlungsrechte entlang der **Malabar-Küste** erhielten. Von da an entfaltete sich das Christentum in Kerala unter dem Schutz toleranter hinduistischer Herrscher.

Im Laufe der Zeit verbreitete sich das Christentum über den gesamten Süden Indiens und fand zahlreiche Anhänger. Die Vorstellung von einer Obergottheit und vom Vorhandensein einer Seele, die Forderung nach Bescheidenheit und Gebet waren dem traditionellen indischen Mystizismus und Spiritismus nicht fremd. In vorkolonialer Zeit wurde das Christentum stark von seiner kulturellen Umgebung geprägt und absorbierte indische Bräuche, da Gemeindemitglieder ihre Sicht der Gesellschaft und Sitten in die Kirche einbrachten. Besonders die syrischen Christen entwickelten eine Gesellschaftshierarchie, in der etwas vom hinduistischen Kastenwesen anklingt.

Ab dem 16. Jh. ist die Verbreitung des Christentums auf dem Subkontinent eng mit der Geschichte der **Fremdherrschaft** in Indien verbunden. Der heilige **Franz Xaver** kam 1552 in die portugiesische Handelskolonie Goa. Er wollte bekehren und Missionen einrichten, um die „Unberührbaren" zu erreichen. Sein Grab und angebliche Reliquien werden in der Basilica of Bom Jesus in Old Goa aufbewahrt. Das Jahr 1559 markiert den Höhepunkt der blutigen **Inquisition** in Goa, die von portugiesischen Jesuitenmissionaren auf Geheiß ihres Königs durchgeführt wurde, um die kleine Kolonie von hinduistischen und moslemischen Bräuchen zu „säubern", obwohl das Ziel der Inquisition ursprünglich darin lag, die Juden „auszumerzen".

Die **Briten** waren anfangs der Meinung, dass der Subkontinent eine heidnische und polytheistische Zivilisation beherberge, die nur darauf wartete, bekehrt zu werden. An der Wende zum 19. Jh. erschien es vor allem Menschen aus niedrigen Kasten sehr erstrebenswert, zum Christentum zu konvertieren. In Andhra Pradesh fanden ganze Massentaufen statt, doch erst später stellten die Briten fest, dass mit einer christlichen Taufe nicht zwangsläufig auch eine Änderung der Moralvorstellungen und des Bildungsniveaus einhergingen, und ihr missionarischer Eifer ließ nach. Sie beschränkten sich schließlich darauf, nur jene christlichen Gemeinden zu fördern, die sich als „belehrbar" erwiesen hatten, und dort sehr englisch aussehende Kirchen zu bauen.

Heute machen die Christen in Goa und Kerala jeweils fast ein Drittel bzw. ein Fünftel der Bevölkerung aus. Während die meisten in Goa dem **Katholizismus** ihrer portugiesischen Vorfahren anhängen, beherbergt Kerala eine Reihe von Sekten – von Katholiken über syrische und malankaresische **Orthodoxe** bis zu Mitgliedern der Church of South India, die nach dem Vorbild des **Anglikanismus** gegründet wurde.

Da das Christentum sich auf die von seinem Stifter Jesus Christus verkündeten Grundsätze der Gleichheit und Brüderlichkeit gründet und somit frei von Kastenstigmata sein soll, zieht es jene an, die einen sozialen Aufstieg anstreben. Folglich sind viele unzufriedene Stammesangehörige und Unberührbare zum christlichen Glauben übergetreten. Die synkretistische Ausprägung des Christentums in Südindien verhinderte hier eine Situation wie in manchen nördlichen Bundesstaaten, wo die Spannungen zwischen Hindu-Extremisten und christlichen Gemeinden in jüngster Zeit zugenommen haben.

Religiöse Bräuche

In Südindien hat das Christentum über die Jahrhunderte viele hinduistische Elemente übernommen. In Tamil Nadu sind die christlichen **Feste** in hohem Maße nach „Kasten"-Rängen strukturiert, und ebenso wie ihre Hindubrüder essen die hiesigen Christen kein Rind- oder Schweinefleisch, da es als unrein gilt. In vielen Kirchen sieht man Gläubige, die als Opfergabe den hinduistischen *arati*-Teller mit Kokosnüssen, Süßigkeiten und Reis darbringen, und die Frauen tragen einen *tilak*-Punkt auf der Stirn. Die Christen bringen auch Teller mit Essen zu den Gräbern ihrer Vorfahren, um sie an ihrem Todestag zu ehren, ganz ähnlich wie Hindus es zu tun pflegen.

Ebenso wie Hindus und Moslems die **Pilgerfahrt** für einen integralen Bestandteil des Lebens-reise halten, besuchen indische Christen gern Kirchen, in denen eine Reliquie aufbewahrt wird, z. B. ein Fingerknochen des heiligen Thomas. Die meisten Kirchen in Kerala und Goa beherbergen mindestens ein Körperteil dieses Heiligen. An hohen Festtagen werden die Reliquien, in ein Körbchen gebettet, der Öffentlichkeit gezeigt, und die Gläubigen treten sich gegenseitig auf die Füße, um einen Blick darauf zu erhaschen.

Eine **Mitgift** ist auch unter den Christen in Indien üblich. Der Ehepartner gehört meist der eigenen Konfession oder Sekte an. In den meisten Fällen spielen die Eltern des Paares bei der Partnerauswahl eine maßgebliche Rolle. Ein besonderes Augenmerk gilt dabei dem gesellschaftlichen Status und Bildungsgrad des bzw. der Zukünftigen. Wird eine Frau **Witwe**, gerät sie nicht wie eine Hindu-Frau ins gesellschaftliche Abseits, sondern wird dazu ermutigt, sich erneut zu verheiraten.

Buddhismus

Der Buddhismus dominierte in Indien über mehrere Jahrhunderte. Damals lebten die Anhänger in allen Teilen des Subkontinents. Nachdem er im 5. Jh. seinen Höhepunkt erreicht hatte, war er aber zur Zeit der moslemischen Eroberung nahezu in der Versenkung verschwunden. Heute bilden die Buddhisten eine winzige Minderheit in Südindien, doch erinnern prächtige Baudenkmäler, die ein wesentlicher Bestandteil des kulturellen Erbes Südindiens sind, an die zentrale Rolle dieser Glaubensrichtung.

Ursprung und Entwicklung

Der Begründer des Buddhismus, **Siddhartha Gautama**, bekannt als **Buddha**, „der Erwachte, der Erleuchtete", wurde um 566 v. Chr. als Sohn einer wohlhabenden Kshatrya-Familie in Lumbini, nördlich der Ganges-Ebene im heutigen Nepal, geboren.

Als Prinz und Hindu in Luxus aufgewachsen, heiratete er in jungen Jahren und entsagte mit dreißig dem Familienleben. Unzufrieden mit den Erklärungen, die die hinduistischen Gurus für das Leiden auf der Welt boten, und davon überzeugt, dass Askese nicht zu spirituellem Erwachen führt, verbrachte Siddhartha Jahre damit, durch das alte Königreich von Magadha wandernd zu meditieren. Seine Erleuchtung *(bodhi)* soll unter einem Bodhibaum in **Bodhgaya** (Bihar) gekommen sein, nach einer Nacht der inneren Einkehr, während der er den weltlichen Versuchungen widerstand, mit denen ihn der Dämon Mara zu locken versuchte. Bald darauf hielt er in **Sarnath** (unmittelbar außerhalb von Varanasi), heute eine wichtige Pilgerstätte, seine erste Predigt. Den Rest seines Lebens verbrachte er damit zu lehren, indem er **Dharma**, die wahre Natur der Welt, des Menschen und der spirituellen Erkenntnis darlegte. Vor seinem Tod (ca. 486 v. Chr.) in Kushinagara (im nordindischen Bundesstaat Uttar Pradesh) gründete er den **Sangha**, eine Gemeinschaft von Mönchen und Nonnen, die seine Lehre weiterführten.

Buddhas Lebensanschauung griff die hinduistischen Vorstellungen von Samsara und Karma auf, änderte aber das höchste Ziel der Religion und nannte es **Nirvana** (wörtlich übersetzt „kein Wind"). Nirvana ist in weltlichen Begriffen undefinierbar. Es bedeutet die Klarheit des Geistes, reines Verstehen und unvorstellbare Seligkeit. Es zu erreichen signalisiert das Ende der Wiedergeburten, aber keine Vereinigung einer „Seele" mit Gott; beide existieren nicht unabhängig voneinander. Der wichtigste Gedanke, den Buddha darlegte, besagt, dass alle Dinge der Veränderung und Abhängigkeit unterliegen und durch **Vergänglichkeit** gekennzeichnet sind und es **kein Selbst**, kein dauerhaftes Ego gibt, weshalb auf das **Anhaften** an irgendetwas (Besitz, Gefühlen, spiritueller Erkenntnis und *devas)* verzichtet werden muss, bevor die Unbeständigkeit begriffen und Nirvana verwirklicht werden kann.

Buddha maß der Kaste und der priesterlichen Dominanz im Ritual keinerlei Bedeutung bei, sondern formulierte eine für alle offene Lehre. Seine Anhänger suchten in den Drei Kostbarkeiten: *Buddha, Dharma* und *Sangha* Zuflucht. Seine Lehre wurde als **Theravada**, „Lehre der Ordensältesten", bekannt. Im 1. Jh. v. Chr. legte das *Tripitaka*, „Dreikorb" (ein Pali-Kanon in drei Teilen), den Grundstein für die frühe buddhistische Praxis. Es nennt *dana,* selbstloses Geben, und *sila*, Regeln, wie man vermeidet, sich selbst und anderen zu schaden, als die wichtigsten Richtlinien für alle Buddhisten und den grundlegenden Verhaltenskodex für die Laiengemeinde.

Wenn Dana und Sila in guter Absicht ausgeführt werden, maximieren sie den Gewinn guten Karmas und minimieren die Bindung an das Materielle, wodurch das Individuum für die stärker religiös ausgerichteten Lehren, die **Vier Edlen Wahrheiten**, offen ist. Die erste besagt, dass alles Leiden *(dukkha)* ist, nicht weil jede Handlung notwendigerweise unangenehm wäre, sondern weil nichts in der Erscheinungswelt von Dauer und verlässlich ist. Die zweite, dass Dukkha durch Anhaften entsteht, die dritte bezieht sich auf Nirvana, das Ende des Leidens, und die vierte erläutert den Weg zum Nirvana. Dieser ist als der **Achtfache Pfad** bekannt – rechte Erkenntnis, rechtes Denken, rechte Rede, rechtes Handeln, rechter Lebenserwerb, rechte Anstrengung, Achtsamkeit und Sammlung – und bezweckt, das Anhaften und das Ego einzuschränken und das Bewusstsein zu erhöhen, bis alle vier Wahrheiten vollständig begriffen sind und Nirvana erreicht ist. Selbst daran sollte man nicht hängen – wer es erfährt, dem rät Buddha, dieses Verständnis dazu zu benutzen, anderen zu helfen, zur Erkenntnis zu gelangen.

Das Sanskrit-Wort *bhavana,* im Westen als **Meditation** verstanden, heißt wörtlich „werden, zum Entstehen bringen". Traditionell wird die Meditation in zwei Kategorien unterteilt: **Shamatha** (Gemütsruhe), die den Geist beruhigt und kontrolliert, und **Vipashyana** (Hellblick), während der die Denkprozesse und die Edlen Wahrheiten untersucht werden, was schließlich zur Erkenntnis der Realität führt. Heutzutage werden beide Methoden gelehrt.

Zunächst stellte die buddhistische Ikonographie Buddha symbolhaft dar, z. B. als Fußabdruck, Bodhibaum, Sonnenschirm oder Vase. Diese sind an den in ganz Indien seit Beginn der Regierungszeit des buddhistischen Kaisers Ashoka (s. S. 90) gebauten Stupas (kuppelförmige Kultbauten, die Relikte Buddhas enthalten) und in alten buddhistischen Höhlen, die als Rückzugsorte zur Meditation und *viharas* (Klöster) dienten, zu sehen. Obwohl die schönsten Beispiele im Norden zu finden sind, gibt es auch im Süden einige interessante Stätten, wie z. B. die Stupas in Amaravati und Nagarjunakonda in Andhra Pradesh sowie die Höhlen in Aihole und Badami in Karnataka.

Diese künstlerische Entwicklung fiel zusammen mit einer stärkeren Betonung der hingebungsvollen Komponente im Buddhismus und der Anerkennung von **Bodhisattvas** – jenen Menschen, denen die Erleuchtung gewiss ist, die aber ihre Selbstversunkenheit im Nirvana zurückstellen, um – von selbstlosem Mitleid und Altruismus getrieben – Lehrer zu werden.

Die Bedeutung des Bodhisattva-Ideals wuchs, als eine neue Schule, das **Mahayana** („Großes Fahrzeug"), entstand. Bis zum 12. Jh. hatte sie sich vollständig etabliert und die alte Schule etwas abschätzig in **Hinayana** („Kleines Fahrzeug") umbenannt. Die Anhänger des Mahayana erklärten die Leere *(Shunyata)* zur wesentlichen Natur aller Dinge und legten allerhöchsten Nachdruck auf den Glauben, dass nichts unabhängig vom großen Ganzen existiert. Die **Weisheit**, die erforderlich ist, um Shunyata zu verstehen, und die **Fähigkeiten**, die nötig sind, um die Weisheit im täglichen Leben und in der Lehre in Taten umzusetzen und die Leere in einem positiven Sinne zu deuten, wurden die wichtigsten Aspekte des Mahayana-Buddhismus. Es dauerte nicht lange, bis den Bodhisattvas in Schriften und der Kunst weibliche Gefährtinnen zugesellt wurden, die Weisheit verkörperten.

Der Theravada-Buddhismus besteht heute in Sri Lanka, Myanmar (Burma), Thailand, Laos und Kambodscha fort. Der Mahayana-Buddhismus breitete sich von Indien nach China, Japan, Korea und Vietnam aus, wo er lokale Götter und Geister in eine Familie von Bodhisattvas aufnahm. In vielen Orten kamen in der Folge magische Methoden, esoterische Lehren und der volle Einsatz der Sinneserfahrung hinzu, um eine spirituelle Umwandlung zu bewirken. Dies führte zu einer eigenen Schule, die als **Mantrayana** oder **Vajrayana** bekannt ist und sich auf *tantras* genannte Texte stützt. Mantrayana befürwortete die Meditation mit Hilfe von Mandalas (symbolische Diagramme, die den Kosmos und innere spirituelle Fertigkeiten symbolisieren), sexueller Bildersprache und mitunter Geschlechtsverkehr, mittels dessen sich das weibliche Weisheitsprinzip mit dem männlichen Prinzip der Geschicklichkeit in der Methode vereinen lässt.

Religiöse Bräuche

Für buddhistische Mönche und Nonnen sowie einige Mitglieder der Laiengemeinde ist **Meditation** ein integraler Bestandteil des religiösen Lebens. Die meisten Laien konzentrieren sich auf Dana und Sila und machen an verheißungsvollen Tagen wie *Vesak* (der Tag von Buddhas Geburt, Erleuchtung und Tod) **Wallfahrten** nach Bodhgaya, Sarnath, Lumbini und Kushinagar (alle in Nordindien). Die Gläubigen legen zunächst Opfergaben vor Buddha-Statuen und versammeln sich dann zur stillen Meditation oder stimmen gemeinsam Gesänge aus frühen buddhistischen Texten an. *Uposathas,* Vollmondtage, sind von ununterbrochenem Gesang die ganze Nacht hindurch gekennzeichnet. Dabei werden die Tempel von schimmernden, mit Butter gespeisten Lampen erleuchtet, die oft auf Lotusteichen treiben – zwischen jenen Blüten, die das Wesen der Schönheit und Reinheit, wie sie jedem Menschen auch mitten im „Sumpf" des Alltags eigen sind, repräsentieren.

Jainismus

Die Jain-Tradition ist seit mindestens 2500 Jahren äußerst einflussreich, selbst wenn in Südindien heute nur noch eine kleine Jain-Minderheit anzutreffen ist, deren Angehörige meist in Handel und Wirtschaft tätig sind. Die im Verschwinden begriffene Gemeinde repräsentiert eine Tradition, die Ähnlichkeiten zur Hindu-Andacht, die gemeinsame Achtung vor der Natur und das Bekenntnis zur Gewaltlosigkeit haben dazu geführt, dass viele Jains zum Hinduismus übergetreten sind; es besteht jedoch keine Feindseligkeit zwischen den beiden Religionsgemeinschaften.

Ursprung und Entwicklung

Die Jain-Lehre basiert auf den Lehren von **Mahavira** („Großer Held"), dem letzten einer Reihe von 24 **Tirthankaras** („Furtbereiter"), die alle 300 Millionen Jahre auf der Erde erscheinen sollen. Mahavira (ca. 599–527 v. Chr.) wurde als Vardhamana Jnatrputra nahe dem heutigen Patna in Nordost-Indien in eine Kshatrya-Familie geboren. Wie Buddha entsagte er mit 30 Jahren dem Familienleben und verbrachte Jahre als Wanderasket. Auf jedweden Besitz verzichtend versuchte er, das Anhaften an weltliche Werte zu überwinden. Nachdem er die volle

Erkenntnis und Loslösung erreicht hatte, wandte er sich strikt gegen Opferriten und Kastenwesen und begann, andere zu unterrichten. Er lehrte nicht über vedische Götter und göttliche Helden, sondern über die wahre Natur der Welt und die Mittel und Wege zur Erlösung von einem unendlichen Zyklus der Wiedergeburt.

Seine Lehren wurden im 1. Jahrtausend v. Chr. niedergeschrieben, und der Jainismus blühte unter dem Schutz von Königen wie Chandragupta Maurya (3. Jh. v. Chr.) in ganz Indien. Wenig später kam es jedoch zu einer Spaltung, die z.T. auf linguistischen und geografischen Unterteilungen beruhte, in erster Linie aber mit Unterschieden in der mönchischen Praxis zu begründen ist. Die **Digambaras** („luftgekleidet") auf der einen Seite glaubten, dass Nacktheit wesentlich zur Weltentsagung gehörte und dass Frauen unfähig seien, die Befreiung vom weltlichen Dasein zu erreichen. Die **Svetambaras** („weiß gekleidet") hingegen sahen vom Extrem der Nacktheit ab, integrierten Nonnen in Mönchsgemeinschaften und erkannten sogar einen weiblichen Tirthankara an.

In einem komplizierten Prozess der philosophischen Analyse, die unter dem Namen **Anekanatavada** (Vielseitigkeit) bekannt ist, beschäftigt sich der Jainismus mit allen Fragen des Lebens, der Ewigkeit und mit dem Wechsel von sieben verschiedenen Standpunkten, denn er geht davon aus, dass die Dinge aus unzähligen gleichberechtigten Perspektiven betrachtet werden können. So behauptet er, der Gewalt die intellektuelle Grundlage zu rauben, indem er die potenziell schädliche Lösung einer einseitigen Sichtweise vermeidet. Insofern akzeptiert der Jainismus andere religiöse Weltanschauungen und hat nach einigen kleinen Neuinterpretationen mehrere Hindu-Feste und -Praktiken übernommen.

Die an das Gebot des **Ahimsa** („Nicht-Verletzen") gebundenen Jains folgen einer strengen Disziplin, um Schaden von den **Jivas** („Seelen") abzuwenden, die nicht nur in Tieren und Menschen, sondern auch Pflanzen, Wasser, Feuer, Erde und Luft innewohnen. Sie gehen davon aus, dass jede Jiva rein und allwissend ist und in der Lage, die Befreiung (Moksha) vom Dasein in diesem Universum zu erlangen. Jedoch werden die Jivas von **Karma** verborgen, einer Art feiner Materie, die sich an die Seele heftet, aus der Handeln geboren

wird und die die Jiva an die körperliche Existenz bindet.

Für die meisten orthodoxen Jains besteht die einzige Möglichkeit, das Karma von der Jiva zu lösen und so dem Kreislauf von Tod und Wiedergeburt zu entkommen, darin, dem Weg der Askese und Meditation zu folgen, Leidenschaft, die falsche Sichtweise, Anhaften, Nachlässigkeit und unreine Handlungen abzulehnen.

Religiöse Bräuche

Heutzutage beten die beiden Jain-Sekten in verschiedenen Tempeln, die Zahl der nackten Digambaras ist jedoch minimal. Viele Svetambara-Mönche und -Nonnen tragen einen Mundschutz, um keine Insekten einzuatmen, und haben einen „Fliegen-Besen" dabei, den sie manchmal gebrauchen, um den Weg vor sich zu fegen; keiner benutzt öffentliche Verkehrsmittel, und oft verbringen sie Tage oder Wochen damit, barfuß zu einer Pilgerstätte zu wandern. Praktizierende Jain-Hausvorstände leisten einen Schwur, Verletzungen, Falschheit, Diebstahl (einschließlich Betrug bei Geschäftsabschlüssen), Untreue und weltliches Anhaften zu vermeiden.

Jain-Tempel sind wundervoll verziert; in die Säulen, Konsolen und Spitztürme haben *silavats* sinnliche Mädchen, Musiker, Heilige und sogar Hindu-Gottheiten gemeißelt. Das Swastika-Symbol, das sich gewöhnlich in den Marmorböden findet, ist von zentraler Bedeutung im Jainismus: Es symbolisiert die vier Stadien der Wiedergeburt als Götter, Menschen, „Höllenwesen" oder Tiere und Pflanzen. Die Andacht im Tempel besteht aus Gebeten und *puja* vor den Bildern der Tirthankaras. Der Gläubige umrundet die Statue, singt heilige Verse und bietet Opfergaben in Form von Blumen, Sandelholzmasse, Reis, Süßigkeiten und Räucherstäbchen dar. Es ist üblich, viermal im Monat, an *parvan* (heiligen) Tagen (dem 8. und 14. Tag des zu- und abnehmenden Mondes), zu fasten. Es verringert einerseits das Anhaften an den Körper, kann aber andererseits mit dem Tod durch Fasten (während der Meditation), *sallekhana* genannt, enden, dem von Jain-Bettelmönchen als endgültige Verwerfung des Anhaftens akzeptierten Weg, das weltliche Leben zu verlassen.

Um einer **Mönchsgemeinschaft** beizutreten, müssen Laien elf *pratimas* durchlaufen, beginnend mit den rechten Ansichten, dem Leisten von Schwüren, Fasten und Enthaltsamkeit und gipfelnd in dem Verzicht auf ein Familienleben. Sobald ein Jain zu Mönch bzw. Nonne geworden ist, strebt er/sie danach, durch Meditation das eigene Verständnis zu erhellen, in der Hoffnung, Leidenschaften auszulöschen, die Bindung an das Karma zu lösen und das Anhaften zu überwinden; es werden 14 spirituelle Stadien *(gunasthanas)*, durchlebt, bis man als vollständig erleuchtetes, allwissendes Wesen hervorgeht. Egal ob man ein Kloster- oder ein Laiendasein führt, die Jains gehen davon aus, dass die Erleuchtung nur sehr selten erfolgt. Die religiöse Praxis zielt daher in erster Linie darauf ab, einen Wiedergeburtsstatus zu erlangen, der den spirituellen Fähigkeiten dienlicher ist.

Pilgerstätten sind als **Tirthas** bekannt. Eine der bedeutendsten Svetambara-Tirthas ist Shatrunjaya im nordindischen Gujarat, doch die wichtige Digambara-Tirtha **Sravanabelagola** befindet sich in Karnataka. Hier wird auf der Spitze eines Hügels alle zwölf Jahre anlässlich des riesigen Abhishekha-Festes eine 18 m hohe Statue von Bahubali (der als erster Mensch gilt, der die Erlösung erreicht hat) gesalbt.

Zoroastrismus

Die Wahrscheinlichkeit, dass westliche Besucher auf Parsen treffen – oder diese überhaupt erkennen – ist sehr gering, denn sie haben keine eigene Kleiderordnung und wenige Gotteshäuser. Die meisten leben in Mumbai, wo sie als **Parsis** (Parsen, von „Perser") bekannt sind und im Handel, dem Bildungswesen und der Politik aktiv sind. Ein bekanntes Beispiel ist die Familie Tata, führende Industrielle, die bis vor kurzem praktisch ein Monopol auf eine Reihe von Wirtschaftszweigen hatten. So reicht ihr Besitz von Automobil- über Stahl- und Chemiewerke bis zu Teeplantagen. Doch ungeachtet ihrer wirtschaftlichen Erfolge nimmt die Zahl der Parsen (etwa 90 000) rapide ab, was hauptsächlich auf das strikte Verbot einer Heirat mit Andersgläubigen und eine sinkende Geburtenrate zurückzuführen ist.

Die Parsen sehen sich daher zunehmend zu einer Heirat außerhalb ihrer Gemeinschaft gezwungen, wodurch ihre besondere Identität langsam verschwimmt.

Ursprung und Entwicklung

Der Religionsstifter **Zarathustra** (Zoroaster), der (den Zoroastern zufolge) 6000 v. Chr. oder zwischen 1700 und 1400 v. Chr. in Persien lebte, war der erste Prophet, der eine dualistische Philosophie auf der Grundlage der gegensätzlichen Kräfte von Gut und Böse entwickelte. Zarathustra zufolge liegt der absolute, ganzheitlich gute und weise Gott, **Ahura Mazda**, zusammen mit seinem heiligen Geist und den sechs in der Erde, dem Wasser, dem Himmel, in Tieren, Pflanzen und dem Feuer anwesenden Emanationen ständig im Streit mit einer bösen Macht, **Angra Mainyu**, die von **Daevas**, bösen Geistern, unterstützt wird.

Der Menschheit, deren Aufgabe auf der Erde darin besteht, das Gute zu mehren, steht nach dem Tod ein Gericht bevor: Je nach dem Anteil der guten und bösen Worte, Gedanken und Handlungen findet man entweder Aufnahme im Himmel oder durchleidet die Qualen der Hölle. Zarathustra freute sich auf das Jüngste Gericht, wenn ein Erlöser, **Saoshyant**, auf wundersame Weise aus einem Samen des Propheten und einer Jungfrau geboren, auf der Erde erscheinen wird, um Ahura Mazdas perfektes Reich wiederherzustellen und alle unreinen Seelen und Geister in die Hölle zu schicken.

Die ersten Parsen, die nach Indien kamen, trafen im 10. Jh. kurz nach der Eroberung Persiens durch die Araber an der Küste Gujarats ein. Bis zum 17. Jh. hatten sich die meisten in Mumbai niedergelassen.

Religiöse Bräuche

In der Praxis basiert der Zoroastrismus auf der Verantwortung eines jeden Menschen, zwischen Gut und Böse zu wählen und die Schöpfung Gottes zu respektieren. Täglich werden fünf Gebete, im Allgemeinen Hymnen *(gathas)*, die von Zarathustra stammen und im Hauptwerk der Parsen, dem *Avesta,* gesammelt wurden, zu Hause oder in einem Tempel vor einem Feuer – Symbol des Reichs der Wahrheit, Rechtschaffenheit und Ordnung – aufgesagt. Aus diesem Grund werden Parsen oft unzutreffenderweise als „Feueranbeter" bezeichnet. Das beliebteste parsische Fest ist **No Ruz** („Der Neue Tag"), das die Schaffung des Feuers und den endgültigen Sieg des Guten über das Böse feiert.

Mitglieder anderer Religionsgemeinschaften dürfen parsische Tempel nicht betreten, aber ein

Brauch, der Außenstehenden nicht verborgen bleibt, ist die Bestattungsmethode. Der Leichnam wird auf ein hohes, offenes Dach (oder einen Hügel) gelegt, den *dakhma* (oftmals als „Turm des Schweigens" bezeichnet (s. S. 156), damit das Fleisch von Geiern gefressen und die Knochen durch Sonne und Wind gereinigt werden. In jüngster Zeit sind einige Parsen der Not halber zu den gewöhnlicheren Methoden der Einäscherung und Erdbestattung übergegangen. Um weder Feuer noch Erde zu verunreinigen, benutzen sie jedoch nur elektrische Krematorien und umhüllen Särge mit Beton, bevor sie sie in die Erde lassen.

Sakralkunst und -architektur

Es wird oft behauptet, Südindien sei die religiöseste Ecke der Welt, und wenn man die zahllosen Beispiele sakraler Kunst und Architektur betrachtet, möchte man dem zustimmen. Tausende von Jahren haben einander ablösende Fürstentümer, Kaiser, *nawabs* und *nizams* – gleich ob Hindu, Buddhist, Jain oder Moslem – für die Errichtung religiöser Bauten riesige Summen an Geld aufgeboten und unzählige menschliche Arbeitskräfte eingesetzt, sowohl um das Ausmaß ihrer weltlichen Herrschaft als auch die Macht der Götter und Naturkräfte zu symbolisieren. Einige, wie die Tempeltürme *(gopura)* von Tamil Nadu und das gigantische Golgumbaz-Mausoleum in Bijapur, wurden in Ehrfurcht einflößenden Ausmaßen angelegt; andere, wie die in Felsen gehauenen Pallava-Schreine in Mamallapuram und die minuziöse Architektur der Hoysalas in Karnataka, sind intimer gehalten. Dennoch haben die religiösen Bauwerke des Südens eines gemeinsam: Fast alle bezeugen die Vorliebe der Inder für **kunstvolle Verzierungen**. Selbst die strengsten moslemischen Sultane des Dekkan konnten nicht widerstehen, ihre Gräber und Moscheen mit erlesenen geometrischen Formen zu schmücken, während die Sorgfalt im Detail, die die Bildhauer der Cholas an den Tag legten, neben der bloßen Größe der Gebäude erstaunt.

Ein weiteres Charakteristikum der südindischen Sakralkunst und -architektur ist das Ausmaß, in dem verschiedene Kunstformen über die Jahrhunderte hinweg von der **Konvention** bestimmt wurden. Ebenso wie das Ritual genauen Regeln folgt, die über Generationen weitergegeben werden, entsprechen die Bauwerke und ihr Dekor äußerst strengen Vorgaben, die in alten kanonischen Texten festgelegt sind. Dies trifft vor allem auf die **Ikonographie** zu – die komplexe Symbolsprache, die benutzt wird, um Götter, Göttinnen und Heilige in ihren vielen verschiedenen Formen darzustellen. Auch heute noch verbringen die Steinmetze von Mamallapuram Jahre mit dem Studium der exakten Größe und Form ihrer Objekte. Wenn die Proportionen nicht 100%ig stimmen, gilt ein Heiligenbild oder Sakralbau als bar seiner essentiellen Kraft, denn dann ist die Reihe verheißungsvoller Zahlen, durch die sich die magische Kraft der Götter manifestiert, gestört und die Grundordnung des Universums beeinträchtigt.

Eine dermaßen strenge Befolgung der Tradition scheint wenig Raum für Innovationen zu lassen, dennoch haben die südindischen Künstler eine erstaunliche Bandbreite **regionaler Stile** hervorgebracht. Einer der spannendsten Aspekte einer Reise um die Halbinsel besteht darin, diese zu vergleichen. Nach einer Weile kann man sie langsam unterscheiden und damit einen lebendigeren Eindruck der Menschen und des Zeitalters, denen sie ihre Existenz verdanken, gewinnen. Die folgenden Erläuterungen sind als Einführung gedacht; für tiefer gehende Studien sollte man die in der Liste auf S. 618 aufgeführten Bücher zu Rate ziehen.

Stupas

Zu den frühesten Kultobjekten in Indien zählen als Stupas bekannte halbkugelförmige Hügel, die seit dem 6. Jh. v. Chr., als Buddha selbst den ersten Prototyp entwarf, für die buddhistische Andacht eine wichtige Rolle spielen. Von einem seiner Schüler nach einem Symbol gefragt, das helfen würde, seine Lehren nach seinem Tod zu verbreiten, nahm der Meister seine Almosenschüssel, seinen Lehrstock und einen Streifen Stoff – seine einzigen weltlichen Besitztümer – und bildete daraus die Form eines Stupa, indem er den Stoff als Grundlage, die umgedrehte Schüssel als Kuppel und den Stock als Turmspitze nahm.

Ursprünglich waren Stupas einfache Grabhügel aus Erde und Stein, die Reliquien Buddhas und seiner Anhänger beherbergten. Als sich die Religion verbreitete, vermehrten sich die Grundkomponenten jedoch und erhielten eine **symbolische Bedeutung**. Die Hauptkuppel *(anda)* – die den heiligen Berg oder die Himmel und Erde miteinander verbindende Achse darstellt – wurde größer, während die sie umgebende hölzerne Umzäunung *(vedika)* durch eine massive aus Stein ersetzt wurde. Hinzugefügt wurde eine erhöhte Terrasse *(medhi)*, zusammen mit zwei Treppen und vier Zeremonialeingängen, die mit Bedacht nach den Himmelsrichtungen ausgerichtet sind. Die krönende Spitze des Stupa entwickelte sich zu einem dreistufigen Schirm *(chhattra)*, der die Drei Kostbarkeiten des Buddhismus symbolisiert: Buddha, das kosmische Gesetz und die Mönchsgemeinschaft *(sangham)*.

Der *chhattra*, gewöhnlich von einem niedrigen quadratischen Steinkasten *(harmika)* umschlossen – eine Reminiszenz an jene Tage, als heilige Bodhi-Feigenbäume umzäunt wurden –, bildete die Spitze der Achse, direkt über dem Reliquienschrein im Herzen des Stupa. Die Reliquienschreine, die von in Stoff gehüllten Knochenstücken bis zu schönen Kästchen aus Edelmetallen, Kristall und verziertem Stein reichten, waren die „Samen" und die sie schützenden Hügel das „Ei". Ausgrabungen der geschätzten 84 000 über den Subkontinent verstreuten Stupas haben gezeigt, dass die Innenräume manchmal auch als kunstvolle **Mandalas** angelegt wurden – symbolische Muster, die einen wohltuenden Einfluss auf den Stupa und alle, die ihn umschritten, ausüben. Das Ritual der **Umwandlung** *(pradakshina)*, das es dem Gläubigen ermöglichte, ein magisches Kräftefeld zu betreten und vom weltlichen ins göttliche Reich getragen zu werden, wurde stets im Uhrzeigersinn von Osten aus vollzogen, in Nachahmung der „Sonnenbewegung" (eigentlich der Erdumdrehung).

In Südindien ließ die Dynastie der **Satavahana** (oder der Andhra), die gegen Ende des 1. Jahrtausends ein riesiges Gebiet des Landes beherrschte (s. S. 91, Geschichte), in der gesamten Region Stupas errichten, darunter den Großen Stupa von **Amaravati** in Andhra Pradesh. An Ort und Stelle ist nicht viel von diesem einst imposanten Bauwerk erhalten, aber man kann einige der herausragenden Skulpturen, die seine Tore *(toranas)* zierten, im Government Museum von Chennai bewundern. Um einen belebten Stupa zu sehen, muss man jedoch in die Fußstapfen der Missionare des Kaisers Ashoka treten und Richtung Süden nach Sri Lanka fahren, wo Stupas nach wie vor als Quelle heiliger Kräfte verehrt werden.

Tempel

Um mit hinduistischen Tempeln etwas anfangen zu können, muss man ihre gemeinsamen Merkmale ausmachen können. Viele der Bauvorschriften sind in den *Shilpashastras* niedergelegt – Sanskrit-Handbüchern, die detailliert die alten Bauwerke beschreiben und deren symbolische Bedeutung erklären.

Im Gegensatz zu christlichen Kirchen und islamischen Moscheen sind Tempel nicht einfach nur Gebetshäuser, sondern selbst Objekte der Verehrung – Personifizierung des „Göttlichen-Kosmischen-Schöpferwesens" oder der jeweils in ihnen wohnenden Gottheit. Für einen Hindu kommt ein Gang durch den Tempel dem Betreten des Körpers Gottes gleich, und im Moment des *darshan* (rituellen Ansehens der Gottheit) im Schreininneren ein Zeichen zu erhalten, ist der Höhepunkt einer Kulthandlung. In Südindien findet dieses Konzept auch in den Fachbegriffen Ausdruck, die in den *Shastras* die verschiedenen Teile der Anlage bezeichnen: der Fuß, das Schienbein, der Rumpf, Hals, Kopf usw.

Die Tempel von Tamil Nadu

Kein indischer Staat wird stärker von seinen Tempeln dominiert als Tamil Nadu, dessen riesige Tempeltürme die meisten Städte und Dörfer überragen. Die Mehrzahl wurde zu Ehren Shivas oder Vishnus und deren Gefährtinnen errichtet. Für alle charakteristisch sind nicht nur die Anlage und die Skulpturen, sondern auch das ständige Treiben – Gebete, Tanz, Gesang, *pujas*, Feierlichkeiten und Festessen. Jeder Tempel wird von brahmanischen Priestern geleitet, die an ihren *dhotis* (Lendentuch), einer heiligen Schnur um die rechte Schulter und Zeichen auf der Stirn zu erkennen sind. Ein bis drei waagerechte Striche (gewöhnlich weiß) kennzeichnet Shaivas; senkrechte Striche (gelb oder rot), die oft fast in einer V-Form zusammenlaufen, sind dagegen unter Vaishnavas üblich.

Dravida, die Tempelarchitektur Tamil Nadus, entstand im Pallava-Hafen von **Mamallapuram**. Die frühesten Pallava-Bauwerke waren **Mandapas**, in Felsen gehauene Schreine mit Säulen am Eingang. Sie stehen eine Entwicklungsstufe über den Höhlenschlupfwinkeln von Hindu- und Jain-Asketen. Das einmalige Flachrelief von Mamallapuram, **Arjuna's Penance**, zeigt die Steinmetzkunst der Pallavas in ihrer vollendetsten Form. Diese bildhauerischen Fertigkeiten wurden auf frei stehende Tempel, **Rathas**, übertragen, die aus einem einzigen Stein gehauen wurden und die wesentlichen Elemente der Hindu-Tempel vereinten: ein dunkles inneres Heiligtum *(garbhagriha)*, gekrönt von einem einfachen Spitzturm, der sich wiederholende architektonische Motive aufweist. Der Shore Temple von Mamallapuram wurde dann mit drei Schreinen gebaut und von einem der hohen Dächern der *rathas* ähnlichen *vimana* (ein Tempelturm mit Stufendach) gekrönt; Statuen von Nandi, Shivas Stier, überragen seine niedrigen Mauern. Im schönsten Pallava-Tempel, dem Kailasanatha-Tempel in **Kanchipuram**, steht das Heiligtum, ebenfalls von einem pyramidenförmigen Vimana überdacht, in einem von hohen Mauern eingeschlossenen Hof. Die mit Bildnissen Shivas, seiner Gefährtin sowie grausigen mythischen Löwen *(yalis)* verzierten Ausbuchtungen und Nischen in den Mauern waren die Prototypen für spätere Stile.

Die Pallava-Formen wurden in Karnataka von den Chalukyas und Rashtrakutas entwickelt, doch die nächste architektonische Phase führten im 10. Jh. die shaivitischen **Cholas** Tamil Nadus an. In **Thanjavur** schuf Rajaraja I. den Brihadeshwara-Tempel in erster Linie als Statussymbol. Seine Proportionen übertreffen bei weitem jene der Bauwerke der Pallavas. Das Heiligtum, das in einem großen, ummauerten Hof liegt und vor dem sich eine kleine Säulenhalle *(mandapa)* befindet, steht unterhalb eines über 60 m hohen, mit Bildhauerarbeiten verzierten Vimana. Die meisten Skulpturen stellen auch hier Shiva dar, doch die *gopura* (Türme) zu beiden Seiten des östlichen Tores zum Hof waren eine Neuheit, ebenso wie die in den unteren Teil der Wände des Heiligtums gemeißelten Löwen und der über Nandi errichtete Pavillon vor dem Sanktuarium. Der zweite große Chola-Tempel wurde von Rajendra I. in **Gangaikondacholapuram** errichtet. Anstelle eines mächtigen *vimana* führte er neue Elemente ein. So fügte er Nebenschreine hinzu und platzierte eine erweiterte Mandapa, um deren Säulen sich Tänzer und Gottheiten winden, vor dem zentralen Heiligtum.

Zu Zeiten der **Vijayanagar-Könige** des 13. Jhs. stand der Tempel im Mittelpunkt des Stadtlebens. Er bildete das Zentrum der Stadtversammlungen, der Bildung, des Tanzes und Theaters. Die Vijayanagars erweiterten frühere Bauwerke, indem sie eine Reihe von *prakaras* (Höfe) ummauerten und frei stehende Mandapas als Versammlungshallen, Elefantenställe, Bühnen für Musik und Tanz sowie Hallen für Hochzeitszeremonien errichteten. Diese Mandapas mit wunderbar verzierten Säulen wurden als **1000-Säulen-Hallen** *(kalyan mandapas)* bekannt. **Becken**, die sowohl als Wasserreservoirs als auch als Waschbereiche dienten, wurden hinzugefügt. Sie fanden auch bei Festen Verwendung, wenn Götterstatuen in Booten, von schimmernden Öllampen umgeben, auf dem Wasser treiben gelassen wurden.

Unter den Vijayanagars wurden die *gopura* vergrößert und in allen vier Himmelsrichtungen über den hohen Toren zu jedem Prakara aufgebaut, um zum augenfälligsten Merkmal zu werden. Der Grundriss ist rechteckig, und die Türme sind mit Bildnissen von Tieren, lokalen Heiligen oder Herrschern sowie Gottheiten verziert. *Gopura* werden regelmäßig in Rosa, Blau, Weiß und Gelb frisch angestrichen, was einen fröhlichen Kontrast zu den Braun- und Grautönen der darunter liegenden Hallen und Heiligtümer bildet. **Madurai** ist der Ort für ein Studium der Vijayanagar-Architektur und der zeitlosen Tempelrituale. Die schwach beleuchteten Hallen und sonnigen Höfe hallen von dem Gemurmel der Gebete wider und beleben sich regelmäßig zu Festzeiten, wenn Gläubige Shiva und seine „fischäugige" Gefährtin (s. S. 505) auf schweren Holzwagen durch die Stadt ziehen. Der Tempel in **Srirangam**, außerhalb von Tiruchirapalli, wurde von den Vijayanagar-Nayaks erweitert und damit zum größten Tempel Südindiens. Anders als der in Madurai integriert er frühere Chola-Grundmauern. Die Ausschmückung mit Säulen in Form von sich aufbäumenden Pferden ist einzigartig.

Hoysala-Tempel

Die Hoysala-Dynastie herrschte zwischen dem 11. und 13. Jh. über das südwestliche Karnataka. Ab dem 12. Jh., nach der Thronbesteigung von König Vishnu Vardhana, ließ sie eine Serie charakteristischer Tempel erbauen, die sich vor allem an drei Orten konzentrieren: **Belur** und **Halebid** nahe dem heutigen Hassan und **Somnathpur** nahe Mysore.

Aus der Ferne erscheinen die Hoysala-Tempel einfach, kompakt und sogar gedrungen. Bei näherer Begutachtung versetzt jedoch die Fülle an detailreichen und sinnlichen Skulpturen, die jeden Zentimeter des Äußeren bedecken, den Betrachter in Erstaunen. Kritiker stufen die Hoysala-Kunst gern als dekadent und zu überladen ein, aber wer ein Auge für handwerkliches Können hat, wird vermutlich über diesen Kostbarkeiten karnatischer Kunst ins Schwärmen geraten.

Die komplizierten Bildhauereien wurden durch das für den Bau verwendete Material ermöglicht: einen weichen **Steatit-Speckstein**, der sich an der Luft zu einer glasartigen, äußerst glatten Oberfläche verhärtete. Die Gestaltung der Details, ähnlich jener, die in Sandelholz- und Elfenbeinarbeiten zu sehen ist, wurde zunehmend freier und fließender und erreichte ihren Höhepunkt in Somnathpur. Schöne Stützfiguren, oftmals feine Porträts sinnlicher Frauen, wurden unter das Dachgesims gestellt und oben und unten mit Nägeln befestigt. Sie sind eine spätere Ergänzung (außer vielleicht im Somnathpur-Tempel) und haben daher keine bauliche Funktion.

Eine weitere Technik, die im Allgemeinen eher mit Holz verbunden wird, ist die ungewöhnliche Bearbeitung massiver **Steinsäulen**: gedrechselt, ähneln sie jenen der Holztempel von Kerala. Wahrscheinlich wurden sie auf einer waagerechten Fläche befestigt und mit Hilfe eines Seiles gedreht. Anscheinend wurde nur der Säulenschaft gedreht, denn der Sockel und das Kapitell weisen eine weniger genaue, vermutlich handgemachte Nachahmung des Drechselns auf.

Der architektonische Stil der Hoysala-Tempel wird allgemein als *vesara* oder „Kreuzung" (wörtlich „Maultier") bezeichnet, im Unterschied zum nördlichen *nagari*- oder dem südlichen dravidischen Stil. Trotzdem weisen sie große Ähnlichkeit mit den Nagari-Tempeln Westindiens auf und sind neben der Musik, Malerei und Literatur ein weiteres Ergebnis des durch die Handelsrouten zwischen Norden und Süden erleichterten Austauschs. Alle Hoysala-Tempel haben den **sternförmigen Grundriss** gemein und sind auf hohen Plinthen *(jagati)* errichtet, die die Heiligtümer und Mandapas umfassen. Diese nördlichen Merkmale wurden

möglicherweise von den Planern und Künstlern der ältesten Tempel von Belur eingeführt, die wiederum von König Vishnu Vardhana aus weiter nördlich gelegenen Gegenden nach Andhra Pradesh geholt worden waren. Ebenfalls charakteristisch für den Hoysala-Stil ist die Verwendung von *ashlar*-Mauerwerk ohne Mörtel. Einige Steine werden von Eisen- oder Bronzenägeln oder Zapfenverbindungen zusammengehalten. Die Decken im Innern der Mandapas sind durch Kragsteine gestützte Kuppeln und ähneln jenen der Jain-Tempel Rajasthans und Gujarats; beim Hoysala-Stil sind sie nur von innen sichtbar.

Keralische Tempel

Wie von einer der kulturell eigenständigsten Regionen Indiens nicht anders zu erwarten, unterscheiden sich Keralas Tempel erheblich von denen in anderen Teilen des Südens. Ihre auffälligsten Merkmale sind die schräg abfallenden, zum Schutz vor den sintflutartigen Regenfällen konzipierten Ziegeldächer, die Kolonnaden und die Tore. Hinzu kommt, dass die innersten Schreine stets eine kreisförmigen oder nischenartigen Raumabschluss aufweisen, vielleicht in Nachahmung früherer einheimischer Stile.

In der Ecke der großzügigen Tempelhöfe (die oft sehr breit sind, um die jährlichen Elefantenprozessionen zu ermöglichen) steht eine überdachte Halle mit schönen, gedrechselten Säulen und Holztafeln, wo Kathakali-Vorführungen und andere Formen des ritualisierten Theaters stattfinden (s. S. 143 ff.). In einigen älteren Tempeln schmücken **Wandmalereien** auch die Innenseiten der hohen Ummauerung. Keralische Tempel bleiben Nicht-Hindus im Allgemeinen verschlossen, doch machen viele bei Festen eine Ausnahme. Dann sorgen Trommelgruppen, Elefanten und rituelle Tänze für einige der faszinierendsten Spektakel in ganz Südindien (s. S. 312, Kerala).

Goanische Tempel

Wer nur im Kerngebiet der ehemaligen portugiesischen Kolonie Goa bleibt, könnte glauben, der ganze Bundesstaat wäre ausschließlich christlich. Wie die zahlreichen in dichten Wäldern und Arekahainen abgeschiedener Gegenden liegenden, bunten Hindu-Tempel beweisen, ist das natürlich nicht der Fall. Die ältesten und bekanntesten liegen weit entfernt von den Küstenresorts. Es lohnt sich jedoch, sie aufzuspüren.

Goas erste Steintempel stammen aus der Zeit der Kadamba-Dynastie, zwischen dem 5. und 15. Jh. n. Chr. Aus den wenigen Fragmenten von Skulpturen und Steinmetzarbeiten, die bei den Ruinen ihrer alten Hauptstadt ausgegraben wurden, lässt sich schließen, dass sie ebenso meisterhaft gebaut waren wie die berühmten Bauwerke der benachbarten Dekkan-Region. Allerdings ist nur einer, der reich verzierte Mahadeva-Tempel in **Tamdi Surla** in Ost-Goa, erhalten. Der Rest wurde systematisch zerstört, erst von den moslemischen Eroberern, später von den Portugiesen.

Goanische Tempel weisen die Hauptelemente der hinduistischen Architektur auf, haben daneben aber einige ungewöhnliche Kennzeichen – einige sind durch das lokale Klima oder die vorhandenen Baumaterialien bedingt, andere sind das Ergebnis äußerer Einwirkung. Der Einfluss europäisch-portugiesischer Stile (da die Mehrzahl der goanischen Tempel während der Kolonialzeit entstanden, eine zwangsläufige Folge, aber paradox, wenn man bedenkt, dass die Portugiesen die Originale zerstörten) ist am Äußeren der Gebäude am deutlichsten zu erkennen. Im Gegensatz zu herkömmlichen hinduistischen Tempeltürmen, die krummlinig sind, bestehen die an die St. Cajetan's Church in Old Goa angelehnten goanischen *shikharas* aus achteckigen Säulen mit spitz zulaufenden Kuppeln aus Kupfer. In deren Spitze versteckt befindet sich in der Regel ein **Poornakalash** genanntes Gefäß mit heiligem Wasser aus einem heiligen Hindu-Fluss oder einer Hindu-Quelle. Die Schrägdächer der Mandapas mit ihren Vorsprüngen und Terrakotta-Ziegeln sind ebenfalls typisch für den romanischen Raum, während die chinesischen Drachen aus glasierter Keramik, die oft auf dem Dach thronen und die ursprünglich aus Macau importiert wurden, zum kolonialen Flair beitragen.

Im Innern der Hauptversammlungshallen sollte man immer nach **Holzschnitzereien** und **Bildhauereien** an den Wänden, die mythologische Szenen darstellen, Ausschau halten. Ebenfalls sehenswert sind die kunstvoll gearbeiteten **Türen** aus massivem Silber um den Eingang zu Schreinen, die von einem Wächterpaar, **Dvarpalas** genannt, flankiert werden. Das charakteristischste Merkmal goanischer Tempel ist jedoch der **Lampenturm**

(deepmal), eingeführt von den Marathas, die im 17. und 18. Jh. einen Großteil Goas beherrschten. Die auch als *deep stambhas*, wörtlich „Lichtsäulen", bekannten 5- bis 7-stöckigen, weißen Pagoden befinden sich im Allgemeinen gegenüber dem Haupteingang. In ihren vielen Fenstern stehen winzige Öllampen, die einmal wöchentlich, wenn die Tempelpriester die Gottheit in einer silbernen, als **Palkhi** bezeichneten Sänfte auf ihren Schultern um den Hof tragen, angezündet werden. Nahe dem Deepmal steht oft ein Blumentopf, der **Tulsi Vrindavan**. Der wuchernde, heilige Strauch, der darin wächst, *tulsi*, stellt eine frühere Geliebte Vishnus dar, die dessen Gefährtin Lakshmi in einem Eifersuchtsanfall in eine Pflanze verwandelte.

Hinduistische Plastik

Die hinduistische Plastik ist traditionell ein integraler Bestandteil der Tempelarchitektur. Steinmetze und Bildhauer arbeiteten oft über Jahrzehnte oder sogar lebenslang an einem Ort, wo sie mit ihren Familien in Lagern untergebracht waren – ganz ähnlich wie moderne Bauarbeitern, die in Indien auch heute noch in der Nähe der Baustelle wohnen. Die Handwerker jeden Ranges – von den Männern, die die Steinblöcke behauten oder Zierstreifen vorzeichneten, bis zu den Meistern, die die Hauptstatuen schufen – waren Mitglieder einer **Gilde**, die nach demselben Schema wie die Kaste aufgebaut war und über Heiraten und soziale Beziehungen entschied. Die Gilden kontrollierten auch die Werkzeugausgabe sowie die Weitergabe von Spezialwissen und -techniken an nachfolgende Generationen in harten Lehrjahren.

Eine weitere Aufgabe der Gilden bestand darin, die in den *Shilpashastras* festgelegten und bis heute befolgten ikonographischen Regeln anzuwenden. Beim Ausmessen wird immer von den Proportionen der Hand des Künstlers und der sich daraus ergebenden Gesichtslänge der Statue als Grundeinheit ausgegangen. Darauf folgt ein Schema, das mit dem ebenso wissenschaftlichen Regelwerk der klassischen Musik verknüpft ist, besonders dem *tala*, Rhythmus. Menschliche Figuren haben eine Gesamtgröße von acht Gesichtslängen, denn die Acht ist die grundlegendste der rhythmischen Maßeinheiten. Götterfiguren messen *nava-tala*, neun Gesichtslängen.

Ebenso wie im mittelalterlichen Europa blieben die südindischen Bildhauer überwiegend anonym. Auch wenn die begabtesten Künstler ihren Zeitgenossen bekannt waren – in einigen seltenen Fällen erwarben sie sich Ruhm in weit auseinander liegenden Königreichen des Subkontinentes –, sind ihre Namen im Laufe der Zeit in Vergessenheit geraten. Eine oft zu hörende Erklärung hierfür liefern die *Shastras*, die betonen, dass die Persönlichkeit des einzelnen Künstlers unterdrückt werden müsse, damit die göttliche Inspiration nicht gehemmt werde. Aus diesem Grund trägt nur eine winzige Zahl von Bildhauereien in Indien eine Signatur.

Seit dem Auftauchen indischer religiöser Bildhauerei auf dem internationalen Kunstmarkt beginnen die alten Konventionen der Anonymität zu bröckeln. Eine Hand voll Bildhauer in der südindischen Bildhauerhauptstadt **Mamallapuram** in Tamil Nadu hat sich einen Namen gemacht, seit die Nachfrage im Ausland lebender Inder nach Stücken zur Schmückung ihrer Tempel und Hausschreine gestiegen ist. Nichtsdestotrotz werden hier die jahrhundertealten Richtlinien der ikonographischen Plastik weiterhin so streng befolgt wie seit über tausend Jahren, weshalb es etwas schwierig ist, zwischen den Werken von Meistern und weniger erfahrenen Schülern zu unterscheiden.

Man kann in zahlreichen Werkstätten um Mamallapuram Bildhauer bei der Arbeit beobachten und ihre Stücke erwerben, und das nahe gelegene Government Sculpture College bietet Besuchern die Gelegenheit zu sehen, wie Auszubildende lernen, die Proportionen einer Skulptur mit ihren Händen auszumessen und das umfangreiche ikonographische Wissen zu speichern, das sie bis zum Abschluss ihrer Lehrzeit vollständig verinnerlicht haben müssen.

Chola-Bronzen

Die Chola-Bronzen, ursprünglich heilige Tempelobjekte, sind eine weitere Kunstform aus Tamil Nadu. Sie sind ebenfalls zu begehrten Sammlerstücken geworden (auch wenn die Preise beträchtlich höher liegen als für Steinskulpturen). Die eindrucksvollsten Bronzestatuen sind die **Natarajas**, die tanzenden Shivas. Das Bild Shivas, auf einem Bein stehend, von Flammen umgeben, mit wilden, fliegenden Locken, ist fast ebenso ein Erkennungszeichen für Indien geworden wie der Taj Mahal,

und nur wenige indische Millionäre würden ihr Wohnzimmer ohne ein solches Exemplar als komplett betrachten.

Die wichtigsten Tempelstatuen stehen gewöhnlich fest an einem Ort und sind aus Stein. Für Zeremonien braucht man jedoch häufig ein Götterbild, das in einer Prozession aus dem inneren Heiligtum geholt und auch durch die Straßen getragen werden kann. Den als *Agamas* bekannten kanonischen Texten zufolge sollten diese beweglichen Statuen aus Metall sein. Indische Bronzen werden im **Wachsausschmelzverfahren** („Guss in verlorener Form"), im Sanskrit als *madhuchistavidhana* bezeichnet, hergestellt. Drei Schichten von Lehm, gemischt mit gebrannten Getreidehülsen, Salz und gemahlenen Baumwollpflanzen, werden um eine aus Bienenwachs geformte Figur gelegt, wobei an jedem Ende eine Wachsröhre herausragt. Wenn diese erhitzt wird, schmilzt das Wachs und fließt aus, wodurch ein Hohlraum entsteht, in den durch die Röhren flüssiges Metall – eine reichhaltige Legierung *(panchaloha)* aus Kupfer, Silber, Gold, Messing und Blei, gegossen werden kann. Nachdem das Metall sich abgekühlt hat, werden die Tonhülle zerschlagen und die Röhrenenden abgefeilt. Das Ergebnis ist eine einzigartige, vollständige Figur, die der Bronzegießer und Künstler *(sthapathi)* bearbeitet, um Schönheitsfehler auszumerzen und feine Details zu ergänzen.

Die Beherrschung des Bronzegusses in Indien geht mindestens auf die Industalkultur (2500–1500 v. Chr.) und das berühmte „Tanzende Mädchen" aus Mohenjo Daro zurück. Die ältesten Werke im Süden wurden von den Andhras hergestellt, deren Technik von den Pallavas, den direkten Vorgängern der Cholas, fortgeführt wurde.

Die wenigen erhaltenen **Pallava-Bronzen** zeigen einen gekonnten Umgang mit der Form; die Figuren kennzeichnen breite Schultern, grobe Gesichtszüge und insgesamt eine Schlichtheit, die vermuten lässt, dass alle Details bereits im Wachsstadium abgeschlossen waren. Die schönsten Bronzen sind jedoch die aus der **Chola-Zeit**, vom Ende des 9. bis zum Anfang des 11. Jhs., stammenden. Da die Cholas überwiegend Shaivas waren, sind die beliebtesten Gestalten Nataraja, Shiva und seine Gefährtin Parvati (oft als Familiengruppe mit Sohn Skanda) sowie die 63 Nayanmar-Dichterheiligen. Die Chola-Bronzen weisen einen größeren Detailreichtum auf als ihre Vorgänger. Menschliche Figuren sind ausnahmslos elegant und haben eine schmale Taille, wobei die männliche Form kräftig und muskulös, die weibliche hingegen anmutig und zart ist.

Wie bei der Steinplastik auch werden die Gestaltung, die Ikonographie und die Proportionen jeder Figur von strengen Regeln bestimmt, die in den zwischen Kunst, Wissenschaft und Religion nicht unterscheidenden *Shilpashastras* niedergelegt sind.

Die Bronzen, die von den wenigen heute tätigen Künstlern hergestellt werden, folgen ausnahmslos dem Chola-Modell. Das Hauptzentrum ist jetzt **Swamimalai**, 8 km westlich von Kumbakonam (s. S. 486). Originale Chola-Bronzen befinden sich in vielen tamilischen Tempeln, aber da das Tempelinnere oft dunkel ist, sieht man sie nicht immer richtig. Zu wichtigen **öffentlichen Sammlungen** gehören das Nayak Durbar Hall Art Museum in Thanjavur, das Government State Museum in Chennai und das National Museum in New-Delhi.

Wandmalereien

Reste von Farbe deuten darauf hin, dass Wandmalereien die Decken und Wände von Indiens ältesten in Felsen gehauenen Gebetshallen (aus dem 3. Jh. v. Chr.) zierten. Nur einige hundert Jahre später erreichte diese Kunst mit den prachtvollen Satavahana-Malereien in Ajanta, im nordwestlichen Dekkan, ihren Höhepunkt, wo die Wände riesiger Höhlen von den herrlichsten Bildern in gedämpften Rot-, Grün- und Blautönen bedeckt sind. Sie zeigen größtenteils religiöse Szenen – Episoden aus dem Leben Buddhas *(jatakas)* –, beinhalten aber auch Darstellungen aus dem höfischen Leben sowie eine Reihe weltlicher Themen. Überreste alter Wandmalereien sind im tiefen Süden allerdings selten. Sie beschränken sich auf einige wenige Bruchstücke in **Badami** in Karnataka und den Kailasanatha-Tempel in **Kanchipuram**.

Erst mit dem Wiederaufstieg der tamilischen Cholas im 9. und 10. Jh. gelangten die Wandmalereien im Süden erneut zur Blüte. Die schönsten Beispiele – sie zeigen in sinnlichen Details kleine Skizzen aus dem Leben am königlichen Hof von Rajaraja I. – sind jene, die das Innere des Hauptheiligtums des Brihadishwara-Tempels in **Thanja-**

vur schmücken. Bedauerlicherweise sind sie der Öffentlichkeit nicht zugänglich, man kann aber dafür im Shivakamasundari-Tempel in **Chidambaram** die wunderbaren Deckengemälde der Nayak-Herrscher sehen, die shaivitische Mythen und Legenden darstellen.

Keralische Wandmalereien

Eines der bestgehüteten Geheimnisse der südindischen Kunst sind die einzigartigen keralischen Wandmalereien im Mattancherry-Palast in der Altstadt von Kochi und an rund 60 weiteren Standorten im Bundesstaat. Die meisten befinden sich an Wänden in Tempeln, sind weder verkäuflich noch transportabel und dürfen oftmals nur von Hindus betrachtet werden. Nur wenige sind vor dem 16. Jh. entstanden, selbst wenn ihre Ursprünge teilweise bis in das 7. Jh. zurückreichen, und sie sind wahrscheinlich vom Pallava-Stil Tamil Nadus beeinflusst. Leider sind nur in einem einzigen Höhlentempel aus dem 10. Jh. Spuren aus der frühesten Periode erhalten. Der Reisende Castaneda, der bei Vasco da Gamas erster Ankunft in Indien dabei war, beschrieb, wie er sich in einen Tempel, den er für eine Kirche hielt, verirrte und „grauenhaft aussehende Gestalten mit 5 cm langen Fangzähnen" an den Wänden erblickte.

Von der Technik her werden die keralischen Wandgemälde der **Fresco-Secco-Malerei** zugeordnet; Verwendung fanden Pflanzen- und Mineralfarben, überwiegend Rot und Ockergelb, Weiß und Blau-Grün, darüber kommt eine Schutzschicht aus Kiefernharz und -öl. Ihre kunstvolle Gestaltung vereint eindringliche Detaildarstellungen mit klaren und dynamischen Porträts menschlicher (und himmlischer) Gestalten; „sprechende" Gesichtsausdrücke werden mit einfachsten Linien eingefangen, während narrative Elemente durchgehend kühn gehalten sind. Mit allen großen indischen Kunstwerken haben sie die komplexe Ikonographie und einen ebensolchen Symbolismus gemein. Nicht-Hindus können beste Beispiele in **Kochi**, **Padmanabhapuram** (s. S. 386) und **Ettumanur** (s. S. 401) bewundern. Besucher, die sich für die Herstellung solcher Malereien interessieren, sollten sich in das Mural Painting Institute in Guruvayur begeben. Eine hervorragende Einführung in das Sachgebiet bietet das Taschenbuch *Murals of Kerala* von M. G. Shashi Bhooshan.

Kalam Ezhuttu

Die Tradition der *kalam ezhuttu* (ausgesprochen „kalam-erruh-tuh") – detailreicher und schöner ritueller Zeichnungen von Gottheiten und geometrischen Mustern *(mandalas)* in farbigem Pulver – ist in ganz **Kerala** noch sehr lebendig, auch wenn nur wenige Besucher der Region von ihr gehört haben. Die Bilder erstrecken sich gewöhnlich über eine Fläche von etwa 30 m und befinden sich oft im Freien und unter einem *pandal* – einem eigens errichteten Unterstand aus Bambus und Palmwedeln. Jede Farbe, die aus Reismehl, Kurkuma, gemahlenen Blättern und verbrannten Reishülsen hergestellt wird, wird sorgfältig mit Daumen und Zeigefinger aufgetragen. Drei Gemeinden fertigen *kalams* an; zwei stammen aus den Kasten der Tempeldiener *(amblavasi)*, deren Rituale mit dem Gott Ayappa (s. S. 113) oder der Göttin Bhagavati zusammenhängen; die dritte, die *pullavans*, verehren Schlangen. Von den anfänglichen Gitternetzlinien heben sich allmählich ikonographische Abbildungen ab, die sich in Furcht einflößende Gestalten verwandeln, viele mit weit aufgerissenen Augen und Fangzähnen. Die Nasen und Brüste stehen nach oben, was dem Ganzen eine dreidimensionale Wirkung verleiht. Der bedeutende Moment, wenn das Pulver für die Pupille oder Iris hinzugefügt wird, bildet als Akt des „Augenöffnens" einen Teil des Rituals und wird daher nicht selten von *chenda*-Trommeln und *elatalam*-Handbecken begleitet.

Das nicht selten einen Tag dauernde Ritual ist ein unvergessliches Erlebnis. Die Mühe, die sich der Künstler gibt, ist umso bemerkenswerter, wenn man bedenkt, dass das Bild bald nach seiner Vollendung unweigerlich zerstört werden wird. Diese wahrhaft vergängliche Kunst kann nicht aus ihrem rituellen Kontext gelöst werden. Manchmal wird das Bild von einem finster aussehenden *vellichapad* („Lichtbringer") vernichtet, einem Dorfzauberer, zu erkennen an seinem schulterlangen Haar, roter *dhoti*, den schweren Metallfußketten und dem krummen Schwert, das er drohend schwingt. Dabei springt er entweder auf der Stelle hoch und nieder (ein häufiges Schauspiel) oder marschiert, um die Zuschauer zu überwachen, zielbewusst umher. Am Ende des Rituals wird das mit göttlicher Kraft angereicherte Pulver über die Zuschauer gestreut. *Kalam ezhuttu*-Zeremonien

werden nicht groß angekündigt, die Tourist Offices wissen aber möglicherweise Bescheid.

Die Tanjore (Thanjavur)-Malerei

Dieser Name bezeichnet eine besondere Form der südlichen Malerei, die sich im 18. Jh. unter der Schirmherrschaft des Maratha Raja von Thanjavur, Serfoji, herausbildete. Der Begriff „Malerei" ist etwas irreführend und trifft auf die Arbeit der Tanjore-Schule nicht ganz zu. Diese hebt sich dadurch hervor, dass auf den Gemälden Einzelheiten wie Kleidung, Ornamente und alle (zumeist barocken) architektonischen Elemente als flache Reliefs aus Gips herausgearbeitet und dann Glasscherben, Perlen, Halbedel- oder Edelsteine und feines Goldblatt als kostbare Verzierung ergänzt werden. Andere Arbeiten weisen Glimmererde, Elfenbein und Glas auf.

Figuren werden in einfachen Umrissen gezeichnet; ungemischte Primärfarben werden nach einem strengen symbolischen Code eingesetzt, ähnlich dem, der für die Gesichtsbemalung im klassischen keralischen Theater gilt, wo jede Farbe für einen bestimmten Charakterzug steht. Während andere Kunstschulen Krishna normalerweise mit einer bläulich schwarzen Haut darstellen, ist er im Tanjore-Stil weiß. Traditionell zeigen die meisten Tanjore-Bilder vaishnavitische Gottheiten, wobei das beliebteste Motiv vermutlich **Balakrishna**, Krishna als pausbäckiges Baby, ist. Im sanskritischen *Bhagavata Purana* aus dem 10. Jh. wurde Balakrishna als ein Lausbube dargestellt, der mit Vorliebe Milch, Butterkugeln und Joghurt stahl und konsumierte. Trotz seiner Ungezogenheit ergriff alle Frauen, die mit ihm in Kontakt kamen, ein Übermaß an mütterlicher Zuneigung, das so weit reichte, dass ihre Brust plötzlich Milch gab. Dank solcher Geschichten wurde das Kind Krishna zur bevorzugten Gottheit aller Mütter und Großmütter. Die Tanjore-Kunstwerke zeigen ihn mit Vorliebe essend und in Begleitung ihn umschwärmender Frauen.

Die Tanjore-Malerei erlebte nach dem 19. Jh. ihren Niedergang, in jüngster Zeit gibt es jedoch eine erneute Nachfrage nach derartigen Werken, die allerdings häufiger für häusliche Schreine angefertigt werden und seltener für Tempel. Qualitativ hochwertige Arbeiten werden in

Thanjavur, Kumbakonam und Tiruchirapalli hergestellt.

Islamische Architektur

Südindien ist für seine hinduistischen Bauwerke am bekanntesten, obwohl die südliche **Dekkan**-Region, die die modernen Bundesstaaten Karnataka und das westliche Andhra Pradesh umfasst, von wundervollen islamischen **Moscheen** und **Gräbern** übersät ist. Sie stammen aus einer Zeit, als dies die Pufferzone zwischen dem alten indischen Kulturen des dravidischen Südens und den auf die Delhi-Sultane folgenden Dynastien war.

Die aus dieser Zeit erhaltenen Bauwerke veranschaulichen die außergewöhnliche gegenseitige Befruchtung, die zwischen einheimischen Kunstformen und islamischen Stilen aus dem fernen Zentralasien stattfand. So sehen einige der ältesten islamischen Bauten in **Bidar** und **Gulbarga** afghanisch aus, während die späteren Meisterwerke der Bahmani-Dynastie, wie das Ibrahim Rauza-Mausoleum in **Bijapur**, Motive integrieren, die auch an einem Tempel nicht abwegig wären. Diese Mischung ist zum einen einer gewissen stilistischen Toleranz seitens der späteren moslemischen Herrscher im Süden zu verdanken, zum anderen den Kunsthandwerkern, die oft Hindus waren und denen folglich Lotusblüten und kunstvolle florale Verzierungen leichter von der Hand gingen als geometrische Muster aus Persien.

Das berühmteste islamische Bauwerk des Südens ist das **Golgumbaz** in Bijapur – Indiens größter Kuppelbau –, aber es gibt in dieser Stadt und in den anderen alten Hauptstädten der ehemaligen Dekkan-Sultanate entlang der Nordgrenze Karnatakas zwischen Bijapur und Hyderabad genügend weitere ausgezeichnete Bauten, um Liebhaber der islamischen Architektur wochenlang in Atem zu halten.

Musik

Derjenige, der das Spiel der Vina beherrscht, sich mit Shruti und anderen Musikformen bestens auskennt und ein tiefes Verständnis des thaalam hat, wird mit Leichtigkeit zur Erleuchtung gelangen.

Tyagaraja (1767–1847)

Wenn man durch Indien reist, ist es nahezu unmöglich, sich dem Klangkonzert zu entziehen, das dem Spaziergänger aus jeder Ecke entgegenhallt: Straßenlärm vermischt sich mit populären Melodien aus Bollywood-Filmen, die aus einfachen Kassettenrekordern am Straßenrand dröhnen, und von Tempeln und Straßenschreinen wehen religiöse Lieder herüber. Festliche Musik, die kräftigen Trommelwirbel ebenso wie die traurigen Töne einer *sehnai* (Oboe) anlässlich einer Hochzeit umfasst, gehört ebenfalls zu den eindrücklichsten Klängen des Subkontinents. Gleich ob es sich um religiöse, klassische, Film-, Schlager- oder Volksmelodien handelt – Musik spielt im südindischen Alltag eine bedeutende Rolle.

Abgesehen von der südindischen Popmusik ist nur ein sehr geringer Teil der Musik dieser Region im Ausland zu hören. Nur die Crème der Musiker ist außerhalb ihres traditionellen Milieus zu erleben. Leider machen sich nur wenige Südindienbesucher die Mühe, die Musik in ihrem ursprünglichen Kontext zu erfahren. Die eigentlich nordindischen, aber stellenweise auch in Südindien vertretenen *qawwali* (religiöse Lieder der Sufis) zum Beispiel sind mit Konzerten im Westen extrem erfolgreich gewesen, doch nur wenige Traveller hören diese Musik je in einem Sufi-Schrein in Indien. Diejenigen, die es tun, erleben eine Musik, die von hingebungsvoller Inbrust angeheizt wird und dynamischer nicht sein könnte.

Die südindische Musik hat die beachtliche Gabe, neue Instrumente in ein traditionelles System aufzunehmen: So werden Instrumente wie der **Ghatam** (ein Tongefäß, das als Perkussionsinstrument dient) mit großer Wirkung (zu Hause wie im Ausland) zusammen mit Geige, Saxophon und Mandoline gespielt.

Aufgrund der extremen klimatischen Bedingungen des Subkontinents finden Konzerte südindischer klassischer Musik nicht das ganze Jahr über statt. **Hochsaison** ist von November bis Februar, wenn die Atmosphäre für eine öffentliche Darbietung besser geeignet ist. Zum Höhepunkt der Saison – gegen Ende Dezember – veranstalten größere Städte wie Chennai (Madras) verschiedene mehrtägige Musikfestivals, **Conferences** genannt, die sowohl aufstrebende Musiker fördern als auch die Musikerelite anziehen sollen. Chennai mit seinen über 30 größeren Musikvereinen hält manchmal sogar 15 *conferences* gleichzeitig ab. Für die Veranstaltungen wird in der Lokalpresse und in Musikzeitschriften geworben.

Mit Ausnahme der stark an den Westen angelehnten modernen indischen Popmusik kann der größte Teil der indischen Musik in zwei charakteristische regionale Kategorien unterteilt werden – **Hindustani-Musik**, die klassische Musik der nördlichen Landeshälfte, und **karnatische Musik**, die klassische Musik des überwiegenden Teils Südindiens.

Bei indischer Musik wird allgemein an die exotischen Klänge des **Sitar** (Langhals-Laute) und der sie begleitenden **Tabla** (zwei kleine Trommeln, die mit den Händen geschlagen werden) gedacht, doch trifft diese weit verbreitete Vorstellung auf den Süden nicht zu, da dies eigentlich nordindische Instrumente sind. Nord- und südindische Musik sind trotz einiger Ähnlichkeiten grundsätzlich verschieden. Diese Unterschiede basieren auf der historischen Entwicklung des Subkontinents, insbesondere im Mittelalter, in dem es zu einer deutlichen Abgrenzung zwischen den Sprachen und Kulturen der beiden Regionen kam. Der Zustrom von Moslems aus Zentralasien nach Indien ab dem 10. Jh. führte zu einer Verschmelzung von einheimischen und islamischen Einflüssen, während die Musik des tiefen Südens die ältere dravidische Kultur bewahrte.

Die linguistische und musikalische nord-südliche Trennlinie verläuft jedoch quer durch einige südliche Bundesstaaten wie Karnataka, wo in der nördlichen Enklave überwiegend Marathi gesprochen wird und die Musik jener Nordindiens ähnelt. Obwohl Telugu, eine der Hauptsprachen der karnatischen Musik, aus Andhra Pradesh stammt, herrscht in den großen islamischen Gebieten, vor allem um Hyderabad, die nördliche Kultur vor. Je weiter man nach Süden kommt, desto deutlicher weicht die hinduistisch-islamische Mischung der dravidischen Kultur und der karnatischen Klassik.

Wer die beiden klassischen Musiksysteme vergleicht, stößt aber auch auf einige deutliche Gemeinsamkeiten. So werden beide stark von **Raga** (dem Modus der Musik) und **Tala** (dem Rhythmus) bestimmt und sind in ihren Kernmerkmalen gleich, im Detail hingegen verschieden.

Klassische Musik

Zwar erfreut sich die klassische Musik nur einer kleinen Anhängerschaft, doch die ihr zugrunde liegende Struktur bildet die Basis eines Großteils der heutigen traditionellen Popmusik. Die klassische Musik verweist auf alte Abhandlungen und hat sich im Laufe der Jahrhunderte in einer komplexen Beziehung zu der regionalen Volks- sowie anderer populärer Musik entwickelt. Beide haben einander gegenseitig eindeutig beeinflusst.

Während Theoretiker über den Einfluss der verschiedenen Abhandlungen zur Musik, wie z. B. den *Sangeeta-ratnakara* („Die Schätze der Musik") aus dem 13. Jh., noch streiten, spielen diese Schriften heutzutage eine immer unbedeutendere Rolle, da sich die traditionelle Musik für ihre Überlieferung stärker auf die **Guru-shishya-paramapara** (die Tradition von Guru und Schüler) stützt, bei der das musikalische Wissen mündlich vom Lehrer an den Schüler weitergegeben wird. Indische Musik wird lediglich mit dem Ziel niedergeschrieben, auswendig gelernt zu werden – die Musik wird traditionell niemals vom Blatt gelesen, und es gibt keine angewandte Notenschrift.

Obwohl die religiöse Musik in Südindien bis zu **tamilischen Hymnen** aus dem 7. Jh. zurückverfolgt werden kann, liegen die Wurzeln der modernen karnatischen Musik größtenteils beim **Vijayanagar-Hof** des 14. bis 16. Jhs. Seine Nähe zu den moslemischen Festungen des Dekkan eröffnete Vijayanagar bis zu einem gewissen Grade eine kulturübergreifende Synthese zwischen der überwiegend hinduistisch-karnatischen und der moslemischen Hindustani-Welt. Der Niedergang des Vijayanagar-Reiches am Ende des 16. Jhs. führte zu einer Verschiebung des Zentrums der karnatischen Musik zum Cauvery-Delta und den hinduistischen Königreichen weiter südlich, insbesondere nach **Tanjore**. Es war die damalige Verlagerung in das hinduistische Kernland des tiefen Südens, die dazu führte, dass die Unterschiede zwischen dem Hindustani- und dem karnatischen System deutlicher hervortraten, und die eine jeweils eigenständige Entwicklung ermöglichte.

Die vorherrschende Sprache in der karnatischen Musik war und ist **Telugu**, die Sprache des zentralen Dekkan und einst die Sprache sowohl am Vijayanagar- als auch am Tanjore-Hof. Im 17. Jh. entwickelten **Vaishnavas** (Anhänger des

Gottes Vishnu und dessen Inkarnationen) wie der Brahmane **Kshetrayya** ein umfangreiches Repertoire an *bhajans* und *padams* (Typen frommer Lieder), von denen einige in die Tempeltanzmusik Eingang fanden. Kshetrayya wurde vom Hof in Tanjore gefördert und komponierte mehrere Elegien für seinen königlichen Gönner. Ein Meister unter den karnatischen Komponisten und Textern war **Tyagaraja** (1767–1847), ein weiterer Telugu sprechender Brahmane (s. Kasten), dessen Kompositionen den Kern des karnatischen Musikerbes bilden. Mit dem Untergang des Hofes von Tanjore gegen Ende des 18. Jhs. suchte eine Gruppe von Musikern Zuflucht am Hof von **Travancore** in Trivandrum (Thiruvananthapuram) in Kerala. Der Herrscher des Königreiches Travancore, Swati Tirunal (1829–1847), war selbst ein ausgebildeter Musiker. Thiruvananthapuram spielt noch heute eine wichtige Rolle in der karnatischen Musik und ist Veranstaltungsort renommierter Konzertwochen, die von den Nachfahren der einstigen Herrscherfamilie gesponsort werden. Mit dem Auftreten vermögender Förderer aus der Mittelschicht in **Madras** (Chennai) verlagerte sich der Schwerpunkt der karnatischen Musikwelt erneut.

Obwohl einige Theoretiker die klassische Musik als eine alte Form begreifen, gibt es Zeugnisse dafür, dass sie lokale Traditionen und sogar ausländische Einflüsse aufsaugt. So hat die karnatische Musik z. B. mehrere Schlüsselinstrumente aus dem Westen übernommen, darunter die Geige, die Mandoline und sogar das Saxophon.

Das karnatische Konzert

Ein karnatisches Konzert kann vorher überhaupt nicht geprobt werden, und in manchen Fällen haben die Musiker noch nie miteinander gespielt. Die Musik ist jedoch so strukturiert, dass die Musiker vorausahnen können, was von einem Konzert erwartet wird – auch wenn sie es bevorzugen, mit einer ihnen vertrauten Begleitung zu arbeiten.

Das Meister-Trio der karnatischen Musik

Die karnatische Musik wird von den Werken eines Trios von Komponisten dominiert – **Shyama Shastri** (1762–1827), **Muttuswami Dikshitar** (1775–1835) und dem frommen **Tyagaraja** (1767–1847). Alle drei trugen maßgeblich zur musikfreundlichen Atmosphäre in Tanjore bei, auch wenn keiner vom Hofe selbst gefördert wurde. Die meisten karnatischen Musikergeschlechter führen ihre Wurzeln auf einen dieser Komponisten zurück. Während Shyama Shastri und Muttuswami Dikshitars Nachfolger bekannt waren (Shastris Nachfolger war sein eigener Sohn Subbaraya, ein erfolgreicher Komponist), hinterließ Tyagaraja keinen direkten Nachfolger. Tyagarajas Schüler waren seine gläubigen Anhänger. Während die meisten Vaishnavas Krishna verehrten, widmete Tyagaraja sein Leben von früh an Rama (einer Inkarnation Vishnus) und verbrachte einen Großteil seines Lebens damit, herumzureisen und Tempel zu besuchen. Die Verehrung Ramas ist insofern bedeutsam, als sie *dasyabhava* (die hingebungsvolle Liebe) betont und eine Alternative zur sinnlichen Haltung der Krishna-Verehrung bietet. Letztere legt einen Schwerpunkt auf *madhuryabhava* (sexuelle Liebe), was in dem wiederkehrenden Thema von Krishna und dessen Liebelei mit den *gopis* (Hirtenmädchen) in Musik und Tanz zum Ausdruck kommt. Tyagaraja war und ist bis heute der vorderste Verfechter der Rama-Verehrung. Er hinterließ sowohl in religiöser als auch in musikalischer Hinsicht ein beachtliches Erbe. Seine Kompositionen, die den Kern der karnatischen Musikkultur bilden, vereinten zwei größere Strömungen – das vaishnavitische fromme Lied (*kirtana*) und die große Tradition der hohen Hofmusik. Tyagaraja gelang es, beide Formen zu verknüpfen, er komponierte daneben aber auch eine Vielzahl einfacher frommer Lieder, die zu seinem Leben als genügsamer Wandermusikant passten. Muttuswami Dikshitar, der einige Zeit im Norden in Benares (Varanasi) verbrachte, spielte wie Tyagaraja auch Instrumentalmusik, insbesondere die Vina. Im Gegensatz zu Shastri und Tyagaraja, die in ihrer Muttersprache Telugu komponierten, verfasste Dikshitar seine Lieder in Sanskrit.

Ein typisches Ensemble besteht aus einem Sänger, unterstützenden Stimmen, einer *mridangam* (eine zweifellige Fasstrommel), einem Violinisten und einem *ghatam* (Tongefäß). Traditionell begleitet der *ghatam* den Violinisten, und die *mridangam* den Sänger. Der Sänger stützt sich auch auf eine oder zwei *tanburas* (Langhals-Lauten, die als Bordun-Instrumente eingesetzt werden), um für den Grundton (den Basston) zu sorgen und der Stimme Halt zu geben. Gelegentlich greift ein Sänger anstelle der *tanburas* auch auf mechanische Mittel zurück, indem er sich der kleinen elektrischen *shruti box* (eines elektronischen Bordun-Instrumentes, das den Basston liefert) bedient. Veränderungen in der karnatischen Musik bedeuten oft, dass die Stimme durch Instrumente im Zentrum der Bühne ersetzt wird, und zwar nicht nur durch die traditionelle Vina, sondern auch Instrumente wie die Geige, die bis vor kurzem nur als Begleitinstrument verwendet wurden. Dies betrifft auch den *ghatam*, der aufgrund der großen Popularität von Vikku Vinayakaram riesige Erfolge im Ausland feierte.

Ein karnatisches Konzert beginnt traditionell mit einem *varnam* genannten Stück – eine einfache Komposition zum Aufwärmen, die es dem Sänger erlaubt, seine Gewandtheit zu zeigen. Das große Repertoire an Kompositionen, das in einem Konzert zum Einsatz kommt, darunter die Werke der großen Meister, bedeutet, dass es keine festgelegte Ordnung für ein Konzert gibt. Eine beliebte Form, die den Mittelpunkt vieler karnatischer Konzerte bildet, ist das *ragam, tanam, palavi*, das es dem Musiker erlaubt, den Raga ganz auszuschöpfen. Das *ragam, tanam, palavi* beginnt fast immer mit einem *alapana* (einer improvisierten kurzen Einleitung), nach dem die Begleitung, meist ein Violinist, die Melodie aufgreift. Im nächsten Abschnitt – dem *tanam* – entwickelt der Künstler den Raga weiter, begleitet von *mridangam* und *ghatam* und gefolgt von der Geige. Der nächste Teil, *palavi*, ist der anspruchsvollste: Der Künstler vertauscht und kombiniert Teile der zentralen *palavi*-Komposition in einem als *neraval* bezeichneten Satz. Im letzten Satz, dem *tani avartam*, lässt der Künstler den Schlagzeugern Raum, mit alternierenden Soli und Wechselspielen zwischen *mridangam* und *ghatam* zu improvisieren. Zu weiteren, bei karnatischen Konzerten beliebten Kompositionen gehören

kirtana, lange, religiöse Kompositionen wie jene von Tyagaraja.

Die Instrumente

In der karnatischen Musik war es die traditionelle Aufgabe der Musiker, den Gesang zu untermalen. Die Virtuosität erwuchs aus dem Ensemble heraus, wo jedem Instrument abwechselnd die Freiheit gegeben wurde, zu improvisieren. Heutzutage sind einige karnatische Instrumentalisten jedoch berühmter als die Sänger, insbesondere außerhalb Südindiens und im Ausland.

Neben der Stimme ist das in Südindien am meisten verehrte Instrument die **Vina**, eine Langhals-Laute, die älter als der Sitar ist. Die Vina hat verschiedene Formen und Größen, von der mit Bünden versehenen Langhals-Laute bis zum *bin*, einer Stabzither mit zwei großen Kürbissen unter beiden Enden als Stütze. Im Gegensatz zur gängigen südindischen Vina *(saraswati veena)* hat die *gottuvadhyam*, auch als *chitra veena* bekannt, keine Bünde, aber ähnlich wie die *saraswati*-Vina eindrucksvolle Verzierungen, darunter geschnitzte Drachenköpfe. Die Vina – ein sehr altes einheimisches Instrument – stand lange Zeit im Mittelpunkt von instrumentalen Soli, in den letzten Jahren sind jedoch auch einige andere Begleitinstrumente in den Vordergrund gerückt.

Der überall sofort erkennbare **Sitar** – der überwiegend in Nordindien gespielt wird – ist ein nur in Indien vertretenes Instrument, obgleich seine Wurzeln auf den persischen *shetar* zurückgehen, ein einfacheres Instrument, aber ebenfalls eine Stabzither mit einem langen Hals. Ein weiterer Import war der nördliche **Sarod**, der von der afghanischen *rabab*, ein Saiteninstrument ohne Bünde mit einem hölzernen Resonanzkasten, abstammt. Der Sarod hatte zunächst ein hölzernes Griffbrett, später wurde diesem jedoch Metall aufgesetzt. Üblicherweise werden Metallsaiten und Resonanzsaiten benutzt, die nicht angeschlagen werden, sondern vibrieren, um die Klangfarbe des Instrumentes zu verstärken.

Die **Sarangi**, ein Saiteninstrument mit Wurzeln in der Volksmusik, ist als Begleitinstrument für Vokalisten in der Hindustani-Tradition beliebt. Die Sarangi stieg Mitte des 20. Jhs. zu einem wichtigen Konzertinstrument auf. Sarangi-Spieler sind sehr dünn gesät. Das Harmonium, ein von den Portugiesen eingeführtes Tasteninstrument, ist heutzutage als Begleitinstrument verbreiteter. Die **Geige**, die bereits im 18. Jh. in die karnatische Musik Eingang fand, spielt die gleiche Rolle wie die *sarangi* und feiert seit kurzem ebenfalls Bühnentriumphe. Nach karnatischer Tradition sitzt der Violinist auf dem Boden und stützt das Geigenende auf seinen Fuß. Die karnatische Geige wird mit Kraft und ohne das in der westlichen Geigentechnik oft eingesetzte zarte Timbre gespielt.

Unter den Trommeln ist die **Tabla** bei weitem am erfolgreichsten und anpassungsfähigsten, im Süden herrscht jedoch **Mridangam**, die große Fasstrommel, vor. Der **Ghatam**, ein Aufschlaggefäß aus Ton, auf dessen Oberfläche man mit den Fingern schlägt, während die Öffnung des Gefäßes gegen den nackten Bauch des Spielers gelehnt ist, um Klangfarben zu erzeugen, gehört ebenfalls zu den aufregenden karnatischen Schlaginstrumenten und hat im Ausland beträchtlichen Erfolg. Zu den ausgefalleneren Rhythmusinstrumenten, die gelegentlich auf der karnatischen Bühne auftauchen, zählen ein als **Kanjira** bekanntes Tamburin und **Morsing**, eine Maultrommel. Die **Nagaswaram**, eine *shawm* (klarinettenähnliches Instrument), die in der zeremoniellen Musik eingesetzt wird, tritt inzwischen auch als Konzertinstrument in Erscheinung. Zu den im Freien gespielten Trommeln aus Südindien gehören die **Tavil** und die **Maddalam**, eine mit den Händen geschlagene Trommel, die als Begleitung für den Kathakali-Tanz gebraucht wird. Die **Damaru**, eine Sanduhrtrommel, die bei religiösen Zeremonien (und auch von Affentänzern) geschätzt wird, wird so schnell geschlagen, dass der „Schlegel" – hier eine Schnur mit einem harten Knoten am Ende – beide Seiten der Trommel nahezu gleichzeitig schlägt. Schlangenbeschwörer gebrauchen traditionell eine **Pungi** (auch *been* genannt), eine Flöte mit einem Resonanzkörper aus Kürbis. Der Schlangenbeschwörer bewegt seinen Kopf, und die Schlange, die übrigens gar keine Geräusche wahrnehmen kann, folgt jeder Bewegung des Beschwörers, so dass der Eindruck erweckt wird, sie tanze.

Zeremonial- und Prozessionsmusik

Eine **Prozession**, gleich ob es sich um eine religiöse oder eine Hochzeitsprozession handelt, soll laut sein, um das Ereignis anzukündigen und so viel Aufmerksamkeit wie möglich zu erregen. *Shawms* (einer großen Klarinette ähnliche Instrumente), wie z. B. die durchdringende Nagasvaram, begleitet von der Tavil (einer großen zweifelligen Trommel, die mit den Händen und mit Stöcken geschlagen wird), werden nicht nur auf der Bühne während Tempelzeremonien gespielt, sondern auch von Prozessionstruppen, auf Tamil als *periya melam* oder „großes Ensemble" bezeichnet. Der angenehme, wenngleich laute Klang der Nagasvaram hat dazu geführt, dass dieses Instrument, nachdem es ein karnatisches Standard-Repertoire übernommen hat, in den letzten Jahren auch in Konzertsälen akzeptiert wird. Das nordindische Gegenstück der Nagasvaram ist die *Sehnai* (Oboe), die im Mittelalter aus dem Nahen Osten nach Indien gelangte.

Die eindringlichste, ohrenbetäubendste Prozessionsmusik spielen zweifelsohne die **Blaskapellen**, die Hochzeiten musikalisch untermalen. Die Bandmitglieder sind Freizeitmusiker und wie Spielzeugsoldaten ausstaffiert. Sie schlagen Marschtrommeln und Becken, blasen Trompeten und Posaunen und spielen beliebte Melodien, die vornehmlich aus Bollywood-Filmen stammen – jedoch bei dem Getöse kaum erkennbar sind. Zu anderen Formen der Prozessions- und Zeremonialmusik gehören die **Bläser** der Armee – eine schottische Tradition, die zur Zeit des britischen Raj eingeführt wurde und bis heute von der indischen Armee gepflegt wird.

Tanz- und Volksmusik

Das karnatische Standard-Ensemble hat sich mit Ausnahme des Repertoires für die Begleittänze wie *Bharatanatyam* kaum verändert, nur ist das für **Kathakali** eingesetzte Ensemble weitaus zeremonieller. Abgesehen von der mit den Händen geschlagenen *maddalam* gehören zum Kathakali-Ensemble auch **Cenda**, zylindrische Trommeln, die senkrecht gehalten und mit Stöcken geschlagen werden. Die Trommler sind ein integraler Bestandteil der Vorführung und unterstreichen die Schritte und *mudras* (Gesten) der Tänzer. Zwei Sänger, die von einem Gong begleitet werden, stehen auf der rechten Seite der Bühne und erzählen die Geschichte in Versform, während die Tänzer mit Hilfe von Gestik und Mimik das Geschehen darstellen.

Der vor allem in Südindien vorherrschende Vaishnavismus legt seinen Schwerpunkt auf die Andacht, und fromme Lieder wie das **Bhajan** sind ein wichtiges Ausdrucksmittel der Verehrung. Das Bhajan wird zwar auch von Solisten auf der Bühne gesungen, hauptsächlich ist das Bhajan aber als Chor zu hören. **Qawwali**-Musik wird dagegen seltener im Chor gesungen; sie zielt darauf ab, dass der Sänger *haal*, einen Zustand spiritueller Ekstase, erreicht.

Obwohl Chennai eine eigene Filmindustrie besitzt, kann es mit der enormen Beliebtheit der **Bollywood-Lieder** nicht konkurrieren. Bollywood hat die Gabe, von nahezu überall her Ideen aufzugreifen, dabei wird jedoch nicht nur imitiert, sondern auch neu interpretiert. Lange Tanzszenen mit einer starken Choreographie sind sehr beliebt und wurden ursprünglich von Gesangs- und Tanzeinlagen in Hollywoodfilmen der 30er Jahre inspiriert.

Musik aus Goa

Angesichts der Reggae- und Technoklänge aus den Strandbars in Goa könnte man fast glauben, Musik und Tanz hätten hier erst mit der Erfindung des Synthesizers Fuß gefasst. Dabei besitzt dieser Bundesstaat eine reiche Musiktradition: eine gelungene Mischung aus Ost und West, so unnachahmlich wie seine köstliche Küche. Diese goanische Musik, deren Wurzeln im dörflichen und religiösen Leben liegen, ist allerdings nicht auf den bei Touristen beliebten Vollmondparties zu hören – sie ist eher etwas für den Hausgebrauch und wird z. B. bei Tempel- und Erntefesten gespielt, erklingt aber auch aus den altersschwachen Kassettenrekordern der Regionalbusse.

Die Bewahrer der goanischen Volksmusiktradition sind die **Kunbi**: Landarbeiter ohne eigenen Grund und Boden, die sich zumeist bei Reisbauern verdingen. Den Rhythmus ihrer Konkani-Lieder, als *Kunbi geet* bekannt, gibt die Feldarbeit – säen, Korn dreschen und mahlen usw. – vor.

Ausgefeiltere Darbietungen finden während des Hindu-Monats Paush (Ende Feb) statt. Dann versammeln sich Gruppen von Frauen auf dem Dorfplatz, der gleichzeitig der Tanzplatz *(mannd)* ist, und singen Volkslieder, die als *dhalos* und *fugdis* bekannt sind. Ihr Gesang kann sieben oder mehr Nächte hindurch andauern und findet seinen Höhepunkt darin, dass manche Frauen in Trance verfallen.

Die berühmteste goanische Gesangs- und Tanzart ist jedoch der **Mando**. Dieser langsame, ausdrucksstarke Tanz (dessen Name vom Sanskrit-Wort „mandala" herrührt und „kreisförmig" bedeutet) war ursprünglich ein immer schneller werdender Kreistanz, wird heute jedoch meistens von Frauen und Männern getanzt, die sich in zwei Reihen gegenüberstehen. Die frühen christlichen Missionare bedienten sich der einfachen Rhythmen der goanischen Volkslieder und -tänze und unterlegten sie mit Bibeltexten. So wird z. B. der Mando heutzutage meist auf christlichen Hochzeiten und kirchlichen Festen getanzt.

Die am stärksten europäisch geprägte goanisch-folkloristische Musikrichtung ist der **Fado**. In diesen melancholischen, aus der portugiesischen Kolonialzeit stammenden Gesängen und Rhythmen drückt sich die Sehnsucht nach der Heimat, sprich: Portugal, aus. Allerdings war es nur wenigen goanischen *fadistas* tatsächlich vergönnt, die Lichter von Lissabon oder Coimbra, von denen in schwärmerischen Tönen gesungen wurde, mit eigenen Augen zu erblicken, und heute ist der Fado im Aussterben begriffen.

Moderne Goa-Besucher werden abgesehen von Rave-Klängen vor allem mit *filmi*-Schlagern aus aktuellen Bollywood-Filmen beglückt, oder aber mit einem Mischmasch aus Folklore und Calypso namens **Konkani Pop**. Unterstützt von Background-Sängerinnen und Blechbläsern singen die Konkani-Vokalisten gegen E-Gitarre und Keyboard an.

Konkani Pop sollte man am besten live erleben (die Aufmachung der Künstler ist meist ebenso ausgefallen wie die Musik), aber wem dies nicht vergönnt ist, der kann bei jedem Kassetten-*wallah* am Straßenrand die momentan angesagtesten Aufnahmen käuflich erwerben. Konkani Pop klingt nach allem Möglichen, nach portugiesischer, afrikanischer, karibischer oder brasilianischer Musik – nur nicht nach indischer.

Indien erfreut sich einer kleinen, aber lebendigen **zeitgenössischen Musikszene**, die sich auf kosmopolitische Städte wie Mumbai und Bangalore konzentriert. Bands wie *Dhoom* versuchen, moderne Elemente mit traditionellen Themen zu verbinden. Altmodische Jazz-/ Tanzkapellen sind in einigen Nachtclubs und Bars in den Städten zu finden. Diese Bands, die oft einen Schnulzensänger in den Vordergrund stellen, lassen sich stark von den musikalisch begabten Goanern und Anglo-Indern (Eurasiern) inspirieren.

Nähere Infos zur indischen Musik bietet der hervorragende *Rough Guide to World Music* aus dem Verlag The Rough Guide, London, UK, der auch in deutscher Übersetzung als *Rough Guide Weltmusik* im Metzler Verlag erschienen ist.

Tanz

Zu den faszinierendsten Erlebnissen einer Südindienreise gehört der Besuch einer Tanzdarbietung, die im kulturellen Leben der Region eine ungeheuer wichtige Rolle spielt. Indiens vorherrschender klassischer Tanzstil, Bharatanatyam, hat seinen Ursprung im Süden und füllt in tamilischen Städten immer noch ganze Konzertsäle, während andere Formen des rituellen Theaters, wie Kathakali, Kuttiyattam und Teyyattam, ein integraler Bestandteil der Tempelandacht in Kerala bleiben.

Eine authentische Darbietung an Ort und Stelle zu sehen, ist ein unvergessliches Erlebnis. Die Ausdauer der Darsteller und der Anblick eines Publikums, das die ganze Nacht aufbleibt, um im Morgengrauen das Finale eines Tanzdramas zu sehen, sind einfach überwältigend.

Das Natya Shastra

Alle indischen Tanzformen haben bestimmte gemeinsame Merkmale und lassen sich auf Prinzipien zurückführen, die im Natya Shastra, einer sanskritischen Abhandlung über die Bühnenkunst aus dem 1. Jh. v. Chr., verewigt sind. Der Text behandelt jeden Aspekt des Ursprungs und der Funktion von **Natya**, der Kunst des Tanzdramas, das Musik, stilisierte Sprache, Tanz und Schauspiel vereint und für die Theaterkunst in ganz Südasien typisch ist.

Diese Kunstform verbreitete sich in den Jahrhunderten der kulturellen Expansion (2. Jh. v. Chr.– 8. Jh. n. Chr.), als südindische Könige Handelsmissionen, Hoftänzer, Priester und Eroberungsheere in die gesamte Region aussandten. Selbst in Ländern, die später den Buddhismus oder den Islam annahmen, weisen die Tänze nach wie vor Spuren indischer Formen auf und hinduistische Götter und Göttinnen treten zusammen mit einheimischen Helden und Gottheiten auf.

Der indische Tanz wird in zwei „Temperamente" unterteilt: **Tanava** repräsentiert die Furcht einflößende männliche Energie Shivas, **Lasya** die Anmut seiner Gemahlin Parvati. Die Tänze fallen entweder in die eine oder die andere Kategorie (Kathakali ist *tanava* und Bharatanatyam *lasya*) oder vereinen beide Elemente.

Ebenso beinhalten sie in unterschiedlichem Grade die drei Hauptkomponenten des indischen Tanzes: **Nritta**, reiner Tanz, der die Musik durch schmückende Körperbewegungen reflektiert; **Natya**, das dramatische Element des Tanzes, zu dem die Darstellung eines Charakters gehört, und **Nritya**, das interpretative Element, mit dem durch Gestik und Mimik sowie die Stellung der Füße und Beine eine Stimmung ausgedrückt wird.

Der Begriff **Abinaya** beschreibt die dem Darsteller zur Verfügung stehenden Hilfsmittel, um die Bedeutung eines Tanzes zu vermitteln. Dazu gehören Kostüm und Gesichtsbemalung, Sprache und Tonfall, psychologisches Verständnis und (vielleicht das charakteristischste und komplexeste Element) die Gebärdensprache. Stilisierte Gesten sind für jedes Körperteil festgelegt – es gibt z. B. sieben Bewegungen der Augenbrauen, sechs für die Nase und sechs für die Wangen –, und ein Darsteller braucht Jahre intensiven Trainings, um sie perfekt zu beherrschen. Ist die vollständige Körperkontrolle erreicht, steht dem Darsteller ein Repertoire an mehreren tausend Bedeutungen zur Verfügung. In Kombination mit anderen Bewegungen kann eine Hand mit ausgestreckten Fingern und eingeknicktem Daumen z. B. Hitze, Regen, eine Anzahl Männer, die Nacht, einen Wald oder ein Haus bedeuten. Außerdem können bis zu drei Charaktere von ein und demselben Darsteller mittels unterschiedlicher Gesichtsausdrücke gespielt werden.

Trotz häufiger technischer Glanzleistungen werden die Darsteller selten danach beurteilt, wie gekonnt sie einen Tanz ausführen, sondern danach, wie gut sie dem Publikum bestimmte Gefühle, **Bhava**, vermitteln können. Dies lässt sich nur an **Rasa**, einer Stimmung oder Empfindung, ermessen, wobei es je eine *rasa* für jede der neun *bhava* gibt, die die Zuschauer während einer Vorführung erfahren.

Wie man Tanzveranstaltungen ausfindig macht

Tanzvorführungen finden den ganzen Winter über statt; ihren Höhepunkt erreichen sie im April und Mai vor der Monsun-Pause (Juni, Juli und Aug). Um sie aufzuspüren, braucht man etwas Ausdauer und Glück, aber die Mühe lohnt.

Bharatanatyam wird in den meisten großen Städten und Ortschaften des Südens in Konzerthallen aufgeführt. Darüber hinaus ist er immer auf den jährlichen Tanzfestivals in Mamallapuram, Hampi und Tiruvananthapuram vertreten. Es lohnt sich in jedem Ort, im Tourist Office nachzufragen. Wenn man in **Chennai** ist, sollte man die Veranstaltungsseiten der regionalen Presse wie *The Hindu* lesen.

In **Kerala** kauft man am besten die auf Malayalam erscheinende Tageszeitung *Mathrabhumi* und bittet jemanden, den Veranstaltungskalender durchzusehen. Tempelfeste, die mit Sicherheit ein lohnendes Schauspiel sind, werden in jedem Fall angekündigt. **Kathakali** für Touristen wird in Kochi geboten, doch um authentische Aufführungen zu erleben, sollte man Schauspielschulen wie Thiruvananthapurams Margi (s. S. 376) und Cheruthuruthys Kerala Kalamandalam aufsuchen (s. S. 430).

An beiden arbeiten **Kutiyattam**-Darsteller, ebenso wie im Kulturzentrum Natana Kairali in Irinjalakuda (s. S. 421).

Eine gute Informationsquelle zu obskureren keralischen Ritualen, Festivals und Tänzen ist der privat betriebene Tourist Desk an der Main Boat Jetty in Ernakulam (s. S. 421).

Bharatanatyam

Der bekannteste klassische indische Tanzstil, Bharatanatyam, ist eine anmutige, von Frauen getanzte, auf Gebärden basierende Kunstform. Er ist ein beliebtes Thema in der Tempelplastik ganz Südindiens (insbesondere Tamil Nadus) und hat seinen Ursprung in den Tänzen der **Devadasis**, Tempeltänzerinnen, die ursprünglich als Teil ihrer religiösen Pflichten in den großen tamilischen Schreinen tanzten. Die jungen Mädchen, die einem Tempel gewöhnlich von ihren Eltern „geschenkt" wurden, waren formal mit der Gottheit „verheiratet" und verbrachten den Rest ihres Lebens damit, im Rahmen ihres Gottesdienstes zu tanzen oder zu singen. Später wurde das *devadasis*-System jedoch abgewertet und die Tänzerinnen, die einst einen hohen Status in der hinduistischen Gesellschaft genossen hatten, wurden zu Prostituierten unter der Kontrolle von Brahmanen, denen männliche Tempelbesucher für sexuelle Dienste Geld geben mussten.

In der zweiten Hälfte des 19. Jhs. machten vier Brüder es sich zur Aufgabe, diese Tanzkunst vor dem Aussterben zu bewahren. Sie rekonstruierten sie mit Hilfe des Studiums des *Natya Shastra*, Darstellungen an Tempeln und Informationen ehemaliger Devadasis. Zwar basiert der heutige Tanz weitgehend auf ihren Erkenntnissen, doch war ihr Unternehmen nur der erste Schritt zu einem Revival, denn der Bharatanatyam blieb zunächst auf die Tempel beschränkt und wurde fast ausschließlich von Männern getanzt – nach Meinung der Brüder die einzige Möglichkeit, seinen moralischen Niedergang zu verhindern. Erst in den 30er Jahren, als **Rukmini Devi**, ein Mitglied der Theosophical Society, diese Tanzform einem breiteren Mittelklassepublikum vorstellte, wurde der Bharatanatyam allmählich als eine weltliche Kunstform beliebt. Als Schützling der britischen Aufrührerin Annie Besant im 19. Jh. kam Devi stärker mit ausländischen Künsten in Berührung als viele Frauen ihrer Generation. Sie entwickelte ein Interesse an westlichem Tanz, während sie ihren Ehemann, George Arundale, den ehemaligen Direktor der Schule der Theosophical Society in Adyar (Chennai) auf Vortragsreisen begleitete, und studierte u. a. bei der Pavlova. Nachdem sie jedoch 1929 eine Vorführung des Tanzes, den sie später Bharatanatyam nannte, gesehen hatte, widmete sie ihr Leben dessen Revival. Die von ihr gegründete Tanzschule in Adyar heißt heute Kalakshetra und bringt nach wie vor einige der besten Tänzer/innen der Welt hervor.

Entschlossen, diese Kunstform wieder gesellschaftsfähig zu machen, tilgte Devi alle erotischen Elemente und pflegte sehr strenge Ansichten darüber, wie der Bharatanatyam zu tanzen sei. Viele ihrer ehemaligen Schüler haben eigene Interpretationen dieses Stils entwickelt, doch wird die Form weiterhin dem Wesen nach als spirituelle Kunst betrachtet. Thema ist stets die romantische Liebe, wobei die Tänzerin eine Gläubige darstellt, die vom Objekt ihrer Hingabe getrennt ist. Auf diese Weise verkörpert sie die Idee der *sringara bhakti,* der Andacht durch Liebe.

Die Ausbildung ist hart. Die Darsteller werden ermuntert, ihre Identität im Tanz aufzulösen und Werkzeuge zu werden, die die göttliche Nähe zum Ausdruck bringen. Die Reihenfolge, in der die Abschnitte des Tanzes aufgeführt und eingeübt werden, gilt als die für dieses Ziel geeignetste. Eine **Vorführung** dauert in der Regel etwa zwei Stunden und besteht aus folgenden Phasen: *alarippu, jatiswaram, sabdam, varnam, padams javalis, tillana* und *mangalam.*

Allen Vorführungen geht ein *namaskaram',* ein Gruß an die Götter, voraus, der von den Darstellern, den Musikern und den Zuschauern dargeboten wird; der Statue der führenden Gottheit, die am rechten Bühnenrand steht, wird ein Blumengeschenk gemacht. Den Höhepunkt der Aufführung bildet **Varnam,** auf den die vorangehenden drei Phasen durch *nritta* (reiner Tanz auf der Grundlage von Rhythmus) hinarbeiten, wobei eine Melodie und dann der Text hinzugefügt wird. Im *varnam* wird jeder Aspekt der Kunst des Tänzers in zwei Abschnitten ausgeführt, der erste ist langsam, *abinhaya* (Gebärdensprache) wechselt mit rhythmischen Silben ab; der zweite ist doppelt so schnell wie der erste, wobei *abinhaya* mit melodischen Silben abwechselt. In den folgenden beiden Phasen liegt der Schwerpunkt darauf, durch Mimik eine Stimmung auszudrücken, und in der vorletzten Phase, *tillana,* kehrt der Tänzer wieder zum reinen Rhythmus zurück, mit dem der Tanz begann. Ein *mangalam,* kurzes Gebet, markiert das Ende einer Vorführung.

Kathakali

„Hier findet sich die Tradition der Trance-Tänzer, hier findet sich die absolute Forderung nach der Unterwerfung des Körpers unter den Geist, hier findet sich die Verwirklichung der kosmischen Transformation des Menschlichen ins Göttliche."

Mrinalini Sarabhai, klassischer Tänzer

Das Bild eines Kathakali-Darstellers in einem prächtigen Kostüm mit außergewöhnlichem Makeup und einer großen goldenen Krone ist zu Keralas Markenzeichen geworden, das sich überall, sogar in der Fernsehwerbung für Reinigungsmittel, wiederfindet. Traditionelle Vorführungen, von denen es noch eine Menge gibt, finden gewöhnlich auf einer Freifläche vor einem Tempel statt. Sie beginnen um 22 Uhr und dauern bis zum Morgengrauen, wobei sie lediglich von dem flackernden Licht einer großen Messingöllampe im Zentrum der Bühne erleuchtet werden. Im Grunde ist nichts an Kathakali naturalistisch, denn der Tanz stellt ausschließlich die Welt der Götter und Dämonen dar. Sowohl die männlichen als auch die weiblichen Rollen werden von Männern getanzt.

Im Hintergrund der Bühne stehen zwei Musiker, die den Rhythmus angeben, der eine auf einem bronzenen Gong, der andere auf schweren Becken aus Glockenmetall. Sie singen auch den Dialog. Die Darsteller betreten und verlassen die Bühne durch einen von Händen gehaltenen Vorhang und geben keinen Laut von sich, außer einem gelegentlichen Schrei. Die ausgefeilten Gesten, Gesichtsausdrücke und die Choreographie zu lernen, erfordert ein hartes Training, das bereits im Alter von acht Jahren beginnt und zehn Jahre dauern kann.

Mindestens zwei weitere Trommler stehen links der Bühne. Der eine spielt die aufrechte **Chenda** mit schmalen, gebogenen Stöcken, der andere die **Maddalam,** eine mit den Händen geschlagene Fasstrommel. Wenn eine weibliche Figur „spricht", wird die Chenda durch die *ettaka,* eine „sprechende Trommel", die wie eine Sanduhr aussieht, auf der Melodien gespielt werden können, ersetzt. Die Trommler beobachten die Darsteller ununterbrochen, um jede ihrer Gesten klanglich zu untermalen, von der zärtlichsten Umarmung bis zum blutigen Niederstechen eines Feindes.

Obwohl Kathakali, wörtlich „Darstellung einer Geschichte", unverkennbar Einflüsse des Kutiyattam und indigene Volksrituale aufweist, wird angenommen, dass er sich im 17. Jh. zu einer eigenständigen Theaterform herausgebildet hat. Die Stücke basieren auf drei Hauptquellen: den hinduistischen Epen *Mahabharata*, *Ramayana* und *Bhagavata Purana*. Während die Geschichten vordergründig von Götterhelden wie Rama und Krishna handeln, sind die beliebtesten Figuren jene, die den Darstellern den größten Spielraum lassen – die bösartigen *katti* („Messer")-Antihelden mit Fangzähnen und rot-schwarzem Gesicht. Diese Typen, wie z. B. die Könige Ravana und Duryodhana, verkörpern Wollust, Gier, Neid und Gewalttätigkeit. David Bollands praktisches Taschenbuch *Guide to Kathakali*, das in Kerala vielerorts erhältlich ist, bietet hervorragende Zusammenfassungen aller Szenen der meisten beliebten Stücke und erklärt daneben in einfacher Sprache noch vieles mehr.

Wer eine Vorführung besuchen will, sollte früh hingehen, um sich zu orientieren, bevor es dunkel wird, auch wenn das erste Stück nicht vor 22 Uhr beginnt. Zuschauer dürfen vor und während der Vorführung den Umkleideraum besuchen, um den Maskenbildnern bei der (mehrere Stunden beanspruchenden) Arbeit zuzuschauen. Die Farbe und Gestaltung der **Masken** drücken die Persönlichkeit jeder Figur aus. Die Hauptcharaktere unterteilen sich in sieben Typen:

Pacca („grüne" und „reine")-Charaktere, leuchtend grün angemalt, sind die edlen Helden, darunter Götter wie Rama und Krishna.

Katti („Messer") sind böse und gerissene Charaktere wie Ravana. Oft erfreuen sie sich der größten Beliebtheit beim Publikum. Sie haben grüne Gesichter zum Zeichen ihrer adligen Herkunft, einen nach oben gerichteten Schnurrbart und einen weißen, pilzförmigen Höcker auf der Nasenspitze.

Chokannatadi („roter Bart")-Charaktere sind machthungrig und gemein, sie haben von den Nasenflügeln aufwärts schwarze Gesichter und blutrote Bärte.

Velupputadi („weißer Bart") stellt Hanuman dar, den Affensohn des Windgottes und persönlichen Diener Ramas. Er trägt stets einen grauen Bart und einen Pelzmantel, hat ein rot-schwarzes Gesicht und eine grüne Nase.

Karupputadi („schwarzer Bart") ist ein Jäger oder Waldbewohner, der ein Schwert sowie Pfeil und Bogen trägt. Er hat ein kohlrabenschwarzes Gesicht mit einer weißen Blume auf der Nase.

Kari („schwarze")-Charaktere, die Menschenfresserinnen und Hexen des Dramas, haben schwarze Gesichter mit weißen Mustern und riesige Brüste.

Minnukku („Leuchtgestalten")-Charaktere sind Frauen, Brahmanen und Weise. Die Frauen haben blassgelbe, mit Glimmer gesprenkelte Gesichter, tragen Saris und eine Kopfbedeckung; die Männer sind in orangefarbene *dhotis* gekleidet.

Sobald das Make-up fertig ist, wird den Darstellern in ihre **Kostüme** geholfen – kunstvoll gearbeitete weite Röcke, die in der Taille gebunden werden, hoher Kopfschmuck und lange, spitze, künstliche Silberfingernägel, die an einer Hand befestigt werden. Die Verwandlung wird mit einem letzten Gebet vor Beginn der Aufführung abgeschlossen.

Besuchern, für die Kathakali eine neue Erfahrung ist, wird während des langen Programms wahrscheinlich langweilig, denn einige Teile sind sehr schleppend. Wer eine Aufführung in einem Dorf besucht, findet nicht immer eine Unterkunft, so dass es nicht möglich ist, die Vorstellung eher zu verlassen. Man sollte darauf vorbereitet sein, stundenlang auf dem Boden zu sitzen, und warme Kleidung mitbringen. Das größte Vergnügen besteht darin, die ganze Nacht aufzubleiben, um – gerade wenn die Morgendämmerung anbricht – die grausige Tötung eines Schurken oder eines *asura* (Dämonen) zu erleben.

Kuchipudi

Dem aus Andhra Pradesh stammenden Kuchipudi wird zwar nachgesagt, dass er stärker als alle anderen Darstellungsformen dem *Natya Shastra* folgt, er wurde aber bis vor kurzem im Wesentlichen noch als Volkskunst betrachtet – als Mittel, einem relativ ungebildeten Publikum Szenen aus der Mythologie und den hinduistischen Epen vorzuführen.

Der in seiner Form dem Bharatanatyam ähnliche Kuchipudi hat wie dieser eine Geschichte des Niedergangs und der Erneuerung hinter sich. Seine gegenwärtige Form soll bis in das 17. Jh. zurückreichen, als ein Einheimischer auf dem Weg zu seiner Hochzeit sein Boot zum Kentern brachte und betete, dass er gerettet werden möge. Da seine Bitte erhört wurde, schrieb er, in seiner neuen Inkarnation als **Siddhappa Yogi**, ein Tanzdrama zu Ehren Krishnas und stellte eine Truppe von Brahmanen zusammen, die es inszenieren sollten. Als das Stück 1675 am Hofe aufgeführt wurde, beeindruckte es den dort ansässigen *nawab* dermaßen, dass er den Künstlern das Dorf Kuchipudi schenkte, damit sie ihre Kunst an folgende Generationen weitergeben möchten. Der nach diesem Dorf benannte Tanz ist seitdem stets von den gleichen fünfzehn Brahmanenfamilien wie damals aufgeführt worden.

Der traditionell nur von Männergruppen getanzte Kuchipudi erfordert eine siebenjährige, harte Ausbildung, die auch Musikerziehung, das Studium von Sanskrit, der alten Schriften und der Mythologie einschließt. Seit der Jahrhundertwende hat jedoch die Zahl von Soloauftritten und tanzenden Frauen zugenommen.

Wie der Bharatanatyam folgt der Kuchipudi einer festgelegten Reihenfolge von Abschnitten und setzt ähnliche Techniken und Kostüme ein. Er hebt sich jedoch durch die Wichtigkeit der Dialoge und Lieder hervor und unterscheidet sich von anderen Formen auch dadurch, dass die Tänzer selbst singen, gewöhnlich auf Telugu. Humor und Schaustücke sind weitere wichtige Elemente, die ihn von der gezwungeneren Atmosphäre des Bharatanatyam abheben: Das Highlight der meisten Darbietungen ist eine Szene, in der eine Tänzerin einen Wasserkrug auf ihrem Kopf trägt, der auf dem Rand eines Kupfertellers balanciert.

Mohiniyattam

Die aus Kerala stammende, halbklassische Form Mohiniyattam hat (wie der Bharatanatyam) ihre Wurzeln in den Tempeltänzen der *devadasis*. Er erlebte dank der Bemühungen einzelner begeisterter Anhänger ebenfalls ein Revival, zunächst im 19. Jh. durch Swati Thirunal, den König von Travancore, und erneut in den 30er Jahren des 20. Jhs., nachdem er eine Zeit lang in Verruf geraten war, durch den Dichter Vallathol.

Mohiniyattam („der Tanz der Zauberin") verdankt seinen Namen dem mythischem Mädchen **Mohini**, die Verlangen weckte und die Gabe besaß, das Herz des Betrachters zu stehlen. Gewöhnlich handelt es sich um einen von einer Frau dargebotenen Solotanz. Er wird beherrscht von der *iasya*-Stimmung, die anmutige, vom rhythmischen Schwingen des Körpers von einer Seite zur anderen gekennzeichnete Bewegungen erzeugt. Das zentrale Thema ist die Liebe und Hingabe an Gott, wobei Vishnu oder Krishna am häufigsten im Mittelpunkt der Handlung stehen.

Die Tänzerinnen des Mohiniyattam tragen ein realistisches Make-up und den weißen Kasava-Sari mit Goldsaum aus Kerala. Begleitet wird die Tänzerin von klassischer karnatischer Musik, wobei die Texte in Malayalam gesungen werden.

Kutiyattam

Drei Familien der Chakyar-Kaste und einige Außenseiter spielen das Sanskrit-Drama Kutiyattam, die älteste kontinuierlich aufgeführte Theaterform der Welt. Bis vor kurzem wurde es nur in Tempeln dargeboten, und auch dort nur vor den höchsten Kasten. Äußerlich ähnelt es sehr dem aus ihm entstandenen Kathakali, aber die Atmosphäre ist deutlich archaischer. Die in der Zeichensprache und symbolischen Bewegungen versierten Darsteller intonieren die bizarren, faszinierenden **vedischen Gesänge** der örtlichen Brahmanen, die sich seit 1500 v. Chr. nicht verändert haben.

Ein einziger Akt eines Kutiyattam-Stückes kann zehn volle Nächte dauern, das gesamte Stück vierzig. Ein hervorragender Darsteller, der alle Feinheiten der Körpersprache beherrscht, kann eine halbe Stunde dafür brauchen, einen Dämonen umzubringen, das Publikum zu schelten oder einfach nur das Fallen eines Blattes von einem Baum zu beschreiben. Anders als der Kathakali umfasst der Kutiyattam auch komische Charaktere und Stücke. Der stets gegenwärtige **Vidushaka**, Erzähler und Clown, ist eine Art Hofnarr und hatte traditionell das Recht, die Obersten des Landes offen zu kritisieren, ohne eine Strafe fürchten zu müssen.

Teyyattam

In Nord-Kerala gibt es eine Vielzahl ritueller „Aufführungen", die unter dem Begriff Teyyattam zusammengefasst werden. Sie sind jeweils nur auf einen Ort oder sogar nur auf bestimmte Familien beschränkt. Sie können *bhuta* (Geister- oder Heldenverehrung), Trance-Tänze, die Inszenierung legendärer Ereignisse und Orakelsprüche beinhalten. Die Darsteller gehören gewöhnlich niederen Kasten an, doch ehrt ein Brahmane während des Rituals die Gottheiten, die sie verkörpern, so dass der Status jedes Einzelnen umgekehrt wird. Obwohl Teyyattam inzwischen auf staatlich organisierten Kulturfesten aufgeführt wird, ist die Wirkung bei einer Darbietung im Hof eines Hauses oder Tempels in einer dörflichen Umgebung am stärksten. Einige Figuren sind mit ihren angemalten Gesichtern und Körpern wirklich Furcht erregend. Zu den Kostümen gehören ein meterhoher Kopfschmuck, der manchmal zugleich als Maske fungiert, und Kleider aus Blättern und Borke.

Der einzige Ort, in dem man Teyyam mit Sicherheit erleben kann, ist **Parassinikadavu**, ein kleines Dorf 20 km nördlich von Kunnur, im hohen Norden Keralas, wo der Oberpriester des lokalen Tempels jeden Tag tanzt. Dieses außergewöhnliche Schauspiel sollte man nicht verpassen, wenn man in der Gegend ist.

Um typischeren Dorf-Teyyattam zu sehen, muss man zur rechten Zeit am rechten Ort sein. Am besten begibt man sich zunächst nach Kannur und erkundigt sich im örtlichen Tourist Office; nach ein paar Tagen wird irgendjemand hören, dass man einen Teyyattam sucht, und einen in ein Dorf führen, wo eine solche Veranstaltung geplant ist.

(Ein Beitrag von Vicki Maggs)

Sprachen

In Indien werden nicht weniger als achtzehn verfassungsmäßig anerkannte Hauptsprachen gesprochen. Daneben gibt es noch zahlreiche Sprachen kleinerer Bevölkerungsgruppen und über tausend Dialekte. Als Indien nach der Unabhängigkeit neu strukturiert wurde, zog man die Bundesstaatsgrenzen größtenteils nach linguistischen Regionen.

Die älteste erhaltene Sprache des Subkontinents ist **Sanskrit**, zusammen mit Latein und Griechisch eine der drei „großen Schwestern", auf deren Grundlage Philologen das Modell der proto-indoeuropäischen Sprache erstellt haben. Sanskrit wurde im frühen 2. Jahrtausend v. Chr. gesprochen, jedoch erst viel später niedergeschrieben. Alle heiligen Texte des Hinduismus sind in Sanskrit verfasst, das bis 1000 n. Chr. die Sprache der gebildeten Schicht blieb. Bis zu einem gewissen Grade wird es noch heute von der Priesterklasse gesprochen, im Laufe der Jahrhunderte entwickelte es sich jedoch zu den modernen Sprachen des heutigen Nordindiens: Hindi, Urdu, Bengali, Gujarati, Marathi, Kashmiri, Punjabi und Oriya.

Nachdem Indien unabhängig geworden war, beschloss die Regierung in Delhi, **Hindi** zur Amtssprache des neu gegründeten Landes zu machen. Interessanterweise stand die Einführung des **Hindustani** als offizielle Landessprache nie zur Debatte, obwohl diese jüngere Sprache, eine Mischung aus Hindi und Urdu, von Gandhi und anderen Freiheitskämpfern bevorzugt gesprochen worden war, um das Gemeinschaftsgefühl im Volk zu stärken. So wurde in allen Schulen Hindi gelehrt, und heute beherrscht über die Hälfte der indischen Bevölkerung diese Sprache mehr oder weniger perfekt. In bestimmten Regionen aber rührte sich permanent starker **Widerstand gegen die Einführung des Hindi**, besonders im tamilisch dominierten dravidischen Süden, und die große Mehrheit der südlich des Dekkan-Plateaus beheimateten Inder ist dieser Sprache kaum oder gar nicht mächtig. Die meistgesprochenen Sprachen im Süden sind neben **Tamil** (Tamil Nadu), **Telugu** (Andhra Pradesh), **Kannada** (Karnataka) und **Malayalam** (Kerala) und gehören alle der dravidischen Sprachfamilie an. Im Laufe tausender von Jahren entwickelten sich diese und verwandte, unbedeutendere Sprachen mehr oder weniger unabhängig voneinander unter den nicht-arischen Völkern im Süden Indiens.

Angesichts der Sprachenvielfalt Indiens ist es nicht weiter verwunderlich, dass **Englisch** nach wie vor die *lingua franca* vieler Inder ist, wobei das indische Englisch Besonderheiten in Intonation und Ausdruck aufweist. Nicht selten unterhalten sich Inder aus verschiedenen Landesteilen auf Englisch, und Reisende können sich nicht nur mit Studenten und Geschäftsleuten, sondern oft auch mit *chai-wallahs* und Schuhputzern erstaunlich gut auf Englisch verständigen.

MUMBAI (BOMBAY)

HIGHLIGHTS

Victoria Terminus – Das wunderbar exzentrische Bauwerk ist vielleicht der großartigste Bahnhof, den die Briten jemals gebaut haben.

Gateway of India – Der Ort, von dem aus die letzten britischen Truppen aus Indien abzogen, ist heute ein beliebtes Ziel für einen Abendspaziergang.

Chhatrapati Shivaji Museum – Präsentiert in herrlicher Raj-Atmosphäre eine wunderschöne Sammlung indischer Kunst von unschätzbarem Wert – von uralten Tempelskulpturen bis zu Rüstungen der Moguln.

Elephanta Island – Die Insel im Hafen von Mumbai beherbergt einen herrlichen, aus dem Fels gehauenen Shiva-Tempel.

Basare – In einem Labyrinth aus dichten Gassen bieten Händler alles Mögliche an, vom goldenen Hochzeitsschmuck bis zu altem Ramsch aus der Raj-Ära.

Bollywood-Blockbuster – Die neueste Hindi-Megaproduktion in einem der gigantischen klimatisierten Kinos im Stadtzentrum zu verfolgen, ist ein Erlebnis der besonderen Art.

Seit der Fertigstellung des Suez-Kanals 1869 ist Mumbai (früher Bombay) das Haupteingangstor zum indischen Subkontinent. Der Schriftsteller Aldous Huxley sagte einmal sinngemäß, dass keine der beiden Erdhalbkugeln eine entsetzlichere Stadt zu bieten habe. Viele Reisende betrachten ihren Aufenthalt in Mumbai als eine Erfahrung, bei der es eher um das nackte Überleben als ums Genießen geht. Doch als führende Wirtschafts-, Industrie- und Handelsmetropole des Landes und Quelle der verführerischsten Medienbilder ist die Hauptstadt von Maharashtra auch ein äußerst faszinierender Ort, in dem es sich durchaus umzusehen lohnt. Ob jemand diese Erfahrung auch genießen kann, hängt zum großen Teil davon ab, wie er mit der Hitze, der Feuchtigkeit, der Hektik, den Abgasen, den unglaublichen Menschenmassen und der erschreckenden Armut in der dynamischsten und am meisten „verwestlichten" Stadt Indiens zurechtkommt.

Der erste Eindruck von Mumbai wird oft von dem chronischen **Platzmangel** bestimmt, unter dem die Metropole leidet. Sie kauert auf einem schmalen, gekrümmten Landstreifen, der sich von der sumpfigen Küste ins Arabische Meer schiebt. In den weniger als 500 Jahren seit seiner „Entdeckung" durch die Portugiesen hat sich Mumbai vom Eingeborenen-Fischerdorf zu einer Megalopolis mit über 16 Millionen Einwohnern entwickelt. Ob man vom endlosen Strom der Pendler auf breiten Boulevards mitgeschwemmt oder in den von Menschen wimmelnden Basaren von Kulis und Handkarren-Ziehern eingekreist wird – Mumbai scheint immer und überall aus allen Nähten zu platzen.

Die Ursache der Überbevölkerung und der damit verbundenen Armut liegt – auch wenn es paradox erscheinen mag – in der unglaublichen Fähigkeit dieser Stadt, **Reichtum** zu produzieren. Mumbai allein erwirtschaftet fast 40% von Indiens Bruttosozialprodukt, in seinem Hafen wird die Hälfte des indischen Außenhandels abgewickelt, und die hiesige Filmindustrie ist die größte der Welt. Wohlstandssymbole finden sich allerorten: von der Phalanx von Bürohochhäusern am Nariman Point („Maharashtras Manhattan") bis zu teuer gekleideten Teenagern, die in Colabas Szene-Discos posieren.

Die Kehrseite der Erfolgsstory ist die hier herrschende, hinlänglich dokumentierte **Armut**. Tag für Tag strömen Hunderte Wirtschaftsflüchtlinge aus dem Hinterland von Maharastra nach Mumbai. Manche finden Arbeit und Obdach; die Mehrheit jedoch (rund ein Drittel der Stadtbevölkerung) endet auf den ohnehin schon überfüllten Straßen oder lebt im Elend inmitten der größten Slums von ganz Asien, sammelt Lumpen oder bettelt an Verkehrsampeln die Autofahrer an, um zu überleben.

Man darf die Probleme keineswegs herunterspielen, andererseits ist Mumbai längst nicht die Horrorstadt, von der manche Traveller berichten. Hat man erst einmal den Stress der Hotelsuche bewältigt, lässt sich dem irren Treiben und der turbulenten, kosmopolitischen Atmosphäre durchaus etwas abgewinnen.

Geschichte

Mumbai bestand ursprünglich aus sieben **Inseln**, die von kleinen Koli-Fischergemeinden bevölkert wurden. Es wird angenommen, dass die Ortschaft Puri auf **Elephanta** die größte Siedlung in der Region war, bis König Bimba oder Bhima gegen Ende des 13. Jhs. auf einer Insel seine Hauptstadt Mahim errichten ließ.

1534 überließ Sultan Bahadur von Ahmedabad das Land den **Portugiesen**, die der Gegend nicht viel abgewinnen konnten und ihre Siedlungen lieber weiter nördlich anlegten. 1661 gelangte die größte Insel als Teil der Mitgift Catherinas von Bragança, der portugiesischen Prinzessin, die mit Charles II. den Bund der Ehe schloss, in die Hände der Engländer. Vier Jahre später erhielt Charles auch noch die restlichen Inseln sowie den Hafen. Die Stadt behielt den anglisierten Namen Bombay (der Name geht auf die Gottheit Mumba Devi zurück, die hier lange vor der Ankunft der Portugiesen residierte, und wurde von den Neuankömmlingen zu „Bom Bahia" bzw. „Good Bay" verballhornt). Dies war das erste Stück Indiens, das wirklich als Kolonie bezeichnet werden konnte. Überall sonst auf dem Subkontinent hatte man den Engländern gerade einmal das Recht eingeräumt, Handelsposten zu errichten. Aufgrund seines geschützten Naturhafens und der strategisch günstigen Handelsposition bemühte sich die in Surat stationierte **East India Company** um den Erwerb dieses Erdfleckens. 1668 war der Handel perfekt, und Charles überließ ihr Mumbai für eine lächerliche Summe.

Die Engländer gaben sich große Mühe, ihren Außenposten zu befestigen. Sie ließen sich in einem Gebiet nieder, das heute als das Fort bekannt ist. Doch sie hatten es nicht leicht: Die Gouverneure gaben sich die Klinke in die Hand, und Malaria und Cholera rafften viele der ersten Siedler dahin. **Gerald Aungier**, der vierte Gouverneur (1672–77), machte es sich zur Aufgabe, „die Stadt, die mit Gottes Hilfe gebaut werden soll", zu planen. Anfang des 18. Jhs. war die Niederlassung tatsächlich die Hauptstadt der East India Company geworden. Auf Aungiers Initiative geht jenes Bevölkerungsgemisch zurück, das immer mehr zum Erfolg der Stadt beiträgt, denn er ermutigte den Zuzug von Hindu-Händlern aus Gujarat, Goanern, islamischen Webern und geschäftstüchtigen **Parsen**.

1803 vernichtete eine Feuersbrunst einen Großteil der britischen Siedlung im alten Fort. Die Ankunft der **Great Indian Peninsular Railway** in den 50er Jahren des 19. Jhs. brachte eine Verbesserung der Kommunikationswege und noch mehr Einwanderer aus allen Teilen Indiens. Die Vollendung dieser wichtigen Bahnstrecke fiel genau mit der amerikanischen Baumwollkrise nach dem Ende des Bürgerkrieges zusammen, so dass ein mächtiger Bombay-Baumwoll-Boom ausbrach, der die Stadt zu einer bedeutenden Industrie- und Handelsstadt machte. Nach der Eröffnung des Suez-Kanals 1869 und dem Bau riesiger Hafendocks wurde Bombays Einfluss auf die europäischen Märkte noch verstärkt. **Sir Bartle Frere**, von 1862 bis 1867 im Gouverneursamt, befehligte den Bau der Aufsehen erregenden, kolonial-gotischen Stadtbauten. Der bombastischste aller steinernen Zeugen dieser aufstrebenden Epoche ist die **Victoria Terminus Railway Station**, heute offiziell Chhatrapati Shivaji Terminus oder CST.

Als wohlhabendste Stadt der Nation stand Bombay in der vordersten Front des Unabhängigkeitskampfes. Mahatma Gandhi benutzte hier drei Jahrzehnte lang ein Haus, inzwischen ein Museum, um den Widerstand zu organisieren. Passenderweise verabschiedete das erste britische Kolonie das Raj endgültig in Mumbai: Im Februar 1948 marschierte das letzte Kontingent britischer Truppen durch das Gateway of India ab. Nach der Unabhängigkeit entwickelte Mumbai sich zur Handels- und Kulturhauptstadt Indiens. Die Einwohnerzahl verzehnfachte sich und stieg auf über 13 Millionen.

Die daraus resultierende Überbevölkerung hat auch zu den Spannungen zwischen den diversen Minderheiten beigetragen, die sich in den letzten beiden Jahrzehnten wiederholt in gewalttätigen Auseinandersetzungen unter den armen Schichten der Bevölkerung entluden. In den 80er und frühen 90er Jahren wurde die Metropole wiederholt von Streiks und Unruhen lahmgelegt – vor dem Hintergrund, dass immer mehr Zuwanderer aus anderen Regionen des Landes in die Stadt strömten. Von der wachsenden Unzufriedenheit profitierte vor allem die rechtsextreme Maharashtra-Partei **Shiv Sena**. Sie wurde 1966 von dem ehemaligen Karikaturisten Bal „the Saheb" Thackery, der laut Eigenaussage ein Bewunderer Hitlers, gegründet. Viele Menschen machen die Sena-Kader für die Gräueltaten an Moslemen verantwortlich, die der Zerstörung der Babri Masjid in Ayodhya (1992/93) folgten. Damals wurden mehrere tausend Moslems von randalierenden Horden getötet, während in der Stadt zehn Tage lang blanke Anarchie herrschte.

Gerade als Mumbai im Begriff war, zur Normalität zurückzukehren, schlug der Terror erneut zu. Am 12. März 1993 zerrissen zehn **Bombenexplosionen** das Herzstück der Stadt, zerstörten wichtige Gebäude wie die Börse und die Zentrale von *Air India* und rissen 260 Menschen in den Tod. Niemand bekannte sich zu den Anschlägen, doch wurde angenommen, dass dabei der moslemische Pate Ibrahim Dawood und der pakistanische Geheimdienst im Spiel waren. Schuldzuweisungen in die gleiche Richtung wurden elf Jahre später gemacht, als am 25. August 2003 am Taxistand vor einer belebten Halle neben dem **Gateway of India** eine **Autobombe** explodierte. 107 Menschen wurden getötet, mehrere hundert verletzt. Die Polizei nahm schon bald nach der Tat vier Verdächtige fest, doch die Identität der Hintermänner blieb ungeklärt.

Nach den Bombenanschlägen kehrte die Stadt mit dem für sie typischen Enthusiasmus schnell zum Alltag zurück. In seinen beliebtesten Fantasien identifiziert sich Mumbai statt mit Terroranschlägen lieber mit dem Glanz und Glamour seiner Film- und Fernsehindustrie: Bollywood-Starlets, VJs und als Playboys auftretende Industrie-Erben bilden das Grundnahrungsmittel für die Klatschkolumnen und Fanmagazine im ganzen Land, während in den Straßen und Vorstadtstudios von Mumbai ein Hindi-Blockbuster nach dem anderen abgedreht wird.

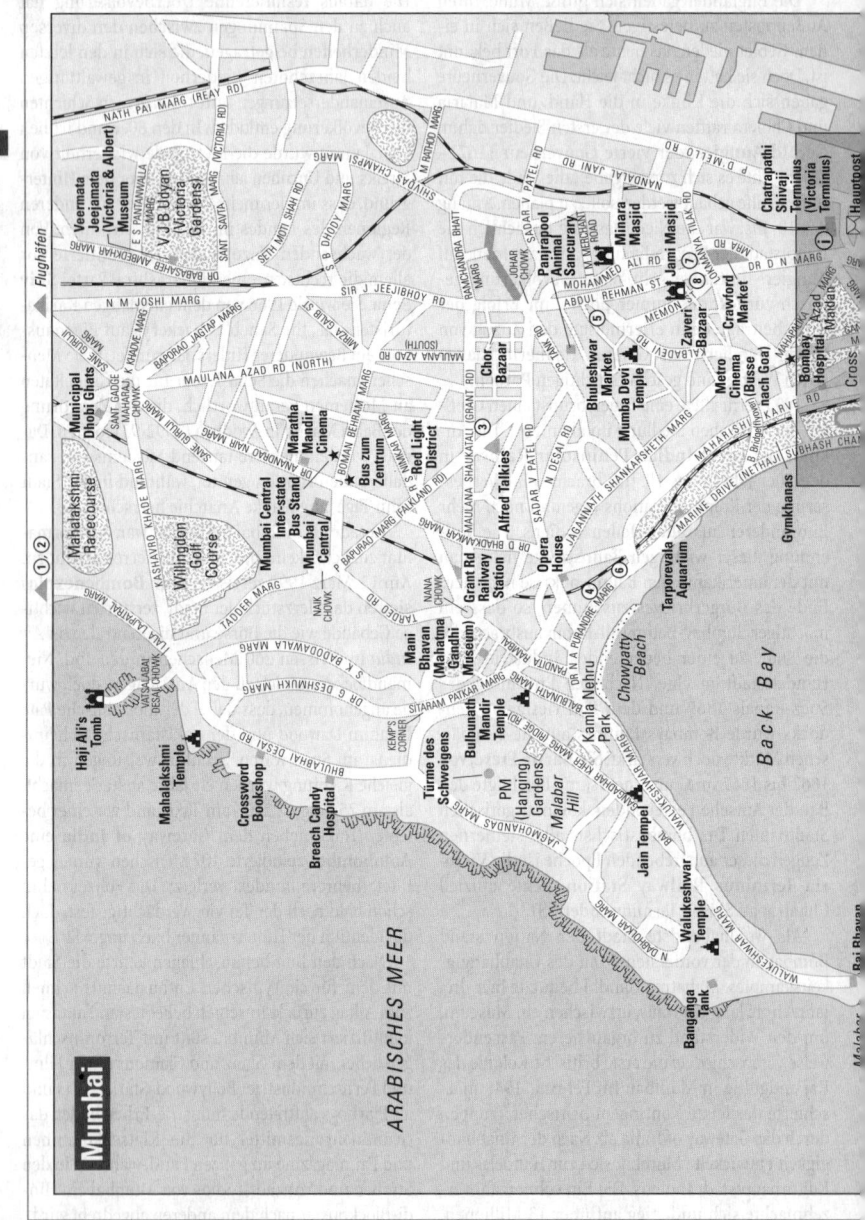

Mumbai

- Haji Ali's Tomb
- Mahalakshmi Temple
- Crossword Bookshop
- Breach Candy Hospital
- Turme des Schweigens
- PM (Hanging) Gardens
- Bulbunath Mandir Temple
- Jain Tempel
- Malabar Hill
- Walukeshwar Temple
- Banganga Tank
- Raj Bhavan
- Malabar

Mahalakshmi Racecourse

Willingdon Golf Course

Municipal Dhobi Ghats

Mani Bhavan (Mahatma Gandhi Museum)

Maratha Mandir Cinema

Bus zum Zentrum

Red Light District

Alfred Talkies

Opera House

Grant Rd Railway Station

Mumbai Central Inter-state Bus Stand

Mumbai Central

Veermata Jeejamata (Victoria & Albert) Museum

V J B Udyan (Victoria Gardens)

Panjrapool Animal Sanctuary

Minara Masjid

Jami Masjid

Zaveri Bazaar

Crawford Market

Bhuleshwar Market

Mumba Devi Temple

Chor Bazaar

Metro Cinema (Busse nach Goa)

Chatrapathi Shivaji (Victoria) Terminus

Bombay Azad Hospital Maidan

Cross M.

Tarporevala Aquarium

Kamla Nehru Park

Chowpatty Beach

Gymkhanas

Back Bay

ARABISCHES MEER

Flughäfen

Hauptpost

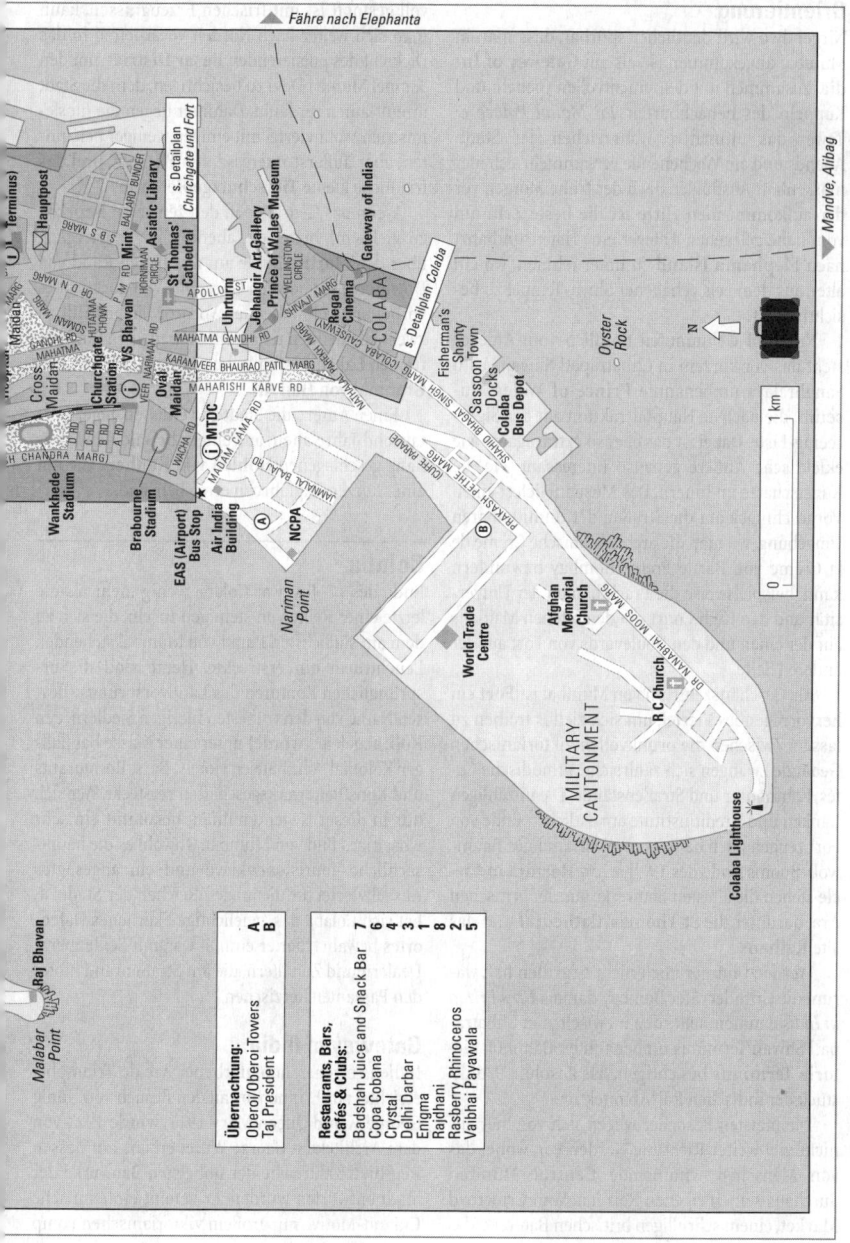

Fähre nach Elephanta

Mandve, Alibag

MUMBAI (BOMBAY)

s. Detailplan
Churchgate und Fort

Gateway of India

Jehangir Art Gallery
Prince of Wales Museum

St Thomas'
Cathedral

APOLLOM

Uhrturm

Mint
Asiatic Library

Regal
Cinema

s. Detailplan Colaba

COLABA

Fisherman's
Shanty
Town

Sassoon
Docks

Colaba
Bus Depot

MAHATMA GANDHI RD

VS Bhavan

Churchgate
Station

Oval
Maidan

MTDC

Cross
Maidan

Wankhede
Stadium

Brabourne
Stadium

EAS (Airport)
Bus Stop

Air India
Building

NCPA

Nariman
Point

World Trade
Centre

Afghan
Memorial
Church

MILITARY
CANTONMENT

R C Church

Colaba Lighthouse

Oyster
Rock

N

0   1 km

Malabar
Point

Raj Bhavan

Übernachtung:
Oberoi/Oberoi Towers   A
Taj President   B

Restaurants, Bars,
Cafés & Clubs:
Badshah Juice and Snack Bar   7
Copa Cobana   6
Crystal   4
Delhi Darbar   3
Enigma   1
Rajdhani   8
Rasberry Rhinoceros   2
Vaibhai Payawala   5

Orientierung

Nirgendwo wird deutlicher spürbar, dass man in Mumbai angekommen ist, als am **Gateway of India,** zusammen mit den prachtvollen Giebeln und Kuppeln des benachbarten *Taj Mahal Palace & Tower* das ultimative Wahrzeichen der Stadt. Abends und am Wochenende versammeln sich hier massenhaft Ausflügler, doch der frühe Morgen vor der aufkommenden Hitze ist die beste Zeit, um vom nahe gelegenen Anleger eine Hafenrundfahrt nach **Elephanta Island** zu unternehmen, wo ein alter, aus dem Fels gehauener Shiva-Tempel zu besichtigen ist.

Nur fünf Gehminuten nördlich vom Anleger steht das vor kurzem in Chhatrapati Shivaji Vastu Sanghralaya umbenannte **Prince of Wales Museum,** die nächste Hauptattraktion auf der Sightseeing-Liste. Dabei ist das ebenso extravagante wie eklektische Äußere genauso interessant wie die Kunstschätze im Innern. Das Museum liefert einen Vorgeschmack auf die Straßen der unmittelbaren Umgebung, wo man die architektonische Crème de la Crème von Bartle Freres Bombay bewundern kann, beispielsweise die Prachtbauten der Universität und den High Court mit den offenen Maidans auf der einen und den Boulevards von Fort auf der anderen Seite.

Als Geschäftszentrum von Mumbai ist **Fort** ein hervorragendes Viertel, um sich ziellos treiben zu lassen. Zwischen die prunkvollen viktorianischen Gebäude zwängen sich zahlreiche altmodische Cafés, Kaufhäuser und Straßenstände. Die unzähligen Banken und Kreditinstitute am östlichen Ende von Fort zeugen noch heute vom Wohlstand des Baumwoll-Booms Ende des 19. Jhs. Am **Horniman Circle** stehen die ältesten Bauwerke aus der britischen Ära, darunter die **St Thomas' Cathedral** und das alte **Rathaus.**

Wer jetzt immer noch nicht begriffen hat, warum die Gründerväter Bombay damals *Urbs Prima in Indis* nannten, sollte den inzwischen in Chhatrapati Shivaji Terminus umbenannten Bahnhof **Victoria Terminus** besichtigen, das absolute Prunkstück der indischen Raj-Architektur.

Die meisten Besucher wagen sich von hier aus nicht viel weiter Richtung Norden vor, wobei das von Menschen wimmelnde **Central Mumbai** durchaus seinen eigenen Reiz hat. Vom **Crawford Market,** einem schrulligen britischen Bauwerk, das

voll gestopft ist mit frischen Erzeugnissen, kann man sich weiter nach Norden vorarbeiten in das Dickicht des pulsierenden **Basar District,** um den Tempel Mumba Devi zu besichtigen, dem die Stadt ihren Namen verdankt. Dahinter liegen die moslemischen Wohnviertel mit einigen weniger bekannten, aber äußerst interessanten Basaren, und das friedliche kleine **Tierschutzgebiet Jain.**

Wenn das Gedränge in den zentralen Bezirken zu viel wird, bietet ein abendlicher Spaziergang über den **Marine Drive** am westlichen Rand von Downtown den idealen Gegenpol. Von dort geht es vorbei am wohlhabenden Vorort Malabar Hill zu zwei bedeutenden religiösen Stätten, dem hinduistischen **Lakshmi-Tempel** und dem moslemischen **Grabmal von Haji Ali.**

Einen Anreiz, die Stadt zu verlassen, liefern die tausend Jahre alten, aus einem bewaldeten Berghang geschlagenen **Höhlen von Kanheri,** die mit einer kurzen Zugfahrt zu erreichen sind.

Colaba

Ende des 17. Jhs. war Colaba wenig mehr als die letzte einer Reihe von steinigen Inseln, die sich zu dem am südlichsten Punkt von Mumbai stehenden Leuchtturm hin erstreckte. Heute sind die ursprünglichen Konturen des Landvorsprungs (dessen Name von den frühesten hiesigen Siedlern, den **Koli,** abgeleitet wurde) unter einer Masse baufälliger Kolonialwohnhäuser, Hotels, Bars, Restaurants und Kunsthandwerksgeschäften versteckt. Wer sich nur in dieser Gegend aufhält, bekommt ein sehr einseitiges Bild von Mumbai. Obwohl es die hauptsächliche Touristenenklave und ein angesagtes Ausgehviertel für die jungen Reichen der Stadt ist, hat sich Colaba das zwielichtige Flair jenes Hafenortes bewahrt, der er einmal war, mit Schleppern, Dealern und Zuhältern, die am Straßenrand hinter den Passanten herzischen.

Gateway of India

Indiens eigener, honigfarbener Arc de Triomphe, errichtet zur Erinnerung an den Besuch von König George V. und Queen Mary 1911, wurde 1924 von dem Architekten George Wittet erbaut, auf dessen Reißbrett zahlreiche der nobelsten Bauwerke der Stadt entworfen wurden. Er vereint einheimische Gujarat-Motive mit großem viktorianischen Pomp

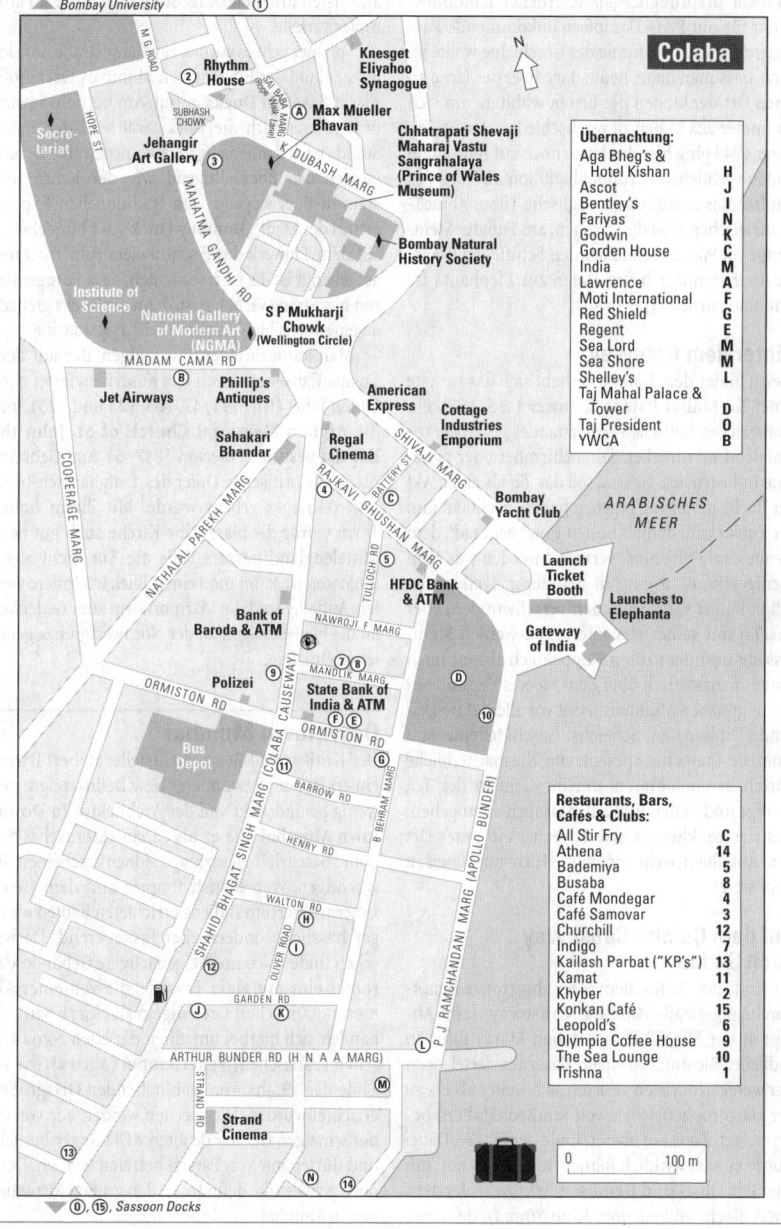

▲ *Bombay University* ▲ ①

Colaba

N

M G ROAD

HOPE ST.

Secretariat

Jehangir Art Gallery ③

② Rhythm House

SUBHASH CHOWK

SB BABA MARG (Rope Walk Lane)

Ⓐ Max Mueller Bhavan

K DUBASH MARG

Knesget Eliyahoo Synagogue

Chhatrapati Shevaji Maharaj Vastu Sangrahalaya (Prince of Wales Museum)

Bombay Natural History Society

MAHATMA GANDHI RD

Institute of Science

National Gallery of Modern Art (NGMA)

S P Mukharji Chowk (Wellington Circle)

MADAM CAMA RD

Ⓑ Phillip's Antiques

Jet Airways

Sahakari Bhandar

American Express

Cottage Industries Emporium

NATHALAL PAREKH MARG

Regal Cinema

RAJKAVI GHUSHAN MARG

SHIVAJI MARG

BATTERY ST.

④

Ⓒ

⑤

TULLOCH RD

HFDC Bank & ATM

Bombay Yacht Club

ARABISCHES MEER

Launch Ticket Booth

Launches to Elephanta

COOPERAGE MARG

Bank of Baroda & ATM

NAWROJI F MARG

⑨

Polizei

ORMISTON RD

MANDLIK MARG

⑦ Ⓖ

State Bank of India & ATM

Ⓕ Ⓔ

ORMISTON RD

Gateway of India

Ⓓ

⑩

SHAHID BHAGAT SINGH MARG (COLABA CAUSEWAY)

Bus Depot

⑪

BARROW RD

B BEHRAM MARG

Ⓖ

HENRY RD

WALTON RD

Ⓗ

OLIVER ROAD

Ⓘ

⑫

Ⓙ

GARDEN RD

Ⓚ

P J RAMCHANDANI MARG (APOLLO BUNDER)

ARTHUR BUNDER RD (H N A A MARG)

STRAND RD

Ⓛ

Ⓜ

Strand Cinema

⑬

Ⓝ ⑭

▼ ⓪, ⑮, *Sassoon Docks*

0 ————— 100 m

Übernachtung:

Aga Bheg's & Hotel Kishan	H
Ascot	J
Bentley's	I
Fariyas	N
Godwin	K
Gorden House	C
India	M
Lawrence	A
Moti International	F
Red Shield	G
Regent	E
Sea Lord	M
Sea Shore	M
Shelley's	L
Taj Mahal Palace & Tower	D
Taj President	O
YWCA	B

Restaurants, Bars, Cafés & Clubs:

All Stir Fry	C
Athena	14
Bademiya	5
Busaba	8
Café Mondegar	4
Café Samovar	3
Churchill	12
Indigo	7
Kailash Parbat ("KP's")	13
Kamat	11
Khyber	2
Konkan Café	15
Leopold's	6
Olympia Coffee House	9
The Sea Lounge	10
Trishna	1

und war ursprünglich als feierlicher Landungspunkt für mit P&O-Dampfern ankommende Passagiere gedacht. Die Ironie der Geschichte wollte jedoch, dass man dabei heutzutage in erster Linie an jenen Ort denkt, den die Briten wählten, um sich für immer aus Indien zu verabschieden: Am 28. Februar 1948 ging hier das letzte noch auf indischem Boden verbliebene Truppenbataillon an Bord des Schiffes, das es zurück ins englische Tilbury brachte. Inzwischen sind die einzigen, am Fuß der Steintreppe im Wasser schaukelnden Schiffe die Boote, die Touristen durch den Hafen zur Elephanta Island und zurück bringen.

Hinter dem Gateway

Gleich hinter dem Gateway erhebt sich das betagte Hotel **Taj Mahal Palace & Tower** (s. S. 165), ein Wahrzeichen indischen Widerstandes gegen die kolonialen Unterdrücker. Sein Schirmherr, der parsische Industrielle J. N. Tata, soll das *Taj* als einen Akt der Rache in Auftrag gegeben haben, nachdem ihm der Zutritt zum damals besten Hotel der Stadt, dem „whites only" *Watson's* verwehrt worden war. Sein zorniger Wunsch ging in Erfüllung: *Watson's* ist schon längst vom Erdboden verschwunden, aber das *Taj* mit seiner eleganten grau-weißen Steinfassade und dem roten Kuppeldach thront noch immer majestätisch über dem Meeresufer und beherbergt neben Mumbais Jetset vor allem durchreisende Diplomaten, Scheichs, Geschäftsleute und Flugzeug-Crews mit Spesenkonto. Normalsterbliche dürfen hereinkommen, um ihr Geld in der Tea Lounge und in den Einkaufspassagen auszugeben. Das riesige, klimatisierte Foyer ist ein guter Ort zum Abkühlen, wenn einem die Hitze am Hafen zu Kopf steigt.

Auf dem Colaba Causeway nach Süden

Die Ende des 19. Jhs. dem Meer abgetrotzte Hauptdurchgangsstraße **Colaba Causeway** (ein Abschnitt der Shahid Bhagat Singh Marg) führt in südlicher Richtung zu einem Kasernenviertel, doch nur wenige Touristen verirren sich weiter als bis zu der klaustrophobischen, von Straßenhändlern beherrschten Zone am oberen Ende der Straße. Dabei würde es sich wirklich lohnen, und sei es nur, um über den **Obst- und Gemüsemarkt** zu schlendern (zwei Blocks südlich vom Kino *Strand*), der einer

ansonsten urbanen Umgebung unerwartete Farbtupfer verleiht.

Von hier geht es zurück zur Hauptstraße, wo sich linker Hand der Eingang von Mumbais Fischgroßmarkt **Sassoon Docks** auftut. Am betriebsamsten präsentieren sich die Docks während der ersten Stunde nach Sonnenaufgang. Der penetrante Geruch ist genauso überwältigend wie der Krach und stammt überwiegend vom traditionellen Exportartikel der Stadt, „**Bombay Duck**", der bündelweise auf dem Tauwerk des Fischtrawlers zum Trocknen aufgehängt ist. Es ist zu beachten, dass **Fotografieren** hier streng verboten ist, denn die Docks grenzen an einen sensiblen Standort der Kriegsmarine.

Man kann in jeden Bus steigen, der auf dem Colaba Causeway durch das Kasernenviertel nach Süden fährt (Nr. 3, 11, 47, 103, 123 und 125), und die **Afghan Memorial Church of St. John the Baptist** besuchen, die von 1847–54 zum Gedächtnis an die britischen Opfer des 1. afghanisch-britischen Krieges erbaut wurde. Mit ihrem hohen Turm würde die blassgelbe Kirche auch gut nach Mittelengland passen. Falls die Tür nicht abgeschlossen ist, kann man einen Blick ins Innere werfen. Auffällig sind die Marmortafeln zum Gedenken an die bei Feldzügen an der Nordwestgrenze gefallenen Offiziere.

Downtown Mumbai

Der Kritiker und Reiseschriftsteller Robert Byron, ein erklärter Bewunderer New Delhis, zeigte sich wenig beeindruckt von der Architektur in **Downtown Mumbai**, die er als „architektonisches Sodom" beschrieb. Heutzutage jedoch erscheinen die wuchtigen, vom British Empire und dem freien Unternehmertum Indiens errichteten Bauten weniger hässlich, sondern eher faszinierend. Dazwischen finden sich noch eigenartigere Gebäude, darunter eins mit einer Fassade, die von einer Art mesopotamischen Greifvögeln flankiert wird. Es handelt sich hierbei um einen der alten zoroastrischen (parsischen) **Feuertempel** (Agiary), wie sie Ende des 19. Jhs. von wohlhabenden Ortsgrößen errichtet wurden. Die meisten werden nur von einer winzigen Gemeinde älterer Gläubiger besucht und dürfen nur von Parsen betreten werden. Dennoch gehören sie definitiv zu den großen Attraktionen in Mumbai.

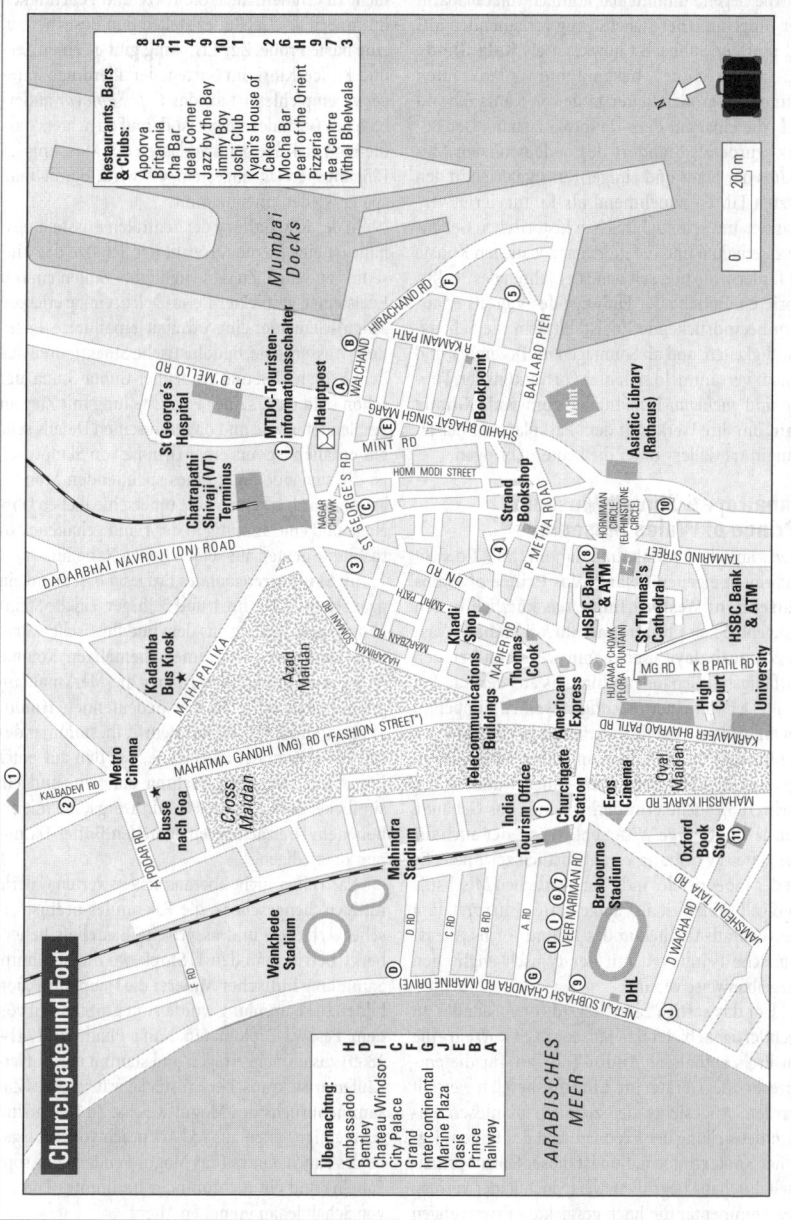

Churchgate und Fort

Übernachtung:
Ambassador H
Bentley D
Chateau Windsor I
City Palace C
Grand F
Intercontinental G
Marine Plaza E
Oasis J
Prince B
Railway A

Restaurants, Bars & Clubs:
Apoorva 8
Britannia 5
Cha Bar 11
Ideal Corner 4
Jazz by the Bay 9
Jimmy Boy 10
Joshi Club 1
Kyani's House of Cakes 2
Mocha Bar 6
Pearl of the Orient H
Pizzeria 7
Tea Centre 9
Vithal Bhelwala 3

St George's Hospital
Chatrapathi Shivaji (VT) Terminus
MTDC-Touristeninformationsschalter (i)
Hauptpost
Mumbai Docks
P. D'MELLO RD
HIRACHAND RD
R KAMANI PATH
BALLARD PIER
Mint
Bookpoint
Asiatic Library (Rathaus)
WALCHAND
SHAHID BHAGAT SINGH MARG
MINT RD
HOMI MODI STREET
Strand Bookshop
P MEHTA ROAD
DN RD
AMRIT PATH
HSBC Bank & ATM
HORNIMAN CIRCLE (ELPHINSTONE CIRCLE)
TAMARIND STREET
St Thomas's Cathedral
HSBC Bank & ATM
DADARBHAI NAVROJI (DN) ROAD
NAGAR CHOWK
ST GEORGE'S RD
MAHAPALIKA
Khadi Shop
NAPIER RD
Thomas Cook
American Express
HUTATMA CHOWK (FLORA FOUNTAIN)
MG RD
K B PATIL RD
High Court
KARAMVEER BHAVARAO PATIL RD
University
Kadamba Bus Kiosk
Azad Maidan
Metro Cinema
KALBADEVI RD
A PODAR RD
Busse nach Goa
Cross Maidan
MAHATMA GANDHI (MG) RD ("FASHION STREET")
Telecommunications Buildings
India Tourism Office (i)
Churchgate Station
Eros Cinema
Oval Maidan
MAHARSHI KARVE RD
Oxford Book Store
Wankhede Stadium
F RD
Mahindra Stadium
D RD
C RD
B RD
A RD
VEER NARIMAN RD
Brabourne Stadium
NETAJI SUBHASH CHANDRA RD (MARINE DRIVE)
DHL
JAMSHEDJI TATA RD
D WACHA RD
ARABISCHES MEER

0   200 m

N

MUMBAI (BOMBAY)

Die Gegend unmittelbar nördlich von Colaba, in der Umgebung der sichelförmig verlaufenden MG Rd und der Subhash Chowk, ist als **Kala Ghoda** („Schwarze Statue") bekannt und verdankt ihren Namen der großen Reiterstatue von König Edward VII., die einst auf dem Hauptplatz stand. Der Bezirk wurde als Standort des bedeutendsten Museums der Stadt und einiger Kunstgalerien in den letzten Jahren zunehmend als Kulturviertel vermarktet, um seine zahlreichen historischen Gebäude zu erhalten und die modernen visuellen Künste zu fördern, die hier seit den 50er Jahren des 20. Jhs. florieren. Entlang der Fußwege des Viertels erläutern beeindruckende Edelstahltafeln die Sehenswürdigkeiten, und an Sonntagen im Dezember und Januar versammeln sich hier Porträtkünstler, Töpfer und *mehendi*-Kunstmaler zum **Kala Ghoda Fair**, um ihre Werke auf dem Parkplatz vor der Jehangir Art Gallery unter die Leute zu bringen.

Chhatrapati Shivaji Museum (Prince of Wales Museum)

Etwas abseits der Mahatma Gandhi (MG) Rd steht auf einem eigenen Gelände das **Prince of Wales Museum of Western India**, das kürzlich in den Zungenbrecher **Chhatrapati Shivaji Maharaj Vastu Sangrahalaya** umbenannt wurde und zu den auffälligsten Gebäuden Mumbais aus der Raj-Ära zählt. Der von einer mächtigen weißen Kuppel im Mogul-Stil gekrönte Bau beherbergt eine erlesene Sammlung von Gemälden und Skulpturen, für deren eingehende Besichtigung einige Stunden oder mehrere Besuche erforderlich sind. Das Gebäude wurde von George Wittet entworfen, der auch für das Gateway of India verantwortlich zeichnete. Es ist der Inbegriff des indo-sarazenischen Mischstils und galt seinerzeit als „aufgeklärte" Interpretation der Gujarati-Architektur des 15. und 16. Jhs., die islamische Feinheiten mit der typisch englischen Ziegelbauweise vereint.

Um das saftige Eintrittsgeld für Ausländer zu rechtfertigen, bietet das Museum seit kurzem eine im Preis enthaltene **Audio-Tour** an, für die entsprechende Geräte im Eingangsbereich verteilt werden. Angesichts der ziemlich planlosen Zusammenstellung der Exponate und des Fehlens jeglicher Kontextinformation ist dieser Schritt prinzipiell durchaus begrüßenswert, doch leider vermag der Kommentar die hoch gesteckten Erwartungen

nicht zu erfüllen. Auch die Hitze und Feuchtigkeit im Innern des Gebäudes stellen den Besucher auf eine harte Probe. Zur Erholung gibt es einen Tee- und Kaffee-Kiosk im Garten, der allerdings weniger zu empfehlen ist als das *Café Samovar* außerhalb des Geländes. Dabei ist darauf zu achten, dass die Eintrittskarte beim Verlassen des Museums im Eingangsbereich abgestempelt wird, damit man später wieder hineinkommt.

In der **Key Gallery** der zentralen Ausstellungshalle ist eine kleine Auswahl der Schätze des Museums zu sehen. Zu den Highlights zählen ein mit Edelsteinen gespickter Rewa-Dolch, einige erlesene Mogul-Gemälde, eine exquisit emaillierte Lucknow-Wasserpfeife, buddhistische Stuckfiguren aus dem 5. Jh. n. Chr. und ein früher Gupta-Stupa, der schon bald nach seiner Fertigstellung mit Ziegeln verblendet wurde und daher in seinen Details sehr gut erhalten ist. Aus einer Gruppe von Skulpturen ist die stehende Figur eines spendenden Mönchs am besten zu erkennen; die unterschiedlichen Ohrringe und eine anmutig in der Hand gehaltene Lotusblume deuten auf seinen hohen Rang hin.

Im **Skulpturensaal** des Erdgeschosses sind ein paar sehenswerte, im 4. und 5. Jh. gemeißelte Steinhäupter und Figuren aus dem buddhistischen Staat Gandhara ausgestellt, einer ehemaligen Kolonie Alexanders des Großen (daher die Merkmale im griechischen Stil). Zu den bedeutenden Hindu-Skulpturen zählen ein aus dem 7. Jh. stammendes Chalukya-Basrelief aus Aihole, das den auf einer Lotusblüte sitzenden Brahma darstellt, und ein sinnlicher Torso von der Göttin Durga, die mit erhobenem Dreizack bereitsteht, den Büffel-Dämonen zu erledigen.

Nach einer nicht überaus sehenswerten Galerie im Zwischengeschoss, die Faksimiles prähistorischer Artefakte und assyrische Basreliefs beherbergt, betritt man den **1. Stock**, wo die berühmte Sammlung **indischer Malerei** die Hauptattraktion bildet. Die Sammlung wurde zum größten Teil von dem Peshwa-Diplomaten Nana Phadnis (1741–1800) zusammengetragen und stammt aus Notverkäufen aristokratischer Erbstücke während des Zusammenbruchs des Mogul-Reichs. Zu sehen sind auch einige Seiten aus Akbars prachtvoller Ausgabe des Panchatantra (das Mogul-Pendant zu Äsops Fabeln) und ein nicht minder berühmtes Porträt von Schah Jehan im hohen Alter.

Die kürzlich eröffnete **Karl & Meherbai Khandalavala Gallery** im renovierten Ostflügel dieses Stockwerks beherbergt feine mittelalterliche Miniaturgemälde. Ein moderner Pseudo-Innenhof aus Gummi und Holz dient der äußerst wirkungsvollen Ausstellung von Objekten, die von einem wohlhabenden parsischen Anwalt und seiner Ehefrau (ehemalige Kuratoren des Museums) zusammengetragen wurden, darunter Ghandara-Skulpturen von unschätzbarem Wert, ein herrlicher religiöser Wandbehang aus Nathdwara in Rajasthan, Chola-Bronzen und einige der schönsten noch erhaltenen mittelalterlichen Gujarati-Holzschnitzarbeiten des Landes. *Thangkas* aus dem Himalaya, Gottheiten und rituelle Objekte ab dem 13. Jh. bilden den Grundstock der ebenfalls im 1. Stock befindlichen **Buddhistischen Galerie**.

Der abschließende **2. Stock** zeigt eine riesige Sammlung orientalischer Keramiken und Glasobjekte sowie einige europäische Gemälde, die von wohlhabenden parsischen Gönnern gespendet wurden, darunter ein eher unbedeutender Tizian und ein Werk von Constable. Unter den **Waffen** und Rüstungen in einer kleinen Seitengalerie ganz oben im Gebäude befinden sich ein Kürass, ein Helm und ein Dolch aus Jade, von denen das Museum erst vor kurzem herausfand, dass sie dem Großmogul Akbar gehörten. Die persische Inschrift auf dem Brustpanzer deutete auf seine Herkunft hin, wurde aber erst vor ein paar Jahren übersetzt.

☉ Di–So 10.15–18 Uhr, Eintritt Rs 300, Studenten und indische Staatsbürger Rs 6, Kamera Rs 30 – keine Stative und Blitzlichter erlaubt.

Kala Ghoda Art Galleries

Praktisch auf demselben Gelände wie das Prince of Wales Museum, jedoch mit Eingang von weiter oben an der MG Rd, befindet sich die **Jehangir Art Gallery**, Mumbais älteste Galerie für zeitgenössische Kunst, bestehend aus fünf kleinen Ausstellungsräumen, die Kunst und Kunsthandwerk aus aller Welt gewidmet sind. Man weiß nie, was einen erwartet – die Ausstellungen dauern meistens nur eine Woche, und die Stücke sind oft käuflich zu erwerben. ☉ tgl. 11–19 Uhr, Eintritt frei.

Auf der gegenüberliegenden Seite der MG Road steht mit Blick auf das Museum und den Mukharji Chowk die größere **National Gallery of Modern Art**. Die umgebaute Konzerthalle beherbergt auf drei Stockwerken eine Mischung aus dauerhaften und temporären Ausstellungen, anhand derer die Entwicklung der modernen indischen Kunst von ihren Anfängen in den 50er Jahren des 20. Jhs. bis heute dokumentiert wird. Besonders die Installationen sind deutlich gewagter als die in der Jehangir-Galerie gegenüber. ☉ Di–So 10–17 Uhr, Eintritt Rs 20.

Rund um den Oval Maidan

Einige der bedeutendsten viktorianischen Gebäude Mumbais säumen den Ostrand des weitläufigen, grünen **Oval Maidan**, wo fast täglich spontane Kricket-Turniere ausgetragen werden. Das mattgelbe **Old Secretariat** dient heute als städtisches Gerichtsgebäude. Der indische Staatsdiener G. W. Forrest beschrieb es 1903 als „einen gewaltigen Steinhaufen, dessen wichtigste Bauteile aus Venedig herbeigeschafft wurden, doch die ganze Schönheit ging während der Überfahrt verloren."

Auf der anderen Seite der A S D'Mello Rd, gegenüber dem Old Secretariat, stehen zwei große Gebäude, die zur **Mumbai University** (eingeweiht 1857) gehören und in England von Sir Gilbert Scott entworfen wurden, der die Welt schon mit der gotischen Extravaganz des Londoner St. Pancras-Bahnhofs erfreut hatte. Die Wächter am Eingang lassen nur Besucher ein, die in die Bibliothek möchten. Die von dem parsischen Philanthropen Cowasjee „Readymoney" Jehangir gestiftete **Convocation Hall** ähnelt stark einer Kirche. Die **Bibliothek**, ☉ tgl. 10–22 Uhr, befindet sich unterhalb des etwa 80 m hohen **Rajabhai-Glockenturms**, der angeblich Giottos Campanile in Florenz nachempfunden ist. Bis 1931 spielte er Klänge wie *Rule Britannia* und *Home Sweet Home*. Die prachtvolle Treppe führt vom Foyer zum wunderbaren Gewölbe des Lesesaals, dessen hohe gotische Fenster und Glasmosaike noch von Hochachtung gegenüber der Beschäftigung mit Wissen zeugen.

St. Thomas' Cathedral

Die kleine, einfache St. Thomas' Cathedral in der Tamarind St gilt als ältestes britisches Bauwerk Mumbais und verbindet den klassizistischen mit dem gotischen Stil. Nach dem Tod ihres Gründers, Gouverneur Aungier, wurde das Projekt aufgegeben. Vierzig Jahre lang standen die fünf Meter ho-

Dabawallahs

Mumbais Ausdehnung und die unpraktische Anlage der Stadt beschert der arbeitenden Bevölkerung alle möglichen Unannehmlichkeiten – nicht zuletzt, weil sie Tag für Tag mehr als vier Stunden in öffentlichen Verkehrsmitteln stecken muss, die sich nur im Schneckentempo bewegen. Über eines jedoch müssen sich die Pendler keine Sorgen machen: darüber, wie sie an ein billiges, sättigendes und hausgemachtes Mittagessen kommen. In einer Stadt, die für alles *wallahs* hat, findet das Essen zu den Hungrigen. Dafür sorgen die Mitglieder der **Nutan Mumbai Tiffin Box Suppliers Charity Trust**, allgemein unter dem liebevoll gemeinten Begriff *dabawallahs* bekannt.

Jeden Tag bringen ungefähr 1000 *dabawallahs* frisch zubereitete Gerichte aus 160 000 Vorstadtküchen in die Büros der Innenstadt. Jedes Lunchpaket wird in aller Frühe von einer liebenden Ehefrau oder Mutter zubereitet, während Ehemann oder Sohn die qualvolle Enge im Pendlerzug ertragen. Sie verteilt den Reis, *dhal*, *subzi*, Joghurt und *parathas* in zylindrische Aluminiumbehälter, steckt sie ineinander und verschließt das Essgeschirr mit einem ordentlichen kleinen Henkel. Diese einem schlanken Farbeimer nicht unähnliche *tiffin box* ist der Dreh- und Angelpunkt der gesamten Operation.

Wenn am Vormittag der Bote kommt, kennzeichnet er den Deckel mit einem bestimmten Farbcode, der ihm sagt, für wen das Mittagessen bestimmt ist. Am Ende seiner Runde bringt er sämtliches Geschirr zum nächsten Bahnhof und händigt es den anderen *dabawallahs* zwecks Beförderung in die Stadt aus.

Auf dem Weg von der heimischen Küche zum Empfänger wandert die *tiffin box* durch mindestens ein halbes Dutzend Hände, wird auf Köpfen balanciert, baumelt an Schulterstangen oder Fahrradlenkern und schaukelt in den bunt gestrichenen Handkarren, die sich halsbrecherisch ihren Weg durch den Mittagsverkehr bahnen. So gut wie nie geht eine Büchse verloren – das amerikanische Wirtschaftsmagazin *Forbes* verlieh Mumbais *dabawallahs* ein „Six Sigma Rating" von nahezu 100% Zuverlässigkeit, d. h. nur eine von 6 Millionen *tiffin boxes* geht verloren. In punkto Effizienz befinden sich die des Lesens und Schreibens unkundigen *dabawallahs* damit auf Augenhöhe mit Hightech-Unternehmen wie Motorola.

Wer in Aktion sehen möchte, begibt sich am späten Morgen zum Bahnhof **CST (VT)** oder **Churchgate**, denn dann kommen die *tiffin boxes* im Stadtzentrum an. Das Geschehen begleitet ein Chor von „Iafka! Iafka!" („schnell! schnell!")-Rufen, während die *dabawallahs* – zu erkennen an ihren weißen Nehru-Kappen und weiten Pyjamahosen – sich beeilen, das Mittagessen rechtzeitig zuzustellen.

Fast alle stammen aus einem kleinen Dorf bei Pune und sind miteinander verwandt. Sie kassieren von jedem Kunden Rs 150, macht insgesamt rund Rs 5000 im Monat – kein schlechtes Einkommen für indische Verhältnisse. Der Preis ist einer der Gründe, dass sich dieses System noch immer gegen die starke Fastfood-Konkurrenz behaupten kann. Da ein *daba*-Mittagessen immer noch ein gutes Stück billiger ist, sparen die Werktätigen der Mittelschicht, die sich dieses Systems bedienen, wertvolle Paise.

---

hen Mauern unbeachtet, bis sich ein Kaplan der East India Company in den 20er Jahren des 18. Jhs. wieder dafür erwärmte. Am Weihnachtsabend des Jahres 1718 wurde die Kirche mit dem unumgänglichen „kanonenkugelsicheren Dach" schließlich eingeweiht. In jenen Tagen waren die Sitzreihen so eingeteilt, dass niemand vergaß, wo sein angestammter Platz war, und es gab sogar eine Abteilung für „niedere Frauen".

Das weiß getünchte, mit poliertem Messing und Holz ausgestaltete Innere von St. Thomas sieht noch fast genau so aus wie damals, als sich die Angestellten der East India Company hier zum Gebet versammelten. Die Wände säumen Gedenktafeln für britische Gemeindemitglieder, von denen viele in jungen Jahren gestorben sind, entweder an Krankheiten oder im Kampf. ☉ tgl. 6.30–18 Uhr.

Marine Drive und Chowpatty Beach

Die Netaji Subhash Chandra Marg, besser bekannt unter der Bezeichnung **Marine Drive**, ist Mumbais Meerespromenade, eine achtspurige Stadtautobahn mit einem breiten Spazierweg, die in den 20er Jahren auf aufgeschüttetem Land erbaut wurde. Die Route beschreibt einen Bogen von den Wolkenkratzern des Nariman Point im Süden bis zum Fuß des Malabar Hill und dem Chowpatty Beach.

Gleich hinter der riesigen Überführung am nördlichen Ende des Marine Drive gibt es eine Reihe von Kricketplätzen, so genannte **Gymkhanas**, wo an fast jedem Wochentag die Chance besteht, ein Match zu verfolgen. Einige sind für bestimmte Religionsgruppen reserviert. Der erste dient auch als angesagte Kulisse für Parsen-Hochzeiten.

Chowpatty Beach

Chowpatty Beach ist eine Institution von Mumbai, die erst abends und am Samstag richtig zu Leben erwacht. Die Menschen kommen hier nicht zum Schwimmen her (das Meer ist total verdreckt), sondern um herumzuschlendern, am Strand zu sitzen, die Kinder auf Ponys reiten oder auf einem rostigen Karussell fahren zu lassen, sich massieren, die Ohren säubern oder um ein Picknick mit *bhel puri* und Bechern voll *kulfi* zu veranstalten. Seit ungefähr einem Jahrhundert erfreut Gupta Bhelwallas *bhel-puri*-Stand schon die empfindsamen Gaumen der Städter mit der geheimnisvollen Zusammensetzung seines *Sunset Snacks*. Der Stand befindet sich inmitten der neuen Buden ("Shacks"), die jetzt von den *bhel-wallahs* belegt werden – als Teil einer Aktion der Stadtverwaltung zur Säuberung des Strandes. Jedes Jahr im September findet hier zu Ehren des Gottes Ganesha das **Ganesha Chathurthi**-Fest statt, das wahre Menschenmassen anzieht.

Mani Bhavan Mahatma Gandhi Museum

Zehn Gehminuten nördlich vom mittleren Abschnitt des Chowpatty Beach gelangt man über die P Ramabai Marg zum Haus Mani Bhavan in der 19 Laburnum Rd, das zwischen 1917 und 1934 Gandhis Domizil in Bombay war. Das in einer schattigen, gutbürgerlichen Straße gelegene Haus ist heute eine Gedenkstätte für den Mahatma und beherbergt eine umfangreiche wissenschaftliche Bibliothek. Die Wände des mit liebevoll polierten Holzmöbeln ausgestatteten Inneren zieren Fotos historischer Begebenheiten und Gegenstände aus dem Leben dieses ungewöhnlichen Mannes – besonders anrührend ist ein freundlicher Brief an Hitler mit der Bitte, den Weltfrieden zu wahren. Gandhis schlichter Wohn-Schlafraum befindet sich hinter Glas. ☉ tgl. 9.30–18 Uhr. Die Laburnum Rd ist ein paar Straßen vom Konzertveranstaltungsort Bharatiya Vidya Bhavan an der KM Munshi Marg entfernt – wer per Taxi kommt, fragt am besten nach der nahe gelegenen Gamdevi Police Station.

Nördlich von Chowpatty

Zwei der meistbesuchten Religionsstätten Mumbais, eine davon hinduistisch, die andere islamisch, lassen sich erreichen, wenn man der Bhulabhai Desai Rd von Chowpatty aus nach Norden durch den exklusiven Vorort **Breach Candy** bis zum Prabhu Chowk folgt (Bus Nr. 132 von Colaba). Man kann sich aber auch zum Mumbai Central begeben und von dort aus Richtung Nordwesten zum **Vatsalabai Desai Chowk** fahren (ebenfalls mit Bus Nr. 132).

Der **Mahalakshmi Mandir** ist durch eine Allee, die von Straßenständen mit *puja*-Opfergaben und Heiligenbildern gesäumt wird, mit der Bhulabhai Desai Rd verbunden. Mumbais Lieblings-*devi*, **Lakshmi**, die Göttin der Schönheit und des Reichtums – die beiden Dinge, wonach die ganze Stadt am eifrigsten strebt –, wird hier mit Kokosnüssen, Süßigkeiten, meterlangen Seidenstoffen und riesigen Lotusblüten bedacht. Die Geschenke türmen sich so hoch, dass die *pujaris* des Tempels mit deren Wiederverkauf ein profitables Geschäft betreiben. In ihrem kleinen Laden, links vom Eingang, kann man äußerst preisgünstig Saris und Brokatstoffe einkaufen, die mit Glück bringender Lakshmi-Energie angereichert sind.

Auf einer winzigen Insel in der Bucht unmittelbar nördlich des Mahalakshmi-Tempels steht das Mausoleum des moslemischen Heiligen und afghanischen Mystikers **Haji Ali Bukhari**. Das Grabmal ist durch einen schmalen, zementierten **Dammweg**, der nur zu Ebbe begehbar ist, mit dem Festland verbunden. Sofern nicht überflutet, wird er auf seiner gesamten Länge von Bettlern gesäumt, die

Pilgern eine Rupie in 10-Paise-Münzen eintauschen. Die begehrtesten Stellen, in der Nähe der Snackbars rechts und links vom Haupteingang bei der kleinen Moschee und am Torweg zum Grab, unterliegen einer strengen Hackordnung. Wer etwas geben möchte, sollte auch einen Gedanken an die Benachteiligten auf den ungünstigeren Plätzen in der Mitte verschwenden. Nach all dem Brimborium stellt das **Grabmal** eher eine Enttäuschung dar. Seine weißen Mogul-Kuppeln und Minarette wirken aus der Nähe sehr viel weniger exotisch als seine Silhouette bei Sonnenuntergang vom Arabischen Meer aus.

Die zentralen Basare

In den quirligen zentralen Basaren am Rande des Straßengewirrs nördlich der Lokmanya Tilak (früher Carnac) Rd ist Mumbai am indischsten. Hier könnte man tagelang umherwandern, ohne den gleichen Laden zweimal zu sehen. Allerdings haben die meisten Besucher nach ein paar Stunden im Gedränge und in der Hitze schon genug. Dennoch bilden die Marktviertel einen spannenden Gegensatz zu den breiten, westlich anmutenden Straßen der Innenstadt, selbst wenn man nichts kaufen möchte.

Der Tradition der Trennung nach Gilde, Kaste und Religion folgend, sind die meisten Straßen auf ein, zwei Warenangebote spezialisiert. Wer sich verlaufen hat, fragt sich am besten zur **Mohammed Ali Rd** durch, der verkehrsreichen, inzwischen mit einer gigantischen Überführung versehenen Durchgangsstraße, auf der man ein Taxi anhalten kann.

Crawford Market

Der Crawford (alias Mahatma Phule) Market, zehn Minuten zu Fuß vom CST (VT) nach Norden, ist eine alte Markthalle im britischen Stil, in der so ziemlich alle erdenklichen frischen Lebensmittel und Haustiere verkauft werden. Dank ihrem pompösen normannisch-gotischen Turm und der ins Auge fallenden Lage an der Lokmanya Tilak Rd, Ecke Dr D N Marg, ist der Crawford Market auch ein guter Orientierungs- und Ausgangspunkt für den Besuch der Basare.

Vor dem Betreten lohnt es sich, die **Friese** rings um die Außenfassade betrachten – eine viktoria-

nische Darstellung rundlicher Bauern bei der Feldarbeit, entworfen 1865 von Rudyard Kiplings Vater Lockwood, damals Rektor der Bombay School of Art.

Die **Haupthalle** ist in verschiedene Sektoren gegliedert: Einen Gang entlang gibt es nur Pyramiden aus glänzend poliertem Obst und Gemüse, in einem anderen Säcke voller Nüsse oder Ölkanister mit Kräutern und Gewürzen. Im hinteren Bereich des Marktes, der **Großhandelsabteilung**, geht es hektischer zu. Hier rennen unter viel Geschrei Kulis herum, die riesige Bastkörbe hoch halten (wenn sie Arbeit suchen) oder auf dem Kopf tragen (wenn sie welche gefunden haben).

Tierfreunde machen besser einen großen Bogen um die **Haustier-** und **Geflügel-**Abteilung an der Ostseite des Gebäudes. Auf dem **Tabakmarkt** dagegen sind nicht nur die Gerüche angenehmer.

Vom Crawford Market nach Norden

Die Straßen unmittelbar nördlich des Crawford Market und westlich der **Mohammed Ali Rd** bilden einen einzigen Riesenbasar. Zu beiden Seiten der schmalen **Mangaldas Lane**, dem Kleiderbasar, drängen sich kleine, mit leuchtenden Seiden- und Baumwollstoffen behängte Läden. Linker Hand führen niedrige Türschwellen zu einem farbenfrohen, **überdachten Marktgelände** mit zahlreichen winzigen Ständen.

Geht man von der Carnac Rd auf der Mangaldas Lane nach Osten, gelangt man zu den hellgrünen Kuppeln, Bogen und Minaretten der **Jami Masjid** (erbaut ca. 1800), die den Beginn des moslemischen Stadtteils markiert. Die nördlich von der Moschee abgehende **Memon Street** wird vom Schmuckmarkt **Zaveri Bazaar** eingenommen, auf dem die Bewohner Mumbais sich mit Brautausstattung und Hochzeitskleidung eindecken.

Ist am Ende der Straße die schimmernde Goldspitze des creme- und türkisfarbenen Turmes des **Tempels Mumba Devi** zu sehen, findet man sich tief in einem Labyrinth verschlungener Gassen, eingerahmt von hohen, mit hölzernen Balkonen verzierten Gebäuden. Der Tempel zählt zu den wichtigsten Zentren der Devi-Anhänger Indiens und wurde zu Beginn des 19. Jhs. erbaut, als die Gottheit dem Bau der CST (VT) Station weichen musste.

Geht man am Tempel nach links und 10 bis 15 Minuten weiter Richtung Hauptbasar, gelangt man nach **Bhuleshwar**, einem weiteren bedeutenden hinduistischen Vorort. Stadtbekannt ist der Bezirk wegen seiner farbenprächtigen **Phool Galli** („Blumengasse"), wo Tempelgänger luxuriöse Girlanden, Lotusbündel und Ringelblumen kaufen, die in riesigen Körben präsentiert werden. Der wichtigste der 85 Schreine, die sich angeblich in den Gassen verbergen, ist der **Bhola Ishtwar Mandir**, ein sehr alter Shiva-Tempel, um den sich dieser Bezirk der Geschichte nach im 18. Jh. ausgebreitet hat. Die sonderbare Mischung aus Gujarati-, Rajasthani- und Konkan-Architekturstilen reflektiert die Herkunft der ersten Einwanderer in diesem Viertel. Auch Jain-Kaufleute aus dem Nordwesten ließen sich hier nieder und errichteten die beiden hübsch verzierten, weißen Marmortempel **Shantinath** und **Parshavanath** in einer schmalen Gasse unmittelbar abseits der Kreuzung Jayamber Chowk.

Tierfreunde finden in der Nähe die **Tierschutzanlage Panjarapool**, wo etwa 400 braune *gir*-Kühe und eine Menagerie aus Tauben, Kaninchen, Hühnern und Enten gepflegt werden. Besucher können am Eingang als Spende Schüsseln mit Körnern und *ladoo*-Kugeln zum Füttern der Tiere kaufen, während Jain-Wärter mit ernster Mine das Fotografierverbot durchsetzen.

Elephanta

Eine Bootsstunde von Colaba entfernt liegt die Insel Elephanta, eine der reizvolleren Ecken Mumbais – solange man das Wochenende meidet, wenn die lärmenden Tagesausflügler hier in Massen einfallen. Die einzigen Bewohner sind die einer kleinen Fischersiedlung, die ursprünglich **Gharapuri** („Stadt der Ghara-Priester") hieß, jedoch im 16. Jh. von den Portugiesen nach dem steinernen Elefanten umbenannt wurde, den sie im Hafen fanden – zu sehen im Victoria and Albert Museum in Bymulla. Die Hauptattraktion ist der einmalige **Höhlentempel**, dessen mächtige **Trimurti** (dreigesichtige) **Shiva-Skulptur** ein hervorragendes Beispiel hinduistischer Bildhauerkunst bildet.

„Deluxe"-**Boote** fahren am Gateway of India ab (Okt–Mai stündlich von 9–14.30 Uhr; Hin- und Rückfahrkarte inkl. Rundgang mit einem offiziellen Fremdenführer Rs 100); zu buchen an den Kiosks in der Nähe des Gateway. Auf der Insel angekommen, fragt man am Kartenverkaufsschalter der Höhlen nach dem Führer – der Rundgang dauert ungefähr eine halbe Stunde. **Normale Fähren** (Rs 80 hin und zurück), Abfahrt ebenfalls am Gateway of India, stellen keinen Führer und sind meistens sehr voll. Mit beiden Schiffen dauert die Überfahrt ungefähr eine Stunde.

Den Weg bergan säumen Stände mit kühlen Getränken und Souvenirs, und oben bietet das MTDC-Restaurant *Chalukya* Essen und Bier sowie eine Terrasse mit schöner Aussicht aufs Meer. Auf der Insel gibt es aber keine Übernachtungsmöglichkeit.

Die Höhle

Elephantas beeindruckende Höhle (8. Jh.) umfasst eine Fläche von ca. 5000 km^2 und ist über mehr als hundert Stufen hügelan zu erreichen. Die wuchtigen, aus dem harten Felsen gehauenen Säulen im Inneren erwecken den Anschein, einer bestimmten Anordnung zu folgen. Hinter dem Eingang rechts ist auf einer Tafel **Nataraj** abgebildet, Shiva als kosmischer Tänzer. Die Tafel wurde zwar angeblich von den Portugiesen als Zielscheibe missbraucht, ist jedoch noch sehr gut erhalten. Shivas Gesichtsausdruck ist entrückt, und mit einer seiner beiden linken Hände lüftet er den Schleier der Unwissenheit. Gegenüber befindet sich eine stark beschädigte Darstellung von Lakulisha, Shiva mit einem Knüppel *(lakula)*.

Jeder der vier Eingänge zum einfachen, viereckigen Haupt-**Schrein** wird von zwei *dvarpala*-Wächtern bewacht (nur die an der Rückseite sind gut erhalten geblieben), die den Rachen weit aufsperren. Der große Lingam im Innern ist von Münzen und glimmenden Räucherstäbchen umgeben, die Gläubige hinterlassen haben. Eine Tafel mit Blick auf die Nordwand des Schreins zeigt Shiva, wie er den Dämonen **Andhaka** durchbohrt. Auf der Platte hinter dem Schrein, an der Rückwand, ist die Hochzeit von **Shiva und Parvati** dargestellt.

Ganz in der Nähe steht eine mächtige, 6 m hohe Büste von **Trimurti**, dem dreigesichtigen Shiva, Verkörperung der ihm innewohnenden Mächte des Schöpfers, Bewahrers und Zerstörers, und weiter westlich eine Skulptur von Shiva als **Ardhanarishvara**, halb männlich, halb weiblich.

Beim zweiten Eingang (nach Osten hin) sind auf einer Tafel Shiva und Parvati auf dem Berg **Kailash** mit Ravana zu sehen, der gerade dabei ist, den

Berg zu heben. Sein gebeugter Rücken zeigt die enorme Anstrengung. ☉ tgl. 9.30–16 Uhr, Eintritt US$2.

Übernachtung

Bei der Ankunft in Mumbai kann es problematisch werden, ein preiswertes Zimmer zu finden. Vor allem Budget-Travellern steht eine schwere Zeit bevor: Die billigsten Unterkünfte sind ganz erbärmlich und dennoch viel zu teuer.

Die besten der relativ preiswerten Unterkünfte sind gegen Mittag normalerweise ausgebucht. Unter Umständen muss man also lange in glühender Hitze herumlaufen, um am Ende nur ein übeteuertes Flohnest zu bekommen. Daher sollte man unbedingt gleich bei der Ankunft (besser noch einige Zeit vorher) telefonisch ein Bett reservieren. Die Kosten der besseren Hotels werden noch durch die staatliche **Luxus-Steuer** (je nach Zimmerpreis 4–30%) und vom Hotel selbst erhobene **Service Charges** in die Höhe getrieben; beide wurden bei unseren Preis-Codes berücksichtigt.

Colaba, ganz unten an der Südspitze der Stadt, ist die erste Anlaufstelle der meisten ausländischen Besucher. Die Unterbringung am **Marine Drive**, in einer nicht allzu weit entfernten Ecke der Innenstadt, ist im Durchschnitt etwas teurer, aber freundlicher, denn die Back Bay und die Promenade liegen direkt vor der Tür. Wer per Bahn anreist und so kurz wie möglich bleiben möchte, sucht sich am besten ein Zimmer in der Nähe des **Bahnhofs CST** (VT).

Ansonsten gibt es in **Juhu**, weit oben im Norden bei den Flughäfen, eine ganze Reihe nobler Hotels sowie eine Hand voll nicht ganz so kostspieliger Unterkünfte am Strand. Wer einfach nur aus dem Flugzeug ins Bett fallen möchte, hat die Wahl unter einer Hand voll übeteuerter Übernachtungsmöglichkeiten in den Vororten rings um die Flughäfen, eine kurze Taxifahrt von den Haupt-Terminals entfernt.

Besucher, die gern bei einer **indischen Familie** wohnen möchten, können sich beim staatlichen Tourist Office in Churchgate oder dessen Informationsschaltern in den Flughäfen nach dem beliebten „paying guest"-Programm erkundigen. Diese Art der Unterbringung mit Frühstück bei

Privatpersonen wird in allen Teilen der Stadt angeboten, vom Touristenbüro vermittelt und kostet Rs 500–1350.

COLABA – Das nur eine kurze Fahrt von den größten Geschäftszentren der Stadt, den Bahnhöfen und dem Tourist Office entfernte Colaba ist sehr praktisch zum Übernachten. Es bietet auch bessere Verpflegungs- und Unterhaltungsmöglichkeiten als die Nachbarbezirke, insbesondere entlang der belebten Hauptstraße, dem **Colaba Causeway** (Shahid Bhagat Singh – SBS – Marg). In den Straßen unmittelbar südlich und westlich des Gateway of India wimmelt es von Unterkünften, deren Bandbreite vom schäbigen Gästehaus bis zu Indiens berühmtestem 5-Sterne-Hotel, dem *Taj Mahal Palace & Tower* reicht. Unter allen Umständen meiden sollte man die namenlosen Absteigen in den Obergeschossen von an der Vorderfront mit Holz verkleideten Häusern in der **Arthur Bunder Rd** – hier hausen Schlepper, die auf die Kommission angewiesen sind, um ihre Heroinsucht zu finanzieren.

Die nachfolgend aufgeführten Hotels sind auf der Colaba-Karte (s. S. 155) verzeichnet, mit Ausnahme des *Taj President,* das auf der Hauptkarte von Mumbai zu finden ist (s. S. 153).

Aga Bheg's & Hotel Kishan, Ground und 2nd Floor, Shirin Manzil, Walton Rd, ✆ 022/2284 2227. Das saubere, kühle und ruhige *Aga Bheg's* hat leuchtend pinkfarbene Wände und schmale, blaue Holzbetten. Die komfortableren AC-Zimmer im *Hotel Kishan* bieten ein besseres Preis-Leistungs-Verhältnis. ❺–❻

Ascot, 38 Garden Rd, ✆ 022/2284 0020 oder 2287 2105, 🖥 www.ascothotel.com. Eines der ältesten Hotels in Mumbai präsentiert sich neuerdings im hochmodernen Designer-Look. Sehr komfortabel und ein echtes Schnäppchen für ein 3-Sterne-Hotel in dieser Gegend. Alle Zimmer mit eigenem Bad und AC. ❽

Bentley's, 17 Oliver Rd, ✆ 022/2284 1474, 🖥 www.bentleyshotel.com. Zuverlässiger, alteingesessener Favorit in vier verschiedenen Häusern aus der Kolonialzeit, die allesamt in grünen Seitenstraßen liegen. Gepflegt, sicher und mit gutem Preis-Leistungs-Verhältnis. Die geräumigen Zimmer führen in rückwärtige Gärten. ❻

Fariyas, 25 Arthur Rd, ☎ 022/2204 2911, 🖳 www.fariyas.com. Kompaktes Luxushotel, auf einer Seite mit Blick auf die Koli-Fischergemeinde und insgesamt mit allem erdenklichen Komfort eines 5-Sterne-Hotels versehen, allerdings ohne die dazugehörige Grandesse. DZ ab US$175. ❾

Godwin, Jasmine Building, 41 Garden Rd, ☎ 022/2287 2050, 🖳 www.cybersols.com/godwin. 3-Sterne-Hotel der Spitzenklasse mit großartigem Ausblick aus den oberen Stockwerken (bei der Buchung nach Zimmer 804, 805 oder 806 fragen). ❽

Garden, ☎ 022/2283 1330, 📠 2204 4290, nebenan, ähnlich, aber etwas schlechter. ❽

Gorden House, 5 Battery St, Apollo Bunder, ☎ 022/2287 1122, 🖳 www.ghhotel.com. Ultraschickes Designer-Hotel hinter dem Kino *Regal* mit thematisch unterschiedlichen Stockwerken („Scandinavian", „Mediterranean" und „American Country"). CD-Player auf allen Zimmern, aber kein Pool. DZ ab US$150. ❾

Lawrence, 3rd Floor, 33 Sri Sai Baba Marg (Rope Walk Lane), von der K Dubash Marg ab, hinter *TGI's*, unweit der Jehangir Art Gallery, ☎ 022/2284 3618 oder 5633 6107. Für viele die beste unter den preiswerten Unterkünften in Mumbai. Sechs sehr gepflegte DZ (und 1 EZ) mit Ventilator und nicht ganz saubere Gemeinschaftsdusche/WC. Frühstück inkl., Reservierung unerlässlich. ❸

Moti International, 10 Best Marg, ☎ 022/2202 1654. Ruhiges und sauberes, allerdings schon leicht abgewetztes Haus aus der britischen Ära. Die Palette reicht vom DZ ohne Bad (Rs 650) bis zum Deluxe-Zimmer mit Klimaanlage, Kühlschrank und TV. ❹–❻

Red Shield, Red Shield House, 30 Mereweather Rd, nahe *Taj*, ☎ 022/2284 1824 oder 2282 4613. Sehr billige Etagenbetten (Rs 135) in überfüllten, staubigen Schlafsälen (Schließfächer vorhanden), auch größere, preiswerte DZ (Rs 600/900 ohne/mit AC), erst kürzlich renoviert und alle mit Bad. Der Übernachtungspreis beinhaltet drei Mahlzeiten, die in der geselligen Traveller-Kantine serviert werden. Weibliche Gäste bevorzugt; Aufenthalt maximal eine Woche. ❶–❹

Regent, 8 Best Rd, ✉ hotelregent@vsnl.com, ☎ 022/2287 1854. Schickes Hotel mit internationalem Standard, allerdings eher kleine Zimmer. Gutes Preis-Leistungs-Verhältnis in dieser Kategorie. ❽

Sea Palace, Kerawalla Chambers, 26 PJ Ramchandani Marg, 🖳 www.seapalacehotel.com, ☎ 022/2284 1828. Komfortables, frisch renoviertes Hotel an einem ruhigen Ende des Hafens. Alle Zimmer mit AC, die mit Meerblick sind teurer. ❽

Sea Shore, 4th Floor, 1/49 Kamal Mansion, Arthur Bunder Rd, ☎ 022/2287 4237. Eine der besten Budget-Unterkünfte in Colaba. Die Zimmer mit Meeresblick und Fenster (Rs 520) sind erheblich hübscher als die fensterlosen Räume zur Rückseite hin. Freundliches Management und sichere, kostenlose Gepäckaufbewahrung. Nur Gemeinschaftsbad, aber einige Zimmer mit AC. Falls belegt, kann man im selben Gebäude im heruntergekommenen *India*, ☎ 2283 3769, oder im hygienisch nicht überzeugenden *Sea Lord*, ☎ 022/2284 5392, nach einem freien Zimmer fragen. ❺–❼

Shelley's, 30 PJ Ramchandani Marg, ☎ 022/2284 0229, 🖳 www.shellyshotel.com. Nettes, altmodisches Hotel im Kolonialstil mit geschmackvoll renovierten Zimmern. Es lohnt sich, Rs 300 extra für Meerblick zu zahlen. ❼

Taj Mahal Palace & Tower, PJ Ramchandani Marg, ☎ 022/5665 3366, 🖳 www.tajhotels.com. Das stattlichste der Tophotels Indiens und Treffpunkt von Mumbais Schickeria vereint unter einem Dach 546 Luxuszimmer, Einkaufspassagen, einen riesigen Pool unter freiem Himmel, neun Bars und/oder Restaurants und eine der beliebtesten Diskotheken der Stadt *(Insomnia)*. Der Ausblick aus den Zimmern ist je nach Preis unterschiedlich. Wer es sich leisten kann, sollte nach einer Suite mit Meerblick im alten Flügel fragen (US$400–500). Die Preise im *Tower* reichen von US$300 bis US$380. ❾

Taj President, 90 Cuffe Parade, ☎ 022/5665 0808, 🖳 www.tajhotels.com. Modernes, auf Geschäftsleute ausgerichtetes 5-Sterne-Hotel in einem 18-stöckigen Wolkenkratzer unmittelbar südlich von Colaba. Wesentlich preisgünstiger als das Schwesterhotel *Taj Mahal Palace & Tower*, allerdings auch mit weniger Stil und Atmosphäre. Großer Pool unter freiem Himmel und Fitness-Center mit Sauna. ❾

YWCA, 18 Madam Cama Rd, ☎ 022/2202 5053, ⌨ www.ywcaic.info. Gemütliche, sichere und ruhige Herberge mit makellos sauberen Schlafsälen (Rs 35 pro Bett), kürzlich renovierten DZ (Rs 600/900 mit/ohne AC) und Familienzimmern für 3–6 Pers. Mitgliedsgebühr, Frühstück und sättigendes Büffet-Dinner inkl. Am besten einen Monat im Voraus (per Geldanweisung) buchen. ❼

MARINE DRIVE UND NARIMAN POINT – Am
Westrand von Downtown erstreckt sich von den Wolkenkratzern am Nariman Point im Süden bis zum Chowpatty Beach im Norden die Netaji Subhash Chandra Marg oder **Marine Drive**. Entlang der Strecke stehen Nobelhotels, die sich das Privileg der Aussicht über die Back Bay und die Nähe zum Geschäftsviertel der Stadt teuer bezahlen lassen, aber es gibt auch ein paar preiswerte Gästehäuser für Besucher, die nicht in den billigen Unterkünften in Colaba absteigen möchten.

Die nachstehend aufgeführten Hotels sind auf der Karte auf S. 157 eingezeichnet, mit Ausnahme des *Oberoi*, das auf der Karte S. 152/153 erscheint.

Ambassador, VN Rd, ☎ 022/2204 1131, ⌨ www.ambassadorindia.com. Die unansehnliche Betonfassade und die schon leicht abgenutzten Möbel in diesem alternden 4-Sterne-Hotel werden durch die ausgezeichnete Lage nah am Meer und unweit der Haupteinkaufs- und Flaniermeile wieder wettgemacht. Auch wer nicht hier übernachtet, sollte sich einmal in das rotierende Restaurant *Pearl in the Orient* begeben, das einen unvergleichlichen Ausblick auf die Stadt bietet. ❾

Bentley, 3rd Floor, Krishna Mahal, D Rd, Ecke Marine Drive, nahe dem Kricketstadion, ☎ 022/2281 5244. Nicht zu verwechseln mit dem *Bentley's* in Colaba. Kleines, freundliches Gästehaus, das nach umfangreicher Renovierung 2004 ein hervorragendes Preis-Leistungs-Verhältnis bietet. Die meisten der mit Marmor ausgekleideten Zimmer haben makellos saubere Gemeinschaftsbäder. Preise ab Rs 700 inkl. Frühstück. ❺

Chateau Windsor, 5th Floor, 86 VN Rd, ☎ 022/2204 4455, ⌨ www.chateauwindsor.com. Zentral gelegenes und tadellos sauberes Hotel mit über-

aus höflichem Personal. Preislich unterschiedliche Zimmer im Stil der 50er Jahre. Sehr beliebt, also weit im Voraus reservieren. ❼–❽

Intercontinental, 135 Marine Drive, ☎ 022/3987 9999, ⌨ www.intercontinental.com. Das ultraschicke Boutique-Hotel zählt zu den stilvollsten modernen Hotels in ganz Indien. Die Zimmer haben Riesenfenster mit Meerblick und sind top ausgestattet (42-Zoll-Plasma-TV, DVD-Player, Safe mit Laptop-Ladestation und Breitband-Internet-Zugang). Die hauseigenen Bars und Restaurants zählen zum schicksten, was Mumbai derzeit zu bieten hat. DZ ab US$335. ❾

Marine Plaza, 29 Marine Drive, ☎ 022/2285 1212, ⌨ www.sarovarparkplaza.com. Nobles, aber kleines Luxushotel am Wasser mit Foyer und Atrium im Retro-Art-déco-Stil, einem Pool mit Glasboden auf dem Dach und den üblichen 5-Sterne-Einrichtungen. Zimmer ab ca. US$330. ❾

Oberoi/Oberoi Towers, Nariman Point, ☎ 022/2232 5757, ⌨ www.oberoihotels.com. Indiens größtes Hotel in Top-Lage mit Blick auf die Back Bay diente Bill Clinton bei seinem Staatsbesuch als Domizil. Die beiden Abschnitte des Komplexes unterscheiden sich kaum voneinander. Das glitzernde und prunkvolle Hotel ist die beliebteste Adresse für Geschäftsreisende, lässt aber den altehrwürdigen Charakter des *Taj* vermissen. US$365–2500 pro Nacht. ❾

UMGEBUNG DES VICTORIA (CHHATRAPATI SHIVAJI) TERMINUS – Wer nach einer langen Bahnfahrt in Mumbai am **CST** (VT) ankommt, hat vielleicht nicht unbedingt Lust, in Colaba auf Zimmersuche zu gehen. Leider spricht kaum etwas für die Umgebung des Bahnhofs und des nahe gelegenen GPO, obwohl sie einigermaßen zentral liegen. Die meisten der Unterkünfte, die einen Versuch lohnen, sind Mittelklassehotels in der Umgebung der Straßenkreuzungen von P D'Mello (Frere) Rd, St George's Rd und Shahid Bhagat Singh (SBS) Marg, unmittelbar südöstlich des Postamtes (5 Min. zu Fuß vom Bahnhof). Im CST (VT) gibt es auch *Retiring Rooms* (Rs 150), die allerdings gegen Mittag immer belegt sind.

Die unten angegebenen Hotels sind auf der Karte Churchgate und Fort (s. S. 157) eingezeichnet.

City Palace, 121 City Terrace, ☎ 022/22615515,

✉ hotelcitypalace@vsnl.net. Großes, beliebtes Hotel direkt gegenüber dem Bahnhof. Die „ordinary"-Zimmer sind winzig und fensterlos, aber absolut sauber, und verfügen über AC und Telefon. Die teureren in den oberen Stockwerken bieten großartige Ausblicke auf den Nagar Chowk. Zuverlässige Gepäckaufbewahrung für Gäste. ❻–❼

Grand, 17 Shri S R Marg, Ballard Estate, ☎ 022/5658 0500, 🖳 www.grandhotelbombay.com. Hotel aus der britischen Ära unweit der alten Docks und des ehemaligen Finanzviertels. Riesige, aber etwas anstaltsähnliche Zimmer, allerdings mit viel Atmosphäre der 40er Jahre, für das so mancher gern etwas mehr zahlt. ❽–❾

Oasis, 276 SBS Marg, ☎ 022/5637 6521 oder 2269 7887, ✉ hoteloasis@satyam.net.in. Das Budget-Hotel mit dem besten Preis-Leistungs-Verhältnis in dieser Gegend bietet DZ ohne AC schon für weniger als Rs 700. Gute Betten, saubere Laken, alle Zimmer mit eigenem Bad und TV und sehr günstige Lage zum CST-Bahnhof. ❺

Prince, 34 Walchand Hirachand Rd, nahe dem Red Gate, ☎ 022/22612809, ✆ 2265 8049. Beste Ausweichmöglichkeit, falls das *Oasis* ausgebucht ist. Nichts Besonderes, aber sauber und solide. Die schlecht belüfteten Zimmer im Obergeschoss lieber meiden. ❹–❼

Railway, 249 P D'Mello Rd, ☎ 022/2261 6705 oder 2262 0775, 🖳 www.hotelrailway.com. Geräumig, sauber und freundlich, bestes der Mittelklassehotels rings um den CST (VT), allerdings entsprechend teuer und ohne Klimaanlage. ❼–❽

UMGEBUNG DER FLUGHÄFEN – Die Hotels in der überfüllten Gegend um Chhatrapati Shivaji und Santa Cruz sind in erster Linie auf Transitreisende und Flugzeug-Crews ausgerichtet und empfindlich teuer. Wer die halbstündige Fahrt durch die Stadt nicht scheut, sollte sich nach **Juhu** begeben, einem der schickeren Vororte Mumbais, der am Meer liegt und nicht so hektisch daherkommt. Mit seinen Palmen, mondänen Apartmentblocks am Meer und Designer-Boutiquen ist Juhu Mumbais Antwort auf den Sunset Boulevard, wenngleich an Sonnenbaden und Schwimmen nicht zu denken ist, weil hier ein öliger Schlick aus ungeklärten Abwässern aus den weiter südlich gelegenen Slums um den Mahim Creek ins Arabische Meer sickert. Buchungen für alle Unterkünfte dieser Gegend sollten weit im Voraus per Telefon, Fax oder E-Mail getroffen und ein paar Tage vor der Ankunft bestätigt werden. Fast alle der nachstehend aufgeführten Hotels bieten ihren Gästen kostenlose Flughafenzubringerbusse oder können zumindest ein Auto mit Fahrer schicken, wobei der Preis vorab zu vereinbaren ist. Für Reisende mit schmalerem Geldbeutel, die in Flughafennähe übernachten möchten, kommt eine der Adressen unter dem „paying guest"-Programm der indischen Regierung in Betracht. Die Adressen können per E-Mail angefordert werden: ✉ gitobest @bom5.vsnl.net.in oder ✉ indiatourism@vsnl. com.

Bawa International, Vile Parle (East), ☎ 022/2611 3636, ✉ bawaintl@vsnl.com. Nichts Besonderes, aber tadellos sauber, effizient, modern und direkt neben dem nationalen Flughafen. DZ ab Rs 4400. ❾

Lotus Suites, Andheri Kurla Rd, International Airport Zone, Andheri (East), ☎ 022/2827 0707, 🖳 www.lotussuites.com. Die umweltfreundliche Unterkunft bezeichnet sich selbst als „4-Sterne-Ökohotel zum 3-Sterne-Preis". Sehr komfortable Zimmer für unter US$100 bei Online-Buchung. ❾

Midland, Jawaharlal Nehru Rd, Santa Cruz (East), ☎ 022/2611 0413, 🖳 www.hotelmidland. com. Zuverlässiges, gastfreundliches 2-Sterne-Hotel mit gut ausgestatteten Zimmern mit je zwei Einzelbetten. Preise ab Rs 2300 inkl. Bustransfer und Frühstück. ❼

Orchid, 70-C Nehru Rd, Vile Parle (East), ☎ 022/2616 4040, 🖳 www.orchidhotel.com. Das preisgekrönte „5-Sterne-Ökohotel" wurde mit umweltfreundlichen oder recycelten Baustoffen unter Verwendung umweltschonender Farben und Lacke erbaut. Es werden alle Anstrengungen unternommen, um Ressourcen zu schonen, einschließlich Wasserwiederaufbereitungsanlage und eigener „Nullmüll-Politik". Sogar die Kleiderbügel bestehen aus Pressspänen. Zimmer ab ca. US$300. ❾

Samrat, 3rd Rd, Khar, Santa Cruz (East), nahe Khar-Bahnhof, ✉ hotelsamrat@vsnl.com, ☎ 022/2648 5441. Einfaches Budget-Transithotel in ruhiger Nebenstraße, kein Flughafentransport. ❻

Sea Princess, Juhu Tara Rd, Juhu, ℡ 022/2661 1111, 🖳 www.seaprincess.com. Das hübscheste unter den 5-Sterne-Hotels mit Blick auf den Strand. Gemütliche, unlängst renovierte Zimmer (teils mit Meerblick), schickes Restaurant und kleiner Pool. DZ ab US$175. ❾

Essen

Wie es seinem Ruf einer kosmopolitischen Metropole entspricht, gibt es in Mumbai zahllose interessante Lokale zum Essen und Trinken, ob es nun ein sündhaft teures Mittagsbüffet mit toller Aussicht sein soll oder ein superscharfes *roti kebab* in Papier unter einer Gaslaterne auf der Straße.

Die nachfolgend aufgeführten Restaurants, Bars und Cafés sind nach Stadtbezirken aufgelistet. Wo eine Tischreservierung ratsam ist, wird auch die Telefonnummer aufgeführt. Es sei darauf hingewiesen, dass die teureren Restaurants **Service-Gebühren** erheben.

COLABA UND KALA GHODA – Die Lokale in Colaba und Kala Ghoda bieten praktisch alles, was Mumbais gastronomische Palette verspricht, von der schlichten Kebab-Bude am Straßenrand über alte iranische Cafés bis hin zu exklusiven AC-Restaurants, die von Bollywood-Stars und Politikern frequentiert werden. Die Mehrheit – darunter die beliebten Traveller-Treffs *Leopold's* und *Café Mondegar* – befinden sich am nördlichen Ende des Causeway. Alle nachfolgend aufgeführten Lokale sind auf der Colaba-Karte verzeichnet (s. S. 155).

All Stir Fry, *Gorden House Hotel.* Wok-Gerichte, die sich der Gast selbst zusammenstellen kann. Frische vegetarische Zutaten, Fleisch, Fisch, Nudeln und Soßen werden vor den Augen der Gäste zubereitet (Rs 250–350 pro Schüssel). Modernes, minimalistisches Dekor in Weiß, eisige Klimaanlage und flotter Service.

Bademiya, hinter dem *Taj,* Tulloch Rd. Der *kebab-wallah* ist eine Institution in Colaba für knusprige Grillhähnchen, Lamm und Fischsteaks, die in hauchdünne, kochend heiße *rotis* eingewickelt und auf Bänken am Straßenrand verzehrt werden. Am Wochenende kommen reiche Familien aus den Villenvierteln, um auf den Motor-

hauben ihrer Autos zu essen, da drinnen nur wenige Tische und Stühle zur Verfügung stehen.

Busaba, 4 Mandlik Marg, ℡ 022/2204 3779. Die kultivierte Bar mit Restaurant ist auf fernöstliche Küche spezialisiert, darunter thailändische, koreanische, burmesische, vietnamesische und tibetische Hauptgerichte mit exotischen Salaten (grüne Mango und Glasnudeln). Eine *der* Adressen, um sich sehen zu lassen, wenn man es sich nicht leisten kann, im *Indigo* nebenan zu essen. Mit Rs 750–1000 p. P. ist zu rechnen.

Café Samovar, Jehangir Art Gallery, MG Rd, ℡ 022/2284 8000. Sehr nettes, ruhiges, halboffenes Café mit preiswertem Mittagstisch (Rs 50) und Blick auf die Museumsgärten. Zur Auswahl stehen neben *pulaos,* gefüllten *parathas* und *biriyanis* auch zahlreiche Gerichte à la carte, darunter Garnelen-Curry, *roti kebabs,* knackige Salate und *dhansak,* dazu köstlicher gekühlter Guavensaft oder Bier (Rs 90). Kein Alkoholausschank von 13–15 Uhr.

Churchill, 103 Colaba Causeway. Winziges Parsi-Lokal mit 26 Sitzplätzen und einer Schwindel erregenden Auswahl an sonderbaren Speisen, größtenteils auf Fleischbasis und mit milder Sauce, einem Klecks Kartoffelpüree und gekochtem Gemüse serviert – ideal, wenn man von scharf gewürzten Gerichten die Nase voll hat. Kein Alkoholausschank, Hauptgericht ca. Rs 150.

Indigo, 4 Mandlik Marg, ℡ 022/2236 8999. Derzeit das schickste Restaurant der Stadt und endlich mal eins, das den Hype rechtfertigt. Italienische Küche mit Konkan-Kerala-Note (z. B. Kochi-Austern mit Safran-Ravioli). *House flambée* ist extrem beliebt, nicht zuletzt wegen seiner belebenden Wirkung. 3-Gänge-Menü ab Rs 1000, ohne Reservierung läuft nichts.

Kailash Parbat („KP's"), 1 Pasta Lane, nahe dem Kino *Strand.* Sieht nicht viel versprechend aus, doch die *aloo parathas* zum Frühstück, die vegetarischen Gerichte, scharfen Snacks und süßen Sachen (zum Mitnehmen) lohnen den Weg. *KP's* ist eine Institution von Colaba – besonders berühmt sind seine *makai-ka* (Mais) *rotis.*

Kamat, Colaba Causeway, Ecke Barrow Rd. Freundliches kleines Lokal, serviert fraglos das beste südindische Frühstück im ganzen Viertel, dazu die übliche Palette an südindischen Snacks *(iddli-vada-sambar),* köstliche Frühlings-*dosas* und einige *thalis* für Rs 30–85. Die beste Option in der Gegend für Budget-Traveller mit Bärenhunger.

Khyber, gegenüber Jehangir Art Gallery, Kala Ghoda, ☏ 022/2267 3227. Überreiche Ausgestaltung im Stil von Tausendundeiner Nacht und hervorragende nordwestindische Gerichte, die von Kellnern mit schwarzer Krawatte serviert werden. Die Hühnchen-*tikka* ist legendär, aber auch die *tandoori*-Gerichte und die Kebab-Platte sind vorzüglich. Mit Rs 800–1000 p. P. ist zu rechnen.

Konkan Café, *Taj President Hotel*, Cuffe Parade, ☏ 022/5665 0808. Der ideale Ort, um einmal richtig auf den Putz zu hauen. Das kultivierte 5-Sterne-Hotelrestaurant kredenzt feine regionale Gerichte aus Maharashtra, Goa, Karnataka und Kerala zu vernünftigen Preisen. Es besteht die Auswahl zwischen *thali*-Platten (Rs 375–475) und Speisen à la carte: Der Krebs in Butter, Pfeffer und Knoblauch ist zum Niederknien, ebenso wie die Tigergarnele in *kokum*-Knoblauch und *meen pollichattu* (roter Schnapper, der nach Kerala-Art im Bananenblatt gedünstet wird). Schlicht und ergreifend das köstlichste südindische Essen, das man jemals auf den Teller bekommt.

Leopold's, Colaba Causeway. In der berühmtesten – und überteuerten – Café-Bar von Colaba geht es durch und durch westlich zu, Kundschaft eingeschlossen. Die Speisekarte listet 300 Angebote, von Rührei bis „chilly chicken", dazu kaltes Bier (Rs 120). Eine Treppe höher gibt es noch eine Bar.

Olympia Coffee House, 1 Colaba Causeway. Iranisches *Fin-de-siècle*-Café mit Marmortischplatten, holzgetäfelten Wänden, verrückten Spiegeln und einem Zwischengeschoss nur für Frauen. Kellner mit Peshwari-Käppis und *salwar kamises* servieren köstliche Kebabs, die mit dezenten Gewürzen und exzellenten Dips auf Quarkbasis verfeinert werden. Zum Dessert ist Vanillepudding („custard") zu empfehlen. Durch und durch Bombay und dazu auch noch preiswert.

The Sea Lounge, *Taj Mahal Hotel*, 1. Stock. Geräumiges Lounge-Café im 30er-Jahre-Stil. Empfehlenswert zum Nachmittagstee oder für ein spätes Frühstück vor der Kulisse von Gateway und Hafen. Die Atmosphäre ist die Extra-Rupien wert (Kaffee und Tee Rs 125–200, Gebäck Rs 200–300). ☉ 7–24 Uhr.

Trishna, 7 Sai Baba Marg (Ropewalk Lane), Kala Ghoda, ☏ 022/2270 1623. Hier speisten durchreisende und einheimische Berühmtheiten, vom griechischen Präsidenten und Imran Khan bis zu Bollywood-Stars (siehe ausgestellte Fotos). Köstliche Fischkreationen in jeder erdenklichen Soße und der Kundschaft angemessene Preise (Hauptgericht ab Rs 450). Aushängeschild ist der Krebs in Butter, Pfeffer und Knoblauch, aber auch der mit grüner Masala gefüllte *pomfret* ist ausgezeichnet. Sehr klein, daher Reservierung empfohlen.

DOWNTOWN: FORT, CST (VT) UND DHOBI TALAO

Von der Hitze und dem Verkehr sollte sich niemand abhalten lassen, auch einmal außerhalb von Colaba essen zu gehen. Einen Spaziergang oder eine kurze Taxifahrt nördlich befinden sich einige der besten Cafés und Restaurants der Stadt, darunter die letzten noch verbliebenen traditionellen Parsi-Lokale Mumbais, in denen sich Speisekarte und Dekor in den letzen drei oder vier Generationen kaum verändert haben.

Die nachfolgend aufgeführten Lokale sind auf der Karte Churchgate und Fort verzeichnet (s. S. 157).

Apoorva, Vasta House (Noble Chambers), SA Brelvi Rd, ☏ 022/2287 0335. Derzeit das renommierteste Mangalore-Restaurant der Stadt, versteckt in einer vom Horniman Circle abzweigenden Seitenstraße (bei dem mit bunten Lämpchen dekorierten Baum). Die Küche ist absolut authentisch, das in würziger Sauce auf Kokosbasis gekochte Seafood ist jeden Tag fangfrisch. Tipp: die nicht zu überbietende Bombay Duck oder das überragende Garnelen-*gassi*. Frauen sollten wissen, dass es in der Bar im Erdgeschoss abends recht rüde zugehen kann.

Britannia & Co, gegenüber GPO, Sprott Rd, Ballard Estate. Das schrullige kleine Parsi-Restaurant ist ebenso berühmt für seine verschrobene altmodische Atmosphäre wie für seine iranische Vollwertkost. Die meisten Gäste bevorzugen das vorzügliche *berry pulao* (mit Hühnchen, Ziege oder Gemüse) mit köstlichen, sauren Trockenbeeren, die aus Teheran importiert werden (Rs 150, aber als gigantische Portion). Zum Dessert empfiehlt sich der hausgemachte Karamellquark ("caramel custard"). Eines der kulinarischen Erlebnisse der Stadt, die sich niemand entgehen lassen sollte. ⏲ 11.30–15.30 Uhr.

Ideal Corner, 12 F/G Hornby View, Gunbow St, ✆ 022/2262 1930. Ein weiteres parsisches Café mit Kultstatus, aber zentraler gelegen als das *Britannia* und nach kürzlicher Renovierung auch etwas moderner. Zu empfehlen sind die köstlichen parsischen Spezialitäten nach Hausmacherart: *kchchidi*-Garnele, Lamm-*dhansak* oder Hühnchen-*farcha*, abgerundet durch die legendäre Quarkspeise *lagan* (eine nussige Crème Caramel, die gekühlt in kleinen Bechern aus Alufolie auf den Tisch kommt). Hauptgericht ca. Rs 45–60. Abends und So geschlossen.

Jimmy Boy, 11 Bank St, Vikas Bldg, nahe Horniman Circle, ✆ 022/2270 0880. Eines der letzten noch verbliebenen Lokale in Mumbai, wo man die parsische Hochzeitsspeise *pukka* probieren kann (allerdings in wenig authentischer Umgebung mit AC und westlicher Popmusik). Tipp: das feste Menü für Rs 225 (im Bananenblatt gedünsteter *pomfret* mit grüner Chili-Soße, Ziegen-*pulao* und *dhansak dhal* zum Nachtisch).

Joshi Club, 31-A Narottamwadi, Kalbadevi Rd, ✆ 022/2205 8089. Die exzentrische, auch als *The Friends Union Joshi Club* bekannte *thali*-Kantine serviert nach Aussage zahlreicher Fans die authentischsten und leckersten Gujarati-Marwari-Mahlzeiten der Stadt. Das Essen wird auf wenig verheißungsvollen Resopal-Tischen vor dem Hintergrund schmuddeliger Wände serviert. Für Rs 70 gibt es unerschöpfliche Portionen mit vier Gemüsesorten, *dhals* und bis zu vier verschiedenen Broten und Bananen-Vanillepudding zum Dessert; *farsan* und Süßspeisen kosten Rs 20 extra. Das Lokal ist nicht ganz leicht zu finden: Man läuft oder nimmt ein Taxi zum unteren Ende der Kalbadevi Rd (gegenüber *Metro Kino*, s. Karte S. 157), dann geht es in nördlicher Richtung über den Vardhaman Chowk und danach ca. 5 Min. die Kalbadevi Rd hinauf, bis zur Rechten unter einem Fenster im 1. Stock das Hinweisschild „Bhonalaya" auftaucht. Unter den Anwohnern ist das Lokal bekannt.

Kyani's *House of Cakes" Bakery*, gegenüber *Metro Kino*, Dhobi Talao. Das älteste und authentischste Parsi-Café der Stadt lohnt sich eher für seine Atmosphäre als fürs Essen; beide haben sich in den 90er Jahren seit seiner Eröffnung kaum verändert. Frisch aus dem Backofen kommen Kuchen und Kekse, „bun-*maska*" (eine Art Butterbrötchen), dazu leckerer Schwarztee in Porzellantassen.

Vithal Bhelwala, 5 AK Naik Marg (Baston Rd), nahe CST (VT). Mumbais beliebteste Adresse für *bhel puri* existiert seit 1875 und läuft noch immer gut. Es werden nicht weniger als 25 verschiedene Sorten *bhel* angeboten, außerdem köstliche „Kartoffelschnitzel" mit knusprigem *puri* und Joghurt. Günstige Lage nahe Bahnhof und Kinos.

CHURCHGATE UND NARIMAN POINT – Die aufgeführten Restaurants sind auf der Churchgate und Fort-Karte (s. S. 157) eingetragen.

Cha Bar, Oxford Bookstore, 3 Dinsha Vaccha Rd, Churchgate. Das todschicke AC-Café in der besten Buchhandlung der Stadt ist vor allem bei gut situierten Studenten beliebt. Riesenauswahl an verschiedenen Teesorten, vom Darjeeling über *kawa* aus Kashmir bis zum Buttertee aus Ladakh, außerdem angesagte ayurvedische Teesorten und hauseigene „Tee-Cocktails". Die verführerische, aber nicht billige Speisekarte bietet leichte Snacks und getoastete Sandwiches.

Mocha Bar, VN Rd. Kühles Terrassencafé, in dem ganze Schwärme von „Rich Kids" aus dem Norden der Stadt amerikanischen Kaffee, mediterrane Vorspeisen und sündhaft teure Weine goutieren, während sie auf Polsterkissen Tabak mit Obstaroma aus Wasserpfeifen rauchen – Zeitgeist à la Mumbai.

The Pearl of the Orient, *Ambassador Hotel,* VN Road, ✆ 022/2229 1131. Rotierendes orientalisches Hotelrestaurant mit eher durchschnittlicher Küche (recht teuer bei ca. Rs 750 für drei Gänge), aber der Blick auf die Stadt ist schon etwas Besonderes.

The Pizzeria, Veer Nariman, Ecke Marine Drive. Knusprige, frisch gebackene Pizza, auf der Terrasse mit Blick auf die Back Bay zu verspeisen oder zum Mitnehmen. Große Auswahl, mittlere Preisklasse (Rs 175–295 per Pizza).

The Tea Centre, Resham Bhavan, 78 VN Rd. Ein weiteres Relikt aus der Kolonialzeit, das auch nach einer umfangreichen Renovierung seinen Charme aus der Raj-Ära bewahrt hat – mit Schaufelradventilatoren, gemütlicher Einrichtung und Kellnern in altmodischen *pugris*. Der feine Tee ist das Aushängeschild, es gibt aber auch köstliche westliche Snacks (Tipp: die schaumigen Käse-Omelettes) und Kuchen sowie ein „Executive Lunch" (Rs 200), das den Preis allemal wert ist.

CRAWFORD MARKET UND ZENTRALE BASARE – Die nachfolgend aufgeführten Restaurants sind auf der Hauptkarte von Mumbai verzeichnet (s. S. 152/153).

Badshah Juice and Snack Bar, gegenüber Crawford Market, Lokmanya Tilak Rd. Mumbais renommiertestes *falooda*-Lokal serviert auch köstliche *kulfi* (Eiscreme) und eine Großauswahl frisch gepresster Obstsäfte. Der ideale Abschluss eines Marktbesuches, aber mit Wartezeit ist zu rechnen.

Delhi Darbar, Maulana Shaukatali Rd (Grant Rd), Ecke PB Marg (Falkland Rd), gegenüber von *Alfred Talkies*. Am Rand des Rotlichtbezirks, aber ein Muss für Liebhaber der Mughlai-Küche. Kellner mit Peshawar-Käppis servieren vorzügliche *sheekh*-Kebabs mit Hähnchen- und Ziegenfleisch vom Grill, *biriyanis*, *pulaos* und die Spezialität des Hauses, Hühnchen-*tikka* – abgerundet mit dem cremigsten Lassi in Mumbai. Die meisten Gerichte kosten nur Rs 50–150.

Rajdhani, Mangaldas Rd (im Seidenbasar gegenüber vom Crawford Market). Sagenhafte Gujarati-*thalis*, bis man platzt. Sehr beengt und etwas teurer als gewöhnlich (Rs 150 an Wochentagen, Rs 195 für das Spezialmenü am Sonntagmittag), aber die Ausgabe wirklich wert. Sonntagsabends geschlossen.

Vaibhai Payawala, 45 Guzer St, Bohri Mohalla. Wer auf ein komplettes englisches Frühstück schwört, sollte das moslemische Pendant *bara handi* probieren. Die köstlichen traditionellen Fleischgerichte werden über Nacht langsam in zwölf mit Mehlteig abgedichteten Töpfen gegart und werden hier seit vier Generationen unverändert zubereitet. Als Beilage gibt es Reis oder das rauchig schmeckende Brot *lamba pau* aus der Bäckerei nebenan. Anfahrt mit dem Taxi nach Bohri Mohalla und dort fragen. Preiswert.

CHOWPATTY BEACH – **Crystal**, 19 Chowpatty Seaface, nahe Wilson College (Hauptkarte Mum-

bai, s. S. 152/153). In Chowpatty wimmelt es von Snack-Buden und billigen Restaurants, aus denen das *Crystal* herausragt, auch wenn man es angesichts der schmuddeligen Einrichtung nicht vermuten würde. An Heimweh leidende Punjabis und Liebhaber der nordindischen *pukka*-Hausmacherküche kommen aus der ganzen Stadt, um hier Vollwertkost à la *dhal makhini*, *alu jeera* und andere würzige Vegetariergerichte zu genießen, die in der rußgeschwärzten Küche zubereitet wurden. Heißer Anwärter auf das beste Billigrestaurant Mumbais, denn die meisten Hauptgerichte kosten weniger als Rs 50. Das frische *kir* zum Dessert sollte man sich nicht entgehen lassen.

Unterhaltung

Mumbai hat rund um die Uhr geöffnet. Egal, um welche Zeit man sich ins Nachtleben stürzt, irgendwo bietet stets irgendwer irgendwelche Unterhaltung. Die Stadt war, was den nächtlichen Zeitvertreib angeht, immer schon führend in Indien und hat Bars und Clubs für jeden Geschmack. Jazzkneipen konkurrieren mit Salsa-, *tabla*-Tanzmusik- und Funk-Lokalen. Mumbais alternative, aber ausgesprochen „yuppiehafte" Szene trifft sich in der *Ghetto Bar*, anschließend zieht man in die schwulen, schicken oder groovigen Clubs in der Umgebung von Colaba und Juhu weiter.

KLASSISCHE MUSIK UND TANZKUNST – Mumbai ist natürlich auch ein kulturelles Zentrum ersten Ranges und zieht die begnadetsten Interpreten klassischer indischer Musik und Tanzkunst des ganzen Landes an. Zahlreiche Konzerte und Vorstellungen finden an folgenden Veranstaltungsorten statt:

Bharatiya Vidya Bhavan, K M Munshi Marg, ☎ 022/2363 0224, Hauptquartier der internationalen (hinduistischen) Kulturorganisation;

National Centre for the Performing Arts, Nariman Point, ☎ 022/2288 3838.

BARS – In Mumbai herrscht eine ungewöhnlich lockere Einstellung gegenüber dem **Alkoholkonsum**. Der Sprung in die Kneipe auf ein Bier wird weithin akzeptiert (zumindest für Männer), selbst schon zur Mittagszeit. Im Mittelpunkt der Travel-

Bollywood, die Hindi-Filmhauptstadt

Menschen, die mit dem Fernsehen aufgewachsen sind, können sich kaum vorstellen, welche Faszination in Indien noch immer von Kinofilmen ausgeht. In jedem Dorf gibt es ein Kino, das zu Fuß erreichbar ist, und bei einer potenziellen Zuschauerzahl, die in die Hunderte von Millionen geht, ist die indische Filmindustrie die größte der Welt. Sie produziert alljährlich rund 900 Leinwandstreifen in voller Spielfilmlänge. Regionales Kino, das sich an bestimmte Sprachgruppen richtet (insbesondere das tamilische Kino von Chennai), ist zwar vor Ort populär, fällt jedoch auf nationaler Ebene kaum ins Gewicht. Nur dem Hindi-Film – ein Fünftel aller Filme indischer Produktion – ist es gelungen, die regionalen Grenzen weitgehend zu überschreiten, besonders im Norden. Die Heimat des Hindi-Blockbusters, des „all-India film", ist Mumbai, bekannt geworden als **Bollywood**.

Um Sprach- und Religionsbarrieren zu überwinden, folgt das Bollywood-Movie strikten Regeln: Wie in der Mythologie sind die Handlungen und das Schicksal der Protagonisten vorhersehbar. Das Wissen darum, wie die Geschichte ausgeht, muss sie nicht zwangsläufig weniger fesselnd machen. In der Tat schaut sich das indische Publikum ein und denselben Film oft mehrmals an. Im Gegensatz zum Hollywood-Schema, das für gewöhnlich jedes Drehbuch einem Genre zuordnet, verfährt der Hindi-Film nach dem so genannten *masala format*, d. h. während der normalen Spieldauer von drei Stunden passiert ein wenig von allem: Auf jeden Fall kommen Liebe, Gewalt und Komik vor. Sehr oft dreht sich die Handlung um einen verarmten männlichen Helden, der tapfer gegen tausend Bösewichte und Widrigkeiten kämpft und zwischendurch der Liebe seines Lebens begegnet. Sexuelle Anspielungen beschränken sich auf durchnässte, am Körper klebende Saris und Szenen, in denen eng umschlungen getanzt wird, aber es herrscht strenges Kussverbot. Weitere typische Themen sind Männerbündnisse und Verrat, Familiendramen, Trennung und Versöhnung oder religiöse Hingabe. Eine Traumsequenz darf eigentlich nie fehlen, genauso wenig wie ein rauschendes Fest oder eine Feier – am besten die Holi-Fes-

ler-Szene stehen Chowpatty Beach und Colaba Causeway, insbesondere *Leopold's* und das *Café Mondegar*, aber der Puls des städtischen Nachtlebens schlägt in Bandra und Juhu.

Café Mondegar, Colaba Causeway (s. Karte S. 155). Import- und indische Biere vom Fass sowie köstliche, fruchtige Cocktails in einer kleinen Café-Bar. Die Atmosphäre ist entspannt, die Musik tendiert zu Rockklassikern, das Publikum besteht aus einer Mischung von Westlern und Studenten. Die Wandmalereien eines berühmten Cartoonisten aus Goa verleihen dem Lokal einen zusätzlichen lebensfrohen Touch.

Copa Cobana, 39-D Dariya Vihar, Chowpatty Beach (s. Karte S. 152/153). Kleine Tapa-Szenebar in toller Lage.

Czar Bar, Hotel Intercontinental, 135 Marine Drive. Angesagte Wodka-Bar mit schickem, minimalistischen Dekor, raffinierter Beleuchtung und 24 Wodka-Sorten im Regal (ab Rs 200 pro Glas), dazu große Auswahl an anderen Spirituosen und Cocktails. Bis 23 Uhr Lounge-Musik, danach wird es lebhafter. Unter der Woche relativ ruhig, aber am Wochenende gut gefüllt.

Leo's Square, 1st Floor, *Leopold's*, Colaba Causeway. Ähnliche Speisekarte und Preise wie das *Leopold's* eine Treppe tiefer, aber mit AC, UV-Beleuchtung und guter Anlage.

CLUBS UND DISCOS – Die Clubszene von Mumbai ist die beste Indiens. Ende der 90er Jahre begann der betuchte Jetset an den neuesten House-, Trance-, Fusion- und Funkklängen, die in Goa und im Westen Erfolge feierten, Gefallen zu finden, und es entstand eine coolere, aufgeschlossenere Szene.

Die meisten Discos und Clubs kassieren an der Tür Eintritt pro Paar (ein Teil davon kann für Getränke eingelöst werden), denn theoretisch sind meistens nur Pärchen zugelassen. In der Praxis

tivitäten, in deren Verlauf die Leute sich gegenseitig mit Farbe bespritzen –, eine komische Randfigur und eine üble, meist westliche Spelunke voller Schurken, in der der Alkohol in Strömen fließt und laszive Tänze aufgeführt werden.

Die jüngeren Blockbuster beinhalten als neuen Charakter den zurückkehrenden Emigranten und „NRI" (Non-Resident Indian), Teil eines allgemeinen Trends in Bollywood, mit dem große Studios das Hindi sprechende Publikum in Großbritannien, den USA und Kanada zu gewinnen versuchen. In Übersee kosten Kinokarten normalerweise zehnmal so viel wie in den prunkvollsten Lichtspielhäusern von Mumbai, und zudem sorgt der ausländische Markt durch Video- und DVD-Verkäufe für 40% der Einnahmen der indischen Filmindustrie. Als Folge schießen Budgets und Produktionsstandards immer weiter in den Himmel, während die Filme zunehmend freizügiger werden. Mehr und mehr Filme zeichnen sich durch Locations im Ausland, immer kürzere Pailletten-Miniröcke und eine Choreographie im Stil von MTV aus. Ein Paradebeispiel ist die erste große Tanzszene in dem Smash-Hit *Kal Ho Haa Ho* mit Sharukh Kahn

und Preity Zinta, die in den Straßen von Manhattan spielt – mit einer Multikulti-Besetzung von Tänzerinnen und Tänzern in ausgefallenen Kostümen, die mit kleinen Sternenbannern wedeln.

Mumbai-Besuchern bieten sich jede Menge Gelegenheiten, in den Genuss klassischer oder moderner Hindi-Filme zu kommen. Die Auswahl erleichtert der Kauf des Magazins *Bombay*, das ausführliche Besprechungen und genaue Orts- und Terminangaben bringt. Wer sich spontan zum Kinobesuch entschließt, hält am besten nach dem größten, farbigsten Reklameschild Ausschau und reiht sich in die Warteschlange ein. Ein Sitzplatz in einem bequemen Kino mit AC kostet um Rs 50–75 – weniger, wenn man im vorderen Parkett sitzt (für Frauen nicht empfehlenswert). Von den rund 200 **Kinos** zeigen nur acht regelmäßig Filme in **englischer Sprache**. Die am zentralsten gelegenen und einladendsten Kinos sind das *Regal* in Colaba, das herrliche Art-déco-Kino *Eros* gegenüber der Churchgate Station sowie *Sterling, New Excelsior* und *New Empire*, alle einen kurzen Fußmarsch westlich vom CST-Bahnhof (VT) gelegen.

werden aber normalerweise gemischte Gruppen und „ordentlich" aussehende Singles nicht abgewiesen. Die Discos exklusiver Hotels stehen dagegen manchmal nur Hotelgästen und Clubmitgliedern offen. Die Schließungszeiten sind unterschiedlich. Die Stadtverwaltung erlegte den Diskotheken zwar kürzlich eine Sperrstunde ab 1.30 Uhr auf, doch diese Praxis wird weitgehend ignoriert.

Athena, 41–44 Minoo Desai Marg, hinter dem *Radio Club,* Colaba . Der neben dem *Insomnia* angesagteste Club im Süden Mumbais ist ganz in Weiß gehalten und verfügt über ein Nobelrestaurant, diverse Lounge-Bars und eine schier endlose Weinkarte (der Besitzer ist ein indischer Weinmagnat). Vorwiegend Mainstream-Rock und Hindi-Pop mit gelegentlich eingestreuten Trance-Nummern, Eintritt pro Paar Rs 1000. Nach Feierabend um 1.30 Uhr ziehen die meisten weiter ins *Insomnia*.

Enigma, JW *Marriott Hotel*, Juhu Tara Rd (s. Karte S. 152/153). Die richtige Adresse, um mitzuerleben, wie sich Hindi-Filmstars und hippe junge indische Millionäre ihre Kicks abholen. Hier gibt es die erotischsten Outfits, die neusten Dance-Tracks (darunter viele *filmi*-Hits), das tollste Ambiente und die höchsten Eintrittspreise (Rs 1500 pro Paar).

Insomnia, *Taj Mahal Palace & Tower,* unter dem *Taj*. Betuchte Yuppies und ihre Verwandten mit Wohnsitz im Ausland „posen" in diesem Labyrinth aus hell beleuchteten Bars, Hartholz-Dancefloors und Chill-out-Ecken zur Musik, die aus einer der fettesten Anlagen der Stadt dröhnt. Auch Nicht-Mitglieder haben Zugang, müssen aber top gekleidet sein. Eintritt Rs 1000 pro Paar. Der Laden füllt sich langsam gegen 23 Uhr und bleibt meistens bis 3 Uhr geöffnet.

Polly Esther's, *Gorden House Hotel*, Battery St, Colaba. Retro-Club mit Themen-Dekor in hellen

Farben und Ledersesseln. Donnerstags 90er-Jahre-Musik, am Wochenende Pop, Rock, Disco und Motown. Eintritt Rs 750 pro Paar.

Rasberry Rhinoceros, Juhu Hotel, Juhu Beach (s. Karte S. 152/153). Der berühmteste Club der Stadt bietet donnerstags Hardrock live, ansonsten Heavy Metal. Eintritt Rs 800 pro Paar.

Einkaufen

In Mumbai kann man toll einkaufen, seien es Souvenirs in letzter Minute oder Proviant und Ausrüstung für die lange, noch bevorstehende Reise. Vor allem der Kauf im Land produzierter **Textilien** und Exportüberschuss-Bekleidung sowie von **Kunsthandwerk** aus allen noch so entlegenen Landesteilen lohnt sich. Mit Ausnahme der Shopping-Arkaden in den Luxushotels übersteigen die **Preise** überraschenderweise kaum die anderer indischer Städte. In größeren Geschäften gelten Festpreise, und oft werden **Kreditkarten** angenommen; ansonsten jedoch lässt sich, insbesondere bei Straßenhändlern, durch Handeln meist ein besserer Preis herausschlagen. Die **zentralen Basare** der Innenstadt sind mehr etwas fürs Auge und weniger zum Einkaufen geeignet, doch auf dem **Antiquitätenmarkt** und dem Freitags-Flohmarkt in Chor, auch „Diebes-Basar" genannt, lässt sich mit viel Glück das eine oder andere gute Geschäft machen. Neue Schmuckstücke aus Gold und Silber kauft man am besten im **Zaveri** (Goldschmied) **Bazaar** gegenüber vom Crawford Market.

Mumbai besitzt mehrere elegante, moderne **Einkaufszentren**, darunter das größte im ganzen Land: *Crossroads,* 28 Pandit MM Rd, nahe der Moschee Haji Ali.

Öffnungszeiten im Stadtzentrum: Mo–Sa von 10–19 Uhr. Die moslemischen Basare sind bis gegen 21 Uhr geöffnet, freitags und abends während des Ramadan jedoch geschlossen.

BEKLEIDUNG, TEXTILIEN UND HAUSHALTS-WAREN – In Mumbai wird ein Großteil der indischen Bekleidung hergestellt, überwiegend von der leichten, hellen „shirtings and suitings"-Art, der bevorzugten Kleidung unzähliger gleich gewandeter Büro-*wallahs*. Billige westliche Kleidung kauft man am allerbesten an der endlosen Reihe von Ständen auf dem Bürgersteig der MG Rd, gegenüber der Sportanlage Mumbai Gymkhana. Diese so genannte **Fashion Street** ist auf abgelehnte und überzählige Export-Klamotten aus den großen Fabriken spezialisiert, darunter T-Shirts, Jeans, Sommerkleider und modische Sweatshirts. Baumwollbekleidung höherer Qualität (oft schicke, nachgemachte Designer-Ware) gibt es in Geschäften am Colaba Causeway, z. B. bei *Cotton World,* unten an der Mandlik Marg. Wer sich für traditionellere indische Kleidung interessiert, begibt sich zum *Khadi Village Industries Emporium,* 286 Dr DN Marg, in der Nähe des *Thomas Cook*-Büros. Wie *Whiteaway & Laidlaw* stattete auch dieses unübersehbare viktorianische Warenhaus die frisch angekommenen *burra-sahibs* mit Tropenhelmen, Khakishorts und Chinintabletten aus. Heutzutage türmen sich in den alten Holzregalen, Hemden- und Sockenschubladen Dutzende verschiedener, handgewebter Baumwoll- und Seidenstoffe, die vom laufenden Meter verkauft werden oder zu Westen, *kurtas* oder bedruckten *salwar kamises* verarbeitet worden sind. Außerdem gibt es hier die üblichen weißen Nehru-Kappen, *dhotis, lunghis* im Madras-Karomuster und herrliche Saris aus Seidenbrokat.

Mumbai zählt zu den billigsten Städten der Welt, wenn es um den Kauf von **Wohntextilien** und **Haushaltwaren** geht. Wer die richtigen Adressen kennt, hat an einem Nachmittag die Kosten für seinen Flug wieder heraus.

Contemporary Arts & Crafts, 19 Jagmohandas Marg (Napean Sea Rd), im Nobelvorort Malabar Hill. Ein Muss für Designer-Einrichtungsgegenstände – vom Besteck bis zur Vorhangblende.

Chunilal Mulchand & Co, Indian Mercantile Mansion, Madame Cama Rd, unweit des Prince of Wales Museum. Gute Adresse für Tischtücher, Baumwoll- und Seidendecken, Rattanvorhänge und Polsterstoffe. Lose Sofa- und Sesselbezüge werden innerhalb von einer Woche kopiert.

Malabar, im *Taj Mahal Palace & Tower.* Sehr teuer, führt aber einige exquisite Polsterbezüge mit Perlenbesatz und traditionelle indische Textilien.

BÜCHER – Mumbais ausgezeichnete englischsprachige Buchhandlungen und Bücherstände bieten reichlich Literatur über Indien und eine gute Auswahl an Klassikern, Romanen und Reiseliteratur. Indische Ausgaben populärer Titel kosten nur einen Bruchteil dessen, was in Übersee verlangt wird, außerdem sind darunter auch interessante Sachen weniger bekannter indischer Autoren. Mit etwas Geduld lassen sich unter Stapeln gebrauchter Mathebücher, alter Ausgaben des *National Geographic* und zerfledderter Taschenbücher an den Straßenständen zwischen der Flora Fountain und Churchgate Station gute Secondhand-Bücher auftreiben.

Chetana, 34 Dubash Rd (Rampart Row), Colaba, gegenüber der Jehangir Art Gallery. Ausschließlich religiöse und philosophische Lektüre.

Crossword, Mahalakshmi Chambers, 22 Bhulabhai Desai Rd, Breach Candy, ✆ 022/2492 2458. Mumbais größter renommierter Buchgroßhandel, mit Bus Nr. 132 von Downtown aus zu erreichen, nahe Mahalakshmi-Tempel und Haji-Ali-Grabmal. ◷ Mo–Fr 10–20, Sa und So 10–21 Uhr.

Nalanda, Ground Floor, *Taj Mahal*. Große Auswahl an Bildbänden und Taschenbüchern, allerdings zu Höchstpreisen.

Oxford Bookstore, Apeejay House, 3 Dinsha Vacha Rd, Churchgate. Nicht ganz so groß wie *Crossword*, aber besser zu erreichen, wenn man in Downtown oder Colaba übernachtet; mit AC-Café.

Pustak Bharati, Bharatiya Vidya Bhavan, KM Munshi Marg. Ausgezeichneter kleiner Buchladen, spezialisiert auf Hindu-Philosophie und Literatur, hat Details zum Kulturprogramm des Bhavan.

Shankar Book-Stand, vor dem *Café Mondegar*, Colaba Causeway. Stapelweise leichte Lektüre, Reiseführer, klassische Romane und die meisten bekannten Bücher über Indien zu günstigen Preisen.

Strand, neben der *Canara Bank*, abseits der PM Rd, Fort. Preiswerteste Buchhandlung im Zentrum, sämtliche *Penguins* und indische Literatur zu erstaunlichen Rabatten.

KUNSTHANDWERK / PARFÜM – Regional hergestelltes Kunstgewerbe wird in verschiedenen staatlichen Geschäften im *World Trade Centre*, unten an der Cuffe Parade, und entlang der **Sir PM Rd** in Fort angeboten. Die Qualität ist durchweg hoch – die Preise aber auch, wenn man nicht gerade den Ferienausverkauf erwischt.

Gleiches gilt für das Kaufhaus *Central Cottage Industries Emporium*, 34 Shivaji Marg, nahe dem Gateway of India in Colaba, das aufgrund seiner Größe und zentralen Lage der beste Ort für Souvenirs jeder Art ist. Im Erdgeschoss gibt es mit Einlegearbeiten verzierte Möbel, Holz- und Metallgegenstände, Miniaturgemälde und Schmuck, im Obergeschoss Spielwaren, Bekleidung und Textilien – applizierte Gujarati-Bettüberwürfe, handbemalte Kopfkissenbezüge und Rajasthani-Spiegel sowie Seidenschals und Morgenmäntel von Noel Coward. In der **Mereweather Rd**, gleich hinter dem *Taj*, wimmelt es von kashmirischen Volkskunstläden mit überteuerten Gefäßen aus Pappmaché, Silberschmuck, wollenen Schals und Teppichen. Wer schlecht mit aufdringlichen Verkäufern umgehen kann, bleibt dieser Ecke besser fern.

Parfüm ist in Mumbai eine ausschließlich moslemische Domäne. Unten am Südende des Colaba Causeway, rings um die Arthur Bunder Rd, findet man viele Geschäfte mit Spiegelwänden und Regalen voller Kristallflaschen, gefüllt mit dickflüssigen, duftenden Ölen. **Räucherdüfte** werden an den umliegenden Bürgersteigen in Stäbchen, Kegeln und klebrigen Scheiben *(dhoop)* verhökert (darauf achten, dass die Schachteln voll sind und nicht schon die Hälfte fehlt). Großeinkäufe tätigt man günstiger im *Khadi Village Industries Emporium* an der Dr DN Marg. Dort werden ganze handgerollte Bündel Räucherstäbchen verkauft, außerdem gibt es eine Kunsthandwerksabteilung, die neben Möbeln, Gemälden und Ziergegenständen auch Glasperlen, bedruckte Bettüberwürfe und hölzerne Votivstatuen anbietet, die in Handwerksdörfern in Maharashtra hergestellt werden.

MUSIK – Die bekanntesten der zahlreichen guten Musikläden von Mumbai befinden sich in der Nähe des Kinos *Moti* an der SV Patel Rd im zentralen Basarviertel. *Haribhai Vishwanath*, *Ram Singh* und *RS Mayeka* sind drei Geschäfte, die traditionelle indische Instrumente verkaufen, darunter Sitars, Sarods, Tablas und Flöten.

Rhythm House, Subhash Chowk, neben Jehangir Art Gallery. Die mit Abstand beste Adresse für

Cassetten und CDs ist eine veritable Aladin-Höhle mit einem Riesenangebot an klassischer, religiöser und populärer Musik aus ganz Indien, einer ordentlichen Auswahl an westlichen Rock-, Pop und Jazz-Titeln und DVDs mit klassischen und zeitgenössischen Hindi-Filmen.

Sonstiges

APOTHEKEN – Bombay Chemist, 39–40 Kakad Arcade, gegenüber Bombay Hospital, New Marine Lines, ✆ 022/2207 6171. ⏱ tgl. 8–23 Uhr.
Kemps im Hotel *Taj Mahal* ist bis spät geöffnet.

FOTOAUSRÜSTUNG – Javeri Colour Lab, gegenüber dem Kino *Regal* in Colaba, verkauft Farb- und Diafilme, ebenso die Geschäfte der meisten großen Hotels. In einer kleinen Boutique hinter den Blumenbindern in der Markthalle des Shakhari Bunder kann man Sofort-Passfotos machen lassen.

GELD – Der angewiesene Ort zum Geldwechseln bei der Ankunft in Mumbai ist der rund um die Uhr geöffnete Schalter der **State Bank of India** im Chhatrapati Shivaji International Airport. Der Wechselkurs ist der allgemein übliche, doch für ein *encashment certificate* (Umtauschquittung) muss man manchmal bezahlen – dieses ist unerlässlich, falls man vorhat, ein *tourist quota*-Eisenbahnticket (s. S. 54, Praktische Tipps) oder einen Indrail-Pass an Sonderschaltern in den Bahnhöfen Churchgate oder CST (VT) zu kaufen.
Alle großen staatlichen **Banken** in Downtown wechseln Fremdwährungen, ⏱ Mo–Fr 10.30–14.30, Sa 10.30–12.30 Uhr; manche (wie die *Bank of Baroda)* bieten auch einen **Kreditkartenservice**.
Ansonsten gibt es an vielen rund um die Uhr zugänglichen **Geldautomaten** Bargeld auf Kreditkarte, normalerweise auf VISA und Mastercard. Der Betrag ist allerdings oft begrenzt, möglicherweise auf die geringe Summe von Rs 4000. Die Geldautomaten der großen Banken in Downtown sind auf den jeweiligen Stadtplänen verzeichnet. Die günstigste in Colaba ist die *Bank of Baroda* am nördlichen Ende der SBS Marg (Colaba Causeway).

Das schnelle und effiziente Büro von *American Express* an der Shivaji Marg, ✆ 022/2204 8291, um die Ecke vom Kino *Regal* in Colaba, bietet alle üblichen Serviceleistungen (inkl. Poste restante) für Besitzer von *Amex*-Reiseschecks und -Karten und steht allen Kunden offen, die Bargeld wechseln möchten, ⏱ tgl. 9.30–18 Uhr; hat auch eine Filiale in der 364 Dr DN Marg, nahe Hutatma Chowk.
Thomas Cooks große Filiale an der Dr DN Marg, ✆ 022/2204 8556, zwischen dem Khadi-Shop und Hutatma Chowk, nimmt auch Geldüberweisungen aus Übersee entgegen. ⏱ Mo–Sa 9.30–19 Uhr.

GEPÄCKAUFBEWAHRUNG – Wenn im Hotel keine Möglichkeit besteht, kann man sein Gepäck auch in einem der Flughäfen oder im Bahnhof CST (VT) deponieren. Alles, was hier abgegeben wird, auch Rucksäcke, muss mit einem Vorhängeschloss gesichert werden; Maximaldauer 1 Monat, Rs 7–10 pro Tag.

INFORMATIONEN – Government of India Tourist Office, 123 M Karve Rd, gegenüber dem Ostausgang der Churchgate Station, ✆ 022/2203 3144, 🖥 www.tourismofindia.com. Die ausgezeichnete Einrichtung ist die beste Informationsquelle in Mumbai. Die Angestellten sind außergewöhnlich hilfsbereit und vergeben zahlreiche Broschüren, Kartenmaterial und Faltblätter sowohl für Mumbai als auch für ganz Indien. ⏱ Mo–Fr 8.30–18, Sa 8.30–14 Uhr.
24-Std.-**Touristeninformationsschalter** gibt es an den Flughäfen Chhatrapati Shivaji International, ✆ 022/2682 9248, und Domestic, ✆ 022/2615 6920.
Maharashtra State Tourism Development Corporation (MTDC), Madam Cama Rd, ✆ 022/2202 6731, gegenüber dem LIC Building in Nariman Point, reserviert Zimmer in MTDC-Resorts und verkauft Tickets für Stadtrundfahrten.
Das Mumbai-Stadtmagazin *Time Out* ist die beste Quelle für ausführliche **Veranstaltungshinweise** und liefert alle Details. Alternativen sind die Beilage „The List" von Mumbais größter Tageszeitung *Mid-Day,* die „Metro"-Seite des *Indian Express* und die Rubrik „Bombay Times" in der *Times of India.* Alle diese Zeitungen sind an Straßenständen in Colaba und in der Innenstadt erhältlich.

INTERNET – In Colaba, gleich um die Ecke von *Leopold's* in der Nawroji F Marg, gibt es zwei enge, rund um die Uhr geöffnete Internetlokale (Rs 40 pro Std.).

Access Infotech, in einer schmalen Gasse weiter unten am Colaba Causeway auf der linken Seite, kostet zwar Rs 5 mehr pro Stunde, ist aber schneller und angenehmer. Zur Zeit der Recherche war noch kein Breitband-Zugang verfügbar.

KONSULATE – Die zahlreichen diplomatischen Vertretungen in Mumbai sind im Notfall ganz nützlich, falls man Reisedokumente verloren hat oder ein Visum beantragen möchte, doch die meisten Nachbarstaaten Indiens, darunter Bangladesh, Bhutan, Myanmar (Burma), Nepal und Pakistan, haben nur Konsulate in New Delhi und/oder Kolkata.

Dänemark, L & T House, Narottam Moraji Marg, Ballard Estate, ℡ 022/2261 4462; ⊕ Mo–Fr 10–12.45 Uhr.

Deutschland, 10th Floor, Hoechst House, Nariman Point, ℡ 022/2283 2422; ⊕ Mo–Fr 8–11 Uhr.

Niederlande, Forbes Bldg, Chiranjit Rai Marg, Fort, ℡ 022/2201 6750; ⊕ Mo–Fr 9–17 Uhr.

Österreich, 26 Maker Chambers VI, Nariman Point, ℡ 022/2285 1774.

Schweiz, 102 Maker Chambers IV, 10th Floor, 222 Jamnalal Bajaj Marg, Nariman Point, ℡ 022/2288 4563, ✉ swisscg.mumbai@bd.net.in, ⊕ Mo–Fr 8–10 Uhr.

Sri Lanka, Sri Lanka House, 34 Homi Modi St, Fort, ℡ 022/2204 5861, ⊕ Mo–Fr 9.30–11.30 Uhr.

KULTURINSTITUTE – *Asiatic Society*, SBS Marg, Horniman Circle, Ballard Estate, ⊕ Mo–Sa 10.30–19 Uhr.

Goethe-Institut, Max Mueller Bhavan, Prince of Wales Museum Annexe, abseits der Mahatma Gandhi Rd, Mumbai 400001, ℡ 022/2202 7710 und 2202 7542, ✆ 2287 3826, ✉ info.mmb@bombay. goethe.org. ⊕ Mo–Fr 9.30–17.30 Uhr.

KR Cama Oriental Institute, 136 Mumbai Samachar Marg, auf zoroastrische und iranische Studien spezialisiert, hat eine öffentliche Bibliothek mit 22 000 Bänden in europäischen und asiatischen Sprachen, ⊕ Mo–Fr 10–17, Sa 10–13 Uhr.

Mumbai Natural History Society, Hornbill House, Shahid Bhagat Singh Marg, Fort, genießt inter-

nationales Renommee für seine Erforschung der indischen Tierwelt. Besucher können eine vorübergehende Mitgliedschaft erwerben, die den Zutritt zur Bibliothek, zur naturkundlichen Sammlung, manchmal auch zu Vorträgen und außerdem die Teilnahme an organisierten Wanderungen und Feldforschungsunternehmungen ermöglicht. ⊕ Mo–Fr 10–17, Sa 10–13 Uhr, am 1. und 3. Sa im Monat geschlossen.

MEDIZINISCHE HILFE – *Bombay Hospital*, New Marine Lines, unmittelbar nördlich der staatlichen Tourismusbüros an der M Karve Rd, ℡ 022/2206 7676, 🖳 www.bombayhospital.com. Das Privatkrankenhaus ist das renommierteste Hospital der Stadt.

Breach Candy Hospital, Bhulabhai Desai Rd, in der Nähe vom Schwimmbad, ℡ 022/2363 3651, 🖳 www.breachcandyhospital.org. Wird auch von ausländischen Botschaften empfohlen.

Krankenwagen: ℡ 101 (mit einem Taxi ist man aber fast immer schneller).

POLIZEI – Die Hauptwache in Colaba liegt an der Westseite des Colaba Causeway, in der Nähe der Kreuzung mit der Best Rd, ℡ 022/2285 6817.

POST – Das **GPO** liegt gleich um die Ecke vom Bahnhof CST (VT), abseits des Nagar Chowk, ⊕ Mo– Sa 9–20, So 9–16 Uhr. Der Schalter für **Poste restante**, ⊕ Mo–Sa 9–18, So 9–15 Uhr, ist einer der zuverlässigsten des Landes, aber nach vier Wochen wird liegen gebliebene Post entsorgt. Das weniger effiziente Paketbüro befindet sich hinter dem Hauptgebäude im 1. Stock, ⊕ 10–16.30 Uhr. Auf dem Bürgersteig draußen warten Paketpack-*wallahs* auf Kundschaft.

DHL, ℡ 022/2850 5050, hat elf Büros in Mumbai; am günstigsten gelegen ist das 24 Std. geöffnete unter dem *Sea Green Hotel* am Südende des Marine Drive (am westlichen Ende der VN Rd nach Süden abbiegen und ein Stück weiter auf der rechten Seite).

REISEBÜROS – Nachstehend einige bewährte Reisebüros für Buchungen nationaler und internationaler Flüge und privatgesellschaftlicher Überlandbusse.

Cox and Kings India Ltd, 271/272 Dr DN Rd, Fort, ℘ 022/2207 3065, ▭ www.coxkings.com;
Sita World Travels Pvt Ltd, 8 Atlanta Building, Nariman Point, ℘ 022/2286 0684, ✉ bom@sitaincoming.com;
Thomas Cook, Dr DN Marg, ℘ 022/2204 8556, zwischen dem Khadi-Shop und Hutatma Chowk, ⏱ Mo–Sa 9.30–19 Uhr.

TELEFON – An STD/ISD-Zellen herrscht in Mumbai kein Mangel. Die billigsten **Telefon-** und **Faxgebühren** bietet das *Videsh Sanchar Bhavan* (24 Std. geöffnet), das makellose staatliche Telecom-Gebäude an der MG Marg, wo man auch **R-Gespräche** anmelden kann. Für den Empfang eines Telefongesprächs ist ein nomineller Betrag von Rs 10 zu entrichten.
Die Telefonnummern in der Stadt ändern sich laufend. Wer nach mehreren Anläufen immer noch nicht den gewünschten Anschluss erwischt, sollte bei der **Auskunft** unter ℘ 197 nachfragen.

TOUREN – Die „**City Tour**" von MTDC (Di–So 14–18 Uhr, Rs 75 plus Eintrittsgelder) bietet eine gute Möglichkeit, die touristischen Highlights in Downtown Mumbai an einem halben Tag abzuhaken, darunter Prince of Wales Museum, Marine Drive, Chowpatty Beach, Hanging Gardens und Mani Bhavan. Die Tour beginnt an der Hauptniederlassung in der Madam Cama Rd, wo man auch im Voraus Tickets kaufen kann.
Eine entspanntere Alternative mit Schwerpunkt Architektur und Geschichte bieten die geführten Rundgänge der *Mumbai Heritage Walks Society*. Sie finden außerhalb der Monsunzeit an jedem letzten Sonntag im Monat statt, dauern neunzig Minuten und kosten Rs 100 (Rs 50 bei Vorlage eines Studentenausweises). Weitere Einzelheiten unter ℘ 022/2281 0123 oder 2834 4622 und ✉ heritagewalks@hotmail.com.

Nahverkehrsmittel

Seit der Fertigstellung der riesigen Hochstraße, die jetzt von unmittelbar nördlich des CST-Bahnhofs mitten durch die Stadt führt, sind die Verkehrsstaus nicht mehr ganz so schlimm. Während der Rushhour sind Staus jedoch nach wie vor die Regel. Auch mit dem Taxi oder Bus muss man sich dann auf lange Wartezeiten an den Kreuzungen gefasst machen. Die Stadtbahn ist schneller, doch selbst außerhalb der Stoßzeiten stellt die Fahrt einen Härtetest dar.

BUSSE – **BEST** *(Brihanmumbai Electric Supply und Transport)*, ℘ 022/2285 6262, ▭ www.bestundertaking.com, unterhält ein undurchschaubares, aber komplexes Busnetz, das bis in die entlegensten Ecken der Stadt reicht. Leider helfen bei der Orientierung weder die Website des Unternehmens noch die Fahrpläne oder die „Point to Point"-Stadtführer-Broschüren (die in den Touristeninformationen oder an Zeitungsständen ausliegen) viel. Es ist schon kompliziert genug, überhaupt herauszufinden, welche Busse man nehmen muss, aber noch schwieriger ist es, sie im Straßenverkehr zu erkennen, denn die Zahlen sind auf Marathi angeschrieben (auf den Seiten allerdings in arabischen Ziffern). Wann immer möglich, sollte man einen „Limited"-Bus wählen, der seltener anhält, und um jeden Preis die Stoßzeiten meiden. Die Fahrkarte kauft man beim Busschaffner.

STADTBAHN – Mumbais Vorortzüge befördern jeden Tag Millionen Pendler zwischen Downtown und den endlosen Vororten im Norden. Eine Bahnstrecke beginnt am CST (VT) und führt am Ostrand der Stadt entlang bis nach Thane hoch. Die andere folgt von Churchgate aus der Kurve der Back Bay bis Chowpatty Beach und biegt dort Richtung Norden nach Mumbai Central, Dadar, Santa Cruz und Vasai, außerhalb der Stadtgrenze, ab. Die Züge fahren von 5–24 Uhr alle paar Minuten und halten an Dutzenden kleiner Stationen. Praktisch die ganze Zeit über sind die Waggons voll bis unters Dach, und aus den offenen Türen hängen tollkühne Passagiere, die dem Gedränge drinnen entgehen wollen.
Man sollte sich also mindestens drei Stationen vor dem Ziel auf den Weg zum Ausgang machen. Am allerschlimmsten geht es während der Stoßzeiten zu (ca. 8.30–10 und 16–19 Uhr). Frauen sind ein kleines bisschen besser dran, für sie gibt es „ladies carriages"; nach den Trauben aus Saris und *salwar kamises* am Ende des Bahnsteigs Ausschau halten!

TAXIS – Da Rikschas nur in den Vororten zugelassen sind, bewegt man sich am besten und schnellsten mit den massenhaft vorhandenen schwarz-gelben Taxis durch die Innenstadt. Theoretisch müssen alle mit Taxameter und einer aktuellen Preisliste (um die auf dem Taxameter angezeigte Kilometerzahl korrekt umzurechnen) versehen sein, doch in der Praxis, vor allem nachts oder frühmorgens, weigern sich viele Fahrer, sie zu benutzen. In dem Fall entweder ein anderes Taxi anhalten oder vorher einen Preis aushandeln. Als Faustregel gilt: ca. Rs 8 pro Kilometer nach dem Grundpreis von rund Rs 15, plus geringer Aufpreis für schweres Gepäck (Rs 5 pro Stück). Die neueste Errungenschaft im hektischen Verkehrsgewühl ist das *cool cab*, ℡ 022/2824 6216, ein blaues Taxi mit Klimaanlage, das natürlich mehr Geld verlangt.

BOOTE – Fährschiffe verlassen in regelmäßigen Abständen den Hafen von Mumbai. Sie verbinden die Stadt mit dem gegenüberliegenden Ufer und einigen der dazwischen liegenden Inseln. Die von Besuchern am meisten genutzte ist die Fähre nach **Elephanta**, Abfahrt am Gateway of India.
Boote nach **Mandve** (9x tgl., 6.30–18.15 Uhr; 90 Min., Rs 45), von wo man nach Alibag gelangt, dem Verkehrsknotenpunkt für die selten benutzte Küstenstrecke nach Süden, fahren ebenfalls vom Gateway of India ab.

Viele Besucher möchten Mumbai so schnell wie möglich den Rücken kehren. Glücklicherweise gibt es in der Stadt „superschnelle" Dienstleistungsgesellschaften zum Organisieren oder Bestätigen der Weiterreise. Alle namhaften internationalen und nationalen Fluggesellschaften besitzen hier Büros, die Eisenbahnbetriebe unterhalten spezielle Touristenschalter in den Haupt-Reservierungssälen und Dutzende Reisebüros und Busgesellschaften verkaufen Busfahrkarten.
Mumbai liegt an der Hauptroute mehrerer großer internationaler Fluggesellschaften, Eisenbahnlinien und Autobahnen und ist der Hauptknotenpunkt für den Verkehr Richtung

Südindien. Die meistbenutzten Reisestrecken sind die an der Küste von Gujarati hoch Richtung Norden nach Rajasthan und Delhi; nach Nordwesten in den Dekkan, via Aurangabad und die Höhlen von Ellora und Ajanta, sowie nach Süden Richtung Goa und Malabar-Küste.
Nur wer mit dem Zug in Mumbai am Chatrapathi Shivaji Terminus (der ehemaligen Victoria Station) ankommt, muss sich nicht auf eine langwierige Fahrt ins Zentrum gefasst machen. Die nationalen und internationalen Flughäfen liegen dagegen weitab vom Schuss weit nördlich der Stadt und 90 Fahrminuten oder länger von den wichtigsten Hotelgegenden entfernt. Und auch vom Hauptbahnhof Mumbai Central oder vom Busbahnhof steht dem Ankömmling eine anstrengende Fahrt quer durch die Stadt bevor.

BUSSE – Fast alle Überlandbusse kommen am Busbahnhof **Mumbai Central** an, der nur einen Steinwurf vom gleichnamigen Bahnhof entfernt liegt. Für die Fahrt ins Zentrum besteht die Auswahl zwischen den schwarzgelben städtischen Taxis, den BEST-Bussen Nr. 66, 70 und 71, die von der zwei Minuten westlich vom Busbahnhof gelegenen Haltestelle in der Dr DN Marg (Lamington Rd) direkt ins Zentrum fahren, oder einem Vorortzug von Mumbai Central, der am Bahnsteig auf der gegenüberliegenden Seite der Fußgängerbrücke abfährt.
Die meisten Überlandbusse der *Maharashtra State Road Transport Corporation (MSRTC)* nutzen ebenfalls Mumbai Central, doch die aus Pune sowie Nasik und Umgebung kommen am „Busbahnhof" **ASIAD** an, eher ein großer Parkplatz in der Nähe des Bahnhofs **Dadar**.
Die Busgesellschaften der Bundesstaaten Maharashtra, Karnataka, Madhya Pradesh, Goa und Gujarat besitzen alle Schalter am Mumbai Central Terminal, ℡ 022/2307 6622, ⊕ tgl. 8–20 Uhr.
Busse nach:
AURANGABAD (2x tgl., 10 Std.),
BANGALORE (3x tgl., 24 Std.),
BIJAPUR (3x tgl., 12 Std.),
GOA (2x tgl., 18–19 Std.),
INDORE (2x tgl., 16 Std.),
UJJAIN (1x tgl., 17 Std.).
Aber nur in den seltensten Fällen ist – sofern man die Wahl hat – eine Busfahrt der Bahn vor-

zuziehen. Es kann schwierig sein, zuverlässige Fahrplaninformationen zu erhalten, in normalen Bussen lässt sich kein Sitzplatz reservieren, und die meisten längeren Fahrten sind ziemlich unbequeme Übernachtreisen. Ausnahmen dazu bilden z. B. die **Deluxe-Busse** von MSRTC nach PUNE (alle 30 Min., 4 Std.), NASIK (17x tgl., 5 Std.) und KOLHAPUR (4x tgl., 10 Std.); für einen geringen Aufpreis gibt es mehr Beinfreiheit, weniger Stopps und die Möglichkeit einer vorherigen Reservierung. Das einzige Problem ist, dass sie – wie die meisten Busse aus dem Staat Maharashtra – in der Regel am **ASIAD-Busbahnhof in Dadar** (mit dem Auto oder Zug 30 Min. nördlich vom Mumbai Central) abfahren.

Dann gibt es noch die „super-fast" *luxury coaches*, für die überall in Colaba geworben wird. Sie gehören überwiegend **Privatgesellschaften** und garantieren eine halsbrecherische Geschwindigkeit. Unter Umständen müssen die Passagiere geraume Zeit warten, bis der Bus voll ist. ITDC unterhalten zu ähnlichen Preisen Busse zu denselben Zielorten; zu buchen direkt in ihren Hauptbüros in Downtown oder über das praktischer gelegene *Government of India Tourist Office,* 123 M Karve Rd, Churchgate. Jeden Abend fahren zwei Nachtbusse von Nariman Point nach AURANGABAD (12 Std.) ab, und morgens gibt es Busse nach NASIK (6 Std.) und MAHABALESHWAR (7 Std.).

Busse aus Goa halten an verschiedenen Stellen zwischen Zentral- und Downtown Mumbai. Die meisten Privatgesellschaften benutzen derzeit den Straßenrand vor dem *Metro*-Kino, am Nordende der MG Rd, als Busbahnhof. Die Busse von *Kadamba* (der staatlichen Transportgesellschaft Goas) halten ganz in der Nähe an der gegenüberliegenden (östlichen) Seite des Azad Maidan, wo die Gesellschaft einen kleinen Fahrkartenkiosk unterhält. Beide Haltestellen liegen nur eine preiswerte Taxifahrt von dem Viertel mit der dichtesten Hotelkonzentration entfernt.

EISENBAHN – Drei Hauptlinien laufen in Mumbai zusammen: Die *Western Railway,* 🖳 www.westernrailway.com, fährt nach Nord- und Westindien, die *Central Railway,* 🖳 www.centralrailway.com, verbindet Mumbai mit Regionen im Osten, Süden und der Landesmitte,

und die *Konkan Railway,* 🖳 www.konkanrailway.com, schlängelt sich in südlicher Richtung die Küste nach Goa, Mangalore und Kerala hinunter. Die Züge aus den meisten zentralen, südlichen und östlichen Regionen halten in Mumbai am **Victoria Terminus (VT)**, offiziell umbenannt in **Chhatrapati Shivaji Terminus (CST)**, dem Kopfbahnhof am Ende der Central Railway-Strecke. Von hier aus sind es 10 oder 15 Autominuten nach Colaba. Taxis warten an der belebten Taxihaltestelle am Südausgang gegenüber der neuen Reservierungshalle.

Mumbai Central, der Endbahnhof für Züge der Western Railway aus Nordindien, liegt eine halbe Autostunde von Colaba entfernt. Man kann entweder auf dem Vorplatz ein Taxi nehmen oder an der Hauptstraße eins heranwinken. Fast alle Züge nach Gujarat, Rajasthan, Delhi und in den hohen Norden fahren von Mumbai Central ab. Manche Züge aus Südindien halten an weniger bekannten Bahnhöfen. Wer an der **Dadar Station**, weit nördlich in den Industrievororten, landet und sich kein Taxi (Rs 500) leisten möchte, geht über die Straßenbrücke der Tilak Marg Richtung Western Railway und nimmt einen Vorortzug in die Stadt (das Ticket ist vorab an einem Schalter auf Gleis 1 zu lösen). Am Bahnhof **Kurla** (auch Lokmanya Tilak Terminus oder **LTT**) unmittelbar südlich des nationalen Flughafens laufen einige Züge aus Bangalore ein. Von dort ist der Vorortzug nach Churchgate die einzige vernünftige Alternative zum Taxi (Rs 300). Fahrgäste, die an einem der beiden letztgenannten Bahnhöfe ankommen, sollten sich erkundigen, ob dort in nächster Zeit ein Fernzug nach Churchgate oder zum CST (Victoria Terminus) anhält – die Fahrt in einem Fernzug ist wesentlich angenehmer als in einem der viel überfüllteren Vorortzüge oder im Bus.

Eine gute Investition für alle, die in Indien viel mit dem Zug zu reisen beabsichtigen, ist der unverzichtbare, von *Indian Railways* herausgegebene Bahnführer *Trains at a Glance*, der in den meisten Buchläden für Rs 30 erhältlich ist. **Fahrpläne** können auch auf der Website von *Indian Railways*, 🖳 www.indianrail.gov.in, abgefragt werden, die auch eine Online-Buchung ermöglicht. 2.-Klasse-Fahrkarten kann man ganz normal am Schalter oder im Reisebüro kaufen, doch Ausländer kommen am schnellsten zum Zug, wenn sie Reservierungen am effizienten Tourist Counter (Nr. 28) der *Western Railways*-Buchungshalle neben dem *Government of India Tourist Office* in Churchgate vornehmen: ☎ 022/2209 7577, ⏰ Mo–Fr 9.30–16.30, Sa 9.30– 14.30 Uhr. Dieser Schalter (ganz hinten am unteren Ende der Reservierungshalle) hat auch Zugang zu den speziellen **tourist quotas**, die einen Tag vor Abfahrt – sofern diese tagsüber erfolgt – oder am Morgen der Abfahrt – wenn der Zug nach 17 Uhr den Bahnhof verlässt – ausgegeben werden.

Wenn die Touristenquote „closed", also nicht verfügbar oder schon erfüllt ist und man auch nicht in die „**emergency quota**" (immer einen Versuch wert) kommt, muss man wie alle anderen am normalen Schalter Schlange stehen. Die Tage vor großen nationalen Festen und Feiertagen (vor allem zu **Diwali**, wenn halb Indien auf den Beinen ist) gilt es um jeden Preis zu meiden. Wer dennoch reisen muss, wenn anscheinend keine Fahrkarten mehr zu haben sind, bekommt für eine Zusatzgebühr möglicherweise noch ein spezielles *tatkal*-Ticket (Einzelheiten s. S. 53). Das ist eine gute Alternative, wenn man mit der *Konkan Railway* auf der oft ausgebuchten Route nach Goa fahren möchte.

Der andere große Fahrkartenschalter für Touristen befindet sich im schicken, klimatisierten Buchungsbüro von *Central Railway* an der Rückseite des **CST** (VT), ☎ 022/2262 2859, ⏰ Mo–Sa 8–13.30 und 14–15, So 8–14 Uhr. Hier werden auch Indrail-Pässe verkauft; außerdem gibt es einen MTDC-Touristeninformationskiosk im Zentralrondell, falls man Hilfe beim Ausfüllen der Reservierungsformulare braucht.

Tickets für die *Konkan Railway* gibt es in den Reservierungshallen in Churchgate oder am CST.

Züge nach:
AGRA (4x tgl., 23 1/4–27 Std.),
AHMEDABAD (4x tgl., 7–12 Std.),
AURANGABAD (2x tgl., 7 3/4 Std.),
BANGALORE (3x tgl., 26 1/4 Std.),
BHOPAL (4x tgl., 14 Std.),
CHENNAI (3x tgl., 24–29 Std.),
DELHI (11x tgl., 17–33 Std.),
HYDERABAD (2x tgl., 15–17 Std.),
INDORE (1x tgl., 14 1/2 Std.),
JAIPUR (2x tgl., 18–23 Std.),
JODHPUR (1x tgl., 19 1/2 Std., umsteigen in Ahmedabad),
KOLHAPUR (3x tgl., 11–12 Std.),
KOLKATA (4x tgl., 32–40 Std.),
NAGPUR (4x tgl., 14–15 Std.),
NASIK (15x tgl., 4 Std.),
PUNE (25x tgl., 3 1/4–5 Std.),
THIRUVANANTHAPURAM (Trivandrum) (2x tgl., bis zu 42 Std.),
UDAIPUR (1x tgl., 24 3/4 Std., umsteigen in Ahmedabad),
UJJAIN (1x tgl., 12 1/2 Std.),
VARANASI (2x tgl., 29–36 Std.).

FLÜGE – Der 30 km nördlich vom Zentrum gelegene **Chhatrapati Shivaji International Airport**, ☎ 022/2682 9000, ist in zwei Terminals *(modules)* aufgeteilt, einen für *Air India*-Flüge und einen für ausländische Fluggesellschaften. Hat man erst einmal den Zoll und die langwierigen Einreiseformalitäten hinter sich, gelangt man in die chaotische Ankunftshalle und zum 24 Std. geöffneten Wechselschalter der *State Bank of India*, dem ITDC- und dem bundesstaatlichen MTDC-Touristeninformationsschalter, zu Mietwagenkiosks, Cafés und einem Stand, an dem Taxigutscheine gekauft werden können. In der Haupthalle befindet sich auch ein **Reservierungsschalter von Indian Railways**, was für Besucher, deren nächstes Reiseziel schon feststeht, sehr praktisch ist, denn eine hier vorgenommene Reservierung erspart lange Wartezeiten in den Buchungsbüros der Innenstadt. Wer mit einer der seltenen Maschinen ankommt, die nachmittags oder am frühen Abend landen – wenn die meisten Hotels schon belegt sind –, sollte am besten gleich am Hotelreservierungsschalter *(accommodation booking desk)* in der Ankunftshalle ein Zimmer buchen und bezahlen. Alle nationalen Fluggesellschaften besitzen Büros in der Vorhalle des Haupteinganges. Zum nahe gelegenen Parkplatz gehört eine praktische, rund um die Uhr geöffnete **Gepäckaufbewahrung** *(cloakroom, Rs 20–50 pro Tag, je nach Größe des Gepäckstückes; maximale Aufbewahrungszeit 90 Tage).

Wichtige Züge ab Mumbai

Nachstehend nur die direktesten und/oder schnellsten. Der Fahrplan ist keineswegs vollständig, und es gibt noch zahlreiche langsamere Züge, die auf kürzeren Strecken oft praktischer sind. Alle nachfolgend aufgeführten Informationen waren zur Zeit der Recherche korrekt, doch ist es ratsam, besonders die Abfahrtszeiten vor dem Kauf der Fahrkarte noch einmal zu verifizieren, z. B. über die Website von *Indian Railways*, 🖳 www.indianrail.gov.in.

	Zug	Nummer	Von	Häufigkeit	Ab	Reisedauer
Agra	Punjab Mail	2137/38	CST	tgl.	19.10 Uhr	24 1/4 Std.
Aurangabad	Devgiri Express	1003	CST	tgl.	21.05 Uhr	7 Std.
Bangalore	Udyan Express	6529	CST	tgl.	8.00 Uhr	25 Std.
Bhopal	Punjab Mail	2137	CST	tgl.	19.10 Uhr	14 Std.
Chennai	Mumbai–Chennai Express	6011	CST	tgl.	14.10 Uhr	26 1/2 Std.
Delhi	Rajdhani Express	2951	MC	tgl.	16.55 Uhr	17 Std.
	Golden Temple Mail	2903	MC	tgl.	21.25 Uhr	21 1/2 Std.
Goa	Mumbai–Madgaon Express	KR0111	CST	tgl.	23.00 Uhr	11 3/4 Std.
Hyderabad	Hussainsagar Express	7001	CST	tgl.	21.50 Uhr	15 Std.
Jaipur	Mumbai–Jaipur Express	2955	MC	tgl.	18.50 Uhr	18 Std.
Jodhpur	Ranakpur Express	4708	Bandra	tgl.	15.00 Uhr	19 1/2 Std.
Kochi (Cochin)*	Netravati Express	6345	LTT (via Kurla)	tgl.	11.40 Uhr	26 3/4 Std.
Kolkata (Howrah)	Gitanjali Express	2859	CST	tgl.	6.00 Uhr	31 1/2 Std.
	Mumbai–Howrah Mail	2809	CST	tgl.	20.40 Uhr	33 3/4 Std.
Mysore	Sharavathi Express	1035	Dadar	tgl.	20.45 Uhr	23 3/4 Std.
Pune	Udyan Express	6529	CST	tgl.	8.40 Uhr	3 1/2 Std.
Thiruvananthapuram (Trivandrum)	Netravati Express	6345	LTT (via Kurla)	tgl.	11.40 Uhr	31 3/4 Std.
Udaipur	Saurashtra Express**	9215	MC	tgl.	7.55 Uhr	23 3/4 Std.
Varanasi	Mahanagiri Express	1093	CST	tgl.	0.10 Uhr	28 1/4 Std.

*Angaben gelten auch für Ernakulam Junction **umsteigen in Ahmedabad in den *Delhi Sarai Rohila Express* Nr. 9944

Malariawarnung

Aufgrund der riesigen Slums und der stehenden Gewässer in der Umgebung der **Flughäfen** bergen sowohl der Chhatrapati Shivaji International Airport als auch der 4 km entfernte Chhatrapati Shivaji Domestic Airport ein erhebliches Malaria-Risiko. Ganze Wolken von Moskitos nehmen die Besucher vor den Terminals in Empfang. Es wird daher dringend geraten, sich vor Verlassen der Flughafengebäude mit einem wirksamen Insektenschutzmittel einzureiben.

Die meisten der teureren Hotels, insbesondere jene in Flughafennähe, schicken kostenlose Shuttlebusse zur Abholung ihrer Gäste. **Taxis** sind nicht allzu kostspielig. Um dem Feilschen und den privaten Taxis, die vor dem Flughafen warten, aus dem Weg zu gehen, ist es ratsam, nach der Landung in der Ankunftshalle am Vorauszahlungsschalter einen Fahrschein zu kaufen. Der verlangte Preis, der auf der Quittung steht, die man dem Fahrer nach Erreichen der gewünschten Adresse gibt, ist etwas höher als der auf dem Taxameter ausgewiesene (rund Rs 350 nach Colaba oder Nariman Point bzw. Rs 150 nach Juhu), aber auf diese Art wird man auf jeden Fall auf dem schnellsten Weg ans Ziel gebracht. Taxi-*wallahs* versuchen manchmal, den Fahrgast davon zu überzeugen, ein anderes als das angestrebte Hotel zu nehmen. Darauf sollte man sich nicht einlassen, denn ihre Kommission wird dem Gast auf den Zimmerpreis aufgeschlagen.

Inlandflügen dient der 26 km nördlich vom Zentrum gelegene **nationale Flughafen**, der früher Santa Cruz hieß, aber zur allgemeinen Verwirrung ähnlich wie sein internationales Pendant in **Chhatrapati Shivaji Domestic Airport** umbenannt wurde, ✆ 022/2615 6600. Er ist in zwei eigenständige Terminals unterteilt: den cremefarbenen (Module 1A) von *Indian Airlines* und den blauweißen (Module 1B) der privaten Fluggesellschaften. Wer von hier aus direkt zum Weiterflug zum internationalen Flughafen muss, nimmt den kostenlosen „fly-bus", der alle 15 Min. zwischen beiden verkehrt. In der Ankunftshalle gibt es sowohl einen nationalen als auch einen MTDC-Touristenschalter, beide bieten Informationen rund um die Uhr. In der Nähe des Ausgangs zu ebener Erde verstecken sich ein Geldwechsel- und ein Hotelbuchungsschalter. Der offizielle Taxi-Vorauszahlungsschalter in der Ankunftshalle berechnet für eine Fahrt nach Colaba ca. Rs 350. Auf keinen Fall sollte man in eine der Motor-Rikschas steigen und sich dabei auch nicht von den Billigangeboten der Schlepper vor dem Terminal beirren lassen. Sie sind in der Innenstadt nicht zugelassen und übergeben ihre Fahrgäste daher am Rande des übel riechenden Mahim Creek, der südlichsten Grenze des ihnen zugestandenen Gebietes, an skrupellose Taxifahrer.

Indian Airlines und andere einheimische Gesellschaften – darunter die effizienteren *Jet Airways* und *Sahara Airlines* – fliegen vom nationalen Flughafen Städte in ganz Indien an. Auf begehrten Strecken darf nicht ohne weiteres mit verfügbaren Plätzen gerechnet werden. Man sollte sich gleich nach der Ankunft mit den Fluggesellschaften in Verbindung setzen; **Tickets** kann man direkt im jeweiligen Büro, im Internet oder bei jedem renommierten Reiseveranstalter kaufen. Theoretisch ist es auch möglich, Inlandflüge schon dort zu buchen, wo man das Indien-Flugticket kauft. Da jedoch die meisten Fluggesellschaften Sonderabkommen mit bestimmten indischen Gesellschaften haben, bekommt man dort nicht das breite Angebot (oder den Preis) wie bei Reisebüros in Mumbai. Außerdem ist es wichtig zu wissen, dass *Indian Airlines* als einzige Gesellschaft Passagieren unter 30 Jahren (auf allen Flügen) einen Preisnachlass von 25% gewährt.

Abkürzungen: **IA** = Indian Airlines, **AI** = Air India, **JA** = Jet Airways, **SA** = Sahara Airlines.

Vom Chhatrapati Shivaji Domestic Airport nach:
AHMEDABAD (AI, IA, JA, 5–7x tgl., 1 Std.),
AURANGABAD (IA, JA, 3x tgl., 45 Min.),
BANGALORE (IA, AI, IA, SA, 10–12x tgl., 1 1/2 Std.),
BHOPAL (IA, JA, 2x tgl., 2 Std. 5 Min.),
BHUBANESHWAR (IA, 3x wöchentl., 2 Std.),
BHUJ (IA, JA, 1x tgl., 1 1/4 Std.),
CHENNAI (IA, AI, JA, 6–8x tgl., 1 3/4 Std.),
COIMBATORE (SA, 1x tgl., 2 Std.),
DELHI (IA, AI, JA, SA, 33–36x tgl., 1 Std. 55 Min.),
GOA (IA, AI, JA, SA, 7–8x tgl., 45 Min.–1 Std.),
HYDERABAD (IA, JA, 8–15x tgl., 1 1/4 Std.),

Seit Inbetriebnahme der Konkan Railway lassen sich die 500 km zwischen Mumbai und Goa am preiswertesten auf dem Schienenweg zurücklegen. Allerdings sind Fahrkarten für die 12-stündige Reise meistens sehr gefragt und kurzfristig so gut wie nie erhältlich. Sollte man keinen Platz bekommen, muss man tiefer in die Tasche greifen und ein Flugticket kaufen. Wenn man bedenkt, wie anstrengend die Busfahrt ist und wie schwierig es ist, eine Bahnfahrkarte zu bekommen, lohnt sich die Ausgabe für einen Flug nach Goa durchaus. Eine Alternative für die Reise Richtung Süden ist eine Fahrt in Etappen über Pune oder das südliche Maharashtra.

Busse – Die Busfahrt Mumbai–Goa gehört zu den schlimmsten, die man in Indien unternehmen kann. In den Reisebüros wird Stein und Bein geschworen, dass sie 13 Stunden dauert, aber die geschundenen Fahrzeuge und der erbärmliche Straßenzustand auf der Küstenstrecke machen eine Fahrzeit von 18 bis 20 Stunden wahrscheinlicher.

Der Preis für eine Busfahrkarte beginnt bei ca. Rs 300 für einen verstellbaren Sitz in einem ramponierten Bus des staatlichen goanischen Unternehmens *Kadamba* oder MSRTC. Tickets für diese Busse sind während der Reisesaison bei indischen Touristen äußerst gefragt, daher rechtzeitig im State Transport Terminal oder den Kiosks von *Kadamba* an der Nordseite des Azad Maidan, in der Nähe des St. Xavier's College (gleich oberhalb der VT Station), ✆ 022/2262 1043, buchen. Es fahren auch zunehmend mehr private Nachtbusse nach Goa (ca. 25x tgl.), die Kosten liegen bei etwa Rs 375–400 für einen geräuschvollen Tata-Bus mit Frontmotor, bei Rs 400–450 für einen stoßgedämpften Bus mit AC und Toilette und Rs 600–675 für einen mit sargähnlichen Schlafabteilen, die schon nach kurzer Zeit unerträglich stickig werden. Fahrkarten sollte man mindestens einen Tag vorher bei einem renommierten Reisebüro kaufen. Manchmal lohnt es sich, auf dem Parkplatz gegenüber dem Metro-Kino, Azad Maidan, aufzukreuzen, wo die meisten Busse abfahren, für den Fall, dass in letzter Minute eine Buchung storniert wird. Auf jeden Fall sollte man darauf achten, dass man sowohl die Sitzplatz- als auch die Busregistrierungsnummer bekommt, und man sollte die genaue Abfahrtszeit und den Startpunkt beim Reisebüro checken, da die Busse der verschiedenen Gesellschaften nicht alle an der gleichen Stelle abfahren.

Eisenbahn – Auf der Strecke der *Konkan Railway* fahren tgl. Expresszüge von Mumbai nach Goa. Die **Preise** für die zwölfstündige Fahrt vom CST beginnen bei Rs 293 für den „standard sleeper" und reichen bis zu Rs 1242 für 2. Klasse AC bzw. Rs 2345 für Luxusklasse AC. Allerdings sind die Tickets in den Reservierungshallen am CST und in Churchgate nicht immer kurzfristig verfügbar. Wer sich bezüglich seiner Reiseroute schon festgelegt hat (z. B. wenn man nach Mumbai fliegt und nach einem kurzen Aufenthalt mit dem Zug nach Goa weiterfahren möchte),

INDORE (IA, JA, 3x tgl., 1 Std.),
JAIPUR (IA, JA, 4x tgl. 1 1/2 Std.),
JOHDPUR (IA, JA, 2x tgl., 2 Std. 10 Min.),
KOCHI (Cochin) (AI, JA, SA, 2–4x tgl., 1 3/4 Std.),
KOLKATA (IA, AI, JA, SA, 9–10x tgl., 2 Std. 40 Min.),
MADURAI (IA, 1x tgl., 3 Std. 20 Min.),
MANGALORE (AI, JA, 2–3x tgl., 1 1/4 Std.),
NAGPUR (IA, JA, 3x tgl., 1 Std. 55 Min.),
PUNE (IA, JA, SA, 5x tgl., 35 Min.),
THIRUVANANTHAPURAM (Trivandrum) (AI, IA, JA, 2–53 tgl., 2 Std.),
UDAIPUR (IA, 2–3x tgl., 1 Std. 10 Min.),
VARANASI (IA, SA, 2x tgl., 4 Std. 55 Min.).

Internationale Fluggesellschaften:
Aeroflot, Ground Floor, 14 Tulsiani Chambers, Free Press Journal Rd, Nariman Point, ✆ 022/2285 6648;
Air France, 1st Floor, Maker Chambers VI, Nariman Point, ✆ 022/2202 4818;
Air India, Air India Bldg, Nariman Point, ✆ 022/2202 4142;

kann unter 🖥 www.konkanrailway.com auch **online buchen**. Das hat aber auch Nachteile: Gebucht werden können nur die relativ teuren „three-tier" AC-Tickets (einfache Fahrt Rs 1242), und die Buchung muss zwischen sieben und zwei Tagen vor dem Abfahrtstag erfolgen. Alles in allem ist die Online-Reservierung aber gegenüber dem Kauf nach der Ankunft in Mumbai eine wesentlich praktischere Alternative. Man kann die Reservierung auch durch einen Vertreter von *Indian Railways* vornehmen lassen (s. S. 55, Praktische Tipps).

Auf keinen Fall zu empfehlen ist die Fahrt in der „nicht reservierten" Klasse der *Konkan*-Züge, denn bis Ratnagiri (ungefähr auf der Hälfte der Strecke) herrscht qualvolle Enge. Am praktischsten ist der Nachtzug, der *Mumbai–Madgaon Express* Nr. KR0111, der um 23.00 Uhr am CST abfährt und 12 Std. braucht. Der andere, der nur unwesentlich schnellere *Mandovi Express* Nr. KR0103, fährt um 7.00 Uhr am CST ab.

Flüge – Zwischen Mumbai und dem Flughafen Dabolim in Goa werden täglich zehn bis zwölf Flüge absolviert. Die mit Abstand preisgünstigsten Tickets bietet der Billigflieger *Air Deccan*, 🖥 www.airdeccan.net/airdeccan, auf dessen Website der Flug schon ab Rs 550 zu haben ist, wobei sich der Normalpreis aber eher bei ca. US$60 einpendelt. *Indian Airlines*, 🖥 www.indian-airlines.nic.in, verlangt US$95, *Sahara Airlines*, 🖥 www.airsahara.net, und *Jet Airways*, 🖥 www.jetairways.com, jeweils

US$100. Außerdem bietet *Air India*, 🖥 www.airindia.com, eine Verbindung von Mumbai nach Goa (ebenfalls US$100), die relativ unbekannt ist, sodass fast immer noch ein Ticket zu bekommen ist (Nachteil: Check-in ist bereits drei Stunden vor Abflug, weil *Air India* eine internationale Fluggesellschaft ist). Zur Zeit der Recherche standen zwei weitere Billigfluggesellschaften – *Kingfisher Airlines*, 🖥 www.flykingfisher.com, und *SpiceJet*, 🖥 www.spicejet.com – kurz vor der Aufnahme dieser Route: Es lohnt sich also, sich auch dort nach preiswerten Flügen zu erkundigen.

Um Diwali und Weihnachten/Neujahr herum ist die Nachfrage so groß, dass kurzfristig kaum noch ein Ticket zu bekommen ist. Zu normalen Zeiten findet sich dagegen fast immer ein Anbieter, mit dem man noch am gleichen Tag fliegen kann.

Wer den Flug nicht gleich beim Kauf des Indien-Tickets zu Hause mitgebucht hat, sollte sich sofort nach der Ankunft bei den Fluggesellschaften nach einem freien Platz erkundigen – telefonisch oder über das Internet, das sich bei den Billigfliegern als beste Methode erweist.

Tickets gibt es direkt in ihren Büros oder bei jedem namhaften Reiseveranstalter in Mumbai zu kaufen. Letztere bieten allerdings möglicherweise einen schlechteren Dollar-Wechselkurs als die Fluggesellschaften.

Alle Flugzeuge nach Goa (Flugzeit 40 Min.) fliegen vom Chhatrapati Shivaji Domestic Airport, 26 km nördlich der Innenstadt.

MUMBAI (BOMBAY)

Air Lanka, 12- D, Raheja Centre, Nariman Point, ☎ 022/2282 3288;

Alitalia, Industrial Insurance Bldg, VN Rd, Churchgate, ☎ 022/5663 0800;

British Airways, 202-B Vulcan Insurance Bldg, VN Rd, Churchgate, ☎ 022/2282 0888;

Cathay Pacific, Bajaj Bhavan, 3rd Floor, 226 Nariman Point, ☎ 022/2202 9561;

Delta, Taj Mahal, Colaba, ☎ 022/2288 5652;

Egypt Air, Oriental House, 7 J Tata Rd, Church gate, ☎ 022/2282 4088;

Emirates, 228 Mittal Chambers, Nariman Point, ☎ 022/2287 1645;

Gulf Air, Maker Chamber V, Nariman Point, ☎ 022/2202 4065;

Japan Airlines, Raheja Centre, Nariman Point, ☎ 022/2283 3136;

KLM, 7th Floor, 712 Acme Plaza, Andheri–Kurla Rd, gegenüber dem Kino *Sangam*, ☎ 022/5697 5959;

Kuwait Airways, 86 VN Rd, Churchgate, ☎ 022/2204 5351;

Lufthansa, 1st Floor, Express Towers, Nariman Point, ✆ 022/5630 1940;

Qantas Airways, 2nd Floor, Godrej Bhavan, Home St, ✆ 022/2200 7440;

Royal Nepal Airlines, 222, Maker Chamber V, Nariman Point, ✆ 022/2283 6197;

SAS und *Thai Airways*, Oberoi Towers, 11th Floor, Room 1120, Nariman Point, ✆ 022/2230 8725;

Saudia, 3rd Floor, Express Towers, Nariman Point, ✆ 022/2202 0199;

South African Airways, Podar House, 10 Marine Drive, Churchgate, ✆ 022/2284 2242;

Syrian Arab Airlines, 7 Brabourne Stadium, VN Rd, Churchgate, ✆ 022/2282 6043.

TWA, Amarchand Mansion, M Carve Rd, ✆ 022/2282 3080.

Nationale Fluggesellschaften:

Indian Airlines, Air India Bldg, Nariman Point, ✆ 022/2202 3031; ◷ Mo–Sa 8.30–19.30, So 10–13 und 13.45–17.30 Uhr; Schalter am Flughafen, ✆ 022/2682 9328;

Jet Airways, Amarchand Mansion, Madam Cama Rd, ✆ 022/2285 5788;

Sahara Airlines, Unit 7, Ground Floor, Tulsiani Chambers, Nariman Point, ✆ 022/2283 6000.

MAHARASHTRA

HIGHLIGHTS

Höhlen von Ellora – Die atemberaubenden hinduistischen, buddhistischen und Jain-Höhlen, darunter der gigantische Kailash-Tempel, sind die meistbesuchte Sehenswürdigkeit von Maharashtra.

Höhlen von Ajanta – Die in eine hufeisenförmige Schlucht gehauenen Höhlen wurden mit außergewöhnlichen buddhistischen und hinduistischen Wandmalereien verziert.

Matheran – Die Fahrt mit der Schmalspurbahn zur Hill Station hinauf gewährt fantastische Panoramablicke über die Westghats.

Maharashtra, der drittgrößte Bundesstaat Indiens, wurde 1960 aus den Marathi sprechenden Regionen des ehemaligen Staates Bombay geschaffen. Sobald man die überfüllte Hafenstadt **Mumbai** (ehemals Bombay) verlässt, betritt man eine ganz andere Welt, die von ihrer eigenen Geschichte geprägt ist.

Die größten Schätze Maharashtras sind zweifellos die einzigartigen Höhlentempel und -klöster. Die eindrucksvollsten von ihnen sind in der Nähe von **Aurangabad** zu finden. Die Stadt wurde nach dem Mogul-Herrscher Aurangzeb benannt und beheimatet bis heute eine beträchtliche moslemische Gemeinde. Die Handelsstadt dient vielen Besuchern als Basis für Touren zu den Höhlen von **Ajanta** mit ihren fantastischen Wandmalereien und den monolithischen Tempeln von **Ellora**, wo der hinduistische **Kailash-Tempel** zwar wie ein künstlich errichtetes Gebäude aussieht, tatsächlich aber komplett aus dem Fels gehauen wurde. Ab dem 2. Jh. v. Chr. war diese Region ein bedeutendes Zentrum des Buddhismus; künstliche Höhlen wurden geschaffen, um Mönchen Obdach zu gewähren, und die größten Künstler der Zeit meißelten Kathedralen ähnliche Hallen für das gemeinsame Gebet.

Ein charakteristisches Merkmal der Landschaft sind die zahlreichen Festungen – als westliches Grenzland zwischen Nord- und Südindien waren Maharashtras Handelsrouten schon immer wichtig, wurden aber auch oft bedroht. Im Binnenland ragen – parallel zur Küste und nie weiter als 100 km von ihr entfernt – die mächtigen **Westghats** abrupt in den Himmel empor. Die wasserreichen Plateaus in den Bergen eigneten sich für den Bau von Festungen, in denen auch kleine Streitkräfte langwierigen Belagerungen großer Armeen widerstehen konnten. Heutige Besucher können solche windumtosten, befestigten Höhen bei **Pratapgadh** und **Daulatabad** erklimmen – Letztere löste Delhi im 14. Jh. kurzfristig als Hauptstadt ab.

Während des 19. Jh. dienten die Berge einem anderen Zweck. Als der Sommer den Briten in Bombay zu heiß wurde, suchten sie Zuflucht in den nahe gelegenen **Hill Stations**. Die beliebteste von ihnen, **Mahabaleshwar**, zieht heute Scharen von indischen Urlaubern an. **Matheran**, 108 km südöstlich von Mumbai und 800 m höher gelegen, bietet eine ganz besondere Attraktion: eine klapprige Schmalspurbahn, die sich auf einem gewundenen Pfad den Berg hinauf schlängelt. Am Rande der Ghats thront die moderne Stadt **Pune** – die Heimat des international bekannten, vom New-Age-Guru Bhagwan Rajneesh gegründeten **Osho Ashram** – auf einem flachen Tafelland über gelben Weizenfeldern. Von hier aus erstreckt sich Maharashtra noch 900 km weiter nach Osten: über das Dekkan-Plateau bis zum geografischen Zentrum des Subkontinents, einem Gebiet, das vor allem von Angehörigen unterschiedlicher Stammesgruppen bevölkert wird.

Im Westen nimmt Maharashtra ca. 500 km der Konkan-Küste am Arabischen Meer ein. Dieser Küstenstreifen zwischen Gujarat und Goa wird von zahllosen Meeresarmen, Höhenzügen und Tälern durchbrochen, und zahlreiche Festungen zeugen von einer bewegten Vergangenheit. Im äußersten Süden des Bundesstaates, fast an der Grenze zu Karnataka, liegt die selten besuchte Stadt **Kolhapur**. Sie konnte sich ihren altmodischen Charakter bewahren und ist ein reizvoller Zwischenstopp auf der langen Reise nach Goa.

Den Bemühungen der Moguln zum Trotz hat der Islam in Maharashtra nur wenige Spuren hinterlassen: 80% der Bevölkerung sind Hindus. Sehenswerte islamische Architektur findet sich nur in und um Aurangabad.

Geschichte

Zwar wurden in Maharashtra einige altsteinzeitliche Überreste entdeckt, doch beginnt die Geschichtsschreibung dieser Region erst im 2. Jh. v. Chr. mit dem Bau der ersten buddhistischen Höhlen. Sie liegen an friedlichen, landschaftlich reizvollen Orten und hätten ohne den Wohlstand, den die Karawanenwege zwischen Nord- und Südindien der Region brachten, niemals geschaffen werden können.

Die ersten Hindu-Herrscher der Region traten im 6. Jh. auf den Plan und hatten ihren Sitz in Badami im Süden Maharashtras, doch erlangten erst die Rashtrakuta des 8. Jhs. größeren Einfluss. Bis zum 12. Jh. hatte der Hinduismus den Buddhismus beinahe im ganzen Land völlig verdrängt – durch eine so genannte friedliche Volksrevolution, die vor allem auf die Anziehungskraft der Gesänge und Lehren der Dichter-Heiligen zurückzuführen ist. Die Tradition, die sie begründeten, florierte im

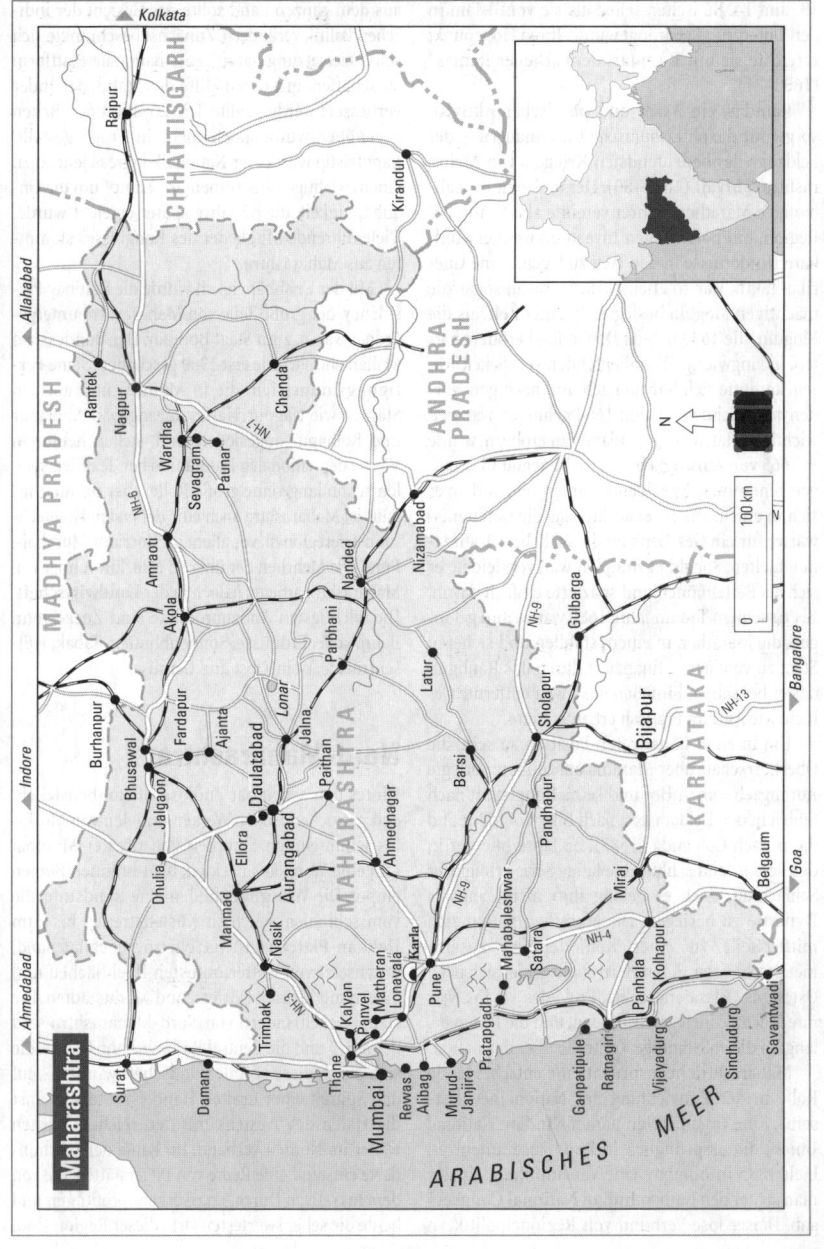

Maharashtra

13. und 14. Jh. weiter, selbst als sie vom Islam in den Untergrund gedrängt wurde. Ihren Höhepunkt erreichte sie mit **Ramdas**, dem „Diener Ramas" (1608–81).

Ramdas, ein Asket und politischer Aktivist, sorgte für die philosophische Untermauerung der Feldzüge des bedeutendsten Kriegers von Maharashtra, **Shivaji** (1627–80). Der stolze und unabhängige Marathen-Führer vereinte alle Kräfte der Region, um potenziellen Invasoren unüberwindbare Hindernisse in den Weg zu legen. Seine Guerilla-Taktik war so effektiv, dass Shivaji sogar die mächtigen Moguln besiegte. Zu einer Zeit, als die Moguln, die 1633 bereits Daulatabad erobert hatten, in langwierige Familienfehden verwickelt waren, kämpfte sich Shivaji nach und nach gen Norden vor. Nachdem es ihm 1664 gelungen war, den wichtigen Hafen Surat (Gujarat) zu erobern, wurde er 1665 von **Aurangzeb** in Agra besiegt und gefangen genommen. Er soll entkommen sein, indem er sich in einem Paket versteckte, das die Gefängniswärter für ein Geschenk an die örtlichen Brahmanen hielten. Sobald er draußen war, verkleidete er sich als Bettelmönch und spazierte einfach davon. Bis zu seinem Tod im Jahre 1680 war es ihm gelungen, die Marathen in einem stabilen und sicheren Staat zu vereinen – finanziert durch das Raubgut, das er bei seinen Einfällen in so weit entfernte Gebiete wie Andhra Pradesh erbeutet hatte.

Um in einer günstigeren Position zu sein, die Oberherrschaft über Maratha auszuüben, verlegte Aurangzeb seinen Hof und seine Hauptstadt nach Süden in den Dekkan, erst nach Bijapur (1686) und dann nach Golconda (1687). 25 Jahre blieb er in der Region und schlug eine lange Serie erfolgloser Schlachten, doch es gelang ihm nicht, Shivajis Dynastie zu besiegen. Die Marathen hatten sich mittlerweile zu einer Konföderation zusammengeschlossen, deren Herrschaftsgebiet sich nach Osten bis Orissa erstreckte. Ende des 18. Jhs. war ihre Macht jedoch geschwunden, und die Briten erlangten die vollständige Kontrolle über das Land.

Maharashtra beansprucht eine entscheidende Rolle in der Entwicklung des Nationalbewusstseins. Eine Organisation namens Indian National Union, die ursprünglich in Pune zusammentrat, hielt 1885 in Bombay eine Versammlung ab, der man später den Namen **Indian National Congress** gab. Dieser lose Verbund von Regionalpolitikern

aus dem ganzen Land sollte das Gesicht der indischen Politik verändern. Zunächst beschränkte sich seine Zielsetzung darauf, eine nationale Plattform zu schaffen, mit deren Hilfe der Status der Inder verbessert werden sollte. Die Loyalität den Briten gegenüber wurde noch nicht in Frage gestellt. Langfristig wurde der Nationalkongress jedoch zu einem wichtigen Instrument im Kampf um die Unabhängigkeit, die 62 Jahre später erreicht wurde. Viele führende Mitglieder des Kongresses stammten aus Maharashtra.

Mit der Unabhängigkeit wurde die Bombay Presidency, der große Teile von Maharashtra untergeordnet waren, zum Staat Bombay. Der Bundesstaat Maharashtra wurde erst 1960 geschaffen. Seine **Fertigungsindustrien**, die in Mumbai und auch in Städten wie Nagpur, Nasik, Aurangabad, Sholapur und Kolhapur angesiedelt sind, stellen heute ein Viertel der nationalen Produktion her. Textilien spielen schon lange eine große Rolle, aber darüber hinaus ist Maharashtra auch eine der ersten Hightech-Industrieregionen, vor allem im Korridor Mumbai–Pune. Die Mehrheit der über 95 Mill. Einwohner von Maharashtra arbeitet jedoch in der **Landwirtschaft**. Die wichtigsten Anbauprodukte sind Zuckerrohr, Baumwolle, Erdnüsse, Sonnenblumen, Tabak, Hülsenfrüchte, Wein, Obst und Gemüse.

Nord-Maharashtra

Hinter den scheinbar endlosen Betonbaustellen, den petrochemischen Werken und den von Moskitos wimmelnden Sümpfen von Greater Mumbai ragt eine Wand aus nackten, blau-braunen Bergen empor. Die **Westghats** bilden eine Randstufe, die vom schmalen, feuchten Küstenstreifen bis zum **Dekkan-Plateau** ansteigt; ein trockenes Tafelland, durchsetzt von wetterumtosten Hochflächen und Tälern mit kleinen Dörfern und Marktstädten. Die Hauptverkehrsadern von Nord-Maharashtra sind der NH-3 und die Central Railway-Bahnstrecke, die sich durch diese spröde Landschaft winden – auf den Spuren einer uralten Handelsroute, die einst die Häfen des Westens mit den reichen Städten weiter im Norden verband. Im Laufe der Jahrhunderte entstand eine Reihe von Pilgerstätten, die von dem lukrativen Durchgangsverkehr profitieren und heute die sehenswertesten Orte dieser Region sind.

Die meisten ausländischen Besucher fahren direkt zur regionalen Hauptstadt **Aurangabad**, um von hier aus die in Felsen gemeißelten **Höhlen von Ellora und Ajanta** zu besuchen. Zu den sehenswerten islamischen Bauwerken der Region zählen Aurangabads Antwort auf das Taj Mahal, die **Bibi-ka-Maqbara**, die spektakuläre Bergfestung **Daulatabad** und die winzige Grabstadt **Khuldabad**, 5 km von Ellora, wo Aurangzeb begraben liegt.

Aurangabad

Es ist leicht nachvollziehbar, warum viele Traveller Aurangabad lediglich als bequeme, aber weitgehend uninteressante Stadt auf dem Weg nach Ellora und Ajanta betrachten. Der erste Eindruck scheint ihren Ruf als Industriemetropole zu bestätigen. Doch wer sich ein wenig bemüht, wird bemerken, dass die größte Stadt von Nord-Maharashtra durchaus in der Lage ist, ihre architektonischen Mängel wettzumachen. Die zerfallenen Überreste von Festungen, Toren, Kuppeln und Minaretten, die sich auf die Stadtrandgebiete verteilen – darunter die Mogul-Grabstätte **Bibi-ka-Maqbara** – zeugen von einer illustren hegemonialen Vergangenheit, während die kleine, aber faszinierende Ansammlung von in Fels geschlagenen **buddhistischen Höhlen**, die sich an die Flanken der flachen, sandgelben Berge im Norden schmiegen, die Zeugen einer noch älteren Ansiedlung sind.

Die Stadt wurde Anfang des 16. Jhs. als **Khadke**, „Großer Felsen" von **Malik Amber** gegründet. Der ehemalige abessinische Sklave wurde später Premierminister des unabhängigen Moslem-Reichs der Nizam Shahi, mit Sitz im 112 km weiter nordwestlich gelegenen Ahmadnagar. Khadke war aufgrund seiner Lage an den Ufern des Flusses **Kham**, in einem weiten Tal, das die damals bewaldete Sahyadri-Bergkette im Norden von den Satharas im Süden trennte, und an einer Kreuzung der wichtigsten Handelsrouten der Region der perfekte Ort für eine Provinzhauptstadt. Viele der Moscheen und Paläste, die Malik Amber erbauen ließ, sind noch erhalten, wenn auch als Ruinen.

Wirkliche Bedeutung erlangte der Ort jedoch erst gegen Ende des 17. Jhs., als **Aurangzeb** von Delhi hierher zog. Auf sein Geheiß wurden 1682 die imposanten Stadtmauern und -tore erbaut, um den beharrlichen Angriffen der Marathen zu widerste-

hen. Nach Aurangzebs Tod im Jahre 1707 wurde die Stadt zu seinen Ehren umbenannt. Den neuen Herrschern, den **Nizam von Hyderabad**, gelang es irgendwie, die Marathen fast 250 Jahre abzuwehren, bis die Stadt 1956 schließlich mit Maharashtra vereint wurde.

Heute zählt Aurangabad zu den am schnellsten wachsenden kommerziellen und industriellen Zentren Indiens: Von Pharmazeutika bis zu Motor-Rikschas wird hier so ziemlich alles für den Markt von Mumbai hergestellt. Die Stadt ist mit ihren zahlreichen interessanten Geschäften, Restaurants und Bars in der Altstadt sehr lebendig. Kommunale Spannungen, bedingt durch die nicht unerhebliche moslemische Minderheit, scheinen der Vergangenheit anzugehören.

Die Stadt

Die alte, ummauerte Stadt, die Malik Amber im 16. Jh. in Gitternetzform plante, bildet immer noch den Kern von Aurangabads großem Basar-Bezirk. Am besten gelangt man über den südlich davon gelegenen **Gulmandi Square** hinein – dann muss man nur noch einer der vielen von farbenfrohen Geschäften gesäumten Straßen folgen. Der Basar besitzt nicht den Charme der Basare in anderen großen Städten Indiens, dafür herrscht hier eine angenehme Alltagsstimmung, und man wird nicht von allzu vielen eifrigen Verkäufern bedrängt.

Läuft man weiter in Richtung Norden, kommt man auf die chaotische Ost-West-Durchgangsstraße Ghati Road. Im kleinen Hinterzimmer eines Geschäfts in der Ghati Road befindet sich das **Purwar Museum** (öffnet auf Anfrage, Spende erwünscht). Diese beeindruckende private Antiquitätensammlung – stilgerecht untergebracht in einem wunderschönen, alten Haveli – umfasst unter anderem einen von Aurangzeb eigenhändig gestalteten Koran aus dem 17. Jh., fantastische Bronzen und eine Reihe anderer wundervoller Objekte, die ein pensionierter Arzt zusammengetragen hat. Nach dem Schild über dem Eingang Ausschau halten und im Kunsthandwerksgeschäft nebenan bitten, hineingelassen zu werden. Ungefähr 3000 Stücke seiner Sammlung hat der Arzt in dem neuen, geräumigen **Chatrapathi Shivaji Museum** untergebracht, 1 km nördlich an der VIP Rd; ◷ Di–So 10.30–13.30 und 15–18 Uhr, Eintritt Rs 5.

Die unauffällige **Shah Ganj Masjid** aus dem 18. Jh. überragt den Main Square gleich östlich vom City Chowk und ist auf drei Seiten von kleinen Geschäften umgeben; an der vierten liegt ein Kreisverkehr. Wer weitere Überreste von Aurangabads Mogul-Pracht sehen möchte, sollte die größte und eindrucksvollste Moschee der Stadt besuchen, die **Jami Masjid**, 1 km nordwestlich der Shah Ganj Masjid. Der Bau wurde von Malik Amber 1612 begonnen und fast ein Jahrhundert später von Aurangzeb fortgeführt. Östlich der Moschee liegen die Ruinen von Aurangzebs ehemaligem königlichen Hauptquartier, dem **Kila Arak**. Einst stand hier ein ganzer Komplex aus Palästen, Festungsmauern, Toren, Wasserreservoirs und Gärten – das Zuhause von drei Prinzen und einem großen Gefolge.

Jeden Donnerstag findet ein hervorragender **Wochenmarkt** statt: gleich westlich des Busbahnhofs, am anderen Ufer des Kham. Die Bewohner der umliegenden Dörfer strömen den ganzen Morgen über auf Ochsenkarren herbei. Der Markt erreicht gegen 12 Uhr mittags seinen Höhepunkt und dauert etwa bis 17 Uhr.

Bibi-ka-Maqbara

Wenn sie nicht so offensichtlich eine Imitation des Taj Mahal wäre, würde die Grabstätte der Moguln wohl mehr Bewunderung erwecken. **Prinz Azam Shah** widmete das im Jahre 1678 fertig gestellte Mausoleum dem Gedenken an seine Mutter **Begum Rabi'a Daurani**, Aurangzebs Frau. Mangel an Geldmitteln behinderte das 25 Jahre dauernde Projekt, und das Endresultat wurde den hohen Erwartungen nicht gerecht. Der Eingang zum Komplex führt durch eine gigantische Tür mit Messingeinlagen, dekoriert mit persischer Kalligrafie. Eine Inschrift säumt ihren Rand und nennt den Hersteller, das Jahr ihres Einbaus und den Chefarchitekten **Ata Ullah**. Die stumpfen Minarette und der plumpe Eingangsbogen lassen die Bibi-ka-Maqbara im Vergleich zur eleganten Höhe und Symmetrie des Taj flach und schlecht proportioniert wirken. Und auch das abrupte Ende des Marmors nach den ersten beiden Metern – als Kosten sparende Maßnahme – trägt nicht gerade dazu bei, den Gesamteindruck zu verbessern.

An den Stufen, die zum eigentlichen Grab hinunterführen, müssen die Schuhe zurückgelassen werden. Im Inneren umgibt ein fantastisches, achteckiges Gitter aus weißem Marmor den hohen Sockel, auf dem Rabi'a Dauranis Grab steht. Wie das ihres Ehemannes im nahe gelegenen Khuldabad ist es „offen", als Zeichen der Bescheidenheit. Das unmarkierte Grab daneben soll das ihrer Amme sein. ⏰ tgl. 8 Uhr bis Sonnenuntergang, Eintritt US$2.

Die Höhlen

Direkt über der Bibi-ka-Maqbara wurden aus einem steilen Ausläufer der Sahyadri-Bergkette die Höhlen von Aurangabad geschlagen. Sie halten einem Vergleich mit denen im nahe gelegenen Ellora und in Ajanta nicht stand, aber ihre schönen **Plastiken** machen sie zu einer sehenswerten Einführung in die Felsarchitektur. Darüber hinaus sind die selten besuchten Höhlen ein friedlicher, angenehmer Ort mit einem wunderschönen Panoramablick über die Stadt und die umliegende Landschaft.

Die Höhlen selbst, alle buddhistischen Ursprungs, bestehen aus zwei Gruppen: der östlichen und der westlichen, und wurden vom Archäologischen Institut Indiens von 1 bis 9 nummeriert. Die Mehrzahl wurde zwischen dem 4. und dem 8. Jh. in den Felsen geschlagen, unter der Schirmherrschaft von zwei aufeinanderfolgenden Dynastien: den **Vakatka**, die von Nasik aus den westlichen Dekkan beherrschten, und den **Chalukya**, einer Herrscherfamilie aus Mysore, die im 6. Jh. ihre Macht nach Norden ausdehnte. Außer der wesentlich früher geschaffenen Höhle 4, einer *chaitya*-Halle, sind alle Höhlen dem *vihara*- (Kloster-)Typ zuzuordnen und gehören der Mahayana-Schule des Buddhismus an. ⏰ Di–So 8.30–17 Uhr, Eintritt US$2.

Mit dem Fahrrad, der Motor-Riksha oder dem Taxi kommt man am besten zu den Höhlen – es wird erwartet, dass man entweder für die Wartezeit oder für die Rückfahrt des Wagens bezahlt. Man kann auch zu Fuß bis zur Bibi-ka-Maqbara gehen und von dort mit einer Motor-Riksha zurück in die Stadt fahren.

Übernachtung

Die Nähe Aurangabads zu einigen der wichtigsten Sehenswürdigkeiten Indiens und ihr neuer Status als „Boomtown" sorgen für eine große Auswahl an Hotels. Im Großen und Ganzen ist der Standard hoch, und die Preise sind recht günstig, vor allem in den Budget-Hotels, die größtenteils in

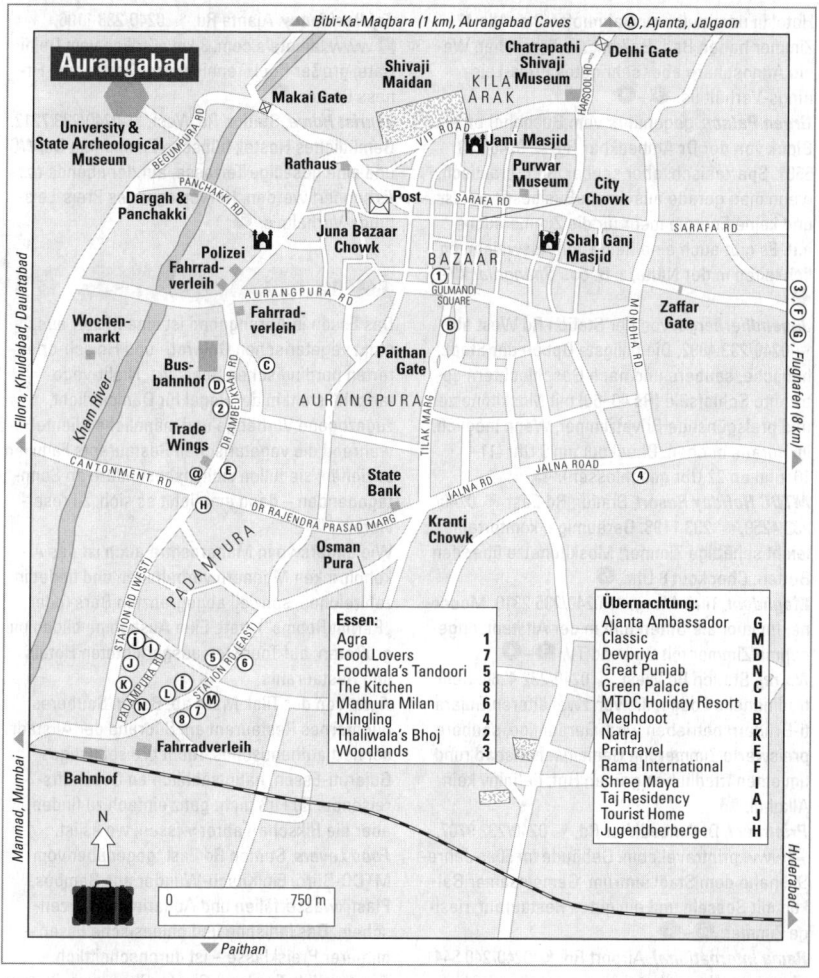

Aurangabad

MAHARASHTRA

Makai Gate

Shivaji Maidan

Chatrapathi Shivaji Museum   Delhi Gate

KILA ARAK

University & State Archeological Museum

Rathaus

Jami Masjid

Purwar Museum

City Chowk

Dargah & Panchakki

Post

SARAFA RD

SARAFA RD

Polizei Fahrrad-verleih

Juna Bazaar Chowk

Shah Ganj Masjid

BAZAAR

Wochen-markt

Fahrrad-verleih

GULMANDI SQUARE

Zaffar Gate

Bus-bahnhof

Paithan Gate

AURANGPURA

Trade Wings

State Bank

JALNA RD

JALNA ROAD

Kranti Chowk

Osman Pura

PADAMPURA

Fahrradverleih

Bahnhof

Ellora, Khuldabad, Daulatabad

Kham River

CANTONMENT RD

Mannad, Mumbai

Hyderabad

③, Ⓔ, Ⓖ, Flughafen (8 km)

N

0   750 m

Paithan

Essen:

Agra	1
Food Lovers	7
Foodwala's Tandoori	5
The Kitchen	8
Madhura Milan	6
Mingling	4
Thaliwala's Bhoj	2
Woodlands	3

Übernachtung:

Ajanta Ambassador	G
Classic	M
Devpriya	D
Great Punjab	N
Green Palace	C
MTDC Holiday Resort	L
Meghdoot	B
Natraj	K
Printravel	E
Rama International	F
Shree Maya	I
Taj Residency	A
Tourist Home	J
Jugendherberge	H

---

der Nähe von Busbahnhof und Bahnhof liegen. Sofern nicht anders angegeben, gilt in allen Hotels ein 24-Stunden-Checkout-System.

Ajanta Ambassador, Chikalthana, ✆ 0240/248 5211, 💻 www.ambassadorindia.com. Luxuriöses Hotel in Flughafennähe mit pseudo-traditioneller Einrichtung. Hervorragende Sportanlagen. ❾

Classic, neben *Goldie Cinema*, Station Rd East, ✆ 0240/562 4313, 💻 www.aurangabadhotel.com.

Neues, auffällig angestrichenes Hotel mit beeindruckendem Atrium; kompakte, aber komfortable Zimmer mit den üblichen Einrichtungen. ❹–❻

Devpriya, Nähe Siddharth Gardens, Dr Ambedkhar Rd, ✆ 0240/233 9032, 💉 233 6129. Hübsches, sauberes und effizient geführtes Familienhotel. ❷

Great Punjab, Station Rd East, ✆ 0240/233 6482, 💉 233 6131. Auf Geschäftsleute ausgerichtetes

Hotel in unmittelbarer Bahnhofsnähe. Alle 42 Zimmer haben Bad, Balkon und Fernseher. Wenig Atmosphäre aber sehr gutes Preis-Leistungs-Verhältnis. ❸–❹

Green Palace, gegenüber vom Busbahnhof, ein Block von der Dr Ambedkhar Rd, ✆ 0240/233 5501. Spartanisch, aber sauber. Sehr praktisch, wenn man gerade aus einem Bus gestiegen ist und keine Energie mehr für die Zimmersuche hat. Es gibt auch eine Reihe von Ausweichmöglichkeiten in der Nähe, z. B. das *Shangrila*. ❶–❷

Jugendherberge, von der Station Rd West ab, ✆ 0240/233 4892. Die billigste Option der Stadt: hübsche, saubere und nach Geschlechtern getrennte Schlafsäle (Rs 40–60) mit Moskitonetzen und preisgünstige Privatzimmer. Wenn möglich, im Voraus buchen. Checkout um 9 Uhr (11–16 und ab 22 Uhr geschlossen). ❷

MTDC Holiday Resort, Station Rd East, ✆ 0240/233 4259, ✆ 233 1198. Geräumige, komfortable, leicht schäbige Zimmer; Moskitonetze über den Betten; Checkout 8 Uhr. ❺

Meghdoot, Tilak Marg, ✆ 0240/235 2310. Moderne, funktionale Unterkunft in der Altstadt; angenehme Zimmer mit Bad und TV. ❸–❹

Natraj, Station Rd West, ✆ 0240/232 4260. Sehr traditionelle Lodge, die von zwei älteren Gujarati-Brüdern betrieben wird. Geräumige, saubere, preiswerte Zimmer mit Gemeinschaftsbad rund um einen friedlichen grünen Hof; definitiv kein Alkohol. ❷

Printravel, Dr Ambedkhar Rd, ✆ 0240/232 9707, ⌨ www.printravel.com. Gebäude im 50er-Jahre-Stil nahe dem Stadtzentrum. Gemeinsamer Balkon mit Sesseln und ein gutes Restaurant, riesige Zimmer. ❸–❹

Rama International, Airport Rd, ✆ 0240/248 5441, ⌨ www.welcomehotelrama.com. Klassischer palastartiger Bau mit Skulpturen und einem parkähnlichen Garten, 3 km vom Zentrum; Fitness Center, Pool, Tennis, Minigolf. ❾

Shree Maya, Bharuka Complex, Padampura Rd, Seitenstraße der Station Rd West, ✆ 0240/233 3093, ✉ shrimay_agd@sancharnet.in. Freundliche Unterkunft mit großen, sauberen Zimmern (z. T. mit AC), alle mit eigenem Bad und die meisten mit Fernseher; angenehmes Restaurant auf der Dachterrasse. ❸

Taj Residency, Ajanta Rd, ✆ 0240/238 1106, ⌨ www.tajhotels.com. 3 km nördlich vom Delhi Gate; großer Pool, Tennisplätze, Garten und Fitness Center. ❾

Tourist Home, Station Rd West, ✆ 0240/233 7212. Gemütliches Hostel; hübsche Zimmer mit Du/WC und eine gesellige Terrasse, auf der abends *thalis* serviert werden. Hervorragendes Preis-Leistungs-Verhältnis. ❷

Essen

Das Essen in Aurangabad ist eine Mixtur aus strikt vegetarischen **Gujarati-** und Fleisch-orientierten nordindischen Speisen. „Nicht-vegetarisch" steht in der Regel für Dämmerlicht, zugezogene Vorhänge und männliche Klientel, während die vegetarischen Restaurants Familien anziehen; sie füllen sich insbesondere an Sonntagabenden – dann empfiehlt es sich, zu reservieren.

Wie anderswo in Maharashtra auch ist das Alkoholtrinken Männern vorbehalten und findet in zahlreichen, speziell abgegrenzten Bars (oder „Permit Rooms") statt. Eine Ausnahme bilden die größeren, auf Touristen ausgerichteten Hotels und Restaurants.

Agra, von der Tilak Marg ab, Basar. Sauberes, nüchternes Restaurant am Südrand der Altstadt, serviert authentisches, recht preisgünstiges Gujarati-Essen, hauptsächlich an Geschäftsreisende. Zu Fuß nicht ganz einfach zu finden, aber die Riksha-Fahrer wissen, wo es ist.

Food Lovers, Station Rd East, gegenüber vom MTDC-Büro. Ein Kitsch-Wunder aus Bambus, Plastikwasserfällen und Aquarien im Kerzenschein. Das indische und chinesische Essen – mittlerer Preisklasse – ist durchschnittlich.

Foodwalla's Tandoori, Shyam Chambers, Station Rd East. Exklusives, klimatisiertes Restaurant (mit Bar) mit zahlreichen Hühner- und Hammelfleisch-Gerichten à la carte. Kostspielig, aber das Geld wert.

The Kitchen, Station Rd East, schräg gegenüber vom MTDC-Büro. Recht preisgünstig, serviert hochwertige indische Speisen. Die Klientel ist eine Mischung aus indischen Urlaubern und Backpackern. Auf der Speisekarte stehen viele einheimische (hauptsächlich nicht-vegetarische)

Gerichte; für Rs 35 gibt es *thali-*, englisches oder kontinentaleuropäisches Frühstück.

Madhura Milan, Station Rd East. Schickes, aber preiswertes vegetarisches Restaurant, das chinesische, südindische, Punjabi- und *tandoori*-Gerichte anbietet.

Mingling, *Rajdoot Hotel*, Jalna Rd. Der beste Chinese der Stadt, allerdings ein wenig protzig und überteuert; Hauptgerichte ab Rs 100.

Thaliwala's Bhoj, nahe Baba-Tankstelle, Dr Ambedkhar Rd. Alteingesessenes, rein vegetarisches Restaurant, das für seine sorgfältig zubereiteten Rajasthani-*thali*-Mittagessen berühmt ist.

Woodlands, Jalna Rd, nicht weit vom *Rama International Hotel*. Eindeutig Yuppie-Publikum, aber stadtbekannt für sein gutes südindisches Essen zu mittleren Preisen.

Sonstiges

GELD – Eine effiziente, private Wechselstube ist ***Trade Wings***, Dr Ambedkhar Rd, direkt gegenüber vom *Printravel Hotel;* hier wird allerdings eine Kommission von Rs 60 aufgeschlagen; ◷ tgl. 8–20 Uhr.

Ein **Geldautomat** der ICICI Bank steht gegenüber vom MTDC-Büro in der Station Rd East.

INFORMATIONEN – Ein zu den Flugankunftszeiten geöffneter Schalter am Flughafen gibt erste Informationen; detailliertere Auskünfte erteilt das ***India Tourism Office*** in der Station Rd West, ✆ 0240/233 1217, 🖥 www.india-tourism.com, ◷ Mo–Fr 8.30–18, Sa 8.30–13.30 Uhr.

Die ***MTDC*** betreibt eine Touristeninformation in ihrem *Holiday Resort* in der Station Rd East, ✆ 0240/233 1513, 🖥 www.maharashtratourism. gov.in, die zum Buchen von **geführten Touren** nützlich, ansonsten aber wenig hilfreich ist, ◷ tgl. 7–21.30 Uhr.

INTERNET – Es gibt ein **Internetcafé** gegenüber vom *Hotel Printravel;* schneller ist der Internetservice im ***Shree Maya Hotel;*** beide berechnen Rs 40/Std.

POST – Das **GPO** befindet sich im Juna Bazaar Chowk, im Norden der Altstadt, ◷ Mo–Sa 10–17

Uhr, Expressschalter 8–19 Uhr, Einschreiben und Pakete 10–14 Uhr.

REISEBÜROS – ***Victor Tours & Travels***, ✆ 0240/ 562 9989, Station Road East, neben dem Hotel *Great Punjab*, ist sehr hilfreich bei der Reiseplanung.

TOUREN – Mehrere Unternehmen veranstalten täglich geführte Touren durch Aurangabad und die Umgebung. Alle haben die gleichen Routen und Abfahrtszeiten und sind ziemlich gehetzt, nur die Preise variieren.

Die **Ellora and City Tour** umfasst normalerweise Bibi-ka-Maqbara, Panchakki, die Daulatabad-Festung, Aurangzebs Grab in Khuldabad und die Ellora-Höhlen (aber nicht die von Aurangabad).

Die **Ajanta Tour** führt nur zu den Höhlen – eine ziemlich lange Hin- und Rückreise für einen Tag.

Classic Travel, ✉ classictours@vsnl.com, ✆ 0240/233 5598, gegenüber *MTDC Holiday Resort*, Station Rd East, ist der beste der privaten Anbieter (Ellora & City Rs 150, Ajanta Rs 230); die kleineren Fahrzeuge bieten mehr Komfort.

Die von der ***MTDC*** veranstalteten Touren (Ellora und City 9.30–17.30 Uhr, Rs 100 plus Eintrittsgelder; Ajanta 8–17.30 Uhr, Rs 230 plus Eintrittsgelder) erfolgen mit Standardbussen, haben englischsprachige Führer und fahren vom *MTDC Holiday Resort* ab.

Wer mehr Zeit bei den Ajanta-Höhlen verbringen möchte, kann in der MTDC-Unterkunft bei den Höhlen oder in Fardapur übernachten bzw. nach Jalgaon weiterreisen (beides s. S. 211).

Nahverkehrsmittel

Die meisten Sehenswürdigkeiten von Aurangabad liegen zu weit auseinander, um sie zu Fuß besichtigen zu können. Doch die Stadt ist voll von **Motor-Rikschas**, von denen die meisten gern das Taxameter auslassen – längere Sightseeing-Touren sind wesentlich billiger, wenn man sich im Voraus auf einen Preis einigt (üblich sind Rs 400–500).

Taxis kann man auf der Straße herbeiwinken, ansonsten findet man am Bahnhof immer welche.

Wagen mit Fahrer vermitteln Reisebüros wie ***Classic Travel*** (s. o.); der preis liegt bei etwa

Rs 800–1200 für einen 8-Std.-Tag; für eine Übernachtung kommt eine Gebühr von rund Rs 150 hinzu.

Die mit Abstand billigste und zufriedenstellendste Art, sich in der Stadt fortzubewegen, ist das **Fahrrad**. Zwar können die belebten Hauptstraßen und der Markt zuweilen haarsträubend sein, aber eine Radtour zu den Sehenswürdigkeiten im Norden der Stadt ist eine erfreuliche Alternative zu öffentlichen Verkehrsmitteln. Die zwei Stände nördlich des Busbahnhofs vermieten die besten Fahrräder (Rs 3/Std.); ein anderer Stand ist am Bahnhof.

Transport

BUSSE – Sämtliche staatliche (MSRTC-)Busse fahren vom Central-Busbahnhof, 2,5 km nördlich des Bahnhofs ab, darunter täglich preiswerte „Luxus"-**Nachtbusse** nach Mumbai. Für alle, die ein bisschen mehr Komfort möchten, bieten eine Reihe von Unternehmen teurere AC-Busse zu den meisten größeren Zielen an; die Tickets sind bei Reisebüros erhältlich. Nach Pune gelangt man problemlos mit dem MSRTC-Express. Eine Reihe von privaten Busunternehmen fährt nach Indore, Pune, Udaipur, Ahmedabad und Jalgaon; auch diese Busse können bei den meisten Reisebüros gebucht werden.

Busse nach:
AHMEDABAD (1 Nachtbus, 14 Std.),
AJANTA (alle 30–60 Min., 3 Std.),
BIJAPUR (1x tgl., 12 Std.),
ELLORA (alle 30 Min., 3/4 Std.),
INDORE (2x tgl., 12 Std.),
JALGAON (alle 30–60 Min., 4 Std.),
MUMBAI (6 Nachtbusse, 10–12 Std.),
NAGPUR (4x tgl., 12 Std.),
NASIK (8x tgl., 5 Std.),
PUNE (10x tgl., 5 Std.).

EISENBAHN – Der Bahnhof befindet sich am südwestlichen Rand des Stadtzentrums, nicht weit entfernt von den meisten Hotels und etwa 2,5 km entlang der Station Rd West vom Busbahnhof entfernt. Es gibt nur sehr wenige Züge von und nach Aurangabad, denn die Stadt liegt nicht auf der Hauptgleisstrecke. Die beiden bequemsten Verbindungen nach MUMBAI

(7 1/4–8 Std.), der Devgiri Express Nr. 1004 und der Tapovan Express Nr. 7618, beide oft ausgebucht, fahren um 23.25 bzw. um 14.35 Uhr ab. Mit dem Manmad–Kacheguda Express Nr. 7663 um 17.30 Uhr gelangt man direkt nach SECUNDERABAD (zur Weiterfahrt nach Hyderabad). Der nächstgelegene Bahnhof der Hauptgleisstrecke liegt in **Jalgaon**, 108 km nördlich; von hier verkehren zahlreiche Züge nach Mumbai, Delhi, Agra, Bhopal, Kolkata und Chennai.

FLÜGE – *Jet Airways* (8.45 und 19.55 Uhr) und *Indian Airlines* (17.30 Uhr) fliegen tgl. vom **Chikal Thana**, dem 8 km östlich der Stadt gelegenen Flughafen von Aurangabad, nach MUMBAI (45 Min.; US$85); der *Indian Airlines*-Flug geht dann weiter nach DELHI (3 1/2 Std.; US$185).
Indian Airlines, ✆ 0240/248 5421, und *Jet Airways*, ✆ 0240/244 1392, haben beide ihr Büro in der Jalna Rd.
Vom Flughafen gelangt man mit **Taxis** (mit Taxameter, ca. Rs 180 zur Station Rd East oder West) oder mit den Gratis-Minibussen der 5-Sterne-Hotels in die Stadt.

Daulatabad (Deogiri)

13 km nordwestlich von Aurangabad erhebt sich am Horizont eine der imposantesten Festungen Indiens, Daulatabad. Die eindrucksvolle Zitadelle krönt den Gipfel eines mächtigen Vulkankegels, dessen Seiten in 60 m hohe Granitwände verwandelt wurden. Akzentuiert wird die abschreckende Wirkung der Festung durch ein enormes Minarett, das aus den Ruinen der Stadt ragt. Allein für den Panoramablick vom Gipfel des Hügels lohnt es sich, hier auf dem Weg von oder nach Ellora eine Pause einzulegen.

Im 9. Jh. spielte die Stadt – damals bekannt als **Deogiri**, „Berg der Götter" – als Bastion und Hauptstadt eines Bündnisses von Hindustämmen eine große Rolle. Die **Yadavas** schürften die schroffen unteren Flanken des Berges ab, um den steilen Felssockel der Festung und den 15 m tiefen Graben zu schaffen. Ihr Wohlstand erregte schließlich das Interesse der habgierigen Sultane von Delhi, die die Festung im Jahre 1294 stürmten.

Die moslemische Besatzung von Deogiri begann 1327 mit der Ankunft von Ghiyas-ud-din

Tughluq. In der Überzeugung, dass die Festung die perfekte Basis für Feldzüge weiter im Süden bildete, verfügte der Sultan, dass sein gesamter Hof von Tughluqabad, der „dritten Stadt" Delhis, nach hier umgesiedelt werden solle. Der 1100 km lange Marsch kostete Tausende von Leben. Die folgenden 17 Jahre waren von Dürre, Hungersnot und der wachsenden Gefahr einer Mogul-Invasion geprägt. Diese Schwierigkeiten zwangen den bedrängten Herrscher schließlich, nach Tughluqabad zurückzukehren. Sein Gouverneur Zafar Khan ergriff die Gelegenheit und zettelte eine Rebellion an, um die **Bahmani-Dynastie** zu etablieren. In der Folge fiel die Festung an eine Reihe unterschiedlicher Regimes, unter anderem, 1633, an die **Moguln** unter Shah Jahan, bevor sie in der Mitte des 18. Jh. schließlich von den **Marathen** übernommen wurde.

Die Festung

Die labyrinthartige Festung von Daulatabad erstreckt sich um den **Chandminar**, den „Siegesturm", der von Ala-ud-din Bahmani erbaut wurde, um seine Eroberung der Festung im Jahre 1435 zu feiern. Die persischen blauen und türkisfarbenen Kacheln, die ihn einst in komplexen geometrischen Mustern bedeckten, sind verschwunden, aber er bietet noch immer einen imposanten Anblick.

Die **Jami Masjid** direkt gegenüber ist das älteste islamische Bauwerk von Daulatabad. Die Sultane aus Delhi erbauten die Moschee 1318 an der Stelle alter Hindu- und Jain-Tempel; die 106 Säulen der gut erhaltenen Moschee wurden aus den ursprünglichen Tempeln geplündert. Vor kurzem wurde die Moschee in einen Bharatmata-Tempel umgewandelt – sehr zum Leidwesen der hier ansässigen Moslems. Das große, von Steinen gesäumte „Elefanten"-Becken war früher eine zentrale Komponente des extensiven Bewässerungssystems der Festung. Zwei riesige Terrakotta-Rohre leiteten das Wasser aus den Bergen in die legendären Obst- und Gemüsegärten von Deogiri.

Sobald der Fußweg die offene Fläche rund um den Turm verlassen hat, führt er durch eine Reihe von ineinander greifenden Basteien, Festungsmauern, Gräben und Zugbrücken, bevor er den **Chini Mahal** erreicht, den „chinesischen Palast". Die eindrucksvolle, mit einem Schafskopf verzierte Kanone **Kila Shikan** („Festungsbrecher") – ihr Name ist in Persisch auf ihr eingraviert – steht in der Nähe auf einer Steinplattform. Eine Abfolge von makabren Fallen erwartete den unaufmerksamen Eindringling von hier an, darunter ein Wassergraben voller Menschen fressender Krokodile und ein Labyrinth aus Gängen mit Metallplatten, die erhitzt werden konnten, um giftige Dämpfe zu erzeugen.

Am Ende des letzten Tunnels führt eine in den Felsen gehauene Treppe hinauf zu einem schönen, von zwölf Säulen gestützten Pavillon. Der **Baradi** war vermutlich die Residenz einer Yadavi-Königin, wurde aber später vom Herrscher Shah Jahan bei seinen Besuchen in Daulatabad bewohnt. Der Ausblick vom flachen Dach des Gebäudes ist atemberaubend. Einen noch eindrucksvolleren Panoramablick bietet der Aussichtsposten auf dem Berggipfel. Hier findet man eine weitere alte Kanone und eine alte Felshöhle, die während der Mogul-Periode einen bekannten Hindu-Asketen beherbergte, ⏰ tgl. 6–18 Uhr, Eintritt US$2.

Wer nicht mit einer geführten Tour hierher kommt, sollte einen Führer engagieren, denn ansonsten sind die Festungsgänge stockdunkel und hoffnungslos verwirrend.

Zwar ist Daulatabad Teil der Touren von Aurangabad nach Ellora (S. 195), aber man hat mehr Zeit, die Festung zu genießen, wenn man in einem der stündlich zwischen Aurangabad und den Höhlen pendelnden Busse hierher kommt. Von Daulatabad kommt man dann einfach mit einem anderen Bus weiter nach Khuldabad und Ellora. Die Busse halten gleich gegenüber vom Haupteingang zur Festung, neben einer Reihe von *chai*- und Souvenirständen und dem guten, kleinen MTDC-Restaurant. Es gibt in Daulatabad keine Übernachtungsmöglichkeiten.

Khuldabad (Rauza)

Auf einem hohen Sattel, 22 km von Aurangabad und 4 km von Ellora entfernt, steht die alte, von Mauern umschlossene Stadt Khuldabad, auch bekannt als Rauza, die für ihre Kuppelgräber berühmt ist. Zu den moslemischen Berühmtheiten, die für würdig befunden wurden, auf diesem allerheiligsten Gräberfeld ihre letzte Ruhe zu finden (Khuldabad bedeutet „Himmlische Wohnstatt"), zählen Kaiser Aurangzeb, einige Nizams und *chisti*-Gründungsväter der Stadt – jene 700 Missionare, die im 14. Jh. von dem Heiligen Nizam-ud-din

Aulia entsandt wurden, um vor der Sultanats-Invasion die hier ansässigen Hindus zu beschwichtigen. Khuldabads Bauwerke sind nicht annähernd so beeindruckend wie die von Delhi, Agra oder Bijapur aber einige von ihnen beherbergen bedeutende Reliquien und werden bis heute für ihre Wunderkräfte verehrt. Sie werden regelmäßig von großen Menschenmengen besucht, während die weniger wichtigen Mausoleen in den Randbezirken der schläfrigen Stadt verlassen und nahezu vergessen dastehen. Ihre alten Steinpavillons, Kuppeln und von Mauern umgebenen Einfriedungen sind von Unkraut überwuchert.

Khuldabad ist umgeben von hohen Festungsmauern aus Granit und sieben befestigten Toren, die Aurangzeb vor seinem Tod 1707 errichten ließ. Der letzte große Mogul liegt im berühmtesten *dargah* (Grabbau eines moslemischen Heiligen) der Stadt, dem **Dargah des Sayeed Zain-du-din**, begraben, auf halbem Weg zwischen Nord- und Südtor. Den Lehren des Islam entsprechend ist das Grab selbst sehr bescheiden, die einzige Dekoration sind frische Blüten, die Besucher streuen. Auch ist es nicht in Stein eingemauert, sondern offen den Elementen ausgesetzt. Der fromme Herrscher bestand darauf, dass sein Grab nicht aus der königlichen Kasse bezahlt würde, sondern von dem Geld, das er in seinen letzten Lebensjahren mit dem Verkauf seiner handgesteppten weißen Kappen verdiente. Der Wandschirm aus durchbrochenem Marmor und die Mauern, die diesen Ort umgeben, wurden erst viel später vom britischen Vizekönig Lord Curzon und dem Nizam von Hyderabad errichtet.

Aurangzeb wählte diesen Ort vor allem deshalb als letzte Ruhestätte, weil nebenan das Grab von Sayeed Zain-ud-din liegt. Das Mausoleum dieses moslemischen Heiligen belegt einen Innenhof, der Aurangzebs Grab von dem seiner Frau und seines zweiten Sohnes, Azam Shah, trennt. Die Stufen, die zum Mausoleum hinauf führen, sind mit Halbedelsteinen dekoriert, die von den moslemischen Wanderasketen, den Fakiren, gespendet wurden, die einst hierher pilgerten. Hinter einer kleinen Tür verschlossen liegt die am strengsten bewachte Reliquie von Khuldabad. Die **Robe des Propheten** Mohammed wird der Öffentlichkeit nur einmal im Jahr vorgestellt, am 12. Tag des islamischen Monats Rabi-ul-Awwal, dem Geburtstag des Propheten.

Das Grab wird dann zum Mittelpunkt eines religiösen Festes, zu dem Gläubige aus ganz Indien herbeiströmen.

Direkt gegenüber von Zain-ud-dins Grab steht das **Dargah des Sayeed Burhan-ud-din**, eines *chisti*-Missionars, der 1334 hier begraben wurde. Der Schrein soll Haare vom Barte des Propheten Mohammed enthalten, deren Zahl sich jedes Jahr, wenn sie gezählt werden, auf wundersame Weise vermehrt hat. Ende des 14. Jhs., als eine finanzielle Krise es den Jüngern des Heiligen unmöglich machte, sowohl für sich selbst als auch für den Unterhalt des geliebten *dargah* aufzukommen, sollen wunderbarerweise ein Paar „Silberbäume" in dem zentralen Innenhof gewachsen sein. Der Aufseher zeigt Besuchern gern die beiden harmlos aussehenden Erhebungen im Pflaster, wo die legendären Bäume einst standen und die angeblich immer noch hin und wieder einen Tropfen Silber absondern.

MSRTC-Busse kommen etwa alle 30 Minuten am kleinen Busbahnhof von Khuldabad an, der nur einen kurzen Fußweg westlich der Mauern, auf der Strecke zwischen Aurangabad und den Ellora-Höhlen, liegt. Es gibt weder Übernachtungsmöglichkeiten in Khuldabad noch ein nennenswertes Esslokal.

Ellora

Paläste werden zerfallen, Brücken einstürzen, und selbst der edelste Bau muss dem nagenden Zahn der Zeit weichen, während die Höhlentempel von Ellora ihre unzerstörbaren, uralten Häupter (…) heben, der Glanz vergangener Zeiten und Gegenstand der Bewunderung kommender Zeitalter.

Captain Seely, The Wonders of Ellora

Die meistbesuchte Sehenswürdigkeit von Maharashtra sind die Ellora-Höhlen, 29 km nordwestlich von Aurangabad. Sie haben zwar nicht die fantastische Lage ihrer älteren Verwandten in Ajanta, aber ihr unglaublicher bildhauerischer Reichtum gleicht dies mühelos aus. 34 buddhistische, hinduistische und Jain-Höhlen – die z. T. gleichzeitig in einer Art Wettbewerb geschaffen wurden – säumen den Fuß des 2 km langen Chamadiri-Steilhanges. Die Hauptattraktion von Ellora ist der gigantische **Kailash-Tempel**, der aus einer riesigen Aushöhlung im

Fels emporragt, ein gigantischer Brocken soliden Basalts, aus dem eine spektakuläre Ansammlung miteinander verbundener Säulengänge, Hallen, Emporen und heiliger Schreine geschaffen wurde.

Der ursprüngliche Grund, warum dieser scheinbar so abgeschiedene Flecken zum Mittelpunkt religiöser und künstlerischer Aktivität wurde, war die belebte Karawanenroute zwischen den wohlhabenden Städten im Norden und den Häfen der Westküste, die hier vorbeiführte. Die Profite aus dem lukrativen Fernhandel ermöglichten eine 500 Jahre andauernde, emsige Bautätigkeit. Der Höhlenbau begann etwa in der Hälfte des 6. Jhs. n. Chr., um die selbe Zeit, als Ajanta, 100 km nordöstlich, verlassen wurde und die buddhistische Ära in Zentral-Indien im Niedergang begriffen war – gegen Ende des 7. Jh. begann der Hinduismus wieder an Boden zu gewinnen. Der Wiederaufstieg der Brahmanen wurde während der nächsten 300 Jahre unter den Chalukya- und Rashtrakuta-Königen gefördert – diese beiden mächtigen Dynastien waren für den größten Teil der Arbeiten in Ellora verantwortlich, darunter der aus dem 8. Jh. stammende Kailash-Tempel. Eine dritte und letzte Blüte erlebte die heilige Stätte gegen Ende des 1. Jahrtausends n. Chr., nachdem die regionalen Herrscher vom Shaivismus zur Digambara-Sekte des Jain-Glaubens übergewechselt waren. Eine kleine Ansammlung von unauffälligeren Höhlen nördlich der Hauptgruppe zeugen heute noch von dieser Zeit.

Im Gegensatz zum abgeschiedenen Ajanta entging Ellora dem moslemischen Bildersturm im 13. Jh. nicht. Die schlimmsten Ausschreitungen ereigneten sich während der Herrschaft von **Aurangzeb**, der die Zerstörung der „heidnischen Symbole" in Ellora befohlen hatte. Obwohl die Stätte immer noch die Narben dieser Zeit trägt, sind einige der besten bildhauerischen Werke intakt geblieben. Die Tatsache, dass sie aus solidem Felsen und außerhalb der Reichweite der Monsun-Regengüsse geschaffen wurden, hat die Höhlen in bemerkenswert gutem Zustand erhalten.

Alle Höhlen sind in grob chronologischer Abfolge nummeriert. Die Höhlen 1 bis 12, am Südende des Geländes, sind die ältesten: Sie stammen aus der buddhistischen Vajrayana-Ära (500–750 n. Chr.). Die hinduistischen Höhlen, Nummer 13 bis 29, stammen von 600 bis 870 n. Chr. und überschneiden sich zeitlich mit den späteren buddhistischen Höh-

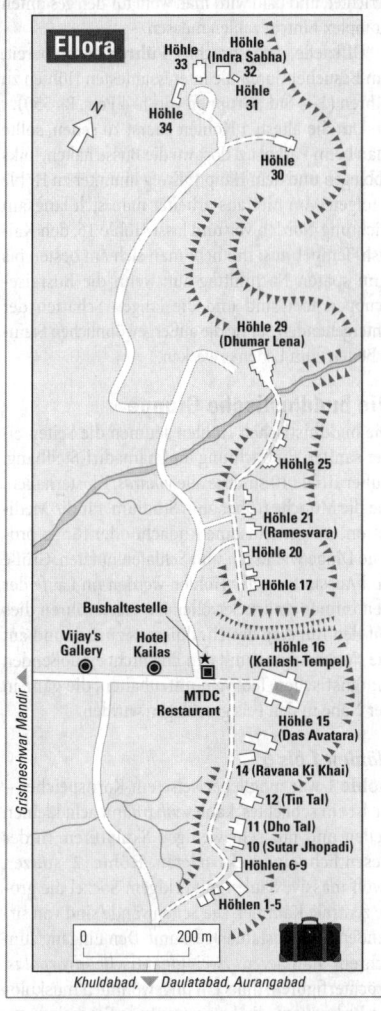

Khuldabad, ▼ Daulatabad, Aurangabad

len. Weiter im Norden liegen die Jain-Höhlen – Nummer 30 bis 34 –, die zwischen 800 n. Chr. und dem späten 11. Jh. geschaffen wurden. Die meisten Höhleneingänge liegen hinter offenen Höfen und großen, von Säulen gestützten Veranden oder Portalen. Der **Eintritt** zu allen Höhlen außer dem Kailash-Tempel war zur Zeit der Recherche für dieses Buch (2005) noch frei; aber es wurden schon Zäune errichtet, und bald wird man wohl für den gesamten Komplex Eintritt zahlen müssen.

Offizielle, mehrsprachige **Führer** stehen bereit, um Besucher durch die interessantesten Höhlen zu führen (1–4 Std.; Gruppen von 1–4 Pers. Rs 550).

Um die ältesten Höhlen zuerst zu sehen, sollte man beim Parkplatz, dort wo die Busse halten, links abbiegen und dem Hauptfußweg hinunter zu Höhle 1 folgen. Von hier aus arbeitet man sich langsam Richtung Norden vor und lässt Höhle 16, den Kailash-Tempel, aus: Ihn hebt man sich am besten bis zum späten Nachmittag auf, wenn die Busreisegruppen fort sind und die langen Schatten der untergehenden Sonne die außergewöhnlichen Steinarbeiten zum Leben erwecken.

Die buddhistische Gruppe

Die buddhistischen Höhlen säumen die Seiten einer sanften Einbuchtung im Chamadiri-Steilhang. Außer Höhle 10 sind sie alle *viharas*, Klosterhallen, die die Mönche früher zum Studium, für die Meditation, die gemeinsame Andacht oder für so profane Dinge wie Essen und Schlafen nutzten. Größe und Ausstattung der Höhlen werden im Laufe der Zeit immer eindrucksvoller. Experten führen dies auf den Aufstieg des Hinduismus zurück und auf die Notwendigkeit, mit den Ehrfurcht einflößenden hinduistischen Tempeln mitzuhalten, die ganz in der Nähe in den Fels geschlagen wurden.

Höhlen 1 bis 5

Höhle 1 war möglicherweise ein Kornspeicher – sie ist ein schlichtes, kahles *vihara* mit acht kleinen Zellen und nur sehr wenigen Skulpturen. In der wesentlich eindrucksvolleren **Höhle 2** stützen zwölf massive Säulen mit eckigem Sockel die große zentrale Kammer. Die Seitenwände sind von sitzenden Buddhastatuen gesäumt. Den Eingang zum Schrein flankieren zwei gigantische *dvarpalas*, Wächterfiguren: links ein ungewöhnlich muskulöser Padmapani, die Lotus-tragende Erscheinungsform von Avalokitesvara, des Bodhisattva der Barmherzigkeit, und rechts ein reich mit Schmuck behangener Maitreya, der Buddha des nächsten Weltzeitalters. Beide haben ihre Gefährtinnen bei sich. Im Allerheiligsten selbst sitzt ein stattlicher Buddha auf einem Löwenthron. Er wirkt stärker und entschlossener als seine freundlichen Vorgänger in Ajanta. **Höhlen 3 und 4**, etwas älter und

ähnlich strukturiert wie Höhle 2, sind in ziemlich schlechtem Zustand.

Höhle 5, das größte einstöckige *vihara* in Ellora, wird „Maharwada" genannt, weil die Mitglieder des Mahar-Stammes während des Monsuns hier Schutz suchten. Seine riesige, 36 m lange, rechteckige Versammlungshalle wurde wahrscheinlich von den Mönchen als Refektorium benutzt; zwei Reihen von Bänken wurden aus dem Steinboden gemeißelt. Der Buddha im zentralen Schrein sitzt auf einem Hocker, und seine rechte Hand berührt den Boden, eine Geste, die für das „Wunder der tausend Buddhas" steht, als Buddha sich zur Verwirrung einer Gruppe von Ketzern tausendfach vervielfältigte.

Höhle 6

Die nächsten vier Höhlen wurden etwa um dieselbe Zeit, im 7. Jh., gegraben und sind einfach nur Varianten ihrer Vorgänger. An den Wänden der Vorkammer am hinteren Ende der zentralen Halle von Höhle 6 stehen zwei der berühmtesten und kunstvollsten Figuren von Ellora. **Tara**, die Gefährtin des Bodhisattva Avalokiteshvara, steht links; ihr Blick ist intensiv und freundlich. Auf der gegenüberliegenden Seite ist **Mahamayuri**, die buddhistische Göttin der Gelehrsamkeit, mit ihrem Emblem, dem Pfau, dargestellt, während ein fleißiger Student an seinem Schreibtisch darunter als gutes Vorbild dient. Die Parallelen zu Mahamayuris Hindu-Äquivalent Saraswati sind offensichtlich (deren mythologisches Reittier ist ebenfalls ein Pfau) – ein deutliches Zeichen dafür, in welchem Maße der indische Buddhismus im 7. Jh. Elemente des rivalisierenden Glaubens übernahm, um seiner sinkenden Popularität entgegenzuwirken.

Höhlen 10, 11 und 12

Die Anfang des 8. Jhs. geschaffene **Höhle 10** ist eine der letzten und großartigsten der aus Fels geschlagenen *chaitya*-Hallen des Dekkan. Stufen führen von der linken Seite ihrer großen Veranda zu einem Balkon nach oben, eine dreiflügelige Tür – flankiert von himmlischen Nymphen und einem Fries mit Zwergen – zu einem Innenbalkon führt. Von hier aus hat man einen guten Blick in die darunter liegende lange, in einer Apsis endende Halle mit ihren achteckigen Säulen und dem Tonnengewölbe. Die steinernen Rippen, die aus der Decke gemeißelt wurden – Imitationen der Dachbalken in den früheren frei stehenden Holzbauten –, sind ihr Ursprung des Namens, den der Volksmund dieser Höhle gab: **Sutar Jhopadi**, „Zimmermanns-Werkstatt". Am hinteren Ende sitzt ein Buddha auf einem Thron vor einem Stupa – dem heiligen Herzstück dieser Halle.

Höhle 11 ist immer noch als **Dho Tal**, zweistöckige Höhle, bekannt, obwohl 1876 der bis dahin verborgene Keller wiederentdeckt wurde. Das obere Stockwerk bildet eine lange, säulengestützte Versammlungshalle mit einem Buddha-Schrein und, an ihrer Rückwand, Bildnissen von Durga und Ganesha, dem elefantenköpfigen Sohn Shivas – ein Beweis, dass die Höhle nach dem Abzug der Buddhisten in einen Hindu-Tempel verwandelt wurde.

Nebenan steht mit **Höhle 12** – **Tin Tal** („dreistöckig") – ein weiteres dreistöckiges *vihara*, das man über einen großen, offenen Hof betritt. Auch hier befinden sich die künstlerischen Höhepunkte im obersten Stockwerk. Die Wände des Schreinraums am Ende der Halle sind von fünf großen Bodhisattva bedeckt; sieben Buddhas säumen die beiden Seiten des Schreins – eine für jede frühere Inkarnation des Meisters.

Die hinduistische Gruppe

Die 17 hinduistischen Höhlen von Ellora liegen in der Mitte des Steilhangs, verteilt auf beide Seiten des majestätischen Kailash-Tempels. Sie wurden zu Beginn des brahmanischen Wiederaufstiegs im Dekkan geschaffen, während einer Zeit relativer Stabilität – wohl deshalb strahlen die Höhlentempel eine Lebendigkeit aus, die ihren zurückhaltenden buddhistischen Vorgängern fehlt. Es gibt keine Reihen von Buddhas und Bodhisattvas mit schläfrigem Blick und gütigen Gesichtern mehr. Stattdessen schmücken riesige **Flachreliefs**, die dynamische Szenen aus den Hindu-Schriften darstellen, die Wände. Die meisten haben einen Bezug zu **Shiva**, dem Gott der Zerstörung und der Regeneration (der vorherrschenden Gottheit in allen hinduistischen Höhlen von Ellora), man trifft aber auch auf zahlreiche Bildnisse von Vishnu, dem Bewahrer, in seinen diversen Inkarnationen. Es tauchen immer wieder die gleichen Szenen auf: Diese Wiederholungen boten den Künstlern von Ellora reichlich Gelegenheit, ihre Technik im Laufe der

Jahre zu verfeinern, bis sie schließlich ihr großartigstes Werk schufen, den **Kailash-Tempel** (Höhle 16), der separat auf S. 203. beschrieben wird. Er ist zweifellos der Höhepunkt eines Besuchs in Ellora, aber man wird seine schönen Skulpturen um so mehr zu schätzen wissen, wenn man sich zunächst die früheren hinduistischen Höhlen ansieht. Für Besucher mit wenig Zeit: Nummer 14 und 15 sind die schönsten von ihnen.

Höhle 14

Die vom Anfang des 7. Jhs. stammende Höhle 14 zählt zu den letzten frühen Höhlen. Sie war ein buddhistisches *vihara*, bevor die Hindus sie als Tempel nutzten. Der Eingang zum Heiligtum wird von zwei beeindruckenden Flussgöttinnen bewacht, Ganga und Yamuna, während in einer Wandnische rechts hinten sieben **Sapta Matrikas**, vollbrüstige Fruchtbarkeitsgöttinnen, pausbäckige Babys auf ihrem Schoß wiegen. Der weibliche Aspekt von Shivas elefantenköpfigem Sohn Ganesha sitzt rechts von ihnen neben Kala und Kali, den Göttinnen des Todes. Fantastische Friese zieren die langen Seitenwände der Höhle.

Höhle 15

Wie ihre Nachbarhöhle begann auch die zweistöckige Höhle 15, zu der eine lange Treppe führt, ihr Dasein als buddhistisches *vihara*, wurde aber von den Hindus in Beschlag genommen und in einen Shiva-Schrein umgewandelt. Das relativ uninteressante Erdgeschoss muss man nicht gesehen haben, man kann stattdessen direkt nach oben gehen, wo einige der schönsten Arbeiten von Ellora zu finden sind. Der Name der Höhle, **Das Avatara**, leitet sich von der Reihe von Reliefs an der rechten Wand ab, auf der fünf von Vishnus zehn Inkarnationen *(avatars)* zu sehen sind.

Ein Relief in einer Nische rechts der Vorkammer zeigt Shiva aus einem Lingam auftauchend. Seine Rivalen Brahma und Vishnu stehen bescheiden und bittend vor der Erscheinung – ein Symbol für die damalige Überlegenheit des Shaivismus in der Region. Auf halber Höhe der (wenn man dem Schrein zugewandt steht) linken Wand der Kammer ist die eleganteste bildhauerische Leistung der Höhle zu sehen: Shiva als Nataraja in einer klassischen Tanzpose.

Die Felsenhöhlen im nordwestlichen Dekkan

Die Felsenhöhlen, die sich über die vulkanischen Berge des nordwestlichen Dekkan verteilen, zählen zu den außergewöhnlichsten religiösen Monumenten Asiens, wenn nicht sogar der ganzen Welt. Sie reichen von winzigen Klosterzellen bis hin zu gigantischen, kunstvoll gemeißelten Tempeln und beeindrucken vor allem deshalb so sehr, weil sie per Hand aus dem Felsen gemeißelt wurden. Ihre Ursprünge liegen im 3. Jh. v. Chr., als buddhistische Mönche wegen schwerer Monsunregen ihre Reise unterbrachen und Schutz suchten. Sie wurden nach dem Vorbild älterer Holzbauten geschaffen und von Händlern finanziert, für die der kastenlose neue Glauben eine attraktive Alternative zur alten, diskriminierenden Sozialstruktur bot. Ermutigt vom Beispiel des Maurya-Herrschers Ashoka, begannen nach und nach auch die Machthaber der Region sich dem Buddhismus zuzuwenden. Unter ihrer Schirmherrschaft wurden im 2. Jh. v. Chr. die ersten großen Höhlen-Klöster in **Karla**, **Bhaja** und **Ajanta** aus dem Fels gemeißelt. Um diese Zeit war die strenge **Hinayana-Schule** des Buddhismus die vorherrschende Religion Indiens. Die Felsenhöhlen aus dieser Zeit sind größtenteils einfache „Andachtshallen", *chaityas* – lange, rechteckige Kammern mit einer Apsis, Tonnengewölben und zwei schmalen Säulengängen, die sich im hinteren Teil um einen monolithischen Stupa bogen. Als Symbole für die Erleuchtung Buddhas bildeten die Stupas den Mittelpunkt der Andacht und Meditation; während der gemeinschaftlichen Rituale wurden sie von den Mönchen umkreist.

Im 4. Jh. n. Chr. verlor die Hinayana-Schule gegenüber der **Mahayana-Schule** an Einfluss. Deren Schwerpunkt lag auf einem ständig anwachsenden Pantheon von Gottheiten und Bodhisattvas (barmherzigen Heiligen, die ihren Übergang ins Nirwana aufschoben, um der Menschheit zur Erleuchtung zu verhelfen), was eine Veränderung des architektonischen Stils mit sich brachte. Die *chaityas* wurden verdrängt von Klosterhallen, *viharas*,

in denen die Mönche sowohl lebten als auch den Göttern dienten, und das einst verbotene Buddha-Bildnis trat viel stärker in den Vordergrund. Die Ikone nahm den Platz in der Apsis am Ende der Halle ein, wo früher der Stupa stand, und wurde mit den 32 Merkmalen Buddhas, den *lakshanas*, ausgestattet (inkl. den langen Ohrläppchen, der hervorstehenden Stirn, den kurzen Locken, der Robe und dem Glorienschein). Ihren Höhepunkt erreichte die Mahayana-Kunst gegen Ende der buddhistischen Ära. Die herausragenden **Wandgemälde in Ajanta**, die sich bei den zahlreichen Themen und Bildern aus uralten Schriften wie den *Jatakas* (Legenden über die früheren Inkarnationen Buddhas) bedienten, sollten möglicherweise den Enthusiasmus für den Glauben, der zu dieser Zeit in der Region bereits an Rückhalt verlor, wieder neu entflammen.

Die Versuche, ab dem 6. Jh. mit dem Wiederaufstieg des Hinduismus in Wettbewerb zu treten, führten schließlich zur Entwicklung einer anderen, esoterischeren Bewegung. Die **Vajrayana („Blitzschlag")-Sekte** betonte die schöpferische Kraft der Weiblichkeit, *shakti*, mit geheimnisvollen, magischen Ritualen. Letztendlich erwiesen sich aber auch solche Veränderungen als machtlos gegen den wachsenden Reiz des Brahmanismus.

Ellora ist das beste Beispiel für diesen Wandel. Während des 8. Jhs. wurden viele der alten *viharas* in hinduistische Tempel umgewandelt und enthielten nun glänzende *shivalinga* statt Stupas und Buddhas. Die hinduistische Höhlenarchitektur mit ihrer Vorliebe für Skulpturen aus der Mythologie gipfelte im fantastischen **Kailash-Tempel**, einem gigantischen Ebenbild der frei stehenden Tempelbauten, die bereits an die Stelle der Höhlentempel traten. Es war der Hinduismus, der im Mittelalter der ganzen Wucht des islamischen Bildersturms im Dekkan ausgesetzt war. Der Buddhismus war bereits lange vorher in die Sicherheit des Himalaya geflohen, wo er bis heute blüht.

Höhlen 17 bis 29

Nur drei der hinduistischen Höhlen, die sich nördlich des Kailash-Tempels über die Berge erstrecken, lohnen einen Besuch. **Höhle 21** – die **Ramesvara** – wurde gegen Ende des 6. Jhs. in den Felsen geschlagen: Man hält sie für die älteste hinduistische Höhle in Ellora. Sie enthält einige sehr gut ausgeführte Bildhauereien, darunter zwei schöne Flussgöttinnen zu beiden Seiten der Veranda, zwei wundervolle Türwächter und einige sinnlich wirkende Paare, *mithunas*, die sich über die Wände des Balkons verteilen. **Höhle 25**, ein Stück dahinter, enthält ein faszinierendes Bildnis des Sonnengottes **Surya**, der in seiner Kutsche auf die Morgendämmerung zurast.

Von hier aus führt der Pfad an zwei weiteren Höhlen vorbei und fällt dann über einen nackten Felshang steil ab zu einer kleinen Schlucht. Unter einem nur in der Regenzeit vorhandenen **Wasserfall** hindurch führt der Weg auf der anderen Seite wieder hinauf zu **Höhle 29**, der **Dhumar Lena**. Sie stammt aus dem späten 6. Jh. und hat einen ungewöhnlichen, kreuzförmigen Grundriss – ähnlich wie die Elephanta-Höhle im Hafen von Mumbai. Löwen bewachen ihre drei Treppen, während die Innenwände von riesigen Friesen bedeckt sind. Links des Eingangs spießt Shiva den Andhaka-Dämonen auf. Auf dem danebenliegenden Relief hindert er den vielarmigen Ravana daran, ihn und Parvati von der Spitze des Berges Kailash hinunterzustürzen (man beachte den frechen Zwerg, der seinen Hintern entblößt, um den bösartigen Dämon zu verspotten). Auf der Südseite zeigt eine Würfelspiel-Szene, wie Shiva Parvati neckt, indem er ihren Arm festhält, als sie gerade würfeln will.

Der Kailash-Tempel (Höhle 16)

Höhle 16, der gigantische Kailash-Tempel ist das Meisterwerk von Ellora. Hier ist das Wort „Höhle" nicht nur eine drastische Untertreibung, sondern eine komplette Fehlbezeichnung. Denn obwohl der Tempel wie die anderen Höhlen aus dem Fels gehauen wurde, erinnert er doch sehr stark an die früheren frei stehenden Bauwerke in Süd-Indien. Der Monolith soll die Idee des Rashtrakuta-Herrschers **Krishna I.** (756–773) gewesen sein. 100 Jahre und vier Generationen von Königen, Architekten und Handwerkern zogen jedoch vorüber, bevor das Projekt vollendet wurde.

Seine Größe ist atemberaubend. Die Arbeiten begannen mit dem Ausheben von drei tiefen Gräben auf der Bergspitze. Pickel und Latten aus Holz wurden verwendet, die man mit Wasser tränkte und in enge Spalten steckte, um durch ihre Ausdehnung den Basalt zum Bröckeln zu bringen. Sobald auf diese Weise ein großer Brocken Fels freigelegt worden war, gingen die königlichen Bildhauer an die Arbeit. Man schätzt, dass insgesamt eine Viertelmillion Tonnen Bruchsteine aus den Felsen geschlagen wurden – ohne die Möglichkeit, Fehler zu korrigieren. Der Tempel wurde als gigantische Nachbildung der Wohnstatt von Shiva und Parvati im Himalaya betrachtet: des pyramidenförmigen **Berg Kailash** – eines Berggipfels in Tibet, der als göttliche Achse zwischen Himmel und Erde gilt. Heute ist die dicke Schicht aus weißem Kalk, die dem Tempel das Aussehen eines schneebedeckten Berges verlieh, bis auf ein paar Stellen abgesplittert; darunter ist die kunstvoll verzierte Oberfläche aus grau-braunem Stein sichtbar. Hinter dem Turm wurde diese Oberfläche durch Jahrhunderte lange Erosion gebleicht und verwischt, so als würde das riesige Bauwerk in der gleißenden Hitze langsam zerschmelzen, ⊙ tgl. außer Di 9–17.30 Uhr, Eintritt US$5.

Der **Haupteingang** des Tempels führt durch einen hohen steinernen Wandschirm, der den Übergang vom profanen in den heiligen Bereich versinnbildlichen soll. Nachdem man zwischen den beiden Wache haltenden Flussgöttinnen Ganga und Yamuna hindurch geschritten ist, gelangt man in einen engen Gang, der auf den Haupt-Vorhof führt. Hier steht man vor einem Relief, das **Lakshmi**, die Göttin des Reichtums, zeigt, wie sie von zwei Elefanten rituell gereinigt wird – die Szene ist bei den Hindus als „Gajalakshmi" bekannt. Der Sitte nach müssen Pilger im Uhrzeigersinn um den Berg Kailash laufen, daher geht man von hier die Treppen nach links hinunter und überquert die vordere Seite des Hofs bis zur nächstgelegenen Ecke.

Von der Spitze der Betontreppe in der Ecke sind alle drei Hauptbereiche des Tempelkomplexes sichtbar. Oberhalb des Eingangs liegt zunächst der Schrein mit Shivas Reittier **Nandi**, dann folgt die Hauptversammlungshalle, Mandapa, auf deren Wänden immer noch Spuren des alten Putzes, der einst das ganze Gebäude bedeckte, zu sehen sind, und schließlich das Heiligtum selbst, das von dem

29 m hohen Pyramidenturm, *shikhara,* überragt wird (am besten von oben zu sehen). Alle drei Bauten stehen auf einer erhobenen Plattform, die von Dutzenden, Lotus sammelnden Elefanten getragen wird. Außer, dass er den heiligen Berg Shivas symbolisiert, repräsentiert der Tempel auch einen gigantischen Wagen. Die Querschiffe, die aus den Seiten der Haupthalle hervortreten, sind die Räder, der Nandi-Schrein das Joch und die zwei lebensgroßen, rüssellosen Elefanten im vorderen Hof (von marodierenden Moslems beschädigt) sind die Zugtiere.

Die meisten Hauptattraktionen des Tempels sind auf seinen Seitenwänden zu finden, die von kraftvollen Plastiken bedeckt sind. Entlang der Treppe, die zur Nordseite der Mandapa führt, erzählt ein langes Relief Episoden aus dem Leben **Krishnas.** Dem Tempel weiter im Uhrzeigersinn folgend, gelangt man zu Reliefs, die größtenteils **Shiva** gewidmet sind. Auf der Südseite der Mandapa, in einer Wandnische, die aus dem vorstehenden Felsvorsprung gemeißelt wurde, befindet sich das Relief, das gemeinhin für die herausragendste bildhauerische Arbeit des Komplexes gehalten wird. Es zeigt, wie Shiva und Parvati vom vielköpfigen Dämon **Ravana** gestört werden, der im Inneren des heiligen Bergs eingekerkert wurde und mit seinen vielen Armen die Mauern seines Gefängnisses schüttelt. Shiva stellt daraufhin seine Überlegenheit unter Beweis, indem er das Erdbeben mit einem Stups seines Zehs zum Abklingen bringt. Parvati beobachtet die Szene gelassen auf ihre Ellbogen gestützt, während eine ihrer Dienerinnen panisch die Flucht ergreift.

An diesem Punkt kann man einen kleinen Abstecher zu der **Opferhalle** machen. An der unteren (südwestlichen) Ecke des Hofs läuft man die Treppen hinunter, wo ein faszinierender Fries die sieben Muttergöttinnen, die **Sapta Matrikas,** und ihre dämonenhaften Gefährtinnen Kala und Kali (dargestellt auf einem Leichenberg) zeigt. Die von 16 Säulen gestützte Versammlungshalle liegt in einem trüben Zwielicht, das es den Gläubigen erleichtern soll, sich auf die Gegenwart der Gottheit im Inneren zu konzentrieren.

Mit einer tragbaren Bogenlampe beleuchtet der *chowkidar* Fragmente von Malereien an der Decke, wo Shiva, der als Nataraja den Tanz des Todes vollführt, zu sehen ist.

Die Jain-Gruppe

Elloras kleine Gruppe von vier Jain-Höhlen liegt nördlich der Hauptgruppe, am Ende einer kurvigen Asphaltstraße. Man erreicht die Höhlen entweder von Höhle 29 aus, indem man bis zur T-Kreuzung absteigt und sich rechts hält, oder direkt vom Kailash-Tempel aus. So oder so sind die 2 km in der Hitze ein recht anstrengender Fußweg – eine Rikscha ist also zu erwägen.

Die zwischen dem 10. und 11. Jh. geschaffenen Jain-Höhlen sind die letzten Kunstwerke von Ellora. Im Vergleich zur Pracht des Kailash-Tempels wirken die kleinen und gedämpften Innenräume einfallslos, obwohl einige der Bildhauereien durchaus bemerkenswert sind. Nur eine Höhle aus dieser Gruppe sticht wirklich heraus: **Höhle 32,** die **Indra Sabha** („Indras Versammlungshalle"), ist eine Miniaturversion des Kailash-Tempels. Die untere ihrer beiden Ebenen ist schlicht und unvollständig, aber das obere Stockwerk quillt über vor kunstvollen Steinmetzarbeiten; besonders hervorzuheben sind die reich verzierten Säulen und die zwei *tirthankaras,* die den Eingang zum zentralen Schrein bewachen. Die nackte Figur des **Gomatesvara** auf der rechten Seite erfüllt im Wald ein Schweigegelübde. Sie ist so tief in die Meditation versunken, dass Kletterpflanzen ihre Beine hinauf gewachsen sind und Schlangen, Skorpione und andere Tiere um seine Füße krabbeln.

Grishneshwar Mandir

Der cremefarbene *shikhara* des Grishneshwar Mandir, der über dem kleinen Dorf westlich der Höhlen emporragt, kennzeichnet den Sitz einer der ältesten und heiligsten Gottheiten Indiens. Der Lingam im inneren Heiligtum des Tempels ist einer der zwölf *jyotrilinga* (Linga des Lichts), die vermutlich aus dem 2. Jh. v. Chr. stammen. Nicht-Hindus dürfen sich in die Schlange zum *darshan* einreihen, aber Männer müssen ihre Hemden ausziehen, bevor sie den Schrein selbst betreten dürfen.

Übernachtung

Hotel Kailas, 🖳 www.hotelkailas.com, ✆ 02437/ 245443, ist eine kleine Anlage mit Selbstversorger-Chalets, die etwas unsensibel gegenüber den Höhlen gebaut wurden. Es gibt einige billigere Zimmer an der Straße, ein Restaurant und eine klimatisierte Bar, außerdem eine begrenzte Anzahl an Schlafsaal-Betten (Rs 150) in einem angrenzenden Flügel namens *Nataraj*. ❻–❼ Die einzige andere Unterkunft ist *Vijay's Rock Art Gallery and Restaurant*, vom *Kailas* aus ein Stück weiter die Straße hinunter. Die Zimmer und sanitären Einrichtungen hier sind sehr einfach, aber das gemütliche Gästehaus eines ortsansässigen Malers – „für Künstler, Schriftsteller und Denker" – ist eine nette Übernachtungsmöglichkeit für alle, die die Höhlen etwas genauer studieren wollen. Hier werden auch wunderschöne Reproduktionen der Wandgemälde von Ajanta verkauft. ❷

Essen

Das *MTDC-Restaurant* serviert leckeres, preiswertes Essen. Zusätzlich zu den üblichen indischen Speisen (vegetarisch und nicht-vegetarisch) bietet es chinesische Gerichte, preiswerte Mittags-*thalis* und kaltes Bier – drinnen unter dem Ventilator oder draußen auf der schattigen Terrasse. Mahlzeiten und belegte Brötchen gibt es außerdem im etwas teureren *Heritage Restaurant* im *Kailas,* aber der Service ist langsam, besonders unter der Woche. Straßen-*dhabas* gegenüber vom Busbahnhof verkaufen *bhajis, pakoras* und andere Snacks sowie billige Reisgerichte.

Transport

Die meisten Besucher benutzen AURANGABAD als Ausgangspunkt für Tagesausflüge zu den Höhlen, entweder mit den halbstündlichen MSRTC-Bussen oder mit einer der beliebten MTDC-Touren (s. S. 195, Touren). Diese Touren sind allerdings sehr gehetzt: Wer sich die Höhlen lieber in Ruhe ansehen und vielleicht auch noch nach Daulatabad hinauf will, sollte entweder in Ellora übernachten oder früh morgens in Aurangabad aufbrechen.

Ajanta

Die Felsenhöhlen von Ajanta wurden in die fast senkrechten Hänge einer hufeisenförmigen Schlucht gemeißelt. Vor weniger als zwei Jahrhunderten war

dieser abgeschiedene Flecken Erde nur den hier ansässigen Angehörigen des Bhil-Volkes bekannt – die schattigen Eingänge zu den verlassenen Steinkammern lagen tief unter Schlingpflanzen und Dschungel vergraben. 1819 entdeckte ein kleiner Jagdtrupp der East India Company die Höhlen zufällig. Von einem jungen Späher zum Gipfel des steilen Felskliffs geführt, sahen die Jäger tief unter sich etwas aus dem dichten Blattwerk hervorstechen, was später als Fassade von Höhle 10 identifiziert wurde.

Die britischen Soldaten hatten einen der sensationellsten archäologischen Funde aller Zeiten gemacht. Weitere Erkundungen offenbarten insgesamt 28 säulengestützte Höhlen, gemeißelt aus den schokoladenbraunen und grauen Basaltfelsen, die den Fluss Waghora säumen. Noch bemerkenswerter waren die einwandfrei erhaltenen Gemälde, die alle Oberflächen in ihrem Inneren bedecken. Denn zusätzlich zu den Stein-Buddhas und anderen Bildhauereien in ihrem Inneren sind die Höhlen von Ajanta mit Wandmalereien verziert – die Motive reichen von Schlachtfeldern bis zu Segelschiffen und Straßenszenen, von üppigen Wäldern voller wilder Tiere bis hin zu schneebedeckten Berggipfeln. Selbst wer mit den Erzählungen, die sie illustrieren, nicht völlig vertraut ist, wird mühelos erkennen, warum diese Gemälde zu den schönsten Kunstschätzen Indiens zählen.

Trotz ihrer Abgeschiedenheit werden die Höhlen von Ajanta von außergewöhnlich vielen Menschen besucht. Wer diesen Ort in Ruhe erkunden will, sollte keinesfalls an einem Wochenende oder Feiertag hierher kommen, denn es erfordert überdurchschnittliche Fantasie, sich auszumalen, wie buddhistische Mönche hier einst zwischen den rohen Steinstufen wandelten, wenn gerade lärmende Schulkinder und Urlauber auf ihnen herumkraxeln. Die **beste Zeit für einen Besuch** ist entweder während des Monsuns, wenn der Fluss anschwillt und die Schlucht vom Tosen der Wasserfälle widerhallt, oder während der kühleren Wintermonate zwischen Oktober und März. Während des restlichen Jahres kann die Sonne vom Dekkan, die erbarmungslos auf die nackten, nach Süden gewandten Felsen niederbrennt, eine Tour durch Ajanta zu einem wahren Härtetest machen. Wann auch immer man kommt, man sollte auf jeden Fall einen Hut, eine Sonnenbrille, eine Taschenlampe und ausreichend Trinkwasser mitbringen.

Geschichte

Ajanta war für die umherziehenden buddhistischen Mönche der Region der ideale Ort für die Gründung eines ihrer ersten festen Klöster: nahe genug an den großen Handelsrouten durch den Dekkan, um regelmäßig Almosen zu erhalten, und doch weit genug von der Zivilisation, um die Ruhe und den Frieden zu erhalten, den sie für ihre Meditation und ihre Gebete benötigten. Spenden-Inschriften deuten darauf hin, dass die ersten Höhlen hier im 2. Jh. v. Chr. in den Fels geschlagen wurden.

In ihrer Glanzzeit beheimateten die Höhlen von Ajanta mehr als 200 Mönche sowie eine beträchtliche Anzahl von Malern, Bildhauern und Arbeitern, die damit beschäftigt waren, die Mönchszellen und Heiligtümer in die Felsen zu schlagen und zu verzieren. Irgendwann im 7. Jh. wurde die Stätte jedoch verlassen – ob wegen der wachsenden Beliebtheit der nahe gelegenen Höhlen von Ellora oder wegen des Wiederaufstiegs des Hinduismus ist unbekannt. Bereits im 8. Jh. war der verlassene Komplex vergessen und wurde sogar von den moslemischen Bilderstürmern übersehen, die den anderen heiligen Stätten der Region während des Mittelalters solch verheerenden Schaden zufügten.

Frühe Versuche, die faszinierende Wiederentdeckung zu dokumentieren, verliefen so erfolglos, dass Ajanta seitdem mit einem düsteren Fluch assoziiert wird: Die gesamte Sammlung von Kopien der Höhlenmalereien, die der Künstler **Robert Gill** in 27 Jahren vor Ort angefertigt hatte, ging 1866 bei einem Brand des Crystal Palace in London verloren. Das gleiche Schicksal ereilte in den 70er Jahren des 19. Jhs. einen weiteren Stapel von Kopien, der im Londoner Victoria and Albert Museum in Rauch aufging. Die Impressionen von Ajanta, die ein japanisches Team auf Reispapier festhielt, wurden durch ein Erdbeben vernichtet. Selbst **Restaurationen** standen unter einem schlechten Stern. Im Jahre 1920 verpflichtete der Nizam von Hyderabad (damals Herrscher über die Region) italienische Experten, um einige der stärker zerstörten Malereien auszubessern. Unglücklicherweise wurde der Lack, den sie benutzten, um die blättrigen Fragmente des Putzes an den Höhlenwänden zu versiegeln, im Laufe der Zeit dunkler und bekam Risse, was weitere irreparable Schäden anrichtete.

Heute obliegt die Aufgabe der Restauration dem nationalen archäologischen Institut, dem Archaeo-logical Survey of India (ASI). Eine der Maßnahmen zur Minimierung der Schäden durch Hunderte von Besuchern täglich ist ein Verbot von Fotografieren mit Blitz und eine strenge Begrenzung der Zahl von Besuchern, die sich gleichzeitig in einer Höhle aufhalten dürfen – ein weiterer Grund, die Wochenenden zu meiden. Weitere Informationen zu den Felsentempeln des nordwestlichen Dekkan s. S. 202.

Die Höhlen

Nach Ankunft bei den Höhlen von Ajanta sollte man direkt zum Eintrittskarten-Kiosk auf der anderen Seite der Anhöhe gehen, um die Eintrittskarte sowie das ausgesprochen wichtige *light-ticket* (Rs 10 pro Gruppe; die Gebühr für die Beleuchtung der Höhlen) zu kaufen. Ein nicht zu verfehlender Weg führt von hier zu den großen Mahayana-*viharas;* wer die Höhlen jedoch lieber in chronologischer Reihenfolge besichtigen will, muss mit der kleineren Hinayana-Gruppe von *chaitya*-Hallen weiter unten in der Flussbiegung beginnen (Höhlen 12, 10 und 9) und anschließend über Höhle 17 wieder nach oben kommen. Wer beim Erklimmen dieser Stufen Hilfe benötigt, findet vor den Ständen darunter Sänften-Träger, *dhooli-wallahs* (Rs 150/Std.). Offizielle **Touristenführer** bieten zweistündige Touren an, die beim Eintrittskartenschalter gebucht werden können. Sie bereichern den Besuch durch interessante Geschichten (ohne Führer ist es schwer, den Geschichten auf den Wänden zu folgen) – allerdings hat man vielleicht das Bedürfnis, sich die Höhlen anschließend noch einmal in etwas ruhigerem Tempo anzusehen. ⊙ tgl. 9–17.30 Uhr, Eintritt US$5.

Höhle 1

Höhle 1 enthält einige der kunstvollsten und stilistisch am weitesten entwickelten Gemälde von Ajanta. Als die Arbeiten an der Höhle Ende des 5. Jh. begannen, dienten *viharas* den Mönchen nicht nur als Wohn- und Schlafbereiche, sondern auch als Stätten der Andacht. Wie in den meisten Mahayana-*viharas* bebildern die außergewöhnlichen Malereien auf Wänden und Decken Episoden aus den *Jatakas,* der Geburtsgeschichte und den früheren Leben Buddhas.

Links vom Eingang zum Hauptschrein, steht ein weiteres Meisterwerk: **Padmapani,**„Der einen

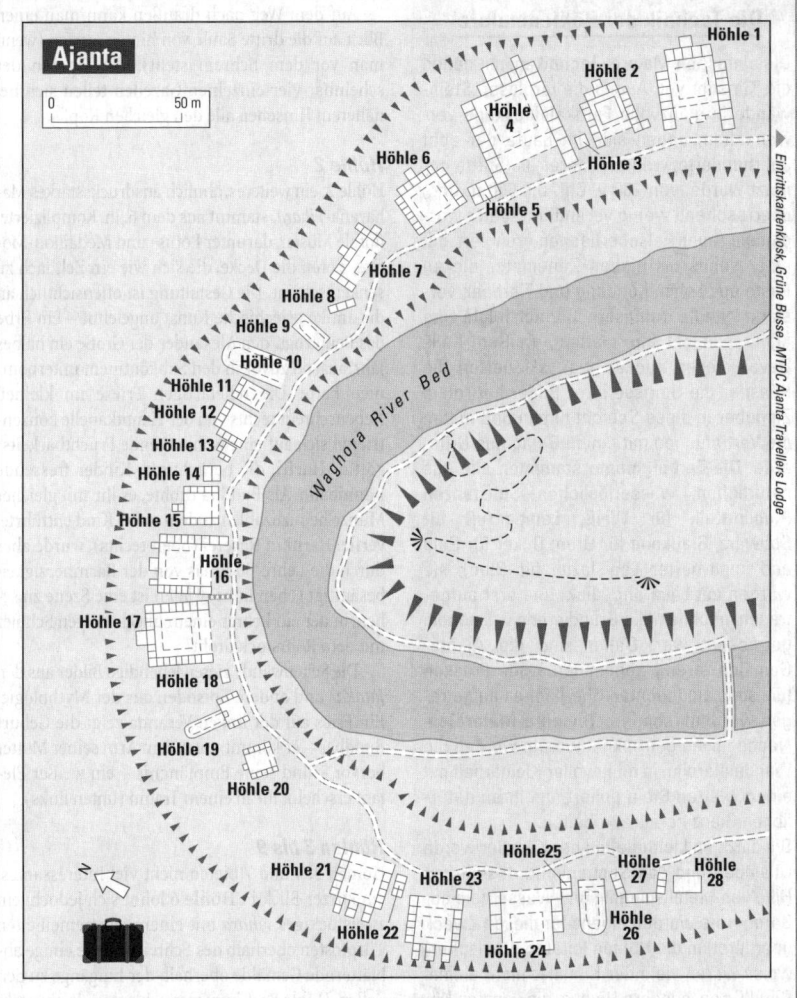

Ajanta

0   50 m

Höhle 1
Höhle 2
Höhle 4
Höhle 3
Höhle 6
Höhle 5
Höhle 7
Höhle 8
Höhle 9
Höhle 10
Höhle 11
Höhle 12
Höhle 13
Höhle 14
Höhle 15
Höhle 16
Höhle 17
Höhle 18
Höhle 19
Höhle 20
Höhle 21
Höhle 22
Höhle 23
Höhle 24
Höhle 25
Höhle 26
Höhle 27
Höhle 28

Waghora River Bed

N

Eintrittskartenkiosk, Grüne Busse, MTDC Ajanta Travellers Lodge

---

Lotus Haltende", eine Erscheinungsform von Avalokiteshvara, umgeben von einer Entourage aus Gefolgsleuten, göttlichen Musikanten, Liebhaberinnen, Affen und einem Pfau. Gegenüber, auf der rechten Seite des Eingangs, steht **Vajrapani**, der im Buddhismus die „wahre Wirklichkeit" verkörpert. Gemeinsam repräsentieren diese beiden Bodhisattvas den dualen Aspekt des Maha-

yana-Buddhismus: Barmherzigkeit und Weisheit. Der wirkliche Mittelpunkt von Höhle 1 ist jedoch die gigantische sitzende Buddha-Skulptur im Schrein – die schönste von Ajanta. Mit tragbaren Scheinwerfern demonstrieren die Touristenführer mit Vergnügen, wie sich der Ausdruck auf dem kunstvoll gemeißelten Gesicht Buddhas mit dem Lichteinfallswinkel verändert.

Die Technik der Höhlenmalerei

Die einfachen Malerei-Techniken, mit denen die Künstler von Ajanta die farblosen Steinwände in glanzvolle Farbkaleidoskope verwandelten, haben sich im Laufe der acht Jahrhunderte, während derer die Stätte genutzt wurde, von 200 v. Chr. bis 650 n. Chr., überraschend wenig verändert. Zuerst wurden die rauen Felsoberflächen grundiert: mit einer sechs bis sieben Zentimeter dicken Paste aus Lehm, Kuhdung und Tierhaar, verstärkt mit Pflanzenfasern. Danach folgte eine dünne Schicht aus glattem, weißem Kalk. Bevor dieser trocken war, skizzierten die Künstler die Umrisse ihrer Bilder mit rotem Zinnober in diese Schicht hinein und füllten die Vertiefungen mit einem Belag aus Grünerde. Die **Farbpigmente** stammten alle aus natürlichen, wasserlöslichen Substanzen (Kaolin-Kalk für Weiß, Lampenruß für Schwarz, Glaukonit für Grün, Ocker für Gelb und importierter Lapislazuli für Blau); sie wurden mit Leim angedickt und erst aufgetragen, nachdem die Grundierung vollständig getrocknet war. Daher sind die Ajanta-Gemälde streng genommen keine Fresken (die stets auf feuchten Oberflächen aufgetragen werden), sondern **Tempera-Malereien**. Nachdem sie getrocknet waren, wurden die Wandmalereien in mühevoller Kleinarbeit mit einem glatten Stein poliert, um ihren natürlichen Glanz herauszuarbeiten.

Die einzigen **Lichtquellen** der Künstler waren Öllampen und das Sonnenlicht, das sie mit Hilfe von Metallspiegeln und Wasser (die äußeren Höfe wurden eigens für diesen Zweck überflutet) in die Höhlen leiteten. Ironischerweise waren viele der Künstler nicht einmal Buddhisten, sondern Hindus, die von den Königshöfen engagiert wurden. Nichtsdestotrotz führte ihre außergewöhnliche Beherrschung von Linienführung, Perspektive und Schattierung – die Eigenschaften, die den Malereien von Ajanta ihre charakteristische, überirdische Stimmung verleihen – zu einem der großen Meilensteine in der Malerei-Technik der indisch-buddhistischen Kunst.

Auf dem Weg nach draußen kann man einen Blick auf die dritte Säule von hinten werfen (wenn man vor dem Schrein steht): die Figuren der scheinbar vier einzelnen Gazellen teilen sich bei näherem Hinsehen alle den gleichen Kopf.

Höhle 2

Höhle 2, ein weiteres, ähnlich ausdrucksstarkes Mahayana-*vihara*, stammt aus dem 6. Jh. Komplizierte, florale Muster, darunter Lotus- und Medaillon-Motive, zieren die Decke, die sich wie ein Zeltdach zu senken scheint. Die Gestaltung ist offensichtlich an die antike griechische Kunst angelehnt – ein Erbe des Beutezugs, den Alexander der Große ein halbes Jahrtausend zuvor in den Subkontinent unternommen hatte. Die reliefartigen Friese im kleinen Nebenschrein rechts von der Hauptkapelle konzentrieren sich auf eine wohlhabende Fruchtbarkeitsgöttin: **Hariti**, die berüchtigte, Kinder fressende Kannibalin. Als Buddha drohte, es ihr mit gleicher Münze heimzuzahlen, indem er ihr Kind entführte, verfiel Hariti in Raserei (oben rechts), wurde aber durch die Lehre Buddhas von der Barmherzigkeit besänftigt (oben links). Unten ist eine Szene zu sehen, in der ein Lehrer einem ungebärdigen Schüler mit dem Rohrstock droht.

Die Seitenwände zieren lebendige Bilder aus den *Jatakas* und andere Episoden aus der Mythologie. Ein Fries auf der linken Veranda zeigt die Geburt Buddhas – er kommt unter dem Arm seiner Mutter hervor – und seine Empfängnis – ein weißer Elefant erscheint ihr in einem Traum (unten links).

Höhlen 3 bis 9

Höhlen 3, 4 und 7 bieten nicht viel Interessantes, ein kurzer Blick in **Höhle 6** lohnt sich jedoch: ein zweistöckiges *vihara* mit einem fein gemeißelten Türpfosten oberhalb des Schreins sowie einige abblätternde Gemälde oberhalb der Eingänge zu den Zellen. Höhle 8 ist immer geschlossen: In ihr steht der Generator für die Beleuchtung.

Höhle 9, die aus dem 1. Jh. v. Chr. stammt, ist der erste *chaitya*, den man auf dem Fußweg erreicht. In ihr steht ein halbkugelförmiger Stupa im Zwielicht eines charakteristischen, wie ein Peepal-Blatt geformten Fensters. Er bildet mit seinem Reliquienschrein das religiöse Herzstück der 14 m langen Halle. Die erhaltenen Malerei-Fragmente, darunter eine Prozessions-Szene an der linken

Wand, wurden größtenteils über frühere Schlangen-Gottheiten, *nagarajas*, gemalt.

Höhle 10

Obwohl sie teilweise eingestürzt ist und von Drahtgittern, die der ASI zum Abhalten der Fledermäuse aufgestellt hat, verunziert wird, ist die Fassade von Höhle 10, einer *chaitya*-Halle aus dem 2. Jh. v. Chr. (in der Schlucht die älteste und eindrucksvollste ihrer Art) immer noch ein großartiger Anblick. Die großen Sehenswürdigkeiten dieser Höhle sind jedoch weitaus kleiner und unauffälliger. Wenn einer der Wärter mit einem Spiegel etwas Sonnenlicht hineinreflektiert, kann man mit etwas Mühe die verschwindenden Farbspuren auf der linken Seite erkennen (jetzt hinter Glas geschützt). In einer Szene nähert sich ein Raja mit seinem Gefolge einer Gruppe von Tänzern und Musikern, die rund um einen geschmückten Bodhi-Baum stehen. Der Baum ist ein Symbol für Buddha, denn die Hinayana-Buddhisten stellten diesen nicht gern figürlich dar. Dies ist vermutlich das älteste erhaltene buddhistische Wandgemälde in ganz Indien. An der gleichen Wand sieht man auch das Gekritzel der britischen Soldaten, die die Höhlen im Jahre 1819 wiederentdeckten.

Die von drei Reihen achteckiger Säulen unterteilte und in einer Apsis endende Halle selbst wird von einem riesigen, monolithischen Stupa am hinteren Ende dominiert. Wenn keine anderen Besucher da sind, kann man die fantastische Akustik des *chaitya* ausprobieren.

Höhle 16

Die nächste interessante Höhle, Höhle 16, ist ein spektakuläres *vihara* aus dem 5. Jh. Sie beheimatet das berühmte Gemälde, das als **Sterbende Prinzessin** bekannt ist: relativ weit vorn an der linken Wand. Die Prinzessin war eigentlich eine Königin namens **Sundari**, und sie stirbt nicht, sondern fällt in Ohnmacht, nachdem sie die Nachricht erhalten hat, dass ihr Gatte, König Nanda (Buddhas Cousin), auf den Thron verzichten will, um Mönch zu werden. Die gegenüberliegende Wand zeigt Episoden aus Buddhas frühem Leben als Siddhartha.

Höhle 17

Höhle 17 stammt aus der Zeit zwischen der Mitte des 5. und dem Anfang des 6. Jhs. In ihr befinden

sich die besterhaltenen und abwechslungsreichsten Gemälde von Ajanta. Wie bei den Höhlen 1 und 2 darf sich nur eine begrenzte Zahl von Besuchern gleichzeitig in ihr aufhalten. Die Wartezeit lässt sich mit dem Anschauen der Fresken auf der Veranda verkürzen. Über der Tür blicken acht sitzende Buddhas, darunter der zukünftige Buddha Maitreya, auf die Besucher hinunter. Auf der linken Seite teilt ein Prinzenpaar ein letztes Glas Wein, bevor die beiden ihre weltlichen Besitztümer an die Armen verteilen. An der linken Seite der Veranda sind Fragmente eines kunstvollen „Rad des Lebens" zu erkennen.

Im Inneren der Höhle werden die Wandmalereien von Illustrationen der *Jatakas* dominiert, vor allem von solchen, in denen Buddha die Form eines Tieres annimmt, um bestimmte Tugenden zu illustrieren. Das in einem durchgehenden Fries den linken Gang entlang verlaufende **Vishvantara Jataka** erzählt die Geschichte eines Prinzen, den sein Vater des Hofs verwies, weil er einen magischen, Regen machenden Elefanten verschenkt hatte. An der Mauer links des Hauptschreins, befinden sich einige Schrecken erregende Bilder. Im **Sudasa Jataka** nimmt ein Bodhisattva die Gestalt einer Löwin an, um einen Prinzen davon abzuhalten, seine Untertanen zu fressen. Die Künstler haben nicht an Details gespart: Man sieht auf den Bildern blutige Stücke menschlichen Fleisches, die zerhackt und in Kochtöpfe geworfen werden. Das großartige **Simhala-Fries** auf der rechten Seite der Höhle erzählt die Geschichte eines abenteuerlustigen Händlers und seines Trupps von Seefahrern, die nach einem Schiffbruch auf einer einsamen Insel landen – umgeben von gut gebauten Jungfrauen. Grausamerweise verwandeln sich diese schönen Mädchen nachts in eine Horde blutrünstiger Kannibalinnen.

Neben dem *Simhala Jataka* zeigt ein kleinerer Fries, wie Buddha sich die Augen herausnimmt, um sie einer blinden Brahmanin zu geben. Die Säule zwischen den beiden Wandmalereien ziert ein exzellentes Porträt einer sinnlichen, dunkelhäutigen Prinzessin, die sich selbst in einem Spiegel bewundert, während ihre Dienerinnen und ein Zwergin ihr zusehen. Die *chowkidars* demonstrieren den Besuchern, wie ihre Augen und ihr Schmuck vor dem dunklen Hintergrund wie Perlen schimmern, wenn der Fries von der Seite angeleuchtet wird.

Höhle 19

Die in der Blütezeit des Mahayana-Buddhismus Mitte des 5. Jh. aus dem Felsen gemeißelte Höhle 19 ist ohne Zweifel die großartigste *chaitya*-Halle von Ajanta. Ihre **Fassade** ist reich verziert mit kunstvollen Bildhauereien. Auf den Säulen, die die Wände flankieren, wechseln sich gütige Bodhisattvas in durchscheinenden Roben mit meditierenden Buddhas ab. Von der anderen Seite des mit einem Spitzbogen verzierten Fensters blicken zwei dickbäuchige Halbgötter mit Doppelkinn selbstzufrieden herunter. Das Faible der Mahayana-Buddhisten für üppige Verzierungen wird als Antwort auf den gleichzeitigen Aufstieg des Brahmanismus interpretiert. Der Hindu-Einfluss zeigt sich noch deutlicher in den Friesen, die das Innere der Vorhalle schmücken. An der linken Wand sind der Schlangenkönig Nagaraja und seine Königin in entspannter Haltung sitzend zu sehen, gekrönt von einem Heiligenschein aus Kobraköpfen – die Ähnlichkeit zu den vielen Shiva- und Parvati-Darstellungen in Ellora und zu den Schlangenkulten, denen die Menschen hier in der Waghora-Schlucht anhingen, ist offensichtlich.

Im Inneren der Halle sind weniger die Fresken als die Reliefs um den oberen Teil der Säulen bemerkenswert. Der stehende Buddha hinten in der Halle, eine weitere Mahayana-Innovation, ist noch interessanter. Auffällig ist auch die Entwicklung der gedrungeneren Stupas in den frühen *chaityas* (Höhlen 9 und 10) zu dieser länglicheren Version. Ihre Schirme werden von Engeln und einer Vase mit Götternektar gehalten und reichen bis unter das Deckengewölbe.

Höhlen 21 bis 26

Höhlen 21 bis 26 stammen aus dem 7. Jh. und sind damit rund 200 Jahre jünger als die anderen. Sie bilden eine separate Gruppe am hinteren Ende des Felsens. Außer der unvollendeten **Höhle 24**, deren grob gehauene Gräben und Säulen eine Ahnung davon vermittelt, wie die ursprünglichen Arbeiten vonstatten gingen, lohnt vor allem noch **Höhle 26** eine nähere Betrachtung. Sie wurde in ähnlicher Form geplant wie der andere große *chaitya*, Höhle 19, aber nie fertig gestellt. Doch die bildhauerischen Arbeiten zählen zu den lebendigsten und faszinierendsten in Ajanta. In der finsteren Apsis am hinteren Ende sitzt Buddha vor einem großen, zylin-

derförmigen Stupa umringt von Bodhisattvas. Im Fries namens **Maras Versuchung** zu seiner Rechten (wenn man zur Höhle hineinkommt links) erscheint er noch einmal, diesmal unter einem Peepal-Baum sitzend, während sieben aufreizende Schwestern versuchen, ihn zu verführen. Ihr Vater, der teuflische Mara, beobachtet die Szene vom Rücken eines Elefanten in der oberen rechten Ecke. Die Finte zur Irreführung Buddhas schlägt natürlich fehl und zwingt den bösen Widersacher und seine Töchter schließlich zum Rückzug (unten rechts). Im Kontrast hierzu das riesige Bild **Parinirvarna**, auf der Wand gegenüber, das Siddhartha auf seinem Sterbebett zeigt, ein Quell der Ruhe. Am unteren Rand weinen die Trauernden, oben fliegen Engel und Musiker, um den Weisen zu begrüßen, als er ins Nirwana eingeht. Sanftes Sonnenlicht fällt vom Eingang über die feinen, gefühlvoll gemeißelten Züge Buddhas und vervollkommnet den überirdischen Effekt.

Der Aussichtspunkt

Der steile 30-minütige Aufstieg zum Aussichtspunkt, von dem aus die britische Jagdgesellschaft zum ersten Mal die Höhlen von Ajanta sah, lohnt sich unbedingt: Der Panoramablick über die Waghora-Schlucht und die umliegenden Wände aus nacktem Felsen ist atemberaubend. Der einfachste Weg zum Pfad führt durch die Souvenirstände, die außerhalb des Eingangs liegen, und dann durch die Furt im Fluss; alternativ kann man auch die Stufen zwischen den Höhlen 16 und 17 hinabsteigen und dem Weg bis zu einer Betonbrücke folgen. Auf der anderen Seite des Flusses links abbiegen und dann, wenn die Stufen den Berg hinauf abzweigen, rechts. Eine Rechtskurve am Ende der Brücke führt tiefer in die Schlucht, wo sich ein eindrucksvoller Wasserfall befindet. Dieser Weg ist während des Monsuns jedoch unbedingt zu meiden – der Wasserstand kann dann gefährlich hoch sein.

Übernachtung und Essen

Ajanta bietet eine begrenzte Auswahl an Unterkünften – die meisten Besucher übernachten jedoch in Aurangabad oder Jalgaon, um früh am nächsten Tag einen Zug zu nehmen.
Wer jedoch in unmittelbarer Nähe der Höhlen übernachten will, kann dies im heruntergekom-

MAHARASHTRA

menen **MTDC Ajanta Travellers Lodge** tun,
☎ 02438/244226. ❸

Ansonsten bietet das **Holiday Resort**, ☎ 02438/244230, ein paar Kilometer weiter auf der Straße nach Jalgaon im Ort Fardapur, etwas bessere, aber überteuerte Zimmer. ❹–❺

Die einzigen Möglichkeiten, etwas zu essen zu bekommen, sind die Snack-Läden an der T-Junction und das Restaurant des *Ajanta Travellers Lodge*, das vegetarische und nicht-vegetarische Punjabi-Gerichte serviert, aber nur bis 18 Uhr.

Transport

Busse sind die einzige Möglichkeit, mit einem öffentlichen Verkehrsmittel nach Ajanta zu gelangen.

Alle Fahrzeuge, auch Taxis, müssen an der **Ajanta T-Junction** halten, 5 km von den Höhlen an der Hauptstraße von Aurangabad nach Jalgaon. Hier gibt es ein Besucherzentrum, Erfrischungen, Toiletten und Souvenirs; der Eintritt zu diesem Komplex kostet Rs 5. Umweltfreundliche grüne Busse pendeln regelmäßig zwischen der T-Junction und den Höhlen, hin und zurück Rs 12, bzw. AC Rs 20.

Alle MSRTC-Busse zwischen AURANGABAD, 108 km südwestlich, und dem nächsten Bahnhof in JALGAON, 58 km nördlich, halten an der T-Junction auf Nachfrage.

Wer einen frühen Bus hierher nimmt, kann die Höhlen besichtigen, etwas essen und dann in eine der beiden Richtungen weiterfahren. Alternativ kann man die Fahrt von und nach Aurangabad auch mit einer der gehetzten **Touren** (s. S. 195) zurücklegen.

Jalgaon

Jalgaon, in strategisch wichtiger Lage am westlichen Schienennetz sowie an der Hauptstraße durch den Dekkan, dem NH-6, ist ein Marktzentrum für die Baumwoll- und Bananenbauern der Region und ein wichtiger Stopp für Traveller auf dem Weg zu oder von den 58 km weiter südlich gelegenen Höhlen von Ajanta. Zwar bietet die Stadt selbst nichts Interessantes, Besucher sind jedoch oft gezwungen, hier zu übernachten, um früh morgens weiterreisen zu können.

Übernachtung

Wer in Bezug auf schmutzige Toiletten und einen morgendlichen Räusper-Chor nicht zu zimperlich ist, kann die **Retiring Rooms** oberhalb von Bahnsteig 1 im Bahnhof probieren (Rs 100–150).

Die restlichen Unterkünfte von Jalgaon liegen nur einen kurzen Fußweg entfernt: eine Reihe billiger Lodges rund um den Bahnhofsplatz und entlang der Station Rd, der Hauptstraße.

Aram Guest House, Station Rd, ☎ 0257/222 6549, bietet einigermaßen saubere, wenn auch beengte EZ/DZ mit Bad. ❷

Plaza Hotel, 2 Min. vom Bahnhof auf der linken Seite der Station Rd, ☎ 0257/222 7354, ✉ hotel plaza_jal@yahoo.com. Eines der besten Budget-Hotels von ganz Indien, äußerst schmuck; die billigeren Zimmer sind besonders gut: hübsch eingerichtet und mit blitzsauberen, gefliesten Badezimmern; außerdem sauberer Schlafsaal mit AC (Rs 150) und teurere Zimmer mit Kabelfernsehen, und wenn man früh morgens abreist, wird Tee auf dem Zimmer serviert. Die Jain-Eigentümer fungieren auch als inoffizielle Touristeninformation: Sie sind eine Quelle an regionalen Informationen und haben einen guten Stadtplan sowie Internetanschluss. ❷–❹

Royal Palace, ☎ 0257/223 3888, 1 km vom Plaza Hotel, am Busbahnhof vorbei; neues, schmuckes Mittelklassehotel. ❹–❺

Essen und Sonstiges

Es gibt kein besseres Restaurant als das **Silver Palace** neben dem *Plaza Hotel*, ein schickes, neues Lokal mit klimatisiertem Speiseraum und offener Terrasse; leckere chinesische und indische Gerichte, vegetarisch und nicht-vegetarisch, inkl. Spezialitäten aus Hyderabad und Lahore; hier gibt es auch die einzige nicht schmuddelige Bar.

Anjali, gleich vor dem Bahnhof auf der rechten Seite, serviert eine gute Auswahl an rein vegetarischen südindischen Snacks sowie ziemlich scharfe Punjabi-Mahlzeiten.

Das nordindische **Hotel Arya**, 5 Min. zu Fuß vom Bahnhof, ist ebenfalls ein rein vegetarisches Restaurant; beim Kreisverkehr am oberen Ende der Station Rd links, vorbei am *Mandora Cyber-*

point und am **Arya Nivas** (gute, preisgünstige thalis), die erste Straße links, dann auf der linken Seite.

Ein **Geldautomat** der UTI Bank steht 500 m vom Bahnhof Richtung Busbahnhof.

Internetanschluss bietet **Mandora Cyberpoint** neben dem Restaurant Arya Nivas für Rs 25/Std.

Transport

BUSSE – Busse nach Indore (257 km nördlich) und Pune (336 km südlich) fahren vom MSRTC-Busbahnhof ab, der eine 10-minütige Rikscha-Fahrt durch die Stadt vom Bahnhof entfernt liegt. Private Busse nach Mumbai, Indore, Pune und anderen Städten kann man bei Reisebüros buchen, z. B. bei **Shivalik Tours**, 4 Stadium Complex, schräg gegenüber vom Busbahnhof, ✆ 0257/223 8405, die auch individuelle Touren anbieten.

Nach AJANTA kommt man am schnellsten mit einem der halbstündlichen Busse nach AURANGABAD, 160 km südlich, die alle in Ajanta T-Junction halten.

Busse nach:
AJANTA (alle 30 Min., 1 Std.),
AURANGABAD (alle 30–60 Min., 4 Std.),
MUMBAI (1x tgl., 10 1/2 Std.),
NAGPUR (2x tgl., 9 Std.),
PUNE (5x tgl., 9 Std.).

EISENBAHN – Jalgaon hat hervorragende Zugverbindungen, da es auf der Hauptstrecke zwischen Delhi, Kolkata und Mumbai liegt, sowie gute Verbindungen zu den meisten Städten nördlich auf der Central Railway-Strecke.

Züge nach:
AGRA (3–4x tgl., 5–18 1/4 Std.),
BANGALORE (1–2x tgl., 24–26 Std.),
BHOPAL (6x tgl., 7–8 1/2 Std.),
CHENNAI (1–2x tgl., 23 1/2 Std.),
DELHI (3x tgl., 18 1/4–23 Std.),
GWALIOR (3–5x tgl., 13 1/2–16 1/4 Std.),
KOLKATA (3x tgl., 28–34 Std.),
MUMBAI (10–12x tgl., 7 3/4–9 1/2 Std.),
NAGPUR (5–7x tgl., 7 3/4–9 1/4 Std.),
PUNE (2–3x tgl., 9 1/2–11 1/4 Std.),
VARANASI (2–4x tgl., 19 1/2–23 1/4 Std.),
WARDHA (5–7x tgl., 6 1/2–7 3/4 Std.).

Süd-Maharashtra

Die meisten Touristen, die von Mumbai nach Süden fahren, lassen Süd-Maharashtra aus, aber wer Zeit hat, kann hier einen Zwischenstopp einlegen. **Pune** konnte sich seinen typischen Maratha-Charakter erhalten, zumindest im alten Teil der Stadt, und besitzt darüber hinaus ein einzigartiges Museum; manche fühlen sich auch von der viel bespötelten Osho-Kommune angezogen. Hill Stations wie **Matheran** und **Mahabaleshwar** bieten Besuchern angenehme Kühle, die Möglichkeit von Waldspaziergängen und schöne Panoramablicke. Von **Lonavala** aus kann man die älteste buddhistische Felsenkunst im westlichen Dekkan besichtigen, und **Kolhapur**, die letzte größere Stadt vor Karnataka im Süden oder Goa im Südwesten, ist ein Ort mit traditioneller Atmosphäre und eindrucksvoller Raj-Ära-Architektur.

Matheran

Die kleine Hill Station Matheran, 108 km östlich von Mumbai, liegt in 800 m Höhe auf einem schmalen, in Nord-Süd-Richtung verlaufenden Berggrat der Sahyadri-Bergkette. Von Aussichtspunkten mit Namen wie Porcupine (Stachelschwein), Monkey oder Echo, am Rande nackter Felsen, die in tiefe Schluchten abfallen, kann man weit über die dunstigen Ebenen schauen – an einem schönen Tag angeblich sogar bis nach Mumbai. Matheran selbst ist den größten Teil des Jahres über in dichten Nebel gehüllt. Einzigartig ist, dass Autos, Busse, Motorräder und Motor-Rikschas in der Stadt verboten sind. Dieser Umstand sowie die Anreise mit einer **Schmalspurbahn**, die durch die spektakuläre Landschaft bis zum Bergkamm hinauftuckert, verleihen der Stadt eine angenehm ruhige, zeitlose Atmosphäre.

Matheran (wörtlich „Mutter Wald") ist schon seit dem 19. Jh. ein beliebter Zufluchtsort vor der Hitze Mumbais. Heutzutage finden nur noch wenige Touristen den Weg hier herauf, und diejenigen, die kommen, bleiben meist nur zwei oder drei Tage, um die Zeit bis zu einem Flug zu überbrücken oder in einem der schönsten Kolonialhotels Indiens zu wohnen, im Lord's Central Hotel. Die Touristensaison dauert von Mitte September bis Mitte Juni (zu anderen Zeiten regnet es oder ist neblig); am meisten Betrieb herrscht zwischen November und Januar, im April und Mai sowie praktisch an jedem Wochenende. Es gibt hier oben eigentlich nichts anderes zu tun als zu entspannen, die Wälder zu Fuß oder auf dem Pferderücken zu durchstreifen und die frische Luft und schöne Aussicht zu genießen.

Die Luftlinie zwischen dem Bahnhof in Neral und Matheran beträgt nur 6,5 km, aber der Zug windet sich auf nicht weniger als 21 km Gleisstrecke hier herauf, mit ganzen 281 Kurven, die zu den engsten Eisenbahnkurven der Welt gehören sollen. Die zweistündige Zugfahrt ist ein echtes Vergnügen, vor allem, wenn man einen Fensterplatz ergattert; man wird aber ordentlich durchgerüttelt und sitzt auf harten Bänken.

1974 schnitt der Eisenbahnstreik in ganz Indien Matheran von der Außenwelt ab. Als Reaktion darauf wurde der Weg von Neral hier herauf für Jeeps passierbar gemacht und 1984 sogar bis Dasturi Naka, 2 km vor der Stadt, geteert.

Übernachtung und Essen

Matheran hat zahlreiche Hotels, allerdings nur wenige billige. Die meisten liegen in der Nähe des Bahnhofs in der MG Rd und der Straße dahinter, der Kasturba Bhavan. Reduzierte Preise (bis zu 50%) gibt es an Werktagen oder für längere Aufenthalte sowie während der Regenzeit (wenn viele Hotels geschlossen sind). Praktisch alle Hotels bieten Voll- oder Halbpension zu akzeptablen Preisen, wer jedoch außerhalb des Hotels essen will oder sparen muss, ist mit den zahlreichen *thali*-Läden rund um den Bahnhof gut bedient.

Gujarat Bhavan, Maulana Azad Rd, ✆ 02148/230278 oder in Mumbai ✆ 022/2203 0876. Sauberes und komfortables, rein vegetarisches Jain-Resorthotel mit einer Reihe unterschiedlicher Zimmer und Cottages (z. T. mit AC und TV); Spielplatz und Pool. Nur Vollpension. ❼–❽

Hope Hall, MG Rd, ✆ 02148/230253, gegenüber *Lord's Central*. Die beste Budget-Unterkunft: große, saubere Zimmer mit Bad rund um einen abgeschiedenen Hof mit Badminton und Tischtennis am ruhigen Ende der Stadt, freundliche Besitzer. ❷

Lord's Central, MG Rd, ✆ 02148/230228, 🖥 www.lordsmatheran.com. Das Wahrzeichen von Ma-

theran, in der Nähe des Bahnhofs. Vornehme Cottages aus der Raj-Ära (ohne AC) mit Terrassen und vom Garten aus ein wunderschöner Blick über die Westghats. Hervorragendes vegetarisches und nicht-vegetarisches Essen. Nur Vollpension, Reservierung empfohlen. ❽–❾

Madhumalti, nicht weit nördlich vom Bahnhof, ✆ 02148/230144. Einfache, saubere Lodge; Zimmer mit Bad; die zweitbeste Budget-Unterkunft nach *Hope Hall*. ❸

MTDC Holiday Camp, Dasturi Naka, ✆ 02148/230540, 📠 230566, oder in Mumbai ✆ 022/2202 6713. Großes altes Kolonialhaus mit Zimmern im Cottage-Stil sowie einem einfachen Freiluftrestaurant. 40 Min. zu Fuß vom Stadtzentrum, aber dennoch eine gute Wahl. ❹–❻

Rugby, Vithalrao Kotwal Marg, ✆ 02148/230291, 🖥 www.rugbyhotel.com. Zwei Min. zu Fuß vom Bahnhof auf der gegenüberliegenden Straßenseite. Altes, kürzlich renoviertes Hotel mit einer guten Auswahl an Zimmern rund um einen Garten, Restaurant (im Dekor der Raj-Ära) mit verschiedenen Küchen und einer guten Bäckerei. ❼–❾

Sonstiges

GELD – Reiseschecks wechselt die *Union Bank* in der Nähe des Bahnhofs, aber zu dürftigen Kursen; größere Hotels akzeptieren Kreditkarten.

INFORMATIONEN – Eine kleine *Touristeninformation* gegenüber vom Bahnhof hat Stadtpläne und hilft Besuchern bei der Orientierung, ⏰ tgl. 10–18 Uhr; ansonsten sind Stadtpläne auch für Rs 2 im *Prince's Cafe* erhältlich.

Nahverkehrsmittel

Alle motorisierten Transportmittel, inkl. Sammeltaxis und Minibusse ab Neral (Rs 50 p. P., Rs 250 pro Wagen), halten an dem Taxistand neben dem *MTDC Holiday Camp* in **Dasturi Naka**, 2 km nördlich des Stadtzentrums. Von hier kann man einen Träger anheuern (Rs 50–60) und zu Fuß gehen, sich auf einem der Pferde führen lassen (Rs 80) oder eine Riksha nehmen (Rs 120).
Wer sein Gepäck selbst tragen kann, folgt einfach den Gleisen, die Matheran in der Mitte

durchschneiden (die Straße verläuft sehr viel gewundener).

In jedem Fall ist bei Betreten der Stadt eine **Gebühr** (Rs 25) zu zahlen, die für die gesamte Dauer des Aufenthalts gültig ist.

Transport

Um Matheran per **Zug** zu erreichen, muss man zunächst zur **Neral Junction** fahren. Diese ist mühelos mit dem stündlichen Vorortzug von MUMBAI (CST oder Dadar) nach KARGAT zu erreichen, der hier hält (2 1/4 Std).

Wesentlich schneller sind sowohl der tägliche Deccan Express Nr. 1007 (7.15 Uhr) als auch der Sahyadri Express Nr. 1023 (17.50 Uhr), die ebenfalls vom CST abfahren.

Von PUNE (2 1/2–3 Std.) aus kommt man mit denselben beiden Zügen nach Neral: Sahyadri Express Nr. 1024 (7 Uhr) und Deccan Express Nr. 1008 (15.30 Uhr). Spätere Züge haben keinen Anschluss an die Schmalspurbahn.

Eine gute Alternative von Pune aus ist ein Zug bis Kargat, wo man in den Vorortzug nach Mumbai umsteigen kann.

Schmalspurzüge von NERAL nach Matheran (2 Std.) fahren um 9, 10.45 und 17 Uhr (Apr bis Mitte Juni auch um 19.30 Uhr) ab; am Wochenende fahren sie sogar noch öfter.

Sie warten auf die ankommenden Expresszüge, man muss sich also keine Sorgen machen, den Anschlusszug zu verpassen, wenn der Zug, mit dem man kommt, Verspätung hat.

Der **Bahnhof** von Matheran liegt in der Stadtmitte in der MG Rd, die mehr oder weniger von Norden nach Süden verläuft.

Lonavala und die Höhlen von Karla, Bhaja und Bedsa

Vor nur 30 Jahren war die Stadt Lonavala, 110 km südöstlich von Mumbai und 62 km nordwestlich von Pune, ein ruhiger Zufluchtsort in den Sahyadri-Bergen. Seit damals ist sie rapide gewachsen, und inzwischen ist sie nur noch als Basis für Ausflüge zu den fantastischen buddhistischen Höhlen von Karla, Bhaja und Bedsa interessant, von denen einige noch aus der Satavahana-Periode (2. Jh. v. Chr.) stammen. Sie beheimaten die kunstvollsten

Felsenbauten des nordwestlichen Dekkan. Die schönen Skulpturen aus der Ära, als diese Region auf mehreren Handelsfernrouten lag, können es zwar nicht mit denen von Ajanta und Ellora aufnehmen, lohnen jedoch auf jeden Fall einen Besuch, wenn man in der Gegend ist.

Die drei Stätten liegen ein Stück voneinander entfernt, alle östlich von Lonavala. Karla und Bhaja sind in Eigenregie per Bus oder Bahn gut an einem Tag anzuschauen, wenn man bereit ist, viel zu laufen. Will man auch nach Bedsa hinausfahren, mietet man am besten eine **Motor-Rikscha** (rund Rs 300–400) oder ein **Auto** (Rs 500–600 für 4 Std.) für die Tour (normalerweise am Bahnhof von Lonavala zu finden). Wenn man die Höhlen von ihrer schönsten Seite sehen will, sollte man die Wochenenden meiden, denn dann treffen Busladungen voller Tagesausflügler ein.

Näheres zur Geschichte und zu den Charakteristika der Felsenhöhlen im Dekkan s. S. 202.

Karla

Karla (auch Karli) liegt 3 km nördlich der **Karla Caves Junction** an der Mumbai–Pune-Straße, 11 km von Lonavala entfernt. Man nimmt einen beliebigen Bus oder ein Tempo zur Abzweigung zu den Höhlen (von hier ist es noch eine kurze Rikscha-Fahrt, Rs 30) oder einen der fünf täglichen Busse (6, 9, 12.30, 15 und 18.30 Uhr), die von Lonavala aus direkt zu den Höhlen fahren – der letzte fährt um 18.30 Uhr von Karla zurück.

Die in Fels gemeißelte buddhistische *chaitya*-Halle aus dem 1. Jh. n. Chr., zu erreichen über eine 110 m hohe Treppe, ist die größte und besterhaltene in Indien. Man erreicht sie über einen großen Innenhof, der von der gigantischen, 14 m hohen Fassade der Halle überragt wird. Ganz oben befindet sich ein hufeisenförmiges Fenster, darunter drei Eingänge: einer für den Priester und die anderen für Gläubige. Links vom Eingang steht ein *simhas stambha*, eine hohe Säule, auf der vier Löwen thronen.

In der Vorhalle der Höhle trennen Reliefs mit Figuren – vermutlich die reichen Mäzene der Halle – die drei Eingänge voneinander. Zwei Reihen achteckiger Säulen trennen das Innere in drei Teile. In der Mitte liegt ein breiter Gang und im hinteren Teil ein Stupa, den die Gläubigen umkreisten. Über dem geriffelten Kapitell jeder Säule kniet ein kunstvoll gemeißelter Elefant, der zwei Reiter trägt. Erstaunlicherweise sind noch witterungsanfällige Teile aus der Zeit, zu der die Halle benutzt wurde, erhalten geblieben. Der Blick auf den Haupteingang wird von einem viel später hinzugekommenen Hindu-Schrein zu Ehren von **Ekviri** verstellt, einer Orakel-Göttin, die von den Koli-Fischergemeinden verehrt wird. ⊙ 8.30–18 Uhr, Eintritt US$2.

Bhaja

Die 18 Höhlen von Bhaja sind zwar nicht so kunstvoll wie die von Karla, haben dafür aber mehr Atmosphäre. Sie liegen 3 km südlich der Karla Caves Junction. Ein 1,5 km langer Weg führt vom Dorfplatz nahe dem Bahnhof Malavli hinauf. Passagierzüge halten hier stündlich und sind die billigste und bequemste Art, nach Lonavala zurückzukehren, wenn man nicht mit einer Rikscha oder einem Auto hier ist.

Die Höhlen von Bhaja zählen zu den ältesten in ganz Indien: Sie stammen aus dem 2. bis frühen 1. Jh. v. Chr., der frühesten Phase des Buddhismus (Hinayana). Die meisten sind Klöster *(viharas)*, bestehend aus einer Halle mit angrenzenden Zellen; vor vielen befinden sich einfache Veranden. **Höhle 12** ist dagegen ein *chaitya* und beherbergt einen Stupa, aber keine Figuren; 27 schlichte, angeschrägte Säulen neigen sich in Nachahmung eines Holzgebäudes leicht nach innen. Weiter südlich liegt die letzte Höhle, **Höhle 19**, ein mit fantastischen Kunstwerken verziertes *vihara*. Experten haben die Figuren als die Hindugötter **Surya** und **Indra** identifiziert, die im *Rig Veda* (ca. 1000 v. Chr.) eine tragende Rolle spielen. ⊙ tgl. 8.30–18 Uhr, Eintritt US$2.

Bedsa

Es ist sehr gut möglich, dass man beim Besuch der Höhlen von Bedsa keinem anderen Menschen begegnet, und eben darin liegt ihr Reiz. Sobald man das Dorf, das 12 km hinter Bhaja am NH-4 liegt, nach einer 3 km langen Busfahrt von Kamshet erreicht, muss man sich den unbeschilderten Weg erfragen. Es sind immer Kinder aus dem Dorf da, die einen für ein Trinkgeld den steilen Berg hinauf begleiten.

Die *chaitya*-Halle von Bedsa wurde später geschaffen als die in Karle und ist wesentlich schlich-ter gestaltet. Über einen Vorbau mit vier achteckigen, 7 m hohen Säulen gelangt man durch einen extrem engen Eingang hinein. Im Inneren führen 26 schlichte, achteckige Säulen zu einem schmucklosen monolithischen Stupa. ⊙ tgl. 8.30–18 Uhr, Eintritt US$2.

Übernachtung

Lonavala bietet eine große Auswahl an Unterkünften, von billigen bis zu 5-Sterne-Hotels. Viele der Hotels senken ihre Preise außerhalb der Hauptsaison (Okt bis März) bzw. bei längeren Aufenthalten oder an Werktagen. Hotels der unteren und mittleren Preisklasse konzentrieren sich im Zentrum, rund um den Bahnhof und den Busbahnhof.

Adarsh, hinter dem Busbahnhof in der Shivaji Rd, ✆ 02114/272353. Blitzsaubere Zimmer mit oder ohne AC, z. T. mit Blick über den Innenhof. Zuverlässige Option der mittleren Preisklasse, aber die Geschäftsführer sind nicht besonders freundlich, und morgens ist es relativ laut. ❻–❽

Chandralok, gegenüber vom Busbahnhof, Shivaji Rd, ✆ 02114/272294, ✆ 272921. Komfortable Zimmer z. T. mit AC und ein gutes Gujarati-Restaurant. ❸–❺

Duke's Retreat, Mumbai–Pune Rd, Khandala, ✆ 02114/269201, 🖳 www.dukesretreat.com. Fantastische Lage oberhalb einer Schlucht, 6 km von der Stadt, mit einem preisgekrönten Garten und Pool (Rs 150 für Nicht-Gäste). Komfortable Zimmer und Cottages, mit eigenem Freiluftcafé, AC-Restaurant und Bar. Wochenendangebote inkl. Frühstück und Abendessen. ❽–❾

MTDC Karla Resort, Mumbai–Pune Rd, ✆ 02114/282230, ✆ 282370. Auf der Lonavala–Karla-Busstrecke, 3 km vom Bahnhof in Malavli und 7 km außerhalb der Stadt. Komfortable Unterbringung (z. T. mit AC) in Cottages, Suiten und günstigeren DZ in ruhiger Lage. ❹–❽

Shahani Holiday Home, DJ Shahani Rd, 5 Min. zu Fuß östlich vom Bahnhof, ✆ 02114/272784. Die beste Budget-Unterkunft in Lonavala: große, makellose Zimmer in einem modernen Block, versteckt in einer Seitenstraße außerhalb des Zentrums. ❸

Essen und Sonstiges

Während die meisten Hotels in Lonavala Vollpension anbieten oder sehr gute Restaurants haben, sind ein paar kleinere Restaurants und Snackbars in der Hauptstraße auf schnelle Laufkundschaft ausgerichtet. Man stößt auch auf Dutzende von Geschäften, die die ortstypische Süßigkeit *chikki* verkaufen – eine köstliche Mischung aus getrockneten Früchten und Nüssen in steinhartem Honig-Karamell. Bei *Super Chikki* in der Hauptstraße darf man die vielen Varianten probieren, bevor man sie kauft. Ihr größter Konkurrent, *National Chikki*, etwas weiter die Straße hinunter, wird ebenfalls empfohlen; dies ist auch die beste Adresse, um sich mit leckeren frittierten Knabbereien *(namkeen)*, einer anderen örtlichen Spezialität, einzudecken.

China Blue, vor der Brücke über die Bahnlinie. Farbenfroh dekorierter AC-Speiseraum im Obergeschoss, überdurchschnittliches chinesisches Essen.

Diamond, Mumbai–Pune Rd. Auf Punjabi- und chinesisches Essen spezialisiertes Gartenrestaurant mit recht hohen Preisen, aber entspannter Atmosphäre.

Guru Krippa, Mumbai–Pune Rd. Blitzblankes, rein vegetarisches Restaurant in der Hauptstraße: kochend heiße südindische Snacks, Käsetoasts und billige *thalis* mit chinesischen und Punjabi-Hauptgerichten. Außerdem eine gute Auswahl an Eiscreme, *kulfi* und *faloodas*. Empfehlenswert.

Shabri, *Hotel Rama Krishna*, Mumbai–Pune Rd. Das Lieblingsrestaurant der betuchten Bombayer. Groß und sauber, serviert die gesamte Bandbreite an nord- und südindischen Gerichten und kaltes Bier.

Ein **Geldautomat** der UTI Bank steht vor der Brücke über die Bahnlinie, links ab von der Mumbai–Pune Rd.

Kurz vor der Abzweigung findet man das *Ritz Cyber Café* (Rs 40/Std.).

Transport

Vom zentral gelegenen **Busbahnhof** von Lonavala, gleich abseits der alten Mumbai–Pune-Straße, fahren häufig Busse ab, aber der Zug ist die bessere Wahl. Lonavala liegt auf der Hauptbahnstrecke zwischen MUMBAI (3 Std.) und PUNE (1 1/2 Std.), und alle Expresszüge halten hier. Der **Bahnhof** liegt im Süden der Stadt, 10 Min. zu Fuß vom Busbahnhof. Wenn man einen frühen Zug nimmt, ist es gerade eben möglich, die Höhlen in einem Tagesausflug von Mumbai zu besichtigen, aber es ist besser, einen ganzen Tag dafür zu veranschlagen.

Pune (Poona)

Pune, die zweitgrößte Stadt Maharashtras, liegt in einer Höhe von 598 m in der Nähe der Westghats (bekannt als Sahyadri Hills) am Rande der Dekkan-Ebenen, die sich von hier in Richtung Osten erstrecken. Unter den Marathen des 16. Jhs. war Pune die Hauptstadt eines souveränen Staats, und 1820 wählten die Briten den Ort wegen seines kühlen, trockenen Klimas zu ihrem Zweitsitz neben Bombay. Ihr Militär-Quartier im Nordwesten der Stadt wird immer noch von der indischen Armee genutzt, und eine Reihe von britischen Gebäuden wie die Stadthalle und das Dekkan College sind erhalten geblieben.

Seit der Kolonialzeit hat sich Pune als wichtige Industriestadt und Zentrum für höhere Bildung weiter entwickelt. Doch den meisten Außenstehenden ist sie als Sitz des **Osho International Meditation Resort** bekannt, die der charismatische Bhagwan Rajneesh bzw. Osho (1931–90) im Jahre 1970 gründete. Seine synkretistische und für viele Inder skandalöse Lebensphilosophie lockte Tausende von Anhängern aus Europa und Amerika hierher.

Orientierung

Das Zentrum von Pune grenzt im Norden an den Mula und im Westen an den Mutha – die beiden Flüsse vereinen sich im Nordwesten, an der Sangam-Brücke, zum Mutha-Mula. Die Haupteinkaufszone und die größte Konzentration von Restaurants und Hotels befindet sich in den Straßen südlich vom Bahnhof, besonders in der Connaught und, weiter südlich, der MG Road. Der alte Teil der Stadt, Peshwa, im Westen zwischen dem befestigten **Shaniwarwada Palace** und dem faszinierenden **Raja Dinkar Kelkar Museum**, ist der bei weitem interessantere Teil der Stadt. Alte hölzerne *wadas*, palastartige Stadthäuser, sind in diesen engen, belebten Straßen erhalten geblieben, und der runde viktorianische **Mahatma Phule Market** ist ein pulsierendes Zentrum.

Raja Dinkar Kelkar Museum

Dinkar Gangadhar Kelkar (1896–1990) war nicht nur ein berühmter Marathi-Poet, der unter dem Namen Adnyatwass veröffentlichte, er verbrachte auch einen großen Teil seines Lebens damit, zu reisen und Kunst und Kunsthandwerk aus dem ganzen Land zusammenzutragen. 1975 spendete er seine Sammlung der Regierung von Maharashtra, um ein Museum zum Gedenken an seinen im Alter von 12 Jahren gestorbenen Sohn Raja einrichten zu lassen.

Das in einer riesigen Altstadt-Villa untergebrachte Museum, 1378 Shukrawar Peth (Bus Nr. 72 oder Nr. 74 vom Hauptbahnhof in Richtung Mahatma Phule Market), ist ein wundervolles Potpourri mit schönen und interessanten Kunst- und Alltagsgegenständen, Artikeln rund um *paan,* Musikinstrumenten, fantastischen Marathi-Textilien und -Trachten, Spielzeug, Haus-Schreinen und Möbeln, Schönheitsutensilien und einem Modell des Shaniwarwada-Palastes, ⊙ tgl. 9.30–17.30 Uhr, Eintritt Rs 100.

Aga Khan Palace und Gandhi Memorial

Im Jahre 1942 wurden Mahatma Gandhi, seine Frau Kasturba und andere Schlüsselfiguren der Freiheitsbewegung im Aga Khan Palace interniert. Er liegt in einem ruhigen Garten jenseits des Flusses Mula, 5 km nordöstlich vom Zentrum (Bus Nr. 1, Nr. 158 und Nr. 156). Der Aga Khan schenkte den Palast 1969 dem Staat, der ihn in ein kleines Gandhi-Museum verwandelte. Es zeigt beschriftete Fotos und einfache Räume, die unverändert geblieben sind, seit die Freiheitskämpfer hier lebten. Eine Gedenkstätte hinter dem Haus erinnert an Kasturba, die während ihrer Gefangenschaft starb. Ein kleines Khadi-Geschäft verkauft handgewebte Stoffe und Produkte aus der Herstellung von Dorf-Kooperativen. ⊙ tgl. 9–17.30 Uhr, Eintritt Rs 100.

Osho Commune International

Pune ist der Hauptsitz des erklärtermaßen nichtreligiösen Osho International Meditation Resort von Bhagwan Rajneesh, 17 Koregaon Park, 3 0212/2401 9999, ▭ www.osho.com, 2 km östlich des Bahnhofs. Die Kommune bezeichnet sich selbst als ein „geschmackvolles, erstklassiges Resort" und macht sich nichts aus den Attacken ihrer Kritiker, sondern hängt sogar stolz die Beschreibung des *Wall Street Journal* von der Kommune als „spirituellem Disneyland für unzufriedene Yuppies aus der Ersten Welt" aus.

Mit Hilfe eines beträchtlichen Einkommens während der Hochsaison (Dez–März) und der jahrelangen, hingebungsvollen Unterstützung von Freiwilligen hat die Kommune ihre 8 ha Land in eine verträumte Spielwiese mit Cafés, Swimming Pool, Sauna, Kliniken und einem Geschäft, das Oshos Bücher, Videos und Kassetten verkauft, ausgebaut. Die Gläubigen haben klimatisierte Gebäude errichtet, die Gärten gestaltet, Brunnen für die Wasserversorgung gegraben, Bäume gepflanzt, um die Luftqualität zu verbessern, und sie bauen organisches Gemüse an. Es werden verschiedene Übungskurse angeboten, die meisten davon ein- bis dreitägig (Rs 2500 pro Tag). 45-minütige mittägliche Demonstrationen sind ebenfalls möglich. Osho hat einen ganz eigenen Jargon geschaffen: Tennis, zum Beispiel, wird hier als „Zennis" gespielt, das dem Spieler angeblich hilft, „seinem Körper nicht länger im Weg zu stehen, in einer einzigartigen Synthese aus Tennis und Meditation das Äußere und das Innere zusammenzuführen". Es gibt noch eine ganze Reihe anderer Kurse, die von Urschrei- über Meditationstechniken bis hin zu ausgefallenen Therapien reichen.

Auf dieser umweltfreundlichen Insel gilt eine strikte Türpolitik: Besucher, die länger bleiben wollen als für die 10-minütige geführte Tour (tgl. 9.45–12 und 14–15.30 Uhr, Rs 10), müssen zwei Passfotos und einen negativen HIV-Test aus den letzten 30 Tagen vorlegen. Wer keinen hat und trotzdem dort bleiben will, muss in der Ashram-Klinik einen HIV-Test machen lassen. Registrierung, HIV-Test und der erste Tag kosten Rs 1160, jeder weitere Tag Rs 330. Man benötigt außerdem zwei Roben (dunkelrot für tagsüber, weiß für abends), die im Ashram Rs 300 und an den Ständen davor Rs 150 kosten. Wer innerhalb des Ashrams wohnen möchte, zahlt US$60 für ein DZ bzw. US$57 für ein EZ in dem schicken, aber einfach eingerichteten Gästehaus.

Bhagwan Rajneesh

Der Bhagwan Rajneesh-Kult, später in Osho Commune International umbenannt, entstand vor mehr als 30 Jahren als eine Philosophie aus Buddhismus, Sufismus, sexueller Befreiung, tantrischen Praktiken, Zen, Yoga, Hypnose, Disco und unverfrorenem Materialismus. Der erste Rajneesh-Ashram wurde 1974 in Pune gegründet und zog sowohl Westler als auch einige Inder an. Sie nahmen neue Sanskrit-Namen an und kleideten sich in orangefarbene oder dunkelrote Baumwollkleidung. An der Perlenkette, die von den Anhängern um den Hals getragen wurde, hing ein Foto des erleuchteten Guru im klassischen Stil: mit langem weißen Haar und Bart. Dies identifizierte den Träger sofort als Sannyasin (angelehnt an die shaivitische Tradition ein Asket, der sich einem spirituellen Weg verschrieben hat).

Viele der frühen Anhänger fühlten sich von Rajneeshs neuartigem Ansatz angezogen. Seine Kritik am Christentum mit seiner fixen Idee von Schuld und Sünde traf bei vielen den richtigen Nerv, ebenso wie sein Propagieren einer Befreiung durch Sex. Rajneesh versicherte seinen Gläubigen, dass materieller Luxus nicht zu verachten sei. Innerhalb weniger Jahre sprossen Ashram-Ableger in ganz Westeuropa aus dem Boden. Bis zum Jahr 1980 gab es 200 000 Anhänger, verteilt über 600 Meditationszentren in 80 Ländern. Um sich vor Umweltverschmutzung, Atomkriegen und AIDS zu schützen, steckte die Organisation Geld in ein utopisches Projekt namens **Rajneeshpuram**, auf rund 260 km^2 Ackerland in Oregon, USA. Zu diesem Zeitpunkt begannen Boulevardzeitungen und Fernsehteams wirkliches Interesse an Rajneesh, der mittlerweile Multimillionär geworden war, zu entwickeln. Eingeschleuste Informanten verbreiteten Geschichten merkwürdiger Vorkommnisse in Rajneeshpuram, und es dauerte nicht lange, bis seine umtriebigen Geschäftsführerinnen das Interesse der Polizei erregten. Anzeigen wegen Steuerhinterziehung, Drogenmissbrauchs, Brandstiftung und einer Verschwörung, mehrere Leute in einer benachbarten Stadt zu vergiften, um die Kommunalwahlen zu beeinflussen, sorgten für weiteren Zündstoff. Obwohl er behauptete, nichts von all dem zu wissen, bekannte sich Rajneesh des Verstoßes gegen die Einwanderungsgesetze der USA schuldig und wurde 1985 abgeschoben. Nach langwierigen Versuchen, sich in 21 verschiedenen Ländern niederzulassen, kehrte Rajneesh schließlich in seine Heimatstadt Pune zurück, wo er 1990 im Alter von 59 Jahren starb.

Der Ashram litt in den 90er Jahren unter internen Streitigkeiten und finanziellen Problemen. Vor seinem Tod bestimmte Rajneesh einen inneren Kreis von Personen, die die Führung der Gruppe übernehmen sollten, allerdings verschwanden einige von ihnen, und die „Marke" Osho – 4 Mill. verkaufte Bücher pro Jahr, dazu Kassetten, Gemälde und Fotos – wird jetzt von Zürich und New York aus kontrolliert. In Pune kam zu wenig von diesem Geld an, um die laufenden Kosten zu bestreiten. Also wurden die Preise erhöht, was wiederum das Leben im Ashram veränderte. Während Besucher in den Hoch-Zeiten mindestens drei bis sechs Monate blieben, fahren die meisten heute nach nicht mehr als zwei Wochen wieder ab, und nur noch wenige Anhänger leben ganz dort. Das führte zu einer Verknappung an Arbeitskräften, so dass Nicht-Osho-Mitarbeiter aus der Stadt in den Ashram geholt wurden, um ihn am Leben zu erhalten – der Gemeinschaftssinn, der früher seinen Reiz ausmachte, ging dadurch verloren.

Übernachtung

Pune bietet ein gutes Angebot an Hotels, obwohl die Preise unangemessen hoch sind. Die meisten Budget-Unterkünfte liegen in der Gegend südlich des Bahnhofs um die Connaught Rd. Der Bahnhof selbst hat *Retiring Rooms* (Rs 100–200), die besser als der Durchschnitt sind.

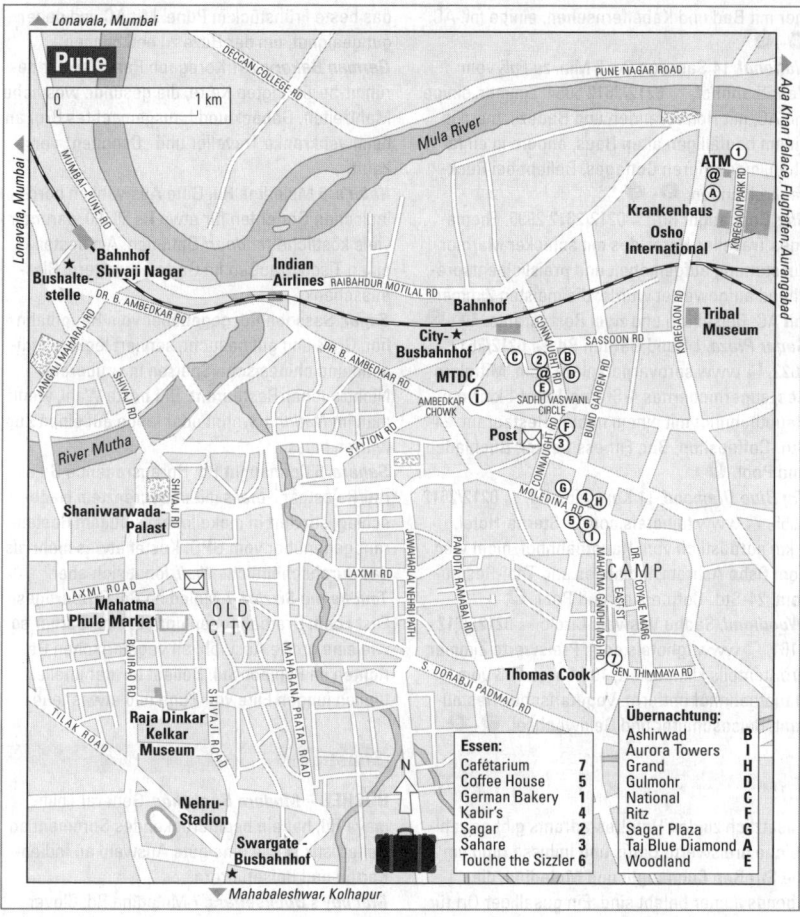

Pune

0 — 1 km

Lonavala, Mumbai

DECCAN COLLEGE RD

PUNE NAGAR ROAD

Mula River

Aga Khan Palace, Flughafen, Aurangabad

ATM ①
@ A
Krankenhaus
Osho
International

KOREGAON PARK RD

Bushalte-
stelle
Bahnhof
Shiviaji Nagar

Indian
Airlines

RAIBAHDUR MOTILAL RD

Bahnhof

Tribal
Museum

DR. B. AMBEDKAR RD

City-★
Busbahnhof

SASSOON RD

MTDC

C ② B
@ D
E

AMBEDKAR
CHOWK

SADHU VASWANI
CIRCLE

i

F
③

Post ✉

G ④ H
⑤ i

MOLEDINA

C A M P

LAXMI ROAD

Mahatma
Phule Market

OLD
CITY

LAXMI ROAD

JAWAHARLAL NEHRU PATH

PANDITA RAMABAI RD

MAHATMA GANDHI RD (MG RD)

EAST ST

Raja Dinkar
Kelkar
Museum

S. DORABJI PADMALI RD

Thomas Cook

GEN. THIMMAYA RD

⑦

Nehru-
Stadion

Essen:
Cafétarium 7
Coffee House 5
German Bakery 1
Kabir's 4
Sagar 2
Sahare 3
Touche the Sizzler 6

Übernachtung:
Ashirwad B
Aurora Towers I
Grand H
Gulmohr D
National C
Ritz F
Sagar Plaza G
Taj Blue Diamond A
Woodland E

Swargate-
Busbahnhof ★

N

Mahabaleshwar, Kolhapur

Ashirwad, 16 Connaught Rd, ✆ 0212/2612 8585, ✉ hotelash@vsnl.com. Relativ neues Hotel in Bahnhofsnähe. Einige Zimmer mit AC, Balkon und Fernseher. Gutes vegetarisches Restaurant, Zimmerservice, Geldwechsel und Reiseschalter. ❼–❽

Aurora Towers, 9 Moledina Rd, ✆ 0212/2613 1818, 🖥 www.auroratowers.com. Exklusives Hotel 2 km vom Bahnhof; 24-Std.-Zimmerservice, Coffeeshop, zwei gute Restaurants (indisch und chinesisch), Geschäfte und Pool. ❾

Grand, MG Rd, in der Nähe der Dr Ambedkar Statue, ✆ 0212/2636 0728, gegenüber vom *Aurora Towers*. Durch Holzwände unterteilte Zimmer mit Gemeinschaftsbad oder schlichte, aber große DZ mit Bad in einem alten Stadthaus aus der Kolonialzeit. Erholsame Veranda, Biergarten, Restaurant und Fastfood-Theke, Katzen und freundliche Geschäftsführer. ❸

Gulmohr, 15A/1 Connaught Rd, ✆ 0212/2612 2773, ✉ gulmohr@vsnl.com. Sauberes Mittelklasse-hotel in der Nähe vom Hauptbahnhof; alle Zim-

mer mit Bad und Kabelfernsehen, einige mit AC.
④–⑥

National, 14 Sassoon Rd, 2 Min. zu Fuß vom
Hauptbahnhof, ☎ 0212/2612 5054. Zimmer, einige
mit AC, mit Holzveranden und Badezimmern in
einem baufälligen alten Haus, andere in einfachen, moderneren Cottages. Beliebt bei Rucksackreisenden. **③–⑤**

Ritz, Connaught Rd, ☎ 0212/2612 2995. Ehemaliges Traveller-Hotel, das mit schicker Marmor-
ausstattung aufgemöbelt und preislich entsprechend aufgewertet wurde; die meisten Zimmer
mit AC; Reisebüro und zwei Restaurants. **⑥–⑧**

Sagar Plaza, 1 Bund Garden Rd, ☎ 0212/2612
2622, 🖥 www.sarovarparkplaza.com. Mittelgro-
ßes, supermodernes 4-Sterne-Hotel 1 km vom
Hauptbahnhof mit einem noblen Restaurant, 24-
Std.-Coffeeshop, Bar, Fitness Center, Buchladen
und Pool. **⑨**

Taj Blue Diamond, 11 Koregaon Rd, ☎ 0212/2612
5555, 🖥 www.tajhotels.com. 5-Sterne-Hotel,
2 km nordöstlich vom Hauptbahnhof, nicht weit
vom Osho Ashram; indisches und Thai-Restau-
rant, 24-Std.-Coffeeshop und Pool. **⑨**

Woodland, Sadhu Vaswani Circle ☎ 0212/2612
6161, 🖥 www.tghotels.com. Preiswerte Zimmer,
größtenteils klimatisiert, 10 Min. zu Fuß vom
Hauptbahnhof entfernt. Vegetarisches Restaurant, Reiseschalter und Geldwechsel. **⑦–⑧**

Essen

Zusätzlich zu den Hotelrestaurants gibt es zahlreiche preiswerte Cafés und Imbisse rund um
die Straßen **Connaught** und **Moledina**, die
abends immer belebt sind. Ein geselliger Ort für
den Abend ist die Dr Ambedkar Rd, die vom GPO
aus nach Westen verläuft: Hier verkaufen von
der Abenddämmerung bis etwa 22 Uhr eine
Reihe von Straßencafés pikante Snacks, kalte
Getränke und frische Säfte.

Cafétarium, Sunder Plaza, MG Rd. Schicker
Coffeeshop im Innenhof um die Ecke von
Thomas Cook. Zu empfehlen für einen Cappuccino, ein leichtes Mittagessen oder internationale Gerichte. ☉ von vormittags bis 23 Uhr.

Coffee House, 2 Moledina Rd. Entspannendes,
gehobenes Lokal für südindische Snacks: Hier
gibt es den besten Kaffee, die besten *dosas* und

das beste Frühstück in Pune. Mit AC und daher
gut geeignet, um der Hitze zu entkommen.

German Bakery, 291 Koregaon Park. Teil der be-
rühmt-berüchtigten Kette, die gesunde westliche
Mahlzeiten, Gebäck und hausgemachtes Brot an
heimwehkranke Traveller und „Oshoiten" verkauft.

Kabir's, 6 Moledina Rd. Gute Auswahl an nordindischen Gerichten für etwa Rs 50–90, darunter
viele köstliche *tandoori*-Optionen. Am besten
einen Tisch draußen im Garten ergattern. Bier-
ausschank.

Sagar, Sassoon Rd, gegenüber vom Hauptbahnhof. Groß und gut besucht, serviert leckere indische und chinesische Speisen in sauberem
Nichtraucher-Restaurant. Die beste Wahl, wenn
man im *National* wohnt oder lange auf einen Zug
warten muss.

Sahare, 5 Connaught Rd. Herausragende Guja-
rati/Rajasthani-*thalis* mit unbegrenztem Nachschlag, serviert in makellosem, luftigem Restaurant gegenüber vom GPO. Kostet etwas mehr als
das durchschnittliche *thali*, lohnt sich aber.

Touche the Sizzler, 7 Moledina Rd. Großartiges
Fast Food: Brathähnchen und -Lamm, Burger sowie eine große Auswahl an vegetarischen Gerichten im Punjabi-Stil. Beliebt bei der intellek-
tuellen jungen Elite von Pune und etwas teuer.

Sonstiges

BÜCHER – **Modern Bookshop**, General Thim-
maya Rd, hat ein beeindruckendes Sortiment an
Belletristik sowie eine gute Auswahl an Indien-
Karten und Reiseführern.
Manney's Booksellers, 7 Moledina Rd, Clover
Centre, und **Crossword**, Sohrab Hall, 2. Stock
(hinter dem Hauptbahnhof), sind zwei Alter-
nativen.

GELD – Eine der besten Adressen, um Geld zu
tauschen, ist **Thomas Cook**, 13 Thacker House,
nicht weit von der General Thimmaya Rd,
☎ 0212/2613 8188, ☉ Mo–Sa 9.30–18 Uhr.
Die **State Bank of India** in der Laxmi Rd wechselt ebenfalls, nur langsamer und ohne Provision.
Ein **Geldautomat** der Citibank steht neben der
German Bakery nicht weit vom Osho Ashram.

INFORMATIONEN – Im *MTDC Tourist Office*, ✆ 0212/2612 6867, ✆ 2611 9434, im „I"-Block des Central Building der Stadtverwaltung (Eingang zwischen Ambedkar Chowk und Sadhu Vaswani Circle), kann man MTDC-Resorts buchen und sich über Busverbindungen und anderes informieren, ⊙ Mo–Sa 10–17.30 Uhr.

Einen vergleichbaren Service bietet auch der *Information Counter* (⊙ offiziell Mo–Fr 10–18 und Sa 10–13 Uhr, am 2. und 4. Sa jedes Monats geschlossen) gegenüber dem 1.-Klasse-Schalter am Hauptbahnhof.

INTERNET – Internetzugänge werden vielerorts angeboten, z. B. im superschnellen *Dishnet*, Connaught Road, 5 Min. zu Fuß vom Hauptbahnhof (Rs 25/Std.), und im *Hub*, nahe dem Osho Ashram (Rs 30/Std.).

POST – Das sehr effiziente **GPO** ist in der Connaught Rd.

Transport

BUSSE – Es gibt drei Busbahnhöfe in Pune: Die Busse vom **City Bus Stand** neben dem Hauptbahnhof fahren in die Stadt sowie zu Orten Richtung Süden und Westen wie Goa, Lonavala und Mumbai.

Vom **Swargate Bus Stand**, ca. 5 km südlich in der Nähe vom Nehru-Stadion, fahren Busse nach Karnataka und (wie vom City-Busbahnhof) zu Orten Richtung Süden und Westen, z. B. Mumbai.

Busse vom **Shivaji Nagar Bus Stand**, neben dem gleichnamigen Bahnhof, 3 km westlich des Zentrums auf der anderen Seite des Flusses, fahren in die Stadt und Richtung Norden, z. B. nach Nasik und Aurangabad.

Bevor man eine Reise in einem der **staatlichen Busse** antritt, sollte man sich beim *MTDC Tourist Information*-Schalter im Hauptbahnhof erkundigen oder telefonisch unter ✆ 0212/2612 6218 um aktuelle Informationen zum staatlichen Busdienst bitten; in den Busbahnhöfen hängen keine Informationen auf Englisch aus.

Busse nach:
AURANGABAD (10x tgl.; 5 Std.),
BIJAPUR (1x tgl.; 11–12 Std.),
GOA (4x tgl.; 15–16 Std.),
KOLHAPUR (4x tgl.; 6–7 Std.),
MAHABALESHWAR (9x tgl.; 3 1/2–4 Std.),
NASIK (alle 30 Min.; 3–4 Std.).
Auch ASIAD-Busse nach MUMBAI (4–4 1/2 Std.) fahren zwischen 5.30 und 23.30 Uhr alle 15 Min. vom City Bus Stand ab.

Private Luxusbusse nach Ahmedabad, Indore, Goa, Aurangabad und Ratnagiri können bei *Prasanna Tours & Travels*, Shivaji Nagar Terminus, ✆ 0212/2553 9358, oder Swargate Terminus, ✆ 0212/2444 4139, ⌨ www.prasannatours.com, gebucht werden.

Empfohlene, zentral gelegene **Reisebüros** für die oben genannten Verbindungen sind *Abhay Travels*, 42 Karve Rd, ✆ 0212/2543 6463, und *Bulsara Tours & Travels*, 14 Sadhu Vaswani Rd, ✆ 0212/2612 3137.

EISENBAHN – Der Hauptbahnhof liegt im Stadtzentrum südlich des Flusses. Motor-Rikschas und Touristentaxis stehen vor dem Bahnhof bereit. Da Pune einer der letzten Stopps für rund 20 Langstreckenzüge nach Mumbai ist, sind die Zugverbindungen hervorragend. Viele dieser Züge fahren jedoch früh morgens ab, und einige enden in Dadar – also vorher nachfragen; das Railway Enquiries Office, ✆ 131 oder 133, bietet einen Informationsservice.

Die günstigsten, allerdings überfüllten Verbindungen zum MUMBAI CST sind der Deccan Queen Express Nr. 2124 (7.15 Uhr), der Pragati Express Nr. 1026 (7.50 Uhr) und der Deccan Express Nr. 2124 (15.30 Uhr), die alle rund 4 Std. brauchen.

Außerdem fahren von Pune direkte Expresszüge nach:
HYDERABAD (Mumbai–Hyderabad Express Nr. 7031, tgl. 16.40 Uhr),
NEU DELHI (Jhelum Express Nr. 1077, tgl. 17.35 Uhr),
CHENNAI (Mumbai–Chennai Express Nr. 6011, tgl. 18.05 Uhr),
BANGALORE (Udyan Express Nr. 6529, tgl. 11.40 Uhr) und
THIRUVANANTHAPURAM (Kanniyakumari Express Nr. 1081, tgl. 15.45 Uhr).
Reservierungen für alle Züge nimmt das neue Reservation Centre neben dem Bahnhof entge-

gen, ⊙ Mo–Sa 8–14 und 14.15–20 Uhr, So 8–14 Uhr.

Züge nach:
BANGALORE (3–4x tgl., 19 1/4–22 3/4 Std.),
CHENNAI (3x tgl., 20–25 3/4 Std.),
DELHI (3x tgl., 26 1/2–29 Std.),
HYDERABAD (3–5x tgl., 11 1/2–14 Std.),
JALGAON (2–3x tgl., 9 3/4–11 Std.),
KOLHAPUR (4x tgl., 7 1/2–8 Std.),
MUMBAI (20–23x tgl., 3 1/2–5 1/2 Std.),
NAGPUR (1–2x tgl., 17 1/4–19 Std.).

FLÜGE – Der **Lohagaon Airport** liegt 10 km nordöstlich des Zentrums. Für die 15-minütige Fahrt zum Stadtzentrum stehen Festpreis-Taxis (Rs 200), Motor-Rikschas (Rs 120–130) und reguläre „Ex-Servicemen"-Busse (Rs 25) zur Auswahl.

Indian Airlines, im Airline House, Dr Ambedkar Rd, ✆ 0212/2612 6451, fliegt 2x tgl. nach Delhi, einmal via Mumbai, und 1x tgl. nach Bangalore via Goa.

Jet Airways, 39 Dr Ambedkar Rd, ✆ 0212/2613 7181, hat 2x tgl. Flüge nach Mumbai, einer davon geht weiter nach Kolkata, außerdem 1x tgl. nach Delhi und 1x tgl. nach Chennai via Bangalore.

Sahara, 21 Sassoon Rd, ✆ 0212/2605 9003, fliegt 2x tgl. nach Delhi, 1x tgl. nach Bangalore und 1x tgl. nach Kolkata via Hyderabad.

Flüge nach:
BANGALORE (3x tgl.; 1 1/4–2 1/2 Std.),
CHENNAI (1x tgl.; 2 3/4 Std.),
DELHI (5x tgl.; 2–3 1/4 Std.),
HYDERABAD (1x tgl.; 1 Std.),
KOLKATA (2x tgl.; 3–3 1/2 Std.),
MUMBAI (3x tgl.; 30–35 Min.).

TAXIS – Es gibt mehrere 24 Std. operierende Taxiagenturen in der Nähe des City Bus Stand: Die Taxis fahren in 3–4 Std. zum Dadar-Bahnhof in MUMBAI, z. B. **Cool Cabs**, ✆ 0212/2612 1090; pro Person Rs 255, AC Rs 315.

Mahabaleshwar

Mahabaleshwar, 250 km südöstlich von Mumbai, ist die meistbesuchte Hill Station in Maharashtra und am einfachsten von Pune (120 km nordöstlich) aus zu erreichen. Als höchster Punkt in den Westghats (1372 m) ist der Ort extremen Wetterbe-

dingungen ausgesetzt. Der Juni bringt schwere Nebel sowie einen drastischen Temperaturrückgang, gefolgt von Überschwemmungen biblischen Ausmaßes: In den 100 Tagen bis Ende September fallen bis zu 7 m Regen. Touristen können daher nur zwischen November und Mai hierher kommen. Im Hochsommer, von April bis Mai, ist der Ort (Eintritt Rs 10) völlig überfüllt.

Abgesehen von seiner günstigen Lage halbwegs zwischen Mumbai und Goa, ist die Hauptattraktion das Netz beschilderter **Wanderwege** durch die Wälder. Sie führen zu Wasserfällen und zu diversen Aussichtspunkten, von denen man über die Berggipfel und hinunter auf die Ebenen blickt. Man kann auch mit Booten auf dem zentralen **Yenna-See** fahren oder auf dem Markt Erdbeeren, Himbeeren, hausgemachte Marmelade und Honig kaufen.

Ein lohnender Spaziergang führt zum **Wilson's Point**, dem höchsten Punkt des Berggrats: Zum (befahrbaren) Weg hinauf gelangt man durch den Basar in Richtung Süden (weg vom Busbahnhof) und am Ende der Straße geradeaus über die Kreuzung, vorbei am Hotel *Mayfair*. Zehn Minuten weiter bergauf kommt man zu einem rot-weißen Schild, das von der Straße nach links zeigt. Wilson's Point liegt weitere zehn Minuten steil bergauf – er wird von einem gigantischen Radiosender gekrönt, der meilenweit sichtbar ist. Der Panoramablick bei Sonnenuntergang kann atemberaubend sein.

Übernachtung

Wie in vielen Hill Stations liegen die Übernachtungspreise in Mahabaleshwar trotz des großen Angebots an Hotels deutlich über dem Durchschnitt. Die billigsten Unterkünfte finden sich im Hauptbasar (offiziell Dr Sabne Rd) und der Parallelstraße Murray Peth, wo man unter der Woche oder in der Nebensaison – mit ein bisschen Handeln – Zimmer unter Rs 300 bekommen kann. Während des Monsuns (Mitte Juni bis Mitte Sep), wenn die meisten Hotels schließen, und während der Hochsaison (an Diwali sowie über Weihnachten und Neujahr), wenn die Zimmerpreise sich verdoppeln, sind Unterkünfte schwer zu finden.

Blue Star, 114 Dr Sabne Rd, ✆ 02168/260678. Abbröckelnder Putz, aber noch akzeptabel; einfache Zimmer mit Bad und TV. ❸–❹

Deluxe, Dr Sabne Rd, ✆ 02168/260202. Saubere, moderne Unterkunft über einem Bekleidungsgeschäft, eine der besseren in der unteren Preisklasse. ❷–❹

Dreamland, direkt unterhalb des staatlichen Busbahnhofs, 🖳 www.hoteldreamland.com, ✆ 02168/260228. Großes, etabliertes Resorthotel mit großem Garten. Das Zimmerangebot reicht von einfachen „Cottages" bis zu neuen, klimatisierten Apartments am Pool, die einen tollen Ausblick bieten. Das nette Gartencafé serviert guten Espresso und das Restaurant feine indische, europäische, mexikanische sowie chinesische Küche. ❼

MTDC Holiday Camp, 2 km westlich vom Zentrum, ✆ 02168/260318, ✆ 260300, oder in Mumbai, ✆ 022/2202 6713. Breites Angebot an preiswerten, schmucklosen Unterkünften, darunter Cottages für 4 Pers., DZ und ein Schlafsaal. Überdurchschnittliches Restaurant und Bierbar. ❹–❻

Paradise International, Main Rd, nicht weit vom Busbahnhof, ✆ 02168/260084. Etwas baufällige, aber noch akzeptable Unterkunft; erwähnenswert ist eigentlich nur der angenehme Innenhof. ❹–❺

Rahil International, 292 Murray Peth, ✆ 02168/260639. Eins der zuverlässigen, sauberen und mehr oder weniger charakterlosen Hotels in dieser Straße. Preisgünstige Vollpension. ❻

Essen und Sonstiges

Abgesehen von den Hotelrestaurants und den allgegenwärtigen *thali*-Buden, sind nur zwei Restaurants im Hauptbasar erwähnenswert: **Dragon Chinese Den** und **Tinklers-The Taste Bud**, das ausgezeichnete, wenn auch nicht ganz billige südindische und andere Snacks produziert.

Es gibt ein paar eher unzuverlässige **Internet**-Läden im Basar, wo man auch bei der *Bank of Maharashtra* **Geld** wechseln kann.

Transport

Vom zentralen **staatlichen Busbahnhof** am Nordwestende des Basars fahren **Busse nach** PUNE (stdl., 3 1/2 Std.), dem verkehrsgünstigsten Bahnhof, sowie KOLHAPUR (7x tgl., 7 Std.) und SATARA (alle 2 Std., 1 Std.), das 17 km vom Bahnhof Satara Road entfernt liegt und Verbindungen nach Mumbai (via Pune) und Goa (via Miraj) bietet.

Es gibt 5 tgl. Busse von MUMBAI, die beste Möglichkeit ist der „semi-luxury" MSRTC-Bus (7 Std.), der jeden Morgen um 7 Uhr vom Central-Busbahnhof in Mumbai abfährt.

Einmal tgl. um 9 Uhr fährt ein Bus direkt nach PANAJI in Goa (12 Std.).

Pratapgadh

Eine einstündige Busfahrt oder eine 24 km lange Wanderung von Mahabaleshwar entfernt liegt die im 17. Jh. erbaute Festung Pratapgadh, die sich über die gesamte Länge eines hohen Bergkamms erstreckt. 500 Stufen führen zu ihr hinauf. Geschichtlich wird sie mit dem Marathen-Führer **Shivaji** in Verbindung gebracht, der den Mogul-General Afzal Khan von Bijapur hierher lockte, um über einen Waffenstillstand zu verhandeln. Keiner von beiden schien sich an die Bedingung, unbewaffnet zu kommen, halten zu wollen. Khan versuchte, Shivaji zu erstechen, woraufhin dieser ihn mit dem grauenvollen *wagnakh*, einer Art Handschuh aus eisernen Krallen, tötete.

Die Besucher von heute erwartet hier Afzal Khans Grab, ein Gedenkstein an Shivaji und ein schöner Blick über die umliegenden Berge, ☉ tgl. Sonnenauf- bis Sonnenuntergang, Eintritt frei.

Kolhapur

Kolhapur, am Ufer des Flusses Panchaganga, 225 km südlich von Pune, soll seit uralten Zeiten ein bedeutendes Zentrum des tantrischen Kultes gewesen sein. Die Stadt entstand vermutlich rund um den **Mahalakshmi-Tempel**, der im Leben ihrer Bewohner immer noch eine wichtige Rolle spielt, obwohl es in der Region noch bis zu 250 weitere Tempel geben soll. Mit über 500 000 Einwohnern ist Kolhapur zu einem bedeutenden Industriezentrum geworden, aber die Stadt hat sich genug typischen Maharashtra-Charakter erhalten, um einen Zwischenstopp zu rechtfertigen.

1708 machten die Chhatrapatis, Nachkommen von Shivaji, Kolhapur zu ihrer Hauptstadt, und später spielte die Stadt eine wichtige Rolle in der Entwicklung des so genannten **indo-sarazenischen Architekturstils**. Der Architekt Major Charles Mant, ließ unter der Schirmherrschaft des Maharadschas den westlichen Baustil mit islamischen, hinduistischen und Jain-Einflüssen zusammenfließen. Mants Arbeiten sind überall in der Stadt zu sehen, dazu zählen u.a. die High School und das Rathaus, die Bibliothek, das Albert Edward Hospital und der New Palace, der heute ein Museum beherbergt.

Der **Mahalakshmi-Tempel**, dessen cremefarbene Türme den Westen der Stadt überragen, wurde vermutlich im 7. Jh. vom Chalukya-König Karnadeva gegründet. Was heute von dem Gebäude zu sehen ist, stammt jedoch wahrscheinlich aus dem frühen 18. Jh. Der Tempel wurde nach einem kreuzförmigen Grundriss aus bläulich-schwarzem Basalt gebaut; unter dem östlichen und größten der fünf Türme steht das Bildnis der Göttin Mahalakshmi.

Der **Rajwada**, Old Palace, am Platz gleich oberhalb des Mahalakshmi-Tempels, wird bis heute von Mitgliedern der Chhatrapati-Familie bewohnt. Besucher können die Eingangshalle besichtigen – der Weg führt unter einer säulengestützten Veranda hindurch, ◔ tgl. 10–18 Uhr, Eintritt frei.

Kolhapur ist als Zentrum für den traditionellen Ringkampf *kushti* berühmt. Wenn man hinter den Palasttoren rechts abbiegt und durch das niedrige Tor tritt, gelangt man auf einen Pfad, der an ein paar baufälligen Gebäuden vorbei zur eingefallenen *motibaug*, **Ringkampfarena**, führt. Wer zwischen 5.30 und 17.30 Uhr hierher kommt, kann die Ringer beim Training beobachten. Die Hauptsaison ist zwischen Juni und September, während der kühlsten Zeit des Jahres, aber viele sind auch zu anderen Zeiten aktiv. Hindus und Moslems trainieren gemeinsam, fotografieren ist kein Problem.

Der **New Palace** des Maharadschas, 2 km nördlich des Zentrums, wurde 1884, nach einem Feuer im Rajwada erbaut. Der von Major Mant entworfene Bau kombiniert Jain- und Hindu-Einflüsse aus Gujarat und Rajasthan sowie lokale Einflüsse des Rajwada und bleibt dabei doch eindeutig viktorianisch – mit einem auffälligen Uhrenturm.

Der heutige Maharadscha lebt im ersten Stock, während das Erdgeschoss eine faszinierende Sammlung von Kostümen, Waffen, Spielen, Schmuck, Stickereien und silbernen Elefantensätteln zeigt, ◔ Di–So 9.30–13 und 14.30–18 Uhr, Eintritt Rs 20.

Übernachtung und Essen

Es gibt in Kolhapur ein ausreichendes Angebot an Unterkünften zu vernünftigen Preisen; die meisten liegen in der Station Rd und sind damit vom Busbahnhof aus leicht zu erreichen.

Hotel Maharaja, 514 Station Rd, ✆ 0231/265 0829, einfache Lodge direkt gegenüber vom Busbahnhof mit Dutzenden einfacher, sauberer Zimmer zu guten Preisen und einem vegetarischen Restaurant. ❸

Sony, ✆ 0231/265 8585, schräg gegenüber auf der anderen Seite des Platzes im Mahalaxmi Chambers Komplex; wenn das *Maharaja* voll ist, kann man es hier probieren. ❷–❸

Rajpurush, gegenüber vom Bahnhof, ✆ 0231/266 4888, ✉ hotelrajpurush@yahoo.com; preiswerte, saubere Zimmer mit Bad und TV. ❷–❸

Hotel Woodlands, 204E Tarabai Park, ✆ 0231/265 0941, ✆ 263 3378, eine der besten Optionen; eine 5-minütige Rikscha-Fahrt entfernt in einem friedlichen Vorort; gute Auswahl an Zimmern mit TV und z. T. AC, 24 Std. geöffneter Coffeeshop, Multikulti-Restaurant, Garten und Bar. ❺–❻

Abgesehen von den Hotels gibt es das beste Essen im **Subraya**, am oberen Ende des Station Square. Dieses komfortable Restaurant mit AC serviert abwechslungsreiche Speisen, u. a. gute Maharashtra-*thalis*, Frühstück und billigere Snacks nach südindischer Art, z. B. leckere *dosas*, *vada pao* und sättigende *pani puris*.

Sonstiges

GELD – Die einzige Möglichkeit, in Kolhapur Reiseschecks zu tauschen, bietet die **State Bank of India** bei der Dasara Chowk Bridge, nahe dem Shahamahar-Bahnhof. Ein **Geldautomat** der UTI Bank steht an der Station Rd.

INFORMATIONEN – 5 Min. zu Fuß vom Bahnhof entfernt (rechts abbiegen) liegt die **MTDC-Touristeninformation**, im Kedar Complex in der Station Rd, ✆ 0231/269 2935, ◔ Mo–Sa 8.30–18.30 Uhr, wo man eine geführte **Tour** durch Kolhapur buchen kann (Mo–Sa 10–17.30 Uhr, Rs 60).

INTERNET – *Balaji Net Café*, Station Rd, zwischen Bahnhof und Busbahnhof, ist verlässlich (Rs 20/Std.).

Transport

Zwei direkte Expresszüge fahren jeden Abend vom MUMBAI CST über PUNE nach Kolhapur (9 Std.): der Mahalaxmi Express Nr. 1011 (20.25 Uhr; 11 1/4 Std.) und der Sahyadri Express Nr. 1023 (17.50 Uhr, 12 3/4 Std.) In die entgegengesetzte Richtung fährt tgl. um 19.15 Uhr der Mahalaxmi Express.

Der **Bahnhof** liegt 500 m vom Busbahnhof entfernt in der Station Rd, in der Nähe des Stadtzentrums.

GOA

Old Goa – Glockentürme und Barockkirchen am Ufer des Mandovi zeugen von der einstigen kolonialen Pracht der ehemaligen Hauptstadt Goas.

Flohmarkt von Anjuna – Der berühmte Touristenbasar ist der beste Ort, um sich mit angesagten Partyklamotten und Reisemitbringseln einzudecken und anschließend Leute zu beobachten.

Ingo's Night Market, Arpora – Entspannter Flohmarkt mit mehr Atmosphäre als der in Anjuna, und auch die Waren sind von besserer Qualität.

Arambol – Ein alternativer Urlaubsort mit exquisiten Stränden und einigen der besten Budget-Restaurants in ganz Asien.

Perreira-Braganza House, Chandor – Das extravaganteste koloniale Herrenhaus der Region steckt voller Antiquitäten.

Palolem – Romantischer als an diesem idyllischen, von Palmen gesäumten Strand im äußersten Süden können tropische Sonnenuntergänge kaum sein.

Die Essenz Goas lässt sich wunderbar mit einem einzigen Wort ausdrücken: dem portugiesischen *sossegarde*, zu Deutsch „Unbeschwertheit". In den letzten zwanzig Jahren stand die Zeit in dieser ehemaligen Kolonialenklave auf halber Höhe der indischen Südwestküste natürlich nicht still, doch trotz der zunehmend chaotischen Verhältnisse in der Hauptstadt, den Badeorten und den Marktstädten hat sich Goa seine beschauliche Atmosphäre erhalten, durch die es sich von jeher von anderen Landesteilen unterschied. Unter den 1,4 Millionen Einwohnern herrscht kein Zweifel daran, welchem Umstand sie diese Besonderheit verdanken: Während der Großteil des Subkontinents von den steifen, verschlossenen Briten kolonialisiert wurde, herrschten in Goa lange Zeit die **Portugiesen**, die den angenehmen Seiten des Lebens im Allgemeinen stärker zugewandt sind als ihre entfernten angelsächsischen Nachbarn.

Goa war das erste Standbein Portugals in Asien und diente über 450 Jahre lang als Dreh- und Angelpunkt des weit reichenden portugiesischen Handelsnetzes. Doch als das lusitanische Weltreich im 17. Jh. seinem Untergang entgegenging, sank auch der Glücksstern Goas. Durch eine Mauer von Bergen und Hunderte von Meilen unwegsamer Schwemmlandebenen vom Rest Indiens abgeschnitten, blieb es vom übrigen Subkontinent restlos isoliert. Dafür wurden hier, als im Anschluss an die Unabhängigkeit 1947 in Indien Mord und Totschlag herrschten, die Macheten nur zum Öffnen von Kokosnüssen geschwungen. Erst 1961, als der frustrierte indische Premierminister Jawaharlal Nehru nach vergeblichen Versuchen, mit dem portugiesischen Diktator Salazar zu einer gütlichen Einigung zu kommen, seine Armee schickte, wurde Goa schließlich ein Teil von Indien.

Die Besucher, die Ende der 60er und Anfang der 70er Jahre auf dem strapaziösen Landweg von Bombay nach Goa kamen, stellten fest, dass sich hier seit Jahrhunderten wenig verändert hatte. Portugiesisch war nach wie vor die Lingua franca der gebildeten Elite, und die Küstensiedlungen bestanden aus schlichten Fischerdörfern und Kokosplantagen. Erleichtert, nach der anstrengenden Reise durch Indien einen Ort gefunden zu haben, der billig war und keinen Kulturschock hervorrief, ließen sich die Traveller hier nieder, verbrachten die Zeit mit Kiffen, erfreuten sich an den traumhaften Sonnenuntergängen über dem Arabischen Meer und feierten in den Vollmondnächten wilde Partys. So entstand eine Urlaubskultur, die Goa schon bald zu einem Synonym für hedonistische **Hippies** machte.

Inzwischen hat der Bundesstaat seinen Ruf als Zufluchtsort für Aussteiger einigermaßen erfolgreich abgeschüttelt. Dennoch bevölkern jeden Winter Hunderttausende von Besuchern die wunderbaren **Strände**. Deren Erschlossenheitsgrad ist ganz unterschiedlich und reicht von weitläufigen, luxuriösen Urlaubsanlagen nach westlichem Muster bis zu Stränden, an denen gerade mal ein paar aus Palmblättern geflochtene Hütten stehen.

Das portugiesische Erbe ist in Goa noch überall spürbar. So erscheint dem Besucher aus dem Westen die Atmosphäre hier einerseits exotisch, andererseits seltsam vertraut. Dies gilt insbesondere für die **Küche** Goas, in der die Vorliebe der europäischen Südländer für Fleisch und Fisch eine Verbindung mit der indischen Liebe zu Gewürzen eingeht – das Ergebnis ist mit keiner anderen Regionalküche Asiens vergleichbar. Für Indien ansonsten ungewöhnlich ist auch die Tatsache, dass hier viel **Alkohol** getrunken wird. Bier ist billig, und mindestens 6000 Bars in Goa dürfen es ausschenken, zusammen mit dem traditionelleren *feni*, einem hochprozentigen Fusel, der aus der Cashew-Frucht oder aus Kokospalmschößlingen gewonnen wird.

Wenn man in Zentral-Goa mit seinen zahlreichen weiß getünchten Kirchen und Bildstöcken am Straßenrand unterwegs ist, fällt es schwer zu glauben, dass mehr als zwei Drittel der Einwohner des Bundesstaates dem **Hinduismus** angehören. Doch im Unterschied zu vielen anderen Teilen Indiens herrscht hier überwiegend Toleranz in Religionsfragen, traditionelle Bräuche vermischen sich problemlos mit moderneren Sitten. Wenn den Goanern eine Verschmelzung mit Nachbarstaaten drohte, haben sie bei Wahlen stets den regionalen Zusammenhalt über kommunale Differenzen gestellt. Das goanische Gemeinschaftsgefühl wurde auch durch eine Kampagne gefördert, **Konkani**, die Sprache der überwiegenden Mehrheit der Goaner, als offizielle Amtssprache einzuführen, was 1992 schließlich geschah. Seither steht das Thema **Einwanderung** ganz oben auf der politischen Agenda. Denn Goa, das weitaus wohlhabender ist als seine Nachbarn, wird seit zwei Jahrzehnten von Wirtschaftsflüchtlingen überschwemmt, was Ängste

GOA

Manche Feste werden jedes Jahr zur gleichen Zeit veranstaltet, die Termine der übrigen können im Tourist Office erfragt werden. Die größten Festlichkeiten finden in Panjim und Margao statt.

Festa dos Reis (6. Jan):
Die Feiern zum Dreikönigstag umfassen eine Prozession von als Heilige Drei Könige verkleideten kleinen Jungen zur Franziskanerkapelle von Reis Magos, nahe Panjim am nördlichen Ufer des Mandovi, 3 km östlich von Fort Aguada. Weitere Prozessionen in Cansaulim und Chandor.

Karneval (Feb/März):
Dreitägiges, durch *feni* verursachtes Chaos mit Schwerpunkt in Panjim; anschließend beginnt die Fastenzeit.

Shigmo (Feb/März):
Goas Version von Holi wird mit großen Paraden und Menschenaufläufen gefeiert; Trommler wetteifern neben Tanzgruppen, und riesige Festwagen, die die Telegraphenleitungen herunterzuholen drohen, rollen durch die Straßen.

Allerheiligen (März):
Am fünften Montag der Fastenzeit werden 26 Bildnisse von Heiligen, Märtyrern, Päpsten, Königen, Königinnen und Kardinälen um das Dorf Velha Goa, nahe Panjim, getragen. Daneben findet ein Volksfest statt.

Igitun Chalne (Mai):
Im Dorf Sirigao, Distrikt Bicholim, versetzen sich in *dhoti* gehüllte Anhänger der Göttin Lairya in Trance und laufen über heiße Kohlen.

Sanjuan (24. Juni):
Das Fest des heiligen Johannes wird in ganz Goa gefeiert, vor allem aber in den Küstendörfern Arambol und Terekol. Kinder verbrennen Strohpuppen (symbolisch für die Taufe des heiligen Johannes, mit der die Erbsünde besiegt wurde). Nach dem Genuss von flaschenweise *feni* hüpfen die Feiernden zur Abkühlung in Brunnen.

International Film Festival of India (Ende Nov bis Anfang Dez):
Die Verantwortlichen haben noch nicht entschieden, ob Panjim permanenter Veranstaltungsort für dieses Bollywood-Spektakel werden soll, doch es erscheint mehr als wahrscheinlich. Zwei Wochen lang werden Hunderte ausländische wie indische Kinofilme gezeigt. Sie laufen auf Großbildschirmen am Strand sowie in den beiden Hauptveranstaltungsorten von Panjim, dem Inox Multiplex und der Kala Academy. Weitere Infos s. S. 236.

Weihnachten (24./25. Dez):
Wird überall in Goa gefeiert. Der Mitternachtsmesse folgen für gewöhnlich Tanz, Musik und ein Feuerwerk.

Siolim Zagor (1. So nach Weihnachten):
Prozessionen, Tanztheater und satirische Lieder prägen dieses ungewöhnliche Fest in Siolim, im Norden Goas nahe Chapora. Es handelt sich angeblich um ein christliches Fest, doch die einheimischen Hindus feiern ebenso begeistert mit.

---

schürt, die kulturelle Eigenart der Region könne verschwinden. Zu einem der größten Arbeitgeber für Immigranten hat sich in den letzten Jahren die **Konkan Railway** entwickelt. 1997 wurde eine superschnelle Landverbindung nach Mumbai fertig gestellt – ein weiteres Indiz für den wirtschaftlichen Wohlstand, der zu nachhaltigen Veränderungen geführt hat.

Für welchen Strand Besucher sich entscheiden, hängt davon ab, was für eine Art Urlaub sie im Sinn haben. Besser ausgestattete Resorts wie **Calangute** und **Baga** im Norden sowie **Colva** und **Benau-**lim im Süden bieten mehr Unterkünfte und Touristeneinrichtungen als andere Orte. Selbst wer nichts für touristische Zentren übrig hat, ist gut beraten, zuerst einen dieser Orte anzusteuern, da eine Übernachtungsmöglichkeit in weniger erschlossenen Orten nicht immer ganz einfach zu finden ist. **Anjuna**, **Vagator** und **Chapora** sind in erster Linie Partystrände. Die Unterkünfte sind hier in der Regel einfacher und nicht so leicht zu bekommen. Die meisten Budget-Traveller, die sich während einer Indienreise eine Erholungspause gönnen wollen, landen in **Palolem** (ganz im Süden)

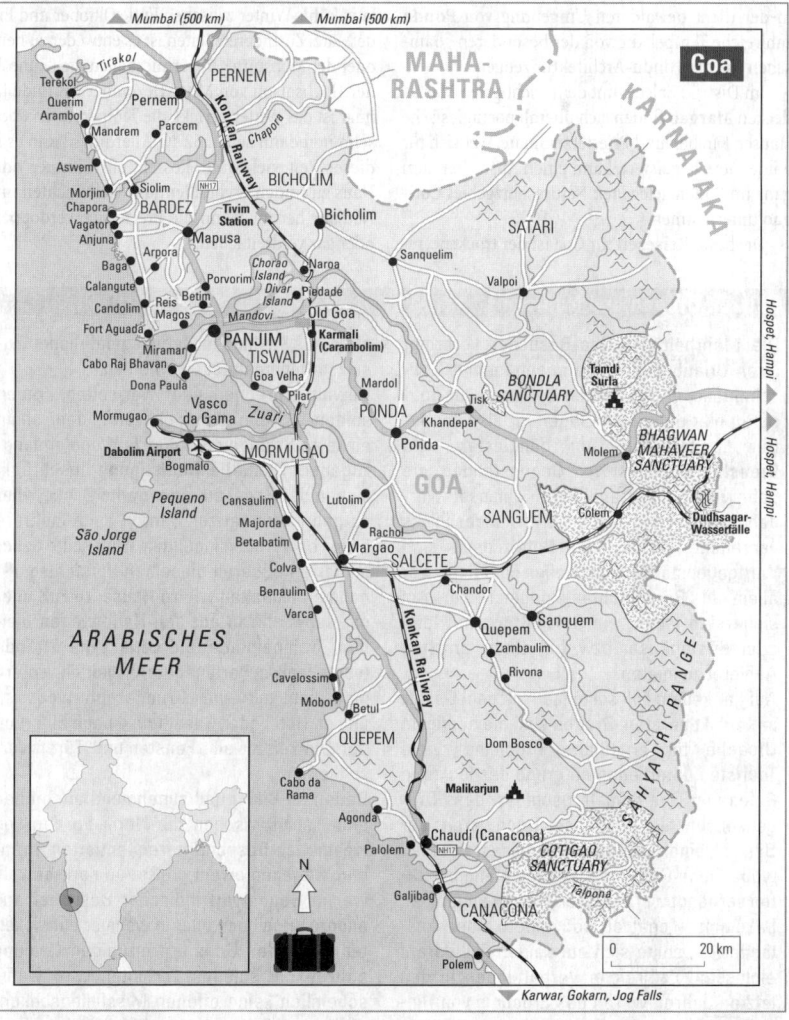

oder in **Arambol** (ganz im Norden), wohin die Charterbusse noch nicht vorgedrungen sind. Doch besonders Palolem hat sich inzwischen bereits zu einem größeren Urlaubsort entwickelt, der in der Hauptsaison von Tausenden Langzeitbesuchern bevölkert wird.

In rund 10 km Entfernung von **Panjim**, der Hauptstadt des Bundesstaates, bilden die Ruinen der ehemaligen portugiesischen Hauptstadt **Old Goa** die größte Attraktion abseits der Küste – eine Ansammlung katholischer Kathedralen, Klöster und Kirchen, die Pilger aus ganz Indien anzieht. Ein beliebter Tagesausflug führt zum **Flohmarkt von Anjuna**, der jeden Mittwoch stattfindet und ein guter Ort zum Kauf von Souvenirs und Tanzklamotten ist. Weiter landeinwärts verstecken sich in der dicht bewaldeten Umgebung von **Ponda** zahlreiche Tempel, die von der besonderen goanischen Art der Hindu-Architektur zeugen.

Im Distrikt Salcete mit dem wichtigsten Marktflecken **Margao** finden sich überall portugiesische Häuser, Kirchen und Priesterseminare. Wer sich für wilde Tiere begeistert, kann einen Abstecher zum ganz im Süden gelegenen Naturschutzgebiet **Cotigao** unternehmen.

Die beste **Reisezeit** für Goa ist der trockene, relativ kühle Winter zwischen Ende Oktober und Ende März. Zu anderen Zeiten ist es entweder zu heiß, oder der Monsunregen vermiest allen die Laune. In der Hochsaison von Mitte Dezember bis Ende Januar ist das Wetter perfekt, die Temperaturen überschreiten dann selten 32 °C. Allerdings kann es in dieser Zeit viel Mühe kosten, ein Zimmer oder Haus zu finden – vor allem um Weihnachten und Neujahr herum, wenn die Preise sich verdoppeln oder gar verdreifachen.

Polizei, Drogen und Nudismus

Die Mehrheit der Goa-Besucher verbringt ihren Urlaub zwar ohne unangenehme Zwischenfälle, doch kommen Delikte gegen Touristen hier deutlich häufiger vor als in anderen Landesteilen. Am gängigsten sind **Diebstähle** – meist von Gegenständen, die unbewacht am Strand liegen gelassen werden. Aber auch in einem mit Vorhängeschloss versehenen Haus oder Hotelzimmer sind Wertgegenstände nicht sicher. Einbrüche, vor allem in Partynächten, nehmen zu. Am sichersten ist es, ein Schließfach im Hotel oder Gästehäuser bzw. bei einem privaten Anbieter zu mieten.

Auf gar keinen Fall sollte man mit dem Gesetz in Konflikt geraten. **Drogen** sind die häufigste Ursache für ernsthafte Probleme. Viele Touristen unterliegen aufgrund des lockeren Rufes von Goa dem Trugschluss, dass Drogenkonsum hier erlaubt sei. Doch bereits der Besitz kleiner Mengen Cannabis ist strafbar, wobei hohe Geld- oder sogar Gefängnisstrafen verhängt werden. Wer Drogen angeboten bekommt – egal ob von Indern oder Ausländern –, sollte sich auf keinen Fall darauf einlassen. Zahlreiche Verhaftungen in den letzten Jahren waren das Ergebnis von Hinweisen eben jener Dealer, die gemeinsame Sache mit der Polizei machen oder unter dem Druck stehen, ihre Kunden zu verraten, um mehr oder weniger unbehelligt von den Behörden agieren zu können.

Vor ein paar Jahren wurden mehrere Ausländer in lebensbedrohlichem Zustand ins Krankenhaus von Panjim eingeliefert, nachdem sie Cannabis-Harz geraucht hatten, das von Dealern aus Kashmir mit lebensgefährlichen Zusatzstoffen gestreckt worden war.

Gewaltverbrechen sind zwar selten, Frauen sollten es aber dennoch vermeiden, allein einsame Strände oder dunkle Wege entlangzugehen. **Sexuelle Belästigung** beschränkt sich in der Regel auf penetrante Blicke, aber es gab in den letzten Jahren auch mehrere Fälle von Vergewaltigungen. Man sollte daher immer und überall dieselben Vorsichtsmaßnahmen einhalten wie zu Hause: zu Fuß oder mit dem Fahrrad auf den Hauptwegen bleiben, Trampelpfade und verlassene Strände (vor allem in Partynächten) meiden, sofern man nicht mit einer Gruppe unterwegs ist, und im Hotel oder Guesthouse nach Einbruch der Dunkelheit alle Fenster und Türen verschließen.

Baden im Bikini und zunehmend auch oben ohne ist inzwischen die Norm an den von westlichen Besuchern frequentierten Stränden. Dagegen erregt große Aufmerksamkeit, wer in Gegenwart indischer Besucher aus anderen Regionen oder in weniger entwickelten Gegenden Goas in freizügiger Kleidung auftritt. Ein solches Verhalten wird wahrscheinlich keine offenen Missfallensbekundungen zur Folge haben, wohl aber durchbohrende Blicke und möglicherweise auch Auseinandersetzungen.

Frauen ist zu empfehlen, sich mit einem Sarong oder *lunghi* zu bedecken, wenn Familien oder Gruppen indischer Männer zugegen sind.

Völlige Nacktheit ist auf jeden Fall inakzeptabel und streng genommen sogar illegal.

Geschichte

Da Goa auf dem Landweg von jeher schwer zugänglich war, hat es in der indischen Geschichte keine tragende Rolle gespielt. Andererseits entwickelte sich Goa zur begehrten Beute rivalisierender Kolonialmächte, die an der Kontrolle der Meere und am lukrativen Gewürzhandel interessiert waren. Über tausend Jahre hatte Goa zum **Königreich von Kadamba** gehört, etwa bis 100 Jahre vor der Ankunft der Portugiesen. Dazwischen herrschten nacheinander die Vijayanagara-Dynastie aus Karnataka, die moslemischen Sultane aus Bahmani und Yusuf Adil Shah, der Gründer der Dynastie Bijapur. Den endgültigen Beginn der 451 Jahre währenden portugiesischen Herrschaft markierte dann die Einnahme der Festung von Panjim durch **Alfonso de Albuquerque** im Jahre 1510.

Die Bevölkerung Goas wuchs, und die Einwohnerzahl seiner prächtigen Hauptstadt (heute Old Goa) überstieg bald jene von Paris und London. Obwohl Ismail Adil Shah Goa 1570 zehn Monate lang belagerte und die Marathas unter Shivaji und späteren Anführern die Region beinahe erobert hätten, ging die größte Bedrohung von anderen europäischen Seemächten aus, allen voran Holland und Frankreich.

In der Zwischenzeit gründete **Franz Xaver** 1542 eine **Jesuitenmission**, und in der Folge bekehrten Franziskanermissionare immer mehr Einheimische zum Christentum. Als bald darauf die **Inquisition** einsetzte, wurden Gesetze erlassen, die sämtliche Literatur der Zensur unterwarfen und jeden anderen als den katholischen Glauben verboten. Hindu-Tempel wurden zerstört, und konvertierte Hindus führten fortan portugiesische Namen wie da Silva, Correa oder de Sousa, die noch heute in der Region verbreitet sind. Danach ging es mit der Kolonie, deren Handelsmonopol von den rivalisierenden Europäern gebrochen wurde, allmählich bergab, nicht zuletzt wegen der ungesunden, von Krankheiten geprägten Atmosphäre in der Hauptstadt.

Trotz einer gewissen Liberalisierung (den Hindus wurde wieder erlaubt, ihren Glauben zu praktizieren, und die Inquisition wurde 1820 endgültig abgeschafft) erlebte Goa im 19. Jh. schwere Bevölkerungsunruhen. Während der britischen Besetzung zogen viele Goaner nach Bombay und in andere Orte Britisch-Indiens, um Arbeit zu finden.

Dass Goa sich nach der Unabhängigkeit Indiens von der portugiesischen Herrschaft befreien konnte, ist sowohl den Bemühungen der indischen Regierung, die ihre diplomatischen Beziehungen mit Portugal einfror, als auch der Arbeit von Freiheitskämpfern wie **Menezes Braganza** und **Dr. Cunha** zu verdanken. Nachdem bei einem „Befreiungsmarsch" 1955 mehrere Menschen zu Tode gekommen waren, wurde eine Blockade gegen den Staat verhängt. Als der Handel mit Bombay zum Erliegen gekommen und der Schienenweg abgeschnitten worden war, bemühte sich Goa um internationale Bündnisse, besonders mit Pakistan und Sri Lanka. Das führte zum Bau des Dabolim-Flughafens und dem Entschluss, die landwirtschaftlichen Erträge zu steigern. 1961 riss dem indischen Premierminister Jawaharlal Nehru schließlich der Geduldsfaden mit seinem Gegner in Lissabon, dem rechten Diktator Salazar, und er entsandte Streitkräfte. Die einer Resolution der Vereinten Nationen zuwider handelnde „**Operation Vijay**" stieß nur auf symbolischen Widerstand, so dass die indische Armee Goa innerhalb von zwei Tagen eingenommen hatte. Danach wurde Goa (zusammen mit Portugals anderen beiden Enklaven, Daman und Diu) als autonomes **Unionsterritorium** ein Teil von Indien, allerdings mit einem Minimum an Einflussmöglichkeiten seitens Delhi. Seit der Unabhängigkeit geht es Goa wirtschaftlich zusehends besser, vor allem dank der Gewinne aus Eisenerzexporten und der boomenden Tourismusindustrie. Themen wie Eigenstaatlichkeit, Status der Amtssprache Konkani und ständig steigende Einwanderungszahlen sorgen in Goa indes für chronische politische Instabilität. In den 90er Jahren regierten nicht weniger als zwölf Ministerpräsidenten. Eine wacklige, opportunistische Koalition löste die nächste ab, und die Regierungsarbeit ist auf ein Niveau gesunken, das in dieser Region bislang unbekannt war.

Von dem anhaltenden Chaos profitieren nicht zuletzt die rechtsextremen Hindu-Fundamentalisten, vertreten durch die BJP (Bharatiya Janata Party). Früher waren sie aufgrund ihres Eintretens für eine Zusammenlegung Goas mit Maharashtra bei den hiesigen Wählern – selbst unter Hindus – unbeliebt, obwohl sie auf nationaler Ebene eine führende Rolle spielen. Doch von 2000 bis 2004 dominierte die BJP mit einem Viertel der Sitze in der goanischen Versammlung die Regierungsgeschäfte

Sammeltaxis: Die weißen Maruti-Sammeltaxis stellen das wichtigste Transportmittel zwischen den Urlaubsorten dar. Man findet sie in einer langen Reihe vor den meisten Touristenhotels, wo Schilder feste Tarife zu verschiedenen Fahrtzielen in und außerhalb der Region angeben. Diese Preise gelten aber nur in der Hochsaison, zu anderen Zeiten müsste es möglich sein, einen erheblichen Preisnachlass auszuhandeln.

Fähren: Auch wenn immer mehr Brücken für den Straßenverkehr gebaut werden, ist die Fähre nach wie vor das typische Verkehrsmittel in Goa. Die mit Autos, Bussen, Pendlern auf Mopeds, Fischerfrauen und hitzegeplagten Touristen voll gestopften, verrosteten blauen Dreimaster sind unglaublich billig und verkehren vom frühen Morgen bis zum späten Abend. Die am meisten genutzten Flussüberquerungen in Goa sind die von Panjim nach **Betim** über den Mandovi (alle 15 Min.), von Old Goa zur Divar-Insel (alle 15 Min.), von Querim nach **Terekol** über den Terekol-Fluss (alle 30 Min.) und von **Cavelossim**, im tiefen Süden von Salcete, nach Assolna (alle 20–30 Min.).

Eisenbahn: Die *Konkan Railway* ist Goas wichtigstes Langstreckentransportmittel, für kurze Fahrten innerhalb des Staates allerdings kaum geeignet. Da die Züge relativ selten verkehren und die Strecke weitab der meisten Urlaubsorte verläuft, ist man mit einem Bus in der Regel besser bedient. Lediglich für die zweistündige Tour Richtung Süden zur Tempelstadt Gokarna im benachbarten Karnataka bietet sich eine Fahrt mit dem Zug an.

Busse: Die goanische Transportgesellschaft *Kadamba,* deren Hauptniederlassungen sich in Panjim, Mapusa und Margao befinden, hat überall in Goa Fernbusse im Einsatz. Private Busgesellschaften decken alle anderen Orte ab, auch die Küstenresorts, sind preiswert und verkehren häufig. Mit ihnen reist es sich bequemer als mit vielen anderen Bussen in Indien, auch wenn man an Markttagen und auf dem Weg zu größeren Städten und Touristenzentren auf einen Ansturm von Fahrgästen vorbereitet sein muss. Näheres zu den verschiedenen Busverbindungen findet sich in der Beschreibung der jeweiligen Orte.

Motorradtaxis: Goas Motorradtaxis, hier auch *pilots* genannt, sind ideal, wenn man von einem Strand zum anderen oder vom Ferienort in die Stadt will. Vertrauenswürdig sind die schwarzen Maschinen mit gelbem Schutzblech und weißem Nummernschild. Der vorab auszuhandelnde Preis ist mit dem für Motor-Rikschas vergleichbar und beträgt ca. Rs 7 pro Kilometer.

des Bundesstaates. Ministerpräsident Manohar Parrikkar machte sich bei den städtischen Wählern der Mittelklasse beliebt, indem er die Infrastruktur der Hauptstadt durch neue Bauprojekte verbesserte und das internationale indische Filmfestival nach Panjim holte. Doch nach den Wahlen im Mai 2004 wurde das Leben für ihn und seine Partei schwieriger, nachdem die Kongresspartei die Mehrheit im Parlament gewonnen hatte.

Der Druck vergrößerte sich nach einer Serie politischer Rücktritte und Ernennungen, die ein Parlament ohne klare Mehrheitsverhältnisse zur Folge hatte und die Anführer beider Parteien veranlasste, in der Gouverneursresidenz vorstellig zu werden und um Erlaubnis zur Bildung einer Regierung zu ersuchen. Zweifelhafte Manöver und Wahltricks auf beiden Seiten führten schon bald zu chaotischen Verhältnissen. Im März 2005, nicht einmal drei Stunden nachdem die Kongresspartei ein Vertrauensvotum (das dritte innerhalb von 30 Tagen) knapp gewonnen hatte, sprang die Zentralregierung in die Bresche und rief die so genannte „President's Rule" aus. Zur Zeit der Recherche waren Neuwahlen geplant, um endlich aus der politischen Sackgasse herauszukommen, doch es erscheint unwahrscheinlich, dass es in absehbarer Zeit zu einer Stabilisierung der politischen Landschaft in Goa kommen wird.

Mietmotorräder: Ein Motorrad zu mieten macht zwar unabhängig, ist aber nicht ungefährlich. In jeder Saison gibt es in Goa durchschnittlich einen Verkehrstoten pro Tag, nicht selten handelt es sich dabei um Touristen auf einem Motorrad. Viele Straßen in Goa sind unbeleuchtet und mit Schlaglöchern übersät, außerdem können aus dem Nichts Kühe oder Ochsenkarren auftauchen. Für Maschinen über 25cc braucht man offiziell einen **internationalen Führerschein**. Besitzer oder Vermieter bestehen zwar selten darauf, doch nehmen manche Polizisten das Fehlen als Vorwand, um ordentlich Bakschisch von Touristen einzustreichen. Wer keinen Führerschein bei sich hat, sollte große Städte wie Panjim, Margao und Mapusa (auch Anjuna am Markttag) meiden und bei der Fahrt nur kleinere Geldbeträge mit sich führen. Wer ohne gültige Papiere angehalten wird, hat nicht viel zu befürchten, selbst wenn manche Polizisten etwas anderes behaupten – hier lautet die Devise: immer die Ruhe bewahren und sich auf Verhandlungen einlassen. Auch einige nicht lizenzierte Anbieter versuchen, unvorsichtigen Travellern Motorräder zu vermieten; daher immer einen Miet- und Versicherungsnachweis verlangen.

Die Kosten richten sich nach Jahreszeit, Fahrzeug und Mietdauer. Die meisten Vermieter fordern eine Kaution und/oder Hinterlegung des Reisepasses. Die Preisspanne ist überall in etwa gleich: Die billigste Wahl, ein Motorroller nach Art der **Honda Kinetic 100cc** kostet Rs 150–200 pro Tag; mit ihrem Automatikgetriebe ist sie die wohl die beste Allround-Maschine und gut geeignet für Anfänger. Für längere Strecken empfehlen sich die (hauptsächlich wegen ihres beeindruckenden Aussehens beliebte) **Enfield Bullet 350cc** (ab Rs 250 pro Tag) oder die kleineren, leichteren und im Allgemeinen zuverlässigeren Maschinen des Typs **Yamaha 100cc** oder **Bajaj Pulsar 180cc** (beide ca. Rs 200/250 pro Tag).

Touren: Auf dem Papier erscheinen die geführten Touren, die die lokale Tourismusbehörde **GTDC** (⌨ www.goa-tourism.com) täglich von Panjim, Margao, Calangute und Colva aus für Rs 150 anbietet, eine gute Möglichkeit, Goas Highlights in kurzer Zeit zu besichtigen. Die meisten ausländischen Touristen beklagen jedoch, dass das Programm viel zu hastig durchgeführt wird. Diese Touren sprechen in erster Linie indische Familien an, die einen oberflächlichen Blick auf die Resorts werfen möchten, um anschließend eine kurze Wallfahrt zu den Tempeln um Ponda zu unternehmen. Die meisten Touren beinhalten außerdem eine Fahrt zu einigen Orten im Landesinneren, die europäische Touristen in der Regel nicht so sehr interessieren. In jedem GTDC-Büro sind Broschüren mit dem Programmangebot erhältlich.

Transport von Goa

IN ANDERE BUNDESSTAATEN – Zu bestimmten Jahreszeiten können die nationalen Flüge von Goa schnell ausgebucht sein, besonders um Diwali und Weihnachten herum. **Flugtickets** sollten möglichst immer direkt über die Fluggesellschaft gebucht werden, da private Agenturen den Flugpreis nach einem ungünstigen Dollarwechselkurs berechnen. Adressen der Fluggesellschaften in Panjim s. S. 244.

Sitzplätze für alle Zugverbindungen der **Konkan Railway** können im Reservierungsbüro von *KRC* im 1. Stock des *Kadamba*-Busbahnhofs in Panjim (⊙ Mo–Sa 8–20, So 8–14 Uhr) gebucht werden oder im Hauptbüro von *KRC* im Bahnhof von Margao, ✆ 0834/271 2780, ⊙ Mo–Sa 8–16.30, So 8–14 Uhr. Es ist ratsam, so früh wie möglich zu reservieren und gleich nach Öffnung des Büros zu erscheinen, denn die Schlange kann endlos sein (im *KRC*-Büro Panjim reißen sich Schwarzhändler in aller Frühe die Wartenummern unter den Nagel und nehmen, was sie kriegen können, um im Auftrag der Fahrgäste zu warten). Sitzplätze im KR-Zug von Goa nach Mumbai sind grundsätzlich knapp, denn der Löwenanteil der Kontingente geht an Langstreckenreisende aus Kerala, und die Plätze sind zu

Spitzenzeiten bereits bis zu zwei Monate im Voraus ausgebucht. Eine Möglichkeit zur Umgehung dieses Problems ist die **Online-Reservierung** unter 🖳 www.konkanrailway.com, doch dort gibt es nur die relativ teuren Fahrkarten für die klimatisierten Waggons mit 3-stöckigen Betten (einfache Fahrt Rs 1250), und die Buchung muss zwischen sieben und zwei Tagen vor dem Abfahrtsdatum erfolgen.

Fahrkarten für **Busse** der goanischen Transportgesellschaft *Kadamba* können in den Büros im Busbahnhof von Panjim oder Mapusa reserviert werden, ⏱ tgl. 9–11 und 14–17 Uhr. Private Busgesellschaften verkaufen ihre Fahrscheine über Reiseagenturen direkt beim Busbahnhof von Panjim und in Mapusa südlich des Hauptplatzes. **Informationen** zu Fahrplänen und Preisen erteilt der Schalter von *Goa Tourism* im Busbahnhof von Panjim.

NACH MUMBAI – Das nördlich gelegene Mumbai lässt sich am schnellsten und einfachsten per **Flugzeug** erreichen. Acht bis zehn Maschinen verlassen täglich Goas Flughafen Dabolim. Ein einfacher Flug kostet US$60 oder weniger mit dem indischen Internet-Billigflieger *Deccan Air* (🖳 www.airdeccan.net), US$95 mit *Indian Airlines* (🖳 www.indian-airlines.nic.in) und US$100 mit *Sahara* (🖳 www.airsahara.net) oder *Jet* Airways (🖳 www.jetairways.com). Die Airbus-Verbindung von *Air India* (🖳 www.airindia.com) nach Mumbai scheint wenig bekannt zu sein, daher sind fast immer Plätze frei. Allerdings müssen Fluggäste schon drei Stunden vor Abflug einchecken, da *Air India* eine internationale Fluggesellschaft ist.

Täglich fahren zwei **Züge** der *Konkan Railway* nach Mumbai. Der günstigste ist der Nachtzug Konkankanya Express Nr. 0112. Er fährt um 18 Uhr in Margao ab und erreicht den CST-Bahnhof (meist noch unter seinem alten Namen Victoria Terminus oder VT bekannt) am nächsten Morgen um 5.50 Uhr. Der andere Schnellzug von Margao nach Mumbai (CST) ist der Mandvi Express Nr. 0104, Abfahrt 10.10 Uhr, Ankunft 21.45 Uhr.

Die billigste, aber alptraumverdächtigste Art nach Mumbai zu gelangen, ist per **Nachtbus**. Dieser legt die 500 km teilweise in halsbrecherischem Tempo zurück, braucht aber dennoch 14–18 Std. Die Fahrpreise unterscheiden sich je nach Komfort, wobei die Luxusbusse zwei bis drei Stunden weniger brauchen. Reservieren kann man *Kadamba*-Tickets in den Büros der Gesellschaft in den Busbahnhöfen von Panjim und Mapusa, ⏱ tgl. 9–11 und 14–17 Uhr. Private Busgesellschaften verkaufen ihre Fahrscheine über Reiseveranstalter direkt beim Busbahnhof von Panjim und in Mapusa südlich des Hauptplatzes. Der begehrteste (und teuerste) **Privatbus** nach Mumbai ist der von *Paulo Travels* (24 Sitzplätze). Eine winzige Schlafkoje in diesem Bus (die noch mit einem weiteren Fahrgast geteilt werden muss) kostet Rs 650; einige weibliche Passagiere beklagten sich über Belästigungen während der Reise.

Tickets gibt es entweder bei *Paulo Holiday Makers* in der Nähe des *Kadamba*-Busbahnhofs in Panjim, ✆ 0832/222 3736, oder im *Hotel Nanutel* gegenüber dem *Club Harmonia* in Margao, ✆ 0834/272 1516. Informationen zu Abfahrtszeiten und Preisen erteilt der Schalter von *Goa Tourism* im Busbahnhof von Panjim.

NACH HAMPI – Die mit Abstand stressfreieste Reise von Goa nach Hampi bietet die **Eisenbahn**. Drei Züge pro Woche (Mi, Sa und So) fahren von Vasco da Gama (7.10 Uhr) und Margao (7.35 Uhr) ab, Ankunft in Hospet (dem Hampi am nächsten gelegenen Bahnhof) nur gut 8 1/2 Std. später gegen 16 Uhr. Tickets können am Abfahrtstag an beiden Bahnhöfen gekauft werden. Die herrliche Bahnreise führt durch einen der wildesten Abschnitte der Westghats mit den Dudhsagar-Wasserfällen (s. S. 249). In der entgegengesetzten Richtung fahren die Züge am Mo, Mi und Fr um 8.50 Uhr in Hospet ab, Ankunft in Margao um 18.23 Uhr. Die Tickets kosten Rs 700 für AC mit 2-stöckigen Betten, Rs 450 für AC mit 3-stöckigen Betten und Rs 170 in der Standard-Schlafwagenklasse.

Die Reise mit dem **Bus** ist nicht billiger als mit dem Zug (Schlafwagenklasse), aber wesentlich anstrengender. Zwei oder drei klapprige staatliche Busse fahren jeden Morgen an Panjims *Kadamba*-Busbahnhof (Plattform 9) nach Hospet ab, der letzte um 10.30 Uhr. Passagiere sollten sich auf eine lange, unbequeme Fahrt gefasst machen. Wenn alles gut geht, dürfte sie nicht länger als neun bis zehn Stunden dauern, doch Verspätungen und Pannen sind leider an der Tagesordnung. Tickets für Busse von *Kadamba* und *KSRTC (Karnatakan State Road Transport Corporation)* sollten mindestens einen Tag im Voraus an den Schaltern im Busbahnhof reserviert werden.

Von Margao fährt auch ein moderner, gut gefederter **Nachtbus** mit Schlafabteilen nach Hampi. Dieser Bus der Gesellschaft *Paulo Travels* fährt um 18 Uhr an einem Parkplatz neben dem *Nanutel Hotel* in der Rua da Padre Miranda ab und erreicht Hampi früh am nächsten Morgen. Die Tickets kosten rund Rs 450 und können praktisch in jedem guten Reisebüro in Goa gekauft werden. Der Bus ist zwar einigermaßen bequem, doch die sargähnlichen Abteile sind eng und heiß, so dass an Schlaf kaum zu denken ist; außerdem beklagten sich weibliche Passagiere über Belästigungen während der Nachtfahrt.

NACH GOKARNA, JOG FALLS, MANGALORE UND SÜD-KARNATAKA – Am schnellsten und angenehmsten ist die Reise von Goa an der Küste entlang nach Gokarna mit der *Konkan Railway*. Der Passagierzug von Verna nach Mangalore verlässt Margao um 14.10 Uhr und passiert unterwegs um 14.50 Uhr Chaudi, bevor er gegen 16 Uhr in Gokarna Road, dem Kopfbahnhof von Gokarna, einläuft. Der Bahnhof liegt 9 km östlich der Stadt, doch ein Minibus bringt die Passagiere in die Stadt. Fahrkarten müssen nicht im Voraus gekauft werden, sondern sind 30 Min. vor Abfahrt am Fahrkartenschalter erhältlich. Allerdings ist es immer ratsam, sich vorab bei einer Touristeninformation, einem Reisebüro oder auf der *KRC*-Website (🖳 www.konkanrailway.com) zu erkundigen, ob sich der Fahrplan eventuell geändert hat.

Busse brauchen für dieselbe Strecke bis zu 2 1/2 Std. länger. Ein Direktbus nach Gokarna fährt tgl. um 13 Uhr am Interstate-Busbahnhof im Norden von Margao ab. Man kann auch einen der zwischen Goa und Mangalore verkehrenden Busse nehmen und entweder in **Ankola** oder an der Gokarna-Kreuzung der Schnellstraße aussteigen, von wo aus in kurzen Abständen private Minibusse und Tempos in die Stadt fahren. Der Konkan Highway eignet sich gut zum **Motorrad-**

fahren, denn der Straßenbelag ist besser als in anderen Landesteilen üblich, und es gibt zahlreiche Tankstellen. Mit einem Motorrad lassen sich auch die sandigen Nebenstraßen bewältigen, die zu den herrlichen Stränden führen, die von der Straße aus zu sehen sind. Das größte Problem, abgesehen von den Gefahren, die das Motorradfahren auf indischen Schnellstraßen mit sich bringt, stellt der **Grenzübertritt** dar – ohne Bakschisch kommt man wahrscheinlich nicht weiter. **Jog Falls** erreicht man am einfachsten mit einem Zug der *Konkan Railway* nach **Honavar** (zwei Stationen südlich von Gokarna Road, 2 1/4 Std.). Von dort fahren täglich sieben Busse die *ghats* hinauf nach Jog.

NACH DELHI – Die *Konkan Railway* hat auch die Zugverbindung nach Delhi verbessert: Mit dem superschnellen Rajdhani Express Nr. 2431 erreicht man die Hauptstadt nun von Margao aus in knapp über 26 Std. (nur Mi und Fr). Der langsamere, tgl. verkehrende Vasco Nizamuddin Express Nr. 2779 benötigt für dieselbe Strecke fast 38 Std. Es besteht aber auch die Möglichkeit, mit *Indian Airlines* oder *Jet Airways* in 2 3/4 Std. für US$249 (einfach) nach Delhi zu fliegen.

Panjim und Zentral-Goa

Die **Umgebung von Panjim** sieht weniger Besucher als die Küstenresorts, obwohl ihre Reisfelder und bewaldeten Täler einige Attraktionen bereithalten, die einen ein- oder zweitägigen Ausflug vom Strand rechtfertigen. Nach **Old Goa** ist es mit dem Bus nicht weit, ebenso zu den einzigartigen Tempeln um **Ponda**, etwa eine Stunde südöstlich, wo die Hindus während der Inquisition ihre Götterbilder versteckten. Weiter im Landesinneren beherbergen die bewaldeten unteren Hänge der Westghats, die von der Hauptstraße Panjim–Bangalore durchschnitten werden, die eindrucksvollen, nur per Geländewagen zu erreichenden **Dudhsagar-Wasserfälle**.

Panjim

An den Hängen eines saftig grünen, terrassierten Berghanges an der Mündung des Mandovi liegt

Panjim, dessen Maharathi-Name **Panaji** („Land, das nicht überflutet wird") lautet. Jahrhunderte lang bestand Panjim aus nicht viel mehr als einem unbedeutenden Landungssteg und einem Zollhaus, von einem auf einem Hügel gelegenen Fort beschützt und von stehenden Sümpfen umgeben. Zur Hauptstadt wurde es erst 1843, nachdem der Hafen in Old Goa verschlammt war und sowohl die Herrscher als auch die verarmten Einwohner vor der Pest geflohen waren. Obwohl der letzte portugiesi-

sche Vizekönig viele der nahe gelegenen Sümpfe erfolgreich trockenlegen und imposante öffentliche Gebäude in der neuen Hauptstadt erbauen ließ, erlangte sie doch nie die Pracht und Größe ihrer flussaufwärts gelegenen Vorgängerin. Das lag zum Teil daran, dass der portugiesische Adel seine Anwesen lieber auf dem Lande als in der Stadt errichtete.

Panjim breitete sich in den 60er und 70er Jahren des 20. Jhs. rasant aus, ohne jedoch die unkontrollierbaren Ausmaße anderer indischer Bundes-

Goa und das große Kino

Im Februar 2003 kam das Leben in Goas Hauptstadt fast vollständig zum Erliegen, als die Stadt drei Tage lang von den Machern des Streifens **Die Bourne Verschwörung** (mit Hollywood-Star Matt Damon in der Hauptrolle) in Beschlag genommen wurde. Die Verfolgungsszene zu Anfang des Films, die am Strand von Palolem beginnt und anschließend nach Panjim und weiter zur Nerul-Brücke bei Candolim führt, beinhaltet eine spektakuläre Autoverfolgungsjagd in den normalerweise verschlafenen Straßen von Fontainhas.

Diese Begegnung mit der internationalen Kino-Elite bildete den perfekten Auftakt zum 35. **International Film Festival of India** (IFFI), das im darauf folgenden Jahr erstmals in Goa veranstaltet wurde. In den Monaten, die der Veranstaltung vorausgingen, wurde Panjim praktisch komplett runderneuert: Hauptstraßen und Gebäude in der ganzen Stadt wurden herausgeputzt, und der ehemals unterbrochene Fußweg am Flussufer wurde zu einer Promenade aufgemöbelt – mit 2000 Straßenlaternen und eigens aus Belgien importierten Springbrunnen. Drei umstrittene Lichtanlagen (Kostenpunkt über 40 000 Euro) wurden installiert, um den temporären Holzanleger hinter der *Kala Academy,* dem Hauptveranstaltungsort für das Fest, zu erleuchten, wo ankommende Delegierte und Gäste den Booten des Hotels *Taj Fort Aguada* entstiegen. So bereitete man die Bühne für Superstars aus aller Welt, die „à la Cannes" für die Fotografen am Ufer von Panjim posierten. Während Hollywood durch Abwesenheit glänzte, gab sich eine ganze Schar von Bollywood-Stars die Ehre, einschließlich

Amir Khan, Sanjay Dutt und „Big B" Amitabh Buchchan höchstpersönlich – zum Entzücken der lokalen Würdenträger und Politiker als Gastgeber der Veranstaltung.

Zwei Wochen lang wurden insgesamt 169 Filme aus 55 Ländern gezeigt, darunter auch die Indien-Premiere von *Vanity Fair* (dt. „Jahrmarkt der Eitelkeiten"), präsentiert von Regisseurin Mira Nair. Das absolute Highlight aber war ein Live-Konzert unter freiem Himmel vom Oberguru der Filmmusik, A.H. Rahman.

Einige kritische Stimmen in Goas Medien halten das ganze Spektakel für eine kolossale Zeit- und Geldverschwendung, doch die meisten Menschen in Panjim fühlen sich geschmeichelt durch den Glanz, den das Fest der Stadt verleiht. Freudig begrüßten sie die Nachricht, dass Goa auch 2005 Gastgeber des IFFI ist und hegen die Hoffnung, dass der Bundesstaat zum permanenten Veranstaltungsort des Festes werden könnte.

Falls dem so sein sollte, ist Ende November/Anfang Dezember mit einem steilen Preisanstieg und akuter Zimmerknappheit in den Hotels zu rechnen. Wer das Festival besuchen möchte, sollte vielleicht lieber in einem der Urlaubsorte an der Küste übernachten. Die Filme laufen in großen Freiluftkinos am Ufer des Mandovi in Campal und in Panjims hypermodernem Multiplex-Kino *Inox* (s. S. 243). Tickets gibt es im Vorverkauf beim Festivalbüro in Old Goa (im alten Medical College, Dayanand Bandodkar (DB) Marg). Dort ist auch ein komplettes Programm mit Filmkritiken erhältlich, ebenso wie im Festivalbüro gegenüber dem *Inox* und in der *Kala Academy.*

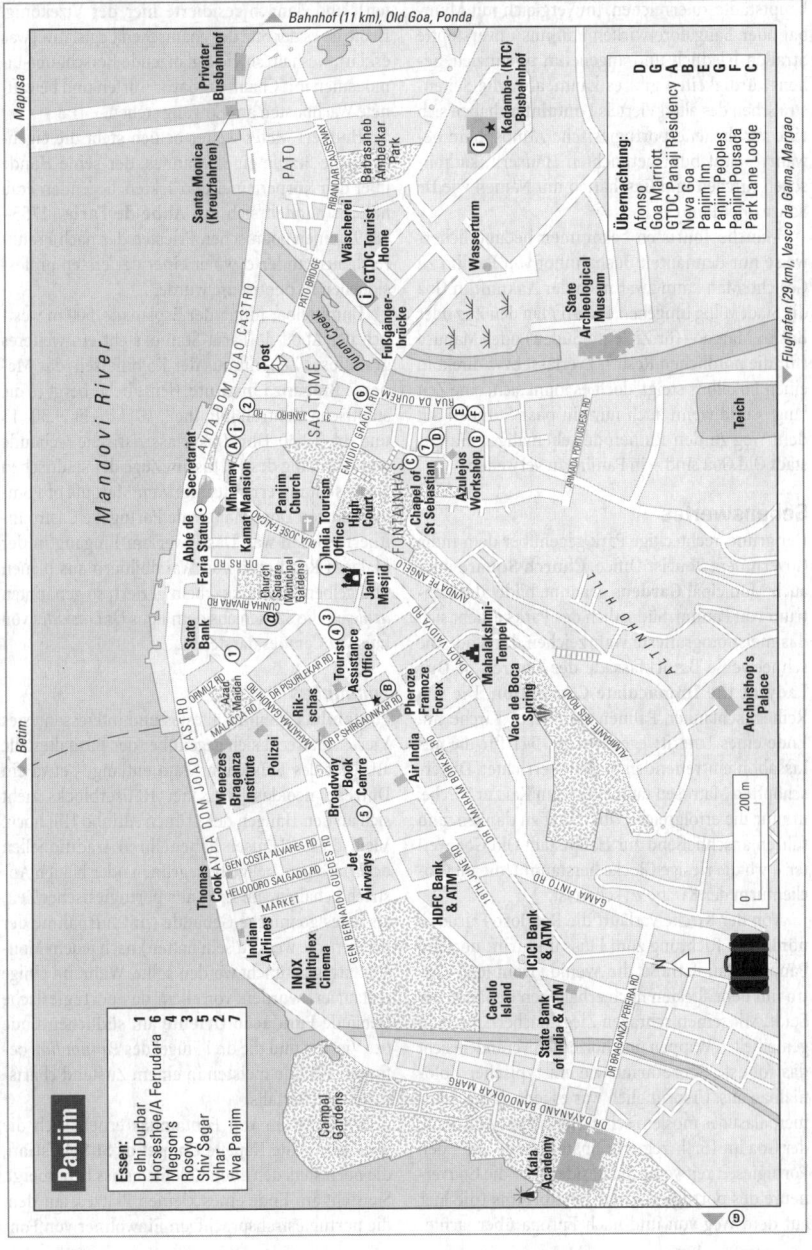

Panjim

Essen:
Delhi Durbar	1
Horseshoe/A Ferrudara	6
Megson's	4
Rosoyo	3
Shiv Sagar	5
Vihar	2
Viva Panjim	7

Übernachtung:
Afonso	D
Goa Marriott	G
GTDC Panaji Residency	A
Nova Goa	B
Panjim Inn	E
Panjim Peoples	E
Panjim Pousada	F
Park Lane Lodge	C

Mandovi River

▲ Mapusa
▲ Betim
▲ Bahnhof (11 km), Old Goa, Ponda
▼ Flughafen (29 km), Vasco da Gama, Margao

Santa Monica (Kreuzfahrten)
Privater Busbahnhof
PATO
Babasaheb Ambedkar Park
Kadamba- (KTC) Bushbahnhof
Wäscherei
GTDC Tourist Home
Fußgänger- brücke
Wasserturm
State Archeological Museum
Post
Queni Creek
SÃO TOMÉ
Secretariat
Abbé de Faria Statue
Mhamay Kamat Mansion
Panjim Church
India Tourism Office
High Court
Chapel of St Sebastian
Azulejos Workshop
RUA DA OUREM
FONTAINHAS
Church Square (Municipal Gardens)
State Bank
Jami Masjid
Tourist Assistance Office
Rik- schas
Polizei
Azad Maidan
Mahalakshmi- Tempel
Pheroze Framroz Forex
Vaca de Boca Spring
Archbishop's Palace
ALTINHO HILL
Teich
Menezes Braganza Institute
Thomas Cook
AVDA DOM JOAO CASTRO
Broadway Book Centre
Air India
Jet Airways
Indian Airlines
INOX Multiplex Cinema
MARKET
HDFC Bank & ATM
ICICI Bank & ATM
Caculo Island
State Bank of India & ATM
Campal Gardens
Kala Academy
GAMA PINTO RD
DR DAYANAND BANDODKAR MARG
GOA

hauptstädte zu erreichen. Im Vergleich mit Mumbai oder Bangalore wirken Panjims unverstopfte Straßen friedlich und angenehm provinziell. Sehenswürdigkeiten gibt es kaum, aber die Seitensträßchen des alten Viertels **Fontainhas** haben sich eine verblichene portugiesische Atmosphäre bewahrt – mit bunt getünchten Häusern, katholischen Kirchen und Geschäften mit Namen wie De Souza oder Pinto.

Manche Touristen bekommen bedauerlicherweise nur den lauten Busbahnhof von Panjim zu Gesicht. Man kann zwar nach der Ankunft in Goa die Stadt völlig umgehen, indem man den Zug oder Bus in Margao (für Ziele im Süden) oder Mapusa (für die nördlichen Resorts) verlässt bzw. direkt in einen Lokalbus steigt, doch es lohnt sich, eine Zeit lang – und wenn auch nur ein paar Stunden auf dem Weg zu den Ruinen der ehemaligen Hauptstadt Old Goa sind – in Panjim zu verweilen.

Sehenswertes

Der grüne, rechteckige Park gegenüber dem India Government Tourist Office, **Church Square** oder auch Municipal **Gardens** genannt, bildet das Zentrum von Panjim. Südöstlich des Parks erhebt sich das meistfotografierte Wahrzeichen der Stadt, die schneeweiße Barockfassade der **Church of Our Lady of the Immaculate Conception**. Die von Reihen schlanker Palmen flankierte Kirche am Ende eines Lateritweges wurde 1541 für die aus Lissabon eintreffenden Seeleute errichtet. Die erschöpften Matrosen taumelten vom Kai zur Kirche, um für die erfolgreiche Überfahrt zu danken, und fuhren anschließend zur Hauptstadt Old Goa weiter – wo die riesige Glocke herstammt, die im Glockenturm der Kirche zu sehen ist.

Von der Kirche verläuft die Rua José Falcao in nördlicher Richtung zum Fluss und trifft dort auf Panjims Hauptstraße, die Avenida Dom Joao Castro mit dem ältesten noch erhaltenen Gebäude der Stadt. Mit seinen schrägen Ziegeldächern, in Stein gemeißelten Wappen und hölzernen Veranden sieht das robuste **Secretariat** wie ein typischer Kolonialbau aus. Ursprünglich war es jedoch der Sommerpalast des moslemischen Herrschers Adil Shah, der Goa im 16. Jh. regierte. Später war es unter den Portugiesen zeitweilig die Residenz für die Gouverneure des portugiesischen Territoriums (die hier auf dem Weg von und nach Europa übernachte-

ten), und danach residierte hier der Vizekönig. Heute ist es der Sitz der goanischen Legislative, was erklärt, weshalb so viele glänzende Botschafter-Limousinen mit Chauffeur davor warten und bewaffnete Wachposten am Eingang stehen.

Hundert Meter weiter östlich steht die eigentümliche Statue eines Mannes, der seine Hände über den Körper einer entrückten, liegenden Frau hält. Es handelt sich um **Abbé de Faria** (1755–1819), einen goanischen Priester, der nach Frankreich auswanderte, wo er einer der ersten professionellen Hypnotiseure wurde.

Unmittelbar hinter der Esplanade, 500 m westlich der Abbé-de-Faria-Statue, steht ein weiteres grandioses Zeugnis aus der Kolonialzeit, das **Menezes Braganza Institute**. Heute beherbergt es die städtische Zentralbibliothek, ☉ Mo–Fr 9.30–13 und 14–17.30 Uhr. Das klassizistische Gebäude wurde Anfang des 19. Jhs. im Zuge der städtischen Neugestaltung errichtet, die vom Marquis von Pombal und von Dom Manuel de Portugal a Castro initiiert worden war. Das Foyer am Eingang in der Malacca Road wird von Wandbildern aus blauen und gelben Keramikkacheln geziert, so genannten *azulejos*, die Szenen aus dem Epos *Os Luisiades* von Luis Vaz Camões darstellen.

Fontainhas

Fontainhas, Panjims ältestes und interessantestes Viertel, erstreckt sich gegenüber der Bushaltestelle am Ufer des Flüsschens Pato entlang – etwa ein Dutzend neoklassizistischer Häuserblocks zieht sich an den Hängen des grünen Altinho Hill hoch. Viele dieser Häuser haben ihren traditionellen ockerfarbigen, hellgelben, grünen oder blauen Anstrich behalten, ein Erbe aus portugiesischer Zeit, als jedes goanische Gebäude (mit Ausnahme der Kirchen, die weiß zu sein hatten) nach jedem Monsun farbig getüncht werden sollte. Während einige restauriert wurden, vor allem das portugiesische Gebäude **Fundacão Oriente** am südlichen Ende des Viertels und die drei Flügel des *Panjim Inn*, befinden sich die meisten in einem Zustand charismatischen Verfalls.

Im Zentrum von Fontainhas erhebt sich die weiß getünchte Kapelle **Chapel of St Sebastian**, die noch stets den alten Kolonialerlass beherbergt. Sie steht am Ende eines kleinen Platzes, auf dem die portugiesischsprachigen Einwohner von Fontainhas jedes Jahr Mitte November eine farbenfrohe *festa* zu Ehren ihres Schutzpatrons veranstalten. Das unheimlich lebensecht wirkende Kruzifix in der Kapelle, das ursprünglich im Inquisitionspalast von Old Goa hing, wurde 1812 hierher gebracht. Ungewöhnlich ist, dass die Augen Christi geöffnet sind – angeblich um den von den Inquisitoren Verhörten Furcht einzuflößen.

In unmittelbarer Nähe des unteren Abschnittes des Platzes befindet sich eine kleine Werkstatt, wo man dabei zuschauen kann, wie goanische *azulejos* auf traditionelle Weise hergestellt werden. Der Hauptverkaufsraum, **Galeria Velha Goa**, liegt zwei Straßen weiter neben dem *Panjim Inn*.

Einige großartige Gebäude aus der Kolonialzeit sind auf dem **Altinho Hill** zu bestaunen, der über eine an der *Park Lane Lodge* beginnende Treppe erklommen werden kann. Oben angekommen, fällt der Blick sofort auf das Gerichtsgebäude High Court of Goa, ein glänzendes Beispiel urbaner portugiesischer Architektur des späten 19. Jhs. Zehn Gehminuten weiter südlich davon am höchsten Punkt Panjims der **Archbishop's Palace**, ein langes, doppelstöckiges Gebäude mit imposanter Fassade. Hier residiert Goas höchstrangiger Prälat, daher die frische weiße Farbe.

State Archeological Museum

Das Bemerkenswerteste an Panjims Archäologischem Museum (🖳 www.goamuseum.nic.in) ist seine imposante Größe, die in krassem Gegensatz zur mageren Sammlung im Innern steht. In ihrem Eifer, ein der Bundeshauptstadt angemessenes Bauwerk zu errichten, ignorierten die Bürokraten, dass es herzlich wenig gab, womit das Museum gefüllt werden konnte. Die einzigen Kostbarkeiten unter der dürftigen Auswahl von Tempelskulpturen, Heldengedenksteinen und schmucklosen Exponaten aus der Kolonialzeit sind ein paar schöne, aus den Händen von Schmugglern beschlagnahmte Jain-Bronzen und im Erdgeschoss der berüchtigte Tisch mit den hochlehnigen, kunstvoll geschnitzten Originalstühlen, an dem die Herren der Inquisition zu Gericht saßen. ☉ Mo–Fr 9.30–13.15 und 14–17.30 Uhr, Eintritt Rs 20.

Houses of Goa Museum

Jenseits des Flusses, unweit des neuen, auf dem Berg gelegenen Vororts **Porvorim**, wurde kürzlich nach Plänen des berühmten einheimischen Architekten Gerard de Cunha und seinen Partnern das schrullige Houses of Goa Museum, 🖳 www.archgoa.org, errichtet. Sein übergeordnetes Anliegen besteht darin, das Leben in der Region zu porträtieren, wie es sich vor dem Ende der schützenden portugiesischen Herrschaft 1961 präsentierte.

Das dreieckige Bauwerk erinnert an eine moderne Arche, in der auf vier durch Wendeltreppen miteinander verbundenen Stockwerken thematisch unterschiedliche Ausstellungen gezeigt werden. Neben einer grafischen Darstellung der Geschichte Goas in mehreren Etappen bestehen die übrigen Ausstellungen größtenteils aus der Präsentation von Wohnhäusern, die als „wichtigster Ausdruck der goanischen Identität" betitelt werden. Teile traditioneller Häuser aus der Kolonialzeit – von wunderbaren alten Türen und Austernschalenfenstern über kunstvoll geschnitzte Geländer und Keramikkacheln bis zu Einrichtungsgegenständen und Maurerarbeiten – wurden zusammengestellt, um verschiedene Bauprozesse und Veränderungen in Dekor und Stil zu veranschaulichen. Architektonische Merkmale, die in der einzigartigen goanischen Art adaptiert wurden, werden ebenfalls gezeigt, darunter Farbschemata, ornamentale Torpfosten, Veranden und unechte Zimmerdecken. Interaktive Computer-Exponate stehen denjenigen zur Verfügung, die noch tiefer in die behandelten Themen eintauchen möchten.

Das nur 5 km von Panjim entfernte Museum ist am einfachsten mit dem Taxi oder einer Motor-Rikscha zu erreichen. Selbstfahrer nehmen die Straße über die Mandovi-Brücke nach Norden bis zum großen Kreisverkehr Alto-Porvorim Circle. Dort biegt man rechts ab und folgt der Straße bis zur Gablung, dann links und geradeaus weiter, bis nach ca. 750 m eine zweite Gabelung folgt, an der man sich erneut links hält. Das Museum befindet sich neben der Nisha's Play School. Alle vom *Kadamba*-Busbahnhof abfahrenden Busse der Linie Panjim–Mapusa kommen am Kreisverkehr vorbei. Man steigt unmittelbar nördlich des Kreisverkehrs am Restaurant *O Coqueiro* (das berüchtigt ist, weil hier 1987 der internationale Juwelendieb und mutmaßliche Serienmörder **Charles Sobhraj** von der Polizei festgenommen wurde) aus und läuft die restlichen 2 km bzw. fährt sie mit dem Taxi. ☉ Di–So 10–19.30 Uhr, Eintritt Rs 25.

GOA

Übernachtung

Die Mehrzahl der indischen Goa-Besucher zieht eine Unterkunft in Panjim einem Resort an der Küste vor, was die große Zahl von **Hotels** und **Lodges** in der Innenstadt erklärt, besonders im moderneren westlichen Teil, wo der Lärmpegel sehr hoch ist. Ausländer übernachten hier vor allem, um etwas von der Atmosphäre des historischen Viertels Fontainhas zu schnuppern. Ein Zimmer zu finden gestaltet sich nur zu Dussehra (Sep/Okt), zum Fest zu Ehren des heiligen Franz (24. Nov–3. Dez) und in der Hochsaison (Mitte Dez bis Mitte Jan) schwierig; die nachfolgenden Preisangaben beziehen sich auf die Zeit von Oktober bis März (mit Ausnahme der oben genann-

ten Zeiten, an denen sich die Preise verdoppeln oder verdreifachen können).

Es ist zu beachten, dass die **Checkout-Zeiten** extrem variieren, daher empfiehlt es sich, die Uhrzeit gleich bei der Ankunft zu verifizieren, damit das hart verdiente Bett nicht für einen Tag extra bezahlt werden muss.

Afonso, St Sebastian Chapel Square, Fontainhas, ℡ 0832/222359. Das renovierte Haus aus der Kolonialzeit in einer malerischen Seitenstraße ist die beste Wahl, wenn man sich das *Panjim Inn* in derselben Straße nicht leisten kann. Makellos saubere, kühle Zimmer mit Bad, freundliche Besitzer und Dachterrasse mit schöner Aussicht. Auch Einzelbelegung möglich. Zu Weihnachten klettern die Preise auf bis zu Rs 800, sind aber

---

Die goanische Küche

Es versteht sich von selbst, dass die goanische Küche nach 450 Jahren Kolonialherrschaft einen starken portugiesischen Einfluss aufweist. Dabei spielen vor allem Zutaten wie der ansonsten in Indien unbekannte Palmessig, reichlich Kokosprodukte, Knoblauch, Tamarinden und scharfe einheimische Chilis eine Rolle. Goa ist die Heimat des berühmte *vindaloo* (abgeleitet vom portugiesischen *vinho d'alho*, wörtlich übersetzt „Knoblauchwein"), ursprünglich ein extrascharfes und saures Schweinefleisch-Curry, das inzwischen aber auch mit anderen Fleischsorten und Fisch zubereitet wird. Weitere **Schweinefleisch**-Spezialitäten sind *chouriço* (Paprikawurst), *sorpotel* (ein scharfes Curry aus eingelegter Schweineleber und -herz), *leitao* (Spanferkel) und *balchao* (Schweinefleisch in deftiger brauner Soße). Eine köstliche Alternative ist *xacutti* (Ziegenfleisch mit einer Soße aus Zitronensaft, Erdnüssen, Kokos, Chili und Gewürzen). Die Auswahl an **Seafood**, oft als duftende Masala zubereitet, ist ausgezeichnet (z. B. Muscheln, Krabben, Hummer und Riesengarnelen). **Fisch** kommt je nach Art in saftigen Currys, vom Grill oder aus dem Backofen. *Sanna* ist (wie sein südindisches Pendant *iddli*) ein Kuchen aus fermentiertem

Reismehl, wird in Goa aber mit Palm-*toddi* zubereitet. Wer Süßes liebt, wird sich an *bebinca* erfreuen, einem reichhaltigen, köstlichen Eipudding mit Kokosnuss.

Was **alkoholische Getränke** betrifft, sind lokale Weine, Spirituosen und Bier in Goa billiger als irgendwo sonst in Indien, da die Steuerabgaben hier niedriger sind. Das berühmteste und am weitesten verbreitete **Bier** ist *Kingfisher*, das hier weniger nach Konservierungsstoff schmeckt als in anderen Landesteilen. Es gibt auch das teurere *Fosters,* das in Mumbai gebraut wird, aber nichts mit dem Original gemein hat. Goanischer **Portwein**, eine süßere und minderwertigere Variante des portugiesischen Getränks, ist allgegenwärtig und wird gekühlt in großen Weingläsern mit einer Scheibe Zitrone serviert. Lokale **Spirituosen** (Whisky, Brandy, Rum, Gin und Wodka) gibt es in einer Vielfalt von Marken für weniger als Rs 30 pro Glas, erfahren jedoch starke Konkurrenz durch die lokale Spezialität **feni**, einem aus destillierter Cashewnuss oder dem Saft der Kokospalme gewonnenen Schnaps. Cashew-*feni* wird meistens nach der ersten Destillation getrunken, man findet ihn aber auch doppelt destilliert als Likör mit Ingweroder Kümmelgeschmack.

ansonsten günstig angesichts des gebotenen Komforts und der Lage. ❹

Goa Marriott, Miramar Beach, ✆ 0832/243 7001, 💻 www.marriott.com. Riesiges 5-Sterne-Hotel am Stadtrand mit Blick auf die Mandovi-Mündung. Wie zu erwarten sehr formal und nicht unbedingt die richtige Adresse für Pauschaltouristen (auch wenn die Broschüren etwas anderes versprechen). Große, luxuriöse Zimmer mit allem Komfort; jede Woche veranstaltet das Management eine Cocktail-Party, um das Feedback der Gäste einzuholen. ❾

GTDC Panaji Residency, Av Dom Joao Castro, ✆ 0832/223396, 💻 www.goa-tourism.com. Geräumige Zimmer in einem betriebsamen, staatlich geführten Hotel neben der Hauptstraße und dem Fluss. Nicht sehr inspirierend, aber gutes Preis-Leistungs-Verhältnis. ❺

Nova Goa, Dr Atmaram Borkar Rd, ✆ 0832/227 7226, 💻 www.hotelnovagoa.com. Panjims hellstes und neuestes Spitzenhotel im Herzen des Geschäftsviertels bietet alle in dieser Preislage üblichen Einrichtungen plus Badewannen und Pool. Besonders bei Geschäftsleuten und portugiesischen Touristen beliebt. ❽

Panjim Inn, E-212, 31 Janeiro Rd, Fontainhas, ✆ 0832/243 5628, 💻 www.panjiminn.com. Das vornehme, 300 Jahre alte Stadthaus ist heute ein exklusives, aber gemütliches Hotel mit historischen Möbeln, alten Familienfotos im Sepiadruck, Balkonen und einer Veranda, auf der Speisen und Getränke serviert werden. Ein noch schöneres, vom gleichen Besitzer renoviertes Hindu-Haus mit einem grünen Patio, das **Panjim Pousada** (Telefon wie oben, ❻) auf der anderen Straßenseite, lässt ahnen, wie Panjim vor 100 Jahren ausgesehen haben muss. Tipp: ein Zimmer im ersten Stock, wo ein Holzbalkon im Schatten eines Brotfruchtbaums den Innenhof überblickt. ❻

Panjim Peoples, 31 Janeiro Rd, Fontainhas, ✆ 0832/222 1122, 💻 www.panjiminn.com. Der neueste Ableger des **Panjim Inn** liegt gegenüber dem Originalhaus in einer ehemaligen Schule. Es ist exklusiver als die anderen beiden Flügel, aber auch sehr ansprechend. Die riesigen Zimmer sind mit antiken Rosenholzmöbeln, vergoldeten Blenden und Vorhängen mit Spitzenbesatz ausgestattet, die Badezimmer werden von für die Sukhija-

Familie typischen, ausgefallenen Mosaikfliesen geziert. Mitte der Saison beginnen die Preise bei ca. Rs 5000 pro Nacht. ❾

Park Lane Lodge, nahe der Kapelle St. Sebastian, ✆ 0832/222 7154, ✉ pklaldg@sancharnet. in. Enges, aber sauberes und freundliches Gästehaus in einem weitläufigen Haus aus den 30er Jahren des 20. Jhs. Pfeffer- und Kaffeepflanzen sorgen für Atmosphäre, außerdem kleine Gemeinschaftsterrasse, Fernsehzimmer im Obergeschoss, Safe, Internetzugang und Wäscherei. Während der Saison sind die Preise hoch, ansonsten lassen sich Rabatte aushandeln. ❹

Essen

Auf die Massen von Touristen aus anderen Teilen Indiens sowie auf die preisbewussteren Einheimischen warten zahlreiche gute Esslokale, von winzigen Fisch-Curry-Reis-Garküchen bis zu eleganten AC-Restaurants mit hervorragender Mughlai-Küche. Besucher können innerhalb einer Woche leicht einen gastronomischen Streifzug durch den gesamten Subkontinent unternehmen, ohne sich weiter als fünf Minuten zu Fuß von den Municipal Gardens zu entfernen. Vegetarier begeben sich am besten in eines der überall in der Stadt verstreuten *udipi*-Lokale, von denen die meisten gegen 7 Uhr öffnen und ein südindisches **Frühstück** servieren. Bier, *feni* und andere alkoholische Getränke gibt es praktisch überall, außer in den striktesten Vegetarier-Lokalen.

Delhi Durbar, hinter dem *Hotel Mandovi*. Der Ableger des berühmten Restaurants in Mumbai ist die beste Adresse in Panjim (wenn nicht in ganz Goa) zum Genießen der traditionellen Mughlai-Küche, die vor allem durch Fleischgerichte in reichhaltigen, scharfen Soßen besticht. Tipp: das vorzügliche *rogan josh* oder das im Munde zergehende Hühnchen-*tikka*. Die meisten Hauptgerichte kosten ca. Rs 175–200, aber die Ausgabe lohnt sich.

Horseshoe/A Ferrudara, Rua de Ourem, Fontainhas. Das einzige portugiesische Restaurant der Stadt bietet eine kleine, aber preiswerte Auswahl traditioneller Standardgerichte wie *canja de galinha, caldo verde, feijoada*, Hühnchen *piri*

piri, Fisch-*balchao* und gegrillte Sardinen. Das Essen ist nicht so gut wie im *Viva Panjim,* aber Einrichtung und Atmosphäre machen einen Besuch des klimatisierten Restaurants lohnenswert. Hauptgerichte um Rs 100.

Megson's, 18th June Rd. Der beste Deli des Bundesstaates bietet eine große Auswahl an traditionellen goanischen Lebensmitteln: würzige Würste, Bratenfleisch, herzhafter Käse aus den Nilgiri-Bergen, Olivenöl und die beste *bebinca,* die es zu kaufen gibt (nach der Sorte *Linda* fragen).

Rosoyo, 18th June Rd. Betriebsames kleines Fast-Food-Lokal unter Leitung von *Megson's;* der angesagte Ort zum Probieren leckerer, hygienisch einwandfreier Snacks, wie sie in Mumbai an Straßenständen verkauft werden, z. B. knusprige *bhel puri* oder köstliches *pau bhaji.* Außerdem kleine Gujarati-Gerichte wie *thepla* (auf gusseiserner Platte gebackenes Chapati-Brot mit Curryblättern und Kümmel), serviert mit südindischem *chatni,* sowie verschiedene Milchshakes und Eiscremes. Mehr als Rs 50 sind hier nur schwer loszuwerden.

Shiv Sagar, Mahatma Gandhi Rd. Das überdurchschnittlich elegante Snack-Café entlockt vor allem der Mittelklasse der Stadt die Rupien mit stets frischen, köstlichen Speisen aus ganz Indien und frisch gepressten Obstsäften. Die Gerichte aus dem Norden sind nicht so toll, doch die südindische Speisekarte ist vorzüglich. Tipp: das köstliche *palak dosa* mit Spinat. AC-Familienspeisesaal im Obergeschoss. Kein Alkoholausschank.

Vihar, 31 Janeiro Rd. Wahrscheinlich das beste *udipi*-Lokal in Panjim. Unbedingt probieren: die superleckeren *rawa masala dosas!*

Viva Panjim, 31 Janeiro Rd, Fontainhas. Traditionelle goanische Hausmannskost (Hirse mit Muscheln, *xacutis, vindaloo,* Garnelen-*balchao, cafreal, amotik* und köstlicher gegrillter Fisch), serviert in einem Lokal in einem malerischen Seitensträßchen aus der Kolonialzeit. Die beste Wahl für ein Abendessen, wenn man in Fontainhas unterkommt und die Atmosphäre des alten kolonialen Goa spüren möchte. Wer einen der wenigen Tische unter freiem Himmel ergattern will, muss früh kommen. Die meisten Hauptgerichte liegen unter Rs 150.

Sonstiges

APOTHEKEN – *Hindu Pharma,* neben dem *Hotel Aroma* am Church Square. Panjims beste Apotheke führt ayurvedische, homöopathische und allopathische Medikamente.

BÜCHER – *Broadway Book Centre,* 18th June Rd, gegenüber dem Gulf-Supermarkt. Bietet die beste Auswahl an Büchern über Goa, eine große Auswahl an Faksimile-Editionen und jede Menge Architektur- und Fotobände als Hardcover zu reduzierten Preisen.

GELD – Die besten Adressen zum Geldwechseln: *Thomas Cook,* 8 Alcon Chambers, Devanand Bandodkar Rd, unweit des Büros von *Indian Airlines,* ◷ Mo–Sa 9–18, Okt–März auch So 10–17 Uhr.
Pheroze Framroze Exchange Bureau, Dr P. Shirgaonkar Rd, ◷ Mo–Sa 9.30–19, So 9.30–13 Uhr. Hat gegenüber *Thomas Cook* den günstigeren Kurs und verlangt weder für Bargeld noch für Reisechecks Kommission.
HDFC Bank, 18th June Rd, eine von mehreren großen Banken im Zentrum mit praktischem 24-Std.-Geldautomat zum Abheben mit Visa oder Mastercard.
Bank of Baroda, Azad Maidan, Barauszahlung auf Visa-Karte am *Bobcard*-Schalter. Das Geldwechseln in staatlichen Banken wie dieser dauert aber meistens erheblich länger als in privaten Wechselstuben.

INFORMATIONEN – *GTDC,* in der Halle des Hauptbusbahnhofes von *Kadamba,* ✆ 0832/222 5620, ▢ www.goa-tourism.com. Nützlich zum Checken von Bahn- und Busfahrplänen, aber nicht viel mehr. ◷ tgl. 9.30–13 und 14–17 Uhr.
India Tourism Office, Church Square, ✆ 0832/222 3412, ▢ www.tourismofindia.com. Hilfreichere Informationsquelle. ◷ Mo–Fr 9.30–18, Sa 9.30–13 Uhr.

INTERNET – Einige Hotels und Gästehäuser, darunter *Park Lane Lodge* und *Panjim Inn* (s. S. 241), bieten Internetzugang für Gäste. Das kleine Internet-Café an der Westseite des Church Square verfügt über eine ISDN-Verbindung.

KINOS – *Inox*, im Nordwesten der Stadt auf dem Gelände des alten Goa Medical College, Dayanand Bandodkar (DB) Marg, ✆ 0832/242 0999, 🖥 www.inoxmovies.com. Panjims großspuriges neues Multiplex-Kino mit 1272 Sitzen wurde vom neuseeländischen Architekturbüro Walkers entworfen und 2004 zum ersten International Film Festival of India eröffnet. Gezeigt werden alle neuen Hindi-Blockbuster und einige Hollywood-Filme in Originalsprache. Der Lokalpresse oder der *Inox*-Website sind Einzelheiten zum Programm und Ticketverkauf zu entnehmen (demnächst soll auch Kartenverkauf übers Internet angeboten werden).

MEDIZINISCHE HILFE – *Goa Medical College* **(GMC)**, 7 km südlich an der NH17 in Bambolim, ✆ 0832/245 8700–07. Das neue College ist das größte Krankenhaus des Bundesstaates und verfügt über eine rund um die Uhr geöffnete Apotheke. Mit einem normalen Taxi kommt man in der Regel wesentlich schneller hin als mit einem Krankenwagen (✆ 102). Die Verhältnisse sind nach westlichem Standard eher finster. Die Verwandten der Patienten schlafen auf der Station, um ihre Lieben mit Essen zu versorgen.

Vintage Hospital, neben der Hauptfeuerwache im Viertel St. Inez, ✆ 0832/564 4401–05. Für weniger schwerwiegende Fälle.

MUSIK UND TANZ – *Kala Academy*, Devanand Bandodkar Rd, Campal, am äußersten westlichen Stadtrand, 🖥 www.kalaacademy.org. Regelmäßig werden in Panjims Schule der darstellenden Künste klassische Konzerte indischer Musik und Tanzaufführungen geboten. Das von dem preisgekrönten goanischen Architekten Charles Correa entworfene Gebäude wurde vor dem Filmfestival 2004 einer umfangreichen Sanierung unterzogen – in der Hoffnung, es könnte zu einem permanenten Veranstaltungsort für das Festival werden. Genaueres zu aktuellen Veranstaltungen sind den Aushängen vor dem Auditorium oder den lokalen Zeitungen zu entnehmen.

POLIZEI – Zentrale in der Malacca Rd im Zentrum Panjims, ✆ 0832/222 5360 oder 222 4997.

Goas Flughafen liegt 4 km südöstlich der Industriestadt Vasco da Gama auf einem felsigen Plateau. Um Goas schnell wachsendem Flugverkehr gerecht zu werden, wurde ein großer neuer Terminal gebaut; dennoch sind Verspätungen immer noch an der Tagesordnung.

Zu den Einrichtungen in den Terminals gehören ein Postschalter, Schalter nationaler Fluggesellschaften und die **Wechselschalter** der *State Bank of India* (Quittung und Auszahlbetrag sorgfältig prüfen, denn Berichten zufolge geht es hier nicht immer mit rechten Dingen zu). Vor dem Hauptausgang befindet sich ein praktischer Schalter für im Voraus zu zahlende **Taxis**. Hinter dem Tresen sind feste Fahrpreise in nahezu alle Orte des Bundesstaates angegeben; man zahlt hier und gibt dem Fahrer bei der Ankunft am Zielort den Belegzettel.

In der **Abflughalle** im 1. Stock befinden sich ein weiterer, winziger Schalter der *State Bank of India*, ⏱ Mo, Di, Do und Fr 10.30–13.30, Sa 10.30–12 Uhr, **Postschalter** sowie Schalter der nationalen Fluggesellschaften *Indian Airlines*, ✆ 0832/251 2788, ⏱ tgl. 7.15–14 Uhr, *Sahara Airlines*, ✆ 0832/251 0043, ⏱ tgl. 9.30–17 Uhr und *Jet Airways*, ✆ 0832/254 0029, ⏱ tgl. 9.30–17 Uhr. Außerdem gibt es eine sehr einfache, viel zu teure Cafeteria, die noch gar nicht geöffnet hat, wenn die ersten Inlandmaschinen starten. Wer nicht mit leerem Magen fliegen möchte, kann von der Vorderseite des Terminals über die Straße zur Personalkantine gehen und dort für ein paar Rupien *bhaji pao* und *batata wada* frühstücken.

Besucher des Flughafens oder Abholer von Passagieren sollten wissen, dass ein Besucherticket Rs 20 kostet (erhältlich am Schalter neben dem Hauptausgang im Erdgeschoss). Es berechtigt zum Betreten der klimatisierten Ankunftshalle.

POST – *Head Post Office*, 200 m westlich der Pato Bridge, hat den zuverlässigsten Poste-restante-Schalter der Stadt. Zum Frankieren der

Post geht man hinten um das Gebäude herum und fragt im Büro an der zweiten Tür rechts.
🕑 Mo–Sa 9.30–13 und 14–17.30 Uhr
Deepak Stores, an der nächsten Straßenecke in nördlicher Richtung. Macht Pakete versandfertig.

REISEBÜROS – *AERO Mundial*, Ground Floor, *Hotel Mandovi*, Dr D. Bandodkar Rd, ✆ 0832/222 3773.

Transport

MOTOR-RIKSCHAS – sind das beste Beförderungsmittel in Panjim. Sie können an der Straße heran gewunken oder an einem der Halteplätze in der ganzen Stadt bestiegen werden.

BUSSE – Fern- und Lokalbusse nutzen Panjims geschäftigen **Kadamba-Busbahnhof**, 2 km östlich des Zentrums im Viertel Pato. Zehn Minuten von hier (über den Ourem Creek nach Fontainhas) liegen einige Budget-Hotels. Wer im moderneren Westteil der Stadt absteigen möchte, kann ein Motorradtaxi anhalten oder eine der Motor-Rikschas nehmen, die vor der Halle warten (Rs 20–25).
Busse nach:
ARAMBOL (12x tgl., 1 3/4 Std.),
AURANGABAD (1x tgl., 16 Std.),
BAGA (alle 30 Min., 45 Min.),
BIJAPUR (7x tgl., 10 Std.),
CALANGUTE (alle 30 Min., 40 Min.),
CANDOLIM (alle 30 Min., 30 Min.),
CHAUDI (stdl., 2 1/4 Std.),
GOKARNA (2x tgl., 5 1/2 Std.),
HAMPI (2x tgl., 9–10 Std.),
HOSPET (3x tgl., 9 Std.),
HUBLI (stdl., 6 Std.),
HYDERABAD (1x tgl., 18 Std.),
KOLHAPUR (stdl., 8 Std.),
MAHABALESHWAR (1x tgl., 12 Std.),
MANGALORE (4x tgl., 10 Std.),
MAPUSA (alle 15 Min., 25 Min.),
MARGAO (alle 15 Min., 55 Min.),
MORJIM (6x tgl., 1 1/2–2 Std.)
MUMBAI (6x tgl., 14–18 Std.),
MYSORE (2x tgl., 17 Std.),
OLD GOA (alle 15 Min., 20 Min.),
PONDA (stdl., 50 Min.),

PUNE (7x tgl., 12 Std.),

EISENBAHN – In der Stadt selbst gibt es keinen Bahnhof. Der nächstgelegene der *Konkan Railway* befindet sich in **Karmali**, 12 km östlich von Panjim bei Old Goa, ✆ 0832/228 5798. Von dort fahren staatliche Busse ins Zentrum von Panjim.

FLÜGE – Europäische Charter- und Inlandflüge landen auf dem **Dabolim-Flughafen**, 29 km südlich von Panjim am Rande von Vasco da Gama, Goas zweitgrößter Stadt. Taxis in die Stadt (45 Min., Rs 475), die am Schalter im Vorhof reserviert und bezahlt werden, können von bis zu vier Personen geteilt werden.

Fluggesellschaften:
Air France, Air Seychelles, American Airlines, Biman Bangladesh, Gulf Air, Kenyan Airways, Royal Jordanian, Sri Lankan Airlines, alle c/o *Jetair*, Rizvi Chambers, 1st Floor, H. Salgado Rd, ✆ 0832/222 0122 oder 222 6154,
Air India, Colvakar Centaur, Campal, ✆ 0832/222 4081 oder 222 5172,
British Airways, DKI Airlines Service, 2 Excelsior Chambers, MG Rd, ✆ 0832/222 4573 oder 243 8055–57,
Alitalia, Globe Trotters International, G-7 Shankar Parvati Building, 18th June Rd, ✆ 0832/243 8950–52,
Indian Airlines, Dempo House, Dr D. Bandodkar Rd, ✆ 0832/242 8787 oder 223 7826,
Jet Airways, Sesa Ghor, ECD Plaza, neben GTDC *Panjim Residency*, Pato, ✆ 0832/243 8792 oder 222 1476,
Sahara Airlines, Ground Floor, Livein Appts, General Bernard Guedes Rd, ✆ 0832/223 7346 oder 223 0237.

Flüge nach:
BANGALORE (2x tgl., 1 1/2–2 1/2 Std.),
CHENNAI (Madras) (2x wöchentl., 3 1/4 Std.),
COCHIN (Kochi) (2x wöchentl., 1 Std.),
DELHI (IA, SA 2x tgl., 2 1/2–3 3/4 Std.),
HYDERABAD (DA, JA 2x tgl., 1 3/4–3 1/4 Std.),
KOLKOTA (Calcutta) (AS 2x tgl., 3 1/2 Std.),
MUMBAI (IA, AI, JA, SA und DA 8–10x tgl., 40–50 Min.).

Old Goa

Goas ehemalige Hauptstadt Old Goa, die einst mehrere hunderttausend Einwohner zählte und als Inbegriff von Pracht galt, wurde nach zahlreichen Malaria- und Cholera-Epidemien, die die Stadt seit dem 17. Jh. heimsuchten, nahezu völlig aufgegeben. Heute braucht man schon einiges an Fantasie, um sich die Hauptstadt in ihrem einstigen Glanz vorzustellen. Das Gewirr aus verschlungenen Straßen, Plazas und ockerfarbenen Villen ist verschwunden, übrig geblieben sind allein einige cremefarbene Kirchen und Klöster.

Das von der UNESCO in die Liste des Weltkulturerbes aufgenommene Old Goa zieht inzwischen Busladungen ausländischer Touristen von der Küste ebenso an wie christliche Pilger aus ganz Indien. Während Erstere kommen, um die gigantischen Fassaden und vergoldeten Altäre der wunderbar erhaltenen Kirchen zu bewundern, pilgern Letztere zum Grab des heiligen **Franz Xaver** (s. S. 248), jenes legendären Missionars aus dem 16. Jh., dessen sterbliche Überreste in der **Basilica of Bom Jesus** aufbewahrt werden.

Für alle, die von der Küste aus einen Tagesausflug ins Landesinnere machen möchten, ist Old Goa das lohnenswerteste und am einfachsten zu erreichende Ziel. Busse fahren alle Viertelstunde vom *Kadamba*-Busbahnhof in Panjim nach Old Goa, die Fahrt dauert nur 30 Minuten. Alternativ dazu kann man auch eine Motor-Riksha (Rs 75–100) oder ein Taxi (Rs 250–300) nehmen.

Die beste Adresse zum **Essen** vor Ort ist *Sanjay's Café*, das auch von den Taxifahrern bevorzugt wird. Dort gibt es vegetarische Vollwertkost und goanische *thalis* mit Fisch, Curry und Reis. Wegbeschreibung: nach Osten die Hauptstraße durch Old Goa hindurch und über den Kreisverkehr Richtung Karmali Station; das Café liegt auf der rechten (nördlichen) Straßeseite.

Arch of the Viceroys und Church of St Cajetan

Wer die Stadt im 17. Jh. besuchte, durchschritt nach dem Verlassen des Bootes an der Anlegestelle im Norden zunächst den **Arch of the Viceroys**, der 1597 zum Gedenken an Vasco da Gamas Ankunft in Indien errichtet wurde. Er besteht aus dem gleichen porösen roten Laterit, aus dem nahezu alle alten Häuser in Old Goa gebaut wurden. Auf dem Triumphbogen ist eine Figur mit einer Bibel in der Hand zu sehen, deren einer Fuß auf der gebeugten Figur eines „Eingeborenen" ruht. Die dem Fluss zugewandte Granitfassade zeigt eine Statue von da Gama.

Es fällt schwer, sich vorzustellen, dass die heute überwucherten Felder und einfachen Straßen mit einigen wenigen Getränkeständen einst der Mittelpunkt eines geschäftigen Marktes waren, den Seiden- und Juwelenverkäufer, Pferdehändler und Teppichknüpfer bevölkerten. Das einzige erhaltene Denkmal, das so genannte **Adil Shah's Gate**, wurde noch vor Ankunft der Portugiesen errichtet und geht möglicherweise sogar auf die vormoslemische Zeit zurück, denn im Stil ist es hinduistisch. Es besteht aus einem Türsturz, der von zwei schwarzen Basaltsäulen getragen wird, an denen noch die Überreste perforierter Trennwände zu erkennen sind. Man findet die Ruine, wenn man hinter dem Arch of the Viceroys an der nächsten Kreuzung nach links abbiegt.

Auf dem Weg kurz hinter dem Portal erreicht man die **Church of St. Cajetan** (1651) mit ihrer charakteristischen Kuppel. Mönche des Theatiner-Ordens erbauten sie nach dem Vorbild des Petersdoms in Rom. Das Äußere ist zwar korinthisch, doch sind in der Verzierung der Kirche auch einige nichteuropäische Einflüsse zu entdecken, z. B. weist das Schnitzwerk der Kanzel ein Cashew-Muster auf. Unter der Kirche ist eine Krypta versteckt, die einst die Bleisärge mit den einbalsamierten Leichnamen der portugiesischen Gouverneure beherbergte, bevor sie nach Lissabon verschifft wurden. Die letzten drei waren dreißig Jahre vergessen worden und wurden erst 1992 kurz vor dem Staatsbesuch des portugiesischen Präsidenten Mario Soares weggeschafft.

Sé (St Catherine's) Cathedral

Es war der portugiesische Vizekönig Redondo (1561–64), der die südwestlich der St. Cajetan-Kirche gelegene Sé oder St. Catherine's Cathedral in Auftrag gab. Sein Anliegen war eine „prächtige Kirche, würdig dem Wohlstand, der Macht und dem Ruhm der Portugiesen, die die Meere vom Atlantik bis zum Pazifik beherrschen". Die Kathedrale ist größer als jede Kirche Portugals, obwohl das Bauvorhaben anfangs angesichts vieler Schwierigkeiten gefährdet war, nicht zuletzt aufgrund fehlender Mittel und Portugals zeitweiligem Verlust der Unabhängigkeit an Spanien. So vergingen 80 Jahre, bis die Kirche schließlich 1640 eingeweiht werden konnte.

Das Äußere ist im toskanischen Stil gestaltet. Der einzige erhaltene Turm beherbergt die **Goldene Glocke**, die im 17. Jh. in Cuncolim (Süd-Goa) gegossen wurde. Während der Inquisition kündigte ihr Geläut den Beginn der grausigen Autodafés an, die auf dem Platz vor der Kirche abgehalten wurden. Dabei wurden der Ketzerei Verdächtige öffentlich gefoltert und auf dem Scheiterhaufen verbrannt.

Die Ausmaße und Details des in korinthischem Stil gehaltenen Inneren sind überwältigend. Nicht weniger als fünfzehn **Altäre** finden sich ringsum an den Wänden, unter anderem einer zu Ehren Unserer Lieben Frauen der Hoffnung und einer für Unsere Liebe Frau der Bedrängnis. Ein Altar der heiligen Anna enthält die sterblichen Überreste der **Seligen Märtyrer von Cuncolim**, denen es nicht gelang, den Mogul-Kaiser Akbar zu bekehren, und die dabei ermordet wurden. In einer Kapelle hinter einem mit vielen Detaildarstellungen verzierten Lettner wird das **Wundertätige Kreuz** aufbewahrt, das sich in einem goanischen Dorf befand, bis eine Vision Christi darauf erschien. Das Kreuz steht in dem Ruf, Kranke heilen zu können, und wird von einem großen Kasten geschützt. Eine kleine Öffnung in der Seite erlaubt es den Gläubigen, das Kreuz zu berühren. Der reich verzierte, vergoldete **Hauptaltar** umfasst neun geschnitzte Rahmen und ein prächtiges Kruzifix. Auf Paneelen sind Episoden aus dem Leben der heiligen Katharina von Alexandria (gest. 307 n. Chr.) dargestellt, darunter ihr Gedankenaustausch mit dem heidnischen römischen Kaiser Maximus, der sie heiraten wollte, sowie ihr darauf folgendes Martyrium.

Archbishop's Palace

Neben der Sé-Kathedrale steht der um die gleiche Zeit erbaute **Erzbischofspalast**, das einzige noch erhaltene weltliche Gebäude aus den goldenen Jahren der Kolonialzeit in Goa. Es ist zwar stark verfallen, doch die steil geneigten Dächer und die weiße Fassade verkörpern auf perfekte Weise die Robustheit und imposante Stärke der so genannten Chã-Militärbauweise jener Tage. Das auffälligste Beispiel für diesen Architekturstil war der Festungspalast des Vizekönigs (Palacio da Fortaleza), von dem

allerdings keine Spur mehr übrig ist. Die beiden befestigten Paläste hatten ihr strengstes Gesicht dem Fluss zugewandt – passend für eine Stadt, die ständig von Überfällen bedroht war.

Fotos aus dem 19. Jh. zeigen, dass sich vor der der Stadt zugewandten Gebäudeseite ursprünglich ein von einer niedrigen Mauer umschlossener Garten befand. Die Mauer wurde längst abgerissen, doch die beiden eleganten **Eingangsportale** sind geblieben. Jenes auf der rechten Seite (wenn man auf das Gebäude blickt) ist im Originalzustand erhalten und weist an den Seitenwänden rote Schmuckfresken auf, die zu den letzten ihrer Art in Goa gehören. Während der portugiesischen Herrschaft standen Wachposten in blauer Uniform auf den Stufen, ähnlich wie vor dem Palast des Vizekönigs und den Häusern der Noblesse.

Der Palast ist offiziell für Besucher geschlossen; wer einen Blick hinein werfen möchte, kann höchstens versuchen, den Hausmeister dazu zu bewegen, die Tür zu öffnen.

Church of St Francis of Assisi und Archäologisches Museum

Südwestlich der Sé-Kathedrale liegen der nur noch als Ruine erhaltene **Palast der Inquisition**, in dem bis 1774 die Inquisition Angst und Schrecken verbreitete, und im Westen das **Convent of St. Francis of Assisi**, von Franziskanermönchen 1517 erbaut und Mitte des 18. Jhs. restauriert. Heute beherbergt es das **Archäologische Museum**, dessen Mittelpunkt eine Galerie mit Porträts der portugiesischen Vizekönige bildet, die von lokalen Künstlern unter italienischer Anleitung angefertigt wurden. Weitere Ausstellungsstücke sind Münzen, christliche Holzskulpturen und – unten im Kreuzgang – Hinduskulpturen aus vorportugiesischer Zeit. ☉ tgl. außer Fr 10–17 Uhr, Eintritt Rs 5.

Nebenan sind in der **Church of St. Francis** (1521) dekorative Fresken, in den Boden eingelassene Grabsteine für Adlige und Gemälde auf Holz zu sehen, die das Leben des heiligen Franz von Assisi darstellen.

Basilica of Bom Jesus

Die 1605 erbaute Kirche des Bom Jesus (des „Guten" oder „Menino Jesus"), nahe dem Kloster des heiligen Franz, ist hauptsächlich für das **Grab des heiligen Franz Xaver** berühmt. 1946 wurde sie die

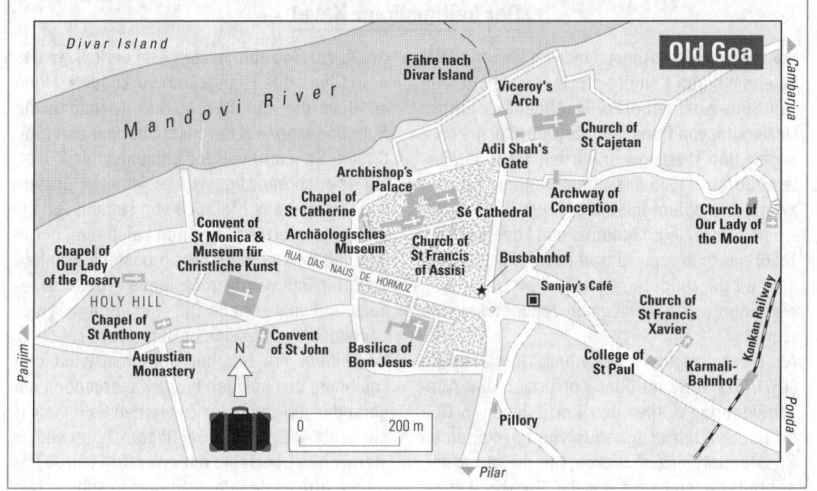

erste indische Kirche, die den Status einer „Minor Basilica" zugesprochen bekam. Die dreistöckige Renaissancefassade im Westen weist korinthische, dorische, ionische und Kompositstile auf.

Der Weg ins Innere führt unter dem von Säulen gestützten Chor hindurch. An der nördlichen Wand, im Mittelschiff, befindet sich ein Ehrenmal in vergoldeter Bronze für **Dom Jeronimo Mascaranhas**, den Hauptmann von Cochin und Stifter der Kirche. Der verschwenderisch mit Gold verzierte Hochaltar zeigt das Jesuskind unter dem Schutz des heiligen Ignatius von Loyola, dem Gründer des Jesuitenordens; zu beiden Seiten befinden sich Nebenaltäre zu Ehren Unserer Lieben Frau der Hoffnung und des heiligen Michael. Im südlichen Querschiff ist die reich mit gewundenen, vergoldeten Säulen und blumigen Schnitzereien ausgeschmückte **Kapelle mit dem Grab des heiligen Franz Xaver** zu sehen. Die 1696 aus Marmor und Jaspis angefertigte Kapelle war das Geschenk eines Medici, Cosimo III., Großherzog der Toskana. Auf der mittleren Stufe befinden sich Paneele mit Szenen aus dem Leben des Heiligen, ein verzierter, gewölbter Reliquienschrein aus Silber enthält seine sterblichen Überreste. Um seinen Festtag, den 3. Dezember herum, begeben sich für eine Woche Zehntausende christliche und hinduistische Pilger in die Warteschlange zum *darshan* (rituelle Betrachtung) an den Sarg, bevor sie auf dem Platz vor der Kapelle einer Messe unter freiem Himmel beiwohnen. ⊙ Mo–Sa 9–18.30, So 10–18.30 Uhr.

Holy Hill

Eine Reihe weiterer bedeutender religiöser Bauten und ein Museum stehen gegenüber der Bom Jesus auf dem Holy Hill. Das **Convent of St. Monica**, 1627 errichtet, 1636 von einem Feuer zerstört und im darauf folgenden Jahr wieder aufgebaut, war seinerzeit das einzige Kloster in Goa und das größte in Asien. Hier lebten ungefähr hundert Nonnen, die „Töchter der Heiligen Monika". Daneben bot das Kloster Frauen, deren Männer vorübergehend in andere Teile des Reiches geschickt wurden, Unterkunft.

Im Süden schließt sich die **Kirche** an das Kloster an. Da die Nonnen sich der Öffentlichkeit nicht zeigen sollten, verfolgten sie die Messe von der Chorempore aus. Im Innern erhebt sich über der Statue der heiligen Monika beim Altar ein **Wundertätiges Kreuz**. 1636 soll die Christusfigur ihre Augen geöffnet und sich angeschickt haben zu sprechen; dabei soll aus den durch die Dornenkrone verursachten Wunden Blut geflossen sein. Die letzte „Tochter der Heiligen Monika" starb 1885.

Der heilige Franz Xaver

Franz Xaver, der „Apostel Indiens", wurde 1506 im ehemaligen Königreich Navarra, heute ein Teil Spaniens, geboren. Nachdem er an der Universität von Paris den Magistertitel in Philosophie und Theologie erworben hatte, studierte er dort bis 1535 das Priesteramt und wurde zwei Jahre später in Venedig zum Priester geweiht. Der (heilige) **Ignatius von Loyola** (1491–1556) nahm ihn mit fünf anderen Priestern in die neu gegründete „Gesellschaft Jesu" auf, die später unter dem Namen **Jesuiten** bekannt wurde.

Als den portugiesischen König Dom Joao III. (1521–57) Berichte über Korruption und Ausschweifungen unter den Portugiesen in Goa erreichten, bat er Ignatius von Loyola, einen Priester dort hinzuschicken, der die Moral seiner Untertanen bessern sollte. So wurde Franz Xaver 1541 beauftragt, in der Diözese Goa, die sieben Jahre zuvor gegründet worden war und sämtliche Regionen östlich des Kaps der Guten Hoffnung umfasste, tätig zu werden. Kaum war er nach einjähriger Fahrt in Goa angelangt, nahm er ein ehrgeiziges Projekt in ganz Südindien in Angriff. Trotz häufiger Behinderungen durch portugiesische Beamte gründete er zahlreiche Kirchen, bekehrte angeblich 30 000 Menschen und soll Wunder wie die Wiedererweckung von Toten und die Heilung von Kranken durch eine Berührung mit seinem Rosenkranz vollbracht haben. In der Folge dehnte er seine Missionierungsversuche auf Sri Lanka, Malacca (Malaysia), China und Japan aus, wo er jedoch weniger erfolgreich war.

Als Xaver Goa zum letzten Mal verließ, wollte er in China das Evangelium verkünden. Noch an Bord des Schiffes bekam er jedoch die Ruhr und starb auf der Insel Shangchuan (San Chuan, Sancian) vor der chinesischen Küste, wo er auch beerdigt wurde. Als eine Gruppe von Christen aus Malacca von seinem Tod erfuhr, exhumierten sie seinen Leichnam, der in dem mit Kalk gefüllten Grab bestens erhalten war. Der Tote wurde in Malacca erneut beigesetzt und später nach Old Goa verlegt, wo er seitdem in der Basilica of Bom Jesus ruht.

Wirklichen Frieden hat der unverwüstliche Leichnam des heiligen Franz Xaver jedoch nie gefunden. Im Laufe der Zeit haben Reliquienjäger und neugierige Geistliche Teile seiner sterblichen Überreste entfernt: 1614 wurde der rechte Arm an den Papst in Rom geschickt (wo er angeblich seinen Namen „eigenhändig" auf Papier schrieb), eine Hand ging nach Japan und Teile seiner Eingeweide nach Südostasien. Eine portugiesische Frau, Dona Isabel de Caron, biss dem Leichnam 1534 sogar einen kleinen Zeh ab; dabei soll so viel Blut aus ihrem Mund gespritzt sein, dass sie eine Spur bis zu ihrem Haus hinterließ, die sie verriet.

Alle zehn Jahre wird der Körper des Heiligen in einer dreistündigen Zeremonie von der Basilica of Bom Jesus zur Sé-Kathedrale getragen, wo Besucher an ihm vorbeidefilieren, ihn berühren und fotografieren. Anlässlich der letzten „Ausstellung" 2004/2005 strömten über 250 000 Pilger zur rituellen Betrachtung des Leichnams – heutzutage eine verschrumpelte und eher unansehnliche Erscheinung.

Seit 1964 beherbergt das Kloster das Mater Dei Institute für Nonnen.

Neben der Kirche steht das **Museum für Christliche Kunst**, das 2002 vom Priesterseminar Rachol hierher verlegt wurde. Zu den Exponaten zählen Prozessionskreuze, Elfenbeinornamente, Priesterroben aus Damastseide und einige fein gearbeitete Holz-Ikonen aus dem 16. und 17. Jh., darunter eine ungewöhnliche Statue von Johannes dem Täufer, der nach Art des Hindu-Gottes Shiva in ein Tigerfell gehüllt ist. ☉ tgl. 9.30–17 Uhr, Eintritt Rs 15.

Das nahe gelegene **Convent of St. John of God**, 1685 von dem Hospitalerorden des heiligen Johannes gegründet, um Kranke zu versorgen, wurde 1953 wieder aufgebaut. Auf der Spitze des Hügels steht die 1526 im manuelischen Stil (so genannt nach dem portugiesischen König Manuel I., 1495–1521) errichtete **Chapel of Our Lady of the Rosary**. Sie weist ionische Stuckarbeiten, einen zweistöckigen Säulengang, zylindrische Türmchen sowie einen Turm auf, von dessen Terrasse sich eine schöne Aussicht auf den Fluss bietet. Von dort überwachte Albuquerque die entscheidende Schlacht von 1510. Das kreuzförmige Innere ist nicht weiter bemerkenswert, abgesehen von dem Marmorgrab von **Catarina a Piró**, der angeblich ersten Europäerin, die nach Goa kam. Sie war eine Bürgerliche, die in die Kolonie flüchtete, um dem Skandal zu entgehen, den ihre Romanze mit dem portugiesischen Adligen Garcia de Sá hervorgerufen hatte. Garcia de Sá brachte es später zum Gouverneur von Goa und heiratete Catarina schließlich unter dem Druck von Franz Xaver persönlich, allerdings nur *in articulo mortis* – als sie auf dem Sterbebett lag. Ihr kunstvoll geschnitztes Grab, eingelassen in die Wand hinter dem Hochaltar, schmücken erlesene Verzierungen im Gujarati-Stil, die möglicherweise aus dem portugiesischen Handelsposten Diu stammen.

Ponda und Umgebung

Das charakterlose und chaotische Ponda, 28 km südöstlich von Panjim und 17 km nordöstlich von Margao, ist die Verwaltungshauptstadt des Distrikts Ponda und beherbergt den größten Markt der Gegend. Die beiderseits des viel befahrenen Highway NH-4 zwischen Panjim und Bangalore gelegene Stadt lohnt im Grunde keinen Besuch. In den üppigen Tälern und Wäldern der **Umgebung von Ponda** befinden sich allerdings mehrere **Hindu-Tempel** aus dem 17. und 18. Jh., als diese hügelige Region ein christenfreier Zufluchtsort für vor der portugiesischen Verfolgung fliehende Hindus war. Die Tempel selbst sind zwar für indische Verhältnisse recht modern, doch die darin enthaltenen Gottheiten sind uralt und werden sowohl von den Einheimischen als auch von Tausenden Pilgern aus Maharashtra und Karnataka inbrünstig verehrt.

Die Tempel konzentrieren sich in zwei Hauptgruppen: Die erste liegt nördlich von Ponda am NH-4, die zweite versteckt in der Landschaft rund 5 km westlich der Stadt. Die meisten Besucher schaffen es nur zu den Anlagen **Shri Manguesh** und **Shri Mahalsa** (⌨ www.mahalsa.org) zwischen den Dörfern **Mardol** und **Priol**. Sie zählen zu den interessantesten Tempeln im Bundesstaat und

liegen nur einen Steinwurf vom Highway entfernt, auf dem auch regelmäßig **Busse** der Linie Panjim–Margao verkehren.

Die anderen Tempel sind abgelegener, mit dem Motorrad jedoch gut zu erreichen. Einheimische weisen einem den Weg, falls man sich verfahren hat.

Mardol und Priol

Der **Shri Manguesh-Tempel** stand ursprünglich an einem geheimen Ort in Cortalim und wurde im 16. Jh. an seinen jetzigen Standort zwischen Mardol und Priol verlegt. Das Bauwerk, das Besucher heute zu sehen bekommen, stammt jedoch aus dem 18. Jh. Ein Tor an der Straße führt zu einem Pflasterweg und weiter zu einem Hof, der auf ein Wasserbecken blickt und von dem weißen, auf einer Plattform stehenden Tempelgebäude überragt wird. Außerdem befindet sich in dem Hof ein 7-stöckiger *deepmal,* ein Turm für Öllampen. Der Fußboden im Innern ist aus Marmor, die weißen Wände werden von Streifen dekorativer Fliesen geziert. Silberne Türen mit fein gearbeiteten Blumenmustern, die zu beiden Seiten von großen *dvarpala* bewacht werden, führen zum Heiligtum, das einen *shivalingam* beherbergt.

Der **Mahalsa Marayani-Tempel** 2 km südlich wurde ebenfalls von seinem ursprünglichen Standort – dem *taluka* Salcete weiter südlich – im 17. Jh. umgesetzt. Der hiesige *deepmal* ist außergewöhnlich hoch: 21 Stufen ragen von einer Statue Kurmas, der Schildkröteninkarnation Vishnus, in die Höhe. Zu den noch original erhaltenen Besonderheiten gehören eine hölzerne *mandapa* (Versammlungshalle) mit Marmorfußboden, geschnitzten Säulen, Darstellungen von Sittichen an der Decke und Skulpturen von Inkarnationen Vishnus am Dachgesims.

Dudhsagar-Wasserfälle

Die berühmten, insgesamt 600 m hohen Wasserfälle von Dudhsagar an der Grenze zu Karnataka zählen zu den größten Wasserfällen Indiens. Ihr Anblick ist spektakulär genug, um einen ständigen Besucherstrom von der Küste in die schroffen Westghats zu locken. Nachdem er durch die Dekkan-Ebene geflossen ist, bildet der Oberlauf des Mandovi einen schäumenden Sturzbach, der sich in drei Ströme teilt und dann kaskadenartig über einen fast senkrechten Felsen in ein tiefgrünes Becken stürzt. Der Konkani-Name für die Wasserfälle, der wörtlich übersetzt „Milchmeer" heißt, rührt von den Schaumwolken her, die sich unten bilden, wenn der Wasserstand am höchsten ist. Dudhsagar liegt in einer atemberaubend schönen Landschaft am Rande eines tiefen, halbkreisförmigen Tals, das von tropischem Urwald bedeckt wird, und ist nur zu Fuß oder im Geländewagen erreichbar. Die erst kürzlich verbesserte Eisenbahnlinie Vasco-Castle Rock führt auf einem alten Steinviadukt über die Wasserfälle, doch die Züge verkehren nur selten.

In Dudhsagar kann man nicht sehr viel unternehmen, außer die schönen Ausblicke zu genießen oder auf der Suche nach einem Becken zum Baden über die Felsen an den Wasserfällen zu klettern. Die beste **Reisezeit** für Dudhsagar ist nach dem Monsun, zwischen Ende Oktober und Mitte Dezember, wenn der Wasserstand am höchsten ist. Die Fälle führen aber noch bis in den April hinein Wasser.

Transport

Leider verkehren auf der spektakulären Bahnstrecke nur zwei Züge pro Woche in jeder Richtung, und keiner davon fährt am gleichen Tag zurück. Daher besteht die einzige Möglichkeit, an einem Tag hin und zurück zu kommen, mit einem **Geländewagen** von **Colem** aus (erreichbar per Bahn von Vasco, Margao und Chandor oder per Taxi von den Resorts an der Nordküste für ca. Rs 1250). Die Kosten für eine 30- bis 40-minütige Jeeptour von Colem zu den Wasserfällen, die über holperige Waldpfade und zwei oder drei Furten führt, liegen bei Rs 350–400 p.P.; der Ausflug endet mit einer 15-minütigen, schönen Wanderung, für die man ein Paar robuste Schuhe braucht. Einen Jeep-*wallah* aufzutreiben, ist leicht: Man braucht nur in Colem nahe dem Bahnhof nach dem „Controller of Jeeps" Ausschau zu halten. Wer jedoch allein oder zu zweit unterwegs ist, muss entweder warten, bis der Wagen voll ist, oder den ganzen Jeep mieten. Achtung: Von Molem, wo die Straße nach Colem abgeht, findet man nur schwer eine Transportmöglichkeit, denn reguläre Taxis verkehren dort kaum.

Nord-Goa

Hinter der Mündung des Mandovi zieht sich die goanische Küste nach Norden. Die Strände grenzen fast nahtlos aneinander, nur gelegentlich unterbrochen von einem Salzwasser führenden Wasserlauf, einer felsigen Landzunge und drei den Gezeiten unterworfenen Flüssen (von denen der nördlichste, der Arondem, noch mit einer Fähre überquert werden muss). Die Bebauung konzentriert sich hauptsächlich auf den 7 km langen, weißen Sandstreifen, der sich vom Fuß des **Fort Aguada**, das östlich von Panjim über der Halbinsel thront, bis zum Flüsschen Braga im Norden zieht. Mit den Ferienorten **Candolim**, **Calangute** und **Baga** ist diese Region Goas Pauschaltouristenhochburg, die von den meisten Individualreisenden gemieden wird.

Seit der Ankunft des Massentourismus in den 80er Jahren hat sich die alternative Szene immer weiter nach Norden verlagert, weg von den Sonnenliegen nach **Anjuna** und **Vagator** – heute überwiegend israelische Rave-Enklaven mit Stränden, die zu den schönsten der Region zählen. Der Ort **Chapora**, ein Fischerdorf am Fluss, wurde in den letzten Jahrzehnten zunehmend von Russen bevölkert. Noch weiter nördlich liegt **Arambol**, das sich bislang einer größeren Bebauung entziehen konnte, trotz Fertigstellung der neuen Brücke über den Chapora. Der zusätzliche Verkehr hat in erster Linie die unauffälligen Urlaubsorte **Aswem** und **Mandrem** unmittelbar südlich von Arambol zum Ziel, deren Einrichtungen an europäischem Standard gemessen eher dürftig sind.

Die Marktstadt **Mapusa** ist der Hauptverkehrsknotenpunkt der Region. Es bestehen Busverbindungen in die meisten Urlaubsorte an der Küste. Wer mit dem Zug der *Konkan Railway* ankommt, steigt am Bahnhof in **Tivim** aus (✆ 0832/229 8682), 19 km westlich von Margao. Von dort geht es dann mit dem Bus oder Taxi weiter.

Mapusa

Mapusa (ausgesprochen *Mapsa*) ist die Hauptstadt des *taluka* Bardez. Eine staubige Ansammlung heruntergekommener, größtenteils moderner Gebäude gruppiert sich um einen belebten zentralen Platz. Die Stadt ist nicht besonders interessant, wenn man einmal von dem lebendigen **Markt** am Freitagvormittag absieht. Der Markt von Anjuna eignet sich vielleicht besser für Souvenirs, aber der in Mapusa ist wesentlich authentischer. Zu den lokalen Spezialitäten gehören würzige goanische Würstchen *(chouriço)*, *toddi* (fermentierter Palmensaft) und große grüne Kochbananen aus dem benachbarten Moira.

Übernachtung

Der Konkankanya Express Nr. KR0111 der *Konkan Railway* kommt um 9.30 Uhr in Tivim an, sodass genug Zeit bleibt, sich in den Urlaubsorten westlich von Mapusa eine Unterkunft zu suchen. Sie Stadt selbst empfiehlt sich nicht zum Übernachten, doch wer hier hängen bleibt, kann die folgende Herberge ansteuern:
GTDC Mapusa Residency, am Kreisverkehr südlich des Parks, ⌨ www.goa-tourism.com, ✆ 0832/226 2794. Große, saubere Zimmer und ein Touristeninformationsschalter. ❹

Essen

FR Xavier, im Municipal Market. Authentische goanische Speisen auf die Schnelle gibt es nirgendwo besser als in diesem angenehm altmodischen Café. Das Lokal besteht bereits seit der portugiesischen Ära und hat sich seitdem kaum verändert. Die Kellner stellen prall gefüllte Körbe mit vegetarischen Teigtaschen und Rindfleisch-Samosas auf den Tisch und berechnen am Ende das Verzehrte.
Ruchira, im *Hotel Satyaheera* an der Nordseite des Hauptplatzes. Serviert Standardgerichte aus verschiedenen Küchen und kaltes Bier.

Transport

BUSSE – Der **Kadamba-Busbahnhof** befindet sich fünf Gehminuten westlich des zentralen Platzes und wird auch von den staatlichen Bussen aus PANJIM genutzt.
Busse nach:
ANJUNA (stdl., 30 Min.),
ARAMBOL (12x tgl., 1 3/4 Std.),
BAGA (stdl., 30 Min.),
CALANGUTE (stdl., 45 Min.),
CHAPORA (alle 30 Min., 30–40 Min.),
MUMBAI (6x tgl., 13–17 Std.),

PANJIM (alle 15 Min., 25 Min.),
VAGATOR (alle halbe Std., 25–35 Min.).

EISENBAHN – Der Mapusa am nächsten gelegene Bahnhof befindet sich in **Tivim**, 12 km östlich im Nachbardistrikt Bicholim. Dort stehen im Normalfall Busse nach Mapusa bereit.

MOTORRADTAXIS/TAXIS – **Motorradtaxis** warten am Hauptplatz, um leicht beladene Shopper und Traveller für Rs 40–50 in die Küstenresorts zu befördern. **Taxis** verlangen wesentlich mehr (Rs 125–150), aber man kann sich die Kosten mit bis zu fünf Personen teilen.

Candolim und Fort Aguada

Verglichen mit dem 3 km weiter nördlich am Strand gelegenen Calangute ist **Candolim** ein erstaunlich ruhiger Urlaubsort, der vor allem von Pauschaltouristen aus Großbritannien und Skandinavien frequentiert wird. Sein Name geht auf das Konkani-Wort *kandoli* („Kanäle") zurück und bezieht sich auf die Entwässerungsgräben, mittels derer die ersten Bauern in der Gegend den nahe gelegenen Marschen Ackerland abgewannen. In den vergangenen fünf, sechs Jahren sind allerdings zwischen den Hotels und Restaurants am Meer eine Reihe vielstöckiger Ferienanlagen entstanden, und in der Hochsaison verschwinden die wenigen Überreste traditioneller goanischer Kultur hinter den zahllosen Kashmiri-Kunstgewerbeständen, hell erleuchteten Caféterrassen und Ladenzeilen. Dafür bietet Candolim jedoch unzählige schöne Unterkünfte, viele an ruhigen Sandwegen gelegen und besser als vergleichbare Guesthouses im nahen Calangute. Deshalb empfiehlt sich Candolim als erste Station, wenn man gerade in Goa angekommen ist und beabsichtigt, nach kurzer Eingewöhnungszeit weiter nach Norden zu fahren.

Unmittelbar südlich thront auf einer abgeflachten, felsigen Landzunge am Ende des Strands das **Fort Aguada**. Es wurde 1612 gebaut, um den Küstenbereich nördlich der Mandovi-Mündung vor holländischen und marathischen Überfällen zu schützen. Die Festung umschließt einige natürliche Quellen, die den in Goa anlegenden Schiffen das erste Trinkwasser nach der langen Seereise von Lissabon lieferten. Die Ruinen des Forts sind über eine

Straße zu erreichen: Von Candolim folgt man zunächst der Hauptstraße Richtung Süden, an der Abzweigung zum *Taj Holiday Village* vorbei und geht noch ca. 2 km weiter, bevor eine kleine Straße nach rechts bergauf zu einem kleinen Parkplatz abzweigt. Heutzutage dient der größte Teil der Anlage als Gefängnis und ist Besuchern daher nicht zugänglich. Dennoch lohnt das Fort einen Besuch, wenigstens um die wunderbare Aussicht von der Spitze des Hügels zu genießen. Hier blickt seit 1864 ein vierstöckiger portugiesischer **Leuchtturm**, der älteste seiner Art in Asien, über das weite Meer, den Sand und die Palmen. An der nördlichen Flanke der Festung ragt ein Schutzwall aus rotbraunem Laterit ins Meer hinaus. Diese malerische Stelle, bekannt unter dem Namen **Sinquerim Beach** (die südliche Spitze des Calangute Beach), zählte zu den ersten Orten in Goa, die für den exklusiveren Tourismus ausgewählt wurden. Die zu den teuersten Hotels Indiens zählenden *Fort Aguada*-Resorts der *Taj Group* beherrschen von den unteren Hängen der steilen Halbinsel aus den Strand.

Übernachtung

Candolim ist fest in den Händen der Pauschalreiseveranstalter, deshalb sind die Unterkünfte während der ganzen Saison eher teuer. Andererseits kann man hier, wenn wenig los ist, echte Schnäppchen finden.

Casa Sea Shell, Fort Aguada Rd, nahe *Bom Successo*, ✆ 0832/ 247 9879 oder 277 6131, ✉ seashellgoa@hotmail.com. Ein neuerer Block mit eigenem Pool, schön gelegen neben einer kleinen Kapelle. Die Zimmer sind groß und verfügen über geräumige, gekachelte Bäder. Personal und Management sind freundlich und zuvorkommend. Falls es voll sein sollte, fragt man am besten nach einem Zimmer im identischen und etwas billigeren *Sea Shell Inn*, ✆ 0832/228 1555, etwas weiter die Straße hinauf (ohne Pool). ❺

Dona Florina, Monteiro Rd, ✆ 0832/275051 oder 227 7398. Großes, zehn Jahre altes Gästehaus in herrlicher Lage mit Strandblick im abgeschiedensten Teil des Dorfes. Beherbergte früher überwiegend wohlhabende Sannyasins aus dem Rajneesh-Ashram in Poona, daher die überdurchschnittlich hohen Preise, die es sich ob

des idyllischen Meerblicks aber durchaus zu berappen lohnt. Keine Zufahrt für Fahrzeuge. ❹

Marbella, Sinquerim, ✆ 0832/247 9551, ✉ marbella_goa@yahoo.com. Individuell gestaltete Suiten und geräumige Zimmer (ab Rs 1550) in einem wunderbaren Haus im traditionell goanischen Herrenhaus-Baustil, bewacht von einem riesigen Mangobaum. Dekor und Einrichtung sind himmlisch, besonders im „Penthouse" (Rs 2500) im obersten Stock. Unglaublich romantisch und das Geld unbedingt wert. ❼–❽

Pretty Petal, Camotim Waddo, ✆ 0832/276184, 🖥 www.prettypetalsgoa.com. Sehr große, moderne Zimmer, alle mit Kühlschrank und Balkon, sowie gemütliche Gemeinschaftsbereiche mit Marmorfußboden und Blick auf den Rasen. Am schönsten, wenn auch kostspieliger, ist das Apartment unter dem Dach, mit Fenstern zu allen vier Seiten hin und einem geräumigen Balkon. ❺–❻

Shanu, Escrivao Waddo, ✆ 0832/227 9606, ✉ shanu_goa@yahoo.com. Geräumige, gut eingerichtete Zimmer mit kleinem Balkon direkt an den Dünen, einige mit ungehindertem Blick aufs Meer (eine echte Seltenheit). Tipp: Zimmer 120 (ansonsten 118, 111, 110 oder 107). Frühstück wird auf dem Zimmer serviert. ❹–❺

Sonesta Inn, Escrivao Waddo, ✆ 0832/222 7688, 🖥 www.sonestainns.com. Elegantes Pauschalhotel, nur zwei Gehminuten vom Meer. Die

GOA

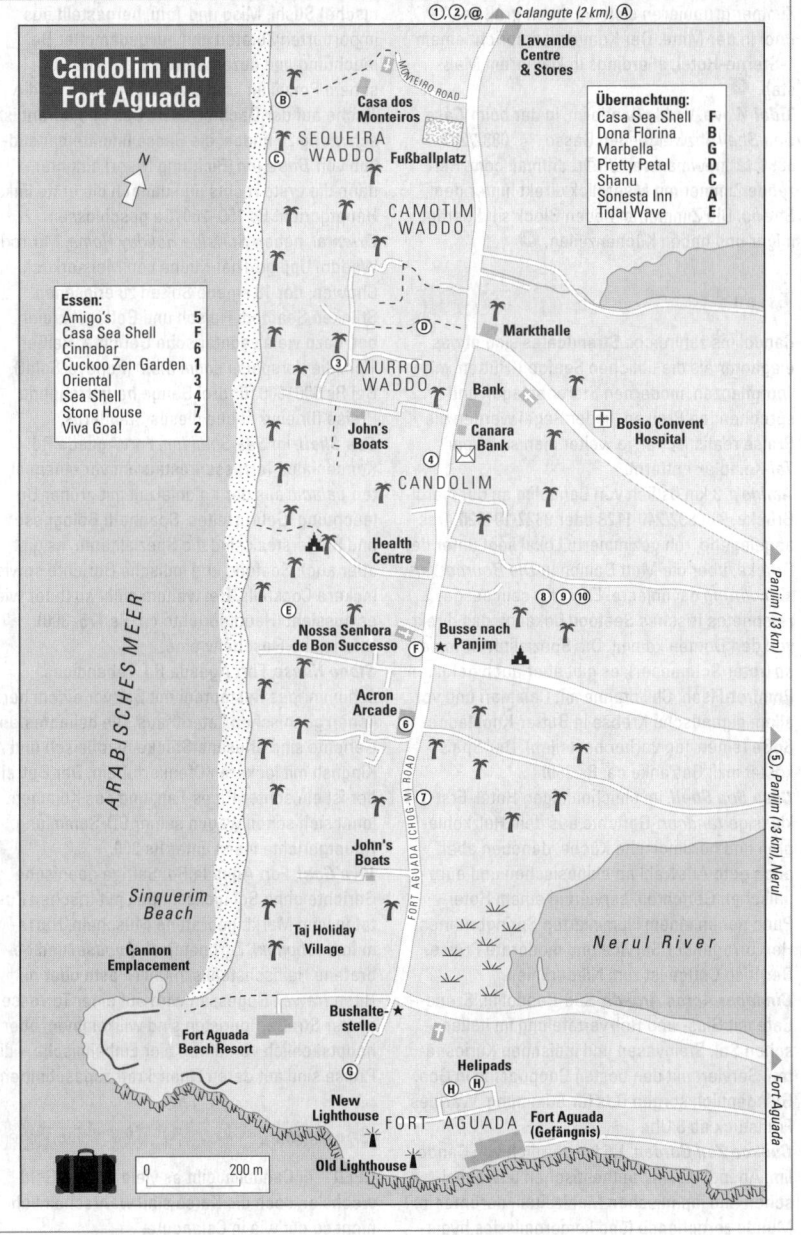

Candolim und Fort Aguada

Calangute (2 km), Ⓐ ①, ②, @, ▲

Lawande Centre & Stores

Ⓑ Casa dos Monteiros

MONTEIRO ROAD

Übernachtung:
Casa Sea Shell	F
Dona Florina	B
Marbella	G
Pretty Petal	D
Shanu	C
Sonesta Inn	A
Tidal Wave	E

SEQUEIRA WADDO

Ⓒ Fußballplatz

CAMOTIM WADDO

GOA

Ⓓ Markthalle

Essen:
Amigo's	5
Casa Sea Shell	F
Cinnabar	6
Cuckoo Zen Garden	1
Oriental	3
Sea Shell	4
Stone House	7
Viva Goa!	2

③ MURROD WADDO

Bank

Canara Bank

Bosio Convent Hospital ✚

John's Boats

④ CANDOLIM

Health Centre

Panjim (13 km) ▶

Ⓔ

Nossa Senhora de Bon Successo Ⓕ

⑧ ⑨ ⑩

Busse nach ★ Panjim

⑤, Panjim (13 km), Nerul ▶

Acron Arcade ⑥

ARABISCHES MEER

⑦

John's Boats

FORT AGUADA (CHOG-M) ROAD

Nerul River

Sinquerim Beach

Taj Holiday Village

Cannon Emplacement

Bushalte-stelle ★

Fort Aguada ▶

Fort Aguada Beach Resort

Ⓖ

Helipads

Ⓗ Ⓗ

New Lighthouse ⚓

FORT AGUADA

Fort Aguada (Gefängnis)

Old Lighthouse ⚓

0 _____ 200 m

🧳

Zimmer gruppieren sich um einen großen Pool in der Mitte. Der Komfort entspricht einem 4-Sterne-Hotel, allerdings in kleinerem Maßstab. **❽**

Tidal Wave, Vaddy Candolim, in der beim *Casa Sea Shell* abzweigenden Gasse, ✆ 0832/227 6884, ✉ newmanwarren@rediffmail.com. Reizende Zimmer mit Meerblick direkt hinter dem Strand. Die Zimmer im neuen Block sind geräumiger und haben Küchenzeilen. **❹**

Essen

Candolims zahlreiche **Strandcafés** sind etwas eleganter als die üblichen Seafood-Hütten, mit Topfpflanzen, modernen Stereoanlagen und entsprechenden Preisen. In der Regel werden die Preise realistischer, je weiter man sich vom *Taj*-Komplex entfernt.

Amigo's, 3 km östlich von Candolim an der Nerul-Brücke, ✆ 0832/240 1123 oder 9822/104920. Das abgelegene, roh gezimmerte Lokal liegt unter der Brücke, über die Matt Damon in *Die Bourne Verschwörung* davonjagte. Es ist für sein ausgezeichnetes frisches Seafood bekannt, das direkt von den Booten kommt. Die Spezialität ist *tamoso* (roter Schnapper), es gibt aber auch gefüllten Pomfret-Fisch, Chilipfanne mit Calamari und vor allem gigantische Krebse in Butter-Knoblauch-Soße (einen Tag vorher bestellen). Der Spaß kostet inkl. Getränke ca. Rs 250.

Casa Sea Shell, im gleichnamigen Hotel. Erstklassige *tandoori*-Gerichte aus dem Holzkohleofen und nordindische Küche, daneben aber auch gute Auswahl an chinesischen und europäischen Gerichten, serviert in einem Hotel-Patio neben einem illuminierten Springbrunnen. Hervorragender Service und moderate Preise. Der Irish Coffee ist zum Niederknien.

Cinnabar Acron Arcade, Süd-Candolim. Szene-Café mit Glas- und Holzvertäfelung im italienischem Stil, Steinvasen und indischen Kuriositäten. Serviert mit den besten Cappuccino in Goa. Gelegentlich sorgen DJs für Stimmung. Warmes Frühstück ab 8 Uhr.

Cuckoo Zen Garden, 1,5 km nördlich von Candolim. Abendlokal mit authentischen taiwanesischen und japanischen Mahlzeiten, darunter im Munde zergehende (und kompromisslos hygie-

nische) Sushi, Miso und Tofu, hergestellt aus importierten Zutaten und bei gedämpfter Beleuchtung und dezenter Musik auf orientalischem Porzellan kredenzt. Am besten sind die Tische auf der Dachterrasse. Das Restaurant ist schwierig zu finden: die Gasse unmittelbar südlich von *Bob's Inn* (Richtung Meer) hinunter, dann die erste rechts und danach die erste links. Hauptgericht Rs 150–200. Sa geschlossen.

Oriental, neben *Surfside Holiday Home,* Murrod Waddo. Üppige Thai-Küche von Meisterkoch Chawee, der 18 eigene Soßen zu erlesenen Stücken Seafood, Fleisch und Geflügel kreiert hat, dazu viele vegetarische Gerichte. Heißer Tipp: die Vorspeise *soom tham* (Papaya-Salat). Bei Rs 500–600 für drei Gänge hervorragende Preise für eine Küche dieses Standards.

Sea Shell, im *Sea Shell Inn*, Fort Aguada Rd. Kongeniales Terrassenrestaurant vor einem alten *palacio* aus der Kolonialzeit mit grüner Beleuchtung. Gebrutzeltes, Spaghetti Bolognese und Rindersteak sind die Spezialitäten, es gibt aber auch Seafood und indische Gerichte sowie leckere Cocktails. Bei weitem nicht so teuer wie es aussieht (Hauptgerichte ca. Rs 175–300). Offene und Flaschenweine.

Stone House, Fort Aguada Rd. Lebendiges, schummriges Restaurant mit Bar vor einem herrlichen goanischen Laterithaus. Die beliebtesten Gerichte sind erlesene Stücke Rindfleisch und Kingfish mit leckeren Ofenkartoffeln. Der Betreiber ist ein echter Blues-Fan, und das Kommen lohnt sich schon wegen seiner CD-Sammlung. Hauptgerichte meist unter Rs 200.

Viva Goa!, Fort Aguada Rd. Saftige goanische Gerichte ohne Schnickschnack mit frischen Zutaten vom Markt: gebratene Muscheln, Barramundi *(chonok)*, Zitronenfisch *(modso)* und gebratene Haifischsteaks in Chili-Paste oder mit Hirse *(rawa)*. Gegessen wird auf einer Terrasse an der Straße. Touristen sind willkommen, aber hauptsächlich verkehren hier Einheimische – die Preise sind auf deren Finanzkraft zugeschnitten.

Sonstiges

GELD – In Candolim gibt es viele private Geldwechsler, doch die Kurse sind wahrscheinlich nicht so gut wie in Calangute.

INTERNET – *I-Way*, an der Hauptstraße am nördlichern Ende des Ortes, hat eine schnelle Breitband-Verbindung.

Nahverkehrsmittel und Transport

Im Gegensatz zu den allgegenwärtigen **Taxis** sind **Mietmotorräder** während der Saison oft nicht zu bekommen, und Interessenten müssen dann ihr Glück in Calangute versuchen.

Busse von und nach PANJIM halten ca. alle 10 Min. am Busbahnhof gegenüber der *Casa Sea Shell* im Zentrum von Candolim. Einige wenige fahren nach Süden bis zur Haltestelle beim *Fort Aguada Beach Resort*, von wo aus alle 30 Min. ein Bus via Nerul nach Panjim fährt; man kann die Busse auch überall an der Hauptstraße nach Calangute heranwinken.

Calangute

In den 70er und frühen 80er Jahren strömten ganze Busladungen indische Touristen nach Cangalute (von Panjim nur 45 Minuten Busfahrt die Küste hinauf), um über die Horden langhaariger Abendländer zu kichern, die sich nackt an den weiten Sandstränden lümmelten. Bis auf einige Hardcore-Hippies ist fast die gesamt Szene schon vor langem abgezogen, doch Calangute ist nach wie vor der belebteste Urlaubsort Goas. Aus anderen Regionen Indiens strömen die Touristen herbei, besonders am Wochenende tummeln sich geräuschvolle Gruppen am Strand, und tagsüber herrscht dichter Verkehr. Als Folge davon verkam die Hauptstraße durch den Ort zu einem heillosen Durcheinander hastig zusammengeschusterter Läden und Marktstände, verstopft von ambulanten Händlern, Tagelöhnern und streunenden Tieren – sehr zum Erstaunen der wenigen Pauschaltouristen, die ihren Urlaub hier gebucht haben, nachdem sie die (außerhalb der Saison aufgenommenen) Strandbilder in den Reisemagazinen gesehen hatten.

Jedes Jahr, wenn sich weitere Baustellen in Ferienanlagen verwandeln, verschwindet wieder etwas vom Charme dieses Ortes unter Stahlbeton. Überall ist offensichtlich, dass die ohnehin schon vorhandenen Umweltprobleme durch unzureichende Abfall- und Abwasserbeseitigung sowie den

ständig steigenden Wasserverbrauch noch verschärft werden. Ein Zeichen dafür, dass Calangute bereits im eigenen Saft schmort, ist die dramatische Zunahme von **Malaria**-Fällen: Virex und auch die gefährliche Falciparum-Malaria grassieren hier vor allem in der Frühphase der Saison.

Alles in allem lohnt es sich nicht, hier einen längeren Aufenthalt einzulegen, auch wenn es einige Gästehäuser mit hervorragendem Preis-Leistungs-Verhältnis gibt. Ein Abstecher in diese chaotische Stadt hat nur dann Sinn, wenn man auf dem gut sortierten Markt einkaufen, Geld wechseln oder essen gehen will. In Calangute gibt es einige der besten **Restaurants** in ganz Goa.

Übernachtung

Trotz der chaotischen Zustände kommen Jahr für Jahr wieder jede Menge Budget-Traveller nach Calangute. Die meisten übernachten in kleinen Familien-Gästehäusern im Fischerviertel, wo es noch bemerkenswert beschaulich zugeht.

Arabian Retreat, Gauro Waddo, ✆ 0832/227 9053, 🖳 www.arabianretreat.com. Großes, neues Hotel mit üppigen Grünanlagen und Schatten spendenden Palmen. Zimmer mit Balkonen zu beiden Seiten (die im 1. Stock sind am besten), einige mit AC. Katze Simba und Hund Foxy sind schon so manchem Stammgast ans Herz gewachsen. DZ nur Rs 700, von Dez bis Mitte Jan allerdings bis zu Rs 1200. ❹

Camizala, 5-33B Maddo Waddo, ✆ 0832/227 9530 oder 9822/986544. Hübsches, luftiges kleines Hotel mit nur 4 Zimmern, Gemeinschaftsveranden und Meerblick. Sehr ruhige Ecke und direkt am Strand. Angesichts der Lage erstaunlich billig. ❷–❸

CoCo Banana, 1195 Umta Waddo, in der Gasse hinter dem Restaurant *Meena Lobo*, ✆ 0832/227 6478 oder 227 9068, 🖳 www.cocobanana.com. Sehr komfortable, große Chalets, alle mit Bad, Moskitonetzen, extralangen Matratzen und Balkon, rings um einen Garten, aber ohne Klimaanlage. Wird von dem goanisch-schweizerischen Paar Walter und Marina Lobo geleitet, die schon seit fast 20 Jahren in Goa leben. Zu Weihnachten verdoppeln sich die Preise. ❺

Gabriel's, Gauro Waddo, ✆ 0832/227 9486, ✉ fele@rediffmail.com. Ruhiges Gästehaus auf halbem Weg zwischen Calangute und Candolim, geführt von einer unglaublich gastfreundlichen, hilfsbereiten Familie. Schattiger Garten, schöne Aussicht über die Dünen vom hinteren Teil des Hauses, hervorragendes kleines Restaurant und ganz nah am Strand. ❸

Golden Eye, Gauro Waddo, ✆ 0832/227 7308, 🖳 www.hotelgoldeneye.com. Direkt am Strand, aber ohne Pool. Attraktive Zimmer, einige mit Meerblick vom Balkon. ❻–❼

Indian Kitchen, hinter der Church of Our Lady of Piety, ✆ 0832/227 7555, ✉ ikitchen@satyam.net.in. Poppig dekoriertes Gästehaus mit ausgefallenen Mosaikfliesen, hell gemusterten Wänden und Laternen. Alle Zimmer haben Bad, Kühlschrank und Stereoanlage. ❸–❹

Kerkar Retreat, Gauro Waddo, ✆ 0832/227 6017, 🖳 www.subodhkerkar.com. Thematisch nach Farben geordnetes „Boutique-Hotel" mit goanischen *azulejos*, Designermöbeln und Originalgemälden von dem einheimischen Künstler und Besitzer Subodh Kerkar. Das Resultat ist modern, typisch Goa. Nachteil: die Lage an der Straße. ❼

Pousada Tauma, Porba Waddo, ✆ 0832/227 9061, 🖳 www.pousada-tauma.com. Relativ kleine Luxusferienanlage, bestehend aus zweistöckigen Bungalows rund um einen Pool; mitten in Calangute, aber hinter viel Grün verborgen. Unaufdringliches Dekor, auf antik gemachte Einrichtungsgegenstände und sehr exklusive Atmosphäre zu 5-Sterne-Preisen. Größter Anziehungspunkt ist das erstklassige ayurvedische Gesundheitszentrum (steht auch Nicht-Gästen offen). Ab US$200 pro Nacht. ❾

Essen

Seit das Restaurant *Souza Lobo* in den 30er Jahren am Strand eröffnete, um für das leibliche Wohl goanischer Tagesausflügler zu sorgen, kommen die Leute ebenso gern zum Essen nach Calangute wie für einen Spaziergang am Strand. Selbst wer in anderen Küstenorten übernachtet, wird sich der kulinarischen Anziehungskraft der Stadt nur schwer entziehen können.

After Eight, Gauro Waddo, auf halbem Weg zwischen Calangute und Candolim, in einem Weg, der von der Hauptstraße nach Westen abzweigt; zwischen der *Lifeline Pharmacy* und einer kleinen

Kapelle. Vorzügliches Gourmet-Restaurant in einem ruhigen Garten, das von zwei Spitzenkönnern geleitet wird, die früher im *Taj* (Mumbai) kochten. Am begehrtesten sind die Steaks, doch der Küchenchef hat auch ein gutes Händchen für Seafood mit köstlichen Soßen und einer Mischung aus bengalischen und italienischen Einflüssen. Tipp: *rahu*, ein einheimischer Süßwasserfisch in einer Soße aus Balsamessig und Senf. Für Vegetarier gibt es Maiskölbchen in Blätterteig, zum Nachtisch lockt ein denkwürdiges Mousse au Chocolat. Hauptgerichte Rs 175–225.

A Reverie, Gauro Waddo, ✆ 0832/228 2597. Das von den Mitbegründern des *After Eight* geleitete Restaurant ist noch romantischer und extravaganter, was Speisekarte und Einrichtung angeht, aber preislich sehr moderat (ca. Rs 500 p. P. ohne Getränke – angesichts der Qualität des Essens fast geschenkt). Ausnahmslos Originalgerichte mit unterschiedlichen Einflüssen, die wunderschön präsentiert werden. Tipp: Pilz-Carpaccio mit Majoran und frischer Petersiliensoße oder mit Pistazien-Mousseline gefüllte Hähnchenbrust.

Florentine's, 4 km landeinwärts von Calangute in Saligao, gegenüber dem *Ayurvedic Natural Health Centre*. Lohnt auf jeden Fall die Fahrt, um Florence D'Costas legendäres Hühnchengericht *cafreal* zu probieren, das nach einem sorgsam gehüteten Familienrezept zubereitet wird und Einheimische wie Touristen aus ganz Nord-Goa anlockt. Schlichtes Restaurant im goanischen Stil mit entsprechend moderaten Preisen. Es gibt nur Hühnchen, etwas Seafood und vegetarische Snacks.

Gabriel's, in *Gabriel's Guesthouse*, Guara Waddo. Authentische goanische Küche (Schweinefleisch-*sorpotel*, Huhn in *xacuti*-Soße, gefüllter Tintenfisch und Garnelen-Masala), außerdem sehr beliebte italienische Gerichte (darunter hausgemachte Pasta), serviert auf einer gemütlichen Dachterrasse in gebührendem Abstand von der Hauptstraße. Die Preise liegen etwas über dem Durchschnitt (Hauptgericht meist um die Rs 100), aber die Ausgabe lohnt sich, außerdem gibt es hier hervorragenden Espresso.

Infantaria Pastelaria, Baga Rd, neben St John's Chapel. Das Terrassencafé an der Straße ist besonders um die Frühstückszeit sehr gut besucht, denn dann gibt es reichhaltige Croissants, frisch

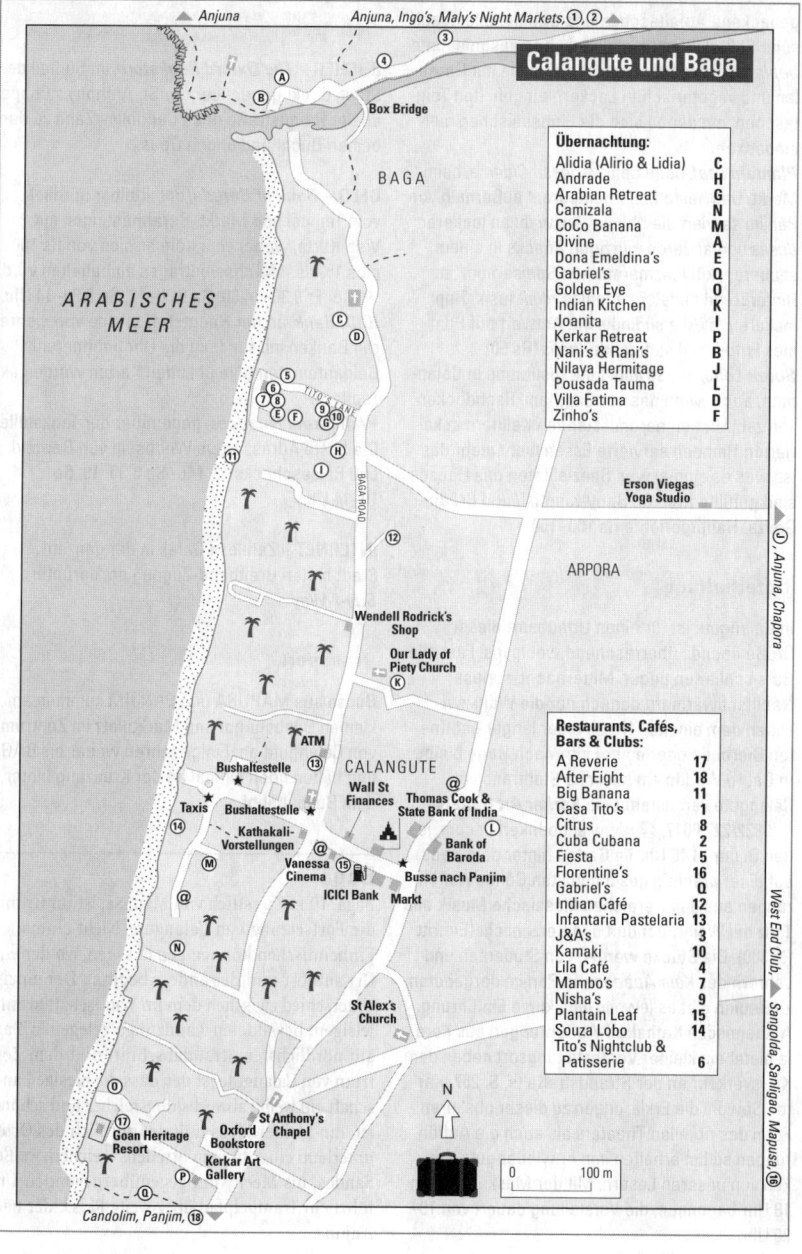

Anjuna

Anjuna, Ingo's, Maly's Night Markets, ①, ②

Calangute und Baga

Box Bridge

BAGA

ARABISCHES MEER

Übernachtung:

Alidia (Alirio & Lidia)	C
Andrade	H
Arabian Retreat	G
Camizala	N
CoCo Banana	M
Divine	A
Dona Emeldina's	E
Gabriel's	Q
Golden Eye	O
Indian Kitchen	K
Joanita	I
Kerkar Retreat	P
Nani's & Rani's	B
Nilaya Hermitage	J
Pousada Tauma	L
Villa Fatima	D
Zinho's	F

TITO'S LANE

BAGA ROAD

Erson Viegas Yoga Studio

ARPORA

Wendell Rodrick's Shop

Our Lady of Piety Church

ATM

CALANGUTE

Bushaltestelle

Wall St Finances

Thomas Cook & State Bank of India

Taxis

Bushaltestelle

Kathakali-Vorstellungen

Bank of Baroda

Vanessa Cinema

Busse nach Panjim

ICICI Bank

Markt

St Alex's Church

Restaurants, Cafés, Bars & Clubs:

A Reverie	17
After Eight	18
Big Banana	11
Casa Tito's	1
Citrus	8
Cuba Cubana	2
Fiesta	5
Florentine's	16
Gabriel's	Q
Indian Café	12
Infantaria Pastelaria	13
J&A's	3
Kamaki	10
Lila Café	4
Mambo's	7
Nisha's	9
Plantain Leaf	15
Souza Lobo	14
Tito's Nightclub & Patisserie	6

St Anthony's Chapel

Oxford Bookstore

Goan Heritage Resort

Kerkar Art Gallery

N

0   100 m

Candolim, Panjim, ⑱

GOA

Anjuna, Chapora

West End Club,

Sangolda, Saliigao, Mapusa, ⑯

gebackene Apfeltaschen und traditionelle goanische Süßigkeiten (u. a. dodol und hausgemachte *bebinca*). Besonders köstlich sind die mit Garnelen und vegetarischen Leckereien gefüllten Teigtaschen, mit denen sich die Einheimischen hier eindecken.

Plantain Leaf, nahe dem *Vanessa Cinema*, beim Markt. Das beste *udipi*-Restaurant außerhalb von Panjim serviert die übliche Auswahl an leckeren *dosas* und anderen würzigen Snacks in einem sauberen, kühlen, marmornen Speiseraum, im Hintergrund dudelt gnadenlos *filmi*Musik. Tipp: leckere *iddli*, die südindische Antwort auf Pommes Frites, und sättigende *thalis* (Rs 50).

Souza Lobo, am Strand. Eine Institution in Calangute, auch wenn das auf Gingham-Tischdecken von zahlreichen herumflitzenden Kellnern in karierten Hemden servierte Essen nicht mehr das ist, was es einmal war. Spezialitäten des Hauses sind gefüllte Krebse, Baby-Kingfish und Crêpe Souza. Hauptgerichte Rs 100–150.

Unterhaltung

In Calangute ist für einen Urlaubsort dieser Größe abends überraschend wenig los. Fast alle Bars schließen gegen Mitternacht, sodass Nachtschwärmern danach nur die Wahl zwischen dem eigenen Hotel, einer länger geöffneten Bierbude oder einer Fahrt nach Baga bleibt. In Gauro Waddo am südlichen Stadtrand von Calangute veranstaltet die *Kerkar Art Gallery*, ✆ 0832/227 6017, 💻 www.subodhkerkar.com, jeden Di um 18.45 Uhr im Garten hinter dem Haus auf einer prächtig geschmückten Bühne Aufführungen aus den Bereichen **klassische Musik und Tanz** bei Weihrauchduft und Kerzenlicht (Eintritt Rs 300). Die Stücke werden von Studenten und Lehrern der *Kala Academy* in Panjim dargeboten; zu Beginn gibt es jeweils eine kurze Einführung. Authentische **Kathakali**-Aufführungen aus Kerala bietet ein kleiner Veranstaltungsort neben dem Kreisverkehr an der Strandstraße (s. S. 257, Karte). Sowohl die Erklärungen zu dieser obskuren Form des rituellen Theaters als auch die Aufführungen selbst erhalten immer wieder gute Kritiken von unseren Lesern. Mit der Maske wird um 18 Uhr begonnen, die Vorstellung dauert von 19–20 Uhr.

Sonstiges

BÜCHER – *The Oxford Bookstore*, im Südteil der Stadt, direkt gegenüber der St. Anthony's Chapel an der Hauptstraße nach Candolim. Zählt zu den besten Buchhandlungen Goas.

GELD – *Bank of Baroda*, unmittelbar nördlich vom Tempel und Markt. Barabhebungen mit Visa-Karte, wobei eine Kommission von Rs 100 plus 1% des Wechselbetrages einbehalten wird. ⏲ Mo–Fr 9.30–14.30, Sa 9.30–12, So 9.30–14 Uhr.

ICICI Bank, an der Hauptstraße, eine von mehreren Banken mit rund um die Uhr geöffnetem Geldautomaten (alle üblichen Karten werden akzeptiert).

Wall Street Finances, gegenüber der Tankstelle. Die beste Adresse zum Wechseln von Bargeld und Reiseschecks. ⏲ Mo–Sa 8.30–19, So 10–14 Uhr.

INTERNET – Zahllose Cafés in der ganzen Stadt bieten Breitband-Zugang an, darunter *Sify-I-Way*.

Transport

Busse aus MAPUSA und PANJIM kommen am kleinen Busbahnhof und Marktplatz im Zentrum von Calangute an. Einige fahren weiter bis BAGA und halten noch einmal an der Kreuzung hinter dem Busbahnhof.

Baga

Baga, 10 km westlich von Mapusa, ist im Grunde die Fortsetzung von Calangute. Nicht einmal die Einheimischen können genau sagen, wo der eine Ort aufhört und der andere beginnt. Der einzige Unterschied zwischen dem im Windschatten einer felsigen, bewaldeten Landzunge gelegenen Baga am nördlichsten Strandabschnitt und dem Zentrum von Calangute ist der, dass die hiesige Landschaft ein wenig abwechslungsreicher und schöner ist. Ein kleiner Fluss mündet nördlich des Ortes, unterhalb eines breiten Streifens weichen, weißen Sandes, ins Meer. Vom gegenüberliegenden Ufer führt ein Trampelpfad über weite Reisfelder nach Anjuna.

Seit dem Einsetzen des Massentourismus wurde Baga schneller erschlossen als jeder andere Ort im Bundesstaat. Heute gleicht es mit seinen überwiegend jungen Pauschaltouristen eher einem kleinen Ferienort an der Costa Brava als einem goanischen Fischerdorf. Doch wer einen Bogen um die Touristenfallen und lautstarken Kneipen macht, wird feststellen, dass Baga seinen Nachbarn einiges voraus hat. Hier gibt es eine Reihe hervorragender **Restaurants** und ein aufregenderes **Nachtleben** als in allen anderen Orten Goas, wenn nicht sogar ganz Indiens.

Übernachtung

In Baga ist es schwieriger als in Calangute, eine Unterkunft auf gut Glück vor Ort zu organisieren, da Reiseveranstalter die meisten Hotels unter sich aufgeteilt haben. Selbst Zimmer in kleineren Gästehaus sind oft schon vor Beginn der Saison ausgebucht. Die meisten familienbetriebenen Unterkünfte liegen am nördlichen Ende des Strandes, wo die Nächte wesentlich ruhiger geworden sind, seit *Tito's*, der größte Club Goas, schalldicht gemacht wurde.

Alidia (Alirio & Lidia), Baga Rd, Saunta Waddo, ☎ 0832/227 6835, ✉ alidia@goaworld.com. Attraktive, moderne Chaletzimmer mit Doppel- oder zwei Einzelbetten und geräumigen Veranden, die auf die Dünen blicken. Die ruhige und freundliche Unterkunft ist die beste Wahl in dieser Gegend. ❹

Andrade („Rita"), unmittelbar südlich von Tito's Lane, ☎ 0832/227 9087. Das 2002 erbaute Haus bietet ein halbes Dutzend Zimmer mit Meerblick. Die im Erdgeschoss sind kleiner, haben aber größere Veranden als die wesentlich schöneren Zimmer im Obergeschoss. Freundliche Betreiber und nicht weit vom belebtesten Strandabschnitt entfernt. ❸

Angelina, Saunta Waddo, ☎ 0832/227 9145, ✉ angelinabeachresort@rediffmail.com. Geräumige, ordentliche Zimmer mit großen Kachelbädern und geräumigem Balkon, manche mit AC, inmitten der Action nahe Tito's Lane. Die Besitzer Stanley und Lisa D'Sa erweisen sich als perfekte Gastgeber. Besonders gutes Preis-Leistungs-Verhältnis außerhalb der Hochsaison. ❸

Divine, nahe *Nani's & Rani's*, nördlich des Flusses, ☎ 0832/227 9546. Unter Leitung eines gastfreundlichen Paares. Die Zimmer sind eher klein, aber tadellos sauber und z. T. mit Du/WC. Reizende Dachterrasse mit Liegen und Sonnenschirmen. Vorausbuchung erforderlich. ❸

Dona Emeldina's, Sauto Waddo, ☎ 0832/227 6880. Nette, altmodische Cottages mit Veranda und Rasenflächen. Die Managerin ist eine fröhliche, Portugiesisch sprechende Dame aus Kanada. Um Weihnachten ziehen die Preise empfindlich an, da die Unterkunft in der Nähe des Partygeschehens liegt – ein zweifelhafter Vorteil. ❺

Joanita, Baga Rd, ☎ 0832/227 7166. Saubere, luftige Zimmer mit Bad um einen ruhigen Garten. Eine gute Wahl, wenn man im Zentrum, aber abseits der Hauptstraße unterkommen möchte. ❷–❸

Nani's & Rani's, nördlich des Flusses, ☎ 0832/227 6313, ✉ gizellaferns@yahoo.com. Eine Hand voll preisgünstiger, weißer Cottages mit roten Ziegeldächern in einem abgeschiedenen Garten hinter einem großen Haus aus der Kolonialzeit. Ventilatoren, einige Zimmer mit Bad, Brunnenwasser, Duschen im Freien und Internetzugang. ❸–❹

Nilaya Hermitage, Arpora Bhati, ☎ 0832/227 6793, 💻 www.nilayahermitage.com. Auf einem Hügel 6 km vom Strand landeinwärts mit beispielloser Aussicht über die Küstenebene. Zählt zu den exklusivsten Hotels Indiens und beherbergt den internationalen Jetset (Richard Gere, Giorgio Armani und Kate Moss haben hier schon übernachtet). Der Komplex ist ein Traum aus indischen Farben, raffinierten Eisenverzierungen, vergoldeten Säulen und einem herrlichen Pool. Die Preise beinhalten die Benutzung von Sauna, Fitnessraum, Tennisplatz (Asche) und Restaurant. DZ ab US$295 (über Weihnachten/Neujahr US$450) inkl. VP und Flughafentransfer. ❾

Villa Fatima, Baga Rd, ☎ 0832/227 7418, ✉ villa.fatima@sympatico.ca. 32 Zimmer mit Bad in einem großen, 3-stöckigen Hotel für Rucksackreisende, gruppiert um eine gemeinschaftlich genutzte Gartenterrasse. Die Preise sind vernünftig und variieren je nach Zimmergröße. Vornehmlich von jungen Rucksacktouristen frequentiert. ❷–❸

Zinho's, 7/3 Saunta Waddo, ✆ 0832/227 7383. Versteckt abseits der Hauptstraße gelegen, nahe dem Nachtclub *Tito's*. 17 saubere Zimmer über einer Familienwohnung. Die Zimmer im neuen AC-Block sind leicht überteuert. ❺–❻

Essen

Nirgendwo in Goa gibt es eine so gute Auswahl an Qualitätsrestaurants wie in Baga. Die Gastronomen – darunter immer mehr Zuwanderer aus Europa und der Oberschicht von Mumbai – konkurrieren mit raffiniertesten Speisekarten und den romantischsten, stilvollsten Gärten und Terrassen um die zahlungskräftige Kundschaft. Das alles hat so gut wie nichts mehr mit der behelfsmäßigen Strandhüttenkultur zu tun, die hier noch vor knapp zehn Jahren vorherrschte.

Big Banana, am Ende der CSM Lane am Strand. Normalerweise werden Strandhütten hier nicht vorgestellt, aber diese verdient Erwähnung wegen ihrer vorzüglichen Steaks. Spezialität des Hauses ist Chateaubriand, das auch zwei Personen locker satt macht. Daneben werden die üblichen lokalen Seafood-Spezialitäten serviert.
Citrus, Tito's Lane. Das erste rein vegetarische Spitzenrestaurant in Goa. Zu den Vorspeisen zählen köstliche Cashew-Teigtaschen mit Satay-Soße, unter den Hauptgerichten überzeugen Kürbiskroketten und Roquefort-Brik (ab Rs 175). Außerdem gibt es hier echten italienischen Kaffee.
Fiesta, Tito's Lane, ✆ 0832/227 9894. Das am extravagantesten eingerichtete Restaurant thront in bester Lage auf einer langgestreckten Düne mit Meerblick. Gespeist wird auf der Veranda eines Hauses aus den 30er Jahren. Erlesene Speisekarte aus mediterranen, hauptsächlich portugiesischen Gerichten. Tipp: Büffelmozzarella-Salat oder Auberginenpâté als Vorspeise, danach Paella, Moussaka oder eine wunderbare Pizza nach Art des Hauses. Hauptgerichte meist um die Rs 200–250.
Indian Café, Baga Rd. Traditionelle südindische Snacks nach Hausmacherart, darunter Dosas, *iddlis* und *vadas* mit feurigem Sambar-Pulver, grünem Chutney und köstlich frischen Obst-Lassis auf der Veranda eines alten goanischen

Hauses. Sehr viel entspannter als das *Plantain Leaf* in Calangute und erheblich günstiger.
J&A's, Anjuna Rd, ✆ 0832/227 5274, 🖥 www. littleitalygoa.com. Leckeres, authentisches italienisches Essen (sogar der Parmesankäse, die sonnengetrockneten Tomaten und das Olivenöl sind importiert), serviert im herrlichen, kerzenbeleuchteten Garten eines alten Fischerhäuschens. Innovative Auswahl an Salaten und Antipasti (u. a. vorzügliches Rindfleisch-Carpaccio), als Hauptgerichte hervorragende Pasta, Holzofenpizza und zarte Steaks (in Portwein- und Rosmarinsoße). Kaum zu schlagen aber ist die Seafood-Lasagne, das Vorzeigegericht des Hauses. Tipp zum Dessert: das im Munde zerlaufende, heiße Schokoladen-Soufflé. Hauptgerichte ca. Rs 275–300, bei drei Gängen ist mit mindestens Rs 550 p. P. ohne Getränke zu rechnen.
Lila Café, Baga Creek. Gemütliche Bäckerei mit Terrassencafé, betrieben von einem deutschen Pärchen, das hier seit Jahrzehnten ansässig ist. Hervorragende selbstgebackenen Brote, Kuchen und ausgefallener Mittagstisch mit Spinat à la crème, Auberginenpâté und geräuchertem Wasserbüffelschinken.
Nisha's, Tito's Lane, ✆ 0832/227 7588. Das kleine Restaurant auf einer sandigen Terrasse unweit von *Tito's* ist unschlagbar, wenn es um einfaches, aber perfekt zubereitetes Seafood geht, z. B. Snapper, Kingfish, Tigergarnelen und Hummer – über dem Feuer gegrillt oder als *tandoori* aus dem Ofen. Hier zählt Frische mehr als ausgefallene Soßen. Vorspeisentipp: Calamari in Chili-Öl mit Zitrone. Vernünftige Preise: für ein Hauptgericht ca. Rs 250–300.
Tito's Patisserie, Tito's Lane, nur einen Katzensprung vom Strand entfernt. Entspanntes, kleines AC-Café, das überhaupt nichts mit der Partyatmosphäre des Clubs gemein hat. Die gekühlten Backwaren, darunter Toffee- und Apfeltorte, Banoffi Pie und Zitronen-Käsekuchen, sind ebenso köstlich wie der frisch gemahlene Espresso und Cappuccino.

Unterhaltung

Dass Bagas Nachtleben in ganz Indien einen legendären Ruf genießt, hat die Stadt im Wesentlichen dem Club *Tito's* zu verdanken. Angelockt

Eine der wenigen echten Aufwertungen an Nord-Goas Urlaubsküste in jüngerer Vergangenheit ist der **Ingo's Saturday Night Bazaar**, der auf einem Gelände auf halber Strecke zwischen Baga und Anjuna stattfindet. Der von einem deutschen Einwanderer aufgebaute Markt zeichnet sich durch eine effiziente Organisation und einen Sinn für Spaß aus, der dem Flohmarkt in Anjuna inzwischen größtenteils abhanden gekommen ist. Außerdem laden die milden Abendtemperaturen und die hübsche Beleuchtung viel eher zum entspannten Stöbern ein als die brütende Mittagshitze am Strand von Anjuna. Zur relaxten Atmosphäre trägt auch die Vorschrift bei, dass die Händler bei wiederholter Belästigung von Kunden des Platzes verwiesen werden, sodass man selbst an den normalerweise gnadenlos nervenden Lamani-Frauen relativ unbehelligt vorbeikommt.

Obwohl dieser Flohmarkt als wesentlich kommerzieller gilt als sein Pendant in Anjuna, bezeichnen viele Goa-Kenner ihn als authentischer. Viele Stände werden von Ausländern gemietet, die hier u. a. imitierte indische Pop-Kunst, alte Fotos, Designerklamotten für Trance-Partys, handpolierte Kokosschalenkunst und Demos von Techno-DJs anbieten. Abgerundet wird das Ganze durch eine köstliche Auswahl ethnischer Speisen und einer Bühne, auf der von 19 Uhr bis Mitternacht Live-Musik geboten wird. Der Eintritt ist frei.

In die gleiche Kerbe versucht ein rivalisierender, aber längst nicht so guter Markt namens **Macy's** zu schlagen, der ein Stück weiter Richtung Baga am Fluss eröffnet wurde. Der von ausländischen Designern und Standbesitzern gemiedene Markt kann seinem Konkurrenten allerdings nicht das Wasser reichen, auch wenn einige Taxifahrer etwas anderes behaupten.

lustige auf der langen, schmalen Terrasse ein, um zu trinken, zu tanzen oder Leute zu beobachten. Die meisten sind Männer aus anderen indischen Bundesstaaten, die nach Goa kommen, um den moralischen Fesseln des Lebens zu Hause zu entkommen. Besonders von Frauen aus dem Westen wird die Atmosphäre bisweilen als unangenehm geladen empfunden; allerdings scheint der Club nach kürzlicher Renovierung und Erhöhung der Eintrittspreise die Ära der von Kingfisher begünstigten Raufereien hinter sich gelassen zu haben. Außerdem machen jedes Jahr neue Bars und Clubs auf und bieten zunehmend anspruchsvollere Alternativen.

Wer im übrigen Indien gereist ist und dann in das Nachtleben von Baga inklusive Vollrausch-Karaoke und Toga-Partys stürzt, kann schnell eine Art Kulturschock erleiden. Freitags und samstags kann zudem der Verkehr zu einer echten Nervenprobe werden. Wer hier am Wochenende mit dem Fahrzeug ankommt, sollte in gebührender Entfernung von Tito's Lane parken, um nicht bis in die frühen Morgenstunden im Verkehr festzustecken.

Weitere Informationen über das Nachtleben in der Region finden sich in den Beschreibungen von Calangute (s. S. 258) und Anjuna (s. S. 266).

BARS UND CLUBS – *Casa Tito's*, Arpora, gegenüber von Ingo's Night Market. Schicke italienische Lounge in einem alten Haus aus der portugiesischen Ära mit Designermöbeln, Cocktails und Gourmetküche. Perfekt zum Ausspannen nach einem Bummel über den Flohmarkt.

Cuba Cubana, 82 Xim Waddo, Arpora Hill, ▢ www.clubcubana.net. Glamour-Disco auf einem bewaldeten Hügel landeinwärts von Baga mit spärlich beleuchtetem Pool unter freiem Himmel. Der hohe Eintrittspreis (Rs 500 für Männer, Rs 400 für Frauen) beinhaltet unbegrenzt Getränke von einer gut sortierten Bar und soll weniger betuchte, unkoschere Gestalten abhalten. Auf einer zweistufigen, klimatisierten Tanzfläche läuft R&B, Hip-Hop und Garage (aber mit voller Absicht kein Techno). ⏲ Fr, Sa und So 21.30–5 Uhr.

Kamaki, Tito's Lane, Saunta Waddo. Sport auf Großbildschirmen und eine hypermoderne Karaoke-Anlage machen den Reiz dieser klimatisierten, von Engländern dominierten Bar aus.

durch TV-Bilder von sexy Klamotten und einer bombastischen Sound- und Lichtanlage finden sich Abend für Abend mehrere Hundert Party-

GOA

Manchmal werden Rs 100 Eintritt verlangt.

Mambo's, Tito's Lane, Saunta Waddo. Große Bar, teils unter freiem Himmel, mit Holzeinrichtung und einem großen, kreisrunden Tresen. Während der Saison ist der Schuppen an den meisten Abenden rappelvoll mit einem gemischten Publikum, obwohl die Getränkepreise weit über dem Durchschnitt liegen und nach 23 Uhr Rs 200 Eintritt kassiert wird. Auch hier ist Karaoke der große Renner.

Tito's, Tito's Lane, Saunta Waddo. Indiens berühmteste Disco bietet die ganze Saison über auch immer wieder Cabaret, Modenschauen und Gast-DJs. Rote Polstersessel und uniformierte Bedienung bestimmen die Atmosphäre. Bis 23 Uhr wird Lounge gespielt, danach Hip-Hop, House, Salsa und Trance. Am Anschlagbrett ist abzulesen, wann Oldie- und andere Themenabende stattfinden. Eintritt für Männer Rs 400–450, Paare Rs 300, Frauen frei, um Weihnachten bis zu Rs 800 je nach Programm. ◷ Nov–Dez 20 Uhr bis spät, außerhalb der Saison 20–23 Uhr.

Anjuna

Mit seinen in fluoreszierenden Farben angemalten Palmen und den berühmten Vollmond-Partys ist das 8 km westlich von Mapusa gelegene Anjuna Goas „alternativster" Ort. Raver-Klamotten mögen inzwischen die Baumwoll-Kaftans von einst ersetzt haben, doch die meisten Leute kommen noch immer aus den gleichen Gründen hierher wie schon in den 70er Jahren: Drogenkonsum, Tanzen und Faulenzen am Strand. Je nach Standpunkt wird man den absoluten Hedonismus total abstoßend oder paradiesisch finden. In jedem Fall scheint die Szene sich hier festgesetzt zu haben, obwohl die Regierung versucht, sie zu vertreiben. Deshalb kann man sich das Ganze ruhig einmal anschauen, wenn man in der Gegend ist, und einen Tagesausflug zum berühmten **Flohmarkt** unternehmen.

Die Saison in Anjuna beginnt Anfang November, wenn die meisten Langzeitgäste eintreffen, und dauert bis Ende März, wenn sie wieder abreisen. Junge, frisch aus dem Militärdienst entlassene Israelis mit völlig unbekümmerter Einstellung zu Drogenkonsum und dem Schlaf anderer Leute, bilden inzwischen die Hauptgruppe unter den Touris-

Yoga in Nord-Goa

Für Anfänger und Fortgeschrittene ist Goa der perfekte Ort zum Üben von Yoga, denn im Winter machen hier viele erstklassige Lehrer kleine Schulen auf.

Goa Iyengar Yoga School, gegenüber vom *Sonesta Inn* in Candolim, ✆ 0832/249 7245, mobil 9326/12373, ▭ www.YOGAMAGGIEH. com. Geleitet von Maggie Hughes, einer Lehrerin mit Iyengar-Zertifikat und über 20 Jahren Erfahrung. In ihrem Studio im 1. Stock bietet sie ab 8 Uhr (manchmal auch ab 9 Uhr) 90-minütigen Unterricht ohne Anmeldung für Rs 300 an. Auch Anfänger sind willkommen. Im Januar und Februar finden darüber hinaus 10- bis 30-tägige Ausbildungen zum Yoga-Lehrer statt (Einzelheiten sind der Website zu entnehmen). Wegbeschreibung: Richtung Süden zwischen Davidair und *Bob's Inn* rechts ab (ein Schild weist den Weg).

Erson Viegas, in Arpora, ein paar Kilometer landeinwärts von Calangute, ✆ 0832/227 7993, hat ebenfalls eine Iyengar-Ausbildung und verlangt Rs 250–300 pro Sitzung für Einzelpersonen, etwas weniger für Gruppenunterricht.

Purple Valley Yoga Centre, in Anjuna, ✆ 0832/226 9643, mobil ✆ 098/2309 9788, ▭ www.yogagoa.net. Spezialisiert auf Ashtanga-Yoga, wie es in Mysore von Sri K. Pattabhi Jois gelehrt wird. Lehrer von Weltrang arbeiten im großen Studio, das sich im Garten von *Granpa's Inn* befindet (s. „Übernachtung"). Kurse in sämtlichen Leistungsstufen, Unterricht ohne Anmeldung Rs 400, Zehnerkarte bei Vorausbuchung Rs 3000. Außerdem im Angebot: zweiwöchige Kurse in einem eigens errichteten *shala* (Yoga-Studio) in einem Wald in der Umgebung.

Sharat, zwischen Aswem und Arambol, ▭ www.hiyogacentre.com. Ebenfalls ein geschätzter Lehrer mit Iyengar-Zertifikat und ehemaliger Schüler von BKS Iyengar. Bietet 5-tägige Kurse in seinem Zentrum am Strand (Rs 1250). Teilnehmer der freitags beginnenden Kurse sollten sich bis Dienstag 14 Uhr anmelden. Sharat veranstaltet auch einmonatige Intensivkurse und Ausbildungen zum Yoga-Lehrer (Einzelheiten auf der Website).

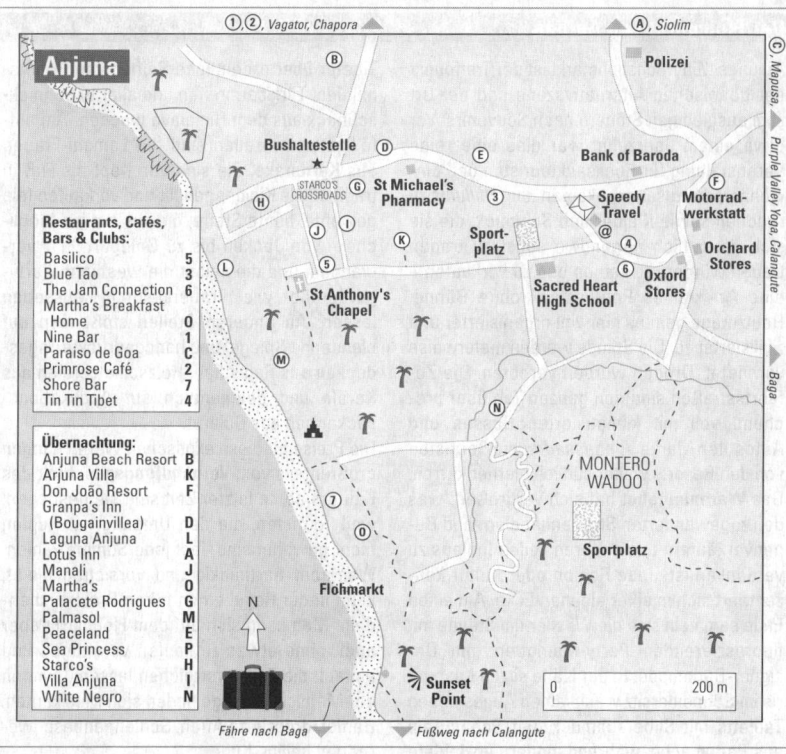

Map labels:
Anjuna

① ② , Vagator, Chapora   Ⓐ , Siolim   Ⓒ , Mapusa, Purple Valley Yoga, Calangute

Ⓑ   Polizei

Bushaltestelle   Ⓓ   Ⓔ   Bank of Baroda

STARCO'S CROSSROADS   Ⓖ   St Michael's Pharmacy   Ⓕ   Speedy Travel   Motorradwerkstatt

Ⓗ   ③

Ⓙ   Ⓘ   Sportplatz   @   ④   Orchard Stores

Ⓛ   ⑤   Ⓚ   ⑥   Oxford Stores

St Anthony's Chapel   Sacred Heart High School

Ⓜ

Ⓝ

MONTERO WADDO

Flohmarkt

⑦   Sportplatz

Ⓞ

N   Fähre nach Baga   Fußweg nach Calangute

Sunset Point   0 — 200 m

Restaurants, Cafés, Bars & Clubs:
Basilico — 5
Blue Tao — 3
The Jam Connection — 6
Martha's Breakfast Home — 0
Nine Bar — 1
Paraiso de Goa — C
Primrose Café — 2
Shore Bar — 7
Tin Tin Tibet — 4

Übernachtung:
Anjuna Beach Resort — B
Arjuna Villa — K
Don João Resort — F
Granpa's Inn (Bougainvillea) — D
Laguna Anjuna — L
Lotus Inn — A
Manali — J
Martha's — O
Palacete Rodrigues — G
Palmasol — M
Peaceland — E
Sea Princess — P
Starco's — H
Villa Anjuna — I
White Negro — N

ten, sehr zum Kummer der Einheimischen. Außerhalb der Hochsaison erfreut Anjuna jedoch durch eine überraschend schlichte und entspannte Atmosphäre – was auch an der geringen Zahl von Übernachtungsmöglichkeiten liegt. Die meisten Besucher des Flohmarkts oder der Partys kommen aus anderen Urlaubsorten hierher.

Der **Strand** ist für Goas Verhältnisse nicht gerade umwerfend, mit einer tückischen Unterströmung und noch tückischeren Gruppen alkoholisierter indischer Männer. Nördlich des Marktes wird der Strand breiter und führt kilometerlang als steil abfallender Sandstreifen zu einer niedrigen roten Klippe. Eine kleine, hübsche und geschütztere Bucht liegt am gegenüberliegenden, südlichen Ende, wo sich tagsüber viele Israelis beim Frisbee-Werfen vergnügen, während aus den Schuppen am Strand die Techno-Beats wummern.

Übernachtung

Der größte Teil von Unterkünften in Anjuna besteht aus kleinen, unmöblierten Häusern, die allerdings selbst außerhalb der Saison nicht leicht zu bekommen sind – in der Hochsaison ist es nahezu unmöglich. Bis dahin sind nämlich alle bis auf eine Hand voll an Langzeitstammgäste vermietet worden, die Monate im Voraus per Post reserviert haben. Wer hofft, kurzfristig etwas zu finden, muss wahrscheinlich zunächst mit einem Zimmer in einem Gästehaus vorlieb nehmen. Nachdem hier einige luxuriöse Designer-Hotels entstanden sind, herrscht im höheren Preissegment eine bessere Auswahl.

Anjuna Beach Resort, De Mello Waddo, ☎ 0832/ 227 4499, ✉ fabjoe@sancharnet.com. Der neue Betonbau hat 15 geräumige, komfortable Zimmer

GOA

Anjunas Mittwochsflohmarkt ist der Treffpunkt der goanischen Alternativszene und *der* Ort zum ausgiebigen Stöbern nach Souvenirs. Vor etwa einem Jahrzehnt war dies eine reine Veranstaltung für Rucksacktouristen und Einwohner, die zusammenkamen, um *chillums* zu rauchen sowie Kleider und Schmuck, die sie sich vermutlich nirgendwo sonst zu tragen trauen würden, zu kaufen und zu verkaufen – eine Art kleines Pop-Festival ohne Bühne. Heutzutage geht es hier viel organisierter und zivilisierter zu. Die Stände werden meterweise vermietet, Drogen wurden verboten. Die Zufahrtsstraßen sind den ganzen Tag über brechend voll mit klimatisierten Bussen und Autos der Marke *Ambassador*, die Touristen von den Resorts weiter südlich hierher karren. Das **Warenangebot** hat sich vergrößert, was den zugewanderten Straßenhändlern und Budenverkäufern aus anderen Teilen Indiens zu verdanken ist. Jede Region oder Kultur konzentriert sich in einer eigenen Ecke. Am einen Ende sammeln sich die Westler um Stände mit fluoreszierenden Party-Klamotten und Designer-Bademode. In der Nähe sitzen Kashmiris im Schneidersitz wachsamen Auges neben Tabletts mit Silberschmuck und Schachteln aus Pappmaché, während modern gekleidete Tibeter über ordentliche Reihen von Gebetsmühlen, Türkisarmreifen und allerlei Schnickschnack aus dem Himalaya wachen. Am auffälligsten von allen sind die Lamani-Frauen aus Karnataka. Sie sind von Kopf bis Fuß in traditionelle Kleider gehüllt und verkaufen fein gewebte, bunte Stoffe, die sie in alles Mögliche – von Jacken bis zu Geldgürteln – verwandeln und die selbst die westliche Partygarderobe wie Trauerkleidung aussehen lassen. An anderen Stellen stößt man auf blendende Spiegel und handgedruckte Tagesdecken aus Rajasthan, Holzschnitzereien aus Kerala und gelegentlich auf Applikationsstickereien aus Gujarat.

Die Preise für diese exotischen Waren hängen größtenteils vom **Verhandlungsgeschick** des Käufers ab. In letzter Zeit sind sie gestiegen, weil Touristen, die den Umgang mit Rupien nicht gewohnt sind, fast jede Summe zahlen. Wer aber hartnäckig und vorsichtig bleibt, kann in der Regel einen fairen Preis aushandeln. Man kann sich auf dem Flohmarkt aber auch ohne etwas zu kaufen vergnügen und einfach die Zeit verstreichen lassen. Inmitten der Menschenmenge finden sich Musikanten, Bettler, dressierte Affen, Schlangenbeschwörer und heilige Kühe.

mit Balkon, Kühlschrank, Bad und Warmwasser durch Solaranlage (die im oberen Stockwerk sind die besten). Daneben gibt es einen neuen Apartment-Block für Langzeitgäste. Beide Varianten bieten ein sehr gutes Preis-Leistungs-Verhältnis. ❸–❹

Anjuna Villa, House Nr. 681/1 D'Mello Waddo, 4th Lane, ✆ 0832/227 4590 oder 227 4591, ✉ dogfreymathia@hotmail.com. Schlichte, aber angenehme Budget-Zimmer mit gefliesten Fußböden und hohen Decken führen auf eine lange Gemeinschaftsveranda. Die Zimmer im Obergeschoss sind erheblich hübscher. Eine Besonderheit hier ist Badminton unter Flutlicht. ❹

Don João Resort, Soronto Waddo, ✆ 0832/227 4325 oder 222 2147, 🖥 www.travelingoa.com/donjoaoresorts. Großes, ehemaliges Pauschalhotel mit Pool mitten im Ort. Bereits ein wenig angeranzt, aber ausreichend Komfort und sehr gutes Preis-Leistungs-Verhältnis in diesem Marktsegment. ❹–❺

Granpa's Inn, Gaunwadi, ✆ 0832/227 3270, 🖥 www.goacom.com/hotels/granpas. Das ehemalige *Bougainvillea* befindet sich in einem reizenden, 200 Jahre alten Haus mit üppigen Gärten, Pool und schattiger Frühstücksterrasse. Die Zimmer mit Bad sind groß und haben hohe Decken, die Suiten sind sogar noch hübscher. Ashtanga-Yoga und Billard gehören zum Angebot. Sehr beliebt, also lange im Voraus buchen. ❺–❻

Laguna Anjuna, De Mello Waddo, ✆ 0832/227 4305, 🖥 www.lagunaanjuna.com. Alternatives „Boutique-Resort" mit 25 farbenfroh dekorierten

Laterit-Cottages mit Dachbalken und Terrakotta-Fliesen hinter einem geschwungenen Pool. Restaurant, Poolbillard und Bar. DZ ab US$125 Mitte der Saison; um Weihnachten/Neujahr bis US$225. **❾**

Lotus Inn, Zor Waddo, ✆ 0832/227 4015, ▭ www.lotusinngoa.com. Am grünen Nordrand von Anjuna versteckt in einem Labyrinth aus engen Gassen. Elf schicke Suiten und sechs DZ (eher klein angesichts des Preises von Rs 1500), alle mit AC und um einen großen Pool (Rs 100 für Nicht-Gäste) gruppiert. Trendiges italienisches Restaurant am Pool, sonntags Party. **❼ ❾**

Manali, südlich von Starco's Crossroads, ✆ 0832/227 4421, ✉ manali@goatelecom.com. Anjunas bestes Budget-Gästehaus bietet einfache Zimmer mit Gemeinschaftsbad und Ventilator, die auf einen Hof hinaus gehen. Schließfach, Geldwechsel, Bibliothek, Internetzugang und geselliges Terrassenrestaurant. Sehr gutes Preis-Leistungs-Verhältnis, rechtzeitig buchen! **❷**

Martha's, 907 Montero Waddo, ✆ 0832/227 4194, ✉ mpd8650@hotmail.com. Acht tadellos saubere Zimmer mit Bad sowie zwei nette Häuser, geführt von einer gastfreundlichen Familie. Zur einfachen Ausstattung gehören Kochgelegenheit, Ventilator und fließend Warmwasser aus Solarenergie. **❹**

Palacete Rodrigues, nahe *Oxford Stores,* Mazal Waddo, ▭ www.palaceterodrigues.com, ✆ 0832/227 3358. 200 Jahre alte Villa, die in ein edles Gästehaus umgewandelt wurde. Geschnitzte Holzmöbel und entspanntes, traditionell goanisches Ambiente. Auch Einzelbelegung möglich. Die drei Einheiten in einem separaten Block bieten ein gutes Preis-Leistungs-Verhältnis. **❹ – ❺**

Palmasol Guest House, Praia de St Anthony, ✆ 0832/227 3258. Riesige, komfortable Zimmer in einem vorbildlich gepflegten alten Haus, sehr nah am Strand. Die größeren Zimmer verfügen über fließendes Wasser, Veranda, Kochgelegenheit und einen ruhigen Garten; die billigeren Zimmer liegen im Hinterhof. **❸**

Peaceland, Soronto Waddo, ✆ 0832/227 3700. Einfache Zimmer mit Bad in zwei Blöcken, geleitet von einem charmanten einheimischen Paar mit freundlicher Unterstützung zweier Hunde. Hohe Decken, Moskitonetze, Rucksackablagen,

Hängematten, Kleiderständer und weitere gemütliche Details, die diese Unterkunft zur mit Abstand besten in ihrer Preisklasse machen. **❸**

Sea Princess, House Nr. 649 Goenkar Waddo, Dando, ✉ fabjoe@sancharnet.com, ✆ 0832/227 4499. Neueres Gästehaus in erstklassiger Lage in der Mitte des Strandes in Nachbarschaft der *Shore Bar.* Große, gepflegte Zimmer mit Bad und guten Sanitäranlagen. Schwer zu übertrumpfen im Hinblick auf die Lage und das Preis-Leistungs-Verhältnis in der mittleren Preisklasse. **❸ – ❹**

Starco's, Starco's Crossroads, kein Telefon. Eine der billigsten Unterkünfte in Anjuna, bietet sehr einfache, aber ordentliche Zimmer, sehr sauber und gut abgeschirmt vom Straßenlärm. Ausgezeichnetes Preis-Leistungs-Verhältnis, wenn man sich mit den spartanischen Bedingungen anfreunden kann. **❷**

Villa Anjuna, an der Hauptstraße in Strandnähe, ✆ 0832/227 3443, ▭ www.anjunavilla.com. Modernes und gut funktionierendes Resorthotel mit recht großem Pool und Jacuzzi. Beliebt bei Partyfreunden, die sich das *Laguna* nicht leisten können, denn es liegt nur einen Katzensprung vom *Paradiso* entfernt, was auch am nächtlichen Lärmpegel zu merken ist. **❼**

White Negro, 719 Praia de St Anthony, südlich der Stadt, ✉ mjanets@goatelecom.com, ✆ 0832/227 3326. Zwölf tadellos saubere Chalets mit Meerbrise, eigenem Bad, gefliesten Fußböden, Schließfächern und Moskitonetzen. Ruhig, gut geführt und gesundes Preis-Leistungs-Verhältnis. **❺**

Essen

Verglichen mit Strandkneipen anderswo in Goa erscheinen die in Anjuna eher überteuert (vor allem an Flohmarkttagen), doch viele Besucher sind der Ansicht, dass es sich angesichts der traumhaften Umgebung lohnt, etwas tiefer in die Tasche zu greifen. Als Reaktion auf die Nachfrage seitens der zahlreichen „alternativen" Gäste haben vor Ort viele Cafés, die gesunde vegetarische Gerichte und vitaminreiche Säfte bieten, ihre Pforten geöffnet.

Basilico, D'Mello Waddo, ✆ 0832/227 3721. Kühles italienisches Gartenrestaurant, versteckt in

Die Partyszene von Goa

Das Streben nach Genuss prägt schon seit Mitte des 16. Jhs. das Goa-Bild von Europäern, denn damals kehrten Seeleute und Händler mit Geschichten von hemmungslosen Gelagen der Kolonisten nach Lissabon zurück. Der französische Reisende François Pyrard dokumentierte als Erster den moralischen Verfall in der Kolonie. In seinem Bericht finden sich zahlreiche Schilderungen wilder Orgien und schmutziger Skandale.

Im Zuge der Schrecken der Inquisition wurde der Anschein von Tugendhaftigkeit wiederhergestellt, und das blieb auch während der restlichen portugiesischen Herrschaft so. Doch in den 1960er Jahren erlitt die traditionelle katholische Bevölkerung in Goas Küstendörfern einen heftigen Schock, als die ersten **Hippies** die Strände von Calangute und Baga aufsuchten. Zum Erstaunen der Einheimischen war die liebste Beschäftigung dieser Möchtegern-Sadhus, in Vollmondnächten zu lauter Rockmusik aus behelfsmäßigen Musikanlagen im *chillum*-Rauch nackt am Strand herumzutoben. Zunächst schenkten die Dörfler diesen bizarren Zusammenkünften keine große Beachtung, aber mit jeder Saison etablierte sich die Szene mehr, und Ende der 70er Jahre hatten sich insbesondere die **Weihnachts- und Silvesterpartys** zu riesigen Veranstaltungen gemausert, die Tausende ausländischer Besucher anzogen.

Ende der 80er Jahre wurde die hiesige Partyszene jedoch von Grund auf umgekrempelt, als Acid House und Techno Einzug hielten. Die Dub-Reggae-Szene wich der Rave-Kultur, und damit begann der Vormarsch von Ecstasy als der maßgeblichen Tanzdroge. Die Feten wurden zunehmend von jungen Pauschaltouristen bestritten, die zur Saison in Massen anrückten. Bald hatte Goa einen ganz eigenen psychedelischen Musikstil hervorgebracht, den **Goa Trance**. Dieser hypnotische Sound aus vielfältigen Synthesizer- und tiefen Basstönen vereint harten Techno mit weicheren Klängen, die das goanische Ambiente widerspiegeln. Musiker wie Goa Gill, Juno Reactor und Hallucinogen kultivierten diese Musikrichtung, die jedoch erst weitere Verbreitung fand, als berühmte DJs wie Danny Rampling und Paul Oakenfold begannen, nach ihrer Rückkehr nach Großbritannien Goa Trance in englischen Clubs und im Radio zu verbreiten. So gewann dieser Musikstil eine große Anhängerschaft unter Musikbe-

---

einer ruhigen Gasse. Authentische Pizza und Pasta, effizienter Service und entspannte Atmosphäre. Hauptgerichte ca. Rs 150–175.

Blue Tao, an der Hauptstraße. Ein weiterer Italiener, in diesem Fall als „alternatives Vollwertrestaurant", dessen Frühstück zu den besten in ganz Goa zählt (Sauerteig- und Vollkornbrote, Kräutertees, Tahini- und Spirulina-Aufstrich). Neben einer umfangreichen Karte mit Hauptgerichten (Rs 100–150) gibt es auch eine ausgezeichnete Auswahl an Säften, darunter Weizengras, Ginseng und ayurvedische Mixgetränke. Kinderfreundliches Nichtraucherlokal.

The Jam Connection, nahe *Oxford Stores,* gegenüber *Tin Tin Tibet*. Frische, interessante Salate mit biologisch-organischen Gartenkräutern, außerdem Mokka und Espresso, hausgemachte Eiscreme und den ganzen Tag über Frühstück, das in einem reizenden Garten serviert wird. Entspannen kann man sich in Bambussesseln oder auf Bänken zwischen Bäumen. ⊙ tgl. außer Mi 11–19 Uhr.

Martha's Breakfast Home, *Martha's Guesthouse*, 907 Montero Waddo. Abgeschiedener, sehr freundlicher Frühstücksgarten mit frischem indischen Kaffee, Crêpes und köstlichen Waffeln.

Tin Tin Tibet, nahe *Oxford Stores*. Das alteingesessene, preiswerte Café serviert die von Budget-Travellern bevorzugten Mahlzeiten und tibetische Spezialitäten *(momos* und *thukpa)*, außerdem einige israelische Gerichte. Tipp: gebratene Banane mit Cashew-Nüssen.

Unterhaltung

Anjunas **Nachtleben** ist in den letzten Jahren erheblich ruhiger geworden. Inzwischen gibt es einige Clubs, die Eintritt verlangen, aber im

geisterten, für die Goa bis dahin ein weißer Fleck auf der Landkarte gewesen war.

Die **goldene Ära** von Goa Trance und Party-Szene brach Anfang der 90er Jahren an, als an sehr schönen Locations um Anjuna und Vagator zwei- bis dreimal wöchentlich große Raves veranstaltet wurden. UV- und fluoreszierende Accessoires beherrschten fortan die Tanzflächen, und mehrere Jahre lang machte sich niemand einen Kopf über die wachsende Szene, bis die lokalen Behörden Mitte der 90er plötzlich den Stecker zogen. Jahrelang hatten Drogenrazzien und Bestechungsgelder für die als korrupt berüchtigten Polizisten eine lukrative Bakschisch-Quelle dargestellt. Doch nach mehreren Drogentoten, einer Reihe Aufsehen erregender Zeitungsartikel in der Regionalpresse und dem Beschluss von *Goa Tourism*, künftig dem gehobenen Tourismus Vorrang vor den Rucksacktouristen zu geben, forderte die Polizei plötzlich unglaublich hohe Bestechungsgelder. Derartige Summen konnten die Organisatoren (von denen viele selbst Drogenhändler waren) unmöglich wieder hereinbekommen. Die großen Weihnachts- und Silvesterveranstaltungen wurden zwar beibehalten, kleinere Partys dagegen, die bis dahin abseits der Trampelpfade an Orten wie dem „Disco

Valley" hinter dem Strand von Middle Vagator stattgefunden hatten, gingen allmählich ein – sehr zum Leidwesen der Einheimischen, von denen viele finanziell von den Feiern und den Schaulustigen, die davon in die Dörfer gelockt wurden, abhängig geworden waren.

Das im Jahr 2000 erlassene **Verstärkeranlagenverbot** zwischen 22 und 7 Uhr schien das endgültige Aus für Goas Partyszene zu bedeuten. Berichte in den internationalen Medien, dass Indiens Rave-Bewegung am Ende sei, erwiesen sich jedoch als verfrüht. Fünf Jahre später lebt die Szene immer noch, wenn auch in einer eher den Massengeschmack ansprechenden Variante. Einige große neue Clubs mit leistungsstarken Soundanlagen – allen voran die **Nine Bar** und das **Paradiso** (s. u.) – fungieren erstmals in Goa als permanente Veranstaltungsorte. Dennoch: Wer in der Hoffnung nach Goa reist, eine Art Ibiza am Arabischen Meer vorzufinden, muss sich auf eine herbe Enttäuschung gefasst machen. Nur um Weihnachten und Neujahr herum finden hier noch große Partys statt; mit den ausgelassenen Festen, die früher in Vollmondnächten an den Stränden und in den Bambushainen von Anjuna tobten, haben sie jedoch kaum noch etwas gemein.

Gegensatz zu den illegalen Partys im Freien nicht der Gefahr unterliegen, von der Polizei aufgelöst zu werden. Die erste Adresse für Techno-Fans ist das **Paraiso de Goa**, alias **Paradiso**, am äußersten nördlichen Ende des Strands von Anjuna. Der von der Regierung mitfinanzierte Club steht stellvertretend für das neue, legalere Gesicht des *Goa Trance*. Gast-DJs spielen hier vor allem Mainstream-Techno für ein vornehmlich aus Israelis bestehendes Publikum, das auf einer von ausgeflippten Hindu-Statuen und Tantra-Symbolen gesäumten Tanzfläche abzappelt.

Das erscheint alles ein wenig kommerziell, doch selbst der inzwischen legendäre Goa Gill, einer der führenden Free-Party-Veranstalter der 80er und 90er Jahre, hat dem neuen Club seinen Segen gegeben und legt sogar hier auf. Das *Paradiso* hat keine festen Zeiten, ist aber in der Regel

abends ab 22 Uhr geöffnet. Der Eintritt beträgt je nach Veranstaltung Rs 300–500.

Ähnlich, aber bei freiem Eintritt, sind die **Nine Bar** oberhalb des Strands von Vagator und das nicht weit davon entfernte **Primrose Café** (s. S. 270).

Die direkt am Strand von Anjuna gelegene **Shore Bar** war einmal *die* Adresse zum Abhängen nach dem Flohmarkt, als sich hier regelmäßig mehrere Hundert Gäste zum Sonnenuntergang versammelten, aber mittlerweile ist sie nicht mehr so beliebt und kann auch von der Atmosphäre her nicht mit der *Nine Bar* konkurrieren.

Sonstiges

GELD – *Manali Guesthouse* und *Oxford Stores* wechseln Geld (zu schlechten Kursen). Bei der *Bank of Baroda* an der Straße nach Mapusa bekommt man mit einer Visa-Karte Bargeld, aber ausländische Währungen kann man hier nicht eintauschen. Wertsachen sind hier nicht gut aufgehoben, denn Diebe sind schon durch ein offenes Fenster geklettert und haben eine Reihe von *safe custody*-Umschlägen gestohlen.

INTERNET – Das *Manali Guesthouse* verlangt für seine Breitband-Verbindung Rs 40 pro Std., genau wie *Space Ride* neben *Speedy Travel*.

POST – Das Postamt an der Straße nach Mapusa hat einen zuverlässigen Poste-restante-Schalter.

Transport

Busse aus MAPUSA und PANJIM halten an verschiedenen Stellen entlang der durch den oberen Teil des Ortes führenden Asphaltstraße, die an der Hauptkreuzung nach Norden Richtung Chapora abzweigt. Wer ein Zimmer sucht, sollte hier aussteigen, denn von dort ist es nicht mehr weit zu den meisten Gästehäuser. An der Kreuzung befinden sich einige kleine Läden und ein Motorradtaxistand, außerdem bildet sie de facto das Ortszentrum und dient als Busbahnhof.

Vagator

Nur ein paar Kilometer Felsen und trockenes Grasland trennen Anjuna von den südlichen Ausläufern seines nächsten Nachbarn, Vagator. Dieser sich um ein Gewirr aus grünen Gassen ausbreitende, noch wenig erschlossene Urlaubsort lockt vorwiegend israelische und nordeuropäische Raver an, die sich die ganze Saison über in alten, baufälligen portugiesischen Bungalows und billigen Gästehäusern einmieten.

Der von dem roten Schutzwall des Chapora-Forts beherrschte, breite weiße Sandstrand **Big Vagator Beach** ist unleugbar schön. Doch wer hofft, hier in aller Ruhe baden und am Strand faulenzen zu können, hat sich geschnitten, denn Vagator ist ein Hauptziel für ganze Busladungen einheimischer Touristen und zieht einen ständigen Strom stark alkoholisierter Männer aus Maharashtra an. Daher empfiehlt es sich, die nächste kleine Bucht im Süden anzusteuern. Der hiesige, von einer steilen Mauer aus bröckeligem, palmenbestandenen Laterit begrenzte **Ozran (oder Little Vagator) Beach** ist abgeschiedener und weniger leicht zugänglich als seine beiden Nachbarn. Um dort hinzugelangen, geht man vom Big Vagator 10 Minuten zu Fuß, oder man fährt zum Ende des Weges, der von der Hauptstraße zwischen Chapora und Anjuna abzweigt; von dort führt ein Fußweg steil nach unten zu einem weiten Streifen ebenmäßigen weißen Sandes (nach den Mopeds und Fahrrädern Ausschau halten, die oben auf der Klippe abgestellt sind). Die von Israelis und Italienern dominierte Szene dreht sich um einen Streifen großer, inzwischen etablierter Strandkneipen hinter Little Vagator, an dessen Ende ein aus den Felsen gemeißeltes, gelassen gen Himmel blickendes Gesicht das auffälligste Wahrzeichen bildet. Typisch für diesen Strand sind Racquetball, Trance-Sound aus fetten Anlagen und eine große Herde umherstreifender Kühe.

Übernachtung

Die Unterkünfte in Vagator beschränken sich auf einige wenige, von Familien geführte Budget-Gästehäuser, zwei teure Resorthotels und Dutzende kleiner Privathäuser, die für längere Zeiträume vermietet werden. Da in Vagator **Wasserknappheit** herrscht, tut man den Einheimischen einen großen Gefallen, wenn man sparsam damit umgeht.

Bethany Inn, an der Chapora-Kreuzung, ✆ 0832/ 227 3731, ✉ bethany@goatelecom.com. Sieben absolut saubere Zimmer mit Bad, Kühlschrank und Balkon. Geschmackvoll eingerichtet und effizient gemanagt. ❹ – ❺

Boon's Ark, nahe *Bethany Inn*, ✆ 0832/227 4045. Angenehme, saubere und gut geführte Unterkunft mit neuen Zimmern, die auf kleine Veranden und in einen gepflegten Garten führen. ❹

Dolrina, Vagator Beach Rd, ✆ 0832/227 4896. Vagators größtes und beliebtestes Budget-Gästehaus wird von einem freundlichen goanischen Pärchen geführt. Überdacht von dichtem Blattwerk; Zimmer mit oder ohne Bad, geselliges Gartencafé, Einzelschließfächer und Platz auf dem Dach. Einzelbelegung möglich, auf Wunsch auch Frühstück. ❸

Garden Villa, Vagator Beach Rd, ✆ 0832/227 3571, ✉ garden@goatelecom.com. Zwei Kategorien von Zimmern: Die älteren bieten mehr

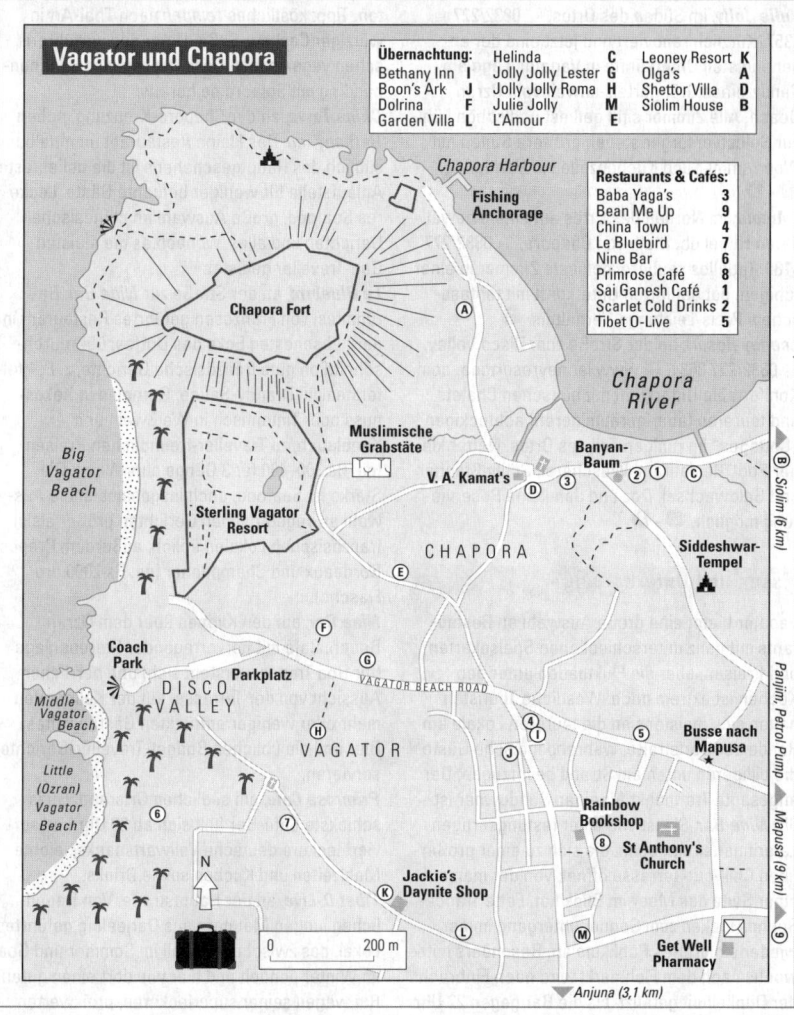

Vagator und Chapora

Übernachtung:

Bethany Inn	I	Helinda	C	Leoney Resort	K
Boon's Ark	J	Jolly Jolly Lester	G	Olga's	A
Dolrina	F	Jolly Jolly Roma	H	Shettor Villa	D
Garden Villa	L	Julie Jolly	M	Siolim House	B
		L'Amour	E		

Restaurants & Cafés:

Baba Yaga's	3
Bean Me Up	9
China Town	4
Le Bluebird	7
Nine Bar	6
Primrose Café	8
Sai Ganesh Café	1
Scarlet Cold Drinks	2
Tibet O-Live	5

GOA

Chapora Harbour
Fishing Anchorage

Chapora River

Chapora Fort

Big Vagator Beach

Muslimische Grabstäte

Banyan-Baum

V. A. Kamat's

Sterling Vagator Resort

CHAPORA

Siddeshwar-Tempel

Coach Park

Parkplatz
VAGATOR BEACH ROAD

DISCO VALLEY

Middle Vagator Beach

Little (Ozran) Vagator Beach

VAGATOR

Busse nach Mapusa

Rainbow Bookshop

St Anthony's Church

Jackie's Daynite Shop

Get Well Pharmacy

N

0   200 m

Anjuna (3,1 km)

Siolim (6 km) · *Panjim, Petrol Pump* · *Mapusa (9 km)*

---

fürs Geld als die im neueren Block. Alle sind geräumig und kühl, mit gefliesten Fußböden und großen Bädern. Nettes Café, in dem tgl. um 19.30 Uhr Spielfilme auf Video gezeigt werden. ❸

Jolly Jolly Lester, Vagator Beach Rd, ✆ 0832/ 227 3620. Elf angenehme DZ mit gekachelten Bädern, in einem schönen Garten und Wäldchen gelegen. Einzelbelegung möglich, kleines Restaurant. ❸

Jolly Jolly Roma, Vagator Beach Rd, ✆ 0832/ 227 3620. Sehr elegante und recht große Chalet-Zimmer mit Veranda, außerdem Wäscherei, Geldwechsel und kleine Gästebibliothek. ❹

Julie Jolly, im Süden des Ortes, ☎ 0832/227 3357. Kürzlich renoviert und jetzt eine der angenehmsten Unterkünfte in Vagator. Lage am Rande eines Grüngürtels unweit vom Ozran Beach. Alle Zimmer sind gefliest und schön kühl. Für Selbstversorger stehen größere Suiten mit Wohnzimmer und Küchenzeile zur Verfügung. ❷–❸

L'Amour, im Norden des Ortes auf einem bewaldeten Hügel oberhalb von Chapora, ☎ 0832/277 4180. Tadellos saubere, gefliese Zimmer in einer ruhigen, gut geführten Unterkunft mit fantastischem Preis-Leistungs-Verhältnis. ❷

Leoney Resort, an der Straße zum Disco Valley, ☎ 0832/227 3634, 🖥 www.leoneyresortgoa. com. Komfortable Unterkunft mit hübschen Chalets und teureren (aber geräumigeren) achteckigen „Cottages" im ruhigen Teil des Ortes. Netter kleiner Pool, Restaurant, Wäscherei, Schließfächer und Geldwechsel. Dez und Jan keine Reservierung möglich. ❼–❽

Essen und Unterhaltung

Vagator bietet eine große Auswahl an **Restaurants** mit ganz unterschiedlichen Speisekarten und Preisen, aber die Fluktuation unter den Köchen ist extrem hoch. Westliche Touristen halten sich meistens an die teureren Lokale am Rande der Dorfstraße, während indische Gäste die billigeren am Strand bevorzugen. Der angesagte Treffpunkt für einen Sundowner ist die **Nine Bar**. Sie ist von einer festungsartigen Lateritmauer umgeben, die sich zu einer großartigen Chill-out-Terrasse öffnet, von der man auf einer Seite das Meer im Blick hat. Fette Trance-Sounds locken zum Sonnenuntergang immer wieder ein großes Publikum an. Besonders mittwochs nach dem Flohmarkt wird nach Einbruch der Dunkelheit getanzt, bis die Bar gegen 22 Uhr schließt. Danach wandert man geschlossen ins **Primrose Café** hinüber, wo eine ähnliche Atmosphäre herrscht, aber die schöne Aussicht fehlt.

Bean Me Up, in der Nähe der Tankstelle. Das einzige von Amerikanern geleitete Tofu-Restaurant Indiens ist das Nonplusultra, wenn es um gesunde Gourmet-Küche geht. Hauptgerichte (ca. Rs 175–225) mit gedünstetem Spinat, frischem Brot und gründlich gewaschenen Sala-

ten. Tipp: köstliches *tempeh* nach Thai-Art in würziger Cashew-Soße. Unter den verführerischen veganischen Desserts ragt der Bananenpudding mit Sojacreme heraus.

China Town, an der Chapora-Kreuzung, neben *Bethany Inn*. Das kleine Restaurant unmittelbar südlich des Hauptgeschehens ist die beliebteste Anlaufstelle für weniger betuchte Gäste. Leckeres Seafood, große Auswahl an chinesischen Gerichten und alles, wonach es die meisten Goa-Traveller gelüstet.

Le Bluebird, an der Straße zur *Nine Bar*. Berühmtes, von Franzosen geführtes Restaurant in der hübschesten Ecke des Dorfes; überdurchschnittlich gute französische Gerichte, z. B. Pfeffersteak in Brandy-Sauce, Garnelen in Kokosnuss oder Tintenfisch in Weißwein und Knoblauch, zu Traveller-freundlichen Preisen (ca. Rs 300–400 für 3 Gänge plus Wein). Die Stärke ist Seafood, doch insgesamt ist die Auswahl an vegetarischen Gerichten größer als in französischen Lokalen üblich; außerdem Crêpes, Bordeaux und Champagner (ca. Rs 2000 pro Flasche).

Nine Bar, auf den Klippen über dem Ozran Beach. Café mit hervorragender Stereoanlage (für Goa Trance, versteht sich) und herrlicher Aussicht von der Terrasse, auf der die Kellner den mehr oder weniger entrückten Gästen kaltes Bier und die üblichen Budget-Traveller-Gerichte servieren.

Primrose Café, am südlichen Ortsrand. Goas schickste Café-Bar füllt sich ab 20 Uhr und serviert leckere deutsche Vollwertsnacks, leichte Mahlzeiten und Kuchen sowie Drinks.

Tibet O-Live, an der Hauptstraße. Von freundlichen jungen Männern aus Darjeeling geführtes Lokal, das zwischen Manali im Sommer und Goa im Winter pendelt und hier wie dort einen guten Ruf wegen seiner superleckeren, preiswerten Pizzas genießt. Außerdem köstliche *momos* (die mit Spinat und Käse schmecken am besten).

Sonstiges

GELD – Das *Primrose Café* im Süden des Ortes hat eine Lizenz zum Geldwechseln (Bargeld und Reiseschecks), aber die Kurse sind schlechter als bei *Jackie's Daynite Shop* in der Nähe.

Die größte Tankstelle in Calangute wurde im Jahr 2000 geschlossen, als bekannt wurde, dass der Kraftstoff mit Lösungsmitteln gestreckt worden war. Wer tanken will, muss seitdem die Tankstelle **zwischen Anjuna und Vagator** ansteuern oder nach **Mapusa** fahren. Eine weitere Gelegenheit bietet sich unmittelbar nördlich von **Arambol** an der Straße von Kerim nach Terekol, doch die Einheimischen behaupten, dass auch dort der Sprit gestreckt ist. Wie immer ist es wichtig, sich zu vergewissern, dass der Tankwart die Zapfsäule vor dem Betanken auf Null zurückstellt. Das wird nämlich gern „vergessen", und dann wird es teurer.

INTERNET – im *Bethany Inn* (Rs 50 pro Std.).

Transport

Busse aus PANJIM und MAPUSA (9 km weiter östlich) kommen etwa alle 15 Min. an der Kreuzung im äußersten Nordosten von Vagator an, nicht weit von der Abzweigung der Straße Richtung Chapora. Von hier läuft man ca. 1 km über den Hügel zum Strand, wo sich die meisten Unterkünfte, Restaurants und Cafés befinden.

Chapora

Das im Schatten einer portugiesischen Festung auf der Vagator gegenüberliegenden, nördlichen Seite der Landzunge gelegene Chapora (10 km von Mapusa) ist wesentlich geschäftiger als die meisten Orte an der Nordküste. Es stützt sich auf den Fischfang und Bootsbau und ist so weitgehend unabhängig vom Tourismus geblieben. Nach der Lockerung der Drogengesetze und einem Zustrom russischer Langzeitgäste hat sich das Bild in den letzten drei bis vier Jahren allerdings deutlich verändert. Während sich die Hauptstraße früher durch eine gewisse Gleichgültigkeit gegenüber der jährlichen Invasion von Westlern auszeichnete, finden sich dort heute größtenteils Coffeeshops nach holländischem Vorbild und zahlreiche Cafés für Budget-Traveller, und zum Sonnenuntergang wird hier

nach Herzenslust in aller Öffentlichkeit gekifft. Dennoch erscheint es unwahrscheinlich, dass Chapora sich jemals zu einem größeren Badeort entwickeln wird, denn dem versteckt unter Bäumen am Südufer des schlammigen Meeresarmes gelegenen Ort fehlt einfach der Platz und ein breiter, weißer Strand, der die Massen nach Calangute und Colva gelockt hat. Der größte Nachteil von Chapora sind jedoch die im Allgemeinen sehr schmuddeligen Unterkünfte, die in der Regel für längere Zeiträume von einer Mischung aus stark alkoholisierten, bekifften Hippies und zwielichtigen, tätowierten Moskauern in Beschlag genommen werden.

Chaporas Wahrzeichen ist das ehrwürdige alte **Fort**, das am leichtesten von der Vagator-Seite aus zu erreichen ist. Bei Ebbe kann man auch unten um die Landzunge herumwandern, am Ankerplatz und den dahinter liegenden, abgeschiedenen kleinen Buchten vorbei bis nach Big Vagator, wo man den Berg hinaufklettern kann. Die rote Laterit-Bastion auf der Felsenklippe wurde 1617 von den Portugiesen an der Stelle eines früheren moslemischen Baus errichtet (daher auch der Ortsname, der sich von *Shahpura* ableitet, „Stadt des Schahs"). Im 19. Jh. wurde das Fort aufgegeben, so dass heute nur noch Ruinen erhalten sind. Die **Aussicht** von den unkrautüberwucherten Wällen über die Küste ist aber nach wie vor einzigartig.

Einen Besuch lohnt auch der geschäftige kleine **Anlegeplatz für Fischerboote**, wo man abends in der Regel köstlichen, fangfrischen Tintenfisch direkt von den Booten kaufen kann.

Übernachtung

Shettor Villa, westlich der Hauptstraße, ✆ 0832/ 227 4335. Das einfache und preisgünstige Gästehaus empfiehlt sich als erster Anlaufpunkt, um später eine dauerhafte Unterkunft zu suchen. Fast alle um einen geschützten Hinterhof angelegten Zimmer haben Ventilator und fließendes Wasser. ❷ – ❸
Helinda, am anderen Ende des Dorfes, ✆ 0832/ 227 4345. Größtenteils Zimmer der einfachsten Art, auch zwei komfortablere mit Du/WC. ❷ – ❸
Olga's, im Westen des Ortes Richtung Anlegeplatz, ✆ 0832/227 4355. Sehr schlichtes, aber sauberes und ruhiges kleines Gästehaus. ❷

Siolim House, 5 km landeinwärts von Chapora, am Südufer des Flusses im Dorf Siolim, ☎ 0832/ 227 2138, 🖳 www.siolimhouse.com. Die einzige Luxusherberge in dieser Gegend ist ein restaurierter *palacio* mit Kolonialatmosphäre. Helle, einfach möblierte Zimmer (ab US$70) mit Austernschalenfenstern und verzierten Himmelbetten aus Holz um einen arkadengesäumten Innenhof. 12 m langer Pool im Garten und zwangloses Restaurant mit guter goanischer Küche. ❾

Essen

Etwas Billiges zu essen findet man in Chapora leicht: Man braucht nur eines der preiswerten kleinen Cafés und Restaurants an der Hauptstraße anzusteuern: *Baba Yaga's* mit seinen Schildern und Speisekarten in kyrillischer Schrift lebt vorwiegend von der russischen Klientel. Snacks und Säfte servieren *Scarlet Cold Drinks* und das *Sai Ganesh Café*, beide ein Stück östlich der Hauptstraße gelegen. Dort gibt es köstliche frische Milchshakes und einfache Traveller-Mahlzeiten, bis der letzte Gast gegangen ist.

Sonstiges

MEDIZINISCHE HILFE – *Dr. Jawarhalal Henriques*, in Zorin nahe Tankstelle, ☎ 0832/227 4308.

REISEBÜROS – *Soniya Tours and Travels*, neben der Bushaltestelle. Buchung von Flug-, Bahn- und Bustickets.

Transport

Direktbusse aus PANJIM erreichen Chapora aus MAPUSA (3x tgl., alle 15 Min.). Letzte Abfahrt gegen 19 Uhr von diversen Haltestellen an der Hauptstraße.
Motorradtaxis warten um den alten Banyan-Baum am Ende der Hauptstraße, nicht weit von der Bushaltestelle.

Der hohe Norden

Der von den Flüssen Chapora und Arondem (alias Terekol) gesäumte *taluka* **Pernem** ist der nörd-

lichste Distrikt Goas. Abgesehen von dem Fischerdorf **Arambol**, das im Winter viele Hippies anzieht, die eine ländlich-schlichte Alternative zu Anjuna und Vagator suchen, bilden die schönen Strände von Pernem nach wie vor den ruhigsten Küstenabschnitt des Bundesstaates. Bei korrekter Berechnung der Gezeiten ist es möglich, in etwa zwei Stunden den ganzen Weg von der sandigen Landzunge bei **Morjim**, auf der Chapara gegenüberliegenden Seite der Flussmündung, über die Orte **Aswem** und **Mandrem** bis nach Arambol zu wandern. Die dortigen Einrichtungen für Besucher beschränken sich auf eine Hand voll Hütten und kleine Camps. Das ganz im Norden an der Grenze nach Maharashtra gelegene **Fort Terekol** ist ein lohnenswertes Ziel für einen Tagesausflug mit dem Motorrad oder Taxi.

Wenn man von **Siolim** am Südufer des Chapora Richtung Norden fährt, bildet die neue Straßenbrücke bei **Chopdem** das Eingangstor nach Pernem. Rund 200 m hinter der Brücke kommt man an eine T-Kreuzung: Die nach rechts abzweigende Straße stellt den schnellsten Weg nach Arambol dar, die Straße nach links erschließt einen der wenigen noch unbebauten Küstenabschnitte Goas, wo es mit der Ruhe nach der Fertigstellung der Brücke allerdings wohl bald vorbei sein dürfte.

Morjim

Vom Fort Chapora aus gesehen präsentiert sich Morjim (alias Morji) als spektakulärer, leerer Sandstrand, der sich von einer löffelförmigen Landzunge nach Norden zur Flussmündung erstreckt. Es handelt sich um einen der letzten Eiablageplätze für Bastardschildkröten in Goa. Hinter dem Strand erheben sich einige unterbrochene Dünen und dahinter ein dichter Flecken mit Palmen und Kasuarinen. In deren Schutz breitet sich Morjim aus, ein Ort mit gemischter Bevölkerung aus Hindus und Christen, dessen Bewohner noch überwiegend vom Flussfischfang und Reisanbau leben. Da die Hauptstraße ein ganzes Stück weiter nördlich verläuft, hat sich dieser Ort noch ein äußerst provinzielles Ambiente bewahrt. Erst seit der Fertigstellung der Siolim-Brücke kommen immer mehr Touristen hierher, in der Mehrzahl junge Russen, deren frühmorgendliches Fitness-Programm am Strand von den einheimischen, mit Handnetz und Strohhut

bewaffneten Fischern noch immer mit einem amü-
siertem Kopfschütteln quittiert wird.

Übernachtung

Die Mehrzahl der Unterkünfte in Morjim besteht
aus Privathäusern, die größtenteils bereits früh
in der Saison belegt sind oder schon vorab von
geschäftstüchtigen Moskauern reserviert werden, die sie dann mit anständigem Gewinn
weitervermieten. Ein freies Zimmer findet sich
aber meistens in einem der neuen kleinen Gästehaus in der Nähe des Strandes. Zwei luxuriösere
Unterkünfte wurden kürzlich am nördlichen Ortsrand an der Straße nach Aswem eröffnet.
Britto's, Vithaldas Waddo, ☎ 0832/224 4245.
Freundliches Gästehaus in einem Palmenhain.
Die billigen Zimmer wirken etwas leblos, aber
die angenehm familiäre Atmosphäre lässt das
schnell vergessen. Wegbeschreibung: links in
einen Sandweg einbiegen, ca. 30 m bevor die am
Strand entlangführenden Straße einen Knick
nach rechts macht (ein blaues Schild weist den
Weg). Die Unterkunft ist aber auch zu Fuß vom
Strand aus zu erreichen. ❷
Camp 69, Vithaldas Waddo, ☎ 0832/224 4458. Die
älteste Unterkunft am Strand verfügt jetzt über
große Holzhütten mit Betten, Sofas, Ventilatoren
und eigenem Bad. Zum Gelände gehört ein entspanntes kleines Terrassenrestaurant im Schatten von Palmen und Bäumen. ❹
Hard Rock („Gilbert's"), Temb Waddo, ☎ 9822/
581928, ✉ bobmarley_gilbert@hotmail.com. Der
Einheimische Gilbert Fernandes hat einen Flügel
seines Hauses (hinter dem südlichsten Strandabschnitt von den Hütten landeinwärts) sehr
stilvoll mit schönen Fußböden und ockerfarbenen Wänden gestaltet. Komfortabel, abgeschieden und mit reichlich lokaler goanischer Atmosphäre. ❸
Montego Bay, Vithaldas Waddo, ☎ 0832/224
4222, 🖥 www.montegobaygoa.com. Rund ein
Dutzend elegante Rajasthani-Zelte an einem luf-
tig-frischen Ort in den Dünen unter Kokospalmen, stilvoll eingerichtet mit aus Treibholz gefer-
tigten Betten, Ventilatoren, Kokosmatten und
Bädern mit fließendem Wasser. Die komfortabelste Option direkt am Strand, wenngleich überteuert für diese Gegend. Frühstück inkl. ❼

Morjim Beach Resort, Temb Waddo, ☎ 9822/
481480. Das kürzlich errichtete Gästehaus liegt
einen langen Fußmarsch am Strand entlang auf
halbem Weg zwischen dem Ortszentrum und der
sandigen Landzunge am Ende. Im Grunde
braucht man mindestens ein Fahrrad, wenn man
hier absteigen will. Die Lage ist allerdings sehr
schön und die Einrichtung gut. Zur Auswahl stehen ordentliche Zimmer und Blätterdachhütten. ❸
Von der Straße ausgeschildert. ❸
Nifa, 480 Mardi Waddo, ☎ 0832/224 4635 oder
9822/135333, ✉ hotelnifa@yahoo.com. Char-
mantes, friedliches Gästehaus an der Küstenstraße unter Leitung eines gastfreundlichen,
schweizerisch-iranischen Paares. Bei den Zimmern haben sie sich sehr viel Mühe gegeben:
Sie sind geräumig und haben Moskitonetze, Vorhänge und heiße Duschen im Bad. Weitere Vor-
züge sind das Restaurant und der Ausblick von
der attraktiven Gartenterrasse. ❼
Papa Jolly's House, Nr. 749/A, Morjim–Aswem
Road, Mardi Waddo. Selbst gestyltes „Spiritual
Holiday Resort" mit möblierten Zimmern und rei-
zendem, geschwungenem Pool. Der neue Laterit-
bau ist so attraktiv wie seine Lage, aber die
(durch reichlich New-Age-Material auf der
Website versüßten) Preise sind haarsträubend:
Rs 6730/DZ, zu Weihnachten sogar Rs 8775. ❾
Tequila Sunset Hideout, Vithaldas Waddo,
☎ 9822/588003. Geräumige, neue Zimmer mit
Bad und großem, gefliesten Balkon mit Strand-
blick. Ein Café-Restaurant mit tollem Blick aufs
Meer vom Obergeschoss ist in Planung. ❹

Essen

Das beste Essen gibt es bei *Britto's*, einer kleinen, familiengeführten Hütte am Strand. Zu den
Spezialitäten zählen Muscheln mit Hirse oder in
würziger Kokossoße, gebratener Reis mit Gemüse und Chapora-Calamari in Limonensaft. Außerdem gibt es hier fantastische Lassis und frische
Obstsäfte. Die Hütte ist mit Wandmalereien der
walisischen Künstlerin Andrea Davies dekoriert.

Sonstiges

GELD – *Amigo's*, an der Hauptabzweigung nach
Vithaldas Waddo, 2 km vom Strand. Morjims

Internet-Café mit Telefon und Fax wechselt auch Geld, allerdings zu schlechten Kursen.

INTERNET – *Amigo's* (s.o.) gute Computer mit nur langsamer Verbindung für Rs 40 pro Std.

Transport

Ein halbes Dutzend **Busse** pro Tag verbindet Morjim mit PANJIM. Der erste fährt um 7 Uhr, in entgegengesetzter Richtung fährt um 17 Uhr ein Direktbus ab Panjim ab. Daneben bestehen häufige Verbindungen nach MAPUSA über SIO-LIM. Die Busse halten an der Hauptstraße, fünf Gehminuten vom Strand entfernt in Vithaldas Waddo. Wer woanders unterkommt, sollte die Entfernungsangaben auf den Straßenschildern beachten und sich auf einen langen Fußmarsch einstellen, denn Rikschas verkehren in dieser weit nördlich gelegenen Region nur selten.

Aswem

Ein einsames, weißes Kruzifix erhebt sich aus den Felsen, durch die Morjim von Aswem getrennt wird, dem nächsten Ort in nördlicher Richtung. Abgesehen von dem einen oder anderen Nudisten hat man den ersten Strandabschnitt in der Regel für sich allein, bis auf halber Höhe des Strandes eine expandierende Ansammlung von Hütten und Camps erscheint. Die vom Dach eines sehr schönen Palmenhains geschützte, ad hoc entstandene Touristensiedlung breitet sich immer weiter aus, nachdem zwei Franzosen aus Baga hier das schicke Strand-Café *La Plage* (s. u.) eröffneten.

Bis auf das Lokal gibt es aber nur einfache Einrichtungen. Palmhütten sind die Norm, denn der Gemeinderat setzt rigoros das Bebauungsverbot in der so genannten Coastal Protection Zone durch. Nicht zuletzt deshalb ist der Strand äußerst reizvoll, über einen Großteil der Saison sehr ruhig und – außerhalb der Vollmondperiode – auch für Kinder ungefährlich zum Baden. Lediglich am äußersten nördlichen Ende, wo ein den Gezeiten unterworfener Fluss bei Flut den Weg nach Arambol blockiert, hat der Pauschaltourismus Einzug gehalten: Maruti-Sammeltaxis bringen die Gäste in eigens errichtete Hüttencamps an der Küste, aber das alles hält sich noch sehr in Grenzen.

Übernachtung

Change Your Mind, ✆ 0832/224 4790 oder 9822/ 389290. Einfache Hütten und Baumhäuser hinter einer betriebsamen Strandkneipe. ❷–❸

Gopal, ✆ 0832/224 4431, 224 7030 oder 9822/ 147416, ✉ gopal@ingoa.com/258543. Ähnlich wie oben. ❷–❸

Little Goa, ✆ 9822/383795. Überdurchschnittlich gut ausgestattete Hütten mit bequemen Betten und Ventilatoren, dazu eine ungewöhnlich gut sortierte Bar. Der Komfort hat allerdings seinen Preis. ❹

Palm Grove, ✆ 0832/224 7440. Die beste Wahl; liegt ein Stück weiter den Strand hinunter als die anderen Unterkünfte. Große Baumhäuser mit perfektem Meerblick, angenehm abseits der Touri-Szene. ❹

Essen

La Plage, ✆ 9850/258543. Leichte französisch-mediterrane Speisen, erfrischende Snacks und Drinks (kalte Spargelsuppe, Minze-Lassis, marokkanische Salate, frische Erdbeeren mit Sahne), außerdem üppige Seafood- und andere Gerichte vom Holzkohlegrill, serviert von Nepalis in schwarzen *lunghis*. Das surreale Gegenstück zum Fischerviertel am unteren Strandabschnitt, dennoch ein sehr angenehmer Ort zum Frühstücken oder Mittagessen. Abends geschlossen.

Transport

Gelegentlich halten **Busse** aus PANJIM und MAPUSA an der ruhigen Hauptstraße. Von dort sind es fünf Gehminuten durch die Reisfelder bis zu den Kneipen am Strand (Schilder weisen den Weg). Mit Ausnahme der Cafés gibt es hier keinerlei Einrichtungen. Die meisten Gäste mieten sich ein Moped, um nach Aswem zu fahren. Die nächsten Geschäfte (und Internetzugang) gibt es in Morjim – ein idyllischer, halbstündiger Fußmarsch Richtung Süden.

Mandrem

Nördlich von Aswem zieht sich ein herrlicher, größtenteils menschenleerer Strand Richtung Arambol, unterbrochen lediglich von zwei größeren Hütten-camps und einem Pauschalhotel. Ob Mandrem auf Dauer der steigenden Flut von Touristen standhalten kann, wird sich zeigen, doch bislang hat auf jeden Fall die Natur noch die Oberhand. Am ruhigsten Strandabschnitt legen Bastardschildkröten ihre Eier ab, und mit großer Wahrscheinlichkeit bekommt man hier auch die weißbäuchigen Fischadler zu Gesicht, die in den Kasuarinen nisten und in Pernem ihre letzte Bastion haben.

Da in dieser Gegend kaum öffentliche Verkehrsmittel verkehren, gehen die meisten Leute zu Fuß oder mieten sich ein Moped für die fünfminütige Fahrt nach **Madlamaz-Mandrem**, einen für Nord-Goa typischen Marktflecken an der Hauptstraße landeinwärts. *Parsekar Stores* führt ein an Anjuna orientiertes Sortiment von Lebensmitteln und Waren für Touristen, darunter Müsli, Olivenöl, Nilgiri-Käse und natürliche Kosmetika. Eine kleine **Wäscherei** befindet sich über einem Juweliergeschäft in einem kleinen Innenhof unmittelbar östlich der Hauptstraße.

Der beste Ort zum Genießen dieses letzten unberührten Küstenabschnitts in Goa ist Denzil Sequeiras exklusives Strandhotel *Elsewhere* (s. u.), sofern man es sich leisten kann. Das Haus liegt versteckt in den Dünen unmittelbar nördlich des Flusses und ist zweifellos die schönste Unterkunft in dieser Gegend. Die übrigen Übernachtungsmöglichkeiten befinden sich weiter landeinwärts in **Junasa Waddo**, wo eine Reihe kleiner Gästehaus und Hotels entstanden ist.
Dunes, ☎ 0832/224 7219 oder 224 7071, 🖥 www. dunesgoa.com. Riesiges „Feriendorf" aus gelben Palmhütten mit je zwei Einzelbetten. Die Hütten liegen eine Spur zu dicht nebeneinander und stören mit ihrer hellen Beleuchtung die abendliche Strandatmosphäre, doch insgesamt handelt es sich um eine effizient geführte Unterkunft, die in der Hochsaison schnell ausgebucht ist. Teurere Zimmer mit Bad erhältlich. ❸–❹
Elsewhere, ☎ 022/2373 8757 oder 9820/037387, 🖥 www.aseascape.com. Modefotograf Denzil Sequeira aus Goa verwandelte das Sommerdomizil seines Großvaters in eine traumhafte Unterkunft. Der koloniale Charakter mit einer

herrlichen, aufs Meer blickenden Veranda und traditionellen Holzmöbeln blieb erhalten und wurde um moderne Details erweitert (Kühlschrank, zwei kobaltblaue Bäder und strahlend weiße Baumwollvorhänge zum Auffangen der Meerbrise). Die vom Strand auf der einen und einem Flüsschen auf der anderen Seite flankierte Unterkunft ist romantisch und exklusiv, aber durchaus erschwinglich, wenn man in einer Gruppe anreist (in den drei Schlafzimmern können sechs Personen übernachten). Preise ab ca. 1000 Euro pro Woche inkl. Mahlzeiten. ❾
Flying Carpet, in der durch Junasa Waddo führenden Gasse, ☎ 0832/244 7104 oder 9822/140996. Ein Dutzend nett eingerichtete Ferienzimmer in einem neuen Block. ❸
Otter Creek, ☎ 022/2373 8757 oder 9820/037387, 🖥 www.aseascape.com. Drei sehr schöne Luxuszelte mit Bad, Himmelbetten aus Bambus, abgetrennter Sitzecke und Anleger am Fluss. Erreichbar über eine wacklige Fußgängerbrücke oder vom Strand aus über die Dünen. Rs 3320 pro Nacht. ❾
Riva Resort, ☎ 0832/224 7088 oder 224 7612, 🖥 www.rivaresorts.com. Das zweite große Hüttencamp neben *Dunes* ist exklusiver, hat schickere Hütten und höhere Preise (Rs 400–800 je nach Komfort, um Weihnachten satte Rs 1500–2000). Im Zentrum der Anlage steht ein riesiges Bar-Restaurant mit Großbildschirm für Video/DVD. Gelegentlich legen Gast-DJs auf. ❸–❺
Villa River Cat, 🖥 www.villarivercat.com, ☎ 0822/224 7928. Schrulliges Hotel am Fluss, durch Dünen vom Strand abgeschirmt, mit auffälliger Hippie-Einrichtung. Alle 16 Zimmer (teils mit Balkon) wurden individuell gestaltet, u. a. mit Mosaiken, Muscheln, religiösen Skulpturen und Hängematten. Herrliche Dachterrasse zum Genießen des Sonnenuntergangs und rückwärtiger Garten zum Entspannen. Der äußerst tierliebe Besitzer Rinoo Seghal hält sich eine ganze Menagerie aus Hunden und Katzen. ❺

Arambol (Harmal)

Das 32 km nordwestlich von Mapusa gelegene Arambol (manchmal auch Harmal genannt) ist der größte Küstenort im Distrikt Pernem. Wer keine großen Ansprüche stellt, aber gern ein bisschen Betrieb um sich hat, ist hier richtig. Die beiden Strände sind schön und noch relativ unberührt – dank der Anwohner, die sich vor Jahren erfolgreich gegen den Bau einer Luxusferienanlage zur Wehr setzten. Die Mehrheit der Ausländer, die nach Arambol kommen, lassen sich für die ganze Saison nieder. Mit der Zeit ist so eine eng verwobene Gemeinde alternder Hippies entstanden, die jedes Jahr wiederkommen, mit eigenen Einrichtungen für Alternativmedizin, Paragliding-Schule, Yoga-Gurus und Vollkost-Cafés.

Das moderne Arambol liegt auf einer Anhöhe westlich der Hauptküstenstraße. Ein holpriger Weg führt von hier den Hügel hinunter zum traditionelleren Fischerviertel im Schatten ausladender Palmendächer. Der **Hauptstrand** beginnt 200 m weiter hinter einer Gasse, die von den überwiegend britischen, festivalerprobten Touristen „Glastonbury Street" genannt wird. Die von alten Holzbooten und Touristen-Cafés gesäumte, sanft geschwungene Bucht eignet sich gut zum Schwimmen, ist aber bei weitem nicht so malerisch wie der Nachbarstrand **Paliem** bzw. „**Lakeside" Beach**, der über einen Pfad auf der Landzunge Richtung Norden zu erreichen ist. Hinter einer übel riechenden, felsigen Bucht öffnet sich der Weg zu einem breiten Streifen aus weichem, weißem Sand, der zu beiden Seiten von steilen Klippen gesäumt wird. Dahinter dehnt sich ein kleiner **Süßwassersee** über das Tal bis zu einem dichten Dschungel aus. Wenn man lange genug am Ufer dieses dunkelgrünen Teiches verweilt, sieht man früher oder später eine gelbe Gestalt aus dem Busch am anderen Ende des Sees auftauchen. Am Ufer des von kochend heißen Quellen gespeisten Gewässers sammelt sich schwefelhaltiger Schlamm, der, wenn man sich damit einreibt, im getrockneten Zustand eine butterfarbene Hülle ergibt. Die hier ansässigen Hippies schwören, der Schlamm tue ihnen gut, weshalb sie einen großen Teil des Tages damit zubringen, nackt und auf Zehenspitzen durch den Schlamm zu hüpfen – sehr zur Belustigung der indischen Touristen.

Übernachtung

Der Standard der Unterkünfte in Arambol hinkt dem anderer Ferienorte in Goa um einiges hinterher, auch wenn Zeichen der Besserung zu erkennen sind: Neue, von Familien geführte Gästehaus erscheinen in zunehmender Zahl im südlichen Ortsabschnitt in den *waddos* **Modlo** und **Girkar**, einer ruhigen Gegend, die aber recht weit vom Strand entfernt liegt – besonders für Frauen ist der Weg nicht immer angenehm. Das Labyrinth aus schmalen, sandigen Gassen hinter dem nördlichen Strandabschnitt namens **Khalcha Waddo** ist belebter, doch die dortigen Gästehäuser sind (mit Ausnahme der nachfolgend beschriebenen) in aller Regel beengt und schmuddelig.

Ave Maria, House Nr. 22, Modlo Waddo, ✆ 0832/229 7674, ✉ avemaria_goa@hotmail.com. Arambols größtes Gästehaus erfreut mit gutem Preis-Leistungs-Verhältnis. Zimmer mit oder ohne Bad und geselliges Dachrestaurant in einem dreistöckigen, modernen Gebäude. Schwierig zu finden: links in einen *kutchha*-Weg einbiegen, wo die Hauptstraße im Süden des Ortes eine scharfe Rechtskurve macht. ❷

Famafa, Khalcha Waddo, ✆ 0832/229 2516, 🖥 www.travelingoa.com/famafa. Großer, hässlicher Betonklotz in unmittelbarer Nähe der Glastonbury Street. Beliebt bei Israelis und dementsprechend laut, hat aber meistens Zimmer frei und liegt sehr nah am Strand. ❸

God's Gift, House Nr. 411, Girkar Waddo, ✆ 0832/222 9239. Recht große Zimmer mit gefliesten Fußböden und komfortabler Veranda, einige auch mit Wohnzimmer und Küche. Günstige Preise und freundliche Betreiber. ❷

Ivon's, Girkar Waddo, ✆ 0832/229 2672 oder 9822/127398. Die beste Wahl unter den hiesigen Unterkünften. Makellos saubere, geflieste Zimmer, alle mit Bad und geräumigem Balkon mit Blick auf die gepflegte Anlage oder die Dünen. ❸

Om Ganesh, in der Bucht zwischen Ort und Lakeside Beach, ✆ 0832/229 7657 oder 0832/229 7619. Das hübscheste unter den „Cottages" an den Klippen unmittelbar südlich vom Lakeside Beach. Der Blick aufs Meer von den Veranden ist vorzüglich, aber einige empfinden die israelische Kifferszene in den umliegenden Cafés als abtörnend. Die Preise sind je nach Nachfrage sehr unterschiedlich, und in der Hochsaison ist eine Vorausbuchung (gegen Pfand) so gut wie unumgänglich. Buchung bei *Om Ganesh Stores*, nahe dem *Double Dutch Café* an der Hauptstraße. ❹

Priya, Modlo Waddo, ✆ 0832/229 2661, ✉ zdmello@hotmail.com. Das gastfreundliche

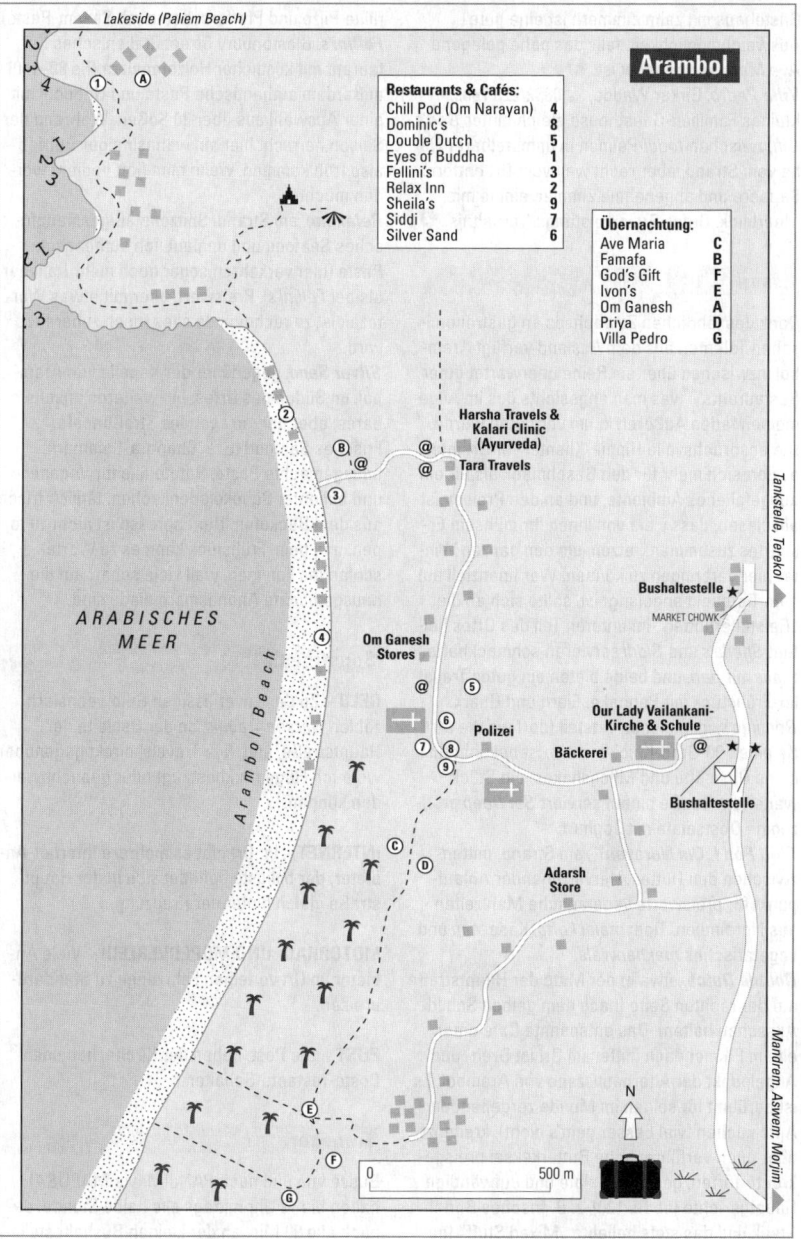

▲ Lakeside (Paliem Beach)

Arambol

Restaurants & Cafés:

Chill Pod (Om Narayan)	4
Dominic's	8
Double Dutch	5
Eyes of Buddha	1
Fellini's	3
Relax Inn	2
Sheila's	9
Siddi	7
Silver Sand	6

Übernachtung:

Ave Maria	C
Famafa	B
God's Gift	F
Ivon's	E
Om Ganesh	A
Priya	D
Villa Pedro	G

GOA

ARABISCHES
MEER

Arambol Beach

Harsha Travels &
Kalari Clinic
(Ayurveda)

Tara Travels

@

Tankstelle, Terekol ▶

Bushaltestelle ★
MARKET CHOWK

Om Ganesh
Stores

⑤

@

⑥

⑦ ⑧
⑨

Polizei

Our Lady Vailankani-
Kirche & Schule

Bäckerei

@ ★ ★

Bushaltestelle

Ⓒ

Ⓓ

Adarsh
Store

Mandrem, Aswem, Morjim ▶

N
⬆

Ⓔ

Ⓕ

Ⓖ

0 — 500 m

Gästehaus mit zehn Zimmern ist eine gute Ausweichmöglichkeit, falls das nahe gelegene *Ave Maria* ausgebucht ist. ❷

Villa Pedro, Girkar Waddo, ☎ 0832/229 7689. Kleines Familien-Guesthouse gleich hinter *God's Gift*, zwischen *toddi*-Palmen in unmittelbarer Nähe vom Strand, aber recht weit vom Ort entfernt. Saubere und angenehme Zimmer, einige mit Meerblick. Gutes Preis-Leistungs-Verhältnis. ❷

Essen

Dank des jährlichen Zuwachses an gastronomischen Talenten aus dem Ausland verfügt Arambol inzwischen über ein Reihe unerwartet guter Restaurants – was man angesichts des im Allgemeinen faden Äußeren kaum vermuten würde. Die anspruchsvolle Hippie-Klientel vor Ort interessiert sich mehr für den Geschmack als für ein ausgefallenes Ambiente, und an den Preisen ist abzulesen, dass viele von ihnen ihr mühsam Erspartes zusammenkratzen, um den ganzen Winter hier verbringen zu können. Wer finanziell auf dem Tiefpunkt angelangt ist, sollte sich an die „Reistellerhütten" im unteren Teil des Ortes halten. *Sheila's* und *Siddi* servieren schmackhafte *thalis* mit *puri*, und beide bieten ein gutes Traveller-Frühstück mit Pancake, Eiern und Quark. *Dominic's*, im gleichen Ortsteil (dort wo die Straße einen 90-Grad-Knick macht), ist bekannt für seine Obstsäfte und Milchshakes; ein Stück weiter die Straße hinauf serviert *Sai Deep* großzügige Obstsalate mit Joghurt.

Chill Pod („Om Narayan"), am Strand, mitten zwischen den Hütten. Hervorragender Anlaufpunkt für preiswerte vegetarische Mahlzeiten aus Nordindien. Tipp: *malai kofta*, Käse-*nan* und vegetarisches *makhanwala*.

Double Dutch, etwa in der Mitte der Hauptstraße auf der rechten Seite (nach dem gelben Schild Ausschau halten). Das entspannte Café unter einem Palmendach mitten im Ort ist Dreh- und Angelpunkt der Alternativszene von Arambol. Es ist berühmt für seinen im Munde zergehenden Apfelkuchen (viel besser geht's nicht), kredenzt aber auch verführerische Butterkekse, preisgekrönte Torten, gesunde Salate und aufwändige Hauptgerichte (ab Rs 120), z. B. frisches Büffel-Steak und das stets beliebte „Mixed Stuff" (ge-

füllte Pilze und Pfefferschoten mit Sesam-Pesto).

Fellini's, Glastonbury Street. Italienisches Restaurant mit köstlicher Holzofenpizza (Rs 80–140), außerdem authentische Pasta und Gnocchi mit einer Auswahl aus über 20 Soßen. Während der Saison herrscht hier ein wahnsinniger Betrieb – also früh kommen, wenn man flott bedient werden möchte.

Relax Inn, am Strand. Spitzenmäßiges, fangfrisches Seafood und unglaublich authentische Pasta (hier verkehren sogar noch mehr Italiener als bei *Fellini's*). Preiswert, aber mit etwas Wartezeit ist zu rechnen, da alles frisch zubereitet wird.

Silver Sand, gegenüber der Kapelle von Arambol, im Süden des Ortes. Ein weiteres unscheinbares, aber hervorragendes Straßencafé. Frisches Seafood (u. a. Chapora-Calamari), hausgemachte Pasta, Ratatouille für Veganer und beliebter Schokoladenkuchen, täglich frisch aus dem Backofen. Der Espresso ist nicht zu toppen, und beim Frühstück kann es zu Warteschlangen kommen, weil viele scharf auf die hausgemachte Ananasmarmelade sind.

Sonstiges

GELD – Zu den zuverlässigen Geldwechslern zählen *Harsha Travels*, an der Ostseite der Hauptstraße, und *Tara* Travels, direkt gegenüber, wo auch Flüge rückbestätigt oder gebucht werden können.

INTERNET – Im Ort gibt es mehrere Internet-Anbieter; der billigste befindet sich in der Hauptstraße gleich hinter der Kreuzung.

MOTORRAD- UND MOPEDVERLEIH – Viele Anbieter im Ort verleihen Fahrzeuge zu Standardpreisen.

POST – Die Post, neben der Kirche, hat einen Poste-restante-Schalter.

Transport

Busse von und nach PANJIM (via MAPUSA) halten bis 12 Uhr mittags alle halbe Stunde, danach alle 90 Min. an der kleinen Bushaltestelle an der Hauptstraße. Schnellere, private Minibusse aus PANJIM kommen tgl. gegenüber den *chai*-Ständen am Strandende des Dorfes an.

Terekol

Nördlich von Arambol erklimmt die kurvige Küstenstraße ein felsiges, welliges Plateau, um sich danach durch dichten Wald zum Fluss Arondem (Terekol) hinunterzuschlängeln, dem sie 4 km durch eine Landschaft aus leuchtenden Reisfeldern, Kokosplantagen und Dörfern mit roten Backsteinhäusern und Tempeltürmen folgt. Die winzige Enklave Terekol an der äußersten Nordspitze Goas erreicht man per Autofähre (alle 30 Min., 5 Min.) vom Anleger Querim aus (42 km von Panjim). Wenn Ebbe herrscht und der Fährbetrieb ruht, gibt es 5 km weiter Richtung Meer noch eine Fähre, oder man lässt das Fahrzeug stehen und sich von einem Bootsmann übersetzen (der Preis ist Verhandlungssache). Vor der Kulisse einer verrotteten Eisenerzfabrik beherrscht das alte **Fort** von Norden her die Flussmündung. Das ockerfarbene Bauwerk mit Schutzwällen und Türmen erinnert an ähnliche Bauten an der portugiesischen Küste und wurde Anfang des 18. Jhs. von den Marathas erbaut, aber schon bald danach von den Portugiesen übernommen. Heute dient es als dezentes Luxushotel (s.u.).

Übernachtung und Essen

Fort Tiracol, ☎ 0832/226 8258, gestaltet von den Besitzern des eleganten *Nilaya Hermitage* in Arpora. Sieben Zimmer in traditionellem Ocker und Weiß mit schwarzen Fußböden und rustikaler Einrichtung aus Holz und Schmiedeeisen. Preise ab US$180 pro Nacht. Nicht-Gäste sind im Restaurant mit stilvoller Lounge-Bar willkommen, wo es Tigergarnelen vom Holzkohlegrill gibt. Ein wahrer Genuss ist der Ausblick auf einen der schönsten Küstenabschnitte Südindiens. ➒

Süd-Goa

Unterhalb der wenig einladenden Hafenstadt **Vasco da Gama** und ihrem nahe gelegenen Flughafen bietet der Süden des Bundesstaates einige der schönsten **Strände** der Region, üppige Kokosplantagen und grüne Hügel mit hübschen Dörfern. Den idealen Einstieg in die Region ermöglicht **Benaulim**, 6 km westlich von **Margao**, der zweitgrößten Stadt Goas. Benaulim ist das am besten auf Individualreisende eingestellte Resort der Gegend und liegt genau in der Mitte eines schneeweißen, 25 km langen Sandstreifens. Unternehmen aus Mumbai errichten hier zwar immer mehr Ferienwohnungen, doch es gibt noch zahlreiche gute und preiswerte Übernachtungsmöglichkeiten. Der Nachbarort **Colva** degenerierte dagegen in den letzten zehn Jahren zu einem wenig einladenden Pauschalurlauberziel ohne erkennbaren Reiz, um das man auch wegen der riesigen Zahl von Tagesausflüglern am besten einen Bogen macht.

Da sich der Pauschaltourismus an diesem Küstenstreifen immer weiter ausbreitet, streben viele Budget-Traveller inzwischen nach **Palolem**, zwei Autostunden auf der Hauptverkehrsstraße von Margao nach Süden, obwohl der Ort relativ schwierig zu erreichen ist. Dort hält sich die Bebauung noch in Grenzen, und der Strand vor einer Kulisse aus bewaldeten Hügeln ist sehr spektakulär. In der Hochsaison ist aber auch Palolem inzwischen schon recht überlaufen.

Margao (Madgaon) und Umgebung

Margao, die Hauptstadt des florierenden *taluka* Salcete, ist Goas zweitgrößte Stadt. Auf Zugfahrplänen und einigen Landkarten sie sie mit dem offiziellen Regierungsnamen Madgaon verzeichnet. Die von fruchtbarem Ackerland umgebene Stadt ist seit jeher ein wichtiger Agrarhandelsmarkt und war einst auch ein religiöses Zentrum mit Dutzenden wohlhabender Tempel und *dharamshalas;* die meisten wurden jedoch zerstört, als die Portugiesen das Gebiet im 17. Jh. ihren *Novas Conquistas* („Neue Eroberungen") einverleibten. Heute gibt es hier immer noch mehr katholische Kirchen als hinduistische Schreine, aber Margao besitzt eine ausgesprochen kosmopolitische Atmosphäre, die vor allem den vielen Wanderarbeitern aus den Nachbarstaaten Karnataka und Maharashtra zu verdanken ist.

Wer mit der *Konkan Railway* aus Mumbai oder Südindien nach Goa kommt und auf dem Landweg weiterreisen möchte, wird ziemlich sicher in Mar-

GOA

gao Halt machen müssen. Ein weiterer Grund, hierher zu kommen, ist der interessante **Markt**, der sich vom Süden des Hauptplatzes fast bis zum alten Bahnhof erstreckt. Auf dem Basar mit einem labyrinthartigen, überdachten Bereich im Zentrum gibt es alles Mögliche zu kaufen, von Betelblättern und Säcken mit Limonenpaste bis zu Babybekleidung und billigem taiwanesischem Spielzeug. Wenn die Luft hier zu stickig wird, kann man auf die Straßen in der Umgebung des Marktes ausweichen, von denen eine ganz im Zeichen von Textil- und Schneidergeschäften steht. Einen Besuch lohnt auch der kleine staatliche Laden **Khadi Gramodyog** am Hauptplatz unweit des Hotels *Kamat*, wo neben traditioneller indischer Konfektionsware auch handgesponnene Baumwolle und Rohseide von guter Qualität verkauft wird.

Eine kurze Rikschafahrt nach Norden steht die **Church of the Holy Spirit**, das Wahrzeichen der malerischen kolonialen Enklave Margoas. Die 1675 von Portugiesen erbaute Kirche zählt zu den schönsten Beispielen spätbarocker Architektur in Goa. Das Innere wird von einem riesigen, vergoldeten Retabel beherrscht, das der Jungfrau Maria gewidmet ist. Unmittelbar nordöstlich der Kirche steht mit Blick auf die Ponda Street einer der großartigsten *palacios* aus dem 18. Jh., **Sa Banzam Ghor** („Haus der Sieben Giebel"). Von den ursprünglich sieben Dächern sind nur noch drei erhalten, aber auch so ist das Bauwerk mit seiner kunstvoll verzierten Fassade und den riesigen Austernschalenfenstern ein beeindruckender Anblick.

Weitere Bespiele für Goas wunderbare traditionelle Kolonialarchitektur finden sich weiter landeinwärts in Dörfern wie **Lutolim**, **Racaim** und **Rachol** mit zahlreichen alten, im Verfall befindlichen portugiesischen Häusern, die größtenteils leer stehen, denn die traditionellen Erbschaftsgesetze der Region bewirken, dass sich die alten Familienhäuser im geteilten Besitz von mehreren Dutzend Nachkommen befinden, von denen zumeist keiner den Willen oder die Mittel zur Instandhaltung aufbringt.

Übernachtung und Essen

Da es mit dem Bus nur 20 Min. bis Colva oder Benaulim sind, ist kaum vorstellbar, warum jemand in Margao absteigen sollte. Wer jedoch hier hängen bleibt, übernachtet am besten in der

GTDC Margao Residency, ℡ 0832/271 5528, einer komfortablen Unterkunft der mittleren Preisklasse. ❹

Gaylin, hinter der Grace Church, serviert in einem eleganten AC-Speisesaal eine gute Auswahl an kantonesischen und Szechuan-Gerichten, zumeist in scharfer roter Paste aus goanischem Chili.

Longuinho's, Rua Luis Miranda, das beliebteste Restaurant Margaos, ist ein alteingesessenes Lokal für die Englisch sprechende Mittelschicht der Stadt. Das altmodische Café serviert bei moderaten Preisen eine vernünftige Auswahl an Fleisch-, Fisch- und vegetarischen Gerichten, dazu frische, leckere Snacks aus dem Backofen (u. a. portugiesische Garnelen-*rissois* und vegetarische Blätterteigtaschen) und Kuchen. Das Essen ist nicht mehr das, was es einmal war, und auch die alte goanische Atmosphäre leidet unter modernem Satelliten-TV, doch es lässt sich hier immer noch sehr gut aushalten.

Tato, in einer Gasse östlich des Platzes bei den Municipal Gardens. Die beste Adresse für südindische Snacks, die ansonsten überall in der Stadt zu haben sind. Zum Frühstück sind besonders die Samosas zu empfehlen, ab mittags gibt es hier auch *masala dosas*.

Sonstiges

GELD – *State Bank of India*, in einer westlich vom Platz abzweigenden Straße, wechselt Geld und hat einen rund um die Uhr betriebsbereiten Geldautomaten.

Im *Bobcard*-Büro in der Filiale der *Bank of Baroda* beim Markt, Luis Gomes Rd, bekommt man mit Visa-Karte Bargeld.

INFORMATIONEN – *GTDC*, im Foyer des Hotels *GTDC Margao Residency*, südwestliche Ecke des Hauptplatzes, ℡ 0832/222 5528. Vergibt nützliche Bus- und Zugfahrpläne und verkauft Stadtpläne. ⊙ Mo–Fr 9.30–17.30 Uhr.

KINO – *Osia Multiplex*, im Norden der Stadt nahe dem *Kadamba*-Busbahnhof, ℡ 0832/270 1717. Das größte Kino Süd-Goas zeigt neue Hollywood- und Bollywood-Blockbuster. Eintrittskarten kosten Rs 50–70.

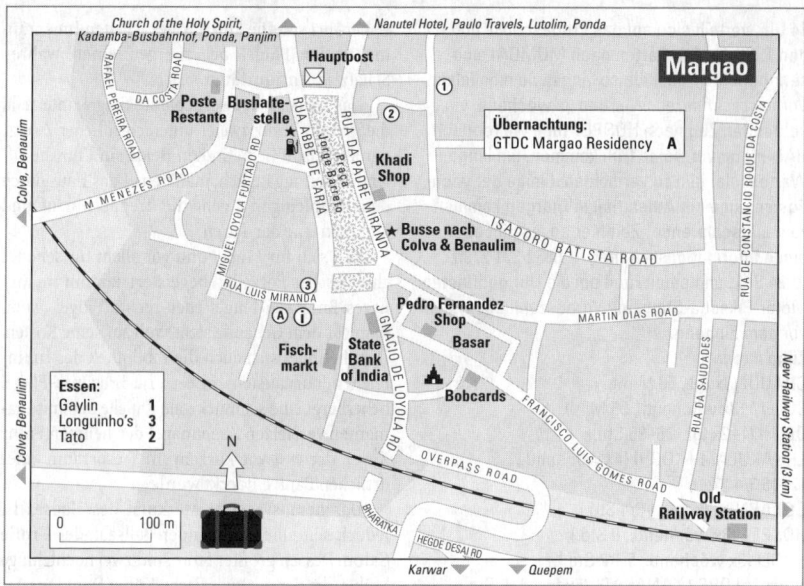

Map labels:
- Church of the Holy Spirit, Kadamba-Busbahnhof, Ponda, Panjim
- Nanutel Hotel, Paulo Travels, Lutolim, Ponda
- **Margao**
- Hauptpost
- Poste Restante
- Bushalte-stelle
- RAFAEL PEREIRA ROAD
- DA COSTA ROAD
- Khadi Shop
- Übernachtung:
- GTDC Margao Residency **A**
- M MENEZES ROAD
- MIGUEL LOYOLA FURTADO RD
- RUA ABBÉ DE FARIA
- RUA DA PADRE MIRANDA
- Praça Jorge Barreto
- ★ Busse nach Colva & Benaulim
- ISADORO BATISTA ROAD
- RUA DE CONSTANCIO ROQUE DA COSTA
- Colva, Benaulim
- RUA LUIS MIRANDA
- Pedro Fernandez Shop
- MARTIN DIAS ROAD
- Fisch-markt
- State Bank of India
- Basar
- J IGNACIO DE LOYOLA RD
- Bobcards
- RUA DA SAUDADES
- **Essen:**
  - Gaylin 1
  - Longuinho's 3
  - Tato 2
- FRANCISCO LUIS GOMES ROAD
- Colva, Benaulim
- N
- 0   100 m
- OVERPASS ROAD
- New Railway Station (3 m)
- BRABATKA
- HEGDE DESAI RD
- Old Railway Station
- Karwar
- Quepem
- GOA

MEDIZINISCHE HILFE – Die größten Krankenhäuser der Stadt sind *Hospicio,* Rua De Miranda, ✆ 0832/270 5664 oder 270 5754, und *Apollo Victor Hospital,* im Vorort Malbhat, ✆ 0832/272 8888 oder 272 6272.

POLIZEI – Die Hauptdienststelle befindet sich an der Westseite des Hauptplatzes unweit der Post, ✆ 0832/270 5095.

POST – Das **Hauptpostamt** liegt im Norden des Stadtparks; der Poste-restante-Schalter befindet sich allerdings in einem anderen Gebäude, 200 m westlich in der Rua Diogo da Costa.

Transport

BUSSE – Lokale Privatbusse nach COLVA und BENAULIM fahren vor dem *Kamat Hotel* an der Ostseite des Hauptplatzes von Margao ab. Wer mit staatlichen Fernbussen unterwegs ist, kann entweder hier aussteigen oder am Hauptbusbahnhof von *Kadamba,* 3 km weiter nördlich am Stadtrand. Letzterer ist auch Abfahrtsstelle der Busse nach MANGALORE über CHAUDI und

GOKARNA sowie nach PANJIM und Nord-Goa. Die Luxusbusse von *Paulo Travels* von und nach HAMPI verkehren von einem Stand neben dem *Nanutel Hotel,* ca. 2 km südlich des *Kadamba*-Busbahnhofs in der Padre Miranda Rd.
Busse nach:
AGONDA (4x tgl., 2 Std.),
BENAULIM (alle 30 Min., 15 Min.),
CAVELOSSIM (8x tgl., 30 Min.),
CHANDOR (stdl., 45 Min.),
CHAUDI (alle 30 Min., 1 3/4 Std.),
COLVA (alle 15 Min., 20–30 Min.),
GOKARNA (2x tgl., 4 1/2 Std.),
HAMPI (1x tgl. Nachtbus, 10 Std.),
KARWAR (alle 30 Min., 2 Std.),
MANGALORE (5x tgl., 7 Std.),
MAPUSA (10x tgl., 2 1/2 Std.),
MOBOR (8x tgl., 35 Min.),
MUMBAI (2x tgl., 16–18 Std.),
PANJIM (alle 30 Min., 50 Min.),
PUNE (1x tgl., 12 Std.).

EISENBAHN – Margaos neuer **Bahnhof** liegt 3 km südlich des Zentrums. Das Reservierungsbüro, ✆ 0832/271 2940, ⏰ Mo–Sa 8–16.30, So 8–

14 Uhr, verteilt sich auf das Erdgeschoss und den 1. Stock. Fahrkarten nach MUMBAI sind sehr begehrt – deshalb so lange wie möglich im Voraus reservieren. Wer den 2x wöchentl. verkehrenden Zug nach HOSPET (und weiter nach HAMPI) nimmt, sollte früh kommen, um lange Warteschlangen zu vermeiden. Einige der wichtigsten Züge mit Aufenthalt in Margao kommen zu nachtschlafender Zeit hier an, es gibt aber einen Informationsschalter, ✆ 0832/271 2790, ⏰ 24 Std., und einen rund um die Uhr geöffneten Motor-Rikscha-Stand mit Vorauszahlungssystem vor dem Eingang.

Züge nach:
CHAUDI (3x tgl., 50 Min.),
COLEM (3x wöchentl., 55 Min.),
DELHI (1–2x tgl., 26–35 Std.),
ERNAKULAM / KOCHI (4x wöchentl., 12–15 3/4 Std.),
GOKARNA (2x tgl., 1 3/4 Std.),
HOSPET (3x wöchentl., 8 Std.),
HUBLI (3x wöchentl., 5 1/2 Std.),
MANGALORE / KANAKADI (5x tgl., 4–6 Std.),
MUMBAI (4–5x tgl., 12 Std.),
PUNE (1x wöchentl., 13 3/4 Std.),
THIRUVANANTHAPURAM (1–2x tgl., 16 Std.),
UDUPI (4x tgl., 3 3/4 Std.).

Chandor

13 km östlich von Margao liegt das verschlafene Dorf Chandor, ein verstreutes Häufchen baufälliger Villen und Bauernhäuser inmitten schattiger Alleen. Hauptgrund für einen Besuch ist das prächtige **Perreira-Braganza/Menezes-Braganza House**, das als prachtvollstes koloniales Herrenhaus in Goa gilt. Das Haus an dem staubigen Dorfplatz wurde im 16. Jh. im Auftrag der wohlhabenden Braganza-Familie gebaut. Seine riesige, zweistöckige Fassade weist beiderseits des Eingangs 28 Fenster auf. Braganza de Perreira, der Urgroßvater des jetzigen Besitzers, war der letzte Ritter des Königs von Portugal. Später war Menezes Braganza (1879–1938), ein berühmter Journalist und Freiheitskämpfer, einer der wenigen goanischen Aristokraten, die sich aktiv der portugiesischen Herrschaft widersetzten. Die Familie war gezwungen, Chandor 1950 zu verlassen, kehrte aber 1962 zurück und fand ihr Haus erstaunlicherweise

unberührt vor. Die luftigen, gekachelten Innenräume beider Flügel beherbergen einen wahren Schatz an **Antiquitäten**.

Das Haus ist in zwei separate Flügel unterteilt, die sich im Besitz zweier unterschiedlicher Zweige der alten Familie befinden. Beide sind für die Öffentlichkeit zugänglich; man betritt das Haus durch den Haupteingang, geht die Treppe hinauf und klopft an eine der Türen.

Wer sich für Möbel und vor allem für seltenes chinesisches Porzellan begeistert, kommt im Menezes-Braganza-Flügel (der rechte Flügel, wenn man vor dem Gebäude steht) voll auf seine Kosten. Dort befindet sich auch die Bibliothek des ruhmreichen Journalisten. Im Perreria-Braganza-Flügel beherbergt eine schmuckvolle Kapelle den mit Diamanten verzierten Zehennagel des heiligen Franz Xaver, der erst vor kurzem im Tresorraum einer örtlichen Bank entdeckt wurde.

Das herausragende Merkmal des Hauses ist jedoch sein überwältigender Ballsaal, der **Große Salon**. Dessen größter Stolz sind zwei hochlehnige Stühle, die der portugiesische König Dom Luis der Familie Perreira-Braganzas schenkte. ⏰ tgl. außer in den Ferien, keine festen Öffnungszeiten, in der Regel 10–12 und 15–17 Uhr, erwartete Spende mindestens Rs 100.

Colva

Colva war in der heißen Jahreszeit schon lange vor der Unabhängigkeit ein Zufluchtsort der reichen Mittelklasse von Margao. Es ist der älteste und größte – aber am wenigsten anziehende – Urlaubsort in Süd-Goa. Einige Viertel *(waddos)* mit ihren Villen im Kolonialstil und baufälligen Fischerhütten sind recht nett, doch der trostlose Strand präsentiert sich als öde Ansammlung von Hotelbauten aus Beton, Souvenirständen und von Fliegen umschwirrten Snackbars um einen kahlen Kreisverkehr.

Die Müllhaufen in dem stinkenden Graben hinter dem Strand und der üble Geruch von trocknendem Fisch, der vom nahe gelegenen Dorf herüberweht, tragen nicht eben zur Verbesserung der Atmosphäre bei. Das nur fünf Autominuten weiter südlich gelegene Benaulim bietet eine wesentlich bessere Auswahl an Unterkünften und ist insgesamt sauberer.

Benaulim

Der hinduistischen Mythologie zufolge wurde Goa geschaffen, als der weise Shri Parasurama, Vishnus sechste Inkarnation, von der Spitze der Westghats einen Pfeil ins Meer abschoss und dem Wasser befahl, sich zurückzuziehen. Die Stelle, an der die Pfeilspitze auf den Boden fiel, im Sanskrit als *Banali* („Ort, wo der Pfeil landete") bekannt und später von den Portugiesen zu Benaulim verfälscht, liegt im Zentrum von Colva Beach, 7 km westlich von Margao.

Noch vor 20 Jahren verirrte sich kaum ein Tourist in dieses von Fischerei und Reisanbau lebende Dorf, das zwischen der Hauptstraße von Colva nach Mobor und den Dünen liegt. Seit der Fertigstellung der in der Nähe vorbeiführenden *Konkan Railway* verbringen jedoch immer mehr zahlungskräftige Inder der Mittelklasse hier ihren Urlaub in den Luxushotels und Apartment-Komplexen, die zwischen den Reisfeldern aus dem Boden geschossen sind. Als Folge davon ist dem Ort einiges von seiner berühmten *sossegarde*-Atmosphäre abhanden gekommen. Goa-Besucher, die nicht gerade um Diwali oder Weihnachten herum kommen, werden sich aber in Benaulim immer noch wohl fühlen und entspannen können. Die Touristenszene ist weder besonders „alternativ" noch von übermäßigem Alkoholkonsum gekennzeichnet. Das Seafood ist köstlich, die Preise für Unterkünfte und Motorradverleih liegen deutlich unter denen in anderen Orten Goas, und die Strände sind atemberaubend, insbesondere bei Sonnenuntergang, wenn der strahlend weiße Sand und die schäumende Brandung mit ihrem changierenden Farbenspiel einen geradezu magischen Effekt erzeugen. Der fast bis nach Cabo da Rama am Horizont reichende Strand wird von der größten und farbenprächtigsten Flotte von Auslegerbooten gesäumt, die in Goa zu finden ist; in der Tageshitze spenden sie wohltuenden Schatten.

Übernachtung

Die Unterkünfte in Benaulim sind überwiegend kleine Budget-Gästehäuser, die sich in den Gassen ca. 1 km vom Strand entfernt konzentrieren. Die meisten haben spartanische Zimmer mit Ventilator und in der Regel Du/WC; der einzige wesentliche Unterschied ist ihre Lage. Am besten begibt man sich zu Fuß oder mit dem Fahrrad auf Zimmersuche. Allerdings werden gepäckbeladene Reisende, die an der Kreuzung Maria Hall oder dem Strandzugang warten, sicher gefragt, ob sie ein Zimmer brauchen. In der Hochsaison sind die wenigen Mittelklassehotels des Dorfes (insbesondere *L'Amour, Palm Grove* und *Carina*) meist ausgebucht, deshalb rechtzeitig reservieren.

Anthy's, Sernabatim, ✉ anthysguesthouse@ rediffmail.com, ✆ 0832/277 1680. Gepflegte Zimmer direkt am Meer mit winzigen Bädern und luftigen Veranden. Ayurvedisches Massagezentrum auf dem Gelände. ❸

Antonette's, Jack Corner, House Nr. 1695 Vas Waddo, ✆ 0832/277 0358. Nicht gerade toll gelegen (an einer Kreuzung, wo sich vor allem einheimische Fischer und junge Männer treffen), aber in einem ansonsten friedlichen Ortsteil. Die Zimmer sind sehr geräumig fürs Geld und mit Kühlschränken ausgestattet – eine Seltenheit in dieser Preisklasse. ❷

Camilson's, Sernabatim, ✆ 0832/277 1582, 🖥 www.camilsons.com. Gepflegte Zimmer mit eigener Terrasse in einem kleinen Resorthotel sehr nah am Strand, inmitten üppiger Gärten ein gutes Stück außerhalb des Ortes. Wenn hier nichts frei ist, kann man auch das weniger gastfreundliche *Xavier's*, ✆ 0832/227 1489, ansteuern. Beide ❺ – ❻

Carina, Tamdi-Mati, Vas Waddo, ✆ 0832/277 0413, ✉ carinabeachresort@yahoo.com. Preisgünstiges, wenngleich etwas uninspiriertes Exklusivhotel in ruhiger Lage im Süden von Benaulim. Pool, Garten und Bar-Restaurant. Einige Zimmer mit AC. ❺ – ❻

Cocohuts, Sernabatim, ✆ 9822/101398. Die einzige echte Budget-Unterkunft so weit nördlich vom Ort, nur einen Katzensprung vom Strand entfernt. Die acht Palmhütten mit eigenem Bad haben geflieste Fußböden, heizen sich aber tagsüber stark auf, und bessere Betten hat man auch schon gesehen. Eher zu empfehlen sind die sechs Zimmer in einem angrenzende Block mit hohen Ziegeldächern und abgetrennten Toiletten. ❸

L'Amour, Beach Road, ✆ 0832/277 0404, 📞 277 0578. Benaulims ältestes Hotel ist ein komfortabler Cottage-Komplex mit 30 Zimmern (teils mit AC), Terrassenrestaurant, Reiseschal-

Vorsicht – Kobras!

In Colva und Benaulim wird man nachts kaum einen Dörfler ein Reisfeld überqueren sehen. Das rührt daher, dass Reisfelder der bevorzugte Aufenthaltsort von Schlangen, insbesondere Kobras, sind. Wer nach Einbruch der Dunkelheit unbedingt über die Felder laufen will, sollte eine starke Taschenlampe mitnehmen, viel Lärm machen und vor seinen Füßen mit einem Stock auf den Boden schlagen, um im Verborgenen lauernde Schlangen zu verscheuchen.

ter und Geldwechsel. Keine Einzelbelegung möglich. ❺–❻

Libra Cottages, Vas Waddo, ✆ 0832/277 0598. Spartanische, aber saubere Budget-Zimmer mit Ventilator, Bad, guten Sanitäranlagen und Toiletten nach westlichem Standard. Sehr gutes Preis-Leistungs-Verhältnis. ❷

Oshin, Mazil Waddo, ✉ inaciooshin@rediffmail.com, ✆ 0832/277 0069. Großer, 3-stöckiger Komplex, in sicherem Abstand von der Straße. Geräumige, saubere Zimmer mit Bad und Balkon, die im Obergeschoss mit Blick über die Baumkronen. Einen Tick besser als die meisten Unterkünfte dieser Gegend; prima Preis-Leistungs-Verhältnis, aber einen guten Fußmarsch vom Strand entfernt. ❹

Palm Grove, Tamdi-Mati, 149 Vas Waddo, ✆ 0832/277 0059, 🖳 www.palmgrovegoa.com. Abgeschiedenes Hotel in schöner Grünanlage mit zwei Zimmerkategorien (Rs 600–800), einige davon mit AC, gutem Restaurant und sehr hilfsbereitem Personal. Eine Fahrradfahrt vom Strand entfernt, aber mit Abstand die angenehmste Unterkunft in dieser Preisklasse. ❺

Paul Rina Tourist Home, Beach Rd, ✆ 0832/277 0595. Hübsche, große Zimmer mit Balkon und Du/WC in einem modernen Haus an der Straße zum Strand. Gutes Preis-Leistungs-Verhältnis. Falls ausgebucht, gibt es nebenan das etwas billigere **Caroline Guest House**, ✆ 0832/277 0590. Beide ❷

Simon Cottages, Sernabatim Ambeaxir, ✆ 0832/277 1839. Derzeit eines der besten Budget-Angebote in Benaulim: Riesige Zimmer auf drei Stock-

werken, alle mit Du/WC und Veranda, um einen sandigen Hof in ruhiger Lage im weniger touristischen Nordteil des Ortes. ❷

Succorina Cottages, 1711/A Vas Waddo, ✆ 0832/277 0365. Einwandfreie Zimmer in einem neuen, pinkfarbenen Haus, 2 km südlich der Kreuzung im Fischerdorf, mit Blick auf das Meer über die Felder. Der perfekte Rückzugsort von der Touri-Szene, 5 Gehminuten vom ruhigsten Strandabschnitt entfernt. Telefonische Buchung möglich. ❷

Tansy Cottages, Beach Road, ✆ 0832/277 0574. Unterschiedlich große Apartments, von Zimmern mit Küchenzeile für Selbstversorger (Rs 500) bis zu Wohnungen mit ein oder zwei Schlafzimmern in einem dreistöckigen Block (Rs 700–1000). Die Balkone könnten mehr Privatsphäre bieten, dafür hat man aber im Innern jede Menge Platz und kann sich an Kühlschrank und Kochutensilien erfreuen. Besitzer Libby Fernandes ist sehr gastfreundlich. ❹–❻

Essen

Benaulims Nähe zum Markt von Margao sorgt zusammen mit der Fischergemeinde dafür, dass seine Restaurants das saftigste und preiswerteste Seafood in Goa servieren. Die besten Hütten stehen am Strand, wo *Johncy's* den größten Zulauf hat. Besseres Essen zu günstigeren Preisen findet man ein Stück weiter den Strand hinunter. Die dort befindlichen Restaurants scheinen aber jährlich ihre Köche zu wechseln, so dass man sich beim Vorbeigehen am besten an Hand der Anzahl der Gäste orientiert, wo das Beste fürs Geld zu bekommen ist. Ein Langzeitfavorit ist *Domnick's,* dessen geselliger Besitzer an einem Tag in der Woche Lagerfeuerpartys mit Live-Musik veranstaltet (traditionell dienstags). Der Laden ist aber nicht ganz billig. *Pedro's* am Strand ist preislich etwas günstiger und veranstaltet auch Gigs (meistens am Samstagabend). **Durigo's**, Sernabatim, 2 km nördlich der Kreuzung Maria Hall. Das Lieblingsrestaurant der Einheimischen serviert traditionelles goanisches Seafood von einer Qualität, die in einfachen Strandhütten nur selten zu finden ist. Tipp: saftige Muscheln, Zitronenfisch *(modso)* oder Barramundi *(chonok),* mariniert in würzig-saurer

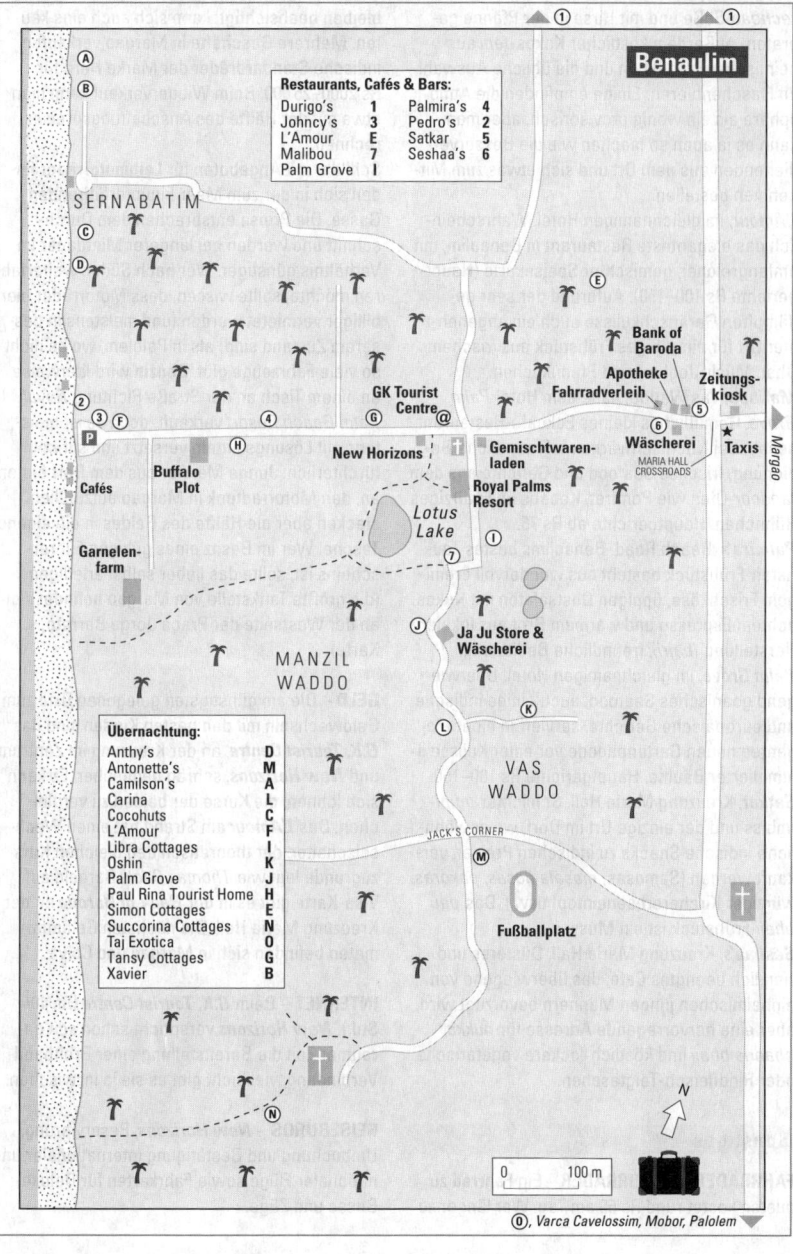

Benaulim

SERNABATIM

Restaurants, Cafés & Bars:

Durigo's	1	Palmira's	4
Johncy's	3	Pedro's	2
L'Amour	E	Satkar	5
Malibou	7	Seshaa's	6
Palm Grove	I		

Ⓐ
Ⓑ
Ⓒ
Ⓓ
Ⓔ

Bank of
Baroda

Apotheke
Fahrradverleih

Zeitungs-
kiosk

Ⓖ GK Tourist
Centre @

Ⓕ
②
③
P

Ⓗ
④

New Horizons

Gemischtwaren-
laden

Wäscherei

⑤

⑥

★ Taxis

MARIA HALL
CROSSROADS

Margao

Cafés

**Buffalo
Plot**

**Garnelen-
farm**

*Lotus
Lake*

Royal Palms
Resort

Ⓘ

⑦

Ⓙ

Ja Ju Store &
Wäscherei

MANZIL
WADDO

Übernachtung:

Anthy's	D
Antonette's	M
Camilson's	A
Carina	L
Cocohuts	C
L'Amour	F
Libra Cottages	I
Oshin	K
Palm Grove	J
Paul Rina Tourist Home	H
Simon Cottages	E
Succorina Cottages	N
Taj Exotica	O
Tansy Cottages	G
Xavier	B

Ⓚ

Ⓛ

VAS
WADDO

JACK'S CORNER

Ⓜ

Fußballplatz

Ⓝ

N

0   100 m

Ⓞ, Varca Cavelossim, Mobor, Palolem

GOA

rechead-Soße und mit Hirse in der Pfanne gebraten. Außerdem köstlicher Kokos-*feni* aus
heimischer Produktion und die übliche Auswahl
an Flaschenbieren. Einige empfinden die Atmosphäre als ein wenig provisorisch, aber man
kann es ja auch so machen wie die Besserverdienenden aus dem Ort und sich etwas zum Mitnehmen bestellen.

L'Amour, im gleichnamigen Hotel. Wahrscheinlich das eleganteste Restaurant in Benaulim, mit
umfangreicher, gemischter Speisekarte (Hauptgerichte Rs 100–150). Aufgrund der sehr gedämpften Geräuschkulisse auch ein angenehmer Ort für ein ruhiges Frühstück aus frischem
Obst, Müsli, Joghurt und Pfannkuchen.

Malibou, Vas Waddo, nahe dem Hotel *Palm
Grove*. Gemütliches kleines Eckcafé-Restaurant,
beliebt bei Nachtschwärmern. Freundliche Bedienung, frisches Seafood und Gerichte aus dem
tandoor-Ofen wie Pomfret, Kebabs und würziges
Hühnchen. Hauptgerichte ab Rs 75.

Palmira's, Beach Road. Benaulims bestes Tou-
risten-Frühstück besteht aus wundervoll cremigem Frischkäse, üppigen Obstsalaten mit Kokos,
echtem Espresso und warmem Brot aus lokaler
Herstellung *(bajri)*; freundliche Bedienung.

Palm Grove, im gleichnamigen Hotel. Überwiegend goanisches Seafood, auch einige indische
und europäische Gerichte, serviert in einer eleganten neuen Gartenpagode vor einer Kulisse il-
luminierter Bäume. Hauptgerichte Rs 100–150.

Satkar, Kreuzung Maria Hall. Schlichter *udipi*-
Imbiss und der einzige Ort im Dorf, wo gewöhnliche indische Snacks zu indischen Preisen verkauft werden (Samosas, *masala dosas, pakoras,*
würziger Kirchererbseneintopf usw.). Das *pau
bhaji*-Frühstück ist ein Muss.

Seshaa's, Kreuzung Maria Hall. Düsteres und
ziemlich beengtes Café, das überwiegend von
einheimischen jungen Männern bevorzugt wird,
aber eine hervorragende Adresse für *pukka,
channa bhaji* und köstlich-lockere vegetarische
oder Rindfleisch-Teigtaschen.

Sonstiges

FAHRRÄDER / MOTORRÄDER – Ein **Fahrrad** zu
mieten kostet rund Rs 50 am Tag. Wer länger zu

bleiben beabsichtigt, kann sich auch eins kaufen. Mehrere Geschäfte in Margao verkaufen
indische Standardräder der Marke Hero für
Rs 2000–25 000. Beim Wiederverkauf kann man
etwa mit der Hälfte des Anschaffungspreises
rechnen.

Schilder mit Angeboten für **Leihmotorräder** finden sich in der zum Meer hinunterführenden
Gasse. Die Preise entsprechen dem Durchschnitt und werden bei längerer Mietdauer im
Verhältnis günstiger. Wer nach Süden weiterfahren möchte, sollte wissen, dass Motorräder hier
billiger vermietet werden (und meistens in bes-
serem Zustand sind) als in Palolem, wo es nicht
so viele Fahrzeuge gibt. **Benzin** wird literweise
an einem Tisch an der Straße Richtung *Royal
Palm Beach Resort* verkauft, doch es ist meistens mit Lösungsmitteln versetzt und stinkt
fürchterlich. Junge Männer aus dem Dorf bieten
an, den Motorradtank in Margao aufzufüllen,
stecken aber die Hälfte des Geldes in die eigene
Tasche. Wer im Besitz eines gültigen Führer-
scheins ist, sollte das lieber selbst erledigen
(die größte Tankstelle von Margao befindet sich
an der Westseite der Praça Jorge Barreto, s.
Karte).

GELD – Die am günstigsten gelegenen Orte zum
Geldwechseln mit den besten Kursen sind das
G.K. Tourist Centre, an der Kreuzung im Zentrum,
und *New Horizons*, schräg gegenüber. Es kann
sich lohnen, die Kurse der beiden zu vergleichen. Das *L'Amour* am Strand hat einen Wechselschalter, der theoretisch den gleichen Kurs
zugrunde legt wie *Thomas Cook*. Bargeld auf
Visa-Karte gibt es in der *Bank of Baroda* an der
Kreuzung Maria Hall. Die nächsten Geldautomaten befinden sich in Margao und Colva.

INTERNET – Beim *G.K. Tourist Centre* (Rs 40/
Std.). *New Horizons* verspricht schon seit ge-
raumer Zeit die Bereitstellung einer Breitband-
Verbindung; vielleicht gibt es sie ja inzwischen.

REISEBÜROS – *New Horizons*, Reservierung,
Umbuchung und Bestätigung internationaler und
nationaler Flüge sowie Fahrkarten für Deluxe-
Busse und Züge.

Busse aus MARGAO und COLVA halten etwa alle 15 Min. an der Kreuzung Maria Hall in Benaulim. Um die betriebsame Kreuzung herum liegen zwei gut ausgestattete Gemischtwarenläden, ein paar Café-Bars, eine Bank, eine Apotheke, eine Wäscherei sowie der **Taxi- und Motor-Riksha-Stand**, von dem man zum 1,5 km westlich gelegenen Strand kommt.

Busse nach:
CAVELOSSIM (stdl., 20 Min.),
COLVA (alle 30 Min., 20 Min.),
MARGAO (alle 30 Min., 15 Min.),
MOBOR (stdl., 25 Min.).

Der tiefe Süden: Canacona

Goas tiefer Süden, der Distrikt Canacona, wurde den Portugiesen vom Raja von Sund im Vertrag von 1791 überlassen. Es war eines der letzten Gebiete, das den *Novas Conquistas* einverleibt wurde, und konnte sich daher seine hinduistische Atmosphäre bewahren. Die Region umfasst einige der schönsten Landschaften des Bundesstaates. Vor dem Hintergrund der von Dschungel bedeckten Sahyadri Hills (eine Verlängerung der Westghats) erstreckt sich an der gezackten Küste eine Kette perlweißer Buchten und weiter Strände, eingerahmt von Lateritvorsprüngen und riesigen schwarzen Felsblöcken.

Mit Ausnahme des Ortes **Palolem**, dessen nahezu perfekter Strand in der Hochsaison einen steten Strom von Tagesausflüglern und länger bleibenden Touristen anzieht, sind die Küstensiedlungen (wie das unweit nördlich gelegene **Agonda**) dem traditionellen Fischfang und *toddi*-Zapfen verhaftet geblieben. Allerdings droht die *Konkan Railway* der ländlichen Idylle ein Ende zu bereiten. Seit ein paar Jahren ist es möglich, Canacona direkt mit „superschnellen" Expresszügen von Mumbai, Panjim und Mangalore aus zu erreichen. Bulldozer und Betonmischmaschinen werden mit Sicherheit bald folgen.

Die Hauptverkehrsader der Region ist der NH-17, der über die Sahyadri und Karmali Ghats Richtung Karnataka verläuft. Auf dem Weg liegt die Distrikthauptstadt **Chaudi**, wo die Traveller mit Reiseziel Palolem aussteigen, das nur wenige Kilometer entfernt liegt. Der kleine Markt ist eine nützliche Versorgungsquelle für alles Lebensnotwendige. Zwischen Chaudi und Margao verkehren häufig Busse; auf allen anderen Straßen sind dagegen weit mehr Ochsenkarren und Fahrräder als motorisierte Fahrzeuge unterwegs. Um die Region zu erkunden, eignet sich ein Motorrad am besten, das man allerdings weiter nördlich (am besten in Benaulim) mieten muss, da hier unten kaum welche zu bekommen sind.

Agonda

Das 10 km nördlich von Chaudi gelegene Agonda ist nur über die kurvenreiche Küstenstraße, die Cabo de Rama mit dem NH-14 bei Chaudi verbindet, zu erreichen. Kein Schild weist auf die Abzweigung hin, und nur wenige Touristen machen hier auf dem Weg nach Palolem Halt, obwohl der Strand hervorragend ist. Allerdings herrscht hier eine starke Unterströmung, vor der sich vor allem unerfahrene Schwimmer sehr in Acht nehmen sollten. Sicherer zum Baden ist die Bucht am äußersten südlichen Ende des Strandes, wo die Fischerboote anlegen.

Die Einrichtungen für Besucher sind schlicht, aber ausreichend. Da sie weit auseinander liegen, ist es in Agonda selbst in der Hochsaison nie zu voll. **Unterkünfte und Restaurants** liegen in einigem Abstand voneinander an der Straße hinter dem Strand, und in den letzten beiden Jahren haben am nördlichen Ende hinter der Kirche einige kleine Guesthouses und Baumhaus-Camps eröffnet. Wer hier nur einen Übernachtungsstopp auf dem Weg von oder nach Palolem einlegt, ist wahrscheinlich mit *Dercy's* am besten bedient, nicht zuletzt weil im dortigen Terrassenrestaurant das beste Seafood des Ortes serviert wird: große, fangfrische Rockfish-Filets mit Butter, Knoblauch und einer großen Portion Pommes. Wenn es um einen Sundowner geht, ist die *Sun Set Bar* auf einem Felsvorsprung über der Bucht unmittelbar südlich von *Dercy's* kaum zu schlagen.

Übernachtung

Dercy's, an der Straße am Südende des Strandes, ℡ 0832/264 7503. Außergewöhnlich saubere und komfortable Zimmer mit gefliestem Fußboden und geräumigem Bad. Die im 1. Stock (Frontseite) teilen sich eine Gemeinschaftsveranda mit

Meerblick und Brise. Wenn man im Bett liegt, kann man die nur 100 m entfernte Brandung krachen hören. Besitzer Inacio betreibt auch zwei Reihen Strandhütten auf der gegenüberliegenden Straßenseite. ❸

Dunhill Beach Resort, ein kurzes Stück hinter *Dercy's*, ✆ 0832/264 7604, ✉ dunhill-resort@rediffmail.com. Alle Zimmer mit Bad und kleiner Veranda. Fürs leibliche Wohl sorgt in der Umgebung gefangener Fisch (Tipp: köstliche, in der Pfanne gebratene *rawa*-Makrele). Internetzugang für Gäste. ❸

Jelicia, am Nordende des Strandes, 100 m vor *Sea View*, kein Telefon. Zwei einfache Budget-Zimmer mit Balken aus Palmholz und Lehmziegeldach, außerdem drei Hütten am Strand. ❶ – ❷

Palm Beach Lifestyle Resort, hinter *Dercy's*, ✆ 0832/214 7783. Schicke Chalets mit schöner Holzterrasse und Meerblick. Die komfortabelste Unterkunft in Agonda. ❻

Maria Paul, unmittelbar nördlich von *Dercy's* Richtung Kirche, ✆ 0832/264 7606. Sechs große, kühle Zimmer mit Marmorfußboden in einem großen, neuen pinkfarbenen Gebäude an der Straße. Größer und etwas anonymer als die anderen Gästehäuser im Ort, was einigen ganz gelegen kommen dürfte. ❹

Sami, nahe der Kirche, direkt am Strand, ✆ 9850/453805. Das attraktivste Camp vor Ort bietet überdurchschnittlich große Hütten mit Balkon, die weit genug auseinander stehen; außerdem Radverleih. Einen Versuch wert ist auch das nahe gelegene *Madhu*, ✆ 0832/264 7116, ✉ shekhar1303@sify.com. Beide ❷

Sea View, am äußersten Nordende des Strandes, ✆ 0832/264 7548. Die ruhigste Unterkunft unter Leitung der freundlichen Fatima Fernandes bietet drei reizende Hütten aus Lehm und Stroh mit Kuhdungfußböden (wohlriechender als es sich anhört) und ordentlichen Betten. Äußerst einfach, aber sauber und direkt am Strand. ❷

Palolem

Es gibt keinen anderen Strand auf dem indischen Subkontinent, der so sehr dem typischen Bild eines paradiesischen Sandstrandes entspricht wie der von Palolem, 35 km südlich von Margao. Die von wogenden Kokospalmen gesäumte Bucht be-

schreibt einen nahezu perfekten Halbmond aus goldenem Sand und zieht sich von einer Ansammlung riesiger Felsblöcke nach Norden bis zum Sahyadri Ghat, der hier inmitten dichten Waldes ins Meer ausläuft. Für Traveller, die vor Mitte der 90er Jahre den Weg hierher fanden, ist Palolem heute allerdings definitiv ein verlorenes Paradies. Während sich das übrige Goa zum größten Teil fest im Griff des Pauschaltourismus befindet, ist Palolem das bevorzugte Reiseziel für unabhängige Traveller, die hier in der Hochsaison in überwältigender Zahl einfallen. Dann tummeln sich buchstäblich Tausende Urlauber am Strand. Dahinter erstreckt sich eine dichte Reihe aus Bambus- und Palmhütten mit Restaurants und Kneipen, die Jahr für Jahr schicker (und weniger ursprünglich) werden – nicht zuletzt deshalb, weil viele Lokale inzwischen von Ausländern betrieben werden. Dank eines örtlichen Gesetzes, das die Errichtung fester Gebäude in Strandnähe verbietet, hält sich die Bautätigkeit in Grenzen, doch mit der Idylle, die hier noch vor ein paar Jahren herrschte, ist es endgültig vorbei.

Palolem auf Hochtouren ist ein Ort, in den man sich auf den ersten Blick verliebt oder den man so schnell wie möglich wieder verlassen möchte. Wer sich in der letzteren Kategorie wiederfindet, kann auf die kleineren, weniger überlaufenen **Patnem Beach** etwas weiter südlich ausweichen, wo die Hütten nicht so aufdringlich und der Strand nicht so übervölkert ist. Noch weiter südlich liegt **Rajbag**, anderthalb Stunden Fußmarsch von Palolem entfernt. Dies war einer der letzten idyllischen Strände Goas, bis vor kurzem direkt hinter dem Strand ein 5-Sterne-Luxushotel erbaut wurde.

Übernachtung

Der lokale Widerstand gegen eine groß angelegte Hotelbebauung erklärt, weshalb die meisten Unterkünfte im Dorf einfache, aus Palmblättern geflochtene Hütten oder Baumhäuser sind. Mit Ausnahme der schickeren Unterkünfte, die nachfolgend aufgeführt sind, gibt es kaum Unterschiede zwischen den meisten Camps – also einfach einchecken, wenn einem eins gefällt und dann in aller Ruhe den Strand erkunden. Eine Alternative ist die Unterkunft in einem der Privathäuser, die meistens nur mit einfachen Gemeinschaftswaschgelegenheiten und manchmal

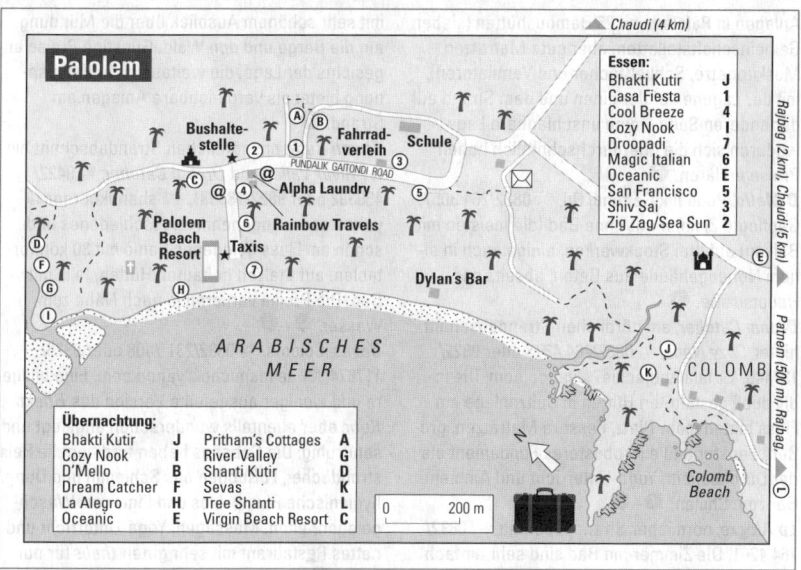

Palolem

Bushalte-
stelle
Ⓐ Ⓑ Fahrrad-
verleih Schule
Ⓒ @ PUNDALIK GAITONDI ROAD
Alpha Laundry
Palolem
Beach
Resort Taxis Rainbow Travels
Dylan's Bar

Essen:

Bhakti Kutir	J
Casa Fiesta	1
Cool Breeze	4
Cozy Nook	I
Droopadi	7
Magic Italian	6
Oceanic	E
San Francisco	5
Shiv Sai	3
Zig Zag/Sea Sun	2

Rajbag (2 km), Chaudi (5 km)

GOA

Patnem (500 m), Rajbag

ARABISCHES
MEER

COLOMB

Colomb
Beach

Übernachtung:

Bhakti Kutir	J	Pritham's Cottages	A
Cozy Nook	I	River Valley	G
D'Mello	B	Shanti Kutir	D
Dream Catcher	F	Sevas	K
La Alegro	H	Tree Shanti	L
Oceanic	E	Virgin Beach Resort	C

N

0 200 m

auch Plumpsklos ausgestattet sind. Die einfachste Art, eine solche Unterkunft zu finden, besteht
darin, mit dem Rucksack auf dem Rücken durch
die Palmenhaine hinter dem Strand zu wandern;
früher oder später wird man angesprochen. Die
Preise variieren je nach Zimmergröße, Komfort
und Jahreszeit. Zur Zeit der Recherche befanden
sich einige der besten Unterkünfte am entfernten
nördlichen Strandabschnitt, unmittelbar hinter
Cozy Nook am Ufer der Flussmündung (s. o.). Am
südlichen Ende bietet das *waddo* Colomb einige
gute Übernachtungsmöglichkeiten (s. u.).

Bhakti Kutir, Colomb, ☏ 0832/264 3469 oder 264
3472, 🖥 www.bhaktikutir.com. Umweltfreundliche „Eco Huts" im indischen Dorfstil mit westlichem Standard (u. a. vollständig biologisch
abbaubare Chemietoiletten), inmitten üppiger
Gärten fünf Gehminuten vom südlichen Strandabschnitt entfernt, auf einer Landspitze oberhalb
des Fischerdorfes. Wunderschön gelegen und
von den deutsch-goanischen Besitzern mit viel
Feingefühl passend zur Landschaft gestaltet. Die
neuen doppelstöckigen Units bieten viel Platz
und eignen sich daher besonders für Familien.

Gutes ayurvedisches Gesundheitszentrum auf
dem Gelände. ⑥ ⑧

Cozy Nook, am nördlichen Strandabschnitt, in In-
selnähe, ☏ 0832/264 3550. Eine der attraktivsten

Wasser sparen in Palolem

Die schnell wachsenden Besucherzahlen
von Palolem werden für den Besorgnis
erregenden **Wassermangel** verantwortlich
gemacht, der seit gut drei Jahren im Distrikt
Canacona herrscht. Die Behörden sind anscheinend nicht willens oder nicht fähig,
das Problem zu lösen. Daher sind die Touristen aufgerufen, während ihres Aufenthaltes
so wenig Wasser wie möglich zu verbrau-
chen. Eine der wirksamsten Maßnahmen
ist das Vermeiden von Spülklosetts, durch
die kolossale Mengen unbehandelter Abwässer in oft schlecht isolierte Auffangtanks
geschwemmt werden. Die traditionellen
Plumpsklos, die im Dorf noch weit verbreitet
sind, stellen eine weitaus umweltfreundlichere Alternative dar.

Anlagen in Palolem mit 25 Bambushütten (sieben Gemeinschaftstoiletten, aber gute Matratzen, Moskitonetze, Schließfächer und Ventilatoren), mit der Lagune auf der einen und dem Strand auf der anderen Seite – eine unschlagbare Lage, wodurch sich die überdurchschnittlich hohen Preise erklären. **❺**

D'Mello, Pundalik Gaitondi Rd, ✆ 0832/264 3057. Gepflegte Zimmer mit/ohne Bad (die meisten mit Balkon) auf drei Stockwerken, einige auch in einem Nebengebäude aus Beton, abseits der Hauptstraße. **❸**

Dream Catcher, am nördlichen Strandabschnitt hinter *Cozy Nook*, ✆ 0832/264 4873 oder 9822/137446, ✉ lalalandjackie7@yahoo.com. Die individuell gestalteten Hütten in Spitzenlage am Fluss bieten mehr Platz, bessere Matratzen, größere Fenster und ein robusteres Fundament als der Durchschnitt. Yoga-Unterricht und Ambient-Bar zum Chillen. **❹–❺**

La Alegro, nördlicher Strandabschnitt, ✆ 0832/264 4261. Die Zimmer mit Bad sind sehr einfach und bieten nicht viel Privatsphäre, befinden sich aber in allerbester Lage direkt am Strand. Weitere fünf identische (noch billigere) Zimmer an der Rückseite und einige größere in der Pundalik Gaitondi Rd. **❸**

Oceanic, Tembi Waddo, ✆ 0832/264 3059, ⌨ www.hotel-oceanic.com. Relativ neues Hotel, das sich streng genommen in Colomb befindet, zehn Gehminuten landeinwärts vom Strand oder über die Nebenstraße nach Chaudi zu erreichen. Geschmackvoll eingerichtete Zimmer mit Moskitonetzen, Tagesdecken und Nachttischlampen. Außerdem Pool auf einer Holzterrasse und gutes Restaurant. **❹**

Pritham's Cottages, in einer Gasse nördlich der Pundalik Gaitondi Rd, ✆ 0832/264 3320. Ruhiger, zweistöckiger Block im Ortszentrum. Überdurchschnittlich große Budget-Zimmer mit eigenem Bad und Gemeinschaftsveranda. **❷**

River Valley, am nördlichen Strandabschnitt hinter *Cozy Nook*, ✆ 9822/155502, ✉ srmh2141@hotmail.com. Das kleine Hüttencamp und sein gastfreundlicher junger Besitzer Manju werden von ihren Gästen mit Lob überschüttet. Die zehn nach heiligen indischen Flüssen benannten Bambushütten mit drei Gemeinschaftstoiletten liegen auf einem hübschen, offenen Grundstück

mit sehr schönem Ausblick über die Mündung auf die Berge und den Wald. Günstige Preise angesichts der Lage, die weitaus mehr Entspannung bietet als vergleichbare Anlagen am Strand. **❷**

Shanti Kutir, am nördlichen Strandabschnitt hinter *River Valley* und *Dream Catcher*, ✆ 9422/450392 oder 9822/183631, ✉ shantikutirgoa@yahoo.co.in. Angenehm abgeschiedenes und schön am Fluss gelegenes Camp mit 30 komfortablen, auf Stelzen gebauten Hütten, teils mit Bad. Die Preise variieren je nach Nähe zum Wasser. **❷–❸**

Sevas, Colomb, ✆ 0832/231 7408 oder 9326/117674, ✉ sevasmicho@yahoo.com. Eine billigere und weniger ausgefeilte Version des *Bhakti Kutir*, aber ebenfalls wunderschön angelegt und sehr ruhig. Die Cabañas haben traditionelle Reisstrohdächer, Fußböden aus Schlamm und Dung, hygienische Plumpsklos und Eimer als Waschgelegenheiten. Massagen, Yoga-Unterricht und nettes Restaurant mit sehr guten *thalis* für nur Rs 50. **❹**

Tree Shanti, Colomb, zehn Gehminuten südlich von Palolem, ✆ 0832/264 4460, ✉ saritagita7@rediffmail.com. Sieben einfache Zimmer und drei Hütten in einer reizenden Anlage unter dichtem Blätterdach. Unterhaltsame und lebendige Unterkunft mit äußerst familiärer Atmosphäre. **❷**

Virgin Beach Resort, im Ort Palolem, ✆ 0832/264 3451. Neue, geflieste Zimmer in einem modernen, dreistöckigen Block. Nicht unbedingt die Art Architektur, die das natürliche Flair des Ortes aufwertet, aber komfortable und sichere Unterkunft abseits des Strandrummels. **❷**

Essen

Palolems Restaurants und Bars reflektieren die kosmopolitische Zusammensetzung ihrer Gäste. Jahr für Jahr öffnen neue, innovative und immer stilvollere Lokale, die zumeist von Ausländern geführt werden. Demzufolge ist nicht nur der Standard gestiegen – auch die Preise haben kräftig angezogen. Wer mit einem knappen Budget auskommen muss, findet einige billige *bhaji*-Stände beim *Palolem Beach Resort* und zwei von Einheimischen betriebene Cafés (*Shiv Sai* und

San Francisco) an der parallel zum Strand verlaufenden Straße. Dort gibt es ein sättigendes *pau bhaji*-Frühstück, frische Brötchen, Omelettes und Chai zu Spottpreisen und ab mittags ebenso preiswerte Fisch-Curry-Reis-Mahlzeiten und Samosas. Im unmittelbar südlich von Palolem gelegenen *waddo* Colomb gibt es ebenfalls einige gute Lokale.

Bhakti Kutir, Colomb. Gemütliches Terrassencafé und Restaurant mit Holztischen und gemischter indo-europäischer Speisekarte: Salat mit sonnengereiften Tomaten und Mozzarella (mit frischem Basilikum), frischer Fisch aus der Bucht und vegetarische Gerichte aus Nordindien, allesamt mit Zutaten aus lokalem, organischem Anbau.

Casa Fiesta, Pundalik Gaitondi Rd. Abgefahrenes Lokal an der Hauptstraße mit gemischter Speisekarte aus aller Welt: Hummus, griechischer Salat, mexikanische Spezialitäten und Fisch-*pollichatu*. Die Hauptgerichte (meist unter Rs 175) werden mit köstlichen Röstkartoffeln serviert.

Cool Breeze, Beach Rd. Das zu den exklusivsten in Palolem zählende Restaurant hat hier neue Standards gesetzt, besonders wenn es um Steaks, *tandoori*-Hühnchen und Seafood geht, und das alles zu vernünftigen Preisen. Wer nicht früh genug kommt, muss möglicherweise lange auf einen Tisch warten. Hauptgerichte um Rs 150–200.

Cozy Nook, am nördlichsten Strandende, ℘ 0832/264 3550. Herzhafte goanische Speisen auf einer kleinen Terrasse mit herrlichem Blick auf die Insel am Ende der Bucht. Das einfallsreich und liebevoll präsentierte 4-Gänge-Menü (19–21 Uhr, Rs 150) ist zu Recht ein Renner, bestehend u. a. aus Bratfisch, Aubergine mit Garnelen und frischen Bohnen; die leckere vegetarische Alternative kostet Rs 100. Daneben gibt es Seafood, nordindische Currys und eine beliebte, hygienische Salatbar *(all-you-can-eat* für Rs 100).

Droopadi, am Strand. Das Restaurant profitiert von seiner Spitzenlage und dem besten indischen Chefkoch Palolems, zu dessen Spezialitäten cremige Mughlai-Gerichte und *tandoori*-Fisch gehören. Die meisten Hauptspeisen kosten ca. Rs 125, wirklich nicht zu viel angesichts der hervorragenden Qualität.

Magic Italian, Beach Rd, am geschäftigen Zugang zum Strand. Das beste italienische Restaurant in Süd-Goa serviert hausgemachte Ravioli und Tagliatelle sowie leckere Holzofenpizza (Rs 130–175).

Oceanic, Tembi Waddo, Colomb. Cooles Terrassenrestaurant ein gutes Stück abseits des Strandes, den Fußmarsch aber durchaus wert wegen der überdurchschnittlich guten Speisen und der tollen Musik. Nord- und südindische Gerichte sind die Stärke des Küchenchefs (besonders *dum aloo* nach Kashmir-Art und Butterhühnchen), aber es gibt auch ausgezeichnete rote und grüne Thai-Currys, verführerische Desserts (u. a. Zitronen-Ingwer-Käsekuchen und Banoffi Pie) und Mokkalikör. Spezielle Tagegerichte und gelegentlich Live-Musik.

Zig Zag/Sea Sun, Pundalik Gaitondi Rd. Die Stärke dieses keralisch-britischen Co-Projekts sind südindische Gerichte (hier eine Seltenheit), außerdem vegetarische Mahlzeiten sowie Fleisch- und Fischgerichte mit leichten Soßen und frischen Kräutern. Hauptgerichte unter Rs 150. Der Name des Restaurants war nicht eindeutig zu klären, also besser nach beiden Ausschau halten.

Sonstiges

FAHRRÄDER – können von einem Stand in der Mitte der Hauptstraße für Rs 5 pro Std. gemietet werden (bei längerer Mietdauer Preisnachlass).

GELD – Mehrere Geldwechsler werben in den Straßen von Palolem und an der Strandstraße um Kundschaft, wobei es sich lohnt, nach den besten Kursen Ausschau zu halten. *LKP Forex* im *Palolem Beach Resort* (an der Strandstraße hinter dem Taxistand) war bei der letzten Recherche am günstigsten. Der nächste Geldautomat (für Barabhebungen mit Visa und Mastercard) befindet sich in Chaudi.

GEPÄCKAUFBEWAHRUNG – *Lalita Enterprises*, an der Hauptstraße am Strand. Deponierung von Wertgegenständen für Rs 15 pro Tag.

INTERNET – Über den Ort verteilt und in der Nähe des Busbahnhofs gibt es mehrere Internet-Cafés, weitere drei oder vier befinden sich in

Patnem. Die Tarife bewegen sich durchweg um die Rs 40/Std.

TELEFON – Im Dorf gibt es mehrere öffentliche Telefone. Meiden sollte man das *Beach Resort,* denn hier wird mehr als das Doppelte des gängigen Tarifs für Auslandsgespräche verlangt. Billiger sind die Telefonzellen rund 100 m weiter (bei der Bushaltestelle)

Transport

Busverbindungen bestehen zwischen MARGAO und KARWAR (in Karnataka) via CHAUDI (alle 30 Min., 2 Std.), von wo man eine **Motor-Rikscha** (Rs 50) oder ein **Taxi** (Rs 75) für die 2 km nach Palolem nehmen kann. Oder man steigt 1,5 km vor Chaudi an der Char Rastay („Four-Way")-Kreuzung aus und geht dann zu Fuß ins Dorf (ca. 1 km).

Es verkehren auch stündlich Direktbusse zwischen Margao und Palolem; sie halten am Ende des Weges, der von der Hauptstraße zum Strand führt. Der letzte Bus von Palolem nach Chaudi/Margao fährt um 16.30 Uhr ab – die Abfahrtszeiten von Einheimischen bestätigen lassen, da sie sich von Saison zu Saison ändern!

Südlich von Palolem: Colomb, Patnem und Rajbag

Über den Fluss und den felsigen Vorsprung, der die südliche Grenze des Strandes von Palolem bildet, erreicht man **Colomb**, ein Hindu-Fischerdorf, das sich über mehrere felsige Buchten verteilt. Dutzende Zimmer für Langzeitgäste, Palmhütten und Privathäuser liegen versteckt zwischen den Palmenhainen und an der malerischen Landspitze, die sich von der *Boom Shankar Bar* am unteren Ende der Bucht Richtung Meer erstreckt. Hier empfiehlt es sich, mit der Suche nach einer Unterkunft zu beginnen – die jungen Männer im Ort wissen, wo etwas frei ist. Die meisten Zimmer hier sind allerdings sehr einfach und haben nicht immer fließendes Wasser, von Toiletten ganz zu schweigen. Alternativ dazu gibt es mehrere gute Guesthouses, die im Abschnitt Palolem beschrieben werden (s. S. 189 f.).

Ein Streifen kleiner Camps und Hütten säumt **Patnem**, den nächsten Strand weiter südlich, wo die Szenerie insgesamt ruhiger ist als in Palolem. Der Strand zieht sich über etwa 1 km bis zu einem steilen Felsvorsprung. Er ist breit, bietet wenig Schatten und fällt bei bestimmten Gezeitenphasen recht steil ab, wenngleich die Unterströmung hier nur selten gefährlich wird.

Bei Ebbe kann man von Patnem aus um die steilwandige Landspitze herumwandern zum Nachbarstrand **Rajbag**, einen weiteren kilometerlangen Streifen aus weißem Sand. Bedauerlicherweise war es mit der Abgeschiedenheit abrupt vorbei, als hier vor kurzem das riesige 5-Sterne-Hotel *Goa Grand Intercontinental* (🖳 www.interconti nental.com ➒) errichtet wurde – sehr zum Ärger der Einheimischen, die sich vier Jahre lang erfolglos gegen das Projekt gewehrt hatten.

Es ist sogar möglich, **von Rajbag noch weiter nach Süden** vorzudringen, indem man den Talpona-Fluss mit einer von Hand gepaddelten Fähre überquert, die meistens vom gegenüberliegenden Ufer angefordert werden muss (es empfiehlt sich, im Voraus einen Festpreis für die Hin- und Rückfahrt auszuhandeln und erst zu bezahlen, wenn man wieder am Ausgangspunkt abgesetzt wurde, denn Gerüchten zufolge ist es schon vorgekommen, dass die Bootsmänner wohlhabende Touristen aus dem *Goa Grand* erst wieder ans Nordufer übersetzten, nachdem sie ein sattes „Trinkgeld" berappt hatten). Auf der anderen Seite führt ein kurzer Fußmarsch zum **Talpona Beach**, der von niedrigen Dünen und Palmen gesäumt wird. Wer bis dahin noch keinen Sonnenstich erlitten hat oder verdurstet ist, kann die Landspitze am Ende des Strandes überqueren und kommt nach **Galjibag**, eine völlig unberührte Bucht mit weißem Sandstrand und ein geschützter Eiablegeplatz für **Bastardschildkröten**. Aufgrund der starken Unterströmung ist das Schwimmen hier allerdings zu gefährlich.

Übernachtung und Essen

In diesem südlichsten Teil Goas gibt es viele gute Übernachtungsmöglichkeiten, von der einfachen Palmenhütte mit Gemeinschaftstoilette bis zum Zimmer mit Bad und Veranda.

Home, in der Mitte des Strandes von Patnem, ✆ 0832/264 3916, ✉ homeispatnem@yahoo.

com. Das beste Haus am Platze hebt sich positiv von den durchschnittlichen Guesthouses am Strand ab. Die Besitzer, ein schweizerisch-englisches Paar, bieten in einem Anbau Zimmer mit Bad, attraktiven Stoffen, Lampenschirmen und anderen gemütlichen Details, die den etwas höheren Preis rechtfertigen. Ihnen gehört auch das beste Café-Restaurant in Patnem, das *mezes*, Salate, Espresso und wunderbare Desserts serviert (u. a. Banoffi Pie, warme Apfeltorte mit frischer Sahne oder Schoko-Walnuss-Kuchen). ❸

Mountain Palms, Patnem, kein Telefon. Etwas billiger, aber mit ausgefeilter, für Goa untypischer Inneneinrichtung. Die sehr preiswerten Hütten haben Himmelbetten, pinkfarbene Moskitonetze, Seidengardinen und Vorhänge mit Blumenmustern. ❷

Namaste, Patnem, ✆ 9850/925821. Eines der Camps hinter den Strandhütten. Bewährte und beschwingt Budget-Unterkunft unter Leitung des liebenswürdigen Satay, dessen Kundschaft jeder Jahr wiederkommt. Es gibt Hütten in zwei Preisklassen (Rs 150–350), je nach Größe und Jahreszeit. ❷

Magic View, am äußersten Nordende des Strandes von Patnem. Serviert den besten Cappuccino weit und breit, Schokoladengebäck zum Frühstück, gute Salate und Pasta. Die nur abends erhältliche Pizza bekommt dagegen gemischte Kritiken. Hauptgerichte ab Rs 100–140, also preislich etwas über dem Durchschnitt in dieser Gegend, aber der Blick auf den Strand ist so, wie es der Name verspricht.

Transport

Busse nach PALOLEM und MARGAO halten in regelmäßigen Abständen an der parallel zum Strand verlaufenden Straße.

Cotigao Wildlife Sanctuary

Das Cotigao Wildlife Sanctuary, 12 km südöstlich von Palolem, wurde 1969 eingerichtet, um ein abgeschiedenes Waldgebiet an der Grenze von Goa und Karnataka zu schützen. Das 86 km² Mischwald umfassende Schutzgebiet wird zwar Baumliebhabern gefallen, viele Tiere sind jedoch nicht zu

sehen. Die Tiger und Leoparden sind längst ausgerottet, und die Gazellen, Lippenbären, Stachelschweine, Panther und Hyänen, die angeblich in den Wäldern hausen, kommen nur selten zum Vorschein. Dafür stehen die Chancen nicht schlecht, mindestens zwei Affenarten, ein paar Wildschweine, vielleicht einen Gaur (den urzeitlich aussehenden indischen Bison) und viele exotische Vögel (u. a. Nashornvögel) zu Gesicht zu bekommen.

Den friedlichen, landschaftlich schönen Park, der sich für einen angenehmen Tagesausflug von Palolem anbietet, besucht man am besten zwischen Oktober und März. Alle auf dem NH-14 via Chaudi Richtung Süden nach Karwar verkehrenden Busse lassen Passagiere in einer Entfernung von 2 km zum Parkeingang aussteigen. Um aber die weit im Innern liegenden Gebiete zu erkunden, braucht man ein eigenes Transportmittel. Die Ranger in dem kleinen **Interpretative Centre** am Haupttor, wo auch der Eintritt entrichtet wird (Rs 15 p. P., plus Rs 75 pro Auto, Rs 20 pro Motorrad, Rs 40 für Fotoerlaubnis) zeigen Besuchern, wie sie zu dem 25 m hohen Beobachtungsposten in einer Baumkrone gelangen. Von dort blickt man auf ein **Wasserloch**, das zum Sonnenauf- und -untergang einige Tiere anlockt.

Übernachtung

Übernachten kann man in einem wenig ansprechenden kleinen Zimmer (keine Reservierung möglich ❷) auf dem Gelände hinter dem Haupteingangstor zum Schutzgebiet. Essen und Trinken kann nach vorheriger Vereinbarung arrangiert werden, einen **Laden** gibt es im nächsten Dorf, ca. 2 km weiter parkeinwärts.

Pepper Valley, abgeschieden am Rand von Cotigao, ✆ 0832/264 2370. Inspirierende Unterkunft inmitten einer Gewürzplantage mit einer Reihe einfacher Hütten am Flussufer im Schatten von Palmen, umgeben von Cashew-Büschen und Yam-Pflanzen. Die Einrichtungen sind recht einfach für den Preis, aber am Abend kann man hier wunderbar entspannen. Anfahrt: beim Cotigao Interpretative Centre nach links, dann 500 m die Straße entlang bis zu einem Schild, das nach rechts auf einen auch für Autos befahrbaren Weg hinweist. ❸

KARNATAKA

HIGHLIGHTS

Mysore – Die Sandelholz-Stadt wartet mit dem Charme vergangener Zeiten und Sehenswürdigkeiten wie dem märchenhaften Maharadscha-Palast auf.

Halebid und Belur – In diesen beschaulichen Orten des ländlichen Karnataka befinden sich zwei wundervoll verzierte Hoysala-Tempel.

Jog Falls – Der höchste Wasserfall Indiens bietet die Gelegenheit, frische Luft zu tanken, herrliche Ausblicke zu genießen und ein kühles Bad zu nehmen.

Gokarna – Die ruhige, heilige Hindu-Stadt bietet mehrere ausgezeichnete, halbmondförmige Strände, an denen es sich herrlich ausspannen lässt.

Hampi – Vom Tungabhadra-Fluss in zwei Hälften geteilt, liegen inmitten üppiger Plantagen und bizarrer Felsformationen die Überreste des berühmten Vijayanagar-Königreiches.

Bijapur – Das „Agra des Südens" besticht durch überwältigende islamische Baudenkmäler, nicht zuletzt das gewaltige Golgumbaz-Mausoleum.

Bidar – Der selten besuchte moslemische Außenposten im abgelegenen Nordosten des Bundesstaats ist berühmt für seine als *bidri* bezeichnete Metallkunst und prachtvolle Monumente aus dem Mittelalter.

Der 1956 aus dem ehemaligen Fürstentum Mysore hervorgegangene Bundesstaat Karnataka – der Name leitet sich von der Kannada-Sprache ab, die von praktisch allen 53 Millionen Einwohnern gesprochen wird – markiert eine Übergangszone zwischen Nordindien und dem dravidischen Süden des Landes. Entlang seiner Grenzen zu Maharashtra und Andhra Pradesh erinnert eine Reihe mittelalterlich befestigter Städte mit Mausoleen und Minaretten an die Zeit, als dieser Teil des Dekkan-Hochplateaus unter moslemischer Herrschaft stand. Dagegen sind die Küsten- und Bergregionen, die sich in Kerala fortsetzen, mit ihrer üppigen Tropenvegetation und den hoch aufragenden Tempelbauten durch und durch südindisch-hinduistisch. Dazwischen liegen einige der sehenswertesten historischen Stätten der Halbinsel, insbesondere die ehemalige Stadt der Vijayanagar-Herrscher Hampi, deren verlassene Tempel und verfallene Paläste inmitten einer kargen, mit Felsbrocken übersäten Landschaft von geradezu unwirklicher Schönheit stehen.

Karnataka ist eine der feuchtesten Regionen Indiens. Das **Klima** wird vom Monsunregen bestimmt, der im Juni von Südwesten heranfegt und der Küste eine durchschnittliche Niederschlagsmenge von 4 m beschert, ehe er sich Ende September verabschiedet. Die Bergkette der mit dichten Wäldern bedeckten **Westghats**, die sich entlang der palmenbestandenen Küste erstreckt, lässt die Regenwolken nicht nach Osten abziehen. Daher ist das Landesinnere – bestehend aus dem Südausläufer des dreieckigen Dekkan, der hier **Mysore Plateau** genannt wird – erheblich trockener: Im Norden besteht der Boden aus dunkler Vulkanerde, im Süden herrscht unfruchtbarer Quarzgranitboden vor. Durch dieses sonnenverbrannte Gebiet fließen zwei der heiligsten Flüsse Indiens, der Tungabhadra und der Krishna, nach Osten in den Golf von Bengalen.

Grob gesagt, konzentrieren sich die Hauptanziehungspunkte von Karnataka am nördlichen und südlichen Ende des Staates, während es entlang der Küste zwischen Goa und Kerala noch eine Hand voll seltener besuchte Stätten gibt.

Der Verlauf der Straßen und Eisenbahnschienen macht es erforderlich, dass auf der Reiseroute fast immer die Bundesstaatshauptstadt **Bangalore** liegt, eine schnelllebige, moderne Stadt, die mit ihren eleganten Einkaufszentren, Fastfood-Lokalen und einem Nachtleben, das sich außer in Mumbai sonst nirgendwo findet, die Ambitionen des neuen Mittelstandes von Indien verkörpert. Die andere große Stadt, **Mysore**, besticht mehr durch ihr altmodisches Ambiente, die Paläste aus dem 19. Jh. und lebhaften Märkte. Zudem liegt sie in Reichweite mehrerer wichtiger historischer Denkmäler. Die nahe gelegene befestigte Insel **Srirangapatnam** war Schauplatz der blutigen Schlacht von 1799, die den Ausschlag dafür gab, dass der Staat Mysore in die Hände der Briten fiel, nachdem diese den moslemischen Feldherrn **Tipu Sultan** geschlagen hatten. Hier sind noch Teile des Forts, ein Mausoleum und Tipus Sommerpalast erhalten.

Weiter nordwestlich befindet sich eine Ansammlung unbedingt sehenswerter Stätten rings um die nicht weiter bemerkenswerte Eisenbahnstadt **Hassan**. Vor rund neun Jahrhunderten erbauten die Hoysala-Herrscher hier, in den mittlerweile gottverlassenen Dörfern **Belur** und **Halebid**, ihre Herrscherstädte, von denen noch mehrere überaus kunstvoll gestaltete Tempel zu sehen sind. Noch eindrucksvoller, und eine der ungewöhnlichsten heiligen Stätten Indiens, ist der 18 m hohe Jain-Koloss von **Sravanabelagola**, der sich majestätisch aus der idyllischen Landschaft des Dekkan erhebt.

Westlich von Mysore ragen die Ghats als eine Mauer undurchdringlichen Dschungels empor, durchzogen von tiefen Schluchten und verborgenen Tälern. Man kann den Gebirgszug entweder via Hassan per Bahn überqueren oder das reizvolle Hinterland auf dem Straßenweg erkunden. Das hübscheste Fleckchen der Berge ist wahrscheinlich die selten besuchte Kaffee- und Gewürzanbauregion von **Kodagu (Coorg)** mit ihrer ganz eigenen Kultur und den herrlichen Aussichten auf die nebelverhangenen, bewaldeten Hügel und Täler.

Die meisten Landwirtschaftsprodukte werden von **Mangalore** aus verschifft, der am nächsten gelegenen größeren Stadt, die inzwischen nicht nur als Verkehrsknotenpunkt von Interesse ist, sondern nach der Fertigstellung der Konkan Railway zunehmend an Bedeutung gewinnt. Auf halbem Wege zwischen Goa und Kerala gelegen, bietet sie sich auch als ein praktischer Zwischenstopp auf der Reise entlang der wunderschönen **Karavali-Küste** von Karnataka an. Die von zahllosen mangrovengesäumten Trichtermündungen unterbrochene,

320 km lange, rote Laterit-Küste des Staates ließ sich auf dem Landweg immer schwer bewältigen, und der Verkehr auf der vor kurzem ausgebesserten Straße ist relativ spärlich. Es gibt zwar sehr viele schöne Badestrände, doch ohne jegliche Einrichtungen, und die Einheimischen sind beim Anblick eines Ausländers nicht selten erstaunt. Das wird jedoch nicht mehr lange so bleiben, denn die neue Konkan Railway wird den Fischerorten, längst vergessenen Festungen, unberührten Hängen und Klippen am Wege einschneidende Veränderungen bringen.

Bislang besuchen nur wenige westliche Touristen den berühmten Krishna-Tempel bei **Udipi**, ein wichtiges Pilgerzentrum der Vaishnavas, und noch weniger erklimmen die Berge, um Indiens höchsten, in einer der reizvollsten Landschaften der Region gelegenen Wasserfall, **Jog Falls**, zu bewundern.

Der nette Ort **Gokarna**, weiter nördlich an der Küste gelegen, entwickelt sich hingegen zu einem bei Travellern zunehmend beliebten Badeort. Diese Hindu-Pilgerstätte aus dem 17. Jh. besitzt einen der berühmtesten *shivalinga* Indiens und erfreut sich einer wunderschönen landschaftlichen Lage: Ein Hügelzug trennt sie von einer Reihe ausgezeichneter Strände.

Von der gebirgigen Grenze zu Goa schlängeln sich der NH-4A und die Eisenbahnlinie als Hauptverkehrsadern ins spärlich besiedelte **nördliche Karnataka** und verbinden mehrere düstere Industrieorte miteinander. Unbestrittenes Highlight dieser Region ist die Geisterstadt Vijayanagar, besser bekannt als **Hampi**, auf einem felsigen Gelände am Südufer des Flusses Tungabhadra. Die Ruinen dieser ehemals blühenden Hauptstadt liegen inmitten einer bizarren Landschaft, und im alten Basar kann man gut ein Weilchen ausspannen. Ausgangspunkt für Hampi ist **Hospet**, von wo aus Busse die holprige Straße nach Norden über die Dekkan-Hochebene in Richtung **Badami**, **Aihole** und **Pattadakal** nehmen. Diese winzigen Dörfer, die sich heute im Gelände verlieren, waren früher Zentren der Chalukya-Dynastie (6. bis 8. Jh.). Das ganze Gebiet ist mit altertümlichen, in Felsen gegrabenen Höhlen und wunderbar verzierten Steintempeln übersät.

Noch weiter nördlich, in einem der entlegensten und ärmsten Distrikte Karnatakas, künden auf Anhöhen die Ruinen von Zitadellen und zerfallene Grabmäler am Wegesrand davon, dass sich hier einmal die umkämpfte Pufferzone zwischen dem moslemisch dominierten nördlichen Dekkan und dem dravidisch-hinduistischen Süden befand. In **Bijapur**, der Hauptstadt des Bahmani-Sultanats, jener moslemischen Dynastie, die schließlich den Zusammenbruch von Vijayanagar herbeiführte, ist die erlesenste Sammlung islamischer Architektur Südindiens zu sehen, darunter das gewaltige Mausoleum Golgumbaz.

Die erste Hauptstadt des Bahmani-Reiches, **Gulbarga**, in der sich eine berühmte Freitagsmoschee und eine Religionsschule befinden, hat einiges von ihrem früheren Glanz eingebüßt, doch das abgelegenere **Bidar**, wohin die Bahmani-Herrscher im 16. Jh. übersiedelten, vier Busstunden weiter östlich, lohnt unbedingt einen Abstecher auf dem Weg von oder nach Hyderabad. Seine Festungsmauern umschließen mosaikverzierte Moscheen im persischen Stil, Gräber und eine mächtige Festung, die Erinnerungen an Samarkand und die berühmte Seidenstraße wecken.

Geschichte

Wie ein Großteil Südindiens wurde auch Karnataka sukzessive von buddhistischen, hinduistischen und moslemischen Dynastien regiert. Auch der Jainismus hat seine Spuren hinterlassen: Der erste große Herrscher Indiens, **Chandragupta Maurya**, soll im 4. Jh. v. Chr. zum Jainismus übergetreten sein, dem Thron entsagt haben und sich in Sravanabelagola, heute eines der meistbesuchten Jain-Pilgerzentren des Landes, zu Tode gefastet haben.

Im ersten Jahrtausend n. Chr. wurde die gesamte Region von Machtkämpfen zwischen den verschiedenen Dynastien, die das westliche Dekkan kontrollierten, erschüttert. Vom 6. bis zum 8. Jh. umfasste das Chalukya-Königreich Maharashtra, die Konkan-Küste im Westen und das gesamte Karnataka. Den Osten der Region beherrschten etwa ab 870 bis ins 13. Jh. die Cholas, dann wurden die Dekkan-Fürstentümer von General Malik Kafur unterworfen, der zum Islam übergetreten war.

Um das Mittelalter herum hatten die moslemischen Vorstöße von Norden her die bis dahin untereinander verfeindeten und zersplitterten Hindu-Staaten zu einer Allianz gedrängt, aus der die mächtigen **Vijayanagars** als Oberherrscher hervorgingen. Ihre beeindruckende Hauptstadt Vija-

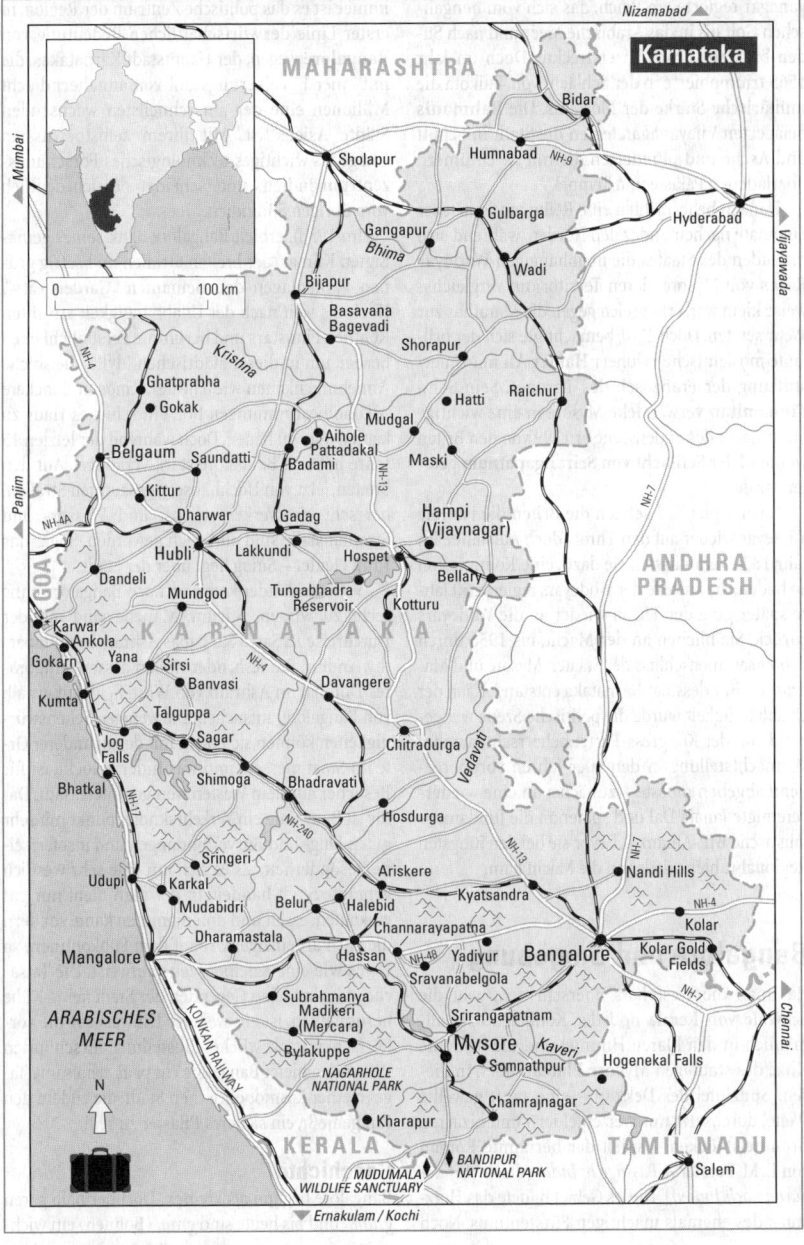

Karnataka

KARNATAKA

MAHARASHTRA

Mumbai ▲

Sholapur

Humnabad NH-9

Bidar

Gulbarga

Hyderabad

Gangapur

Bhima

Wadi

Vijayawada ▶

Bijapur

Basavana
Bagevadi

Shorapur

Raichur

Krishna

Ghatprabha

Gokak

Mudgal

Hatti

Belgaum

Saundatti

Aihole
Pattadakal
Badami

Maski

Kittur

Dharwar

Gadag

Hampi
(Vijaynagar)

NH-13

Hubli

Lakkundi

Hospet

ANDHRA
PRADESH

Dandeli

Mundgod

Tungabhadra
Reservoir

Bellary

K A R N A T A K A

Kotturu

Karwar

Ankola

Yana

Sirsi

Gokarn

Banvasi

Davangere

Kumta

Talguppa

Sagar

Jog
Falls

Shimoga

Bhadravati

Chitradurga

Bhatkal

Hosdurga

NH-240

Udupi

Karkal

Sringeri

Ariskere

Nandi Hills

Mudabidri

Belur

Halebid

Kyatsandra

Dharamastala

Channarayapatna

NH-4

Kolar

Mangalore

Hassan NH-48

Yadiyur

Bangalore

Kolar Gold
Fields

Subrahmanya

Madikeri
(Mercara)

Sravanabelgola

Srirangapatnam

Chennai ▶

ARABISCHES
MEER

Bylakuppe

Mysore

Kaveri

Somnathpur

Hogenekal Falls

*NAGARHOLE
NATIONAL PARK*

Chamrajnagar

Kharapur

KERALA

*BANDIPUR
NATIONAL PARK*

TAMIL NADU

*MUDUMALA
WILDLIFE SANCTUARY*

Salem

Ernakulam / Kochi ▼

N

0 --- 100 km

GOA

Panjim ▲

NH-4A

NH-17

KONKAN RAILWAY

Vedavati

NH-13

NH-7

NH-7

yanagar regierte ein Reich, das sich vom bengalischen Golf bis in das Arabische Meer und nach Süden bis Cape Comorin erstreckte. Doch im Jahr 1565 triumphierte in der Schlacht von Talikota die militärische Stärke der Moslems. Die **Bahmanis** belagerten Vijayanagar, legten die Stadt in Schutt und Asche und plünderten die mit Reichtümern überladenen Paläste und Tempel.

Danach beherrschten eine Reihe moslemischer Sultanate nacheinander den Norden, während sich im Süden des Staates die unabhängigen **Wodeyar Rajas** von Mysore, deren Territorium vergleichsweise klein war, erfolgreich gegen die Marathas zur Wehr setzten. Doch 1761 bemächtigte sich der brillante moslemische Feldherr **Haider Ali** mit Unterstützung der Franzosen des Thrones. Sein Sohn **Tipu Sultan** verwandelte Mysore in eine wichtige Streitmacht des Südens, ehe er 1799 von den Briten während der **Schlacht von Srirangapatnam** getötet wurde.

Nach Tipus Tod setzten die Briten die Familie Wodeyar wieder auf den Thron, doch Aufstände im Jahr 1830 veranlassten sie dazu, eine Kommission zu bilden, die anstelle der Wodeyars regierte. 50 Jahre später ging der Thron wieder an die Wodeyars zurück. Sie blieben an der Macht, bis 1956 durch den Zusammenschluss der Staaten Mysore und Madras der Bundesstaat Karnataka entstand. Nach der Unabhängigkeit wurde die politische Szene weitgehend von der Kongress-Partei beherrscht, die ihre Vormachtstellung in den 90er Jahren vorübergehend abgeben musste – zunächst an eine wiedervereinigte Janata Dal und später an die fundamentalistische BJP-Allianz –, bevor sie bei den jüngsten Regionalwahlen wieder an die Macht kam.

Bangalore und Umgebung

Hat man die Westghats überschritten, geht die Schwüle von Kerala und der Konkan-Küste allmählich in den klaren Himmel und die trockene Hitze des staubigen **Mysore Plateau** über. In diesem Südzipfel des Dekkan – eine sanft gewellte Weite, durchsetzt mit Weizenfeldern und bizarren Granitfelsblöcken – spielt der berühmte Roman von E. M. Forster *A Passage to India* (dtsch. *Auf der Suche nach Indien*). Dieses Gebiet bildete das Herzstück des ehemals mächtigen Fürstentums. Noch

immer ist es das politische Zentrum der Region, in erster Linie der wirtschaftlichen Bedeutung von **Bangalore** wegen, der Hauptstadt Karnatakas, die mit einer Bevölkerungszahl von annähernd acht Millionen eine der am schnellsten wachsenden Städte Asiens ist. Mit ihrem selbstbewussten Image als wichtiges technologisches Forschungszentrum Indiens unterscheidet sie sich deutlich vom übrigen Südindien.

Im 19. Jh. erhielt Bangalore dank seines gemäßigten Klimas, der breiten Straßen und saftig grünen Parkanlagen den Beinamen „Garden City“. Noch bis weit nach der Unabhängigkeit strömten Rentner, Filmstars und berühmte Persönlichkeiten herbei, um in dieser städtischen Idylle, die solche Annehmlichkeiten wie Theater, Kinos und lockere Alkoholbestimmungen bot, ein schickes Haus zu kaufen oder zu bauen. Doch während der letzten 15 Jahre hat sich Bangalore stark verändert. Auf den breiten, jetzt von Hochhäusern gesäumten Straßen, herrscht ein Verkehrschaos, und Wasser- und Stromausfälle sind alltäglich geworden. Sogar das Klima leidet – Smog liegt über der Stadt.

Viele Ausländer kommen nach Bangalore ohne recht zu wissen, warum. Manche sind auf der Durchreise zu Satya Sai Babas Ashram in Puttaparthy, Andhra Pradesh, oder wollen dessen temporäres Domizil im Ashram von Whitefield, außerhalb von Bangalore, aufsuchen. Die wenigen Sehenswürdigkeiten können sich nicht mit denen anderer Orte im Staat messen, und was den Inder anlockt, ist für Besucher aus dem Westen weniger interessant. Dafür ist Bangalore ein Verkehrsknotenpunkt mit sehr guten Flug- und Busverbindungen und insofern eine Besonderheit, als es sich um eine sehr westlich geprägte Stadt handelt, in der man nicht nur gut einkaufen, essen und unterkommen kann, sondern die auch als einziger Ort auf dem Subkontinent so etwas wie eine Kneipenszene aufweist. Die Tatsache, dass in vielen Gegenden der Stadt keine Kühe herumlaufen, ist ein weiterer Hinweis auf die vorherrschende westliche Einstellung. Erschöpften Reisenden bietet Bangalore ein paar erholsame Tage in einer kosmopolitischen Stadt, die zudem den Ruf genießt, ein sicheres Pflaster zu sein.

Geschichte

Bangalore begann als kleines „Dorf der halb garen *gram*“, und bis heute sind *gram* (Bohnen) ein wichtiges Produkt der Gegend. 1537 erbaute **Magadi Kempe Gowda**, ein gläubiger Hindu und Feudalherr des Vijayanagar-Reiches, eine Lehmfestung, errichtete außerhalb des Dorfes vier Wachttürme und verkündete, die Siedlung werde eines Tages bis dorthin reichen. Die heutige Stadt geht natürlich weit über diese Grenzen hinaus. In der ersten Hälfte des 17. Jhs. fiel Bangalore an das moslemische Sultanat Bijapur, wechselte mehrmals den Besitzer und geriet schließlich unter den **Wodeyar Rajas** von Mysore wieder unter hinduistische Herrschaft. 1758 wurde Chikka Krishnaraja Wodeyar II. von dem Moslem-Führer **Haider Ali** gestürzt, der hier Musketen, Geschosse und andere Waffen für seine berühmten Feldzüge gegen die Briten herstellen ließ. Unter seiner und der Herrschaft seines Sohnes **Tipu Sultan** wurde Bangalore erheblich vergrößert und durch eine Steinfestung besser geschützt. 1799 machten die Briten Bangalore nach ihrem Sieg über Tipu zu einer wichtigen Garnisonsstadt und beauftragten 1881 den Maharadscha von Mysore mit der Verwaltung der Stadt. Nach der Unabhängigkeit wurde der damalige Maharadscha zum Gouverneur des Staates Mysore ernannt. 1956 wurde Bangalore zur Hauptstadt von Mysore ernannt und blieb es auch, als 1973 der Staat Karnataka ins Leben gerufen wurde.

Der berühmte Hightech-Boom setzte in den 80er Jahren ein, als mehrere indische Computerfirmen aus Mumbai ihren Sitz nach Bangalore verlegten, angelockt von dem einem schier unerschöpflichen Angebot an hoch qualifizierten, Englisch sprechenden Arbeitskräften (eine Folge des in den 60er Jahren gefassten Beschlusses der indischen Regierung, hier ihre Telekommunikations- und militärische Abwehrforschung zu konzentrieren). Innerhalb eines Jahrzehnts entwickelte sich der Electronic City Industrial Park am Stadtrand von Bangalore zum zweitgrößten Software-Produzenten der Welt und erhielt den Beinamen **Silicon Valley**. Im Stadtzentrum entstanden Wolkenkratzer, schicke Läden und Einkaufszentren für die neuen, wohlhabenden Bevölkerungsschichten. Gleichzeitig wurde jedoch kaum in den Ausbau der urbanen Infrastruktur investiert, sodass die Stadt schon bald unter massiver Zuwanderung, Unweltverschmutzung und Stromausfällen zu leiden hatte. Diese chaotischen Zustände spielten auch eine Rolle bei der Entscheidung mehrerer multinationaler

Unternehmen, ihren Sitz in die neue indische Software-Hauptstadt Hyderabad zu verlegen. Bangalores Wirtschaft wurde von der Abwanderung der vielen zahlungskräftigen und bestens ausgebildeten Computer-Fachkräfte schwer getroffen, doch trotz der nicht verstummenden Gerüchte über Missmanagement und Korruption in Bezug auf lokale Politiker hat sich Bangalore in den letzten Jahren wieder einmal neu erfunden – als schnell wachsendes Zentrum der internationalen Telekommunikations- und Call-Center-Industrie (u. a. betreibt AOL hier ein großes Servicezentrum).

Derweil fragen sich die alten Bangaloreaner, was aus ihrer geliebten „Garden City" geworden ist.

Bangalore

Das **Zentrum** des modernen Bangalore liegt rund 4 km östlich des Kempe Gowda Circle, wo sich auch der Bahnhof und der Busbahnhof befinden. In der **MG Road** befinden sich die meisten Unterkünfte mittlerer Preislage, Restaurants, Geschäfte, die Touristeninformation und Banken. Der schattige **Cubbon Park** und seine eher langweiligen Museen liegen am Ostrand des Zentrums. Der älteste, „indischste" Teil der Stadt erstreckt sich vom Stadtbahnhof nach Süden, ein Wirrwarr verwinkelter Gassen, am belebtesten im Umkreis des **City** und **Gandhi Markets**.

Bangalores Touristenattraktionen liegen ziemlich verstreut; Baudenkmäler wie **Tipus Sommerpalast** und der **Bull Temple** befinden sich ein gutes Stück südlich der Innenstadt. Die meisten, wenn nicht sogar alle, lassen sich im Rahmen einer Halbtagestour besuchen.

Cubbon Park und Museen

Im Herzen der Stadt, vom Westende der MG Rd her zugänglich, liegt der grüne, von dichten Bambussträuchern beschattete **Cubbon Park**, dessen Eingang eine Statue Queen Victorias schmückt. An der Kasturba Rd, die am südöstlichen Parkrand verläuft, steht das nicht besonders gut in Stand gehaltene, mit dürftigen Erklärungen versehene **Government Museum**, das Vijayanagar-, Hoysala- und Chalukya-Skulpturen, Musikinstrumente, Thanjavur-Gemälde und Miniaturen aus dem Dekkan und aus Rajasthan beherbergt. ☉ Di–So 10–17 Uhr, Eintritt Rs 5.

Zu dem Museum gehört auch die **Venkatappa Art Gallery** gleich daneben, in der Landschaftsmalereien des 20. Jhs., Porträts, abstrakte Kunst, Holzskulpturen und manchmal eine zeitgenössische Ausstellung zu sehen sind.

Vidhana Soudha

Das weitläufige, 1956 erbaute **State Secretariat**, Vidhana Soudha, der nordwestlich des Cubbon Parks gelegene Regierungssitz, ist das größte staatliche Gebäude seiner Art in ganz Indien. Der damalige Premierminister K. Hanumanthaiah wünschte sich einen „Volkspalast", der nach dem Übergang von der Wodeyar-Dynastie zur Demokratie „die Macht und Würde des Volkes" widerspiegeln sollte. Theoretisch ist die Bauweise ganz und gar indisch, sie erinnert jedoch stark an den so genannten indo-sarazenischen Stil.

Lalbagh Botanical Gardens

Inspiriert von den Gärten der Mogule und dem französischen botanischen Garten von Pondicherry in Tamil Nadu, ließ Sultan Haider Ali 1760 die Lalbagh Botanical Gardens, 4 km südlich der Innenstadt, anlegen. Ursprünglich bedeckte der botanische Garten eine Fläche von 16 ha direkt außerhalb der unter Kempe Gowda errichteten Festung, von der noch einer der Original-Wachtürme zu sehen ist. Unter Alis Sohn Tipu, der zahlreiche exotische Pflanzen einführte, wurde der Garten vergrößert. 1856 ließen die Briten Gärtner aus Kew kommen und eine Tribüne für Militärkapellen sowie ein Gewächshaus nach dem Vorbild des Londoner Crystal Palace bauen. In Letzterem finden sehenswerte Blumenausstellungen statt. Tagsüber ist ein Besuch des inzwischen 240 ha großen Gartens sehr angenehm, aber nach ca. 18 Uhr treiben sich dort manchmal zweifelhafte Gestalten herum. Von dem zentralen Hügel des Parks bietet sich eine schöne Aussicht über den Nordteil der Stadt. Außerdem ist dies ein hübsches Plätzchen, um den Sonnenuntergang zu betrachten. ⏰ tgl. 8–20 Uhr, Eintritt vor 18 Uhr Rs 15.

Bull Temple

Rund 6 km südlich des städtischen Busbahnhofes, im Viertel Basavanagudi, steht Kempe Gowdas Stier-Tempel aus dem 16. Jh. Er beherbergt einen gewaltigen Nandi-Monolithen, dessen grauer Granitstein mit Kohle und Öl geschwärzt wurde. Zum Tempel führt ein langer, mit Bettlern und Schlangenbeschwörern gesäumter Pfad. Im Inneren kann man dem Priester für ein paar Rupien eine Kette aus duftenden Jasminblüten abkaufen. ⏰ auch für Nicht-Hindus tgl. 7.30–13.30 und 14.30–20.30 Uhr. Zu erreichen mit Bus Nr. 34 oder 37.

ISKCON-Tempel

Der neue ISKCON (International Society of Krishna Consciousness)-Tempel **Sri Radha Krishna Mandir** – eine Mischung aus ultramodernem Glasbau und altertümlicher südindischer Tempelarchitektur –, Hare Krishna Hill, Chord Rd, 8 km nördlich der Innenstadt, bietet mit seiner goldenen Kuppel einen beeindruckenden Anblick. Sperren zwingen den Besucher, ohne Umkehrmöglichkeit durch den riesigen, bestens organisierten Komplex ins innerste Heiligtum durchzumarschieren, wo sich Statuen des Gottes Krishna und seiner Gefährtin Radha befinden. Überall wird um Spenden gebeten, und der Weg nach draußen ist der reinste Kaufladen, Zeichen der äußerst erfolgreichen Kommerzialisierung der Organisation. ⏰ tgl. 7–13 und 16– 20.30 Uhr. Am Stadtbusbahnhof und am Busbahnhof Shivaji Nagar fahren in regelmäßigen Abständen Busse zum Tempel ab.

Bangalores Unterkünfte sind meistens gut gefüllt, was besonders für die exklusiveren Hotels gilt, doch dank des fast überall üblichen 24-Std.-Checkout werden immer wieder Zimmer frei. Es kann also nicht schaden, sich vorab telefonisch zu erkundigen.

Die **preiswerten** Unterkünfte konzentrieren sich um den Stadtbahnhof (mit günstigen, aber oft ausgebuchten *Retiring Rooms;* Dorm Rs 125, Zimmer Rs 300–400) und den zentralen Busbahnhof. Der Standard in dieser Gegend ist teilweise sehr niedrig; die besseren der hiesigen Unterkünfte findet man im Osten, in der Umgebung der Dhanavanthri (Tank Bund) Rd und der parallel zu dieser verlaufenden Subedar Chatram Rd. Die **Hotels der mittleren und oberen Preisklasse** liegen verstreuter, die meisten im Einzugsbereich der MG Road, andere in der Umgebung vom Racecourse, erreichbar nach einer kurzen

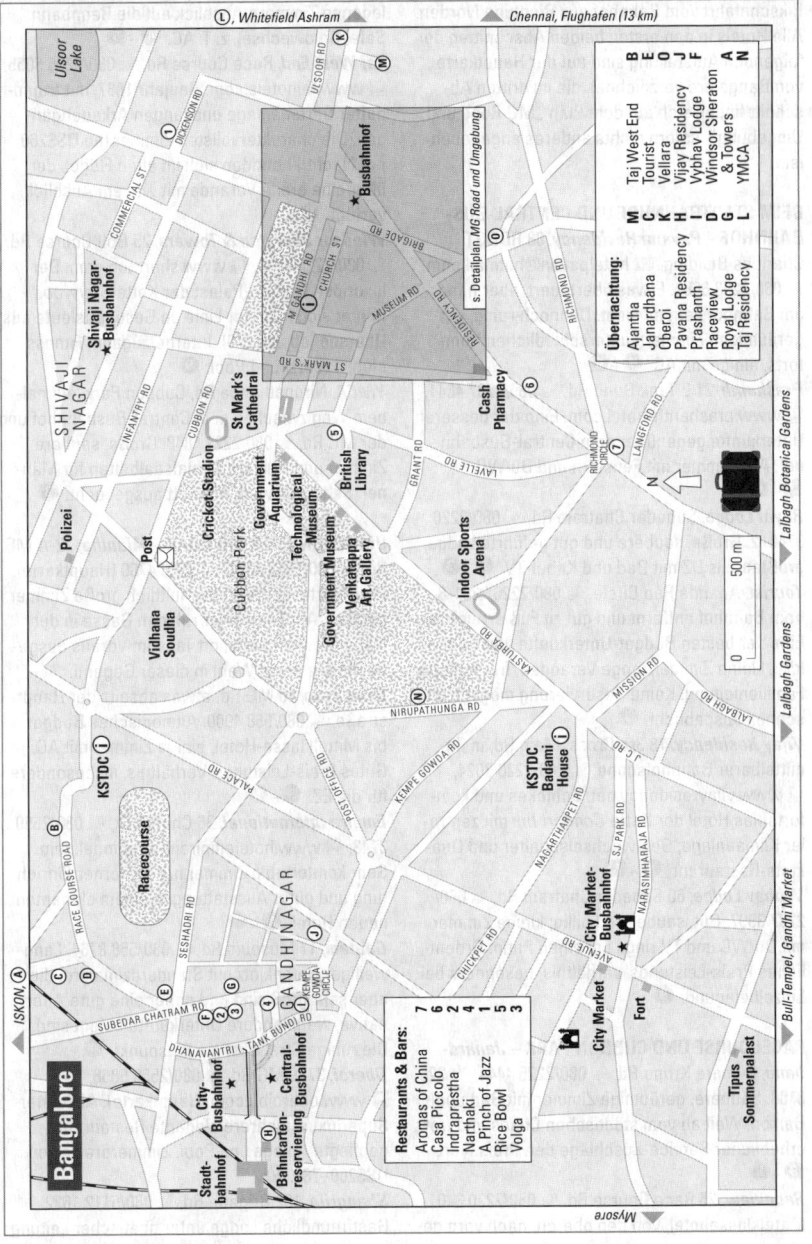

Bangalore

Ulsoor Lake

↥ ⓛ, Whitefield Ashram   ↥ Chennai, Flughafen (13 km)

ⓚ

ⓜ

SHIVAJI NAGAR

Shivaji Nagar-★ Bushbahnhof

Busbahnhof ★

COMMERCIAL ST
DICKENSON RD
ULSOOR RD
M GANDHI RD
CHURCH ST
BRIGADE RD
MUSEUM RD
RESIDENCY RD
ST MARK'S RD
RICHMOND RD

ⓞ

s. Detailplan *MG Road und Umgebung*

Cash Pharmacy

ⓝ

ⓖ

Übernachtung:			
Ajantha	**M**	Taj West End	**B**
Janardhana	**C**	Tourist	**E**
Oberoi	**K**	Vellara	**J**
Pavana Residency	**H**	Vijay Residency	**F**
Prashanth	**I**	Vybhav Lodge	**O**
Raceview	**D**	Windsor Sheraton	
Royal Lodge	**G**	& Towers	**A**
Taj Residency	**L**	YMCA	**N**

KARNATAKA

INFANTRY RD
CUBBON RD

St Mark's Cathedral

Polizei

Cricket-Stadion

Government Aquarium

British Library

ⓘ ⑤

Post ✉

Cubbon Park

Technological Museum

Government Museum

Venkatappa Art Gallery

Indoor Sports Arena

GRANT RD
LAVELLE RD
LANGFORD RD

RICHMOND CIRCLE ⓣ

N ⬅

▸ Lalbagh Botanical Gardens

Vidhana Soudha

PALACE RD
RACE COURSE ROAD

ⓑ

KSTDC ⓘ

Racecourse

NIRUPATHUNGA RD
KEMPE GOWDA RD
POST OFFICE RD
KASTURBA RD

▸ Lalbagh Gardens

500 m
0   500 m

MISSION RD
LAIBAGH RD
J C RD

KSTDC Badami House ⓘ

SESHADRI RD

ⓒ ⓓ

GANDHINAGAR

ⓔ

ⓙ

KEMPE GOWDA CIRCLE

SUBEDAR CHATRAM RD

ⓕ ⓖ
② ③ ④
①

DHANAVANTRI RD / TANK BUND RD

City-Bushbahnhof ★

Bahnkarten-reservierung

Central-Bushbahnhof ★

Stadt-bahnhof ★
ⓗ ⓘ

ISKON. ⓐ ◂

NARASIMHARAJA RD
SJ PARK RD
CHICKPET RD
AVENUE RD

City Market-Bushbahnhof ★

City Market 🕌

Fort

Tipus Sommerpalast

▸ Bull-Tempel, Gandhi Market

▾ Mysore

Restaurants & Bars:	
Aromas of China	7
Casa Piccolo	6
Indraprastha	2
Narthaki	4
A Pinch of Jazz	1
Rice Bowl	5
Volga	3

Rikschafahrt vom Bahnhof aus Richtung Norden. Alle Hotels in den ersten beiden Abschnitten der folgenden Aufstellung sind auf der Hauptkarte von Bangalore verzeichnet, die im dritten Abschnitt finden sich auf dem Plan „MG Road und Umgebung", sofern nichts anderes angegeben ist.

BEIM STADTBAHNHOF UND CENTRAL-BUS-BAHNHOF – **Pavana Residency**, 88 RBDGT Charities Building, ✉ hotelpavan@hotmail.com, ✆ 080/2228 6681. Etwas überteuert, aber näher am Bahnhof geht es nicht. Dennoch ruhig, mit geräumigen Zimmern unterschiedlichen Komforts, einige mit AC. ❹ – ❻

Prashanth, 21 E Tank Bund Rd, ✆ 080/2287 4041, 🖵 www.prashanth-hotel.com. Eine der besseren Unterkünfte gegenüber dem Central-Busbahnhof. Alle Zimmer mit Fenstern und Du/WC. ❸ – ❹

Royal Lodge, Subedar Chatram Rd, ✆ 080/2226 3740–2. Große, saubere und gut geführte Lodge; größtenteils DZ mit Bad und Kabel-TV. ❷ – ❸

Tourist, Ananda Rao Circle, ✆ 080/2226 2381-8. Vom Bahnhof entfernt und gut zu Fuß erreichbar. Eine der besten Budget-Unterkünfte von Bangalore, kleine Zimmer, lange Veranden, freundliche Familienleitung. Keine Reservierung möglich und schnell ausgebucht. ❷

Vijay Residency, 18 3rd Cross, Main Rd, in unmittelbarer Bahnhofsnähe, ✆ 080/2229 3024, 🖵 www.vijayresidency.net. Schickes und komfortables Hotel der Kette Comfort Inn mit zentraler Klimaanlage, Geldwechselschalter und Qualitäts-Restaurant. ❼ – ❽

Vybhav Lodge, 60 Subedar Chatram Rd, ✆ 080/ 2287 3997. Gut, sauber und billig; kleine Zimmer mit Du/WC und TV rings um einen Patio. Ordentliches Preis-Leistungs-Verhältnis, besonders bei Einzelbelegung. ❸

RACECOURSE UND CUBBON PARK – **Janardhana**, Kumara Krupa Rd, ✆ 080/2225 4444, 🖂 225 8708. Saubere, geräumige Zimmer mit Bad und Balkon. Weit ab vom städtischen Chaos und trotz erheblicher Service-Zuschläge den Preis wert. ❸ – ❺

Raceview, 25 Race Course Rd, ✆ 080/2220 3401. Mittelklassehotel, von den oberen, nach vorn gelegenen Zimmern Ausblick auf die Rennbahn. Safe, Geldwechsel, z. T. AC. ❹ – ❺

Taj West End, Race Course Rd, ✆ 080/2225 5055, 🖵 www.tajhotels.com. Baujahr 1887, mit traumhafter Gartenanlage und langen Arkadengängen. Die charaktervollsten Zimmer (ab US$260 pro Nacht)) befinden sich im alten Flügel, der über eine breite Veranda mit weitem Ausblick verfügt. ❾

Windsor Sheraton & Towers, 25 Golf Course Rd, ✆ 080/2226 9898, 🖵 www.sheraton.com. Der luxuriöse Pseudo-Palast der Kette Starwood richtet sich in erster Linie an Geschäftsleute aus Übersee (ab US$270). Internetzugang, Fitnessclub, Jacuzzi und Pool. ❾

YMCA, Nirupathunga Rd, Cubbon Park, auf halbem Weg zwischen dem Central-Busbahnhof und der MG Rd, ✆ 080/2221 1848. Große, saubere Zimmer und billigere Schlafsaalbetten für Männer. Sehr preiswert, aber oft ausgebucht. ❸

UMGEBUNG DER MG ROAD – **Ajantha**, 22-A MG Rd, ✆ 080/2558 4321, 🖂 2558 4780 (Hauptkarte). Preiswerte, überdurchschnittlich große Zimmer mit Bad. Am Ende einer ruhigen Gasse in der Nähe der Geschäfte, oft Tage im Voraus ausgebucht. Die beste Wahl in dieser Gegend.

Brindavan, 40 MG Rd, etwas abseits der Hauptstraße, ✆ 080/558 4000. Altmodisches Budgetbis Mittelklasse-Hotel, einige Zimmer mit AC. Gutes Preis-Leistungs-Verhältnis, insbesondere für die EZ. ❸ – ❺

Empire International, 36 Church St, ✆ 080/2559 3743, 🖵 www.hotelempireinternational.com. Sehr komfortable Zimmer mit moderner Einrichtung und guter Ausstattung in einem eleganten neuen Hotel. ❻ – ❼

Gautam, 17 Museum Rd, ✆ 080/558 8764. Langweiliger Betonklotz mit Standardzimmern, die aber sehr groß sind und daher eine gute Alternative, wenn andere Unterkünfte belegt sind. Die ruhige Straße ist ein Pluspunkt. ❹

Oberoi, 37–9 MG Rd, ✆ 080/2558 5858, 🖵 www.oberoiblr.com (Hauptkarte). Absoluter Superluxus; mehrere elegante Restaurants, gepflegte Anlage und Pool. Zimmerpreise von US$260–780. ❾

Shangrila, 182 Brigade Rd, ✆ 080/5112 1622. Gastfreundliche Lodge unter tibetischer Leitung

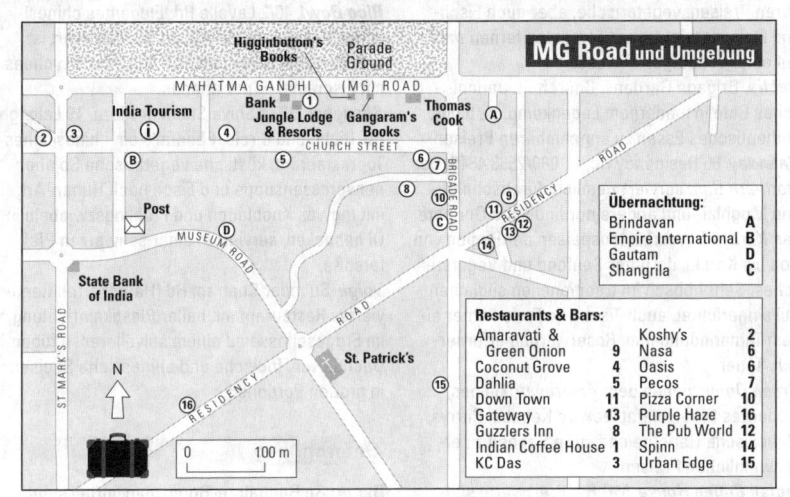

MG Road und Umgebung

MAHATMA GANDHI (MG) ROAD

Higginbottom's Books
Parade Ground
India Tourism
Bank ①
Jungle Lodge & Resorts
Gangaram's Books
Thomas Cook ⓐ
② ③ ⓘ ④
CHURCH STREET
Ⓑ ⑤ ⑥⑦
⑧ ⑩
Post
⑪ ⑨
Ⓒ ⑬⑫
MUSEUM ROAD Ⓓ ⑭
State Bank of India
BRIGADE ROAD
RESIDENCY ROAD
St. Patrick's ⑮
N ⑯
RESIDENCY ROAD
0   100 m

Übernachtung:
Brindavan	A
Empire International	B
Gautam	D
Shangrila	C

Restaurants & Bars:
Amaravati & Green Onion	9	Koshy's	2
Coconut Grove	4	Nasa	6
Dahlia	5	Oasis	6
Down Town	11	Pecos	7
Gateway	13	Pizza Corner	10
Guzzlers Inn	8	Purple Haze	16
Indian Coffee House	1	The Pub World	12
KC Das	3	Spinn	14
		Urban Edge	15

KARNATAKA

mitten im Zentrum. Gemütliche Standardzimmer zu sehr vernünftigen Preisen. ④–⑥
Taj Residency, 41/3 MG Rd, ✆ 080/2558 4444, 🖳 www.tajhotels.com (außerhalb der Hauptkarte). Nicht ganz so prächtig wie das *Oberoi* oder das *Taj West End,* aber mit sämtlichen Annehmlichkeiten. ⑨
Vellara, 283 Brigade Rd, gegenüber Brigade Towers, ✆ 080/2536 9116, 📠 2536 9775 (Hauptkarte). Ziemlich überteuerte Unterkunft mit Auswahl von einfachen „Standard"- bis zu hellen, luftigen „Luxus"-Zimmern im Obergeschoss (mit weitem Blick auf die Stadt). ⑤–⑥

Essen

Da Sehenswürdigkeiten dünn gesät sind, sich aber an jeder Ecke ein interessantes Café oder Restaurant befindet, könnte man die meiste Zeit in Bangalore nur mit Schlemmen zubringen. Eine solche gastronomische Vielfalt findet sich nirgendwo sonst in Südindien.
In der Umgebung der **MG Rd** drängen sich Pizzerias (inkl. *Pizza Hut*), einladende Eisdielen und französische Gourmetrestaurants neben Regionalküchen aus Andhra Pradesh und Kerala, *chaat*-Cafés nach Mumbai-Vorbild und

Snackbars, in denen schlichte *thalis* schon ab lächerlichen Rs 30 als „executive mini-lunches" gepriesen werden. Falls nicht anders angegeben, sind die nachfolgend aufgeführten Lokale auf der Karte „MG Road und Umgebung" verzeichnet.

Amaravati, Residency Rd Cross, MG Rd. Ausgezeichnete Andhra-Küche, „meals" auf Bananenblättern, außerdem Spezialitäten wie Biriyanis und gegrillter Fisch. Um die Mittagszeit hektisch, aber das Warten lohnt sich.
Aromas of China, G3–4 Shiva Shankar Plaza, 19 Lalbagh Rd, Richmond Circle (Hauptkarte). Eines der besten chinesischen Restaurants der Stadt, aber nicht billig. Die Speisekarte beinhaltet sehr gute Dim Sum, Ente und Haifischflossensuppe sowie qualitativ überdurchschnittliche Varianten aller bekannten Gerichte.
Casa Piccolo, Devata Plaza, 131 Residency Rd (Hauptkarte). Ein Dutzend verschiedene Pizzas, große Portionen Wiener Schnitzel, Steaks, Grillhähnchen und Eiscreme, aber kein Alkoholausschank. Tische im Freien und Blumenkübel verleihen dem Lokal ein europäisches Flair.
Coconut Grove, Church St. Hervorragende Gourmetgerichte von der Küste Keralas zu annehm-

baren Preisen: vegetarische, aber auch Fisch- und Fleischgerichte, serviert in kupfernen *thalis* auf einer schattigen Terrasse.

Dahlia, Brigade Gardens, Church St. Japanisches Café in modernem Ladenkomplex, bietet authentisches Essen zu annehmbaren Preisen.

Gateway, 66 Residency Rd, ☎ 080/2558 4545. Das *Northern Gate* serviert ziemlich durchschnittliche Mughlai- und andere nordindische Gerichte, das *Karavalli* Westküstenspeisen der Region von Goa bis Kerala, darunter Seafood und Vegetarisches. Sehr hübsch im traditionellen südlichen Stil eingerichtet, auch Tische im Freien unter einem Tamarindenbaum. Reservierung erforderlich. Teuer.

Green Onion, neben dem *Amaravati*, kleines, modernes Lokal, bietet leckere Kebabs, Currys, chinesische Gerichte und süße Sachen zu erschwinglichen Preisen.

Indian Coffee House, MG Rd. Preiswerte südindische Snacks, Eierspeisen und guter Filterkaffee, wird von Kellnern mit Turbanen und Schärpe gereicht. Am besten zur Frühstückszeit besuchen.

Indraprastha, Subedar Chatram Rd (Hauptkarte). Ausgezeichnete und billige südindische Snacks, darunter wunderbare *masala dosa,* und größere vegetarische Gerichte. Eines der besten Restaurants in der Umgebung von Bahnhof und Busbahnhof.

KC Das, 38 Church St, Ecke St. Mark's Rd. Teil der legendären bengalischen Süßwarenkette, offeriert traditionelle Süßigkeiten, viele davon in Sirup und Rosenwasser getränkt. Unbedingt probieren sollte man die *rasgullas*. Auch zum Mitnehmen.

Koshy's, St. Mark's Rd, neben der British Library. Geräumiges, altmodisches Café, bester Treffpunkt der Stadt, serviert Hauptgerichte und Alkohol.

Narthaki, unweit der Subedar Chatram Rd (Hauptkarte). Bestes Restaurant in Bahnhofs-/Busbahnhofsnähe; unten gibt es Sättigendes aus der Küche von Andhra Pradesh, oben eine gute Auswahl an indischen und chinesischen Gerichten. Hervorragendes *chicken chilli*.

Pizza Corner, Brigade Rd. Zentraler Ableger der beliebten Kette. Sehr gute Pizza (natürlich auch mit Curry-Belägen) und weitere Fastfood-Gerichte.

Rice Bowl, 40/2 Lavelle Rd. Elegantes chinesisches Restaurant mit AC; empfehlenswert ist z. B. das *chop suey* und zum Nachtisch Lychees mit Eiscreme. ☉ nur abends.

Shanghai, G3–4 Shiva Shankar Plaza, 19 Lalbagh Rd, Richmond Circle. Ebenfalls ein chinesisches Toprestaurant; köstliche vegetarische Sojabohnensprossensuppe und Fisch nach Hunan-Art: mit Ingwer, Knoblauch und Frühlingszwiebeln in Öl gebacken, serviert in einer schwarzen Pfeffersoße.

Volga, Subedar Chatram Rd (Hauptkarte). Renoviertes Restaurant mit heller Plastikeinrichtung im Erdgeschoss und einem stilvolleren, luftigen Dachgarten. Indische und chinesische Speisen in großen Portionen.

Unterhaltung

Der große Bangalore-Boom mag vorbei sein, doch die gut ausgebildeten jungen Leute der Stadt haben immer noch Geld in den Taschen, und das **Nachtleben** kann sich sehen lassen. Ein nächtlicher Streifzug beginnt normalerweise mit einem Kneipenzug in der **Brigade Rd**, **Residency Rd** oder **Church St**, wo jede Menge flotter Pubs mit MTV, Lasershow und lautstarken Anlagen um Kundschaft werben. Wer es lieber etwas ruhiger hat, findet aber auch ein stilles Plätzchen für einen Drink. Alkohol ist hier nicht so verpönt wie andernorts in Indien; man kann sogar junge indische Frauen beim Biertrinken in fröhlicher Runde sehen. Die Pubs schließen um 23 Uhr, doch Gäste, die schon eine Weile vorher gekommen sind, können meistens auch danach noch etwas bestellen.

Gedämpft und elegant geht es in den Bars der Luxushotels wie dem *Jockey Club* im *Taj Residency* oder dem *Polo Club* im *Oberoi* zu, und wer Kolonialatmosphäre schnuppern möchte, begibt sich ins *Colonnade* im *Taj West End*.

Aktuelle Veranstaltungshinweise zur kleinen, aber durchaus ansehnlichen **Live-Musik-** und **Theaterszene** sind den Magazinen zu entnehmen; außerdem gibt es auch eine Hand voll **Discos**, in denen meistens nur Paare zugelassen sind.

Bangalore ist eine große **Kino**-Stadt mit einer blühenden Filmindustrie und Dutzenden Filmtheatern, in denen die jüngsten in- und ausländischen Produktionen gezeigt werden. Näheres dazu in den Veranstaltungstipps des *Deccan Herald*, des *Evening Herald*, dem kostenlosen Monatsmagazin *Trail Blazer* und im *City Info*. Filme aus dem Westen werden oft in Hindi synchronisiert, auch wenn ihre Titel in englischer Sprache angegeben sind; ob dem so ist, verrät das Kleingedruckte in den Tageszeitungen. Kinofans sollten den **Kempe Gowda Circle** nicht missen, wo die Kinos *Majestic* und *Triveni* mit massenhaft Postern und übergroßen Pappfiguren der gerade angesagtesten Stars ausgeschmückt sind. Der Besuch eines Filmstudios lässt sich nach telefonischer Anfrage (✆ 080/2226 8642) beim *Chamundeshwari Studio* arrangieren.

PUBS UND CLUBS – *A Pinch of Jazz*, The Central Park, 47 Dickenson Rd. Schickes Jazzcafé, Cajun-Küche und Live-Soft-Jazz.
Down Town, neben dem *Galaxy Cinema*, Residency Rd. Großes Lokal, serviert auch Wein und Essen, im rückwärtigen Teil ein paar Billardtische.
Nasa, 1/4 Church St. Karaoke und Lasershow in einem Pseudo-Raumschiff; übliche Kombination aus MTV-Großbildschirm und Musikeinlagen von Gästen, allerdings nicht mehr ganz so beliebt wie vor ein paar Jahren.
Oasis, Church St, neben dem *Nasa*. Gedämpftes Licht und unaufdringliche Musikkulisse.
Pecos, Rest House Rd, abseits der Brigade Rd. Kleiner, lockerer Pub auf zwei Etagen, Musik der 60er und 70er, beliebt bei einem gemischten, künstlerisch angehauchten Publikum.
Spinn, 80 3rd Cross, Residency Rd. Funkmusik und andere Tanzbeats in einem alten Kolonialhaus mit Hightech-Equipment. Keine kurzen Hosen erlaubt, ⊙ bis spät.
The Pub World, gegenüber dem Kino *Galaxy*, Residency Rd. Vier verschiedene Pubs unter einem Dach. Hübsch eingerichtet, wohlhabende junge Gäste und laute Musik und Sport im TV.
Urban Edge, 131 Brigade Rd. Wilde Disco mit regelmäßigen Themenabenden, Techno-Events und Spielen.

Sonstiges

APOTHEKEN – *Al-Siddique Pharma Centre*, gegenüber der Jami Masjid nahe dem City Mar-

ket, *Janata Bazaar*, im Victoria Hospital, nahe dem City Market, und **Sindhi Charitable Hospital**, 3rd Main SR Nagar, haben rund um die Uhr geöffnet; *Santoshi Pharma*, 46 Mission Rd, nur tagsüber.

AUTOVERMIETUNGEN – *Avis*, im Oberoi Hotel, 37–39 MG Rd, ✆ 080/2558 5858, 🖳 www.avis.com, und *Hertz*, Unit 12 Raheja Plaza, 17 Commissariat Rd, ✆ 080/2559 9408, 🖳 www.hertz.com, haben beide auch Filialen am Flughafen. Die Preise beginnen bei Rs 1000 pro Tag. Wagen mit Fahrer für größere Entfernungen und individuell zugeschnittene Ausflugsfahrten bieten:
Gullivers Tours & Travels, South Black 201/202 Manipal Centre, 47 Dickenson Rd, ✆ 080/2558 8001, *Clipper Holidays*, 406 Regency Enclave, 4 Magrath Rd, ✆ 080/2559 9032, und jedes KSTDC-Büro sowie der ITDC-Schalter im Bahnhof.

BÜCHER – *Gangarams*, 72 MG Rd, Buchabteilung im 1. Stock, gute Auswahl an Bildbänden und wissenschaftlichen Werken über Indien, aktuelle Taschenbuchromane und indische Postkarten.
Higginbotham's, 68 MG Rd, ebenfalls eine gute Buchhandlung.
LB Publishers, 91 MG Rd, hier kann man in AC-gekühlter Umgebung zwischen Titeln aus vielen Fachgebieten stöbern.
Motilal Banarsidas, 16 St. Mark's Rd, nahe der Kreuzung mit der MG Rd, der Laden des gleichnamigen, renommierten Verlagshauses, bietet eine große Anzahl anspruchsvoller Werke über Indien und philosophische Literatur.
Sapna Book House, im Thunga Complex gegenüber dem Kino *Tribhuvan*, Gandhinagar. Gigantisches Bibliophilen-Paradies auf 3000 m².

FOTOAUSRÜSTUNG – *Adlabs*, Mission Rd, Subbaiah Circle, verkauft Filme.
GG Welling, 113 MG Rd und GK Vale, 89 MG Rd, hat auch Polaroid-Filme.

GELD – *Thomas Cook*, 55 MG Rd, Ecke Brigade Rd, zuverlässiger Ort zum Geldwechseln, doch wenn die Warteschlange zu lang ist, begibt man sich besser zum genauso effizienten und weniger überlaufenen **Weizmann Forex Ltd**, 56 Residency Rd, nahe der Brigade Rd und **Wall Street Finances**, 3 House of Lords, 13/14 St Mark's Rd. ☉ alle Mo–Sa 9.30–18 Uhr.

Bessere Kurse bieten die Banken, von denen die *State Bank of Mysore* (normale Öffnungszeiten) in der MG Rd am günstigsten liegt. Es gibt immer mehr Geldautomaten in der ganzen Stadt, besonders in der Umgebung der MG Rd.

INFORMATIONEN – *India Tourism Office*, KSFC Building, 48 Church St (parallel zur MG Rd zwischen Brigade Rd und St. Mark's Rd), ✆ 080/ 2558 5417, 🖳 www.india-tourism.com. Hervorragende Touristeninformation mit Informationen über Bangalore, Karnataka und die Nachbarstaaten. Man bekommt einen kostenlosen Stadtplan, und die Angestellten beraten bei der Planung von Ausflügen. ☉ Mo–Fr 9.30 –18, Sa 9–13 Uhr.

Abgesehen von ihren Schaltern im Stadtbahnhof und Flughafen, unterhält die **Karnataka State Tourist Development Corporation** zwei Büros in der Stadt: eines im Badami House, NR Square, ✆ 080/2227 5883, ☉ tgl. 6.30–22 Uhr, wo man die unter „Touren" beschriebenen Ausflüge buchen kann, und das Zentralbüro im Khanija Bhavan, 2nd Floor, Race Course Road, ✆ 080/2235 2901–3, 🖳 www.kstdc.nic.in, ☉ Mo–Sa 10–17.30 Uhr, 2. Sa im Monat geschlossen. Die Organisation teilt ihre schicken neuen Büros mit **Karnataka Tourism**, das keine persönlichen Auskünfte erteilt, aber über eine ordentliche Website verfügt: 🖳 www.karnatakatourism.com.

Aktuelle Veranstaltungshinweise sowie Adressen und Kurzbeschreibungen von Restaurants und Geschäften enthält das durch Anzeigen finanzierte Magazin *City Info*, 🖳 www.explocity. com, das in den größeren Hotels und im *India Tourism Office* kostenlos ausliegt.

Wer plant, einen der **Nationalparks** von Karnataka zu besuchen, wendet sich telefonisch ans **Wildlife Office**, *Forest Department*, Aranya Bhavan, Malleswaram, ✆ 080/2334 1993, oder besser noch an:

Jungle Lodges & Resorts, Floor 2, Shrungar Shopping Centre, Nähe MG Road, ✆ 080/2559 7021, 🖳 www.junglelodges.com. Die halbstaatliche Organisation hat sich dem Ökotourismus verschrieben und vermittelt Übernachtungs-

möglichkeiten in exklusiven Forest Lodges, darunter auch die vielgelobte *Kabini River Lodge* bei Nagarhole.

INTERNET – Bei der letzten Zählung verfügte Bangalore über die beachtliche Zahl von 700 Internet-Lokalen, die im Allgemeinen Rs 10–30 pro Std. verlangen und vielfach rund um die Uhr geöffnet sind. Einige Internet-Lokale verfügen auch über *Net2Phone*-Einrichtungen, z. B. das vor dem *Hotel Brindavan*, nahe MG Rd.

Cyber Café, 13-15 Brigade Rd, zählt zu den beliebtesten Internet-Cafés. Es wird Kaffee ausgeschenkt, aber mehr als eine Person pro Computer wird nicht gern gesehen.

Cyber Craft, 33 Rest House Rd.

Cyber Den, First Floor, S112A Manipal Centre, Dickenson Rd.

Hub, im Vorhof des Hauptbahnhofs, bietet superschnelle DSL-Verbindungen.

KULTURINSTITUTE – **British Council Library**, 23 Kasturba Rd Cross, ✆ 080/2221 3485, hat englische Zeitungen und Zeitschriften, die Besucher im klimatisierten Lesesaal durchblättern können, ☉ Mo–Sa 10.30–18.30 Uhr, ebenso das **Goethe-Institut**, Max Mueller Bhavan, 3 Lavelle Rd, ✆ 080/2227 5435, ✆ 221 5255, ✉ gibang@ vsnl.com, mit Bibliothek und beliebtem Café, organisiert auch Ausstellungen. ☉ Mo–Fr 9–13 und 14–17.30 Uhr.

MEDIZINISCHE HILFE – **Victoria Hospital**, nahe dem City Market, ✆ 080/2670 1150; **Sindhi Charitable Hospital**, 3rd Main St, S R Nagar, ✆ 080/2223 7318.

POLIZEI – ✆ 100

POST – Raj Bhavan Rd, Ecke Cubbon St, am Nordausläufer des Cubbon Park, ca. zehn Gehminuten von der MG Rd, ☉ Mo–Sa 10–19, So 10.30–13.30 Uhr.

REISEBÜROS – **Gullivers Tours & Travels**, South Black 201–202 Manipal Centre, 47 Dickenson Rd, ✆ 080/2558 8001.

Merry Go Round Tours, 41 Museum Rd, neben Hotel *Empire International*, ✆/✆ 080/2558 6946.

Marco Polo Tours, Janardhan Towers, 2 Residency Rd, ✆ 080/2227 4484, ✉ 2223 6671.
Sita Travels, 1 St. Mark's Rd, ✆ 080/2558 8892.

SCHWIMMEN – Einen Hotelpool, der auch Nicht-Gästen zugänglich ist, hat nur das *Taj West End* (Rs 500, inkl. Benutzung von Sauna, Jacuzzi und Fitnessclub).

Touren

Die **KSTDC** bietet von Bangalore aus eine Reihe von Touren an. Sie werden sehr zügig durchgeführt und sind in erster Linie für Besucher mit wenig Zeit von Interesse. Die 2x tgl. stattfindende **City Tour** (7.30–13.30 oder 14–19.30 Uhr, Rs 105) umfasst das Museum, Vidhana Soudha, Ulsoor Lake, Lalbagh Gardens, den Bull Temple und Tipus Sommerpalast, den Abschluss bildet ein langer Stopp im staatlichen Kunstgewerbeladen.
Die **New Bangalore Tour** (Mi–So 7.15–20 Uhr, Rs 185) führt zu den „sieben neuen Wundern" der Stadt, darunter ISKCON-Tempel, Planetarium und Musikbrunnen.
Längere Ausflüge sind z. B. die Tagestour nach Srirangapatnam und Mysore und die Tour nach Belur/Halebid/Sravanabelagola. Diese sind jedoch nur zu empfehlen, wenn es einem nichts ausmacht, mindestens 8 Std. im Bus zu sitzen.

Nahverkehrsmittel

BUSSE – Im Zentrum von Bangalores ausgedehntem, von der *Bangalore Metropolitan Transport Corporation (BMTC)* unterhaltenem Busnetz steht der **City-Busbahnhof** (alias **Kempe Gowda Bus Stand**), ✆ 080/222 2542, in der Nähe des Bahnhofs. Die meisten am Bussteig 17 abfahrenden Busse kommen an der MG Rd vorbei.
Neben den regulären Bussen betreibt die Gesellschaft auf mehreren festgelegten Strecken auch bequemere Expressbusse, so genannte **Pushpak** (der Bus mit der Aufschrift P109 fährt bis zum Whitefield Ashram) und ein paar Nachtbusse. Weitere wichtige lokale Busbahnhöfe sind der **City Market-Busbahnhof**, ✆ 080/670 2177, südlich des Bahnhofs und der **Busbahnhof Shivaji Nagar**, ✆ 080/286 5332, nördlich des Cubbon

Park – der hier abfahrende Bus Nr. P2 Jayanagar ist sehr praktisch für einen Besuch der Lalbagh Botanical Gardens.

MOTOR-RIKSCHAS – Am einfachsten bewegt man sich in Bangalore mit einer mit Taxameter versehenen Motor-Rikscha; der Preis beträgt Rs 10 für den ersten Kilometer und Rs 5 für jeden weiteren. Die meisten Taxameter funktionieren tatsächlich und werden normalerweise auch ohne große Debatte eingeschaltet. Manchmal wird jedoch ein Pauschalpreis verlangt, insbesondere während der Rushhour.

TAXIS/WAGEN MIT CHAUFFEUR – Einen Wagen mit Fahrer oder ein Taxi kann man u. a. über folgende Agenturen buchen:
Cab Service, Sabari Complex, 24 Residency Rd, ✆ 080/2558 6121,
Dial-a-Car, ✆ 080/2526 1737, ✉ dialacar@ hotmail.com, 24-Std.-Service.
Die Preise liegen normalerweise bei ca. Rs 150 pro Std., Rs 400 für 4 Std. (inkl. 40 km) und Rs 550 für 8 Std. (inkl. 80 km); jeder weitere Kilometer kostet rund Rs 5.
Vorsicht: Die meisten Taxiunternehmen kalkulieren Fahrzeit und Entfernung von dem Moment an, wo das Fahrzeug das Depot verlässt. Wer nur eine einfache Strecke per Taxi zurücklegen möchte, muss also darauf gefasst sein, dennoch für die Rückfahrt zur Kasse gebeten zu werden. Demnächst soll aber ein neues, einfacheres Preissystem für Taxifahrten eingeführt werden. Näheres zu Mietwagen s. S. 57.

Transport

Bangalore ist der wichtigste Verkehrsknotenpunkt Südindiens. Dank effizienter Computerbuchungen gestaltet sich die Weiterfahrt relativ unproblematisch, doch sollte man sich nie darauf verlassen, noch in letzter Minute ein Ticket zu bekommen, sondern so lange wie möglich im Voraus buchen.

BUSSE – Zahllose Fernbusse laufen den riesigen, betriebsamen **Central-Busbahnhof (KSRTC)** gegenüber dem Bahnhof an. Im Zentrum der Haupthalle informiert ein ausführlicher Fahrplan in englischer Sprache. Jenseits der Brücke liegt der **City-Busbahnhof**, der von den Lokalbussen genutzt wird.

Sitzplätze in den meisten der am Central abfahrenden Überlandbussen kann man im Voraus am nahe gelegenen, mit Computer versehenen Schalter nahe Bussteig Nr. 13 kaufen, ⏱ tgl. 7.30–19.30 Uhr.

An staatlichen Busgesellschaften sind neben der KSRTC u. a. die von Andhra Pradesh, Kerala, Maharashtra, Tamil Nadu und die *Kadamba Transport Corporation* aus Goa vertreten. Fahrpläne und Anzahl der freien Plätze für die kommende Woche sind auf einem großen Brett links vom Haupteingang angeschlagen. Allgemeine Auskünfte gibt es unter, ✆ 080/2287 3377.

Mehrere **Privatbusgesellschaften** unterhalten Luxusbusse z. B. nach Mysore, Bijapur, Ooty, Chennai, Kochi/Ernakulam, Thrissur, Kollam und Thiruvananthapuram. Tickets für Privatbusse werden in Büros gegenüber dem Busbahnhof, z. B. von *Sharma*, ✆ 080/2652 1924, *National*, ✆ 080/2225 7202, und *Shama*, ✆ 080/2670 3186, verkauft, die für Luxus-Nachtbusse nach GOA (Rs 350), für Busse mit Schlafabteilen (Rs 450) und Busverbindungen nach MUMBAI (Rs 550) und CHENNAI (Rs 250–450) werben.

Das zuverlässigste private Busunternehmen ist *Vijayanand Travels*, mit einer Filiale in der Sri Saraswathi Lodge, 3rd Main 2nd Cross, Gandhinagar, ✆ 080/2228 7222, das auch verschiedene andere Filialen in Bangalore unterhält; die auffälligen gelb-schwarzen Luxusbusse fahren z. B. nach Mangalore und Hospet (Ausgangspunkt für Hampi).

Busse nach:
BIDAR (2x tgl., 16 Std.),
BIJAPUR (4x tgl., 13 Std.),
CHENNAI (stdl., 8 Std.),
COIMBATORE (2x tgl., 9 Std.),
GOA (4x tgl., 14 Std.),
GOKARNA (2x tgl., 13 Std.),
GULBARGA (6x tgl., 15 Std.),
HASSAN (alle 30 Min., 4 Std.),
HOSPET (3x tgl., 8 Std.),
HUBLI (3x tgl., 9 Std.),
HYDERABAD (6x tgl., 16 Std.),
JOG FALLS (1x tgl., 8 Std.),

KARWAR (3x tgl., 13 Std.),
KODAIKANAL (1x tgl., 13 Std.),
KOCHI (Ernakulam) (6x tgl., 12–13 Std.),
MADIKERI (stdl., 6 Std.),
MADURAI (2x tgl., 12 Std.),
MANGALORE (alle 30 Min., 10 Std.),
MUMBAI (2x tgl., 24 Std.),
MYSORE (alle 15 Min., 3 Std.),
OOTY (6x tgl., 7 1/2 Std.),
PONDICHERRY (2x tgl., 9–10 Std.).

EISENBAHN – Der Stadtbahnhof **Bangalore City Train Station** liegt östlich der Innenstadt in der Nähe des Kempe Gowda Circle und auf der gegenüberliegenden Seite des Busbahnhofes. (Wer in den Norden der Stadt möchte, steigt besser am Bangalore Cantonment-Bahnhof aus). Wenn man von den Bahnsteigen her in die Bahnhofshalle kommt, befindet sich ganz links in der Ecke ein Schalter von **ITDC**, ✆ 080/2220 4277, zuständig für Mietwagen und Touren; außerdem vermittelt die Agentur gegen 3% Aufschlag ein Hotelzimmer, ⏱ tgl. 8–16 Uhr.

Im **KSTDC Tourist Information Office**, ✆ 080/2287 0068, weiter rechts gelegen, kann man ebenfalls Touren buchen und Auskünfte einholen, ⏱ tgl. 7–20 Uhr.

Wer eine Motor-Rikscha nehmen möchte, kauft sich am besten gegen Rs 1 Gebühr im Voraus ein Ticket am Schalter – eine Fahrt zur MG Rd kostet je nach Tageszeit normalerweise Rs 25–40.

Da *Southern Railways* den Schienenverkehr auf Breitspurbahnen umstellt, ist die Strecke von Hassan nach Mangalore unterbrochen. Man sollte sich daher bei der Ankunft erkundigen.

Das **Reservierungsbüro** der Bangalore City Station befindet sich in einem gesonderten Gebäude östlich der Bahnhofshalle (wenn man davor steht, links), telefonische Reservierungen unter ✆ 132, ⏱ Mo–Sa 8–14 und 14.15–20, So 8–14 Uhr. Schalter 14 ist für Ausländer zuständig. Wer im Besitz eines Indrail-Passes ist, begibt sich zum Chief Reservations Supervisor's Office im 1. Stock (oben an der Treppe nach links gehen), wo „Reservierungen garantiert werden". Es gibt zwei rund um die Uhr geschaltete **Telefonauskünfte**: eine für Fragen zum Fahrplan, ✆ 131, die andere ist eine Bandansage, die sämtliche Ankunfts- und Abfahrtszeiten abspult, ✆ 133.

Züge nach:
CHENNAI (5–7x tgl., 5–7 3/4 Std.),
DELHI (2–4x tgl., 34 3/4–49 3/4 Std.),
GULBARGA (2–3x tgl., 11 1/2–12 1/4 Std.),
HOSPET (1x tgl., 9 1/2 Std.),
HUBLI (2–4x tgl., 7–13 Std.),
HYDERABAD/Secunderabad (1–3x tgl.,
12 1/4–14 1/4 Std.),
KOCHI (Ernakulam) (1–2x tgl., 12–13 Std.),
KOLKATA (3x wöchentl., 37 1/4 Std.),
MUMBAI (2–3x tgl., 23 1/2–25 Std.),
MYSORE (6–7x tgl., 2–3 1/4 Std.),
PUNE (2–4x tgl., 19 1/4–21 1/2 Std.).
THIRUVANANTHAPURAM (1–2x tgl., 17–18 Std.),
Tabelle zu den schnellsten und/oder praktischsten Zügen ab Bangalore siehe rechts.

FLÜGE – Der moderne **Bangalore Airport**, 13 km nördlich des Stadtzentrums, ist der betriebsamste Flughafen Südindiens, mit zahlreichen nationalen wie internationalen Verbindungen und Plänen für einen weiteren Ausbau. Die häufigsten Flüge (ca. 10x tgl.) gehen mit *Air Deccan, Air India, Jet Airways, Indian Airlines* und *Sahara* nach MUMBAI, DELHI und CHENNAI.
Am Schalter von **KSTDC** in der Ankunftshalle, ✆ 080/2526 8753, kann man Infobroschüren über Karnataka einstecken und ein Hotelzimmer buchen lassen, ⊙ tgl. 7.30–13.30 und 14–19.30 Uhr. Filialen der *State Bank of Mysore,* ⊙ tgl. 8–19 Uhr, und *Vijaya Bank,* ⊙ tgl. 8.30–12.30 Uhr, **wechseln Geld**.
In die Stadt gelangt man per Taxi (Rs 160–200, im Voraus am Schalter bezahlen), Motor-Riksha (Rs 80–100) oder Bus – auf der Hauptstraße, nur ein paar hundert Meter vom Terminal entfernt, verkehren Stadtbusse.

Flüge nach:
CHENNAI (11–12x tgl., 3/4–1 Std.),
DELHI (11–12x tgl., 2 1/2–3 1/2 Std.),
GOA (3x tgl., 1–2 1/2 Std.),
HYDERABAD (7–9x tgl., 1–1 1/2 Std.),
KOCHI (Ernakulam) (3x tgl., 1 Std.),
KOLKATA (4–5x tgl., 2 1/4–3 1/2 Std.),
MANGALORE (1x tgl., 1 Std.),
MUMBAI (15–17x tgl., 1 1/2–1 3/4 Std.),
PUNE (3x tgl., 1 1/4 Std.),
THIRUVANTHAPURAM (1x tgl., 2 Std.).

KARNATAKA

Die schnellsten und/oder praktischsten Züge ab Bangalore:

*= nur AC

Zielort	Name	Nummer	Abfahrt	Fahrtdauer insgesamt
Chennai	Shatabdi Express*	Nr. 2008	tgl. außer Di 16.25 Uhr	5 Std.
	Lalbagh Express	Nr. 2608	tgl. 6.30 Uhr	5 1/2 Std.
Delhi	Rajdhani Express*	Nr. 2429	4x wöchentl. 18.35 Uhr	34 3/4 Std.
	Karnataka Express	Nr. 2627	tgl. 18.25 Uhr	41 3/4 Std.
Hospet (nach Hampi)	Hampi Express	Nr. 6592	tgl. 22.05 Uhr	9 1/2 Std.
Hyderabad (Secunderabad)	Rajdhani Express*	Nr. 2429	4x wöchentl. 18.35 Uhr	12 Std.
Ernakulam (Kochi)	Kanniyakumari Express	Nr. 6526	tgl. 21.45 Uhr	11 3/4 Std.
Mumbai	Udyan Express	Nr. 6530	tgl. 20 Uhr	24 Std.
Mysore	Shatabdi Express*	Nr. 2007	tgl. außer Di 11 Uhr	2 Std.
	Tipu Express	Nr. 6206	tgl. 14.15 Uhr	2 1/2 Std.
	Chamundi Express	Nr. 6216	tgl. 18.15 Uhr	3 Std.
Thiruvananthapuram	Kanniyakumari Express	Nr. 6526	tgl. 20.45 Uhr	17 Std.

Nationale Fluggesellschaften:
Air Deccan, nur Handy unter ✆ 98457 77008;
Indian Airlines, Cauvery Bhavan, Kempe Gowda Rd, ✆ 080/2297 8423; Flughafen 2522 6233, Anfragen ✆ 1407;
Jet Airways, 1-4 M Block, Unity Building, JC Rd, ✆ 080/2522 1929, Flughafen 2522 0688;
Sahara Airlines, 35 Church St, ✆ 080/2558 3957, Flughafen 2522 0065.

Internationale Fluggesellschaften:
Air France, Sunrise Chambers, 22 Ulsoor Rd, ✆ 080/2558 9397;
Air India, Unity Building, JC Rd, ✆ 080/2227 7747;
Alitalia, 44 Safina Plaza, Infantry Rd, ✆ 080/ 2559 1936;
American/Austrian/Biman Bangladesh/Royal Jordanian, 22 Sunrise Chambers, Ulsoor Rd, ✆ 080/2559 4240;
British Airways, 7 Sophia's Choice, St Mark's Rd, ✆ 080/2227 1205;
Gulf Air, Sunrise Chambers, 22 Ulsoor Rd, ✆ 080/2558 4702;
KLM/Northwest Airlines, Taj West End, Race Course Rd, ✆ 080/2226 5562;
Lufthansa, 44/2 Dickenson Rd, ✆ 080/2558 8791;
Pakistan International Airlines, 108 Commerce House, 911 Cunningham Rd, ✆ 080/2226 0667.

Die Umgebung von Bangalore

Viele Bangalore-Besucher fahren geradewegs nach Mysore oder kommen von dort. Das Janapada Loka Folk Arts Museum, zwischen diesen beiden Städten, bietet einen faszinierenden Einblick in die Kultur von Karnataka. Wer klassischen Tanz in ländlicher Umgebung sehen oder erlernen möchte, sollte das Nrityagram Dance Village besuchen.

Janapada Loka Folk Arts Museum

Das Janapada Loka Folk Arts Museum, 53 km südwestlich von Bangalore an der Straße nach Mysore, beherbergt eine erstaunliche Anzahl an Landwirtschaftsgeräten, Jagd- und Fischereizubehör, Waffen, Haushaltsgegenständen, Masken, Puppen, holzgeschnitzten *bhuta* (Geisterbeschwörungs-) Skulptu-

ren und großen Prozessionsfiguren, Manuskripten, Musikinstrumenten und *Yakshagana*-Theaterkostümen aus Karnataka. Außerdem kann man auf Wunsch eine der zahllosen **Hörspiel- und Videokassetten** über Musik, Tanz und Rituale des Staates (insgesamt 1600 Stunden Spielzeit) hören bzw. sehen. ☉ tgl. 9–18 Uhr, Eintritt frei.

Zum Museum gelangt man mit einem der zahlreichen langsamen Mysore-Busse (keinen Nonstop-Bus nehmen) von Bangalore. Nach der Ortschaft Ramanagar steigt man am Kilometerstein 53 am Straßenrand aus. In einem kleinen **Restaurant** gibt es einfaches Essen; es besteht auch die Möglichkeit, in einem **Schlafsaal ❶** zu übernachten.

Nähere Auskünfte beim Karnataka Janapada Trust, 7 Subramanyaswami Temple Rd, 5th Cross, 4th Block, Kumara Park West, Bangalore.

Nrityagram Dance Village

Das Nrityagram Dance Village ist ein hübsches, am Reißbrett entworfenes Modelldorf 30 km westlich von Bangalore. Es wurde von dem preisgekrönten Architekten Gerard de Cunha gestaltet und von Protima Gauri gegründet, die 1998 während einer Pilgerreise zum Kailash in Tibet auf tragische Weise bei einem Lawinenunglück ums Leben kam. Gauri, die Nrityagram einige Zeit vor ihrem Tod verlassen hatte, hatte eine Aufsehen erregende Karriere in Film und Medien gemacht und brachte es schließlich zu einer anerkannten Darstellerin des Odissi-Tanzes (s. S. 579). Die Schule wird jetzt ohne sie weitergeführt und zieht Schüler aus allen Teilen der Welt an. Hier finden regelmäßig Vorführungen und Vorträge zu indischer Mythologie und Kunst statt. Außerdem werden Kurse in verschiedenen indischen Tanzstilen angeboten. ☉ Di–So 10–17.30 Uhr, Eintritt Rs 20.

Führungen durch den Komplex kosten Rs 850 p. P. (mindestens sechs Teilnehmer), einschließlich Mittagessen und einer Vorführung. Bei längerem Aufenthalt ist eine **Unterbringung ❼** möglich, sie verspricht: „Sauerstoff, selbst angebautes Obst und Gemüse, weder Fernseher noch Telefon, Zeitungen oder Lärm". Näheres im Büro in Bangalore, ✆ 080/2846 6313, 🖳 www.allindia.com/nritya.

Mysore und Umgebung

Mysore, die ehemalige Hauptstadt der Wodeyar Rajas und ein Zentrum der Sandelholzschnitzerei, Seiden- und Räucherstäbchenmanufaktur, 159 km südwestlich von Bangalore, ist eine der beliebtesten Attraktionen Indiens. Doch angesichts der Lobeshymnen, die über die Stadt gesungen wurden und werden, kann der erste Eindruck enttäuschend sein. Wie an allen anderen Orten auch wird der Besucher, wenn er aus dem Zug oder Bus steigt, nicht von Jasmin- und Sandelholzdüften begrüßt, sondern vom üblichen Verkehrslärm und -gewimmel. Dennoch ist Mysore eine absolut bezaubernde, altmodische Stadt, beherrscht von dem märchenhaften **Maharadscha-Palast**, um den sich die breiten Stadtboulevards erstrecken. Das nahe gelegene Stadtzentrum mit seinem bunten, lebhaften **Devaraja Market** lädt zum Spazierengehen ein.

Mysore ist daneben ein Ausgangspunkt für einige der beliebtesten Sehenswürdigkeiten Karnatakas. Die Festung, der Palast und das Mausoleum in **Srirangapatnam** datieren aus der Zeit von Tipu Sultan, dem „Tiger von Mysore", der den Briten ein beständiger Dorn im Auge war. Der wunderbare **Hoysala-Tempel** von **Somnathpur** im Südosten der Stadt ist ein architektonisches Meisterwerk. Im Süden, Richtung Ooty, stellt die hügelige, bewaldete Landschaft des **Bandipur-Nationalparks** eine angenehme Abwechslung zum städtischen Treiben dar, doch die Chance, seltenen Tieren in freier Wildbahn zu begegnen, ist gering. Dasselbe gilt für den **Nagarhole-Nationalpark**, drei Stunden südwestlich von Mysore in der Coorg-Region.

Geschichte

Im 10. Jh. hieß Mysore „Mahishur" – „die Stadt, in der der Büffeldämon getötet wurde" (durch die Göttin Durga). Von ungefähr 1400 bis zur Unabhängigkeit wurde die über zahlreiche Dörfer gebietende Stadt von den hinduistischen **Wodeyars** regiert, deren Schicksal mit dem von Srirangapatnam verwoben war, das sie 1610 zu ihrer Hauptstadt machten. Die Herrschaft der Wodeyars wurde 1761 vorübergehend unterbrochen, als der Moslem Haider Ali und sein Sohn Tipu Sultan die Macht übernahmen. Zwei Jahre danach schleiften die neuen Herrscher die labyrinthische alte Stadt und legten das elegante, breite, von Bäumen gesäumte Stra-

ßennetz und die öffentlichen Parks an, die man heute sieht. Doch nachdem Tipu Sultan 1799 durch den britischen Colonel Arthur Wellesley (den späteren Duke of Wellington) im Kampf getötet wurde, erhielt die Wodeyar-Dynastie ihre Macht zurück. Danach war Mysore die Hauptstadt des Staates Mysore und kontrollierte einen beachtlichen Teil Südindiens. 1956, als Bangalore zur Hauptstadt des neu gegründeten Karnataka ausgerufen wurde, setzte man den Maharadscha von Mysore als Gouverneur ein.

Mysore

Mysore bietet nicht nur touristische Sehenswürdigkeiten, allen voran der **Maharadscha-Palast**, sondern lädt geradezu zum Bummeln ein. Die stilvollen, wenn auch heruntergekommenen Gebäude aus der Zeit vor der Unabhängigkeit, die Einkaufsgegenden wie die **Ashok Rd** und **Sayaji Rao Rd** umrahmen, verleihen dem Gewimmel der Innenstadt das Flair verblichener Eleganz. Die Souvenirläden quellen von dem berühmten **Sandelholz** über; den besten Eindruck davon, was man alles kaufen könnte, bekommt man im *Government Cauvery Arts und Crafts Emporium,* Sayaji Rao Rd (Do geschlossen), das ein breites Angebot an lokalem Kunsthandwerk bietet (es wird auf Wunsch nach Übersee verschifft). Der bekannte **Devaraja Market** an der Sayaji Rao Rd ist einer der buntesten Lebensmittelmärkte Südindiens: ein Riesenkomplex aus überdachten Ständen, überladen mit Bananen (von der leckeren Sorte *nanjangod),* saftigen Mangos, klebrigem *jaggery* und zu Kegeln geformtem, zerstoßenem *kumkum.*

Maharadscha-Palast (Amba Vilas)

Im Zentrum von Mysore liegt der von Festungswällen umgebene Maharadscha-Palast, ein märchenhaftes Bauwerk, überragt von einer schimmernden Messingkuppel. Besonders eindrucksvoll ist das Ganze, wenn es am Sonntagabend und zu Feiertagen von nicht weniger als 5000 Glühlampen erleuchtet wird. Der Bau wurde 1912 für den 24. Wodeyar Raja fertig gestellt und steht an der Stelle des ehemaligen Holzpalastes, der 1897 einem Brand zum Opfer fiel. Nach einem langwierigen Rechtsstreit sprachen die Gerichte den Hauptpalast 1998 offiziell der Staatsregierung von Karnataka zu, doch die Königsfamilie erhält ihren Anspruch aufrecht und will Berufung einlegen.

Die Residenz umgeben zwölf Tempel, manche davon sehr viel älteren Datums als der Palast. In der Mauer befinden sich sechs Tore, doch der Zutritt ist nur an der Südseite möglich. Schuhe und Kameras müssen an der Garderobe abgegeben werden.

Das prachtvolle Innere birgt eine außergewöhnliche Mischung von indischen und Stilen aus aller Welt. Der Eintritt erfolgt durch den Gombe Thotti oder **Dolls' Pavilion**, in dem früher die Figuren ausgestellt waren, die während der berühmten Dussehra-Prozession durch die Stadt getragen werden. Jetzt befindet sich hier eine Galerie für europäische und indische Kunst. Auf halber Höhe liegt das aus Messing geschmiedete **Elephant Gate**, das den Haupteingang zum Palastinneren bildet und durch das der Maharadscha zu seinem Fahrzeugpark fuhr. Es ist mit stilisierten Blumen verziert und weist das Mysore-Königssymbol auf, einen doppelköpfigen Adler, das heutige Staatswappen. Weiter nördlich, hinter dem Tor, steht ein hölzerner *howdah* (Gefährt zur Beförderung von Passagieren) in Form eines Elefanten. Es ist mit 84 kg schwerem, 24-karätigem Gold bedeckt und scheinbar von roten und grünen Edelsteinen unterbrochen – in Wirklichkeit sind die blinkenden Lichter batteriebetriebene Signale, die dem *mahout* anzeigten, wann der Maharadscha stehen bleiben oder weiterfahren wollte.

Die zum achteckigen **Kalyana Mandapa**, dem königlichen Hochzeitssaal, führenden Mauerwände bedeckt ein kunstvolles Fries von Ölgemälden, die das gewaltige Mysore Dussehra-Fest im Jahr 1930 zeigen. An der Herstellung arbeiteten vier indische Künstler 15 Jahre lang. Die pompöse Halle selbst weist aus Eisen gegossene Pfeiler aus Glasgow, böhmische Lüster und am Deckengewölbe ein vielfarbiges Mosaik aus belgischem Glas in Form von Pfauen auf. Die englischen Bodenfliesen greifen das Pfauenmotiv auf. Hinter dem Saal liegen kleine, herrschaftlich möblierte Räume, in denen u.a. zwei Silberstühle und Sitzmöbel aus belgischem geschliffenen Kristall zu sehen sind, die eigens für den Maharadscha und Lord Mountbatten, den letzten indischen Vizekönig, angefertigt wurden. Eines der Zimmer besitzt eine wunderbare Decke aus burmesischem Teakholz.

Das Dussehra-Fest von Mysore

Einer von den Vijayanagar-Herrschern begonnenen Tradition folgend, wird während der zehntägigen Dussehra-Feierlichkeiten (Sep/Okt) mit großem Aufwand der Sieg der Göttin Durga über den Büffeldämonen Mahishasura gefeiert. In dieser Zeit findet eine ununterbrochene Reihe kultureller Veranstaltungen statt, darunter auch klassische südindische (karnatische) Musik- und Tanzvorführungen in der Durbar Hall des Maharadscha-Palastes. An Vijayadasmi, dem 10. und letzten Tag des Festes, wird auf der 5 km langen Strecke vom Palast bis Banni Mantap eine großartige Prozession mit berittener Garde und Reitelefanten abgehalten – einer davon trägt die Palastgottheit Chaamundeshwari auf einer goldenen *howdah*. Außerdem gibt es ein Wasserfest auf dem Tempelteich am Fuße des Chamundi Hill und einen Wagen-Umzug rund um den Tempel oben auf dem Hügel. Abends wird eine Fackelparade abgehalten, gefolgt von einem gewaltigen Feuerwerk.

Über eine mit italienischen Marmorbalustraden gesäumte Treppe, an einer lebensgroßen Plastik von Krishnaraja Wodeyar IV. vorbei, gelangt man in die **Public Durbar Hall**, die geradewegs aus *Tausendundeiner Nacht* entsprungen zu sein scheint. Die mit in leuchtenden Farben bemalten, goldverzierten Säulen bestandene, gewaltige Empfangshalle ist an einer Seite offen und bietet Aussicht auf den Exerzierplatz und die Parkanlagen bis zum Chamundi Hill. Hier, auf seinem mit 280 kg Blattgold aus Karnataka überzogenen Thron, hielt der Maharadscha Audienz. Heutzutage wird der Saal nur noch während des Dussehra-Festes als Veranstaltungsort klassischer Konzerte genutzt. In der kleineren **Private Durbar Hall** sind besonders schöne Glasmosaike und Blattgoldmalereien zu sehen. Die beiden Silbertüren am Ausgang sind das Einzige, was noch von der alten Residenz übrig geblieben ist. ◎ tgl. 10–17.30 Uhr, Eintritt Rs 12.

Hinter dem Hauptpalast, aber noch auf demselben Gelände, geht es an einer Reihe schäbiger Souvenirbuden vorbei zu einem kleinen, von der

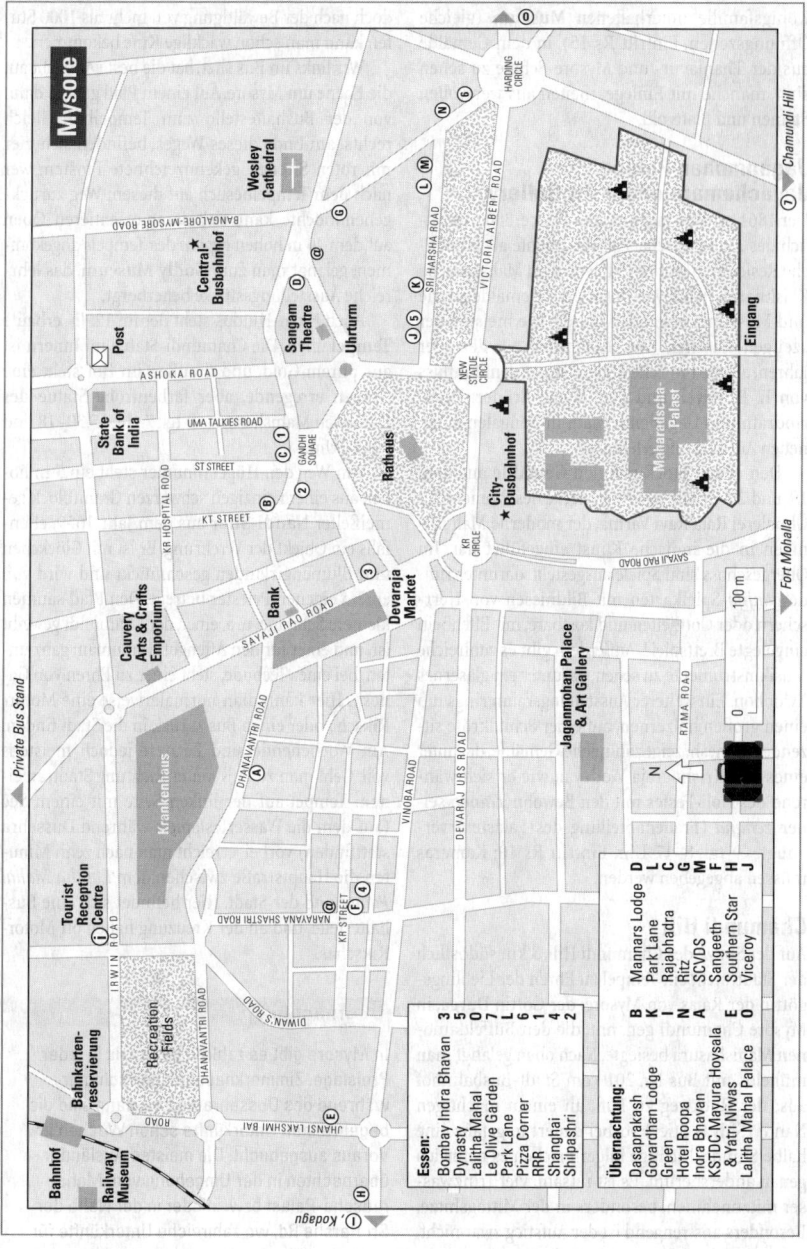

Mysore

Wesley Cathedral

Central-Busbahnhof

Sangam Theatre

Uhrturm

Post

State Bank of India

Rathaus

Krankenhaus

Cauvery Arts & Crafts Emporium

Bank

Devaraja Market

Jaganmohan Palace & Art Gallery

Maharadscha-Palast

Eingang

City-Busbahnhof

Tourist Reception Centre

Bahnkartenreservierung

Recreation Fields

Bahnhof

Railway Museum

ASHOKA ROAD

UMA TALKIES ROAD

ST STREET

KT STREET

KR HOSPITAL ROAD

SAYAJI RAO ROAD

DHANAVANTRI ROAD

NARAYANA SHASTRAI ROAD

IRWIN ROAD

DIWAN'S ROAD

JHANSI LAKSHMI BAI ROAD

VINOBA ROAD

DEVARAJ URS ROAD

RAMA ROAD

SAYAJI RAO ROAD

SRI HARSHA ROAD

VICTORIA ALBERT ROAD

BANGALORE-MYSORE ROAD

GANDHI SQUARE

NEW STADTUE CIRCLE

KR CIRCLE

HARDING CIRCLE

▲ Private Bus Stand

▲ ① Kodagu

▼ Fort Mohalla

① Chamundi Hill ▶

0   100 m

N

Essen:
Bombay Indra Bhavan	3
Dynasty	5
Lalitha Mahal	0
Le Olive Garden	7
Park Lane	6
Pizza Corner	1
RRR	4
Shanghai	4
Shilpashri	2

Übernachtung:
Dasaprakash	B	Mannars Lodge	D
Govardhan Lodge	K	Park Lane	L
Green	I	Rajabhadra	C
Hotel Roopa	N	Ritz	G
Indra Bhavan	A	SCVDS	M
KSTDC Mayura Hoysala & Yatri Niwas	E	Sangeeth	F
Lalitha Mahal Palace	O	Southern Star	H
		Viceroy	J

KARNATAKA

Königsfamilie unterhaltenen **Museum** (gleiche Öffnungszeiten, Eintritt Rs 15), in dem Gemälde aus der Thanjavur- und Mysore-Schule zu sehen sind, manche mit Einlegearbeiten aus wertvollen Steinen und Blattgold.

Jaganmohan Palace: Jayachamarajendra Art Gallery

Der 1861 erbaute Jaganmohan Palace, 300 m westlich des Maharadscha-Palastes, diente als königliche Residenz, bevor er 1915 von dem Maharadscha Krishnaraja Wodeyar IV. in eine Gemäldegalerie und Museum verwandelt wurde. Die meisten der „zeitgenössischen" Werke stammen aus den 30er Jahren, als die indische Malerei unter dem Einfluss von E. B. Havell und den Tagore-Brüdern Rabrindrath und Gaganendranath in Bengalen einen neuen Aufschwung erlebte.

Den ersten Stock nehmen **Gemälde** aus dem 19. und 20. Jh. ein, darunter Werke des Pioniers der Ölmalerei Raja Ravi Varma, der moderne Maltechniken in die indische Kunst eingeführt hat. Im Obergeschoss sind Spiele ausgestellt, darunter runde *ganjifa*-Spielkarten mit Bildnissen von Herrschern oder Gottheiten und kostbare, mit Elfenbein eingelegte Brettspiele. Außerdem gibt es zahlreiche Musikinstrumente zu sehen, darunter ein gläsernes Xylophon. Ein weiterer Ausstellungsraum rings um einen großen hölzernen, auf einer Schildkröte sitzenden Ganesh, zeigt zahlreiche Gemälde, darunter eines von Krishnaraja Wodeyar, wie er sich während des Holi-Festes mit den Bewohnerinnen seiner *zenana* (Frauenabteilung des Palastes) vergnügt. ⊙ tgl. 8–17 Uhr, Eintritt Rs 10; Kameras müssen abgegeben werden.

Chamundi Hill

Auf der Spitze des Chamundi Hill, 3 km südöstlich der Stadt, steht ein Tempel zu Ehren der Lieblingsgöttin der Rajas von Mysore: der Göttin Durga, in Mysore Chamundi genannt, die den Büffeldämonen Mahishasura besiegte. Nach oben gelangt man mühelos mit Bus Nr. 201 vom Stadt-Busbahnhof aus; der Rückweg zu Fuß, an einem mächtigen Nandi (Shivas Stier) vorbei dauert ungefähr eine halbe Stunde. Richtige Pilger machen es natürlich genau andersherum. Es ist ratsam, viel Trinkwasser mitzunehmen, besonders in der Mittagshitze. Besonders anstrengend ist der Aufstieg zwar nicht,

doch nach der Bewältigung von mehr als 1000 Stufen kann man schon wacklige Knie bekommen.

Wer links im Bus sitzt, hat die beste Aussicht auf die Ebene um Mysore. Auf einem Pfad geht es dann von der Bushaltestelle zum Tempelhof. Gleich rechts, am Ende dieses Weges, befinden sich vier mit roten Streifen gekennzeichnete Pfosten; wer nach dem Tempelbesuch auf diesem Weg zurückgehen möchte, kann sich daran orientieren. Oben auf dem 40 m hohen *gopura* des Tempels angekommen, gelangt man zum **Godly Museum**, das lehrreiche Ausstellungsstücke beherbergt.

Auch Nicht-Hindus steht der im 12. Jh. erbaute **Tempel** offen. Die Chamundi-Statue im Innern ist aus purem Gold, und draußen im Hof steht eine Grauen erregende, aber farbenfrohe Statue des Dämonen Mahishasura. ⊙ tgl. 7–14, 15.30–18 und 19–21 Uhr.

Am Weg den Hügel hinunter steht ein 5 m hoher, aus einem einzigen schwarzen Granitblock gemeißelter **Nandi-Stier** aus dem Jahr 1659, ebenfalls ein Objekt der Verehrung. Er ist mit Glöckchen und Blumengirlanden geschmückt und wird von einem eigenen Priester betreut. Den Pfad säumen kleinere Schreine, u. a. einer, der Chamundi geweiht ist, und einer für den Affengott Hanuman; ganz unten, bei einer Teebude, steht einer zu Ehren von Ganesh. Hier kann man normalerweise eine Motor-Riksha oder einen Bus zurück in die Stadt finden. Am Wochenende sind Letztere jedoch meistens voll. Geht man zu Fuß weiter Richtung Stadt, an einem Tempel auf der linken Seite mit einem See (auf dem die Wasserfestspiele während Dussehra stattfinden) vorbei, erreicht man nach zehn Minuten die Hauptstraße zwischen dem *Lalitha Mahal Palace* und der Stadt. Hier befindet sich eine Bushaltestelle, und an der Kreuzung halten oft Motor-Rikschas.

Übernachtung

In Mysore gibt es zahlreiche Hotels in jeder Preislage. Zimmerknappheit herrscht nur während des Dussehra-Festes, dann sind die begehrtesten Unterkünfte schon Wochen im Voraus ausgebucht. Die meisten Ausländer übernachten in der Umgebung vom Maharadscha-Palast bzw. in oder in der Nähe der Sri Harsha Rd, wo zahlreiche Unterkünfte für jeden Geldbeutel anzutreffen sind. Einige teurere Hotels liegen verstreut, aber ein guter Ausgangspunkt für die Suche ist die **Jhansi Laxmi Bai Rd**, die vom Bahnhof nach Süden verläuft. Wer in komplettem Luxus schwelgen möchte, begibt sich in den *Lalitha Mahal Palace*.

UNTERE PREISKLASSE – *Govardhan Lodge*, gegenüber dem Kino *Opera*, Sri Harsha Rd, ✆ 0821/243 4118, 🖥 www.hotelgovardhan.com. Einfache, billige Zimmer (einige mit AC) nahe dem Palast. Mitgenommen, aber einigermaßen sauber. ❷–❹

Indra Bhavan, Dhanavantri Rd, ✆ 0821/242 3933, ✉ hotelindrabhavan@rediffmail.com. Baufällige, charaktervolle alte Herberge, beliebt bei Tibetern, EZ und DZ mit Du/WC. Die *ordinary*-Zimmer sind ein bisschen schmuddelig, aber die preiswerten Luxus-Zimmer besitzen saubere Fliesenböden und gehen auf eine breite Gemeinschaftsveranda hinaus. ❷

KSTDC Yatri Niwas, 2 Jhansi Laxmi Bai Rd, ✆ 0821/242 3492, 🖥 www.kstdc.nic.in. Der Economy-Flügel des *Mayura Hoysala*; schlichte Zimmer um einen begrünten Hof und Schlafsaalbetten für Rs 75. ❷

Mannars Lodge, Chandragupta Rd, ✆ 0821/244 8060. Budget-Hotel nahe dem Busbahnhof und Gandhi Square. Sehr schlicht, aber die teureren Zimmer haben TV. Zu Recht beliebt bei Rucksackreisenden. ❷

Park Lane, Sri Harsha Rd, ✆ 0821/243 4340, ✆ 242 8424. Acht angenehme, saubere Zimmer, die an einen beliebten Biergarten/Restaurant grenzen. Mit das beste Preis-Leistungs-Verhältnis, kann allerdings laut werden und hat abenteuerliche Sanitäreinrichtungen. Zimmer 8 (neben dem Generator) besser meiden. ❶

Rajabhadra, Gandhi Square, ✆ 0821/526 0152. Die preisgünstigste von mehreren ähnlich aussehenden Unterkünften am Platz. Wenn man nicht geräuschempfindlich ist, sind die Zimmer nach vorn toll. Ein paar EZ. ❶

Ritz, Bangalore–Nilgiri Rd, ✆ 0821/242 2668, ✉ hotelritz@rediffmail.com. Wunderbares Hotel aus der Kolonialzeit, nur einen Steinwurf vom KSRTC-Busbahnhof entfernt. Nur vier Zimmer, daher rechtzeitig buchen! ❸

Sangeeth, 1966 Narayana Shastry Rd, nahe dem Udipi Krishna-Tempel, ✆ 0821/242 4693. Eine der besten Budget-Unterkünfte von Mysore: einfach und ein bisschen verwöhnt, aber freundlich und sehr preiswert. Neues Restaurant auf dem Dach. ❷

MITTLERE / OBERE PREISKLASSE –
Dasaprakash, Gandhi Square, ✆ 0821/244 2444, ✉ hoteldasaprakash@sancharnet.in. Schon etwas mitgenommener Hotelkomplex rings um einen geräumigen Innenhof. Belebt, sauber und gut geführt, allerdings nicht gerade stilvoll. Manche Zimmer mit AC, preiswerte EZ und ein vegetarisches Restaurant. ❸–❺

Green, Chittaranjan Palace, 2270 Vinoba Rd, Jayalakshmipuram, ✆ 0821/251 2536, 🖥 www.greenhotelindia.com. Am westlichen Stadtrand befindliche ehemalige königliche Residenz, zu einem umweltbewussten, eleganten Haus mit großer Grünanlage umgebaut. Geräumige Zimmer, Lounges, Verandas, Krocketplatz und gut sortierte Bibliothek. Die Erträge fließen in wohltätige und Umweltprojekte. Auf Anfrage wird man von der hauseigenen Motor-Rikscha abgeholt. Auch über den *Charities Advisory Trust* in London, ✆ 0044/20/7794 9835, zu kontaktieren. ❼–❾

KSTDC Mayura Hoysala, 2 Jhansi Laxmi Bai Rd, ✆ 0821/242 5349, 🖥 www.kstdc.nic.in. Zimmer und Suiten zu angemessenen Preisen in einer Kolonialvilla mit Terrassenrestaurant und Biergarten. Das Essen ist allerdings nicht umwerfend. ❸–❺

Lalitha Mahal Palace, T Narasipur Rd, ✆ 0821/247 0470, 🖥 www.lalithamahalpalace.com. Der weithin sichtbare, neoklassizistische Palast an einem Hang über der Stadt wurde 1931 zur Unterbringung der ausländischen Gäste des Maharadschas erbaut und ist heute sehr beliebt bei Pauschalgruppen und Filmcrews. Die Preise reichen von US$70 (Turmzimmer) bis zu $750 für die *Viceroy Suite*. Tee-Lounge, Restaurant und Pool (Rs 150) stehen auch Besuchern offen. ❾

Hotel Roopa, 2724c Bangalore–Nilgiri Rd, ✆ 0821/244 3770, 🖥 www.hotel-roopa.com. Funkelnagelneuer Hotelblock mit kompakten, aber bequemen Zimmern zu überraschend vernünftigen Preisen. Sehr günstige Lage zum Palast. ❸–❺

SCVDS, Sri Harsha Rd, ☎ 0821/242 1379, 🖷 242 7580. Recht neue Lodge, die meisten Zimmer mit Kabel-TV, z. T. mit AC. Sehr freundlich; Rs 50 Preisnachlass für Ausländer. ❸–❹

Southern Star, Vinobha Rd, ☎ 0821/242 6426, 🖳 www.ushashriramhotels.com. Modernes und luxuriöses Riesenhotel der Kette *Quality Inn* mit allen in dieser Preisklasse zu erwartenden Annehmlichkeiten, u. a. zwei Restaurants, Bar und Swimming Pool. Zimmer ab Rs 4200. ❾

Viceroy, Sri Harsha Rd, ☎ 0821/242 8001, 🖳 www.theviceroymysore.com. Makelloses, auf Geschäftsreisende ausgerichtetes Hotel mit vielen Annehmlichkeiten, darunter ein ausgezeichnetes Restaurant. Von den Zimmern nach vorn Aussicht über den Park zum Palast; überwiegend AC, aber ziemlich überteuert. ❻–❼

Essen

In Mysore mangelt es nicht an Speiselokalen, von zahlreichen südindischen „meals"-Lokalen beim Markt bis zum traumhaften *Lalita Mahal Palace*, wo man sich beim Schwimmen im Pool Appetit holen kann.
Wer die Spezialität von Mysore, nämlich *pak*, eine süße, schwere, krümelige Mischung aus *ghee* und Maismehl kosten möchte, reiht sich in die Schlange vor dem **Guru Sweet Mart** ein, einem kleinen Stand am KR Circle, Savaji Rao Rd, der als bester Süßwarenladen der Stadt gilt. Eine weitere Spezialität dieser Region ist *malligi iddli*, ein leckeres, leichtes und schaumiges *iddli*, das üblicherweise morgens und zur Mittagszeit in mehreren „meals"-Lokalen von Downtown angeboten wird.

Bombay Indra Bhavan, Savaji Rao Rd. Gemütliches, gut besuchtes vegetarisches Restaurant mit süd- und nordindischer Küche und Süßspeisen. Die Filiale in der Dhanavanthri Rd ist mindestens genauso beliebt und verfügt auch über eine Abteilung mit AC.

Dynasty, Palace Plaza Hotel, Sri Harsha Rd. Das dunkle, aber hübsch dekorierte Restaurant mit Bar und Dachterrasse serviert indische, chinesische und westliche vegetarische und nicht-vegetarische Gerichte.

Lalitha Mahal, T Narasipur Rd. Die Gaumenfreuden dieses Gourmet-Restaurants kann man entweder mit einem heißen Getränk in der Tee-Lounge oder bei einem Lunch à la carte im eleganten Speisesaal genießen, begleitet von Live-Sitarmusik. In der altmodischen Bar steht auch ein Billardtisch.

Le Olive Garden, am Fuß des Chamundi Hill, 2 km südöstlich. Das nicht ganz billige Restaurant in einem grünen Garten serviert *tandoori-*, chinesische und westliche Gerichte. Gelegentlich Live-Musik.

Park Lane, Sri Harsha Rd. Freundliches Restaurant in einem Hof plus Biergarten, vegetarisches und nicht-vegetarisches Essen zu erschwinglichen Preisen. Jeden Abend klassische indische Live-Musik. Ladies- und Familienbalkon im Obergeschoss. Gleichermaßen beliebt bei Travellern und Indern.

Pizza Corner, Bangalore-Nilgiri Road, nahe Harding Circle. Recht neuer Ableger dieser in Bangalore beheimateten Kette. Köstliche Pizza und westliches Ambiente in hellem Plastik.

RRR, Gandhi Square. Vorn ein schlichtes „meals"-Restaurant, hinten ein kleiner, gemütlicher Raum mit AC, der zur Mittagszeit und am Wochenende gedrängt voll ist. Das Warten lohnt sich der ausgezeichneten Tagesgerichte auf Bananenblättern, des Hühnchen-Biriyani und gebackenen Fisches wegen.

Shanghai, 1487 Shivrampet. Gute chinesische Speisen in einem länglichen Speisesaal. Zu den bekannteren Favoriten zählen die *teppan-yaki*-Gerichte.

Shilpashri, Gandhi Square. Qualitätsbewusste nordindische Küche, besonders schmackhafte *tandoori* (hervorragende Hühnchen-*tikka*). Auch gutes Angebot an vegetarischen Gerichten, darunter viele *dhals*. Alkoholausschank.

Sonstiges

GELD – Es gibt zwei Geldautomaten am Harding Circle und einen der *Oriental Bank* am Bahnhof.

INFORMATIONEN – Das freundliche **Tourist Reception Centre**, 5 Gehminuten östlich vom Bahnhof an einer Ecke der Irwin Rd im Old Exhibition Building, ☎ 0821/242 2096, hilft mit Rat und Tat und vergibt Broschüren und Landkarten. ⊙ Mo–Sa 10–17.30 Uhr.

Das **KSTDC Office** im Hotel *Mayura Hoysala*, 2 Jhansi Laxmi Bai Rd, ✆ 0821/242 3652, ist nur von Interesse, wenn man eine **Tour** buchen möchte, ⊙ tgl. 6.30–20.30 Uhr. Die ganztägige Stadtrundfahrt (7.30–20.30 Uhr, Rs 160) schließt die Jaganmohan Palace Art Gallery, den Maharadscha-Palast, die St. Philomena's Cathedral, den Zoo, Chamundi Hill, Somnathpur, Srirangapatnam und die Brindavan Gardens ein. Die Mindestteilnehmerzahl liegt bei zehn Personen, daher ist beim Ticketkauf nicht unbedingt gewährleistet, dass die Tour tatsächlich stattfindet. Die lange Tour nach Belur, Halebid und Sravanabelagola (7.30–21 Uhr, Rs 250) ist weniger empfehlenswert, da das Programm für einen Tag zu umfangreich ist und man zu viel Zeit im Bus verbringt. Gleiches gilt für die Ooty Tour (7.30–21 Uhr, Rs 300).

Die **Mietwagen**-Preise sind dagegen mit Rs 4,50 pro Kilometer (Mindestkilometerzahl pro Tag 250 km) recht interessant für Leute, die ihr eigenes Besichtigungsprogramm zusammenstellen möchten.

Die private *Tourist Corporation of India* in der *Rajabhadra Lodge* am Gandhi Square, ✆ 0821/526 0294, arbeitet mit KSTDC zusammen und arrangiert Touren und Mietwagen.

INTERNET – Zuverlässigen Internetzugang bieten z. B. *Netzone* (Rs 20), gegenüber dem *Sangeeth Hotel*, und *Internet Online* (Rs 30) an der Chandragupta Rd unweit des *Mannars Hotel*.

POST – Das **Hauptpostamt** (mit poste restante) befindet sich an der Ashoka Rd, Ecke Irwin Rd, ⊙ Mo–Sa 10–19, So 10.30–13.30 Uhr.

Transport

BUSSE – Mysore hat drei Busbahnhöfe: Central, Private und City. Der Private-Busbahnhof befindet sich jetzt an einem neuen Standort ca. 2 km nordwestlich der Stadt.

Regionalbusse, darunter die nach Chamundi Hill und SRIRANGAPATNAM (alle 15 Min., 20 Min.) halten am **City-Busbahnhof**, nahe der Nordwestecke des Maharadscha-Palastes.

Fernbusse fahren am **Central-Busbahnhof** in der Nähe der Innenstadt ab, wo es einen KSTDC-Reservierungsschalter gibt. Hier kann man an einem mit Computer versehenen Schalter bis zu drei Tage im Voraus Fahrkarten kaufen. An der Wand in der Busbahnhofshalle ist ein Fahrplan in englischer Sprache angeschlagen. Der freundliche KSTDC-Touren-Reservierungsschalter gibt auch Auskunft über Busfahrzeiten. Es fahren reguläre Busse nach HASSAN (3–4 Std.), dem Ausgangspunkt für die Hoysala-Tempel von Belur und Halebid, nach CHANNARAYAPATNA/SRAVANABELAGOLA und nach HUBLI (Richtung HOSPET/HAMPI) ab.

Die Busse Richtung Süden nach OOTY/UDHAGAMANDALAM (8x tgl., 5 Std.) halten alle beim Bandipur National Park an. Direktbusse fahren in mehrere Städte Keralas, darunter KANNUR, KOCHI und KOZHIKODE.

Die einzige Möglichkeit, auf direktem Weg nach GOA zu kommen, bieten die um 16 bzw. 17 Uhr abfahrenden Nachtbusse, die um 21 bzw. 10 Uhr in PANJIM ankommen. Die meisten Reisenden legen diese Strecke allerdings etappenweise zurück, fahren erst nach MANGALORE und arbeiten sich von dort aus nach Norden vor, für gewöhnlich via GOKARNA – auch per Direktbus erreichbar KSTDC – oder JOG FALLS. Busse mit Destination Mangalore fahren meistens durch MADIKERI, die Hauptstadt von Kodagu (Coorg) – die meisten kommen auf dem Weg durch die tibetische Enklave BYLAKUPPE.

Zahlreiche Reisebüros übernehmen Buchungen für **Privatbusse** in viele Zielorte. Die *Tourist Corporation of India* in der *Rajabhadra Lodge* zählt zu den besten.

Busse nach:
BANGALORE (alle 15 Min., 3 Std.),
CHANNARAYAPATNA (alle 30 Min., 2 Std.),
JOG FALLS (via Shimoga) (alle 90 Min., 7 Std.),
KANNUR (8x tgl., 7 Std.),
KOCHI (Ernakulam) (6x tgl., 12 Std.),
KOZHIKODE (6x tgl., 5 Std.),
MADIKERI (stdl., 3 Std.),
MANGALORE (stdl., 7 Std.),
SRIRANGAPATNAM (alle 15 Min., 20 Min.).

KARNATAKA

EISENBAHN – Der **Bahnhof** liegt 1,5 km nordwestlich der Innenstadt und hat einen KSTDC-Reservierungsschalter an Gleis 1. Für längere Strecken empfiehlt sich eine Bahnfahrt. Die meisten Ziele, die innerhalb einer Tagesreise von Mysore aus besucht werden können, lassen sich hingegen nicht auf dem Schienenweg erreichen. Tgl. fahren 6–7 Schnellzüge und sechs Passenger-Züge in die Hauptstadt BANGALORE (2–3 1/2 Std.). Der schnellste von ihnen, der mit AC versehene *Shatabdi Express* (Nr. 2008, tgl. außer Di 14.20 Uhr, 2 Std.) fährt weiter nach CHENNAI (ca. 7 Std.).

Die meisten anderen Züge von Mysore enden in Bangalore, wo man Anschlusszüge zu zahlreichen anderen indischen Städten bekommt (s. S. 309).

Reservierungen kann man an dem mit Computer versehenen Schalter im Bahnhof tätigen, ⏱ Mo–Sa 8–14 und 14.15–20, So 8–14 Uhr. 4x tgl. besteht Verbindung nach HASSAN (2 1/4–4 Std.), wobei der *Shimoga Express* Nr. 268 (Abfahrt 10.15 Uhr, 2 Std.) erheblich schneller ist als die anderen Passenger-Züge.

FLÜGE – Mysore besitzt keinen Flughafen (der am nächsten gelegene befindet sich in Bangalore), aber Flüge von *Indian Airlines* kann man in ihrem Büro im *KSTDC Mayura Hoysala*, ✆ 0821/242 1846, buchen und bestätigen lassen. ⏱ Mo–Sa 10–13.30 und 14.15–17 Uhr.

Srirangapatnam

Die Insel Srirangapatnam im Fluss Kaveri (Cauvery), 14 km nordöstlich von Mysore, misst ganze 5 x 1 km. Die alte Hindu-Wallfahrtsstätte wurde nach ihrem aus dem 10. Jh. stammenden Vishnu-Tempel Sriranganathaswamy benannt. Die Vijayanagars erbauten hier 1454 eine Festung, und 1616 wurde dies die Hauptstadt der Wodeyar Rajas von Mysore.

Allerdings wird Srirangapatnam eher im Zusammenhang mit **Haider Ali** genannt, der die Wodeyars 1761 stürzte, und noch berühmter wurde der Ort durch dessen Sohn **Tipu Sultan**. Dieser widersetzte sich während seiner 17-jährigen Regentschaft heftiger als jeder andere indische Herrscher den britischen Plänen zur Unterwerfung

Indiens. Er starb 1799, als der spätere Duke of Wellington die Festung in der blutigen Schlacht von „Seringapatnam" einnahm.

Tipu Sultan wurde 1750 geboren (seine Mutter war hinduistisch) und trat erfolgreich in die Fußstapfen seines militärisch begabten Vaters Haider Ali. Er war jedoch auch ein gebildeter und kultivierter Mann, dessen sehnlichster Wunsch es war, die verhassten Briten aus Indien zu vertreiben, wodurch er zu einem natürlichen Verbündeten der Franzosen wurde. Er war äußerst stolz auf seinen Beinamen **Tiger von Mysore** und umgab sich mit Tigersymbolen und -darstellungen. Vieles aus seinem Nachlass ist mit einer Tiger-Abbildung oder Tigerstreifen verziert, und er soll sogar Tiger gehalten haben, denen Verbrecher zum Fraß vorgeworfen wurden.

Der ehemalige Sommerpalast **Daria Daulat Bagh**, wörtlich übersetzt: „Reichtum des Meeres", liegt 1 km östlich des Forts. Hier wurden die Gäste von Tipu Sultan unterhalten. Auf den ersten Blick wirkt das niedrige, säulenbestandene Holzgebäude inmitten einer gepflegten Grünanlage nicht besonders eindrucksvoll. Das hervorragend erhaltene Innere mit Zierbögen, Tigerstreifen-Pfeilern und üppig dekorierten Teakholzwänden- und -decken verfehlt jedoch seine Wirkung nicht. Ein mehrmals aufgefrischtes Wandgemälde an der Ostmauer berichtet detailgetreu von Tipu Alis Sieg über die Briten bei Pollilore im Jahre 1780.

Das darüber liegende Stockwerk beherbergt eine kleine Ausstellung persönlicher Gegenstände von Tipu Sultan, europäische Gemälde, persische Manuskripte auf handgeschöpftem Papier und ein Modell von Srirangapatnam. ⏱ tgl. außer Fr 10–17 Uhr, Eintritt US$2.

Eine Zypressenallee führt von einem kunstvoll gearbeiteten Tor zum **Gumbaz-Mausoleum**, 3 km östlich des Palastes. Tipu Sultan ließ es 1784 zum Gedenken an Haider Ali und als seine eigene Ruhestätte erbauen. Die niedrigere Hälfte des grauen Granitbauwerks ziert eine weiße Kuppel, die einen spektakulären Kontrast zu dem blauen Himmel bildet. Durch Rosenholztüren, die mit Elfenbeineinlagen verziert sind, geht es zu den Grabstätten von Haider Ali und Tipu Sultan, jede mit einem Grabtuch bedeckt. Eine Gedenktafel auf Urdu erinnert an Tipus Martyrium. ⏱ tgl. außer Fr 9–17 Uhr, Eintritt frei.

Im Herzen der Festung steht immer noch der herrliche Tempel von **Sriranganathaswamy**, stolz und so gut wie unberührt von der turbulenten Historie, die sich rings um ihn vollzog. Für viele Gläubige stellt er nach wie vor den Hauptanziehungspunkt dar. Der von mehreren aufeinander folgenden Dynastien erweiterte Tempel besteht aus drei verschiedenen Abteilungen und ist über einen imposanten, fünfstöckigen Toreingang und eine Halle, die im Auftrag von Haider Ali erbaut wurden, zu erreichen. Das Allerheiligste in der Mitte, der älteste Teil des Tempels, beherbergt eine Statue des ruhenden Vishnu.

Ranganathittu Bird Sanctuary

Rund 2 km südwestlich von Srirangapatnam liegt das Ranganathittu Bird Sanctuary, ein absolutes Muss für Ornithologen, insbesondere im Okt/Nov, wenn der vom Kaveri-Fluss gespeiste See unzählige Zugvögel anlockt. Zu anderen Zeiten ist es ein ruhiges Tagesausflugsziel, das die Möglichkeit einer Bootsfahrt bietet, bei der man Ausschau nach Krokodilen, Ottern und Dutzenden hier beheimateter Stelzvögel, Wildenten und Waldvögel halten kann. ⊙ tgl. 8.30–18 Uhr, Eintritt Rs 60. Am einfachsten zu erreichen mit einer Rikscha von Srirangapatnam.

Übernachtung und Essen

Mayura River View, in hübscher Lage am Kaveri-Fluss, 3 km von der Bushaltestelle, ☎ 08236/252114, KSTDC-Hotel mit Restaurant. ❹–❺
Fort View Resorts, nicht weit vom Eingang zur Festung entfernt, ☎ 08236/252777, gute, elegante Alternative. ❺–❻

Transport

BUSSE – In der Nähe des Tempels und Forts halten zahlreiche Busse (darunter die Nr. 313 und 316), die am City-Busbahnhof von Mysore abfahren, sowie alle Züge der Strecke Mysore–Bangalore.
Srirangapatnam ist eine kleine Insel, doch die Sehenswürdigkeiten liegen weit auseinander. Tongas, Motor-Rikschas und Fahrräder findet man in der Hauptstraße in der Nähe der Bushaltestelle.

EISENBAHN – Es bestehen Verbindungen nach BANGALORE (6–7x tgl., 2–3 1/2 Std.) und HASSAN (4x tgl., 2 1/4–4 Std.).

Somnathpur

Der wunderschöne, 1268 erbaute **Keshava Vishnu-Tempel** in dem verschlafenen Weiler Somnathpur war der letzte wichtige Tempel, den die Hoysalas errichten ließen. Er ist auch der am besten erhaltene und in mehrerer Hinsicht das sehenswerteste Beispiel dieser einmaligen Bauweise Somnathpur selbst, nur neunzig Autominuten von Mysore entfernt, besteht aus wenig mehr als ein paar ordentlichen Wegen und netten, einfachen Häusern mit auf Pfeilern ruhenden Veranden.

Wie andere Hoysala-Tempel ist auch der Keshava auf einem sternförmigen Sockel erbaut. ASI-Angestellte führen Besucher auf Wunsch herum und erlauben ihnen auch, auf die Außenmauer zu klettern, von wo aus sich ein schöner Rundblick über die Anlage bietet. Man sollte dies allerdings früh am Morgen tun, denn später werden die Steine, die man nur mit nackten Fußsohlen betreten darf, sehr heiß.

Der Tempel ist im Stil eines *trikutachala*, „Hügel mit drei Gipfeln", erbaut, d. h. jedes Heiligtum wird von einem Turm gekrönt. Auf der hohen, ebenfalls sternförmigen Plattform *(jagati)* des Keshava-Tempels kann man eine Runde drehen, um die überreich verzierten Mauern zu bewundern. Auffallend an den zahlreichen, kunstvoll gemeißelten Bildnissen ist ein für einen Vishnu-Tempel erstaunlich hoher Anteil von Shaiva-Figuren. Wie in Halebid erzählt ein lebendiger Fries unzählige Geschichten aus den Epen *Ramayana*, *Bhagavata Purana* und *Mahabharata*. Geht man im Uhrzeigersinn herum, kann man sie wie ein Buch „lesen". Ungewöhnlich ist auch, dass die Bildhauereien signiert wurden: Es sind das Werk eines einzigen Künstlers namens Malitamba. Vor dem Tempel steht eine *dvajastambha*-Säule, auf der sich früher vielleicht eine Plastik von Vishnus „Reit-Vogel" Garuda befand. ⊙ tgl. 9–17 Uhr, Eintritt US$2.

Übernachtung und Essen

In der Umgebung des Tempels gibt es keinerlei Übernachtungsmöglichkeiten, und das Angebot an Verpflegung beschränkt sich auf Kekse oder vielleicht eine Samosa in einer Teebude bzw. auf ein bisschen Obst, das am Straßenrand verkauft wird. Wer eine warme Mahlzeit braucht, muss zu den billigen „meals"-Hotels in T Narasipur zurück. 25 km südöstlich liegt versteckt an einem aufgestauten Abschnitt des Kaveri-Flusses das exquisite Resorthotel *Talakadu Jaladhana*, ✆ 08227/271196, ✉ jaladhana@hotmail.com. Es bietet abgeschiedene Cottages, einige mit Badewanne auf dem Dach (VP Rs 1770 p. P.), Kräutergärten und Wassersport-Aktivitäten. Zu erreichen mit einem direkten Privatbus aus Mysore. ❾

Transport

Von Mysore aus fahren keine Busse direkt nach Somnathpur. Busse vom Private-Busbahnhof fahren bis zum Ort T NARASIPUR (1 Std.), wo regelmäßig Busse nach SOMNATHPUR (20 Min.) abfahren. Alle Welt kennt dieses Ziel, und man braucht daher nur herumzufragen, um in den richtigen Bus verfrachtet zu werden. Man kann sich aber auch einer geführten Tour der KSTDC anschließen.

Die Nationalparks Bandipur und Nagarhole

In der Nähe von Mysore liegen die drei großen Tierschutzgebiete Bandipur, Nagarhole und Mudumalai (jenseits der Grenze in Tamil Nadu). Sie bilden zusammen das weitläufige **Nilgiri Biosphere Reserve**, eines der ausgedehntesten Waldschutzgebiete Indiens. Die Parks sind inzwischen wieder vollständig zugänglich, nachdem der Bandit Veerapan, der die Region über Jahre hinweg terrorisiert hatte, im Oktober 2004 getötet wurde (Einzelheiten s. S. 104).

Ein paar teure, private Resorthotels am Rande der Parks und ein oder zwei Touristenanlagen bieten in der für ihre **Elefanten** berühmten Gegend Unterkunft. Ansonsten muss man die Unterkünfte des *Forest Department* in Bandipur (s. u.) und Nagarhole (s. S. 322) so früh wie möglich buchen, und zwar bei einem der folgenden Büros: Aranya Bhavan, Ashokapuram, ✆ 0821/248 0901, 6 km südlich des Zentrums von Mysore, zu erreichen mit

Bus Nr. 61 vom City-Busbahnhof, oder Aranya Bhavan, 18th Cross, Malleswaram, Bangalore, ✆ 080/2334 1993.

Bandipur-Nationalpark

An den Ausläufern der Westghats liegt 80 km südlich von Mysore der Bandipur-Nationalpark. Er umfasst eine 880 km² große Fläche Laubwald südlich des Flusses Kabini. Das Naturschutzgebiet wurde in den 30er Jahren auf einem Teil des Jagdgeländes des hiesigen Maharadschas eingerichtet und 1941 erweitert. Doch trotz der hübschen Unterkünfte und gut in Schuss gehaltenen Jeep-Pfade ist Bandipur kein besonders empfehlenswertes Ziel für die Beobachtung wilder Tiere. Außerhalb des eingezäunten Geländes, das für Besucher tabu ist, wird man kaum ein aufregenderes Tier als einen Langur oder Axishirsch zu sehen bekommen, und die wenigen übrig gebliebenen Tiere ergreifen vor den lauten Dieselbussen, mit denen das *Forest Department* Touristen durch die zugänglichen Teile des Parks kutschiert, die Flucht.

Andererseits ist Bandipur eines der wenigen Reservate Indiens, wo man eventuell frei lebende **Elefanten** zu Gesicht bekommen kann, vor allem während der Regenzeit (Juni–Sep), wenn es reichlich Wasser und Futter gibt und die Tiere sich verteilen. Gegen Ende des Monsuns versammeln sie sich in großen Herden am Ufer des Kabini, im äußersten Norden des Parks. Bandipur besitzt auch landschaftliche Reize: Bei **Gopalswamy Betta** (9 km vom Park-Hauptquartier und für Besucher geöffnet), einem hohen Felsausläufer, bietet sich eine herrliche Aussicht nach Norden auf das Mysore Plateau und die angrenzenden Hügel. Im Süden hat man von den **Rolling Rocks** einen weiten Blick auf den zerfurchten, 260 m tiefen Graben **Mysore Ditch**.

Die beste Besuchszeit ist die Regensaison (Juni–Sep), denn im Unterschied zu den benachbarten Parks werden die Wege in Bandipur nicht von Überschwemmungen weggewaschen, und während dieser Zeit halten sich hier zahlreiche Elefanten auf. Gegen November/Dezember sind die meisten Tiere über die Bundesstaatsgrenze nach Mudumalai abgewandert, wo es mehr Wasser gibt. Wochenenden sollte man meiden, denn dann ist der Park das Ziel ganzer Busladungen voller lautstarker Tagesausflügler.

Reservierungen für die Unterkünfte innerhalb des Schutzgebietes können beim *Forest Department Reception Centre* vorgenommen werden. Der Komfort variiert von Betten in großen, anstaltsähnlichen Schlafsälen über „VIP" *Gajendra Cottages* bis zu Zimmern mit Bad und Veranda. Zu den Luxus-Unterkünften zählen:

Bandipur Safari Lodge, ✆ 080/2559 7021, 🖥 www.junglelodges.com. In der zu *Jungle Lodges & Resorts* gehörigen Unterkunft zahlen Ausländer US$50 pro Nacht. ➒

Tusker Trails, Mangala Village, 3 km von Bandipur, Buchung über *Hospital Cottage,* Bangalore Palace, Bangalore, ✆ 080/2353 0748, ✆ 2334 2862, ist ein Resort, das von Mitgliedern der königlichen Familie von Mysore geleitet wird, bietet Cottages, einen Swimming Pool, Tennisplatz und organisierte Ausflüge in den Nationalpark. ➒

Bush Betta, abseits der Hauptstraße nach Mysore, Reservierung über *Gainnet*, Raheja Plaza, Richmond Rd, Bangalore, ✆ 080/2551 2631, luxuriöse Cottages, organisierte geführte Touren. ➒

INNERHALB DES PARKS – Wer kein eigenes Transportmittel besitzt, ist auf den nicht sehr angenehmen Bus des *Forest Department* angewiesen, der 2x tgl. seine Runde dreht (6–9 und 16–18 Uhr, Rs 25). Wer sich dem halbstündigen **Elefantenritt** (Rs 50) rund um das Eingangsgelände anschließt, bekommt vielleicht ein, zwei Rehe zu sehen, mehr aber nicht.

Besucher, die nach Gopalswamy Betta fahren, müssen wissen, dass es in Bandipur keinen Mietwagenverleih gibt, wohl aber in Gundulapet; der dortige Anbieter wird versuchen, einen sehr viel höheren als den offiziellen Preis von Rs 500 herauszuschlagen. Vor Einbruch der Dunkelheit muss man den Park verlassen.

ZUM PARK – Es ist einfach, mit dem Bus nach Bandipur zu kommen: Alle KSRTC-Busse nach OOTY, die am Central-Busbahnhof in MYSORE abfahren (12x tgl., 2 1/2 Std.), kommen durch das Naturschutzgebiet (Abfahrt des letzten Busses zurück nach Mysore um 17 Uhr) und halten vor dem *Forest Department* Reception Centre, ☾ tgl. 9–16.30 Uhr. Wer die Abfahrt des letzten Busses von Mysore verpasst hat, kann ins 18 km entfernte GUNDULAPET fahren und dort ein Taxi zum Main Reception Centre nehmen (Rs 220). Eintritt Rs 150 plus Rs 20 pro Kamera.

Nagarhole-Nationalpark

Bandipurs Nachbar im Norden, der Nagarhole („Schlangen-Fluss")-Nationalpark, bedeckt eine Fläche von 640 km² nördlich des Flusses Kabini, der zu einem malerischen, künstlichen See eingedämmt wurde. Während der Trockenzeit (Feb–Juni) zieht diese ganzjährig gefüllte Wasserquelle zahlreiche Tiere an und ist dadurch ein ausgezeichneter Ort, um Tiere in freier Wildbahn zu beobachten. Der hiesige Regenwald – dichter Dschungel mit 30 m hohen Baumwipfeln – ist eindrucksvoller als das eher trockene Strauchwerk im Bandipur-Nationalpark.

1992 ereignete sich jedoch in Nagarhole eine Umweltkatastrophe: Bei einer Auseinandersetzung zwischen hier ansässigen, Viehzucht betreibenden „Stämmen" und Parkwächtern um Weiderechte und Wilderei kam es zu Ausschreitungen und tausende Hektar Wald gingen in Flammen auf. An manchen Stellen sind schon wieder Bäume nachgewachsen, doch wird es noch Jahrzehnte dauern, bis sich der Tierbestand wieder restlos erholt haben wird. Eine zusätzliche Bedrohung für den Waldbestand stellt eine berüchtigte weibliche Holzschmugglerbande aus Kerala dar, die sich einen beinahe legendären Ruf erworben hat. Bislang lohnt sich ein Besuch von Nagarhole nur auf dem Höhepunkt der Trockenzeit, wenn die sumpfigen Flussufer und grasbewachsenen Sümpfe oder *hadlus* bessere Möglichkeiten zum Sichten eines Gaur (indischer Büffel), Elefanten, *dhole* (Wildhund), Hirsches, Ebers und vielleicht sogar eines Tigers oder Leoparden bieten als die benachbarten Naturschutzgebiete.

Nagarhole ist das ganze Jahr über geöffnet, doch während des Monsuns ist der Besuch nicht zu empfehlen, da die meisten Pisten dann weggespült sind, und die durstigen Blutegel machen Wanderungen unmöglich.

Das **Visitors Centre** verlangt Rs 150 Eintritt plus Rs 20 pro Kamera. Es organisiert Elefanten-

KARNATAKA

ritte (Rs 50) und Bustouren rund um das Reservat (6–9 und 15.30–18 Uhr, Rs 50).

Übernachtung

Unterkunft in den beiden *Rest Houses* der Forstbehörde muss so früh wie möglich bei den *Forest Department*-Büros in Mysore oder Bangalore gebucht werden. Außerdem ist es unerlässlich, rechtzeitig vor Einbruch der Dunkelheit an den Parktoren zu sein, denn nach 18 Uhr wird die Zugangsstraße zu den Lodges geschlossen und mit „Elefantensperren" unpassierbar gemacht.

Kabini River Lodge, in der Nähe von Nagarhole (Buchung über *Jungle Lodges & Resorts* in Bangalore), ℡ 080/2559 7021; zu erreichen über das Dorf Karapura, 3 km vom Südeingang des Parks. Luxusherberge auf einem schattigen Gelände am See, ehemalige Jagd-Lodge des Maharadschas, bietet kostspielige All-inclusive-Pauschalpakete für US$110 pro Nacht inkl. Mahlzeiten und Transport durch den Park in Begleitung fachkundiger Guides. Mit öffentlichen Verkehrsmitteln nicht zu erreichen, daher muss man ein Auto mieten. Rechtzeitig im Voraus reservieren! ❾

Jungle Inn, Veerana Hosahalli, in der Nähe des Parkeingangs, ℡ 08222/252781 (Buchung im Büro in Bangalore unter ℡ 080/2224 3172). Teuer, aber nicht ganz so schick wie die *River Lodge*, arrangiert Safaris, verlangt von Ausländern jedoch erheblich mehr Geld dafür als von Indern. ❾

Transport

Nach Nagarhole gelangt man mit einem der zwei tgl. am Central-Busbahnhof in Mysore abfahrenden Busse nach HUNSUR (3 Std.), das 10 km vom nördlichen Parkeingang entfernt liegt. Von hier bekommt man ein Transportmittel zu den beiden Rest Houses des *Forest Department*. Nicht vergessen: Die Lodges schließen um 18 Uhr.

Hassan

Die 118 km nordwestlich von Mysore gelegene, wenig ansprechende Stadt Hassan selbst hat nicht viel zu bieten, stellt jedoch einen günstigen Ausgangs-

punkt für Besuche der eindrucksvollen Hoysala-Tempel von **Belur** und **Halebid**, beide nordwestlich der Stadt, und der berühmten Jain-Pilgerstätte **Sravanabelagola** im Südosten dar. Manche Reisende bleiben sogar ein paar Nächte hier hängen und vertreiben sich die Zeit in neonbeleuchteten *thali*-Kneipen und trostlosen Hotelzimmern, doch bei einigermaßen guter Planung braucht man sich hier nicht lange aufzuhalten. Belur, Halebid und Sravanabelagola sind sehr viel freundlichere Orte zum Übernachten.

Übernachtung

Obwohl sich die Qualität der Unterkünfte in den letzten Jahren enorm verbessert hat, sind viele Budget-Hotels nach wie vor fast unzumutbar. Die wenigen Ausnahmen befinden sich in Spaziernähe des Busbahnhofs. Im Gegensatz dazu gibt es mehrere gute Hotels der mittleren Preisklasse. Für welches Hotel man sich auch entscheidet: Man sollte unbedingt vorher anrufen, da die meisten am Spätnachmittag ausgebucht sind.

DR Karigowda Residency, BM Rd, 1 km vom Bahnhof, ℡ 08172/264506. Makelloses Budget-Hotel: freundlich, angenehm und erstaunlich preiswert. Auch EZ, keine AC. ❷

Hoysala Village Resort, Belur Rd, 6 km nordwestlich vom Zentrum, ℡ 08172/256764, 🖳 www. karnatakatourism.com. Luxus-Cottages unter staatlicher Leitung in friedlicher ländlicher Umgebung. Feines internationales Restaurant und der einzige Pool weit und breit, der auch Nicht-Gästen offen steht (Rs 75 pro Std.). ❼–❽

Prince Cottage, BM Rd, hinter dem Bhanu Theatre, ℡ 08172/234740. Kleines, ordentliches Gästehaus abseits der Hauptstraße. Sehr billig und nicht weit vom Bahnhof entfernt. ❶

Southern Star, BM Road, 500 m vom Bahnhof, ℡ 08172/251816, 🖳 www.ushashriramhotels. com. Neues Hotel mit allen Annehmlichkeiten, Ableger der Kette *Quality Inn*, jedoch preiswerter als die meisten anderen. Beste Adresse der Stadt. ❻–❼

Sri Krishna, BM Rd, ℡ 08172/263240, ✆ 260195. Großes, relativ neues Hotel, einige Zimmer mit AC. Die geräumigen Zimmer ohne AC sind sehr preisgünstig, und das Restaurant im Erdge-

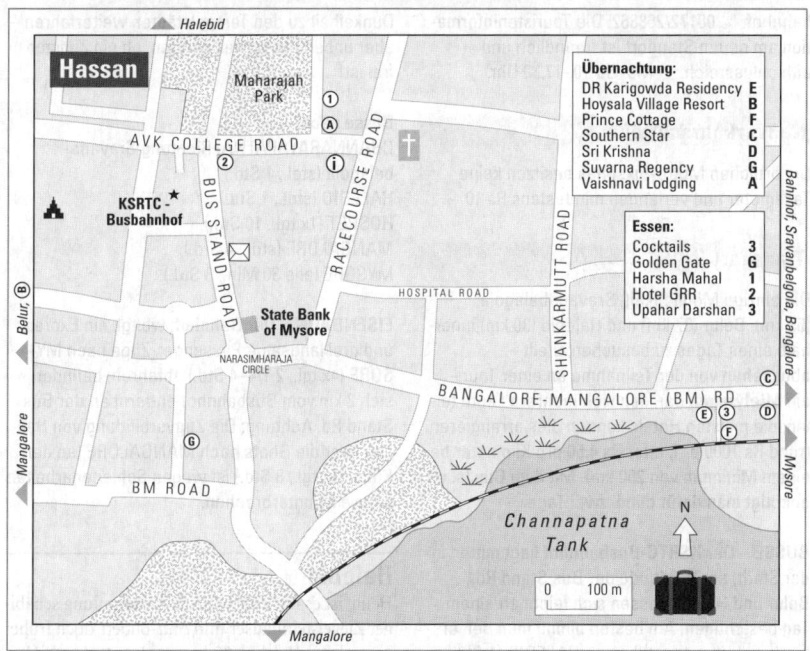

schoss bereitet hervorragende südindische Gerichte zu. ③–⑤

Vaishnavi Lodging, Harsha Mahal Rd, ✆ 08172/263885. Hassans beste Budget-Lodge, große, saubere Zimmer (alle mit Telefon und TV) und vegetarisches Restaurant. Reservierung erforderlich. Wenn man aus dem Busbahnhof kommt, nach rechts in die Church Rd einbiegen, bis zur ersten Abzweigung links gehen; es ist das Haus an der Ecke. ②

Essen

Die meisten der o. g. Hotels verfügen über recht ordentliche Restaurants, ansonsten kann man sich auch in den billigen Esslokalen und *thali*-Buden vor dem Busbahnhof verpflegen.
Golden Gate, *Suvarna Regency*, PB 97, BM Rd. Schickes Restaurant und Bar mit Garten, bestes Lokal am Ort; große Auswahl, nicht billig.
Cocktails, BM Rd nahe dem *Sri Krishna*. Mehrstöckiges Gebäude mit Terrassenrestaurant und

Bar, nicht überragende, aber abwechslungsreiche Kost.
Harsha Mahal, unterhalb der *Harsha Mahal Lodge*, Harsha Mahal Rd. Einfaches vegetarisches Lokal, bietet frisch zubereitete *iddli* und *dosa* zum Frühstück (ab 7.30 Uhr).
Hotel GRR, gegenüber dem Busbahnhof. Traditionelle, leckere und sättigende „Mini-Meals" auf Bananenblättern, zahlreiche nicht-vegetarische Gerichte und Eiscreme.
Upahar Darshan, BM Rd. Preiswertes südindisches Lokal, bietet gute „meals" sowie frische *dosas* und *iddlis*.

Sonstiges

GELD – *Shenoy Tours & Travels*, nahe Busbahnhof, ✆ 08172/269729. Wechselt Geld, aber keine Reiseschecks von *Thomas Cook*.

INFORMATIONEN – *Tourist Office*, AVK College Road, weniger als fünf Gehminuten vom Busbahnhof, ✆ 08172/268862. Die Touristeninformation am neuen Standort ist freundlich und aufschlussreich. ⊙ Mo–Sa 10–17.30 Uhr.

Nahverkehrsmittel

Die örtlichen Motor-Rikschas besitzen keine Taxameter und verlangen mindestens Rs 10.

Transport

Die einzige Möglichkeit, Sravanabelagola (53 km), Belur (37 km) und Halebid (30 km) innerhalb eines Tages zu besuchen, stellt – abgesehen von der Teilnahme an einer Tour – ein **Mietwagen** dar, den sich mehrere Leute teilen; die meisten Hotels können dies arrangieren (rund Rs 1000 p. T. oder Rs 4,50 pro Kilometer bei einem Minimum von 250 km). Mit dem **Bus** (s. u.) benötigt man dafür mind. zwei Tage.

BUSSE – Der **KSRTC-Busbahnhof** liegt mitten in der Stadt, am Nordende der Bus Stand Rd. Belur und Halebid lassen sich leicht an einem Tag besichtigen. Am besten nimmt man den ersten (um 6 Uhr) der stdl. nach HALEBID (1 Std.) fahrenden Busse und fährt von dort aus weiter nach BELUR (30 Min., 16 km). Von Belur fahren nachmittags öfter Busse zurück nach Hassan (6.30–18.15 Uhr, 1 1/4Std.) als von Halebid. SRAVANABELAGOLA liegt jedoch in der entgegengesetzten Richtung und kein Direktbus fährt dorthin. Man muss nach CHANNARAYAPATNA alias „CR Patna" (stdl. ab 6.30 Uhr, 1 Std.) fahren, das an der Hauptstraße nach Bangalore liegt, und dort in einen Linienbus (30 Min.) steigen oder einen der zahlreichen Minibusse nehmen. Wer zeitig genug nach Sravanabelagola gelangen will, um die Stätte zu besichtigen und am gleichen Tag weiterzufahren (nach Mysore oder Bangalore), sollte versuchen, einen der privaten Luxusbusse nach Bangalore zu erwischen, die an der Straße direkt unterhalb der *Vaishnavi Lodge* vor Sonnenaufgang (5.30–6 Uhr) abfahren. Sie halten alle kurz in Channarayapatna. Und nicht vergessen: Es gibt sowohl in Belur als auch Halebid Übernachtungsmöglichkeiten. Wer also früh genug in Hassan ankommt, kann noch vor Einbruch der Dunkelheit zu den Tempelstädten weiterfahren – aber unbedingt vorher anrufen, ob ein Zimmer frei ist!

Busse nach:
CHANNARAYAPATNA, Richtung Sravanabelagola (stdl., 1 Std.),
HALEBID (stdl., 1 Std.),
HOSPET (1x tgl., 10 Std.),
MANGALORE (stdl., 4 Std.),
MYSORE (alle 30 Min., 3 Std.).

EISENBAHN – Der **Bahnhof**, wo tgl. ein Express und drei langsame Passenger-Züge nach MYSORE (4x tgl., 2 1/4–4 Std.) abfahren, befindet sich 2 km vom Busbahnhof entfernt an der Bus Stand Rd. Achtung: Die Zugverbindung von Hassan über die Ghats nach MANGALORE (an der Küste, 1x tgl., 8 Std.) ist wegen Schienenarbeiten zeitweilig unterbrochen.

Halebid

Heute ist es nur eine winzige Ansammlung schäbiger Ziegelsteinhäuser und *chai*-Buden, doch früher einmal war Halebid, 32 km nordwestlich von Hassan, die Hauptstadt der mächtigen Hoysala-Dynastie, die vom 11. bis zum 14. Jh. das südliche Karnataka beherrschte. Der ursprüngliche Name der Stadt **Dora Samudra** wurde 1311 in *Hale-bidu*, d.h. „tote Stadt", umgewandelt, nachdem ein Sultanatsheer aus Delhi unter dem Kommando von Ala-ud-din-Khalji sie in Schutt und Asche gelegt hatte. Dennoch sind mehrere große Hoysala-Tempel erhalten geblieben, von denen zwei äußerst sehenswerte, der Hoysaleshvara und der Kedareshvara, mit wunderbaren Steinmetzarbeiten versehen sind. Ein kleines **archäologisches Museum** neben dem Hoysaleshvara-Tempel beherbergt Hoysala-Kunstgegenstände und andere Ausgrabungsstücke der Gegend, ⊙ tgl. außer Fr 10–17 Uhr.

Hoysaleshvara-Tempel

Mit dem Bau des Hoysaleshvara-Tempels wurde 1141 begonnen, und nach rund vierzig Jahren Bautätigkeit blieb er unvollendet, was möglicherweise das Fehlen solcher Türme erklärt, wie sie beispielsweise in Somnathpur zu sehen sind. Welchen Gottheiten hier ursprünglich gehuldigt wurde, ist un-

KARNATAKA

bekannt, doch Fachleute nehmen an, dass der Doppel-Tempel irgendwann Shiva und seiner Gemahlin geweiht war. Jedenfalls enthalten beide Sanktuarien *shivalinga* und sind durch zwei halb offene Mandapa-Säulengänge, in denen Nandi-Figuren stehen, miteinander verbunden.

Der Hoysaleshvara weist auch zahlreiche Vaishnava-Figuren auf. Die **Skulpturen**, die fließender gearbeitet sind als frühere Darstellungen in Belur, zeigen Brahma auf seinem „Gänse-Reittier" Hamsa, Krishna, der den Berg Govardhana in der Hand hält, Krishna beim Flötenspiel und Vishnu (Trivikrama), wie er mit drei Schritten die ganze Welt durchquert.

Eine der beeindruckendsten Figuren ist die des Dämonenkönigs **Ravana**, der an Shivas Berg Kailash rüttelt; der Berg ist mit Tieren und Fantasiegestalten bevölkert, und Shiva sitzt mit Parvati oben auf dem Gipfel. Weltliche Figuren, darunter Tänzer und Musiker, stehen Seite an Seite mit Göttern, und auch erotische Szenen mit üppigen, reich geschmückten Frauen sind zu sehen. Ein Fries, der im sechsten Abschnitt um die Außenmauern herumführt, erzählt Geschichten aus den Hindu-Epen. ☉ Sonnenauf- bis -untergang, Eintritt frei.

Übernachtung und Essen

KSTDC Mayura Shantala, ✆ 08177/773224, gegenüber dem Haupttempel in einem kleinen Garten an der Straße, ist die einzige Unterkunft im Dorf. Sie bietet zwei angenehme DZ mit Veranda sowie ein 4-Bett-Zimmer. Reservierung dringend empfohlen. ❷
Nach 18 Uhr, wenn die Teebuden an der Straßenkreuzung schließen, gibt es nur noch im *Mayura Shantala* der KSTDC etwas zu essen.

Nahverkehrsmittel

MINIBUSSE – Die privaten Minibusse, die an der Straßenkreuzung vor dem Hoysaleshvara-Tempel abfahren, brauchen viel länger als die großen Busse und fahren erst los, wenn sie bis unters Dach voll sind.

FAHRRÄDER – Die Baudenkmäler liegen nahe genug beieinander, um zu Fuß besichtigt zu werden, doch wer Abstecher in die sie umgebende

Landschaft machen möchte, sollte sich an den Ständen beim Busbahnhof für Rs 3 pro Std. ein Fahrrad ausleihen. Die Straße, die südlich der Tempel verläuft, führt durch herrliches Gelände und bietet die Möglichkeit, über Nebenpfade auf Anhöhen gelegene Heiligtümer zu besuchen, und auch die Straße nach Belur (16 km) eignet sich gut für eine Fahrradtour.

Transport

Es verkehren zahlreiche Busse von Halebid nach HASSAN (letzte Abfahrt um 20.30 Uhr) und nach BELUR (letzte Abfahrt um 20 Uhr).

Belur

Belur, 37 km nordwestlich von Hassan am Ufer des Yagachi, war im 11. und 12. Jh. vor Halebid die Hauptstadt der Hoysala-Dynastie. Wer die Hoysala-Region genauer erforschen möchte, sollte lieber hier als in Halebid seine Zelte aufschlagen, denn Belur hat etwas bessere Einrichtungen und ist insgesamt ein freundlicherer Aufenthaltsort.

Das **Car Festival**, das im März oder April stattfindet und 12 Tage dauert, ist ein eher ländliches Vergnügen. Es zieht Bauern der Umgebung an, die in einer Rinderkarrenprozession durch die Straßen zum Tempel ziehen.

Berühmter ist Belur aber für den noch immer genutzten **Chennakeshava-Tempel**, der ein schönes Beispiel des einzigartigen Hoysala-Baustils ist (☉ tgl. 7.30–20.30 Uhr, Eintritt frei). König Vishnuvardhana ließ diesen Tempel 1117 anlässlich seiner Konversion vom Jainismus zum Hinduismus, des Sieges über die Chola-Streitmächte bei Talakad und der Unabhängigkeit von den Chalukyas erbauen. Heute thront sein aus grauem Stein erbauter *gopura* (Eingangsturm) über einer kleinen, belebten Marktstadt. Der Ort ist von Oktober bis Dezember, wenn ganze Busladungen von Anhängern des Gottes Ayappa auf dem Weg nach Sabarimala (s. S. 406) hier durchströmen, eine beliebte Wallfahrtsstätte.

Der Chennakeshava steht in einem von einer hohen Mauer umgebenen Hof, von kleineren Schreinen und Mandapa-Eingangshallen gesäumt. Da kein Oberbau vorhanden ist, hat der Tempel anscheinend ein Flachdach besessen. Falls er jemals einen Turm besaß, müsste dieser um die Vijayanagar-Periode (16. Jh.) verschwunden sein. Sowohl Sanktuarium als auch Mandapa ruhen auf dem üblichen Sockel *(jagati)*. Stufenreihen, flankiert von kleineren, mit Türmen gekrönten Schreinen, führen an drei Seiten zur Mandapa. Diese war ursprünglich offen, doch um 1200 wurden mit geometrischen Figuren und Szenen der *Puranas* verzierte Platten zwischen den gedrechselten Säulen eingesetzt. Der Hauptschrein ist viermal täglich zum Gebet geöffnet (8.30–10, 11–13, 14.30–17 und 18.30–20.30 Uhr). Es lohnt sich, einen der Guides, die bei den Toren warten, zu engagieren (Rs 40), um sich die Einzelheiten des Bauschmuckes erklären zu lassen.

Der **Kappe Channigaraya-Tempel** auf demselben Gelände besitzt ein paar kunstvoll gemeißelte Nischen-Bildnisse und eine Darstellung von Narasimha (Vishnu als Löwenmensch), der den Dämonen Hiranyakashipu tötet.

Der kleinere, weiter westlich gelegene **Viranarayana-Schrein** beherbergt einige schöne Skulpturen, darunter eine Szene aus dem *Mahabharata* (Bhima bei der Ermordung des Dämonen Bhaga).

Übernachtung

Mayuri Velapuri, in der Straße zum Tempel, ✆ 08177/722209. Das KSTDC-Hotel ist die beste Unterkunft. Pieksaubere, luftige Zimmer in einem neuen Block, verwohntere im alten Flügel. Die beiden Schlafsäle sind selten voll (Rs 35 pro Bett), außer zwischen März und Mai, wenn das Hotel meist mit Pilgern belegt ist. ❷

Annapurna, ein Stück die Straße hinab, ✆ 08177/722039, schlichte, annehmbare Zimmer über einem einfachen Restaurant. ❷

Swagath Tourist Home, ✆ 08177/722159, weiter oben an der Straße Richtung Tempel, sehr einfach, kein Warmwasser, aber für den Notfall ausreichend. ❶

Vishnu Lodge, ✆ 0817/722263. Das beste der Hotels in Busbahnhofsnähe, über einem Restaurant und Süßwarengeschäft gelegen, geräumige Zimmer mit winzigem Bad, Warmwasser nur morgens, z. T. mit TV. ❷–❸

Essen

Das *Mayuri Velapuri* verfügt über ein gutes Restaurant mit begrenztem Angebot.

Es gibt auch verschiedene Esslokale, viele davon in den Hotels entlang der Hauptstraße.

Indian Coffee House, an der Hauptstraße bei den Tempeleingängen, serviert vegetarische *dhabas*.

Sonstiges

INFORMATIONEN – Das *Tourist Office* befindet sich auf dem Gelände des *KSTDC Mayuri Velapuri* in der Nähe des Tempels. Die Angestellten kennen die genauen Busfahrpläne, und manchmal betätigt sich der Büroleiter auch als Guide. ◷ Mo–Sa 10–17 Uhr.

Nahverkehrsmittel

In der Stadt verkehren **Motor-Rikschas**, doch eine gute Möglichkeit, die Umgebung einschließlich Halebid zu erkunden, bietet ein **Fahrrad**, das es für Rs 3 pro Std. an den Ständen beim Busbahnhof zu mieten gibt.

Transport

Busse von HASSAN und HALEBID halten an dem kleinen Busbahnhof mitten in der Stadt, zehn Minuten zu Fuß auf der Hauptstraße vom Tempel. Manche Fernbusse laufen nicht den Busbahnhof an, sondern halten an der nahe gelegenen Landstraße.

Sravanabelagola

Der kleine Ort Sravanabelagola mit seiner heiligen Jain-Stätte, 49 km südöstlich von Hassan und 93 km nördlich von Mysore, liegt zwischen zwei Hügeln an einem großen See.

Auf einem der Hügel, dem Indragiri (auch Vindhyagiri genannt), steht eine außergewöhnliche, 18 m hohe Monolithstatue der nackten männlichen Figur **Gomateshvara**. Dieser aus dem 10. Jh. stammende Koloss, der im Umkreis vieler Meilen zu sehen ist, soll die höchste frei stehende Skulptur Indiens sein und macht Sravanabelagola zu einer wichtigen Wallfahrtsstätte, doch überra-

Gomateshvara und Mahamastakabhisheka

Gomateshvara, auch Bahubali genannt, war der Sohn des legendären Königs Rishabdev von Ayodhya (bekannter unter dem Namen Adinath, der erste *tirthankara*), um dessen Erbe er mit seinem älteren Bruder Bharat stritt. Während einer fürchterlichen Auseinandersetzung hob er seinen Bruder in die Höhe und wollte ihn gerade zu Boden schleudern, als ihn Reue überkam. Gomateshvara stellte Bharat vorsichtig wieder auf die Füße und beschloss, der Welt der Gier, Eifersucht und Gewalttätigkeit durch Meditation zu entsagen, bis er *moksha* erlangen würde, die Befreiung von allen weltlichen Fesseln und Erlösung aus dem Kreis der Wiedergeburten. Dies gelang ihm sogar schon vor seinem Vater.

Gomateshvara hatte durch Einsamkeit, Askese und Meditation *kevalajnana*, „absolutes Wissen", erlangt. Er meditierte jahrelang unbeweglich aufrecht stehend in einem Wald, und so bauten Ameisen ihre Nester zu seinen Füßen, Schlangen wanden sich um seine Knöchel und Schlingpflanzen wuchsen an seinen Beinen hoch.

Alle zwölf Jahre wird bei Eintreten einer bestimmten Planetenkonstellation die **Mahamastakabhisheka-Zeremonie** durchgeführt, bei der die Gomateshvara-Statue rituell gesalbt wird – die letzte fand im Jahr 2005 statt. Die Feierlichkeiten dauern mehrere Tage und finden ihren Höhepunkt am letzten Morgen, wenn 1008 *kalashas* (Krüge) voll „heiligem Wasser", jeweils mit einer durch bunte Stricke mit Mangoblättern verbundenen Kokosnuss, in einem heiligen Diagramm (Mandala) vor der Statue angeordnet werden. Einige Priester besteigen das zu diesem Zweck um die Skulptur herum errichtete Gerüst und baden sie in Milch und *ghee*. Nach dem ersten Bad werden Gebete gesprochen. Danach klettern tausend Priester, begleitet von den Klängen der Tempelmusiker und religiösen Gesängen, auf das Gerüst und salben das Bildnis mit einer Mischung aus Wasser von den heiligen Flüssen, Sandelholzpaste, Zuckerrohrsaft, Safran und Milch, und überschütten es mit Blumen und Edelsteinen. Den Höhepunkt der zehnstündigen Zeremonie von 1993 bildete der Augenblick, als aus einem Hubschrauber 20 kg Blattgold und 200 Liter Milch auf den Koloss niedergingen, dazu Unmengen von Ringelblumen, Juwelen und Pulver in allen Regenbogenfarben. Das Ereignis haben Hunderttausende von Gläubigen, Jain-Sadhus und -Sadhvis (weibliche Sadhus) sowie Kameras aus der ganzen Welt verfolgt. Während des Festes bietet die nahe gelegene Ortschaft Yatrinagar Unterkunft für 35 000 Besucher, und achtzehn Dörfer der Umgebung beherbergen Pilger in behelfsmäßigen *dharamshalas*.

schend wenige Besucher aus der westlichen Welt finden den Weg hier heraus. Wer ein, zwei Nächte im Ort verbringt, kann vor Tagesanbruch auf den Indragiri Hill steigen und das herrliche, unvergessliche Schauspiel der über den Zuckerrohrfeldern und Granitblöcken unten in der Ebene aufgehenden Sonne genießen.

Auf dem zweiten Hügel von Sravanabelagola soll sich der Maurya-Herrscher Chandragupta gegen 300 v. Chr. zu Tode gefastet haben, eine dem Jainismus nicht fremde Praktik. Sein Ruhm begründete die Verbreitung des Jainismus in Südindien, und der Hügel wurde in Chandragiri umbenannt. In diese Zeit fällt auch eine Kontroverse über die Lehren von Mahavira, dem letzten der 24 Jain-*tirthankaras* (wörtlich: „Furtbereiter", sie helfen dem Jünger dabei, das „Meer der Wiedergeburten" zu überwinden). Der Lehrstreit teilte den Jainismus in zwei Glaubensrichtungen. *Svetambara*, „weiß gekleidete" Jains, kommen mehr in Nordindien vor, während *digambara*, „luftgekleidete", meistens im Süden anzutreffen sind. In tiefster Askese lebende *digambara* gehen völlig nackt, allerdings nur wenige auch außerhalb der Heiligtümer.

Die Plastiken in Sravanabelagola stammen möglicherweise erst aus dem 10. Jh., als ein gewisser General Chamundaraya auf der Suche nach einer Maurya-Statue von Gomateshvara nach Chandragiri gekommen sein soll. Da er sie aber nicht fand, gab er selbst eine in Auftrag. Vom Gipfel des Chandragiri schoss er einen Bogen zum Indragiri Hill hin ab; dort, wo der Pfeil zur Erde fiel, ließ er einen neuen Gomateshvara aus einem einzigen Steinblock anfertigen.

Indragiri Hill

620 in den Granitstein des Indragiri-Hügels gehauene Stufen führen vom See aus an zahlreichen Inschriften vorbei zum ummauerten **Gomateshvara** hoch. Schuhe müssen an dem Stand links der Treppe deponiert werden, Taschen kann man in dem nahe gelegenen Büro abgeben. Es ist wichtig, viel Wasser mitzunehmen, besonders an heißen Tagen, denn auf dem Hügel gibt es nichts zu trinken. Durch einen kleinen *gopura* gelangt man zum **Tempel**, der vollkommen von seiner gewaltigen Gomateshvara-Figur beherrscht wird. Dessen überlange Arme und extrem breite Schultern sind alles andere als naturgetreu dargestellt.

Die weiche Oberfläche des weißen Granitgesteins wurde meisterhaft behauen – man achte besonders auf Hände, Haar und Gesicht. Der Legende entsprechend befinden sich zu seinen Füßen Ameisenhaufen und ringeln sich Schlangen, und an seinen Gliedmaßen klettern Schlingpflanzen hoch.

Bhandari Basti und Kloster

Auf der Straße, die unterhalb der Treppenstufen des Chandragiri nach Osten führt, gelangt man zu zwei sehenswerten Jain-Bauten der Ortschaft. Auf der rechten Seite befindet sich der Bhandari Basti (1159), der einen Schrein mit Statuen der 24 *tirthankaras* beherbergt und von Hullamaya, dem Schatzmeister des Hoysala Raja Narasimha erbaut wurde. Den Tempel und den an der Rückseite gelegenen Schrein betritt man durch zwei Mandapas, wo manchmal nackte *digambara*-Jains im Gespräch mit weiß gekleideten Anhängern zu sehen sind.

Das Kloster *(math)* am Ende der Straße war die Heimstätte von Sravanabelagolas oberstem *acharya* oder Guru. Dreißig Mönche und Nonnen, die auch „in alle Himmelsrichtungen ausziehen", gehören dem Kloster an. Normalerweise ist ein Klosterbewohner zur Stelle, der Besucher gern herumführt.

Die kostbaren, auf Palmblättern geschriebenen Manuskripte der Bibliothek – manche über tausend Jahre alt – umfassen Werke zu Mathematik und Geografie sowie das *Mahapurana*, die Heiligengeschichten der *tirthankaras*. Nebenan ist der überdachte, von einer Mauer umschlossene Hof an drei Seiten von einer erhöhten Plattform umgeben, auf der sich eine Sitzgelegenheit für den *acharya* befindet. Hier ist auch eine Sammlung von *tirthankara*-Bronzefiguren aus dem 12. Jh. untergebracht, und Wandgemälde zeigen die verschiedenen Inkarnationen von Parshvanath. Außerdem ist ein Modell der Hügel zu sehen, auf denen die *tirthankaras* standen, um *moksha* zu erlangen.

Chandragiri Hill

Bevor man die in den Fels gehauenen Stufen zum kleineren Chandragiri Hill hochsteigt, müssen die Schuhe unten beim Wächter abgestellt werden. Bald bleiben die Geräusche der Radios und Rikschas zurück, und es eröffnet sich ein schöner Ausblick nach Süden auf den Indragiri und in die andere Richtung über einen Fluss, Reis- und Zuckerrohrfelder und das Dorf **Jinanathapura**, wo ebenfalls ein reich verzierter Hoysala-Tempel steht, der Shantishvara-*basti*.

Chandragiri besteht anders als Indragiri nicht aus einem einzigen weitläufigen Schrein, sondern aus einer Gruppe von *bastis*, die im späten Dravida-Stil der Chalukya im Schutz eines Mauerwalls erbaut wurden. Wächter zeigen Besuchern die Anlage und öffnen die ansonsten verschlossenen Heiligtümer. Abgesehen von Stützpfeilern und Brüstungen sind die Tempel von außen alle schmucklos. Der nach seinem Schutzpatron benannte **Chamundaraya** aus dem 10. Jh. ist der größte der Tempel, er ist Parshvanath geweiht. Im **Chandragupta** (12. Jh.) erzählen kunstvoll gearbeitete Paneele in einem kleinen Schrein die Geschichte von Chandragupta und seinem Lehrer Bhadrabahu. Es sind noch Spuren geometrischer Zeichnungen erhalten, und die Säulen weisen eine feine Verzierung auf. Innerhalb der Mauern steht auch ein 24 m hoher *manastambha*, ein „Berühmtheiten-Pfeiler", verziert mit Darstellungen von Geisterwesen. Nicht weniger als 576 Inschriften, datierend vom 6.–19. Jh., finden sich in der Stätte, auf Säulen und Felswänden.

Übernachtung und Essen

Zahlreiche, von den Tempelbesitzern geführte *dharamshalas* bieten einfache, sehr saubere Zimmer, viele davon mit Bad und Sitzgelegenheiten im Freien, meist für weniger als Rs 150.

Im *SP Guest House* neben dem Busbahnhof (zu erkennen an dem Glockenturm) gibt es eine 24 Std. geöffnete **Zimmervermittlung**, ℘ 08176/657258.

Yatri Niwas, ganz in der Nähe und ebenfalls beim Zimmervermittlungsbüro zu buchen, relativ teuer, aber trotzdem kaum luxuriöser als das beste Gästehaus. ❸

Hotel Raghu, gegenüber dem Hauptteich, beherbergt das beste der zahlreichen kleinen **Restaurants** im Ort.

Sonstiges

FAHRRÄDER – Die idyllische (und zumeist flache) Landschaft um Sravanabelagola ist ausgezeichnetes Radfahrgelände.

Saleem Cycle Mart, in der Masjid Rd, gegenüber der Nordostecke des Teiches, verleiht Räder für Rs 3 pro Std., ebenso Stände an der Hauptstraße.

INFORMATIONEN – Das *Tourist Office*, ℘ 08176/657254, am Fuß der Stufen hat wenig zu bieten, ⊙ Mo–Sa 10–17.30 Uhr. Das *Management Committee Office* eine Tür weiter nimmt nur Spenden entgegen und verkauft Tickets für die *dolis*.

Transport

Sravanabelagola steht zusammen mit Belur und Halebid auf dem in Bangalore und Mysore (s. S. 307 und 317) angebotenen **Tourenprogramm**. Wer sich jedoch lieber in Ruhe umschauen möchte, kommt besser auf eigene Faust her. Um nach HASSAN zurück zu gelangen, muss man zunächst per Bus oder mit einem der Minibusse, die ständig auf dieser Strecke verkehren und erst abfahren, wenn sie voll besetzt sind, nach CHANNARAYAPATNA alias „CR Patna" fahren und dort in einen Bus nach Hassan oder Mysore umsteigen.

Kodagu (Coorg)

Die gebirgige Region Kodagu, früher Coorg genannt, liegt 100 km westlich von Mysore in den Westghats, deren Ostausläufer in das Mysore Plateau übergehen. Das hügelige, mit Dschungel, Kaffeeplantagen und Reisfeldern gesprenkelte Gebiet zählt zu den schönsten Landschaften Südindiens. Deryla Murphy verbrachte hier in den 70er Jahren zusammen mit ihrer Tochter einige Monate (beschrieben in ihrem Reisebuch-Klassiker *On a Shoestring to Coorg*, dt. *Unter der Sonne von Coorg*) und ließ sich von der Naturschönheit und den Einheimischen, deren Gebräuche, Sprache und äußere Erscheinung sich von den benachbarten Gebieten stark unterscheidet, bezaubern. Seitdem hat sich hier wenig verändert.

Auch heute noch verirren sich kaum Touristen hierher, und die wenigen Traveller auf der Durchreise wagen sich kaum über **Madikeri** (Mercara), Kodagus gemütliche Kapitale, hinaus. Doch wer beabsichtigt, die Ghats zwischen Mysore und der Küste zu überqueren, sollte die Route durch Kodagu ernstlich ins Auge fassen. Einige Kaffeeplantagenbesitzer haben ihre Pforten für Besucher geöffnet, Näheres dazu bei der *Codagu Planters Association*, Mysore Road, Madikeri, ℘ 08272/ 229873. Ein Besuch lohnt sich vor allem während der Festivalsaison Anfang Dezember oder während der **Blossom Showers** gegen März, April, wenn die Kaffeepflanzen in weißen Blüten stehen; manchem ist der schwere Duft jedoch zu heftig.

Kodagu ist relativ unerschlossen, und es gibt nur wenige „Sehenswürdigkeiten", aber die Landschaft ist idyllisch und das Klima selbst im Sommer angenehm kühl. Auf Initiative lokaler Reiseveranstalter finden zunehmend mehr Wanderfreunde den Weg nach Kodagu, um die hiesigen Wald- und Bergpfade zu erkunden. An der Ostgrenze von Kodagu, auf dem Mysore Plateau, haben **tibetische Siedler** in der Umgebung von Kushalnagar das vormalige öde Gelände in fruchtbares Ackerland verwandelt und Klöster erbaut, von denen manche Tausende Mönche beherbergen.

Geschichte

Die ersten konkreten Hinweise auf das Königreich Kodagu datieren aus dem 8. Jh., als es durch den Salzhandel zwischen der Küste und den Städten des Dekkan zu Wohlstand gelangte. Unter den hinduistischen **Haleri Rajas** gelang es ihm, Invasionen seiner mächtigeren Nachbarn abzuwehren, darunter jene von Haider Ali und dessen Sohn Tipu Sultan, dem berüchtigten Tiger von Mysore. Dank seines gebirgigen Geländes, fehlender Straßen (die von den Kodagu-Königen aus verteidigungstaktischen Gründen absichtlich nicht angelegt wurden) und der Streitlust seines bestens ausgebildeten Heeres war Kodagu das einzige indische Königreich, das niemals von feindlichen Mächten erobert wurde.

1834 ersuchten die Minister schließlich die Briten, ihren despotischen König Vira Raja aus dem Weg zu räumen. Anschließend wurde Kodagu ein Fürstentum mit nomineller Unabhängigkeit, was es bis zur Gründung von Karnataka im Jahr 1956 blieb.

Während des Raj wurde der **Kaffeeanbau** eingeführt, und trotz sinkender Preise auf dem Weltmarkt ist Kaffee immer noch der Dreh- und Angelpunkt der lokalen Wirtschaft, gefolgt von Pfeffer und Kardamon.

Die Kodavas

Die Herkunft der Kodavas oder Coorgis, die heute weniger als ein Sechstel der Bevölkerung der hügeligen Region ausmachen, ist immer noch umstritten. Da sie hellhäutig sind, eine eigene Sprache und eigene Gebräuche besitzen, wird angenommen, dass sie aus Kurdistan, Kashmir und Rajasthan nach Südindien eingewandert sind, doch niemand weiß genau, warum. Eine im Volk verbreitete Theorie besagt, dass dieses ausgesprochen martialische Volk, aus dem seit der Unabhängigkeit mehrere führende indische Militärs hervorgegangen sind, von römischen Söldnern abstammt, die nach dem Zusammenbruch der Pandyan-Dynastie im 8. Jh. hierher flüchteten. Manche vermuten sogar verwandtschaftliche Beziehungen mit dem Invasionsheer von Alexander dem Großen.

Egal, wo ihre Wurzeln liegen – die Kodavas unterscheiden sich bis heute unverkennbar von den freigelassenen Plantagensklaven, den moslemischen Moplah-Händlern und anderen Immigranten, die sich hier niederließen. Ihre Sprache, die mehr dem Tamil als dem Kannada ähnelt, ist dravidisch, doch ihre religiösen Bräuche, basierend auf Ahnenverehrung und Animismus, haben kaum etwas mit denen des allgemein verbreiteten Hinduismus gemein. Auch die Landbesitzverhältnisse sind in Kodagu anders geregelt, und Frauen steht das Erb- und Besitzrecht zu; zudem ist Witwen die Wiederheirat erlaubt.

Das spirituelle und gesellschaftliche Leben traditioneller Kodavas dreht sich um **Ain Mane**, den Wohnsitz der Ahnen. Diese großen Häuser mit ihren wundervoll geschnitzten Holztüren und dem gestampften Lehmboden stehen auf einer erhöhten Plattform mit Blick über den Grundbesitz der Familie. Sie verfügen in der Regel über vier Flügel und Höfe zur Unterbringung der verschiedenen Zweige der weitläufigen Familie sowie über Schreine, so genannte Karona Kalas, die den am meisten verehrten Vorfahren des Clans geweiht sind. Wichtige religiöse Zeremonien und Übergangsriten finden immer im Ain Mane, nicht im örtlichen Tempel, statt. Man kann jedoch durch Kodagu reisen, ohne jemals ein Ain Mane zu Gesicht zu bekommen, denn sie stehen alle weit von der Straße entfernt, in dichtem Wald versteckt.

Größer ist die Chance, traditionelle **Kodava-Trachten** zu sehen, die bei allen feierlichen Anlässen angelegt werden. Die Männer tragen knielange Mäntel, *kupyas* genannt, die in der Taille mit einer scharlachroten und goldenen Schärpe zusammengehalten werden, und Dolche *(peechekathis)* mit Elfenbeingriffen.

Noch prächtiger ist die Kleidung der Kodava-Frauen: lange, farbenfrohe Seidensaris, im Rücken gefältelt, und ein um die Schulter drapierter *pallav*, dazu jede Menge schwerer Gold- und Silberschmuck und Edelsteine. Die Frauen tragen sowohl auf dem Feld als auch bei wichtigen Ereignissen Kopftücher, die im kaschmirischen Stil an der Rückseite des Kopfes gebunden werden.

Zwar ist Kodagu die reichste Region Karnatakas mit den höchsten Steuereinnahmen, doch die Erträge werden nicht gerecht verteilt – beispielsweise haben 53% der Dörfer keinen Stromanschluss. Zusammen mit dem ausgeprägten Bewusstsein einer eigenen Identität und der freiheitsliebenden Natur der Kodavas führten derlei Missstände zur Gründung der Autonomiebewegung **Kodagu Rajya Mukti Morcha**. Zu den Aktionen der KRMM zählen Kulturprogramme und hin und wieder Streiks. Zu Gewaltakten wird bisher selten Zuflucht genommen.

Madikeri (Mercara)

Madikeri (Mercara), die Hauptstadt von Kodagu, liegt rund 1300 m hoch in den Westghats, ungefähr auf halbem Wege zwischen Mysore und der Küstenstadt Mangalore. Immer mehr Ausländer besuchen diese recht nette Stadt mit ihren roten Ziegelsteinhäusern und gewundenen Straßen, die in einen lebhaften Basar münden.

Der 1820 erbaute **Omkareshwara Shiva-Tempel** stellt eine seltsame Mischung aus roten Ziegeldächern, keralischer Hindu-Architektur, gotischen Elementen und islamischen Kuppeln dar. Die Festung und der Palast, von Tipu Sultan 1781 umgebaut und im 19. Jh. wieder aufgebaut, beherbergen heute Büroräume und ein Gefängnis. Innerhalb des Komplexes beherbergt die **St. Mark's Church** ein kleines **Museum** mit britischen Memorabilien, Figuren von Jain-, Hindu- und Dorfgottheiten sowie Waffen, ⊕ Di–So (außer 2. Sa im Monat) 9–17 Uhr, Eintritt frei.

Einen Besuch lohnen die mächtigen, viereckigen **Gräber der Rajas**, deren vergoldete Kuppeln und Minarette die Häuser der Stadt überragen. Der **Rajas' Seat**, ein Belvedere am westlichen Stadtrand in der Nähe des Hotels *Valley View*, soll der Lieblingsort der Kodagu-Könige zum Betrachten des Sonnenuntergangs gewesen sein.

Madikeri ist der Hauptumschlagplatz des lukrativen Kaffeehandels. Zwar gelangt man für rund Rs 185 per Motor-Rikscha zu den **Abbi Falls** (8 km) und zurück, doch zu Fuß lässt sich das Kaffeanbaugebiet besser kennen lernen. Die Straße zu den Wasserfällen, auf der keine Busse verkehren, führt durch eine hügelige Landschaft an Plantagen vorbei und eignet sich hervorragend für eine schöne Tageswanderung. Von dem Parkplatz am Ende der Straße gelangt man durch ein Tor und über das Gelände einer privaten Kaffeeplantage zum Fuß des Wasserfalles, der zur Monsunzeit und direkt danach am eindrucksvollsten ist.

Übernachtung

Es ist im Allgemeinen nicht schwierig, in Madikeri eine Unterkunft zu finden, außer gelegentlich in der unteren Preislage. Die meisten Budget-Hotels liegen im Umkreis des Basars und Busbahnhofs.

Anchorage Guest House, Kohinoor Rd, ☎ 08272/228939. Absolut schlichte Zimmer mit Bad, aber in einer ruhigen Nebenstraße in der Nähe des Busbahnhofs. ❷

Capitol Village, 6 km vom Zentrum, ☎ 08272/225975. Zu buchen über das *Cauvery* in Madikeri, ist die beste Unterkunft der Gegend, aber nur mit eigenem Transportmittel zu erreichen. Das *Village* besteht aus mehreren Cottages in herrlicher Grünlage am Rande einer Kaffeeplantage. Ruhig, abgeschieden und äußerst preiswert, mit Schlafsaal (Rs 250) am See. ❺

Cauvery, School Rd, ☎ 08272/225492, 🖷 225735. Unterhalb des Private-Busbahnhofs, groß und freundlich, verschwindet fast vor dem ausgezeichneten hauseigenen Restaurant *Capitol*. ❸

Chitra, School Rd, ☎ 08272/225372, 🖷 225191. Preiswerteste Unterkunft der Stadt. Saubere, gepflegte Zimmer; die etwas teureren mit Kabel-TV. Ausgezeichnetes nicht-vegetarisches Restaurant mit Bar im Erdgeschoss. ❸

Coorg International, Convent Rd, ☎ 08272/228071, 🖷 228073. Zehn Riksha-Minuten westlich vom Zentrum, eines der wenigen luxuriöseren Hotels; weitläufig, nicht besonders stilvoll, angenehme Zimmer nach westlichem Standard, Restaurant mit multikultureller Küche, Geldwechsel und Einkaufsmöglichkeiten. ❽–❾

East End, General Thimaya (alias Mysore) Rd, ☎ 08272/229996. Große, schlichte, in ein Hotel verwandelte Kolonialvilla, nicht ohne Flair, aber besser bekannt für ihre gut besuchte Bar und das Restaurant. ❹

Mayura Valley View Hotel, ☎ 08272/228387. KSTDC-Hotel ein gutes Stück abseits der Hauptstraße, hinter dem Rajas' Seat, mit herrlicher Aussicht. Die Zimmer sind riesig, und im Restaurant wird Bier ausgeschenkt. Vom Busbahnhof aus nur nach einem schweißtreibenden, 20-minütigen Anstieg zu erreichen, daher besser eine Rikscha nehmen. ❸

Rajdarshan, ✆ 08272/229142. Modern und sauber, mit Grünanlage, gutem Restaurant und Bar, am Fuße des Raja's Seat. ❺–❻

Essen

Fast alle besseren, aber auch mehrere billige Hotels besitzen ein Restaurant, einige auch eine Bar. Die traditionelle Kodagu-Küche ist sehr fleischbetont, mit leckeren Gerichten wie *pandi curry* (würziges Schweinefleisch). Vegetarier bevorzugen *akki otti* (*puris aus* Reismehl) und das süße *tambittu*.

Das **Choice Hotel** in der School Rd serviert Frühstück sowie verschiedene vegetarische und Fleischgerichte.

Tao, in der Nähe des Forts, ist ein authentisches China-Restaurant. Das angrenzende **Sri Ambica** bietet vegetarische Vollwert-Snacks und größere Mahlzeiten.

Sonstiges

INFORMATIONEN – Das kleine **Tourist Office**, ✆ 08272/228580, befindet sich 5 Minuten zu Fuß vom Thimaya Circle in der Straße nach Siddapura, neben dem *PWD Travellers' Bungalow*, und ist bei der Planung von Ausflügen behilflich, hat aber ansonsten nicht viel zu bieten. ☉ Mo–Sa (außer 2. Sa im Monat) 10.30–17.30 Uhr.

Der **Conservator of Forests**, Deputy Commissioners Office im Fort, ✆ 08272/225708, informiert über die Wälder und Wald-Unterkünfte in Kodagu.

INTERNET – **Netraiders.com** und **Paramount Cyber Zone**, in der Nähe des Chowk mitten im Basar, bieten Internetzugang für Rs 30 pro Std.

TOUREN – Wer **Trekkingtouren** in Kodagu unternehmen möchte, wendet sich an Ganesh Aiyanna im *Hotel Cauvery* (s. Übernachtung). Er ist sehr hilfsbereit und organisiert Tagesausflüge und Touren für diverse Budgets.

Coorg Travels, neben der *Rajdarshan Lodge*, ✆ 08272/225817, ebenfalls flexibel und freundlich, hilft bei der Tourplanung.

Transport

Madikeri ist nur auf dem Straßenweg zu erreichen, doch ist es vom 120 km weiter südöstlich gelegenen MYSORE aus eine landschaftlich schöne, 3 Std. lange Busfahrt via Kushalnagar (es sei denn, man steigt versehentlich in einen der wenigen Busse, die über Siddapura fahren und mehr als eine Std. länger brauchen). Linienbusse, darunter auch Deluxe-Busse, verbinden Madikeri außerdem mit MANGALORE, 135 km nordwestlich, jenseits der Ghats. Der *KSTRC*-Busbahnhof befindet sich am nördlichen Ende der Stadt, unterhalb des Hauptbasars. Die Busse privater Unternehmen aus den umliegenden Dörfern halten an einem Parkplatz am Ende der Hauptstraße.

Mangalore und Umgebung

Viele Besucher von Mangalore befinden sich eigentlich nur auf der Durchreise nach Goa oder Kerala. Die Stadt liegt gar nicht weit von der hügeligen Kodagu (Coorg)-Region entfernt und ist die den Hoysala- und Jain-Stätten in der Nähe von Hassan, 172 km weiter östlich, am nächsten gelegene Küstenstadt.

Mangalore besaß einen der berühmtesten Häfen Südindiens. Schon im 6. Jh. war die Stadt in anderen Gegenden der Welt als wichtiger Pfefferlieferant bekannt, und im 14. Jh. berichtete der moslemische Geschichtsschreiber Ibn Batuta von ihrem regen Pfeffer- und Ingwerhandel und der Anwesenheit von Händlern aus Persien und dem Jemen. Mitte des 15. Jhs. bezeichnete der persische Konsul Abdu'r-Razzaq Mangalore als die „Frontstadt" des Vijayanagar-Reiches – weshalb sich die Portugiesen 1529 ihrer bemächtigten.

Heutzutage ist der moderne, 10 km nördlich der eigentlichen Stadt gelegene Hafen in erster Linie für die Verarbeitung und den Export von Kaffee und Kakao (zum Großteil aus Kodagu stammend), Cashew-Nüssen (aus Kerala) bekannt. Außerdem werden hier *bidi*-Zigaretten hergestellt.

Mangalores aus vielfältigen Ethnien bestehende Einwohnerschaft lebte mehr oder weniger einträchtig zusammen, bis 1998 bei Unruhen Teile der großen christlichen Gemeinde von rechts gerichteten hinduistischen Fundamentalisten tätlich angegriffen wurden.

Die Stadt und die Strände

Der deutlich spürbare christliche Einfluss geht bis auf die Ankunft des heiligen Thomas an einer Stelle südlich von Mangalore zurück. Rund 1400 Jahre später, im Jahr 1526, errichteten die Portugiesen in der Nähe des alten Hafens eine der ersten Kirchen an der Küste. Die heutige **Most Holy Rosary Church** mit ihrer dem Petersdom in Rom nachempfundenen Kuppel datiert allerdings erst von 1910. Liebevoll restaurierte Fresken und Wandgemälde, das Werk des italienischen Künstlers Antonio Moscheni, zieren die 1885 im romanischen Stil erbaute **St. Aloysius College Chapel** in der Lighthouse Hill Road in der Nähe des Stadtkerns.

Am Saum des Kadri Hill, 3 km weiter nordöstlich, steht Mangalores **Manjunatha-Tempel** aus dem 10. Jh., erreichbar mit zahlreichen Stadtbussen. Dieser Tempel ist ein wichtiges Zentrum des shaivitischen und tantrischen **Natha-Pantha-Kultes**. Dieser Kult, von dem angenommen wird, dass er seine Wurzeln im Vajrayana-Buddhismus hat, stellt eine besondere Spielart des Hinduismus dar und ähnelt gewissen Kulten in Nepal. Das Heiligtum beherbergt mehrere wunderbare **Bronzen**, darunter einen 1,5 m hohen, sitzenden Lokeshvara (Matsyendranatha) von 958, der als die kunstvollste südindische Bronzestatue außerhalb Tamil Nadus gilt. Ihre nähere Besichtigung ist nur während des *darshan* (6–13 und 16–20 Uhr) möglich. Besonders lohnend ist der Besuch um 8, 12 oder 20 Uhr, denn dann findet *mahapuja* statt, d. h. der Priester segnet, von lautstarker Musik begleitet, die Gläubigen mit Feuer. Gegenüber dem Osteingang führen Stufen über einen Laterit-Pfad zu einer eigenartigen Ansammlung kleinerer Schreine. Dahinter steht rings um zwei Höfe das **Shri Yogishwar Math**, eine Herberge für tantrische Sadhus.

Wer der Stadt ein paar Stunden den Rücken kehren möchte, kann ins 10 km weiter südlich gelegene Dorf **Ullal** fahren, wo es einen kilometerlangen, von Kiefern gesäumten **Sandstrand** gibt.

Besonders gegen Sonnenuntergang finden sich hier viele Spaziergänger ein, aber ein starker, nicht selten gefährlicher Sog erschwert das Schwimmen, daher sollte man besser den Pool des ausgezeichneten *Summer Sands Beach Resort* (s. u.) direkt hinter dem Strand (Rs 100) aufsuchen. Vom *Summer Sands* aus führt eine mit Banyan-Bäumen bestandene Straße nach 2 km zu dem im Kerala-Stil erbauten Shiva-Tempel von **Someshwar** und einem weiteren, besonders bei der Dorfjugend beliebten Strand. In Richtung des Ortskerns von Ullal und rund 700 m von der Haupt-Bushaltestelle entfernt, liegt das *dargah* (Grabgewölbe) von **Seyyid Mohammad Shareeful Madani**, einem Heiligen des 16. Jhs., der aus dem arabischen Medina gekommen und auf einem Taschentuch übers Meer gesegelt sein soll. In dem seltsamen, mit Zwiebeltürmen verzierten Bauwerk aus dem 19. Jh. ruht das Grab des Heiligen. Es handelt sich um einen der am höchsten verehrten Sufi-Schreine Südindiens. Besucher sollten sich unbedingt an die Regeln halten, d. h. Kopf, Arme und Beine bedecken und vor dem Betreten die Füße waschen. An der Kreuzung am Südende der KS Rao Rd fahren **Nahverkehrsbusse** (Nr. 44A) nach Ullal ab. Unterwegs, bei der Überquerung des Netravathi, sieht man am Ufer bei der Flussmündung eine Ansammlung von Fabrikschornsteinen. Hier wird der ausgezeichnete, aus den Bergen flussabwärts verschiffte Lehm zu den berühmten terrakotta-roten **Mangalore-Dachziegeln** gebrannt, die überall in Südindien zu sehen sind.

Übernachtung

Der Standard der Unterkünfte scheint stetig zu steigen. Die meisten befinden sich an der KS Rao Rd, die vom Busbahnhof nach Süden verläuft. Man kann auch außerhalb der Stadt, am Strand in **Ullal**, 10 km südlich der Stadt, Quartier beziehen.

Adarsh Lodge, Market Rd, ✆ 0824/244 0878. Recht kleine, aber saubere Zimmer mit Bad. Ordentliche Preise, besonders bei Einzelbelegung, und günstige Lage zum Private-Busbahnhof. ❷

Hotel Manjuran, Old Port Rd, 2 km westlich vom Bahnhof, ✆ 0824/242 0420, ✉ 242 0585. Modernes Business-Hotel der *Taj*-Gruppe. Alle Zimmer

AC, einige auch mit Meerblick. Reiseschalter, Geldwechsel, Pool, Bar, zwei Nobelrestaurants und 24 Std. geöffnetes Café. ❻–❾

Manorama, KS Rao Rd, ✆ 0824/244 0306. Betonblock mit 65 großen und sehr sauberen Zimmern (z. T. mit AC). Preisgünstig, aber es gibt bessere Unterkünfte im Zentrum. ❸–❺

Moti Mahal, Falnir Rd, ✆ 0824/244 1411. Großes Hotel (manche Zimmer mit AC), 24 Std. Zimmerservice, Café, Bar, Pool, Geschäfte, Geldwechsel und Reisebüro. Zwei Restaurants: Im *Mangala* gibt es nicht-vegetarische und im *Madhuvan* vegetarische indische, chinesische und westliche Küche. ❹–❻

Navaratna Palace, ✉ nish77772000@yahoo.com, ✆ 0824/244 1104. Zu bevorzugen gegenüber dem älteren *Navaratna* nebenan; bessere Zimmer, manche mit AC, für ein kleines bisschen mehr Geld. Außerdem zwei gute, klimatisierte Restaurants: *Heera Panna* und *Palimar* (rein vegetarisch). ❸–❺

Poonja International, KS Rao Rd, ✆ 0824/244 0171, 🖥 www.hotelpoonjainternational.com. Schicker Hotelturm, überwiegend AC, alle Annehmlichkeiten, tolle Aussicht von den oberen Stockwerken. Südindisches Frühstücksbüffet inkl. ❹–❽

Summer Sands Beach Resort, Chota Mangalore, Ullal, 🖥 www.summer-sands.com, ✆ 0824/246 7690. Geräumige Zimmer und Cottages (z. T. mit AC) in Strandnähe, mit Pool und Bar-Restaurant, das hiesige Spezialitäten, indische und chinesische Gerichte bietet. Geldwechsel für Hotelgäste. Empfehlenswert. Von der Stadt aus zu erreichen mit Bus Nr. 44A. ❺–❾

Vishwa Bhavan, KS Rao Rd, ✆ 0824/244 0822. Einfache Zimmer mit Bad rings um einen Hof, zentrale Lage. Beste der Billigherbergen. ❶

Woodside, KS Rao Rd, ✆ 0824/244 0296. Altmodisches Hotel, unterschiedliche Zimmer (am preiswertesten sind die Economy-DZ), manche mit AC. ❸–❺

Essen

Die besten Speiselokale befinden sich in den größeren Hotels. Bei knapper Kasse empfehlen sich die preiswerten Café-Restaurants gegenüber vom Busbahnhof oder die hervorragende Cafeteria im Busbahnhofsgebäude, die leckere *dosas* und andere südindische Snacks anbietet.

Ganesh Prasad, in der Gasse neben dem *Vasanth Mahal,* bietet köstliche, frisch zubereitete „meals" für wenig Geld.

Naivedyam, im *Mangalore International,* KS Rao Rd, eines der besten Hotelrestaurants, rein vegetarisch. Schicke klimatisierte und gemütliche Abteilung ohne AC.

Palkhi, an der Mercara Trunk Rd, luftiges Dachrestaurant mit umfangreicher Speisekarte.

Xanadu, unter einem Dach mit dem *Woodside Hotel,* KS Rao Rd, etwas eleganter und klimatisiert, wartet mit klassischer, nicht-vegetarischer Küche und Alkohol auf. Mittags macht es nicht viel her, aber abends sind die (etwas kitschigen) Fisch- und Ententeiche beleuchtet.

Sonstiges

GELD – Reiseschecks und Bargeld wechseln **Trade Wings,** Lighthouse Hill Rd, ✆ 0824/242 6225, und **Wall Street Interchange,** 1st Floor, Utility Royal Towers, KS Rao Rd, ✆ 0824/242 1717, ⏱ beide Mo–Sa 9.30–17.30 Uhr.

State Bank of India, nahe der Town Hall am Hamilton Circle, arbeitet ein bisschen langsamer, ⏱ Mo–Fr 10.30–14.30 und Sa 10.30–12.30 Uhr.

Ein Geldautomat der *CorpBank* steht gegenüber dem Hotel *Mangalore International* in der KS Rao Road.

INFORMATIONEN – Das **Tourist Office** im Erdgeschoss des *Hotel Indraprashta* an der Lighthouse Hill Rd, ✆ 0824/244 2926, verfügt über allgemeine Infos und die Fahrpläne einiger Busse, jedoch nicht über Zugfahrpläne (nur am Bahnhof erhältlich). ⏱ Mo–Sa (außer 2. Sa im Monat) 10–17.30 Uhr.

INTERNET – **Kohinoor Computer Zone,** Plaza Towers, Lighthouse Hill Rd, ein Stück weiter als das *Tourist Office* (Rs 25 pro Std.).

Cyber Zoom, 1st Floor, Utility Royal Towers, KS Rao Rd (Rs 20 pro Std.).

POST – Das **GPO** liegt 500 m südlich des Shetty Circle, ⏱ Mo–Sa 10–19, So 10.30–13.30 Uhr.

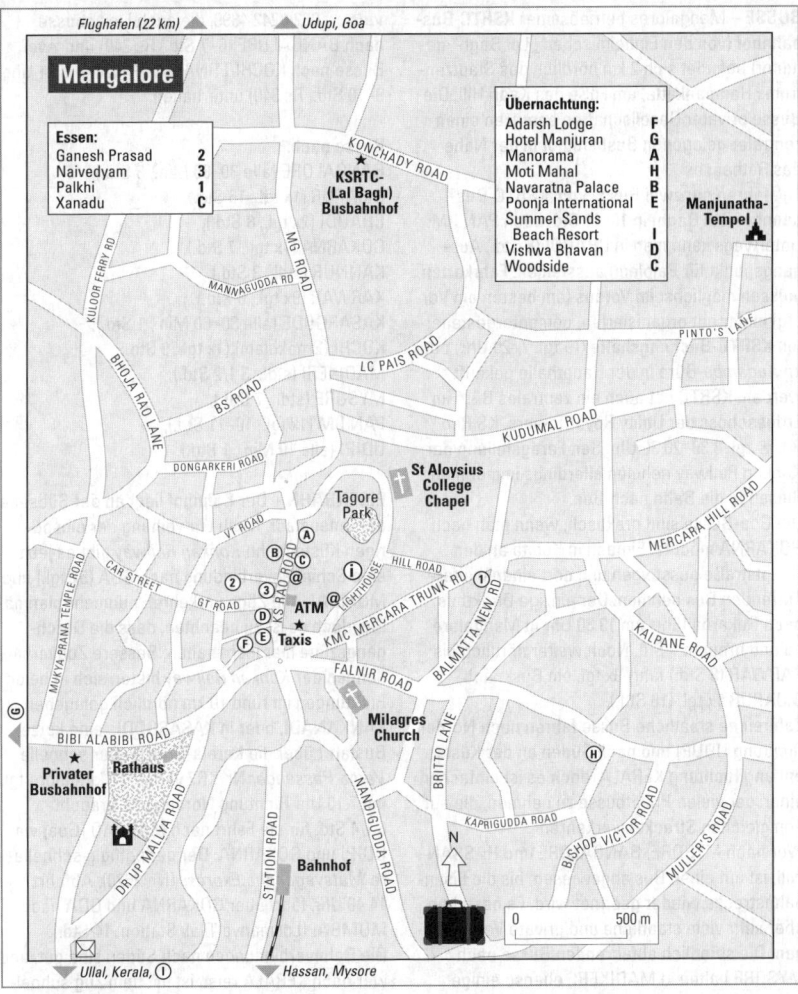

Mangalore

Flughafen (22 km) ▲   ▲ Udupi, Goa

Essen:
Ganesh Prasad	2
Naivedyam	3
Palkhi	1
Xanadu	C

KONCHADY ROAD

★
KSRTC-
(Lal Bagh)
Busbahnhof

Übernachtung:
Adarsh Lodge	F
Hotel Manjuran	G
Manorama	A
Moti Mahal	H
Navaratna Palace	B
Poonja International	E
Summer Sands	
Beach Resort	I
Vishwa Bhavan	D
Woodside	C

Manjunatha-
Tempel ▲

KARNATAKA

KULOOR FERRY RD
BHOJA RAO LANE
MG ROAD
MANNAGUDDA RD
PINTO'S LANE
LC PAIS ROAD
BS ROAD
KUDUMAL ROAD
DONGARKERI ROAD

St Aloysius
College
Chapel

Tagore
Park

MERCARA HILL ROAD

VT ROAD
CAR STREET
MUKYA PRANA TEMPLE ROAD
GT ROAD
Ⓐ
Ⓑ Ⓒ
Ⓘ
HILL ROAD
KS RAO ROAD
LIGHTHOUSE
② ③
ⓓ
@ ATM
Ⓕ Ⓔ ★ Taxis
KMC MERCARA TRUNK RD
BALMATTA NEW RD
Ⓘ
KALPANE ROAD

FALNIR ROAD

BIBI ALABIBI ROAD

★
Privater
Busbahnhof

Rathaus

Milagres
Church

BRITTO LANE

Ⓗ

BISHOP VICTOR ROAD
MULLER'S ROAD

DR UP MALLYA ROAD
NANDIGUDDA ROAD
STATION ROAD
KAPRIGUDDA ROAD

N ⬆

Bahnhof

0   500 m

✉

▼ Ullal, Kerala, ⓘ   ▼ Hassan, Mysore

Nahverkehrsmittel

Hampankatta, in der Nähe der KS Rd, ist der
städtische Verkehrsknotenpunkt; hier kann man
einen **Stadtbus** oder eine **Motor-Rikscha** nehmen – die Fahrer schalten aber nur ungern den
Zähler ein.

Transport

Mangalore ist ein touristischer Hauptverkehrsknotenpunkt für den Reiseverkehr entlang der Konkan-Küste zwischen Goa und
Kerala sowie zwischen Mysore und der Küstenregion.

BUSSE – Mangalores betriebsamer **KSRTC-Busbahnhof** (von den Einheimischen „Lal Bagh" genannt) befindet sich 2 km nördlich des Stadtzentrums Hampankatta, am Fuße des Kadri Hill. Die Busse privater Gesellschaften benutzen einen zentraler gelegenen Busbahnhof in der Nähe des Rathauses.

Tgl. fahren nur zwei Busse vom KSRTC-Busbahnhof (Lal Bagh) in 10–11 Std. nach PANJIM. Unterwegs kann man in CHAUDI (8 Std., Ausgangspunkt für Palolem) aussteigen. Fahrkarten müssen möglichst im Voraus (am besten am Vortag) in der gut organisierten, computergesteuerten **KSRTC-Buchungshalle** (© tgl. 7–20 Uhr) oder im *Kadamba*-Büro in der Haupthalle gekauft werden. KSRTC hat auch ein zentrales Büro im Erdgeschoss der Utility Royal Towers, KS Rao Rd, © tgl. 8.30–20.30 Uhr. Seit Fertigstellung der Konkan Railway nehmen allerdings immer mehr Reisende die Bahn nach Goa.

Die Goa-Busse sind praktisch, wenn man nach GOKARNA möchte: Einfach in Kumta an der Hauptstraße aussteigen und dort einen weiterführenden Bus nehmen. Der einzige Direktbus nach Gokarna fährt um 13.30 Uhr in Mangalore ab und braucht 7 Std. Noch weiter nördlich bis KARWAR (8 Std.) fährt 9x tgl. ein Bus, nach BIJAPUR 1x tgl. (16 Std.).

Zahlreiche staatliche Busse fahren nach Norden Richtung UDUPI und nach Süden an der Küste entlang Richtung KERALA, doch es ist einfacher, einen der vielen Privatbusse zu nehmen, die auf den gleichen Strecken verkehren.

Wer nach MYSORE, BANGALORE und HASSAN will, ist auf einen Bus angewiesen, bis die Eisenbahnstrecke wieder geöffnet wird. Es bestehen aber sehr viele staatliche und private Verbindungen. Die stündlich abfahrenden Busse nach MYSORE halten in MADIKERI, ebenso einige Luxusbusse mit Ziel Bangalore.

Die empfehlenswerteste Privatbusgesellschaft ist *VRL* mit den auffallenden gelben Luxusbussen. Sie unterhält zwei Nachtbusse nach BANGALORE (22 Uhr, 7–8 Std., Rs 250); die Fahrkarten erhält man bei *Vijayananda Travels,* PVS Centenary Building, Kodiyalbail, Kudmulranga Rao Rd, ✆ 0824/249 3536.

Zu den Reiseveranstaltern in der Falnir Rd zählen *Anand Travels,* ✆ 0824/244 6737, und *Ideal Travels,* ✆ 0824/242 4899, die auch Luxusbusse nach BANGALORE (6–7 Std., Rs 240) und zwei Busse nach KOCHI/ERNAKULAM (20 und 21 Uhr, 9–10 Std., Rs 340) unterhalten.

Busse nach:
BANGALORE (alle 30–60 Min., 8 Std.),
BIJAPUR (1x tgl., 16 Std.),
CHAUDI (2x tgl., 8 Std.),
GOKARNA (1x tgl., 7 Std.),
KANNUR (stdl., 3 Std.),
KARWAR (9x tgl., 8 Std.),
KASARGODE (alle 30–60 Min., 1 Std.),
KOCHI (Ernakulam) (1x tgl., 9 Std.),
MADIKERI (stdl., 3 1/2 Std.),
MYSORE (stdl., 7 Std.),
PANJIM (1x tgl., 10–11 Std.),
UDIPI (alle 10 Min., 1 Std.).

EISENBAHN – Der **Bahnhof** liegt an der Südseite der Innenstadt. Nach Einweihung der einspurigen Küstenbahn *Konkan Railway* gibt es jetzt eine Schienenverbindung nach GOA (5x tgl.) und MUMBAI. Alle Züge verkehren nunmehr planmäßig, doch es ist zu beachten, dass die Durchgangszüge hier nicht halten. Bessere Zugverbindungen der *Konkan Railway* bieten sich in beide Richtungen im rund 10 km nördlich gelegenen KANKANADI, oder in KASARGODE, eine kurze Busfahrt über die Kerala-Grenze. Der schnelle *Verna Passenger* Nr. KR2 verlässt Mangalore tgl. um 7.10 Uhr Richtung Norden und braucht 6 1/4 Std. für die Fahrt nach MARGAO (Goa) via UDIPI und GOKARNA. Der geringfügig schnellere *Matsyagandha Express* (Nr. 2620), Abfahrt 14.40 Uhr, fährt über GOKARNA und GOA nach MUMBAI (Lokmanya Tilak Station, 14 Std.).

Die Bahnverbindungen nach Süden sind gut, und wer nach KERALA reist, ist mit dem Zug schneller und besser bedient als per Bus. Der zu nachtschlafender Zeit, d. h. um 4.15 Uhr abfahrende *Parsuram Express* (Nr. 6350) ist der schnellere der beiden, dafür ist der Nachtzug *Malabar Express* (Nr. 6330), Abfahrt 16.30 Uhr, praktischer für eine Fahrt nach THIRUVANANTHAPURAM (Ankunft um 9.25 Uhr). Nach CHENNAI fährt der Nachtzug *Mangalore–Chennai Mail* (Nr. 6602), Abfahrt 12.30 Uhr. Er folgt der Kerala-Küste bis SHORANUR, biegt dort nach Osten nach PALA-

Kathakali-Tänzer beim Schminken

In den Backwaters von Kerala

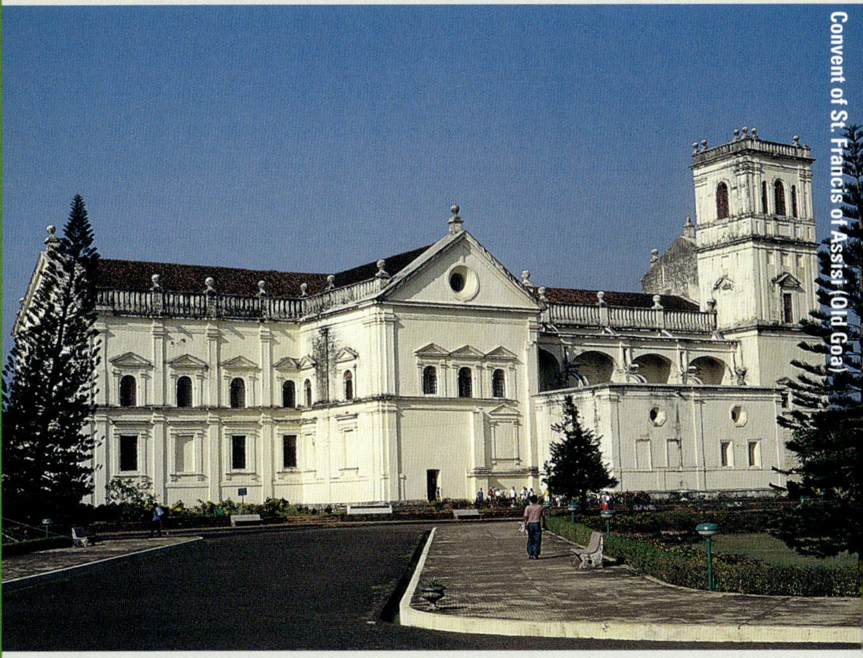

Convent of St. Francis of Assisi (Old Goa)

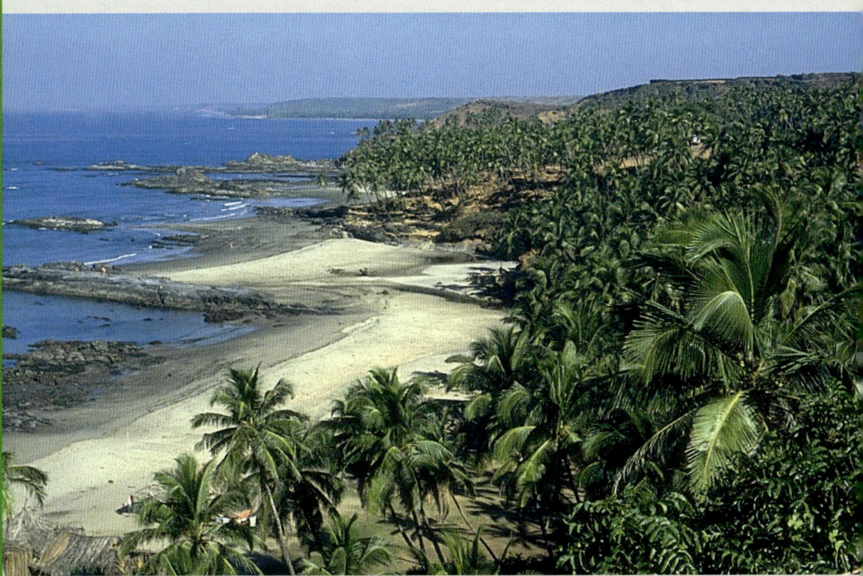

Hauptattraktion von Goa ist die malerische Küste

Gomateshvara-Koloss, Sravanabelgola (Karnataka)

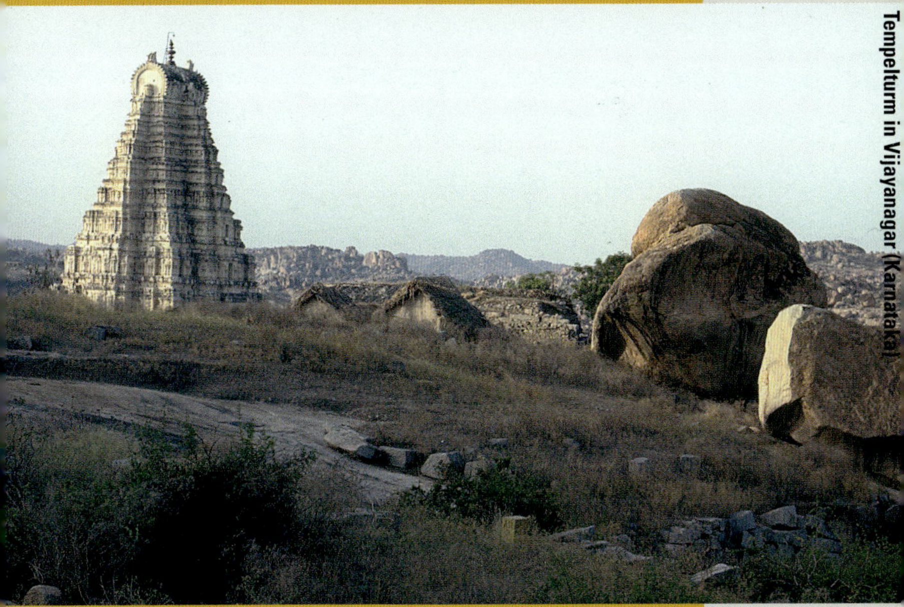

Tempelturm in Vijayanagar (Karnataka)

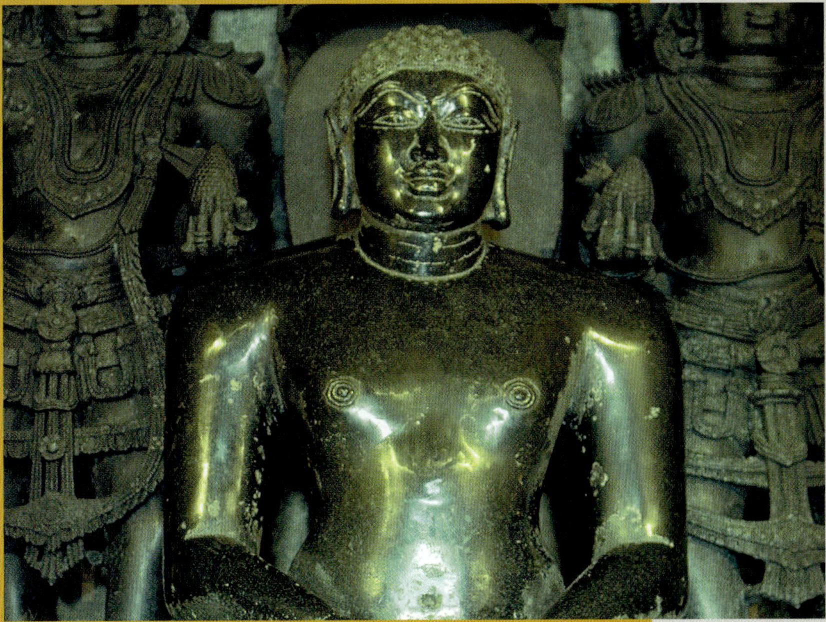

In Jain-Tempeln werden Bildnisse der Jain-Lehrer *(tithankara)* verehrt

Das „Agra des Südens", Bijapur (Karnataka)

Golgumbaz, Bijapur (Karnataka)

Tempeldetails in Trichy (Tamil Nadu)

Der Tempel von Srirangan bei Trichy ist der größte in Südindien

KAAD und später nach ERODE ab und kommt um 6.25 Uhr in CHENNAI an. MADIKERI ist nicht auf dem Schienenweg erreichbar.

Es ist zu beachten, dass sich die Gleisumstellungsarbeiten auf der landeinwärts führenden Strecke nach HASSAN, MYSORE und BANGALORE weiter verzögert haben, doch es kann nicht schaden, sich nach deren Fortschritt zu erkundigen.

Züge nach:
CHENNAI (1x tgl., 9 1/2–10 Std.),
MARGAO, Goa (2x tgl., 5 3/4–6 1/4 Std.),
GOKARNA (2x tgl., 3–3 3/4 Std.),
KOLLAM (2x tgl., 12 3/4–13 1/2 Std.),
THIRUVANANTHAPURAM (2x tgl., 14 3/4–15 1/2 Std.).

FLÜGE – Der **Bajpe Airport**, 22 km nördlich der Stadt, ist mit Bus Nr. 22 oder 47A, dem *Indian Airlines City Bus* oder einem Taxi für Rs 300–350 erreichbar.
Mangalore bietet gute Flugverbindungen nach MUMBAI, BANGALORE und CHENNAI.
Jet Airways fliegt von hier nach MUMBAI (1–2x tgl., 1 1/4 Std.), und BANGALORE (1x tgl., 40–65 Min.), *Indian Airlines/Alliance* nach MUMBAI (1x tgl., 1 1/4 Std.) und CHENNAI via BANGALORE (3x wöchentl., 2 Std.) und *Air Deccan* nur nach Bangalore.
Das Büro von *Indian Airlines* befindet sich im Airlines House, Hathill Rd, Lalbagh, ✆ 0824/245 1046, das von *Jet Airways* im DS Ram Bhavan Complex, Kodiabail, ✆ 0824/244 1181. *Air Deccan* ist nur mobil unter ✆ 98457 7708 oder im Internet unter 🖥 www.airdeccan.net zu erreichen.

Die Küste nördlich von Mangalore

Ob Reisende die Konkan Railway oder den viel befahrenen NH-14, die beste Fernstraße Südindiens, für die Fahrt entlang der Karnataka (Karavali) Küste wählen: Die Strecke zwischen Goa und Mangalore zählt zu den landschaftlich schönsten des ganzen Landes. Die Straße – vom hiesigen Fremdenverkehrsamt als „The Sapphire Route" betitelt

– durchquert zahllose von Palmen und Mangroven gesäumte Flussmündungen und mehrere Ausläufer der Westghats, die hier bis einen Steinwurf ans Meer heranreichen, während die Eisenbahnstrecke relativ flach verläuft. Unterwegs eröffnen sich traumhafte Ausblicke über lange, menschenleere Strände und tiefblaue Buchten.

Die Highlights sind der Pilgerort **Udipi** mit einem berühmten Krishna-Tempel und **Gokarna**, ein weiteres bedeutendes hinduistisches Zentrum, das Zugang zu wunderbaren, unerschlossenen Stränden bietet. Ein paar holprige Nebenstraßen führen durchs Binnenland und über die Berge zu den **Jog Falls**, dem höchsten Wasserfall Indiens, der allerdings meistens von Osten her besucht wird.

Udipi

An der Westküste, 60 km nördlich von Mangalore, liegt Udipi (auch Udupi geschrieben), eines der heiligsten Vaishnava-Zentren Südindiens. Hier wurde der Hindu-Heilige **Madhva** (1238–1317) geboren. Der **Krishna-Tempel** sowie die *maths* (Klöster), die er gründete, sind alljährlich Ziel Hunderttausender von Pilgern. Am größten ist das Gedränge im Spätwinter, wenn in der Stadt mehrere aufwendige **Car Festivals** veranstaltet werden, bei denen mit riesigen Aufbauten geschmückte Wagen durch die Straßen um den Tempel gezogen werden. Aber auch wenn gerade kein Fest stattfindet, lohnt Udipi eine Unterbrechung auf der Fahrt entlang der Karavali-Küste. In der von *pujaris* und Pilgern wimmelnden Tempelanlage herrscht eine wundervolle Atmosphäre, und man kann vom nahe gelegenen Fischerdorf **Malpé** ein Boot zur **St. Mary's Island** nehmen, wo Vasco da Gama vor seinem ersten Landgang in Indien ein Kruzifix aufstellte. Übrigens darf sich Udipi auch rühmen, Geburtsort des landesweit begehrten *masala dosa* zu sein; die knusprigen, gefüllten Pfannkuchen aus fermentiertem Reismehl wurden in Udipis Brahmanen-Hotels erfunden.

Der Krishna-Tempel und die Maths

Udipis **Krishna-Tempel**, umgeben von den acht *maths*, die Madhva im 13. Jh. errichtete, liegt zu Fuß fünf Minuten östlich der Hauptstraße. Die Statue im Inneren soll der Heilige selbst entdeckt haben, nachdem er einen Schiffbruch verhinderte. Der dankbare Kapitän bot Madhva daraufhin seine ganze wertvolle Schiffsladung an, doch der heilige Mann bat nur um einen Ballastklotz. Er brach diesen auf und enthüllte ein perfektes Bildnis von Krishna. Dieses Götterbild, das nach Überzeugung der Gläubigen die Essenz (*sannidhya*) des Gottes enthält, zieht einen ständigen Pilgerstrom an und steht im Mittelpunkt fast ununterbrochener Rituale. *Acharyas*, d. h. Hohepriester aus einem der *maths*, bedienen den Gott. Sie führen außerdem *pujas* (5.30–20.45 Uhr) durch, die auch Nicht-Hindus zugänglich sind. Männer dürfen den Haupttempel nur mit nacktem Oberkörper betreten.

Die Angestellten des **Regional Resources Centre for the Performing Arts** im MGM College informieren über hiesige Feste und Veranstaltungen fernab vom üblichen Tourismusgeschehen. Die Sammlung des Zentrums umfasst Filme, Videos und Audioarchive. Eine weitere gute Informationsquelle ist die Broschüre *Udupi: an Introduction*, die an Ständen rund um die Tempelanlage verkauft wird und Hintergrundwissen zum Tempel und seinen vielfältigen Ritualen bietet.

Malpé, St. Mary's Island und Thottam

Udipis Wochenendausflugsziel **Malpé Beach**, 5 km nordwestlich der Innenstadt, ist nicht gerade umwerfend und wird durch einen verwaisten Betonklotz verunziert, das einmal ein staatliches Hotel werden sollte. Nachdem man ein Weilchen über den geruchsintensiven Fischmarkt am Hafen geschlendert ist, kann man den Preis für ein Boot aushandeln (Rs 800) und sich zur **St. Mary's Island** bringen lassen, einer ungewöhnlichen, sechseckigen Basaltformation. Vasco da Gama soll hier im 15. Jh., vor seiner geschichtsträchtigen Landung bei Kozhikode in Kerala, ein Kreuz aufgestellt haben.

Aus der Ferne scheint der Sandstrand von **Thottam**, 1 km nördlich von Malpé und von der Insel zu sehen, sehr einladend, er liegt jedoch direkt an einem offenen Abwasserkanal.

Übernachtung und Essen

Udupi besitzt eine gute Auswahl an Übernachtungsmöglichkeiten sämtlicher Kategorien, die meisten davon nur wenige Gehminuten vom Tempel und Stadtzentrum entfernt.

Wie vom Geburtsort der *masala dosa* nicht anders zu erwarten, gibt es hier viele gute und einfache südindische Restaurants (darunter das **Adarsha** unter dem Hotel *Janardhana*), wo diese und andere vegetarische Favoriten auf der Speisekarte stehen. Wen es nach nicht-vegetarischen Speisen oder Alkohol gelüstet, der muss auf eines der vornehmen Hotelrestaurants wie **Pisces** in der *Sriram Residency* zurückgreifen.

Durga International, unmittelbar westlich vom City-Busbahnhof, ✆ 0820/253 6977, ✉ durga-hotel@yahoo.com. Luftige und gut geführte Lodge mit großer Auswahl an Zimmern (alle mit Bad und TV, einige auch mit AC) in den oberen Stockwerken eines Neubaublocks. ❸–❻

Hotel Sharada International, 2 km außerhalb am NH-17, ✆ 0820/252 2910. Hotel der mittleren Preisklasse mit unterschiedlichen Zimmern, vom EZ bis zum AC-Zimmer mit Teppichboden; außerdem ein vegetarisches und ein nicht-vegetarisches Restaurant sowie eine Bar. ❸–❻

Janardhana, südlich vom KSRTC-Busbahnhof, ✆ 0820/252 3880, ☏ 252 3887. Einfache, unterschiedlich große Zimmer mit Bad (größtenteils auch mit Kabel-TV) in einem recht schicken Hotel. ❷–❹

Sriram Residency, gegenüber dem Head Post Office, ✆ 0820/253 0761, ✉ sriramresidency@indiatimes.com. Die nobelste Herberge im Zentrum mit schickem Foyer, komfortablen AC-Zimmern, zwei Restaurants und einer Bar. ❸–❼

Sri Vidyasamudra Choultry, gegenüber dem Krishna-Tempel, ✆ 0820/252 0820. Die extrem einfache Lodge richtet sich vor allem an Pilger, aber auch Ausländer sind willkommen. Die vorderen Zimmer mit Blick auf Tempel und Teich bieten unglaublich viel Atmosphäre. ❶

Vyavahar Lodge, Kankads Rd, ✆ 0820/252 2568. Einfache, aber gastfreundliche und saubere Lodge zwischen Busbahnhöfen und Tempel. ❷

Sonstiges

GELD – Geld wechseln die KM Dutt-Filiale der **Canara Bank** in der Hauptstraße gleich südlich der Busbahnhöfe und **UAEXchange**, ✆ 0820/228 6655, ◷ Mo–Sa 9.30–18, So 9.30–13 Uhr. Ein

Geldautomat der **CorpBank** steht an der Südseite des Platzes.

INFORMATIONEN – Das bescheidene *Tourist Office* befindet sich unweit des Tempels im Krishna Building, Car St, ✆ 0820/252 9718, ⊙ Mo–Sa 10–17.30 Uhr.

INTERNET – Internetzugang bietet u. a. *Netpoint* (Rs 30 pro Std.), ganz in der Nähe der Busbahnhöfe.

Transport

BUSSE – Udipis drei **Busbahnhöfe** liegen unweit des öden Platzes im Stadtzentrum: Der KSRTC- und der private Busbahnhof bilden zusammen einen kaum voneinander zu unterscheidenden Sammelplatz für zahlreiche Busse nach MANGALORE und weitere Fernbusse nach MYSORE, BANGALORE, GOKARNA, JOG FALLS und in andere Städte zwischen Nord-Kerala und Goa. Der City-Busbahnhof liegt etwas weiter nördlich und dient Zielen in der näheren Umgebung, darunter auch MALPÉ.

EISENBAHN – Der **Bahnhof** befindet sich in Indrali an der Manipal Road, 3 km außerhalb der Innenstadt; hier kommen täglich mindestens fünf Züge in Richtung MANGALORE bzw. GOA durch.

Jog Falls

In einer abgeschiedenen, dicht bewaldeten Ecke der Westghats, 240 km nordöstlich von Mangalore, liegen die Jog Falls, der höchste Wasserfall Indiens. Heutzutage ist er längst nicht mehr so spektakulär wie vor dem Bau des gewaltigen, flussaufwärts gelegenen Dammes, der den Strom des Sharavati-Flusses über die senkrechten rot-braunen Sandsteinklippen gezähmt hat. Die Landschaft ist jedoch nach wie vor atemberaubend: Dichtes Strauchwerk und Dschungel überziehen das spärlich bewohnte, gebirgige Terrain wie ein Teppich. An der gegenüberliegenden Seite der Schlucht hat man eine tolle Aussicht auf den Wasserfall, außer zur Monsunzeit, wenn Nebel und Regenwolken die Sicht trüben. Es ist aber sowieso nicht ratsam, in

der Regenzeit herzukommen, denn die zusätzliche Wassermenge und die zahlreichen Blutegel lassen die ansonsten herrliche **Wanderung** ins Tal hinab zu einer echten Herausforderung werden.

Wenn möglich, sollte man zwischen Oktober und Januar kommen. Der steile Wanderpfad beginnt gleich unterhalb des Busparkplatzes und schlängelt sich zum Wasser hinab, das zu einem erfrischenden Bad einlädt. Das dem Wasserfall gegenüberliegende Gelände wurde komplett neu gestaltet und bietet nunmehr attraktive Aussichtsplattformen, ein hübsch gestaltetes Empfangszentrum und ein beeindruckendes Eingangstor (Eintritt Rs 2 p. P., unterschiedliche Preise für Fahrzeuge).

Übernachtung

Die Übernachtungsmöglichkeiten im Ort sind beschränkt und zum größten Teil ein Monopol von KSTDC, ✆ 08186/244732.

KSTDC Mayura Shraravathi, große, ziemlich ramponierte Zimmer mit ebensolchen Badezimmern in einem hässlichen Betonklotz, aber schöne Aussicht. ❸
KSTDC Tunga Tourist Home, näher am Empfangszentrum, ist bescheidener und bietet einfache DZ mit Bad. ❷
Karnataka Power Corporation, gegenüberliegende Straßenseite, ✆ 08186/244742, vermietet vier gemütliche Gästezimmer mit AC, sofern sie nicht von Firmenangehörigen belegt sind. ❹
Shimoga District PWD Inspection Bungalow, auf einem Hügel ca. 400 m westlich, ✆ 08186/244333. AC-Zimmer in hübscher Lage, bei denen ebenfalls Firmenangehörige Vorrecht haben. ❸
Youth Hostel, ✆ 08186/244251, 10 Min. zu Fuß die Straße nach Shimoga entlang, sehr einfach, wurde aber vor kurzem renoviert. ❶
Der **PWD Inspection Bungalow**, ✆ 08389/222103, am Nordrand der Schlucht, bietet von seinen geräumigen, angenehmen Zimmern aus umwerfende Ausblicke, ist jedoch ständig ausgebucht und muss daher im Voraus im *Assistant Engineer's Office* der staatlichen Baubehörde PWD in Siddapur reserviert werden. ❶ – ❷

Essen

Die KSTDC-Kantine *Jaladarshini* neben dem *Tunga Tourist Home* serviert wie üblich ordentliche, aber nicht gerade aufregende Kost. Die übrigen Möglichkeiten beschränken sich auf eine Ansammlung kleiner *chai*-Stände und Geschäfte, die sich beim Empfangszentrum befinden. Die beste Adresse zum Essen ist das *Hotel Rashmita*.

Informationen

Tourist Office, im Obergeschoss des neuen Empfangszentrums, liefert Informationen über Transportmöglichkeiten und Fahrzeugverleih, ◷ unregelmäßig, im Allgemeinen Mo–Sa 10–13.30 und 14–17.30 Uhr.

Transport

Mit dem Bus sind die Jog Falls seit der Fertigstellung des über die Ghats führenden NH-206 wesentlich leichter zu erreichen. Die Fahrzeit nach HONAVAR (6x tgl., 2 1/2 Std.), mit Anschluss an die *Konkan Railway*, und weiter nach KUMTA (4x tgl., 3 Std.), mit Anschluss nach GOKARNA, hat sich damit ebenfalls erheblich verringert. Derzeit fahren von den Jog Falls aus zwei **Busse** tgl. nach UDIPI und weiter nach MANGALORE (8.30 und 20.30 Uhr, 7 Std.), einer tgl. nach KARWAR (11.30 Uhr, 6 Std.), einer nach GOKARNA (17.30 Uhr, 5 Std.) und stdl. einer nach SHIMOGA, wo man in einen Bus nach Hospet und Hampi umsteigen kann.

Zwei Direktbusse fahren von Jog Falls nach BANGALORE, der *„semi-deluxe"* um 19.30 Uhr (9 Std.), der *ordinary* um 8.30 Uhr. Ein Bus nach PANAJI hält hier gegen Mitternacht.

Bessere Verbindungen bietet **Sagar** (30 km südöstlich), von wo aus Busse nach Shimoga, Udipi, Mysore, Hassan und Bangalore fahren.

Gokarna

An einem breiten weißen Sandstrand vor der Kulisse der bewaldeten Ausläufer der Westghats liegt Gokarna, sieben Busstunden nördlich von Mangalore und Sitz eines der landschaftlich reizvollsten Heiligtümer Indiens. Dennoch blieb die kleine Küstenstadt – seit mehr als zwei Jahrtausenden ein Zentrum der Shaivas – lange Zeit vom westlichen Tourismus „verschont", bis es Anfang der 90er Jahre alternative Traveller auf der Flucht vor der zunehmenden Kommerzialisierung Goas anzuziehen begann. Jetzt hat es einen festen Platz auf der touristischen Landkarte, aber die Zahl der Hindu-Wallfahrer übersteigt immer noch bei weitem die der vor dem europäischen Winter geflohenen Ausländer.

Selbst wer die Aussicht auf verlassene Strände nicht reizvoll findet, sollte einen kurzen Abstecher von der Küstenstraße nach Gokarna einlegen. Wie Udipi ist es ein uraltes Pilgerziel mit einer sehr lebendigen Tradition.

Die Stadt

Gokarna besteht aus einer Ansammlung von Häusern mit Holzfronten und roten Terrakotta-Dächern rund um einen langen, L-förmigen Basar. Seine breite Hauptstraße – die **Car Street** – führt nach Westen zum Stadtstrand, einem sakralen Ort. In der Hindu-Mythologie ist dies die Stelle, an der Rudra (eine andere Bezeichnung für Shiva) nach einer geraumen Bußzeit durch das Ohr einer Kuh aus der Unterwelt wiedergeboren wurde. Gokarna beherbergt auch einen der mächtigsten *shivalinga* Indiens – den **Pranalingam**, den Ravana, der teuflische König von Lanka, hier abstellte, nachdem er ihn aus Shivas Heimstatt auf dem Berg Kailash im Himalaya entwendet hatte.

Bis zum heutigen Tag thront der *pranalingam* nun in Gokarna, im Innersten des mittelalterlichen **Tempels Shri Mahabaleshwar** am Westrand des Basars. Er gilt als dermaßen wunderkräftig, dass schon ein Blick genügt, um sich von hundert Sünden reinzuwaschen, sogar vom Mord an einem Brahmanen. Nach lokalem Hindu-Glauben kann man die reinigende Wirkung des Lingam noch verstärken, indem man sich den Kopf kahl rasiert, fastet und vor dem *darshan* ein heiliges Bad im Meer nimmt. Daher beginnt ein Wallfahrtsbesuch in Gokarna traditionellerweise mit einem Gang zum Strand. Jedem Pilger steht dabei als geistiger Führer ein eigener Familien-*pujari* zur Seite. Anschließend erfolgt ein Besuch des **Tempels Shri Mahaganpati**, gleich östlich des Shri Mahabaleshwar, um dem elefantenhäuptigen Gott Ganesh Achtung

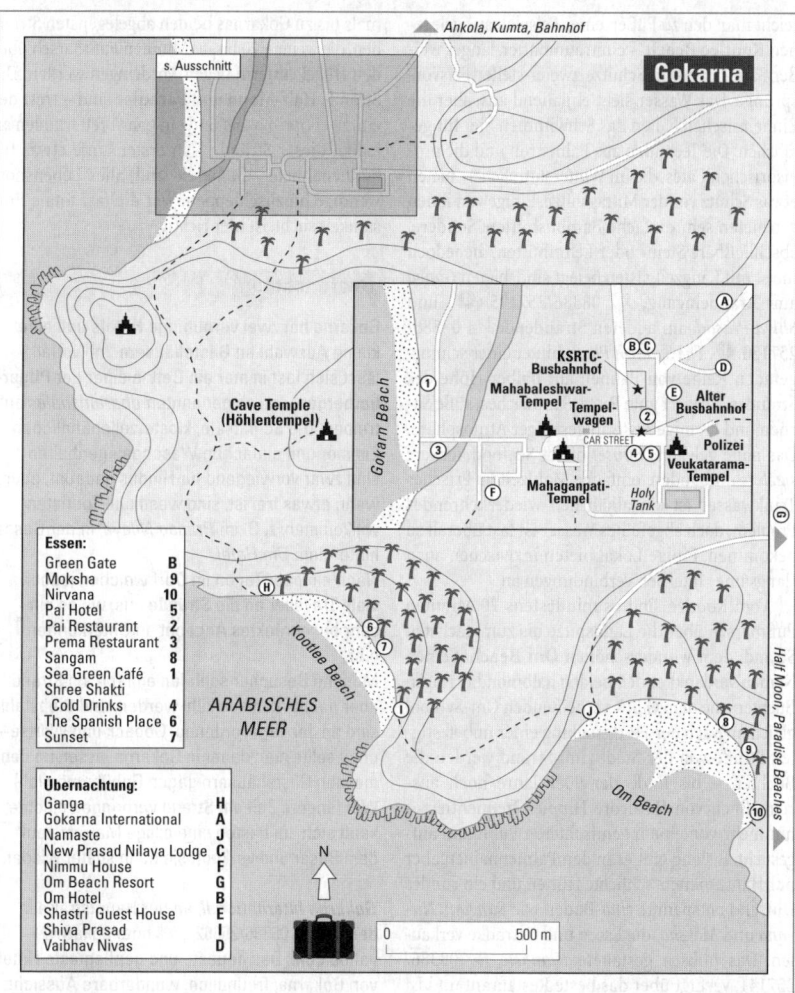

Gokarna

Ankola, Kumta, Bahnhof

s. Ausschnitt

Cave Temple
(Höhlentempel)

Gokarn Beach

KSRTC-
Busbahnhof
Mahabaleshwar-
Tempel
Tempel-
wagen
CAR STREET
Mahaganpati-
Tempel
Holy
Tank

Alter
Busbahnhof
Polizei
Veukatarama-
Tempel

Kootlee Beach

Half Moon, Paradise Beaches

ARABISCHES
MEER

Om Beach

Essen:

Green Gate	B
Moksha	9
Nirvana	10
Pai Hotel	5
Pai Restaurant	2
Prema Restaurant	3
Sangam	8
Sea Green Café	1
Shree Shakti Cold Drinks	4
The Spanish Place	6
Sunset	7

Übernachtung:

Ganga	H
Gokarna International	A
Namaste	J
New Prasad Nilaya Lodge	C
Nimmu House	F
Om Beach Resort	G
Om Hotel	B
Shastri Guest House	E
Shiva Prasad	I
Vaibhav Nivas	D

N

0   500 m

zu erweisen. Da ein paar ausländische Besucher die Anstandsregeln verletzten, ist Touristen nun der Zutritt zu den Tempeln verwehrt, doch die Vorgänge im kleineren Shri Mahaganpati lassen sich gut vom Eingang des Tempels aus einsehen.

Die Strände

Ungeachtet der zahlreichen Tempel, Heiligtümer und Seen kommen die meisten westlichen Besu-

cher der herrlichen Strände südlich des belebten Stadtstrandes wegen nach Gokarna. Viele hängen hier wochenlang ab, um sich der relativ laxen Einstellung gegenüber Kiffern zu erfreuen und harte *Bhang*-Lassis zu kippen.

Um zum Strandpfad zu gelangen, geht man die schmale Gasse gegenüber dem Südeingang des Mahaganpati-Tempels entlang und weiter hügelaufwärts durch den Wald. Nach 20 Minuten erreicht man den zu Füßen eines Felsplateaus gelegenen **Kootlee Beach** – ein traumhafter, langer weißer Sandstrand im Schutze zweier steiler Felsvorsprünge. Das Wasser sieht einladend aus, aber die Einheimischen halten das Schwimmen hier für gefährlich. Die Teebuden aus Palmstroh und die provisorischen Cafés, die im Winter aufmachen, bieten etwas Schutz vor der Mittagshitze. Einige von ihnen vermieten sehr einfache Bambushütten. Solidere, abschließbare Stein- oder Lehmhütten, die jedoch meist bei Langzeitgästen belegt sind, bieten *Ganga* am Strandeingang, ✆ 08386/257195 ❶, und *Shiva Prasad*, am anderen Strandende, ✆ 08386/257150 ❶. *The Spanish Place*, hinter einer schnurgeraden Reihe von Palmen auf halber Höhe des Strandes, serviert gute Pasta, Sandwiches, süße Sachen und cremige *lassis* in geselliger Atmosphäre. Das nahe gelegene *Sunset* bietet Seafood, leckere *sizzlers* und andere einfache Mahlzeiten. Frisches Trinkwasser ist ein alljährlich wiederkehrendes Problem, doch abgefülltes Wasser ist fast überall zu bekommen. Einige Lokal bieten inzwischen auch (langsame) Internet-Verbindungen an.

Vom Kootlee sind es mindestens 20 Minuten Fußmarsch über die Landspitze bis zum nächsten Strand, dem wunderschönen **Om Beach**. Seinen Namen verdankt er den beiden halbmondförmigen Buchten, die dem Glück verheißenden Om-Symbol gleichen. Nach der Fertigstellung einer unbefestigten Straße von der Stadt zum Strand werden die Buchten – bis Ende der 90er Jahre noch ausschließlich von Hardcore-Hippies frequentiert – nunmehr von einem gemischteren Publikum aufgesucht. Bislang gibt es in den Palmenhainen aber nur Hängematten, schlichte Hütten und ein rundes Dutzend entspannte *chai*-Buden wie *Sangam*, *Nirvana* und *Moksha*, die Essen und Getränke verkaufen. Das hübsch gestaltete *Namaste*, ✆ 08386/257141, verfügt über das beste Restaurant und ist die einzige feste Unterkunft ❶ – ❷, bis *CGH Earth* bald sein Luxusresort hinter dem Strand eröffnen wird. Fünf Kilometer landeinwärts liegt das neue *Om Beach Resort*, ✉ ombeachresort@info.com, ✆ 08386/257052 ❸. Der Preis für eine Übernachtung beläuft sich auf Rs 1500 p. P. für VP in eleganten AC-Suiten mit Möglichkeiten zum Draußensitzen.

Trotz der oben genannten Neubauten ist nicht anzunehmen, dass die Betonmischmaschinen jemals bis zu Gokarnas beiden abgelegensten Stränden, die weitere 20 bis 40 Minuten Fußmarsch über den Hügel entfernt liegen, vordringen werden: Die Strände **Half-Moon** und **Paradise** sind – trotz der ein, zwei *chai*-Lokale und ein paar Bretterbuden an jedem dieser Strände – in erster Linie etwas für Sonnenanbeter, die bereit sind, alles Lebensnotwendige hinzuschleppen. Wer die fast totale Einsamkeit sucht, ist hier richtig.

Übernachtung

Gokarna hat zwei vernünftige **Hotels** und eine kleine Auswahl an **Gästehäusern**. Im Notfall lässt sich fast immer ein Bett in einer der **Pilgerherbergen**, den so genannten *dharamshalas* auftreiben. Die Schlafsäle, klosterzellenähnlichen Zimmer und einfachen Waschgelegenheiten sind zwar vorwiegend für Hindus gedacht, aber wenn etwas frei ist, sind westliche Touristen willkommen: z. B. im *Prasad Nilaya*, in der Gasse hinter dem *Om Hotel*.

Nach ein paar Tagen im Dorf weichen jedoch viele Traveller an die **Strände** aus, wo es ein sehr beschränktes Angebot an Unterkünften gibt.

Manche Besucher schlafen einfach am Strand, aber nachts kann es kühl werden, und Diebstähle sind an der Tagesordnung. Gepäck und Wertsachen sollte man daher in Gokarna lassen (in den meisten Gästehäusern gegen Gebühr möglich). Wer längere Zeit am Strand verbringen möchte, kauft sich am besten eine billige Matratze auf dem Basar und verkauft sie dann später wieder.

Gokarna International, an der Hauptstraße in den Ort, ✆ 08386/256622, ✉ hotelgokarn@yahoo.com. Das neueste und gepflegteste Hotel von Gokarna; freundlich, wunderbare Aussicht, gute Auswahl an Zimmern, von billigen EZ bis zu luxuriösen DZ mit AC, z. T. mit Badewanne, TV und Balkon. Die Restaurants, eines davon mit Bar, sind eher durchschnittlich. ❷ – ❹

New Prasad Nilaya Lodge, beim neuen Busbahnhof, ✆ 08386/257135. Relativ neues Hotel mit sauberen, hellen und geräumigen Zimmern mit Bad. Sehr preisgünstig. ❶ – ❷

Nimmu House, eine Minute von den Tempeln entfernt in Richtung Gokarna Beach, ✆ 08386/

256730, ✉ nimmuhouse@yahoo.com. Bestes Budget-Gästehaus am Ort unter Leitung der freundlichen, hilfsbereiten Dame, deren Namen es trägt; saubere Zimmer, z. T. mit Bad. Sehr preiswerte DZ im Neubau; Gepäckaufbewahrung, Internetzugang und gemütlicher Garten. ❶–❷

Om Hotel, unweit des neuen Busbahnhofs, ☎ 08386/256445. Auf mittelständische indische Pilger zugeschnittenes Hotel. Schlichte, aber geräumige Zimmer mit Bad, überteuerte AC-Zimmer und zwei Restaurants, von denen eins hauptsächlich als Bar fungiert. ❷–❺

Shastri Guesthouse, 100 m vom neuen Busbahnhof, versteckt hinter der *Shastri Clinic* an der Hauptstraße, ☎ 08386/256220. Ruhige Zimmer, manche mit Bad; superbillige Einzelbelegung. ❷

Vaibhav Nivas, abseits der Hauptstraße, weniger als 5 Min. vom Busbahnhof, ☎ 08386/256714. Freundlich, billig und zu Recht begehrt, trotz einiger winziger Zimmer. Im Zuge der laufenden Renovierung werden alle Zimmer mit Bad ausgestattet. Internetzugang und Gepäckaufbewahrung. ❶–❸

Essen

In Gokarna selbst gibt es zahlreiche Esslokale, darunter viele gut besuchte „meals" in der Car St und der Hauptstraße. Da es sich um Karnataka handelt, ist **Bier** sowohl in der Stadt als auch an den Stränden frei verkäuflich und recht billig.

Green Gate, im *Om Hotel*, unweit des neuen Busbahnhofs. Das attraktivere der beiden Hotelrestaurants bietet eine Auswahl an mexikanischen, italienischen und israelischen Gerichten, außerdem Fisch und *sizzlers*. Das Restaurant im Erdgeschoss ist eher eine Kneipe, serviert aber auch gute, scharfe indische Gerichte. Der Innenhof ist ganz nett.

Pai Hotel, Car St. Winziges Esslokal, aber die vegetarischen Snacks sind ausgezeichnet, und der Milchkaffee ist köstlich. Beliebter Treffpunkt für Traveller.

Prema Restaurant, nahe dem Strandende der Car St. Traveller-freundliche Standard-Speisekarte mit Pasta, Sandwiches usw., serviert aber auch das beste *gad-bad* der Stadt.

Shree Shakti Cold Drinks, Car St. Hausgemachte Erdnussbutter und frischer Käse, beide nach amerikanischem Rezept; Letzterer wird mit Brötchen, Knoblauch und Tomaten gereicht. Außerdem magenfüllende Toasties und cremige Lassis.

Sonstiges

FAHRRÄDER – vermietet ein Stand neben dem *Pai Restaurant* für Rs 3 pro Std. oder Rs 30 pro Tag. Die Strandwege sind aber so schwer befahrbar, dass man nur zum Stadtstrand oder auf der langen Strecke zum Om Beach radeln kann.

GELD – Geld kann man im *Om Hotel* beim neuen Busbahnhof tauschen, doch den besten Wechselkurs hat *Pai STD* unweit des neuen Busbahnhofs an der in den Ort führenden Straße; *Pai STD* ist nur eine von mehreren offiziellen Wechselstuben.

INTERNET – Im Ort gibt es zwar verschiedene Internet-Lokale (Rs 40 pro Std.), aber keines davon verfügt über einen wirklich zuverlässigen Netzanschluss. Am besten ist noch das winzige *Om*-Büro schräg gegenüber vom *Pai STD*-Schalter.

MEDIZINISCHE HILFE – *Dr. Shastri*, ☎ 08386/256220, Englisch sprechender Arzt, der von Langzeitgästen wärmstens empfohlen wird.

Transport

BUSSE – Der neue **KSRTC-Busbahnhof**, 300 m von der Car Street und in Spaziernähe der dünn gesäten Unterkünfte gelegen, sorgt dafür, dass die Busse mittlerweile nicht mehr durch die schmalen Basarstraßen fahren müssen. Es kann gut sein, dass mit dem Bus ankommende Passagiere, besonders wenn sie aus größeren Touristenzentren wie Goa und Hampi anreisen, am Ortseingang beim neuen Polizeikontrollposten abgesetzt werden, wo sie sich registrieren müssen. Es handelt sich dabei nur um eine neuartige Präventivmaßnahme gegen Strandkriminalität und ist nichts, worüber man sich aufregen müsste. Es gibt gute tägliche Direktbusverbindungen nach GOA (5 Std.) sowie zu mehreren Städten in

Karnataka, darunter BANGALORE (13 Std.), HOS-
PET/HAMPI (10 Std.) und MYSORE (14 Std.) via
MANGALORE (7 Std.) und UDIPI (6 Std.).
Die Küste hoch nach KARWAR (2 Std.) nahe der
Grenze zu Goa fahren von hier aus zwar nur drei
Direktbusse, aber man kann in ANKOLA an der
Hauptküstenstraße umsteigen, wo die Verbin-
dungen besser sind.

Weitere Busse nach Hospet/Hampi sowie die
besten Verbindungen nach Jog Falls findet man
in KUMTA (32 km); auf der Strecke zwischen
Gokarna und Kumta sowie Ankola verkehren
regelmäßig Tempos.

Die aktuellen Busfahrpläne sind am KSRTC-
Schalter im neuen Busbahnhof zu erfragen.

EISENBAHN – Am **Bahnhof** Gokarna Road
stehen für die 9 km lange Fahrt landeinwärts in
die Stadt Busse und Motor-Rikshas bereit. Es
halten mindestens zwei Züge täglich in beiden
Richtungen: der *Verna Passenger* Nr. KR2 nach
MARGAO (Abfahrt 11.14 Uhr), der Nr. KR1 nach
MANGALORE (15.29 Uhr), der *Matsyagandha Express* Nr. 2620 nach GOA und MUMBAI
(18.15 Uhr) und Nr. 2619 nach MANGALORE (Abfahrt mitten in der Nacht um 1.45 Uhr). Außerdem halten am Bahnhof zwei Express-Züge pro
Woche.

Zwecks besserer Zugverbindungen nach Goa,
Mangalore, Udipi und Kerala sollte man entweder nach Kumta oder Ankola fahren.

Hampi und Umgebung

Hospet

Die jeweils rund zehn Stunden von Bangalore und
Goa gelegene Stadt Hospet ist in erster Linie als
Verkehrsknotenpunkt und ganz besonders als Aus-
gangsort für einen Besuch der überwältigenden
Ruinenstadt Hampi (Vijayanagar) 13 km nordöstlich von Interesse. Bei später Ankunft oder falls
man einen gewissen Luxus nicht missen möchte,
ist es sinnvoll, hier zu übernachten und am nächsten Morgen einen Bus oder ein Taxi zu den Ruinen
zu nehmen. Ansonsten aber sollte man sich in
Hampi niederlassen, dessen Ambiente die einfachen Unterkünfte mehr als wettmacht.

Übernachtung und Essen

Die Übernachtungsmöglichkeiten in Hospet konzentrieren sich um die MG Rd. *Shanbhog*, ein
ausgezeichnetes kleines Udipi-Restaurant beim
Busbahnhof, bestens geeignet für eine Essens-
pause bzw. zum Frühstücken vor der Weiterfahrt
nach Hampi, da es schon früh öffnet.

Karthik, Pampa Villa, abseits der MG Rd,
✆ 0839/424938, ✉ 420028. Neuer Hotelkasten mit
anonymen Zimmern, aber einer Überraschung an
der Rückseite: Eine hübsche Steinvilla aus dem
19. Jh. mit zwei geräumigen Suiten. ❸–❼

Malligi Tourist Home, 6/143 Jambunatha Rd,
2 Min. zu Fuß östlich der MG Rd (Wegweiser beachten) und des Busbahnhofs, ✆ 0839/428101,
✉ malligihome@hotmail.com. Mit Abstand das
beliebteste Hotel, freundlich und gut geführt,
saubere, billigere Zimmer (z. T. mit AC) im alten
Block und luxuriösere mit AC in zwei neuen Flügeln. Das schicke, aber erschwingliche hauseigene Terrassenrestaurant *Waves* ist *der* Abend-
treff und bietet *tandoori* sowie eiskaltes Bier von
19–23 Uhr (viel Mückenschutzmittel mitbringen).
Unterhalb des Restaurants/Bar im *Waves*-Kom-
plex toller Swimming Pool (Rs 25 pro Std. für
nicht im Hotel wohnende Besucher), außerdem
Billard und Massage und zuverlässiger Reise-
büro-Service. Im alten Block serviert das Freiluftrestaurant *Madhu Paradise* mit Bar ausgezeichnete vegetarische Gerichte. ❷–❽

Priyadarshini, MG Rd, auf der dem Busbahnhof
gegenüberliegenden Straßenseite Richtung
Bahnhof, 🖵 www.priyainnhampi.com, ✆ 0839/
428838. Superbillige EZ und DZ mit TV und AC
(manche mit Balkon). Groß und schmucklos,
aber sehr sauber und preiswert. Außerdem zwei
gute Restaurants: das vegetarische *Naivedyam*
und im Garten das nicht-vegetarische *Manasa*
mit Bar. ❸–❻

Pushpak Lodge, nahe Busbahnhof, MG Rd,
✆ 0839/421380. Die Lodge bietet einfache, aber
saubere Zimmer mit Bad und ist die beste Unterkunft der untersten Preisklasse. ❷

Shivananda, neben dem Busbahnhof, ✆ 0839/
420700. Gut geführtes Hotel, makellos sauber,
alle Zimmer mit Kabelfernsehen, manche mit AC.
Sehr preisgünstig. ❷–❸

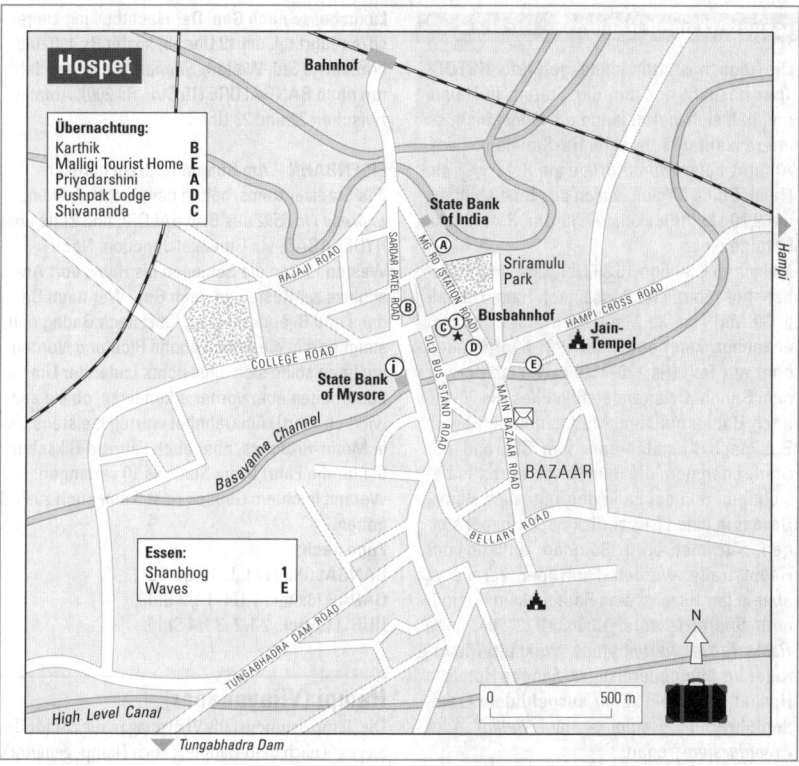

Hospet

Übernachtung:
Karthik	B
Malligi Tourist Home	E
Priyadarshini	A
Pushpak Lodge	D
Shivananda	C

Essen:
Shanbhog	1
Waves	E

Bahnhof

State Bank
of India

Sriramulu
Park

Busbahnhof

Jain-
Tempel

State Bank
of Mysore

BAZAAR

RAJAJI ROAD
SARDAR PATEL ROAD
MG (RD) STATION ROAD
COLLEGE ROAD
OLD BUS STAND ROAD
MAIN BAZAAR ROAD
HAMPI CROSS ROAD
BELLARY ROAD
Basavanna Channel
TUNGABHADRA DAM ROAD
High Level Canal
Tungabhadra Dam
Hampi

KARNATAKA

0   500 m

N

Sonstiges

GELD – *State Bank of Mysore*, neben dem *Tourist Office,* wechselt Reiseschecks und Bargeld, ⏱ Mo–Fr 10.30–14.30, Sa 10.30–12.30 Uhr.
State Bank of India, MG (Station) Rd, gleiche Öffnungszeiten, wechselt nur Bares.
Im *Malligi Tourist Home* werden Reiseschecks und Bargeld umgetauscht.
Sneha Travels, beim Elimanchate Complex neben dem *Hotel Priyadarshini* an der MG Rd, ✆ 08394/225838, wechselt sämtliche Währungen sowie Reiseschecks und zahlt gegen Kreditkarte Bargeld aus. Hat auch Filialen in Hampi.

INFORMATIONEN – Das *Tourist Office* am Rotary Circle, ✆ 08394/228537, bietet in beschränktem Umfang Informationen und

verkauft Tickets für die KSTDC-Touren (s. u.). ⏱ Mo–Sa, Juni–März 10–17.30, April und Mai 8–13.30 Uhr.

INTERNET – *Cybernet*, neben dem Hotel *Shivananda,* bietet Zugang für Rs 40 pro Std.

REISEBÜROS – *Sneha Travels* (s. o.) reserviert Flug- und Bahntickets, Mietwagen und unterhält private Luxusbusse nach Goa, die eigentlich vom Nachbarn *Paulo Travels,* ✆ 08394/225867, betrieben werden (s. u., Transport).

Transport

BUSSE – Der **Fernbusbahnhof** liegt im Stadtzentrum, abseits der MG (Station) Rd, die vom Bahnhof nach Süden führt.

Die täglich stattfindende geführte **KSTDC-Tour** besucht nur drei der Stätten in Hampi und hält sich viel zu lange am längst nicht so interessanten Tungabhadra-Staudamm auf. Abfahrt beim *Tourist Office* am Rotary Circle (Taluk Office Circle), östlich des Busbahnhofs, um 9.30 Uhr, Rückkehr 17.30 Uhr, Rs 100 inkl. Mittagessen.

Zwischen 6.30 und 19.30 Uhr fahren am Busbahnhof zahlreiche **Busse** nach Hampi ab (alle 30 Min., ca. 30 Min.). Wer spät in Hospet ankommt, kann entweder dort übernachten oder ein **Taxi** (Rs 120–150) bzw. eine der vor dem Bahnhof wartenden **Rikschas** (Rs 60–80) nach Hampi nehmen. Man kann auch einen Bus nach **Kamalapuram** (am Südrand der Stätte) nehmen, die Ruinen von dort aus besichtigen und am Ende des Tages am Hampi Bazaar in einen Bus zurück nach Hospet steigen. An mehreren Ständen entlang der Hauptstraße werden **Fahrräder** vermietet, aber in der Hitze ist eine Radtour kein Vergnügen. *Bharat Motors,* ✆ 08394/224704, nahe *Rama Talkies,* verleiht (oder verkauft) **Motorräder** an Abenteuerlustige. Manche Hotels in Hospet vermitteln sogar **ausgebildete Fremdenführer** in Hampi – im *Malligi* oder *Priyadarshini* fragen.

Busse nach:
BADAMI (3x tgl., 5 Std.),
BANGALORE (3x tgl., 8 Std.),
BIDAR (2x tgl., 10 Std.),
GOKARNA (2x tgl., 9–10 Std.),
HAMPI (alle 30 Min., 20 Min.);
HYDERABAD (4x tgl., 12 Std.),
MARGAO (4x tgl., 9 Std.),
MYSORE (2x tgl., 10–11 Std.),
PANJIM (4x tgl., 10 Std.),
VASCO DA GAMA (4x tgl., 10–11 Std.).

Reservierungen für Fernbusse erledigt das Fahrkartenbüro in der Haupthalle des Busbahnhofs, ⏰ tgl. 8–12 und 15–18 Uhr, wo sich auch eine **Gepäckaufbewahrung** befindet. *Sneha Travels,* ✆ 08394/225838, Adresse s. o., unterhält private

Luxusbusse nach Goa. Der Nachtbus mit Liegesitzen fährt tgl. um 19 Uhr ab, kostet Rs 450 und braucht 10 Std. Weitere *Sneha*-Luxusbusse fahren nach BANGALORE (10 Std., Rs 200), Abfahrt zwischen 22 und 23 Uhr.

EISENBAHN – Am **Bahnhof**, 1,5 km nördlich des Stadtzentrums, halten der Nachtzug *Hampi Express Nr. 6592* aus BANGALORE und Züge von HYDERABAD, via Guntakal Junction. Nach Westen führen die Schienen bis Hubli, dort Anschluss zur Küste und nach Goa. Wer nach Badami und Bijapur möchte, fährt nach Gadag und steigt dort in die Bummelbahn Richtung Norden um (man sollte sich angesichts laufender Umbauarbeiten aber vorher erkundigen, ob sie auch wirklich fährt). Am Bahnhof warten meistens viele Motor-Rikschas, aber auch Fahrrad-Rikschas, die für die Fahrt in die Stadt Rs 10 verlangen. Wer mit leichtem Gepäck reist, kann auch zu Fuß gehen.

Züge nach:
BANGALORE (1x tgl., 10 1/2 Std.),
GADAG (3x tgl., 1 1/4–1 1/2 Std.),
HUBLI (3x tgl., 2 1/2–3 1/4 Std.).

Hampi (Vijayanagar)

Die Tempelruinenstadt Vijayanagar, die „Stadt des Sieges" (nach dem Hauptort auch Hampi genannt), erstreckt sich vom Südufer des Tungabhadra über ein surreal anmutendes Gelände mit riesigen goldbraunen Felsbrocken und grünen Bananenfeldern. Laut Ramayana nahm die Niederlassung ihren Anfang als Kishkinda, regiert von den Affenkönigen Bali und Sugriva und deren Botschafter Hanuman. Die seltsamen Steine – manche gefährlich auf Bogen balancierend, andere zu kolossalen Haufen aufgetürmt – sollen von ihren Soldaten als Beweis ihrer Muskelkraft verstreut worden sein.

Zwischen dem 14. und 16. Jh. war dies die mächtigste Hindu-Hauptstadt des Dekkan. Reisende wie der portugiesische Chronist Domingo Paez, der sich hier von 1520–22 aufhielt, waren überwältigt von ihrer Ausdehnung und ihrem Reichtum. Sie berichteten von Märkten, die von Seide und Edelsteinen überquollen, von wunderschönen, juwelenbehangenen Kurtisanen, reich geschmückten Palästen und rauschenden Festen. In der zweiten

Hälfte des 16. Jhs. jedoch wurde die prächtige Stadt sechs Monate lang von Moslems belagert und anschließend geplündert. Nur Steine, Ziegel und Stuck – Götterfiguren, zerfallene Häuser und verlassene, von *gopuras* überragte Tempel – sowie das ausgeklügelte Bewässerungssystem überstanden die Brandschatzung.

Die meisten Baudenkmäler von Hampi sind in erbärmlichem Zustand und sehen viel älter als ihre 400 oder 500 Jahre aus. Doch die malerische Lage am Fluss und der Zauber, der über dieser seit Jahrhunderten, schon vor dem Bau der Stadt heiligen Stätte liegt, machen Vijayanagar zu einer der beeindruckendsten Sehenswürdigkeiten von ganz Indien. Dennoch ist der Ort bislang vom Massentourismus weitgehend verschont geblieben: Die meisten Besucher, neben den ständigen Busgruppen hinduistischer Wallfahrer und den Sadhus, die sich bei den abgeschiedeneren Felsspalten und Schreinen aufhalten, sind direkt aus Goa kommende Budget Traveller. Viele können sich kaum mehr von hier losreißen und verbringen Wochen damit, in den Cafés herumzusitzen und zu den weißen Tempeln oben auf den Hügeln zu pilgern, um die traumhaften Sonnenuntergänge zu bewundern.

Die **beste Reisezeit** für Hampi liegt zwischen Ende Oktober und Anfang März, wenn die Tagestemperaturen auch lange Fußmärsche durch die Ruinen erlauben. Über Weihnachten und Neujahr und generell im Januar wird die Stätte von Travellern aus Goa regelrecht überschwemmt, infolge des allgemeinen Touristenrückgangs war es in den letzten Jahren allerdings nicht mehr so voll wie zu Spitzenzeiten Ende der 90er Jahre. Wer Hampi von seiner schönsten Seite erleben möchte, sollte dennoch einen anderen Zeitpunkt wählen.

Geschichte

Der Aufstieg des **Vijayanagar-Reiches** in der ersten Hälfte des 14. Jhs. scheint in direktem Zusammenhang mit der Expansionspolitik der Sultane aus dem Norden, insbesondere von Malik Kafur und Mohammed-bin-Tughluq, zu stehen. Zwei hinduistische Brüder aus Andhra Pradesh, **Harihara und Bukka**, die als Schatzmeister in Kampila, 19 km östlich von Hampi, tätig waren, wurden von den Tughluqs gefangen genommen und nach Delhi gebracht, wo sie angeblich zum Islam übertraten. In der Annahme, sie zu treuen Gefolgsleuten gemacht zu haben, schickte das Delhi-Sultanat sie aus, Aufstände in Kampila zu unterdrücken, was sie auch taten. Allerdings schworen sie kurz darauf dem islamischen Glauben ab und kündigten ihre Loyalität gegenüber Delhi auf, um stattdessen ihr eigenes, unabhängiges Hindu-Königreich auszurufen. Innerhalb weniger Jahre beherrschten sie weite Landstriche von einer Küste bis zur anderen. 1343 errichteten sie ihre neue Hauptstadt Vijayanagar am Südufer des Tungabhadra, einem Gebiet, das den Hindus seit langem heilig war. Ihre Glanzzeit erlebte die Stadt unter der Herrschaft von **Krishna Deva Raya** (1509–29), als sie praktisch das Monopol über den lukrativen Handel mit arabischen Pferden und indischen Gewürzen besaß, der in den Küstenhäfen abgewickelt wurde.

Dank ihrer günstigen Lage und massiven Verteidigungswälle war Vijayanagar so gut wie unangreifbar. 1565 jedoch ließ sich der Herrscher **Rama Raya**, nachdem er sich in die Belange hiesiger Moslemreiche eingemischt hatte, in eine 100 km weiter nördlich stattfindende Schlacht gegen ein Bündnis mehrerer Sultanate verwickeln, und die Stadt blieb ungeschützt zurück. Anfänglich schien das Glück auf Seiten der Hindu-Streitkräfte zu stehen, doch gab es unter ihnen mehr als 10000 Moslems, und der eine oder andere mag wohl in einem Loyalitätskonflikt gesteckt haben. Als zwei moslemische Vijayanagar-Generäle plötzlich desertierten, geriet das Heer in Verwirrung. Die Niederlage ließ nicht lange auf sich warten. Zwar gelang Mitgliedern seiner Familie die Flucht (mit unerhörten Mengen Goldes und Schmuck), aber Rama Raya selbst wurde gefangen genommen und starb eines entsetzlichen Todes unter den Händen des Sultans von Ahmadnagar. Anschließend wurde Vijayanagar mehrmals geplündert und gebrandschatzt und die ruhmreichen Tage der Stadt waren zu Ende.

Die Ruinen

Das Gelände ist 26 km^2 groß, wobei die Ruinen sich aber überwiegend in zwei unterschiedliche Gruppen aufteilen lassen: Eine befindet sich im und um den **Hampi Bazaar** sowie am nahe gelegenen Flussufer und umfasst die am höchsten verehrte Gruppe von Tempeln und *ghats;* die andere konzentriert sich um den „königlichen Bezirk" – 3 km südlich des Flusses, unmittelbar nordwestlich des Dorfes **Kamalapuram** –, in dem sich die Überreste von Palästen, Pavillons, Elefantenställen, Wächterhäusern und Tempeln befinden. Zwischen beiden Abschnitten erstrecken sich ein langer, mit Felsbrocken übersäter Hügel und von uralten Bewässerungskanälen gespeiste Bananen-Plantagen. Von Hospet fahren zahlreiche Busse zum Hampi Bazaar und nach Kamalapuram; eine Besichtigung ist von beiden Orten aus möglich.

Für einen Rundgang oder eine Rundfahrt per Rad bevorzugen die meisten Besucher Ersteren als Ausgangspunkt. Nachdem man sich den gut besuchten **Virupaksha-Tempel** angesehen hat, nimmt man den Weg nach Osten, an der Hauptstraße und dem Flussufer entlang, zum eindrucksvollen **Vitthala-Tempel** und kehrt nach einem Abstecher zum **Achyutaraya-Komplex** am Fuß des Matanga Hill wieder um. Vom Achyutaraya führt zwar auch ein Trampelpfad Richtung Süden zu den Königspalästen, aber es ist wesentlich einfacher, zum Basar zurückzugehen/-strampeln und die asphaltierte Straße zu nehmen, von der man unterwegs auch noch einen Abstecher zum **Hemakuta Hill**, einer Gruppe von Prä-Vijayanagar-Tempeln, machen kann.

Wer sich einer zeitlich knapp bemessenen, organisierten **KSTDC-Tour** (s. S. 346, Kasten) anschließt, bekommt die meisten Highlights an einem einzigen Tag im Schnellverfahren zu Gesicht. Aber wenn irgend möglich, sollte man sich mindestens zwei, drei Tage Zeit nehmen, um das Flair der Stätte samt Umgebung in Ruhe in sich aufzunehmen und über den Fluss ins Dorf **Anegondi** überzusetzen, wo man auf ein paar stillen Wanderwegen zu herrlichen Aussichtspunkten gelangt: Die schönsten Sonnenuntergänge lassen sich vom Westrand des Hemakuta Hill, mit Blick über Hampi Bazaar, erleben, während der **Matanga Hill** mit die traumhaftesten Sonnenaufgänge der Welt zu bieten hat.

Hampi Bazaar und Virupaksha-Tempel

Entlang der langen, schnurgeraden Hauptstraße von Hampi erstreckt sich vom Osteingang des Virupaksha-Tempels her in östlicher Richtung der **Hampi Bazaar**, wo man immer noch die Überreste des ehemaligen, säulenbestandenen Basars von Vijayanagar ausmachen kann, der heutzutage teilweise von dem belebten Marktplatz eingenommen wird. In vielen der 500 Jahre alten Häuser leben jetzt landlose Bauern.

Das Dorf beherrscht der **Virupaksha-Tempel**, der einen ständigen Pilgerstrom aus ganz Südindien anzieht. Er ist einer lokalen Erscheinungsform von Shiva, Virupaksha oder Pampapati genannt, gewidmet. Der Zutritt zu dem auch unter dem Namen **Sri Virupaksha Swami** bekannten Tempel ist für all jene Besucher kostenlos, die zu den *arati* (Gebetszeiten: tgl. 6.30–8 und 18.30–22 Uhr) kommen, während derer der Tempel am stimmungsvollsten ist. Die Anlage besteht aus zwei Höfen, jeder mit einem *gopura* versehen.

Eine Kolonnade umgibt den innersten Hof, in dem sich meistens dösende oder religiöse Lieder singende Pilger aufhalten. Wenn der Tempelelefant Lakshmi zugegen ist, erhalten Besucher seinen Segen, nachdem sie ihm eine Rupie in den Rüssel gelegt haben. Den in der Hofmitte befindlichen Haupttempel betritt man durch eine Mandapa, deren Säulen mit Tierfiguren verziert sind. Kostbare Zeichnungen aus der Vijayanagar-Ära schmücken die Decke der Mandapa und zeigen unter anderem Erscheinungsformen von Shiva, eine Prozession mit dem Weisen Vidyaranya, die zehn Inkarnationen Vishnus und Szenen aus dem *Mahabharata*. ☉ tgl. 8–12.30 und 15–18.30 Uhr, Eintritt Rs 2.

Die **Heilige Furt** im Fluss erreicht man vom nördlichen *gopura* des Virupaksha her oder aber, indem man dem Weg um den Tempel herum folgt, der an dem beeindruckenden **Tempelteich** vorbeiführt. Eine Mandapa überragt die Stufen, die früher zum Fluss führten – inzwischen ist er ein Stück entfernt. Am hiesigen Ufer fahren wie schon vor fünfhundert Jahren **Coracle-Boote** ab, die Dorfbewohner zu den Feldern und Touristen zum zunehmend beliebten Ortsteil **Virupapuragadda** am anderen Ufer bringen. Die durch die linke Ortshälfte führende Straße schlängelt sich schließlich zu einem 5 km östlich gelegenen Hanuman-Schrein hoch und weiter bis Anegondi – ein empfehlenswerter Rundgang, Beschreibung s. S. 351.

Matanga Hill

Der beste Ort zum Genießen des Sonnenaufgangs ist der Felshügel unmittelbar östlich vom Hauptbasar. Am Ende der Hauptstraße windet sich ein uralter, inzwischen asphaltierter Pfad eine Anhöhe hinauf, auf deren höchstem Punkt der herrliche Tempel Tiruvengalanatha thront. Noch schönere Ausblicke entfalten sich im Verlauf des weiteren

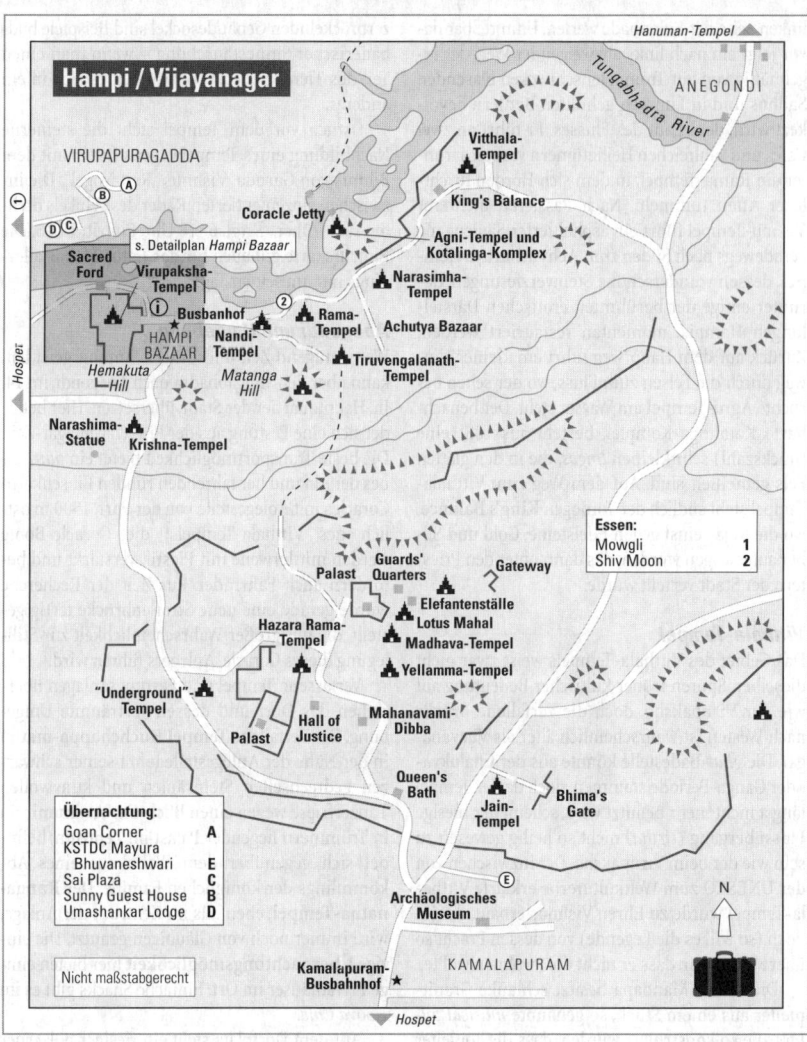

Essen:

Mowgli	1
Shiv Moon	2

Übernachtung:

Goan Corner	A
KSTDC Mayura Bhuvaneshwari	E
Sai Plaza	C
Sunny Guest House	B
Umashankar Lodge	D

Nicht maßstabgerecht

Aufstiegs auf den Matanga Hill, dessen Gipfel mit einem kleinen Steintempel ein ausgezeichneter Aussichtspunkt ist. Das Problem frühmorgendlicher Überfälle an diesem Pfad scheint nicht mehr so akut zu sein, es wird aber dennoch zur Wachsamkeit geraten, wenn man allein oder zu zweit unterwegs ist.

Der Uferweg

Um zum Vitthala-Tempel zu gelangen, geht man zunächst vom Virupaksha-Tempel den Hampi Bazaar entlang, wo eine riesige, monolithische **Nandi-Statue** auf den Haupttempel blickt. Dabei kann man einen kurzen Blick in den Kunsthandwerksladen *Cauvery* und die kleine Fotogalerie an der linken Seite der Kolonnade werfen. Unmittelbar davor folgt ein nach links abzweigender Weg, der regelmäßig von auf Trompetenschnecken blasenden Sadhus und in Lumpen gehüllten Bettlern bevölkert wird, dem Lauf des Flusses. Er führt an zwei Cafés und zahlreichen Heiligtümern vorbei, darunter ein Rama-Tempel, in dem sich Horden furchtloser Affen tummeln. Nach Passieren mehrerer Vishnu-Tempel führt ein asphaltierter Säulengang geradewegs nach Süden zum **Achyutharaya-Tempel**, dessen wunderschöne Steinverzierungen, darunter einige der berühmten erotischen Darstellungen Hampis, momentan restauriert werden. Zurück auf dem Hauptweg führt ein kleiner Umweg durch die Felsen zum Fluss, wo der selten besuchte **Agni-Tempel** am Wasser steht. Der benachbarte Kotalinga-Komplex besteht aus 108 (eine Glückszahl) sehr kleinen *lingas*, die in den glatten Fels gemeißelt sind. Auf dem Weg zum Vitthala-Tempel steht südlich der Torbogen **King's Balance**, wo die Rajas einst gegen Edelsteine, Gold und Silber aufgewogen wurden, das dann unter den Priestern der Stadt verteilt wurde.

Vitthala-Tempel

Das Gebiet des Vitthala-Tempels weist zwar nicht dieselben Spuren früher kultischer Bedeutung auf wie der Virupaksha, doch die zerfallene Brücke nach Westen ist wahrscheinlich älter als Vijayanagar. Die *ghat*-Badestelle könnte aus der Chalukya- oder Ganga-Periode stammen, doch da der Tempel längst nicht mehr benutzt wird, scheint der hiesige Flussübergang *(tirtha)* nicht so heilig gewesen zu sein wie der beim Virupaksha. Der inzwischen von der UNESCO zum Weltkulturerbe erklärte Vitthala-Tempel wurde zu Ehren Vishnus erbaut, der jedoch (so will es die Legende) von dessen Pracht so überwältigt war, dass er nicht dort wohnen wollte.

Die offene Mandapa besitzt schlanke Granitpfeiler aus einem Stück, so genannte *musical pillars*, die so konstruiert wurden, dass die Tonleiter erklang, wenn man sie anstieß. Inzwischen achten Wächter streng darauf, dass niemand die von der Erosion und zerstörungswütigen Besuchern malträtierten Säulen berührt, doch Guides führen die Klangkörper gern auf einem Modell vor. Die äußeren Säulen zieren charakteristische Vijayanagar-Darstellungen sich aufbäumender Pferde. Die Friese mit Löwen, Elefanten und Pferden an dem zerbröckelnden Gebäudesockel sind Beispiele bildhauerischer Sinnestäuschung – wenn man einen Teil des Tieres bedeckt, verwandelt es sich in ein anderes.

Östlich vor dem Tempel steht die steinerne Nachbildung eines Tempelwagens *(rath)* mit dem Bildnis von Garuda, Vishnus „Reit-Vogel". Die inzwischen einzementierten Räder des Vehikels drehten sich früher. ☉ tgl. 6–18 Uhr, Eintritt US$5. Die Eintrittskarte gilt auch für das Lotus Mahal, allerdings nur am selben Tag.

Anegondi und Umgebung

Wer genügend Zeit und Unternehmungsgeist hat, kann über den Tungabhadra nach Anegondi, im 14. Jh. Hauptquartier der Stadt, übersetzen. Hier befindet sich eine Festung aus der Prä-Vijayanagar-Zeit. Die beste Transportmöglichkeit bietet ein *putti*, eines der hin und her fahrenden runden Binsenkorb-Coracles mit Ablegestelle an der Furt, 1500 m östlich des Vitthala-Tempels; die Coracle-Boote werden mittlerweile mit Plastik verstärkt und befördern auch Fahrräder. Zur Zeit der Recherche wurde gerade eine neue Straßenbrücke fertig gestellt, die mit großer Wahrscheinlichkeit zur Stilllegung dieses Coracle-Anlegers führen wird.

Verlassene Tempel und Festungsanlagen überziehen das Dorf und dessen verträumte Umgebung. Der verfallene **Tempel Huchchappa-matha** in der Nähe der Anlegestelle lohnt seiner schwarzen gedrechselten Steinsäulen und kunstvollen Tänzerfriese wegen einen Blick. Der **Aramani**, ein in Trümmern liegender Palast im Zentrum, befindet sich gegenüber dem Wohnhaus eines Abkömmlings der königlichen Familie. Der **Ranganatha-Tempel**, ebenfalls im Zentrum der Anlage, wird immer noch von Gläubigen genutzt. Die einzige **Übernachtungsmöglichkeit** hier bieten einige Privathäuser im Ort. Einfache Snacks gibt es im *Hoova Café*.

Auf dem Dorfplatz steht ein riesiger hölzerner Tempelwagen. Zum Abschluss einer 5 km langen Rundstrecke von Hampi (die einfachste Route, wenn man über einen fahrbaren Untersatz verfügt) wendet man sich an der Abzweigung unmittelbar nördlich des Dorfes nach links (Westen), fährt zwischen Zuckerrohrfeldern hindurch und kommt schließlich wieder in Virupapuragadda an. An der Strecke liegt auch der heilige **Pampla Sarovar**, erkennbar an einem Wegweiser, der nach links auf einen unbefestigten Weg zeigt. Der kleine Tempel oberhalb dieser rechteckigen Badestelle unter der Obhut eines *swami* (Heiligen), der voller Stolz die Fotos seiner Wallfahrt zum Mt. Kailash hervorkramen wird, ist der Göttin Lakshmi gewidmet und umfasst eine Höhle, in der ein Fußabdruck von Vishnu zu sehen ist. Wer in der Umgebung von Anegondi übernachtet, besucht diesen stillen, verzauberten Ort am besten in den frühen Abendstunden zum *arati* (Gebet).

Ein weiterer lohnenswerter Abstecher von der Straße führt zum kleinen, weißen **Hanuman-Tempel** hoch, der am Rand eines Hügels nördlich des Flusses klebt, von wo aus sich eine herrliche Aussicht über Hampi eröffnet, insbesondere bei Sonnenauf- oder -untergang. Der steile Anstieg dauert ungefähr eine halbe Stunde. Eine Alternative für den Rückweg besteht darin, dem Weg weitere 2 km zu folgen, bis man eine sehenswerte alte **Steinbrücke** aus der Vijayanagar-Zeit erreicht. Die Brücke führt nicht mehr ganz über den Fluss, doch unmittelbar westlich davon befördern Coracle-Boote Passagiere ans andere Ufer zu einem Anleger auf halber Strecke zwischen Vitthala-Tempel und Hampi Bazaar. Diesen empfehlenswerten Weg kann man natürlich auch in umgekehrter Richtung zurücklegen. In jedem Fall sind für die Rundwanderung mindestens drei Stunden zu veranschlagen, also ausreichend Wasser mitnehmen!

Hemakuta Hill und Umgebung

Direkt über dem Hampi Bazaar erhebt sich der von Tempeln aus der Prä- Vijayanagar-Zeit überzogene **Hemakuta Hill**. Die Tempel wurden wahrscheinlich zwischen dem 9. und 11. Jh. (späte Chalukya- oder Ganga-Periode) erbaut. Der Hauptgrund, hier hochzuklettern, ist abgesehen von der Architektur die herrliche Aussicht über die Ruinen und die sie umgebende Landschaft. Der steil abfallende Westrand des Hügels, von dem ein schöner Ausblick eröffnet, ist bei Sonnenuntergang Hampis Treffpunkt Nummer eins und zieht fast jeden Abend eine Menge verzückter Touristen, ein paar geschäftstüchtige *chai-wallahs* und kleine Jungen an, die in Hanuman-Kostümen für Fotos posieren.

An der Straße nach Süden, zur wichtigsten südlichen Ruinenansammlung hin, liegen ein paar interessante Bauwerke. Das erste davon, der von

Mauern umgebene **Krishna-Tempelkomplex** westlich der Straße, datiert von 1513. Er liegt zwar stellenweise in Trümmern, weist aber einige sehenswerte Ornamente und Sakralbauten auf.

Hampis begehrtestes Fotomotiv steht gleich südlich des Krishna-Tempels inmitten einer Umzäunung. Es ist eine bildhauerische Darstellung von Vishnu in seiner Inkarnation *(avatar)* als Mensch-Löwe. Die aus einem Stück gehauene **Narashima-Statue** mit hervorquellenden Augen und im Lotussitz gekreuzten Beinen ist einer der größten Schätze von Vijayanagar.

Die südlichen Bauwerke

Die beeindruckendsten Überreste von Vijayanagar, die königlichen Bauwerke, liegen rund 3 km südlich des Hampi Bazaar über eine weitläufige Freifläche verstreut. Vor der Besichtigung ist es ratsam, sich in dem kleinen **Archäologischen Museum** in Kamalapuram sachkundig zu machen, das per Bus von Hospet oder Hampi aus erreichbar ist. Nach Verlassen des Busbahnhofes in Kamalapuram geht man nach rechts und nimmt dann die erste Querstraße rechts: Das Museum liegt auf der linken Seite – zwei Minuten Fußweg. Es zeigt Skulpturen, Waffen, Palmblattmanuskripte und Malereien aus Vijayanagar und Anegondi, doch das Highlight ist ein ausgezeichnetes, maßstabsgetreues Modell der Stadt, das einen hervorragenden Überblick über die Stätte gibt. ☉ tgl. außer Fr 10–17 Uhr, Eintritt frei.

Um vom Museum in die Stadt zu kommen, geht man zur Hauptstraße zurück und biegt in die nahe gelegene, mit „Hampi 4 km" ausgeschilderte Straße ein. Nach ungefähr 200 m erreicht man die teilweise eingestürzte, wuchtige **innere Stadtmauer**, die auf einer Länge von 32 km um die Stadt herum verläuft und an manchen Stellen bis zu 10 m hoch ist. Die äußere Stadtmauer war fast doppelt so lang. Früher soll es einmal sieben Stadtmauern gegeben haben, die zusammen mit undurchdringlichen Waldgebieten und dem Fluss im Norden die Stadt praktisch uneinnehmbar machten.

Das **Zitadellen-Viertel**, unmittelbar hinter der Mauer, war ursprünglich von einer weiteren Mauer mit Toren umschlossen, von denen nur noch einige Spuren zu sehen sind. Östlich davon steht ein kleiner **Jain-Tempel** aus dem 14. Jh., eine schlichte, schmucklose Pyramide. Dahinter befindet sich

Bhima's Gate, einst eines der wichtigsten Stadttore, nach dem titanenhaften Pandava-Prinzen und Helden des *Mahabharata* benannt. Wie viele der Eingangstore bildet auch dieses keine gerade Front, sondern verlangt als besondere Schutzmaßnahme von jedem Hereinkommenden eine zweimalige Drehung um 90 Grad. Basreliefs zeigen religionsgeschichtliche Episoden, z. B. wie Bhima die versuchte Vergewaltigung seiner Frau Draupadi rächt, indem er General Kichaka tötet. Draupadi hatte geschworen, ihr Haar nicht zu frisieren, solange Kichaka am Leben wäre; ein Fries zeigt, wie sie ihre Locken zusammenbindet, nachdem Kichaka tot ist.

Wieder zurück auf dem Pfad, ragt westlich die schmucklose Fassade des 15 m hohen, rechteckigen **Queen's Bath** auf, hinter der sich ein verschwenderisches Inneres verbirgt, zum Himmel hin offen und von Korridoren mit 24 verschiedenen Kuppeln eingerahmt. Acht Balkone gehen auf das ehemals mit Wasser gefüllte Becken hinaus, und es sind noch Spuren islamisch beeinflusster Stuckarbeiten erhalten. Hier pflegten die Damen des Königshauses zu baden, vor der Sonne durch Schirme geschützt, die in Halterungen auf dem Boden des Beckens befestigt wurden. Draußen ist die Wasserleitung zu sehen, die das Bad versorgte.

Geht man weiter nach Nordwesten, gelangt man zum **Mahanavami-Dibba**, dem „Haus des Sieges", das anlässlich eines erfolgreichen Feldzuges in Orissa erbaut wurde. In diesem 12 m hohen, pyramidenförmigen Gebäude auf viereckiger Grundmauer soll der König Geschenke ausgeteilt und Ehrenbezeugungen und Tribute entgegengenommen haben. Und von hier aus betrachtete er die glanzvollen Paraden, Musik- und Tanzdarbietungen, die Vorführungen martialischer Künste, Elefantenkämpfe und Tieropfer, mit denen das zehntägige, im ganzen Land berühmte Dussehra-Fest gefeiert wurde (eine Tradition, die in Mysore weitergeführt wird; s. S. 312, Kasten). Die Sockelwände werden von Steinfriesen geschmückt. Eine andere, weiter westlich gelegene Plattform – die größte von Vijayanagar – trug wahrscheinlich die **King's Audience Hall**. Die steinernen Sockel von hundert Säulen sind noch erhalten, in einer Anordnung, die Fragen über den Zweck des Gebäudes offen lässt, denn es gibt weder Durchgänge noch offene Flächen.

Das zweistöckige **Lotus Mahal**, etwas nördlich gelegen und Teil der **Zenana**, d.h. Frauengemächer,

war Krishna Deva Rayas königlicher Gemahlin vorbehalten: ein Ort, an dem sie lustwandeln und sich zurückziehen konnte, vor allem im Sommer. Der Pavillon, der einen stark indo-islamischen Einfluss aufweist, ist zu ebener Erde offen; das Obergeschoss (nicht mehr über Treppen zugänglich) ist mit Fenstern und Freibalkonen versehen. Der Graben rings um das Gebäude hat wahrscheinlich für Kühlung gesorgt. ⏲ tgl. 6–18 Uhr, Eintritt US$5. Die Eintrittskarte berechtigt auch zum Besuch des Vitthala-Tempels am selben Tag.

Hinter dem Lotus Mahal liegen die **Elefantenställe**, eine Reihe hoher, mit Kuppeln versehener Räumlichkeiten mit Bogeneingängen. Es handelt sich dabei um die wichtigsten noch erhaltenen Sakralbauten Vijayanagars – sie belegen den hohen Stellenwert, der Elefanten zugemessen wurde, sowohl bei religiösen Zeremonien als auch in kriegerischen Auseinandersetzungen.

Wandert man vom Lotus Mahal nach Südwesten, kommt man vor Erreichen der Straße zum Hemakuta Hill an zwei Tempeln vorbei. Die rechteckige Begrenzungsmauer des kleinen **Hazara Rama** („Eintausend Ramas")-Tempels, der wahrscheinlich der private Palasttempel war, schmücken steinerne Medaillons und Friese, die Geschichten aus dem *Ramayana* erzählen.

Übernachtung

Wer keine großen Ansprüche stellt, ist in Hampi viel besser aufgehoben als in Hospet, denn hier gibt es rund 50 auf Traveller eingestellte **Gästehäuser** und jede Menge Cafés, in denen man sich am Ende eines heißen Tages ausruhen kann. Das Übernachten im Dorf hat auch den Vorteil, dass man früh aufstehen und den traumhaften Sonnenaufgang über den Ruinen miterleben kann.

Manche Besucher steigen statt im Hampi Bazaar in den Unterkünften am jenseitigen Flussufer im schnell wachsenden Ortsteil **Virupapuragadda** ab, wo sich inzwischen so viele israelische Siedler niedergelassen haben, dass man sich an das Westufer des Jordan versetzt fühlt.

Außerhalb der Hochsaison, die kurz vor Weihnachten beginnt und ca. 6 Wochen dauert, lassen sich z. T. erhebliche Preisnachlässe aushan-

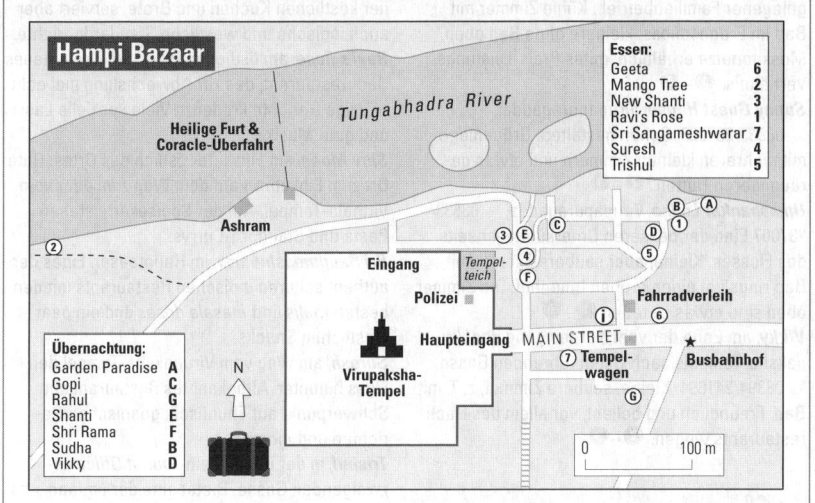

Hampi Bazaar

Essen:
Geeta **6**
Mango Tree **2**
New Shanti **3**
Ravi's Rose **1**
Sri Sangameshwarar **7**
Suresh **4**
Trishul **5**

Tungabhadra River

Heilige Furt &
Coracle-Überfahrt

Ashram

Eingang

Tempel-
teich

Polizei

Haupteingang MAIN STREET

Fahrradverleih

Virupaksha-
Tempel

Tempel-
wagen

Busbahnhof

Übernachtung:
Garden Paradise **A**
Gopi **C**
Rahul **G**
Shanti **E**
Shri Rama **F**
Sudha **B**
Vikky **D**

N

0   100 m

KARNATAKA

deln. Es ist zu beachten, dass in der Regel um 10 Uhr Checkout-Zeit ist.

Garden Paradise, am äußersten östlichen Ortsrand, ✆ 08394/241954. Vier beengte, aber niedliche Hütten in ausgezeichneter Lage am Fluss. Gemeinschaftsbäder und cooles Restaurant. **❷**
Goan Corner, 500 m östlich des Coracle-Anlegers, Virupapuragadda, ✆ 94487/18951. Großer Komplex inmitten von Reisfeldern unweit der Felsen. Gute Auswahl an Zimmern und Hütten, einige mit Bad, und betriebsames Restaurant. **❶–❷**

Gopi Guest House, einen kurzen Spaziergang die Gassen hinter dem *Shanti* hinab, ✆ 08394/241695, ✉ gopiguesthouse93@yahoo.co.in. Hat ein angenehmes Dachgartencafé mit Blick auf den Tempel, alle 10 Zimmer mit eigenem Bad. In der Hochsaison teurer. **❸**
KSTDC Mayura Bhuvaneshwari, Kamalapuram, 2,5 km vom Hampi Bazaar, ✆ 08394/241574. Die einzige annähernd luxuriöse Unterkunft in Reichweite der Ruinen mit sauberen Zimmern inkl. Bad und relativ preiswerten mit AC. Die staatlich festgelegten Preise gelten auch für die Hauptsaison. Hat einen hübschen Garten, ein gutes Restaurant und eine Bar, die kaltes Bier ausschenkt, aber nicht den Charme von Hampi Bazaar. **❷–❸**

Rahul Guest House, südlich der Main Street, nahe dem Busbahnhof, ✆ 08394/241648. Besitzt inzwischen abgesehen von den spartanischen, kleinen älteren Zimmern mit rudimentären Gemeinschaftsbädern auch neuere mit Du/WC und außerdem ein gemütliches, schattiges Café. **❶–❸**

Sai Plaza, Virupapuragadda, ✆ 08533/287017, ✉ santoshgvt@yahoo.com. Attraktive Doppelhütten mit Bad und Hollywood-Schaukeln vor der Tür um einen hübsch gestalteten Garten. **❷**
Shanti Guest House, gleich nördlich des Virupaksha-Tempels, ✆ 08394/241568. Die äußerst beliebte Unterkunft bietet ca. ein Dutzend winzige Zweitbettzimmer auf zwei Stockwerken rings um einen grünen Innenhof, einfach (Gemeinschaftsbad), aber makellos sauber, alle mit Ventilator und Fenster. **❶**
Shri Rama Guest House, neben dem Virupaksha-Tempel, ✆ 08394/241219, ✉ venkannaj@yahoo.com. Superbillige Zimmer mit Bad, in erster Linie für Hindu-Pilger, aber Ausländer sind willkommen. Neues Restaurant auf dem Dach. **❶**
Sudha Guest House, am östlichen Ortsrand, ✆ 08394/241451. Sehr freundlicher und hübsch

Hampi (Vijayanagar)   353

gelegener Familienbetrieb. Kühle Zimmer mit Bad im Erdgeschoss, kleinere ohne Bad oben. Moskitonetze erhältlich, gutes Preis-Leistungs-Verhältnis. **❶–❸**

Sunny Guest House, Virupapuragadda, ✆ 08533/287005. Schön gestaltete Grünanlage mit mehreren kleinen Zimmern und etwas geräumigeren Hütten. **❷–❸**

Umashankar Lodge, Virupapuragadda, ✆ 08533/287067 Eine der besseren Unterkünfte jenseits des Flusses. Kleine, aber saubere Zimmer mit Bad rings um einen grünen Innenhof. Die Zimmer oben sind etwas zu teuer. **❶–❸**

Vikky, am Ende der vom Nordeingang des Virupaksha-Tempels nach Osten führenden Gasse, ✆ 08394/241694. Kleine, saubere Zimmer, z. T. mit Bad. Freundlich und beliebt, vor allem des Dachrestaurants wegen. **❷–❸**

Essen

Hampi besitz viele auf Traveller zugeschnittene *chai*-Hütten und Restaurants, die in der Regel einfache, aber ordentliche Speisen anbieten. Einige der beliebtesten sind den Gästehäusern angegliedert, darunter *Rahul, Gopi, Vikki* und *Sudha,* alle im Bazaar, andere befinden sich in dem aufstrebenden Ortsteil Virupapuragadda. Da Hampi eine heilige Stätte ist, herrscht überall Fleisch- und Alkoholverbot, aber einige wenige Lokale setzen sich darüber hinweg und bedienen auch hartnäckige Fleischesser, andere servieren heimlich ein paar Bier.

Geeta, im Hauptbasar nicht weit vom Busbahnhof. Der alteingesessene Favorit serviert westliche Vollwert-Snacks, fleischlose indische Gerichte, *momos* und Ravioli.

Mango Tree, 300 m hinter der Heiligen Furt. Das entspannte Lokal am Fluss ist ein herrlicher Anlaufpunkt für einen Snack oder ein Getränk.

Mowgli, Virupapuragadda, am äußersten westlichen Ende der Lokale und Unterkünfte. Beliebtes Restaurant in einer Lodge neben den Reisfeldern am Fluss mit viel Platz zum Abhängen auf Matratzen. Durchschnittliche indische, israelische und westliche Speisen.

New Shanti, am Weg vom Virupaksha-Tempel den Fluss hinunter. Am bekanntesten wegen seiner köstlichen Kuchen und Brote, serviert aber auch indische und westliche Standardgerichte.

Ravi's Rose, am östlichen Ortsrand. Recht neues Dachrestaurant, das zur Abwechslung mal echt würzige Gerichte kredenzt. Viele spezielle Lassis und gute Musik.

Shiv Moon, am Flussufer östlich des Ortes. Guter Ort zum Einkehren auf dem Weg zum oder vom Vitthala-Tempel. Auf der Speisekarte stehen Pasta und Standard-Currys.

Sri Sangameshwarar, im Hauptbasar. Eines der authentischeren indischen Restaurants mit den besten *thalis* und *masala dosas* und ein paar westlichen Snacks.

Suresh, am Weg vom Virupaksha-Tempel den Fluss hinunter. Altbekanntes Restaurant mit Schwerpunkt auf Thunfisch, goanischen Gerichten und *momos.*

Trishul, in der neben dem *Tourist Office* abzweigenden Gasse. Bietet eine der umfangreichsten Speisekarten in Hampi, u. a. Hühnchen, Thunfisch, Lasagne, Pizza und leckere Desserts. Auch Bier ist problemlos erhältlich.

Sonstiges

FAHRRÄDER / MOTORRÄDER – Fahrräder werden an Ständen im Umkreis der Unterkünfte angeboten und kosten Rs 5 pro Std. bzw. Rs 30–40 für 24 Std. Radfahren auf Hampis holprigen Straßen allerdings eine anstrengende Angelegenheit, sodass ein motorisiertes Zweirad vorzuziehen ist. **Motorräder und -roller** können für ca. Rs 150 pro Tag am **Raju**-Stand (beim *Tourist Office* um die Ecke) gemietet werden.

GELD / REISEBÜROS – **Sneha Travels,** Hauptbüro D131/11 Main St, nahe dem Virupaksha-Tempel, ✆ 08394/241590. Wechselt Bargeld, allerdings nicht zum besten Kurs, gibt Vorschuss auf Kreditkarten, verkauft Flug- und Bahn-**Tickets** und unterhält **Luxus-Busse** nach Bangalore sowie nach Goa. Letztere lassen Passagiere bei der Ankunft zwar direkt in Hampi Bazaar aussteigen, aber wer zusteigen möchte, muss sich „dank" der mächtigen Taxi-/Riksha-Mafia nach Hospet begeben. Achtung: Wer den Bus nach Gokarna nimmt, muss mitten in der Nacht in Ankola umsteigen, auch wenn bis-

weilen Gegenteiliges behauptet wird. ☉ tgl.
9–21 Uhr.

INFORMATIONEN – Das *Tourist Office*, vom Busbahnhof ein Stück Richtung Virupaksha-Tempel, ✆ 08394/241339, hat nicht viel zu bieten, kann aber immerhin für Rs 500 pro Tag einen **Guide** vermitteln. ☉ tgl. außer Fr 10–17.30 Uhr. Die meisten aus Hospet kommenden Besucher schließen sich dort einer Tour an.

INTERNET – In Hampi gibt es mindestens ein Dutzend Internet-Läden, die sich auf einen einheitlich hohen Preis von Rs 60 pro Std. verständigt haben.

YOGA – Im Shivananda Yoga Ashram mit Blick über den Fluss, hinter der neuen Fußgängerbrücke und Coracle-Anlegestelle, geleitet von Shri Swamy Sadashiva Yogi, werden **Yoga- und Meditationskurse** sowie homöopathische Behandlungen, Magnet-Therapie und **ayurvedische Behandlungen**, v. a. von Schlangenbissen, angeboten.

Transport

Die Endhaltestelle der Busse aus HOSPET liegt etwa auf halber Höhe der staubigen Hauptstraße von Hampi Bazaar, an der Ecke der Straße von/ nach Hospet.

Chalukya-Bauten

Heute sind **Badami**, **Aihole** und **Pattadakal** in Nordwest-Karnataka nur noch ruhige Dörfer, doch früher waren sie die Hauptstädte der Chalukyas, die zwischen dem 6. und 8. Jh. einen Großteil des Dekkan beherrschten. Die Zahl der **Tempel** in dieser Gegend ist unglaublich hoch. Die meisten Besucher fahren nach Badami, wo es ein paar einfache Unterkünfte gibt; Aihole besitzt ein einziges Rasthaus, und in Pattadakal besteht überhaupt keine Übernachtungsmöglichkeit. Die **beste Reisezeit** ist zwischen Ende Oktober und Anfang März; im April und Mai herrscht in diesem Teil Nordwest-Karnatakas glühende Hitze und staatliche Stellen sind nur von 8 bis 13 Uhr geöffnet.

Die Felsentempel von Badami und Aihole, stilverwandt mit jenen von Ellora in Maharashtra, zählen zu den wichtigsten ihrer Art. Unter den zahlreichen bedeutenden Tempeln befinden sich einige der frühesten Indiens, und nur hier kann man sowohl nördliche *(nagari)* als auch südliche *(dravida)* architektonische Stile Seite an Seite sehen.

Zwar gibt es Anzeichen buddhistischer Aktivität im Umkreis von Badami und Aihole, doch die frühesten Felsen- und frei stehenden Tempel werden der Zeit des Aufstiegs der Chalukyas in der Mitte des 6. Jhs. zugeschrieben und sind überwiegend hinduistischer Natur, von ein paar jainistischen Ausnahmen abgesehen. Der erste maßgebliche Chalukya-König war Pulakeshin I. (535–66), doch es war **Pulakeshin II.** (610–42), der die Pallava-Hauptstadt Kanchipuram in Tamil Nadu eroberte und das Reich so weit ausdehnte, dass es im Norden Maharashtra, im Westen die Konkan-Küste und das gesamte heutige Karnataka umfasste. Ein Großteil dieses Gebiets (einschließlich der Hauptstadt Badami) wurde ihnen zwischenzeitlich wieder abgenommen, doch die Chalukyas eroberten es wieder zurück und sicherten ihre Vorherrschaft bis Mitte des 8. Jhs. Es wäre denkbar, dass die südlichen Elemente der Tempel auf das vorübergehende Eindringen der Pallavas zurückzuführen sind.

Badami

Die von flachem Ackerland umgebene ehemalige Hauptstadt (543–757 n. Chr.) der Chalukyas Badami reicht nach Osten in eine Schlucht zwischen zwei roten Sandsteinhügeln hinein, überragt von zwei alten Festungsanlagen. Im Süden liegen zahlreiche Höhlentempel und im Norden stehen frühe Steintempel. Außerhalb von Badami liegt im Osten der künstliche See **Agastya**, der im 5. Jh. angelegt worden sein soll.

Dank seiner kleinen Auswahl an Hotels und Restaurants ist Badami eine ideale Ausgangsbasis zur Erkundung des Chalukya-Erbes in Mahakuta, Aihole und Pattadakal sowie des 5 km südöstlich gelegenen Tempeldörfchens Banashankari. Das Shivas Gefährtin Parvati gewidmete Heiligtum mit seinem großen Badeteich ist der bedeutendste aktive Tempel der Region und zieht einen ständigen Pilgerstrom an. Das gilt besonders für das Chariot-Festival, das hier je nach Mondkalender alljährlich im Januar oder Februar stattfindet. Der vermutlich aus dem 6. Jh. stammende Tempel ist von seiner Architektur her weniger interessant, besticht aber durch seine Atmosphäre. Große Teile der Anlage wurden während der Maratha-Periode im 18. Jh. hinzugefügt. In und um Badami tummeln sich zahlreiche Affen-„Banden", insbesondere bei den Tempeln. Wer so unvorsichtig ist, etwas Essbares – oder was danach aussieht – aus der Tasche zu ziehen, muss mit einem recht unerfreulichen Massenansturm der putzigen Tierchen rechnen.

Südfestung: Höhlentempel

Die ältesten Baudenkmäler Badamis, in der Umgebung der südlichen Festung gelegen, bestehen aus einer Gruppe in den roten Felssandstein gehauener Tempel aus dem 6. Jh., die über Stufen im Hang miteinander verbunden sind. Die ca. 15 m hoch gelegene **Cave 1**, ein Shiva-Tempel, ist wahrscheinlich der älteste Bau. Man betritt ihn durch eine dreifache Öffnung auf einen lang gestreckten Vorbau, der auf einem mit Darstellungen von Shivas Zwergen, den *ganas,* verzierten Sockel ruht. Davor, links des Vorbaus, steht neben einem Nandi-Stier ein *dvarpala* (Torwächter). Rechts sieht man die wunderbare, 1,5 m hohe Statue eines 16-armigen, tanzenden Shiva, der eine Vina trägt.

Die etwas höher gelegene, ähnliche **Cave 2**, ein Vishnu-Tempel, beherbergt einige beeindruckende Skulpturen und Malereien. Stufen und Abschrägungen führen weiter nach oben, vorbei an einer natürlichen Höhle, in der sich eine kaputte Statue des buddhistischen Bodhisattva Padmapani („Der die Lotusblüte hält") befindet, und rechts über eine Felsspalte zur Festung hoch.

Cave 3 (578 n. Chr.) liegt unterhalb eines 30 m hohen Felsvorsprungs. Mit einer Fassade von 21 m Länge ist dies der größte Tempel der Gruppe. Er gilt seiner wunderbaren Skulpturen wegen auch als der schönste. Die Säulen sind ganz besonders kunstvoll gearbeitet; sie weisen männliche und weibliche Figuren, Lotusmotive und Medaillons mit Darstellungen von Liebespaaren auf.

Östlich von den anderen steht ein Jain-Tempel, **Cave 4**, der auf den See Agastya und die Ortschaft hinabschaut. Der sehr schlichte Tempel stammt aus dem 6. Jh., seine Wände zieren die 24 *tirthankaras,* zumeist ohne die ihnen zugeordneten Embleme.

Nach Besichtigung der Höhlen kann man zur Festung hochklettern und in östliche Richtung gehen, wo sich in den Felsen versteckt eine Steinplatte befindet, die neben einer Vielzahl von Göttern und Weisen Vishnu, auf die Schlange Adisesha gestützt, zeigt. Von hier aus kann man am Rand der Schlucht entlang und dann zu den **Bhutanatha-Tempeln** am See hinabwandern. Die Felstempel sind tgl. von Sonnenauf- bis -untergang geöffnet, Eintritt US$2.

Nordfestung

Nördlich des Agastya-See befinden sich mehrere frei stehende, über Stufen erreichbare Tempel. Das kleine, in der Nähe gelegene **Archäologische Museum** beherbergt Statuen aus der Region, ⏰ tgl. außer Fr 10–17 Uhr, Eintritt Rs 2.

Der leider überwiegend in Trümmern liegende **Upper Shivalaya-Tempel** ist eines der frühesten Bauwerke der Chalukya-Periode. Seine Grundmauern zieren Szenen aus dem Leben Krishnas, und an den Mauern sind zwischen Pfeilern verschiedene Darstellungen von ihm zu sehen. Vom **Lower Shivalaya** sind nur das Sanktuarium und der Turm erhalten. Der an einen Felsen geklebte **Malegitti Shivalaya** (spätes 7. Jh.) ist der sehenswerteste der im südlichen Stil erbauten frühen Chalukya-Tempel. An den Schrein grenzt ein Säulengang mit kleinen, durchbohrten Steinen und je einer Statue an beiden Seiten: Vishnu im Norden und Shiva im Süden.

Übernachtung

Badami Court, 2 km nördlich der Ortschaft Richtung Bahnhof, ✉ badamicourt@nivalink.com, ✆ 08357/220230. Mit Abstand die beste Adresse in Badami für Unterkunft und Verpflegung. Die 27 auf zwei Stockwerken rings um einen Garten gelegenen Zimmer mit Bad sind schlicht, aber geräumig; es gibt Mahlzeiten und teures Bier. Der Swimming Pool steht Gästen, die nicht im Hotel wohnen, gegen eine Gebühr von Rs 80 pro Std. zur Verfügung. ❻–❽

KSTDC Hotel Mayura Chalukya, am Südrand der Ortschaft, an der Ramdurg Rd, ✆ 08357/220046. Erheblich billiger, 10 einfache Zimmer mit bröckelndem Putz und wackligen Wasserrohren. Restaurant und angenehmer Garten (trotz kleptomanischer Affen). ❷

Mookambika Deluxe, gegenüber dem Busbahnhof, ✆ 08357/220067, ✆ 220106. Die beste Unterkunft im Zentrum, bietet einfache DZ im Erdgeschoss bis zu komfortablen neuen Zimmern mit AC im Obergeschoss. ❸ – ❻

Weitere Alternativen sind das erst kürzlich erweiterte **New Satkar Delux**, ✆ 08357/220417, ❷ – ❺, und das äußerst bescheidene **Shri Laxmi Vilas**, ✆ 08357/220077, mit einem netten Restaurant. ❶

Essen und Trinken

Geetha Darshini, 100 m südlich vom Busbahnhof, südindisches Schnellrestaurant ohne Sitzgelegenheiten, aber mit Stehtischen, serviert köstliches Frühstück und himmlische *iddlis*, *vadas* und *dosas*. Sonntags geschlossen.

Mookambika Deluxe, ein schlichtes Restaurant im Obergeschoss der gleichnamigen Unterkunft gegenüber dem Busbahnhof, und das betriebsamere Restaurant/Bar **Kanchan** nebenan werden aus der gleichen Küche versorgt und bieten eine umfangreiche Speisekarte mit ausgezeichneten vegetarischen und nicht-vegetarischen indischen und chinesischen Gerichten.

Sonstiges

FAHRRÄDER – Eine der besten Möglichkeiten, die in der näheren Umgebung von Mahakuta gelegenen Stätten sowie das Tempeldorf Banashankari zu besuchen, stellt ein Mietfahrrad dar, erhältlich an Ständen vor dem Busbahnhof für Rs 3 pro Std. Eine Tages-Radtour nach Aihole und Pattadakal ist aber nur geübten, hitzeresistenten Radlern zu empfehlen.

GELD – *Hotel Mookambika*, gegenüber vom Busbahnhof, wechselt US Dollars und englische Pfund zu niedrigen Kursen, aber keine Reiseschecks; Gleiches gilt für das *Hotel Badami Court*.

INFORMATIONEN – Das neue, freundliche *Tourist Office* an der Ramdurg Rd neben dem *KSTDC Hotel Mayura Chalukya*, ✆ 08357/220414, kann einen **Guide** vermitteln. ☉ Mo–Sa, Juni–März 10–17.30 und April–Mai 8–13 Uhr.

TOUREN – *Ambika Tours & Travels* im *Hotel Mookambika* veranstaltet Touren in Ambassador-Taxis zum annehmbaren Preis von Rs 600, die einen Besuch von Badami, Mahakuta, Aihole und Pattadakal umfassen.

Transport

BUSSE – Vom Busbahnhof in Badami – mitten im Dorf an der Main (Station) Rd – fahren tgl. viele Busse nach GADAG (2 Std.), HOSPET (5 Std.), HUBLI (3 Std.), BIJAPUR (4 Std.) und KOLHAPUR, außerdem zahlreiche weitere nach AIHOLE (1 1/2 Std.) und PATTADAKAL (45 Min.).

EISENBAHN – Der Bahnhof liegt 5 km nördlich des Zentrums an einer mit *neem*-Bäumen gesäumten Straße. Für den Transport in den Ort stehen meistens Tongas (Rs 30 oder Rs 5 p. P. bei gemeinschaftlicher Nutzung) sowie Busse und Motor-Rikschas bereit.

Die Schmalspur-Bummelbahn zwischen Badami mit BIJAPUR im Norden und GADAG im Süden wurde zur Zeit der Recherche umgebaut, sodass nur der Abschnitt von Bagalkot über Badami nach Gadag mit drei Zügen täglich in Betrieb war.

Aihole

Das Dörfchen Aihole (Aivalli), in der Nähe des Flusses Malaprabha, besitzt nicht weniger als 125 Tempel aus der Chalukya- und der nachfolgenden Rashtrakuta-Ära (6.–12. Jh.). Sie stehen in Grüppchen innerhalb des Dorfes, in den Feldern ringsum und auf Felsausläufern. Viele von ihnen sind erstaunlich gut erhalten, obwohl sie als Unterstände und Viehställe genutzt werden. Aufgrund seiner geografischen Lage und der damals herrschenden architektonischen Experimentierfreudigkeit weist Aihole sowohl nördliche *(nagari)* als auch südliche *(dravida)* Tempel auf.

Zwei der Tempel sind Höhlentempel aus dem 6. Jh. Der hinduistische **Ravanaphadigudi**, nordöstlich der Dorfmitte, ein Shiva-Schrein mit einem dreifachen Eingang, enthält schöne Statuen von Mahishasuramardini, einem zehnarmigen Nateshan (der Vorläufer von Shiva Nataraja), der mit Parvati, Ganesh und den Sapta Matrikas („sieben

Müttern") tanzt. Ein Stück weiter den das Dorf überschauenden Hügel im Südwesten hoch befindet sich ein zweistöckiger Höhlentempel, der abgesehen von Verzierungen am Eingang und einer Steinplatte an der oberen Veranda, die Buddha zeigt, schmucklos ist. Oben auf diesem Hügel steht der jainistische **Meguti-Tempel**, der vielleicht nie vollendet wurde; eine Inschrift an einer Außenmauer trägt die Jahreszahl 634. Man kann ins Obergeschoss hochklettern und die herrliche Aussicht über Aihole und die Landschaft genießen.

Der aus dem späten 7. / frühen 8. Jh. stammende **Durga-Tempel**, einer der ungewöhnlichsten, kunstvollsten und größten von Aihole, steht in der Nähe anderer Tempel auf einem Freigelände der Archeological Survey-Anlage unweit der Dorfmitte. Er bezieht seinen Namen nicht von der Göttin Durga, sondern von dem Kannada-Wort *durgadagudi* („Tempel in der Nähe der Festung"). Eine Reihe Säulen – viele mit Darstellungen von Liebespaaren – bildet einen offenen Wandelgang um das ganze Bauwerk herum. Weitere bildhauerische Meisterleistungen sind die Verzierungen am Eingang zur Mandapa sowie die Statuen in den Nischen an den Außenmauern des jetzt leeren, halbrunden Allerheiligsten. ⊙ tgl. 6–18 Uhr, Eintritt US$2.

In dem nahe gelegenen **Archäologischen Museum** kann man frühe Chalukya-Skulpturen betrachten und die Broschüre *Glorious Aihole* kaufen, die eine Übersichtskarte sowie nähere Erklärungen zu den Bauten enthält. ⊙ tgl. außer Fr 10–17 Uhr, Eintritt frei.

Noch weiter südlich, hinter verschiedenen anderen Tempeln, liegt der **Ladh Khan** (benannt nach einem Moslem, der sich darin wohnlich niederließ), der vielleicht berühmteste Tempel von Aihole. Heute wird angenommen, dass er irgendwann zwischen dem Ende des 6. und dem 8. Jh. erbaut wurde. Früher glaubte man, er stamme aus der Mitte des 5. Jhs., und hielt seine Bauweise für eine der wegweisenden Indiens. Im Innern steht ein Nandi-Stier, neben der Rückwand befindet sich ein kleines Sanktuarium mit einem *shivalingam*. Sowohl der Lingam als auch der Nandi könnten erst später entstanden sein und das ursprüngliche Allerheiligste in der Mitte des Tempels gelegen haben.

Übernachtung und Essen

KSTDC Tourist Rest House, rund 5 Min. zu Fuß auf der Hauptstraße Richtung Norden vom Dorf weg, neben den Büros des ASI, ☎ 08351/234541. Klein, sauber und spartanisch; die einzige Übernachtungsmöglichkeit in Aihole. Es verfügt über ein „VIP"-Zimmer, zwei DZ mit Bad sowie 2 DZ und 4 EZ mit Gemeinschaftsbad. Auf Wunsch einfache, leckere Gerichte – während der häufig vorkommenden Stromausfälle bei Kerzenschein. ❷

Kiran Bar, an der gleichen Straße, aber im Dorf, serviert Bier und härtere Sachen und hat auch ein Restaurant.

Transport

Busse fahren zwischen 5.30 und 21 Uhr 6x tgl. von BADAMI (1 1/2 Std.) via Pattadakal (45 Min.) nach AIHOLE; letzter Bus zurück um ca. 18 Uhr.

Pattadakal

Die Ortschaft Pattadakal, an einer Biegung des Flusses Malaprabha, 22 km von Badami entfernt, war im 7. und 8. Jh. die Krönungsstätte der Chalukya-Herrscher. Es ist denkbar, dass sie überhaupt nur zu Krönungszeremonien genutzt wurde. Wie in Badami und Aihole finden sich auch in dieser Gegend erlesene Chalukya-Bauwerke, darunter besonders große, stilistisch vollendete Beispiele; und ebenso wie in Aihole sind sowohl nördliche als auch südliche Baustile vertreten. Die Haupt-Tempelgruppe von Pattadakal steht innerhalb einer gepflegten Anlage in Dorfnähe und wurde vor kurzem zur Weltkulturerbe-Stätte ernannt. ⊙ tgl. 6–18 Uhr, Eintritt US$5.

Der älteste Tempel von allen, der **Sangameshvara**, zum Gedenken an seinen Erbauer Vijayaditya Satyashraya (696–733) auch **Shri Vijayeshvara-Tempel** genannt, weist typisch südliche Elemente auf. Die südlichen, Seite an Seite stehenden Tempel, der **Mallikarjuna** und der gewaltige **Virupaksha**, wurden beide im südlichen Stil von zwei Schwestern erbaut, die einander auf den Thron von Vikramaditya II. (733–46) folgten. Zusammen mit dem Kanchipuram-Tempel in Tamil Nadu war der Virupaksha wahrscheinlich einer der größten und prächtigsten seiner Zeit in Indien. Die Säulen im Inneren zieren Szenen aus dem *Ramayana* und *Mahabharata*, während die im Mallikarjuna Geschichten aus dem Leben Krishnas erzählen.

Der größte im nördlichen Stil erbaute Tempel ist der weiter südlich gelegene **Papanatha**, der vermutlich nach dem Virupaksha im 8. Jh. erbaut wurde. Die Außenmauern zieren Flachreliefs (von denen einige, entgegen hiesiger Gepflogenheiten, mit den Initialen des Künstlers versehen sind) mit Darstellungen aus dem *Ramayana,* darunter Hanumans Affenarmee, an der Südmauer.

Rund 1 km südlich des Dorfes befindet sich ein sehenswerter **Jain-Tempel** aus der Rashtrakuta-Ära (9.–10. Jh.) mit einem Vorbau und zwei Mandapas mit zwei identischen, aus Stein gehauenen Elefanten am Eingang.

Von Pattadakal fahren regelmäßig staatliche Busse und stündlich Privatbusse nach Badami (45 Min.) und Aihole (22 km, 45 Min.).

Es gibt keine touristischen Einrichtungen, abgesehen von ein paar Teebuden und Ständen, an denen kalte Getränke und Kokosnüsse verkauft werden.

Jedes Jahr Ende Januar findet in Pattadakal ein dreitägiges **Tanzfestival** statt, an dem Tänzer aus dem ganzen Land teilnehmen.

Bijapur und der äußerste Norden

Bijapur

Bijapur besitzt einige der schönsten islamischen Bauten des Dekkan und wird oft als „Agra des Südens" bezeichnet – nicht zu Unrecht, denn über 300 Jahre lang war es die Hauptstadt einer Reihe mächtiger Herrscher, deren Mausoleen, Moscheen, prächtige Verwaltungsgebäude und Festungen von einer Zeit unerhörten Wohlstands und künstlerischer Spitzenleistungen erzählen. Doch hier hören die Gemeinsamkeiten auch schon auf. Zwischen dem provinziellen Marktstädtchen Bijabur mit ganzen 210 000 Einwohnern und dem hektischen Treiben von Agra liegen Welten. Mit Ausnahme des mächtigen **Golgumbaz**, das Busladungen voller Tagesausflügler anzieht, verirren sich nur wenige

Touristen zu seinen historischen Stätten, und das verwinkelte Stadtzentrum mit Grünflächen und Moscheen ist erstaunlich ruhig.

Die **beste Reisezeit** liegt zwischen November und Anfang März, denn im Sommer wird es unerträglich heiß. In der ersten Februarwoche findet in Bijapur jedes Jahr ein **Musikfestival** statt, das berühmte Interpreten der klassischen karnatischen (südindischen) und hindustanischen (nordindischen) Musiktradition anzieht.

Geschichte

Bijapurs Geschichte begann im 10. Jh. als **Vijayapura**, die „Stadt des Sieges" der Chalukyas. Zunächst von den hinduistischen Vijayanagars eingenommen, ging sie erstmals im 13. Jh. mit der Ankunft des Sultans von Delhi in moslemische Hände über. So wurde die Gegend einige Zeit von den Bahmanis verwaltet, doch erst nachdem die hiesigen Herrscher, die **Adil Shahis**, die Oberherrschaft von Bidar abschüttelten, indem sie die Bahmani-Garnison überwältigten und Bijapur zu ihrer Hauptstadt erklärten, begann der Aufstieg der Stadt.

Im späten 16. Jh. begruben die fünf moslemischen Dynastien – neben Bijapur Golconda, Ahmednagar, Bidar und Gulbarga – für kurze Zeit ihre Differenzen und schlossen einen Militärpakt mit dem Ziel der Abschaffung der Bahmani-Herrschaft und der Vernichtung der Vijayanagars.

Der Erfolg dieses Kriegszuges, bei dem Vijayanagar (Hampi) in Schutt und Asche gelegt wurde, begründete einen 200 Jahre währenden Bauboom in Bijapur, in dessen Verlauf die eindrucksvollsten Bauten der Stadt entstanden. Doch bald brachen die alten Feindseligkeiten zwischen den rivalisierenden Sultanaten des Dekkan wieder aus, und die Adil Shahis vergeudeten nach und nach den Inhalt der königlichen Schatzkammern in fruchtlosen Scharmützeln. Als im 18. Jh. die Briten auf dem Schauplatz erschienen, waren die Adil Shahis ausgeblutet und gingen ihrem Niedergang entgegen, wovon sie und ihre Hauptstadt sich nicht mehr erholen sollten.

Orientierung

Im Unterschied zu den meisten mittelalterlichen moslemischen Herrscherstädten besaß Bijapur keine natürliche Felsmauer, die vor Eindringlingen schützte. Daher ließen die Adil Shahis einen gewaltigen **Schutzwall** errichten. Die rund 10 km lange, rings um die Stadt gezogene Wehrmauer, mit Kanonen *(burjes)* und Wachtürmen versehen, wird von fünf *darwazas* (schwer gesicherten Stadttoren) und einigen kleineren Wachposten-Eingängen *(didis)* unterbrochen. Weitere zinnenbewehrte Festungsmauern umgaben die in der Stadtmitte gelegene **Zitadelle**, wo sich die Gemächer der Sultane und die Durbarhalle befanden. Die Adil Shahi-**Grabstätten** liegen am Stadtrand verstreut, die meisten der wichtigsten **Moscheen** südöstlich der Zitadelle.

Es ist möglich, Bijapurs Sehenswürdigkeiten an einem Tag abzuhandeln, doch die meisten Besucher bleiben zwei oder drei Nächte, um sich alles in Ruhe ansehen zu können. Die nachstehend genannten Highlights sind in der Reihenfolge von Osten nach Westen angegeben, angefangen mit dem Golgumbaz – das man am besten schon gegen 6 Uhr früh besuchen sollte, bevor die Reisegruppen einfallen – und abschließend mit dem Ibrahim Rauza, das bei Sonnenuntergang besonders gut zur Geltung kommt.

Golgumbaz

Das riesige Golgumbaz-Mausoleum, das berühmteste Bauwerk Bijapurs, überragt die östliche Stadtmauer und ist kilometerweit zu sehen. Es wurde gegen Ende der Adil Shahi-Herrschaft erbaut und ist ein passendes Denkmal für eine kurz vor dem Niedergang stehende Dynastie: pompös, dekadent und schlecht proportioniert, dafür im ganz großen Maßstab angelegt.

Die kubische Grabstätte rings um eine 170 m^2 große Halle krönt eine halbrunde **Kuppel**, nach dem Petersdom in Rom (nur 5 m breiter) die zweitgrößte der Welt. Wendeltreppen führen zu den vier 7-stöckigen, achteckigen Türmen hoch. Sie stützen die berühmte **Whispering Gallery**, einen 3 m breiten Wandelgang rings um das Innere der Kuppel, von wo aus man beim (vorsichtigen) Hinunterschauen eine Ahnung von den unglaublichen Ausmaßen des Baus bekommt. Wer gleich bei Öffnungszeit herkommt, kann die ungewöhnliche Akustik ausprobieren. Gegen 7 Uhr, wenn Busladungen voller händeklatschender und johlender Ausflügler die Regie übernehmen, kann man sich nicht einmal mehr denken hören, geschweige denn ein Wispern aus 38 m Entfernung. Dann rettet man

sich am besten auf die Brüstung und genießt die wunderschöne **Aussicht**.

Auf einem Sockel mitten in der Halle unten ruhen die Grabsteine jener Herrscher, die Golgumbaz erbauen ließen: **Mohammed Adil Shahi** neben seiner Frau, seiner Tochter, seinem Enkelsohn und seiner Lieblings-Kurtisane Rambha. In einer Ecke der Anlage steht ein schlichter, weißer Tempel zu Ehren eines Sufi-Heiligen der Adil Shahi-Ära, **Hashim Pir**. Der Tempel steht im Mittelpunkt des alljährlich um den Februar herum stattfindenden dreitägigen *urs*, zu dem sich *qawwals*, Sänger religiöser Lieder *(qawwali),* versammeln. ⏰ tgl. 6–18 Uhr, Eintritt US$2.

Jami Masjid

Weniger als 1 km südwestlich des Golgumbaz thront die Jami Masjid (Freitagsmoschee) über dem Stadtviertel, das im 19. Jh. unter dem Nizam von Hyderabad das Zentrum Bijapurs darstellte. Sie wurde von Ali Adil Shahi, jenem Herrscher, der die Stadtmauer und die Wasserleitung erbauen ließ, zum Gedächtnis an seinen Sieg über die Vijayanagars während der Schlacht von Talikota 1565 in Auftrag gegeben und gilt als eine der schönsten Moscheen Indiens. Da es sich um eine aktive Gebetsstätte handelt, ist entsprechend dezente Kleidung vorgeschrieben.

Die mit Bogengängen und Reihen dicker Säulen versehene Gebetshalle besticht durch Schlichtheit und Zurückhaltung. Der einzige Schmuck, abgesehen von geometrischen Mustern hier und da und Spuren gelber, blauer und grüner Kacheln, findet sich im *mihrab,* der nach Westen (Mekka) gewandten Gebetsnische, die mit Blattgold und erlesener Kalligrafie ausgestaltet ist. In den Marmorfußboden der Halle ist ein Netz aus 2500 Rechtecken eingelassen, die so genannten *musallahs* (nach den Gebetsmatten, *musallah,* die die Gläubigen in die Moschee mitbringen). Diese ließ der Mogul-Kaiser Aurangzeb anbringen, angeblich als Entschädigung für die Samtteppiche, die lange Goldkette und andere Wertsachen, die sich in der Gebetshalle befanden und mit denen er sich aus dem Staub machte.

Mithari Mahal und Asar Mahal

Geht man von der Jami Masjid nach Westen, ist das erste Bauwerk von Bedeutung ein kleines, kunstvoll gearbeitetes Wächterhaus am Südrand der Straße.

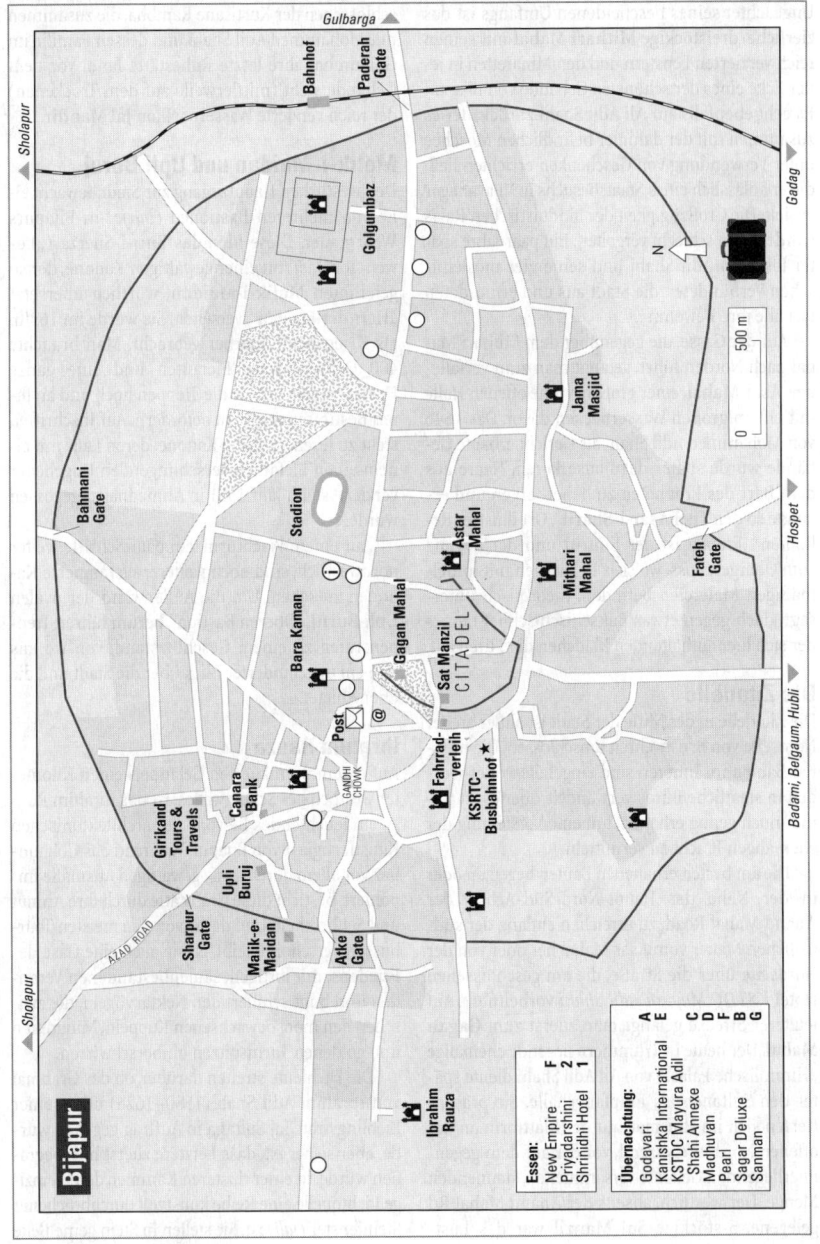

Bijapur

Essen:
New Empire   F
Priyadarshini   2
Shrinidhi Hotel   1

Übernachtung:
Godavari   A
Kanishka International   E
KSTDC Mayura Adil   C
Shahi Annexe   D
Madhuvan   F
Pearl   B
Sagar Deluxe   G
Sanman

KARNATAKA

Ungeachtet seines bescheidenen Umfangs ist das zierliche, dreistöckige **Mithari Mahal** mit seinen reich verzierten Fenstern und den Minaretten in jeder Ecke eines der schönsten Gebäude von Bijapur. Es geht ebenfalls auf Ali Adil Shahi zurück, der es zusammen mit der dahinter befindlichen Moschee unter Verwendung von Geschenken errichten ließ, die er anlässlich eines Staatsbesuchs in Vijayanagar erhielt. Die Großzügigkeit der hinduistischen Rajas wurde ihnen schlecht vergolten: Ein paar Jahre später löschten Adil Shahi und seine vier moslemischen Verbündeten die Stadt aus und ermordeten fast alle ihre Bewohner.

Auf der Gasse, die gegenüber dem Mithari Mahal nach Norden führt, gelangt man zum verfallenen **Asar Mahal**, einer großen, vorne offenen Halle mit einem großen Wasserbecken davor. Das 1646 von Mohammed Adil Shahi als Gericht erbaute Gebäude wurde später dazu auserkoren, Haare aus dem Bart des Propheten zu beherbergen und erlangte so den Titel **Asar-i-Sharif**, „Ort illustrer Reliquien". Frauen ist der Eintritt und der Zugang zum Obergeschoss, wo sich 15 Nischen mit mittelmäßigen Malereien befinden, theoretisch untersagt, doch gegen etwas Bakschisch schließt eines der sich hier aufhaltenden Mädchen die Türen auf.

Die Zitadelle

Die Zitadelle in der Mitte der Stadt ist außer an der Nordseite von Brustwehren umschlossen. Die meisten Bauten im Inneren sind eingefallen oder wurden in staatliche Büros verwandelt, aber es ist immer noch genug erhalten, um eine Vorstellung der ehemaligen Pracht zu vermitteln.

Die am besten erhaltenen Bauten liegen an oder in der Nähe der Haupt-Nord-Süd-Achse, der Anand Mahal Road, zu erreichen entlang der südöstlichen Mauer vom Asar Mahal her oder von der Nordseite über die Straße, die am geschlossenen Hotel *KSTDC Mayura Adil Shahi* vorbeiführt. Auf letzterer Strecke gelangt man zuerst zum **Gagan Mahal**. Der heute in Trümmern liegende ehemalige „Himmlische Palast" von Ali Adil Shahi diente später den Sultanen als Empfangshalle. Sie präsentierten sich im Hofstaat, auf der Plattform an der offenen Nordseite sitzend, vor der auf dem gegenüberliegenden Gelände versammelten, staunenden Menge. Der westlich, abseits der Anand Mahal Rd gelegene, 5-stöckige **Sat Manzil** war das Lust-

schlösschen der Kurtisane Rambha, die zusammen mit Mohammed Adil Shahi und dessen Familie im Golgumbaz ihre letzte Ruhestätte fand. Vor dem Gebäude steht (mittlerweile auf dem Trockenen) der reich verzierte Wasserpavillon **Jal Mandir**.

Malik-i-Maidan und Upli Buruj

Den westlichen Hauptzugang zur Stadt bewacht eine von mehreren Bastionen *(burje)* in Bijapurs Wehrmauer. Diese hier, das Burj-i-Sherza („Löwen-Tor") ist mit einer gewaltigen Kanone, der so genannten **Malik-i-Maidan**, wörtlich übersetzt „Herr der Ebenen", versehen. Sie wurde im 16. Jh. als Kriegsbeute hierher gebracht. Man brauchte 400 Ochsen, zehn Elefanten und eine ganze Heereseinheit, um sie die Treppen hoch und an ihren Bestimmungsort zu befördern. Auf Inschriften steht zu lesen, dass die Kanone, deren Lauf mit einem einen Elefanten verschlingenden Ungeheuer verziert ist, im Jahr 1551 in Ahmednagar gegossen wurde.

Auf einem Wachturm, ein paar Schritte weiter nordwestlich, sind noch weitere, ausrangierte Kanonen zu sehen. Um die Außenwand der ovalen **Upli Buruj**, „Oberen Bastion", herum führen Treppenstufen zu einem Geschützstand, von wo aus sich ein ungehinderter Blick über die Stadt und die Ebene bietet.

Ibrahim Rauza

Auf einem ummauerten Gelände, keinen Kilometer westlich des Schutzwalles, ist das Ibrahim Rauza ein leuchtendes Beispiel der architektonischen Kunstfertigkeit von Bijapur. Während das Golgumbaz vor allem durch seine gewaltigen Ausmaße imponiert, besticht diese Grabstätte durch ihre Anmut und Schlichtheit. Und da sie von den meisten Tourbussen verschont bleibt, ist sie auch eine Oase des Friedens, mit luftigen, säulenbestandenen Veranden und bunt schillernden Nektarvögeln, die zwischen den moosbewachsenen Kuppeln, Minaretten und goldenen Turmspitzen umherschwirren.

Die Fachleute streiten darüber, ob das Grabmal von Ibrahim Adil Shah (1580–1626) oder seiner Lieblingsfrau Taj Sultana in Auftrag gegeben wurde, aber sicher ist, dass Letztere zuerst hier begraben wurde, in einer düsteren Kammer, deren einzige Lichtquelle eine Reihe kunstvoll durchbrochener Steinfenster *(jali)* ist. Sie stellen in Stein gemeißelte

Koranverse dar und sind die erlesensten ihrer Art in ganz Indien. Das Äußere des Mausoleums zieren weitere, wunderbare Werke vollendeter Steinmetzarbeit, ebenso die gleichermaßen sehenswerte Moschee gegenüber. Die beiden mit zahlreichen Minaretten und Kuppeln versehenen Gebäude stehen sich auf einer rechteckigen, erhöhten Plattform gegenüber. Dazwischen befinden sich ein kleines Wasserreservoir und ein Springbrunnen. Wer oben auf den Mauern rings um die Anlage steht und nach unten blickt, wird verstehen, weshalb der Erbauer Malik Sandal über dem Südeingang des Grabmals eine Inschrift in seiner persischen Muttersprache anbringen ließ, die sein Meisterwerk als „eine Schönheit, vor der das Paradies erschauert" feiert. ⊙ tgl. 6–18 Uhr, Eintritt $2.

Übernachtung

Bijapur hat keine Luxusunterkünfte zu bieten, dafür ist bei der Hotelsuche kaum mit Engpässen zu rechnen. Da die wenigen Hotels auch noch weit auseinander liegen, ist es keine schlechte Idee, sich schon im Voraus für eine Unterkunft zu entscheiden.

Godavari, Athani Rd, ✆ 08352/253105, ✉ 256225. Dieser moderne Hotelblock mit Alterserscheinungen ist eine Art Landmarke. Die Zimmerpreise wurden inzwischen gesenkt und entsprechen dem höchst mittelmäßigen Standard. ❷–❺

Kanishka International, Station Rd, ✆ 08352/223788, 🖳 www.kanishkabijapur.com. Bequeme Zimmer mit guter Ausstattung und ebensolchem Service zu vernünftigen Preisen. Zwei anständige Restaurants (ein vegetarisches und ein nichtvegetarisches). ❸–❺

KSTDC Mayura Adil Shahi Annexe, Station Rd, ✆ 08352/250401. Die letzte noch verbliebene staatliche Unterkunft der Stadt hat große, aber schmucklose Zimmer, einige mit AC, und kein Restaurant. ❸–❹

Madhuvan, Station Rd, ✆ 08352/255571, ✉ 256201. Die eleganteste Unterkunft der Stadt bietet unterschiedliche Zimmer, von schlichten, zu teuren DZ bis zu luxuriöseren mit AC. Das hauseigene Restaurant bietet zur Mittagszeit jedoch preiswerte thalis. Hotelgäste können hier Geld wechseln. ❺–❻

Pearl, Station Rd, ✆ 08352/256002, ✉ 243606. Helles, modernes Hotel mit sauberen und geräumigen Zimmern. Die nach vorn gelegenen haben Balkone, die oberen bieten Ausblicke auf den Golgumbaz. Besseres Preis-Leistungs-Verhältnis als das Madhuvan und ausgezeichnetes Restaurant. ❸–❺

Sagar Deluxe, neben dem Bara Kaman, Busreshwar Chowk, ✆ 08352/259234. Hotel in zentraler Lage, nicht weiter bemerkenswerte, aber preiswerte DZ sowie ein paar komfortable Zimmer mit AC. ❶–❸

Sanman, gegenüber dem Golgumbaz, Station Rd, ✆ 08352/251866. Bestes Preis-Leistungsverhältnis der Budget-Unterkünfte, in gut erreichbarer Nähe des Bahnhofs. Geräumige Zimmer, einige mit AC und alle mit Moskitonetzen und sauberen Badezimmern. Die Cafeteria Udupi ist Anlaufstelle von Bustouren, daher sind die südindischen Snacks immer frisch zubereitet. ❷–❹

Essen

Das Essensangebot beschränkt sich vor allem auf die Hotelrestaurants, darunter das New Empire im Hotel Pearl, sowie das eine oder andere Speiselokal. Alle Lokale sind rein vegetarisch, es sei denn man traut sich in eine der schmuddeligen Trinkhallen.

Shrinidhi Hotel, am Gandhi Chowkh, serviert gute vegetarische südindische Gerichte, ebenso das **Priyadarshini**, an der Hauptstraße gegenüber vom Gagan Mahal.

Sonstiges

FAHRRÄDER – Bijapur ist flach, und die Straßen sind nicht so sehr verstopft wie anderswo. An mehreren Ständen vor dem Busbahnhof werden wacklige Heros für ca. Rs 3 pro Std. vermietet. Auch das Personal des KSTDC Mayura Adil Shahi vermittelt Leihräder.

GELD – Bargeld und Reiseschecks wechselt am zuverlässigsten **Girikand Tours and Travels**, 1. Stock, Nishant Plaza, Rama Mandir Rd, ✆ 08352/220510. Wer möchte, kann auch zur nahe gelegenen **Canara Bank** in der Azad Rd gehen, doch die Formalitäten dauern sehr lang und es werden Fotokopien der maßgeblichen Seiten des Reisepasses verlangt.

INFORMATIONEN – Das *Tourist Office*, hinter dem *Hotel Adil Shahi Annexe* nahe der Station Rd, ✆ 08352/250359, hat die üblichen Broschüren auf Lager, hilft bei der Reiseplanung und vermittelt Guides. ☉ Mo–Sa 10–17.30 Uhr.

INTERNET – Internetzugang bieten *Friends Cyber Zone* und *Cyber Park*, gegenüber dem Postamt (beide Rs 25 pro Std.).

Nahverkehrsmittel

MOTOR-RIKSCHAS – Die meisten Busreisenden nehmen am Busbahnhof eine Motor-Rikscha zum Hotel. Diese haben keinen Gebührenzähler und verlangen mindestens Rs 10; für Rs 30 kann man zwar fast überall innerhalb der Stadt hinkommen, für Besuche der Sehenswürdigkeiten sind sie jedoch teuer: Eine 4-stündige Sightseeingtour kostet ca. Rs 200.

TAXIS – warten in der Nähe des Busbahnhofs und verlangen Rs 5,50 pro Kilometer.

TONGAS – Am Busbahnhof stehen auch von Pferden gezogene Tongas bereit. Sie kosten in etwa so viel wie eine Motor-Rikscha.

Transport

BUSSE – Am **KSRTC-Busbahnhof** am Südwestrand der Innenstadt halten Busse, die von Mumbai und Aurangabad herkommen. Die Fahrzeiten muss man am Informationsschalter erfragen, denn die Fahrpläne sind alle auf Kannada. Gute private Busgesellschaften, wie z. B. *VRL* (die gelb-schwarzen Luxusgefährte), unterhalten Busse nach BANGALORE (3x tgl., von 19 Uhr an) und Nachtbusse nach MANGALORE via Udipi und Mumbai.
VRL-Busse kann man bei *Vijayanand Travel*, Terrace Floor, Shastri Market, Gandhi Circle, ✆ 08352/251000, oder in der Filiale unmittelbar südlich des Busbahnhofs, buchen.
KSRTC hat ebenfalls Luxus-Busse nach BANGALORE, MUMBAI und HYDERABAD. Nach

BADAMI geht es häufig schneller, wenn man den ersten Bus nach BAGALKOT nimmt und dort umsteigt.
Busse nach:
AURANGABAD (4x tgl., 12 Std.),
BADAMI (4x tgl., 4 Std.),
BANGALORE (5x tgl., 13 Std.),
BIDAR (4x tgl., 8 Std.),
GULBARGA (stdl., 4 Std.),
HOSPET (12x tgl., 5 Std.),
HUBLI (stdl., 6 Std.),
HYDERABAD (6x tgl., 10 Std.),
MUMBAI (10x tgl., 12 Std.),
PUNE (10x tgl., 8 Std.).

EISENBAHN – Der **Bahnhof** liegt einen Steinwurf vom Golgumbaz entfernt, 3 km nordöstlich des Busbahnhofs, und empfängt den Besucher freundlicher als Letzterer. Seit die Strecke nach Norden auf Breitspur umgestellt wurde, verkehren drei Züge wöchentlich nach MUMBAI und YESVANTPUR (BANGALORE). Weitere Ziele sind HYDERABAD (1x tgl.) und SOLAPUR (3x tgl.), wo Anschluss zu weiteren Zielen besteht. Die Strecke nach Süden wurde zur Zeit der Recherche noch umgestellt.

Gulbarga

Gulbarga, 165 km nordöstlich von Bijapur, war die Gründungshauptstadt der Bahmani-Dynastie und die wichtigste Stadt der Region, bevor der Hof 1424 nach Bidar zog. Später wurde sie von den Adil Shahis und den Moguln eingenommen. Sie hat sich ihren ausgeprägten islamischen Charakter bewahrt: Zwiebeltürme und Minarette ragen überall zwischen den baufälligen Betonklötzen hervor.

Trotz Gulbargas religiöser und historischer Bedeutung sind die Baudenkmäler der Stadt, verglichen mit denen von Bijapur oder auch Bidar, eher unscheinbar. Nur wenige lohnen eine Reiseunterbrechung, es sei denn, man interessiert sich brennend für mittelalterliche islamische Architektur. Eine Ausnahme gibt es allerdings: den Begräbniskomplex **Dargah** am Nordostrand der Stadt. Nach einem Gang durch einen breiten Basar erreicht man die wettergegerbten Marmorwände, die das Grab von Hazrat Gesu Daraz (1320–1422) umgeben, von seinen Anhängern liebevoll **Bandah**

Nawaz („der Langhaarige, der anderen Trost spendet") genannt. Der Heilige war der spirituelle Mentor der Bahmani-Herrscher, die ihm das wunderbare, zweistöckige Mausoleum errichten ließen, das alljährlich hunderttausende moslemische Pilger besuchen. Frauen ist der Zugang verwehrt; sie dürfen das Grab nur aus der Ferne betrachten. Aber Männer können hineingehen, um Opfergaben zu bringen oder die kunstvolle Spiegelmosaikdecke zu bewundern. Die gleiche Geschlechtertrennung gilt auch für die benachbarte Grabstätte, deren Inneres gut erhaltene, prächtige persische Malereien schmücken.

Nach dem Gedränge am Dargah kann man quer durch die Stadt zur stillen **Festung** flüchten. Die von einer 16 m dicken, zinnenbewehrten Mauer, fünfzehn Wachtürmen und einem übel riechenden Schlossgraben eingerahmte, einst mächtige Zitadelle liegt heute in Trümmern hinter dem künstlichen See der Stadt. Das einzige noch erhaltene Bauwerk ist die schöne, aus dem 14. Jh. stammende **Jami Masjid**, die wahrscheinlich von einem maurischen Baumeister nach dem Vorbild der prächtigen spanischen Moschee in Córdoba gestaltet wurde.

Übernachtung und Essen

An preiswerten Unterkünften mangelt es in Gulbarga nicht, und auch Reisende mit schmaler Börse dürften ein sauberes Zimmer mit einem kleinen Balkon finden.

Alle hier aufgeführten Hotels verfügen über **Restaurants**, zumeist rein vegetarische Lokale ohne Alkoholausschank (um keine Trinkgesellen aus dem „trockenen" Andhra Pradesh jenseits der Grenze anzulocken).

Kamat, die Restaurantkette, hat mehrere Filialen in Gulbarga, darunter eine freundliche am Station Chowk, deren Küche sowohl vegetarische „meals" als auch *iddlis* und *dosas* zu bieten hat. Unbedingt probieren: *joleata roti*, eine hiesige Brotspezialität, entweder hart und knusprig oder weich wie Chapati. In der Nähe vom Bahnhof servieren mehrere winzige Lokale Brathähnchen und Fisch.

Adithya, 2-244 Station Rd, gegenüber den Public Gardens, ✆ 08472/224040, ✆ 235661. Wurde zu einem exklusiven Hotel umgestaltet, in dem die vornehmeren AC-Zimmer kaum mehr kosten als die nicht klimatisierten. Das makellos saubere, vegetarische Udipi-Restaurant *Pooja* im Erdgeschoss bietet leckere *thalis* und Snacks. ❹–❺

Pariwar, Station Rd, 10 Min. zu Fuß vom Bahnhof, ✆ 08472/221522, ✉ hotelpariwar@yahoo.com. Eines der etablierteren Hotels der Stadt, aber nicht besonders preisgünstig. Das *Kamakshi Restaurant* serviert ausgezeichnete vegetarische südindische Speisen, aber kein Bier. ❸–❺

Hotel Prashant, aus dem Bahnhof kommend die 1. Gasse links, ✆ 08472/221456. Ordentliche Zimmer unterschiedlicher Größe und Ausstattung in überraschend ruhiger Lage. ❷–❹

Preetam Lodge, Mill Rd, ✆ 08472/221673. Um Klassen besser als die übrigen Unterkünfte in der Nähe des Busbahnhofs. Saubere und geräumige Zimmer in einem neuen Block. ❷–❹

Raj Rajeshwari, Vasant Nagar, Mill Rd, nur 5 Min. vom Busbahnhof, ✆ 08472/225881. Einladender und preiswerter als das *Pariwar*. Gepflegtes, modernes Gebäude, große Zimmer mit Bad und Balkon, auch ein recht ordentliches vegetarisches Restaurant. Absolutes Alkohol-verbot. ❸–❹

Southern Star, nahe der Festung, Super Market, ✆ 08472/224093. Neu und nett, mit zwei Restaurants, einer Bar und einigen Zimmern mit AC; die nach hinten mit Blick auf die Festungsmauern, aber auch auf den stinkenden Wehrgraben. ❷–❺

Sonstiges

GELD – Die Filiale der *Syndicate Bank* in der Station Rd wechselt Fremdwährung und hat einen Geldautomaten.

Nahverkehrsmittel

Da die Sehenswürdigkeiten von Gulbarga weit auseinander liegen, muss man **Motor-Rikschas** nehmen; Preise im Voraus festlegen!

Transport

BUSSE – Am staatlichen Busbahnhof am Süd-westrand der Stadt halten tgl. KSRTC-Busse aus BIJAPUR, BIDAR, HOSPET und HYDERABAD.
Am gegenüberliegenden Straßenrand fahren private Minibusse ab, deren Fahrer auch auf dem Busbahnhofsgelände lautstark nach Passagieren rufen.
Man sollte aber trotz aller Beteuerungen keinen dieser Minis nach Bidar nehmen; sie fahren nämlich nur bis zur gottverlassenen Straßenkreuzung von Humnabad, 40 km vor Bidar, wo man stundenlang warten muss, bis sich eine Gelegenheit zum Weitertransport ergibt.

EISENBAHN – Der Bahnhof, von dem Züge nach MUMBAI, PUNE, HYDERABAD, BANGALORE und CHENNAI fahren, liegt 1,5 km östlich des Busbahnhofs in der Mill Rd.
Nördlich des Bahnhofs verläuft die Station Road, die andere Hauptstraße der Stadt, über die man am See vorbei bis zur belebten Straßenkreuzung **Chowk** mitten im Basar gelangt.

Bidar

1424, im Anschluss an die Aufsplitterung der Bahmani-Dynastie in fünf rivalisierende Fraktionen, verlegte Ahmad Shah I. seinen Hof von Gulbarga ins weniger bedrängte Bidar. Eine Rolle soll dabei auch seine Trauer über den Tod seines geliebten spirituellen Führers Bandah Nawas Gesu Daraz gespielt haben. Die Stadt wurde mit einer neuen Festung, herrlichen Palästen, Moscheen und Ziergärten versehen. Die Bahmanis regierten hier bis 1487, als die Barid Shahis die Macht übernahmen. Ihnen folgten die Adil Shahis aus Bijapur auf den Thron und später die Moguln unter Aurangzeb, die 1656 die Region annektierten, ehe sich schließlich die Nizam von Hyderabad im frühen 18. Jh. des Territoriums bemächtigten.

Bidar, im entlegenen Nordwesten Karnatakas, 284 km nordwestlich von Bijapur gelegen, ist heute ein ländliches Städtchen, besser als Ausbildungsstätte für Kampfpiloten als für die langsam in sich zusammenfallenden Baudenkmäler bekannt. Der Stadt, deren 140 000 Einwohner immer noch zur Hälfte Moslems sind, ist ein gewisser Charme jedoch nicht abzusprechen. Die gekachelten Grabstätten, Festungsanlagen und alten Moscheen lohnen einen kurzen Abstecher, wenn man zwischen Hyderabad (150 km östlich) und Bijapur unterwegs ist. Allerdings muss mit wenig Komfort im westlichen Sinne und mehr Neugierde von Seiten der Einheimischen als üblich gerechnet werden. Besonders Letzteres kann allein reisenden Frauen den Besuch verderben.

Die Altstadt

Das Herzstück von Bidar bildet die mittelalterliche **Old Town**, umgeben von zinnenbewehrten Mauern und acht imposanten Stadttoren *(darwazas)*. In diesem überwiegend moslemischen Viertel stehen zahlreiche Moscheen, *haveli*-Häuser und *khanqahs* – „Klöster" aus der Bahmani-Ära –, doch die größte Sehenswürdigkeit sind die Ruinen der **Mahmud Gawan's Madrasa**, des theologischen Seminars, dessen einziges Minarett weit über die Dächer der Innenstadt hinausragt. Das im persischen Stil erbaute Gebäude beherbergte ursprünglich eine weltberühmte Bibliothek. Diese verbrannte jedoch, als 1696 der Blitz einschlug, und mehrere Mauern und Kuppeln flogen in die Luft, als das von Aurangzebs Besatzungsmacht hier gelagerte Schießpulver sich entzündete und explodierte. Von der *madrasa* ist eigentlich nur noch das „Gehäuse" erhalten, doch ihre elegante, gewölbte Fassade weist noch große, mit glasierten persischen Kacheln verzierte Flächen auf, die früher fast die gesamten Außenmauern bedeckten.

Das Fort

Die Festung am Nordende der Straße, die an der *madrasa* vorbeiführt, wurde von den hinduistischen Chalukyas errichtet und im frühen 15. Jh. von den Bahmanis verstärkt. Sie trotzte mehreren Belagerungen und ist immer noch weitgehend intakt. Ein 10 km langer Schutzwall, der dank eines Felsens im Norden und Westen 300 m tief abfällt, umgibt die Festung. Das größte Stadttor nach Süden hin schützt eine nicht weniger eindrucksvolle, von Menschenhand gemachte Wehranlage: gewaltige Tore und ein dreifacher Burggraben, über den früher eine Reihe von Zugbrücken führte. Das erste bemerkenswerte Gebäude im Inneren (links hinter dem dritten und letzten Eingangstor) ist das **Rangin Mahal**. Mahmud Shah ließ diesen bescheidenen „Farbigen Palast" erbauen, nachdem ihn ein – erfolgloser – Aufruhr abessinischer Sklaven im Jahr 1487 gezwungen hatte, sich tiefer in den Schutz der Zitadelle zu flüchten. Die relativ geringen Ausmaße des Palastes spiegeln die schwindenden Finanzen der Bahmanis wider. Nichtsdestotrotz umfasst seine Innenarchitektur einige der kostbarsten noch erhaltenen islamischen Kunstwerke des Dekkan, darunter wunderbare Holzschnitzereien über den Türbögen und Perlmuttintarsien auf poliertem schwarzen Granit. Falls die Palasttüren verschlossen sind, kann man im nahe gelegenen **Museum** des ASI, das eine kümmerliche Sammlung von hinduistischen Tempelstatuen, Waffen und Gegenständen aus der Steinzeit beherbergt, um die Schlüssel bitten. ☉ tgl. 8–13 und 14–17 Uhr, Eintritt frei.

Eine Geröllfläche gegenüber dem Museum ist alles, was von den königlichen Parkanlagen übrig blieb. Am Rande steht die schlichte **Solah Khamb-Moschee** (1327), Bidars ältestes islamisches Bauwerk, dessen kunstvolle Stein-Kalligrafie *(jali)* rings um die zentrale Kuppel besondere Beachtung verdient. Geht man von hier aus nach Westen durch die Ruinen der ehemaligen königlichen Behausungen – ein Gelände voller halb zerfallener Paläste,

Bäder, *zenanas* (Frauen-Gemächer) und Versammlungshallen –, gelangt man zur Westmauer der Festung. Ein gemächlicher Rundgang, bei dem man auch die Ausblicke über die roten Felsen und die Ebenen genießen kann, dauert etwa 90 Minuten.

Grabmäler bei Ashtur

Beim Blick von der Ostmauer der Festung sind in einiger Entfernung über den Baumwipfeln acht dicht beieinander stehende wuchtige weiße Kuppeln zu sehen. Die aus dem 15. Jh. datierenden Mausoleen bei Ashtur, 3 km östlich von Bidar (wenn man die Altstadt durch das Dulhan Darwaza-Tor verlässt), sind die letzten Ruhestätten der Bahmani-Sultane und ihrer Familien, darunter auch der Sohn des Herrschers, der als Erster von Gulbarga hierher kam, Allauddin Shah I. Sein **Grab**

Bidri

Bidar ist berühmt als Heimat einer einzigartigen Metallbearbeitungskunst namens Bidri. Sie wurde von persischen Silberschmieden entwickelt, die sich zusammen mit dem Bahmani-Hof im 15. Jh. hier ansiedelten. Die äußerst geschickten Künstler stellten eine Metallmischung aus Blei, Kupfer, Zink und Zinn her, die sie mit traditionellen persischen Gravuren und Einlegearbeiten verzierten und anschließend schwärzten und polierten. Das Resultat – filigrane Blütenmotive, eingerahmt von geometrischen Mustern und gegen einen schwarzen Untergrund abgehoben – gilt seither als *das* Markenzeichen künstlerischer islamischer Metallbearbeitung Indiens. Bidri-Kunstgegenstände sind in Museen und Kunstgalerien im ganzen Land ausgestellt. Wer jedoch *bidri-wallahs* bei der Arbeit sehen möchte, geht die Siddiq Talim Road in Bidar entlang, die die Südseite der Altstadt durchschneidet. Kunsthandwerker stellen hier neben Vasen, Tellern, Gewürzgefäßen, Betelnusstöpfchen und reich verzierten *hookah*-Pfeifen auch moderne Gegenstände wie Aschenbecher und Kettchen her, die (für erheblich mehr Geld) sogar in Geschäften weit entfernter Städte wie Delhi und Kolkata angeboten werden.

mal ist das bei weitem eindrucksvollste. Seine gewölbte Fassade zieren Stellen mit bunten, glasierten Kacheln, und es besitzt eine große Kuppel, deren Inneres verschwenderisch mit persischen Malereien ausgestaltet ist. Mit Hilfe eines Taschenspiegels, in dem sich das Sonnenlicht fängt, weist der *chowkidar* auf die Höhepunkte hin, darunter einen Diamanten, der zwischen all den Fledermausexkrementen kaum zu sehen ist.

Das mit persischen Inschriften versehene Grab von Allaudins Vater, dem 9. und berühmtesten Bahmani-Sultan Ahmad Shah I., befindet sich neben dem seines Sohnes. Dahinter stehen noch zwei kleinere Mausoleen, gefolgt von dem zum Teil eingefallenen Grab von Humayun dem Grausamen (1458–61). Während man die Reihe abschreitet, kann man den allmählichen Niedergang der Bahmanis anhand der zunehmend kleiner werdenden Grabmäler verfolgen. Am Ende stehen nur ein paar kümmerliche, Anfang des 16. Jhs. angelegte Gräber. Zu dieser Zeit waren die Sultane nicht viel mehr als die Marionetten-Herrscher der Barid Shahis.

Barid Shahi-Grabmäler

Die Gräber der Barid Shahi-Herrscher, die zu Beginn des 16. Jhs. die Bahmanis an der Macht ablösten, stehen am westlichen Stadtrand an der Straße nach Udgir, 200 m vom Busbahnhof und von dort aus sichtbar. Sie sind zwar nicht so beeindruckend wie die ihrer Vorgänger, doch die auf erhöhten Plattformen erbauten Mausoleen liegen in einer reizvollen Umgebung. Eher planlos als in chronologischer Reihenfolge angelegt, stehen sie inmitten von Rasenflächen, die von Angestellten des ASI gepflegt werden. Das interessanteste ist das Grab von **Ali Barid** (1542–79); die nach Mekka gewandte Seite wurde offen gelassen. Ein Stückchen weiter südwestlich befindet sich die massive Grabplattform seiner 67 Konkubinen, die dem Oberherrscher über den Dekkan von Vasallen aus dem gesamten Königreich als Tributgaben „überreicht" wurden.

Die Anlage ist eigentlich nur nachmittags geöffnet, doch wenn der Torwächter da ist, lässt er Besucher auch schon früher ein. ⏰ tgl. 16.30–19.30 Uhr, Eintritt Rs 2.

Übernachtung

Die meisten Unterkünfte befinden sich eine Fahrt mit der Motor-Rikscha vom Bahnhof entfernt in der Innenstadt.
Keine der vier, fünf heruntergekommenen „Lodges" im Zentrum sollte auch nur in Erwägung gezogen werden.
Ashoka, 1,5 km vom Busbahnhof, hinter dem Dr Ambedkar Chowk, ✆ 08482/227621. Etwas älteres, ordentliches Hotel; gut ausgestattete, preisgünstige Zimmer, manche mit AC. ❷–❹
Hotel Kailash, Udgir Rd, im Stadtzentrum, ✆ 08482/227727. Ein wenig schmuddelig, aber superbillig. ❶
Hotel Mayura, ✆ 08482/228142, neue Unterkunft gegenüber dem Busbahnhof; eine der beiden besten Unterkünfte in Bidar; große Zimmer mit und ohne AC. ❷–❹

Essen

In Bidar etwas Gutes zu essen zu bekommen ist kein Problem, denn es gibt die Restaurants im **Mayura** und **Ashoka**, die beide eine gute Auswahl an nordindischen und Fleischgerichten bieten und kaltes Bier ausschenken.
Udupi Krishna, mit Blick über den Chowk, ebenfalls zu empfehlen und viel billiger, serviert zum Mittagessen unbegrenzt rein vegetarische *thalis*, hat auch eine Abteilung nur für Frauen *(family room)* und öffnet früh (gegen 7.30 Uhr) zum chilischarfen südindischen Frühstück.
Jyothi Udupi, gegenüber dem neuen Busbahnhof, ist ein weiteres klassisches südindisches Restaurant.

Sonstiges

GELD / INFORMATIONEN – Es gibt im Ort keine Möglichkeit zum Geldwechseln und auch keine Touristeninformation.

INTERNET – Es gibt mehrere Internet-Lokale, z. B. **Swamy's Cyber Park**, 100 m südöstlich des Busbahnhofs in der Udgir Rd (Rs 15 pro Std.).

Die Sehenswürdigkeiten von Bidar liegen zu weit auseinander, als dass man sie leicht zu Fuß besichtigen könnte. Abseits der Hauptstraßen sind **Motor-Rikschas** dünn gesät, und sie warten auch nicht gern auf Passagiere, die sich ein Bauwerk näher ansehen möchten. Daher empfiehlt es sich, bei *Rouf's,* nur 50 m östlich des Busbahnhofs, neben dem ausgezeichneten *Karnatak Juice Centre,* für einen Tag ein **Fahrrad** zu mieten (Rs 3 pro Std.).

BUSSE – Die meisten der wenigen Besucher landen am KSRTC-Busbahnhof am entlegenen Nordwestrand der Stadt.

EISENBAHN – Bidar liegt an einer Nebenstrecke der Haupt-Eisenbahnlinie Mumbai–Secunderabad–Chennai und ist nur mit Bummelzügen zu erreichen.

KARNATAKA

KERALA

HIGHLIGHTS

Varkala – In einem Café auf dem Clifftop entspannen, am Strand in der Sonne faulenzen und die Atmosphäre am Tempelteich genießen.

Backwaters – Die wunderschönen Wasserwege des dichtbesiedelten Küstenstreifens auf einem traditionellen *kettu vallam*-Boot erkunden. Schmale und dicht bewachsene Kanäle führen mitten durch die Dörfer.

Plantagen – Mit dem Duft von Gewürznelken, Kardamom, Kaffee oder Tee in der Nase die üppig bewachsenen Berge um Kumily oder Munnar durchstreifen.

Fort Cochin – Die stimmungsvolle Halbinsel mit ihren malerischen chinesischen Fischernetzen bietet eine einzigartige Mischung aus jüdischer, portugiesischer, britischer und keralischer Kultur.

Wilde Tiere – Gelegenheiten zum Beobachten von Elefanten, Büffeln, Wildschweinen und Hirschen bieten sich in den Wildschutzgebieten Periyar und Eravikulam. Wer viel Glück hat, erblickt sogar einen der scheuen Tiger.

Kathakali – Ohne das farbenfrohe und lautstarke Tanzdrama wäre eine Reise nach Kerala nicht vollständig. Wer früh genug kommt, kann zusehen, wie die Darsteller in der Maske geschminkt werden.

Der Bundesstaat Kerala ist ein von üppiger Vegetation geprägter Landstrich zwischen dem Arabischen Meer und den bewaldeten Bergen der Westghats. Er erstreckt sich über rund 550 km Länge an Indiens Südwestküste und misst an seiner breitesten Stelle nur 120 km. Dieses Fleckchen Erde ist mit einzigartigen geografischen Merkmalen gesegnet. Die tropische Landschaft wird zweimal jährlich von Monsunregen gespeist und bietet mit den herrlichen Backwaters einen überwältigenden Anblick. Daneben sind selbst weitgereiste Besucher, die so schnell nichts mehr in Erstaunen versetzt, begeistert von den uralten Riten und mitreißenden Festen Keralas, die sich in jahrhundertealter Tradition ihre magischen Wurzeln bewahrt haben.

Reisende, die von den stressigen Großstädten Indiens genug haben, ziehen sich zur Erholung gerne in das überschaubare und geruhsame Kerala zurück. Das beliebteste Touristenziel ist zweifellos die große Hafenstadt **Kochi** (Cochin), in deren malerischen Altstadtvierteln Mattancherry und Fort Cochin Keralas lange Geschichte friedlicher Begegnungen mit der Fremde deutlich spürbar ist. Die Hauptstadt **Thiruvananthapuram** (Trivandrum), ganz im Süden, das Sprungbrett zu den nahe gelegenen, palmenbestandenen Stränden von **Kovalam**, bietet zahllose Möglichkeiten, das bunte kulturelle und künstlerische Leben von Kerala kennen zu lernen.

Einer der größten Reize eines Aufenthalts in Kerala besteht im Reisen an sich, insbesondere auf den Wasserwegen der bezaubernden Region **Kuttanad** mit den historischen Orten **Kollam** (Quilon) und **Alappuzha** (Alleppey) in der Nähe. Touristenschiffe und die schönen, als *kettu vallam* („gebundene Boote") bezeichneten Holzboote schippern Besucher durch die **Backwaters** und sorgen für interessante Impressionen dörflichen Lebens im am dichtesten besiedelten Bundesstaat Indiens. Überdies ist es ein Leichtes, der Hitze in den flachen Landesteilen zu entfliehen, indem man in die **Berge** ausweicht, deren höchster Gipfel hier 2695 m erreicht. Kirchen und Tempel säumen hier Straßen, die durch Waldgebiete, Gewürz-, Tee-, Kaffee- und Gummiplantagen zu Wildreservaten wie dem **Periyar** führen, in denen Elefantenherden frei umherstreifen.

In Kerala sind weniger historische Bauwerke erhalten als im übrigen Indien, und die noch vorhandenen alten Tempel sind zudem Nicht-Hindus oft verschlossen (wobei es selbstverständlich möglich ist, sie von außen zu betrachten und die andachtsvolle Atmosphäre zu genießen). Einem ungeschriebenen Gesetz zufolge sind nur wenige Gebäude, ob Häuser oder Tempel, höher als die sie umgebenden Bäume; auch in Wohngebieten wähnt man sich häufig vom Erdboden aus gesehen von Wald umgeben. Sowohl Wohnhäuser als auch Tempel sind zumeist mit Säulenveranden und langen, abgerundeten Giebeldächern versehen, die am besten vor Regen und Sonne schützen. Ein besonders eindrucksvolles Beispiel dieser Architektur ist der **Padmanabhapuram Palace**, im benachbarten Tamil Nadu gelegen und von Thiruvananthapuram aus gut zu erreichen.

Enorme Geldsummen werden für die zahlreichen, oft die ganze Nacht dauernden **Tempelfeste** ausgegeben, wenn prächtige Feuerwerke den Himmel erleuchten und Prozessionen goldbehangener Elefanten, begleitet von den ohrenbetäubenden Klängen enthusiastischer Trommlergruppen, durch die Straßen ziehen. Am berühmtesten und aufwändigsten ist das **Puram-Fest** in Thrissur (April/Mai), doch überall in Kerala finden mitreißende Veranstaltungen statt (oft im Freien), bei denen jedermann willkommen ist.

In Kerala sind viele verschiedene Theater- und Tanzstile entstanden, nicht nur die klassische weibliche Tanzart, der **Mohiniattam** („Tanz der Zauberin"), sondern auch das vom Kampfsport beeinflusste Tanzdrama **Kathakali**, das schon seit vier Jahrhunderten die Götter und Dämonen aus dem *Mahabharata* und *Ramayana* in die Dörfer Keralas bringt. Sein 2000 Jahre alter Vorgänger, das Sanskrit-Drama **Kutiyattam**, wird immer noch von einigen Künstlern vorgeführt, und im ländlichen nördlichen Kerala spielt ein bestimmtes Ritual namens **Theyyam**, bei dem Tänzer dekorative Masken und Hüte tragen und von Tempelgöttern „besessen" werden, noch immer eine wichtige Rolle. Nur wenige Besucher kommen jemals in den Genuss, diese eine ganze Nacht lang dauernden Vorstellungen mitzuerleben. Doch zwischen Dezember und März könnte man Wochen allein damit zubringen, von einem farbenfrohen Dorffest in Nord-Kerala zum anderen zu fahren und eine Lebensweise kennen zu lernen, die sich im Laufe von Jahrhunderten kaum verändert hat.

Geschichte

Das **altertümliche Kerala** wird in einem Ashoka-Edikt des 3. Jhs. v. Chr. als „Land der Cheras" erwähnt und kommt auch in mehreren noch älteren Sanskrit-Texten vor, einschließlich des *Mahabharata*. Plinius und Ptolemäus berichteten von einem schwunghaften Handel zwischen der alten Hafenstadt Muziris (heute Kodungallur) und dem Römischen Reich. Nur spärliche Informationen existieren über die Geschichte der frühen Machthaber in dieser Region, deren Herrschaftsbereich mit der Hauptstadt Vanji, deren Standort bis dato nicht geklärt ist, ein sehr großes Gebiet umfasste. Zu Beginn des 9. Jhs. gründete der Chera-König Kulashekhara Alvar – ein Dichter-Heiliger der *bhakti*-Vaishnavas – eine eigene Dynastie. Sein Sohn und Nachfolger, Rajashekharavarman, war wahrscheinlich ein Heiliger der gleichzeitigen Shaivitischen Strömung, deren Anhänger als *nayannars* bezeichnet wurden. Um jene Zeit lebte der große, aus Kerala stammende Philosoph **Shankara**, dessen *advaitya* („nicht-dualistische") Philosophie das gesamte hinduistische Indien beeinflusste.

Der Wohlstand, den die Cheras durch den Handel mit China und der arabischen Welt angehäuft hatten, erwies sich schließlich als eine zu große Verlockung für die benachbarten **Cholas**: Gegen Ende des 10. Jhs. begannen sie mit kriegerischen Auseinandersetzungen, die über einen Zeitraum von hundert Jahren immer wieder aufflackern sollten. Um das Jahr 1100 herum verloren die Cheras ihre Hauptstadt bei Mahodayapuram im Norden und wichen nach Süden aus, wo sie eine neue Hauptstadt bei Kollam (Quilon) errichteten.

Der direkte Handel mit Europa begann 1498, nachdem eine kleine portugiesische Flotte unter **Vasco da Gama** in der Hauptstadt Calicut angekommen war. Es handelte sich um die erste Expedition, die Indien auf dem Weg über das Kap der Guten Hoffnung und das Arabische Meer erreichte. Die Beziehungen zwischen da Gama und den lokalen Herrscher, dem Zamorin, waren zunächst von Höflichkeit geprägt, verschlechterten sich aber in der Folge schnell. Da Gamas zweite Reise vier Jahre später war von Massakern, Entführungen, Gräueltaten und schamloser Piraterie gekennzeichnet. Dennoch wurde schon bald darauf ein befestigter Handelsposten in Cochin errichtet, von dem

aus die Portugiesen in der Lage waren, den Handel mit dem Nahen Osten zu kontrollieren, indem sie lang schwelende Feindseligkeiten zwischen den Herrschern der Region für ihre Zwecke ausnutzten. Diese Vormachtstellung mussten sie allerdings in dem folgenden Jahrhundert an die rivalisierenden Kolonialmächte Frankreich und Holland abtreten, bis Anfang des 17. Jhs. schließlich die britische East India Company auf der Bildfläche erschien. In der Folge entstand an der Malabar-Küste ein unabhängiges Territorium unter Herrschaft des Tipu Sultan von Mysore, doch dessen Niederlage 1792 gegen die Engländer besiegelte endgültig die britische Oberherrschaft, die bis zur Unabhängigkeit Indiens andauern sollte.

Das heutige Kerala ist einer der politisch radikalsten indischen Bundesstaaten. 1957 war dies der erste Staat, der auf demokratischem Weg eine **kommunistische Regierung** wählte, und obwohl er das geringste Pro-Kopf-Einkommen des Landes hat, ist die Landverteilung aufgrund kompromissloser Reformen in den 60er und 70er Jahren die gerechteste Indiens. 1996 errang die Linke Demokratische Front unter Führung CPI(M) wieder den Sieg über die von der Kongress-Partei geführte Vereinigte Demokratische Front, die bis 2001 fünf Jahre lang an der Macht gewesen war. Auch hier gibt es Armut, jedoch längst nicht in dem Ausmaß wie in anderen Teilen Indiens. Kerala ist zu Recht stolz auf sein hervorragendes Gesundheits- und Bildungswesen und eine Analphabetenquote von null Prozent (zumindest laut offiziellen Angaben). Weniger erfreulich sieht dagegen der Bereich der industriellen Entwicklung aus, denn potenzielle Investoren aus dem Ausland scheuen sich vor der Konfrontation mit einer gewerkschaftlich organisierten Arbeiterschaft. Ein Überangebot an Akademikern bei gleichzeitigem Mangel an Investitionen hat dazu geführt, dass ein großer Teil der männlichen Arbeitskräfte in die Golfstaaten abwanderte, sodass viele keralische Familien von den beträchtlichen Einnahmen profitieren, die ihre Angehörigen nach Hause schicken. Bei einer Fahrt durch den Bundesstaat fallen die riesigen Villen ins Auge, die mit Hilfe der Petro-Dollars an den Rändern fast aller Ortschaften entstanden sind – im Kontrast dazu sieht man aber auch immer wieder mit Hammer und Sichel geschmückte Flaggen im Wind flattern.

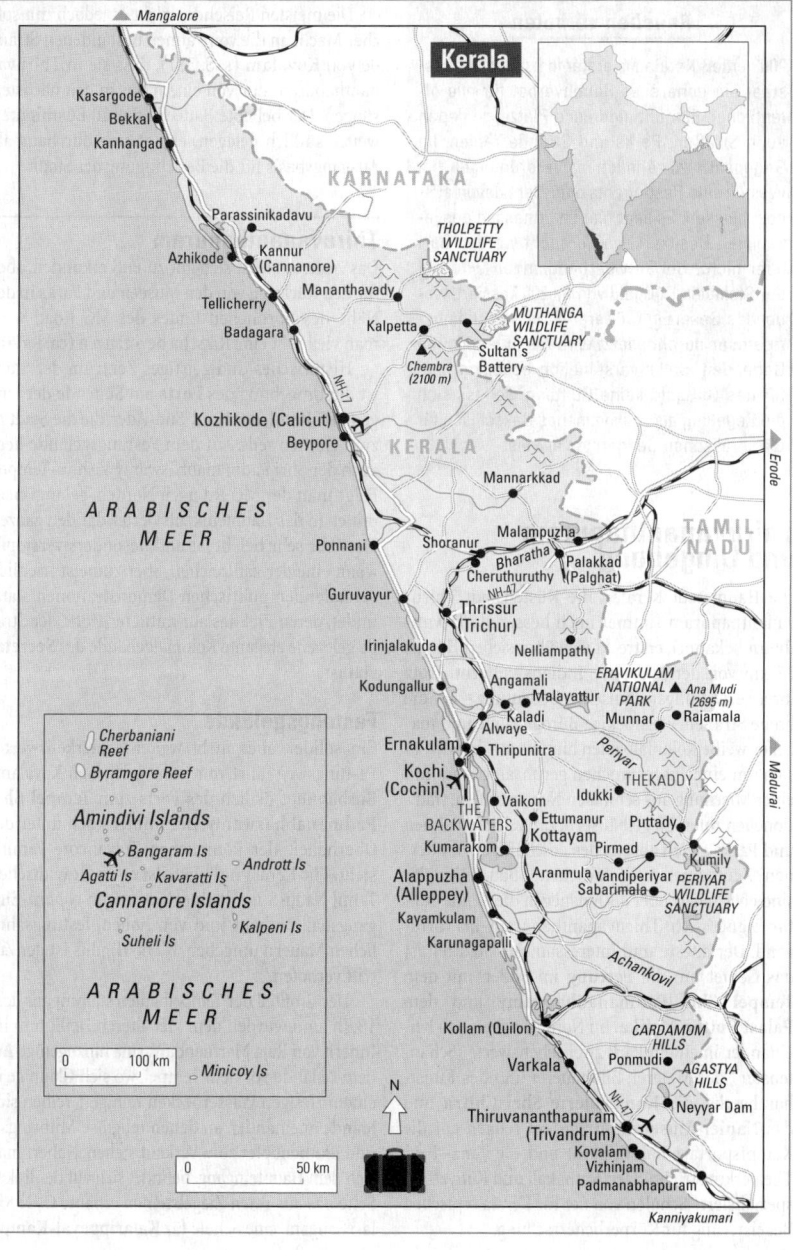

Kerala

KERALA

Thiruvananthapuram und Umgebung

Die Hauptstadt Keralas, die Küstenstadt Thiruvananthapuram (immer noch besser als **Trivandrum** bekannt), erstreckt sich über sieben Hänge,
87 km von der Südspitze Indiens entfernt. Trotz
ihrer verwaltungstechnischen Bedeutung – auf die
breite Straßen, vielstöckige Bürogebäude und makellos weiße Kolonialbauten hinweisen – handelt es
sich um eine ausgesprochen geruhsame Stadt mit
einer Mischung aus schmalen Nebenstraßen, traditionellen roten Ziegelhäusern, zahlreichen Palmen
und Parks gleich abseits des geschäftigen, modernen Zentrums. Ausgesprochene Baudenkmäler
sind eher selten, aber als Einstieg in die Kerala-Kul-
tur eignet sich Thiruvananthapuram hervorragend. Der älteste und interessanteste Stadtteil ist
das Gebiet um die **Festung** im Süden mit dem
Tempel Shri Padmanabhaswamy und dem
Palast Puttan Malika. Im Norden stehen nah beieinander in einem Park zwei sehenswerte „Schaufenster" der Malerei, Bildhauerei und des Kunst-
handwerks, die **Kunstgalerie Shri Chitra** und
das **Napier-Museum**. Außerdem zeugen auf die
Kampfsportart Kalarippayat und die Tanz- bzw.
Theaterkunstrichtungen Kathakali und Kutiyattam
spezialisierte Schulen von der für Kerala typischen
Begeisterung für Körperbeherrschung.

Die meisten Reisenden zieht es jedoch mit solcher Macht an die von Palmen bestandenen Strände von **Kovalam** (s. S. 381), dass sie in Thiruvananthapuram nur von einem Bus in den nächsten
steigen. Der beliebte Badeort, nur 20 Busminuten
weiter südlich gelegen, eignet sich durchaus als
Ausgangsbasis für die Besichtigung der Stadt.

Thiruvananthapuram

Das Zentrum lässt sich gut zu Fuß erkunden, aber
für den Rückweg von den Museen und Parks in der
Nähe des nördlichen Endes der MG Road wird
man vielleicht eine Rikscha bevorzugen (ca. Rs 20).

Historisches und geistiges Zentrum der Stadt
ist die Umgebung des **Forts** am Südende der langen **MG Road**, der Nord-Süd-Ader, die die Stadt in
zwei Hälften teilt. Auf dem Festungsgelände liegt
auch der Shri Padmanabhaswamy Vishnu-Tempel.
Folgt man der MG Rd nach Norden, gelangt man
mitten in das Haupteinkaufsviertel, das den ganzen
Tag über sehr belebt ist und besonders verstopft,
wenn eine der zahlreichen, aber zumeist friedlich
verlaufenden politischen Demonstrationen stattfindet, deren Ziel das auf mittlerer Höhe der Straße gelegene elegante Kolonialgebäude des **Secretariat** ist.

Festungsgelände

Ein solider, aber nicht weiter bemerkenswerter
Festungsweg führt vom nahe gelegenen Kovalam-
Busbahnhof östlich des Forts zum **Tempel Shri
Padmanabhaswamy**, der immer noch unter der
Oberhoheit der königlichen Travancore-Familie
steht. Für Kerala unüblich, ist er im dravidischen
Tamil Nadu-Stil mit einer mächtigen *gopura*-Ein-
gangshalle erbaut und von hohen, festungsähn-
lichen Mauern umgeben. Nicht-Hindus ist der Zu-
tritt verboten.

Der Großteil der Tempelbauten stammt aus dem
18. Jh. und wurden dem viel älteren Heiligtum im
Innern von Raja Marthanda Varma hinzugefügt. Auf
dem Gelände vor dem Tempel, wo sich Gläubige in
einem riesigen Wasserbecken reinigen, reihen sich
Stände aneinander, an denen religiöse Mitbringsel
und Blumenopfer zum Verkauf stehen. Nähert man
sich dem Haupteingang, befindet sich auf der linken
Seite das aus roten Ziegelsteinen erbaute CVN Kalari Sangam, eine Schule für **Kalarippayat-Kampf-**

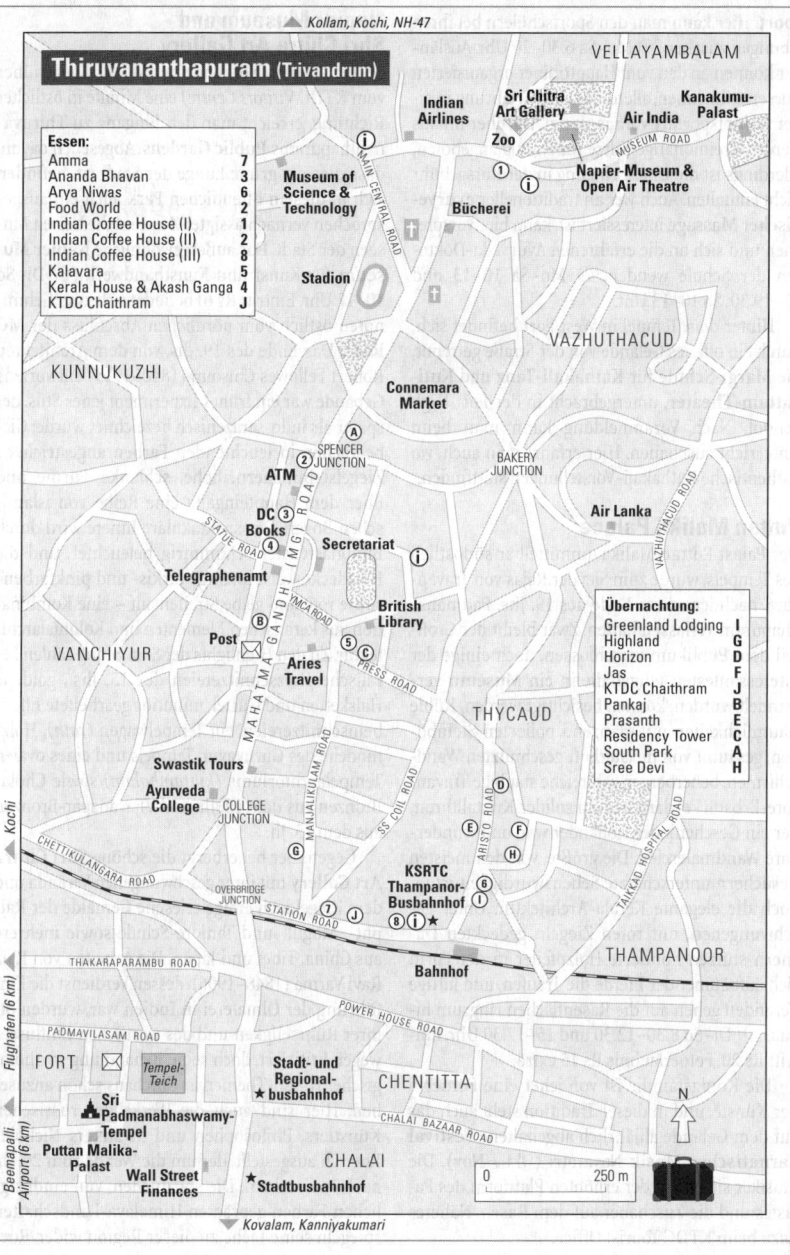

Thiruvananthapuram (Trivandrum)

Essen:
Amma	7
Ananda Bhavan	3
Arya Niwas	6
Food World	2
Indian Coffee House (I)	1
Indian Coffee House (II)	2
Indian Coffee House (III)	8
Kalavara	5
Kerala House & Akash Ganga	4
KTDC Chaithram	J

Übernachtung:
Greenland Lodging	I
Highland	G
Horizon	D
Jas	F
KTDC Chaithram	J
Pankaj	B
Prasanth	E
Residency Tower	C
South Park	A
Sree Devi	H

Kollam, Kochi, NH-47

VELLAYAMBALAM

Indian Airlines
Sri Chitra Art Gallery
Zoo
Kanakumu-Palast
Air India
MUSEUM ROAD
Napier-Museum & Open Air Theatre

Museum of Science & Technology
Bücherei

MAIN CENTRAL ROAD
Stadion

VAZHUTHACUD

KUNNUKUZHI

Connemara Market

SPENCER JUNCTION
ATM
BAKERY JUNCTION
Air Lanka

DC Books
STATUE ROAD
Secretariat
Telegraphenamt
MAHATMA GANDHI (MG) ROAD
YMCA ROAD
British Library

VANCHIYUR
Post
Aries Travel
PRESS ROAD

THYCAUD

Swastik Tours
Ayurveda College
COLLEGE JUNCTION
MANJALIKULAM ROAD
S.S. COIL ROAD
ARISTO ROAD

TAIKAD HOSPITAL ROAD

Chettikulangara Road
Kochi
OVERBRIDGE JUNCTION
STATION ROAD
KSRTC Thampanor-Busbahnhof

Flughafen (6 km)
THAKARAPARAMBU ROAD
Bahnhof
THAMPANOOR

PADMAVILASAM ROAD
POWER HOUSE ROAD

Beemapalli Airport (6 km)
FORT
Tempel-Teich
Stadt- und Regional-busbahnhof
CHENTITTA

Sri Padmanabhaswamy-Tempel
CHALAI BAZAAR ROAD
N

Puttan Malika-Palast
Wall Street Finances
Stadtbusbahnhof
CHALAI

0   250 m

Kovalam, Kanniyakumari

KERALA

sport. Hier kann man den Sportschülern bei ihren Übungen zusehen, ☉ Mo–Sa 6.30–20 Uhr. Ausländer können an den vom Haupttrainer organisierten Kursen teilnehmen, allerdings wird Erfahrung in einer Kampfsportart vorausgesetzt. Darüber hinaus werden dreimonatige Kurse für Rs 500 angeboten, allerdings ist die Unterbringung in der Kursgebühr nicht enthalten. Auch wer an traditioneller **ayurvedischer Massage** interessiert ist, kann hier vorsprechen und sich an die erfahrenen Ayurveda-Doktoren der Schule wenden, ☉ Mo–Sa 10–13 und 17–19.30, So 10–13 Uhr.

Hinter dem Tempel in West Fort befindet sich, durch ein offenes Gelände von der Straße getrennt, die **Margi-Schule** für **Kathakali-Tanz** und **Kutiyattam-Theater**, untergebracht in der Fort High School. Nach Voranmeldung kann man beim Unterricht zuschauen. Hier erfährt man auch, wo authentische Kathakali-Vorstellungen stattfinden.

Puttan Malika Palace

Der Palast Puttan Malika, unmittelbar südöstlich des Tempels, wurde zum Sitz der Rajas von Travancore, nachdem diese Ende des 19. Jhs. Padmanabhapuram verlassen hatten. Zwar bleibt der Großteil dem Publikum verschlossen, doch einige der interessantesten Flügel, die in ein **Museum** verwandelt wurden, können besichtigt werden. Kühle Räumlichkeiten mit glänzend polierten Steinböden, gesäumt von meisterhaft geschnitzten Wandschirmen, beherbergen zahlreiche staubige Travancore-Erbstücke, darunter ein solider Kristallthron, der ein Geschenk der Holländer war, und wunderbare Wandmalereien. Die größte, von den meisten Besuchern unterschätzte Sehenswürdigkeit ist jedoch die elegante Kerala-Architektur. Unter geschwungenen, mit roten Ziegeln gedeckten Dächern stützen hunderte Holzpfeiler in der Form sich aufbäumender Pferde die Traufen, und luftige Veranden gehen auf die Rasenflächen ringsum hinaus. ☉ Di–So 8.30–12.30 und 15–17.30 Uhr, Eintritt Rs 20, Fotoerlaubnis Rs 15 extra.

Die Königsfamilie ist von jeher eine Förderin der Künste, und in dieser Tradition steht auch das auf dem Gelände alljährlich abgehaltene **Festival karnatischer Musik** Navaratri (Okt / Nov). Die Musiker sitzen auf der erhöhten Plattform des Palastes und die Zuschauer auf dem Rasen. Näheres dazu beim KTDC Tourist Office.

Napier Museum und Shri Chitra Art Gallery

Geht man vom Nordende der MG Rd (gegenüber vom *KTDC Visitors Centre*) eine Minute in östlicher Richtung, erreicht man den Eingang zu Thiruvananthapurams **Public Gardens**. Abgesehen davon, dass dies die grüne Lunge der Stadt ist, befinden sich in diesem öffentlichen Park auch ein ausgesprochen vernachlässigter Zoo und die besten Museen der Stadt. Das außergewöhnliche **Napier Museum** für Kunst und Kunsthandwerk (☉ Di–So 10–17 Uhr, Eintritt Rs 6) befindet sich zwei Gehminuten östlich vom nördlichen Abschluss der MG Road. Das Ende des 19. Jhs. von dem Architekten Robert Fellowes Chisolm (1840–1915) entworfene Gebäude war ein frühes Experiment jenes Stils, der später als indo-sarazenisch bezeichnet wurde: Giebeldächer, in leuchtenden Farben angestrichene Ziegelsteinmauern, hohe, schlanke Türme und über dem Haupteingang eine Reihe von islamischen Bögen. Das spektakuläre Innere wird durch Buntglasfenster schummrig beleuchtet, und die Holzdecke weist knallige türkis- und pinkfarbene sowie rote und gelbe Streifen auf – eine Kombination aus keralischen Elementen und Kolonialarchitektur. Zu den Highlights der Sammlung zählen keralische Holzschnitzereien des 15. Jhs., goldene Halsketten und Gürtel, minutiös gearbeitete Elfenbeinschnitzereien, ein Tempelwagen *(rath)*, Holzmodelle des Guruvayur-Tempels und eines ovalen Tempelauditoriums *(kuttambalam)* sowie Chola-Bronzen aus dem 12. Jh. und Vijayanagar-Bronzen aus dem 15. Jh.

Gegenüber beherbergt die schöne **Shri Chitra Art Gallery** mit ihrer geschwungenen Veranda und dem Ziegeldach einige erlesene Gemälde der Rajput-, Mogul- und Tanjore-Schule sowie mehrere aus China, Tibet und Japan. Die Arbeiten von Raja Ravi Varma (1848–1906), dessen Verdienst die Einführung der Ölmalerei in Indien war, wurden oft ihrer Rührseligkeit und des westlichen Einflusses wegen kritisiert, doch seine Behandlung mythologischer Hindu-Themen ist durchaus schön anzusehen. Hier sind auch die Werke des russischen Künstlers, Philosophen und Mystikers Nicholas Roerich ausgestellt, der um die Wende zum 20. Jh. nach Indien kam. Die spirituellen, von eindringlichen Farben geprägten Himalaya-Landschaften spiegeln seine Liebe zu dieser Region wider. Roe-

KERALA

rich verbrachte seinen Lebensabend in Nagar (im Kulu-Tal), wo er 1947 starb. ⊙ Di–So 10–17 Uhr, Eintritt Rs 5.

Nair Kalari Gymnasium

Im Osten der Stadt liegt die **Kampfsportschule** PS Balachandran Nair Kalari, Kalariyil, TC 15/854, Cotton Hill, Vazhuthakad, wo Besucher nach Absprache beim Training zusehen können. Die 1992 nach traditionellen Richtlinien aus Stein erbaute *kalari*-Kampfarena befindet sich 4 m unterhalb der Zuschauergalerie. Schon achtjährige Schüler werden hier im unbewaffneten wie auch bewaffneten Kampfsport unterwiesen. Die Schule bietet Schnellkurse in Kalarippayat an und vermittelt auch Guides für Waldwanderungen. ⊙ tgl. 6–8 und 18–19.30 Uhr.

Übernachtung

Thiruvananthapurams Hotels der mittleren und oberen Preisklasse sind zumeist billiger als die in anderen Bundesstaatshauptstädten, konzentrieren sich jedoch nicht in einem bestimmten Viertel. Budget-Hotels dagegen findet man vorwiegend in den Straßen rings um die **Station Road**. Gute Ausgangspunkte für die Suche sind die **Manjalikulam Road**, fünf Gehminuten westlich des Bahnhofs, oder die Gassen, die unmittelbar nördlich vom Bahnhof von der **Aristo Road** abgehen. Die besten Billigherbergen sind allerdings am Spätnachmittag voll. Wer lieber am Strand wohnt, begibt sich nach Kovalam.

Greenland Lodging, Aristo Rd, Thampanoor, ✆ 0471/232 8114. Große, gut geführte Unterkunft, die beste in der Nähe von Busbahnhof und Bahnhof. Makellos saubere Zimmer mit Du/WC – reservieren oder vor 12 Uhr herkommen! ❷

Highland, Manjalikulam Rd, ✆ 0471/233 3200, 🖵 www.highland-hotels.com. Zuverlässig, gut gemanagt und zu Fuß vom Bahnhof aus erreichbar. Saubere Zimmer mit oder ohne AC. In einem mehrstöckigen Haus untergebracht, daher leicht zu finden. ❸–❻

Horizon, Aristo Rd, in Bahnhofsnähe, ✆ 0471/232 6888, ✉ hotelhorizon@vsnl.com. Gutes Businesshotel mit Zimmern und Suiten, zentrale Klimaanlage, zwei Restaurants (eines davon auf der grünen Dachterrasse) und einer Bar. Frühstück inkl. ❼–❾

Jas, Thycaud, Aristo Junction, ✆ 0471/232 4881, 🖵 www.jashotel.com. Ordentlich, ruhig, dennoch zentral in der Nähe von Busbahnhof und Bahnhof gelegen. Vernünftige Zimmer mit oder ohne AC, alle mit Kabel-TV und eleganten Bädern. ❺–❽

Pankaj, gegenüber dem Secretariat, MG Rd, ✆ 0471/246 4645, 🖵 www.hotelpankaj.com. Stilvolles, gut geführtes 3-Sterne-Hotel. Manche Zimmer mit herrlicher Aussicht über Bäume, ebenso wie das gute Restaurant. Frühstücksbuffet inkl. ❼–❾

Prasanth, Aristo Rd, ✆ 0471/232 7180. Eines von zahlreichen billigen und sehr einfachen Gästehäusern, von einer Familie geführt. Zimmer mit Bad, aber ohne AC, um einen Hof herum erbaut, in Bahnhofsnähe. *Satil* und *Salrah*, eine Tür weiter, sind ganz ähnlich. ❷

South Park, MG Rd, ✆ 0471/233 3333, 🖵 www.thesouthpark.com. Komfortables 4-Sterne-Haus der *Welcomgroup*, alle Zimmer mit AC, Reisebüro, Restaurant und 24 Std. geöffnetes Café. Beliebt bei Reisegruppen und Flugpersonal, daher im Voraus reservieren. ❽–❾

Sree Devi, abseits der Aristo Rd, ✆ 0471/233 7195. Das kleines Budget-Hotel unweit des Bahnhofs bietet sehr einfache, aber saubere Zimmer mit Bad. ❶

Essen

In Thiruvananthapuram finden sich Lokale für jeden Geschmack und Geldbeutel, doch elegante, auf Kerala-Küche spezialisierte Restaurants sind Mangelware. Das Hotelrestaurant im *South Park* bietet gelegentlich Live-Musik aus Karnataka. Wer echte keralische Snacks probieren möchte, sollte es den Einheimischen gleichtun und eines der zahlreichen kleinen *udipi*-Cafés aufsuchen.

Amma, Station Rd. Angenehm AC-gekühlt und günstig in der Nähe der Bahn und des Busbahnhofs gelegen, bietet die üblichen südindischen Snacks und nicht weniger als sieben verschiedene Arten von *uttappam* (Reispfannkuchen).

Anand Bhavan, MG Rd. Das billige, einfache Restaurant serviert frische vegetarische Speisen aus der Region.

Arya Niwas, im Hotel *Arya Niwas,* Aristo Junction, Thampanoor. Ausgezeichnete vegetarische Gerichte aus Indien in einem tadellos sauberen Speisesaal im Erdgeschoss des Hotels. Zu Recht äußerst beliebt bei den Einheimischen. Mit Rs 30–70 p. P. ist zu rechnen.

Food World, Anna's Arcade, Spencer Junction, MG Road. Kombination aus Bäckerei und Supermarkt mit süßen Backwaren und leckeren Kuchen. Keine Sitzgelegenheiten.

Indian Coffee House (I), LMS Junction, gegenüber dem Eingang zu den Public Gardens. Sauber, gut besucht und hervorragend geeignet, um nach dem Museumsbesuch einen erfrischenden Eiskaffee zu trinken; serviert auch den ganzen Tag über ausgezeichnete Omelettes, südindische Snacks und preiswerte Mahlzeiten.

Indian Coffee House (II), Spencer Junction, MG Rd. Die üblichen Standardgerichte in einem kleinen, von der Straße zurückversetzten Gebäude im Kolonialstil.

Indian Coffee House (III), Station Rd. Neben dem Busbahnhof. Ausgezeichnetes Frühstück und Schnellgerichte. Kellner mit Turbanen servieren *dosas*, *wadas*, Omelettes und warme Getränke in einem ausgefallenen, spiralförmigen Bau. Ein Muss in kultureller wie gastronomischer Hinsicht und dazu noch sehr billig.

Kalavara, Press Rd. In der Nähe mehrerer Buchhandlungen im Obergeschoss gelegenes Restaurant, vielseitige Speisekarte, auch hiesige Küche, darunter Schweine- und Rindfleischgerichte. Hauptgericht ca. Rs 60.

Kerala House & Akash Ganga, Statue Rd. Preiswerte keralische Küche im Kellerrestaurant *Kerala House* und exklusivere einheimische Gerichte bei schöner Aussicht im *Akash Ganga* auf dem Dach.

KTDC Chaithram, Station Rd. Zwei preislich moderate Restaurants: ein rein vegetarisches und ein Mughlai-Lokal. Ersteres ist das bessere der beiden, geschmackvoll eingerichtet und klimatisiert, bietet leckere, preiswerte Kerala-Spezialitäten sowie nordindische Gerichte auf Reisbasis.

Sonstiges

APOTHEKEN – z. B. *Central Medical Stores*, MG Rd, Ecke Statue Rd.

AUTOVERMIETUNGEN – *Nataraj Travels*, Thampanoor, ✆ 0471/232 3034; *Swastik Travels*, MG Rd, ✆ 0471/233 1770; *Travel India*, gegenüber dem Secretariat, MG Rd, ✆ 0471/247 8208.

BÜCHER – *Continental Books*, MG Rd. Viele englischsprachige Titel, größtenteils zu indischen Themen, und eine gute Auswahl an Belletristik. Ebenfalls einen Abstecher wert sind *DC Books*, Statue Rd, im 1. Stock eines Gebäudes über der Statue Junction, sowie *Higginbothams* und *Paico Books*, beide in der MG Rd.

GELD – *State Bank of India,* nahe Secretariat, MG Rd. Wechselt Reiseschecks und Bargeld. *State Bank of Travancore*, an der Statue Junction und im nationalen Flughafen. Nimmt Reiseschecks, Bargeld, Visa und Mastercard an. ⊙ Mo–Fr 10–14, Sa 10–12 Uhr.

Thomas Cook hat einen Schalter am Flughafen und ein Büro bei *Tourindia*.

Im Hotel *KTDC Chaithram* gibt es einen Schalter der *Central Reserve Bank* und einen Geldautomaten der *Andhra Bank*. Ein Geldautomat der *Idbi Bank* befindet sich nahe dem Secretariat in der MG Rd.

INFORMATIONEN – Alle Schalter des **Tourist Office** am **Flughafen** haben zu den Flugzeiten geöffnet. Der von *India Tourism,* ✆ 0471/250 1498, bietet allgemeine Infos zu Kerala und Nachbarstaaten. Die beiden Schalter des *Kerala Department of Tourism* – einer am nationalen Terminal, ✆ 0471/250 1085, und einer am internationalen, ✆ 0471/250 2298, dienen mit Spezialinfos über Kerala, einschließlich Details zu Backwater-Touren.

Die Regierung von Kerala unterhält auch Informationskioske mit Infos und Plänen im Hauptgebäude des **Busbahnhofs Thampanoor**, ✆ 0471/232 7224, ⊙ Mo–Sa 10–17 Uhr. Ein weiterer Schalter befindet sich im **Bahnhof**, ✆ 0471/233 4470.

Das rund um die Uhr geöffnete **Hauptbesucherzentrum** der staatlichen Tourismusbehörde befindet sich gegenüber dem Napier Museum in der Museum Rd, ✆ 0471/232 6812, ⌨ www.keralatourism.org.

Kerala Tourist Development Corporation (KTDC),
Station Rd, ☎ 0471/233 0031, 🖳 www.ktdc.com.
Die Aufgabe der am besten organisierten staatlichen Tourismusbehörde besteht vor allem darin, eigene Produkte zu promoten und Kulturer-
eignisse bekannt zu machen. Es werden aber
auch Buchungen für die preiswerten Hotels der
KTDC-Kette (einschließlich des *KTDC Chaithram*
nebenan) erledigt und Tickets für verschiedene
geführte Touren verkauft (siehe unter Touren).
⏲ tgl. 8–18 Uhr.

INTERNET – Der effizienteste unter den zahlreichen Anbietern befindet sich im *KTDC Chaithram*
Hotel in der Station Rd (Rs 30 pro Std.). Alternativen sind *Megabyte* in der MG Road und *Tandem
Communications* an der Statue Junction, MG Rd.

MEDIZINISCHE HILFE – *General Hospital*, nahe
dem Holy Angels Convent, Vanchiyur, ☎ 0471/
244 3870.
Ramakrishna Mission Hospital, Sastamangalam,
☎ 0471/232 2123.

POST – *GPO*, MG Rd, südlich vom Secretariat,
mit Poste-restante-Schalter, ⏲ tgl. 8–18 Uhr.

REISEBÜROS – *Airtravel Enterprises*, New Corporation Building, MG Rd, Palayam, ☎ 0471/232
3900. Gute Adresse für Flugbuchungen.
Aries Travels, Ayswarya Building, Press Rd,
☎ 0471/233 0964. Spezialist für Reisen auf die
Malediven.
Tourindia, MG Rd, ☎ 0471/233 0437. Infos über
neu auf den Markt gekommene Kreuzfahrt- und
Tourveranstalter.

TANZVORSTELLUNGEN – Näheres zu Kathakali-
und Kutiyattam-Vorführungen erfährt man in der
Margi School oder im *Tourist Office*, Station Rd,
u. a. Infos zum Nishagandi Festival (1. April-
woche im Nishagandhi-Freiluft-Auditorium).

TOUREN – Die meisten der **KTDC-Touren**, auch
die Stadtrundfahrten (tgl. 8.30–19 Uhr für Rs 130;
halber Tag 8.30–13 Uhr für Rs 70 bzw. 14–19 Uhr
für Rs 80), werden viel zu schnell abgehandelt,
doch wer wenig Zeit hat, kann sich der **Kanni-**

yakumari-Tour anschließen (tgl. 7.30–21 Uhr für
Rs 250), die zum Padmanabhapuram-Palast
(außer Mo), zum Suchindram-Tempel und nach
Kanniyakumari führt. Daneben werden auch
maßgeschneiderte **Backwater Cruises** mit
flexiblen Routen angeboten.

MOTOR-RIKSCHAS – Eine Fahrt nach Kovalam
kostet ca. Rs 80–100.

NAHVERKEHRSBUSSE – halten am städtischen
Busbahnhof, dem *City Bus Stand*, in East Fort,
10 Gehminuten südlich vom KSRTC-Busbahnhof
und dem Bahnhof (z. B. nach Kovalam).

TAXIS – Eine Fahrt nach Kovalam kostet ca.
Rs 150 (Vorsicht vor überhöhten Preisforderun-
gen).

Thiruvananthapuram ist der Hauptverkehrsknotenpunkt der Küsten- und Binnenlandrouten.
Städte, die nur ein paar Stunden von der Hauptstadt entfernt liegen, z. B. Varkala und Kollam,
lassen sich am einfachsten per Bus erreichen,
doch für längere Strecken eignet sich die Bahn
besser, denn die Busse rasen meistens in be-
ängstigendem Tempo die Küstenstraße entlang
und sind in der Regel auch überfüllter. *JAICO*
gibt ein ausgezeichnetes, monatlich erscheinen-
des Magazin mit Fahrplänen und umfangreichen
Reiseinfos für Kerala und andere Regionen heraus (erhältlich für Rs 10 in Buchhandlungen, am
Thampanoor-Busbahnhof und am Bahnhof).

BUSSE – Der Fernbusbahnhof **KSRTC Thampanoor** liegt südöstlich des Stadtzentrums an der
Station Rd, Ecke MG Road, ☎ 0471/232 3886. Von
hier fahren häufig Busse Richtung Norden nach
KOLLAM, ALAPPUZHA und ERNAKULAM/KOCHI.
2x tgl. fahren Busse hoch nach THEKKADY, Ausgangspunkt zum PERIYAR WILDLIFE RESERVE.
Die meisten staatlichen Busse Richtung Osten
oder Süden werden von der *Tamil Nadu State
Road Transport Corporation (TNSRTC)*, ☎ 0471/

KERALA

Zielort	Name	Nr.	Häufigkeit	Abfahrt	Fahrtdauer
Bangalore	Kanniyakumari–Bangalore Express	6525	Tgl.	12.55 Uhr	18 Std.
Chennai	Trivandrum–Chennai Mail*	2624	Tgl.	14.30 Uhr	16 1/2 Std.
Delhi	Rajdhani Express**	2431	Di u. Do	19.15 Uhr	42 1/2 Std.
	Kerala Express	2625	Tgl.	11.30 Uhr	52 1/2 Std.
Ernakulam/Kochi	Kerala Express	2625	Tgl.	11.30 Uhr	4 Std.
Kanniyakumari	Kanniyakumari Express	1081	Tgl.	11.30 Uhr	1 Std.
Kollam	Kerala Express	2625	Tgl.	7.30 Uhr	1 1/2 Std.
Kozhikode	Trivandrum–Kannur Express	6347	Tgl.	20.45 Uhr	10 1/2 Std.
Madgaon (Goa)	Netravati Express	6346	Tgl.	10.00 Uhr	20 1/4 Std.
Mangalore	Parasuram Express***	6349	Tgl.	6.10 Uhr	15 Std.
	Malabar Express***	6329	Tgl.	18.20 Uhr	15 1/2 Std.
Mumbai	Netravati Express***	6346	Tgl.	10.00 Uhr	21 Std.

* via Kollam, Kottayam, Ernakulam und Palakaad
** nur AC
*** via Kollam, Thrissur, Kozhikode, Kannur, Kasargode

232 7756, unterhalten, darunter 10x tgl. Busse nach CHENNAI über MADURA.

Fahrkarten für alle Busgesellschaften können im Voraus am Reservierungsschalter im Hauptgebäude des Hauptbusbahnhofs gebucht werden; TNSRTC besitzt einen eigenen Schalter. Zahlreiche private Busgesellschaften bieten Fernverbindungen in andere Bundesstaaten an. Die meisten Reisebüros konzentrieren sich in der Aristo Rd unweit vom *Greenland Hotel*.

Busse nach:
ALAPPUZHA (alle 30 Min., 3 1/2 Std.),
CHENNAI (8x tgl., 16–18 Std.),
KANNIYAKUMARI (alle 30 Min., 1–2 Std.),
KOCHI / ERNAKULAM (alle 30 Min., 5–6 Std.),
KOLLAM (alle 30 Min., 1 1/2–2 Std.),
KOTTAYAM (alle 30 Min., 4 Std.),
KUMILY (6x tgl., 8 Std.),
MADURAI (10x tgl., 7 Std.),
PONMUDI (4x tgl., 2 1/2 Std.),
VARKALA (stdl., 1 1/2 Std.).

EISENBAHN – Der **Bahnhof**, ☎ 0471/232 1622, liegt südöstlich des Stadtzentrums, schräg gegenüber dem KSRTC-Busbahnhof. Keralas Hauptstadt besitzt sehr gute Bahnverbindungen zu anderen größeren und kleineren Städten des Landes. Allerdings kann es problematisch sein, kurzfristig eine Fahrkarte für eine lange Strecke zu bekommen. Die **Reservierung** sollte daher so früh wie möglich am (mit Computer versehenen) Reservierungsschalter im Bahnhof erfolgen, ☉ Mo–Sa 8–14 und 14.15–20, So 8–14 Uhr. Schlafwagenplätze werden in ganz Kerala nach dem *first-come, first-served*-System und nicht nach einer Quotenregelung verkauft.

Züge nach:
ALAPPUZHA (3–5x tgl., 2 1/2–3 1/4 Std.),
BANGALORE (1–2x tgl., 18–19 3/4 Std.),
CHENNAI (3–4x tgl., 16 1/2–18 3/4 Std.),
DELHI (1–3x tgl., 42 1/2–56 3/4 Std.),
KANNIYAKUMARI (3–4x tgl., 2 Std.),
KOCHI / ERNAKULAM (12–16x tgl., 3 3/4–5 1/4 Std.),

KOLKATA (4x wöchentl., 47 3/4–48 Std.),
KOLLAM (13–16x tgl., 1–1 1/2 Std.),
KOZHIKODE (4–6x tgl., 8 3/4–10 1/4 Std.),
MADGAON (Goa) (1–3x tgl., 16 1/4–20 1/4 Std.),
MUMBAI (2–3x tgl., 31–42 1/4 Std.),
THRISSUR (10–12x tgl., 5 3/4–7 Std.),
VARKALA (8–10x tgl., 1/2–1 Std.).

FLÜGE – Der **internationale Flughafen** (mit Verbindungen zu den meisten größeren Städten Indiens sowie nach Sri Lanka, zu den Malediven und in den Nahen Osten) verfügt über Informations- und Geldwechselschalter und liegt 6 km südwestlich der Stadt. Es besteht eine Direktverbindung per Flughafenbus oder Bus Nr. 14 zwischen dem Flughafen und dem City Bus Stand (Stadtbusbahnhof). Die Fahrt ins Zentrum kostet mit einer Motor-Rikscha ca. Rs 50. Außerdem gibt es auch einen praktischen Schalter, an dem man Taxis im Voraus bezahlen kann.

Jet Airways, Indian Airlines und *Air India* fliegen vom Flughafen Thiruvananthapuram nach BANGALORE, CHENNAI, DELHI, MUMBAI und TRICHY.
Indian Airlines und *Air Maldives* bedienen täglich MALÉ auf den **Malediven** (zusätzliche Flüge Fr und So).
Sri Lankan Airlines fliegt 1–2x tgl. nach COLOMBO, der Hauptstadt von **Sri Lanka**.

Fluggesellschaften
Indian Airlines, Air Centre, Mascot Junction, ✆ 0471/231 6870, am Flughafen ✆ 0471/250 1542;
Jet Airways, Akshaya Towers, First Floor, Sasthamangalam Junction, ✆ 0471/272 1018; am Flughafen ✆ 0471/250 0710;
Air India, Museum Rd, Vellayambalam Circle, ✆ 0471/231 0310; am Flughafen ✆ 0471/250 1426;
Air Maldives, Spencer Rd, ✆ 0471/24 6341;
Gulf Air, Vellayambalam, ✆ 0471/232 8003;
British Airways, Vellayambalam, ✆ 0471/232 6604;
KLM / Northwest, Spencer Junction, ✆ 0471/246 3531;
Sri Lankan Airlines, Spencer Building, Palayam, MG Rd, ✆ 0471/247 1815.
Flüge nach:
BANGALORE (1x tgl., 1 Std. 5 Min.),
CHENNAI (1–2x tgl., 1 Std. 10 Min.–2 Std. 20 Min.),

COLOMBO (Sri Lanka) (1x tgl., 1 Std. 25 Min.),
DELHI (1x tgl., 3 Std.),
MALÉ (Malediven) (1x tgl., 40 Min.),
MUMBAI (2x tgl., 1 Std. 55 Min.–2 Std.),
TIRUCHIRAPALLI (4x wöchentl., 50 Min.).

Die Umgebung von Thiruvananthapuram

Die **keralische Küste** wird praktisch auf ihren gesamten 550 km Länge von Sandstränden, Felsvorsprüngen und Kokospalmen gesäumt. Dennoch ist **Kovalam** einer der wenigen Orte, die Übernachtungsmöglichkeiten für jeden Geldbeutel bieten und wo das Baden im Meer von den Einheimischen nicht als exzentrisch empfunden wird. Ein weiterer leicht zu bewerkstelligender Ausflug führt von Thiruvananthapuram in die ehemalige Hauptstadt von Travancore, **Padmanabhapuram**, wo ein großartiger Palast zu besichtigen ist.

Kovalam und die Strände

Das Küstendorf Kovalam liegt zwar nur 14 km südlich von Thiruvananthapuram, aber da es sich um den touristisch am besten erschlossenen Urlaubsort Keralas handelt, unterscheidet es sich erheblich vom Rest des Bundesstaates. Bereits vor drei Jahrzehnten begannen Hippie-Traveller den Ort zu bevölkern, doch erst Anfang der 90er Jahre, als die ersten Pauschaltouristen in Kerala eintrafen, kam der Boom richtig ins Rollen. Seitdem hat sich der Ort so sehr verändert, dass er kaum wiederzuerkennen ist. Die Preise klettern immer höher, die Bautätigkeit nimmt kein Ende, und in der Hochsaison wird der Strand von Pauschaltouristen übervölkert.

Kovalam besteht aus vier recht kleinen Sandstränden. Der südlichste, **Lighthouse Beach**, ist das Ziel der meisten Besucher. Um von einem Ende zum anderen zu gelangen, braucht man rund zehn Minuten, entweder direkt am Wasser entlang oder über eine von zahllosen Schleppern bevölkerte Betonpromenade vor der Kulisse eines langen Streifens aus Resorthotels, Gästehäusern und Restaurants. Auf dem Felsvorsprung am südlichen Ende des Strandes steht das auffälligste Wahrzeichen der Gegend, der rotweiße **Leuchtturm**, der allerdings nicht für die Öffentlichkeit zugänglich ist.

Jenseits eines kleinen Felsvorsprungs, am **Ha-wah Beach**, versammeln sich allmorgendlich die Fischer, um ein riesiges Netz von Hand durch das seichte Wasser zu ziehen, wobei sie ihre Arbeit mit rhythmischen Gesängen begleiten. Der beste Ort zum Beobachten dieses Treibens ist die Terrasse des *Sea Rock*. Nördlich der Landspitze, auf der das *Kovalam Beach Resort* thront, direkt vor dessen sanft abfallenden Terrassen, liegt der **Kovalam Beach**. Dieser Abschnitt wird ebenfalls von den Fischern genutzt und ist der von indischen Touristen bevorzugte Strand. Der nächste Abschnitt weiter nördlich, **Samudra Beach**, ist sehr klein (besonders bei Flut). Dort konzentriert sich um einen kleinen Tempel ein Überangebot an neuen Resorthotels für Pauschaltouristen.

Warnung!

Aufgrund tückischer **Gezeitenwechsel** und einer **reißenden Strömung**, insbesondere während des Monsuns, ist das Schwimmen im Meer vor Kovalam nicht immer ungefährlich. Durch den Einsatz von Rettungsschwimmern (zu erkennen an den blauen Hemden) wurde die Zahl der Todesfälle zwar reduziert, dennoch ertrinken hier jedes Jahr einige Touristen und viele andere bringen sich in Lebensgefahr. Daher muss man sich unbedingt und zu jeder Zeit nach den Warnfähnchen richten und Kinder nicht aus den Augen lassen. Auf halber Höhe des Lighthouse Beach befindet sich eine Erste-Hilfe-Station.

Übernachtung

In Kovalam wimmelt es von Unterkünften, wobei nur ganz billige Zimmer schwierig zu finden sind, denn praktisch alle Budget-Gästehäuser sind auf Vordermann gebracht worden, um den vielen Touristen gerecht zu werden, die um die Weihnachten hier einfallen. Die Hotelzimmer sind außerdem schon Wochen im Voraus ausgebucht, weshalb es ratsam ist, vorab zu reservieren. In der Umgebung des Lighthouse Beach konzentrieren sich die meisten Unterkünfte mittlerer Preisklasse. Am ruhigeren Samudra Beach gibt es zwei bessere und einige einfache Hotels.

Die Preise sind, verglichen mit dem restlichen Kerala, exorbitant, und in der Hochsaison (Dez bis Mitte Jan) kann von Glück sagen, wer ein schlichtes Zimmer für unter Rs 300 bekommt. Zu anderen Zeiten kann man ein bisschen handeln (20–50% Nachlass), vor allem bei einem Aufenthalt von über einer Woche. Die nachfolgend angegebenen Preiskategorien gelten für die Hochsaison.

Blue Sea, 100 m vor der Abzweigung zum Hawah Beach, 🖳 www.hotelbluesea. net, ✆ 0471/248 1401. Freundliches, attraktiv gestaltetes Hotel mit gemütlicher Atmosphäre. Die besten Zimmer befinden sich in ungewöhnlichen Rundtürmen inmitten reizender Gärten. Swimming Pool, ayurvedische Behandlung, gutes Restaurant und kostenlose Abholung vom Flughafen. ❸–❽

Green Valley, Lighthouse Beach, ✆ 0471/248 0636, ✉ indira_ravi@hotmail.com. Zwischen Reisfeldern gelegenes Hotel, eine der besten Budget-Unterkünfte in Kovalam. Einladende Zimmer mit Bad rings um schattige, ruhige Höfe. Die EZ bieten ein hervorragendes Preis-Leistungs-Verhältnis, aber es gibt hier leider ein kleines Moskito-Problem. ❹

Hari Lekshmi, Lighthouse Beach, ✆ 0471/248 1341. Kleines Gästehaus mit vier makellos sauberen, preiswerten Zimmern mit Bad. Einladende Gemeinschaftsveranda. ❸

Kovalam Beach Resort, auf einer Landspitze mit Blick auf Kovalam Beach, ✆ 0471/248 0101, 🖳 www.kovalamhotel.com. Vier Komplexe mit Chalets und Cottages in einer preisgekrönten, von Charles Correa entworfenen Anlage. Kovalams luxuriöseste Unterkunft mit Bars, Restaurants, Pools, Yoga-Zentrum und Tennisplätzen, aber es wimmelt von Sicherheitskräften und Reisegruppen. Zimmer US$125–175. ❾

KTDC Samudra, Samudra Beach, ✆ 0471/248 0089, 🖳 www.ktdc.com. Luxuriöses staatliches Hotel abseits der anderen Unterkünfte. Alle Zimmer (ab Rs 3000) haben Meerblick und Hängematten. Herrlicher Pool, Restaurant, gutes Ayurveda-Massagezentrum und gepflegte Gärten mit Blick auf den Strand von Kovalam. ❾

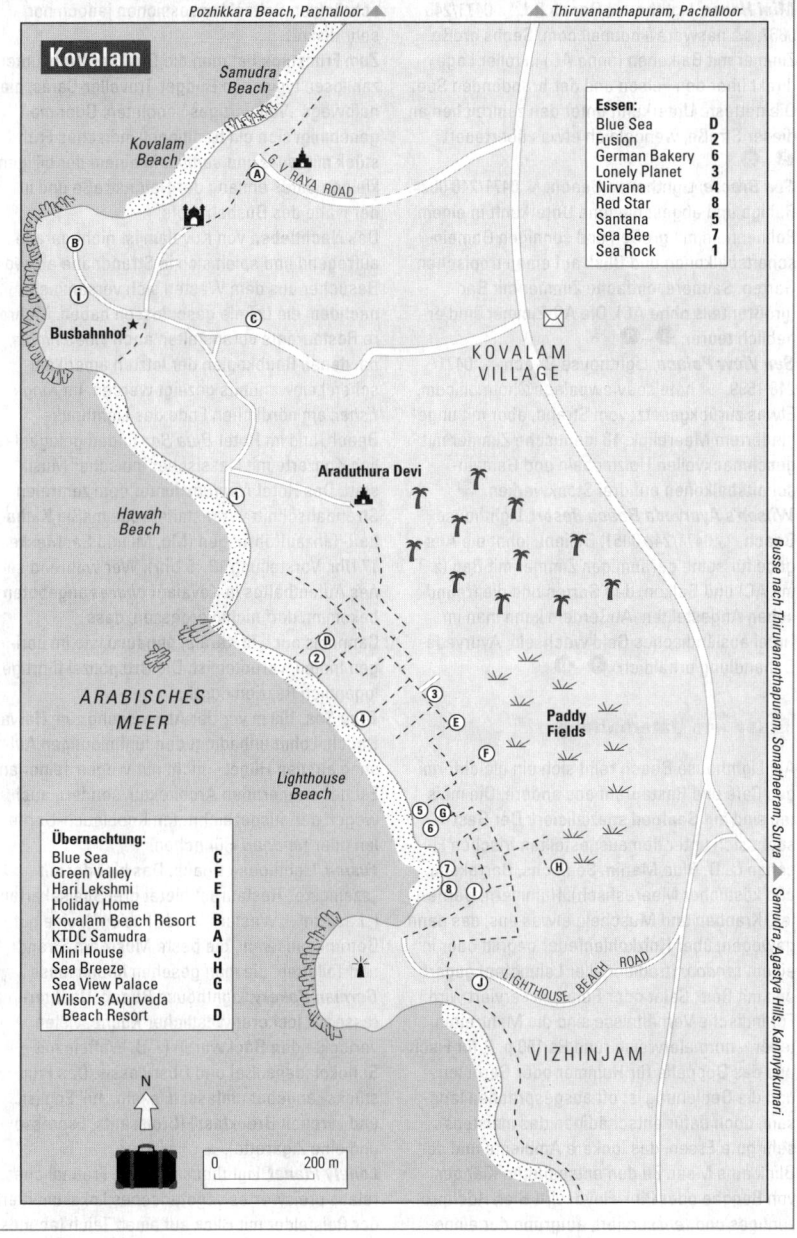

Kovalam

Samudra Beach

Kovalam Beach

Ⓐ G V RAYA ROAD

Ⓑ

ⓘ

Busbahnhof ★

Ⓒ

✉

KOVALAM VILLAGE

Essen:

Blue Sea	D
Fusion	2
German Bakery	6
Lonely Planet	3
Nirvana	4
Red Star	8
Santana	5
Sea Bee	7
Sea Rock	1

Hawah Beach

Araduthura Devi

ARABISCHES MEER

①

Ⓓ ②

③

Ⓔ

Paddy Fields

④

Ⓕ

Lighthouse Beach

⑤ Ⓖ
⑥

⑦ Ⓗ
⑧ ⓘ

Ⓙ LIGHTHOUSE BEACH ROAD

VIZHINJAM

Übernachtung:

Blue Sea	C
Green Valley	F
Hari Lekshmi	E
Holiday Home	I
Kovalam Beach Resort	B
KTDC Samudra	A
Mini House	J
Sea Breeze	H
Sea View Palace	G
Wilson's Ayurveda Beach Resort	D

N ⬆

0 —————— 200 m

Busse nach Thiruvananthapuram, Somatheeram, Surya ▲   Samudra, Agastya Hills, Kanniyakumari

KERALA

Mini House, Lighthouse Beach Rd, ☏ 0471/248 0867, ✉ naswara@hotmail.com. Sechs große Zimmer mit Balkonen (ohne AC) in toller Lage direkt über den Felsen und der brandenden See. Die netteste Unterkunft unter den zahlreichen an dieser Straße, wenngleich etwas überteuert. ❺–❻

Sea Breeze, Lighthouse Beach, ☏ 0471/248 0024. Ruhige und abgeschiedene Unterkunft in einem Palmenhain mit großen und sonnigen Gemeinschaftsbalkonen und Blick auf einen tropischen Garten. Saubere, einfache Zimmer mit Bad (größtenteils ohne AC). Die AC-Zimmer sind erheblich teurer. ❶–❺

Sea View Palace, Lighthouse Beach, ☏ 0471/248 1599, ✉ hotelseaviewpalace@hotmail.com. Etwas zurückgesetzt vom Strand, aber mit ungehindertem Meerblick. 18 identische Zimmer mit geschmackvollen Holzmöbeln und Gemeinschaftsbalkonen auf drei Stockwerken. ❺

Wilson's Ayurveda Beach Resort, Lighthouse Beach, ☏ 0471/248 0051. Beliebt, lohnt für seine geräumigen Zimmer mit Bad (z. T. mit AC) und Balkon, den Garten und die freundlichen Angestellten. Außerdem kann man im Hotel ausländisches Geld wechseln. Ayurveda-Behandlung erhältlich. ❸–❻

Essen und Unterhaltung

Am Lighthouse Beach reiht sich ein gleichförmiges Café und Restaurant ans andere. Die meisten sind auf **Seafood** spezialisiert: Der Gast sucht sich unter den ausgestellten frischen Fischen (z. B. Blue Marlin, Seelachs, Barrakuda und köstlicher Meeresfisch), Hummern, Garnelen, Krabben und Muscheln etwas aus, das dann gewogen, über Holzkohlenfeuer gegrillt oder in einem *tandoor* (traditioneller Lehmofen) gegart und mit Reis, Salat oder Pommes serviert wird. Für indische Verhältnisse sind die Mahlzeiten teuer – normalerweise rund Rs 150 p. P. für Fisch und das Doppelte für Hummer oder Garnelen – und die Bedienung ist oft ausgesprochen langsam, doch dafür entschädigen das meistens sehr gute Essen, das lockere Ambiente und der Blick aufs Meer. Zu den entspannten Klängen von Reggae oder Pink Floyd wird Bier, Hochprozentiges und *feni* serviert, aufgrund der eingeschränkten Schankkonzessionen jedoch nur sehr diskret.

Zum **Frühstück** hat man die Qual der Wahl unter zahllosen typischen Budget-Traveller-Cafés, die halbwegs „Vollwertiges" anbieten. Oder man genehmigt sich ein traditionell indisches Frühstück mit *iddlis* und *sambar* in einem der billigen kleinen Cafés entlang der Hauptstraße und in der Nähe des Busbahnhofs.

Das **Nachtleben** von Kovalam ist nicht gerade aufregend und spielt sich in Strandnähe ab, wo Besucher aus dem Westen sich versammeln, nachdem die Lokale geschlossen haben. Mehrere Restaurants veranstalten auch *video nights*, bei denen Raubkopien der letzten amerikanischen Leinwandhits gezeigt werden. Im *Kingfisher*, am nördlichen Ende des Lighthouse Beach, und im Hotel *Blue Sea* finden gelegentlich Konzerte mit klassischer indischer Musik statt. Das Hotel *Neptune* hinter dem zentralen Strandabschnitt veranstaltet regelmäßig **Kathakali**-Tanzaufführungen (Mo, Mi und Sa, Maske 17 Uhr, Vorstellung 18.45 Uhr). Wer während seines Aufenthaltes in Kovalam *charas* angeboten bekommt, darf nicht vergessen, dass Cannabis auch in Kerala, genauso wie im übrigen Indien, verboten ist. Die Ortspolizei führt gelegentlich Razzien durch.

Blue Sea, 100 m vor der Abzweigung zum Hawah Beach. Lohnt unbedingt den fünfminütigen Aufstieg auf den Hügel – nicht nur wegen seiner an Escher erinnernden Architektur, sondern auch wegen der ausgezeichneten Knoblauch-Garnelen oder *tandoori*-Hühnchen.

Fusion, Lighthouse Beach. Das hier derzeit „szenigste" Restaurant bietet drei Speisekarten („Eastern", „Western" und „Fusion"), eine gute Getränkeauswahl, die beste Musik am Strand und Toiletten, die man gesehen haben muss.

German Bakery, Lighthouse Beach. Dachterrasse mit leckerer westlicher Küche, vielen verlockenden Backwaren (z. B. Waffeln mit Schokoladensoße) und Obst-Lassis. Das Frühstücks- angebot umfasst u. a. ein „full English" und „French Breakfast" (Croissants, Espresso und eine Zigarette).

Lonely Planet, Lighthouse Beach. Freundliches, relativ preiswertes vegetarisches Lokal inmitten der Reisfelder mit Blick auf einen Teich (abends

KERALA

Mückenschutz nicht vergessen). Große Auswahl an indische Speisen, u. a. *iddli*-Frühstück. Donnerstagabend Kulturprogramm mit *all-you-can-eat*-Büffet (19–21 Uhr, Rs 150).

Nirvana, Lighthouse Beach. Entspanntes Restaurant am Wasser mit großer Auswahl an Fischgerichten und anderen indischen, chinesischen und westlichen Speisen.

Red Star, Lighthouse Beach. Kleine, bei Budget-Travellern beliebte Hütte in der Nähe des Leuchtturms. Preiswertes Frühstück, südindische Snacks, Lassis und keralische Mahlzeiten, z. B. feurige Fischcurrys.

Santana, Lighthouse Beach. Eines der besten Seafood-Lokale, ausgezeichnetes Barbecue, *tandoori*-Fisch und -Hühnchen, außerdem überdurchschnittlich gute Musik.

Sea Bee, Lighthouse Beach. Nettes Ambiente und sehr gute indische Musik als Hintergrund für leckere Currys und Seafood. Meistens ist auch starkes Bier erhältlich.

Sea Rock, Hawah Beach. Vorzügliche Lage am Wasser. Besonders interessant am Morgen, wenn sich die einheimischen Fischer am Strand versammeln.

Sonstiges

GELD – In Kovalam gibt es viele Geldwechselmöglichkeiten, die privaten haben jedoch meist unterschiedliche Kurse, daher lohnt es sich, ein bisschen herumzufragen. Die *Central Bank of India* befindet sich im *Kovalam Beach Resort*, die *Andhra Bank* im *KTDC Samudra*. Zuverlässige private Geldwechsler sind *Pheroze Framroze Foreign Exchange* (☉ tgl. 9.30–19 Uhr) unweit des Busbahnhofs und der Schalter im Hotel *Wilson's* (s. o.).

INFORMATIONEN – Das freundliche **Tourist Office**, gleich hinter dem Eingang zum *Kovalam Beach Resort*, ✆ 0471/2480085, führt zahlreiche Broschüren und informiert über aktuelle (Kultur-)Veranstaltungen. ☉ tgl. 10–17 Uhr, außerhalb der Saison So geschlossen. Unterhält auch einen kleinen **Lesesaal** (eine Tür weiter, gleiche Öffnungszeiten), wo englische und amerikanische Zeitungen und Romane ausliegen.

INTERNET – Zahlreiche Einrichtungen bieten Internet-Zugang für rund Rs 40–50 pro Std. an.

REISEBÜROS – *Western Travels*, nahe Busbahnhof, ✆ 0471/248 1334. Erledigt zuverlässig Flugbestätigungen und vermittelt **Mietwagen**. Alternativ dazu kann man für ca. Rs 300 eine Fahrt mit einem traditionellen **kettumaran** (*kettu* = „verbunden", *maran* = „Holzklotz") unternehmen, dem übrigens der Katamaran seinen Namen verdankt.

Voyager Travels, nahe der Polizeistation, ✆ 0471/2481993, vermietet **Motorräder** zu günstigen Preisen (eine Enfield Bullet kostet rund Rs 350–500 am Tag, ein Moped Rs 250).

Transport

BUSSE – Am Busbahnhof East Fort in THIRUVANANTHAPURAM fahren von Plattform 9 (der am südlichsten gelegenen) englisch beschilderte Busse nach Kovalam (alle 10–15 Min., Fahrtzeit 20 Min.). Sie halten am *Kovalam Beach Resort*, auf dem Felsvorsprung zwischen den Stränden Hawah und Kovalam. Wer nicht dort oder am Samudra Beach übernachten möchte, sollte schon unmittelbar hinter dem Hotel *Blue Sea* aussteigen, wo sich die Straße gabelt – die Abzweigung nach links führt hinunter zum Hawah Beach.

MOTOR-RIKSCHAS / TAXIS – Man kann für die Strecke von/nach THIRUVANANTHAPURAM auch eine Motor-Rikscha oder ein Taxi nehmen; Motor-Rikschas kosten zwischen Rs 80 und 100, werden aber versuchen, sehr viel mehr zu verlangen. Eine Taxifahrt kostet ca. Rs 150. In Kovalam treiben sich sehr viele auf Provision bedachte Schlepper herum. Wer sich bereits für ein Hotel entschieden hat und nicht genervt werden will, sollte einen weiten Bogen um sie machen und gebührenden Abstand zum Strand halten.

Pozhikkara Beach und Pachalloor

Wer eine Verschnaufpause vom galoppierenden Kommerz in Kovalam benötigt, findet ganz in der Nähe einige Alternativen. Geht man vom Samudra Beach rund 4 km nach Norden, kommt man an einer Reihe von Fischerweilern vorbei und gelangt schließlich an jenen Punkt, wo sich das Meer und die Backwaters treffen und eine Salzwasserlagune bilden. Es ist zwar nur eine halbe Stunde zu Fuß vom *Kovalam Beach Resort,* doch der weiße Sandstreifen **Pozhikkara Beach** gehört einer völlig anderen Welt an als die Urlaubslandschaft von Kovalam. Hier wird der Sand vor allem dazu genutzt, Fische auszuladen und Netze zu flicken, und unter den dichten Palmendächern leben hinduistische Fischer und Christen, die Kokosfasergarn herstellen, mit ihren Familien. Das ruhige Dorf **Pachalloor**, hinter der Lagune, ist eine gute Unterkunftsalternative zu Thiruvananthapuram oder Kovalam.

Übernachtung und Essen

Lagoona Davina, ☏ 0471/238 0049, 🖳 www.lagoonadavina.com. Umfasst 20 individuell eingerichtete Zimmer mit Bad (US$77–137), die alle nah am Wasser liegen. Das außergewöhnlich gute Restaurant bietet eine Mischung aus authentischer Kerala-Dorfküche und europäischer Nouvelle Cuisine. Das Hotel veranstaltet außerdem **Backwater-Touren** (Rs 350 p. P., Dauer 2 Std.). Wer gebucht hat, wird vom Flughafen abgeholt, ansonsten stehen Taxis und Motor-Rikschas bereit.

Padmanabhapuram

Die 63 km südöstlich von Thiruvananthapuram gelegene Stadt Padmanabhapuram gehört zwar offiziell zu Tamil Nadu, war jedoch zwischen 1550 und 1750 Hauptstadt von Travancore und ist geschichtlich sehr stark mit Kerala verbunden, von wo sie auch verwaltet wird. Wer sich auch nur ansatzweise für keralische Architektur interessiert, sollte den kleinen **Padmanabhapuram**-Palast aufsuchen, eine unwiderstehliche Attraktion und das faszinierendste Gebäude weit und breit – allerdings besser nicht an einem Wochenende, denn dann wuseln hier Busladungen voller Besucher herum. ☉ Di–So 9–16.30 Uhr, Eintritt Rs 50, Fotoerlaubnis Rs 20.

Über der Eingangshalle des Palastes befindet sich **Mantrasala**, der Beratungsraum, dessen hoch polierter schwarzer Boden das Ergebnis einer uralten Mischung aus Kokosnuss, Eiweiß, Kalk, Sand und einem klebrigen Zuckerrohrextrakt ist. Der älteste Teil des Komplexes ist **Ekandamandapam** –

„der einsame Ort". Er wurde 1550 erbaut und für Riten zu Ehren der Göttin Durga benutzt, wobei kunstvolle Bodengemälde *(kalam ezhuttu)* angefertigt wurden.

Die im Pandya-Stil mit Steinsäulen versehene **Tanzhalle** liegt direkt vor einem Schrein, der der Göttin des Wissenserwerbs, Saraswati, gewidmet ist. Die Frauen des Königshofes durften die Vorführungen nur hinter durchbrochenen Steinfenstern von der Seite aus verfolgen und die Bediensteten durch Löcher in der ein Stockwerk höher gelegenen Galerie. Für alte Landsitze typische steile Holztreppen, die in einer Falltür enden, verbinden die Stockwerke miteinander. Den Raum, der Teil des **Frauenflügels** ist, zieren belgische Spiegel und Tanjore-Miniaturen von Krishna. Im **Schlafzimmer** des Maharadschas thront ein Bett mit vier gedrechselten Füßen, das aus 16 verschiedenen Hölzern gezimmert wurde. Die kunstvollen Schnitzereien stellen unzählige Obst- und Gemüsesorten, menschliche Figuren, Vögel und als Zentralmotiv das Schlangensymbol dar, das auf den griechischen Heiler Äskulap zurückgeht.

Die berühmten **Wandmalereien** des Palastes – durch ihre Details, Farben, graziösen Formen und die religiöse Inbrunst sehr lebendig – schmücken die Wände des **Meditationszimmers**, das direkt über dem Schlafzimmer liegt. Es ist leider geschlossen – zum Schutz der Wandgemälde, die durch Generationen von Händen berührt worden sind und dadurch erheblichen Schaden erlitten haben. Interessant sind der **Speisesaal**, in der bis zu 2000 Brahmanen verköstigt werden konnten, und ein 38 kg schwerer Stein, den angeblich jeder neue Armeeanwärter des Maharadschas 101 Mal über den Kopf heben musste. ☉ tgl. außer Mo 9–16.30 Uhr; Eintritt Rs 6; Fotoerlaubnis Rs 10. Hin und wieder sind bestimmte Teile des Palastes zwecks Restaurierung geschlossen

Transport

Vom Thampanoor-Busbahnhof in THIRUVANANTHAPURAM fahren zahlreiche **Busse** nach Padmanabhapuram. Man nimmt irgendeinen Bus nach Süden Richtung Nagercoil oder Kanniyakumari und steigt in THAKKALY (manchmal Thuckalai geschrieben) aus. Wer Padmanabhapuram und Kanniyakumari an einem Tag

Mitten in den Hügeln und dem Tropenwald rings um den Neyyar-Staudamm, 28 km östlich von Thiruvananthapuram, befindet sich der Sivananda Yoga Vedanta Dhanwantari, 🖥 www.sivananda.org, einer der führenden Yoga-Ashrams Indiens. Gegründet wurde er von **Swami Sivananda** als ein Zentrum für Meditation, Yoga und traditionelle keralische Kampfsportarten sowie Medizin. Swami Shivananda wird auch der „Fliegende Guru" genannt, da er in einem kleinen Flugzeug die Krisengebiete der Welt zu überfliegen pflegte, um Blumen und Friedensbotschaften abzuwerfen. Er war ein berühmter Vertreter des Advaitya Vedanta, der Philosophie der Nicht-Dualität, wie sie in den *Upanishaden* verfochten und später, im 11. Jh., von Shankara gelehrt wurde. In dem Ashram werden Lehrer in fortgeschrittenem Raja und Hatha Yoga unterrichtet, doch es gibt auch ausgezeichnete **Einführungskurse** für Anfänger. Sie bestehen aus vier Stunden Intensivunterricht pro Tag (Beginn: 5.30 Uhr) und Vorträgen, die wichtiges Hintergrundwissen vermitteln. Während des Kurses muss man im Ashram wohnen und sich einem Regime unterziehen, das manche westliche Schüler als recht streng empfinden: Rauchen, Sex, Drogen und Rock 'n' Roll sind tabu, die Verpflegung ist rein vegetarisch, hinduistische Andachten gehören zum Pflichtprogramm, und der Unterricht beginnt in aller Frühe. Einige Teilnehmer berichteten von Spannungen mit einheimischen Dorfbewohnern, mit denen die Ashram-Bewohner keinen Kontakt haben sollen und von denen sie auch nichts kaufen dürfen. Es ist jedoch ein hervorragender Ort für Leute, die sich ernsthaft mit den Grundtechniken des Yoga und der dahinter stehenden Erfahrungswelt vertraut machen möchten. Näheres direkt beim Ashram, ✆ 0471/229 0493, oder der Filiale in Thiruvananthapuram, 37/1929 Airport Rd, West Fort, ✆ 0471/245 0942.

Weitere Informationen enthält die Ashram-Broschüre *Sivananda Yoga Life*, herausgegeben vom Sivananda Yoga Vedanta Centre, 51 Felsham Rd, London SW15 1AZ, ✆ 020/8780 0160, ✉ siva@dial.pipex.com.

besuchen möchte, muss früh losfahren, um zur Öffnungszeit um 9 Uhr am Palast zu sein. Nachmittags fahren zwei Expressbusse um 14.30 und 15.30 Uhr von Thakkaly nach Thiruvananthapuram.

Padmanabhapuram lässt sich auch im Rahmen einer **Kanniyakumari-Tour der KTDC** besichtigen, die in Thiruvananthapuram (tgl. 7.30–21 Uhr; Rs 250) beginnt.

Die kleinen Stände innerhalb der äußeren Palastmauern sind die besten Anlaufpunkte für **Snacks** und **Getränke**, zumal die Umgebung des Busbahnhofs sehr laut und dreckig ist.

Varkala

Der alte keralische Hindu-Pilgerort Varkala (54 km nordwestlich von Thiruvananthapuram) ist mit seinem herrlichen Strand und den schönen Klippen ein wesentlich attraktiverer Ferienort als das gnadenlos kommerzialisierte Kovalam. Die Touristenszene konzentriert sich um eine Reihe von Budget-Gästehäusern und palmstrohgedeckten Cafés oben auf den Felsen. Es geht noch relativ geruhsam zu, wenngleich in den letzten Jahren auch hier die ersten Pauschalreisegruppen und Luxushotels Einzug gehalten haben. Es steht zu befürchten, dass sie Vorboten eines kommenden Baubooms sind, denn landeinwärts und an beiden Enden des Strandes schreitet die Bautätigkeit bereits kräftig voran. Die beste Reisezeit ist zwischen Oktober und Anfang März, denn während des Monsuns ist der Strand so gut wie nicht zu nutzen.

Auf Malayalam heißt Varkalas herrlicher weißer Sandstrand Papa Nashini („Sündenvernichter"), bekannt unter dem Namen **Papanasam Beach**. Das landschaftlich äußerst reizvolle Plätzchen breitet sich vor einer Kulisse aus glatten, roten Laterit-Klippen aus und ist noch relativ ruhig, sobald man sich an die zahlreichen ambulanten Händler gewöhnt hat. Es ist zu beachten, dass die im Allgemeinen sehr konservative Bevölkerung von Varkala Frauen „oben ohne" und Nacktbaden am Strand nicht toleriert.

Der expandierende Streifen aus coolen Traveller-Cafés, Hotels und Souvenirgeschäften in der als **Clifftop** bezeichneten Gegend scheint einer anderen Welt zu entstammen als der ein kleines Stück weiter landeinwärts gelegene Ort Varkala. Der Zu-

KERALA

gang zum Strand erfolgt über mehrere Abschnitte mit sehr steilen und sandigen Stufen, die hier in die Klippen gehauen wurden. Weniger tückische Alternativen sind der hinter dem Restaurant *Marine Palace* beginnende Weg oder die vom Ort zum Strand führende Asphaltstraße. Besondere Vorsicht gebietet das Seil, das vor der steil abfallenden Felswand schützen soll, denn es ist recht dünn und reicht an einigen Stellen bereits über den Felsrand hinaus, weil dort Steine weggebrochen sind. Zwei **Yoga-Schulen** am North Clifftop, die *Scientific School of Yoga & Massage* und die *Progressive School*, bieten **Ayurveda-Massagen** und unterrichten in Meditation, Massage und Yoga. Zur erstgenannten gehört der kleine Laden *Prakrithi Stores*, wo Honig, Massageöle, Kräuter, handgemachte Seifen und Bücher verkauft werden.

Im **Ort Varkala** steht am frühen Morgen der an der Temple Junction gelegene Tempelteich im Mittelpunkt der Aktivitäten, wenn sich dort viele Pilger zum Bad einfinden. Ganz in der Nähe steht der angeblich über 2000 Jahre alte Tempel **Janardhana Swamy**, in dem Gläubige die Asche ihrer verstorbenen Angehörigen zur letzten Ruhe betten. Im Gegensatz zu vielen anderen Tempeln in Kerala dürfen auch Nicht-Hindus den Innenhof betreten, nicht aber die kleinen Heiligtümer. Sivagiri Hill, am östlichen Dorfrand, beherbergt einen etwas traditionelleren **Ashram**, der Anhänger des Shri Narayana Guru anzieht, eines Heiligen, der hier 1922 starb. Er war in die niedrige *ezhava*-Kaste hinein geboren und kämpfte mittels einer sozialreformerischen Philosphie – *„eine Kaste, eine Religion, ein Gott für den Menschen"* – gegen die herrschenden Zustände. Er trat für den offenen Zugang zu Tempeln für sämtliche Kasten ein und leistete einen wesentlichen Beitrag zur Besserstellung der Unberührbaren.

Das unverblümt auf den Tourismusmarkt abzielende **Varkala Cultural Centre** hinter dem Restaurant *Sunrise* am North Clifftop, ✆ 0470/608793, veranstaltet täglich **Kathakali-** und **Bharatanatyam-Tänze** (Maske 17 Uhr, Vorstellung 18.30–20 Uhr, Eintritt Rs 150). Es handelt sich um eine recht angenehme Einführung in diese Kunstform, besonders für diejenigen, bei denen Kochi nicht auf dem Reiseplan steht.

Übernachtung

In Varkala herrscht ein vernünftiges Angebot an Unterkünften, von einfachen Zimmern mit Gemeinschaftsbad bis zu Luxusresorts. Die Hotels an der Beach Road empfehlen sich bei einer Anreise am späten Abend, während die Unterkünfte auf dem Clifftop bessere Ausblicke und eine anregendere Atmosphäre bieten. Motor-Rikschas fahren vom Bahnhof und vom Tempelteich in Varkala bis zum Hubschrauberlandeplatz oder hinten herum zum North Cliff. Unterwegs lohnt es sich, beim wunderbaren *Government Guest House* Halt zu machen, um zu fragen, ob dort vielleicht ein Zimmer frei ist. In der **Hauptsaison** (Ende Nov–Jan) kann es Engpässe geben, daher sollte man vorab reservieren.

Bamboo Village, North Clifftop, ✆ 0470/261 0732. Sehr beliebte Unterkunft mit individueller, sympathischer Atmosphäre. Mehrere süße Bambushütten mit kleinen Balkonen und Zimmer mit Bad, die ein besseres Preis-Leistungs-Verhältnis bieten als die Hütten. ❷–❸

Clafouti, North Clifftop, ✆ 0470/260 1414, ✆ 260 0494. Saubere, gekachelte Zimmer rings um einen Patio, jedes mit Balkon, die teureren mit Meerblick. ❸–❹

Eden Garden Ayurvedic Retreat, abseits der Beach Rd, 🖥 www.eden-garden.net, ✆ 0470/260 3910. Beliebte Unterkunft in den Reisfeldern hinter dem Strand. Zwölf Zimmer ohne AC mit Veranden um einen Fischteich (Vorsicht: Moskitos!). Ayurveda-Behandlung (Rs 450–750) und Verpflegung. ❸–❻

Government Guest House, Cliff Rd, 5 Min. zu Fuß nördlich des Tempels, hinter dem *Taj*, ✆ 0470/260 2227, 🖥 www.keralatourism.org. Ehemaliges Feriendomizil der Maharadschas, zu einem ansprechenden Gästehaus umgebaut. Zwei der neun Zimmer sind riesig und bieten ein fantastisches Preis-Leistungs-Verhältnis. Weitere Zimmer in einem modernen Gebäude auf demselben Gelände; auf Wunsch auch Verpflegung. ❷–❸

Green House, Clifftop, ✆ 0470/260 4659, ✉ greenhousecliff@hotmail.com. Von Rucksacktouristen geschätzte Unterkunft mit netter Atmosphäre, nur 2 Minuten vom Klippenrand hinter einem kleinen Tempel in einem freund-

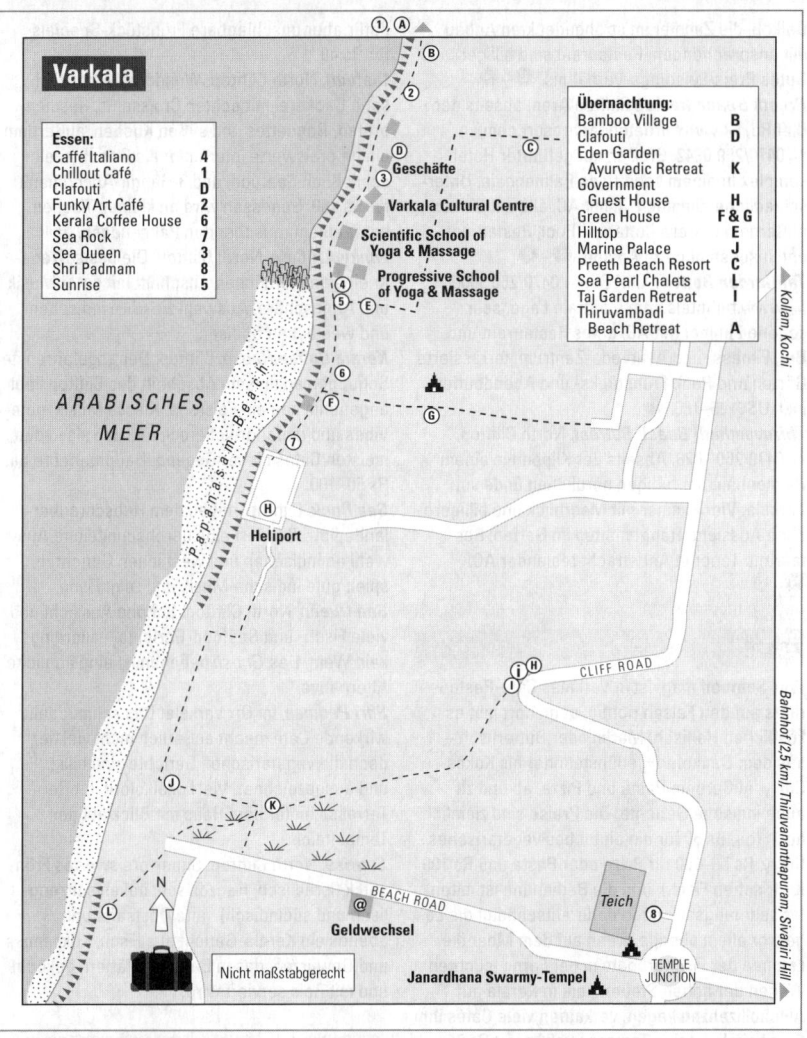

Varkala

Essen:

Caffé Italiano	4
Chillout Café	1
Clafouti	D
Funky Art Café	2
Kerala Coffee House	6
Sea Rock	7
Sea Queen	3
Shri Padmam	8
Sunrise	5

Übernachtung:

Bamboo Village	B
Clafouti	D
Eden Garden	
Ayurvedic Retreat	K
Government	
Guest House	H
Green House	F & G
Hilltop	E
Marine Palace	J
Preeth Beach Resort	C
Sea Pearl Chalets	L
Taj Garden Retreat	I
Thiruvambadi	
Beach Retreat	A

ARABISCHES MEER

Papanasam Beach

Geschäfte

Varkala Cultural Centre

Scientific School of Yoga & Massage

Progressive School of Yoga & Massage

Heliport

CLIFF ROAD

Teich

BEACH ROAD

Geldwechsel

N

Nicht maßstabgerecht

Janardhana Swarmy-Tempel

TEMPLE JUNCTION

KERALA

Kollam, Kochi

Bahnhof (2,5 km), Thiruvananthapuram, Sivagiri Hill

---

lichen Weiler. Sehr schlichte Zimmer; die billigsten mit Gemeinschaftsbad. Ein kleiner neuer Block direkt auf dem Clifftop bietet komfortablere Zimmer. ❷–❺

Hilltop, North Clifftop, ☎ 0470/260 1237, 🖥 www.hilltopvarkala.com. Herrliche Lage, freundliche, luftige Zimmer mit Du/WC und Cottages. Die teureren Zimmer im Obergeschoss haben Meerblick. Nettes Terrassenrestaurant; Ayurveda-Behandlung auf dem Gelände. ❸–❼

Marine Palace, abseits der Beach Rd, ☎ 0470/ 260 3204. Zimmer mit Bad in einem großen, weißen Gebäude. Die teureren Holz-Cottages im vorderen Bereich verfügen über Meerblick und

Balkon, die Zimmer im strohgedeckten Anbau mit ansprechendem Restaurant sind billiger. Gutes Preis-Leistungs-Verhältnis. ❷–❺

Preeth Beach Resort, Clifftop Area, abseits der Cliff Rd, 🖳 www.preethbeachresort.com, ✆ 0470/260 0942. Großer, gut geführter Hotelkomplex in einem schattigen Palmenhain. Unterschiedliche Zimmer, z. T. mit AC, alle mit Balkon, außerdem teurere Cottages. Pool, Restaurant und insgesamt nette Anlage. ❹–❽

Taj Garden Retreat, Cliff Rd, ✆ 0470/260 3000, 🖳 www.tajhotels.com. Zentrale Lage, sehr schöne Zimmer mit AC, gutes Restaurant und Bar, Fitness- und Ayurveda-Zentrum, terrassierte Gärten und Pool. Frühstücks- und Abendbüffet inkl. US$125–160. ❾

Thiruvambadi Beach Retreat, North Clifftop, ✆ 0470/260 1028. Abseits der Klippen in einem Palmenhain am ruhigen nördlichen Ende von Varkala. Vier Zimmer mit Meerblick und billigere ohne Aussicht, Hängematten im Garten; Restaurant. Teuer in Anbetracht fehlender AC. ❺–❻

Essen

Wer **Seafood** mag, ist in Varkalas Café-Restaurants auf den Felsen richtig, denn dort gibt es köstlichen Haifisch, Marlin oder Butterfisch – aus dem Backofen, gedünstet oder als Kokos-Curry; außerdem Pasta und Pizza, ab und zu auch indische Gerichte. Die Preise sind ziemlich hoch (ca. Rs 50 für ein einfaches vegetarisches Curry, Rs 50–100 für Pizza oder Pasta und Rs 100 für frischen Fisch), und die Bedienung ist mitunter sehr langsam, doch dafür entschädigt die Lage, vor allem abends, wenn auf dem Meer die Lampen der Fischerboote in der Ferne leuchten. Wegen der hohen Steuern, die in Kerala auf Alkohollizenzen liegen, verkaufen viele Cafés ihr **Bier** heimlich (eine Teetasse voll kostet Rs 75–90). Notfalls begibt man sich in die nette Bar des Taj Garden Retreat, aber das wird teuer.

Caffé Italiano, Clifftop. Authentische italienische Speisen mit vielen Pizza- und Pasta-Variationen, dazu sehr guter, aber teurer Cappuccino.

Chillout Café, North Clifftop. Einfaches, strohgedecktes Café mit begrenzter Auswahl,

dafür aber unschlagbare Frühstück-Specials für Rs 40.

Clafouti, North Clifftop. Wunderbare französische Bäckerei mit echten Croissants, Rosinenbroten, Baguettes und süßen Küchen, außerdem einige preiswerte internationale Gerichte, einschließlich Seafood, und 3-Gänge-Abendmenü für Rs 150. Gegessen wird an kleinen Tischen unter einem rauschenden Palmendach.

Funky Art Café, North Clifftop. Die beste Szene-Kneipe am nördlichen Abschnitt mit guter Musik und Atmosphäre. Auswahl zwischen indischen und westlichen Speisen.

Kerala Coffee House, Clifftop. Der abgefahrenste Schuppen an diesem Abschnitt des Clifftop liegt angenehm nah am Felsrand. Klasse Musik, gute Vibes und umfangreichere Speisekarte als in den meisten Cafés dieser Gegend. Hauptgerichte ca. Rs 50–100.

Sea Rock, Clifftop, neben dem Hubschrauberlandeplatz. Serviert eine durchschnittliche Auswahl an indischen und westlichen Gerichten, spielt gute indische Musik und zeigt Filme.

Sea Queen, North Clifftop. Schöne Aussicht und viele Fisch- und Seafood-Gerichte – allerdings kein Wein. Das Gnosh nebenan ist eine ähnliche Alternative.

Shri Padman, im Ort Varkala. Das schmuddelig wirkende Café macht äußerlich nicht viel her, doch die vegetarischen Gerichte sind billig und ausgezeichnet. Viel Lokalkolorit, große Terrasse hinter dem Haus mit Blick auf den Tempelteich.

Sunrise, North Clifftop. Super-preiswertes Frühstück (israelisch, französisch, italienisch, englisch und südindisch), gute Obstsäfte und abends ein Kerala-Gericht aus Fisch, Kokosnuss und Gewürzen, das in Bananenblättern gekocht und mit Reis serviert wird.

Sonstiges

GELD – In Varkala gibt es verschiedene Geldwechselmöglichkeiten auf den Klippen und außerdem im Hotel Nikhil in der Beach Rd.

INFORMATIONEN – **Kerala Department of Tourism,** ✆ 0470/260 2227, 🖳 www.keralatourism. org. Das neue Büro befindet sich im Komplex des *Government Guest House* hinter dem *Taj Garden Retreat.* ⊙ Mo–Sa 10–17 Uhr.

INTERNET – In Varkala gibt es zahlreiche Internet-Anbieter, die alle Rs 35–40 pro Std. verlangen; Mindestgebühr Rs 20.

MOTORRÄDER – werden überall in Varkala vermietet; der gängige Preis für einen Motorroller beträgt Rs 200–250, für ein Motorrad Rs 300 und für eine Enfield Rs 350.

TOUREN – Die große Touristenattraktion in Varkala sind **Elefantenausritte**. Private Reisebüros veranstalten in einem nahe gelegenen Wald kostspielige „Tages"-Ausritte. Vor Ort stellen die enttäuschten Teilnehmer dann allerdings fest, dass sie nur eine Stunde dauern. Der offizielle (staatliche) Preis beträgt Rs 350 pro Std. und Person, und die Taxifahrt zum Wald und zurück kostet Rs 50.

Transport

BUSSE – Es bestehen regelmäßige Busverbindungen mit dem Thampanoor-Busbahnhof von THIRUVANANTHAPURAM (1 1/2 Std.) und mit KOLLAM (1 1/2 Std.). Manche Busse fahren bis zum Strand, doch die meisten halten 5 Motor-Rikscha-Minuten entfernt im Ortszentrum. Wer keinen Direktbus bekommt, sollte einen „superfast"- oder „limited stop"-Bus am NH-47 nach Kallamballam nehmen und dort in einen Lokalbus nach Varkala (15 km) umsteigen oder eine Motor-Rikscha (Rs 80–100) bzw. ein Taxi (Rs 120–150) nehmen.

EISENBAHN – Am Bahnhof von Varkala, 2,5 km östlich des Ortes, halten Express- und Mail-Züge aus THIRUVANANTHAPURAM (6x tgl., 38–55 Min.), KOLLAM (stdl., 45 Min.) und den meisten anderen keralischen Städten entlang der Hauptküstenlinie. Eine Motor-Rikscha vom Bahnhof zum Strand kostet ca. Rs 40.

Die Backwaters

Kollam (Quilon)

Einer der ältesten Handelshäfen an der Malabar-Küste ist Kollam („Koillam" ausgesprochen, hieß früher Quilon), 74 km nordwestlich von Thiruvananthapuram und 85 km südlich von Alappuzha, früher einmal der Hauptumschlagplatz des internationalen Gewürzhandels. Der portugiesische Geschichtsschreiber Duarte Barbossa berichtete im 16. Jh. von Kollam als einer „sehr eleganten Stadt mit einem wahrhaft guten Hafen", der von „Mohren, Heiden und Christen in großer Zahl" besucht würde, und betont, dass dort „ein ausgezeichneter Vorrat" an Pfeffer zu finden sei. In der Tat war dies seit frühesten Zeiten ein blühender Hafen, wo freundschaftlicher Handel mit den Phöniziern, Arabern, Persern, Griechen, Römern und Chinesen getrieben wurde.

Heutzutage ist Kollam in erster Linie als einer der Zugangspunkte der Backwaters von Kerala bekannt, und die meisten Reisenden verbringen hier nur eine Nacht auf dem Weg von oder nach Alappuzha. Die Stadt, zwischen dem Meer und dem Ashtamudi („Acht Buchten")-See eingepfercht, ist weniger aufregend als ihre Geschichte vermuten lässt. Die weitläufige Marktstadt besitzt ein paar alte, mit glasierten Ziegeln verzierte Holzhäuser und verschlungene Nebenstraßen, in denen die Menschen vom Handel mit Kokosfasern, Cashewnüssen (sind hier sehr günstig), Keramikwaren, und Meereserzeugnissen leben. Die traurigen Ruinen der Festung **Tangasseri** (3 km außerhalb des Zentrums) stellen die letzten Zeugen der Kolonialzeit dar.

Nützliche **Einrichtungen** wie Wechselbüros, Geldautomaten und Internet-Anbieter finden sich in dem schicken, modernen Einkaufskomplex unmittelbar südlich der Hauptstraße zwischen Bootsanleger und Uhrturm.

Übernachtung

Die freundlichsten Unterkünfte liegen außerhalb der Stadt, auf der Seite des Ashtamudi-Sees, die dem Bootsanleger gegenüber liegt. Zu erreichen per Fähre (Rs 20) oder Motor-Rikscha (Rs 15). *Government Guest House,* am Ashtamudi-See, Ashramam, ⌨ www.keralatourism.org, ✆ 0474/274 3620. Altes Kolonialgebäude (die ehemalige

British Residency) 3 km nordöstlich der Stadt. Viel Charakter, schöne Veranden, antike Möbel und geschwungenes Ziegeldach. Die sechs Zimmer im Hauptgebäude haben mehr Stil als die im neueren Anbau, Mahlzeiten und Tickets für Backwater-Touren sind erhältlich. Sehr beliebt, also reservieren. ❷–❸

Karthika, abseits der Main Road, in der Nähe der Moschee, ☎ 0474/275 1821. Großes, beliebtes Budget-Hotel in zentraler Lage mit sauberen, schlichten Zimmern, manche mit AC, rings um einen Patio; nicht weit vom Bahnhof. Die Zimmer mit TV sind teurer. ❷–❹

Kollam Beach Retreat, 3,5 km südlich des Zentrums, 🖳 www.kollambeachretreat.com, ☎ 0474/275 276 3793. ATDC-Hotel mit komfortablen Zimmern und Restaurant. Die einzige Unterkunft am Stadtstrand. ❸–❹

KTDC Yatri Nivas, Ashramam, ☎ 0474/274 5538, 🖳 www.ktdc.com. Moderne, saubere Zimmer mit Bad und Balkon, in herrlicher Lage mit Seeblick; beste Alternative, wenn das *Government Guest House* ausgebucht ist. Das hauseigene Restaurant ist bei Travellern sehr beliebt; außerdem gibt es einen Biergarten. ❸–❺

Shah International, Chinnakkada Rd, ☎ 0474/274 2362, ✉ hotelshah@hotmail.com. Moderner Hotelblock mit überraschend großen, sauberen und hellen Zimmern und Suiten, einige mit AC und Kabel-TV. ❸–❻

Sudarsan, Parameswar Nagar, ☎ 0474/274 4322. Zentral und beliebt, hält aber nicht, was die elegante Lobby verspricht; unterschiedliche Zimmer, manche mit AC und TV. Klimatisiertes Restaurant im Erdgeschoss (Vorsicht vor den verdeckten Steuern). ❸–❽

Valiyavila Family Estate, direkt am Ashtamudi-See, ✉ valiyavali1@rediffmail.com, ☎ 0474/270 1546. Vier reizende Zimmer mit Teakholzmöbeln in einer stilvollen Marmor-Villa sowie ein billigeres Nebengebäude. Abholung vom Flughafen oder aus der Stadt. ❺–❽

Essen

Zum Essengehen empfehlen sich z. B. das *Indian Coffee House* in der Main Rd (Omelettes, Reis, *dhal,* einfache vegetarische Gerichte und Kaffee) oder das etwas weiter in derselben Straße gelegene *Guru Prasad,* das eine große Auswahl an ausgezeichneten vegetarischen Gerichten aus Südindien serviert. Das Hotel *Sudarsan* besitzt ein gutes AC-Nobelrestaurant mit indischer Küche. Die meisten Traveller bevorzugen das sympathische, direkt am See gelegene Restaurant des KTDC-Hotels *Yatri Niwas,* wo diverse leckere Fischgerichte kredenzt werden.

All Spice an der Straße hinter der Shopping Mall ist eine hell beleuchtete Cafeteria mit authentischen chinesischen und vernünftigen westlichen Gerichten. Gute Bäckerei im Erdgeschoss.

Sonstiges

INFORMATIONEN – Am Bahnsteig 4 auf dem Bahnhof befindet sich der winzige Schalter des District Tourism Promotion Council (DTPC), der *Tourist Information Counter*. Hier werden Hotelbuchungen erledigt; man muss eine Nacht im Voraus bezahlen; die einzige Extra-Gebühr ist für die erforderlichen Telefonanrufe zu entrichten. Ein weiteres *DTPC Tourist Office* gibt es an der Bootsanlegestelle am Ashtamudi-See, ☎ 0474/274 5625, 🖳 www.dtpckollam.com. Dort sind allerdings nur Informationen über die DTPC-Touristenboote erhältlich. ☉ Mo–Sa 9–18 Uhr. Im Büro des *Alappuzha Tourism Development Council* (ATDC) auf der gegenüberliegenden Straßenseite gibt es Informationen über Touristen- und normale Fähren.

TOUREN – DTPC und ATDC organisieren tgl. abwechselnd eine **Bootsfahrt von Kollam nach Alappuzha**, Abfahrt um 10.30 Uhr, Dauer inkl. Stopp zum Mittagessen und Nachmittagstee 8 Std., Rs 300. Manche Reisende sind jedoch der Ansicht, dass sich ein besserer Eindruck vom Leben in den Backwaters gewinnen lässt, wenn man die billigen lokalen Fähren nimmt, die zwischen den Dörfern verkehren. Tickets für die Fähren von DTPC und ATDC werden am Abfahrtstag morgens bei allen Reisebüros und in einigen Hotels verkauft. Fahrkarten für die lokalen Fähren gibt es am Schalter bei der Anlegestelle. Beide Organisationen bieten exklusive nächtliche *kettu vallam*-Kreuzfahrten an. Der DTPC veranstaltet auch halbtägige Touren zur nahe gelegenen **Insel Monroe** (9–13 und 14–

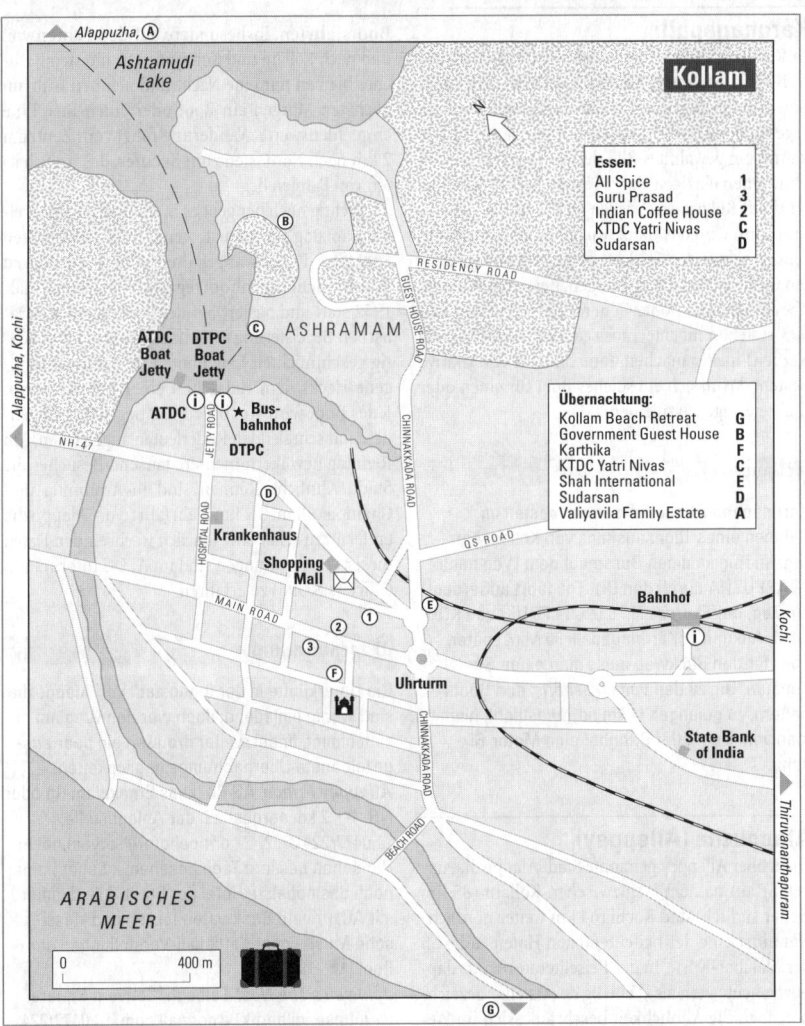

Kollam

Essen:
All Spice	1
Guru Prasad	3
Indian Coffee House	2
KTDC Yatri Nivas	C
Sudarsan	D

Übernachtung:
Kollam Beach Retreat	G
Government Guest House	B
Karthika	F
KTDC Yatri Nivas	C
Shah International	E
Sudarsan	D
Valiyavila Family Estate	A

18.30 Uhr, Rs 300), die einen faszinierenden Einblick in das dörfliche Leben dieser einzigartigen und wunderschönen Wasserlandschaft vermitteln.

Transport

BUSSE – Expressbusse fahren vom **KSRTC-Bus-bahnhof** (neben dem DTPC-Bootsanleger) nach THIRUVANANTHAPURAM (1 1/2 Std.) und KOCHI (3 Std.) via ALAPPUZHA (1 1/4 Std.).

EISENBAHN – Der **Bahnhof** liegt östlich des Uhrturms, der das Zentrum der Stadt markiert. Tgl. fahren zahlreiche Züge nach ERNAKULAM und THIRUVANANTHAPURAM und weiter.

Karunagapalli

In Karunagapalli, 23 km nördlich von Kollam am
NH-47 in Richtung Alappuzha, kann man beim
Bau und der Reparatur traditioneller *kettu vallam*
(„gebundene Boote") zusehen. Diese langen Last-
kähne, ein gewohntes Bild der Backwaters, werden
ohne einen einzigen Nagel gebaut. Jede Holzplanke
wird mit Kokosfaserstricken an die andere genäht,
und dann wird das Ganze mit einer Wasser abweh-
renden schwarzen Schicht, hergestellt aus gekoch-
ten Cashew-Kernen, überzogen. Bei guter Wartung
überdauern die Boote Generationen. Wer ein *vallam* erstehen möchte, muss ca. zwei *lakh* (200 000
Rupien) locker machen. Eine billigere Alternative
besteht darin, sich ein solches Boot für einen oder
mehrere Tage auszuleihen.

Transport

Karunagapalli besucht man am besten im
Rahmen eines Tagesausflugs von Kollam her;
regelmäßig kommen **Busse** auf dem Weg nach
ALAPPUZHA durch den Ort. Tgl. fährt außerdem
ein **Zug**, der Express Nr. 6525, 14.25 Uhr von KOL-
LAM, Ankunft in Karunagapalli 30 Min. später,
aber für den Rückweg muss man einen Bus
nehmen. Um zu den *vallam asharis,* den Boots-
bauern, zu gelangen (4 km nordwestlich), nimmt
man vom Bus- oder Bahnhof eine Motor-Rikscha.

Alappuzha (Alleppey)

Die früher Alleppey genannte Stadt Alappuzha, ungefähr auf halbem Weg zwischen Kollam (85 km
weiter südlich) und Kochi (64 km weiter nördlich)
war einst eine der bedeutendsten Hafenstädte an
der Malabar-Küste. In der Reiseliteratur wird Alappuzha heute gern als „Venedig des Ostens" bezeichnet, doch die Ähnlichkeit beschränkt sich im Wesentlichen auf die vielen miteinander verbundenen
Kanäle. Alappuzha hat ein lebhaftes Zentrum aus
morschen Holzhäusern mit Wellblechdächern und
einige ruhige und grüne Vororte. Die Stadt spielt eine wichtige Rolle in der Kokosfaserherstellung, was
den starken Verkehr auf ihren schlammigen Wasserwegen erklärt.

Alappuzha ist ein wichtiger Ort auf dem Touris-
tenpfad, einer der Ausgangspunkte für **Backwater-**

Bootsfahrten, insbesondere auf den Fähren von
und nach Kollam und Kottayam. Die meisten Besucher bleiben nur eine Nacht und nehmen früh am
nächsten Morgen ein Boot oder einen Bus. Eine
empfehlenswerte Wanderung führt vom Zentrum
2 km nach Nordosten zum **Seeufer**, das im Schatten von Palmen liegt.

Richtig hoch her geht es in Alappuzha am zweiten Samstag im August, wenn eines der größten
Spektakel Keralas abgehalten wird – die **Nehru
Trophy**-**Schlangenbootregatta**. Sie fand erstmals
1952 statt und basiert auf der traditionellen keralischen Begeisterung für schnelle Fahrten in prächtig geschmückten Langbooten, deren hoch gebogene Hecks dem Halsschild einer Kobra ähneln.
Jedes Boot wird von bis zu 150 begeistert singen-
den und schreienden Ruderleuten angetrieben. Am
Renntag bevölkern mehrere tausend Besucher die
Stadt. Ähnliche Rennen sind in Aranmula und
Champakulam, 16 km Fährfahrt von Alappuzha
entfernt, zu sehen. Die jährlich wechselnden Daten
dieser Veranstaltungen sind im ATDC Information
Office (s.S. 396) zu erfahren.

Übernachtung

Die Unterkünfte in der Innenstadt von Alappuzha
sind wenig einladend, doch wer den Weg auf
sich nimmt, findet weiter draußen ein paar ausgezeichnete Übernachtungsmöglichkeiten.
Alleppey Prince, AS Rd (alias Ernakulam Rd oder
NH-47), 2 km nordöstlich der Anlegestelle,
✆ 0477/224 3752, ✉ princehotel@satyam.net.in.
Hat schon bessere Tage gesehen, ist aber immer
noch das nobelste Hotel der Stadt. Alle Zimmer
mit AC, private Backwater-Touren und klassische Musik- oder Kathakali-Vorstellungen am
Pool. ⑥–⑧
Johnson's The Nest, Lalbagh, Convent Square,
✉ johnsongilbertlk1@hotmail.com, ✆ 0477/224
5825. Herrliche und extrem freundliche Privatunterkunft in einem attraktiven Kolonialbau 2 km
westlich des Zentrums, 10 Gehminuten vom
Strand entfernt. Riesige Zimmer mit geräumigen
Balkonen und einige kleinere im Haus gegenüber. Auf Wunsch hausgemachte Mahlzeiten.
②–④
Karthika Tourist Home, Mullakal Rd, am Kanal
gegenüber dem Anleger, ✆ 0477/224 5524. Ein-

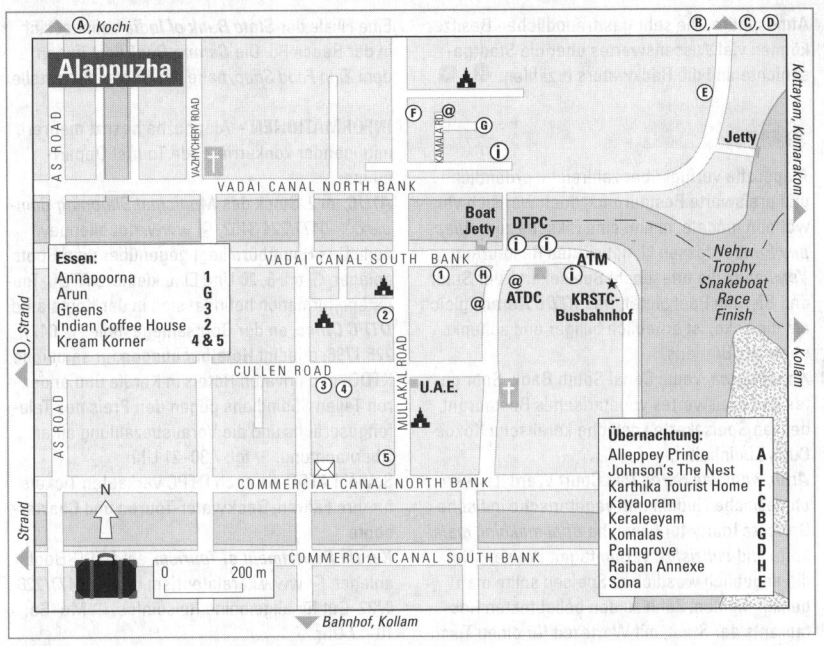

Alappuzha

Kochi (A)

(B), (C), (D)

Kottayam, Kumarakom

Jetty

VADAI CANAL NORTH BANK

Boat
Jetty

DTPC

VADAI CANAL SOUTH BANK

ATM

ATDC

KRSTC-
Busbahnhof

Nehru
Trophy
Snakeboat
Race
Finish

Kollam

VAZHICHERY ROAD

KAMALA RD.

AS ROAD

Essen:
Annapoorna	1
Arun	G
Greens	3
Indian Coffee House	2
Kream Korner	4 & 5

CULLEN ROAD

U.A.E.

MULLAKAL ROAD

AS ROAD

(I) Strand

(I) Strand

Strand

Übernachtung:
Alleppey Prince	A
Johnson's The Nest	I
Karthika Tourist Home	F
Kayaloram	C
Keraleeyam	B
Komalas	G
Palmgrove	D
Raiban Annexe	H
Sona	E

COMMERCIAL CANAL NORTH BANK

N

COMMERCIAL CANAL SOUTH BANK

0   200 m

Bahnhof, Kollam

KERALA

fache Zimmer, manche mit Bad. Zimmer 31 besitzt ein großes Panoramafenster und bietet besonders viel fürs Geld. Vogelkäfig mit Wellensittichen auf dem Gelände. **2**

Kayaloram, Punnamada Kayal, ✆ 0477/223 2040, ✆ 225 2918. Zwölf traumhaft in einem Palmenhain mit Blick auf den See gelegene Holz-Cottages im keralischen Stil mit Duschen unter freiem Himmel und Pool. Veranstaltet Ayurveda-Kurse und tgl. Bootsfahrten bei Sonnenuntergang. Buchung im Stadtbüro in den Punchiri Buildings, Jetty Rd, ✆ 0477/226 2931; angemeldete Gäste werden per Boot am Nehru Trophy Jetty abgeholt. US$70 einschließlich Frühstück. **9**

Keraleeyam, Nehru Trophy Rd, Thathampally, ✆ 0477/223 1468, 💻 www.keraleeyam.com. Die Unterkunft in einem traditionellen keralischen Haus am Kanal ist mit dem Boot vom Bootsanleger aus erreichbar und fungiert seit 60 Jahren auch als Ayurveda-Zentrum mit maßgeschneiderten Verjüngungskuren. Elegante Zimmer rund um einen Gemeinschaftsbereich und hübsche Cottages, einige mit AC. **6 – 8**

Komalas, Zilla Court Ward, ✆ 0477/224 3631. Fünf Gehminuten vom Busbahnhof auf der anderen Seite des Kanals. Gute Auswahl an sauberen Zimmern, z. T. mit AC, und ein Restaurant. **2 – 5**

Palmgrove, Punnamada Kayal, Punnamada, ✆ 0477/223 5004. Rund 2,5 km von der Anlegestelle, per Bus oder Schiff zu erreichen. Hübsche, sehr einfache Bambushütten mit nach oben offenen Bädern in einem gepflegten Palmenhain verstreut; nicht ganz so schick wie manche andere „Resorts" entlang der Backwaters, aber viel erschwinglicher. Das Restaurant, eine offene Hütte, serviert nur südindische Gerichte. **5**

Raiban Annexe, Vadai Canal South Bank, ✆ 0477/226 1017. Budget-Hotel etwas abseits des Kanals in einem Innenhof. Kleine Zimmer zu vernünftigen Preisen. **2 – 3**

Sona, Lakeside, Thathampally, ✆ 0477/223 5211, 💻 www.sonahome.com. Reizendes altes Kerala-Haus in einem herrlichen Garten. Vier Zimmer mit Moskitonetzen und ausgesprochen familiäre

Atmosphäre. Die sehr gastfreundlichen Besitzer können viel Wissenswertes über die Stadtgeschichte und die Backwaters erzählen. ❸–❹

Essen

Alappuzha verfügt über zahlreiche ordentliche und preiswerte Restaurants, doch wer sich verwöhnen möchte, nimmt eine Rikscha zum *Alleppey Prince,* dessen klimatisiertes Restaurant *Vembanad* die erlesenste Speisekarte der Stadt und Bier am Pool bietet. Das **KTDC Aaram,** gleich um die Ecke, ist erheblich billiger und schenkt ebenfalls Bier aus.

Annapoorna, Vadai Canal South Bank. Sehr gutes und preiswertes vegetarisches Restaurant, dessen Speisekarte köstliche keralische Kokos-Currys beinhaltet.

Arun, Komalas Hotel, Zilla Court Ward. Leckere chinesische Nudeln und vegetarische indische Gerichte (darunter köstliche *dhal makhini, malai kofta* und *subzis)* zu vernünftigen Preisen. Nur die angeblich westlichen Speisen sollte man besser meiden. Zählt zu den beliebtesten Restaurants der Stadt, mit Wartezeit für einen Tisch ist zu rechnen.

Greens, Cullen Rd. Beliebtes Restaurant, preiswert, sauber, mit kleinen Vorgarten. Frisch zubereitete südindische Snacks und *all-you-can-eat-thalis,* hauptsächlich vegetarisch, aber auch einige Fleisch- und Fischgerichte.

Indian Coffee House, Mullakal Rd. Filiale der indienweiten Kooperative, bietet die gängige, preiswerte Speisekarte, d. h. Filterkaffee, Omelettes, *dosas* und *iddlis,* in diesem Fall aber auch Fleischgerichte.

Kream Korner, Mullakal Rd. Nicht-vegetarisches Restaurant plus Eisdiele, serviert vor allem Huhn und Lamm, aber auch kleine Gerichte, Milchshakes und Eiscreme. Eine kleinere Filiale gibt es neuerdings neben dem *Greens.*

Sonstiges

GELD – UAE, Mullakal Rd, ist die beste Adresse zum Geldwechseln, ⏲ Mo–Sa 9.30–18.30, So 9.30–13 Uhr. In der Nähe gibt es auch einen Geldautomaten.

Eine Filiale der **State Bank of India** befindet sich in der Beach Rd. Die **Canara Bank** liegt neben dem *Zion Food Shop,* nahe der Bootsanlegestelle.

INFORMATIONEN – Alappuzha besitzt mehrere miteinander konkurrierende Tourist Departments:

ATDC, im 2. Stock des *Municipal Shopping Complex,* ✆ 0477/224 3462, ▣ www.atdcalleppey. com. Das Hauptbüro liegt gegenüber dem Bootsanleger, ⏲ tgl. 8–20 Uhr. Eine kleinere ATDC-Touristeninformation befindet sich in der Komala Rd.

DTPC Office, an der Bootsanlegestelle, ✆ 0477/ 225 1796, erledigt **Hotelbuchungen** für sämtliche KTDC- und privaten Hotels in Kerala und anderen Teilen Südindiens gegen den Preis des Telefongesprächs und die Vorausbezahlung einer Übernachtung. ⏲ tgl. 7.30–21 Uhr.

Sowohl ATDC als auch DTPC verkaufen Tickets für ihre **Fähren, Backwater-Touren** und **Charterboote.**

Kerala Department of Tourism, am DTPC-Bootsanleger, ▣ www.keralatourism.org, ✆ 0477/226 0722. Gut für allgemeine Reiseinfos. ⏲ Mo–Sa 10–17 Uhr.

Weitere Fähr- und Charter-Organisationen:

Alappuzha Tour Co, Punchiri Building, Jetty Rd, ✆ 0477/226 2931;

Cruisors, Komala Rd, ✆ 0477/226 4777;

Kerala Backwaters, Choondapally Buildings, nahe dem Nehru Trophy Finishing Point, ✆ 0477/ 224 1693.

INTERNET – Internetzugang für Rs 25–35 pro Std. bieten mehrere Läden in der Straße am Bootsanleger und einer in der Nähe des Hotels *Komalas.*

Transport

BUSSE – Vom **KSRTC-Busbahnhof** im Osten der Stadt, eine Minute zu Fuß von der Anlegestelle entfernt, bestehen gute Lang- und Kurzstreckenverbindungen.

Busse nach:
KOCHI / ERNAKULAM (alle 30 Min., 1 1/2 Std.);
KOLLAM (alle 30 Min., 2 Std., am besten jedoch auf dem Wasserweg erreichbar),
THIRUVANANTHAPURAM (alle 30 Min., 3 1/2 Std.),

weniger häufig nach:
KOTTAYAM (4 Std.), PALAKAAD (11 Std.),
THRISSUR (8 Std.).

EISENBAHN – Der **Bahnhof** liegt 3 km südwestlich der Anlegestelle. Nur wenige Züge fahren
von Alappuzha noch weiter nach Süden. Zu den
nützlichsten Verbindungen zählen der *Jan Shatabdi Express* Nr. 2076 (Abfahrt 8.20 Uhr nach
ERNAKULAM JUNCTION), und der *Alleppey
Chennai Express* Nr. 6042 (Abfahrt 15 Uhr nach
ERNAKULAM JUNCTION, THRISSUR, PALAK-
KAD und CHENNAI). Wer weiter nach Norden
die Küste entlang reisen möchte (z. B. nach
MANGALORE), fährt nach Ernakulam und steigt
dort um. Die besten Züge in südlicher Richtung
nach THIRUVANANTHAPURAM sind der *Ernakulam Trivandrum Express* Nr. 6341 (Abfahrt tgl.
7.20 Uhr) und der *Jan Shatabdi Express* Nr. 2075
(Abfahrt tgl. 18.33 Uhr).

SCHIFFE – Die Bootsanlegestelle liegt zu Fuß nur
eine Minute westlich des Busbahnhofs.

Kottayam und Umgebung

Die betriebsame Handelsstadt Kottayam, 76 km
südöstlich von Kochi und 37 km nordöstlich von
Alappuzha, liegt strategisch günstig zwischen den
Backwaters im Westen und den Gewürz-, Tee- und
Gummiplantagen, Wäldern und Bergen der Westghats im Osten. Die meisten Besucher kommen
nur auf der Durchreise hierher – Ausländer, um
einen kurzen Backwater-Ausflug nach Alappuzha
zu unternehmen oder das **Periyar Wildlife
Sanctuary** zu besuchen, und Ayappa-Anhänger
auf dem Weg zum **Waldtempel von Sabarimala**
(s. S. 406).

Schon vor langer Zeit haben sich in Kottayam
syrische Christen niedergelassen, wovon zwei auf
einem Hügel stehende Kirchen aus dem 13. Jh.
zeugen, 5 km nordwestlich der Innenstadt und per
Rikscha erreichbar. Zwei nestorianische Steinkru-
zifixe aus dem 8. Jh. mit Inschriften in Pahlavi und
Syrisch beiderseits eines kostbar verzierten Altars
in der **Valliapalli-Kirche** („große" Kirche) sind
vermutlich die ersten, handfesten Beweise für das
Vorhandensein des Christentums in Indien. Die
Einträge im Gästebuch reichen bis in die 90er Jah-

re des 18. Jhs. zurück und stammen u.a. von dem
äthiopischen Kaiser Haile Selassie und einem
britischen Vizekönig. Das Innere der nahe gelegenen **Cheriapalli-Kirche** („kleine" Kirche) bedecken lebhafte, etwas unbedarft ausgeführte
Malereien, die angeblich von einem portugiesischen Künstler aus dem 16. Jh. stammen. Falls die
Türen verschlossen sind, kann man im Kirchen-
büro nach dem Schlüssel fragen. ◎ tgl. 9–13 und
14–17 Uhr.

Übernachtung

Kottayam besitzt eine gute Auswahl an Mittelklasse-Hotels, doch wer echten Luxus sucht,
begibt sich zu einem der schicken Resorts am
Ufer des nahe gelegenen Vembanad-Sees in
Kumarakom (s. S. 400).
Aida*, TB Junction, MC Rd, ✆ 0481/256 8391,
⌨ www.aidahotel.com. Großes Hotel mit guter
Zimmerauswahl, z. T. mit AC, auch relativ preiswerte EZ. Gutes Restaurant, Bar, Geldwechsel
und Reisebüro. ❹–❺
Ambassador*, KK Rd, ✆ 0481/256 3293. Saubere
Zimmer, einige mit großem TV und Balkon, in einem gut geführten, preisgünstigen Hotel;. Am
Empfang werden Schokoladenspezialitäten verkauft. ❷–❹
Green Park*, Kurian Uthup Rd, Nagampadam,
nahe dem Bahnhof, ✉ greenparkhotel@yahoo.
com, ✆ 0481/256 3311. Modernes und gut geführtes Hotel mit angemessenen Preisen, ordentlichen Zimmern (mit/ohne AC), Bar und zwei
Restaurants. ❸–❺
Vembanad Lake Resort*, Kodimatha, 5 Min. zu
Fuß von der Bootsanlegestelle und knapp 3 km
vom Zentrum und Busbahnhof, ✆ 0481/236 0866,
⌨ www.vembanadlakeresort.com. Die alten
Zimmer liegen nah an der viel befahrenen Straße, doch es gibt auch einen neueren, angenehmeren Flügel nach hinten zum Wasser heraus.
❹–❺
Windsor Castle / Lake Village*, Kodimatha, unmittelbar vor dem *Vembanad Lake Resort*,
✆ 0481/230 3622, ⌨ www.thewindsorcastle.com.
Die Unterkunft besteht aus zwei unterschiedlichen Teilen: dem weißen, turmartigen „Castle"-
Block mit farblosen Luxuszimmern und dem wesentlichen hübscheren „Lake Village" mit

KERALA

Eines der denkwürdigsten Erlebnisse einer Indienreise – und selbst bei äußerst knapper Kasse machbar – ist eine Bootsfahrt auf den **Backwaters von Kerala**. Dieses Gebiet namens **Kuttanad** (Schauplatz des preisgekrönten Romans *Der Gott der kleinen Dinge* von Arundhati Roy) erstreckt sich auf 75 km Länge von Kollam im Süden bis Kochi im Norden, zwischen dem Meer auf der einen und den Bergen auf der anderen Seite. Das faszinierende Labyrinth schimmernder Wasserflächen – Seen, Kanäle, Flüsse und Bäche – wird von dichter tropischer Vegetation gesäumt und birgt ein ländliches Kerala, das von der Straße aus völlig unsichtbar ist. Unterwegs eröffnen sich ständig neue Ausblicke, von schmalen Kanälen und undurchdringlichem Grün bis zu offenem Gelände und leuchtenden Reisfeldern. Zwischen den Bäumen blitzen Häuser, Farmen, Kirchen, Moscheen und Tempel auf, hier und da, wie ein blauer Blitz, ein Eisvogel oder das Grün eines Papageien. Nach Beute Ausschau haltende Fischadler schweben über den Gewässern und Kormorane hocken auf gefällten Baumstämmen, um ihre Flügel trocknen zu lassen.

Das tägliche Leben spielt sich hier gleichermaßen auf dem Wasser wie an den von Palmen gesäumten Uferstreifen ab. Die Familien leben auf winzigen Landflecken, auf denen gerade mal ein Häuschen, ein Hof und ein Boot Platz haben. Sie baden und waschen die Wäsche, manchmal auch einen ihrer Büffel, im seichten Wasser. Schwer beladene keralische Langboote – von einem Bootsmann gestakt – gleiten vorbei. Fischer fischen von Ruderbooten aus oder in Ufernähe mit riesigen Schleppnetzen.

Manchmal fährt man unter einfachen Brücken hindurch, an einigen Stellen befinden sich Zugbrücken aus Stricken, aber größere Brücken gibt es kaum. Die meisten Bewohner lassen sich von einem Bootsmann übersetzen, um Straßen und Busse zu erreichen, daher herrscht von früh bis spät ein reges Hin und Her auf den Gewässern (meisterhaft dargestellt in dem Film *Piravi* des keralischen Regisseurs Shaji). Aus dem Wasser ragende Pfähle weisen auf gefährliche Sandbänke hin.

Das **Afrikanische Moos**, das oft die Oberfläche schmalerer Wasserwege bedeckt, sieht vielleicht ganz hübsch aus, stellt jedoch eine Gefahr für kleinere Boote dar und beraubt die Unterwasserwelt ihres notwendigen Lichtes. Es ist auch Ausdruck der zahlreichen, ernsten **Umweltprobleme**, unter denen die Region mittlerweile zu leiden hat, denn die Bevölkerungsdichte ist zwei bis vier Mal so hoch wie die anderer Küstengebiete Südindiens. Sie hat dazu geführt, dass dem Boden mehr abverlangt werden muss, was zum vermehrten Einsatz von Düngemitteln führt, die schließlich ins Wasser gelangen und das Moos entstehen lassen. Die größte Bedrohung geht jedoch von illegalem Bodengewinn durch **Trockenlegung** aus. Innerhalb von etwas über hundert Jahren ist die Gesamtwasserfläche von Kuttanad um zwei Drittel geschrumpft, und die Mangrovensümpfe sowie der Fischbestand sind aufgrund von Umweltverschmutzung und der Ausbreitung von Städten und Dörfern am Rande der Backwater-Region stark zurückgegangen. Leider leistet inzwischen auch der Tourismus seinen Beitrag zur Verschärfung dieser Problematik, denn die hiesigen Gewässer werden von kaum sichtbaren Ölfilmen belastet, die von den motorisierten Fähren und Hausbooten zurückgelassen werden. Als Folge davon sterben noch mehr Fische, und die Zahl der Vogelarten in der Region ist um mehr als die Hälfte auf weniger als 100 zurückgegangen. Einige Tourveranstalter setzen als Reaktion darauf umweltfreundlichere Schiffe ein, und Touristen sollten sich nach solchen Booten erkundigen, um einen kleinen Teil zur Linderung des Problems beizutragen.

Routen und praktische Tipps

Es gibt zahlreiche Strecken durch die Backwaters. Das Angebot an Beförderungsmitteln reicht von lokalen Fähren über KTDC-Schnellboote mit Fahrer bis zu *kettu vallam* und Reisebooten. Der mit Abstand begehrteste Ausflug ist die Ganztagsfahrt **zwischen Kollam und Alappuzha**. Alle möglichen Privatleute bieten ihre Dienste an, doch die größten sind die täglich abwechselnd verkehrenden Doppeldeckerschiffe des *Allep-*

pey Tourism Development Co-op (ATDC) und des District Tourism Promotion Council (DTPC). Sie fahren tgl. sowohl in Kollam als auch Alappuzha um 10.30 Uhr ab (Check-in ist um 10 Uhr). Tickets kosten Rs 300 und können im Voraus oder am Abfahrtstag an den ATDC/DTPC-Schaltern (s. S. 392 und 396), bei Reisebüros und in einigen Hotels gekauft werden. Beide Gesellschaften legen während der 8-stündigen Fahrt drei Stopps ein, darunter einen zum Mittagessen und einen weiteren an der berühmten **Mata Amritananda Mayi Mission** in Amritapuri, ca. drei Stunden nördlich von Kollam. Ausländer können im Ashram (⌨ www.amritapuri.org, ✆ 0476/289 6399 ❶) übernachten, in dem der weibliche Guru Shri Amritanandamayi Devi lebt („Hugging Mama" genannt, weil sie während des täglichen *darshan* jedem ihrer Besucher und Anhänger eine warme, Kraft einflößende Umarmung schenkt). Für Rs 150 pro Nacht bekommt man ein schlichtes Zimmer und einfache Mahlzeiten in dem etwas befremdlichen Hochhaus.

Viele Touristen finden die Alappuzha–Kollam-Route jedoch zu lang und wegen der Menschenmassen und der heißen Sonne etwas anstrengend. Wer keine Zeit für einen Tagesausflug hat, kann **kürzere Fahrten nach Kapapuzha und Guhanandapuram** (2 Std.) unternehmen. Es ist aber auch nicht jedermanns Sache, mit vielen anderen Touristen, die beim winzigsten Lebenszeichen auf dem Wasser oder an den Ufern wie wild losknipsen, zusammen in einem Boot zu sitzen, während Horden von Kindern sich um das Schiff drängen und „One pen, one pen!" brüllen. Der Touristenszene aus dem Weg gehen kann man, indem man ein **Fährboot** nimmt. Die Fähren sind erheblich langsamer und beengter, aber man steht nicht so im Blickpunkt wie auf den ATDC/DTPC-Schiffen und ist näher am Leben auf dem Wasser dran.

Besonders zu empfehlen ist die Fahrt **von Alappuzha nach Kottayam** (5x tgl., Rs 10); die erste Fähre legt um 7.30 Uhr ab; wer sich einen Platz mit guter Aussicht sichern möchte, sollte früh kommen. Davon abgesehen verkehren auch jeden Tag zahlreiche Fährboote zwischen kleinen Dörfern. Sie bieten die nicht zu verachtende Möglichkeit, nach Lust und Laune ein- und aus-

zusteigen. Die Landschaft ist abwechslungsreicher als zwischen Alappuzha und Kollam, und die Fahrkarte kostet nur einen Bruchteil dessen, was für die Touristenboote verlangt wird. Egal, wofür man sich entscheidet, ein Sonnenhut und viel Trinkwasser müssen immer mit, und außerdem ist es wichtig, die **Abfahrtszeiten** vorher zu checken, da sie sich von Jahr zu Jahr ändern können.

Bis zu 10 Personen können eines der in Karunagapalli vor Anker liegenden *kettu vallam* für einen Tagesausflug in die Backwaters mieten. Die Schiffe verfügen über bequeme Rohrstühle, eine erhöhte Mittelplattform, wo Passagiere sich auf Kissen niederlassen können, und eine Schiffstoilette. Auch Mahlzeiten und Getränke sind erhältlich. Ob von Bootsleuten gerudert oder vom Wind durch ein Segel angetrieben, ist es eine absolut ruhige und angenehme Fahrt. Diese Annehmlichkeiten sind die Ausgabe von ca. Rs 4000 pro Tag inkl. Mittagessen durchaus wert.

Fast jedes Mittelklasse- und Luxushotel in der Nähe der Backwaters verfügt über ein eigenes *kettu vallam*, das an Gäste vermietet wird. Zuverlässige Adressen unter den vielen privaten Unternehmen, die kurzfristig Touren anbieten können, sind **Southern Backwaters** in Kollam, ⌨ www.southernbackwaters.com, ✆ 0474/274 6037, und **Tharavad Boats** in Alleppey, ✆ 0477/224 4599, ✉ alleppeytharavad@sify. com. Allerdings sind solche *kettu vallam*-Ausflüge mit Übernachtung nicht billig: Eine 24-stündige Fahrt kostet für zwei Personen je nach Entfernung Rs 4000–10 000, wobei sich der Preis außerhalb der Saison vielleicht ein wenig herunterhandeln lässt.

Auch wenn das Leben in den Backwaters sehr idyllisch anmutet, kam es in letzter Zeit wiederholt zu **Diebstählen** – vor allem nachts, wenn die Besatzung an Land schläft und die Fenster geöffnet sind – also Wertsachen stets im Auge behalten, möglichst wegschließen und keinesfalls in Fensternähe ablegen. Außerdem sollte man darauf bestehen, dass das Schiff nicht direkt neben einem Boot mit lautem Generator anlegt, der möglicherweise die ganze Nacht läuft.

komfortablen AC-Chalets (US$135) an einer Lagune. Swimming Pool und sehr nettes, auf Kerala-Küche spezialisiertes Restaurant unter freiem Himmel. ❽–❾

Essen

In der Innenstadt gibt es schlichte Restaurants, besonders am KSRTC-Busbahnhof in der TB Rd, und ein *Indian Coffee House,* ebenfalls in der TB Rd. Die beste Adresse für nicht-vegetarische Kost (z. B. Burger oder indische/chinesische Favoriten) ist *JobGees* in der MC Road. Eines der Hotelrestaurants befindet sich im *Vembanad Lake Resort,* wo es indische, westliche und chinesische Gerichte gibt (einschließlich Seafood), die entweder in einem Garten am See oder auf einem festgemachten *kettu vallam* serviert werden.

Sonstiges

GELD – Der beste Anlaufpunkt zum Geldwechseln ist *Muthoot Bankers* in der KK Road, ☉ Mo–Sa 9.30–13 und 13.30–17 Uhr. Ein **Geldautomat** der *CorpBank* steht an der KK Rd, Ecke Gandhi Square.

INFORMATIONEN – *DTPC,* winzige Touristeninformation am Bootsanleger, ☎ 0481/256 0479, ☉ tgl. 9–17 Uhr.

INTERNET – Zugang bieten *Intimacy,* in der KK Rd (Rs 25 pro Std.) und *Brain Net,* unmittelbar nördlich vom Busbahnhof (Rs 15 pro Std.).

Transport

BUSSE – Kottayams KSRTC-Busbahnhof, 500 m südlich der Innenstadt an der TB Rd (nicht zu verwechseln mit dem Privatbusbahnhof an der KK Rd, alias Shastri Rd), stellt eine wichtige Haltestelle entlang der Route von und zu Hauptreisezielen Südindiens dar. Vier der zahlreichen, tgl. verkehrenden Busse nach KUMILY / PERIYAR (3–4 Std.) fahren weiter nach MADURAI in Tamil Nadu (7 Std.). Außerdem gibt es regelmäßige Verbindungen mit Thiruvananthapuram, Kollam und Ernakulam.

EISENBAHN – Am Bahnhof (2 km nördlich der Innenstadt) halten zahlreiche Züge auf dem Weg nach Thiruvananthapuram und zu weiter nördlich gelegenen Zielorten.

SCHIFFE – Fähren aus Alappuzha und anderen Orten legen am algenverseuchten Bootshafen 2 km südlich der Stadt an. Näheres zu Backwater-Touren von Kottayam s. S. 398/399.

Kumarakom

Kumarakom, 16 km westlich von Kottayam, ist eigentlich eine Insel im Vembanad-See. Obwohl inmitten dicht bewachsener Backwaters gelegen, ist der Ort leicht per Bus von Kottayam (alle 10 Min.) zu erreichen. Die beste Zeit für einen Besuch des **Vogelschutzgebietes** ist zwischen November und März, wenn viele Zugvögel, von denen manche von so weit her wie Sibirien kommen, ihr Winterquartier aufschlagen. Man kann hier Schlangenhalsvögel, Zwergscharben, Nachtreiher, Orangespechte, Wallich-Fasane, Weißbrust-Kielrallen und Baumelstern zu Gesicht bekommen. Die Morgendämmerung ist die ruhigste und beste Zeit, um Vögel zu beobachten. Es ist zwar nicht groß, aber ein Guide, vermittelt vom *KTDC Water Scapes* (s. u.) oder einem der anderen Luxushotels, ist von Nutzen. ☉ tgl. von Sonnenauf- bis Sonnenuntergang, Eintritt Rs 45.

Übernachtung und Essen

Taj Garden Retreat, ☎ 0481/252 5711, 🖥 www.tajhotels.com. Renovierter Kolonialbungalow in einer gepflegten Anlage an einer privaten Lagune neben dem Schutzgebiet mit 18 Cottages (US$190–230) und einem *kettu vallam*-Hausboot (US$250–300). ❾

Coconut Lagoon Hotel, ☎ 0481/252 4491, ✆ 252 4495, 1 km nordwestlich am Ufer des Vembanad-Sees und per Boot erreichbar (an einem Kiosk am Kanal telefonisch zu bestellen), ist noch um Klassen besser. Das Gebäude, liebevoll aus Überresten zerfallener keralischer Paläste mit Holzschnitzereien und Messingarbeiten erbaut, sollte man gesehen haben. Wer sich keine Übernachtung leisten kann (Zimmer ab US$230), kommt vielleicht wenigstens zum

KERALA

Essen ins Restaurant, das Kerala-Spezialitäten serviert. **⑨**

Kumarakom Lake Resort, 3 km vom Dorf entfernt, unmittelbar vor dem *Taj*, ☎ 0481/252 4900, 💻 www.klresort.com. Eine weitere Alternative für Gäste, die tief in die Tasche greifen können: zwei herrliche, 300 Jahre alte, am Originalstandort rekonstruierte Paläste und superluxuriöse, aus Bestandteilen alter keralischer Häuser zusammengesetzte Cottages (US$210–280), von denen jedes ein separates Badezimmer im tropischen Garten hinter den Bungalows besitzt. Außerdem ein Ayurveda-Zentrum mit zwei Ärzten, vier Massageräume und ein Pool mit Jacuzzi. **⑨**

KTDC Water Scapes, direkt am See, ☎ 0481/252 5861, 💻 www.ktdc.com. Einladende, auf Stelzen erbaute AC-Cottages (ab Rs 5500), aber nur wenige mit schönem Seeblick, dafür ein bisschen billiger als die Konkurrenz und nicht weit vom Vogelschutzgebiet. Verleiht auch luxuriöse *kettu vallams*. **⑨**

Moolappura Guest House, nur 200 m vor der Bushaltestelle beim *Taj*, ☎ 0481/252 5980. Drei einfache Zimmer mit Bad bei einer sehr gastfreundlichen Familie; bietet Fahrten in ihren Kanus, Führungen ins Vogelschutzgebiet und köstliches keralisches und westliches Essen. Abgesehen von den Hotels gibt es nur in dem einfachen KTDC-Café im *Tourist Complex* etwas zu essen, in der Nähe der Stelle, wo der Bus von Kottayam einbiegt, nahe dem *Taj Garden Retreat*. **⑤**

Aranmula

Das Dorf Aranmula ist ebenfalls ein lohnendes Tagesausflugsziel – wenn man sich früh auf den Weg macht. Es liegt 30 km südlich von Kottayam und 10 km hinter Chengannur. Sein uralter Tempel ist Parthasarathy geweiht: Dies war der Name, unter dem Krishna als Arjunas Wagenlenker im blutigen Kurekshetra-Krieg agierte, der im *Mahabharata* beschrieben ist. Jedes Jahr, gegen Ende des Onam (Aug/Sep), findet als Teil der Tempelzeremonien eine gut besuchte **Schlangenboot-Regatta** statt, ähnlich der in Alappuzha.

Aranmula ist auch als Produktionsstätte der außergewöhnlichen *kannadi*-**Metallspiegel** bekannt, die im Wachsausschmelzverfahren mit einer Legierung aus Kupfer, Silber, Messing, Zinn und Bronze angefertigt werden. Früher waren diese verzierten Spiegel unabdingbarer Bestandteil eines königlichen Haushaltes, doch mittlerweile besitzen sie Seltenheitswert. Nur noch zwei Handwerksmeister stellen sie her. Einfache Ausgaben kosten ca. Rs 300, ein nach Wunsch angefertigter Spiegel bis zu Rs 50 000.

Ettumanur

Der herrliche Mahadeva-Tempel in Ettumanur, 12 km nördlich von Kottayam an der Straße nach Ernakulam, umschließt einen runden Schrein, auserlesene Holzschnitzarbeiten und eine der ältesten (16. Jh.) und berühmtesten **Wandmalereien** Keralas.

Die Tempelgottheit ist Shiva in einer seiner schrecklichsten Erscheinungsformen, beschrieben als *vaddikasula vada*, „einer, der Schulden mit Zinsen zurückfordert" und „schwer zufrieden zu stellen" ist. Seine Stimmungslage ist meistens *raudra* (Zorn). Das Sanktuarium ist zwar nur Hindus zugänglich, doch Ausländer dürfen die Wandgemälde im Innenhof besichtigen (Fotoerlaubnis Rs 20, Videokamera Rs 50, Tickets am Schalter links im Tempelhof). Auf dem 4 m hohen Wandgemälde ist Nataraja dargestellt – Shiva, der den kosmischen Tanz *tandava* ausführt, wobei er das Böse in Form eines Dämonen unter seinen Füßen zertrampelt. Für musikalische Begleitung sorgen ein auf der Flöte spielender Krishna, ein dreiköpfiger Brahma, der die Zymbeln schlägt, und Shivas Rhythmusexperte Nandikesvara, der auf der heiligen keralischen Trommel *mizhavu* spielt.

Beim alljährlichen, 10-tägigen **Fest** (Feb/März) schwelgt der Tempel in seinem ganzen Reichtum und veranstaltet wunderbare Aufführungen, auch musikalischer Natur. An den wichtigsten Tagen, dem 8. und 10., tragen Priester aus Gold gefertigte Elefantenfiguren heraus, die zusammen über 700 kg auf die Waage bringen – ein aus dem 18. Jh. stammendes Geschenk von Marthanda Varma, dem Maharadscha von Travancore.

Periyar Wildlife Sanctuary und Cardamom-Berge

Das Periyar Wildlife Sanctuary ist eines der größten und meistbesuchten Tierschutzgebiete Indiens. Es umfasst ein 777 km² großes Gelände der Cardamom-Berge in den Westghats. Die meisten Besucher kommen in der Hoffnung, **Tiger** und **Leoparden** zu sehen – und ziehen enttäuscht wieder ab, denn die wenigen noch lebenden Exemplare dieser Gattungen halten sich in kluger Distanz und lassen sich selbst auf dem Höhepunkt der Trockenzeit (April/Mai) höchst selten blicken. Hier leben aber noch viele andere Tiere, z. B. Elefanten, Sambars, Malabar-Hörnchen, Gaur, Indische Mungos, Wildschweine und über 260 Vogelarten, darunter Nilgiri-Tauben, Nilgiri-Schnäpper, Sittiche und Baumelstern.

Da der Park in unmittelbarer Nähe zur Grenze nach Tamil Nadu liegt, eignet er sich hervorragend für einen Zwischenstopp auf der langen Reise über die Ghats zwischen Madurai und der Küste. Er ist auch eine gute Ausgangsbasis für Tagesausflüge in die Cardamom-Berge, wo es ein paar Teefabriken, Gewürzplantagen, Aussichtspunkte und Wasserfälle gibt, und in unmittelbarer Nähe befindet sich der End- bzw. Anfangspunkt des Sabarimala-Pilgerpfades (s. S. 406, Kasten).

Periyar liegt in luftiger Höhe von 900–1800 m, wo die Temperaturen zwischen 15 und 30 °C betragen. Das Schutzgebiet konzentriert sich gut 100 km östlich von Kottayam um einen großen **See**, den die Briten 1895 anlegten, um die trockeneren Teile des benachbarten Tamil Nadu, d. h. die Umgebung von Madurai, mit Wasser zu versorgen. Die Königsfamilie von Travancore, darauf bedacht, ihr beliebtestes Jagdgebiet vor den sich ausbreitenden Teeplantagen zu retten, ernannte das Gelände zum Waldreservat und ließ 1899 zur Unterbringung ihrer Gäste den Edapalayam Lake-Palast erbauen. 1933 wurde die Fläche erweitert und zum Tierschutzgebiet ernannt. 1979, als Periyar Teil des **Projekt Tiger** wurde, kam erneut etwas Gelände hinzu.

70% des Schutzgebietes, das in ein Kerngelände, eine Puffer- und eine Touristenzone eingeteilt wurde, ist mit immergrünem und regengrünem Wald bedeckt. Die Besuchern zugängliche **Touristenzone** umgibt den See und besteht überwiegend aus Wald auf Hügeln und in Tälern, hier und da

von Grasflächen unterbrochen. Viele Leute begnügen sich mit einer Fahrt auf dem See, doch lohnender ist eine **Wanderung** in einer kleinen Gruppe in Begleitung eines ortskundigen Führers oder der Aufenthalt in einer schlichten Unterkunft im Schutzgebiet (s. S. 405), abseits der Massen. Die Zeit direkt nach dem Monsun sollte man jedoch meiden, denn dann wimmelt es von **Blutegeln**, die das Wandern praktisch unmöglich machen. Um in das Naturschutzgebiet zu gelangen, muss man den Ort **Kumily** anlaufen, 1,5 km nördlich des Parkeingangs bei **Thekkady**.

Kumily

Da in dem Naturschutzgebiet nur wenige Besucherbetten bereitstehen, übernachten die meisten Besucher in der Kleinstadt Kumily, die sich inzwischen bis zum Parkeingang ausgebreitet hat. Hier bildet der Tourismus neben dem Gewürzhandel die Haupteinkommensquelle. Fast jedes Geschäft in der Hauptstraße verkauft frische Gewürze, und ein Spaziergang durch diese Straße ist ein wahres Fest für die Sinne. In der Mitte des Basars findet die wichtigste **Kardamom-Sortierung** der Region statt. Hier sieht man Stammesfrauen die duftenden grünen Körner in herzförmige Körbe sortieren.

Übernachtung

In Kumily gibt es Übernachtungsmöglichkeiten für jeden Geldbeutel, und ständig kommen neue Hotels und „Resorts" dazu. Zum Glück liegen die meisten ein gutes Stück abseits der lauten Marktgegend in der zum Park führenden Thekkady Road. Beliebt sind Privatunterkünfte; einige Gastgeber bereiten Mahlzeiten zu, andere stellen Kücheneinrichtungen bereit. Die meisten befinden sich in der Umgebung der By-pass Road, zehn Gehminuten südlich vom Busbahnhof.

Ambadi, neben der Abzweigung zum Mangaladevi-Tempel, Thekkady Rd, ✆ 04869/222193, 🖥 www.hotelambadi.com. Nettes Hotel mit ordentlichen Zimmern und einigen Cottages. Das Restaurant *Adhithi* serviert leckere Hühnergerichte. ❺–❻

Coffee Inn, Thekkady Rd, ✆ 04869/222763, ✉ coffeeinn@sancharnet.in. Ein paar schlichte Zimmer (eines mit Bad) rund um eine überdachte

Terrasse und einen Garten. Der Anbau *Wild Huts*
liegt ein kleines Stück weiter die Straße hinunter
in einer attraktiven Grünanlage und bietet einige
gemischte Unterkünfte, darunter Baumhäuser
und Hütten, alle mit Gemeinschaftsduschen und
-toiletten. ❶–❸

Green View, By-pass Rd, ✆ 04869/211015. Angenehme Privatunterkunft mit mehreren Zimmern,
alle mit Bad. Ruhig und äußerst preiswert. ❷–❸

Kumily Gate, Main Rd, hinter dem Busbahnhof,
✆ 04869/222279. Moderner Block mit großen,
sauberen Zimmern, Restaurant und beliebter
Bar. Den Preis nicht unbedingt wert, aber praktisch bei später Ankunft. Um den Zimmerpreis
lässt es sich manchmal feilschen. ❺

Mickey's Cottage, By-pass Rd, ✆ 04869/222196,
🖥 www.mickeyscottage.com. Eine der besten
Privatunterkünfte mit reizenden Zimmern und
Cottages, alle mit Balkon und einige mit Korb-
schaukelstühlen. ❷–❸

Maliackal Tourist Home, KK Rd, ✆ 04869/
322589. Gute, saubere Zimmer, die teuersten mit
TV und Balkon. Nicht weit vom Busbahnhof.

Rolex Tourist Home, Thekkady Rd, ✆ 04869/
222465, 🖥 www.thekkadytours.com. Zimmer mit
Bad und schöner Aussicht aus den oberen Stockwerken in einem eleganten neuen Block. ❷–❹

Spice Village, Thekkady Rd, ✆ 04869/222315,
🖥 www.cghearth.com. Strohgedeckte Hütten
und traditionelle keralische Holzbungalows (ab
US$220) in einer spitzenmäßig gepflegten Anla-
ge, wo alle nur denkbaren Gewürze und Bäume
wachsen. Tolles Restaurant und Pool, Kochkurse
in keralischer Tradition und zahlreiche andere
Aktivitäten. Reservierung ratsam. ❾

Taj Garden Retreat, Ambalambika Rd, ✆ 04869/
222273, 🖥 www.tajhotels.com. Komfortable,
pseudo-rustikale Cottages (US$165), die einer
Dschungel-Lodge nachempfunden sind; toller
Ausblick, guter Pool und elegantes Speiselokal. ❾

Woodlands Prime Castle, Thekkady Rd, ✆ 04869/
222077. Zwei separate Blöcke mit gemeinsamem
Empfang. Das *Tourist Bhavan* zur Linken ist billig
und sehr einfach, aber für einen kurzen Aufenthalt sauber genug (Dorm-Bett Rs 75). Das Hauptgebäude bietet Zimmer mit Bad (teils mit AC) und
ist eine gute Wahl in der mittleren Preisklasse.
❶–❻

Fast jedes Hotel verfügt über ein Café-Restaurant, vom schicken à la carte-Restaurant des *Taj
Garden Retreat* bis zum stärker auf Traveller
ausgerichteten *Coffee Inn*.

Aayam, Lake Queen Hotel, Main Rd. Das gute vegetarische Restaurant im Keller ist besser als
das nicht-vegetarische *Ginger* darüber.

Coffee Inn, Thekkady Rd. Bewährtes Lokal, bietet
leckere, hausgemachte Gerichte, die aber leicht
überteuert sind. Gemütliche Holzterrasse und
Garten; beliebte Anlaufstelle zum Frühstück
nach einem frühmorgendlichen Bootsausflug in
das Reservat.

Pepper Garden Coffee House, By-pass Rd. Köstlicher Kaffee, Tee (beides wächst im Garten),
Lassis und hervorragendes Frühstück. Preiswerte und gute *thalis*, außerdem einige chinesische
und südindische Gerichte.

Spice Village, Thekkady Rd. Das hervorragende
Hotelrestaurant richtet sich vor allem an Tourgruppen und gut betuchte Inder, die hier übernachten. Der Schwerpunkt liegt auf *multicuisine*,
doch die Spezialität des Küchenchefs ist Kerala-
Küche.

FAHRRÄDER – Das Gelände ist zwar hügelig,
doch in und um Kumily und Thekkady kann man
gut Rad fahren; Räder werden an Ständen auf
dem Markt vermietet.

GELD – Die **State Bank of Travancore**, nahe
dem Busbahnhof, und das *Muthoot*-Büro in der
Thekkady Rd wechseln Geld.

INFORMATIONEN – *Idduki State Tourist
Office*, unmittelbar südlich vom Busbahnhof,
✆ 04869/ 222620, ⏰ Mo–Sa 10–17 Uhr. Das neue
Büro liefert Informationen über die Region und
organisiert geführte Touren, darunter auch eine
Spice Valley Tour nach Munnar und zu
mehreren Gewürzplantagen: tgl. 6.30–21.30 Uhr,
Rs 250.

TTDC Office, im *Rolex Tourist Home*,
✆ 04869/ 222081. Eine weitere Informationsquelle vor Ort.

KERALA

INTERNET – Mehrere Anbieter konzentrieren sich in der Umgebung der Thekkady Junction und verlangen ca. Rs 40 pro Std.

KATHAKALI-TANZ – *Mudra Kathakali*, unweit des Hotels *Woodlands*, bietet tgl. Vorstellungen um 16 und 19 Uhr.

TOUREN – Neben Ausflügen in das Wildschutzgebiet, einem der besten Indiens für die Beobachtung von Elefanten, sind **Touren zu Teefabriken und Gewürzplantagen** die Hauptattraktion dieser Gegend. Alle Hotels und Reisebüros in Kumily bieten ähnliche Touren an. Leider sind einige Veranstalter infolge des hohen Andrangs inzwischen sehr kommerziell und teuer geworden, sodass man sich erst ein wenig umschauen sollte. Der übliche Preis für eine dreistündige Tour mit Führer und Fahrzeug liegt bei Rs 250–500 p. P. (je nach Größe der Gruppe bei maximal fünf Teilnehmern).

Transport

Die **Busse** halten an dem schäbigen Busbahnhof östlich des Basars von Kumily. Dort warten **Motor-Rikschas**, die für die Fahrt zum Besucherzentrum im Innern des Parks ca. Rs 35 kassieren. Sie halten am Parkeingang, wo die Fahrgäste ihr Eintrittsgeld zu entrichten haben. Wer spät ankommt, muss wissen, dass die Tore um 18 Uhr geschlossen und danach nur die eingelassen werden, die eine Unterkunftsreservierung nachweisen können.

Das letzte **Boot** zum *KTDC Lake Palace* legt offiziell um 16 Uhr ab, aber wenn es noch nicht dunkel ist, können die Angestellten noch eines schicken.

Busse nach:
KOCHI / ERNAKULAM (10x tgl., 6–7 Std.),
KOTTAYAM (alle 30 Min., 3–4 Std.),
MADURAI (10x tgl., 5 Std.),
MUNNAR (4x tgl., 4 Std.),
THIRUVANANTHAPURAM (6x tgl., 8–9 Std.).

Periyar Wildlife Sanctuary

Fahrzeuge dürfen das Wildschutzgebiet Periyar tgl. von 7–18 Uhr befahren. Tickets für Bootsfahrten auf dem See (Abfahrt tgl. um 7, 9.30, 11.30, 14 und 16 Uhr, Dauer 2 Std., Oberdeck Rs 100, Unterdeck Rs 55) gibt es am Schalter des **Forest Department**, über dem Hauptbesucherzentrum am Ende der Straße, die in den Park führt, ☎ 04869/222027, 🖳 www.periyartigerreserve.org, ⏱ tgl. 7–18 Uhr. Reisende mit schmalem Geldbeutel können im Visitors' Centre fragen, ob auf dem Boot der Forestry Commission (gleiche Zeiten, Rs 15) ein Platz frei ist, wobei man sich aber auf jeden Fall auf dem unteren Deck wiederfindet, wo wahrscheinlich nicht viel Zeit bleibt, die Tierwelt eingehend zu betrachten. Vom Touristenboot aus wird man allerdings auch kaum Tiere beobachten können – dies verhindern der Motorenlärm und die Gesellschaft von rund 100 Menschen –, aber es ist nicht ausgeschlossen, dass man am Ufer eine Elefantenfamilie, Wildschweine und Sambar erblickt. Um Tiere in freier Wildbahn zu sehen, eignet sich die Oberdecks am besten, doch die Sitzplätze sind häufig von den Gästen teurer Hotels belegt. Am besten stehen die Chancen, wenn man das erste Schiff mit Abfahrt um 7 Uhr nimmt (warme Kleidung ratsam) – der frühmorgendliche Nebel sorgt dabei für eine sehr stimmungsvolle Atmosphäre. Nach heftigen Regenfällen lässt sich jedoch kaum ein Tier blicken.

Das Besucherzentrum organisiert **Trekking-Touren** durch das Schutzgebiet (um 7, 11 und 13 Uhr, Dauer 3 Std., Rs 500 pro Gruppe, max. fünf Teilnehmer). Private Tourveranstalter mit flexibleren Zeiten sprechen Besucher in Kumily oder der Umgebung des Parkeingangs in Thekkady an, doch haben sich einige leider als unzuverlässig erwiesen, sodass man ein wenig herumfragen sollte, um sich einen Überblick zu verschaffen. Das *Forest Department* veranstaltet ebenfalls ganztägige Trekking-Touren (8–18 Uhr, Rs 750 p. P.) und die bei Dunkelheit stattfindende und um den Waldrand herumführende *Jungle Patrol* (19, 22 und 1 Uhr, Rs 500 p. P.). Letztere ist eher wegen der Atmosphäre interessant, denn Tiere bekommt man dabei kaum zu Gesicht – vielleicht abgesehen von dem einen oder anderen wachsamen Tierauge, das vom Schein der Taschenlampe reflektiert wird. **Elefantenritte** in den Park sind mit Rs 30 für zwei Pers. (30 Min.) ein echtes Schnäppchen, allerdings stehen die Dickhäuter nicht ständig für Ausflüge zur Verfügung.

Der **Eintritt** zum Park kostet am ersten Tag Rs 12 für Inder und Rs 150 für Ausländer, für jeden Folgetag sind Rs 50 zu entrichten. Wer im Park übernachtet, muss jeden Tag ein neues Ticket kaufen, entweder am Eingang oder beim *Forest Information Centre* am Bootsanleger.

Übernachtung

Zur Zeit der Recherche war es leider nicht möglich, in den baufälligen Beobachtungstürmen des *Forest Department* zu übernachten, die hier über lange Zeit als Hauptattraktion galten. Es bestanden zwar noch keine Pläne für eine Wiedereröffnung, doch man sollte sich ruhig danach erkundigen. Die Buchung der KTDC-Unterkünfte sollte am besten im Voraus bei den Büros in Thiruvananthapuram oder Ernakulam vorgenommen werden – fällt der Besuch auf ein Wochenende, einen öffentlichen Feiertag oder in die **Hochsaison** (Dez–März), ist eine Reservierung sogar zwingend.

Forest Department Rest Houses, Vorabreservierung im Besucherzentrum des *Forest Department* in Thekkady. Recht einfache und ein wenig zu teure Unterbringung im Wald am gegenüberliegenden Seeufer, entweder in Edappalayam (6 Zimmer) oder Mankavala (2 Zimmer). Eine Übernachtung hier ist ein unvergessliches Erlebnis, doch an Wochenenden oder im Dezember sind freie Betten Mangelware. Verpflegung ist mitzubringen. ❺

Bamboo Grove & Jungle Inn, Vorabreservierung im Besucherzentrum des *Forest Department* in Thekkady. Ebenfalls eher überteuert und beengt, aber mit etwas besseren Einrichtungen. Abendessen, Frühstück, Bootfahren und Trekking im Preis enthalten. ❼

KTDC Aranya Nivas, nahe der Bootsanlegestelle von Thekkady, ✆ 04869/222023, 🖥 www.ktdc. com. Schicker als das *Periyar House*, eine Kolonialvilla mit ein paar riesigen Zimmern (US$100–160), gepflegtem Garten, Pool, ausgezeichnet internationaler Küche, gemütlicher Bar und wilden Affen, die für Unterhaltung sorgen. VP und zwei Bootsfahrten auf dem Oberdeck im Übernachtungspreis enthalten. ❾

KTDC Lake Palace, am gegenüberliegenden Seeufer vom Besucherzentrum, ✆ 04869/222023,

🖥 www.ktdc.com. Die luxuriöseste Unterkunft des Reservats mit 6 Suiten in einer umgebauten Jagd-Logde des Raj, von Wald umgeben, mit herrlichen Ausblicken. Heimelige, altmodische Zimmer, ausgezeichnetes Essen und gepflegte Rasenanlage. Einer der ganz wenigen Orte Indiens, wo tatsächlich noch die Möglichkeit besteht, beim Teeschlürfen auf der Veranda einen Tiger oder Elefanten in freier Wildbahn zu Gesicht zu bekommen. Nur VP bei US$190 pro DZ. ❾

KTDC Periyar House, auf halber Strecke zwischen den Parkeingängen und der Bootsanlegestelle in Thekkady, ✆ 04869/222026, 🖥 www. ktdc.com. Gut ausgestattetes Mittelklassehotel in Seenähe, Restaurant, Bar und Balkon mit Blick über die von Affen bewohnten Wälder. Nicht ganz so schön gelegen wie das benachbarte *Aranya Nivas,* aber viel billiger. Nach einem Zimmer mit Sicht auf den See fragen. ❺–❼

Transport

Die *KTDC* veranstaltet von Kochi aus hektische **Wochenendtouren** nach Periyar, mit Aufenthalt in Kadamattom und am Idukki-Staudamm (Sa 7.30–So 20 Uhr), und eine noch anstrengende von Thiruvananthapuram – nichts für Leute, die nicht in Videobussen eingepfercht sein möchten. Zahlreiche andere Veranstalter in Thiruvananthapuram, Kovalam und Kochi bieten maßgeschneiderte Pauschaltouren. Transport von Kumily s. S. 404.

Die Umgebung von Periyar und Kumily

Periyar und Kumily, zwischen nebelverhangenen Bergen und undurchdringlichem Dschungel gelegen, sind praktische Ausgangsorte für eine Erkundung der wunderbaren **Cardamom-Berge**. Guides sprechen Ausländer in Thekkady an und offerieren Fahrten in Jeeps – wenn sich eine Gruppe Interessierter zusammentut, eine recht preiswerte Sache. Eines der beliebtesten Ziele ist der **Mangaladevi-Tempel**, 14 km östlich von Kumily. Die raue Straße zu diesen alten Ruinen tief im Wald ist manchmal wegen Überschwemmungsschäden geschlossen. Der gesamte Ausflug dauert rund 5 Std. In Begleitung eines Guides lassen sich auch abgeschiedene

Der Ayappa-Kult

Im Dezember und Januar machen sich riesige Gruppen von Männern in schwarzen oder blauen *dhotis* auf den Weg zum **Shri Ayappa-Waldtempel** (auch Hariharaputra oder Shasta genannt) von Sabarimala in den Westghats, rund 200 km sowohl von Thiruvananthapuram als auch Kochi entfernt. Die Ayappa-Anhänger können recht lautstark sein, wenn sie in Sprechgesängen nach Art englischer Fußballfans *„Swamiyee Sharanam Ayappan"* („Beschütze uns, Gott Ayappa!") intonieren.

Ayappa ist zwar in erster Linie eine keralische Gottheit, doch seine Beliebtheit ist in den letzten 30 Jahren in ganz Südindien dermaßen sprunghaft angestiegen, dass es sich inzwischen um den zweitgrößten Pilgerzug der Welt handeln soll, dem sich alljährlich bis zu eine Million Gläubige anschließen. Die Pilger allerdings müssen sexuell abstinent bleiben, dürfen 41 Tage vor dem Beginn des viertägigen Marsches durch den Wald von dem Dorf Erumeli (61 km Luftlinie nordwestlich) zum **Heiligtum bei Sabarimala** keine Rauschmittel zu sich nehmen und müssen eine strikt vegetarische Diät einhalten. Weniger strenge Anhänger nehmen den Bus zum Dorf Pampa und schließen sich dort der 5 km langen Menschenschlange an. Bei der Ankunft an der modernen Tempelanlage inmitten des Dschungels ist es nur den Wallfahrern, die sich der notwendigen Vorbereitung unterzogen haben, erlaubt, die berühmten achtzehn goldenen Stufen zum innersten Heiligtum zu erklimmen. Sie bezeugen ihre Verehrung, indem sie Spenden in eine Art Schütte mit unterirdischem Auffang werfen, wo das Geld gezählt, in Säcke gepackt und anschließend zur Bank gebracht wird. In den vergangenen Jahren hat der Massenandrang dazu geführt, dass dieser Tempel zu den reichsten Indiens zählt, obwohl er nur ein paar Monate

im Jahr geöffnet ist. Das Geld fließt auch aus unzähligen Nebenerwerbszweigen, z. B. dem Verkauf von Kokosöl und -milch (Spende eines jeden Pilgers) an eine Seifenfabrik. Die Wallfahrt erreicht ihren Höhepunkt beim **Makara Sankranti-Fest**, zu dem sich bis zu 1,5 Millionen Besucher in Sabarimala versammeln. Am 14. Januar 1999 wurden 51 Gläubige lebendig begraben, als die Massen einen Erdrutsch verursachten. Sie hatten sich in der Abenddämmerung eingefunden, um einen Blick auf die letzten Strahlen des *makara jyoti* (göttlichen Lichtes) über dem in der Ferne sichtbaren Hügel Ponnambalamedu zu werfen.

Männer aller Altersgruppen und sogar jeglicher Religion können an der Wallfahrt teilnehmen, doch weiblichen Wesen zwischen 9 und 50 Jahren ist dies verwehrt. Diese Bestimmung, die von der drakonischen Tempel-Oligarchie immer noch rigoros eingehalten wird, führte 1995 zu einem ungewöhnlichen Gerichtsentscheid. Nachdem bei der Lokalregierung Klagen darüber eingegangen waren, dass die Einrichtungen und hygienischen Verhältnisse in Sabarimala sehr zu wünschen übrig ließen, bestand die Gesundheitsinspektorin, eine 42-jährige Frau, darauf, den Ort zu begutachten. Die Tempelobrigkeit wies dies natürlich zurück und berief sich auf den jahrhundertealten Bann für Frauen im gebärfähigen Alter, doch das Oberste Gericht, das diese Praxis früher gutgeheißen hatte, sah sich jetzt gezwungen, gegen die Priester zu entscheiden. Der kurz darauf erfolgte „Einmarsch" der Inspektorin machte Schlagzeilen, doch das innerste Heiligtum durfte auch sie nicht betreten.

Näheres zum Besuch von Sabarimala über eine Nebenstrecke mit Ausgangspunkt in Kumily, nahe dem Periyar Wildlife Sanctuary s. S. 407.

Wasserfälle und Aussichtsplätze in den Bergen besuchen, wo sich ein weiter Ausblick über die Ebenen von Tamil Nadu eröffnet. Die Preise richten sich nach der Saison, doch muss man mit Rs 500 für das Taxi plus Rs 150 für den Guide rechnen.

Eines der Ziele, die auf eigene Faust erreichbar sind, ist die interessante **High Range Tea Factory**, ℡ 04868/277038, in Puttady (ausgesprochen „Puti-di"), 19 km nördlich von Kumily und an einer Abzweigung der Straße nach Munnar gelegen. Am

Busbahnhof von Kumily fahren regelmäßig Busse ab; man steigt an der Puttady-Kreuzung aus und nimmt dort eine Riksha zur Fabrik. Mit altmodischen Maschinen englischer Herstellung werden die Blätter geschnitten, sortiert und fermentiert, anschließend auf Holzöfen getrocknet, in Säcke verpackt und nach Kochi transportiert. Meistens finden Führungen statt, für die man sich nicht unbedingt ankündigen muss, aber es ist dennoch ratsam, vorher anzurufen um sicher zu gehen, dass die Fabrik geöffnet hat.

Von Kumily aus lässt sich noch ein Ausflug durchführen, allerdings nicht unvorbereitet (und nicht von Frauen im gebärfähigen Alter), nämlich der zum Sri Ayappan-Waldtempel von **Sabarimala**. Der abgeschiedene, heilige Ort ist im Rahmen einer sehr langen Tagestour zu besichtigen, jedoch sollte man ordentlich Proviant und so viel Wasser, wie man schleppen kann, mitnehmen, obendrein warme Kleidung für den Fall, dass man irgendwo festsitzt.

Jeep-Taxis warten vor dem Busbahnhof in Kumily, um Pilger zum seltener besuchten der beiden Hauptzugänge nach Sabarimala zu bringen – einem windigen Berggipfel, 13 km oberhalb des Tempels. Die Fahrt dauert 2 Std. und kostet Rs 50 p. P., sofern der Jeep 10 Passagiere befördert. Nachdem man von der Hauptstraße Kumily–Kottayam in **Vandiperiyar** abgebogen ist, geht die Fahrt durch Teeanbaugebiete und weiter auf einem furchtbar holprigen Waldweg. Nach dem langen, mühsamen Aufstieg endet dieser auf einem grasbedeckten Plateau, der Endstation der Jeeps. Jetzt geht es zu Fuß auf einem gut ausgetretenen Pfad durch den Urwald – mit Lianengewirr und in den Baumwipfeln kreischenden Affen – zu der Tempelanlage unten im Tal. Der Abstieg dauert mindestens zwei Stunden, der schweißtreibende Aufstieg eine oder zwei länger, deshalb braucht man viel Trinkwasser. Angesichts der Gefahr, den letzten Jeep zurück nach Kumily zu verpassen (der Berg ist Weide- und Jagdgebiet von Elefanten und Tigern), ist es ratsamer, mit einigen Leuten zusammen einen Geländewagen mit Fahrer (ca. Rs 800 + Wartezeit/Tag) zu mieten.

Munnar und Umgebung

Die 130 km östlich von Kochi und viereinhalb Busstunden nördlich des Periyar Wildlife Sanctuary gelegene Stadt Munnar bildet das Zentrum von Keralas wichtigster Teeanbauregion. Was in Tourismusbroschüren als „Hill Station" angepriesen wird, hat weniger von einem Raj-Luftkurort und mehr von einer schäbigen Arbeitersiedlung mit wellblechgedeckten Hütten und Fabriken, eingepfercht in ein von **Teeplantagen** umschlossenes Tal.

Dennoch ist unschwer zu sehen, weshalb sich die schottischen Pflanzer-Pioniere, die dieses versteckte Tal im 19. Jh. erschlossen, sich hier wie zu Hause fühlten. Die in rund 1600 m Höhe gelegene Stadt besitzt ein erfrischendes Klima mit eisigen Wintermorgen und heftigen Regenfällen während des Monsuns. Darüber hinaus ist die von hohen Berggipfeln – darunter dem höchsten der indischen Halbinsel, dem **Ana Mudi** (2695 m) – eingerahmte Stadt wunderschön gelegen. Wenn sich der Flussnebel verzieht, stellen die schroffen Gipfel rundum einen malerischen Kontrast zu den gepflegten Plantagen dar, die den Talboden und die Hänge überziehen.

Munnars Grün und die frische Luft ziehen hauptsächlich gut betuchte Flitterwöchner aus Mumbai und Bangalore an. Es machen hier aber auch immer mehr Ausländer ein paar Tage Halt. Sie wählen die atemberaubende Busfahrt von Periyar, die über die Hochpässe und durch die Tropenwälder der Cardamon-Berge führt, oder die gleichermaßen spektakuläre Anreise über die Ghats von Madurai, um herzugelangen. Die Stadt selbst ist nicht besonders interessant, aber die hügelige Landschaft in der Umgebung bietet ausgezeichnete Möglichkeiten zum **Wandern** und **Radfahren** mit unterschiedlichen Schwierigkeitsgraden. Besonders beliebt ist Munnar bei jungen Travellern, die zum **Mountainbiking** im Gelände herkommen. Es gibt zwar keine offiziellen, dafür vorgesehenen Strecken, aber jede Menge Berghänge zum Hochstrampeln und Hinabsausen. Eine der besten Wanderungen führt von Rajamala (17 km nördlich von Munnar) zum **Eravikulam-Nationalpark**, wo neben dem gefährdeten Nilgiri-Tahr auch Sambare, Makaken und Languren leben.

Wer sich für die britische Oberherrschaft in Indien interessiert, wird Gefallen an den mit Veranden versehenen englischen Villen finden, die sich an die Hänge der sanften Täler schmiegen. Ein weiteres Überbleibsel aus dieser Zeit ist der berühmte **High Range Club** am südöstlichen Stadtrand mit seinen gepflegten Rasenflächen und dem Golfplatz, der auch ausländischen Besuchern zugänglich ist. Hinter dem Club breiten sich im Tal einige der insgesamt fast 15 000 ha umfassenden Plantagen aus, die zumeist dem Industriemagnaten Tata gehören. Man kann sich frei in den Plantagen bewegen und dem **Teemuseum** einen Besuch abstatten. Es liegt 2 km nordwestlich des Zentrums an der Nallathany Road und beherbergt zahlreiche technische Gerätschaften, die durch Informationen über Produktionstechniken komplettiert werden. ☉ Di–So 9–16 Uhr, Eintritt Rs 50.

Eravikulam-Nationalpark und Top Station

In den Westghats, 13 km nordöstlich von Munnar liegt der 100 km² große Eravikulam-Nationalpark. Er schützt immergrünen Feuchtwald und grasbewachsene Höhen und ist der letzte Lebensraum einer der seltensten Bergziegen der Welt, der **Nilgiri-Tahr**. Ihre Zutraulichkeit machte sie während der jagdbesessenen Kolonialära zur viel zu leichten Beute. Der spätere Herzog von Wellington berichtete, dass seine Soldaten während einer Atempause im Kampf gegen Tipu Sultan am Ende des 18. Jhs. die Ziegen einfach abschießen konnten, als diese neugierig durch das Camp trotteten. Zum Zeitpunkt der Unabhängigkeit waren diese Tiere praktisch ausgerottet. Inzwischen hat sich ihre Zahl jedoch wieder auf ein gesundes Maß erholt, und die Ziegen sind so wenig misstrauisch wie eh und je. Um die Tiere während der Abkalbezeit zu schützen, wird der Park ab Mitte Januar für ungefähr sechs Wochen geschlossen.

Ein beliebtes Ausflugsziel ist auch das winzige Dörfchen **Top Station** an der Kerala-Tamil Nadu-Grenze mit seiner überwältigenden Aussicht, zu erreichen nach einer 34 km langen, stetig bergauf führenden Busfahrt durch die am höchsten gelegenen Teeplantagen des Subkontinents. Der Ort ist für die äußerst seltene Pflanze **Neelakurunji** (*Strobilatanthes*) berühmt, die an den Berghängen gedeiht, jedoch nur alle zwölf Jahre blüht, und dann unzählige Besucher anlockt, die sich am Anblick des mit violetten Blumen übersäten Berges erfreuen. Die nächste Blüteperiode wird im Okt/Nov 2006 erwartet. Top Station ist per **Bus** von Munnar (10x tgl. ab 5.30 Uhr, 1 1/2 Std.) zu erreichen oder mit Taxi-Jeeps für Rs 700 hin und zurück.

Übernachtung

Munnar besitzt zahlreiche Unterkünfte, doch billige sind rar und laut, denn sie liegen sehr nah beim Busbahnhof am Basar.

East End, Temple Rd, am Flussufer gegenüber dem Busbahnhof, ☎ 04865/230451, 🖳 www.edasserygroup.com. Makelloses, elegantes Hotel unweit der Stadtmitte, bietet „Cottages" im Raj-Stil in einem weitläufigen Garten und ein empfehlenswertes Restaurant. **❼**–**❽**

Government Guest House, Mattupatty Rd, nahe dem Hauptbasar, ☎ 04865/230385. Stilvolle alte britische Villa mit sechs voll ausgestatteten, gemütlichen Zimmern und Verpflegung auf Wunsch. Schöne Lage und netter Garten. **❻**

High Range Club, Kannan Devan Hills, ☎ 04865/230253, ✉ hrcmunnar@sify.com. Der berühmte Mitgliederclub vermietet gemütliche Zimmer im großen Clubhaus aus der Raj-Ära, dessen Wände Jagdtrophäen zieren. Gute Adresse zum Schlürfen von Gin, Billard, Golf, Tennis oder Squash spielen oder sich einfach im herrlichen Garten ausruhen. Nur Vollpension. **❺**–**❼**

Hilltop Lodge, Temple Rd, Ecke Thekkady Rd, ☎ 04865/230655. Eines der besten Budget-Hotels am Ort, aber leider direkt an einer sehr stark befahrenen Hauptstraße. Kleine, saubere Zimmer mit Bad; Wolldecken und Warmwasser gegen Aufpreis. **❷**

JJ Cottage, nahe KSRTC-Busbahnhof, ☎ 04865/230104. Ausgezeichnete und sehr gastfreundliche Privatunterkunft mit Zimmern verschiedener Größe. Die beiden schicken Zimmer nach vorn heraus bieten eine atemberaubende Aussicht auf die Berge. **❸**–**❹**

KTDC Tea County, abseits der Mattupathy Rd, ☎ 04865/230460, 🖳 www.ktdc.com. Die beste Adresse in Munnar. Verschiedene luxuriöse Chalet-Zimmer und Suiten auf einer Anhöhe mit Blick über das Tal. Gutes indisches Restaurant, Bar und verschiedene Sport- und Freizeitangebote, darunter Paragliding und Bergsteigen. US$90–140. **❾**

Poopada, Kannan Devan Hills, an der Manukulam Rd, ☎ 04865/230223, 🖳 www.poopada.com. Sieht von außen etwas mitgenommen aus, aber die Zimmer mit Bad sind sauber. Abgeschiedene Lage, schöner Blick aufs Tal und gutes, preiswertes Restaurant. Am Wochenende Reservierung empfohlen. ⑤ – ⑥

Shree Narayana („SN") Tourist Home, Kannan Devan Hills, in der Hauptstraße, in der Nähe des Tourist Office, ✆ 04865/230212. Beliebtes, freundliches Gästehaus an einem Fluss; etwas schäbige Zimmer mit Bad und Warmwasser. ④

Essen

Sowohl das **Royal Retreat** als auch das **KTDC Tea County** verfügen über sehr empfehlenswerte Restaurants mit erlesener Speisenauswahl und aufmerksamer Bedienung.

Gurus, im alten Basar, gegenüber der staatlichen High School, ist ein altmodisches Kaffeehaus, in dem kleine südindische Gerichte serviert werden.

Saravana, im Hauptmarkt, hat gute vegetarische Gerichte.

Das gehobene Speiselokal mittlerer Preisklasse im Hotel **East End** ist das beste der Innenstadt und bietet eine umfangreiche indische Speisekarte.

Leckeres Gebäck und Kuchen gibt es im **Krishna** in der Gandhi St.

Sonstiges

FAHRRÄDER – Ein Rad ohne Gangschaltung ist auf dem Markt für ca. Rs 10 pro Std. zu haben. Wer ein richtiges Mountainbike mieten möchte, fragt bei der **DTPC Tourist Information** (ca. Rs 250 pro Tag) oder im **KTDC Tea County** (s. o.) nach – das Hotel verleiht seine ausgezeichneten Räder eigentlich nur an Hausgäste, doch manchmal ist noch eines zu haben.

GELD – Die **State Bank of Travancore** und die **State Bank of India** wechseln Geld. Zwei Geldautomaten liegen einander gegenüber in der Gandhi Rd.

INFORMATIONEN – **DTPC Tourist Information**, Old Munnar, ✆ 04865/231516. Nicht sehr hilfreich. ☉ Mo–Sa 8.30–19 Uhr.
Wer Informationen über Transportmittel, Hotels oder Tagestouren (auch nach Eravikulam) benötigt, wendet sich besser an Joseph Iype, den

hilfsbereiten Leiter des effizienten **Tourist Information Service** im Hauptbasar, ✆ 04865/230349; keine festen Öffnungszeiten. Der selbst ernannte Tourist Officer verteilt nicht nur nützliche Pläne und Zeitungsartikel, sondern organisiert auch Ausflüge und bombardiert Ratsuchende mit Hintergrundinformationen über die Region. Sein Büro liegt unmittelbar südlich des unabhängigen **Munnar Tourist Information Centre**, ✆ 04865/230552, ☉ tgl. 10–20 Uhr, das nur für Touren in der Umgebung der Stadt interessant ist.

INTERNET – Es gibt einige Anbieter in der Stadt, darunter das **Alpha Computer Centre** neben dem Tamil-Nadu-Busbahnhof (Rs 50 pro Std.).

Transport

BUSSE – Staatliche und private Busse fahren den Busbahnhof im modernen Hauptbasar an, unweit des Zusammenflusses der beiden Flüsse in der Nähe der Tata-Zentrale. Die staatlichen fahren noch weiter bis zum anderen Busbahnhof, knapp 3 km südlich. Die meisten Hotels liegen in Old Munnar, 2 km südlich des Zentrums, nahe der DTPC Tourist Information. Man kann den Fahrer bitten, dort anzuhalten.

Busse nach:
KOCHI / ERNAKULAM (6x tgl., 4 1/2–5 Std.),
KOTTAYAM (5x tgl., 5 Std.),
KUMILY (4x tgl., 4 Std.),
MADURAI (6x tgl., 5 Std.),
THIRUVANANTHAPURAM (5x tgl., 8–9 Std.).

Kochi (Cochin) / Ernakulam

Die altehrwürdige Stadt Kochi (lange Zeit Cochin genannt), Keralas Touristenziel Nummer eins, erstreckt sich über Inseln und Landzungen zwischen dem Arabischen Meer und den Backwaters. Ihre wichtigsten Viertel – das moderne **Ernakulam** und die alten Stadtteile **Mattancherry** und **Fort Cochin** auf einer Halbinsel im Westen – sind durch ein dichtes Netz an Fähren und Brücken miteinander verbunden. Während einige Besucher nach wie vor im günstiger gelegenen Ernakulam übernachten, wo es zahlreiche Unterkünfte gibt, entscheiden sich immer mehr Touristen für Fort Cochin, wo sich Kochis interessante Geschichte in einer Vielfalt architektonischer Stilrichtungen manifestiert. Exotische Gewürzmärkte, eine Synagoge, ein portugiesischer Palast, die erste europäische Kirche Indiens, holländische Wohnhäuser und dörfliches Grün, das aus England importiert sein könnte, lassen sich hier bei einem gemächlichen Rundgang an einem Tag besichtigen. Kochi ist auch eine der wenigen Städte in Kerala, wo man garantiert **Kathakali-Tanzvorstellungen** geboten bekommt, wobei es sich teils um authentische, teils um gekürzte Touri-Versionen handelt.

In der Umgebung von Kochi (12 km per Motor-Riksha oder Bus südöstlich von Ernakulam) beherbergt der im Kolonialstil erbaute Palast von **Thripunitra** ein Museum mit gemischten Exponaten, in dem im Oktober bzw. November ein Musik- und Tanzfestival stattfindet.

Geschichte

Kochi entstand 1341, als eine Überschwemmung die Mündung des Periyar verschob und so ein sicherer Naturhafen geschaffen wurde, der Muziris (Kodungallur, 50 km nördlich gelegen) als Haupthafen der Malabar-Küste verdrängte. 1405 verlegte die königliche Familie ihren Hof von Muziris hierher, und die schnell wachsende Stadt zog christliche, arabische und jüdische Siedler aus dem Nahen Osten an. Ihr Name leitet sich möglicherweise von *kocchazhi* her, was so viel wie „der neue" oder „kleine Hafen" bedeutet. Die Geschichte der Europäer in Kochi beginnt im frühen 16. Jh. mit den Portugiesen, denen zunächst die Holländer und später die Briten folgten. Sie alle stritten um die Kontrolle des Hafens und seines ertragreichen Gewürzhandels. Von 1800 an war der Staat Cochin Teil der British Madras Presidency; von 1812 bis zur Unabhängigkeit 1947 unterlag seine Verwaltung einer Reihe von *diwans* (Finanzministern). In den 20er Jahren des 20. Jhs. bauten die Briten den Hafen aus, um ihn für die neuen Ozeanriesen schiffbar zu machen; durch Trockenlegung entstand Willingdon Island, zwischen Ernakulam und Fort Cochin.

Mattancherry und Fort Cochin

In Mattancherry und Fort Cochin ist die Geschichte noch spürbar (die Hochhäuser stehen am jenseitigen Ufer in Ernakulam), und an jeder Ecke begegnet man Zeugen von Kochis Vergangenheit. Wer mit der Fähre ankommt und am Mattancherry Bootsanleger aussteigt, erblickt gleich am Ufer die pastellfarbenen Gebäude mit Ziegeldächern – ein Anblick, der sich im Laufe der letzten Jahrhunderte nur wenig verändert haben dürfte.

Trotz der Einnahmen aus dem Tourismus lebt die Stadt immer noch überwiegend vom traditionellen Handel. Mit Säcken beladene Handkarren werden zwischen den *godowns* (Lagerhäusern) hin- und hergeschoben, und überall gibt es kleine Geschäfte, in denen Tee, Jute, Gummi, Chili, Cashewnüsse, Ingwer, Kardamom und Pfeffer verkauft werden.

Die Judenstadt

Die Straße, die links vom Mattancherry Jetty in die so genannte **Jew Town** führt, verläuft vorbei an der Schneiderei *N.X. Jacob's* und den Büros von *J.E. Cohen*, Rechtsanwalt und Steuerberater, den Resten einer ehemals blühenden jüdischen Gemeinde. Mittlerweile haben hier viele geschäftstüchtige Kashmiris Einzug gehalten, die beim Anpreisen ihrer Waren mitunter recht aggressiv auftreten. Allerdings lassen viele Besucher das Theater über sich ergehen, weil sie einfach fasziniert sind von der unglaublichen Vielfalt der angebotenen Waren, z. B. Antiquitäten, hinduistische und christliche Holzschnitzereien, Öllampen, Masken, schöne Bildbände usw.

Biegt man an der Kreuzung des India Pepper & Spice Trade Building, das normalerweise vom Rufen der Händler wiederhallt, nach rechts ab und dann noch einmal nach rechts, gelangt man zur Synagogue Lane. Die **Pardesi- (weißjüdische) Synagoge** wurde 1568 gegründet und 1664 neu erbaut. Ihr Inneres weist originelle Stilmischungen auf. Die handbemalten, blau-weißen Kacheln aus Kanton, jede ein Unikat, zeigen eine Liebesgeschichte zwischen der Tochter eines Mandarin und einem Bürgerlichen.

Ein kunstvoll geschnitzter Bogen gegenüber dem Eingang beherbergt vier Rollen der Thora (die ersten fünf Bücher des Alten Testaments) in Kästen aus Silber und Gold, auf denen goldene Kronen ruhen. Letztere sind Geschenke der Maharadschas von Travancore und Cochin, ein Beweis für die guten Beziehungen, die sie mit der jüdischen Gemeinde unterhielten. ◷ Mo–Do und So 10–12 und 15–17 Uhr, Eintritt Rs 2.

Meistens ist ein Angestellter zur Stelle, der Besuchern die Synagoge zeigt und Fragen beantwortet. Er gibt auch eine Einführung während der KTDC-Besichtigungstour (s. S. 422).

Auf einem kleinen Platz draußen gibt es mehrere Antiquitätengeschäfte zum Stöbern, aber mit Schnäppchen darf man nicht rechnen. *Draavidia*, an der Jew St, ist eine kleine, interessante **Kunstgalerie** mit Schwerpunkt auf zeitgenössischer Kunst. In der Galerie wird tgl. **klassische indische Live-Musik** im Rahmen eines Programms namens „Sadhana" (18–19 Uhr, Eintritt Rs 100) geboten.

Mattancherry Palace

Der Mattancherry-Palast steht nur ein kleines Stück zu Fuß vom Mattancherry Jetty entfernt in entgegengesetzter Richtung der Jew Town. Das Tor an der Straße ist eigentlich der Hintereingang, aber von der Fähre aus am einfachsten zugänglich. Auf dem ummauerten Gelände steht ein runder, gekachelter Krishna-Tempel (nur für Hindus). Obwohl er hier unter der Bezeichnung **Dutch Palace** bekannt ist, wurde der zweistöckige Palast von den Portugiesen als ein Geschenk an den Raja von Cochin, Vira Keralavarma (1537–61), erbaut – die Holländer fügten erst später einige Details hinzu. Von außen scheint er nicht sehr viel versprechend, doch das Innere lohnt einen Besuch.

Die **Wandgemälde**, die einige Zimmer zieren, zählen zu den schönsten Beispielen der keralischen Malschule. Die Friese im ersten Stock, die Geschichten aus dem *Ramayana* erzählen, datieren aus dem 16. Jh. Die detailreich und farbenfroh gehaltenen Malereien sind nicht streng naturalistisch: Die Gesichtszüge beschränken sich auf einfache Mundlinien und die charakteristischen Hakennasen. Die Schlafgemächer der Damen im Erdgeschoss zieren mehrere weniger komplexe Gemälde, wahrscheinlich aus dem 17. Jh. Das unbestrittene Highlight des Palastes sind die Gemälde, doch die Sammlung umfasst auch interessante holländische Stadtpläne des alten Cochin, Krönungsroben von Maharadschas, Waffen und elegante Möbel. Ohne Erlaubnis des Archaeological Survey of India ist das Fotografieren strengstens verboten. ☉ tgl. außer Fr 10–17 Uhr; Eintritt Rs 2.

Die Juden von Kochi

Es wird allgemein angenommen, dass die ersten Juden, die an der Malabar-Küste landeten, Flüchtlinge aus dem 587 v. Chr. von Nebukadnezar okkupierten Jerusalem waren. Einer anderen Überlieferung zufolge sollen die ersten Juden hingegen schon im 11. Jh. v. Chr. als Mitglieder einer von König Salomon ausgeschickten Handelsflotte an die hiesige Küste gekommen sein. Sicher ist jedenfalls, dass die Juden sich in Cranganore, unmittelbar nördlich von Cochin, niederließen. Als **Gewürzhändler** bildeten sie eine geachtete Gemeinde innerhalb der keralischen Gesellschaft und besaßen sogar ihr eigenes Oberhaupt, bis Anfang des 16. Jhs. die portugiesische Inquisition Einzug hielt.

Damals wurden Juden in Goa auf dem Scheiterhaufen verbrannt und andernorts entlang der Küste ins Exil getrieben, doch der **Maharadscha von Cochin** stellte ihnen Land im Umkreis seines Palastes in Mattancherry zur Verfügung. So entstand eine neue jüdische Gemeinde, und eine Synagoge wurde errichtet. In der Blütezeit des Handels unter der liberaleren holländischen und später britischen Kolonialregierung genossen die Juden großes Ansehen, denn sie sprachen Malayalam und waren erfolgreiche Kaufleute.

Früher gab es **drei verschiedene Gruppen von Juden** in Kerala: Die „schwarzen" Juden, Nachkommen frühester jüdischer Siedler, die sich mit Einheimischen vermischt hatten und Inder geworden waren, fanden Arbeit auf den Gewürzplantagen. Diese Gruppe umfasste mehrere tausend Menschen. Die „braunen" Juden waren angeblich zum Judentum bekehrte Sklavenarbeiter. Beide Gruppierungen waren in den Augen der „weißen Juden" minderwertig. Letztere waren orthodox und heirateten nur untereinander. Anfang der 50er Jahre, als ihnen die **Ausreise nach Israel** gestattet wurde, verließ ein Großteil der Juden Kochi. Die traditionelle Lebensart der „weißen" Juden ist im Aussterben begriffen, denn es gibt hier nur noch ganze sieben Familien, deren Normen und Werte sich unaufhaltsam den modernen Zeiten anpassen.

KERALA

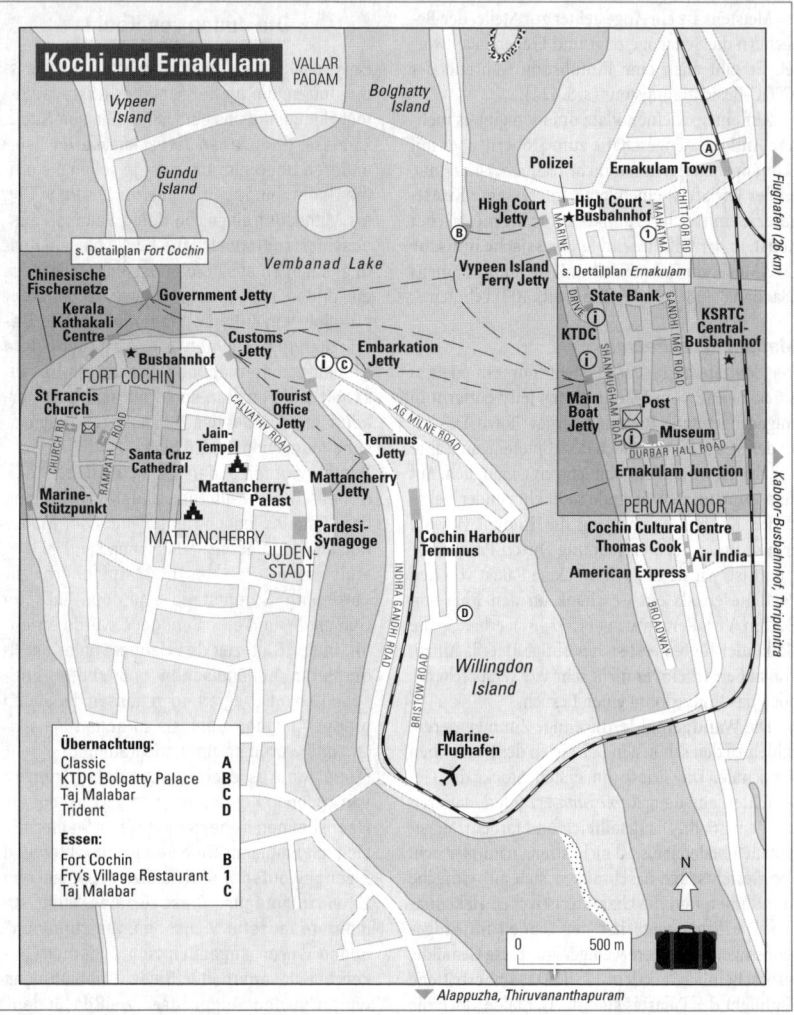

Kochi und Ernakulam

VALLAR PADAM

Vypeen Island

Bolghatty Island

Gundu Island

Polizei

Ernakulam Town

High Court Jetty

High Court - Busbahnhof

Vembanad Lake

Vypeen Island Ferry Jetty

s. Detailplan *Ernakulam*

State Bank

KSRTC Central-Busbahnhof

s. Detailplan *Fort Cochin*

Chinesische Fischernetze

Government Jetty

KTDC

Kerala Kathakali Centre

Busbahnhof

Customs Jetty

Embarkation Jetty

Main Boat Jetty

Post

FORT COCHIN

Museum

St Francis Church

Tourist Office Jetty

AG MILNE ROAD

Ernakulam Junction

CALVATHY ROAD

Santa Cruz Cathedral

Jain-Tempel

Terminus Jetty

PERUMANOOR

Marine-Stützpunkt

Mattancherry-Palast

Mattancherry Jetty

Cochin Cultural Centre

MATTANCHERRY

Pardesi-Synagoge

Cochin Harbour Terminus

Thomas Cook

Air India

JUDEN-STADT

American Express

BROADWAY

INDIRA GANDHI ROAD

Willingdon Island

BRISTOW ROAD

Marine-Flughafen

Übernachtung:

Classic	A
KTDC Bolgatty Palace	B
Taj Malabar	C
Trident	D

Essen:

Fort Cochin	B
Fry's Village Restaurant	1
Taj Malabar	C

0   500 m

N

Flughafen (26 km)

Kaboor-Busbahnhof, Thripunitra

Alappuzha, Thiruvananthapuram

Der Jain-Tempel

In der Gujarati Road, ein paar hundert Meter westlich vom Palast, steht der öffentlich zugängliche **Jain-Tempel**. Es ist ein friedlicher Ort, wenn man nicht gerade um 12 Uhr mittags kommt, denn dann kündigt ein Gläubiger mit lautem Glockengeläut die tägliche Taubenfütterung an. In der Folge wird der Innenhof zu einem Trafalgar Square im Miniformat, und alle Passanten werden aufgefordert, den hungrigen Vögeln Körner zuzuwerfen. Auf dem Gelände sind zwei Heiligtümer aus Marmor mit feinen Verzierungen zu bewundern. Das Büropersonal erteilt Interessierten bereitwillig Auskünfte über den Jainismus.

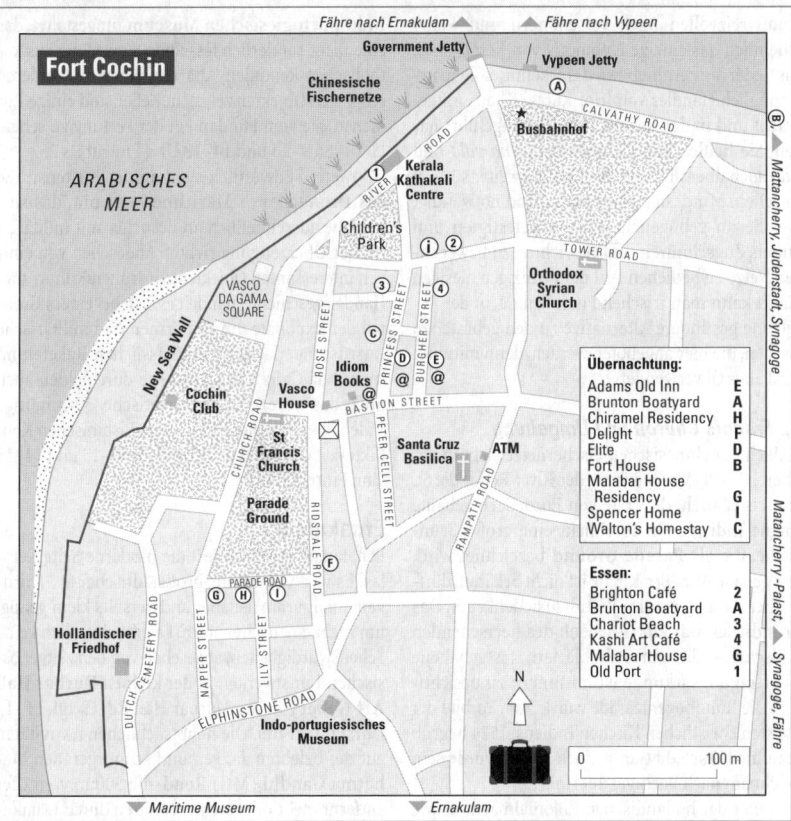

Fähre nach Ernakulam ◄ ▲ Fähre nach Vypeen

Fort Cochin

Government Jetty

Vypeen Jetty

Chinesische
Fischernetze

Ⓐ

CALVATHY ROAD

★
Busbahnhof

Ⓑ

ARABISCHES
MEER

RIVER ROAD

①
Kerala
Kathakali
Centre

Children's
Park

ⓘ ②

TOWER ROAD

Orthodox
Syrian
Church

VASCO
DA GAMA
SQUARE

ROSE STREET

③

PRINCESS STREET

BURGHER STREET

④

New Sea Wall

Ⓒ

Idiom
Books
@

Ⓓ
@

Ⓔ
@

Cochin
Club

CHURCH ROAD

Vasco
House

PETER CELLI STREET

BASTION STREET

✉

St
Francis
Church

Santa Cruz
Basilica
✝

ATM

RAMPAH ROAD

Parade
Ground

RIDSDALE ROAD

Übernachtung:
Adams Old Inn .... E
Brunton Boatyard .... A
Chiramel Residency .... H
Delight .... F
Elite .... D
Fort House .... B
Malabar House
  Residency .... G
Spencer Home I
Walton's Homestay C

Ⓕ

Ⓖ Ⓗ Ⓘ

PARADE ROAD

DUTCH CEMETERY ROAD

NAPIER STREET

LILY STREET

Holländischer
Friedhof

Essen:
Brighton Café 2
Brunton Boatyard .... A
Chariot Beach 3
Kashi Art Café 4
Malabar House .... G
Old Port 1

N
⬆

ELPHINSTONE ROAD

Indo-portugiesisches
Museum

0   100 m

▼ Maritime Museum   ▼ Ernakulam

KERALA

Mattancherry, Judenstadt, Synagoge

Mattancherry-Palast, ▲ Synagoge, Fähre

Fort Cochin

Das Herz der Festungsanlage liegt ca. 3 km vom Mattancherry Palace entfernt und ist zu Fuß, per Fähre oder Motor-Rikscha zu erreichen. Die Architektur dieser historischen Enklave präsentiert sich ausgesprochen europäisch. Dazu gehören alte Villen wohlhabender britischer Händler und holländische Bauernhäuser mit zweiflügeligen Türen. Malerische chinesische Fischernetze zieren das Ufer an der Nordwestspitze und entlang der Princess Street.

Die fortschreitende Entwicklung des Tourismus und die wachsende Zahl von Unterkünften haben das Gesicht der Gegend verändert, deren fragile Infrastruktur auch durch den zunehmenden Wasserverbrauch ernsthaft bedroht ist. Eine Zeitlang stand

Fort Cochin als so genannte **Heritage Zone** dank der Schirmherrschaft von USAID unter Denkmalschutz, doch leider wurden die finanziellen Zuwendungen nach Indiens Atomtests im Jahre 1998 gestrichen.

Fort Cochin besitzt eine kleine, aber recht aktive **Kunstszene**. Im Mittelpunkt steht das gemütliche *Kashi Art Café,* ◷ tgl. 8.30–19.30 Uhr, in der Burgher Street mit einer Galerie für zeitgenössische Kunst. Hier gibt es auch gelegentlich Konzerte und Informationen über Umweltprojekte.

Chinesische Fischernetze

Die riesigen chinesischen Fischernetze, die das Nordufer von Fort Cochin säumen, den an sich schon reizvollen Blick verschönern und wahrscheinlich das einzige Fotomotiv von Kerala sind, das jeder auf Anhieb wiedererkennt, sollen ursprünglich Händler vom Hof Kublai Khans mitgebracht und in der Region Malabar eingeführt haben. Sie heißen auf Malayalam *cheena vala* und sind auch überall in den Backwaters weiter südlich zu sehen. Mindestens vier Mann sind notwendig, um die an gebogenen Hölzern befestigten und mittels Zugschnüren und Gewichten zu bewegenden Netze zu bedienen. Auf dem winzigen hiesigen Markt kann man frischen Fisch kaufen, in der Regel eine gesündere Alternative zu den gebratenen Fischen, die hier angeboten werden, denn mitunter wird altes Öl verwendet.

St. Francis Church und Umgebung

Südlich der chinesischen Fischernetze steht in der Church Road (Verlängerung der River Road) die St. Francis Church, die erste von Europäern gebaute Kirche Indiens. Sie überblickt eine große Grünfläche, die als **Parade Ground** bezeichnet wird. Das genaue Alter der Kirche ist nicht bekannt, dürfte aber Anfang des 16. Jhs. anzusiedeln sein. Das Grundstück war ein Geschenk des herrschenden Radscha – die auf Palmblättern festgehaltene Übertragungsurkunde ist im Innern zu besichtigen. Die Rundbogenfassade wurde zum Vorbild der meisten christlichen Kirchen Indiens. 1524 begrub man hier Vasco da Gama, doch später wurde sein Leichnam nach Portugal überführt.

Unter der holländischen Kolonialmacht wurde die Kirche renoviert und 1663 protestantisch, danach – mit der Ankunft der Briten 1795 – anglikanisch. Seit 1949 untersteht sie der Church of South India. In die Wände im Inneren sind verschiedene Grabinschriften eingelassen, die älteste stammt von 1562. Ein Überbleibsel aus britischen Tagen ist der ständige Gebrauch von *punkahs*, großen Stoffventilatoren über den Bankreihen, die von einem „punkah-wallah" bedient werden.

Das Interieur der aus dem späten 20. Jh. stammenden **Santa Cruz Basilica**, östlich der St. Francis Church, wird Freunden des farbenfrohen, kitschigen indo-romanischen Rokoko-Stils gefallen.

Die Museen

Das grandiose Bishop House aus dem Jahr 1557 am südlichen Ende der Ridsdale Road wurde zu einem Indo-portugiesischen Museum umgestaltet, das eine nicht sonderlich fesselnde Sammlung aus katholischen Reliquien, Altarrequisiten und anderen religiösen Objekten zeigt. Im Keller sind einige Ruinenstücke vom Fundament der Festung zu sehen. ⊙ Di–So 9–13 und 14–18 Uhr, Eintritt Rs 25.

Weiter südwestlich steht an der Küstenstraße das **Dronacharya Maritime Museum**, das sich beinahe ausschließlich an Besucher mit militaristischer Überzeugung richtet. Abgesehen von einigen interessanten Objekten zur frühen Kultur- und Handelsgeschichte, handelt es sich bei einem Großteil der Exponate um Uniformen und militärische Ausrüstung, darunter die hässlichen Raketen im Innenhof. Ganz Unverdrossene durchleiden auch noch das unverhohlen patriotische, 30-minütige Video über sämtliche indisch-pakistanischen Konflikte seit der Teilung. ⊙ Di–So 9.30–13 und 14–18 Uhr, Eintritt Rs 10.

Ernakulam

Ernakulam repräsentiert die moderne Seite Keralas. Es wirkt einerseits großstädtischer als Thiruvananthapuram, ist aber andererseits klein genug, um nicht einzuschüchtern. Es gibt eigentlich keine Sehenswürdigkeiten, abgesehen von den zeitgenössischen Kunstwerken in der kleinen **Durbar Hall Art Gallery** in der Durbar Hall Rd, ⊙ tgl. 11–19 Uhr, Eintritt frei. Die hauptsächlichen Aktivitäten auf der belebten, langen und schnurgeraden **Mahatma Gandhi (MG) Road**, die 500 m vom Ufer entfernt mehr oder weniger mitten durch Ernakulam verläuft, sind Einkaufen, Essen und Kinobesuche. Hier kann man unter verschiedenen sehr guten Restaurants mit ausgezeichneter Kerala-Küche wählen.

Im **Shiva-Tempel**, Durbar Hall Road, findet alljährlich (Jan/Feb) ein achttägiges **Fest** mit Elefantenprozessionen und *panchavadyam* (Trommel- und Trompetenkapellen) in den Straßen statt. Teil der Festveranstaltungen sind üblicherweise auch nächtliche Kathakali-Vorstellungen. Der Tempel wird dann mit elektrischen Lampen erleuchtet, die so geschaltet sind, dass sie Sternschnuppen imitieren.

Thripunitra

Rund 12 km südöstlich von Ernakulam liegt die Kleinstadt Thripunitra, zu erreichen per Bus oder

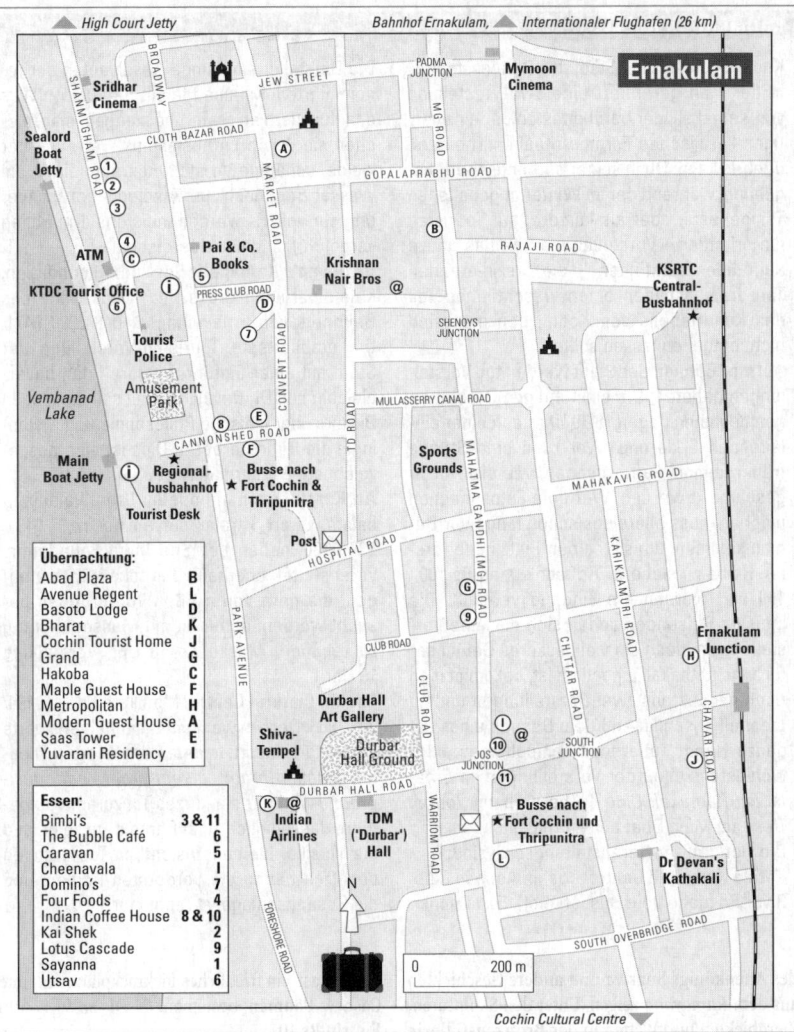

Ernakulam

BROADWAY

Sridhar Cinema

JEW STREET

PADMA JUNCTION

Mymoon Cinema

Sealord Boat Jetty

SHANMUGHAM ROAD

CLOTH BAZAR ROAD

MG ROAD

A

GOPALAPRABHU ROAD

ATM

① ② ③

Pai & Co. Books

MARKET ROAD

B

RAJAJI ROAD

KSRTC Central-Busbahnhof

④ C

KTDC Tourist Office ⓘ ⑥

⑤

PRESS CLUB ROAD

D

Krishnan Nair Bros @

Tourist Police

⑦

CONVENT ROAD

SHENOYS JUNCTION

Vembanad Lake

Amusement Park

⑧ E

CANNONSHED ROAD

F

MULLASSERRY CANAL ROAD

TD ROAD

Main Boat Jetty ⓘ Regional-busbahnhof

Busse nach ★ Fort Cochin & Thripunitra

Sports Grounds

MAHATMA GANDHI (MG) ROAD

MAHAKAVI G ROAD

KARIKKAMURI ROAD

Tourist Desk

Post ✉

HOSPITAL ROAD

Übernachtung:
Abad Plaza   **B**
Avenue Regent   **L**
Basoto Lodge   **D**
Bharat   **K**
Cochin Tourist Home   **J**
Grand   **G**
Hakoba   **C**
Maple Guest House   **F**
Metropolitan   **H**
Modern Guest House   **A**
Saas Tower   **E**
Yuvarani Residency   **I**

⑥ G
⑨

CHITTAR ROAD

Ernakulam Junction

H

PARK AVENUE

CLUB ROAD

Durbar Hall Art Gallery

Durbar Hall Ground

CLUB ROAD

ⓘ
⑩ @

JOS JUNCTION

SOUTH JUNCTION

CHAVAR ROAD

J

Shiva-Tempel

⑪

DURBAR HALL ROAD

Essen:
Bimbi's   **3 & 11**
The Bubble Café   **6**
Caravan   **5**
Cheenavala   **I**
Domino's   **7**
Four Foods   **4**
Indian Coffee House   **8 & 10**
Kai Shek   **2**
Lotus Cascade   **9**
Sayanna   **1**
Utsav   **6**

K @
Indian Airlines

TDM ('Durbar') Hall

WARRIOM ROAD

✉

Busse nach ★ Fort Cochin und Thripunitra

L

Dr Devan's Kathakali

N

FORESHORE ROAD

0   200 m

SOUTH OVERBRIDGE ROAD

Cochin Cultural Centre ▼

KERALA

Motor-Rikscha vom Busbahnhof in der MG Road, unmittelbar südlich von Jos Junction. Hier lohnt ein Besuch des baufälligen, im Kolonialstil erbauten **Hill Palace**, der inzwischen ein gemischtes Museum beherbergt. Die Königsfamilie von Cochin unterhielt einst um die 40 Paläste – dieser hier wurde nach der Unabhängigkeit von der Regierung konfisziert und verkam im Laufe des vergangenen Jahrzehnts zu einem staubigen und vernachlässigten Objekt.

Eines der schönsten Museumsstücke ist eine hölzerne Mandapa aus dem frühen 17. Jh., die aus einem Tempel in Pathanamthitta stammt und prächtige Schnitzereien aufweist, die die Krönung

Kochi ist die einzige Stadt des Bundesstaates, in der man garantiert eine Live-Vorstellung von Kathakali, der berühmtesten der einzigartigen keralischen Formen rituellen Theaters, erleben kann. Ob in seiner authentischen Umgebung, während der im Winter abgehaltenen Tempelfeste, oder als kürzere, auf Touristen hin orientierte Vorstellungen, die das ganze Jahr über stattfinden – die faszinierenden Tanzdramen bilden einen wesentlichen Teil des Kulturlebens von Kochi, den man sich nicht entgehen lassen sollte.

Auf vier Bühnen der Stadt werden tgl. Vorstellungen geboten. Die einstündigen Darbietungen beginnen gegen 18.30 Uhr nach einer einleitenden Erklärung. Wer rund eine Stunde früher kommt, kann zusehen, wie die Tänzer geschminkt werden. Wer gute Fotos machen möchte, muss allerdings schon lange vor Beginn kommen, um sich einen Platz in der ersten Reihe zu sichern. **Tickets** kosten Rs 100–150 und werden am Eingang verkauft. Die meisten Reisenden sehen sich nur eine Vorstellung an, doch ein viel besseres Gefühl dafür, was Kathakali eigentlich ist, bekommt man nach mindestens zwei Darstellungen und im Idealfall anschließend dem Besuch eines die ganze Nacht dauernden Tempelfestes, oder wenigstens einer der Vorstellungen im *Ernakulam Kathakali Club*. Näheres beim *Tourist Desk* am Main Boat Jetty, Ernakulam.

Die vier größten Veranstaltungsorte sind:
Kerala Kathakali Centre, Cochin Aquatic Club, River Rd (nahe dem Busbahnhof), Fort Cochin.

Die Darsteller sind junge Absolventen der renommierten Kalamandalam Academy. Was den Künstlern an Erfahrung mangeln mag, machen sie durch Enthusiasmus wett, und der kleine, schäbige Vorstellungsraum direkt am Wasser trägt noch zum Ambiente bei, ist aber oft sehr voll. Es werden meistens drei Rollen vorgeführt, und die Musik ist gut.

Dr Devan's Kathakali, See India Foundation, Kalathiparambil Cross Rd, in der Nähe des Bahnhofs von Ernakulam, ☎ 0484/236 9471. Die etablierteste Touristen-Vorstellung der Stadt mit einer Einführung durch den unvergleichlichen Dr. Devan, der mit seinem langen Diskurs über indische Philosophie und Mythologie die Bühne erobert. Dies ist eine ausgezeichnete Einführung in die Kunstform.

Art Kerala, Kannanthodathu Lane, Valanjambalam, ✉ art_kerala@satyam.net.in, ☎ 0484/237 5238, neben der See India Foundation, veranstaltet ebenfalls Kathakali-Darbietungen, die gern von großen Tourgruppen besucht werden, daher ist mit Massenandrang zu rechnen. Maske ab 18 Uhr, Vorstellung 19 Uhr.

Cochin Cultural Centre, Manikath Rd, ☎ 0484/236 7866. Der am wenigsten empfehlenswerte Veranstaltungsort: In dem klimatisierten Theater *("sound-proof, insect-proof, and dust-proof")* wird nur ein kurzes Tanzdrama aufgeführt, das lediglich zwei Charaktere zeigt, und die Musiker bleiben unsichtbar. Tourgruppen besetzen häufig die vordersten Reihen, und die Gesangsanlage ist recht laut.

des Affenkönigs Sugriva und andere Geschichten aus dem *Ramayana* zeigen. Unter den Skulpturen, Zierobjekten und Waffen in der **Bronzen-Galerie** befindet sich auch ein *kingini katti*-Messer, dessen Verzierungen die Tatsache verschleiern, dass es dazu benutzt wurde, Leute zu köpfen. In dem Käfig mit den Umrissen einer menschlichen Gestalt wurden Verurteilte aufgehängt, damit die Vögel sie zu Tode picken konnten. Falls sich nicht gerade eine lautstarke Schulklasse breit macht, kann man den nahe gelegenen Tierpark und den **Garten** hinter

dem Palast, ein friedliches Picknickplätzchen unter Cashew-Bäumen, besuchen. ① Di–So 9–17 Uhr, Eintritt Rs 10.

Anlässlich des jährlichen **Festes** (Okt/Nov) im am Weg zum Palast gelegenen **Tempel Shri Purnatrayisa** finden an mehreren Tagen Theater- sowie klassische Musik- und Tanzvorführungen statt, darunter Kathakali-Vorstellungen, die die ganze Nacht hindurch dauern. Innerhalb der Tempelmauern spielen morgens und abends große Trommlergruppen *chenda melam* (s. S. 428, Kasten) in einer Prozession mit fünfzehn (mit Sattel-decken geschmückten) Elefanten. Nachts beleuchten tausende Öllämpchen die Außenmauern des Heiligtums. Der Tempel steht normalerweise nur Hindus offen, doch bei dieser Gelegenheit sind gewöhnlich auch dem Anlass entsprechend gekleidete Besucher zugelassen.

Von Thripunitra aus verläuft die Straße nach Osten durch Muvattupuzha nach **Kadalikad** (55 km östlich von Kochi in Richtung Munnar). Dort befindet sich die Privatunterkunft **Haritha Farms**, ✆ 04865/260216, 🖳 www.harithafarms. com ❻ – ❼. Es handelt sich um einen organisch-biologischen Bauernhof, auf dem Permakultur betrieben wird. Der Ort ist eine erholsame Basis für die Erkundung der umliegenden Landschaft. Die Unterbringung erfolgt in vier Cottages mit Bad, vegetarische Mahlzeiten sind im Preis enthalten. Von Juni bis August wird Unterricht in vegetarischer Kerala-Kochkunst erteilt.

Übernachtung

Die romantische Atmosphäre von **Fort Cochin** machen sich langsam immer mehr Budget-Gästehäuser und ein paar teurere Hotels zunutze, mit dem Ergebnis, dass sich das Gesicht der Stadt ändert. Das größte Problem stellt jedoch die **Trinkwasserknappheit** dar, von der ganz besonders die Einheimischen betroffen sind, vor allem in der Hauptsaison. Reisende, die in Fort Cochin Quartier beziehen, sollten daher ihren Wasserverbrauch auf ein Mindestmaß reduzieren. Am besten weicht man jedoch nach **Ernakulam** aus, das zwar weniger Kolonialambiente hat, aber verkehrstechnisch günstiger liegt und viel Auswahl bietet. Da sich die Gästehäuser und Hotels oft am späten Nachmittag schnell füllen, ist es ratsam, im Voraus zu reservieren. Der holländische Palast aus dem 18. Jh. an der Spitze von **Bolghatty Island** ist eine freundliche, relativ kostspielige Unterkunft, die allerdings nach unzähligen Umbauten nur noch wenig von ihrem ursprünglichen Charme aufweist.

Die Hotels in Ernakulam und Fort Cochin sind auf den jeweiligen Karten verzeichnet (s. S. 413 und 415). Die Unterkünfte auf den Inseln Willingdon und Bolghatty sind auf der Karte KOCHI / ERNAKULAM (s. S. 412) zu finden.

ERNAKULAM – **Abad Plaza**, MG Rd, ✆ 0484/238 1122, 🖳 www.abadhotels.com. Angenehmes Hochhaushotel im Zentrum von Ernakulam, mit Restaurant, Bar, Pool und Fitnessclub. Eintritt für Nicht-Gäste Rs 150. ❼ – ❽

Avenue Regent, MG Rd, ✆ 0484/237 7977, 🖳 www.avenueregent.com. Sehr komfortables 4-Sterne-Haus der Kette *Best Western* nahe dem Bahnhof und der Haupteinkaufsgegend. Restaurant, 24 Std. geöffnetes Café und Bar. Hier ist alles vom Feinsten, denn das Hotel dient gleichzeitig als Hotelfachschule. ❽ – ❾

Basoto Lodge, Press Club Rd, ✆ 0484/235 2140, ✉ touristplanet@yahoo.com. Zuverlässige Lodge für Rucksacktouristen mit 12 einfachen Zimmern ohne AC. Nützliche Informationen, aber kein Restaurant. ❶

Bharat, Gandhi Square, Durbar Hall Rd, ✆ 0484/235 3501, 🖳 www.bharathotel.com. Großes, modernes Hotel mit komfortablen Zimmern (ohne AC relativ preiswert), zwei Restaurants und Internetzugang. Das Restaurant *Sulabh* im Ethno-Look serviert ausgezeichnete, billige Mahlzeiten, und es gibt ein rund um die Uhr geöffnetes Café. ❺ – ❼

Cochin Tourist Home, gegenüber dem Bahnhof, ✆ 0484/237 7577, ✉ cthcochin@sify.com. Das sauberste der zahlreichen billigen Hotels im Umkreis des Bahnhofs Ernakulam Junction, aber oft mit lautstarken Besuchergruppen belegt. Düsteres organisches Restaurant im Keller. ❷ – ❸

Grand, MG Rd, ✆ 0484/238 2061, 🖳 www. grand-hotelkerala.com. Das schicke Hotel wurde kürzlich auf 3-Sterne-Status angehoben. Geräumige AC-Zimmer mit Holzfußböden und Kabel-TV. Internationales Restaurant und Bar. ❼ – ❽

Hakoba, Shanmugham Rd, ✆ 0484/236 9839. Günstig zwischen der Main und High Court Jetty gelegen. Nicht überwältigend, aber alle Zimmer mit Kabel-TV; die mit/ohne AC und Blick auf den Hafen sind recht preiswert. Neues Szene-Café im Erdgeschoss des Hotels. ❸ – ❺

Maple Guest House, XL/271 Cannonshed Rd, ✆ 0484/235 5156. Die beste Wahl in diesem Viertel: billige, saubere Zimmer ohne AC, die teureren sind nur unwesentlich größer. Gute Lage in unmittelbarer Nähe des Hauptanlegers. ❷

Metropolitan, Chavar Rd, nahe Bahnhof Ernakulam Junction, 🖳 www.metropolitancochin.com,

✆ 0484/237 5412. Smartes Businesshotel, praktisch bei später Ankunft oder früher Abreise. Internationales Restaurant, 24-Std.-Café und Bar. ❻ – ❼

Modern Guest House, XL/6067, Market Rd, ✆ 0484/235 2130. Schlichte Zimmer über einem (geräuschvollen) keralisch-vegetarischen Restaurant, alle mit Bad, aber ohne AC. Sehr begehrt. Wenn es voll ist, im Anbau *Modern Rest House*, ✆ 0484/236 1407, mit 16 einfachen, aber netten und etwas teureren Zimmern nachfragen! ❷

Saas Tower, Cannonshed Rd, ✆ 0484/236 5319, 🖳 www.saastower.com. Anständige Unterkunft in einem vierstöckigen Block unweit des Main Jetty mit durchschnittlichen Zimmern (teils AC). ❸ – ❺

Yuvarani Residency, Jos Junction, MG Rd, ✆ 0484/237 7040, 🖳 www.yuvaraniresidency. com. Komfortables, gut geführtes 3-Sterne-Hotel in zentraler Lage. Unterschiedliche Zimmer mit Teppichen oder Fliesen, alle mit TV. Ausgezeichnetes Seafood-Restaurant, gut sortierte Bar und Café im Erdgeschoss. ❺ – ❼

FORT COCHIN – *Adams Old Inn,* Burgher St, ✆ 0484/221 7595, ✉ adamsoldinn@hotmail.com. Ausgezeichnetes, von einer Familie geführtes Guesthouse in einem fachmännisch restaurierten alten Gebäude. Moderne Zimmer, eines mit AC und Balkon. Annehmbarer Schlafsaal auf dem Dach (Rs 100) und kleine Dachterrasse. ❷ – ❸

Brunton Boatyard, Bellar Rd, neben Fort Cochin Jetty, ✆ 0484/221 8221, 🖳 www.cghearth.com. Das Kettenhotel der Luxusklasse erfreut durch keralische Holzschnitzereien, wunderbar eingerichtete, luftige Zimmer mit AC, Balkon und Aussicht auf die Bucht. Drei Spezialitätenrestaurants und ein Pool am See. US$200–275. ❾

Chiramel Residency, 1/296 Lilly St, ✆ 0484/221 7310, 🖳 www.chiramelhomestay.com. Sehr schönes, denkmalgeschütztes Haus aus dem 17. Jh. mit fünf liebevoll restaurierten Zimmern rund um einen Aufenthaltsraum. Die kühlen Zimmer ohne AC besitzen große Holzbetten, moderne Badezimmer und manche einen Balkon. Die gastfreundlichen Besitzer wohnen im Erdgeschoss. ❺ – ❻

Delight, Ridsdale Rd, gegenüber dem Parade Ground, 🖳 www.delightfulhomestay.com, ✆ 0484/221 7658. Eine weitere attraktive Privatunterkunft mit auffallendem weißen Gitterwerk, geleitet von einer gastfreundlichen, hilfsbereiten und umweltbewussten Familie. Sieben geräumige, komfortable, luftige Zimmer (zwei mit AC) und ein begrünter Hof; auf Wunsch Frühstück. ❸ – ❼

Elite, Princess Street, ✆ 0484/221 5733. Einfache, aber saubere und billige Zimmer mit Bad (einige mit AC). Sehr beliebtes Restaurant, netter Dachgarten und Geldwechsel. ❷ – ❺

Fort House, 2/6A Calvathy Rd, ✆ 0484/221 7103, 🖳 www.forthousecochin.com. Angenehme Zimmer ohne AC und Bambushütten in einer ausgefallenen, mit Blumentöpfen und Statuen übersäten Anlage. Gutes Café, das köstliches Seafood serviert, und Bootsanlegestelle, jedoch kein Zimmer mit Blick aufs Wasser. Moskitofenster und -netze. ❻

Malabar House Residency, 1/268 Parade Rd, ✆ 0484/221 6666, 🖳 www.malabarhouse.com. Hervorragend instand gesetzte historische Villa in einer äußerst geschmackvollen Mischung aus Alte-Welt-Charme und entzückendem europäischen Designerchic. Ausgezeichnetes Restaurant, Frühstück inkl. US$150–250. ❾

Spencer Tourist Home, 1/298 Parade Rd, ✆ 0484/ 221 5049. Stilvolle Unterkunft in einem alten, verwinkelten portugiesischen Wohnhaus. Elf große, makellos saubere Zimmer mit und ohne AC, alle mit Blick auf den hübschen Gemeinschaftsgarten. ❹ – ❻

Walton's Homestay, Princess St, ✆ 0484/221 5309, ✉ cewalton@rediffmail.com. Hervorragende Privatunterkunft unter Leitung eines interessanten Herrn in einem jahrhundertealten holländischen Haus. Ein billigeres EZ erhältlich. Tauschbibliothek; gemeinsames Frühstück für Rs 50 p. P. ❺ – ❻

WILLINGDON UND BOLGHATTY ISLANDS –
KTDC Bolgatty Palace, Bolghatty Island, ✆ 0484/275 0500, 🖳 www.ktdc. Renovierter Palast in reizvoller Lage, ein kurzes Stück per Fähre vom High Court Jetty in Ernakulam entfernt. Das Hauptgebäude, 1744 von Holländern erbaut und später Wohnsitz des britischen Residenten, ist jetzt ein gutes Hotel mit 20 bestens

ausgestatteten Zimmern und sechs auf Stelzen am Wasser stehen „Honeymoon"-Cottages. Reservierung bei jedem KTDC Tourist Office; reichlich Mückenschutzmittel mitbringen! Am Wochenende wimmelt es in der dazugehörigen Cafeteria und auf dem Gelände von Tagesausflüglern. ❽–❾

Taj Malabar, Willingdon Island, beim Tourist Office Jetty, ✆ 0484/266 6811, 🖥 www.tajhotels. com. Orange-rosafarbener Hotelblock in traumhafter Lage an der Inselspitze; der alte „Heritage"-Flügel, die Anlagen am Wasser und der Pool wurden generalüberholt. Stilvoll und qualitätsbewusst. US$170–220. ❾

Trident, Bristow Rd, Willingdon Island, ✆ 0484/ 266 6816, 🖥 www.tridentcochin.com. Trotz der grauen Hafengebäude ringsum das intimste und einladendste der Luxushotels auf der Insel. Interessante Ausstellungsstücke, darunter Werkzeuge der Ureinwohner Keralas; ein Pool inmitten einer tropischen Oase, Restaurant, Bar und zahlreiche luxuriöse Zimmer. Offiziell US$120–170, aber oft Rabatte erhältlich. ❾

Essen

Im Unterschied zu anderen Städten in Kerala bietet Kochi zahlreiche Möglichkeiten zum Essengehen, von den guten Fischständen bei den chinesischen Fischernetzen in Fort Cochin bis zum eleganten *Brunton Boatyard*. Zwischen diesen beiden Extremen bewegen sich viele gut besuchte, erschwingliche Speiselokale in Ernakulam, die echte Kerala-Küche servieren. Wer auf der Insel essen möchte, sollte sich mit den Abfahrtszeiten der Fähren zurück zur Unterkunft vertraut machen (s. S. 423, Kasten). Falls nicht anders angegeben, sind die Restaurants unter „Ernakulam" und „Fort Cochin" auf den jeweiligen Stadtplänen verzeichnet; alle anderen finden sich auf der Hauptkarte von Kochi und Ernakulam (s. S. 412).

ERNAKULAM – *Bimbi's*, Shanmughan Rd, Ecke Jos Junction. Ableger einer Fastfood-Kette im indischen Stil. Ungemein beliebt sind die preiswerten Udipi-, nordindischen und chinesischen Snacks und „meals". Hier gibt es die besten *wada-sambars* der Stadt. Auch eine gute

Auswahl an Milchshakes und Eiscremes.

The Bubble Café, Taj Residency, Marine Drive. Das elegante Café in einem riesigen Wintergarten bietet kostspielige Snacks und eine besonders umfangreiche Palette an westlichen Kuchen.

Caravan, Broadway, in der Nähe des KTDC Office. Bis Mitternacht geöffnete, klimatisierte Eisdiele.

Cheenavala, Yuvarani Residency, MG Rd. Restaurant mit Spezialität Seafood. Die ausgezeichneten Gerichte werden jeden Abend (außer Di) von sanfter Live-Fusion-Musik begleitet.

Domino's, Esplanade Complex, Canal Rd, ✆ 1600/111 123. Pizzas mit einer Extraportion Chili, und die Beläge spiegeln die keralische Küche wider. Kostenlose Lieferung ins Hotel.

Four Foods, Shanmughan Rd. Gut besuchtes, sauberes Straßenrestaurant mit vegetarischer und nicht-vegetarischer Küche, darunter große Portionen *thalis*, Fischgerichte und preiswerte Tagesspezialitäten. Zum Nachtisch empfiehlt sich *faloodas* nach Mumbai-Art: Fadennudeln in Sirup mit Trockenobst und Eiscreme.

Fry's Village Restaurant, Chittoor Rd, neben dem *Mymoor Cinema* (Karte s. S. 412). Äußerst gewürzhaltige keralische und „ethnische" Spezialitäten, auf stilvolle Weise zubereitet, darunter die moslemische Calicut-Köstlichkeit *patthri*, waffeldünne Reispfannkuchen, *iddliappam*-Knödel und *puthoo*, gedämpfte Reiskuchen. Moderate Preise.

Indian Coffee House, Cannonshed Rd/Park Ave, Ecke Jos Junction. Braut den berühmten, hervorragenden Kaffee und serviert vegetarische und nicht-vegetarische Mahlzeiten sowie einfache Snacks wie *dosa* oder Omelettes.

Kai Shek, Shanmugham Rd. Sehr schickes Restaurant, gleiche Besitzer wie die *Casino*-Hotelkette. Ausgezeichnete keralische Fischgerichte, Krabbenspezialitäten, gute nordindische Küche und einige westliche Gerichte.

Lotus Cascades, Woodlands Hotel, Woodlands Junction, MG Rd. Klassische vegetarische indische Küche, gute Auswahl an *tandooris*, sehr preiswert, hervorragende Bedienung.

Sayanna, Sealord Hotel, Shanmugham Rd. Preislich moderates Dachrestaurant mit guten chinesischen und indischen Gerichten. Der Blick auf

KERALA

den Hafen ist nicht mehr das, was er mal war, seitdem gegenüber ein Einkaufszentrum errichtet wurde, aber es ist immer noch ein toller Ort für ein kühles Blondes.

Utsav, *Taj Residency*, Marine Drive. Kostspieliges indisches Restaurant. Preiswerter als die Gerichte von der Speisekarte ist das Mittagsbüffet (12–14.45 Uhr, Rs 320), um diese Zeit ist auch die unvergleichliche Aussicht über die Bucht besonders gut. Abends speist es sich allerdings vor der Lichterkulisse des Hafens besonders romantisch.

FORT COCHIN – *Brighton Café*, Tower Rd. Einfaches Esslokal mit recht guten Fish 'n' Chips und billigen Currys.

Brunton Boatyard, Calvathy Rd, neben dem Fähranleger von Fort Cochin. Das kostspielige Speisenangebot bildet einen breiten Querschnitt durch die kulturell-kulinarischen Einflüsse, die Kochi im Laufe der Zeit prägten: libanesisch, portugiesisch, Raj, holländisch, jüdisch und natürlich keralisch. Leider kann man nur *à la carte* bestellen, dabei würde man so gern von allem etwas probieren.

Chariot Beach, Princess St. Großauswahl an Seafood und chinesischen Gerichten zu angemessenen Preisen, auch Tische im Freien auf einer kleinen Terrasse.

Kashi Art Café, Burgher St. Schönes Café und Ausstellungsraum in einem restaurierten alten Gebäude, Atmosphäre und Musik sind cool. Gesunde leichte Kost, Kuchen, ausgezeichnetes Frühstück und den ganzen Tag über hervorragender Kaffee. Den Anschlagbrettern sind Einzelheiten über Veranstaltungen und Feste zu entnehmen.

Malabar House, 1/268 Parade Rd. Vorzügliches Restaurant, in dem es sich allabendlich bei klassischer Live-Musik und Wein wunderbar goutieren lässt, entweder am Pool oder drinnen. Die Seafood-Platte ist geschmackvoll arrangiert und schmeckt sensationell. Nicht billig, aber ausgezeichnetes Preis-Leistungs-Verhältnis.

Old Port, River Rd. Tolle Lage für einen entspannten Abend direkt bei den chinesischen Fischernetzen. Gute Auswahl an Fisch, Seafood, Rindfleisch, Schweinefleisch und vegetarischen Gerichten indischer und westlicher Prägung. Serviert heimlich Bier.

WILLINGDON ISLAND – *Fort Cochin*, Casino Hotel, ✆ 0484/266 8221. Dieses Seafood-Restaurant gilt als eines der besten Indiens. Man wählt aus dem Angebot an fangfrischem Fisch selbst etwas, bestimmt die Art der Zubereitung und kann beim Kochen zusehen, muss dafür aber tief in die Tasche greifen. Die Innenausstattung ist langweilig.

Taj Malabar, ✆ 0484/266 6811. Zwei Hotel-Restaurants zur Auswahl: im *Jade Pavilion* chinesische Küche, im *Rice Boats* westliche, nordindische und keralische. Sehr schön am Wasser gelegen, was sich zusammen mit dem hervorragenden Essen im Preis niederschlägt; das Mittagsbüffet (Rs 250) besteht aus vegetarischen und nicht-vegetarischen Gerichten und ist relativ preiswert.

Sonstiges

AYURVEDA – Wird überall angeboten. Nachstehend zwei Adressen, die sich bewährt haben: *Kerala Ayurveda Pharmacy*, Warriom Rd, abseits der MG Rd, ✆ 0484/236 1202, verlangt Rs 350–400 für 90 Min. Massage.

PNVM Shanthigiri, Thrikkakara, ✆ 0484/255 8879, am nördlichen Stadtrand (Rs 300 pro Behandlung).

BÜCHER – *Idiom*, gegenüber der Synagoge, Jew Town, Mattancherry, und in der Bastion St nahe Princess St, Fort Cochin. Eine der besten Buchhandlungen hinsichtlich Reiseliteratur, indischer und keralischer Kultur, Flora und Fauna, Religion und Kunst.

FOTOAUSRÜSTUNG – *City Camera*, Lovedale Building, Padma Junction, MG Rd. Repariert und verkauft Kameras.

Krishnan Nair Bros, Convent Rd. Hat die beste Auswahl an Filmen, darunter schwarz-weiße, Kodachrome und Fujichrome.

Royal Studio, Shanmugham Rd.

GELD – Zu den Banken an der MG Rd in Ernakulam zählen *ANZ Grindlays*, *State Bank of India*, Filiale gegenüber dem KTDC Reception Centre, und die *Andhra Bank*. Reiseschecks tauscht man am besten bei *Thomas Cook*, nahe dem Air

KERALA

India Building in den Palal Towers, am südlichen Ende der MG Rd, ◷ Mo–Sa 9.30–18 Uhr, oder bei der *Surana Financial Corporation* nebenan. Geldautomaten sind immer häufiger vorzufinden, z. B. in Ernakulam: *Syndicate Bank*, gegenüber *Hotel Hakoba*, Shanmugham Rd, und *South India Bank*, vor der *Yuvarani Residency*, MG Rd; in Fort Cochin: *SBI*, beim *Fort Avenue Homestay*, und *South India Bank*, neben der Santa Cruz Basilica.

INFORMATIONEN – Wer auf Willingdon Island Quartier bezogen hat, geht am besten zum hilfreichen *India Tourism Office*, zwischen *Taj Malabar Hotel* und Tourist Office Jetty, ✆ 0484/2668352, ▭ www.india-tourism.com. Es bietet Infos (nicht nur über Kerala) und vermittelt zuverlässige Guides; ◷ Mo–Fr 9–17.30, Sa 9–12 Uhr; besitzt einen Schalter am Flughafen.
Das *KTDC Reception Centre* an der Shanmugham Rd, Ernakulam, ✆ 0484/235 3234, ▭ www.ktdc.com, erledigt Buchungen für KTDC-Hotels und veranstaltet Sightseeing- und Backwatertouren. ◷ tgl. 8–19 Uhr. Ein weiterer KTDC-Schalter befindet sich am Flughafen.
Kerala Department of Tourism, Government Jetty, Fort Cochin, ▭ www.keralatourism.com, kein Telefon. Neues Büro mit ausgezeichneten Stadtplänen und Karten der Backwaters. ◷ Mo–Sa 10.15–17 Uhr.
Der winzige, private *Tourist Desk* am Eingang zum Main Boat Jetty in Ernakulam, ✆ 0484/237 1761, ✉ touristdesk@satyam.net.in, ist sehr hilfsbereit und freundlich und die zuverlässigste Stelle, um Fähr- und Busfahrzeiten zu erfahren; außerdem bekommt man hier kostenlose Stadt- und Bundesstaatpläne. Die Angestellten dieser preisgekrönten Touristeninformation kennen sich bestens mit rituellem Theater aus und wissen die genauen Daten der Tempelfeste im gesamten Bundesstaat. Der *Tourist Desk* gibt auch einen nützlichen *South India Information Guide* heraus, veranstaltet täglich Bootstouren, arrangiert Übernachtungen auf Hausbooten und unterhält zwei ausgezeichnete Gästehäuser, eins bei Kannur (s. S. 436) und das andere in Wayanad; beide sollten vorab in diesem Büro reserviert werden. Eine Filiale, ✆ 0484/221 6129, befindet sich in der Tower

Road in Fort Cochin. ◷ beide tgl. 8–18.30 Uhr.
Weitere praktische lokale **Publikationen** sind z. B. der *Jaico Timetable* (Rs 10) und das alle zwei Monate erscheinende *Hello Cochin* (gratis), beide mit umfangreichen Informationen über Bus-, Bahn-, Fähr- und Flugzeiten.
Die KTDC gibt eine ausgezeichnete, kostenlose Broschüre namens *Walking Tour Map and Guide to Fort Cochin* heraus, die in allen KTDC-Büros erhältlich ist. Sie enthält einen kurzen geschichtlichen Abriss über die Region und die wichtigsten Gebäude im Festungsviertel.

INTERNET – Es gibt zahlreiche Zugangsmöglichkeiten in Reisebüros und Hotelrezeptionen an der Princess St in Fort Cochin. In Ernakulam bieten sich *Net Park* in der Convent Rd oder *Mathsons* in der Durbar Hall Rd an. Die Kosten liegen bei ca. Rs 15–30 pro Std.

KINOS – *Sridhar Theatre*, Shanmughan Rd, nahe dem Hotel *Sealord*, zeigt tgl. Filme in englischer Sprache; das aktuelle Programm ist den Veranstaltungshinweisen des *Indian Express* oder *Hindu* (Kerala-Ausgabe) zu entnehmen.
Mymoon Cinema, am Nordende der Chitoor Rd, ein bequemes, klimatisiertes Kino, und *Saritha Savitha Sangeetha*, am oberen Ende der Market Rd, zeigen die neuesten Leinwandproduktionen in Malayalam und Hindi.

MEDIZINISCHE HILFE – *General Hospital*, Hospital Rd, ✆ 0484/236 0002; *City Hospital*, MG Rd, ✆ 0484/236 1809; *Government Hospital*, Fort Cochin, ✆ 0484/221 6444.

MUSIKINSTRUMENTE – *Manuel Industries*, Banerji Rd, Kacheripady Junction: Der beste Laden für klassische indische und westliche Instrumente. Traditionelle Kerala-Trommeln gibt es im Thripunitra-Basar.

MUSIKKASSETTEN – *Sargam*, XL/6816 GSS Complex, Convent Rd, gegenüber der Public Library. Hat die beste Auswahl im Bundesstaat, überwiegend indische Musik (Hindi-Film-Musik und religiöse keralische Musik), aber auch ein paar Regale mit westlicher Rock- und Popmusik.

Music World, MKV Building, MG Rd. Bietet eine erstaunliche Auswahl an Musik sämtlicher Stilrichtungen, einschließlich indischer Filmmusik. *Sound of Melody*, DH Rd, nahe der Ernakulam Junction Station, bietet ebenfalls eine gute Auswahl traditioneller südindischer und zeitgenössischer westlicher Musik.

POLIZEI – Die städtische *Tourist Police* hat einen Schalter am Bahnhof und einen weiteren neben dem *KTDC Tourist Office* am südlichen Ende der Shanmugham Rd.

POST – *GPO*, Hospital Rd, nahe Main Jetty. **Poste-restante-Schalter** im Postamt hinter der St. Francis Church in Fort Cochin.

REISEBÜROS – *Clipper Holidays*, 40/ 6531 Convent Rd, ☎ 0484/236 4443. Erfahrenes Reisebüro, besonders bewandert hinsichtlich Safari- und Abenteuertouren in Kerala und Karnataka. *Sita World Travels*, ☎ 0484/236 1101, und *Travel Corporation of India*, MG Rd, ☎ 0484/235 1646, sind auf Touren und Flugtickets spezialisiert. *Tourist Desk*, Main Jetty, ☎ 0484/237 1761. Bietet Backwater- und Wildlife-Touren sowie Übernachtungsmöglichkeiten in sehr schöner Lage.

Touren

Die halbtägige KTDC-**Bootsrundfahrt** (tgl. 9–12.30 und 14–17.30 Uhr; Rs 100) ist eine gute Möglichkeit, sich zu orientieren; die Aufenthalte in Mattancherry oder Fort Cochin sind allerdings kurz. Abfahrt am Sealord Jetty unweit der Shanmugham Rd, Ernakulam. Besucht werden Willingdon Island, die Synagoge, Mattancherry (Dutch) Palace, St. Francis Church, die chinesischen Fischernetze und Bolghatty Island. Außerdem findet täglich zum Sonnenuntergang eine Tour statt (17.30–19 Uhr, Rs 40). Buchung beim *KTDC Reception Centre* in der Shanmugham Rd, ☎ 0484/ 235 3234.

Das KTDC Tourist Office und ein paar Privatunternehmen veranstalten von Kochi aus auch begehrte, ganztägige **Backwater-Touren** zu einer Hand voll Kokosfaser verarbeitenden Dörfern nördlich der Stadt. Die Fahrt auf den kleinen, motorlosen Kanus stellt eine entspannte Art

dar, das ländliche Kerala kennen zu lernen. Die täglichen Fahrten der KTDC kosten Rs 350, inkl. der Auto- oder Busfahrt zur 30 km nördlich gelegenen Ablegestelle und Bereitstellung eines sachkundigen Führers. Preiswerter ist eine ausgezeichnete Fahrt, die der *Tourist Desk* am Main Boat Jetty veranstaltet (tgl. 8.30–17 Uhr, Rs 550). Im Preis enthalten sind Abholung vom Hotel, Transfer, morgendliche Kreuzfahrt durch die Backwaters mit Dorfbesichtigung, ausgezeichnetes keralisches Mittagsbuffet an Bord des *kettu vallam* sowie eine Nachmittagstour durch schmale Wasserwege in einem kleineren Boot.

Nahverkehrsmittel

Es gibt zahlreiche zuverlässige **Motor-Rikschas** in Ernakulam, die in Mattancherry und Fort Cochin sind dagegen übermäßig teuer. Fast alle Leute nehmen aber ohnehin die hervorragenden und sehr billigen **Fähren**. **Leihräder** gibt es in vielen Hotels und Guesthouses in Fort Cochin.

Transport

BUSSE – Der **KSRTC-Central-Busbahnhof**, neben den Bahnschienen ein Stück östlich der MG Road und nördlich der Ernakulam Junction, ☎ 0484/237 2033, ist die Station für staatliche Fernbusse. Daneben existieren die beiden privaten Busbahnhöfe **Kaloor** (für ländliche Zielorte im Süden und Osten), gegenüber dem Bahnhof Ernakulam Town (auf der anderen Seite der Brücke) an der Alwaye Rd und **High Court** (für Busse nach KUMILY, zum PERIYAR WILDLIFE RESERVE und Richtung Norden nach THRISSUR, GURUVAYUR und KODUNGALLU).
Der **Busbahnhof Fort Cochin** wird von Touristenbussen und Stadtbussen mit Ziel Ernakulam angefahren.
Vom Central fahren Busse fast jede Stadt von Kerala (manche noch weiter) an; die meisten, jedoch nicht alle, kann man im Voraus am Busbahnhof reservieren. Entsprechende Auskünfte unter ☎ 0484/237 2033.
Richtung Süden fahren tgl. Dutzende Busse mit Destination THIRUVANANTHAPURAM, die meisten via ALAPPUZHA und KOLLAM, einige aber

Ein Besuch von Kochi macht erst richtig Spaß, wenn man die billigen städtischen Fähren benutzt, die von den auf der Karte verzeichneten Bootsanleger ablegen (s. S. 412). Theoretisch müsste der nachstehende Fahrplan auch in umgekehrter Richtung funktionieren, aber es ist ratsam, auf Nummer sicher zu gehen und sich nicht darauf zu verlassen. Eine Broschüre mit den genauen Abfahrtszeiten gibt es an den Ticketschaltern bei den Bootsanlegern sowie beim *Tourist Desk* am Main Boat Jetty in Ernakulam.

Ernakulam nach Fort Cochin: Ab Ernakulam (Main Jetty) nach Fort Cochin (Customs Jetty). Ein kostenloser Fahrplan mit genauen Abfahrtszeiten ist am *Tourist Desk* erhältlich. Überfahrt 15 Min. Früheste Fähre um 5.55 Uhr, danach alle 20–55 Min. bis 21.30 Uhr. Ein weniger häufig verkehrendes Express-Boot fährt vom High Court Jetty in Ernakulam zum Government Jetty in Fort Cochin.

Ernakulam nach Mattancherry: Ab Ernakulam (Main Jetty) via Fort Cochin (Customs Jetty) – zur Besichtigung der chinesischen Fischernetze, der St. Francis Church und des holländischen Friedhofs – und Willingdon Island (Terminus Jetty) zum Mattancherry Jetty, in deren Nähe sich die jüdische Synagoge und der Mattancherry-Palast befinden. Überfahrt 20 Min. Früheste Fähre um 7.10 Uhr, alle 90 Min. bis 17.40 Uhr.

Ernakulam nach Vypeen: Ab Ernakulam (Main Jetty). Die Schiffe bedienen zwei Routen: via Willingdon Island (Embarkation Jetty; 25 Min.) und eine schnelle Verbindung nach Vypeen (Government Jetty; 15 Min.). Seit dem Bau der Brücke fahren die Boote nicht mehr so häufig. Früheste Fähre um 7 Uhr, danach alle 1/2–1 Std. bis 21.30 Uhr.

Fort Cochin nach Vypeen: Von Fort Cochin (Government Jetty) nach Vypeen (Government Jetty; 10 Min.). Früheste Fähre um 6.30 Uhr, danach alle 10 Min. bis 21 Uhr.

Willingdon Island nach Fort Cochin: Von Willingdon Island (Tourist Office Jetty) nach Fort Cochin (Customs Jetty). Überfahrt 10 Min. Früheste Fähre um 6.30 Uhr, danach alle 30 Min. bis 18.15 Uhr.

Ernakulam nach Bolghatty Island: Von Ernakulam (High Court Jetty). Überfahrt 10 Min. Früheste Fähre um 6.30 Uhr, letzte um 21 Uhr; es verkehren auch Schnellboottaxis für Rs 25. (Gäste des Bolgatty Palace Hotels werden kostenlos befördert).

über KOTTAYAM. Man kann auch bis nach KANNIYAKUMARI fahren. Wer allerdings tiefer in Karnataka und Tamil Nadu gelegene Orte anstrebt, nimmt besser die Bahn, auch wenn KSRTC-„super express"- und private „luxury"-Busse dorthin fahren.
Bustickets bekommt man u. a. an folgenden Stellen:
Indira Travels, nahe Jos Junction, ✆ 0484/236 0693;
Sharma Travels, im *Grand Hotel* nahe Jos Junction, MG Rd, ✆ 0484/235 0712;
SMP Travels, ✆ 0484/235 3080;
Sona Travels, ✆ 0484/262 3984.

Busse nach:
ALAPPUZHA (alle 30 Min., 1 1/2 Std.),
KANNIYAKUMARI (6x tgl., 9 Std.),
KOLLAM (alle 30 Min., 3 Std.),
KOTTAYAM (alle 30 Min., 1 1/2–2 Std.),
KOZHIKODE (stdl., 5 Std.),
KUMILY (10x tgl., 6–7 Std.),
THIRUVANANTHAPURAM (alle 30 Min., 5–6 Std.),
THRISSUR (alle 30 Min., 2 Std.).

EISENBAHN – Es gibt zwei große Bahnhöfe:
Ernakulam Junction, unweit der Innenstadt, ✆ 0484/237 6131, und **Ernakulam Town**, 2 km weiter nördlich, ✆ 0484/239 5198. Es fahren keine Züge nach Fort Cochin oder Mattancherry.

KERALA

Vom **Cochin Harbour Terminus** auf Willingdon Island werden nur die Luxushotels auf der Insel angefahren.

Kochi liegt an Keralas Breitspur-Eisenbahnlinie. Es fahren regelmäßig Züge die Küste hinab nach THIRUVANANTHAPURAM via KOTTAYAM, KOLLAM und VARKALA. Nach Norden gibt es viele Züge nach THRISSUR und weiter nach Nordosten über Tamil Nadu bis CHENNAI, doch nur ein paar fahren direkt nach MANGALORE. Seit der Eröffnung der *Konkan Railway* fahren einige Superfast-Züge die Küste entlang nach GOA und MUMBAI mit Zwischenstopp in der Nähe von Mangalore.

Das **Hauptreservierungsbüro**, das Fahrkarten für die an allen drei Bahnhöfen abfahrenden Züge verkauft, befindet sich in Ernakulam Junction, allgemeine Auskünfte unter ✆ 131.

Wer nach ALAPPUZHA unterwegs ist, um an der Backwater-Tour nach Kollam teilzunehmen, sollte den Bus nehmen, denn der einzige Zug, mit dem man laut Fahrplan rechtzeitig ankommen soll, hat immer Verspätung.

Nebenstehend die schnellsten und/oder günstigsten Zugverbindungen von Kochi / Ernakulam:

Züge nach:
ALAPPUZHA (5–7x tgl., 1–1 3/4 Std.),
BANGALORE (1–2x tgl., 13–13 1/4 Std.),
CHENNAI (4–5x tgl., 12–16 1/4 Std.),
DELHI (2–4x tgl., 39–48 1/4 Std.),
KANNIYAKUMARI (2–3x tgl., 7 1/2–7 3/4 Std.),
KOLLAM (13–16x tgl., 2 3/4–4 1/2 Std.),
KOTTAYAM (10–12x tgl., 1–1 1/4 Std.),
KOZHIKODE (5–6x tgl., 4 1/2–5 1/2 Std.),
MUMBAI (2–3x tgl., 26 3/4–37 1/2 Std.),
THIRUVANANTHAPURAM (12–16x tgl., 4 1/4–5 1/2 Std.),
THRISSUR (15–18x tgl., 1 1/4–2 1/2 Std.).

FLÜGE – Kochis **internationaler Flughafen**, ✆ 0484/261 0113, liegt bei Nedumbassery, nahe Alwaye (alias Alua), 26 km nördlich von Ernakulam. Ein vorab zu bezahlendes Taxi in die Stadt kostet Rs 350–375. Der Flughafen dient in erster Linie für Flüge in die Golfstaaten, z. B. von und nach DOHA, SHARJAH, KUWAIT und MUSCAT. *Jet Airways, Indian Airlines* und *Air India* bieten

Zielort	Name	Nr.	Bahnhof	Häufigkeit	Abfahrt	Fahrdauer
Bangalore	Kanniyakumari–Bangalore Express	6525	ET	Tgl.	17.55 Uhr	12 Std.
Chennai	Trivandrum–Chennai Mail	2624	ET	Tgl.	19.05 Uhr	13 Std.
Delhi	Rajdhani Express	2431	EJ	Di u. Do	22.50 Uhr	39 Std.
	Kerala Express	2625	EJ	Tgl.	15.40 Uhr	48 1/4 Std.
Goa	Rajdhani Express	2431	EJ	Di u. Do	23.40 Uhr	12 1/2 Std.
	Mangala Lakshadweep Express	2617	EJ	Tgl.	12.45 Uhr	14 1/2 Std.
Madgaon/Margao	Rajdhani Express	2431	EJ	Di u. Do	22.50 Uhr	12 1/2 Std.
Mangalore	Malabar Express	6029	ET	Tgl.	22.30 Uhr	10 3/4 Std.
	Parasuram Express	6349	EJ	Tgl.	11.00 Uhr	10 1/2 Std.
Mumbai	Netravati Express	6346	ET	Tgl.	14.10 Uhr	26 3/4 Std.
Thiruvananthapuram	Parasuram Express	6350	ET	Tgl.	13.50 Uhr	5 Std.
Varkala	Parasuram Express	6350	ET	Tgl.	13.50 Uhr	3 3/4 Std.

EJ = Ernakulam Junction; ET = Ernakulam Town; = nur AC, Mahlzeiten inkl.

zudem Inlandflüge nach BANGALORE, CHENNAI, DELHI, GOA, MUMBAI und TRIVANDRUM.

Nationale Fluggesellschaften:
Indian Airlines, Durbar Hall Rd, ☏ 0484/237 1141, 🖵 www.indian-airlines.com;
Jet Airways, Bab Chambers, Atlantis, MG Rd, ☏ 0484/235 9212, 🖵 www.jetairways.com.

Internationale Fluggesellschaften:
Air India, 35/1301 MG Rd, Ravipuram, ☏ 0484/235 1295;
British Airways, c/o Nijhwan Travels, MG Rd, ☏ 0484/236 4867;
Air France, Old Thevara Rd, ☏ 0484/237 0250;
Egypt Air, c/o ABC International, Sreekandath Rd, ☏ 0484/235 3457;
Gulf Air, c/o Jet Air, Atlantice Junction, ☏ 0484/235 9242;
Kuwait Airways, c/o National Travel Service, MG Rd, ☏ 0484/235 9114;
Saudi Arabian Airlines, c/o Arafaath Travels, MG Rd, ☏ 0484/235 2689;
Singapore Airlines/Silk Air, Aviation Travels, 35/2433 MG Rd, Ravipuram, ☏ 0484/235 8129;
Sri Lankan Airlines, Trans Lanka Ltd, MG Rd, ☏ 0484/236 1215.
Air Maldives, Cathay Pacific und
KLM / Northwest, c/o Spencer & Co, Arya Vaidya Sala Buildings, 35/718 MG Rd, ☏ 0484/238 0517.

Flüge nach:
BANGALORE (3x tgl., 1 1/4–2 1/4 Std.),
CHENNAI (1–3x tgl., 1–2 Std.),
DELHI (3x tgl., 4 Std. 25 Min.),
GOA (2x wöchentl., 1 Std. 10 Min.),
HYDERABAD (1x tgl., 3 1/2 Std.),
LAKSHADWEEP (6x wöchentl., 1 Std. 35 Min.),
MUMBAI (5–6x tgl., 1 3/4–3 Std.),
THIRUVANANTHAPURAM (1x tgl., 30 Min.).

Thrissur und Umgebung

Die freundliche Stadt Thrissur (Trichur) am NH-47, ungefähr auf halber Strecke zwischen Kochi (74 km südlich) und Palakaad (79 km nordöst-

lich), ist eine günstige Ausgangsbasis zur Erkundung der Kulturschätze von Zentral-Kerala. Dank seiner günstigen Lage in der Nähe des Palghat (Palakkad) Gap – einer Öffnung in der vom Gebirgszug der Westghats gebildeten natürlichen Grenze – beherrschte Thrissur die Haupthandelsroute in die Region von Tamil Nadu und Karnataka her und war jahrelang die Hauptstadt des Staates Cochin. Über die Stadt herrschten zu unterschiedlichen Zeiten sowohl der Zamorin von Kozhikode als auch Tipu Sultan von Mysore.

Heute genießt Thrissur den Ruhm der Kulturhauptstadt von Kerala und ist Sitz mehrerer namhafter Kunsteinrichtungen. Hauptattraktion der Stadt ist Keralas größte Tempelanlage **Vaddukanatha**, umgeben von einem *maidan* (Grünanlage) und Veranstaltungsort für Keralas pompösestes, lautstärkstes und überschwänglichstes Fest, **Puram**.

Die Hauptattraktion der Umgebung von Thrissur besteht darin, dass sie die Möglichkeit bietet, Keralas kulturelles Erbe kennen zu lernen. Bei unzähligen Festen, vor allem kurz vor dem Monsuneinbruch im Mai, können Besucher einige der weltweit besten Trommler, **Kathakali-Tanzvorführungen** und **Kutiyattam**, die älteste, noch erhaltene Theaterform der Welt erleben.

Thrissur

Der wichtigste Orientierungspunkt in Thrissur ist **The Round**, eine in Nord, Süd, Ost und West unterteilte Straße, die rund um den Vaddukanatha-Tempel und den *maidan* führt. Sobald man weiß, auf welcher Seite der Round man sich befindet, kann man Abkürzungen durch den Park nehmen.

Das **State Art Museum** und der **Zoo** (🕐 beide Di–So 10–17 Uhr, Eintritt Rs 6) liegen nebeneinander an der Museum Rd, zehn Minuten zu Fuß von der Round East im Nordosten der Stadt. Das Museum ist zwar klein, beherbergt jedoch eine ausgezeichnete Sammlung von lokalen Bronzen, Schmuck, Holzschnitzereien, Tempelwächtern und Öllampen aus Glockenmetall. Der Zoo beherbergt – wie nicht anders zu erwarten – eine eher deprimierende Ansammlung von Bewohnern, wenngleich die Schlangen, darunter Königskobras, Kraits und Vipern, noch fit genug sind um Gift zu spucken. Auf demselben Gelände befindet sich das sonderbare **Multi-Purpose Museum** (gleiche Öffnungszeiten, Eintritt frei) mit seiner merkwürdigen Sammlung aus Skeletten, ausgestopften Tieren, Mineralen, Waffen und Kostümen.

Neben dem Hotel *Yatri Niwas* befindet sich die **Kerala Sangeet Natak Academy**, ✆ 0487/233 2134, in deren geräumigem Auditorium manchmal Musik- und Tanzvorführungen stattfinden, und außerdem keralisches Theater, das sehr populär und meistens ausgesprochen politisch ist. Um die Ecke liegt die **Kerala Lalitha Kala Akademi**, ✆ 0487/233 3773, in deren Ausstellungsräumen oft zeitgenössische indische Kunst zu sehen ist.

Der **Vadakkunatha-Tempel**, dessen innere Schreine nur von Hindus betreten werden dürfen, ist ein von Mauern umgebener Komplex aus 15 Heiligtümern (ca. 12. Jh.), die Shiva geweiht sind. Das grasbewachsene Gelände innerhalb der Mauern ist überraschend ruhig und geräumig und beherbergt einen auffallenden Tempel mit Apsis für Ayappa (s. S. 406). Das lang gestreckte, mit einem runden Dach, gedrechselten Holzpfeilern und steinernen Wandskulpturen versehene **Kuttambalam-Theater** (ebenfalls nur für Hindus) stand früher im Zentrum des kulturellen Tempellebens, wird heute jedoch nur noch selten für die uralten Sanskrit-Vorführungsarten Chakyar Kuttu und Kutiyattam benutzt.

Übernachtung

In Thrissur gibt es ziemlich viele Mittelklassehotels, jedoch nur wenige zumutbare Budget-Unterkünfte. Das beste Preis-Leistungs-Verhältnis und viel Komfort bietet das ausgezeichnete *Ramanilayam Government Rest House,* das allerdings bevorzugt Staatsbedienstete aufnimmt. Fast alle Hotels in Thrissur haben ein System mit 24 Std. Check-out.

Wer einen Aufenthalt während des **Puram**-Festes plant, sollte weit im Voraus reservieren und berücksichtigen, dass die Zimmerpreise dann in astronomische Höhen klettern – einige exklusivere Hotels verlangen das Zehnfache des normalen Preises.

Casino, TB Rd, nahe dem Bahnhof, ✆ 0487/242 4699, 🖳 www.casinotels.com. Hat schon bessere Tage gesehen, aber die Zimmer mit und ohne AC sind in Ordnung; Restaurant, Cocktail-Bar,

Rasen, Kinderspielplatz und Geldwechsel für Hotelgäste. ❸–❻

Elite International, Chembottil Lane, abseits der Round South, ✉ hoteleliteinternational@yahoo.co.in, ✆ 0487/242 1033. „I-leit" ausgesprochen. Großer Hotelblock mit Standard- und Deluxe-Zimmern, einige mit Balkon und Blick über den Park. Freundliche Angestellte, gutes Restaurant und toller Garten. ❸–❼

Gurukripa Lodge, Chembottil Lane, abseits der Round South, ✆ 0487/242 1895. Große Zimmerauswahl, darunter einige sehr preiswerte EZ, über ein großes Gelände verteilt; die ohne AC sind groß, einfach und mit Bad, einige Zimmer haben TV. ❷–❸

KTDC Yatri Niwas, abseits der Museum Rd, ✆ 0487/233 2333, 🖳 www.ktdc.com. Freundliche, motelähnliche Unterkunft mit makellos sauberen Zimmern, z. T. mit AC und Kabel-TV, Biergarten und Restaurant. ❷–❹

Ramanilayam Government Rest House, Palace Rd, ✆ 0471/233 2016. Sehr preiswert, sehr begehrt und oft voll. Große, saubere, gut ausgestattete Suiten mit Balkon und DZ mit oder ohne AC. Das Hotel ist eigentlich VIPs vorbehalten, und die Angestellten sind keineswegs verpflichtet, Zimmer zu vermieten, aber wer gut angezogen ist, hat durchaus Chancen. Frühstück tgl., andere Mahlzeiten nur nach Vorbestellung. ❷–❸

Siddartha Regency, Veliyannur Rd, Kokkalai, ✆ 0487/242 4773, ✉ sregency@md5.vsnl.net.in. Das komfortable Hotel im äußersten Südwesten der Stadt mit gutem Anschluss an alle großen Verkehrsknotenpunkte in der Nähe, richtet sich vor allem an indische Besucher. Zentrale Klimaanlage, Zimmer und Suiten mit Badewannen. Swimming Pool, Wellness-Club, Restaurant, Bar und Gärten. ❺–❻

Essen

Thrissurs große **Hotels** bieten indische, westliche und chinesische Küche sowie keralische Mittagsgerichte. In der Umgebung der **Round** kann man in mehreren Restaurants preiswert und gut essen. Wer spät abends noch Hunger hat, findet an der Ecke Round South und East, gegenüber dem Medical College Hospital, eine

Reihe *chai*- und Omelette-Buden, Anlaufstelle von Motor-Riksha-*wallahs*, Krankenhausbesuchern, Ayappa-Anhängern und Studenten.

AFC, Round West. Fastfood-Lokal im Obergeschoss mit asiatischen Brathähnchen, leckeren Burgern und Pizza.

Bharata Lodge, Chembottil Lane, neben dem *Elite Hotel*. Ausgezeichnetes südindisches Frühstück, Snacks und mittags keralische Mahlzeiten nach dem Motto *all-you-can-eat*. Preiswert.

Chick City, Round West. Helle Eisdiele mit westlicher Musik und einer erstaunlichen Auswahl an Eisbechern.

Indian Coffee House, Round South. Die bessere der beiden städtischen Filialen (die in der Station Rd ist sehr heruntergekommen) ist billig und sehr beliebt. Serviert werden Snacks, indische Mahlzeiten und ausgezeichneter Filterkaffee.

Ming Palace, Pathan Building, Round South. Preiswertes „chindian"-Lokal; Chop Suey, Nudeln, zahlreiche Hühner- und vegetarische Gerichte, aufgetragen bei gedämpftem Licht und zu den Klängen von Kaufhausmusik.

Pathan's, Round South. Zu Recht beliebtes vegetarisches Restaurant mit gemütlichem AC-Familienanbau und weitläufigem Speiseraum. Großzügige Portionen und gute Auswahl an *koftas*, *kormas* und *tandoori* sowie keralischen *thalis* und kashmirischem *naan*.

Einkaufen

In Thrissur kann man schönes keralisches **Kunsthandwerk** erstehen.

Die Haupteinkaufsmeile liegt in der Umgebung der Round; das an der Round West befindliche ***Kerala State Handicraft Emporium*** ist auf Holz spezialisiert.

Co-optex, nur ein paar Gehminuten von der Round East am oberen Ende der Palace Road, bietet eine gute Auswahl an handgewebten Textilien.

Bei ***Chemmanur's***, Round South, in der Nähe des *Elite Hotel*, bekommt man die üblichen holzgeschnitzten Elefanten.

Cosmos, Round West, ist eine Schatzgrube für Liebesromane und Fachliteratur zu Kunst, Theater und Kultur.

Die Kuruppam Rd, die vom Westende der Round South nach Süden Richtung Bahnhof verläuft, ist eine der besten Stellen in Kerala, um **Glockenmetallprodukte** zu erstehen, insbesondere die Öllampen, die im Dorf Nadavaramba nahe Irinjalakuda angefertigt werden.

Nadavaramba Krishna & Sons und ***Bell-metal Craft*** sind beide auf Messing-, Bronze- und Glockenmetall spezialisiert. Lampen kosten Rs 80–25 000. „Superfine" Glockenmetall wird nach Gewicht verkauft, das Kilo kostet über Rs 250. Geht man auf der Kuruppam Rd nach Süden bis zur nächsten Kreuzung mit der Railway Station Rd, kommt man an zahlreichen kleinen Geschäften vorbei, die billige, auf Metall geprägte christliche, islamische und Hindu-Bilder verkaufen sowie Festival-Accessoires, darunter ähnliche Schirme wie die, die beim Puram zu sehen sind (s. S. 428/429, Kasten).

Sonstiges

GELD – Die beste Adresse zum Wechseln von Geld und Reiseschecks ist *UA Exchange & Financial Services*, in der Umgebung vom *Casino Hotel*. Alternativen sind die *State Bank of India* und die *Canara Bank* in der South Rd. Einen Geldautomaten der *UTI Bank* gibt es in der Palace Rd.

INFORMATIONEN – Das *DTPC Tourist Office*, Palace Rd, gegenüber dem Rathaus, fünf Gehminuten von der Round East, ✆ 0487/232 0800, wird von Freiwilligen unterhalten, und sein Hauptziel ist die Werbung für das Elefantenfest Puram, aber es werden auch Stadtpläne von Thrissur ausgegeben. ◷ Mo–Sa 10–17 Uhr.

KTDC unterhält einen Informationsschalter im Hotel *Yatri Niwas*, Stadium Rd, ✆ 0487/233 2333.

INTERNET – Internetzugang bieten das ausgezeichnete *Internet Thissur.Com*, Second Floor, City Centre Shopping Complex, Round West, ◷ tgl. 9–22 Uhr, und *SS Consultants*, unweit vom Hotel *Luciya*, ◷ tgl. 9–23 Uhr. Die Preise liegen bei ca. Rs 30 pro Std.

Thrissur ist im Ausland als der Ort bekannt, an dem einmal im Jahr an einem Tag im April/Mai Keralas größtes Fest stattfindet, das Puram. Es geht auf den Raja von Kochi (Cochin), Shaktan Tampuran (1789– 1803), zurück und ist heutzutage das prunkvollste Fest von Kerala. In kleinerem Rahmen wird es praktisch überall gefeiert. Unverzichtbare Bestandteile sind **mit Satteldecken geschmückte Elefanten**, **Trommelklänge** und **Feuerwerk**.

An diesem Festtag, der in der heißesten Jahreszeit liegt, quillt die Innenstadt Thrissurs von einer Menschenmenge über, die in Richtung Round South strebt, wo ein langer, breiter Pfad zum Südeingang des **Vadakkunatha-Tempels** führt. Zwei Prozessionen, die eine vom Tiruvambadi-, die andere vom Paramekkavu-Tempel in Thrissur veranstaltet, wetteifern darum, die mitreißendste zu sein, und treffen schließlich am Ende des Weges aufeinander. Beide Züge umfassen 15 überreich mit Gold geschmückte Dickhäuter, auf deren Rücken jeweils drei Brahmanen reiten, in den Händen königliche Insignien: Wedel aus Yak-haaren, zusammengefasst in einem silbernen Griff, runde Fächer aus Pfauenfedern und gemusterte Seidenschirme mit Silberfransen. Im Mittelpunkt jeder Gruppe befindet sich der größte Tempelelefant, der ein Bildnis der Tempelgottheit auf dem Rücken trägt.

Diese durch und durch keralische Musik, genannt **chenda melam**, wird von bis zu hundert lauten, zylindrischen *chenda*-Trommeln, Becken und Blasinstrumenten produziert und zieht die Menge in ihren Bann, während die wechselnden Klänge den Fortgang der Prozession beschreiben. Die Trommler bilden Reihen: Die zahlenmäßig stärksten hinten schlagen oft nur einen einzigen Ton; in vorderster Linie versuchen die Meistertrommler, die Stars der Kerala-Musik, einander in Schnelligkeit, Improvisation sowie fesselnder Gestik und Mimik gegenseitig zu übertreffen. Mit dem Gesicht den Trommlern zugewandt, blasen Musiker auf langen, Oboe-artigen *kuzhals* (ähnlich der nordindischen *shehnai*) und c-förmigen Trompeten aus Glockenmetall *(kompu)*. Der Grundton wird von *elatalam* angegeben – mittelgroßen,

---

POST – Das *GPO* befindet sich am Südrand der Stadt in der Nähe des *Casino Hotel*, abseits der TB Rd.

BUSSE – Der **KSRTC-Fernbusbahnhof** liegt nahe dem Bahnhof. Der **Priya Darshini** (auch „North", „Shoranur" und „Wadakkancheri Bus Stand" genannt) befindet sich in der Nähe der Round North und bietet Verbindungen nach SHORANUR (zur Kalamanadalam Academy). Vom **Shakthan Thampuran**-Busbahnhof an der TB Rd, gut 1 km von der Round South, fahren Busse Richtung Süden in die nähere Umgebung von Thrissur, z. B. nach IRINJALAKUDA, KODUNGALLUR und GURUVAYUR.
Busse nach:
GURUVAYUR (10x tgl., 40 Min.),
KOCHI (alle 30 Min., 2 Std.),
MYSORE (2x tgl., 10–11 Std.),
PALAKKAD (stdl., 2 Std.),
THIRUVANANTHAPURAM (stdl., 7–8 Std.).

EISENBAHN – Thrissurs **Bahnhof** liegt 1 km südwestlich der Round South.
Züge nach:
CHENNAI (4–5x tgl., 10–13 1/4 Std.),
KOCHI / ERNAKULAM (15–18x tgl., 1 1/4– 2 1/4 Std.),
THIRUVANANTHAPURAM (11–13x tgl., 6– 7 1/4 Std.).

Irinjalakuda

In dem Dorf Irinjalakuda, 20 km südlich von Thrissur, steht fünf Gehminuten westlich des Busbahnhofs ein einzigartiger Tempel, der **Bharata** geweiht ist, dem Bruder von Rama. Besucher sind normalerweise innerhalb der Einfriedung zugelas-

schweren Handbecken aus Messing, die präzise das Tempo bestimmen.

Über einen langen Zeitraum hinweg durchläuft *melam* vier Tempophasen, jede doppelt so schnell wie die vorangegangene, von majestätischen Klängen bis hin zu einem frenetischen Orkan. An diesem Punkt haben sich die Elefantenreiter aufgerichtet, um ihre Federfächer und Haarwedel in abgestimmten Bewegungen durch die Luft wirbeln zu lassen, während dahinter aufgespannte, in einem Meer von Farben schillernde Schirme gedreht werden. Jetzt dröhnen die oft über den Kopf hoch gehobenen Becken. Die Meistertrommler spielen so schnell und so laut sie nur können und werden dabei nacheinander von einzelnen Spielern angefeuert. Ein Trompetenchor begleitet das Getöse.

Das Ganze wird von Feuerwerksexplosionen und dem Geschrei der Menge begrüßt. Viele Leute hüpfen und springen vor Begeisterung, einige recht willkürlich, während andere unverkennbare Rhythmus-Besessene sind, die mit jeder Nuance der Musik mitgehen. Wenn die höchste Stufe an Schnelligkeit erreicht ist, geht es wieder zum gemächlichsten Tempo zurück, die Prozession setzt sich in Bewegung und die *mahouts* führen die Elefanten bei den Stoßzähnen. Beim nächsten Halt beginnt die ganze Vorstellung wieder von vorn. Nachts erstrahlen die Eingänge des Vadukannatha-Tempels in bunten Lichtern, und in den frühen Morgenstunden findet ein prächtiges Feuerwerk statt.

Wer Thrissur zum Puram besucht, muss sich auf überquellende Busse und Züge gefasst machen. Eine Unterkunft bekommt natürlich nur, wer lange im Voraus ein Zimmer reserviert hat. Es ist ratsam, einen Schirm oder Hut als Sonnenschutz mitzubringen. Leider dient das Puram-Fest einigen Männergruppen als Rechtfertigung dafür, sich sinnlos zu betrinken. Frauen ist anzuraten, nur am Vormittag hinzugehen oder sich einer Gruppe indischer Frauen anzuschließen. Ähnliche, jedoch weniger prunkvolle Veranstaltungen finden für gewöhnlich ab September in Thrissur statt, die meisten im Sommer (April und Mai). Näheres beim Tourist Office oder im Hotel. Man kann auch jemanden bitten, in der Lokalausgabe der Zeitung *Mathrabhumi* nach einer Vorführung von *chenda melam* und anderen Trommelorchestern wie *panchavadyam* und *tyambaka* zu schauen.

sen (Männer müssen eine *dhoti* tragen), doch wie in den meisten Fällen bleibt das innerste Heiligtum Hindus vorbehalten. Auf dem äußeren Hof steht ein elegant auf Fliesen verziertes *kuttambalam*-**Theater**, das allen Zuschauern (ursprünglich waren nur solche der obersten Kasten zugelassen) den bestmöglichen Blick erlaubt und für seine hervorragende Akustik bekannt ist. Das Innere zieren bunte Holzschnitzereien mythischer Tiere und Geschichten aus den Epen. Auf der Bühne, die von bemalten Holzsäulen und Tänzerinnen-Friesen umgeben ist, stehen zwei mächtige kupferne *mizhavu*-Trommeln, die beim Sanskrit-Drama Kutiyattam eingesetzt werden. Sie sind fest in hölzerne Umkleidungen eingelassen, in die die Musiker zum Spielen hineinsteigen. In der Tradition gelten *mizhavus* als heilige Gegenstände; in ihnen soll Nandikeshvara, Shivas Rhythmusexperte und musikalischer Begleiter, wohnen. Die Vorstellung, deren musikalischen Hintergrund sie bildeten, war ein heiliges Ritual. In alten Zeiten durfte das Instrument niemals den Tempel verlassen und nur von den Mitgliedern einer speziellen Kaste, den Nambyars, bedient werden. Seit damals haben auch andere Musiker die Kunst des *mizhavu*-Spielens erlernt, doch ist es ihnen nicht erlaubt, in dessen Innern Musik zu machen.

Natana Kairali ist ein wichtiges Kulturzentrum, das sich dem Erhalt von Keralas weniger bekannten, aber faszinierenden und lebendigen Theaterkünsten widmet, darunter Kutiyattam, Nangiar Koothu (weibliches Solo-Schauspiel), Schatten- und Puppentheater. Wenn man den Bharata-Tempel verlässt, befindet es sich links im Haus einer der berühmtesten Schauspielerfamilien Keralas, Ammanur Chakyar Madhom (wer nach dem Weg fragen möchte, braucht nur diesen Namen zu nennen). Natana Kairalis Direktor Shri G. Venu, ✆ 0488/ 282 5559, kennt sich bestens in keralischer Kunst aus und kann Tipps zu anstehenden Veranstaltungen geben. Irinjalakuda erreicht man am besten per **Bus** vom Shakthan Thampuran-Busbahnhof in Thrissur und nicht per Bahn, denn der Bahnhof liegt ungünstige 8 km östlich des Ortes.

Guruvayur

Keralas bedeutsamster Krishna-Schrein, der von hohen Mauern umgebene Tempel von Guruvayur, 29 km nordwestlich von Thrissur, zieht eine unaufhörliche Pilgerflut an, deren Zahl an zweiter Stelle hinter jener der Ayappas in Sabarimala (s. S. 406) steht. Seine Gottheit **Guruvayurappan** inspirierte zahlreiche keralische Dichter, insbesondere Narayana Bhattatiri, der im 16. Jh. das *Narayaniyam* verfasste. Zu dieser Zeit gelangte der Tempel, dessen Ursprung im Dunkeln liegt, wahrscheinlich erstmalig zu Ruhm.

Nadavaramba-Öllampen aus Glockenmetall

Keralische Nächte bekommen einen besonderen Zauber durch die **Öllampen**. Die am weitesten verbreitete Sorte ist eine schlanke, frei stehende Metallsäule, gekrönt von einer Spitze, die aus einem runden Behälter für Kokosöl herausragt; als Docht dienen ein Lappen oder Fasern von Bananenpflanzen. Bei jeder klassischen Theatervorstellung leuchtet die ganze Nacht hindurch mitten auf der Bühne eine große Lampe. Auch die besondere Atmosphäre von Tempeln wird durch zahllose Lampen unterstrichen, von denen manche an Ketten herabhängen; andere, *deepa stambham,* sind vielarmig und meterhoch.

Das Dorf **Nadavaramba**, in der Nähe von Irinjalakuda, ist ein wichtiges Herstellungszentrum von Öllampen und großen Kochkesseln, so genannten *uruli* und *varppu.* Oft werden Legierungen aus Messing, Kupfer und Zinn benutzt, doch die besten bestehen aus Glockenmetall, das angeblich 80% Kupfer enthält und beim Anschlagen einen tiefen Ton erklingen lässt. Geschäfte in Thrissur, die auf den Verkauf von Nadavaramba-Waren spezialisiert sind, arrangieren Besuche in den Werkstätten der Metallschmiede.

Der **Guruvayar-Tempel** zählt zu den reichsten in Kerala und veranstaltet jährlich 24 Tempelfeste, von denen *Ekadashi* und *Ulsavam* die wichtigsten sind. Während des 18-tägigen **Ekadashi** im Monat Vrischikam (Nov/Dez) finden außerhalb des Tempels Elefantenprozessionen statt, und das Äußere des Bauwerks wird von den winzigen Flämmchen unzähliger Öllampen beleuchtet. An bestimmten Tagen (zu erfahren bei einem KTDC-Büro) gibt es vor dem Tempel klassische südindische Konzerte mit den hochrangigsten Künstlern Südindiens. ☉ 3–13 und 16–22 Uhr, kein Zutritt für Nicht-Hindus.

Während **Ulsavam** im Monat Kumbham (Feb/März) werden im Tempel tantrische Rituale abgehalten. Außerdem finden am ersten Tag draußen ein Elefantenrennen und an den folgenden sechs Tagen Elefantenprozessionen statt.

Punnathur Kotta Elephant Camp

Wenn sie nicht gerade für Rennen und andere Tempelrituale gebraucht werden, sind die Dickhäuter des „Herrn von Guruvayur" im Punnathur Kotta Elephant Camp, 4 km nördlich der Stadt, angekettet. Hier leben ungefähr 50 Tiere aller Altersgruppen und verbringen den Großteil des Tages damit, die herangeschafften Futterhaufen zu vertilgen. Jeder Elefant wird von seinen eigenen drei *mahouts* versorgt und mehrmals in der Woche gebadet und abgeschrubbt. Ohne ausdrückliche Erlaubnis der Pfleger sollte man sich keinem der Elefanten nähern.

Alle Tiere wurden dem Tempel von wohlhabenden Hindus geschenkt. Jeder Elefant – abgesehen von den ältesten, die sich im wohlverdienten Ruhestand befinden – „arbeitet" in hiesigen Tempeln, vor allem im Guruvayur-Tempel selbst. Alle Tempel benötigen für ihre pompösen Feste schöne Elefanten, und der Konkurrenzkampf um einen besonders begehrten Dickhäuter kann ein Dorf in hohe Unkosten stürzen: Die übliche Leihgebühr für einen Elefanten beträgt Rs 3500 pro Tag, erreichte jedoch einmal die unglaubliche Summe von Rs 75 000. ☉ tgl. 9–18 Uhr; Eintritt Rs 5, Fotoerlaubnis Rs 25.

Übernachtung und Essen

Die Unterkünfte konzentrieren sich entlang der East Nada St, 5 Min. östlich des Tempels. Sie

Eine Reise nach Kerala lohnt sich ganz besonders, wenn man eines der zahlreichen Feste – Utsavam – miterlebt, die zu allen Zeiten des Jahres irgendwo stattfinden. Alle der in Kerala gefeierten Feste aufzulisten, würde den Rahmen dieses Buches sprengen, doch die meisten der ansässigen Tourist Offices verfügen über aktuelle Informationen, und das Kerala Government's Tourist Department gibt jedes Jahr die nützliche kleine Broschüre *Fairs and Festivals of Kerala* heraus.

Am eindrucksvollsten sind vielleicht die **Elefantenprozessionen**, die ein wichtiger Bestandteil der Tempelfeste, der so genannten **Puram** sind. Sie werden zu Ehren einer lokalen Gottheit – meistens einer Göttin – abgehalten. Einer der spektakulärsten Elefantenumzüge ist Teil des Kudamattom-Rituals, wobei die Reiter auf dem Rücken der Elefanten im Gleichklang farbenfrohe Schirme austauschen. Die Wurzeln der Puram liegen in den traditionellen Festumzügen, bei denen am Ende der Erntezeit die Lokalgottheit zu Trommel- und Fanfarenklängen durch die Straßen getragen wurde, während ihr Opfergaben dargebracht wurden. Das prächtigste Puram-Fest findet im April/Mai in der Stadt **Thrissur** statt. Dabei erfahren Götterstatuen aus der gesamten Umgebung feierliche Würdigung. Doch die Puram beschränken sich nicht auf Thrissur, sondern finden in mehreren Städten und Dörfern Zentral-Keralas statt, z. B. in Cherai am Nordrand von Kochi/Ernakulam, und in und um Palakaad. Wer gerade in der Gegend ist, sollte sich keinesfalls die alljährliche, achttägige Elefantenprozession beim Shiva-Tempel von **Ernakulam** (Jan/Feb) entgehen lassen und genauso wenig das Arat-Fest in **Thiruvananthapuram**, bei dem die Gottheit feierlich von Elefanten zum Meer geleitet wird (März/April und Okt/Nov). In Guruvayur wird im Feb/März ein **Elefantenrennen** abgehalten, und obwohl im Tempel an sich nur Hindus zugelassen sind, gibt es einen allen zugänglichen Teil der Festlichkeiten, bei dem mehr als vierzig Elefanten zu sehen sind. Auch das jährliche **Erntedankfest** Onam, das überall in Kerala im Aug/Sep gefeiert wird, wäre ohne Elefantenprozessionen und Vergnügungen im Wasser undenkbar – Letzteres insbesondere in Aranmula nahe der Stadt Kottayam, wo mit zwei Ruderreihen versehene lange Boote ein **Schlangenboot-Rennen** veranstalten. Das bekannteste und aufregendste Schlangenboot-Rennen Nehru Trophy Boat Race findet im August in Alappuzha statt und ist im Unterschied zu dem von Aranmula eine Angelegenheit, die von den Beteiligten sehr ernst genommen wird. Viele Feste in Kerala umfassen auch Vorführungen klassischer Musik und klassischen Tanzes und stellen eine ausgezeichnete Möglichkeit dar, in authentischer Umgebung **Kathakali** zu erleben, ein ausschließlich von Männern getanztes Götterdrama mit aufwendigem Make-up und prächtigen Kostümen. Im **Shri Purnatrayisa-Tempel** von Thripunitra, einer Ortschaft am Rande der Stadt Ernakulam, findet während des Jahresfestes (Okt/Nov) eine Kathakali-Vorstellung statt, die die ganze Nacht hindurch dauert.

Die königliche Familie von Travancore tut sich als Kunstmäzen besonders hervor und veranstaltet jedes Jahr ein **Festival karnatischer Musik** im Puttan Malika-Palast in Thiruvananthapuram.

Einer der besten Orte, um sich ein Bild von den vielen verschiedenen, in Kerala und anderen Regionen Südindiens beheimateten Kunstformen zu verschaffen, ist jedoch **Cheruthuruthy**, unweit von Thrissur, wo alljährlich Ende Dezember ein Festival der darstellenden Künste abgehalten wird.

Um **Weihnachten** herum ist das Klima besonders angenehm – eine gute Zeit für einen Besuch in Kerala. In Fort Cochin gibt es mehrere Kirchen, darunter die historische St. Francis-Kirche, in der eine dermaßen gut besuchte Mitternachtsmesse zelebriert wird, dass sich die Gläubigen noch draußen auf der Straße drängen. Ein weiteres herausragendes christliches Fest wird Anfang Januar in der Mar Thoma-Kirche in der Nähe von Kodungallur gefeiert; die Gläubigen begeben sich unter Mitführung farbenfroh verzierter Wagen voller Opfergaben dorthin.

KERALA

Rituelles Tanztheater in Kerala

Zu den herausragenden Ereignissen einer Reise nach Kerala zählt der Besuch einer Vorstellung der unzähligen uralten Rituale, ritualisierten Theaterformen oder Tänze, die eine wichtige und einzigartige Rolle im kulturellen Leben der Region spielen. Die berühmteste Form ist das Tanzdrama **Kathakali**. Zu den weniger bekannten Volkskünsten, von denen Kathakali deutlich beeinflusst wurde, zählen das klassische Sanskrit-Tanzdrama **Kutiyattam** und das Dorfhelden-Verehrungsritual **Theyyam**.

Viele keralische Tanz- und Theaterformen überschneiden sich in zahlreichen Merkmalen. Ein Hauptziel jedes Darstellers besteht darin, das Weltliche pantomimisch in das Reich der Götter und Dämonen zu übertragen. Voraussetzung dafür ist eine streng ritualisierte Vorbereitung unter Einsatz fantasievoller Kostüme und eines maskenähnlichen Make-ups. Im Kathakali und Kutiyattam ist diese Vorbereitung ein rigoros kodifizierter Teil der klassischen Tradition, während sich die erheblich ungestümere Form des Theyyam von Dorf zu Dorf unterscheidet. Näheres s. S. 143 ff.

---

sind oft bis unters Dach mit Wallfahrern belegt, aber normalerweise ist man mit den beiden KTDC-Hotels gut bedient:

KTDC Mangalya, in der Nähe des Eingangs zum Krishna-Tempel, ℡ 0487/255 2408. Die großen Zimmer für bis zu 6 Personen richten sich vor allem an Pilger. ❸

KTDC Nandanam, in Bahnhofsnähe, ℡ 0487/255 6266. Hat einige AC-Zimmer. ❸ – ❹

An vegetarischen Restaurants herrscht kein Mangel. Das **Indian Coffee House**, an der Südseite der East Nada St, bietet südindische Snacks.

Transport

Busse aus Thrissur (40 Min.) halten an der Haupt-Bushaltestelle am oberen Ende der East Nada St, 5 Min. östlich des Tempels.

Cheruthuruthy

Das Dorf Cheruthuruthy, 32 km nördlich von Thrissur, lässt sich problemlos im Rahmen eines Tagesausflugs besuchen. Es ist als Sitz der **Kerala Kalamandalam** berühmt, der renommiertesten Schule Keralas für Kathakali und andere indigene keralische Formen der darstellenden Kunst. Sie wurde 1927 von dem berühmten keralischen Dichter Vallathol (1878–1957) ins Leben gerufen. Anfänglich unter der Schirmherrschaft des Maharadscha von Cochin hatte die Schule entscheidenden Anteil an der Wiederbelebung des Interesses für Kathakali und andere, rein keralische Kunstformen. Ungeachtet des Widerstands von Seiten konservativer Kräfte verfolgte sie eine Politik der offenen Tür für jedermann, basierend auf den künstlerischen Fähigkeiten der Bewerber, und schuf so eine „Talent-Kaste", der sowohl Mosleme als auch Christen und Abkömmlinge sämtlicher Hindu-Kasten angehörten – bis dahin etwas völlig Undenkbares. Obwohl Kalamandalam-Darsteller auf den berühmtesten Bühnen der Welt gastieren, dürfen viele dieser hervorragend ausgebildeten Künstler immer noch keine Tempel, beliebte Vorführungsstätten hinduistischer Kunst, insbesondere der Musik, betreten und schon gar nicht dort auftreten.

Nicht-Hindus können Kathakali, Kutiyattam und auch weniger bekannte Kunstformen im herrlichen Theatersaal der Schule verfolgen, der den aus Holz erbauten, mit einem geschwungenen Dach versehenen traditionellen Theatern, den so genannten *kuttambalams*, wie man sie in Kerala-Tempeln findet, gleicht. Wer sich dafür interessiert, wie den Schülern diese unglaublich komplizierten Techniken beigebracht werden, sollte die Chance nutzen, eine Unterrichtsstunde zu besuchen. ⏰ Mo–Fr 4.30–17 Uhr; an öffentlichen Feiertagen geschlossen. Ein paar Hand verlesene Ausländer besuchen jährlich die Intensivkurse der Kalamandalam Academy für Kathakali und andere traditionelle Ausdruckstänze sowie Schauspielerei. Für einen Besuch eignet sich besonders das einwöchige Schulfest, das alljährlich am Weihnachtstag beginnt. Informationen erteilt das Schulbüro, ℡ 04884/262418.

Nach einem kurzen Spaziergang am alten Campus vorbei gelangt man zu einem kleinen, erlesenen **Shiva-Tempel** im klassischen Kerala-Stil, am

Kathakali-Tänzer

schönsten anzuschauen während der Andacht am frühen Abend, wenn das Äußere von Kerzen erleuchtet ist.

Übernachtung

Die Unterkunftsmöglichkeiten in Cheruthuruthy sind beschränkt.
Manche Schüler wohnen als zahlende Gäste in Privathäusern (Einzelheiten telefonisch bei der Schule erfragen).
Government Guest House, von Kalamandalam her kommend ein Stückchen die Straße nach Shoranur entlang, ✆ 04884/262760. Acht riesige, aber einfache Zimmer, z. T. mit westlichen Toiletten und Gemeinschaftsveranda. ②–③
River Retreat, Palace Rd, ✆ 04884/262922. Ein Hauch von AC-Luxus. ⑨

Transport

BUSSE – Busse aus THRISSUR kommen auch durch Cheruthuruthy.

EISENBAHN – Der am nächsten gelegene Bahnhof ist Shoranur Junction, 3 km südlich. Expresszüge von und nach MANGALORE, CHENNAI und KOCHI.

Der hohe Norden

Die wunderschöne Küste Keralas nördlich von Kozhikode besteht aus einem schier endlosen Landstrich mit Kokospalmen, bewaldeten Hügeln und so gut wie menschenleeren Stränden. Die Ortschaften sind für Besucher jedoch wenig interessant. Der Hauptgrund, weshalb Reisende hier Halt machen, sind die sehenswerten **Teyyattam-Maskentänze** und Weissagungen für die Zukunft, die alljährlich zwischen November und Mai in Dörfern in der gesamten Region stattfinden.

Kozhikode (Calicut)

Die 225 km nördlich von Kochi gelegene Küstenstadt Kozhikode (Calicut) zählte einst zu den wohlhabendsten Handelsstädten in ganz Asien und spielt eine außerordentlich wichtige Rolle in der keralischen Mythologie und Geschichte. Sie ist auch insofern bedeutsam, als Vasco da Gama 1498 ganz in der Nähe an Land ging. Heute sind kaum noch Überbleibsel der bewegten Vergangenheit erhalten, und die wenigen Ausländer, die hier absteigen, tun dies eigentlich nur, weil sie sich verfahren haben oder um eine Verschnaufpause auf der langen Reise zwischen Mysore und Kochi einzulegen. Dessen ungeachtet ist Kozhikode nach wie vor eine betriebsame Handelsstadt, auch weil ihr regelmäßig beträchtliche Geldsummen von in den Golfstaaten arbeitenden Indern zufließen.

Übernachtung

Kozhikodes relativ preiswerte Innenstadthotels haben fast alle 24 Std. Check-out. Das Strandgebiet stellt eine ruhige Ausweichmöglichkeit dar.

Alakapuri Guest House, MM Ali Rd, nahe dem Bahnhof, 1 km vom KSRTC-Busbahnhof, ☎ 0495/ 272 3451, 🖳 www.alakapurihotels.com. Um einen Hof herum gelegene Zimmer, jene mit AC verfügen über riesige Badewannen, Holzvertäfelung und Sessel; die billigeren, ohne AC, sind eher spartanisch. Bar, Restaurant und hübscher Rasen. Auch EZ. ❹–❺

Imperial, Kallai Rd, ☎ 0495/270 1291. Großes Hotel mit Innenhof, einfachen, billigen Zimmern und einem sehr guten Ableger von *India Coffee House* im Erdgeschoss. ❷

KTDC Malabar Mansion, SM St, ☎ 0495/272 2391, 🖳 www.ktdc.com. Modernes Hochhaushotel nahe dem Bahnhof, riesige Suiten mit AC und TV, ordentliche Zimmer ohne AC, Biergarten und gutes, südindisches Restaurant. Preisgünstig. ❷–❹

Sasthapuri, MM Ali Rd, 20 m abseits der Hauptstraße, ☎ 0495/272 3281, 🖳 www.sasthapuri.com. Kleine Budget-Unterkunft mit gutem Preis-Leistungs-Verhältnis und gepflegten Zimmern (mit/ohne AC). Nettes Dachgartenrestaurant und Bar. ❷–❺

Sea Queen, Beach Rd, ☎ 0495/236 6604, 🖂 seaqueenclt@sify.com. Ruhiges, gemütliches, etwas bejahrtes Mittelklassehotel mit Blick auf einen eher trostlosen Strandabschnitt. Zimmer mit und ohne AC, aber etwas dunkel und mit Möbeln vollgestellt. Beliebtes südindisches Restaurant und Bar im Erdgeschoss. ❹–❽

Taj Residency, PT Usha Rd, ☎ 0495/276 5354, 🖳 www.tajhotels.com. Kozikhodes beste Adresse, lässt jedoch den üblichen *Taj*-Stil vermissen. Trotzdem sind die mit zentraler AC versehenen Zimmer (US$80–110) sehr einladend, und es gibt einen Pool, Coffeeshop, ein Restaurant sowie ein Fitness- und Ayurveda-Zentrum. ❾

Essen

Zum Essen bleibt man am besten im Hotel, aber südindische Snacks, köstliche Omelettes und einfaches Frühstück sind in der Stadt in den beiden Filialen des bewährten *Indian Coffee House* an der Mavoor Rd und GH Rd zu haben.

Tandoor Prince, GH Road. Schlichtes, winziges Restaurant, das hauptsächlich nicht-vegetarische Speisen anbietet.

Nandhiniee Sweets, MM Ali Rd. Superhygienische Konfiserie, die Süßigkeiten, Nüsse und Snacks verkauft, aber auch leckere frische Obstsäfte, *badam*-Milch und *falooda*-Mixgetränke.

Sonstiges

GELD – Angesichts der Summen, die von der Golfregion hierher wandern, dürfte es nicht schwierig sein, in Kozhikode Fremdwährung zu wechseln. Bargeld und Reiseschecks tauscht z. B. problemlos *PL Worldways*, Semma Towers, 3rd Floor, Mavoor Rd.
Banken mit Wechselschalter sind z. B. die *Standard Chartered Bank* in der Town Hall Rd und die *State Bank of India*, Mananchira Park. Geldautomaten gibt es bei der *Corp Bank* in der Town Hall Rd und der *Federal Bank* in der Kallai Rd.

GEPÄCKAUFBEWAHRUNG – In der 24 Std. geöffneten Gepäckaufbewahrung am Bahnhof werden, wie üblich, nur abgeschlossene Gepäckstücke angenommen.

INFORMATIONEN – *KTDC Tourist Information,*
im Bahnhof, ✆ 0495/270 0097. Am freundlichen
Schalter erfährt man Näheres zu Verkehrsverbindungen und Sehenswürdigkeiten in der
Umgebung von Kozhikode. ☉ nicht zuverlässig,
in der Regel tgl. 9–19.30 Uhr.
KTDC Tourist Office, im *KTDC Malabar Mansion
Hotel,* an der Ecke der SM St, ✆ 0495/272 2391,
bietet begrenzte Infos über die Stadt und Umgebung.

INTERNET – *The Hub,* im 1. Stock von *Nandhi-
nee Sweets,* MM Ali Rd;
Internet Zone, unweit der *KTDC Malabar
Mansion* (beide Rs 30 pro Std.).

Transport

BUSSE – Der wichtigste der drei Busbahnhöfe
ist der **KSRTC-Busbahnhof,** Mavoor Rd (alias
Indira Gandhi Rd). Alle Fernbusse aus Städten
wie BANGALORE, MYSORE, OOTY, MADURAI,
COIMBATORE und MANGALORE halten hier.
Private Fernbusse nutzen den 500 m weiter
gelegenen **Busbahnhof New Mofussil,** auf der
anderen Seite der Mavoor Rd, ✆ 0495/272 2823.
Tickets verkaufen mehrere Reisebüros in der
MM Ali Road.
Der **Palayam-Busbahnhof** ist für Stadtbusse
zuständig.
Busse nach:
KANNUR (alle 30 Min., 2–2 1/2 Std.),
KOCHI / ERNAKULAM (stdl., 5 Std.),
MYSORE (2x tgl., 9–10 Std.),
OOTY (4x tgl., 6–7 Std.),
THIRUVANANTHAPURAM (12–15x tgl.,
11–12 Std.),
THRISSUR (stdl., 3 1/2–4 Std.).

EISENBAHN – Der Bahnhof, ✆ 0495/270 1234,
an dem Küstenschnellzüge und langsamere
passenger-Züge abfahren, liegt in der Nähe der
Innenstadt.
Superschnelle Expressverbindungen bestehen
nach DELHI, MUMBAI, KOCHI und THIRUVA-
NANTHAPURAM.
Züge nach:
KANNUR (10–12x tgl., 11/2–2 1/4 Std.),

KOCHI / ERNAKULAM (5–6x tgl., 4 1/4–
5 3/4 Std.),
MANGALORE (2–4x tgl., 5 1/4–5 1/2 Std.),
MUMBAI (1x tgl., 21 1/2 Std.),
THIRUVANANTHAPURAM (4–6x tgl.,
8 1/4–10 1/2 Std.),
THRISSUR (7–8x tgl., 2 3/4 –3 1/2 Std.).

FLÜGE – Kozhikodes **Flughafen** liegt in Karippur,
23 km südlich der Stadt. Eine Taxifahrt kostet
Rs 300; ein paar Rupien lassen sich sparen,
wenn man eine Motor-Riksha zur Hauptstraße
Kozhikode–Palakkad nimmt und dort in einen
Bus steigt.
Flüge nach:
CHENNAI (8x wöchentl, 1–2 Std. 25 Min.),
GOA (3x wöchentl, 1 Std. 5 Min.),
KOCHI (1–2x tgl., 30 Min.),
MUMBAI (3x tgl., 1 Std. 40 Min.–3 Std.),
TIRUCHIRAPALLI (2x wöchentl, 55 Min.).

Kannur (Cannanore)

Kannur (Cannanore), 92 km nördlich von Kozhikode, war jahrhundertelang die Hauptstadt der Maharadschas von Kolathiri, die dank ihres blühenden
überseeischen Gewürzhandels zu Reichtum gelangten. Anfang des 16. Jhs., kurz nachdem Vasco
da Gama hier durchgekommen war, richteten sich
die Portugiesen häuslich ein und erbauten eine imposante Festung, **St. Angelo's Fort,** mit Blick über
den Hafen. Die Festung gehört heute der indischen
Armee und ist für Besucher geschlossen.

Die meisten Reisenden wählen Kannur als Ausgangsbasis, um Näheres über **Theyyam** (manchmal
auch als Teyyattam bezeichnet) zu erfahren, jene
spektakulären Geister-Rituale (s. S. 147 f.), die eine
wichtige Rolle im Dorfleben dieser Gegend spielen.
Da es mehr als 400 verschiedene Formen von
Theyyam gibt, könnte ein Indienbesucher viele
Tage und Nächte damit zubringen, solchen Vorstellungen beizuwohnen, ohne jemals dasselbe Ritual
zweimal zu sehen. Es ist nicht immer ganz einfach,
herauszufinden, wo und wann solch ein Ritual
stattfindet – das laute, frenetische Trommeln ist oft
schon von weit her hörbar, doch der Tempel, in
dem das Theyyam-Ritual abgehalten wird, liegt
vielleicht tief in einem Wald oder Palmenhain ver-

borgen. Wer auf Nummer sicher gehen möchte, fragt in einer lokalen Touristeninformation oder im *Costa Malabari* nach, das sich auch als Unterkunft mit idyllischen Stränden in der Nähe anbietet.

Indienreisende mit sehr wenig Zeit können zumindest das tgl. stattfindende Ritual in **Parassinikadavu** besuchen (s. u.).

An dem beliebten Stadtstrand kann es sehr voll werden. Wer es lieber etwas ruhiger hat, begibt sich zum kleinen **Baby Beach** (4 km), zu dem der Zutritt, da er auf Armeegelände liegt, zeitlich begrenzt (⏲ 9–17 Uhr) ist.

Übernachtung

Costa Malabari, 10 km südlich der Stadt im Dorf Tottada, Reservierung am *Tourist Desk* in Kochi, ☏ 0484/2371761, 🖥 www.costamalabari.com. Das zwischen Cashew-Bäumen und Kokospalmen versteckte Gästehaus ist äußerst gastfreundlich. Fünf luftige und komfortable Zimmer, das hauseigene Restaurant serviert ausgezeichnete keralische Mahlzeiten in riesigen Portionen. Nur 10 Gehminuten entfernt befinden sich fünf unberührte Sandstrände. Preise inkl. VP; die Besitzer holen Gäste nach Absprache für Rs 120 aus Kannur ab. ❻–❼

Government Guest House, Cantonment Area, auf einer Klippe mit Blick aufs Meer, ☏ 0497/270 6426. Geräumige, von der Meeresbrise belüftete, einfache Zimmer mit Ventilator; überwiegend für VIPs reserviert, hat aber normalerweise dennoch ein paar sehr preiswerte Zimmer frei. ❷–❸

Malabar Residency, Thavakkara Rd, ☏ 0497/276 5456, 🖥 www.malabarresidency.com. Schickes Hotel in zentraler Lage; komfortable AC-Zimmer mit Bad. Zwei Restaurants, darunter das internationale *Grand Plaza*, und 24 Std. geöffnetes Café. ❻–❼

Mascot Beach Resort, 300 m vorm Baby Beach, ☏ 0497/270 8445, ✉ mascot_beach_resort@vsnl.com. Oberhalb eines felsigen Küstenabschnitts, mit großen, gut ausgestatteten Zimmern und herrlicher Aussicht aufs Meer und den Leuchtturm. Pool, Geldwechsel und gutes Restaurant, aber keine Bar. ❹–❼

Sweety International, 200 m nördlich vom Bahnhof, ☏ 0497/270 8283. Business-Hotel in einem Hochhaus mit „ordinary", „executive" und AC-Zimmern, allesamt recht preiswert. ❷–❸

Sonstiges

GELD – *State Bank of India*, Fort Rd, und *UAExchange*, im KVR Tower, 500 m östlich vom Busbahnhof, tauschen Bargeld und Reiseschecks.

INFORMATIONEN – *DTPC*, nahe Civil Station, ☏ 0497/270 6336, und *Tourist Information Centre*, am Bahnhof, ☏ 0497/270 3121, ⏲ beide Mo–Sa 10–17 Uhr.

INTERNET – Internetzugang ist weit verbreitet, z. B. bei *Asianet*, in einer Einkaufspassage am Bahnhofsende der Fort Road (Rs 20 pro Std.), oder *Cyber Valley*, unmittelbar hinter dem KVR Tower (Rs 30 pro Std.).

Transport

BUSSE – Da an der Hauptküstenstrecke zwischen Mangalore und Kochi/Thiruvananthapuram gelegen, hat Kannur gute **Bus-** und **Bahnverbindungen** zu den meisten größeren Städten in Kerala sowie nach MANGALORE. Außerdem fahren Busse nach MYSORE, die bei Thalassery (alias Tellychery) landeinwärts abbiegen und die bewaldeten Hänge der Ghats nach VIRAJPET in Kodagu erklimmen.

EISENBAHN – Der Bahnhof liegt nur fünf Gehminuten südwestlich vom Busbahnhof.

Parassinikadavu

Der einzige Ort, an dem man garantiert **Theyyam** zu sehen bekommt, ist das Dorf Parassinikadavu, 20 km nördlich von Kannur am Fluss Valapatanam, wo der Oberpriester oder *madayan* des **Parassini Madammpura**-Tempels dieses Ritual im Winter jeden Tag vor den Gläubigen durchführt. In kostbare Gewänder gekleidet und von einer traditionellen Trommelgruppe begleitet, wird er vom Geist der höchsten Tempelgottheit – dem Herrn Muthappan, d. h. Shiva in seiner Erscheinungsform als *kiratha* (Jäger) – besessen und führt eine Reihe komplizierter Opfer durch. Höhepunkt der zweistündigen Zeremonie ist der Moment, wenn der Priester/Gott nach vorne tanzt, um Auserwählte aus den Reihen der Gläubigen zu segnen. Dies ist selbst für keralische Verhältnisse etwas Außergewöhnliches und lohnt eine Unterbrechung der Reise entlang der Küste. Während die Vorstellung in der Morgendämmerung garantiert stattfindet, sollte man sich im Tempelbüro, ✆ 0497/278 0722, erkundigen, wie es um das übliche Ritual um 18 Uhr bestellt ist.

Ein Lokalbus fährt in Kannur tgl. gegen 7 Uhr nach Parassinikadavu ab und lässt Passagiere am nördlichen Ende des Dorfes, 10 Minuten zu Fuß vom Tempel, aussteigen. Wer jedoch rechtzeitig zum in der Morgendämmerung stattfindenden Theyyam kommen will, muss eines der *Ambassador*-Taxis nehmen, die vor dem Busbahnhof von Kannur warten (ca. Rs 400 hin und zurück). Die Fahrer schlafen in ihren Fahrzeugen, deshalb braucht man nur einen aufzuwecken. Es ist auch möglich, ein Taxi über eines der teureren Hotels zu bestellen. In jedem Fall muss man gegen 4.30 Uhr startklar sein. In Parassinikadavu gibt es einen Schlangenpark, wo Besucher etwas über den Umgang mit Schlangen lernen können. ⊙ tgl. 8.30–17.30 Uhr.

TAMIL NADU

HIGHLIGHTS

Mamallapuram – Dank den Steinmetzwerkstätten, dem langen Sandstrand und der eindrucksvollen Pallava-Felsenkunst ist die Stadt das begehrteste Touristenziel des Bundesstaates.

Pondicherry – Die ehemalige französische Kolonie hat das Flair einer französischen Hafenstadt bewahrt.

Thanjavur – Die Stadt wird von dem kolossalen Brihadishwara-Tempel beherrscht und darf sich einiger der schönsten Chola-Bronzen der Welt rühmen.

Madurai – In der bedeutenden Tempelstadt, dem Liebesnest von Shiva und seiner Gemahlin Meenakshi, finden im Laufe des Jahres zahlreiche bunte Feste statt.

Kanniyakumari – Die heilige Stadt liegt an der Südspitze des Subkontinents, wo der Golf von Bengalen, der Indische Ozean und das Arabische Meer aufeinander treffen.

Die Ghats – Von den erfrischend kühlen Bergstationen Ooty und Kodaikanal aus lassen sich herrliche Wanderungen durch Bergwälder und Teeplantagen unternehmen.

Wenn Inder vom „Süden" sprechen, meinen sie gewöhnlich Tamil Nadu. Während Karnataka und Andhra Pradesh im Wesentlichen kulturelle Übergangszonen an der Grenze zum Hindi sprechenden Norden darstellen und Kerala wie Goa jeweils eine eigenständige, durch die Mischung unterschiedlicher Kulturen entstandene Identität haben, ist der große, Tamil sprechende Bundesstaat der Halbinsel Indiens dravidisches, hinduistisches Kerngebiet. Traditionell durch die weite Entfernung vom Norden und die militärische Stärke der Dekkan-Königreiche geschützt, war die Region über die Jahrhunderte dem nördlichen Einflüssen weniger stark ausgesetzt als seine Nachbarn. Infolgedessen konnten die drei mächtigen Dynastien, die den Süden beherrschten – die Cholas, die Pallavas und die Pandyas –, im Laufe von über tausend Jahren weitgehend unbehelligt von moslemischen Feldzügen ihre eigenen religiösen und politischen Institutionen entwickeln. Das auffälligste Vermächtnis dieser langen kulturellen Blüte ist eine Reihe beeindruckender Tempel, deren gigantische Eingangstore *(gopuras)* noch immer nahezu jeden Ort, dessen Größe eine Bahnanbindung rechtfertigte, überragen. Den Anblick dieser riesigen pyramidenförmigen Bauten, die dichte Palmenhaine oder saftig grüne Reisfelder überblicken, beschrieb der britische Landschaftsmaler und Dichter Edward Lear als „überwältigend und unglaublich". Auch heute noch bleiben die in leuchtenden Farben erstrahlenden Gottheiten und mythologischen Figuren in den Nischen der Türme am längsten in der Erinnerung des Reisenden haften. (Näheres zu den Tempeln von Tamil Nadu s. S. 130/131, Kasten).

Die tamilischen Tempel sind lediglich die größten Landmarken in einem weiten Netz **heiliger Stätten** – Schreine, Badestellen, heilige Bäume, Felsen und Flüsse –, miteinander verbunden durch ein Geflecht alter Pilgerrouten. Tamil Nadu beherbergt 274 von Indiens heiligsten Shiva-Tempeln und 108 Tempel sind Vishnu gewidmet. Außerdem finden sich hier neben fünf Schreinen, die den fünf vedischen Elementen (Erde, Wind, Feuer, Wasser und Äther) geweiht sind, acht zu Ehren der Planeten. Hinzu kommen viele von Christen und Moslems verehrte Stätten. Diese Stätten, die sich von den hellorangen Felsen und Wäldern der Westghats über die fruchtbaren Deltas der Flüsse **Vaigai** und **Kaveri** bis zur Coromandel-Küste am Golf von Bengalen verteilen, wurden schon vor ein- bis zweitausend Jahren in den Hymnen der tamilischen Heiligen besungen. Bis heute hat sich so wenig verändert, dass diese religiösen Lieder in der Region nahezu unverfälscht noch weithin gesungen und verstanden werden.

Die lebendige Bindung der Tamilen an ihre alte dravidische Vergangenheit hat eine starke **nationalistische Bewegung** hervorgebracht. Mit einigen kurzen Unterbrechungen ist hier seit den 50er Jahren stets eine der pro-dravidischen Parteien an der Macht, die ihre gegen das Hindi gerichtete, anti-brahmanische, proletarische Botschaft in erster Linie durch das Medium Film unters Volk bringen.

Tatsächlich entstammt die Mehrheit der politischen Führer Tamil Nadus seit der Unabhängigkeit der produktiven **Filmindustrie** des Bundesstaates. Inder aus anderen Teilen des Landes verspotten ihre südlichen Verwandten gern als „reaktionäre Reispflanzer", angeführt von „fanatischen Filmstars". Solche Stereotypen sind zwar mit Vorsicht zu genießen, unbestritten ist jedoch, dass die tamilische Lebensweise, die auf einer seit prähistorischen Zeiten ungebrochenen Tradition fußt, sich vom Rest des Subkontinents deutlich abhebt. Diese Gegend ist eine der letzten auf der Welt, wo eine klassische Kultur bis in die Gegenwart überlebt hat.

Die Hauptstadt des Bundesstaates, **Chennai** (ehemals **Madras**), ist der Festung am Meer, den Herrschaftshäusern und ihrem Ruf als herausragendes Zentrum der darstellenden Künste zum Trotz eine heiße, chaotische und laute indische Metropole mit verblassenden Überbleibseln aus der Zeit des Raj. Dennoch eignet sich die Stadt gut als Basis für eine Tour nach **Kanchipuram**, ein bedeutendes Pilgerzentrum und Stadt der Sari-Webkunst mit einer Fülle an Erinnerungsstücken aus ihrer glanzvollen Vergangenheit.

Einer der besten Ausgangspunkte für eine Tempeltour ist der nahe gelegene Küstenort **Mamallapuram**, der neben einigen hervorragenden, in Felsen gehauenen Beispielen der Pallava-Felsarchitektur auch einen langen, sehr schönen Strand bietet. Weiter südlich an der Küste liegt **Pondicherry**, eine ehemalige französische Kolonie und Heimat des berühmten Ashram Sri Aurobindo, während sich das benachbarte Wohnexperiment

Auroville einen Namen als esoterisches Zentrum gemacht hat. Auf der Straße von Pondicherry nach Süden gelangt man zurück auf die Tempelroute. Diese führt mit den außergewöhnlichen Bauten von **Chidambaram**, **Gangaikondacholapuram**, **Kumbakonam** und **Darasuram** in das ehemalige Reich der Cholas aus dem 10. Jh. Um jedoch einen Blick auf die besten Chola-Bronzen und die einmalige Bildkunst, die unter den Maratha-Rajas im 18. Jh. blühte, werfen zu können, muss man nach **Thanjavur** fahren. Einst vier Jahrhunderte lang die Chola-Hauptstadt, beherbergt die Stadt fast hundert Tempel. Hier ist auch die in ganz Tamil Nadu berühmte Tanzform Bharatanatyam entstanden.

Mitten im Herzen von Tamil Nadu liegt **Tiruchirapalli**. Die Handelsstadt nordwestlich von Thanjavur war für die Cholas von einigem Interesse, erreichte ihre Blütezeit aber erst unter späteren Dynastien, als der Tempelkomplex im benachbarten **Srirangam** zu einem der größten Südindiens ausgebaut wurde. Er wurde von den Nayaks aus dem weiter südlich gelegenen **Madurai** erheblich erweitert. Deren einstige Hauptstadt, der Pilger, Priester, Straßenverkäufer, Schneider und Touristen Leben verleihen, ist ein unvergessliches Reiseziel.

Rameshwaram auf der langen Landzunge Richtung Sri Lanka und **Kanniyakumari** an der Südspitze Indiens (der Glück verheißende „Treffpunkt" des Golf von Bengalen, des Indischen Ozeans und des Arabischen Meeres) sind bedeutende Pilgerzentren, die noch dazu eine willkommene kühle Brise und Meerblick bieten.

Tamil Nadus Tempel sind zwar eindeutig die Hauptattraktion des Bundesstaates, doch auch die Hill Stations **Kodaikanal** und **Udhagamandalam** (Ooty) im Westen des Bundesstaates sind beliebte Reiseziele auf den Touristenrouten zwischen Kerala und Tamil Nadu. Die üppig bewachsene und kühle Hügellandschaft bietet Ausblicke auf die Berge und sanfte Wanderwege durch Wälder, Tee- und Kaffeeplantagen. Die Teakholz-Wälder des **Mudumalai Wildlife Sanctuary** und die Wanderwege des **Anamalai Sanctuary**, unweit von Kodaikanal in den Palani Hills, waren zur Zeit der Recherche aus Grund von Sicherheitsrisiken noch immer für Ausländer geschlossen und werden daher in diesem Band nicht behandelt. Um wilde Tiere zu Gesicht zu bekommen, muss man an die Küste fahren, wo Feuchtgebiete Zugvögeln ideale Ruheplätze bieten. Ihre Zahl steigt während des Wintermonsuns vor allem in **Vedanthangal** bei Chennai und in **Point Calimere** sprunghaft an.

Die **Temperaturen** liegen in Tamil Nadu gewöhnlich um 30 °C, im Mai und Juni klettern sie jedoch oft auf über 40 °C an. Zu dieser Zeit gestattet die drückende Hitze nur das Herumsitzen in einem schattigen Café. Vom Südwestmonsun, der von Juni bis September weite Teile des Landes heimsucht, ist der Bundesstaat kaum betroffen: Die meisten Niederschläge fallen hier zwischen Oktober und Dezember, einer Zeit, in der auch gelegentlich Tropenstürme zu verzeichnen sind. Kühlere und regnerische Tage haben aber auch ihre Schattenseiten: Weiträumige Überflutungen unterbrechen oft Straßen- und Zugverbindungen, und die alles durchdringende Nässe kann unangenehm werden. Der verheerende **Tsunami** vom Dezember 2004 hat Tamil Nadu schwer getroffen (s. S. 442). Dessen ungeachtet war die touristische Infrastruktur zur Zeit der Recherche bereits wieder intakt, und die Menschen, die vom Tourismus leben, setzen alles daran, die gleichen Besucherzahlen wie vor der Flutwelle zu erreichen.

In ganz Tamil Nadu gibt es gute und vielfältige **Übernachtungsmöglichkeiten**. Alle Orte, außer den ganz kleinen Dörfern, bieten Unterkünfte für jeden Geldbeutel. Die meisten Hotels verfügen über **Restaurants**, die ebenso wie die örtlichen Speiselokale meistens üppige *thalis* servieren – mit einer Spur Tamarinde und auf Bananenblättern dargereicht. Die einheimische Küche ist fast ausschließlich vegetarisch. Wer Appetit auf nordindisches oder westliches Essen verspürt, sollte eines der größeren Hotels oder der gehobeneren Restaurants in den Städten ansteuern.

Geschichte

Seit dem 4. Jh. v. Chr. wird Tamil Nadu von seiner mehrheitlich dravidischen Bevölkerung geprägt, deren Ursprünge im Dunkeln liegen und die sich äußerlich von der Nordindiens unterscheidet. Die Sprache entwickelte sich ebenso wie die Gesellschaftsordnung unabhängig. Die Trennung zwischen hochkastigen Brahmanen und niedrigkastigen Arbeitern war hier schon immer schärfer als im Norden – und diese Kastenunterschiede beherrschen bis heute das politische Leben des Bundesstaates.

Der Einfluss der mächtigen *janapadas* (Stammeskönigtümer), die sich im Norden im 4. bis 3. Jh. v. Chr. etabliert hatten, erstreckte sich nach Süden bis zum Dekkan, sie fielen jedoch nur selten in **Dravidadesa** (das Tamilenland) ein. Dieses Gebiet, das die heutigen Bundesstaaten Kerala und Tamil Nadu umfasste, wurde von drei Dynastien regiert: den **Cheras**, die über den größten Teil der Malabar-Küste (Kerala) herrschten, den **Pandyas** im tiefen Süden und den **Cholas**, deren Reich sich entlang der östlichen Coromandel-Küste erstreckte. Der indo-römische Handel mit Gewürzen, Edelsteinen und Metallen blühte zu Beginn der christlichen

Ära, als der heilige Thomas im Süden eintraf, ließ jedoch nach, als Handelsbeziehungen mit Südostasien geknüpft wurden.

Im 4. Jh. errichtete die **Pallava-Dynastie** ein mächtiges Königreich, das sich in **Kanchipuram** konzentrierte. Im 7. Jh. waren die Nachfolger des ersten Pallava-Königs, Simhavishnu, in Kämpfe mit den südlichen Pandyas und den Armeen der weiter westlich in Karnataka ansässigen Chalukyas verwickelt. Die Jahrhunderte der Pallava-Herrschaft sind jedoch nicht nur von Schlachten und territorialer Expansion gekennzeichnet: Ihre Regierungszeit war auch eine Ära der gesellschaftlichen Entwicklung. Brahmanen wurden zur herrschenden Bevölkerungsschicht, in deren Verantwortung die den Tempeln geschenkten Ländereien und Reichtümer lagen. Mit dem Auftreten von *bhakti* (frommer Andacht) rückten Tempel ins Zentrum des religiösen Lebens, und die *sangam*-Literatur der Dichterheiligen begründete eine Tanz- und Musiktradition, die zu Tamil Nadus kulturellem Markenzeichen wurde.

Im 10. und 11. Jh. gewannen die **Cholas** wieder an Macht und beherrschten bald den größten Teil von Tamil Nadu sowie Andhra Pradesh. Sie unternahmen sogar Übergriffe auf Karnataka und Orissa. Von ihren glorreichen Siegen beflügelt, investierten die Cholas ihren neuen Reichtum in die Erbauung prächtiger und imposanter Tempel wie jenen in Gangaikondacholapuram, Kumbakonam oder Thanjavur.

Die **Vijayanagars**, die im 14. Jh. in Hampi (Karnataka) Fuß fassten, konnten moslemische Einfälle aus dem Norden abwehren und breiteten sich bis zum 16. Jh. über den größten Teil Südindiens aus. Sie läuteten eine neue Phase architektonischer Entwicklung ein, indem sie neue Tempel errichteten, ältere erweiterten und riesige *gopuras* (Tempeltürme) einführten. In Madurai gründeten Vijayanagar-Regenten, Nayaks, ein unabhängiges Königreich, dessen Einfluss bis nach Tiruchirapalli reichte.

Zur gleichen Zeit erfuhr der Süden seine erste bedeutende Einwanderungswelle aus **Europa**. Zunächst kamen die Portugiesen, die in Kerala landeten und über ein Jahrhundert lang das indische Handelsmonopol innehatten, bevor Engländer, Holländer und Franzosen auf der Bildfläche erschienen. Die westlichen Mächte standen zwar mit den Indern überwiegend auf freundschaftlichem

Fuße, sahen sich aber bald in territoriale Streitigkeiten verwickelt. Am heftigsten waren jene zwischen den in **Pondicherry** ansässigen Franzosen und den Briten, deren Hochburg seit 1640 Fort St. George in **Madras (Chennai)** war. Nach Schlachten auf See und zu Lande mussten die Franzosen sich mit Pondicherry begnügen, während die Ambitionen der Briten ihren Höhepunkt im 18. Jh. erreichten, als die East India Company Bengalen (1757) besetzte und ihre Stützpunkte in Bombay und Madras ausbaute.

Neben Aufständen gegen die Kolonialherrschaft erlebte Tamil Nadu auch anti-brahmanische Proteste, insbesondere die in den 20er und 30er Jahren von der Justice Party angeführten. Mit der **Unabhängigkeit** 1947 ergab sich die Notwendigkeit von Bundesstaatsgrenzen, und 1956 wurde das Land auf der Basis von Sprachregionen unterteilt. Neben Andhra Pradesh und Kerala entstanden Mysore (später Karnataka) und die **Madras Presidency**. 1965 wurde die Madras Presidency zum Bundesstaat Tamil Nadu. Der zweite Teil des Namens stammt von den landwirtschaftlichen Verwaltungseinheiten der Cholas *(nadus)*.

Der Tsunami und Tamil Nadu

Als am 26. Dezember 2004 die verheerende Flutwelle über Indien hereinbrach, bekam die Küste von Tamil Nadu die volle Wucht der Katastrophe ab. Die Wellen erreichten hier im Durchschnitt eine Höhe von 7–10 m und fraßen sich bei Pondicherry rund 3 km landeinwärts, wo sie riesige Verwüstungen anrichteten. Etwa 8000 Todesopfer waren zu beklagen, Hotels und Restaurants in beliebten Ferienorten wie Mamallapuram trugen schwerste Schäden davon. Erschwerend wirkte sich aus, dass der Tourismus nach der Katastrophe praktisch zum Erliegen kam, sodass diejenigen, die vom Fremdenverkehr leben, doppelt getroffen wurden. Die Aufräumarbeiten gingen jedoch rasch voran, und bei Drucklegung waren fast alle Urlaubsziele und Attraktionen in Tamil Nadu wieder funktionsfähig. Besitzer und Betreiber zeigen sich optimistisch, dass die Region mit Hilfe der zurückkehrenden Einnahmen aus dem Tourismus wieder vollständig aufgebaut werden kann.

Seit der Unabhängigkeit hat sich Tamil Nadus Industriesektor kontinuierlich erweitert. Bis 1976 war der Staat eine Hochburg der Kongress-Partei, doch dann errang die **DMK (Dravida Munnetra Kazhagam)**, die sich für die unteren Kasten einsetzt und die tamilische Identität beschwört, einen erdrutschartigen Sieg. Die gegen das Hindi und die Zentralmacht gerichtete DMK war sehr erfolgreich, bis der Filmstar **MGR** (M. G. Ramachandran) ausstieg, um die **AIADMK (All India Anna Dravida Munnetra Kazhagam)** zu gründen, mit der er bei den Wahlen 1977 einen leichten Sieg errang. Von seinen Fans geradezu vergöttert (und folglich auch gewählt), blieb MGR bis zu seinem Tod 1987 an der Spitze. Danach gelangte die DMK wieder an die Regierung. Doch schon bald darauf musste sie die Macht abermals an die AIADMK abtreten, die inzwischen von **Srimati Jayalalithaa Jayaram**, einem Ex-Film- und Tanzstar und Protegée von MGR, angeführt wurde (s. S. 448/449). Momentan erlebt sie ihre zweite Legislaturperiode an der Macht, nachdem sie Mitte der 90er Jahre nach Korruptionsvorwürfen hatte zurücktreten müssen.

Chennai (Madras)

Chennai (oft ist noch der alte britische Name Madras zu hören) im Nordosten von Tamil Nadu im Golf von Bengalen ist mit einer Bevölkerungszahl von fast 6 Millionen Indiens viertgrößte Stadt. Die heiße, hektische, verkehrsreiche und laute Metropole ist der wichtigste Verkehrsknotenpunkt des Südens. Der internationale Flughafen ist ein etwas weniger stressiger Ankunftsort auf dem Subkontinent als Mumbai oder Delhi. Die meisten Touristen bleiben aber nur so lange, wie man braucht, um eine Fahrkarte in einen anderen Ort zu kaufen. Die Stadt selbst wartet nur mit wenigen Attraktionen auf, bietet jedoch schöne Beispiele von **Raj-Architektur**, christliche Pilgerstätten, hervorragende **Chola-Bronzen** im Government Museum sowie zahlreiche **klassische Musik- und Tanzveranstaltungen**.

Chennai ist wie Mumbai und Kolkata vergleichsweise modernen Ursprungs. Die Stadt wurde 1639 von der **British East India Company** auf einem 5 km langen Landstreifen zwischen den Flüssen Cooum und Adyar gegründet, einige Kilo-

Der alte Stadtname „Madras" ist nicht der einzige, der in den letzten paar Jahren von pro-dravidischen Politikern ausradiert wurde. Mehrere Hauptstraßen der Stadt sind ebenfalls im Zuge eines anhaltenden Versuchs, die tamilische Hauptstadt zu „dravidisieren", umbenannt worden (die meisten neuen Namen ehren frühere nationalistische Politiker). Jedoch sind bei weitem nicht alle Einwohner der Stadt für die jüngsten Änderungen – einige (vor allem ein großer Teil der Motor-Rikscha-*wallahs*) scheinen sie gar völlig zu ignorieren. Das verwirrende Ergebnis ist, dass sowohl alte als auch neue Namen in Gebrauch sind. Wir haben in diesem Kapitel durchgehend die neuen Namen gebraucht. Die **Mount Road**, die Haupteinkaufsstraße durch das Zentrum, heißt jetzt Anna Salai; die **Triplicane High Road** im Osten, nahe dem Broadlands Hotel, wurde zur Quaide Milleth Salai; die **Poonamallee High Road**, die den Norden der Stadt von Ost nach West durchquert, heißt jetzt Periyar EVR High Road; die **North Beach Road**, entlang der östlichen Hälfte von George Town, wurde zu Rajaji Salai; die **South Beach Road**, der südliche Abschnitt der Küstenstraße, heißt jetzt Kamaraj Salai; die nach Westen verlaufende **Edward Elliot's Road** wurde in Dr Radha Krishnan Salai umbenannt; die **Mowbray's Road** ist auch als TTK Road bekannt; die **C-in-C Road** wurde zur Ethiraj Salai, und die **Nungambakkam High Road** heißt nunmehr Uttamar Gandhi Salai.

Aus Gründen der politischen Korrektheit werden in diesem Buch die neuen Namen verwendet, doch die alten werden noch weithin verstanden und erregen keinen Anstoß – es sei denn, man unterhält sich gerade mit einem pro-dravidischen Aktivisten.

meter nördlich des alten tamilischen Hafens **Mylapore** und der portugiesischen Siedlung San Thome. Der befestigte Handelsposten, der am Tag des heiligen Georg 1640 fertig gestellt wurde, erhielt den Namen **Fort St. George**. Bis 1700 hatten die Briten benachbarte Territorien erworben (darunter

Triplicane und Egmore). Im Laufe des folgenden Jahrhunderts breitete sich die Stadt als Hauptstadt der **Madras Presidency** – die den größten Teil Südindiens umfasste – weiter aus und sog viele umliegende Dörfer auf. Die Franzosen griffen die Briten wiederholt an, und 1746 gelang es ihnen schließlich, einen großen Teil der Stadt zu zerstören. **Robert Clive** („Clive of India"), damals ein Sekretär, wurde gefangen genommen, eine Erfahrung, die ihn dazu bewogen haben soll, Feldherr zu werden. Clive war unter den Ersten, die Madras bei der Rückeroberung durch die Briten drei Jahre später wieder betraten. Er machte die Stadt zu seinem Stützpunkt und ließ in der Folge die Befestigungen verstärken. (1759 überlebten die Briten so eine ein Jahr während französische Belagerung.) Die Arbeiten wurden schließlich 1783 beendet. Zu dieser Zeit befand sich jedoch Kalkutta bereits auf dem aufsteigenden Ast und Madras verlor seine nationale Bedeutung.

Die Renaissance der Stadt setzte nach der Unabhängigkeit ein, als sie sich zum Zentrum der tamilischen **Filmindustrie** und einer Brutstätte des **dravidischen Nationalismus** entwickelte. Die zwecks Betonung ihrer vorkolonialen Identität 1997 in Chennai umbenannte Metropole boomt, seit die indische Wirtschaft sich in den frühen 90er Jahren unter den ehemaligen Premierministern Rajiv Gandhi und Narasima Rao ausländischen Investitionen geöffnet hat. Die Kehrseite dieses schnellen wirtschaftlichen Wachstums ist eine städtische Infrastruktur, die kurz vor dem Zusammenbruch steht. Armut, erdrückende Hitze und Umweltverschmutzung hinterlassen wahrscheinlich einen stärkeren Eindruck von Chennai als der ins Auge stechende Reichtum seiner modernen, marmornen Einkaufspassagen.

Orientierung

Chennai gliedert sich in drei Hauptgebiete. Der nördliche Bezirk, der von den anderen durch den Cooum-Fluss getrennt ist, beherbergt den Standort des ersten britischen Außenpostens in Indien, **Fort St. George**, sowie das Geschäftszentrum **George Town**, das sich während der britischen Besetzung entwickelte.

Am südlichen Ende der Rajaji Salai liegt **Parry's Corner**, das Wahrzeichen von George Town – nach dem grauen, als „Parry's" ausgewiesenen Hochhaus

Ausschau halten: Es ist eine der Haupthaltestellen der Busse.

Central Chennai, zwischen den Flüssen Cooum und Adyar gelegen und diagonal durchschnitten von der Hauptverkehrsader der Stadt, **Anna Salai**, ist das moderne Geschäftszentrum der Metropole. Östlich davon liegen das stimmungsvolle alte Moslemviertel **Triplicane** sowie eine lange, gerade **Marina**, wo Fischer ihre Netze ausbessern und mit kleinen Booten in See stechen und indische Touristen Saris und Hosen hochkrempeln, um ein bisschen im Wasser zu plantschen. Südlich von hier liegt nahe der Küste **Mylapore**, das im 16. Jh. von Portugiesen bewohnt wurde und den **Kapalishvara-Tempel** sowie die **San Thome Cathedral** beherbergt, beides Touristenattraktionen und Pilgerstätten.

Fort St. George

Anders als jedes andere Fort in Indien steht das im Osten der Stadt, gleich südlich von George Town in der Kamaraj Salai, mit Blick zum Meer gelegene Fort St. George mitten unter Verwaltungsgebäuden. Es gleicht eher einem Komplex gut erhaltener Kolonialhäuser als einer Festung, und in der Tat werden viele seiner Gebäude heute als Büros genutzt.

Das Fort war das erste Bauwerk der Stadt Madras und der erste britische Besitz in Indien. Mit dem Bau wurde 1640 begonnen, die meisten Originalgebäude ersetzte man jedoch noch im 17. Jh., nachdem sie während französischer Belagerungen beschädigt worden waren. Das beeindruckendste Bauwerk ist das in Weiß und tiefem Schiefergrau angestrichene **Fort House** aus dem 18. Jh. mit seinen Kolonnaden. Daneben beherbergt das **Exchange Building** von bescheideneren Ausmaßen – der Sitz der ersten Bank von Madras – das hervorragende **Fort Museum**. Die Sammlung dokumentiert anhand von Porträts, Regimentsfahnen, Waffen, Münzen der East India Company, Orden, Briefmarken und Uniformen die wichtigsten Ereignisse während der britischen Besetzung von Madras. Der niedrige, gusseiserne Käfig im Erdgeschoss wurde von China, wo er im 19. Jh. über ein Jahr lang als besonders sadistische Gefängniszelle für einen britischen Hauptmann gedient hatte, nach Madras gebracht. Das obere Stockwerk, einst die öffentliche Tauschhalle, in der sich Händler

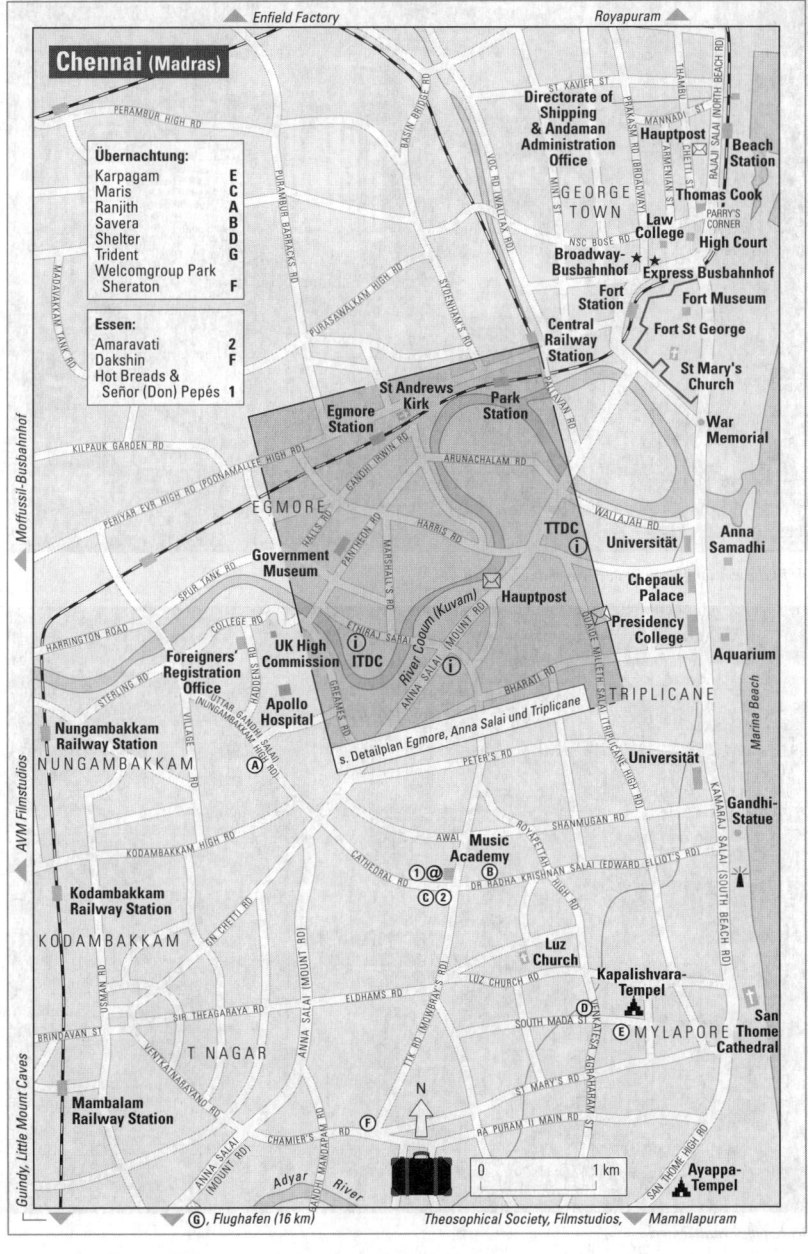

Chennai (Madras)

Enfield Factory

Royapuram

PERAMBUR HIGH RD

Übernachtung:

Karpagam	E
Maris	C
Ranjith	A
Savera	B
Shelter	D
Trident	G
Welcomgroup Park Sheraton	F

Essen:

Amaravati	2
Dakshin	F
Hot Breads & Señor (Don) Pepés	1

Directorate of Shipping & Andaman Administration Office

ST XAVIER ST

Hauptpost

Beach Station

GEORGE TOWN

Thomas Cook

NSC BOSE RD

Law College

High Court

Broadway-Busbahnhof

Express Busbahnhof

Fort Museum

Fort Station

Central Railway Station

Fort St George

St Mary's Church

St Andrews Kirk

Egmore Station

Park Station

War Memorial

KILPAUK GARDEN RD

ARUNACHALAM RD

EGMORE

HARRIS RD

WALLAJAH RD

TTDC

Universität

Anna Samadhi

PERIYAR EVR HIGH RD (POONAMALLEE HIGH RD)

Government Museum

River Coovm (Kuvam)

Hauptpost

Chepauk Palace

Presidency College

HARRINGTON ROAD

STERLING RD

COLLEGE RD

Foreigners' Registration Office

UK High Commission

ITDC

BHARATI RD

TRIPLICANE

Aquarium

Apollo Hospital

s. Detailplan Egmore, Anna Salai und Triplicane

Marina Beach

Nungambakkam Railway Station

NUNGAMBAKKAM

PETER'S RD

Universität

Gandhi-Statue

KODAMBAKKAM HIGH RD

SHANMUGAN RD

AWAI

Music Academy

DR RADHA KRISHNAN SALAI (EDWARD ELLIOT'S RD)

Kodambakkam Railway Station

KODAMBAKKAM

Luz Church

SIR THEAGARAYA RD

ELDHAMS RD

LUZ CHURCH RD

Kapalishvara-Tempel

MYLAPORE

San Thome Cathedral

T NAGAR

SOUTH MADA ST

Mambalam Railway Station

ST MARY'S RD

RA PURAM II MAIN RD

Ayappa-Tempel

Adyar River

N

0   1 km

G, Flughafen (16 km)

Theosophical Society, Filmstudios,   *Mamallapuram*

Die Küche von Tamil Nadu ist überwiegend vegetarisch

Der Kapalishvara-Tempel

446 Chennai (Madras)

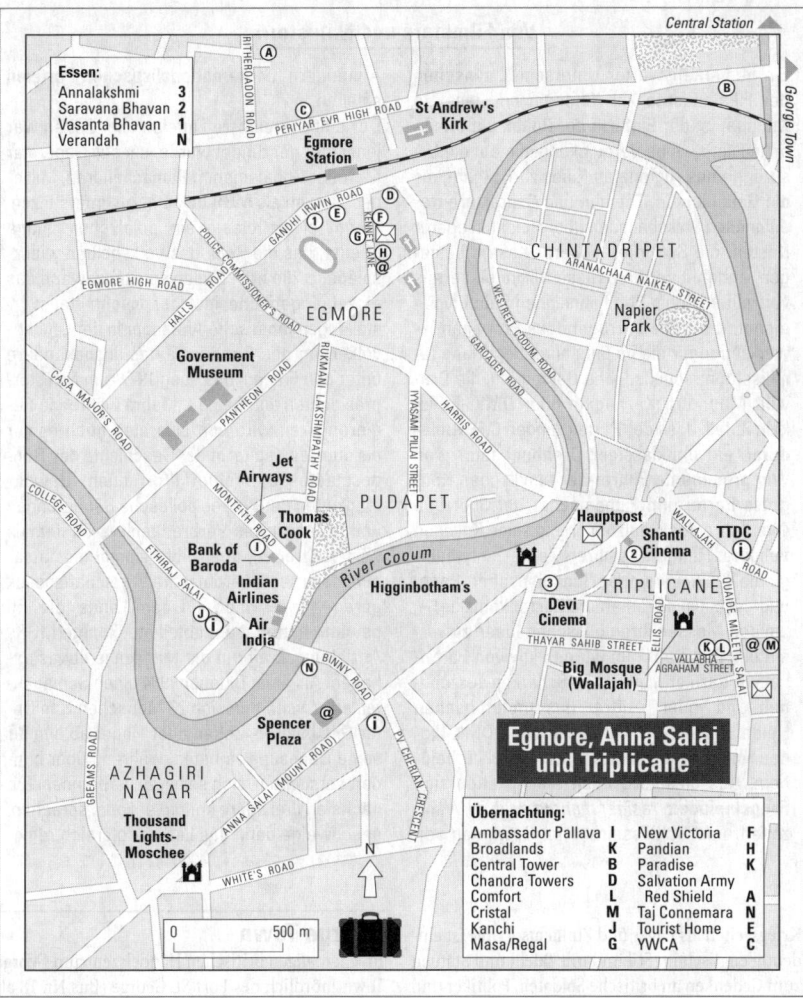

Essen:

Annalakshmi	3
Saravana Bhavan	2
Vasanta Bhavan	1
Verandah	N

St Andrew's Kirk

Egmore Station

CHINTADRIPET

ARANACHALA NAIKEN STREET

Napier Park

EGMORE

Government Museum

Jet Airways

Thomas Cook

PUDAPET

Hauptpost

Shanti Cinema

TTDC

Bank of Baroda

River Cooum

Higginbotham's

Devi Cinema

TRIPLICANE

Indian Airlines

Air India

THAYAR SAHIB STREET

Big Mosque (Wallajah)

Spencer Plaza

Egmore, Anna Salai und Triplicane

AZHAGIRI NAGAR

Thousand Lights-Moschee

WHITE'S ROAD

0   500 m

N

Übernachtung:

Ambassador Pallava	I	New Victoria	F
Broadlands	K	Pandian	H
Central Tower	B	Paradise	K
Chandra Towers	D	Salvation Army	
Comfort	L	Red Shield	A
Cristal	M	Taj Connemara	N
Kanchi	J	Tourist Home	E
Masa/Regal	G	YWCA	C

zum Geschäftemachen und Plaudern trafen, dient jetzt als **Kunstgalerie**, wo Porträts von steifen Beamten und deren Gattinnen neben schönen Studien hängen, die die Briten in aristokratischem Aufzug, von indischen Dienern im Lendenschurz begleitet, beim Besteigen eines Schiffes in Madras zeigen. Ebenfalls zu sehen sind Radierungen des berühmten Künstlers **Thomas Daniells**, dessen Werk die britische Vorstellung von Indien Ende des 18. Jh. maßgeblich beeinflusste. ⊙ tgl. außer Fr 10–17 Uhr, Eintritt Rs 2, Videokamera Rs 25.

Südlich des Museums, an der State Legislature vorbei, steht die älteste erhaltene anglikanische Kirche in Asien, die **St. Mary's Church**, 1678 gebaut und nach der Schlacht von 1759 teilweise renoviert. Die Kirche, aus dicken Mauern und mit einem starken Gewölbedach errichtet, das den vielen Belagerungen der Stadt standhielt, diente zu

Ein bemerkenswerter Unterschied zwischen der Filmindustrie von Chennai und jener in Mumbai ist der Einfluss der Politik auf tamilische Filme – eine Verquickung, die auf die Ursprünge des regionalen Kinos zurückgeht, als die Geschichten, Themen und Charaktere traditionellen Volksballaden über Helden niederer Kasten, die Schurken höherer Kasten besiegen, entlehnt wurden. Diese Millionen bereits vertrauten, Robin Hood ähnelnden Stereotypen eigneten sich hervorragend als Propagandawerkzeuge für die im Entstehen begriffene tamilische nationalistische Bewegung, die Dravida Munnetra Kazhagam oder **DMK**. Es ist kein Zufall, dass der Parteigründer, **C.N. Annadurai**, ein erstklassiger Drehbuchautor war. Wie prominente Führer der tamilischen Kongress-Partei und Filmemacher der 30er und 40er Jahre auch, nutzten er und seine Kollegen beliebte Filmgenres ihrer Zeit – „mythologicals" (Filmversionen hinduistischer Epen) und „socials" (Dramen um Kastenkonflikte) –, um den Massen ihre politischen Ideen zu vermitteln. Das Publikum wurde aktiv von Parteihelfern dazu ermuntert, die Schurken auszubuhen und jeden Auftritt des proletarischen Helden sowie das Auftauchen von DMK-Ikonen und -Farben (Rot und Schwarz) zu bejubeln. Aus diesem Brauch entwickelten sich **Fangemeinden**, *rasigar manrams*, die zu Wahlzeiten eine Schlüsselrolle im Gewinnen von Anhängern für die nationalistischen Parteien spielten.

Der einflussreichste Fanclub aller Zeiten war jener, der gegründet wurde, um den Superstar Marudur Gopalamenon Ramachandran, Millionen einfach als **MGR** bekannt, zu unterstützen. Indem er behutsam ein politisches Image pflegte, das die Rolle des Volkshelden widerspiegelte, die er in Filmen spielte, gewann das einzelgängerische Idol der Nachmittagsvorstellungen fanatische Anhänger in der Landbevölkerung des Bundesstaates, insbesondere unter den Frauen, und stieg 1977 zum Ministerpräsidenten auf. Seine 11 Jahre während Regierungszeit wird von Liberalen noch immer als dunkles Kapitel in der Geschichte des Bundesstaates betrachtet (Korruption, Gewalttätigkeiten der Polizei, politische Säuberungen und organisiertes Verbrechen waren damals weit verbreitet), aber nicht einmal die Tatsache, dass seine verpfuschte Wirtschaftspolitik gerade jene Armen auf dem Lande, die ihn gewählt hatten, benachteiligte, konnte MGRs Anziehungskraft auf die Massen je etwas anhaben. Als er im Oktober 1984 einen Schlaganfall erlitt, schnitten sich 22 Menschen zum Opfer Gliedmaßen, Zehen oder Finger ab, um für seine Genesung zu beten, während über hundert versuchten, sich selbst zu verbrennen. Die nächsten drei Jahre konnte er kaum sprechen, geschweige denn das Land erfolgreich regie-

Kriegszeiten als Lager und Zufluchtsort. Sie ist eindeutig englisch im Stil und mit Tafeln und Statuen zum Gedenken an britische Soldaten, Politiker und deren Ehefrauen voll gestopft. Die prächtigste Gedenktafel aus reinem Silber, wurde von Elihu Yale, dem ehemaligen Gouverneur von Fort St. George (1687–1696) und Gründer der Yale-Universität in den USA, gestiftet. Eine Sammlung von Fotografien, die Würdenträger auf Besuch, darunter Queen Elizabeth II., zeigen, findet sich am Eingang. ⏰ tgl. 9–17 Uhr.

George Town

Im ehemaligen britischen Handelszentrum George Town, nördlich des Fort St. George (Bus Nr. 18 ab Anna Salai), konzentrieren sich bis heute Banken, Büros und Reedereien. Das verwirrende – aber nicht planlos angelegte – Straßennetz beherbergt eine faszinierende architektonische Mischung: Kirchen aus dem 18. und 19. Jh., Hindu- und Jain-Tempel sowie verstreut einige Moscheen und dazwischen herrschaftliche Stadthäuser. Im Osten, in der Rajaji Salai, befindet sich in einem mächtigen, roten, indo-sarazenischen Gebäude das **General Post Office** von 1884. George Towns südliches Enren, dennoch verloren die treuen Parteimitglieder nicht das Vertrauen in seine Führung. An seiner Beisetzung 1987 nahmen 2 Millionen Trauernde teil, und 31 vom Kummer überwältigte Anhänger verübten rituellen Selbstmord. Selbst heute noch wird MGRs Statue mit seinen Markenzeichen – Sonnenbrille und Mütze aus Lammwolle – in Zehntausenden von Straßenschreinen in Tamil Nadu verehrt.

MGRs politischer Schützling und spätere Nachfolgerin war ein Teenage-Filmsternchen namens **Jayalalitha**, die in einem Kloster erzogene Tochter eines Brahmanen, die MGR bei einer Tanzvorführung ihrer Schule entdeckte und, trotz des Altersunterschieds von über 30 Jahren, zu seiner Hauptdarstellerin und Geliebten machte. Das Paar trat zusammen in 25 Filmerfolgen auf, und als MGR in die Politik ging, folgte ihm Jayalalitha und wurde nach einem von der Öffentlichkeit in allen Einzelheiten verfolgten Machtkampf mit seiner Witwe die Führerin der **AIADMK** (der Partei, die MGR gegründet hatte, nachdem er 1972 von der DMK ausgeschlossen worden war). Die mittlerweile wohlbeleibte *Puratchi Thalavi* („Revolutionäre Führerin"), überlebensgroß, in massigen Silberumhängen und mit schwerem Goldschmuck behangen, trieb den Kult um ihre Persönlichkeit selbst für indische Verhältnisse unverschämt weit. Zu ihrem 46. Geburtstag 1994 wurden öffentliche Gelder in Höhe von Rs 50 000 für riesige Papppuppen ausgegeben, die sie in akademischen und religiösen Gewändern zeigen,

während 46 ihrer glühenden Bewunderer sich mit bloßem Oberkörper die gesamte Anna Salai entlangwälzten. Jayalalithas Amtszeit als Ministerpräsidentin wurde jedoch mit den Wahlen 1996 nach Betrugs- und Korruptionsvorwürfen in einem ihr gemäßen, gewaltigen Ausmaß ein schmachvolles Ende bereitet. Trotz Verurteilung durch den High Court brachte sie es fertig, die Staatsregierung zu stürzen und 1999 allgemeine Neuwahlen zu erzwingen, indem sie der wackeligen, von der BJP angeführten Koalitionsregierung unter Premierminister Vajpayee die Unterstützung ihrer AIADMK entzog. Später drängte sie ihren Erzrivalen **M. Karunanidhi**, Parteichef der DMK, aus dem Amt und gewann ihren alten Posten als Premierministerin von Tamil Nadu zurück. Eine ihrer ersten Amtshandlungen bestand darin, sich an Karunanidhi zu rächen, indem sie ihn mit Tausenden seiner Anhänger unter Korruptionsvorwürfen inhaftieren ließ. Die Verquickung von tamilischer Politik und Film ist im Bundesstaat inzwischen derart geläufig, dass es kaum vorstellbar ist, ohne irgendwelche Erfahrungen beim Film ein hohes Amt zu bekommen. Der frühere Ministerpräsident, der auf Chennais riesigen Reklamewänden durch seine Sonnenbrille im Stil MGRs und seinen gelben Schal hervorsticht, ist ein weiterer ehemaliger Drehbuchschreiber, während der Megastar der 80er Jahre, **Rajnikanth**, sich vor ein paar Jahren mit der Kongresspartei zusammentat.

de markieren die zwiebelförmigen weißen Kuppeln und Sandsteintürme des **High Court** sowie die noch prächtigeren Türme des **Law College**, die beide starke islamische Einflüsse aufweisen.

Government Museum

Leider hat sich das Government Museum von Chennai der Organisation ASI angeschlossen und verlangt seitdem von Ausländern ärgerlich hohe Eintrittpreise (s. u.). Es beherbergt aber zweifellos beeindruckende archäologische Funde aus Südindien und dem Dekkan, sehenswerte Steinskulpturen aus bedeutenden Tempeln und eine unübertroffene Sammlung von Chola-Bronzen.

Das tief rote, runde **Hauptgebäude** von 1851 mit Säulen italienischen Stils vor der Fassade befindet sich gegenüber dem Eingang und Ticketbüro. Die erste Abteilung widmet sich der Archäologie und Geologie. Das Highlight sind die zerlegten Tafeln, Geländer und Statuen des Stupa-Komplexes von **Amaravati** aus dem 2. Jh. n. Chr. (s. S. 546). Diese reizvollen gemeißelten Marmorreliefs stellen Episoden aus dem Leben Buddhas und Szenen aus den *Jataka*-Erzählungen alter Texte des Hinayana-Buddhismus dar. Sie werden allgemein als die schönsten Beispiele früher indischer Kunst angesehen, die sogar die *toranas* von Sanchi in den Schatten stellen. Links davon führen hohe, von Arkaden gesäumte Hallen voller ausgestopfter Tiere zur **Ethnologischen Abteilung**, wo Modelle, Kleider und Waffen neben Fotografien ausdrucksloser Gesichter in ordentlichen Reihen lokale Volksgruppen vorstellen, von denen einige seit langem ausgerottet sind. Die faszinierende Ausstellung von Blas-, Streich- und Schlaginstrumenten sowie Trommeln umfasst den großen Vorgänger der heutigen *sitar* und einige sehr alte *tablas*. Nicht weit davon befindet sich eine Gruppe von meisterhaft geschnitzten Tür- und Fensterrahmen aus Chettinad, einer Region nahe Madurai, mit floralen und geometrischen Mustern ähnlich jenen, die in den *havelis* (Holzhäusern) Gujarats zu finden sind.

Der größte Schatz des Museums ist jedoch die moderne, gut beleuchtete Abteilung links des Hauptgebäudes, die die weltweit umfangreichste und beeindruckendste Sammlung an **Chola-Bronzen** (s. S. 134) beherbergt. Im Zentrum stehen große Statuen von Shiva, Vishnu und Parvati, flankiert von Glaskästen mit kleineren Figuren, darunter mehrere Skulpturen von Shiva als **Nataraja**, dem Herrn des Tanzes, umgeben von einem Ring aus Feuer, seine Arme und Beine balancierend und den Kopf kokett in die Höhe gerichtet. Eine der schönsten Figuren ist **Ardhanarishvara**, die androgyne Form von Shiva (mit Shakti gemein ist ihr die transzendente Dualität), die linke Körperhälfte ist weiblich, die rechte männlich. Erstaunlich ist die Detailfreude: Eine runde Brust, eine zarte Hand und ein grazaler, geschmückter Fuß bilden einen Kontrast zu den sehnigeren, kräftigeren Gliedern und dem Torso der anderen Seite, außerdem krönen die männliche Kopfhälfte verfilzte Haarmassen und Schlangen.

Ein **Kindermuseum** demonstriert anhand von nur wenig unterhaltsamen, halb funktionalen Modellen das Prinzip der Elektrizität und der Bewässerung, während die hervorragende indo-sarazenische **Kunstgalerie** alte britische Porträts, z. B. von Clive und Hastings, Miniaturmalereien aus der Rajputen- und Mogul-Zeit sowie eine kleine Sammlung von Elfenbeinschnitzereien zeigt. ☉ Government Museum tgl. außer Fr 9.30–17 Uhr, Eintritt US$5, Fotokamera Rs 200, Videokamera Rs 500. Zu erreichen mit Bus Nr. 11H von der Anna Salai bis Pantheon Road, südlich des Bahnhofs Egmore.

St. Andrew's Kirk

Gleich nordöstlich des Egmore-Bahnhofs, von der Periyar EVR High Road ab, steht die St. Andrew's Kirk. Die 1821 eingeweihte Kirche ist ein schönes Beispiel georgianischer Architektur. Nach dem Vorbild von Londons St. Martin-in-the-Fields errichtet, ist sie eine von nur drei Kirchen in Indien mit kreisförmiger Sitzanordnung, darüber eine riesige, blaue Kuppel mit goldenen Sternen, die von einer Reihe korinthischer Säulen gestützt wird. Eine Treppe führt zum Flachdach hinauf, das die Kuppel umgibt und von wo aus man an der massiven Glocke vorbei noch weiter hinauf zu einem winzigen Balkon klettern kann: Von hier hat man eine wunderbare Aussicht auf die Stadt.

Marina Beach

Die Marina (Kamaraj Salai), einer der längsten Stadtstrände der Welt, erstreckt sich vom Hafen am südöstlichen Ende von George Town über 5 km bis zur San Thome Cathedral. Die Anregung, „Chennais ziemlich trostlosen Strand" in eine Marina (Promenade) im Stil „alter sizilianischer Vorbilder" in die „Lunge" der Stadt umzuwandeln, geht auf Mountstuart Elphinstone Grant-Duff (Gouverneur 1881–1886) zurück. Im Laufe der Jahre sind zahlreiche Bauwerke entstanden, darunter moderne, surreal anmutende Gedenkstätten für die größten politischen Helden Tamil Nadus – allen voran das Monument für den charismatischen Filmschauspieler und Premierminister MGR (s. Kasten S. 448/449). Weiter in südlicher Richtung passiert man das indo-sarazenische **Presidency College** (1865–1871), eines von mehreren unverwüstlichen viktorianischen Gebäuden, aus denen sich die **Universität** zusammensetzt.

Der Strand selbst ist ein von Spaziergängern, Ausflüglern und Ponyreitern bevölkerter Streifen. Jeden Nachmittag versammelt sich eine bunte Menschenmenge auf dem hiesigen Markt. Allerdings leidet dieser Strandabschnitt sehr unter seiner Lage wenig südlich des Hafens, von dem Abfälle und übel riechende Rauchschwaden herüberwehen, und auch seine Funktion als Bedürfnisanstalt für die Fischergemeinde trägt nicht gerade zur Betonung seiner natürlichen Schönheit bei. Es verwundert denn auch nicht, dass Schwimmen und Sonnenbaden hier weder zu empfehlen noch gestattet sind. 2004 wurden hier mehrere Cricket spielende Kinder vom Tsunami mitgerissen und ertranken. Insgesamt starben damals 200 Menschen am Marina Beach. Die Zahl der Opfer lag hier insgesamt zwar niedriger als an anderen Küstenabschnitten (ein Großteil der Stadt blieb allein deshalb verschont, weil der Strand so breit ist), doch tragischerweise befanden sich unter den Toten viele Kinder.

Mylapore

Mylapore, südlich der Marina (Bus Nr. 4, 5 oder 21 vom LIC-Gebäude in der Anna Salai), war lange vor der Gründung von Madras eine bedeutende Siedlung. Der griechische Geograf Ptolemäus erwähnte sie im 2. Jh. n. Chr. als aufstrebende Hafenstadt. In der Pallava-Zeit (5.–9. Jh.) wurde sie an Bedeutung nur von Mamallapuram übertroffen.

Die **San Thome Cathedral**, wie der Little Mount ein wichtiger Halt auf dem St.-Thomas-Pilgerpfad, markiert die östliche Grenze von Mylapore und liegt in Küstennähe am südlichen Ende der Marina. Der gegenwärtige neogotische Bau stammt von 1896, zuvor standen aber an derselben Stelle bereits zwei frühere Kirchen (die erste wurde möglicherweise im 10. Jh. von nestorianischen Christen aus Persien errichtet), die über dem Grab des heiligen Thomas erbaut wurden. Dessen sterbliche Überreste werden im Innern aufbewahrt. ☉ tgl. 6–20 Uhr.

Weniger als 1 km westlich der Kathedrale steht der große, Shiva gewidmete **Kapalishvara-Tempel**. Tamilische Dichterheilige aus dem 7. Jh. sangen Loblieder auf ihn, doch das heutige Bauwerk stammt wahrscheinlich erst aus dem 16. Jh. Bis dahin nahm der Tempel vermutlich einen Standort an der Küste ein – Meereserosion oder eine Zerstörung durch Portugiesen führten zu seinem Wiederaufbau weiter landeinwärts. Der riesige (40 m hohe) *gopura* mit seinen vielen Stuckfiguren, der über den Haupteingang im Osten wacht, wurde 1906 hinzugefügt. Im Hof, der eine Ansammlung betriebsamer Schreine umfasst, in denen Priester Gläubigen wie Nicht-Hindus ihren Segen anbieten, steht ein alter Baum, wo ein kleiner, Shivas Gefährtin Parvati gewidmeter Schrein selbige in der Form einer Pfauhenne (*mayil*) zeigt, die einen Lingam verehrt.

Etwas weiter westlich, bevor man zur TTK Road kommt, steht in der Luz Church Road die **Luz Church**. Sie wurde im 16. Jh. von den Portugiesen errichtet und gilt als älteste Kirche Chennais. Mit der Gründung der Kirche ist ein Wunder verbunden: Portugiesischen Matrosen in Seenot wurde einst von einem Licht der Weg an Land und in Sicherheit gewiesen. Als sie dessen Quelle suchten, verschwand es. Die Kirche, Unserer Lieben Frau des Lichtes gewidmet, wurde dort errichtet, wo der Lichtschein sie verließ.

Little Mount Caves

Der heilige Thomas soll in den Höhlen des Little Mount Zuflucht vor seinen Verfolgern gesucht haben. Der Hügel, 8 km südlich des Stadtzentrums – 200 m abseits der Straße zwischen der Maraimalai Adigal Bridge und der Residenz des Gouverneurs von Tamil Nadu – ist mit Bus Nr. 18, 18B oder 52C von der Anna Salai aus zu erreichen. Der Eingang zu den Höhlen befindet sich neben den Stufen, die zu einer Statue von Our Lady of Good Health führen. Im Innern sind neben einem kleinen natürlichen Fenster im Felsen Abdrücke zu sehen, die angeblich die Hände des heiligen Thomas hinterließen, als dieser durch diese winzige Öffnung flüchtete.

Hinter der neuen runden Kirche Our Lady of Good Health mit hell angemalten Repliken der Pietà und des Heiligengrabes befindet sich eine natürliche **Quelle**. Der Überlieferung zufolge entstand sie, als Thomas gegen den Felsen schlug, damit die Massen, die kamen, um ihn predigen zu hören, ihren Durst stillen konnten. Proben dieses heiligen Wassers werden zum Kauf angeboten.

Der Hauptsitz der Theosophical Society

Die Theosophical Society wurde 1875 in New York von dem Amerikaner Henry S. Olcott, einem Bürgerkriegsveteranen, gescheiterten Farmer und Journalisten, zusammen mit der exzentrischen russischen Aristokratin Madame Helena Petrovna Blavatsky, die behauptete, über magische Kräfte und telepathische Verbindungen zu den „Mahatmas" in Tibet zu verfügen, gegründet. Der Gesellschaft liegt der grundsätzliche Glaube an die Gleichheit und Wahrheit aller Religionen zugrunde. Tatsächlich propagierte sie aber eine moderne Form des Hinduismus, indem sie alles Indische rühmte und christliche Missionare mied. Deshalb wurden die beiden Gründer auch begeistert empfangen, als sie den Sitz der Gesellschaft 1882 nach Madras verlegten und ihre Zentrale nahe dem Elliot's Beach in Adyar einrichteten. Selbst nachdem Madame Blavatskys vermeintliche psychische Kräfte sich als Schwindel herausstellten, zog die Gesellschaft weiter Hindus und westliche Besucher an, und ihre Gebäude stehen immer noch. Sie beherbergen mehrere Schreine und eine hervorragende **Bibliothek** mit Literatur zu Religion und Philosophie, ☉ Mo–Sa 8.30–10 und 14–16 Uhr. Die Sammlung, die von Olcott 1886 angelegt wurde, umfasst 165 000 Bände und fast 200 000 Palmblatt-Manuskripte aus der ganzen Welt, eine Auswahl ist in einem Ausstellungsraum im Erdgeschoss untergebracht. Darunter befinden sich 800 Jahre alte Rollen mit der Darstellung Buddhas, seltene tibetische Holzstiche, edle Korane, eine riesige Ausgabe von Martin Luthers *Biblia*, die vor 300 Jahren in Nürnberg gedruckt wurde, und eine Kurzfassung der Bibel in sieben Sprachen.

Die 108 ha Wälder und Gärten, die den Hauptsitz der Gesellschaft umgeben, laden zum Ausruhen und Verweilen fern vom Lärm und von der Hitze der Stadt ein. Im Zentrum des Grundstücks steht ein riesiger, 400 Jahre alter **Banyan-Baum**, der der zweitgrößte der Welt sein soll. Er kann bis zu 3000 Menschen gleichzeitig Schatten spenden.

Von George Town/Anna Salai fahren die Busse Nr. 5, 5C und 23C zur Theosophischen Gesellschaft.

Übernachtung

In Chennai eine Übernachtungsmöglichkeit zu finden, kann schwierig werden, da die Hotels oft bereits gegen Mittag ausgebucht sind. Die Nachfrage hat die Preise in die Höhe getrieben, sodass nur einige wenige Unterkünfte unter Rs 200 verlangen, wobei die billigsten jedoch einen besseren Standard aufweisen als in anderen Städten. Wer sich ein Zimmer in einem der Billighotels sichern möchte, sollte spätestens vom Bahnhof oder Flughafen aus telefonisch reservieren.

Die meisten Hotels der unteren und mittleren Preisklasse konzentrieren sich in **Egmore** um den Bahnhof und weiter östlich in **Triplicane**, einem moslemischen Markt- und Wohnviertel mit viel Atmosphäre. Die meisten Tophotels liegen im Süden der Stadt und bieten teilweise kostenlose Shuttle-Busse vom und zum Flughafen. Fast alle Hotels verfügen über ein eigenes südindisches bzw. internationales Restaurant. Aufgrund häufiger Wasserknappheit sollten Besucher so sparsam wie möglich mit dem kostbaren Nass umgehen.

Die unter „Außerhalb des Zentrums" aufgeführten Unterkünfte sind auf der Hauptkarte von Chennai verzeichnet (s. S. 445), alle anderen finden sich auf der Karte „Egmore, Anna Salai und Triplicane" (s. S. 447).

EGMORE – *Central Tower*, 17/2 Periyar EVR High Rd, ✆ 044/2538 1491, ✉ 2536 0522. Unschöner, moderner Klotz in verkehrsreicher, aber günstiger Lage fast gegenüber der Central Station. Saubere, geräumige Zimmer mit Bad und ein Restaurant. ❹ – ❺

Chandra Towers, 9 Gandhi Irwin Rd, ✆ 044/2514 8137, ✉ 5214 8140. Eines der besseren Hotels der Gegend, mit zentraler AC, Geldwechsel, rund um die Uhr geöffnetem Café, Bar und Dachrestaurant. Wurde zur Zeit der Recherche gerade renoviert. ❺ – ❻

Masa, 15/1 Kennet Lane, ✆ 044/2819 3344. Zimmer mit Bad und TV zu verschiedenen Preisen in einem sauberen, modernen Gebäude nahe dem Bahnhof; gutes Preis-Leistungs-Verhältnis. Das ähnliche *Regal* dahinter ist geringfügig billiger. ❷ – ❹

New Victoria, 3 Kennet Lane, ✆ 044/2819 3638. Das vornehmste Hotel in Egmore bietet ausnahmslos AC-Zimmer mit warmen Duschen. Bar (11–23 Uhr) und Internetzentrum (Rs 75 pro Std.) sind auch Nicht-Gästen zugänglich. Zimmerpreise inkl. Frühstück. ❻ – ❼

Pandian, 15 Kennet Lane, ✆ 044/2819 1010, ✉ hotelpandian@vsnl.com. Angenehme, saubere und moderne Mittelklasseunterkunft, in Spaziernähe zum Bahnhof. Nach einem Zimmer zum Church Park hin fragen (wegen der Aussicht). Z. T. mit AC. Internet-Service rund um die Uhr für Rs 40/Std. ❺ – ❻

Salvation Army Red Shield Guest House, 15/31 Ritherdon Rd, ✉ redshieldguesthouse@hotmail.com, ✆ 044/2532 1821. Äußerst einfache Unterkunft der Heilsarmee mit freundlichem und hilfsbereitem Personal, in einer grünen Seitengasse hinter dem Bahnhof versteckt. Mehrere Dorms (Rs 70) und DZ mit Bad (teils AC). Checkout 9 Uhr. ❷–❹

Tourist Home, 43 Gandhi Irwin Rd, ✆ 044/2819 4679. Das beliebte Hotel direkt gegenüber dem Bahnhof könnte durchaus einen Frühjahrsputz vertragen, bietet aber dennoch ein gutes Preis-Leistungs-Verhältnis und ist oft ausgebucht. Die Zimmer (teils AC) haben Duschen und TV, saubere Bettwäsche und Handtücher. Es gibt ein Zimmer mit drei und ein weiteres mit sechs Betten. Die nach hinten liegenden sind besonders morgens ruhiger. ❸–❹

YWCA International Guest House, 1086 Periyar EVR High Rd, ✆ 044/2532 4234, ✉ ywca_igh@ indiainfo.com. Attraktives, sicheres und gastfreundliches Hotel in einem ruhigen Garten hinter dem Egmore-Bahnhof. Einwandfreie, großzügig geschnittene Zimmer, sichere Verwahrung von Wertsachen, gutes Restaurant. Sehr zu empfehlen. Im Voraus buchen. Preise inkl. Frühstücksbuffet. ❹–❻

ANNA SALAI UND TRIPLICANE – **Ambassador Pallava**, 53 Montieth Rd, ✆ 044/2855 4476, ✉ pallava@ambassadorindia.com. Gewaltiges 4-Sterne-Hotel, nahe der Anna Salai, mit viel weißem Marmor und toller Aussicht von den oberen Stockwerken. Sportkomplex mit Pool und Wellness-Club. Zimmer ab US$85. ❾

Broadlands, 18 Vallabha Agraham St, Triplicane, ✆ 044/2854 5573, ✉ broadlandshotel@yahoo. com. Weiß getünchtes altes Haus mit bröckeligem Stuck und buntem Fensterglas, um einen grünen Hof angelegt; die Sorte von Budget-Traveller-Enklave, die man entweder liebt oder verabscheut. Mit riesiger Dachterrasse und sauberen Zimmern, einige mit Bad, Balkon und Blick auf die Moschee. Preiswerte Gepäckaufbewahrung. Bei der „No Indians"-Politik werden allerdings keine Ausnahmen gemacht. ❷–❹

Comfort, 22 Vallabha Agraham St, Triplicane, ✆ 044/2858 7661, ✆ 2852 9999. Chaotische Unterkunft mit langen, düsteren Fluren und kleinen, aber sauberen Zimmern mit Bad. ❸–❹

Cristal, 34 CNK Rd, nahe Quaide Milleth Salai, Triplicane, ✆ 044/2858 5605. Sicheres und freundliches Hotel in modernem Gebäude unter Leitung zweier Brüder. Im Empfangsbereich wimmelt es den ganzen Tag über von Kaffee trinkenden Einheimischen. Saubere, gefliese Zimmer ohne AC, alle mit Dusche, TV Rs 25 extra. Billiger geht es nicht in Chennai. ❶

Kanchi, 28 Ethiraj Salai, ✆ 044/2827 1100, ✉ reservations@hotelkanchi.com. Das seelenlose Hochhaus entschädigt durch geräumige Zimmer mit Ausblick, zwei gute Restaurants (eines auf dem Dach) und eine Bar. ❺–❻

Paradise, 17/1 Vallabha Agraham St, Triplicane, ✆ 044/2859 4252, ✉ paradisegh@hotmail.com. Die sehr freundliche und zuverlässige Unterkunft bietet preiswerte Zimmer mit Bad, TV und wahlweise westliche oder indische Toiletten. Große Dachterrasse, Zimmerservice und gutes Preis-Leistungs-Verhältnis. ❷–❸

Taj Connemara, Binny Rd, ✆ 044/5500 0000, 🖥 www.tajhotels.com.vsnl.net.in. Das aus der Raj-Ära stammende, weiß getünchte Art-déco-Luxushotel unweit der Anna Salai ist eine Institution in Chennai. Die großen „Heritage"-Zimmer verfügen über viktorianisches Dekor, Ankleideraum und Veranda mit Blick auf den Pool. Wellness-Club, 24 Std. geöffnetes Café, zwei ausgezeichnete Restaurants und eine Bar. Zimmerpreise US$202–270. ❾

AUSSERHALB DES ZENTRUMS – **Karpagam International**, 41 South Mada St, Mylapore, ✆ 044/2495 9984, ✆ 5210 7925. Sehr gewöhnliches, leicht angerantes Hotel, dessen einziges herausragendes Merkmal die Lage mit Blick auf den Kapalishvara-Tempel ist. Relativ nah beim Flughafen (12 km). Preisgünstige EZ. ❸–❹

Maris, 11 Cathedral Rd, ✆ 044/2811 0541, ✆ 2811 4847. In den 70er Jahren errichteter Hotelblock aus Beton direkt neben dem *Sheraton,* unweit der Music Academy. Die AC-Zimmer sind für die Gegend günstig, doch es herrscht ein auffälliger Mangel an Atmosphäre. Buchung von TTDC-Touren. ❺–❻

Savera, 146 Dr Radhakrishnan Rd, ✆ 044/2811 4700, ✉ hotsave@md2.vsnl.net.in. Etwas älter als die anderen Luxushotels dieser Gegend, aber mit allen modernen Annehmlichkeiten, z. B. Pool, gute Konditorei, Bar und drei Restaurants (darunter ein exzellentes südindisches und ein

Dachrestaurant mit toller Aussicht und Mughlai-Küche). DZ US$92–118. **❾**

Shelter, 19–21 Venkatesa Agraharam St, Mylapore, ✆ 044/2495 1919, ✉ shelter@vsnl.com. Blitzsauberes Luxushotel mit zentraler AC, einen Steinwurf vom Kapalishvara-Tempel entfernt. Die komfortablen und sauberen AC-Zimmer bieten ein besseres Preis-Leistungs-Verhältnis als die meisten anderen dieser Klasse. DZ US$53–78. **❽–❾**

Trident, 1/24 GST Rd, ✆ 044/2234 4747, 🖥 www.trident-hilton.com. Komfortables Hotel in einer bezaubernden Gartenanlage mit Pool. Nahe dem Flughafen (3 km), aber eine 12 km lange (wenngleich kostenlose) Fahrt bis in die Stadt. Luxuriöse Zimmer (DZ ab US$100), Swimming Pool und gute Restaurants, eines davon serviert Thai-Küche. **❾**

Welcomgroup Park Sheraton, 132 TTK Rd, ✆ 044/2499 4101, 🖥 www.welcomgroup.com. Auf dem Laufenden darüber, welchen Luxus amerikanischen Stils leitende Angestellte zu schätzen wissen, aber nicht übertrieben protzig. Drei hervorragende Restaurants, 24 Std. geöffnetes Café und weitere 5-Sterne-Einrichtungen. Besonders empfehlenswert für Geschäftsreisende, Zimmerpreise ab US$190. **❾**

Essen

In Chennai findet man vor allem preiswerte einheimische Fastfood-Restaurants und „meals" (thalis)-Lokale, darunter die legendäre Kette Saravana Bhavan, die hervorragendes südindisches Essen zu einem Preis bietet, für den man in einem der Luxushotels nicht einmal einen Kaffee bekommt. Dennoch: Eine kleine Prasserei im Annalakshmi in der Anna Salai oder dem Park Sheraton in der TTK Road ist eine Überlegung wert.

Die im Folgenden aufgelisteten Restaurants sind entweder in der Karte Egmore, Anna Salai und Triplicane (s. S. 447) oder Chennai (s. S. 445) eingezeichnet.

Amaravati, Cathedral, Ecke TKK Rd. Eine von vier vertrauenswürdigen Optionen in einem Restaurantkomplex mit regionalen Spezialitäten. Bereitet vorzügliches Andhra-Essen zu, darunter leckere Biriyanis.

Annalakshmi, 804 Anna Salai. Die gemeinnützige Einrichtung wird von freiwilligen Anhängern von Swami Shivenanda geleitet und bietet teure Mahlzeiten in sehr schöner Atmosphäre. Auswahl zwischen mehreren festen Menüs (jeweils mit unterschiedlichen ayurvedischen Eigenschaften). Die Einnahmen fließen wohltätigen Zwecken in der Gemeinde zu.

Dakshin, Welcomgroup Park Sheraton, 132 TTK Rd, ✆ 044/2499 4101. Eines der besten südindischen Nobelrestaurants im ganzen Land mit ausgezeichneter Auswahl an ungewöhnlichen Gerichten aus den vier Bundesstaaten des Südens, darunter würzig marinierte Seafood- und Fischgerichte, *mutton biriyani* à la Karnataka sowie frisch zubereitete *iddiappam* und *appam* bei karnatischer Live-Musik. Mit Rs 600 p. P. inkl. Bier ist zu rechnen.

Hot Breads, Cathedral Rd. Vollkornbrote, Baguettes, frische Quiches und eine beeindruckende Auswahl an Kuchen, Keksen und Torten. Außerdem anständiger Espresso. Auch zum Mitnehmen.

Saravana Bhavan, Thanigai Murugan Rathinavel Hall, 77 Usman Rd, T Nagar. Diese berühmte südindische Fastfood-Kette ist eine Institution für die Mittelklasse von Chennai, Filialen gegenüber dem Busbahnhof in George Town und im Vorraum des *Shanti*-Kinos (am oberen Ende der Anna Salai). Probieren sollte man die köstlichen *rawa iddlis* oder die verschiedenen *thalis*, abzurunden mit frisch zubereitetem *ladoo* oder *barfi* von der Süßwarentheke vor der Tür.

Señor (Don) Pepés, über dem *Hot Breads*, Cathedral Rd. Flottes Tex-Mex-Lokal mit AC, serviert die üblichen Fajitas, Enchiladas, Tortillas, Burritos usw. sowie nicht überwältigende Pastagerichte (als „Euro-Mex" bezeichnet). Hauptgerichte um Rs 120.

Vasanta Bhavan, 20 Gandhi Irwin Rd. Mit Abstand das beste der zahlreichen „meals"-Lokale rings um den Egmore-Bahnhof; aufmerksame Bedienung, hervorragender Kaffee und Süßes, zudem köstliches, rein vegetarisches Essen. Makellos sauber und billig, immer voll.

Sonstiges

BÜCHER – **Higginbothams** in der Anna Salai ist Chennais ältester Buchladen, mit einer rie-

sigen Auswahl an indischen und westlichen Ti-
teln und ein paar Landkarten zu Rupien-Preisen.
Landmark, First Floor, Spencer Plaza, Anna Salai.
Riesenauswahl an Büchern, Bürobedarf und
Musik.

Ausgesprochene Bücherwürmer sollten den
winzigen Laden *Giggles* im *Taj Connemara Hotel*
aufsuchen, wo man einen hoch gestapelten, einzigartigen Vorrat an Romanen, wissenschaftlichen Wälzern über die Region und Bildbänden
findet. Im Gegensatz zu anderen Buchhandlungen der Stadt akzeptiert diese auch Kreditkarten
und verschickt Bücher gegen eine geringe Gebühr ins Ausland.

FOTOAUSRÜSTUNG – Dutzende von Läden in
der Stadt verkaufen und entwickeln Filme mit
modernen Geräten (besonders zuverlässig sind
die Konica-Studios), aber das einzige von Kodak
anerkannte Qualitätslabor der Stadt (empfohlen
für Diaentwicklung) ist *Image Park*, GEE Plaza,
1 Craft Rd, Nungambakkam.
Reliance Opticals, 136 Anna Salai, hat *Fuji Pro-
via* und *Sensia II* vorrätig.
Für Kamerareparaturen wendet man sich am
besten an *Camera Crafts*, 325/8A Quaide Milleth
High Rd, Triplicane, nahe dem Broadlands Hotel.
Delhi Photo Stores, in einer Arkade direkt hinter
dem großen Konica-Geschäft in der Wallajah Rd,
ist voll mit Ersatzteilen und anderem nützlichen
Fotozubehör aus indischer Produktion.

GELD – Touristen haben kaum Probleme, in Chennai Geld zu wechseln: Es gibt zahlreiche Banken,
und die großen Hotels bieten Geldwechselmöglichkeiten für Gäste. Günstig im Zentrum liegt
American Express, G-17, Spencer Plaza, 769 Anna Salai, ⏲ Mo–Fr 9.30–17.30, Sa 9.30–14.30 Uhr.
Thomas Cook unterhält Büros im Ceebros Centre, 45 Montieth Rd, Egmore; im G-4 Eldorado
Building, 112 Uttar Gandhi Salai (beide ⏲ Mo–Sa
9–18 Uhr) sowie am Flughafen (geöffnet bei Ankunft von Flügen). Für Barauszahlungen mit *Visa*-
Karte wendet man sich an *Bobcards*, neben der
Bank of Baroda in der Montieth Rd, nahe dem
Ambassador Pallava Hotel. In der ganzen Stadt
werden immer mehr rund um die Uhr zugängliche Geldautomaten aufgestellt; einer befindet
sich in der *Citibank*, 766 Anna Salai.

GEPÄCKAUFBEWAHRUNG – Die Bahnhöfe
Egmore und Central verwahren Gepäck für Rs 10
pro Tag. Meistens werden die Vorlage einer
Bahnfahrkarte und das Verschließen der Gepäckstücke mit Kette und Vorhängeschloss verlangt. In einigen Hotels kann man gegen eine
Tagesgebühr sein Gepäck abgeben.

INFORMATIONEN – Das äußerst effiziente und
sehr hilfreiche *India Tourism Office*, 154 Anna
Salai, ☎ 044/2846 0285, gibt Broschüren heraus
und hilft bei der Unterkunftssuche. Außerdem
bekommt man hier Adressen geprüfter Führer.
⏲ Mo–Fr 9– 18, Sa 9–13 Uhr.
*Tamil Nadu Tourism Development Corporation
(TTDC)*, in einem schicken neuen Komplex in
der Wallajah Road, nahe Anna Park, Triplicane,
☎ 044/2538 3333. Hier befinden sich auch die
Touristenbüros zahlreicher anderer Bundesstaaten einschließlich Kerala (☎ 044/2536 9789).
TTDC übernimmt auch die Reservierung für Touren oder ihre über den ganzen Staat verteilten
Hotels. ⏲ Mo–Sa 10–17.30 Uhr.
India Tourist Development Corporation (ITDC),
29 Dr PV Cherian Crescent, Ethiraj Salai, ☎ 044/
2827 8884, ✉ itdc.ros@gems.vsnl.net.in. Reservierung von ITDC-Hotels im ganzen Land und Buchung von Touren durch Chennai, Tamil Nadu
und ganz Indien. ⏲ Mo–Fr 10–17.30 Uhr.
Die seit langem existierende Monatszeitschrift
Hallo! Madras (Rs 10) ist ein zuverlässiger Leitfa-
den für alle Angebote der Stadt, mit Angabe der
Vollmondtage (nützlich, um den Zeitpunkt von
Tempelfesten zu bestimmen), Reisetipps für Tamil
Nadu, umfassender Auflistung von Flug- und Zugverbindungen und einem Abriss der Busfahrpläne
von Chennai. Vierteljährlich erscheint das neuere,
noch umfassendere *Madura Welcome* (Rs 50), in
dem alle Buslinien innerhalb von Chennai sowie
von Chennai zu anderen Städten im Staat aufgelistet sind. Beide Zeitschriften werden in Buch-
und Schreibwarenläden verkauft. Leider informiert keines dieser Blätter über Veranstaltungen:
Anstehende Musik- und Tanzvorführungen ent-
nimmt man dem wöchentlich erscheinenden *City
Info* (Rs 30), dem Veranstaltungskalender auf
Seite 3 des *Hindu*, oder dem Magazin *Chennai:
This Fortnight*, das kostenlos in allen Hotels der
mittleren und oberen Preisklasse ausliegt.

INTERNET – Es gibt zahlreiche Internet-Läden mit Verbindungspreisen von Rs 30–40 pro Stunde, außerdem verfügen viele Hotels über so genannte Business Centres. Die schickste Wahl ist das *Net Café*, 101/1 Kanakasri Nagar, eine schmale Gasse von der Cathedral Rd ab, mit eigenem ISDN-Anschluss. Nach dem @-Neonschild Ausschau halten. ☉ tgl. 7–24 Uhr.

SRIS Netsurfing Café im ersten Stock des Spencer Plaza ist eine billigere, wenngleich kleinere Alternative.

Gee Gee Net, neben dem Hotel Comfort, Triplicane, ☉ 24 Std. Eine Möglichkeit in Egmore ist der 24-Std.-Service im Hotel *Pandian*.

KINOS – Das *Abhirami* und *Lakshmi* in der Anna Salai zeigen englischsprachige Filme. Für das tamilische Filmerlebnis mit allem, was dazu gehört, begibt man sich ins *Shanti*, vom oberen Ende der Anna Salai ab, das über die größte Leinwand der Stadt sowie ein digitales Stereosound-System verfügt. In der Nähe bietet das ebenso riesige *Devi* die neuesten Kassenschlager aus Bollywood.

KONSULATE – **Deutschland** (Generalkonsulat), 49 Ethiraj Rd, MICO-Bldg., ✆ 044/2821 08-10, -24 oder -30, ✉ 2827 3542, ✉ germanychennai@ eth.net.

Österreich (Konsulat ohne Passbefugnis), c/o Kothari Building, 115 Mahatma Gandhi Salai, ✆ 044/2833 45-13, -14, -40 oder -56, ✉ 2833 45-60 oder -04, ✉ auscon_chen@yahoo.co.in.
Sri Lanka, 196 TTK Rd, ✆ 044/2498 7896.

MEDIZINISCHE HILFE – Das am besten ausgestattete, private Krankenhaus in Chennai ist das *Apollo*, 21/22 Greams Rd, ✆ 044/2829 3333. Eine Ambulanz erreicht man über ✆ 102, aber meistens ist es schneller, ein Taxi zu nehmen.

MUSIKGESCHÄFTE – Das beste Angebot an indischen Instrumenten in Konzertqualität, darunter Vinas, findet sich im *Saptaswara Music Store*, Raipetha Rd, Mylapore, und bei *Musee Musicals*, 67 Anna Salai.
Music World, im 1. Stock des *Spencer Plaza*, hat die beste Auswahl an moderner indischer und westlicher Musik in Chennai.

POST – Die **Hauptpost** befindet sich gegenüber dem Shanti-Theater in der Anna Salai. ☉ tgl. Mo–Sa 8–20, So 10–17 Uhr. Wer es für Poste restante nutzen will, sollte sicherstellen, dass die Absender auf den Umschlag „Head Post Office, Anna Salai" schreiben, ansonsten kann es passieren, dass die Briefe am anderen Ende der Stadt beim *GPO*, nördlich von Parry's Corner in der Rajaji Salai landen (gleiche Öffnungszeiten). Das Postamt in der Quaide Milleth Salai in Triplicane liegt günstig, wenn man im *Broadlands* wohnt. ☉ Mo–Sa 7–15 Uhr.

REISEBÜROS – Zu den zuverlässigen Reisebüros gehören *Welcome Tourrs and Travels*, 150 Anna Salai, ✆ 044/2846 0908, *PL World Way*, G-11 Ground Floor, Spencer Plaza, ✆ 044/2822 6853, und *Surya Travels*, F-14 1st Floor, Spencer Plaza, ✆ 044/2852 3934.

SOUVENIRS – Die Spencer Plaza an der Anna Salai bietet eine ausgezeichnete Auswahl an Boutiquen, Textilgeschäften und kleinen Souvenirläden. Das *Indian Arts Emporium*, gegenüber in der 152 Anna Salai, führt ein gutes Sortiment an Kunsthandwerksobjekten, Einrichtungsgegenständen und Metallarbeiten.

Nahverkehrsmittel

Die Büros, Sehenswürdigkeiten, Bahnhöfe und Busbahnhöfe von Chennai sind über ein so großes Gebiet verstreut, dass man nicht umhin kommt, öffentliche Transportmittel zu benutzen. Die meisten Besucher nehmen Motor-Rikschas, aber außerhalb der Rushhour kann man auch gut mit Bussen oder Vorortzügen fahren.

BUSSE – In den meisten indischen Städten muss man, will man Bus fahren, unheimlich beweglich sein und die Kunst beherrschen, sich mit zwei Fingern an offene Türen zu hängen. Die Busse in Chennai verkehren hingegen regelmäßig, sind billig und nur zu den Stoßzeiten überfüllt. In der Anna Salai gibt es spezielle Haltestellen – in kleineren Straßen hält man einen Bus per Handzeichen an oder stellt sich zu der wartenden Menge. Busse in Egmore versammeln sich gegenüber dem Bahnhof. Die Nummern der Busse zu bestimmten sehenswerten Orten der Stadt sind in dem entsprechenden Abschnitt im Text angegeben. Eine Übersicht über sämtliche Buslinien der Stadt findet man im *Madura Welcome* (s. S. 455, Informationen).

VORORTBAHNEN – Wer vom Zentrum Chennais nach Süden Richtung Guindy (Deer Park) oder Flughafen fahren will, nimmt am besten den Zug. Die Züge verkehren durchschnittlich alle 15 Min. zwischen 4.30 und 23 Uhr, die Preise sind niedrig, und man kann sich jederzeit außer zur Rushhour (gegen 9 und 17 Uhr) einen Platz sichern. Die Wagen der 1. Kl. haben gepolsterte Sitze anstelle von Holzbänken und sind etwas sauberer. Den Fahrschein kauft man vor dem Einstieg in den Zug.

Die Stadtzüge verkehren zwischen Beach (gegenüber dem GPO), Fort, Park (für den Central-Bahnhof), Egmore, Nungambakkam, Kodambakkam, Mambalam (für T Nagar und Seidengeschäfte), Saidapet (für die Little Mount Church), Guindy, St. Thomas Mount und Trisulam (Richtung Flughafen).

TAXIS UND RIKSCHAS – Chennais *Ambassador-Taxis* mit gelbem Dach warten vor den Bahnhöfen Egmore und Central sowie am Flughafen. Alle verfügen über Taxameter, aber die Fahrer handeln meist lieber vor Abfahrt einen Festpreis aus und berechnen unabhängig vom Fahrtziel immer auch die Rückfahrt. Bei einem Preis von Rs 150 für die Strecke von Central Station nach Triplicane manövrieren sie sich praktisch selbst aus dem Geschäft. Aus diesem Grund werden zuverlässigere und günstigere **Funktaxis** wie *Bharati Call Taxi*, ✆ 044/2814 2233, immer beliebter.
Motor- und Fahrrad-Rikschas warten geduldig vor den Touristenhotels und weniger geduldig vor den Bahnhöfen. Die Motor-Rikschafahrer in Chennai sind berüchtigt dafür, sowohl von Einheimischen als auch von Touristen hohe Fahrpreise zu verlangen. Eine Rikschafahrt von Triplicane zu einem der beiden Busbahnhöfe, zur Egmore oder zur Central Station sollte nicht mehr als Rs 40 kosten. Alle Rikschas sind mit Taxameter ausgestattet; einige wenige Fahrer schalten sie auf Verlangen ein, aber meist erspart man sich lästige Verhandlungen, wenn

man auf den Taxameterpreis ein paar Rupien aufschlägt (der Fahrer bietet vielleicht einen Preis von „meter plus 5" an, d. h. Rs 5 mehr als der Taxameterstand). Wer früh am Morgen am Flughafen oder Bahnhof sein muss, sollte am Abend zuvor eine Rikscha buchen und den Preis aushandeln (der Fahrer schläft dann möglicherweise in seinem Fahrzeug vor dem Hotel). Fahrrad-Rikschas sollte man nur in kleinen Straßen benutzen, denn eine Fahrt auf einem wackligen Dreiradsitz mitten im Verkehrschaos von Chennai kann zum Horrortrip werden.

AUTO- UND MOTORRADVERMIETUNGEN – Sofern man es sich leisten kann, ist ein **Auto mit Fahrer** eine großartige Möglichkeit herumzukommen. Eine Vermittlung findet man in den meisten besseren Hotels oder im *Government of India Tourism Office* (s. S. 455). **Welcome Tourrs and Travels**, 150 Anna Salai, ✆ 044/2846 0614, ✉ welcome@md2.vsnl.net.in, ist ebenso effizient wie zuverlässig und arrangiert auch regionale Sightseeing-Touren in ganz Südindien. Die Preise für einen Mietwagen liegen um die Rs 1000 (ac Rs 1500) pro Tag.

Wer mutig genug ist, für kurze Fahrten innerhalb der Stadt oder Touren in Tamil Nadu ein **Moped** oder **Motorrad** zu mieten, wendet sich am besten an *U-Rent Services*, 1st Main Rd, Gandhinagar, Adayar, ✆ 044/2491 0838, ◷ Mo–Sa 8–19, So 9–18 Uhr. Die Preise reichen von Rs 150 bis Rs 300 pro Tag, und man muss außerdem Rs 200 für eine Jahresmitgliedschaft zahlen, egal wie kurz oder lang die Mietdauer ist.

Touren

Eine gute Möglichkeit, die Sehenswürdigkeiten von Chennai zu besichtigen, bietet die Bustour von TTDC. Reservierungen erledigen die entsprechenden Büros. Man hat zwar wenig Zeit für die einzelnen Orte, aber die Tour lohnt dennoch, und die Führer können eine große Hilfe sein. Die halbtägige Tour von TTDC (tgl. 8–13 oder 13.30–18.30 Uhr; Rs 110/160 ohne/mit AC) beginnt am TTDC-Büro in der Periyar EVR High Road. Sie umfasst das Fort St. George, das Government Museum, den Snake Park, den Kapalishvara-Tempel, Elliot's Beach und zum Schluss

Empfohlene Züge von Chennai

Zielort	Name des Zuges	Nr.	Ab	Uhrzeit**	Reisedauer
Bangalore	Shatabdi Exp*	2007	Central	6 Uhr**	4 3/4 Std.
	Chennai–Bangalore Exp	6523	Central	13 Uhr	7 Std.
Bhubaneswar	Coromandel Exp	2842	Central	9.05 Uhr	20 1/4 Std.
	Howrah Mail	6004	Central	22.30 Uhr	23 Std.
Coimbatore	Kovai Exp	2675	Central	6.15 Uhr	7 3/4 Std.
	Cheran Exp	2673	Central	22.10 Uhr	8 Std.
Delhi	Tamil Nadu Exp	2621	Central	22 Uhr	33 1/2 Std.
	Grand Trunk Exp	2615	Central	16.30 Uhr	36 1/2 Std.
Hyderabad	Charminar Exp	2759	Central	18.10 Uhr	14 1/4 Std.
Kanniyakumari	Kanniyakumari Exp	2633	Egmore	17.30 Uhr	13 Std.
Kochi/Ernakulam	Chennai–Alleppey Exp	6041	Central	20.30 Uhr	11 3/4 Std.
	Trivandrum Mail	2623	Central	19.30 Uhr	11 Std.
Kodaikanal Road	Pandyan Exp	2637	Egmore	21.30 Uhr	8 Std.
Kolkata	Coromandel Exp	2842	Central	9.05 Uhr	28 Std.
	Chennai–Howrah Mail	6004	Central	22.30 Uhr	31 1/4 Std.
Madurai	Vaigai Exp	2635	Egmore	12.25 Uhr	7 3/4 Std.
Mettupalayam (nach Ooty)	Nilgiri Exp	2671	Central	21 Uhr	9 1/4 Std.
Mumbai	Mumbai Exp	6012	Central	11.45 Uhr	26 Std.
	Chennai–Dadar Exp	1064	Central	6.50 Uhr	23 1/4 Std.
Mysore	Shatabdi Exp*	2007	Central	6 Uhr**	7 Std.
	Mysore Exp	6222	Central	21.30 Uhr	11 Std.
Rameshwaram	Sethu Exp	6713	Tambaram	13 Uhr	17 3/4 Std.
Tambaram	Rameshwaram	6701	Tambaram	20.15 Uhr	17 Std.
Thanjavur	Rock Fort Exp	6177	Egmore	22.30 Uhr	8 1/4 Std.
Tirupathi	Saptagiri Exp	6057	Central	6.25 Uhr	3 Std.
Thiruvananthapuram	Trivandrum Mail	2623	Central	19.30 Uhr	16 1/4 Std.
Varanasi	Ganga Kaveri Exp***	6039	Central	17.30 Uhr	38 3/4 Std.

* nur AC; ** außer Di; *** nur Mo und Sa

Marina Beach (freitags ist das Government Museum geschlossen, weshalb die Tour stattdessen zum Birla Planetarium führt).

TTDC bietet außerdem einige preiswerte **Tagesausflüge** inkl. Mahlzeiten, z. B. nach Mamallapuram, Kanchipuram und Pondicherry. Routen und Preise können im TTDC-Büro erfragt werden.

Transport

Wer wenig Zeit hat, sollte sich für Flug-, Zug- oder Busreservierungen an ein Reisebüro wenden (s. S. 456). Schiffstickets für die Andamanen müssen hingegen persönlich gebucht werden (s. S. 461).

BUSSE – Sämtliche Fernbusse nutzen den riesigen Busbahnhof **Moffussil**, der ungünstig mehr als 10 km westlich des Zentrums im Vorort Koyambedu liegt. Die sechs Plattformen sind jeweils in ca. 30 Haltebuchten unterteilt, wo zahlreiche Busse in andere Städte Tamil Nadus und benachbarte Bundesstaaten abfahren. Ein beliebtes Reiseziel ist MAMALLAPURAM, für das sich als schnellste Verbindungen die Busse Nr. 188, 188A und alle mit der Aufschrift „East Coast Express" anbieten (alle 15–30 Min., Fahrtzeit unter 2 Std.). Die Busse Nr. 19A, 19C, 119 und 119A brauchen länger, der Bus Nr. 108b (über Flughafen und Chengalpattu) sogar sehr viel länger. Die chaotischen alten Busbahnhöfe **Express** und **Broadway** im Zentrum wurden zusammengelegt und werden nur noch von regionalen Bussen angefahren. Moffussil ist mit diesen und anderen Teilen Chennais durch Stadtbusse verbunden, die von den gut organisierten Haltestellen vor dem Hauptterminal abfahren. Die Busse Nr. 27, 15b, 15f und 17e fahren nach Egmore/Zentrum und Parry's Corner, Nr. 27b fährt weiter bis Triplicane, Nr. 70 und 70a bedienen den Flughafen. Es ist zu beachten, dass die meisten Busse aus Mamallapuram, Pondicherry und anderen südlich von Chennai gelegenen Städten am Vorortbahnhof Guindy Halt machen, wo man in den Zug umsteigen und damit viel Zeit sparen kann.

Busse nach:
BANGALORE (alle 15–30 Min., 8–11 Std.),
CHENGALPATTU (alle 5–10 Min., 1 1/2–2 Std.),
COIMBATORE (9x tgl., 11–13 Std.),
CHIDAMBARAM (22x tgl., 5–7 Std.),
DINDIGUL (10x tgl., 9–10 Std.),
KANCHIPURAM (alle 20 Min., 1 1/2–2 Std.),
KANNIYAKUMARI (10x tgl., 16–18 Std.),
KODAIKANAL (1x tgl., 14–15 Std.),
KUMBAKONAM (33x tgl., 7–8 Std.),
MADURAI (alle 20–30 Min., 10 Std.),
MAMALLAPURAM (alle 20–30 Min., 2–3 Std.),
PONDICHERRY (alle 20–30 Min., 4–5 Std.),
RAMESHWARAM (1x tgl., 14 Std.),
SALEM (21x tgl., 5–7 Std.),
THANJAVUR (20x tgl., 8 1/2 Std.),
THIRUVANANTHAPURAM (6x tgl., 20 Std.),
TINDIVANAM (alle 30 Min., 3–4 Std.),
TIRUCHIRAPALLI (alle 15–30 Min., 8–9 Std.),
TIRUPATI (9x tgl., 4–5 Std.),
TIRUVANNAMALAI (alle 20 Min., 4–6 Std.),
UDHAGAMANDALAM (Ooty) (2x tgl., 15 Std.).

EISENBAHN – Wer mit dem Zug in Chennai ankommt, landet an einem der beiden Fernbahnhöfe, 1,5 km voneinander entfernt an der Periyar EVR High Road, nördlich vom Zentrum. Die **Egmore Station**, im Herzen des geschäftigen Egmore-Bezirks, ist der Ankunftsort der meisten Züge aus Tamil Nadu und Kerala; in der Regel kommen alle anderen an der **Central Station** weiter östlich an, am Rande von George Town, die über eine 24 Std. geöffnete Gepäckaufbewahrung und STD-Telefonzellen vor dem Ausgang verfügt. Links des Hauptgebäudes, im 1. Stock des Moore Market Complex, verkauft der zuverlässige **Tourist Reservation Counter** (⏰ Mo–Sa 8–20, So 8–14 Uhr, kein Telefon) Tickets für Züge von beiden Bahnhöfen. Das Reservierungsbüro im Bahnhof Egmore, links des Haupteingangs die Treppen hoch (gleiche Öffnungszeiten), erledigt ebenfalls Buchungen für beide Bahnhöfe, verfügt aber über keinen Touristenschalter.

Die Informationsstände beider Bahnhöfe sind unterbesetzt und schlecht ausgestattet, eignen sich aber gut zum Bestellen von Taxis mit Taxameter und Motor-Rikschas.

Züge nach TIRUCHIRAPALLI (Trichy), THANJAVUR, KODAIKANAL ROAD, MADURAI und zu den meisten anderen Zielorten im südlichen Tamil Nadu fahren von der Egmore Station ab, einige fahren aber auch vom Vorortbahnhof **Tambaram** ab.

TAMIL NADU

Züge nach:
BANGALORE (7x tgl., 4 3/4–8 3/4 Std.),
BHUBANESWAR (3–4x tgl., 20–23 Std.),
CHENGALPATTU (9x tgl.***, 1 Std.),
COIMBATORE (2x tgl., 8 Std.),
DELHI (2–4x tgl., 33 1/2–41 Std.),
DINDIGUL (6–7x tgl.*, 6 1/2–8 Std.),
HYDERABAD (2x tgl., 14–14 1/2 Std.),
KANNIYAKUMARI (1–2x tgl., 13–16 Std.),
KOCHI (2–3x tgl., 14 1/4–14 1/2 Std.),
KODAIKANAL ROAD (3–4x tgl.*, 8–8 1/2 Std.),
KOLKATA (2–4x tgl., 28–31 1/4 Std.),
KUMBAKONAM (2x tgl.***, 7 1/2–9 1/4 Std.),
MADURAI (6–8x tgl.*, 7 3/4–10 3/4 Std.),
MUMBAI (3x tgl., 23 3/4–28 3/4 Std.),
MYSORE (1–2x tgl., 7–11 Std.),
PUNE (3x tgl., 19–24 1/4 Std.),
RAMESHWARAM (2x tgl.**, 17–17 3/4 Std.),
SALEM (10x tgl., 4 1/2–5 3/4 Std.),
THANJAVUR (1x tgl.*, 8 1/4 Std.),
THIRUVANANTHAPURAM (2–3x tgl.****,
15 1/4–18 3/4 Std.),
TIRUCHIRAPALLI (9–10x tgl.*, 5 1/4–6 1/2 Std.),
TIRUPATI (3x tgl., 3–3 1/2 Std.),
VIJAYAWADA (10–11x tgl., 6 1/4–9 Std.).

* Züge von Egmore; ** Züge von Tambaram; *** Züge von Egmore und Tambaram; **** Züge von Egmore und Central; alle anderen von Central

FLÜGE – Der **Chennai Airport** in Trisulam, 16 km südwestlich des Stadtzentrums am NH-45, wird umfassend von internationalen und nationalen Flügen bedient, und die beiden Terminals (der nationale wird auch als **Meenambakkam** bezeichnet) liegen zu Fuß nur eine Minute voneinander entfernt. In der Haupthalle befinden sich ein 24 Std. geöffnetes Postamt, Geldwechselschalter von *Thomas Cook* und der *State Bank of India* sowie eine Reihe von Snackbars. Es ist keinesfalls sicher, dass der Stand des **Government of Tamil Nadu Tourist Information Centre** beim Ausgang der Ankunftshalle besetzt ist, aber mit etwas Glück kann man von hier oder dem „Free Fone"-Schalter in der Nähe eine Unterkunft reservieren. Eine gute Anlaufstelle für alle, die Chennai mit dem Zug verlassen wollen, ist außerdem der vernetzte Reservierungsschalter von *Southern Railways*, direkt vor dem Ausgang

des Inlandterminals, ☻ Mo–Sa 8–14 und 14.15–20, So 8–14 Uhr.
Beim Ausgang der internationalen Ankunftshalle gibt es Schalter für Minibus- und Taxicoupons. **Taxis** kosten um Rs 270–300 für die 35-minütige Fahrt zu den großen Hotels oder Bahnhöfen; **Rikschas** verlangen um Rs 180, aber man muss das Gepäck bis zur Hauptstraße schleppen, da sie nicht direkt vor dem Flughafen parken dürfen. Ein Taxi nach **Mamallapuram** kostet um Rs 1000 (ac Rs 1500). **Shuttle-Busse** fahren zu den Bahnhöfen Egmore und Central und zum Thiruvalluvar (Express)-Busbahnhof und kosten Rs 50. Sie halten unterwegs an mehreren exklusiven Hotels und sind gewiss keine „Express"-Busse. Die **Züge** verkehren alle 10–15 Min. (4.30– 23 Uhr) ab dem Bahnhof **Trisulam**, 500 m vom Flughafen am anderen Ende der Straße, in 30–40 Min. zu den Bahnhöfen Park, Egmore und North Beach. Wer Chennai direkt mit dem Bus verlassen möchte, fährt mit dem Stadtbus Nr. 70 oder 70a zum Busbahnhof Moffussil (s. S. 459).
Indian Airlines fliegt vom Meenambakkam 15 Ziele in Indien an, einschließlich mehrmals tgl. nach MUMBAI, DELHI, HYDERABAD und KOLKATA. *Jet Airways* bietet Flüge in zwölf Städte, darunter AHMEDABAD und BANGALORE. Beide Gesellschaften fliegen tgl. nach PORT BLAIR.

Flüge nach:
Abkürzungen in der nachfolgenden Aufstellung:
AI – Air India, **DA** – Deccan Airlines,
IA – Indian Airlines, **JA** – Jet Airways,
SA – Sahara Airlines.
AHMEDABAD (JA 1x tgl., 3 Std. 25 Min.),
BANGALORE (DA, IA, JA, SA 11–12x tgl., 50 Min.),
BHUBANESWAR (IA 3x wöchentl., 2 1/2 Std.),
COIMBATORE (DA, IA, JA, SA 3–4x tgl., 1–2 Std.),
DELHI (DA, IA, JA, SA 11x tgl., 2 1/2 Std.),
HYDERABAD (DA, IA, JA 7–8x tgl., 1 Std.),
KOCHI (IA, JA 1–3x tgl., 1–2 1/4 Std.),
KOLKATA (DA, IA, JA, SA 5x tgl., 2 Std.),
KOZHIKODE (IA 8x wöchentl., 1 Std.),
MADURAI (DA, IA, JA 4x tgl., 1 Std.),
MUMBAI (AI, DA, IA, JA, SA 14–17x tgl., 1 3/4–3 3/4 Std.),

PORT BLAIR (IA, JA 2x tgl., 2 Std.),
THIRUVANANTHAPURAM (IA 1–2x tgl.,
1 1/4 Std.),
TIRUCHIRAPALLI (IA 1–2x tgl., 50 Min.),

Büros der Fluggesellschaften in Chennai,
⊕ in der Regel Mo–Fr 10–17, Sa 10–13 Uhr:
Air India, Rukmani Lakshmipathy Rd, ✆ 044/2855
4477, am Flughafen ✆ 044/2256 0747;
Air France, Thaper House, 43–44 Montieth Rd,
✆ 044/2855 4916;
British Airways, Sigma Wing, 177 Anna Salai,
✆ 044/2860 3123;
Deccan, 32 92nd St, 18th Ave, ✆ 044/3097 8596;
Gulf Air, 52 Montieth Rd, ✆ 044/2855 4417;
Indian Airlines, 19 Rukhmani Lakshmipathy Rd,
✆ 044/2855 5201;
Jet Airways, Thaper House, 43–44 Montieth Rd,
✆ 044/2841 4141;
Lufthansa, 167 Anna Salai, ✆ 044/2854 3500;
KLM, 10 Montieth Rd, ✆ 044/2852 4427;
Malaysia Airlines, Arihant Nico Park, 90 Dr RK
Salai, ✆ 044/5219 9999;
Qantas, Eldorado Building, Uttar Gandhi Salai,
✆ 044/2827 8680;
Sahara, D-91 First Ave, Anna Nagar East,
✆ 044/ 5208 7070;
Singapore Airlines, 108 Dr Radha Krishnan Salai,
✆ 044/2847 3995;
Sri Lankan Airlines, Nagabrahma Towers,
76 Cathedral Rd, ✆ 044/2811 1536;
Swiss, 19 Hamid Building, 191 Anna Salai,
✆ 044/2852 4783;
Thai Airways, 31 Haddows Rd, Nungambakkam,
✆ 044/5217 3311;
*American, Air Canada, Biman, Philippine, Royal
Jordanian* und *TWA* werden von *JetAir*, Apex
Plaza, ✆ 044/2859 2564, vertreten.

SCHIFFE – Boote verlassen Chennai 1x wöchentl. in Richtung PORT BLAIR, Hauptstadt
der **Andamanen**. Ein Ticket zu bekommen kann
allerdings Nerven kosten, auch wenn die Fähren
jetzt mit größerer Regelmäßigkeit verkehren.
Zunächst begibt man sich zum Chennai Port
Trust, neben dem Directorate of Shipping in der
Rajaji (North Beach) Salai, George Town, wo in
einer kleinen Bude das **Andaman Administration
Office** untergebracht ist. An einer Wandtafel stehen die Einzelheiten der nächsten Abfahrt. Das
Ticket kauft man an dem Schalter um die Ecke,
vor dem Hauptgebäude. Am Tag der Abfahrt
werden allerdings keine Tickets mehr verkauft.

Der Nordosten

Angesichts der drückenden Hitze und Luftverschmutzung in Chennai fliehen die meisten Besucher so schnell sie können die Coromandel-Küste
hinunter zum indischen Steinmetzzentrum **Mamallapuram**, zu dessen alten Bauwerken der berühmte Shore Temple und eine Reihe außergewöhnlicher Felsskulpturen zählen. Unterwegs
lohnt es sich, den Bus für einen Besuch des Mu-
seumsdorfes **Dakshina Chitra**, 30 km südlich von
Chennai, zu verlassen. Letzteres ist ein herausragendes Volkskundemuseum, wo traditionelle Gebäude aus ganz Südindien rekonstruiert wurden.

Weiter im Landesinneren liegt **Kanchipuram**,
ein wichtiger Wallfahrtsort und ein Zentrum der
Herstellung von Seidensaris. Von dort kann man in
südwestlicher Richtung nach **Tiruvannamalai**
fahren, einer Tempelstadt mit viel Atmosphäre am
Fuße des heiligen Berges Arunachala. An der Küste lädt die ehemalige französische Kolonie **Pondicherry** mit Croissants und Espresso zum Frühstücken ein. Eine kurze Fahrt nach Norden führt zur
Zukunftsstadt **Auroville**, einer utopischen Siedlung, die von Anhängern der spirituellen Nachfolgerin Sri Aurobindo Ghoses, „The Mother",
gegründet wurde. Der Ort hat sich als New-Age-
Enklave für Westler auf Seelensuche etabliert und
bringt der lokalen Wirtschaft willkommene Einnahmen.

Sowohl Mamallapuram als auch Pondicherry
verfügen über gute Busverbindungen nach Chennai; die Busse verkehren auf einer ebenmäßigen Küstenstraße. Reisende sollten sich an die
staatlichen Busse halten, die eine weitaus bessere
Sicherheitsstatistik aufweisen als die privaten. Man
kann Pondicherry auch per Bahn erreichen, muss
dafür jedoch in **Villupuram** umsteigen, von
wo die Verbindungen langsam und relativ selten
sind.

TAMIL NADU

Mamallapuram (Mahabalipuram)

Die kleine Küstenstadt Mamallapuram (auch Mahabalipuram), 58 km südlich von Chennai, liegt am Fuße eines riesigen Felsenhügels am Golf von Bengalen. Von morgens bis abends ist in den sandigen Straßen der Klang der Meißel zu hören, die Granit hauen – Indiz für eine Steinmetztradition, die sich seit der Zeit, als dies ein wichtiger Hafen der Pallava-Dynastie war (zwischen dem 5. und 9. Jh.), gehalten hat. Über das damalige Leben in der Stadt ist nur wenig bekannt, und auch über den Sinn und Zweck der meisten Felsmonumente, darunter der **Shore Temple**, eines der meistfotografierten Bauwerke Indiens, lässt sich nur spekulieren. Es scheint jedoch, als wären die Friese und Schreine gar nicht für die Andacht bestimmt, sondern eher als ein Aushängeschild für das Können lokaler Künstler gedacht gewesen. Insbesondere aufgrund des ausgedehnten Seehandels der Pallavas hatte ihr Kunst- und Architekturstil einen weit reichenden Einfluss, und zwar von Südindien nach Norden bis Ellora und sogar bis nach Südostasien. Dieser internationalen kulturellen Bedeutung wurde 1995 Rechnung getragen, als Mamallapuram von der UNESCO der Status einer Stätte des Weltkulturerbes zuerkannt wurde.

Mamallapurams Bauwerke unterteilen sich in vier Kategorien: **Felsenreliefs** im Freien, struktive **Tempel**, von Menschenhand geschaffene **Höhlen** und **Rathas** („Wagen": An Ort und Stelle aus einem einzigen Felsen gehauen, sollen sie Tempeln ähneln oder den Wagen, die in Tempelprozessionen eingesetzt werden). Die berühmten Felsenreliefs **Arjuna's Penance** und **Krishna Mandapa** schmücken gewaltige Felsen nahe dem Dorfzentrum, während der schöne **Shore Temple** den Strand säumt. 16 von Menschenhand gehauene Höhlen und monolithische Bauwerke in unterschiedlichen Stadien der Fertigstellung sind über das Gebiet verstreut; die vollständigsten der neun *rathas* stehen in einer Gruppe beieinander. Sie wurden nach den fünf Pandava-Brüdern aus dem *Mahabharata* benannt. Da der Ort neben vielen beeindruckenden archäologischen Funden auch einen langen weißen Sandstrand bietet, entwickelte er sich quasi zwangsläufig zu einem beliebten Treffpunkt für Traveller aus dem Westen. In den letzten zwei Jahrzehnten hat Mamallapuram auch seine Wirtschaft deutlich auf den Fremdenverkehr ausgerichtet. Die Folge

sind unvermeidliche Modeschmuckverkäufer, ganze Busladungen voller Städter, die den Ort vor allem am Wochenende heimsuchen, Massage-*wallahs*, ein von Straßenverkäufern belagerter Strand, eine wachsende Anzahl von Billighotels und viele kleine Fischrestaurants. Auch der Shore Temple bietet leider nicht mehr das exotische Schauspiel von einst, als die Wellen noch gegen sein Fundament schwappten. Trotz alledem ist die Atmosphäre, die von den stetig hämmernden Steinmetzen und alter Felsenkunst erzeugt wird, in Indien einmalig. Die lokale Tourismusbranche wurde 2004 hart getroffen, als der Tsunami mit voller Wucht über Mamallapuram hereinbrach. Den größten Schaden trugen die Restaurants und Hotels am Strand davon, denen es die dahinter liegenden Fischersiedlungen zu verdanken haben, dass sie relativ glimpflich davon kamen und Mamallapuram nicht so viele Todesopfer zu beklagen hatte wie Cuddalore und Nagappattinam weiter südlich an der Küste. Schon im Januar 2005 waren die meisten Einrichtungen am Strand wieder funktionsfähig, doch da die Reparaturen hohe Kosten verursachten, hoffen die Einheimischen auf eine schnelle Rückkehr der Touristen.

Krishna Mandapa und Arjuna's Penance

Etwas westlich des Dorfzentrums, unweit der Shore Temple Road, zeigt das riesige, unter dem Namen **Krishna Mandapa** bekannte Flachrelief Krishna, wie er den Berg Govardhana mit einer Hand emporhebt. Nach der ursprünglichen Absicht des Künstlers sollte wohl der Felsen über Krishna den Berg darstellen, doch die von den Vijayanagars im 17. Jh. hinzugefügte Mandapa (Eingangshalle) lässt das Bildhauerwerk nicht deutlich erkennen. Krishna ist außerdem eine Kuh melkend und Flöte spielend zu sehen. Andere Figuren stellen *gopas* und *gopis* dar, Hirtenjungen und -mädchen aus seiner Jugendzeit, die Krishna unter Hirten verbrachte. Zur Linken sitzen Löwen, darunter einer mit einem menschlichen Gesicht, und über ihnen befindet sich ein Ochse.

Ein weiteres Flachrelief, **Arjuna's Penance** (Arjunas Buße) – auch unter dem Namen „Erdenfahrt des Ganges" bekannt – befindet sich einige Meter weiter nördlich, gegenüber dem modernen Talasayana Perumal-Tempel. Die Oberfläche dieses Fel-

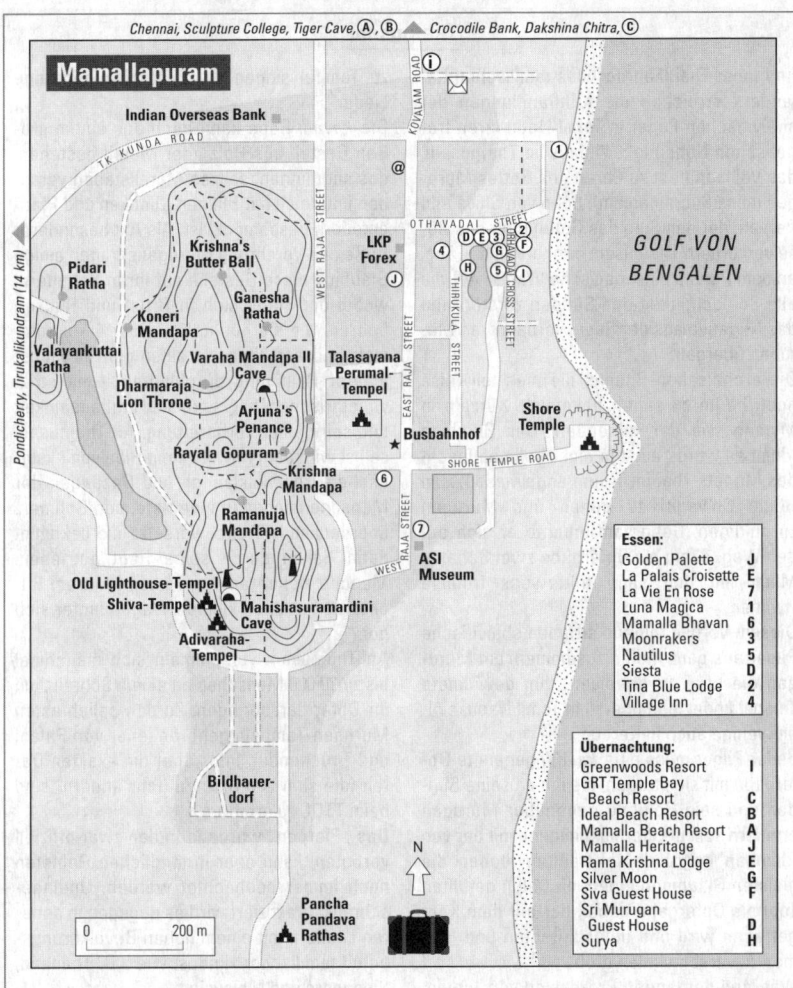

Mamallapuram

Indian Overseas Bank

TK KUNDA ROAD

Pidari Ratha

Krishna's Butter Ball

Koneri Mandapa

Ganesha Ratha

Valayankuttai Ratha

Varaha Mandapa II Cave

Dharmaraja Lion Throne

Arjuna's Penance

Rayala Gopuram

Krishna Mandapa

Ramanuja Mandapa

Old Lighthouse-Tempel

Shiva-Tempel

Mahishasuramardini Cave

Adivaraha-Tempel

WEST RAJA STREET

EAST RAJA STREET

OTHAVADAI STREET

THIRUKULA STREET

THIRUVADI CROSS STREET

LKP Forex

Talasayana Perumal-Tempel

Busbahnhof

SHORE TEMPLE ROAD

Shore Temple

GOLF VON BENGALEN

KOVALAM ROAD

ASI Museum

Bildhauer-dorf

Pancha Pandava Rathas

0   200 m

N

Pondicherry, Trukalikundram (14 km)

TAMIL NADU

Essen:

Golden Palette	J
La Palais Croisette	E
La Vie En Rose	7
Luna Magica	1
Mamalla Bhavan	6
Moonrakers	3
Nautilus	5
Siesta	D
Tina Blue Lodge	2
Village Inn	4

Übernachtung:

Greenwoods Resort	I
GRT Temple Bay Beach Resort	C
Ideal Beach Resort	B
Mamalla Beach Resort	A
Mamalla Heritage	J
Rama Krishna Lodge	E
Silver Moon	G
Siva Guest House	F
Sri Murugan Guest House	D
Surya	H

sens ziert eine Fülle detailreicher Bildhauereien, am bemerkenswertesten die reizenden, naturalistischen Tierdarstellungen. Eine Elefantenfamilie steht im Mittelpunkt der rechten Seite, wobei der Nachwuchs neben einem ausgewachsenen Elefanten schläft. Noch weiter rechts, von dem großen Felsen abgetrennt, befindet sich die frei stehende Skulptur eines Affen mit seinen Jungen.

Auf der linken Seite ist Arjuna, einer der Pandava-Brüder und ein vollendeter Bogenschütze, auf einem Bein stehend zu sehen. Er schaut durch ein von seinen Händen gebildetes Prisma in die Mittagssonne, über Shiva nachsinnend, der daneben als Statue erscheint, die von Arjuna selbst geformt wurde. Das *Shiva Purana* erzählt, dass Arjuna eine Reise in einen Wald am Ufer des Ganges unter-

Im Monat Thai (Februar) des tamilischen Kalenders erreichen die Kulthandlungen der shaivitischen Pilger in Tamil Nadu ihren frenetischen Höhepunkt. Anlass ist **Thaipusam**, das Vollmondfest zu Ehren des Gottes Murugan (alias Subramaniam), Sohn von Shiva und Parvati, der den Sieg des Guten über das Böse verkörpert. Thaipusam erinnert an den Tag, an dem Parvati eine magische Waffe *(vel)*, die alle Schlechtigkeit und Sünden zerstört und das Negative aus der Seele verbannt, an Murugan übergab.

Die archaischen Rituale, die man teilweise noch heute zu sehen bekommt, wurzeln in Mythen wie der folgenden: Der Gläubige Idumban wurde einst in einer Vollmondnacht des Monats Thai im Traum angewiesen, zum Hügel Shivagiri zu gehen und Murugan zu huldigen. Gehorsam machte er sich auf den Weg, nahm als Opfergabe zwei Schalen Milch mit und sang unterwegs fromme Hymnen.

Diesem Vorbild folgend strömen shaivitische Pilger aus ganz Indien zusammen, um Murugan die Ehre zu erweisen. Ihm gewidmete Tempel findet man überall in Tamil Nadu, einige wenige auch in Kerala.

Jeder Pilger muss eine *kavadi* genannte Opfergabe mit sich tragen, die ihn an seine Sünden und sein Gelübde gegenüber Murugan erinnern soll. In Übereinstimmung mit der von Idumban begründeten Tradition haben die meisten Gläubigen einen mit Milch gefüllten Topf als Opfergabe dabei, der auf dem Kopf getragen wird und unter Früchten und Blumen zu verschwinden droht.

Während der langen Prozession von Tempel zu Tempel singen die Pilger hymnenartige Lieder.

Die *kavadi*-Gabe kann auch aus einem großen Gestell aus Holz oder Metall bestehen, das mit dünnen, spitzen Metallstäben versehen und reich mit Blumen, Glocken und Pfauenfedern geschmückt ist. Als Akt besonderer Buße und Verehrung Murugans tragen einige Gläubige diese Gestelle auf ihren Schultern, wobei die Stäbe sich in Brust und Rücken bohren. Um die nötige Kraft hierfür zu sammeln, müssen sie zuvor einen ganzen Monat innerer Reinigung durchlaufen – mit strikt vegetarischer Diät, sexueller Enthaltsamkeit und spiritueller Vorbereitung. An Thaipusam selbst wird der Freiwillige mit Hilfe von ekstatischen Trommelklängen und Gesängen der Menschenmenge in eine tiefe, den Schmerz überdeckende Trance versetzt und bekommt dann Haken durch seine Haut getrieben. Manche ziehen an den Haken in ihrem Rücken sogar einen kleinen Wagen hinter sich her.

An Thaipusam versammeln sich manchmal bis zu 20 000 Menschen an einem Schrein, um ihr Opfer darzubringen. Zu den beliebtesten Murugan-Tempeln gehören jener von Palani und Tiruchendur. Infos über die exakten Daten (die sich von Jahr zu Jahr ändern) sind beim TTDC zu erfahren.

Das „Piercen" wurde in Indien zwar offiziell verboten, kann aber in ländlichen Gebieten noch immer beobachtet werden. Uneingeschränkt praktiziert wird es dagegen in anderen Ländern mit einem hohen Bevölkerungsanteil tamilischer Hindus, wie z.B. Thailand, Singapore und Malaysia.

---

nahm, um Buße (engl. *penance)* zu tun, in der Hoffnung, Shiva würde sich dann von seiner Lieblingswaffe trennen, dem *pashupatashastra*, einem Zauberstock oder -pfeil. Shiva erschien schließlich in der Gestalt von Kirata, einem wilden Waldbewohner, und suchte Streit mit Arjuna über einen Eber, den beide erlegt zu haben behaupteten. Arjuna erkannte erst, als seine Versuche, den wilden Mann zu verprügeln, sich als unwirksam erwiesen, dass es sich um die Gottheit handelte. Nachdem er nur knapp dem Tod entronnen war, belohnte ihn Shiva schließlich mit der kostbaren Waffe. Nicht weit von hier steht eine abgemagerte (vermutlich asketische) Katze auf ihren Hinterpfoten, die Arjunas andächtige Haltung nachahmt und von Mäusen umringt ist.

Pilgerströme beim Thaipusam-Fest

Rechts von Arjuna stellt eine natürliche Spalte den **Ganges** dar, samt *nagas* – Wassergeistern in Form von Kobras. Nahe dem Boden wurde ein Riss im Felsen, der eine *naga* durchbrach, in den 20er Jahren mit Zement gefüllt. Oben sind Spuren einer Zisterne und von Tunneln erhalten, die wohl einst Wasser die Spalte hinunter leiteten, um so den großen Fluss zu imitieren. Es ist nicht bekannt, ob das Ganze irgendeinen rituellen Zweck erfüllte oder lediglich Besucher beeindrucken sollte.

Ganesha Ratha und Varaha Cave

Gleich nördlich von Arjuna's Penance führt ein Pfad zu einem einzelnen Monolithen, dem **Ganesha Ratha**. Die hiesige Darstellung von Ganesh stammt aus dem 20. Jh. Es wird mitunter behauptet, dass sie auf Anregung des englischen Königs George V. angefertigt worden sei. Die Skulptur eines Schutzdämonen mit einem Dreispitz als Kopfschmuck am einen Ende des *ratha* erinnert an die 4000 Jahre alte gehörnte Figur der Industalkultur, die auch als „Proto-Shiva" bezeichnet wird.

Hinter Arjuna's Penance, südwestlich des Ganesha Ratha, liegt die **Varaha Mandapa II Cave**, in deren Eingangshalle sich zwei Säulen mit gehörnten Löwen als Basen und eine von zwei *dvarpalas* (Wächtern) flankierte Kammer befinden. Eines der vier Paneele zeigt Vishnu in der Inkarnation eines Ebers, dessen einer Fuß auf dem *naga*-Schlangenkönig ruht, während er eine kleine Prithvi – die Erde – aus dem Urozean hebt.

Ein weiteres stellt Gajalakshmi dar, die Göttin Lakshmi auf einem Lotus sitzend, während sie von zwei Elefanten gebadet wird. Trivikrama, Vishnu in der Inkarnation als Zwerg, der die Welt in drei Schritten überbrückt, um den Dämonenkönig Bali zu bezwingen, ist auf einem weiteren Paneel zu sehen, und auf dem vierten schließlich sieht man eine vierarmige Durga.

Etwas nördlich von Arjuna's Penance balanciert oben auf einem Bergkamm ein gewaltiger, natürlicher, fast kugelförmiger Felsen namens **Krishna's Butter Ball**. Ausflügler und Ziegen ruhen sich oft in seinem Schatten aus.

Der Shore Temple (Ufertempel)

Östlich des Dorfes hebt sich der Ufertempel von Mamallapuram als auffällige Silhouette mit tosenden Ozean ab. Er stammt aus dem frühen 8. Jh. und gilt als ältester Steintempel Südindiens. Die Gestaltung seiner beiden kunstvoll gearbeiteten Türme war so wegweisend, dass sie nach ganz Südindien und schließlich Südostasien exportiert wurde. Ein großer Teil der detailreichen Bildhauereien ist den vereinten Kräften von Wind, Salz und Sand zum Opfer gefallen, was dem Komplex einen weichen, abgerundeten Charakter verleiht.

Der größere der beiden Türme erhebt sich über einer Kammer mit Blick auf das Meer – nicht erschrecken, wenn kecke Affen darin kauern! Der Tempel, dem man sich von Westen durch zwei niedrige, mit kleinen Nandi (Stier)-Figuren gesäumte Ummauerungen nähert, umfasst zwei Lingam-Schreine (einer blickt gen Osten, der andere gen Westen) sowie einen dritten Schrein dazwischen, der das Bildnis eines liegenden Vishnu beherbergt. Kürzliche Ausgrabungen haben ein Becken zu Tage gefördert, das eine struktive Steinsäule enthält, die vermutlich eine Laterne darstellte, und eine riesige Varaha (Vishnu in der Inkarnation eines Ebers), ausgerichtet nach dem Vishnu-Schrein. Der Fund legt nahe, dass die Gegend schon lange, bevor die Pallavas sie als Tempelstätte wählten, ein heiliger Ort war. ⊙ tgl. Sonnenauf- bis -untergang, Eintritt US$5 inkl. Pancha Pandava Rathas, wenn sie am selben Tag besucht werden; Videokamera Rs 25.

Die Leuchttürme und die Mahishasuramardini Cave

Am höchsten Punkt bietet südlich von Arjuna's Penance das von steilen Pfaden, unvollendeten Tempeln, Ruinen, herumtollenden Affen und gewaltigen Felsen umgebene **New Lighthouse** schöne Ausblicke nach Osten zum Shore Temple und nach Westen über Reisfelder und mit Felsen übersätes Flachland. Daneben steht der **Olakanesvara** („flammenäugige" Shiva)- oder **Old Lighthouse Temple**, der bis zum Beginn des 20. Jhs. als Leuchtturm diente und aus der Rajasimha-Zeit (674–800 n. Chr.) stammt, jedoch kein Bildnis enthält.

Zwischen den beiden Leuchttürmen schmiegt sich die **Mahishasuramardini Cave** in den Felsen. Ihr zentrales Bildnis zeigt Shiva und Parvati mit dem Kind Murugan auf Parvatis Schoß. Shivas rechter Fuß ruht auf dem Rücken des Stieres Nandi, und Parvati sitzt entspannt da, auf ihre linke Hand gestützt. An der linken Wand, hinter einer leeren Kammer, stellt ein Paneel Vishnu auf der Schlange liegend dar; seine ruhende Haltung steht in Kontrast zu den Waffen schwingenden Dämonen Madhu und Kaithaba. Andere Figuren bitten Vishnu um Erlaubnis, die Monster jagen zu dürfen.

Gegenüber zeigt ein raffiniert gestaltetes Paneel die achtarmige Göttin **Durga** als Mahishasuramardini, die „Bezwingerin" des Büffeldämonen **Mahishasura**, auf einem Löwen reitend mitten im Kampf. Sie wird von *ganas* (Zwergen) begleitet und trägt einen Bogen und andere Waffen. Rechts ist Mahishasura mit einem Knüppel in Begleitung anderer Ungeheuer auf der Flucht zu sehen.

Das winzige **Archaeological Survey of India Museum** in der West Raja St, nahe dem Leuchtturm, beherbergt eine recht bunte Sammlung unbeschrifteter Pallava-Skulpturen, die in und um Mamallapuram gefunden wurden. ⊙ tgl. 9–13 und 14–17.30 Uhr, Eintritt Rs 2, Fotoerlaubnis Rs 10.

Pancha Pandava Rathas

Auf einem sandigen Gelände 1,5 km südlich des Dorfzentrums steht die beeindruckende Gruppe von Monolithen, die aus unerfindlichem Grund Pancha Pandava Rathas, die „fünf Wagen der Pandavas", genannt wurde. Sie stammen aus der Zeit Narasimhavarmans I. (ca. 630–670 n. Chr.) und bestehen aus fünf frei stehenden Skulpturen, die Tempel und einige wunderschön gearbeitete, lebensgroße Tiere nachbilden. Sie wurden entweder aus einem einzigen großen schrägen Felsblock oder aus drei verschiedenen gehauen.

Die „Architektur" der *rathas* spiegelt die Vielfalt der Stile wider, die beim damaligen Tempelbau Verwendung fanden, und stellt geradezu ein Modell für einen Großteil der folgenden Entwicklung des **Dravida**- (südlichen) Stils dar. Es wurde immer von oben nach unten gemeißelt, sodass der Künstler am oberen Teil arbeiten konnte, ohne befürchten zu müssen, Darunterliegendes zu beschädigen. Alle unfertigen Abschnitte befinden sich daher stets am Sockel.

Verblüffenderweise geht man davon aus, dass die *rathas* nie der Andacht dienten. Ein Hindu-Tempel ist erst dann vollendet, wenn die unentbehrliche, gefäßförmige Spitze, *kalasha*, angebracht ist – das wäre jedoch für die Kunsthandwerker nicht zu bewerkstelligen gewesen, da die *kalasha* in dem Falle als Erstes hätte gemeißelt werden müssen. *Kalashas* sind neben zweien der *rathas* (Dharmaraja und Arjuna) zu sehen, als hätten sie vielleicht später an ihren richtigen Platz gebracht werden sollen.

Der südlichste und größte *ratha*, nach dem ältesten der Pandava-Brüder benannt, ist der pyra-

TAMIL NADU

midenförmige **Dharmaraja**. Er steht auf einem quadratischen Sockel. Jede Stufe des mehrstöckigen Pyramidendaches ist mit einer Reihe Vorbauten versehen. Vier Eckblöcke, jeweils mit zwei Paneelen und Statuen verziert, werden von zwei Säulen und Stützpfeilern unterbrochen, die von sitzenden Löwen getragen werden. Zu den Figuren auf den Paneelen gehören Ardhanarishvara (Shiva und seine Gefährtin in einer Gestalt), Brahma, König Narasimhavarman I. und Harihara (Shiva und Vishnu in einer Person). Die mittlere Stufe zeigt u. a. Bildhauereien von Shiva Gangadhara, der einen Gebetskranz hält, mit der ihn bewundernden Flussgöttin Ganga an seiner Seite, und eine der ältesten Darstellungen Tamil Nadus von dem tanzenden Shiva, Nataraja, der in der Region eine wichtige Stellung einnehmen sollte. Der **Bhima Ratha** daneben, der größte der Gruppe, ist am unvollkommensten: Überall sind noch Spuren von Bearbeitungen zu erkennen. Die oberen Stufen, die keinerlei Skulpturen zieren, weisen wie der Dharmaraja, falsche Fenster und Vorbauten auf. Der rechteckige Sockel ist für einen Schrein sehr ungewöhnlich.

Die Arjuna- und Draupadi-*rathas* haben einen gemeinsamen Unterbau. Hinter dem **Arjuna**, dem vollständigsten der gesamten Gruppe und dem Dharmaraja sehr ähnlich, steht eine hervorragende, unvollendete Plastik von Shivas Stier Nandi. **Draupadi** ist innerhalb der Felsenarchitektur einmalig mit seinem Dach, das so aussieht, als ruhe es auf einer strohgedeckten Hütte (der Entwurf wurde später in Chidambaram nachgeahmt. Im Innern befindet sich ein Bildnis von Durga. Die Figur ihres Löwenreittiers draußen ist allerdings auf der gleichen Seite angeordnet, nicht mit Blick auf die Göttin, was ein überzeugendes Argument dafür ist, dass dies kein echter Tempel war. Im Westen steht nahe einer lebensgroßen Elefantenskulptur der nach den Zwillingsbrüdern **Nakula** und **Sahadeva** benannte *ratha*.

⏱ tgl. Sonnenauf- bis -untergang, Eintritt $5 inkl. Shore Temple, wenn er am selben Tag besucht wird; Videokamera Rs 25.

Auf der Straße zu den *rathas* hallt einem von den Werkstätten der Bildhauer unaufhörlich der Lärm der schlagenden Meißel entgegen. Viele Arbeiten sind hervorragend und lohnen einen Blick – die Bildhauer stellen Statuen für Tempel auf der ganzen Welt her und sind damit vertraut, große Stücke zu verschiffen. Einige Bildhauer sind erschreckend jung; Kinder übernehmen oft die körperlich schweren groben Arbeiten an großen Stücken, während die Meister die Skulptur anschließend fertig stellt.

Übernachtung

In Mamallapuram herrscht kein Mangel an Unterkünften, und über Preise lässt sich aufgrund geringerer Besucherzahlen in den letzten Jahren gut verhandeln. Die meisten preiswerten und Mittelklassehotels befinden sich im Ort, nur einen kurzen Fußweg vom Strand entfernt. Viele der teureren Resorthotels liegen an einem 6 km langen Küstenstreifen nördlich der Stadt und sind ohne Taxi oder Fahrrad nicht ganz problemlos zu erreichen. Es ist zwar einfach, vom Dorf eine Riksha dorthin zu nehmen, doch zurück wird es schwierig. Der Spaziergang nach Mamallapuram hinein am Strand entlang ist jedoch angenehm – solange man kein Gepäck dabeihat. Das Luxushotel *Taj Fisherman's Cove* liegt fast auf halbem Weg nach Chennai.

Mamallapuram leidet sehr unter aggressiven Schleppern, die für einige wenige Hotels arbeiten. Eine Liste anerkannter Hotels befindet sich auf einer Tafel am Busbahnhof, auf der auch alle hier aufgeführten Unterkünfte verzeichnet sind.

Greenwoods Resort, Othavadai Cross St, ✆ 04114/ 243318, ✉ greenwoods_resort@ yahoo.com. Sehr freundliche Unterkunft in Familienbesitz, nur einen Steinwurf vom Meer entfernt und umgeben von einem Garten, der von den vielen Frauen des Hauses liebevoll gepflegt wird. Auswahl an Zimmern mit und ohne AC, einige mit eigenem Balkon. Sehr gutes Preis-Leistungs-Verhältnis. ❷ – ❺

GRT Temple Bay Beach Resort, abseits der Kovalam Rd, 2 km nördlich der Stadt, ✆ 04114/ 242251, 🖥 www.grttemplebay.com. Tolle Lage am Strand mit Blick auf den Shore Temple. Die strohgedeckten Cottages am Wasser haben Balkone mit Meerblick, daneben gibt es riesige Zimmer im Hauptgebäude. Swimming Pool und Restaurant auf dem Gelände. Preise ab US$130. ❾

Ideal Beach Resort, Kovalam Rd, 5 km außerhalb, ✆ 04114/242240, 🖥 www.resortsindia.

com. Komfortable Cottages unweit der Tiger Cave, großer Pool und angenehmes Restaurant unter freiem Himmel. Beliebt bei Reisegruppen, deshalb in der Hochsaison zeitig reservieren. ❼–❾

Mamalla Beach Resort, 108 Kovalam Rd, 2,5 km nördlich der Stadt, ✉ mbresort@vsnl.net, ✆ 04114/242375. Das preiswerte Resorthotel bietet geräumige, gut eingerichtete Chalets (teils mit AC) mit Bad und Veranda. Ordentliches Restaurant und Spielebereich, kein Pool. ❺–❻

Mamalla Heritage, 104 East Raja St, ✆ 04114/242060, 🖷 242160. Das effiziente, moderne Hotel an der Hauptstraße bietet komfortable und makellos saubere AC-Zimmer mit Kühlschrank, TV und Blick auf einen Innenhof. Sehr gutes Restaurant (s. u.). ❺

Rama Krishna Lodge, 8 Othavadai St, ✆ 04114/242331. Saubere, gepflegte Zimmer im Herzen der Touristenklave, alle mit Bad, aber ohne AC, um einen Hof mit vielen Topfpflanzen. Die neuesten Zimmer befinden sich im obersten Stockwerk und bieten Meerblick. Außerdem gibt es einen Hilfsgenerator. Hier ist oft noch ein Zimmer zu haben, wenn alle anderen Hotels ausgebucht sind. ❶

Silver Moon, 24 Othavadai Cross St, ✆ 04114/243644, ✉ silver_moonguesthouse@yahoo.com. Die sehr saubere und freundliche Lodge hat gemütliche Zimmer mit Bad und einen kleinen, begrünten Innenhof. ❷

Siva Guest House, 2 Othavadai Cross Rd, ✆ 04114/243234, ✉ sivaguesthouse@hotmail.com. Die gepflegte Lodge bietet eine Auswahl an Zimmern (teils mit AC) zu günstigen Preisen. ❷–❹

Sri Murugan Guest House, 42 Othavadai St, ✆ 04114/242552. Kleine und ruhige Unterkunft mit zuvorkommendem Service. Saubere Zimmer ohne AC und ein Dachrestaurant. Eine der nettesten Übernachtungsmöglichkeiten in dieser Gegend. ❶–❷

Surya, Thirukula St, ✆ 04114/242292, 🖷 242492. Hotel am See auf einem ungewöhnlichen, mit verwitterten Skulpturen übersäten Gelände, wo auch eine Bildhauerschule und eine Galerie untergebracht sind. Zimmer teils mit AC und Balkon; Moskitonetze sind erhältlich. Der Pool steht auch Nicht-Gästen offen (Rs 100). ❸–❺

In Mamallapuram wimmelt es von kleinen Restaurants. Die meisten sind auf **Seafood** wie Tigergarnelen, Butterfisch, Thun- und Haifisch sowie Hummer spezialisiert, das größtenteils mariniert und gegrillt mit Pommes Frites und Salat serviert wird. Die exklusiven Hotels verlangen wesentlich mehr für ähnliche Gerichte, bieten aber nicht die Atmosphäre wie die Restaurants im Ort. Wo man auch isst – man sollte vorher klären, was der Fisch oder Hummer kosten soll, um am Ende keine böse Überraschung zu erleben. Da es sich um ein beliebtes Ziel für Traveller handelt, gibt es in Mamallapuram auch zahlreiche Lokale, die westliche Speisen wie Pasta, Pancakes, dunkles Brot und vergleichsweise fade indische Gerichte anbieten. Wem es nach echt indischem Essen gelüstet, z. B. nach einem feurigen Fisch-Curry mit allem Drum und Dran, der sollte sich zum Busbahnhof begeben, wo einige gute Lokale ausgezeichnete, würzige *thalis* und *dosas* servieren. Die fahrbaren Stände am Bahnhof bieten zum Frühstück dampfende *iddlis* für weniger als Rs 10. **Bier** ist vielerorts zu haben, aber recht teuer (Rs 80–90). Die beste Adresse für einen Drink am späten Abend ist das angenehme und freundliche *Globe Trotters* am Strand hinter dem *Luna Magica*.

Golden Palette, Mamalla Heritage, 104 East Raja St. Angenehm kühles AC-Café mit getönten Fensterscheiben, serviert das beste vegetarische Essen im Ort – zum Mittag *thalis* für Rs 55, abends im Innenhof nordindische *tandoori* – und wunderbare Eisbecher. Lohnt einen Besuch auf einen Kaffee, um der Hitze zu entkommen.

La Palais Croisette, Rama Krishna Hotel, 8 Othavadai St. Beliebte nepalesische Bäckerei mit Croissants, Pancakes, Frühstückskarte sowie Salaten, Nudeln, Seafood und Hühnchen.

La Vie en Rose, West Raja St. Nettes Gartenrestaurant mit westlicher Speisekarte, darunter ungewöhnliche Salate, Pasta (tolle Spaghetti) und Geflügelgerichte.

Luna Magica, 100 m nördlich der Othavadai St, direkt am Strand. Erstklassiges Seafood, vor allem Tigergarnelen und Hummer, die lebend in einem Becken gehalten werden. Große Exemplare kosten Rs 600–800, sind aber köstlich, dazu

TAMIL NADU

gibt es Tomaten-, Butter- und Knoblauchsoße. Bietet auch eine ganz passable Sangria mit süßem Rotwein aus Chennai und kaltes Bier sowie eine Reihe weniger teurer Gerichte, z. B. gutes Fisch-Curry und *sizzlers*.

Mamalla Bhavan, Shore Temple Rd, gegenüber dem Busbahnhof. Sehr beliebtes und entsprechend gut besuchtes, rein vegetarisches „meals"-Restaurant. Gut für ein *iddli-wada*-Frühstück, *dosas* am Abend und andere Snacks. Unbegrenzte *thalis* kosten Rs 23–30.

Moonrakers, Othavadai St. Coole Jazz- und Bluesklänge, großartiges frisches Seafood, Schachspiele und flotter Service stellen sicher, dass dieses Lokal das ganze Jahr über mit ausländischen Touristen gefüllt ist. Die Besitzer sprechen überdies fortwährend Passanten an, um sie in ihr Lokal zu locken.

Siesta, Sri Murugan Guest House, Othavadai St. Das Dachrestaurant unter Leitung eines spanischen Kochs serviert leckere *tapas* und Seafood-Spezialitäten zu moderaten Preisen.

Tina Blue Lodge, 54 Othavadai St. Vernünftige indische und westliche Speisen, z. B. ausgezeichnete Pfannkuchen mit Honig und Banane, auf einer netten Dachterrasse.

Village Inn, Thirukula St. Das winzige Lokal mit Strohdach serviert auf Holzkohle gegrillten Fisch und vorzügliches, in Butter gebratenes Huhn mit Tomaten-Knoblauch-Soße.

Sonstiges

GELD – Sofern man nicht in einem der teuren Hotels wohnt, gibt es nur zwei offizielle Geldwechsler im Dorf: die *Indian Overseas Bank*, in der TK Kunda Rd, und die effizientere *LKP Forex* in der East Raja St, ◷ Mo–Sa 9.30–19 Uhr.

INFORMATIONEN – Das *Government of Tamil Nadu Tourist Office*, Kovalam Rd, ✆ 04114/242232, ist eines der ersten Gebäude, die man im Dorf sieht – wenn man aus Chennai ankommt, auf der linken Seite. Es bietet gute Informationen über lokale Feste, Busfahrpläne und ordentliche Hotels. ◷ Mo–Fr 10–17.45 Uhr.

INTERNET – Der Durchschnittspreis der ständig zunehmenden Internet-Läden liegt bei Rs 30 pro

Std., wobei Verbindungsgeschwindigkeit und Zuverlässigkeit variieren. Die meisten Anbieter konzentrieren sich in der Othavadai St und der Othavadai Cross St.

MEDIZINISCHE HILFE – *Suradeep Hospital*, Thirukula St, ✆ 04114/242390, sehr gutes Krankenhaus.

Nahverkehrsmittel

Mamallapuram selbst besteht nur aus ein paar Straßen. Um zu den interessanten Punkten außerhalb des Zentrums zu gelangen, mietet man am besten ein **Fahrrad** von einem der Läden in der East Raja St, gegenüber dem Eingang zum Temple Bay Ashok Beach Resort oder beim *MK Cycle Centre*, 28 Othavadai St, für ca. Rs 20 pro Tag.

Motorroller und Enfield-**Motorräder** (für Rs 150–300 pro Tag) vermieten *Poornima Travels*, neben dem Restaurant Moonraker's, und einige Gästehäuser. *Welcome Tourrs and Travels*, Othavadai St, ✆ 044/2846 0908, vermittelt Mietwagen.

Transport

BUSSE – Der Busbahnhof befindet sich im Dorfzentrum. Tgl. verkehren zahlreiche Busse von und nach CHENNAI, TIRUVANNAMALAI, KANCHIPURAM und PONDICHERRY.

EISENBAHN – Der nächste Bahnhof ist Chengalpattu (Chingleput), 29 km nordöstlich, auf der Busstrecke nach Kanchipuram. Er liegt auf der Nord-Süd-Hauptstrecke, ist aber kein besonders günstiger Zusteigeort.

TAXIS / MOTOR-RIKSCHAS – Ein Taxi nach CHENNAI kostet Rs 1000–1500 (bzw. Rs 600–800 vom Flughafen); zu buchen über das Büro vor Ort oder in Chennai oder am Vorauszahlungsschalter am Flughafen von Chennai.

Die Umgebung von Mamallapuram

Das sandige Hinterland und die flachen Reisfelder um Mamallapuram beherbergen eine Hand voll Sehenswürdigkeiten, die einige Ausflüge von der

Küste lohnen. Das **Government College of Sculpture** und die kunstvoll in den Felsen gehauene **Tiger Cave** sind leicht mit dem Fahrrad zu erreichen (eine kurze Fahrt auf der Hauptstraße nach Norden). Um zur **Crocodile Bank** zu gelangen, wo seltene Reptilien aus ganz Südasien gezüchtet werden, um anschließend in die Wildnis entlassen zu werden, oder zum **Dakshina Chitra**, einem Museum, das sich südindischer Architektur und Kunsthandwerk widmet, muss man hingegen mehrere Busse nehmen oder sich für einen Tag ein Moped mieten.

Government College of Sculpture und Tiger Cave

Ein Besuch des **Government College of Sculpture**, 2 km nördlich von Mamallapuram an der Kovalam (Covelong) Road, ✆ 04114/242261, gewährt faszinierende Einblicke in den Prozess der Bildhauerei. Von den ersten Zeichnungen nach strengen Regeln der Proportion und Ikonographie bis zur Ausführung der Plastik, sowohl aus Holz als auch aus Stein in klassischer Hindu-Tradition, ist alles zu sehen. Zwecks Besichtigung muss man die Verwaltung des College kontaktieren. Eintritt frei.

Rund 3 km nördlich vom College an der Straße nach Kovalam versteckt sich inmitten von Hainen nahe dem Meer die außergewöhnliche **Tiger Cave**. Sie enthält einen Durga gewidmeten Schrein, dem man sich über eine Treppe an zwei Nebenkammern vorbei nähert. Die Höhle folgt der Gestalt eines unregelmäßig geformten Felsens und ist für ihr kunstvoll gearbeitetes Äußeres berühmt, das mehrere Löwenköpfe um den Eingang zur Hauptkammer zieren. Wenn man lang genug hinschaut, erinnert der Abschnitt auf der linken Seite (mit den sitzenden Figuren in den Nischen über zwei Elefanten) an eine riesige Eule. ☉ Sonnenauf- bis -untergang, Eintritt frei.

Crocodile Bank

Die Crocodile Bank in Vadanemmeli, 14 km nördlich des Ortes, an der Straße nach Chennai, wurde 1976 von dem amerikanischen Zoologen Romulus Whittaker eingerichtet, um einheimische Krokodile zu schützen und zu züchten. Die Einrichtung ist derart erfolgreich (von anfänglich 15 Krokodilen auf 5000 in den ersten 15 Jahren angewachsen), dass sie sich inzwischen auch um bedrohte Arten

aus der ganzen Welt, wie z. B. Schildkröten und Echsen, kümmert.

In niedrigen Gehegen in der Gartenanlage leben hunderte Krokodile, die in Teichen baden oder sich auf Sandbänken sonnen. Zu den Züchtungen zählen der Fisch fressende, knollennasige Gavial (auch Gharial) und die größte Krokodilart der Welt, das im Salzwasser lebende Leistenkrokodil *(Crocodylus porosus)*, das bis zu 8 m lang werden kann. Montags oder donnerstags gegen 16.30 Uhr können die Reptilien bei der Fütterung beobachtet werden, gegen eine Gebühr von Rs 20 darf man sie jederzeit selbst füttern. Beim Anblick der hungrigen Reptilien, die übereinander klettern und fast bis ans obere Ende des Zauns kommen, um nach den Fleischbrocken zu schnappen, vergeht aber manchem die Lust, Fotos zu schießen.

Ein weiteres wichtiges Projekt wird in Zusammenarbeit mit dem einheimischem Irula-Volk durchgeführt, das seit jeher für seine Schlangenkenntnisse berühmt ist. Zur Sammlung von Schlangengift, das für die Behandlung von Schlangenbissen wichtig ist, werden Kobras hierher gebracht. Andernorts werden die Schlangen zu diesem Zweck wiederholt „gemolken", bis sie sterben. Hier wird jeder Schlange nur eine bestimmte Menge abgenommen, sodass sie anschließend wieder in die Wildnis zurückkehren kann. Dieser Abschnitt kostet Rs 5 extra.

☉ Di–So 8–18 Uhr, Eintritt Rs 20, Fotoerlaubnis Rs 10, Videokamera Rs 75. Die Busse der Küstenroute Nr. 117 und Nr. 118 halten am Eingang.

Dakshina Chitra

Das Dakshina Chitra, wörtlich „Vision des Südens", nimmt einen Streifen Sanddünen auf halbem Weg zwischen Chennai und Mamallapuram ein und ist eines der besten Volkskundemuseen Indiens. Es widmet sich dem reichen architektonischen und künstlerischen Erbe Keralas, Karnatakas, Andhra Pradeshs und Tamil Nadus. Das von der Chennai Craft Foundation eingerichtete Museum bringt dem Besucher viele im Verschwinden begriffene Traditionen der Region nahe, die man ansonsten wahrscheinlich nicht kennen lernen würde, von Fruchtbarkeitsriten und Feldgöttern bis zu Töpferei und ledernen Schattenfiguren.

Eine Auswahl traditioneller Häuser aus verschiedenen Gegenden der Halbinsel wurde unter

Verwendung von Originalmaterialien mühsam rekonstruiert. Die begleitenden Ausstellungen vermitteln ein Bild von der Vielfalt der Landschaft und Kultur des Südens, welche am anschaulichsten in der wunderbaren Textilsammlung zum Ausdruck kommt, die alte Seiden- und Baumwollsaris verschiedener Kasten und Regionen umfasst. ☉ tgl. außer Di 10–18 Uhr, Eintritt Rs 50, Mittagessen Rs 175. Anfahrt mit einem der Busse nach Chennai oder mit einem Mietmoped von Mamallapuram.

Kanchipuram

Fragt man einen Tamilen, wofür Kanchipuram (abgekürzt „Kanchi") berühmt ist, wird man wahrscheinlich „Seidensaris, Schreine und Heilige" – in dieser Reihenfolge – zur Antwort bekommen. Das ganze Mittelalter hindurch war der Ort königliche Hauptstadt. Bis heute ist Kanchipuram eine der sieben heiligsten Städte des Subkontinents, sowohl für Shaivas als auch Vaishnavas, und eines der wenigen verbliebenen Zentren des Göttinnenkultes im Süden.

Das ganze Jahr über strömen Pilger auf der Tirupati-Rundtour zu einer kurzen *puja* und, falls sie es sich leisten können, einer Einkaufstour durch die Sari-Läden in den Ort. Für Nicht-Hindus ist Kanchipuram jedoch weniger reizvoll. Die Tempel sind zwar zweifelsohne beeindruckend, aber die Stadt selbst ist unerträglich heiß und verfügt nur über einfache Unterkünfte und Einrichtungen. Manch einer zieht es daher vor, Kanchipuram im Rahmen eines Tagesausflugs von Chennai oder Mamallapuram (jeweils 2 Std. Busfahrt) aus zu besuchen.

Kanchipuram wurde von den **Pallava-Königen** im 4. Jh. n. Chr. gegründet und diente ihnen 500 Jahre lang als Hauptstadt. Auch in der Chola-, Pandya- und Vijayanagar-Zeit florierte der Ort weiterhin. Unter den Pallavas war er ein bedeutendes Lehrzentrum. Hier trafen jainistische, buddhistische und hinduistische Kultur zusammen. Die **Tempel** legen beredtes Zeugnis ab von dieser andauernden politischen Vormachtstellung der Stadt. Ihre Ursprünge reichen vom Höhepunkt der Pallava-Bauzeit bis ins 17. Jh., als die Ausschmückung der *gopuras* und Säulenhallen am kunstvollsten war (Näheres zu Tamil Nadus Tempeln, s. S. 130 f., Kasten). Alle sind leicht zu Fuß, per Fahrrad oder

Riksha zu erreichen und zwischen 12 und 16 Uhr geschlossen. Bisweilen gehört etwas Entschlossenheit dazu, den hartnäckigen Puja-*wallahs* zu trotzen, die Ausländer in überteuerte Zeremonien zu locken versuchen. Wer Seide kaufen möchte, sollte sich in die Läden in der Gandhi St und der Thirukatchininambi St begeben.

Ekambareshvara-Tempel

Nördlich von Kanchipuram liegt der größte Tempel und wichtigste Shiva-Schrein der Stadt, der Ekambareshvara-Tempel, auch unter dem Namen Ekambaranatha bekannt und leicht an seinen weißen, fast 60 m hohen *gopuras* zu erkennen. Der Haupttempel enthält einige Pallava-Arbeiten, wurde aber überwiegend im 16. und 17. Jh. errichtet. Er steht innerhalb einer Umfriedungsmauer neben einigen kleineren Schreinen und einem großen, mit Fischen gefüllten Wasserbecken.

Den Eingang bildet ein hochbogiger Durchgang unterhalb eines kunstvoll gearbeiteten *gopura* in der Südmauer. Er führt zu einem offenen Hof und einer majestätischen „Tausend-Säulen-Halle" *(kalyan mandapa)*. Sie blickt auf das Wasserbecken im Norden und das Heiligtum im Westen, das ein Symbol Shivas – hier in seiner Form als **Kameshvara** („Herr des Verlangens") – enthält, einen „Erd"-Lingam (einer der fünf Lingams in Tamil Nadu, die die Elemente darstellen). Die Legende bringt ihn mit der Göttin **Kamakshi** (Shivas Gefährtin, „die Liebäugige") in Zusammenhang, die Shiva erzürnte, indem sie aus Spaß seine Augen bedeckte und so die Welt in Dunkelheit tauchte. Shiva bestrafte sie, indem er sie aussandte, ihm zu Ehren einen Lingam aus Erde zu formen. Als dieser vollendet war, stellte Kamakshi fest, dass sie ihn nicht bewegen konnte. Lokale Mythen erzählen von einer großen Flut, die Kanchipuram überrollte und die Tempel zerstörte, die jedoch den Lingam, gegen den sich Kamakshi derart stark stemmte, dass sie Abdrücke ihrer Brüste und Armreifen darauf hinterließ, nicht von der Stelle bewegte.

Hinter dem Heiligtum, das von dem umgebenden überdachten Gang aus zugänglich ist, liegt eine kahle Halle unterhalb eines verschwenderisch behauenen *gopura*. Ein ehrwürdiger **Mangobaum** repräsentiert den Baum, unter dem Shiva und Kamakshi vermählt wurden. Dieser Vereinigung wird jeden April mit einem Fest gedacht, wenn viele Paare in der *kalyan mandapa* getraut werden.

Sankaramandam

Kanchipuram ist der Sitz einer Reihe heiliger Männer, die den Titel **Acharya** tragen. Ihre Linie reicht bis auf den Heiligen Adi Sankaracharya (der je nach Quelle bis zu 1300 v. Chr. gelebt haben soll) zurück. Der 68. Acharya, der hochverehrte Sri Chandrasekharendra Sarasvati Swami, starb im Januar 1994 im Alter von 101 Jahren. Wie es für große Hinduweise üblich ist, wurde er sitzend begraben. Seine sterblichen Überreste werden in einem *samadhi* (Mausoleum*)* im *math* (Hindu-Kloster) **Sankaramandam** aufbewahrt, vom Ekambreshvara-Tempel die Straße hinunter. Der gegenwärtige, 69. Acharya hat seinen Sitz gegenüber der marmornen Meditationshalle des Schreines. Er gewährt der Öffentlichkeit vormittags und am frühen Abend *darshan*. Der mit alten Fotos aus dem Leben des früheren Swami geschmückte Tempel, in dem junge brahmanische Schüler Sanskritverse singen, ist eine typisch tamilische Mischung von einfacher Heiligkeit und protzigem modernen Kitsch. Die beiden großen Elefanten des Klosters erteilen Pilgern ihren Segen, sofern diese dem *mahout* seine Arbeit mit ein paar Rupien versüßen.

Kailasanatha-Tempel

Der Kailasanatha-Tempel, das älteste Bauwerk von Kanchipuram und das schönste Beispiel der Pallava-Architektur in Südindien, befindet sich nur etwa 1 km westlich vom Stadtzentrum unter mehreren flachen Gebäuden. Er wurde Anfang des 8. Jhs. von dem Pallava-König Rajasimha erbaut und unterscheidet sich von den späteren Tempeln des Ortes durch seine bescheidene Größe und seine schlichten Bildhauereien. Im Allgemeinen ist es hier ruhiger als bei den Nachbartempeln, nur während des **Mahashivratri**-Festes jeden März wird der Schrein zum Mittelpunkt ausgelassenen Feierns. Wie der etwa zeitgleich entstandene Shore Temple in Mamallapuram wurde auch dieser Tempel aus weichem Sandstein errichtet, doch hat seine geschützte Lage ihn vor Wind- und Sanderosion geschützt, sodass er bemerkenswert intakt geblieben ist, trotz einiger eher ungeschickter Renovierungsarbeiten in jüngerer Zeit.

Kamakshi Amman-Tempel

Der Kamakshi Amman-Tempel, nordwestlich des Busbahnhofs, wurde während der Vorherrschaft der Pallavas gebaut und im 14. und 17. Jh. verändert. Er vereint mit seinem alten zentralen Schrein, Toren aus der Vijayanagar-Zeit und wesentlich später über den Toreingängen errichteten, hohen, kunstvoll behauenen *gopuras* verschiedene Stile.

Der Schrein ist einer der drei heiligsten Indiens zu Ehren von Shakti, Shivas kosmischer Kraft in weiblicher Gestalt, gewöhnlich als seine Gefährtin dargestellt. Die Göttin Kamakshi, eine lokale Form von Parvati, mit einem Bogen aus Zuckerrohr und Blumenpfeilen dargestellt, wird hier geehrt, weil sie Shiva nach Kanchipuram gelockt haben soll, wo die beiden heirateten. Dadurch schmiedete sie ein Band zwischen der Gemeinde und dem Gott. Im Februar oder März werden Gottheiten in riesigen, kunstvoll geschnitzten und mit Statuen und Bananenblättern geschmückten Holzwagen zum Tempel gerollt.

Übernachtung und Essen

Kanchipuram bietet keine große Auswahl an Unterkünften, aber für einen kürzeren Aufenthalt sind die Hotels ausreichend.

Baboo Surya, 85 East Raja St, ☏ 04112/222556, 🖥 www.hotelbaboosoorya.com. Makellos saubere Zimmer mit Bad (teils AC) und hauseigenes Restaurant. Ausgezeichnetes Preis-Leistungs-Verhältnis in der Mittelklasse. ❸–❹

MM Hotel, 65/66 Nellukkara St, ☏ 04112/230023, ✉ info@mmhotels.com. Die beste Unterkunft der Stadt bietet saubere Zimmer zu günstigen Preisen. ❸–❹

Sri Kusal Lodge, 68C Nellukkara St, ☏ 04112/222356. Das mit Marmor ausgekleidete Budget-Hotel erfreut mit freundlichem Personal und ordentlichen Zimmern. ❶–❷

Geld

Man kann nirgends im Ort Geld wechseln. Einige Hotels der mittleren Preisklasse akzeptieren Kreditkarten, die nächsten offiziellen Geldwechselstuben befinden sich in Chennai und Mamallapuram.

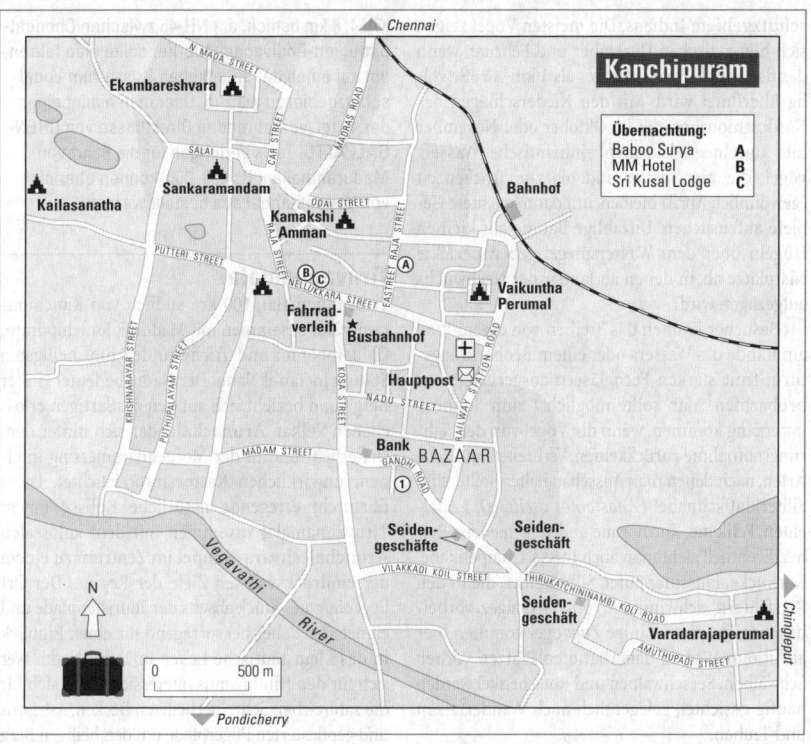

Kanchipuram

Übernachtung:

Baboo Surya	**A**
MM Hotel	**B**
Sri Kusal Lodge	**C**

Labels on map: Chennai, N MADA STREET, Ekambareshvara, SALAI, CAR STREET, MADRAS ROAD, Kailasanatha, Sankaramandam, ODAL STREET, Bahnhof, Kamakshi Amman, EAST RAJA STREET, PÜTTERI STREET, RAJA STREET, NELLUKKARA STREET, Fahrrad- verleih, Vaikuntha Perumal, Busbahnhof, Hauptpost, KRISHNABAYAR STREET, PUTHUPALAYAM STREET, KOSA STREET, RAILWAY STATION ROAD, NADU STREET, Bank, BAZAAR, MADAM STREET, GANDHI ROAD, Seiden- geschäfte, Seiden- geschäft, VILAKKADI KOIL STREET, THIRUKATCHININAMBI KOIL ROAD, Vegavathi River, Seiden- geschäft, Varadarajaperumal, AMUTHUPADI STREET, Chingleput, N, 0 500 m, Pondicherry

Nahverkehrsmittel

Da die meisten Straßen breit sind und der Verkehr selten chaotisch ist, erkundet man den Ort am besten per **Fahrrad** – von Ständen westlich und nordöstlich des Busbahnhofs zu Spottpreisen (Rs 2 pro Std.) zu mieten.

Transport

BUSSE – Kanchipuram liegt am Vegavathi-Fluss, 70 km südwestlich von Chennai und etwas weniger von Mamallapuram an der Küste entfernt. Busse aus CHENNAI, MAMALLAPURAM (2–2 1/2 Std.) und CHENGALPATTU (1 Std.) halten am Busbahnhof in der Raja St (nahe Kosa St) im Zentrum.
Busse nach:
CHENNAI (alle 10 Min., 1 1/2–2 Std.),
COIMBATORE (4x tgl., 9–10 Std.),
MADURAI (4x tgl., 10–12 Std.),
PONDICHERRY (15x tgl., 7 Std.),
TIRUCHIRAPALLI (6x tgl., 7–8 Std.),
TIRUVANNAMALAI (15–20x tgl., 3–4 Std.).

EISENBAHN – In den verschlafenen Bahnhof im Nordosten fahren tgl. nur vier Züge aus CHENGALPATTU ein – zwei kommen aus CHENNAI und zwei aus ANAKKONAM.

Vedanthangal

Vedanthangal, eine Ansammlung niedriger, brauner Häuser inmitten eines Flickenteppichs von Reisfeldern 30 km von der Ostküste und 86 km südwestlich von Chennai, ist ein winziger, entspannter Ort mit nur zwei *chai*-Buden, den eine einzige Straße durchteilt. Etwa 1 km östlich des Dorfes liegt eines der hervorragendsten **Vogel-**

schutzgebiete Indiens. Die meisten Vögel zeigen sich hier zwischen Dezember und Februar, wenn das flache Gebiet von weniger als 1 km² Größe völlig überflutet wird. Mit den Niederschlägen des Nordostmonsuns, der im Oktober oder November hier durchfegt, kommen einheimische Wasservögel, die hier nisten und bis zur Trockenzeit (gewöhnlich April) bleiben, um dann feuchtere Gebiete aufzusuchen. Unzählige Bäume auf kleinen Hügeln über dem Wasserspiegel geben perfekte Nistplätze ab, in denen ab Januar der Nachwuchs aufgezogen wird.

Besucher können das Treiben von einem Pfad am Rande des Wassers oder einem Beobachtungsturm (mit starken Ferngläsern ausgerüstet) aus beobachten. Man sollte möglichst zum Sonnenuntergang kommen, wenn die Vögel von der Nahrungsaufnahme zurückkehren. Verbreitete indische Arten, nach denen man Ausschau halten sollte, sind Silberklaffschnabel *(Anastomos oscitans)*, Löffelenten, Pelikane, Kormorane und verschiedene Reiher. Eventuell sieht man auch Ibisse, Graupelikane, Kuckucke, Flussuferläufer, Silberreiher, die in den Reisfeldern schwimmen, und winzige, vorbeihuschende Spinte. Einige Zugvögel kommen hier auf ihrem Weg zu dauerhafteren Plätzen vorbei; Schwalben, Seeschwalben und Rotschenkel werden häufig gesichtet, gelegentlich auch Wanderfalken und Tauben.

Übernachtung

Vedanthangals einzige Unterkunft sind die vier Zimmer der *Forest Lodge* nahe dem Busbahnhof, der Schule und der *chai*-Bude. Die großen, bequemen Zimmer (teils AC) mit Bad bucht man am besten über den *Wildlife Warden,* 259, 3rd Road Block, 4th Floor, DMS Compound, Teynampet, Chennai, ✆ 044/2432 1471; die Lodge ist aber auch direkt per Mobiltelefon, ✆ 954115/200006, zu erreichen. Wer ohne Reservierung auftaucht, hat u. U. Pech und die Lodge ist voll, besonders im Dezember und Januar. Das Personal bereitet Essen zu, wenn man rechtzeitig Bescheid gibt. ❸

Transport

Nach Vedanthangal zu gelangen, kann schwierig werden. Die nächste Stadt ist MADURANTHA-KAM, 8 km östlich, am NH-45 zwischen Chengalpattu und Tindivanam. Hierher sollte man fahren, um auf einen der stündlichen Busse zum Vogelschutzgebiet zu warten. Oder man nimmt einen der 4x tgl. verkehrenden Direktbusse von CHENGALPATTU. Taxis verlangen für die Fahrt von Maduranthakam Rs 250–300, können aber nicht von Vedanthangal aus bestellt werden.

Tiruvannamalai

Tiruvannamalai, 100 km südlich von Kanchipuram, zählt zusammen mit Madurai, Kanchipuram, Chidambaram und Trichy zu den fünf heiligsten Stätten in Tamil Nadu. Der Name bedeutet „Roter Berg" und bezieht sich auf den großartigen erloschenen Vulkan **Arunachala**, der sich hinter dem Ort erhebt und in der Morgendämmerung in einem unwirklichen Karmesinrot leuchtet. Diese Ehrfurcht erregende natürliche Kulisse macht Tiruvannamalai zusammen mit dem kolossalen **Arunchaleshvara-Tempel** im Zentrum zu einem der eindrucksvollsten Ziele der Region. Der Ort liegt ein gutes Stück abseits der Touristenpfade und eignet sich daher hervorragend für einen Einblick in das kleinstädtische Leben in Tamil Nadu. Wer sich für den Hinduismus interessiert, wird sich für die zahlreichen Schreine, heiligen Becken, Ashrams und gepflasterten Pilgerpfade um den heiligen Berg (von den Scharen zottelhaariger *babas,* die vor den Hauptstätten um Almosen betteln, ganz zu schweigen) sicher begeistern.

In der Mythologie wird Arunachala als der Ort angegeben, an dem Shiva seine Macht gegenüber Brahma und Vishnu behauptete, indem er sich als Lingam des Feuers, Agni Lingam, manifestierte. Die beiden geringeren Götter hatten gerade darüber gestritten, wer dem anderen überlegen sei, als Shiva sein Kunststück mit dem Urfeuer vollführte und seine Gegner dazu aufforderte, oberes und unteres Ende seiner lodernden Säule auszumachen. Dies gelang ihnen nicht (Vishnu soll jedoch so getan haben, als hätte er das Kopfende gefunden). Daraufhin fielen sie in einer Geste der absoluten Unterwerfung auf ihre Knie. Dieses Ereignisses wird jedes Jahr zum Vollmond im November/Dezember gedacht, wenn die Brahmanen auf dem Gipfel des Arunachala ein riesiges Fass *ghee* und Paraffin anzünden. Es symbolisiert die

Erfüllung von Shivas Versprechen, jedes Jahr zu erscheinen, um mit Hilfe des Feuers die Kräfte der Dunkelheit und Unwissenheit zu besiegen.

Der Rote Berg steht auch in Verbindung mit Sri Ramana Maharishi, einem berühmten Heiligen des 20. Jhs., der ihn als Rückzugsort für seine 23 Jahre während Meditation wählte. Am Stadtrand unterhalb der Sri Ramana's Cave sind ein paar kleine Ashrams entstanden, einige davon authentischer als andere. In weiße Baumwolle gehüllte Ausländer, die zwischen ihnen herumlaufen, sind zu einem alltäglichen Anblick in Tiruvannamalai geworden.

Arunachaleshvara-Tempel

Der unter Hindus auch als der „Tempel des ewigen Sonnenaufgangs" bekannte, riesige Arunachaleshvara-Tempel wurde über einen Zeitraum von fast tausend Jahren gebaut. Er besteht aus drei konzentrischen Höfen, deren Tore von spitz zulaufenden *gopuras* gekrönt werden. Die beiden größten zieren das östliche und das nördliche Tor. Die beste Aussicht über die Anlage – atemberaubend vor dem Hintergrund der weiten Ebenen und des klobigen Granitgesteins der Shevaroy Hills – bietet der Pfad zu Sri Ramana Maharishis Meditationshöhle Virupaksha (s. u.), an den niederen Hängen des Arunachala, hinauf. Um den Tempel zu erreichen, geht man zum großen Osttor, das durch die dicken, mit Statuen von lokalen Heiligen, Göttern und Lehrmeistern verzierten Außenmauern führt. Im Untergeschoss einer erhöhten Halle rechts, bevor man den nächsten Hof betritt, befindet sich der Parthala Lingam. Hier soll Sri Ramana Maharishi im Zustand des Absoluten Bewusstseins gesessen haben, während Ameisen sein Fleisch anfraßen.

Die Höhlen und der Sri Ramanasram Ashram

Gegenüber dem Westeingang des Tempelkomplexes führt ein Pfad einen heiligen Hügel hinauf zur **Virupaksha-Höhle** (15 Min.), wo Sri Ramana zwischen 1899 und 1916 weilte. Er selbst baute die Bank davor sowie den Lingam in Form eines Hügels und die Plattform im Innern, wo jeder zur Meditation willkommen ist. Als diese Höhle zu klein wurde, da sie ständig mit Verwandten und Anhängern überfüllt war, zog Sri Ramana in eine andere, in einer Baumgruppe versteckte Höhle (ein paar Minuten weiter den Hügel hinauf) um.

Diese und das darauf errichtete kleine Haus nannte er **Skandasraman**. Hier lebte er von 1916–1922. Auch das Innere dieser Höhle steht für die Meditation zur Verfügung. Der Vorhof bietet einen herrlichen Ausblick über den Tempel, die Stadt und die Umgebung.

Die Höhlen können auch über einen Pilgerpfad, der sich vom **Sri Ramanasram Ashram** 2 km südlich des Tempels an der Hauptstraße den Hügel hinaufwindet, erreicht werden. In diesem einfachen Komplex lebte der Heilige, nachdem er von seiner Klause auf dem Arunachala zurückgekehrt war. Hier wird auch sein Leichnam aufbewahrt. Das Mausoleum *(samadhi)* ist ein beliebter Wallfahrtsort für Sri Ramanas Anhänger, aber auch andere interessierte Besucher dürfen in den Schlafsälen übernachten (⌨ www.ramana-maharshi.org, ✆ 01475/237292). Es gibt hier einen hervorragenden Buchladen mit einer Riesenauswahl an Büchern über das Leben und die Lehren des Gurus sowie zahlreichen schönen Postkarten, Kalendern und religiösen Bildern. ⊕ tgl. 7.30–11 und 14.30–18.30 Uhr.

Übernachtung

Für einen derart bedeutenden Pilgerort hat Tiruvannamalai überraschend wenige passable Hotels, doch die der mittleren Preisklasse sind recht komfortabel, und auch die Billighotels sind für einen kurzen Aufenthalt akzeptabel.

NS Lodge, 47 Thiruvoodal St, ✆ 04175/225388. Unterkunft mit Blick auf den Südeingang des Arunachaleshvara-Tempels. Saubere Zimmer mit Bad (teils mit AC) und Kabel-TV, vom Dach herrliche Aussicht auf den Tempel. ❶–❸

Park, 26 Kosmadam St, ✆ 04175/222471. Zuverlässiges Budget-Hotel unmittelbar nordöstlich des Haupteingangs zum Tempel. Einfache Zimmer ohne AC und betriebsames vegetarisches Lokal im Erdgeschoss. ❶–❷

Ramakrishna, 34-F Polur Rd, 3 Gehminuten nördlich vom Busbahnhof, ✆ 01475/250005, ✉ info@ramakrishna.com. Das ordentliche Mittelklassehotel bietet große, saubere und preisgünstige Zimmer mit TV (und z. T. auch AC). ❸–❹

Sri Durgalakshmi, 73 Chinnakadai St, ✆ 04175/226041. Die beste Budget-Unterkunft der Stadt liegt günstig in der Nähe des Busbahnhofs. ❷

Trisul, 6 Kanakaraya Mudali St, neben dem Haupteingang zum Tempel, ☎ 04175/222219, ✉ tact@vsnl.com. Mittelklassehotel mit riesigen, tadellos sauberen Zimmern (teils mit AC), höflichem Personal und gutem Restaurant. Ist aber häufig von Langzeitgästen aus dem Westen belegt, die in den Ashrams studieren. ❹-❺

Essen

Es gibt etwa ein Dutzend typische südindische „meals"-Lokale nahe dem südlichen Ende der Car St. Hier werden den ganzen Nachmittag über leckere heiße *ghee chappatis* sowie die üblichen Reisspezialitäten serviert.

Udipi Brindhavan und **Deepam** in der Car St gegenüber dem Osteingang des Tempels sind typische *udipi*-Restaurants, die u. a. hervorragende *parottas* für unter Rs 10 servieren. Letzteres verfügt über einen angrenzenden Eissalon, in dem auch Milchshakes zu haben sind.

Das Hotel **Trisul** besitzt ein vornehmes Restaurant im Erdgeschoss, das ein nordindisches Buffet für ca. Rs 100 und abends *tandoori* bietet.

Das Hotelrestaurant im **Ramakrishna** serviert mittags ausgezeichnete *thalis* und abends eine Auswahl an nord- und südindischen Gerichten.

Internet

Einer der wenigen Internet-Anbieter ist **Image Computer Centre**, 52 Car St, ⊙ tgl. 9.30–21.30 Uhr, Rs 20 pro Std.

Transport

Tiruvannamalai wird regelmäßig von Bussen aus BANGALORE (via Vellore), CHENNAI, PONDICHERRY und TRICHY angefahren. Wer von der Küste kommt, nimmt am besten einen der zahlreichen Busse von TINDIVANAM hierher.

Der **Busbahnhof** der Stadt befindet sich 2 km nördlich des Tempels an der Hauptstraße nach Gingee.

500 m weiter nördlich liegt der **Bahnhof**, von wo jeweils 1x tgl. ein Zug nach TIRUPATI und MADURAI fährt.

Pondicherry

Der erste Eindruck von Pondicherry, der ehemaligen Hauptstadt Französisch-Indiens, kann enttäuschen. Als Erstes sieht man schmutzige Vororte und einen Busbahnhof, die ebenso überfüllt und chaotisch sind wie in jeder typisch tamilischen Stadt. Zum Meer hin wird die Atmosphäre jedoch spürbar französischer, die Basare weichen Reihen von Häusern mit Fensterläden und bunten Fassaden, die auch in Montpellier nicht fehl am Platz wären. Wer sich an die britische koloniale Prägung gewöhnt hat, erlebt vielleicht einen kleinen Kulturschock beim Anblick reich verzierter katholischer Kirchen, französischer Straßennamen und Polizisten mit *képis* (Schirmmützen) im De-Gaulle-Stil. Auf den Straßen wird noch Französisch gesprochen und auf den staubigen Plätzen Boule gespielt. Durch den Tsunami im Dezember 2004 verloren hier viele Menschen ihr Leben, und zahlreiche nah am Wasser stehende Gebäude wurden schwer beschädigt, doch Pondicherrys touristische Infrastruktur wurde rasch wieder aufgebaut.

Pondicherry, griechischen und römischen Geografen als „Poduke" bekannt, war im 2. Jh. ein wichtiger Zwischenhalt auf dem Seehandelsweg zwischen Rom und dem Fernen Osten (im nahe gelegenen Arikamedu wurde ein römisches Amphitheater ausgegraben). Mit dem Niedergang des Römischen Reiches übernahmen die Pallavas und Cholas die Kontrolle über den Hafen. Auf sie folgte eine Reihe von Kolonialmächten, von den Portugiesen im 16. Jh. bis zu den Franzosen, Dänen und Briten, zwischen denen nach den verschiedenen Schlachten und Verträgen der Karnatischen Kriege im frühen 18. Jh. die Enklave mehrmals wechselte. Pondicherrys Blütezeit beginnt jedoch erst mit der Ankunft des Franzosen **Joseph-François Dupleix**, der 1742 den Gouverneursposten annahm und sich sofort daranmachte, die von ihren ehemaligen britischen Besatzern beschädigte Stadt wieder aufzubauen. Er war es auch, der das Straßennetz anlegen ließ: ein zentrales Gitter, das von einem breiten, langen Boulevard umrundet und von Nord nach Süd von einem inzwischen unterirdisch verlaufenden Kanal durchschnitten wird, der die „Ville Blanche" im Osten von der „Ville Noire" im Westen trennte.

Diese Trennung wurde zwar 1954 aufgehoben – als die Stadt zum Hauptsitz des **Union Territory of**

Pondicherry wurde, das die drei anderen, über Südindien verstreuten ehemaligen kolonialen Enklaven Frankreichs verwaltete –, dennoch ist der gespaltene Charakter der Stadt geblieben. Westlich des Kanals erstreckt sich ein geschäftiges indisches Marktviertel, während die Straßen im Osten, zur Küste hin, leerer, sauberer und deutlich europäischer sind.

Die Meerespromenade, **Goubert Salai** (ehemals Beach Road), mit dem weißen Hôtel de Ville (Rathaus) erinnert an einen verlassenen französischen Badeort außerhalb der Saison. Gebräunte Sonnenanbeter teilen sich den Ort mit ernsten, in weißen indischen Gewändern umherwandelnden Europäern, die ihre spirituelle Suche voll und ganz in Anspruch nimmt. Hier fand **Sri Aurobindo Ghose** (1872–1950), eine führende Gestalt des Befreiungskampfes in Bengalen, Zuflucht, nachdem es für ihn riskant geworden war, in der Nähe der Briten in Kalkutta zu leben. Sein **Ashram** zieht tausende Anhänger aus der ganzen Welt an, vor allem aber aus Bengalen.

Das 10 km nördlich gelegene, utopische Wohnexperiment **Auroville** wurde von Aurobindos Schülerin, der charismatischen Mirra Alfassa, einer Pariser Malerin, Musikerin und Mystikerin, besser bekannt unter dem Namen „The Mother", angeregt. Heute wird der leicht surreale Ort von zahlreichen Ausländern bewohnt und von europäischen Langzeiturlaubern auf der Suche nach innerem Frieden besucht.

Sehenswürdigkeiten

Pondicherrys **Strandpromenade** Goubert Salai ist ein beliebter Ort für einen Bummel. Es gibt hier allerdings nicht viel mehr zu tun, als die Zeit an sich vorüberziehen zu lassen. Das Hôtel de Ville, das die Kommunalverwaltung beherbergt, bietet jedoch immer noch einen imposanten Anblick, und ein 4 m hohes Gandhi-Denkmal, umgeben von alten Säulen, beherrscht das nördliche Ende. In der Nähe erinnert ein Denkmal an die Franko-Inder, die ihr Leben im Ersten Weltkrieg lassen mussten.

Gleich nördlich des Hôtel de Ville, ein paar Straßen von der Promenade weg, liegt der alte begrünte Platz im französischen Stil namens **Government Place**. Auf der Nordseite liegt das eindrucksvolle, strahlend weiße **Raj Nivas**, die offizielle Residenz des gegenwärtigen Vizegouverneurs des Pondicherry Territory. Es wurde Ende des 18. Jhs. für Dupleix gebaut.

Das **Pondicherry Museum** in der Ranga Pillai Street, gegenüber dem Government Place, beherbergt eine archäologische Sammlung – neolithische und 2000 Jahre alte Funde aus Arikamedu, ein paar Pallava- (6.–8. Jh.) und buddhistische (10. Jh.) Steinmetzarbeiten, Bronzen, Waffen und Malereien. Neben den o. g. Ausstellungsstücken ist hier eine bizarre Zusammenstellung von französischen Salonmöbeln und Antiquitäten aus lokalen Häusern zu sehen. ☉ tgl. Di–So 10–17 Uhr, Eintritt Rs 2.

Der **Sri Aurobindo Ashram**, ein paar Straßen nördlich in der Rue de la Marine, ist einer der bekanntesten und wohlhabendsten Ashrams in Indien, 🖥 www.sriaurobindosociety.org.in. Er wurde 1926 von dem bengalischen Philosophen und Guru Aurobindo Ghose und dessen wichtigster Schülerin, persönlichen Managerin und Sprachrohr „The Mother" gegründet und dient als Hauptsitz der Sri Aurobindo Society (SAS). Die Gesellschaft besitzt heute den größten Teil der Vermögensgegenstände und Immobilien in Pondicherry und übt nach Meinung mancher Einwohner einen unverhältnismäßig großen Einfluss über die Stadt aus. Beim Betreten der Anlage wird man von einem äußerst gepflegten kleinen Stein-, Kaktus- und Blumengarten empfangen. Das **Samadhi** (Mausoleum) von Sri Aurobindo und „The Mother" wird täglich mit Blumen bedeckt und gewöhnlich von Anhängern umrundet, die ihre Hände oder ihren Kopf dabei auf das Grab legen und um etwas bitten. Im Innern des Hauptgebäudes, einem verblüffend bürgerlich aussehenden Raum im westlichen Stil mit dreiteiliger Möbelgarnitur und Perserteppich, pflegten „The Mother" und Sri Aurobindo sich auszuruhen. ☉ tgl. 8–12 und 14–18 Uhr; keine Kinder unter 3 Jahren; Fotoerlaubnis erforderlich.

Nebenan befindet sich eine Buchhandlung, im Gebäude gegenüber finden häufig Kulturveranstaltungen statt.

Im Südwesten der Stadt, nahe dem Bahnhof, ist die riesige cremefarbene und braune **Sacred Heart of Jesus**, eine der schönsten katholischen Kirchen von Pondicherry, kaum zu übersehen. Sie wurde Anfang des 18. Jhs. von französischen Missionaren errichtet. In der Nähe bieten die 1826 angelegten, schattigen **Botanical Gardens** viele ruhige Spazierwege. Die Franzosen pflanzten hier 900 verschiedene Arten an, um zu erforschen, ob sie unter indischen Verhältnissen gedeihen würden. Der afrikanische Mahagonibaum *(Khaya senegalensis)* hat eine Höhe von 25 m erreicht. Zu sehen ist auch ein außergewöhnlicher, versteinerter Baum, der etwa 25 km entfernt in Tiravakarai gefunden wurde. ⊙ tgl. 9.30–18 Uhr, Eintritt frei.

Übernachtung

Pondicherrys einfache Lodges konzentrieren sich um den Hauptmarkt in der Ranga Pillai Street und Rue Nehru. Dem **Sri Aurobindo Ashram** gehörende Gästehäuser bieten ein hervorragendes Preis-Leistungs-Verhältnis, legen den Gästen aber auch einige Bürden auf (Vorschriften, Zapfenstreich und überall Mitteilungen zur „Lebensphilosophie"). Obwohl sie theoretisch jedem offen stehen, machen sie nicht gern Werbung und wollen niemanden anlocken, der bloß einem „spirituellen Tourismus" frönt.

Anandha Inn, 154 Sardar Vallabhai Patel Salai (North Blvd.), ✆ 0413/233 0711, ✉ checkin@anandha.in. 70 luxuriöse Zimmer und zwei Restaurants in einem strahlend weißen Gebäude. Gutes Preis-Leistungs-Verhältnis und beliebt bei Touristengruppen, daher rechtzeitig reservieren. ❼–❽

Aruna, 3 Zamindar Garden, SV Patel Rd, ✆ 0413/233 7756. Preiswerte DZ mit Bad in verschiedenen Größen in einer ruhigen Seitenstraße, teils mit AC und/oder Balkon. ❸–❹

Hotel de l'Orient, 17 Rue Romain Rolland, ✆ 0413/234 3067, ✆ 222 7829. Sehr schönes französisches Haus (als UNESCO-Welterbe ausgewiesen) mit 16 Zimmern – individuell eingerichtet mit französischen Antiquitäten, gefliesten Balkonen und großen Fensterläden mit Blick auf einen grünen Innenhof. Äußerst romantische Unterkunft mit Restaurant. ❽–❾

International Guest House, 47 Gingee Salai, ✆ 0413/233 6699, ✉ ingh@vsnl.net. Die größte Aurobindo-Unterkunft, Dutzende sehr großer, sauberer Zimmer, teils AC. Empfehlenswerte Budget-Unterkunft, auch sicher für allein reisende Frauen. ❶–❸

Park Guest House, Goubert Salai, ✆ 0413/233 4412, ✉ parkgh@sriaurobindoashram.org. Eine weitere Unterkunft der Sri Aurobindo Society mit sehr komfortablen, makellosen Zimmern, direkt am Meer, Moskitonetzen und Sitzgelegenheiten im Freien mit Blick auf einen Garten. Fahrradverleih, Wäscherei und Restaurant. Strenge Vorschriften. ❸

Pondicherry Ashok, Chinnakalapet, 12 km nördlich von Pondicherry an der alten Küstenstraße nach Mamallapuram, nahe Auroville, ✆ 0413/265 5160, ✉ itdcpa@satyam.net.in. Komfortable Zimmer mit AC in einer ruhigen, luftigen Gegend an der Küste. Kinderspielplatz, Restaurant, Grill und Bar. Großzügiger Preisnachlass ab 3-tägigem Aufenthalt. ❽

Qualithe, 3 Rue Mahé de Labourdonnais, ✆ 0413/233 4325, ✉ rajarathnam8@engineer.com. Budget-Lodge mit Stil in einem etwas baufälligen, alten französischen Gebäude. Im Obergeschoss große und sehr saubere Zimmer für vier Personen rund um einen Balkon mit Korbstühlen und tollem Blick über den Government Place, außerdem ein billiges EZ. ❸

Soorya International, 55 Ranga Pillai St, ✆ 0413/233 6856. Zentral gelegenes Hotel mit sehr großen, einwandfreien Zimmern. Protziges Äußeres, aber vernünftige Preise. Inkl. Frühstück. ❸–❺

Surya Swastika, 11 ID Koil St, ✆ 0413/234 3092, ✉ suryaswastika@sify.com. Traditionelles tamilisches Gästehaus in einer ruhigen Gegend der Stadt, 9 einfache Zimmer um einen zentralen Hof, der mittags zugleich als Pilgerlokal fungiert. Sehr billig und sauberer als die meisten der Basar-Unterkünfte. ❶–❸

Essen

Wer schon eine Weile unterwegs ist und sich nach gesunden Salaten, frischem Kaffee, knusprigem Brot, Kuchen und echtem Feingebäck sehnt, hat in Pondicherry die Qual der Wahl. Anders als die meisten Traveller-Lokale in anderen Teilen des Landes sind die hiesigen westlichen Restaurants auf eine überwiegend in der Stadt ansässige ausländische Kundschaft mit kritischem Gaumen und dickem Geldbeutel ausgerichtet. **Bier** ist fast überall erhältlich (außer in den Lokalen der SAS) und kostet bei Rs 30–40

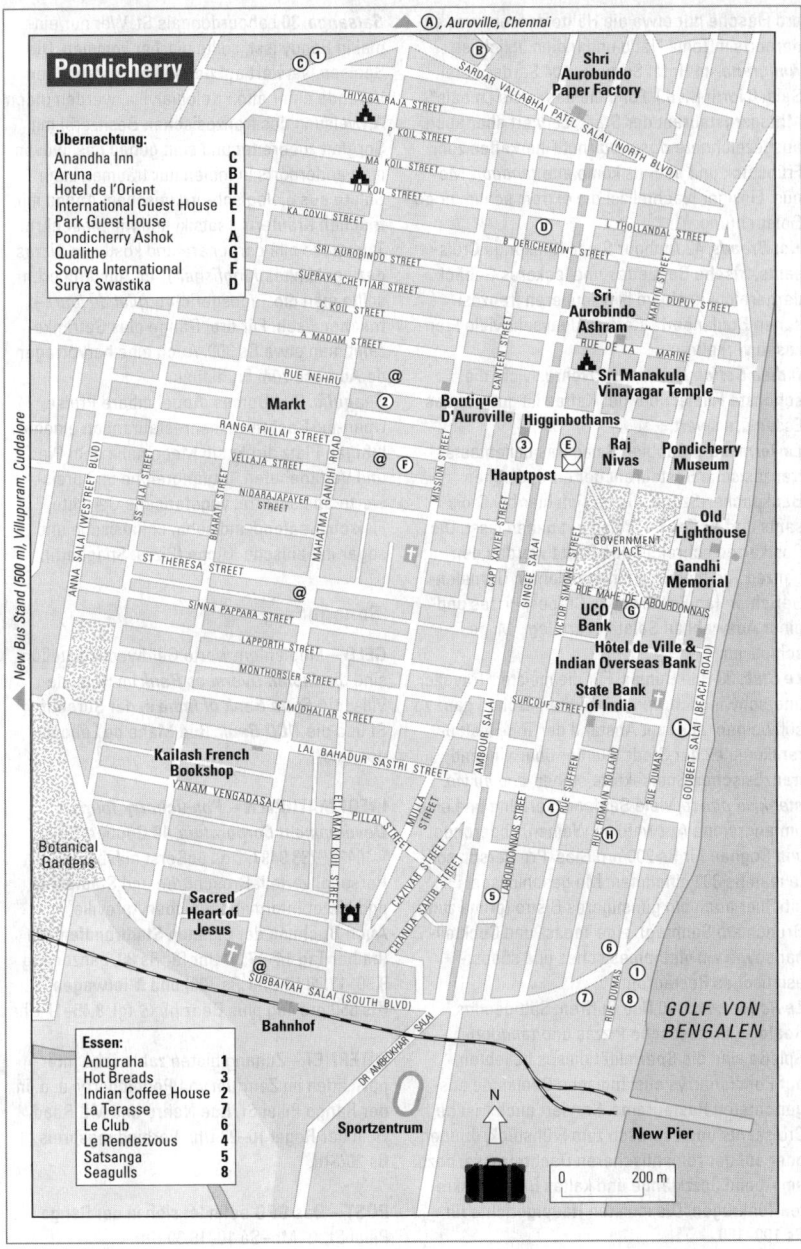

Pondicherry

Übernachtung:

Anandha Inn	C
Aruna	B
Hotel de l'Orient	E
International Guest House	H
Park Guest House	I
Pondicherry Ashok	A
Qualithe	G
Soorya International	F
Surya Swastika	D

Essen:

Anugraha	1
Hot Breads	3
Indian Coffee House	2
La Terasse	7
Le Club	6
Le Rendezvous	4
Satsanga	5
Seagulls	8

Shri Aurobundo Paper Factory

Sri Aurobindo Ashram

Sri Manakula Vinayagar Temple

Boutique D'Auroville

Higginbothams

Raj Nivas

Pondicherry Museum

Hauptpost

Old Lighthouse

Government Place

Gandhi Memorial

UCO Bank

Hôtel de Ville & Indian Overseas Bank

State Bank of India

Markt

Kailash French Bookshop

Botanical Gardens

Sacred Heart of Jesus

Bahnhof

Sportzentrum

New Pier

GOLF VON BENGALEN

New Bus Stand (500 m), Villupuram, Cuddalore

Auroville, Chennai

TAMIL NADU

0   200 m

pro Flasche nur etwa die Hälfte dessen, was anderorts in Tamil Nadu und Indien üblich ist.

Anugraha, im Hotel Surguru, 104 Sardar Patel Salai (North Blvd.). Für viele das beste „meals"-Mittagsrestaurant der Stadt, serviert aber auch ausgezeichnete *dosa-iddli* mit Filterkaffee zum Frühstück und abends komplette *tandoori*-Menüs. Einziger Nachteil ist die extrem schummrige Beleuchtung.

Hot Breads, 42 Ambour Salai. Knusprige Croissants, frische Baguettes und leckeres Gebäck, dargereicht in einem blitzsauberen französischen Boulangerie-Café, in dem sehr viele Franzosen verkehren.

Indian Coffee House, Rue Nehru. Nicht die schönste Filiale, aber der Kaffee ist gut und das Essen preiswert.

La Terrasse, 5 Subbiah Salai. Das beliebteste französische Restaurant der europäischen Backpacker-Szene, die es sich hier bei Croissants und Kaffee im Freien gut gehen lässt. Die Postkarten schreibenden Gäste werden den ganzen Tag hindurch mit exzellenten Garnelen-Gerichten (ab Rs 80) sowie Crêpes, Pizzas und einer Auswahl an Salaten verpflegt. Mi geschlossen.

Le Club, 33 Rue Dumas. Für die meisten Traveller unerschwinglich, von den Einheimischen ganz zu schweigen, aber mit Abstand der Top-Restaurantkomplex der Stadt. Auf der überwiegend französischen Speisekarte stehen *coq au vin,* *steak au poivre,* viele Seafood-Gerichte und eine umfangreiche Auswahl an Weinen, abgerundet von Cognac für Rs 200 pro Glas. Pro Person sollte man Rs 300 einplanen. Mo geschlossen. Es gibt hier auch ein günstigeres Bistro (prima zum Brunch am Sonntag), eine Tapas- und Cocktailbar sowie ein vietnamesisches und südostasiatisches Restaurant.

Le Rendezvous, 30 Rue Suffren. Sättigendes Seafood, fantastische Pizzas und *tandoori*-Spieße sind die Spezialität dieses beliebten, auf Pondicherrys ausländische Gemeinde ausgerichteten Restaurants. Serviert auch frische Croissants und Espresso zum Frühstück, drinnen oder auf der romantischeren Dachterrasse, dazu am Abend Jazzklänge und kaltes Bier in diskreten Tonkrügen. Die meisten Hauptgerichte für Rs 100–150.

Satsanga, 30 Labourdonnais St. Wer nur einmal in Pondy isst, sollte hierher kommen. Die Speisen, serviert auf der säulenbestandenen Veranda einer alten Kolonialvilla, werden (nach Anweisung des französischen Besitzers) mit Sorgfalt zubereitet und sind genau das, wovon man andernorts in Indien nur träumen kann: Salate aus biologisch-organischem Anbau mit frischen Kräutern, Tsatsiki und Knoblauchbrot, Tagliatelle alla carbonara und köstliche Pizzas, dazu gekühltes *Kingfisher*-Bier. Ausprobieren sollte man die Tagesgerichte *(plat du jour)* – frischer Fisch. Für drei Gänge plus Getränke zahlt man etwa Rs 300. Auch eine hervorragende Adresse zum Frühstück.

Seagulls, Rue Dumas. Annehmbare Preise, Open-air-Dachterrassenrestaurant an einem luftigen Platz direkt am Meer, nahe dem Pier und Verladehafen. Umfangreiche und preiswerte Speisekarte: vegetarische Gerichte, Fleisch, Seafood, indische, chinesische und sogar italienische Küche (Pizza, Spaghetti).

Sonstiges

GELD – Empfehlenswerte Geldwechselstellen sind die **Indian Overseas Bank** im Hôtel de Ville, die **State Bank of India** in der Surcouf St und die **UCO Bank,** Rue Mahé de Labourdonnais.

INFORMATIONEN – **Pondicherry Tourism Development Corporation,** 40 Goubert Salai, ✆ 0413/ 233 9497. Das äußerst hilfsbereite Personal verteilt Broschüren und Stadtpläne und bietet Informationen über Auroville. Auch Buchung der eigenen **Stadtrundfahrten** (halber Tag 14–17.30 Uhr für Rs 80, ganzer Tag 9.30–17.30 Uhr für Rs 100) und **Mietwagen** (Rs 650 pro Tag plus Benzin). ⏲ tgl. 8.45–17 Uhr.

INTERNET – Zugang bieten zahlreiche Internet-Läden im Zentrum von Pondicherry, u. a. in der Ranga Pillai St, Rue Nehru und MG Road. ⏲ in der Regel 10–22 Uhr, Verbindungspreis Rs 20/Std.

POST – Das **GPO** befindet sich in der Ranga Pillai St, ⏲ Mo–Sa 10–19.30 Uhr.

In Pondicherry sind sowohl viele **Motor-** als auch **Fahrradrikschas** im Einsatz, doch die meisten Touristen mieten sich während ihres Aufenthalts ein **Fahrrad** von einem der zahlreichen über die Stadt verstreuten Stände (Rs 20 pro Tag, plus Rs 200 Pfand).

Wer im *Park Guest House* wohnt, sollte dort eines leihen (sie sind alle bestens gepflegt). Für Ausflüge ins Umland (z. B. nach Auroville) kann man ein **Moped** oder einen **Motorroller** mieten.

Sri Ganesh Cycle Store, 39 Mission St, ✆ 0413/222 2801, verleiht neue Honda Kinetics für Rs 100 pro Tag. Man muss Rs 300 Kaution zahlen und einen Pass oder Führerschein hinterlegen.

BUSSE – Alle Busse nutzen den **New Bus Stand** am westlichen Stadtrand. Von dort kostet eine ziemlich waghalsige Fahrt mit der Fahrrad-Rikscha zum Hotelbezirk ca. Rs 20, Motor-Rikschas und Taxis verlangen Rs 50.

Busse nach:
BANGALORE (4x tgl., 10–12 Std.),
CHENNAI (alle 30 Min., 2 1/2–3 Std.),
CHIDAMBARAM (alle 20 Min., 2 Std.),
COIMBATORE (8x tgl., 10 Std.),
KANCHIPURAM (8x tgl., 3–4 Std.),
KANNIYAKUMARI (10–15x tgl., 12–13 Std.),
MADURAI (stdl., 11–13 Std.),
MAMALLAPURAM (alle 10–20 Min., 3 Std.),
THANJAVUR (20x tgl., 5 Std.),
TIRUCHIRAPALLI (alle 30 Min., 5–6 Std.),
TIRUVANNAMALAI (alle 20 Min., 2 Std.).

EISENBAHN – Pondicherrys Bahnhof liegt südlich des Zentrums unweit der Surbaiyah Salai, 5 Min. zu Fuß vom Meer.

Er ist über eine Nebenlinie durch 4 tägliche Züge mit der Hauptlinie in VILLUPURAM verbunden (Abfahrt um 5.10, 7.50, 16.15 und 19.45 Uhr; 2 Std.).

Der erste dieser Züge, Nr. 46, fährt weiter nach CHENNAI.

Am Bahnhof gibt es ein computergestütztes Reservierungszentrum.

Auroville

10 km nördlich von Pondicherry, gleich außerhalb des Union Territory in Tamil Nadu, liegt Auroville, die auf dem Reißbrett geplante „Stadt der Morgendämmerung" und wohl das größte esoterische Zentrum in ganz Indien.

Die 1968 gegründete Stadt geht auf eine Idee von „The Mother", der spirituellen Nachfolgerin von Sri Aurobindo, zurück. Etwa 1800 Menschen (davon zwei Drittel Ausländer) leben hier in Kommunen mit Namen wie Fertile, Certitude, Sincerity, Revelation und Transformation zusammen, in einem Ort, der irgendwann eine ideale Stadt mit 50 000 Einwohnern sein soll.

Die Gebäude, architektonische Experimente, die moderne westliche und traditionell indische Elemente kombinieren, liegen inmitten einer ländlichen Szenerie schmaler Wege, tiefroter Erde und üppigen Grüns.

Das Einkommen stammt aus Landwirtschaft, Kunsthandwerk, alternativen Technologien, Bildungs- und Entwicklungsprojekten und dem Software-Unternehmen Aurolec.

Wenn man bedenkt, wie wenig es hier zu sehen gibt, zieht Auroville eine unverhältnismäßig große Zahl von Tagesausflüglern an – sehr zum Leidwesen seiner Einwohner, die zu Recht darauf hinweisen, dass man nur dann versteht, worum es der Gemeinde eigentlich geht, wenn man eine Weile hier bleibt. Interessierte Besucher sind als zahlende Gäste in den meisten Kommunen (s. u.) willkommen und können zusammen mit den dortigen Anwohnern arbeiten.

Mit dem Bau des futuristischen **Matri Mandir**, einem gigantischen, fast kreisrunden Hightech-Meditationszentrum im Herzen der Siedlung, wurde 1970 begonnen. Es war als „ein Symbol der Göttlichen Antwort auf den menschlichen Sinn für Perfektion" gedacht. Erde aus 126 Ländern wurde symbolisch in eine Urne getan und wird in einem ans Matri Mandir angrenzenden Amphitheater aufbewahrt, wo ein Redner ohne Mikrofon zu 3000 Zuhörern sprechen kann.

Den Mittelpunkt im Innern des Matri Mandir bildet eine Kristallkugel von 70 cm Durchmesser, welche die neutralen und göttlichen Eigenschaften von Licht und Raum symbolisiert. Besucher werden unter strengen Verhaltensregeln für eine Stippvisite hereingelassen.

Übernachtung und Essen

Der Informationsschalter im Visitors Centre gibt Auskunft über die **Unterbringung als zahlender Gast** in einer der ca. 30 Kommunen von Auroville. Offiziell gibt es keinen Mindestaufenthalt, doch werden Besucher dazu ermuntert, mindestens eine Woche zu bleiben und derweil an kommunalen Projekten mitzuarbeiten. Die Preise reichen von Rs 100–500 pro Tag, abhängig vom jeweiligen Komfort der Unterkunft. Als Alternative kann man auch in einem der vier klimatisierten **Gästehäuser** unterkommen, die Zimmer für Rs 1500 bieten. Betten in den Gästehäuser und Kommunen sind insbesondere während der Hochsaison von Dezember bis März und Juli bis August schwer zu bekommen. Es ist daher ratsam, lange im Voraus zu reservieren: ✆ 0413/ 262 2704, ✉ avguests@auroville.org.in.

Die einzigen sonstigen Unterkünfte der Gegend liegen außerhalb von Auroville im Dorf Chinna Mudaliarchavadi:

Palm Beach Cottage Centre, kein Telefon, hält nicht, was der Name verspricht (zum Meer sind es 15 Min. zu Fuß), hat aber einigermaßen saubere Zimmer mit Gemeinschaftstoiletten und einem kleinen Garten, in dem Essen serviert wird. ❶

Cottage Guest House, kein Telefon, bietet etwas mehr Komfort in Strohhütten oder Zimmern mit Bad. ❷–❸

Zum Essen gibt es nichts Besseres als die einfachen, sättigenden vegetarischen Mahlzeiten in Auroville selbst.

Sonstiges

Vor einer Besichtigung sollte man im *Visitors Centre* vorbeischauen, im Zentrum der Anlage nahe der Kommune Bharat Niwas, ✆ 0413/262 2239, 🖥 www.auroville.org, ⏰ tgl. 9.30–17.30 Uhr. Zeigt eine Dauerausstellung über die Geschichte und Philosophie der Siedlung. Hier bekommt man auch Eintrittskarten für das Matri Mandir (⏰ tgl. 10–12 und 14–16 Uhr, Ticketausgabe 9.45–12.45 und 13.45–16 Uhr). Bei Erhalt der Tickets wird ein kurzes Video über das Dorf gezeigt.

Preiswerte Literatur zu Auroville findet man im angegliederten **Buchladen**. Auf dem Schwarzen Brett stehen Informationen über **Aktivitäten**, an denen Besucher sich beteiligen können (dazu zählen üblicherweise Yoga, Reiki und Vipassana-Meditation für Rs 100 pro Sitzung). Darüber hinaus gibt es einige qualitativ gute **Kunsthandwerksläden** und mehrere nette kleine vegetarische **Cafés**, die Snacks, „meals" und kalte Getränke servieren.

Transport

Auroville liegt 10 km nördlich von Pondicherry an der Hauptstraße nach Chennai. Man kann es auch über die neue Küstenschnellstraße erreichen, wenn man beim Dorf Chinna Mudaliarchavadi abbiegt. Auf beiden Strecken verkehren häufig **Busse**, aber da Auroville sich über ca. 50 km^2 ausdehnt, kommt man am besten mit einem eigenen Transportmittel, notfalls mit Fahrrad. Die meisten mieten in Pondicherry einen **Motorroller** oder ein **Motorrad**. Ansonsten kann man sich auch einer der tgl. von *Tamil Nadu Tourism* angebotenen, halbtägigen **Touren** von Pondicherry anschließen (tgl. 14–17.30 Uhr, Rs 80, Buchung im Büro von Pondicherry, s. S. 480).

Zentral-Tamil Nadu: Im Herzen des Chola-Reichs

„Sich am Ufer des Cauvery zu befinden und karnatische Musikklänge zu hören, ist ein Vorgeschmack auf die ewige Glückseligkeit."

Tamilisches Sprichwort

Reist man von Pondicherry an der Coromandel-Küste nach Süden, kommt man ins Flachland des **Kaveri** (oder Cauvery)-**Deltas**, einer Wasserlandschaft aus Kanälen, Staudämmen, Gräben und Bächen, in der seit Urzeiten Ackerbau betrieben wird. Mit einem Durchmesser von nur 160 km ist dies die fruchtbare, von über 30 Flüssen und unzähligen Bächen durchzogene Reisschüssel Tamil Nadus. Der Kaveri ist der größte Fluss und heißt auf Tamil *Ponni*, „Die Herrin aus Gold" (eine Erscheinungsform der Muttergöttin). Er wird als „Beförderer" von flüssiger *shakti* verehrt, jener weiblichen Energie, die die Millionen Bauern ernährt, die an seinen Ufern und Zuflüssen leben. Die Landschaft besteht aus endlosen grünen Reisfeldern, die nur von Palmen und kleinen Dörfern mit strohgedeckten Häusern und Marktständen unterbrochen werden. In einer der heißen und chaotischen Städte anzukommen, wirkt danach fast wie ein Schock.

Das riesige Delta bildete das Herzstück des **Chola-Reiches**, das seine höchste Blüte zwischen dem 9. und 13. Jh. erlebte, eine Ära, die oft mit dem klassischen Griechenland und der italienischen Renaissance verglichen wird, sowohl ihres kulturellen Reichtums als auch ihrer bombastischen Architektur wegen. Wie von den Cholas beabsichtigt, erstarren Besucher beim ersten Anblick ihrer gewaltigen Tempel vor Ehrfurcht, nicht nur in Städten wie **Chidambaram**, **Kumbakonam** und **Thanjavur**, sondern auch auf dem Lande, an Orten wie **Gangaikondacholapuram**, wo von einer ehemals mächtigen Stadt nur noch der prachtvolle Tempel erhalten ist.

Wer die Gegend ein paar Tage lang erforscht, wird auch die weniger pompösen künstlerischen Seiten der Chola-Herrschaft kennen lernen, z. B. die wunderbaren **Bronzen** von Thanjavur und die **Heiligenhymnen** des *Sangam* und *Tevaram,* in Gesang übertragene mündlich überlieferte Dichtung, die vor über 1000 Jahren im Delta entstand.

Chidambaram

Um Chidambaram, 58 km südlich von Pondicherry, kreisen so viele Mythen, dass es fast unmöglich ist, historische Fakten von Legenden zu trennen.

Der Ort, wo *tandava,* der kosmische Tanz Shivas als **Nataraja**, König des Tanzes, stattfand, zählt zu den heiligsten Stätten Südindiens. Ein Besuch des **Sabhanayaka-Tempels** erlaubt einen faszinierenden Einblick in uralte tamilische Glaubenspraktiken. Der legendäre König **Hiranyavarman** soll von Kaschmir aus eine Wallfahrt hierher unternommen haben, um durch ein Bad im Shivaganga-Tempelteich von der Lepra geheilt zu werden. Zum Dank für die erfolgte Heilung ließ er die Tempelanlage erweitern. Er brachte auch 3000 Brahmanen der Dikshitar-Kaste her, deren Nachkommen bis zum heutigen Tage die Tempelrituale leiten (zu erkennen an den Haarknoten oberhalb der Stirn).

Von den 50 *maths,* die hier standen, haben nur wenige überdauert, doch der Tempel steht immer noch im Mittelpunkt des Geschehens sowie zahlreicher **Feste**. Die zwei wichtigsten dauern 10 Tage und enden in einem spektakulären Finale: Jeweils am 9. Tag ziehen Tempelwagen beim Wagenfest in einer Prozession durch die vier Car Streets, und am 10. wird mit dem *abhishekham* in der Raja Sabha (Tausend-Säulen-Halle) den wichtigsten Gottheiten gehuldigt. Die genauen Daten (das eine findet im Mai/Juni, das andere im Dez/Jan statt) erfährt man in jedem *TTDC Tourist Office.* Man sollte den Besuch aber rechtzeitig organisieren, da die Feste eine Menge Schaulustiger anziehen. Anlässlich anderer Lokalfeste gibt es Feuerläufe und *kavadi*-Volkstänze (bei denen die Tänzer verzierte Holzmodelle auf dem Kopf tragen) im Thillaiamman Kali- (April/Mai) und Keelatheru Mariamman (Juli/Aug)-Tempel.

Die Stadt besitzt auch einen gut besuchten Markt und beherbergt eine große Studentengemeinde, die die im Ostteil der Stadt gelegene Annamalai-Universität besucht, ein Zentrum für Tamil-Studien. Den Stadtkern bilden der Sabhanayaka Nataraja-Tempel und das ihn umgebende quirlige Marktviertel entlang der North, East, South und West Car Streets.

Der Tempel Sabhanayaka Nataraja

Der Sabhanayaka Nataraja, in dem Shiva als Herr des kosmischen Tanzes, Nataraja, inthronisiert wurde, ist für die südindischen Shaivas das heiligste aller Heiligtümer. Seine unübersehbaren *gopuras,* deren Lichter Seeleuten weit draußen im Golf von Bengalen zur Orientierung dienen, überragen einen 16 ha großen, durch vier konzentrische Mauern abgetrennten Tempelkomplex. Die ältesten noch erhaltenen Teile wurden zur Zeit der Cholas erbaut, die den Gott Nataraja zu ihrem Lieblingsgott erwählten und hier mehrere Könige krönten. Der äußerste, rechteckige Tempelwall, an sich wenig interessant, erlaubt den Zugang von allen vier Seiten. Am besten beginnt man die Erkundung beim westlichen *gopura* des 3. Walles und begeht die Anlage im Uhrzeigersinn. Es ist nicht schwer, einen **Guide** zu finden, doch meistens drängen sie Besucher viel zu schnell in Richtung Zentralschrein. Im innersten Sanktuarium finden zahlreiche **Zeremonien** statt, die bestbesuchten um 12 und 18 Uhr, wenn ein Feuer entfacht und riesige Gongs geschlagen werden. Am Freitagabend, kurz bevor der Tempel schließt, wird Nataraja während einer besonders aufwändigen *puja* auf einer Sänfte zu Musik und in Begleitung Fackeln schwenkender Tempeldiener herumgetragen. Zu anderen Zeiten sind alte Hymnen aus dem *Tevaram* zu hören. ⊙ tgl. 4–12 und 16–22 Uhr.

Der westliche *gopura* ist der belebteste Eingang, außerdem der am kunstvollsten gearbeitete und wahrscheinlich der älteste (1150 v. Chr.). Biegt man von hier nach Norden (links) ab, gelangt man zu dem von Bogengängen gesäumten **Shivaganga-Teich**, der von sieben natürlichen Quellen gespeist wird. Von der zerbrochenen Säule am Rande des Teichs aus sind alle vier *gopura* zu sehen.

In der Nordostecke erhebt sich das größte Bauwerk des Komplexes, **Raja Sabha** (14.–15. Jh.), auch „Tausend-Säulen-Halle" genannt, obwohl die Überlieferung besagt, dass es nur 999 von Menschenhand errichtete Pfeiler sind – der tausendste ist das Bein Shivas. Bei Festen werden die Gottheiten Nataraja und Shivakamasundari zur Salbungszeremonie *abhishekha* hergebracht.

Die Bedeutung, die der **Tanz** in Chidambaram genießt, unterstreichen die Reliefs tanzender Figuren im östlichen *gopura*, eine Darstellung von 108 *karanas* (eine ähnliche befindet sich im westlichen *gopura*). Ein *karana* (auf Tamil *adavu*) ist ein bestimmter Punkt in einer Bewegungsphase, die von der komplizierten Sanskrit-Vorgabe zur darstellenden Kunst vorgeschrieben wird, dem *Natya Shastra* (200 v. Chr.–200 n. Chr.) – der Basis aller klassischen indischen Tanz-, Musik- und Theaterdarbietungen. Jede *karana*-Nische ist mit einer Überschrift aus dem *Natya Shastra* versehen. Vier weitere Nischen zieren bildliche Darstellungen von Schutzherren und *stahapatis* – den für die Ikonographie und Positionierung der Gottheiten verantwortlichen Bildhauern. Den quadratischen zweiten Wall betritt man am besten durch den **Westeingang** (gleich nördlich des westlichen *gopura* in der dritten Mauer), der zu einem Rundwandelgang führt. Ab hier kann man leicht die Orientierung verlieren, denn in die überdachte, von Kolonnaden getragene Anlage fällt wenig Licht. Die Atmosphäre wird jetzt sehr viel religiöser.

Der innerste **Govindaraja-Schrein** ist Vishnu geweiht – eine Überraschung in dieser absolut shaivitischen Umgebung. Den Govindaraja versorgen Brahmanen, die nicht der Dikshitar-Kaste entstammen und mit den Dikshitars angeblich nicht immer auf freundschaftlichem Fuß stehen. Von außerhalb des Schreins können Nicht-Hindus bis zum Allerheiligsten des Tempels durchschauen: **Kanaka Sabha** und **Chit Sabha**, miteinander verbundene, auf Sockeln ruhende Hallen mit Dächern aus Kupfer- und Goldplatten. Letztere beherbergt Bronzestatuen von Nataraja und seiner Gefährtin Shivakamasundari. Hinter und links von Nataraja trennt ein aus Blättern des Bilvabaumes gefertigter, Shiva geweihter Vorhang den machtvollsten Raum ab. Darin befindet sich **Akashalingam**, das *rahasya* („Geheimnis") von Chidambaram genannt: Der aus Äther *(akasa)*, dem subtilsten aller Elemente, aus dem Luft, Feuer, Wasser und Erde hervorgehen, bestehende Lingam ist unsichtbar – als Symbol für die unsichtbare Präsenz Gottes in den Herzen der Menschen. Ein kristallener Lingam, der aus dem Licht des Halbmondes auf Shivas Augenbraue hervorgegangen sein soll, und eine kleine Nataraja-Figur aus Rubinen werden in der Kanaka Sabha verehrt. Sechsmal am Tag werden sie in den Flammen der priesterlichen Kampferfeuer oder Öllampen rituell gebadet. Hier, im Innersten der Anlage, ist die Chance am größten, *oduvar* zu hören, Sänger aus mittleren, nicht-brahmanischen Kasten, die Verse alter tamilischer Dichtung vertonen. Die Lieder, mit denen sie die Gottheiten zu *puja*-Zeiten erfreuen, stammen aus Sammelbänden wie dem *Tevaram* oder dem früher entstandenen *Sangam* und sollen über 1000 Jahre alt.

Übernachtung

Als Ziel zahlreicher Touristen und Pilger besitzt Chidambaram eine Menge billiger Unterkünfte, aber nur wenige elegantere, abgesehen vom Hotel *Saradharam*. Den besten Deal der Stadt bieten die **Railway Retiring Rooms** (Rs 100–200 p. P.): riesige, saubere Zimmer, die Bäder sind allerdings etwas mitgenommen. Informationen erteilt das *Station Master's Office* auf Bahnsteig 1. *Akshaya*, 17/18 East Car St, ✆ 04144/222592, ✉ akshayhotel@hotmail.com. Nettes, sauberes Mittelklassehotel mit einem an die Tempelwand grenzenden Rasen und zwei Restaurants. Die Zimmer (teils AC) sind geräumig, wobei die nicht klimatisierten billiger sind und mehr fürs Geld bieten. ❷–❺

Ein Besuch im Sabhanayaka Nataraja

In den letzten Jahren gab es wiederholt negative Berichte von Touristen, die sich darüber beklagten, im Sabhanayaka Nataraja von sehr aggressiven Tempelpriestern geschröpft worden zu sein. Im Gegensatz zu den meisten größeren Tempeln Tamil Nadus, die vom Staat finanziert und verwaltet werden, handelt es sich in Chidambaram um ein privates Unternehmen in Besitz der hochkastigen Dikshitar-Dynastie, das zu hundert Prozent auf Pilgerspenden angewiesen ist. Diese Abhängigkeit führte zu inakzeptablen, an Erpressung grenzenden Methoden, den Besuchern das Geld aus der Tasche zu ziehen. Ein Beispiel ist die nachdrückliche Aufforderung, mehrere hundert Rupien zu berappen, um sich einen einfachen *tikka*-Punkt auf die Stirn drücken zu lassen. 2004 kam ein priesterliches Komitee schließlich zu dem Urteil, dass aggressiven Forderungen von Priestern Einhalt geboten werden müsse. Seitdem hat sich die Lage etwas beruhigt. Um sich der Sabhanayaka-Abzocke zu entziehen, sollte man es vermeiden, einem der Priester die Stirn zum Aufdrücken eines *tikka*-Punktes anzubieten. Außerdem ist es ratsam, ausreichend Kleingeld mitzuführen, um häufiger kleine Spenden zu machen. Eine weitere Möglichkeit ist die Begleitung durch einen offiziellen Tempelführer, der in größeren Hotels oder im *Tourist Office* von Chidambaram vermittelt werden kann.

Mansoor Lodge, 91 East Car St, ☏ 04144/221072. Die gute, saubere und freundliche Budget-Unterkunft bietet Zimmer mit oder ohne TV bei gutem Preis-Leistungs-Verhältnis. ❶ – ❷
Raja Rajan, 162 West Car St, nahe dem Westtor des Tempels, ☏ 04144/222690. Saubere Zimmer mit Kachelbad; die mit AC bieten ein gutes Preis-Leistungs-Verhältnis. ❶ – ❸
Sabanayagam, 22 East Sannathi St, abseits der East Car St, ☏ 04144/220896. Von außen nobler als von innen, mit sauberen Zimmern (teils AC), die von dunklen Fluren abgehen.

Einige Zimmer haben kein Fenster. Wahlweise westliche oder indische Toiletten. Gutes vegetarisches Restaurant im Untergeschoss. ❷ – ❹
Saradharam, 19 Venugopal Pillai St, gegenüber dem Busbahnhof, ☏ 04144/221336, ✉ hsrcdm@vsnl.com. Große und gepflegte Zimmer, teils mit AC und/oder großem Balkon. Zwei ordentliche Restaurants (eins serviert auch Pizza), kleiner Garten, Bar und Wäscherei. ❸ – ❻
Vandayar Gateway Inn, Railway Feeder Rd, zwischen Bahnhof und Busbahnhof, ☏ 04144/238056. Saubere und geräumige Zimmer mit gefliesten Fußböden. Zwei Restaurants, klimatisierte Bar und Reiseschalter. ❷ – ❹

Essen

In und um die Car Streets gibt es viele einfache „meals"-Lokale.
Sri Ganesa Bhavan, West Car St, bei den Einheimischen am beliebtesten.
Pallavi, im *Saradharam*, hat das beste, hochwertigste südindische Essen, um die Mittagszeit drängt sich hier die Kundschaft wegen der preiswerten *thalis*.
Annupallavi, gleich dahinter, empfehlenswerte, wenn auch ein bisschen schäbige, nicht-vegetarische Alternative.
Indian Coffee House, Venugopal Pillai St. Nettes kleines Lokal zum Frühstücken oder um bei einem Kaffee in der Zeitung zu blättern.

Sonstiges

GELD – Keine der Banken in Chidambaram wechselt Geld, wohl aber das Hotel *Saradharam* in der Nähe des Busbahnhofs, das auch über einen Geldautomaten der *ICICI Bank* verfügt.

INFORMATIONEN – *TTDC Tourist Office*, neben dem Vandayar Gateway Inn, Railway Feeder Rd, ☏ 04144/238739. Die Angestellten sind hilfsbereit, können Besuchern jedoch nur eine kleine Broschüre mitgeben.

INTERNET – Im Hotel *Saradharam* unweit des Busbahnhofs gibt es ein Internet-Café mit Verbindungspreisen von Rs 30/Std.

POST – Im Bahnhof, Bahnsteig 1, ⏱ Mo–Sa 9–13 und 13.30–17 Uhr.

BUSSE – Busse aus Chennai, Thanjavur und Madurai halten am **Busbahnhof** im Südosten des Zentrums, ca. 500 m vom Tempel entfernt.
Busse nach:
CHENGALPATTU (22x tgl., 4 1/2–5 Std.),
CHENNAI (22x tgl., 5–6 Std.),
COIMBATORE (6x tgl., 7 Std.),
KANCHIPURAM (8–10x tgl., 7–8 Std.),
KANNIYAKUMARI (3x tgl., 10 Std.),
KUMBAKONAM (alle 10 Min., 2 1/2 Std.),
MADURAI (10x tgl., 8 Std.),
PONDICHERRY (alle 20 Min., 2 Std.),
THANJAVUR (alle 20 Min., 4 Std.),
TIRUCHIRAPALLI (alle 30 Min., 5 Std.),
TIRUVANNAMALAI (16x tgl., 3 1/2 Std.).

EISENBAHN – Der kleinstädtische **Bahnhof**, gut 1 km südöstlich der Innenstadt, hat gute Verbindungen nach Norden und Süden, *retiring rooms* (s. o.) und ein Postamt.
Züge nach:
CHENGALPATTU (4x tgl., 4 3/4–6 Std.),
KUMBAKONAM (1x tgl., 2 1/4 Std.),
RAMESHWARAM (2x tgl., 11 1/2–12 1/4 Std.).

Kumbakonam

Kumbakonam, 74 km südwestlich von Chidambaram und 38 km nordöstlich von Thanjavur, liegt zwischen den Flüssen Kaveri (Cauvery) und Arasalar. Nach hinduistischem Glauben ist dies der Ort, wo ein Wassergefäß *(kumba)* mit *amrit*, dem Nektar der Unsterblichkeit, das von einer riesigen Flutwelle vom Gipfel des heiligen Berges Meru im Himalaya gerissen worden war, angeschwemmt wurde. Aus irgendeinem Grund schoss Shiva, der gerade in Gestalt eines Waldbewohners und Jägers vorbeikam, einen Pfeil auf das Behältnis, sodass es zerbrach. Aus den Scherben bildete er den Lingam, der sich jetzt im **Kumbareshwara-Tempel** befindet. Dessen *gopuras* überragen heute zusammen mit jenen der 17 anderen großen Schreine die Stadt.

Kumbakonam, eine ehemalige Hauptstadt der Cholas, die hier einen gut bewachten Schatz gelagert haben sollen, ist das Handelszentrum der Thanjavur-Region. Der Hauptbasar, **TSR Big Street**, genießt einen besonderen Ruf für hochwertigen Modeschmuck.

Der Hauptgrund für einen Besuch besteht darin, einen Blick auf die wunderbaren Statuen im **Shiva-Tempel Nageshwara Swami** zu werfen, der die erlesensten, noch an Ort und Stelle befindlichen Chola-Steinskulpturen beherbergt. Von der Stadt aus lassen sich auch die faszinierenden, jahrhundertealten und wenig besuchten Tempel von Darasuram und Gangaikondacholapuram leicht erreichen. Es ist zu beachten, dass alle Tempel in dieser Gegend zwischen 12 und 16 Uhr schließen.

Abwechslung bietet ein Abstecher in das nahe gelegene Dorf Swamimalai, das wichtigste traditionelle **Bronzegießereizentrum** von Tamil Nadu.

Sehenswertes

Der aus dem 17. Jh. stammende **Kumbareshwara-Tempel**, überragt vom farbenfrohen *gopura* am Osteingang, beherbergt den berühmten Lingam, dem die Stadt ihren Namen verdankt. Man erreicht ihn auf dem Weg durch einen überdachten Markt, auf dem das hiesige Spezialprodukt, nämlich Kochtöpfe, sowie allerlei Haushaltsgegenstände angeboten werden. Am Eingangstor steht manchmal der Tempelelefant mit bemalter Stirn und Glockenhalsband. Hinter dem Fahnenmast ist in einer Mandapa eine interessante Sammlung silberner *vahanas*, bei Festen benutzter Fahrzeuge der Gottheiten, und *pancha loham*-Figuren (mit einer Legierung aus fünf Metallen) der 63 Nayanmar Dichterheiligen zu sehen.

Der wichtigste und größte Vishnu-Tempel in Kumbakonam ist der aus dem 13. Jh. stammende **Sarangapani-Tempel**, zu betreten durch einen 10-stöckigen, pyramidenförmigen, über 45 m hohen *gopura*. Der Zentralschrein datiert aus der späten Chola-Ära und weist zahlreiche spätere Arbeiten auf. Seinen im innersten Hof befindlichen Eingang bewachen riesige *dvarpalas*. Zwischen ihnen stehen *jali* (durchbrochene Steingitter), jedes anders gestaltet, und vor ihnen befindet sich die heilige, viereckige *homam* (Feuerstelle). Tagsüber wird das düstere Sanktuarium in Form eines Tempelwagens mit Pferde-, Elefanten- und Radreliefs durch die kleinen Deckenfenster ein wenig beleuchtet. Auf ei-

TAMIL NADU

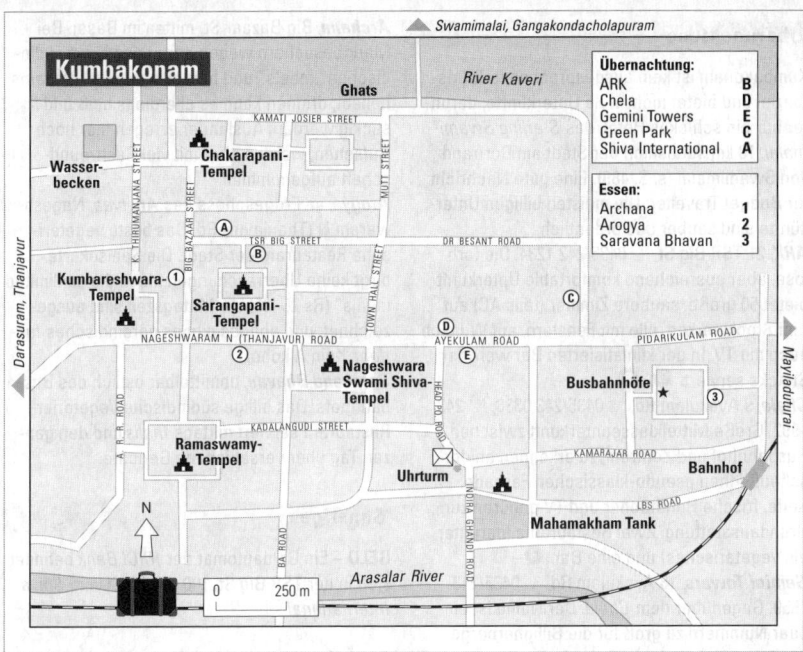

ner bemalten Anrichte ist ein Spiegel angebracht, in dem sich Vishnu betrachten kann, wenn er das Allerheiligste verlässt.

Der kleine **Shiva-Tempel Nageshwara Swami** mitten in der Stadt ist der älteste Tempel von Kumbakonam, sein Grundstein wurde 886 gelegt. Ein paar Jahre später, während der Regierungszeit von Parantaka I. (907 bis ca. 940 n. Chr.), erfolgte die Fertigstellung. Auf den ersten Blick wirkt er nicht viel versprechend, da ein Großteil des Originalbauwerkes von späteren, bonbonfarbenen Anbauten zugebaut wurde, doch hinter dem Haupthof mit seiner großen Mandapa führt eine kleine, mit einem *gopura* gekrönte Zugangshalle zu einem überdachten Innenraum, in dem der älteste aller Chola-Schreine steht. In geräumigen Nischen ringsum an den Wänden des Heiligtums sind eine Reihe kunstvoller Steinfiguren zu sehen, die als die kostbarsten noch erhaltenen Stücke **frühzeitlicher Bildhauerei** Südindiens gelten. In ihren trägen Posen und mit dem hypnotischen Halblächeln auf den Lippen

übertreffen diese Kunstwerke bescheidener Größe die monumentaleren von Thanjavur und Gangaikondacholapuram bei weitem. Die Figuren zeigen Dakshinamurti (Shiva als Lehrer; Südwand), Durga und einen dreiköpfigen Brahma (Nordwand) sowie das androgyne Wesen Ardhanari (Westwand). Sie befinden sich in Begleitung fast lebensgroßer, üppiger junger Frauen, wahrscheinlich Königinnen oder Prinzessinnen vom Hof Königs Adityas.

Der berühmteste und am meisten verehrte mehrerer heiliger **Teiche** in Kumbakonam ist der **Mahamakham** im Südosten der Stadt, in dem sich die Ambrosia *(amrit)* aus dem von Shiva zerbrochenen Gefäß gesammelt haben soll. Alle 12 Jahre, wenn Jupiter das Sternzeichen des Löwen passiert, fließt angeblich Wasser aus dem Ganges und acht anderen heiligen Flüssen in diesen Teich, daher ist er ein *tirtha*, d. h. ein sakraler Flussübergang. Bei dieser Gelegenheit versammeln sich bis zu 4 Millionen Gläubige zum reinigenden Bad, zuletzt Anfang 2004.

Kumbakonam 487

Übernachtung

Kumbakonam ist kein ausgesprochenes Touristenziel und bietet nicht viele Unterkünfte, darunter nur ein schickes Hotel, das *Sterling Swamimalai*, 10 km südöstlich der Stadt am Dorfrand von Swamimalai (s. S. 489). Eine gute Nachricht für Budget Traveller: Die meisten billigen Unterkünfte sind sauber und ordentlich.

ARK, 21 TSR Big St, ☎ 0435/242 1234. Die farblose, aber ausreichend komfortable Unterkunft bietet 50 große, saubere Zimmer (teils AC) auf fünf Stockwerken, alle mit Fenstern, auf Wunsch auch mit TV. In der klimatisierten Bar werden Snacks serviert. ❸–❺

Chela, 9 Ayekulam Rd, ☎ 0435/243 0336, ✆ 243 1592. Große Mittelklasseunterkunft zwischen Busbahnhof und Zentrum, zu erkennen an der scheußlichen pseudo-klassischen Fassade. Seife, frische Handtücher und TV gehören zur Grundausstattung. Zwei Restaurants (darunter ein vegetarisches) und eine Bar. ❸–❺

Gemini Towers, 18 Ayekulam Rd, ☎ 0435/243 1559. Gegenüber dem *Chela*. Der Name ist ein paar Nummern zu groß für die Billigherberge. Die Zimmer sind ohne AC, sauber und preisgünstig. ❷

Green Park, 10 Lakshmi Vilai St, ☎ 0435/240 3912, ✉ greenpark_hotel@rediffmail.com. Business-Hotel mit tadellosen DZ, teils mit AC und alle mit TV, bei hervorragendem Preis-Leistungs-Verhältnis. Zum Komplex gehören ein Café und das nicht-vegetarische Restaurant *Peacock*. ❸–❻

Shiva International, 101/3 TSR Big St, ☎ 0435/242 4013, ✉ hotelsiva@rediff.com. Nach den Tempel-*gopura* ist dieser riesige Hotelkomplex das höchste Gebäude der Stadt. Sehr preisgünstig sind die Standardzimmer ohne AC (am besten ist Nr. 301, mit toller Aussicht), aber auch die geräumigen, luftigen DZ sind günstig. Vom Dach bieten sich traumhafte Ausblicke auf den Sonnenuntergang hinter den *gopuras*. ❸–❹

Essen

Das Angebot an Speiselokalen ist nicht überwältigend, und die meisten Besucher essen in ihren Hotels. Zur Abwechslung bieten sich aber an:

Archana, Big Bazaar St, mitten im Basar. Bei Marktbesuchern wegen der preiswerten südindischen „meals" und hervorragenden *uttapams* beliebt; drinnen kann es allerdings heiß und stickig werden. Ausländer erregen hier noch Aufsehen, werden aber mit viel Gastfreundschaft aufgenommen.

Arogya, im Erdgeschoss des *Athityaa*, Nageshwaram N (Thanjavur) Rd. Das beste vegetarische Restaurant der Stadt. Die Speisekarte birgt keine Überraschungen, doch die „unlimited meals" (Rs 25–35) zur Mittagszeit sind ausgezeichnet, und abends gibt es nordindisches *tandoor*. Kein Alkohol.

Saravana Bhavan, unmittelbar östlich des Busbahnhofs. Das billige südindische Vegetarier-Restaurant serviert mittags *thalis* und den ganzen Tag über verschiedene Gerichte.

Sonstiges

GELD – Ein Geldautomat der *ICICI Bank* befindet sich in der TSR Big St, 100 m östlich vom *Shiva International*.

GEPÄCKAUFBEWAHRUNG – Im Bahnhof, rund um die Uhr geöffnet.

INTERNET – In der TSR Big St gibt es einige kleine Internet-Cafés.

Transport

BUSSE – Der hektische **Busbahnhof** liegt im Südosten der Stadt, unmittelbar nordwestlich vom Bahnhof. Die Fahrpläne sind alle in Tamil abgefasst, doch es gibt ein 24 Std. geöffnetes Infobüro mit Englisch sprechendem Personal. Alle 5–10 Min. fahren Busse nach GANGAIKONDACHOLAPURAM, THANJAVUR und PONDICHERRY, viele davon via Darasuram. Auch zahlreiche Busse nach CHENNAI und TRICHY sowie mehrere pro Tag nach BANGALORE.

EISENBAHN – Kumbakonams kleiner **Bahnhof** im Südosten, 2 km vom Hauptbasar, bietet gute Verbindungen nach Norden und Süden, eine Gepäckaufbewahrung und ordentliche *retiring rooms* (ac Rs 250, sonst Rs 125).

Darasuram und Swamimalai

Überall in dem Delta um Kumbakonam finden sich eindrucksvolle Zeugnisse des goldenen Zeitalters der Cholas, doch das sehenswerteste ist wahrscheinlich der im Zerfall begriffene Airavateshwara-Tempel in Darasuram, 6 km südwestlich von Kumbakonam. Die Bronzegießereien von Swamimalai, 8 km westlich von Kumbakonam, bilden ein direktes, lebendiges Verbindungsglied zu jener Kultur, die dieses außergewöhnliche Bauwerk hervorbrachte. Die Werkstätten schaffen seit der Zeit, als Darasuram eine blühende mittelalterliche Stadt war, graziöse Hindu-Götterbilder im traditionellen Wachsausschmelzverfahren („Guss in der verlorenen Form").

Beide Sehenswürdigkeiten zusammen lassen sich unschwer im Rahmen eines Halbtagsausflugs von Kumbakonam her besuchen. Die flache Landschaft eignet sich bestens zum Radfahren, allerdings ist auf der stark befahrenen Hauptstraße Richtung Thanjavur Vorsicht geboten. Um von Darasuram nach Swamimalai zu kommen, kehrt man vom Tempel aus auf die Hauptstraße zurück und fragt im Basar nach dem Weg. Swamimalai liegt nur 3 km weiter nördlich, doch unterwegs zwischen den beiden Orten muss man mehrmals abbiegen, d. h. wahrscheinlich immer wieder einen Einheimischen fragen, wo es lang geht. Von Kumbakonam ist es einfacher: Man überquert den Kaveri am Ende der Town Hall Street (nördlich des Zentrums), biegt nach links ab und folgt der Hauptstraße nach Westen durch eine Reihe Dörfer.

Darasuram

In dem Dorf Darasuram, 5 km außerhalb von Kumbakonam auf der Strecke nach Thanjavur, steht der von King Rajaraja II. (1146–1173 n. Chr.) erbaute **Airavateshwara-Tempel**. Das erlesene, selten besuchte Chola-Monument darf sich mit den Bauwerken von Thanjavur und Gangaikondacholapuram messen: Während Letztere grandiose, Heldentum und Eroberung feiernde Bauten sind, ist dieser Tempel hier viel kleiner und in seinen Proportionen und Details exquisiter. Er soll in der Absicht von *nitya-vinoda*, „ständiger Erbauung des Gemüts", angefertigt worden sein. Shiva heißt hier Airavateshwara, da Airavata, der weiße Elefant des Götterkönigs Indra, ihm in diesem Tempel huldigte.

Die schönsten Skulpturen in Darasuram sind die Chola-Statuen aus schwarzem Basalt in den Wandnischen der Mandapa und des inneren Schreins. Dazu zählen Bildnisse von Nagaraja und Dakshinamurti, der „nach Süden blickende" Shiva als Lehrer unter einem Banyan-Baum. Nicht minder berühmt sind die einzigartigen Tafeln, die schwer zu erkennen sind, wenn man nicht auf den Sockel steigt. Sie bilden ein Band an der Oberseite der Plattform der geschlossenen Mandapa und zeigen Szenen aus Sekkilars *Periya Purana*, einem der ganz großen Werke tamilischer Literatur.

Swamimalai

Swamimalai wird als eine der sechs geheiligten Erscheinungsformen von Murugan verehrt, Shivas Sohn, der nach hinduistischer Mythologie auf einem hiesigen Hügel *(malai)* der religiöse Unterweiser *(swami)* seines Vaters wurde. Der Ort dieses epischen Rollentausches beherbergt nun einen der heiligsten Schreine von Tamil Nadu, den auf dem Gipfel des Hügels mitten im Dorf stehenden **Swaminatha-Tempel**.

Für Nicht-Hindus sind wahrscheinlich die **Bronzegießereien** im Basar und den umliegenden Weilern interessanter.

Die *sthapathis* genannten Gießer von Swamimalai arbeiten immer noch mit dem Wachsausschmelzverfahren, das von den Cholas perfektioniert wurde, um die begehrtesten Tempel-Idole Südindiens herzustellen. Ihre Produkte sind in zahlreichen Ausstellungsräumen entlang der Hauptstraße zu bewundern, von wo aus sie in die ganze Welt exportiert werden. Doch noch interessanter ist es, den *sthapathis* bei der Arbeit zuzusehen, wenn sie die Originale aus Bienenwachs formen und später die Schale aufbrechen, um die fertigen Metallarbeiten innen freizulegen. Näheres zur tamilischen Bronzegießereikunst s. S. 134.

Im nahe gelegenen Dörfchen **Thimmakkudy**, 2 km dahinter, Richtung Kumbakonam, steht das teuerste Hotel der Region, das *Sterling Swamimalai*, 🖥 www.sterlingswamimalai.net, ✆ 0435/2420044. Das liebevoll restaurierte Brahmanen-Wohnhaus aus dem 19. Jh. bietet allen modernen Komfort in den Zimmern, außerdem Yoga-Unterricht, ayurvedische Massage und lebendige kulturelle Darbietungen am Abend. Zimmer ab US\$93,50.

Gangaikondacholapuram

Der majestätische Brihadishwara-Tempel, geplant als das Herzstück einer vom Chola-König Rajendra I. (1014–1042) zum Ruhme seiner Eroberungen erbauten Stadt, steht in dem kleinen Dorf Gangaikondacholapuram im Distrikt Trichy, 35 km nordöstlich von Kumbakonam. Der komplizierte Name bedeutet „die Stadt des Chola, der den Ganges einnahm". Unter Rajendra I. erstreckte sich das Chola-Reich in der Tat bis zu dem breiten Strom des Nordens hin – was keiner anderen südindischen Dynastie gelang. Der Tempel und die Ruinen von Rajendras Palast, 2 km weiter östlich bei Tamalikaimedu, sind alles, was von der Stadt erhalten blieb. Dennoch zählt sie zu den sehenswertesten archäologischen Stätten Südindiens, nur übertroffen von Thanjavur. Dass sie meistens menschenleer ist, verleiht ihr einen zusätzlichen Reiz.

Das Dorf wird vom **Brihadishwara-Tempel** beherrscht, der in einem gepflegten, begrünten Hof von einer geschlossenen Mandapa flankiert wird. Über dem Sanktuarium auf der rechten Seite thront ein 55 m hoher, pyramidenförmiger Turm (*vimana*) mit neun sich nach oben hin verjüngenden Stockwerken. Der Turm ist zwar kleiner als der von Thanjavur, doch durch seine graziöse Bauweise besonders elegant. Am Eingang lohnt es sich, den ASI-Hausmeister als Führer zu gewinnen, besonders wenn man aufs Dach steigen möchte, um die schöne Aussicht auf die Landschaft und den Turm zu genießen.

Im Hof steht ein kleiner Schrein zu Ehren der Göttin **Durga** mit einem Bildnis von Mahishasuramardini bei der Tötung des Büffeldämonen. Biegt man vor dem Schrein nach rechts (Norden) ab, gelangt man an einen kleinen Brunnen, der von der Löwenstatue *Simha-kinaru* bewacht wird. Rajendra soll diesen mit Wasser aus dem Ganges gefüllt haben, das zur rituellen Salbung des Lingam im Haupttempel verwendet wurde.

Unmittelbar vor dem Osteingang zum Tempel steht ein kleiner Opferaltar. Zwei parallel verlaufende Treppen führen auf die *mukhamandapa* oder Veranda, wo zwei große Wächtergottheiten den Eingang zu einer langen, mit Säulen bestandenen *mahamandapa* (Wandelhalle) bewachen. Im Innern des Tempels weisen Führer den Weg zum Turm, der über eine steile Treppe erklommen werden kann. Zu beiden Seiten des Tempeleingangs stehen Skulpturen von Shiva in seinen verschiedenen mildtätigen (*anugraha*) Manifestationen, darunter als Segner Vishnus, Devis, Ravanas und des Heiligen Chandesha. In der Nordostecke befindet sich ein ungewöhnlicher quadratischer Steinblock mit Darstellungen der neun Planeten (*navagraha*). Auf der Plattform stehen mehrere **Chola-Bronzen**; von besonderer Bedeutung soll die Figur Karttikeyas, des Kriegsgottes mit Keule und Schild, sein.

Den Sockel des Haupttempelheiligtums schmücken Löwen und Schneckenverzierungen. Darüber verläuft vom Süd- bis zum Nordeingang der *ardhamandapa* (Vorhalle zum Schrein) eine Reihe von Nischen, in denen unterschiedliche Shiva-Statuen untergebracht sind. Die berühmteste ist die am Nordeingang; sie zeigt Shiva und Parvati, die den Heiligen Chandesha bekränzen, der hier manchmal als Rajendra I. gilt. ☉ tgl. 6–12 und 16–20 Uhr, Eintritt frei. Näheres zu den Tempeln von Tamil Nadu s. S. 130 f.

Zwei Minuten zu Fuß auf der Hauptstraße nach Nordosten (vom Parkplatz nach rechts abbiegen) steht das winzige **Archäologische Museum**, in dem alle möglichen, in der Gegend gefundenen Chola-Gegenstände ausgestellt sind, darunter Terrakottalampen, Münzen, Waffen, Manuskripte auf Palmblättern und ein altes chinesisches Gefäß. ☉ tgl. außer Fr 10–13 und 14–17.45 Uhr, Eintritt frei.

Von Kumbakonam fahren alle fünf Minuten Busse nach Gangaikondacholapuram (und alle zehn Minuten kommt ein Bus zurück nach Kumbakonam durch den Ort). Auch einige Busse der Strecke Trichy–Chidambaram halten hier. Allerdings sollte man vermeiden, zwischen 12 und 16 Uhr, wenn der Tempel geschlossen ist, einzutreffen. Einige Teile im Inneren sind sehr düster, daher ist eine Taschenlampe nützlich. Die minimalen Einrichtungen im Dorf beschränken sich auf ein paar Buden mit Erfrischungsgetränken.

Thanjavur

Thanjavur (alias Tanjore), 55 km östlich von Tiruchirapalli und 35 km südwestlich von Kumbakonam, eine der belebtesten Handelsstädte des Kaveri-Deltas, wird von Reisenden oft links liegen gelassen. Doch seine Geschichte und historischen Schätze – darunter der atemberaubende **Briha-**

dishwara-Tempel, eines der eindrucksvollsten Chola-Bauwerke Tamil Nadus – verleihen dem Ort eine tragende Bedeutung für die südindische Kultur. In der Stadt befinden sich neben der erlesensten Chola-Bronzen-Sammlung der Welt weitere Sehenswürdigkeiten, die Besucher mindestens zwei volle Tage beschäftigen. Außerdem bietet sie sich als Ausgangspunkt für Ausflüge nach Gangaikondacholapuram, Darasuram und Swamimalai an.

Thanjavur wird durch den **Grand Anicut Canal** grob in zwei Hälften geschnitten. Die **Altstadt** nördlich des Kanals, früher vollständig von einem Festungswall umschlossen, war vom 9. bis zum Ende des 13. Jhs. mit einer Ausnahme die Wahlhauptstadt aller mächtigen Chola-Reiche. Keiner ihrer weltlichen Bauten hat überlebt, doch sind immerhin noch 90 Tempel erhalten, unter denen der Brihadishwara das überwältigendste Beispiel für die Macht von Rajaraja I. (985–1014) ist. Durch dessen Feldzüge breitete sich der Hinduismus bis auf die Malediven, nach Sri Lanka und Java aus. Unter den Cholas sowie später auch den Nayaks und Marathen blühten hier Literatur, Malerei, Bildhauerei, klassische karnatische Musik und Bharatanatyam-Tanzkunst. Der an sich schon sehenswerte **Nayak-Königspalast** beherbergt auch eine wichtige Bibliothek und Museen, darunter eine berühmte Bronzensammlung.

Die imposantesten Feierlichkeiten während der zahlreichen **Feste** im Brihadishwara-Tempel finden anlässlich des Geburtstags von König Rajaraja im Oktober statt. Im Januar wird im Panchanateshwara-Tempel im 13 km entfernten **Thiruvaiyaru** ein 8-tägiges Festival **klassischer karnatischer Musik** zu Ehren des begnadeten Komponisten-Heiligen Thyagaraja abgehalten.

Brihadishwara-Tempel

Die Dächer von Thanjavur werden vom riesigen Turm des Brihadishwara-Tempels überragt, der trotz seiner Größe nicht so pompös ist wie die Bauten späterer Perioden. Mit der Stelle, an der er errichtet wurde, hat es keine besondere Bewandtnis. Der Tempel wurde zum einen als Zeichen der Macht seines Erbauers, König Rajaraja I. erbaut, und zum anderen, um einen leicht erreichbaren Ort zur Verehrung Shivas zu haben. **Inschriften** am Sockel des Hauptschreines liefern ungemein detaillierte Informationen über die Organisation des Tempels. Aus ihnen geht hervor, dass dieser sowohl reich an Geldmitteln als auch rituellen Aktivitäten war. Zu den schriftlich festgehaltenen, aus Beutezügen stammenden **Geschenken** von Rajaraja gehören 270 kg Silber, 230 kg Gold und 110 kg Juwelen sowie beachtliche Einkünfte aus Ländereien in allen Teilen des Chola-Reiches. Nicht weniger als 400 Tänzerinnen, *devadasis* (wörtlich „Sklaven der Götter", da mit dem Gott verheiratet), waren fest angestellt und jede von ihnen erhielt ein eigenes Haus. Weitere Tempeldiener – noch einmal 200 Personen – waren Tanzlehrer, Musiker, Schneider, Töpfer, Wäscher, Goldschmiede, Zimmerleute, Astrologen, Buchhalter und Bedienstete für alle möglichen Rituale und Prozessionen.

Der Eingang zum Komplex befindet sich im Osten und besteht aus zwei ein Stück voneinander entfernten *gopura*. Der äußere ist zwar größer, doch beide sind nach demselben Muster erbaut: Massive rechteckige Sockel, gekrönt von pyramidenförmigen, mit Figuren und geschwungenen Dächern verzierten Türmen. In der Mitte weist jeder einen monolithischen Stützbalken aus Sandstein auf, die angeblich beide vom über 50 km entfernten Tiruchirapalli herbeigeschafft wurden. Die Außenwand des inneren *gopura* schmücken mächtige, mit Riesenmäulern ausgestattete *dvarpala*-Torwächter, einer das Ebenbild des anderen. Es soll sich um die größten aus einem Stein gehauenen Skulpturen aller indischen Tempel handeln.

Im riesigen **Innenhof** hat man viel Platz, um die Bauten zu studieren. Der aus Granit erbaute **Hauptt empel** besteht aus einer langen, mit Säulen bestandenen Mandapa, gefolgt von der *ardhamandapa* oder „Halbhalle", die sich zum innersten Sanktuarium, *garbha griha*, öffnet. Oberhalb des Schreins ragt der pyramidenförmige, 61 m hohe *vimana*-Turm in 13 sich verjüngenden Stockwerken gen Himmel; der Oberbau beträgt genau ein Drittel des Umfanges des Unterbaus. Diese Bauart unterscheidet sich erheblich von der späterer Tempel, bei denen die Türme immer kleiner werden, während die *gopura*-Eingangshallen immer mehr an Umfang gewinnen – zurückzuführen auf den Wunsch, das innerste Allerheiligste vor dem verunreinigenden Blick Außenstehender zu beschützen.

Diese *vimana* ist das Paradebeispiel eines „struktiven Monolithen", einer aus der früheren Steinmetzarchitektur der Pallavas übernommenen

Bauart, bei der Steinblöcke aufgehäuft und dann bearbeitet werden. Der Stein über der *vimana* soll 80 Tonnen wiegen. Es wird viel darüber spekuliert, wie er wohl dahin gelangte; die gängigste Theorie besagt, dass er über eine 6 km lange Rampe hochgezogen wurde. Andere sprechen von der Verwendung einer dem sumerischen Zikkurat-Baustil vergleichbaren Methode, bei der Holzpfähle in Mauerlöcher gesteckt und der Stein mit Hebelkraft gehoben wurde. Die einfachste Erklärung ist natürlich die, dass es sich vielleicht gar nicht um einen einzigen Stein handelt.

Der schwarze, über 3,5 m hohe *shivalingam* im **innersten Sanktuarium** trägt den Namen Adavallan, „Derjenige, der gut tanzen kann", und bezieht sich auf Shiva als Nataraja, den König des Tanzes, der in Chidambaram residiert und *ishtadevata,* die auserwählte Gottheit des Königs war. Der Lingam ist nicht immer zu sehen, doch während der *puja*-Zeremonie (um 8, 11, 12 und 19.30 Uhr) wird ein Vorhang gelüftet, damit die Gläubigen den Gott betrachten können.

Die Hofmauern draußen säumen **Arkadengänge** – jener entlang der Nordwand soll der längste in ganz Indien sein. Der im Westen, hinter dem Tempel, beherbergt 108 Lingams aus Varanasi und (sehr beschmierte) Tafeln aus der Marathen-Periode. ☉ Tempel: tgl. 6–12 und 16–20 Uhr, Eintritt frei.

Das kleine **Archäologische Museum** in der südwestlichen Hofecke beherbergt eine interessante Skulpturensammlung, darunter einen ungeheuer molligen, leider angeschlagenen Ganesh, Fotos der Restaurationsarbeiten an dem Tempel in den 40er Jahren und Ausstellungsstücke zu den Cholas. Hier kann man auch die ausgezeichnete ASI-Broschüre *Chola Temples* kaufen, die ausführliche Informationen über Brihadishwara und die Tempel von Gangaikondacholapuram und Darasuram beinhaltet. ☉ tgl. 9–13 und 16–18 Uhr, Eintritt frei. Näheres zu den Tempeln von Tamil Nadu s. S. 130/131.

Königlicher Palastkomplex und Umgebung

Das Gelände des Königspalastes, wo immer noch Nachkommen der ehemaligen königlichen Familie leben, liegt an der East Main Street (Fortsetzung der Gandhiji Road), 2 km nordöstlich des Brihadishwara-Tempels. Innerhalb der Anlage sind mehrere Zeugnisse aus Thanjavurs Vergangenheit unter der Regierung der Nayaks und Marathen zu sehen, darunter eine Ausstellung orientalischer Manuskripte und in einem überragenden Museum **Chola-Bronzen**.

Die Palastbauten befanden sich jahrelang in traurigem Zustand. Als die Verantwortung für ihre Instandhaltung 1993 an den Indian National Trust for Cultural Heritage (INTACH) überging, kam Hoffnung auf, doch kurz darauf erlitten einige Bauwerke bei einem Sturm schwere Schäden. Aufgrund seiner Baufälligkeit ist der Sarja Madi, „Sieben Stockwerke"-Glockenturm, 1800 von Serfoji II. erbaut, geschlossen.

Die Bauarbeiten begannen in der Mitte des 16. Jhs. unter Sevappa Nayak, dem Gründer des Nayak-Königreiches von Thanjavur. Ab Ende des 17. Jhs. ließen die Marathen Anbauten errichten. Die **Durbar Hall** (Audienzsaal) wurde 1684 von Shaji II. umgebaut und beherbergt einen Thron, dessen Baldachin mit dem für Thanjavur typischen Spiegelglas verziert ist. Die Decken und Wände sind zwar beschädigt, aber kunstvoll bemalt. Fünf Kuppeln schmücken rote, grüne und gelbe Streifen, und an den Wänden zeugen Friese im Blätter- und Ananasmuster und Posaune spielende Engel vor einem nächtlichen Himmelshintergrund von europäischem Einfluss.

Saraswati Mahal Library Museum

Die Bibliothek Saraswati Mahal, eine der bedeutendsten Sammlungen orientalischer Manuskripte Indiens, wird von Gelehrten aus der ganzen Welt genutzt. Die Bibliothek ist nicht öffentlich zugänglich, aber in einem kleinen **Museum** ist eine bunte Mischung von Büchern und Bildern aus der Bibliothekssammlung zu sehen. Unter den Palmblattmanuskripten befindet sich ein wahres kalligraphisches Wunderwerk: ein Mantra mit der Inschrift „Shiva", wobei jeder einzelne Buchstabe wiederum in mikroskopisch winziger Handschrift den Namen des Gottes wiederholt. Die meisten der vom Ende des 17. Jhs. stammenden Maratha-Schriften sind auf Papier verfasst, darunter eine wunderschön illustrierte Ausgabe des *Mahabharata*. Sadisten werden mit Freude feststellen, dass die Bibliothek eine Kopie des mit detaillierten Darstellungen versehenen Buches *Punishments in China,* erschienen 1804, besitzt. Daneben finden sich die Fantasiege-

Nandi-Stier in Thanjavur

Grand Anicut Canal (Gopuram Tempelturm mit Tempelmauer); Thanjavur

stalten des französischen Künstlers **Charles Le Brun** (1619–90), Studien über Physiognomie. Tiere wie Pferd, Wolf, Bär, Kaninchen und Kamel wurden in liebevollen Details über eine Reihe menschlicher Gesichter gezeichnet, die ihnen unglaublich ähnlich sehen. ⏱ tgl. außer Mi 10–13 und 14–17 Uhr. Postkarten dieser wissenschaftlichen Arbeiten und Ausstellungsstücke aus den anderen Palastmuseen gibt es in dem **Geschäft** gleich daneben zu kaufen.

Thanjavur Art Gallery

Eine sagenhafte Sammlung von **Chola-Bronzen** – die kostbarsten darunter aus den Tiruvengadu-Ausgrabungen der 50er Jahre – ist in der Thanjavur Art Gallery zu besichtigen, einem Audienzsaal mit hohen Decken und massiven Säulen aus dem Jahr 1600. Die Eleganz der Figuren und die Feinheiten der Details sind unübertrefflich. Eine Statue von Kannappa Nayannar (Nr. 174) aus dem 10. Jh., ein Jäger und Gläubiger, weist minutiöse Einzelheiten bis in die spitzenbesetzte Kleidung, Fingernägel und feinsten Linien der Finger auf. Die älteste Bronze, vier Schaukästen links vom Haupteingang (Nr. 58), zeigt Vinadhra Dakshinamurti („Nach Süden blickender Shiva") mit einem Reh auf einer der linken Hände, der ursprünglich die Vina spielte – das dazugehörige Instrument ist längst verschwunden. Das unumstrittene Meisterstück der Sammlung jedoch zeigt Shiva als den Herrn der Tiere (Nr. 86), erotisch in einem winzigen Lendenschurz dargestellt, mit einem Turban aus Schlangen. Neben ihm steht eine gleichermaßen anrührende Parvati (Nr. 87), doch die allerschönste der weiblichen Figuren ist eine sitzende, halb zurückgelehnte Parvati (Nr. 97) an der gegenüberliegenden Wand. ⏱ tgl. 9–13 und 15–18 Uhr, Eintritt Rs 15, Fotokamera Rs 30, Videokamera Rs 200.

Übernachtung

Die meisten Hotels konzentrieren sich in dem Stadtviertel zwischen Bahnhof und Busbahnhof: Sie sind in der Regel teurer als andernorts im Bundesstaat, und in den unteren Preislagen lässt die Auswahl zu wünschen übrig. Wer normalerweise versucht, mit möglichst wenig Geld auszukommen, sollte sich hier vielleicht einmal eine kostspieligere Herberge gönnen.

Railway Retiring Rooms, Infos bei Matron im 1. Stock des Bahnhofsgebäudes. Sechs große, saubere DZ, die auf eine breite Gemeinschaftsveranda hinausgehen. Supergünstig, aber fast immer voll (Rs 150).

Oriental Towers, 2889 Srinivasam Pillai Rd, ✆ 04362/230724, ✉ tnj._hotowers@sancharnet. in. Riesiges Hotel mit Einkaufszentrum, kleinem Pool im 4. Stock und luxuriösen Zimmern. Gutes Preis-Leistungs-Verhältnis und mit allem modernen Komfort ausgestattet, aber weniger professionell als die Luxushotels. ➐

Parisutham, 55 Grand Anicut Canal Rd, ✆ 04362/231801, ✉ hotel.parisutham@vsnl.com. Luxushotel, Zimmer mit zentraler AC (ab US$119), großer Pool (nur für Hotelgäste), internationales Restaurant, Kunsthandwerksladen, Geldwechsel und Reisebüro. Beliebt bei Reisegruppen, daher rechtzeitig reservieren. ➒

Sangam, Trichy Rd, ✆ 04362/239451, 🖥 www. hotelsangam.com. Internationales 4-Sterne-Hotel mit luxuriösen AC-Zimmern (ab US$102). Ausgezeichnetes Restaurant, Pool (Rs 150 für Nicht-Gäste) und schöne Tanjore-Gemälde (das in der Lobby lohnt einen Ausflug hierher). ➒

TTDC Tamil Nadu, Gandhiji Rd, 10 Min. zu Fuß vom Busbahnhof und Bahnhof, ✆ 04362/231325, ✆ 231970. Ehemaliges Gästehaus des Raja, heute eines der typisch heruntergekommenen staatliches Hotels, aber mit mehr Charakter als die moderneren Alternative. Große, gemütliche Zimmer mit Teppichboden (teils AC) rings um einen umzäunten, grünen Garten. ➋–➎

Valli, 2948 MKM Rd, ✆ 04362/231580. Außerordentlich freundliche Unterkunft mit absolut sauberen Zimmern (teils AC), die von hellen Fluren abgehen. Die beste Billigherberge der Stadt hat auch eine Dachterrasse und ein beliebtes Restaurant im Erdgeschoss. ➋–➎

Yagappa, 1 Trichy Rd, ✆ 04362/230421. Gut ausgestattete Zimmer, Kachelbäder, freundliche Angestellte; Bar und Restaurant. In der Lobby sind interessante Bilderrahmen aus Kaffeebaumholz zu sehen. Gutes Preis-Leistungs-Verhältnis. ➌

Essen

In der Stadt gibt es die üblichen „meals"-Lokale. Die besten sind **Annantha Bhavan** und **Sri Ven-**

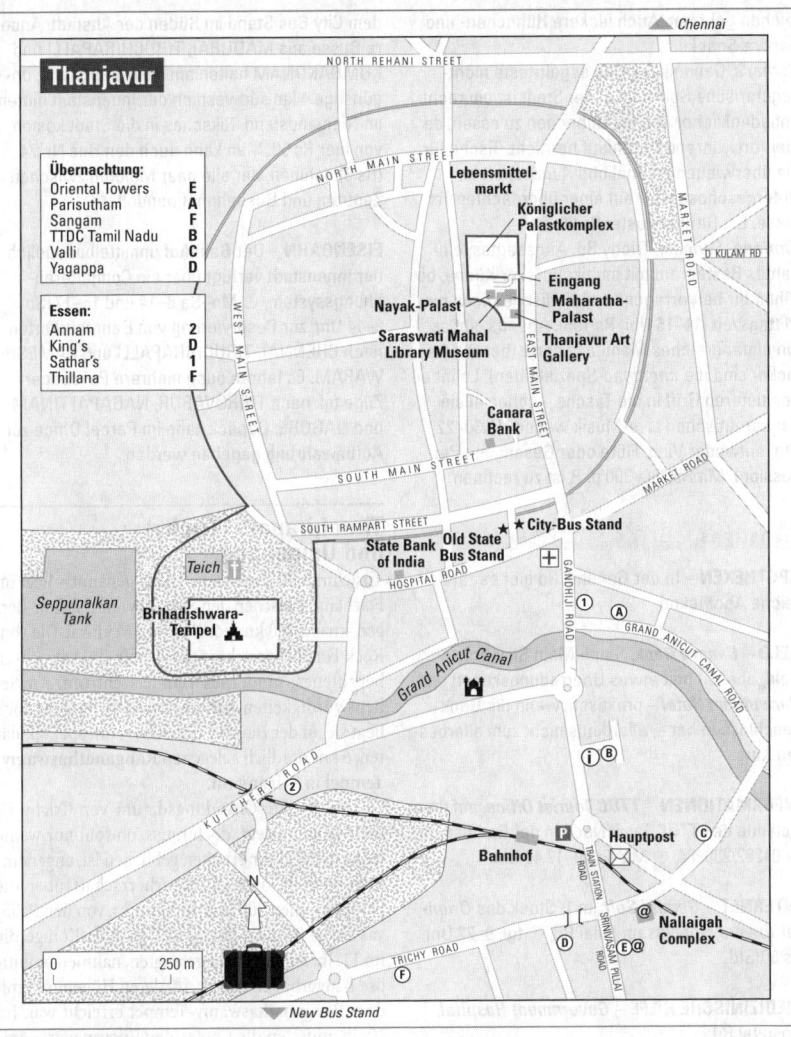

Thanjavur

Übernachtung:

Oriental Towers	E
Parisutham	A
Sangam	F
TTDC Tamil Nadu	B
Valli	C
Yagappa	D

Essen:

Annam	2
King's	D
Sathar's	1
Thillana	F

Chennai

NORTH REHANI STREET
NORTH MAIN STREET
WEST MAIN STREET
EAST MAIN STREET
SOUTH MAIN STREET
SOUTH RAMPART STREET
MARKET ROAD
D KULAM RD

Lebensmittelmarkt
Königlicher Palastkomplex
Eingang
Nayak-Palast
Maharatha-Palast
Saraswati Mahal Library Museum
Thanjavur Art Gallery
Canara Bank

City-Bus Stand
State Bank of India
Old State Bus Stand
HOSPITAL ROAD
GANDHIJI ROAD

Teich

Seppunalkan Tank

Brihadishwara-Tempel

Grand Anicut Canal
GRAND ANICUT CANAL ROAD
KUTCHERY ROAD

N

0   250 m

Bahnhof
Hauptpost
Nallaigah Complex
TRAIN STATION ROAD
SRINIVASM PILLAI ROAD
TRICHY ROAD

New Bus Stand

kantan, beide an der Gandhiji Road unweit der Textilgeschäfte.

Annam, Pandiyar Residency, 14 Kutchery Rd. Kleines, billiges und makellos sauberes vegetarisches Restaurant, besonders zu empfehlen aufgrund seiner überdurchschnittlichen *thalis* (Rs 25) zur Mittagszeit, serviert abends südin-

dische Snacks (köstliche Cashew-*uttapams*). Frauen könen sich hier sicher fühlen.

King's, *Yagappa*, Trichy Rd. Die beste Adresse für ein gemütliches Bier: Sieben verschiedene Biersorten in schummriger Umgebung oder im Hinterhof, zu dessen Ausschmückung ausgestopfte Eidechsen und Plastikblumen in Fischteichen gehören. Auch leckere Hühnchen- und *pakora*-Snacks.

Sathar's, Gandhiji Rd. Das begehrteste nicht-vegetarische Speiselokal der Stadt ist ein recht unbedenklicher Ort, um Hühnchen zu essen, da hier fortwährend Durchlauf herrscht. Tische für die überwiegend männliche Kundschaft im Untergeschoss oder auf einer überdachten Terrasse. Ein Gericht kostet Rs 60–80.

Thillana, *Sangam*, Trichy Rd. Angesagtes, elegantes Restaurant mit multikultureller Küche, berühmt für hervorragende südindische *thalis* zur Mittagszeit (11–15 Uhr, Rs 105). Abends gibt es ein umfangreiches Menü à la carte (besonders lecker sind die *chettinad*-Spezialitäten). Lohnt einen tieferen Griff in die Tasche – schon allein der karnatischen Live-Musik wegen (19.30–22 Uhr, entweder Vina, Flöte oder Gesang mit Percussion). Mit Rs 250–300 p. P. ist zu rechnen.

Sonstiges

APOTHEKEN – In der Gandhiji Rd gibt es zahlreiche Apotheken.

GELD – *Canara Bank*, South Main St, wechselt Geld, ebenso (mit etwas Überredungskunst) das *Parisutham Hotel* – praktisch, wenn die Bank geschlossen hat –, allerdings nicht zum allerbesten Kurs.

INFORMATIONEN – *TTDC Tourist Office*, auf dem Gelände des TTDC Tamil Nadu in der Gandhiji Rd, ✆ 04362/230984, ☉ Mo–Fr 10–17.45 Uhr.

INTERNET – *Gemini Soft*, im 1. Stock des *Oriental Towers*, Srinivasam Pillai Rd, ☉ tgl. 9–22 Uhr, Rs 30/Std.

MEDIZINISCHE HILFE – *Government Hospital*, Hospital Rd.

POST – Das *GPO* befindet sich in der Gandhiji Rd (Train Station Rd).

Transport

BUSSE – Busse aus CHENNAI und PONDICHERRY halten am alten **State Bus Stand**, gegenüber dem City Bus Stand im Süden der Altstadt. Andere Busse aus MADURAI, TIRUCHIRAPALLI und KUMBAKONAM halten am **New Bus Stand**, ungünstige 4 km südwestlich der Innenstadt mitten im Niemandsland. Rikschas in die Stadt kosten von hier Rs 50. Man kann auch den Bus Nr. 74 (Rs 3) nehmen, der alle paar Minuten zwischen Zentrum und Busbahnhof pendelt.

EISENBAHN – Der **Bahnhof** unmittelbar südlich der Innenstadt verfügt über ein Computerbuchungssystem, ☉ Mo–Sa 8–14 und 15–17, So 8–14 Uhr, zur Reservierung von Bahnfahrkarten nach CHENNAI, TIRUCHIRAPALLI und RAMESHWARAM. Es fahren auch mehrere Passenger-Züge tgl. nach THIRUVARUR, NAGAPATTINAM und NAGORE. Gepäck kann im Parcel Office zur Aufbewahrung gegeben werden.

Tiruchirapalli (Trichy) und Umgebung

Tiruchirapalli – meistens Trichy genannt – liegt im Flachland zwischen den Shevaroy- und Palani-Bergen, knapp 100 km nördlich von Madurai. Die vom Rock Fort beherrschte Stadt ist ein im Anwachsen begriffenes, modernes Handelszentrum. An Sehenswürdigkeiten hat sie wenig zu bieten, doch liegt sie an der Haupt-Pilgerroute zum spektakulären, 6 km nördlich gelegenen **Ranganathaswamy-Tempel** in **Srirangam**.

Das genaue Gründungsdatum von Trichy ist nicht genau belegt, doch muss, obwohl nur wenig frühe Architektur erhalten geblieben ist, angenommen werden, dass die Oberherrschaft über die Stadt zwischen 200 und 1000 n. Chr. von den Pallavas an die Pandyas überging. Die Chola-Könige, die im 11. Jh. an die Macht gelangten, nahmen ambitiöse Bauvorhaben in Angriff, deren Höhepunkt mit dem Ranganathaswamy-Tempel erreicht war. Im 12. Jh. mussten die Cholas den Vijayanagar-Königen von Hampi weichen, die sich gegenüber den vordringenden Moslems behaupteten, bis sie schließlich 1565 den Sultanen des Dekkan Platz machen mussten. Keine 50 Jahre später gelangten die Nayaks von Madurai an die Macht, erbauten die Festung und etablierten Trichy als mächtige Handelsstadt. Nach fast einem Jahrhundert des Widerstandes gegen die Franzosen und Briten, die beide

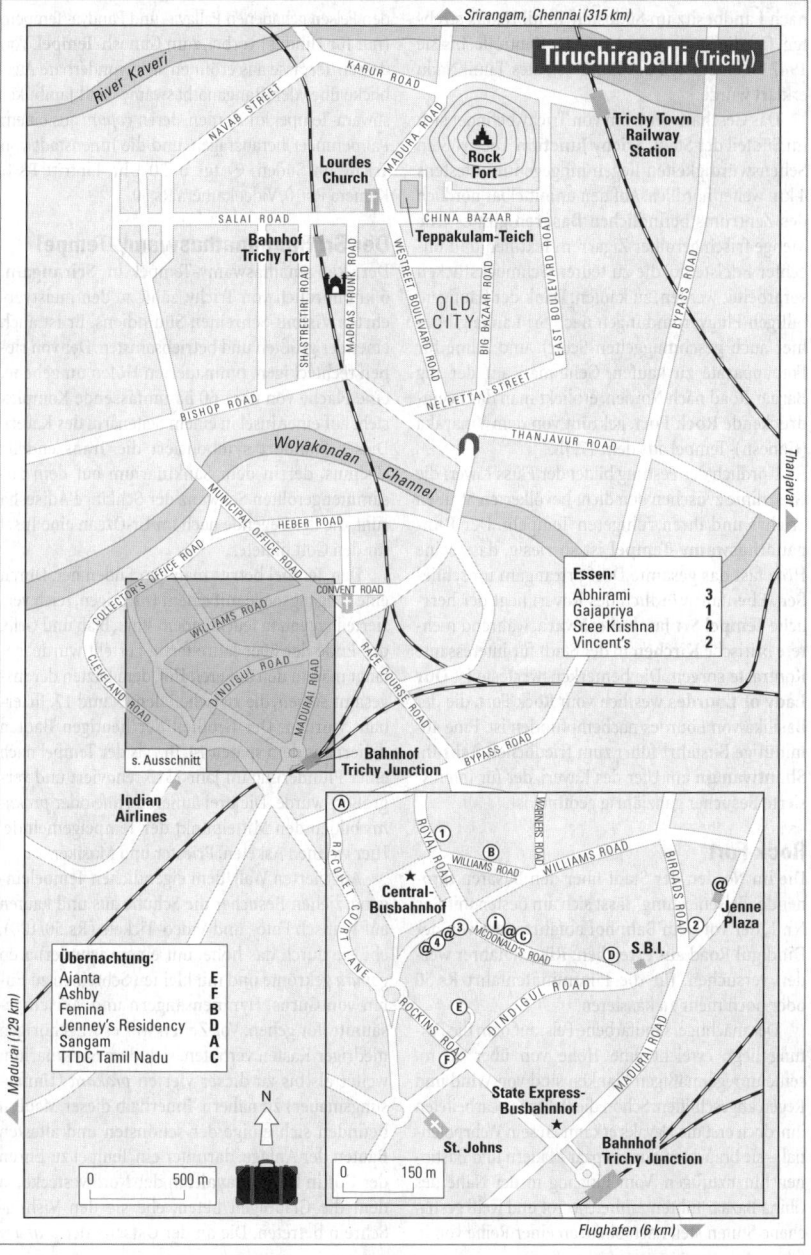

Srirangam, Chennai (315 km)

Tiruchirapalli (Trichy)

River Kaveri

KARUR ROAD

NAVAB STREET

Trichy Town
Railway
Station

Lourdes
Church

SALAI ROAD

Rock
Fort

MADURA ROAD

CHINA BAZAAR

Bahnhof
Trichy Fort

Teppakulam-Teich

OLD
CITY

BISHOP ROAD

SHASTREETIRI ROAD

MADRAS TRUNK ROAD

WESTREET BOULEVARD ROAD

BIG BAZAAR ROAD

EAST BOULEVARD ROAD

BYPASS ROAD

NELPETTAI STREET

THANJAVUR ROAD

Woyakondan

Channel

MUNICIPAL OFFICE ROAD

HEBER ROAD

COLLECTOR'S OFFICE ROAD

CONVENT ROAD

WILLIAMS ROAD

CLEVELAND ROAD

DINDIGUL ROAD

MADURAI ROAD

RACE COURSE ROAD

s. Ausschnitt

BYPASS ROAD

Bahnhof
Trichy Junction

Indian
Airlines

Essen:
Abhirami	3
Gajapriya	1
Sree Krishna	4
Vincent's	2

Thanjavur

TAMIL NADU

Madurai (129 km)

Übernachtung:
Ajanta	E
Ashby	F
Femina	B
Jenney's Residency	D
Sangam	A
TTDC Tamil Nadu	C

N

0   500 m

A

ROYAL ROAD

①

B

WARNERS ROAD

WILLIAMS ROAD

WILLIAMS ROAD

Central-
Busbahnhof

RACQUET COURT LANE

@④@③

i @ C

McDONALD'S ROAD

BIRDADS ROAD

@
②

Jenne
Plaza

D

S.B.I.

ROCKINS ROAD

E

DINDIGUL ROAD

MADURAI ROAD

F

State Express-
Busbahnhof

St. Johns

Bahnhof
Trichy Junction

0   150 m

Flughafen (6 km)

nach Landbesitz im Südosten Tamil Nadus strebten, fiel die Stadt unter britische Kontrolle, bis sie 1947 zu einem Teil des Bundesstaates Tamil Nadu erklärt wurde.

Das Geschäftszentrum von Trichy befindet sich im Südteil der Stadt, **Trichy Junction**. Die größten Sehenswürdigkeiten liegen hingegen mindestens 4 km weiter nördlich. Auf den unmittelbar nördlich des Zentrums befindlichen **Basaren** gibt es jede Menge frisch gerollter Zigarren, Textilien und unechter Edelsteine, die zu teuren Schmuckstücken verarbeitet werden, zu kaufen. Dank der häufigen, billigen Flugverbindungen nach Sri Lanka gibt es hier auch geschmuggelten Scotch und Filme für Fotoapparate zu kaufen. Geht man auf der Big Bazaar Road nach Norden, erblickt man das beeindruckende **Rock Fort**, gekrönt von dem Vinayaka (Ganesh)-Tempel aus dem 17. Jh.

Nördlich der Festung bildet der Fluss Kaveri die Grenzlinie zwischen den dicht bevölkerten Straßen Trichys und ihren ruhigeren Tempeln. Der **Ranganathaswamy-Tempel** ist so riesig, dass seine Höfe fast das gesamte Dorf Srirangam umschließen. Ebenfalls nördlich des Kaveri liegt der herrliche **Tempel Sri Jambukeshwara**, während mehrere britische **Kirchen** in der Stadt für interessante Kontraste sorgen. Die bemerkenswerteste ist **Our Lady of Lourdes** westlich vom Rock Fort, die der Basilika von Lourdes nachempfunden ist. Eine 40-minütige Busfahrt führt zum friedlichen **Ashram Shantivanam** am Ufer des Kaveri, der für interessierte Besucher ganzjährig geöffnet ist.

Rock Fort

Die im Norden der Stadt über den Basaren thronende „Felsenfestung" lässt sich am besten mit Bus Nr. 1, der vor dem Bahnhof abfährt, oder von der Dindigul Road aus erreichen; Rikschafahrer werden versuchen, für die Fünfminutenfahrt Rs 50 oder noch mehr zu kassieren.

Der mächtige, sandfarbene Fels, auf dem die Festung liegt, erreicht eine Höhe von über 80 m, seine unregelmäßigen Flanken sind von Wind und Regen abgeschliffen. Schon die Pallavas bearbeiteten ihn, doch erst die Nayaks erkannten sein Wehrpotential – sie brauchten nur ein paar Mauern und Bastionen hinzuzufügen. Vom Eingang in der Nähe des China Bazaar führen zahlreiche, rot und weiß gestrichene Stufen steil nach oben, an einer Reihe von in

den Felsen gehauenen Pallava- und Pandya-Tempeln (nur für Hindus) vorbei, zum **Ganesh-Tempel**. Von dessen Terrasse aus eröffnen sich wunderbare Ausblicke über den Ranganathaswamy- und Jambukeshwara-Tempel im Norden, deren *gopura* aus einem Palmenmeer herausragen, und die Innenstadt von Trichy im Süden. ☉ tgl. 6–20 Uhr, Eintritt Rs 1, Kamera Rs 10, Videokamera Rs 50.

Der Sri Ranganathaswamy-Tempel

Der Ranganathaswamy-Tempel in **Srirangam**, 6 km nördlich von Trichy, zählt zu den meistverehrten Vishnu-Schreinen Südindiens. Er ist auch einer der größten und betriebsamsten. Der von sieben rechteckigen, ummauerten Höfen umgebene, eine Fläche von über 60 ha umfassende Komplex steht auf einer Insel in einem Seitenarm des Kaveri. Dieser Standort symbolisiert die Transzendenz Vishnus, der in dem Sanktuarium auf dem zusammengerollten Schwanz der Schlange Adisesha ruht, die der Legende nach im Ur-Ozean eine Insel für den Gott bildete.

Den Tempel betritt man von Süden her. Durch eine Eingangshalle mit einem wuchtigen, reich verzierten *gopura* in leuchtendem Pink, Blau und Gelb, der Ende der 80er Jahre fertig gestellt wurde, gelangt man in den äußeren Hof, dem letzten der insgesamt sieben, die zwischen dem 5. und 17. Jh. erbaut wurden. Der Großteil der heutigen Bauten datiert aus dem späten 14. Jh., als der Tempel nach einer Plünderung im Jahr 1313 renoviert und vergrößert wurde. Die drei äußeren Höfe oder *prakaras* bilden den Mittelpunkt der Tempelgemeinde: Hier wohnen Asketen, Priester und Musiker.

Am vierten Wall, dem eigentlichen Tempeleingang, ziehen Besucher die Schuhe aus und kaufen auf Wunsch Foto- und Video-Tickets (Rs 50/100), ehe sie durch das hohe, mit einem wunderbaren *gopura* gekrönte und mit kleinen Schreinen zu Ehren von Gurus, Hymnensängern und Weisen gesäumte Tor gehen. Vor Zeiten war es Angehörigen niedriger Kasten verboten, sich dem Sanktuarium weiter als bis zu dieser vierten *prakara* (Umfassungsmauer) zu nähern. Innerhalb dieser Mauern befinden sich einige der schönsten und ältesten Bauten der Anlage, darunter ein Tempel zu Ehren der Göttin **Ranganayaki** in der Nordwestecke, in dem die Gläubigen beten, ehe sie den Vishnu-Schrein betreten. Die an der Ostseite der *prakara* gelegene, verschwenderisch verzierte „1000-Säulen-Halle" *(kalyan mandapa)* geht auf die späte Chola-Periode zurück. Die Pfeiler der faszinierenden **Sheshagiriraya Mandapa**, südlich der *kalyan mandapa*, sind mit sich aufbäumenden Stuten und Jägern geschmückt – als Sinnbild für den Sieg des Guten über das Böse.

Rechts vom Durchgang in den vierten Hof zeigt ein kleines **Museum** eine bescheidene Sammlung von Stein- und Bronzeskulpturen sowie einige zierliche Elfenbeingemmen. ☉ tgl. 10– 12 und 15–17 Uhr, Eintritt frei. Für Rs 10 kann man von einer Seite des Museums auf das Dach des vierten Walls steigen. Von dort bietet sich ein schöner Ausblick auf die Tempeldächer und *gopuras*, die vom Zentrum nach außen hin immer größer werden. Der zentrale Turm krönt das innerste Heiligtum und ist auf allen vier Seiten mit Blattgold und gemeißelten Bildnissen von Vishnus Inkarnationen verziert.

Hinter dem Tor zum dritten Hof – dem letzten für Nicht-Hindus geöffneten Abschnitt – steht eine Säulenhalle, die **Garuda Mandapa**, ringsum im typischen Nayak-Stil bearbeitet. Die Pfeiler, die den Zentralschrein für Garuda, das Mensch-Adler-Reittier Vishnus, umgeben, zieren Jungfrauen, wohltätige Spender und Nayak-Herrscher.

Der schwach beleuchtete innerste Hof, der heiligste Teil des Tempels, beherbergt Vishnu in seiner Gestalt als Ranganatha, auf der Schlange Adisesha ruhend. Der Zugang zum Schrein erfolgt gewöhnlich von Süden her, doch einmal im Jahr, während des **Vaikuntha Ekadasi-Festes**, wird das Nordportal geöffnet; wer diesen „Himmelseingang" durchschreitet, darf mit dem Wohlwollen der Götter rechnen. Innerhalb dieser Umfriedung werden die meisten der täglichen Tempelfeste abgehalten, allmorgendlich beginnend mit Vina-Spiel und Hymnen-Singen, um Vishnu im Beisein einer Kuh und eines Elefanten zu wecken; die letzte Feierlichkeit endet kurz nach 21 Uhr mit ähnlichen Zeremonien. Näheres zum Ranganathaswamy und anderen wichtigen Tempeln von Tamil Nadu s. S. 130 f.

Am Südtor des Ranganathaswamy-Tempels halten zahlreiche **Busse** von und nach Trichy.

Übernachtung

Trichy ist mit zahlreichen Hotels für den Ansturm von mehreren Tausend Pilgern gerüstet. Die vielen Unterkünfte in der Umgebung der Busbahnhöfe bieten ein gutes Preis-Leistungs-Verhältnis. Die meisten sind ziemlich gleichförmige Lodges, es gibt aber auch ein paar elegantere Hotels. In dieser Ecke tost der Verkehr, daher ist es ratsam, beim Einchecken um ein Zimmer nach hinten zu bitten.

Ajanta, Rockins Rd, ✆ 0431/241 5504. Riesenkomplex mit 85 Zimmern rings um einen eigenen Vijayanagar-Schrein herum und mit einer opulenten Tirupati-Gottheit im Empfangsbereich, beliebt bei Pilgern. Die Zimmer (teils AC, Handtücher werden gestellt) sind einfach und sauber. Besonders preisgünstig sind die EZ. ❸–❺

Ashby, 17A Rockins Rd, ✉ chinoor@yahoo.com, ✆ 0431/246 0652. Stimmungsvolles Gebäude aus der Raj-Ära, äußerst begehrt bei ausländischen Besuchern. Große, makellos saubere Zimmer mit frischen Handtüchern, Seife und Kabel-TV. Ordentliche Bar und kleines Restaurant im Hof. Hervorragendes Preis-Leistungs-Verhältnis. ❸–❺

Femina, 109 Williams Rd, ✆ 0431/241 4501, ✉ try_femina@sancharnet.in. Gut geführtes Haus östlich des State-Busbahnhofs. Zimmer und Suiten, manche mit Balkon und Blick auf das Rock Fort. Schicke Restaurants sowie Reiseagenturen, Geschäfte, Pool, Fitness-Zentrum und 24 Std. geöffnetes Café. ❹–❼

Jenney's Residency, 3/14 McDonald's Rd, ✆ 0431/241 4414, ✉ jenneys@satyam.net.in. Die etwas überalterte Unterkunft mit viel Marmor und Spiegeln bietet Zimmer mit allem Komfort, außerdem eine „Wildwest"-Bar, Cocktail-Bar, zwei gute Restaurants (darunter ein elegantes chinesisches) und Swimming Pool (Eintritt für Nicht-Gäste Rs 100). ❼–❽

Sangam, Collector's Office Rd, ✆ 0431/241 4700, 🖥 www.hotelsangam.com. Trichys Tophotel verfügt über alle Annehmlichkeiten, darunter ein ausgezeichneter Pool (Rs 75 für Nicht-Gäste) und ein vorzügliches Restaurant mit Live-Musik am Wochenende. Zimmer ab US$125. ❾

TTDC Tamil Nadu, McDonald's Rd, ✆ 0431/241 4346. Eines der besseren Hotels dieser Organisation und weit genug vom Busbahnhof entfernt, um dem größten Krach zu entgehen. Am preisgünstigsten sind die DZ ohne AC, obwohl sie sich kaum mit denen der Konkurrenz messen können. Alle AC-Zimmer mit Kabel-TV. ❷–❺

Essen

Wer in Trichy gut speisen möchte, braucht sich nicht weit vom State-Busbahnhof, wo die beliebtesten „meals"-Lokale der Stadt liegen, zu entfernen.

Abhirami, 10 Rockins Rd, gegenüber dem Busbahnhof, Trichys bekanntestes südindisches Restaurant, serviert superpreiswerte Mittags-„meals" und den restlichen Tag über kleine Gerichte. Hat auch einen „Fast Food"-Schalter, an dem jederzeit *dosas* und *uttapams* verkauft werden.

Gajapriya, Royal Rd, im Erdgeschoss des Gajapriya Hotel. Die Spezialität dieses kleinen, aber herrlich AC-gekühlten, sauberen Restaurants sind nicht-vegetarische nordindische und Nudelgerichte. Gut zum Entspannen bei einer Tasse Kaffee.

Sree Krishna, 1 Rockins Rd, gegenüber dem Busbahnhof. Leckeres und sehr sättigendes Frühstück im amerikanischen oder südindischen Stil, unbegrenzte Bananenblatt-*thalis* zum Mittag (Rs 35) und südindische Spezialitäten am Abend – alles mit einem freundlichen Lächeln serviert.

Vincent's, Dindigul Rd, neben der Bäckerei. Von der Straße zurückgesetztes Restaurant im orientalischen Stil mit falschen Pagoden und multikultureller Speisekarte, darunter leckeres Hühnchen-*tikka* und andere *tandoori*-Gerichte. Etwas schäbig, aber ein guter Ort, um der Hektik des Busbahnhofs zu entkommen. Kein Alkohol. ◷ nur abends.

Sonstiges

GELD – Geld wechselt die **State Bank of India** in der Dindigul Rd; sie nimmt jedoch nur Reiseschecks von *American Express* oder *Thomas Cook* an.
Weitaus effizienter ist der Geldwechselschalter **Highway Forex** im Jenney Plaza Building, einer eleganten Mall in der Dindigul Rd, ◷ Mo–Sa 10–18 Uhr.

INFORMATIONEN – **Tourist Office**, gegenüber dem Central-Busbahnhof, direkt vor dem Hotel Tamil Nadu, ✆ 0431/246 0136, hat eine Menge Infos, aber keine Pläne. ◷ Mo–Fr 10–17.45 Uhr.

INTERNET – **Netpark**, Jenney Plaza Building, Dindigul Rd, ◷ tgl. 8–22.30 Uhr, Rs 20/Std. Weitere Internet-Cafés finden sich gegenüber vom Central-Busbahnhof.

Nahverkehrsmittel

Der effiziente **Stadtbus** Nr. 1, der an der Haltestelle in der Rockins Rd (gegenüber dem Restaurant Shree Krishna) startet, ist das beste Transportmittel, um zum Rock Fort, zu den Tempeln und nach Srirangam zu gelangen. Auch **Rikschas** sind überall zu haben.

Transport

BUSSE – Es gibt zwei nah beieinander liegende Busbahnhöfe – **Central** und **State Express** –, aber keine Regeln, wo ein bestimmter Bus abfährt: Da hilft nur fragen, fragen, fragen! Die State Express-Busse fahren in regelmäßigen Abständen rund um die Uhr größere Städte wie Madurai, Kodaikanal und Pondicherry an. Private Busgesellschaften (sofern man sich deren verrücktem und gefährlichem Fahrstil wirklich aussetzen möchte) halten in der Rockins Road, wo die Fahrer auf Kundenfang gehen.
Busse nach:
CHENGALPATTU (alle 20 Min., 7–8 Std.),
CHENNAI (stdl., 8–9 Std.),
COIMBATORE (alle 30 Min., 5 Std.),
KANCHIPURAM (2x tgl., 7–8 Std.),
KANNIYAKUMARI (15–20x tgl., 10–12 Std.),
KODAIKANAL (8–10x tgl., 5 Std.),
MADURAI (alle 30 Min., 4–6 Std.),
PONDICHERRY (alle 30 Min., 5–6 Std.),
THANJAVUR (alle 10 Min., 1–1 1/2 Std.),
TIRUVANNAMALAI (5x tgl., 6 Std.).

EISENBAHN – Von Trichys Hauptbahnhof **Trichy Junction**, der dem Südbezirk der Stadt seinen Namen gegeben hat und in Reichweite der meisten Hotels, Restaurants und Banken sowie des Busbahnhofs liegt, bestehen zahlreiche Bahnverbindungen.
Züge nach:
BANGALORE (1x tgl., 10 Std.),
CHENGALPATTU (6–7x tgl., 4–5 1/2 Std.),
CHENNAI (7–9x tgl., 5 1/4–7 Std.),

COIMBATORE (2x tgl., 5–5 1/4 Std.),
KANNIYAKUMARI (1–2x tgl., 7 3/4–9 Std.),
KOCHI (1x tgl., 9 1/2 Std.),
KODAIKANAL ROAD (2–4x tgl., 1 3/4–2 1/4 Std.),
MADURAI (7–9x tgl., 2 1/2–3 1/2 Std.),
THANJAVUR (2x tgl., 1 1/4–1 1/2 Std.).

FLÜGE – Trichys **Flughafen**, 8 km südlich der Innenstadt, bietet Flüge von und nach CHENNAI (Di, Do, Sa und So), TRIVANDRUM (Di, Do, Sa und So) und KOZHIKODE (Di und Sa) sowie eine tägliche Verbindung nach SRI LANKA. Die Fahrt in die Stadt per Taxi (Rs 200) oder Bus (Nr. 7, 28, 59, 63 oder K1) dauert keine halbe Stunde. Auskünfte und Buchung bei *Indian Airlines*, 4A Dindigul Rd, ✆ 0431/248 0233, und für *Sri Lankan Airlines* im Femina Hotel, ✆ 0431/246 0844, s. „Übernachtung".

Der Süden

Madurai

Madurai, an den Ufern des Flusses Vaigai, ist eine der ältesten Städte Südasiens und ein wichtiges Religions- und Handelszentrum, seitdem die Zivilisation in Südasien Einzug gehalten hat – die Stadt wurde sogar lange als „Athen des Ostens„ bezeichnet. So überrascht es nicht, dass der griechische Botschafter Megasthenes, der im Jahr 302 v. Chr. hierher kam, ihre Pracht beschrieb und Königin Pandai als „eine Tochter von Herakles" rühmte, während der römische Geograf Strabo sich darüber beklagte, dass die Seide, Perlen und Gewürze der Stadt große Löcher in die kaiserlich-römischen Staatskassen rissen. Dieser lukrative Handel erlaubte es den Pandya-Herrschern, den mächtigen **Tempel Meenakshi-Sundareshwarar** zu erbauen. Zwar umgibt ihn mittlerweile ein Meer moderner Betonklötze, doch die gewaltigen *gopura* dieser riesigen Anlage, mit unzähligen mythologischen Figuren in allen Farben und gekrönt von goldenen Spitzen, sind nach wie vor die größte von Menschenhand geschaffene Sehenswürdigkeit des Südens. An jedem Tag der Woche passieren nicht weniger als 15 000 Menschen die Tempeltore. Freitags (der Freitag ist der Göttin Meenakshi heilig) steigt die Zahl auf bis zu 25 000. Die Tempelrituale brei-

ten sich in einer fast ununterbrochenen Folge von Prozessionen über die umliegenden Straßen aus. Kaum ein Reisender lässt sich die Möglichkeit entgehen, eine religiöse Zeremonie mitzuerleben, die seit der Zeit der alten Ägypter immer noch nahezu unverändert durchgeführt wird.

Das inner- und randstädtische Wachstum der Stadt hat zu einem Verkehrschaos geführt, das dem der in dieser Hinsicht schlimmsten indischen Städte in nichts nachsteht. Das Gewühl in den schmalen, mit Schlaglöchern übersäten Straßen wird noch durch politische Demonstrationen, religiöse Prozessionen und heilige Kühe – die ihr Straßenrecht notfalls mit einem nicht gerade zimperlichen Nasenstüber behaupten – verstärkt. Die von allen Seiten bedrängten Fußgänger werden zudem durch eine wachsende Zahl von Straßenhändlern vom Gehweg vertrieben. Garküchen breiten sich vor *chai*-Buden aus, an denen *paratha-wallahs* mit Löffeln auf Pfannen schlagend buchstäblich nach Käufern für ihre leckeren, frisch gebackenen Brote trommeln. Doch angesichts der Verkehrsprobleme erkundet man Madurai immer noch am besten zu Fuß.

Geschichte

Die Geschichte und der Ruhm Madurais – wenn auch untrennbar mit Mythen verwoben – lassen sich über gut 2000 Jahre zurückverfolgen. Zahlreiche **Höhlen** in den hiesigen Hügeln und Felsen, in die oft einfache Steinbetten gehauen wurden, dienten sowohl prähistorischen Menschen als auch Asketen wie den Ajivikas und Jains, die sich in Abkehr von der Welt und Buße übten, als Unterschlupf.

Madurai scheint mindestens 1000 Jahre lang ohne Unterbrechung die **Hauptstadt des Pandya-Reiches** gewesen zu sein. Sie entwickelte sich zu einer einflussreichen Kaufmannsstadt, die Handelsbeziehungen mit den Griechen, Römern und Chinesen unterhielt, während *yavanas* (generelle Bezeichnung für Ausländer) in den Häfen der Pandyas ein normaler Anblick waren. Tamilische Epen berichten, dass sie mit vor Erstaunen weit aufgerissenen Augen und Mündern durch die Stadt spazierten – nicht unähnlich heutigen Touristen. Unter der Pandya-Dynastie etablierte sich Madurai als Zentrum der tamilischen Kultur. Hier gab es drei **Sangams** („Literatur-Akademien"), die Tausende von Jahren bestanden und rund 8000 Dichter unterstützt haben sollen.

Die Hauptstadt der Pandyas fiel schließlich im 10. Jh., als der **Chola**-König Parantaka die Macht über die Stadt an sich riss. Die Pandyas erlangten während des 13. Jhs. noch einmal kurzzeitig die Herrschaft, bis der berüchtigte **Malik Kafur**, der „Lieblingssklave" des Delhi-Sultanates, während eines Raubzugs durch den Süden die Stadt angriff und sie weitgehend zerstörte. Der Pandya-König Sundara, der gewarnt worden war, ergriff zusammen mit seiner engsten Familie und der Schatztruhe die Flucht und überließ es seinem Onkel und Rivalen Vikrama Pandya, sich Kafur entgegenzustellen. Trotzdem kehrte Kafur mit einer Beute von angeblich „612 Elefanten, Bergen von Gold, mehreren Kisten voller Juwelen und Perlen sowie 20 000 Pferden" nach Delhi zurück. Kurz nach dieser Plünderung wurde Madurai ein unabhängiges Sultanat; 1364 schloss es sich dem hinduistischen **Vijayanagar**-Reich an, beherrscht von Vijayanagar/Hampi und verwaltet von Gouverneuren, den **Nayaks**. 1565 erlangten die Nayaks ihre Unabhängigkeit. Unter ihrem Schutz erlebte Madurai eine Renaissance und wurde im Lotusblütenmuster rund um den Meenakshi-Tempel wieder aufgebaut. Teile des berühmtesten Palastes der Nayaks, des **Thirumalai** (1623–1655), sind noch erhalten.

Die Stadt verblieb bis Mitte des 18. Jhs. unter der Kontrolle der Nayaks, bis die **Briten** allmählich das Ruder übernahmen. Hundert Jahre später rissen diese die Festung von Madurai nieder und schütteten den Burggraben zu, wodurch die vier Veli-Straßen entstanden, die heutzutage die Begrenzung der Altstadt bilden.

Orientierung

Obwohl im Laufe der Jahre erheblich vergrößert und ausgebaut, ist die Anlage von Madurais **Altstadt**, südlich des Vaigai, seit den ersten Jahrhunderten n. Chr. größtenteils erhalten geblieben. Sie besteht aus mehreren runden Plätzen, die um den gewaltigen **Meenakshi-Tempel** angeordnet sind. Der nach den Kardinalpunkten ausgerichtete Straßenplan bildet ein riesiges *mandala* (magisches Diagramm), dessen Sakralkräfte dem Glauben zufolge während der Massenumrundungen des zentralen Tempels (immer im Uhrzeigersinn) aktiviert werden.

Nördlich des Flusses präsentiert sich Madurai erheblich moderner und unübersichtlicher. Den Vaigai überquert wahrscheinlich nur, wer zu den teureren Hotels der Stadt oder zum Gandhi-Museum gelangen will.

Der Sri Meenakshi-Sundareshwarar-Tempel

Der von einer quadratischen, 6 m hohen Mauer in der Art eines bewehrten Palastes umgebene Tempel Meenakshi-Sundareshwarar zählt zu den größten Tempelkomplexen Indiens. Ein Großteil entstand während der Nayak-Ära zwischen dem 16. und 18. Jh., doch einige Teile sind sehr viel älter. Die bedeutendsten Schreine (nur für Hindus) sind die für Sundareshwar (Shiva) und seine Gefährtin Meenakshi (eine Erscheinungsform von Parvati). Ungewöhnlich ist, dass hier die Göttin Vorrang genießt und ihr immer zuerst gehuldigt wird.

Die Vielzahl von Schreinen, Skulpturen und Kolonnaden ist auf den ersten Blick und ohne Kenntnis der Logik, die hinter ihrer Anordnung steht, äußerst verwirrend. Doch wer Zeit hat, sollte sich davon nicht abschrecken lassen. Abgesehen von den schätzungsweise 33 000 Götterdarstellungen aus Stein und Stuck, ist das Tempelleben so fesselnd, dass viele Besucher gleich mehrmals am Tag herkommen. Seien es die endlosen *puja*-Zeremonien, laute *nagaswaram*- und *tavil*-Musik, Hochzeiten, Brahmanen-Jungen, die in den Veden unterwiesen werden, der endlose Strom von Gläubigen, die Marktstände hinter dem Osteingang oder sogar eine Prozession, irgend etwas passiert hier immer und macht den Ort zu einem der faszinierendsten von ganz Tamil Nadu.

Rund fünfzig Priester arbeiten in dem Tempel und wohnen in Häusern unweit des Nordeingangs. Sie sind leicht zu erkennen – jeder trägt eine zwischen den Beinen zusammengebundene weiße *dhoti (veshti* auf Tamil); darüber, um die Taille, ein weiteres, farbiges Tuch, meist aus Seide. In das Tuch ist eine kleine Tasche gewickelt, die heilige weiße Asche enthält. Die Priester sind barbrüstig und haben alle ein kleines Handtuch über die Schulter geworfen. Die meisten tragen Ohrringe und Halsketten, darunter *rudraksha*-Perlen, die Shiva heilig sind. Als Shaiva-Priester haben sie drei horizontale Streifen weißer Asche auf Stirn, Armen, Schultern und Brust sowie einen roten Puderpunkt zu Ehren der Göttin an der Nasenwurzel. Die meisten tragen ihr langes Haar in einem Knoten, den Oberkopf ra-

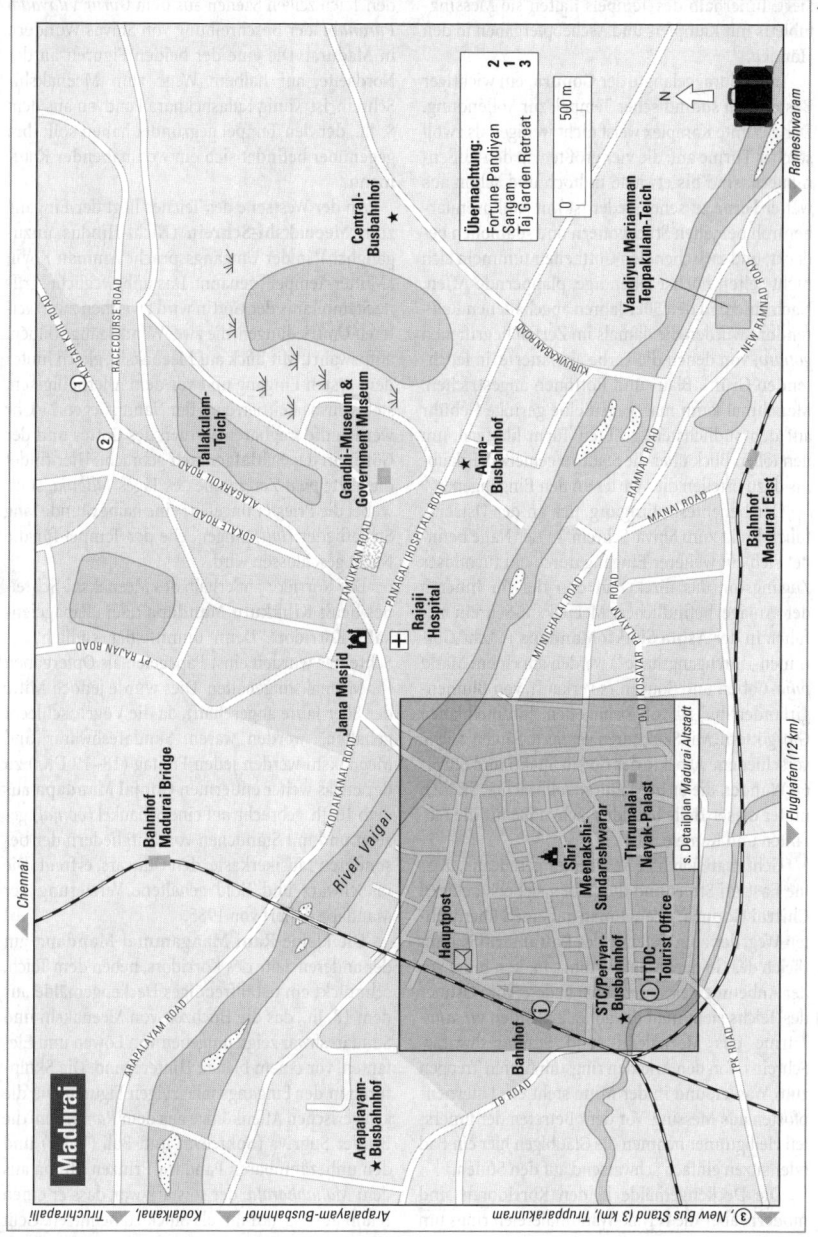

Madurai

Übernachtung:
1 Fortune Pandiyan
2 Sangam
3 Taj Garden Retreat

0 500 m

N

TAMIL NADU

Central-Busbahnhof

Gandhi-Museum & Government Museum

Tallakulam-Teich

Anna-Busbahnhof

Rajaji Hospital

Jama Masjid

Bahnhof Madurai Bridge

River Vaigai

Shri Meenakshi-Sundareshwarar

Thirumalai Nayak-Palast

Hauptpost

STC/Periyar-Busbahnhof

TTDC Tourist Office

Bahnhof

Arapalayam-Busbahnhof

s. Detailplan *Madurai Altstadt*

Vandiyur Mariamman Teppakulam-Teich

Bahnhof Madurai East

RACECOURSE ROAD

ALAGARKOIL ROAD

GOKALE ROAD

TAMUKKAN ROAD

PANAGAL (HOSPITAL) ROAD

PT RAJAN ROAD

KODAIKANAL ROAD

KURUVIKARAN ROAD

NEW RAMNAD ROAD

RAMNAD ROAD

MANAI ROAD

MUNICHALAI ROAD

OLD KOSAVAR ROAD

KOSAVAR ROAD

ARAPALAYAM ROAD

TB ROAD

TPK ROAD

ALAGAR KOIL ROAD

◄ Chennai

◄ Arapalayam-Busbahnhof   ◄ Kodaikanal,   ◄ Tiruchirapalli

▼ New Bus Stand (3 km), Tiruparakunram   ▼ Flughafen (12 km)   ▼ Rameshwaram

Madurai 503

siert. Innerhalb des Tempels halten sie Messing-
tabletts mit Kampfer- und Ascheopfergaben in den
Händen.

In Madurai gelangte der **Gopura**, ein wichtiger
Bestandteil südindischer Tempel, zur Vollendung.
Der gesamte Komplex weist nicht weniger als zwölf
solcher Türme auf; die vier größten, in den Außenmauern, sind bis etwa 46 m hoch und schon aus
weiter Ferne zu sehen. Jeder ist mit zahllosen farbenfroh bemalten Stuckgöttern und -dämonen bedeckt, und zwischen den Gottheiten tummeln sich
nicht selten höchst lebendige, plappernde Affen.
Nach einem in den 50er Jahren abgehaltenen Refe-
rendum wurden die damals im Zerfall begriffenen
gopura, von denen die Farbe abblätterte, in leuchtenden Grün-, Blau- und Rottönen angestrichen.
Manchmal kann man gegen eine geringe Gebühr
auf den südlichsten, größten Turm klettern, um
den tollen Blick über die Stadt zu genießen. Erlaubnis dazu erteilen die Wärter an den Eingängen.

Der beliebteste **Eingang**, der an der Ostseite,
führt direkt zum Shiva-Schrein. In der Nähe befindet sich ein weiterer Eingang durch ein turmloses
Zugangstor, das direkt auf den tief im Inneren
der Anlage befindlichen Meenakshi-Schrein zu-
führt. In der **Ashta Shakti Mandapa** („Acht-Göt-
tinnen-Durchgangshalle") werden auf einem Markt
puja-Gaben und Souvenirs verkauft, von Blumengirlanden bis zu roh behauenen, himmelblauen
Gipsgöttern. Mit Skulpturen verzierte Säulen zeigen
verschiedene Aspekte der Göttin Shakti und Shivas
64 Wunder, die er in Madurai vollbrachte. Südlich
hinter dieser Halle befinden sich Ställe für die Elefanten und Kamele.

Geht man von hier aus immer geradeaus, über
die East Ati Street und durch den siebenstöckigen
Chitrai Gopura, gelangt man auf einen überdachten Weg, der zum Ostende des **Pottamarai Kulam**
(Teich des Goldenen Lotus) führt, in dem Indra vor
der Anbetung des *shivalingam* badete. Vom Ostufer
des Teichs sieht man die goldglänzenden *vimana*-
Türme des Meenakshi- und Sundareshwarar-
Schreins. Von den Arkaden ringsum führen Treppen
zum Wasser, und in der Mitte steht ein Laternen-
pfosten aus Messing. Vor dem Betreten der innersten Heiligtümer nehmen die Gläubigen hier ein Bad
oder sitzen einfach schwatzend auf den Stufen.

Die Deckengemälde in den Korridoren sind
modern, aber die Nayak-Wandmalereien rings um

den Teich zeigen Szenen aus dem *Gurur Vilayadal
Puranam,* der Beschreibung von Shivas Wundern
in Madurai. Die eine der beiden Figuren an der
Nordseite, auf halbem Wege zum Meenakshi-
Schrein, ist König Kulashekhara Pandyan aus dem
8. Jh., der den Tempel gegründet haben soll; ihm
gegenüber befindet sich ein wohlhabender Kaufmann.

An der Westseite des Teiches liegt der Eingang
zum **Meenakshi-Schrein** (Nicht-Hindus unzu-
gänglich), in der Umgangssprache Amman Koyil,
„Mutter-Tempel", genannt. Das unbewegliche, grüne Steinbildnis der Göttin wird zwischen zwei weiteren Umfriedungen, die zwei Wandelgänge bilden,
aufbewahrt. Mit Blick auf Meenakshi, gleich hinter
dem ersten Eingang und vor dem Allerheiligsten,
steht Shivas Reittier, der Stier Nandi. Gegen 21 Uhr
werden die tragbaren Statuen des Gottes und der
Göttin in das **Schlafgemach** gebracht. Hier findet
die letzte *puja*-Zeremonie des Tages, *lalipuja,* statt,
wobei die Priester ungefähr eine halbe Stunde lang
Schlaflieder *(lali)* singen, ehe der Tempel für die
Nacht geschlossen wird.

Der Korridor außerhalb des Meenakshi-Schrei-
nes heißt **Kilikkutu Mandapa** oder „Papageien-
käfig-Korridor". Denn unmittelbar südlich des
Schreines wurden einst Papageien als Opfergaben
für Meenakshi gehalten. Dies wurde jedoch Mitte
der 80er Jahre abgeschafft, da die Vögel „schlecht
gehalten" worden waren. Sundareshwarar und
Meenakshi werden jeden Freitag (18–19 Uhr) zu
der etwas weiter entfernten **Oonjal Mandapa** aus
dem 16. Jh. gebracht, auf eine Schaukel *(oonjal)* gesetzt und mit Ständchen von Mitgliedern der besonderen Musikerkaste, den Oduvars, erfreut. Die
in Schwarz und Gold gehaltene Verzierung der
Mandapa datiert von 1985.

Die kleine **Rani Mangammal Mandapa** auf
der anderen Seite des Korridors, neben dem Teich,
schmückt ein detailfreudiges Deckengemälde aus
dem 18. Jh., das die Hochzeit von Meenakshi und
Sundareshwar zeigt, umgeben von Löwen und Elefanten, vor einem blauen Hintergrund. Die Skulpturen in der Eingangshalle zeigen Figuren wie die
kriegerischen Affenkönige aus dem *Ramayana,* die
Brüder Sugriva (Sukreeva) und Bali (Vahli) und
den unbezähmbaren Pandava-Prinzen Bhima aus
dem *Mahabharata,* der so stark war, dass er einen
Baum ausriss, um ihn als Stock zu benutzen. Geht

Meenakshi, die fischäugige Göttin

Die Göttin Meenakshi von Madurai erhob sich aus den Flammen eines dem heiligen Feuer geopferten dreijährigen Kindes als Antwort auf die Bitte des **Pandya-Königs Malayadvaj** um einen Sohn. Der Fürst war nicht nur erstaunt beim Anblick eines weiblichen Wesens, sondern auch erschrocken, da es drei Brüste hatte. Ansonsten aber war das Mädchen eine absolute Schönheit, wie der Name **Meenakshi** („fischäugig") verrät – weibliche Wesen mit fischförmigen Augen sind in der indischen Poesie der Inbegriff alles Begehrlichen. Eine mysteriöse Stimme teilte ihm außerdem zu seiner Beruhigung mit, dass Meenakshi die dritte Brust verlieren würde, sobald sie ihren Ehemann gefunden hätte.

In Ermangelung eines männlichen Nachfolgers kam die inzwischen erwachsen gewordene Meenakshi auf den Pandya-Thron. Mit dem Ziel, die Welt zu beherrschen, schlug sie eine Reihe erfolgreicher Schlachten und vernichtete sogar Shivas Heere auf dem Heimatgelände des Gottes im Himalaya, dem Berg Kailash. Da erschien **Shiva** auf dem Schlachtfeld, bei dessen Anblick Meenakshi sofort ihre dritte Brust verlor. Nun erfüllte sich die Prophezeiung: Shiva und Meenakshi reisten nach Madurai, wo sie getraut wurden. Die beiden waren jetzt sowohl König und Königin des Pandya-Reiches (worauf Shiva den Titel des Sundara Pandya annahm) als auch die Obergottheiten des Tempels von Madurai, in dem sie schließlich verschwanden.

Ihre **Schreine** in Madurai stehen heute im Mittelpunkt eines beliebten, von den Tempelpriestern abgehaltenen **Fruchtbarkeitskultes**, der sich um das göttliche Paar dreht und den Fortbestand und die Regeneration des Universums gewährleistet. Jeden Abend wird das Paar zusammen im Schlafgemach des Tempels zu Bett gebracht, wobei zuvor Meenakshis Nasenring vorsichtig abgenommen wird, damit sie ihren Gatten in der Glut der Leidenschaft nicht verletzen kann. Ihr himmlisches Liebesleben ist durchweg erdbewegend, weshalb Sundareshwarar seiner Gefährtin absolut treu ist (für den als Schürzenjäger bekannten Shiva ungewöhnlich). Nichtsdestotrotz kann man sich auf seine eheliche Treue nicht hundertprozentig verlassen. Sie muss daher jedes Jahr rituell auf den Prüfstand gestellt werden. Dann wird die schöne Göttin Cellattamman zu Sundareshwar („schöner Bräutigam", d. h. Shiva) gebracht, „um ihre Kräfte erneuern zu lassen". Nachdem sie einen Korb bekommen hat, gerät sie in schreckliche Wut, die sich nur durch ein Büffelopfer besänftigen lässt – nur eine von Dutzenden uralter Zeremonien, die in Madurais Tempeln abgehalten werden.

man in nördlicher Richtung zurück, am Meenakshi-Schrein vorbei und durch einen mit einem Turm versehenen Eingang, gelangt man auf das Gelände des Sundareshwarar-Schreines. Direkt dahinter steht eine gewaltige Figur von Ganesh, **Mukkuruni Vinayaka**, die bei der Aushebung des Mariamman Teppakulam-Teiches gefunden worden sein soll.

Der rundliche Ganesh ist für seinen Hang zu Süßigkeiten bekannt. Anlässlich des jährlichen **Vinayaka Chaturthi-Festes** (Sep) wird eine besondere *prasad* (Lebensmittel-Opfergabe) zubereitet, bei der u. a. 300 kg Reis, 10 kg Zucker und 110 Kokosnüsse verwendet werden.

Um eine Ecke steht auf einer Säule ein kleines Abbild des Affenkönigs **Hanuman**, gesalbt mit *ghee* und rotem Pulver. Die Gläubigen nehmen eine Fingerspitze davon für *tilak*, ein Zeichen, das auf die Stirn gemalt wird. Ein Nandi und zwei mit Blattgold überzogene kupferne Fahnenmaste bewachen den Eingang zum **Sundareshwarar-Schrein** (nur für Hindus). Von hier aus lässt sich fast der hinter einem blauen und roten tamilischen Om-Neonschild verborgene *shivalingam* erspähen.

Für einige Erheiterung sorgen die Figuren von Shiva und Kali in einem Tanzwettbewerb nördlich der Fahnenmasten. An einem nahe gelegenen Stand werden aus einem Wasserbehälter winzige Butterbällchen verkauft, die Besucher auf den Gott und die Göttin werfen, um sie „abzukühlen". Geht man hier durch das Tor, sieht man in der Nordostecke die aus dem 15. Jh. stammende Ayirakkal Mandapa (Tausend-Säulen-Halle), inzwischen zum **Kunstmuseum** des Tempels umfunktioniert; ⊕ tgl. 10–17.30 Uhr, Eintritt Rs 2, Fotokamera Rs 5, keine Videokameras erlaubt. In gewisser Hinsicht wird die Schönheit des Bauwerks durch seine gegenwärtige Funktion als Galerie beeinträchtigt, denn Trennwände und staubige Ausstellungsstücke verstellen den Blick auf diese riesige Halle. Allerdings gibt es auch eine schöne, etwas mitgenommene Sammlung an Holz-, Kupfer-, Bronze- und Steinskulpturen sowie eine original erhaltene, 9 m hohe Tempeltür aus Teakholz zu sehen. Überall in der Halle stehen dicke Steinsäulen mit großen Skulpturen seltsamer mythischer Wesen und kosmischer Gottheiten.

⊕ Tempelkomplex: tgl. 6–12.30 und 16–21.30 Uhr, Fotokamera Rs 30, keine Videokameras erlaubt. Näheres zu den Tempeln von Tamil Nadu s. S. 130 f.

Der Tempelteich Vandiyur Mariamman Teppakulam und das Floating Festival

Früher wurde der große Vandiyur Mariamman Teppakulam südöstlich der Stadt (Bus Nr. 4 oder Nr. 4A; 15 Min.) ständig über unterirdische Kanäle aus dem Vaigai gespeist. Aufgrund mehrerer Unglücksfälle ist er heute jedoch nur noch zum spektakulären **Teppam Floating Festival** (Jan/Feb) mit Wasser gefüllt, bei dem Pilger auf Booten zu dem Göttinnenschrein in der Mitte des Teichs hinausfahren. Vor ihrer Hochzeitszeremonie werden Shiva und Meenakshi in einer Prozession zum Wasser geleitet und auf ein mit Lichtern geschmücktes Floß gesetzt, das Gläubige an Stricken dreimal um den Schrein ziehen. Die Bootsfahrt bildet nach hinduistischem Glauben das Vorspiel zu einer Liebesnacht, die ihren leidenschaftlichen Höhepunkt in derselben Nacht im Tempel findet. Teppa ist daher traditionellerweise das begehrteste Datum für Eheschließungen.

Das restliche Jahr über bleiben der Teich und der Schrein in seiner Mitte leer. Der Beckenboden ist über Treppen erreichbar und wird meistens als behelfsmäßiger Kricketplatz genutzt. Als das Gelände ausgehoben wurde, um Ziegel für den Thirumalai Nayak-Palast zutage zu fördern, wurde das riesige Bildnis von Ganesh, Mukkuruni Vinayaka,

das jetzt im Meenakshi-Tempel steht, entdeckt – so jedenfalls geht die Sage.

Der Thirumalai Nayak-Palast

Rund ein Viertel des im 17. Jh. erbauten Thirumalai Nayak-Palastes, 1,5 km südöstlich des Meenakshi-Tempels, ist noch erhalten. Ein großer Teil davon wurde von Thirumalais Enkel Chockkanatha Nayak abgetragen und zum Bau eines neuen Palastes in Tiruchirapalli verwendet. Was übrig blieb, ließ der Gouverneur von Chennai, Lord Napier, 1858 restaurieren. Anlässlich der Tamil World Conference von 1971 wurde das Bauwerk erneut überholt. Der Palast bestand ursprünglich aus zwei Wohngebäuden, einem Theater, einem Privattempel, einem Harem, einer Musiktribüne, einem Waffenlager und Gärten.

Das übrig gebliebene Gebäude, der **Swargavilasa** ("Himmelspavillon"), besteht aus einem quadratischen Hof, flankiert von 18 m hohen Arkaden. Neben hin und wieder stattfindenden Live-Musik- und Tanz-Darbietungen veranstaltet das Tourism Department hier allabendlich eine **Sound and Light Show** (auf Englisch 18.45–19.30 Uhr, Rs 10), in der das tamilische Epos *Shilipaddikaram* und die Geschichte der Nayaks nacherzählt werden. Die Reaktionen darauf sind unterschiedlich; einige Zuschauer beklagen sich über die schlechte Tonqualität.

In einer angrenzenden Halle ist das **Palastmuseum** untergebracht, in dem unbeschriftete Pandya-, Jain- und buddhistische Statuen, Terrakotten und eine Zeichnung, die den im Zerfall begriffenen Palast im 18. Jh. zeigt, zu sehen sind. ⊕ Palast tgl. 9–13 und 14–17 Uhr, Eintritt Rs 50 inkl. Museum.

Tamukkam-Palast, Gandhi Museum und Government Museum

Auf der gegenüberliegenden Seite des Vaigai, 5 km nordöstlich des Zentrums in der Nähe des Central Telegraph Office, steht der **Tamukkam** (Bus Nr. 1, 2, 11, 17 oder 24, Fahrtdauer 20 Min.), der mit zahlreichen Säulen und Bogen versehene Palast von Königin Rani Mangammal aus dem 17. Jh. Er wurde für königliche Freizeitvergnügungen wie Elefantenkämpfe erbaut und später von den Briten übernommen, die den Tamukkam als Gerichtsgebäude und Steuereintreiberbüro nutzten; 1955 wurden hier das Gandhi und Government Museum untergebracht.

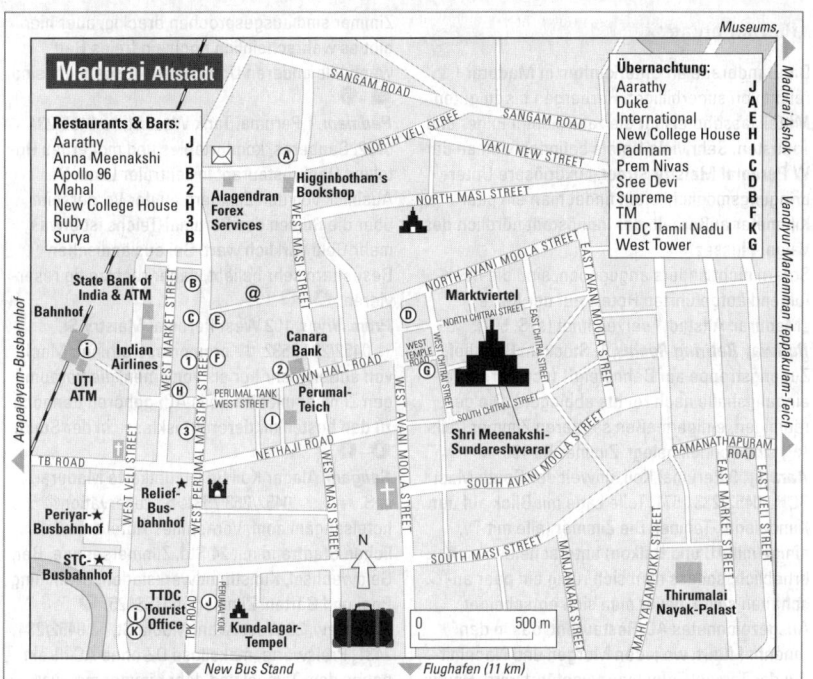

Restaurants & Bars:

Aarathy	J
Anna Meenakshi	1
Apollo 96	B
Mahal	2
New College House	H
Ruby	3
Surya	B

Übernachtung:

Aarathy	J
Duke	A
International	E
New College House	H
Padmam	I
Prem Nivas	C
Sree Devi	D
Supreme	B
TM	F
TTDC Tamil Nadu	K
West Tower	G

SANGAM ROAD · NORTH VELI STREE · SANGAM ROAD · VAKIL NEW STREET · NORTH MASI STREET · Higginbotham's Bookshop · Alagendran Forex Services · NORTH AVANI MOOLA STREET · Marktviertel · NORTH CHITRAI STREET · State Bank of India & ATM · Bahnhof · Indian Airlines · UTI ATM · Canara Bank · TOWN HALL ROAD · Perumal-Teich · PERUMAL TANK WEST STREET · WEST MARKET STREET · WEST PERUMAL MAISTRY STREET · WEST MASI STREET · WEST TEMPLE STREET · WEST CHITRAI STREET · SOUTH CHITRAI STREET · EAST CHITRAI STREET · EAST AVANI MOOLA STREET · Shri Meenakshi-Sundareshwarar · NETHAJI ROAD · TB ROAD · Relief-Bus-bahnhof · Periyar-★ Busbahnhof · STC-★ Busbahnhof · WEST VELI STREET · SOUTH AVANI MOOLA STREET · RAMANATHAPURAM ROAD · EAST MARKET STREET · SOUTH MASI STREET · MANJANKARA STREET · MAHLVAMPOKKI STREET · EAST VELI STREET · N · TTDC Tourist Office · TPK ROAD · Kundalagar-Tempel · 0 500 m · Thirumalai Nayak-Palast · New Bus Stand · Flughafen (11 km) · Arapalayam-Busbahnhof · Museums, · Madurai Ashok · Vandiyur Mariamman Teppakulam-Teich

Madurais **Gandhi Memorial Museum** erzählt die Geschichte Indiens seit der Ankunft der ersten Europäer unter dem Gesichtspunkt des Freiheitskampfes. Die Perspektive ist zumeist eine nationale, doch wo angebracht, wird auch die Rolle der Tamilen behandelt. Aus der Kritik an den Briten wird kein Hehl gemacht und der Engländer John Sullivan zitiert: „Wir haben den Menschen des Landes alles verweigert, was sie auf eine höhere soziale Stufe hätte bringen können, alles, was sie in menschlicher Hinsicht weiter gebracht hätte; wir haben ihre Kaste beleidigt; wir haben uns über ihre Erbrechte hinweggesetzt; wir haben die Besitztümer der einheimischen Prinzen an uns gerissen und die Ländereien ihrer Adligen konfisziert; wir haben durch unsere Forderungen das Land entwurzelt und unsere Einkünfte mittels Folter eingetrieben."

In einem schwarz gestrichenen Raum wird ein schreckliches Ausstellungsstück aufbewahrt: Die blutbesudelte *dhoti*, die Mahatma Gandhi trug, als er ermordet wurde. ☉ tgl. 10–13 und 14–17.30 Uhr, Eintritt frei.

Die **Gandhi Memorial Museum Library**, gleich neben dem Museum, beherbergt 15 000 Bücher, Zeitschriften, Briefe und Mikrofilme mit Material von und über Gandhi. ☉ tgl. außer Mi 10–13 und 14–17.30 Uhr, Eintritt frei.

Es lohnt nicht wirklich, das erst kürzlich eingeführte Eintrittsgeld zum kleinen, gegenüber liegenden **Government Museum** zu berappen, in dem u. a. Stein- und Bronzeskulpturen, Musikinstrumente, Gemälde (darunter Beispiele der Tanjore- und Kangra-Schulen) und Kunsthandwerk wie bemalte Terrakotta-Tiere und festliche Trachten ausgestellt sind. Außerdem gibt es eine Sammlung von Schattenpuppen, deren Ursprung in der Gegend von Thanjavur liegen soll und die möglicherweise während der Chola-Periode nach Südostasien gelangten. In einem Garten auf dem Gelände steht ein kleines Haus, in dem Gandhi wohnte. ☉ tgl. 9–17 Uhr, Eintritt Rs 100.

Übernachtung

Die Bandbreite an Unterkünften in Madurai reicht von superbilligen Herbergen bis zu guten Mittelklassehotels für die zahlreichen Pilger und Touristen. Sehr viele Hotels befinden sich an der **W Perumal Maistry Street**. Luxuriösere Unterbringungsmöglichkeiten findet man ein paar Kilometer außerhalb der Innenstadt nördlich des Vaigai-Flusses.

Sofern nicht anders angegeben, sind die nachfolgend aufgeführten Hotels auf der Karte „Madurai: Altstadt" verzeichnet (s. S. 507).

Railway Retiring Rooms, 1. Stock im Bahnhof, Zugangstreppe auf Bahnsteig 1 (von der Haupteingangshalle nach rechts abbiegen). Die geräumigen, einigermaßen sauberen Zimmer (teils AC) sind schnell belegt. Zimmer Rs 150.

Aarathy, 9 Perumal Koil, unweit der South Masi St, ✆ 0452/233 1571. Tolle Lage mit Blick auf den Kundalagar-Tempel. Die Zimmer (alle mit TV, einige mit AC und Balkon) unterscheiden sich erheblich, sodass man sich ruhig ein paar anschauen sollte, bevor man sich entscheidet. Ausgezeichnetes AC-Restaurant, das in den Innenhof führt, wo jeden Morgen und Nachmittag der Tempelelefant vorbeigeführt wird. Häufig ausgebucht. ❸–❺

Duke, 6 North Veli St, nahe der Kreuzung mit der West Masi St, ✆ 0452/234 1154. Modernes Hotel, überdurchschnittlich große Zimmer ohne AC; nach einem an der „open side" mit Fenster fragen! Gutes Preis-Leistungs-Verhältnis. ❸–❹

Fortune Pandyan, Racecourse Rd, nördlich des Flusses (Hauptkarte Madurai, s. S. 503), ✆ 0452/253 7090, ✉ mail@fortunepandiyan. com. Komfortable und geräumige AC-Zimmer mit TV, außerdem Bar, gutes Restaurant, Geldwechsel, Reiseschalter und hübscher Garten. Preise US$84–107. ❾

International, 46/80 West Perumal Maistry St, ✆ 0452/537 7463. Saubere und komfortable Zimmer mit Kabel-TV in einem Mittelklassehotel, freundliches Personal. ❷–❹

New College House, 2 Town Hall Rd, ✆ 0452/234 2971, ✉ info@newcollegehouse.com. Kürzlich renoviertes, riesiges Haus mit über 200 Zimmern (teils AC) und einem der besten „meals"-Lokale der Stadt im Erdgeschoss (s. u.). Die billigsten Zimmer sind ausgesprochen dreckig, aber hier gibt es wahrscheinlich noch ein freies Bett, wenn alle anderen Unterkünfte ausgebucht sind. ❷–❺

Padmam, 1 Perumal Tank West St, ✆ 0452/234 0702. Sauberes, komfortables und modernes Hotel mit Dachrestaurant in zentraler Lage. Der Ausblick von den Zimmern an der Vorderseite über die Ruinen des Perumal-Teichs ist etwas mehr Geld wirklich wert. Bei ausländischen Besuchern sehr beliebt, daher rechtzeitig reservieren. ❹–❺

Prem Nivas, 102 West Perumal Maistry St, ✆ 0452/234 2532, ✉ premnivas@eth.net. Macht von außen mehr her als von innen, die geräumigen Zimmer mit Bad (teils AC) gehören dennoch zu den besten mittlerer Preisklasse in der Stadt. ❸–❹

Sangam, Alagar Koil Rd (Hauptkarte Madurai, s. S. ###), ✆ 0452/253 7531, ✉ reservation@ hotelsangam.com. Vornehmes Hotel am nördlichen Stadtrand mit 24 Std. Zimmerservice, Bar, Geldwechsel, Kunsthandwerksladen, Swimming Pool und Gärten. Zimmer ab US$125. ❾

Sree Devi, 20 West Avani Moola St, ✆ 0452/234 7431. Preiswerte, makellose DZ ohne AC direkt neben dem Tempel und daher immer mit ausländischen Gästen belegt. Wer sich etwas Besonderes gönnen möchte, steigt im „Deluxe"-Zimmer mit AC ganz oben ab, das eine unvergleichliche Aussicht über den westlichen *gopura* bietet. Kein Restaurant, aber auf Wunsch Essen und Bier von außerhalb. ❷–❸

Supreme, 110 West Perumal Maistry St, ✆ 0452/ 234 3151, ▭ www.supremehotels.com. Großes, gepflegtes und zentral gelegenes Hotel mit tollem Dachrestaurant (siehe Essen), AC-Restaurant im Erdgeschoss und einer Auswahl an komfortablen Zimmern (teils AC) in einem siebenstöckigen Hochhaus. Die teureren Zimmer bieten Aussicht auf den Tempel. Leicht überteuert, aber gute Einrichtungen einschließlich 24 Std. Geldwechsel, Internet-Zugang und Reiseschalter. Von den DZ aus Blick auf die Yanna Malai-Hügel. Rechtzeitige Reservierung empfohlen. ❹–❻

Taj Garden Retreat, 40 TPK Rd, Pasumalai Hills (Hauptkarte Madurai, s. S. 503), ✆ 0452/260 1020, ▭ www.tajhotels.com. Die exklusivste Herberge von Madurai ist ein wunderschön renoviertes

Kolonialhaus auf einem über 10 ha großen Gelände mit gepflegten Gärten in den Bergen mit Aussicht auf die Stadt und Tempel, allerdings 6 km außerhalb. Unter den drei Zimmerkategorien sind die der Klasse „Superior" im alten Kolonialgebäude am stimmungsvollsten, die der Klasse „Deluxe" bieten den besten Ausblick. Gourmetrestaurant, Pool, Bar und Tennisplatz. Zimmerpreise US$145–190. ❾

TM, 50 West Perumal Maistry St, ✆ 0452/234 1651, ✉ tmlodge@maduraiinfo.com. Recht unfreundlicher Empfang und nüchterne Atmosphäre, aber makellos saubere Zimmer mit Bad; am besten durchlüftet sind die im Obergeschoss. Eine der besten Budget-Möglichkeiten in dieser Straße. ❸–❹

TTDC Hotel Tamil Nadu I, West Veli St, ✆ 0452/233 7471, 🖥 www.tamilnadutourism.org. Abseits der stimmungsvollen Gegend um Tempel und Basar, dafür geräumige Zimmer (teils AC) mit Blick über grünen Innenhof. Die billigsten bieten besonders viel fürs Geld. ❷–❹

West Tower, 42/60 West Tower St, ✆ 0452/234 6908. Das Plus dieser Unterkunft ist ihre Nähe zum Tempel und die gute Aussicht vom Dach (aber nicht aus den Zimmern), wo sich eine angenehme, kleine, überdachte Terrasse befindet. Allerdings sehr einfache Zimmer (teils mit AC) und ziemlich überteuert. ❸–❺

Essen

An Verköstigungsmöglichkeiten aller Art fehlt es in Madurai nicht, und die Qualität ist fast überall ausgezeichnet, ob in einem der zahlreichen „meals"-Lokale rund um den Tempel oder in den besseren Hotels.

Wenn die Mittagshitze zu stark wird, geht man am besten in eine der **Saftbars** im Zentrum, wo es frisch gepresßten Ananas-, Karotten- oder Orangensaft für Rs 15 pro Glas gibt.

Wer jedoch die faszinierende Skyline betrachten möchte, begibt sich in ein **Dachrestaurant** – eine weitere Spezialität der modernen Stadt.

Reisende mit sehr schmalem Geldbeutel sollten zu den Straßenständen am unteren Ende der West Perumal Maistry Street gehen, wo ältere Damen großzügige Portionen frisch gedämpfter *iddli* und gut gewürztes Fisch-*masala* auf

Bananenblättern für ca. Rs 10 pro Portion austeilen.

Aarathy, Aarathy Hotel, 9 Perumal Koil, West Mada St. Leckere Tiffin *(dosas, iddlis* und scharfe *wada sambar)*, serviert an niedrigen Tischen in einem Hotelvorhof, wo zwei Mal täglich der Tempelelefant vorbeimarschiert. Sättigendere, überraschend preiswerte und ausgezeichnete *thalis* gibt es mittags im angenehm klimatisierten Restaurant.

Anna Meenakshi, West Perumal Maistry St. Schicker, kleinerer und hellerer Ableger des traditionelleren *New College House,* serviert hervorragende Tiffin; angeblich das hygienischste, preiswerteste Essen im Zentrum. Mittags werden köstliche *coconut-* oder *lemon-rice meals* und billige *banana leaf thalis* serviert.

Apollo 96, Supreme Hotel, 110 West Perumal Maistry St. 75 000 blitzende Kristalldioden und eine tolle Musikanlage lassen die wattstarke Hightech-Bar wie die Kulisse zu einem billigen Science-Fiction-Film der 70er aussehen. Schließt Punkt 23 Uhr. Alles in allem ein surreales Erlebnis.

Mahal, 21 Town Hall Rd. Das hübsch dekorierte Restaurant serviert kleine, aber leckere Portionen Fish 'n' Chips, *tandoori-*Gerichte und südindische vegetarische Snacks.

New College House, New College House Hotel, 2 Town Hall Rd. Weitläufiger *meals-* und *tiffin-*Saal in einem altmodischen Hotel. Um die Mittagszeit werden turmhohe Portionen vegetarischer Gerichte auf Bananenblättern an lange Schlangen Einheimischer ausgeteilt; eine echte Erfahrung des tiefen Südens. Ausgezeichneter Coorg-Kaffee.

Ruby, West Perumal Maistry St. Die nach Jahren des illegalen Alkoholausschanks endlich lizenzierte Bar ist ein beliebter Treffpunkt ausländischer Reisender. Kaltes Bier im schattigen Hof oder in den sehr engen Nischen drinnen, aber das Essen lässt man am besten links liegen.

Surya, Supreme Hotel, 110 West Perumal Maistry St. Das vielleicht beste und luftigste Dachrestaurant, mit weitem Blick über die Stadt und den Tempel sowie gemischten internationalen Speisen; ideal bei Sonnenuntergang. ⏱ 16–24 Uhr.

Einkaufen

KUNSTHANDWERK – Madurai ist ein ausgezeichneter Ort, um südindisches Kunsthandwerk
zu kaufen. Zu den besten Adressen für handgewebte Stoffe zählen *All India Handicrafts Emporium*, 39–41 Town Hall Rd; *Co-optex*, W Tower
St, *Pandiyan Co-op Supermarket*, Palace Rd, und
für keralisches Handwerk *Surabhi*, W Veli St.
Souvenirs wie Sandelholz, Tempelmodelle, geschnitzte Kästchen und Öllampen gibt es bei
Poompuhar, 12 W Veli S.
*Tamilnad Gandhi Smarak Nidhi Khadi Gramod-
yog Bhavan*, W Veli St, gegenüber dem Bahnhof,
verkauft Kunsthandwerk, Öllampen, Meenakshi-
Skulpturen sowie *khadi*-Stoffe und -Hemden.

MÄRKTE – Auf dem alten, von hölzernen Säulen
bestandenen **Obst- und Gemüsemarkt**, zwischen
North Chitrai St und North Avani Moola St, spielt
sich das Leben von Madurai in einer Weise ab,
die sich seit Jahrhunderten kaum verändert hat.
Dahinter befindet sich im 1. Stock des rückwärtigen Betonbaus der **Blumenmarkt** (24 Std. geöffnet), eine Sinfonie aus Farben und Gerüchen.
Waagen quellen von winzigen weißen Blüten-
blättern über, und überall hängen Reihen dicker,
pinkfarbener Girlanden. Die verschiedenen Blu-
mensorten, wie orangefarbene, gelbe oder weiße Ringelblumen *(samandi),* pinkfarbener Jasmin
(arelli) und heilige Tulsi stammen u. a. aus den
Bergregionen von Kodaikanal und Kumili. Sie
werden in Wagenladungen zum Gebrauch in den
Tempeln oder als Haarschmuck herangeschafft.
Manche werden zu kunstvollen Hochzeitsgir-
landen *(kalyanam mala)* verwoben. Die ausgesprochen freundlichen Verkäufer zeigen Besuchern jede Blume und erwarten oft geradezu,
fotografiert zu werden. Es wäre eine nette Geste,
ihre Adresse aufzuschreiben und ihnen einen
Abzug zu schicken.

TEXTILIEN – In Old Madurai wimmelt es von
Stoffgeschäften und Schneidereien, insbesondere in den Straßen West Veli, Avani Moola und
Chitrai sowie in der Town Hall Rd. Die Schneidereien in der Umgebung des Tempels offerieren
einheimische Stoffe und sind überaus günstig.
Die Schneider rühmen sich, in wenigen Stunden
getreue Kopien von Lieblingskleidungsstücken
anfertigen zu können. Zahlreiche Souvenirläden
in der unmittelbaren Nachbarschaft gehen auf
Kundenfang, indem sie Zugang zu ihren Dächern
mit Ausblicken auf den Meenakshi-Komplex ermöglichen. In diesem Viertel treiben ganze
Schwärme von Schleppern ihr Unwesen, die es
einzig darauf abgesehen haben, Touristen zu
schröpfen. Die Ausblicke vom Dach sind zwar
lohnenswert, doch danach dürfte es angesichts
der äußerst aggressiven Verkaufsmaschen
schwierig werden, einen dieser Läden mit leeren
Händen zu verlassen.

Sonstiges

FAHRRÄDER – *SV*, W Tower St, nahe dem westlichen Tempeleingang, vermietet Räder zu günstigen Preisen. Man kann es auch an dem Stand
in der W Veli St, gegenüber dem Tamil Nadu Hotel, versuchen.

GELD – *Alagendran Forex Services*, gegen-
über der Hauptpost, 168 North Veli St, ⊕ Mo–
Sa 9– 18.30 Uhr – die beste Adresse zum Geld-
wechseln.
State Bank of India, 6 West Veli St, bietet unge-
fähr denselben Kurs.
Rund um die Uhr betriebsbereite Geldautomaten
haben die **SBI Bank**, die **Canara Bank** in der
West Perumal Maistry St und die **UTI Bank** am
Bahnhof.

INFORMATIONEN – *Department of Tourism*,
Hauptbüro in der West Veli St, ✆ 0452/233 4757,
⊕ Mo–Fr 10–17.45, meistens auch Sa 10–13 Uhr.
Das Personal ist ebenso hilfsbereit wie das im
Tourist Office am Bahnhof (s. u.). Beide Büros
bieten Landkarten und allgemeine Infos über
Madurai und Umgebung. Außerdem informiert
das Büro über **Mietwagen** und organisiert nach
vorheriger Absprache **Stadtführungen** (7–12
oder 15–20 Uhr; Rs 100 p. P.) in einem Minibus
mit einem der staatlich zugelassenen **Führer**, die
man ansonsten meistens am Südeingang des
Tempels findet. Wer auf eigene Faust einen Führer am Tempeleingang engagieren möchte, sollte
sich zuvor im Tourist Office eine Namensliste besorgen. Die offiziell zugelassenen Guides spre-

chen meist besser Englisch als die privaten Anbieter und sind zuverlässig. Man kann die Sehenswürdigkeiten natürlich auch mit einem gecharterten **Taxi** abklappern. Die Fahrzeuge des Taxistands am Hauptbahnhof halten sich an die staatlich festgelegten Gebühren.

INTERNET – Zwei von zahlreichen Anbietern: *Friends*, 13/8 Kaka Thoppu St, ⏱ tgl. 9–23 Uhr, Rs 20/Std.
Net Tower, neben dem Hotel International, ⏱ tgl. 8–22 Uhr, Rs 30/Std.

POST – **GPO**, West Veli St, Ecke North Veli St. Briefmarken usw. hinter dem Eingang Scott Rd, ⏱ Mo–Sa 8–19.30, So / feiertags 9–16.30 Uhr; Eilpost 10–19 Uhr.
Poste restante im Philatelic Bureau an der Südwestecke des Gebäudes, ⏱ Mo–Sa 9.30–19 Uhr.

Transport

BUSSE – Nach der Zusammenlegung von ehemals fünf Langstrecken-Busbahnhöfen sind noch zwei übrig geblieben. Der neue **Central-Busbahnhof** liegt 7 km vom Zentrum entfernt an der Ostseite des Flusses. Eine von mehreren Verbindungen ins Zentrum bietet der Stadtbus Nr. 700. Vom Central fahren Fernbusse nach CHENNAI, TTC- bzw. SRTC-Busse nach BANGALORE in Karnataka sowie Richtung Norden, u. a. nach THANJAVUR, TIRUCHIRAPALLI, KUMBAKONAM, und Süden, u. a. nach RAMESHWARAM, KANNIYAKUMARI und THIRUVANANTHAPURAM. Am Central halten alle Busse, die nicht aus Richtung Westen kommen. Letztere, z. B. aus Kodaikanal, Coimbatore und Kerala, nutzen den **Arapalayam-Busbahnhof** im Nordwesten der Stadt, ca. 2 km vom Bahnhof entfernt. Es bestehen u. a. Verbindungen nach COIMBATORE, KODAIKANAL, KUMILY (zum Periyar Wildlife Sanctuary), PALAKAAD und ERNAKULAM/KOCHI via KOTTAYAM. Eine Direktverbindung von Madurai nach Ooty gibt es nicht.
Direkt im Zentrum liegen der **STC-Busbahnhof** und der benachbarte **Periyar-Busbahnhof**, wo jeweils nur Stadtbusse abfahren. Beide liegen in der West Veli St im Westteil der Altstadt, ganz nahe dem Bahnhof und den meisten Unterkünften.

Wer nicht sicher ist, von welchem Langstrecken-Busbahnhof der richtige Bus für die Weiterfahrt abfährt, erkundigt sich am besten beim Tourist Office im Bahnhof und ignoriert die skrupellosen Schlepper am zentralen STC.
Busse nach:
BANGALORE (21x tgl., 8–9 Std.),
CHENGALPATTU (alle 20–30 Min., 9 Std.),
CHENNAI (alle 20–30 Min., 11 Std.),
CHIDAMBARAM (5x tgl., 7–8 Std.),
COIMBATORE (alle 30 Min., 5–6 Std.),
KANCHIPURAM (4x tgl., 10–12 Std.),
KANNIYAKUMARI (alle 30 Min., 6 Std.),
KOCHI (8x tgl., 10 Std.),
KODAIKANAL (10x tgl., 4 Std.),
MYSORE (5x tgl., 10 Std.),
PONDICHERRY (14x tgl., 11–13 Std.),
RAMESHWARAM (alle 30–60 Min., 4 Std.),
THANJAVUR (alle 30 Min., 4–5 Std.),
THIRUVANANTHAPURAM (15x tgl., 7 Std.),
TIRUCHIRAPALLI (alle 30 Min., 4–6 Std.),
TIRUPATI (4x tgl., 15 Std.).

EISENBAHN – Der saubere, gut organisierte **Bahnhof** liegt unmittelbar westlich der Innenstadt abseits der West Veli Street. Das *Reservations Office* befindet sich in der Haupthalle, ⏱ Mo–Sa 8–14, 14.15–20, So 8–14 Uhr. Um einen Zug zu reservieren, muss man zunächst beim Informationsschalter ein entsprechendes Formular („reservation form") holen und sich dann in die langen Warteschlangen vor dem Reservierungsbüro einreihen; die beste Zeit hierfür ist abends oder frühmorgens. **Gepäck** kann im *cloakroom* (Rs 10/24 Std.) neben dem Reservierungsbüro deponiert werden. In der Haupthalle befindet sich eine sehr hilfsbereite Filiale des *Tourism Department Information Centre*, ⏱ tgl. 6.30–20.30 Uhr.
Am Bahnsteig 1 gibt es eine kleine vegetarische **Cafeteria** und außerhalb des Haupteinganges einen Schalter für im Voraus zu zahlende **Motor-Rikschas** und **Taxis**, der bei Zugankunft geöffnet hat.
Madurai liegt an der verkehrsreichen Bahnlinie, die die meisten wichtigen Städte Südindiens miteinander verbindet.
Nach THIRUVANANTHAPURAM, ERNAKULAM und QUILON fährt man zunächst bis Coimbatore

TAMIL NADU

Zielort	Name des Zuges	Nr.	Ab	Reisedauer
Bangalore	Tuticorin–Mysore Exp	6731	19.40 Uhr	11 Std.
Chennai	Vaigai Exp	2636	6.45 Uhr	7 3/4 Std.
	Pandyan Exp	2638	20.30 Uhr	9 Std.
Coimbatore (Ooty)	Madurai–Coimbatore Exp	6716	20.45 Uhr	6 1/4 Std.
Trichy	Vaigai Exp	2636	6.45 Uhr	2 1/4 Std.

und besteigt dort den superschnellen *Kerala Express* Nr. 2626 (Abfahrt tgl. 5.40 Uhr). Kodaikanal verfügt über keinen direkten Bahnanschluss – der nächste Bahnhof befindet sich eine 3-stündige Busfahrt entfernt in KODAIKANAL ROAD –, mit dem Bus geht es sehr viel schneller. Nach OOTY nimmt man einen Zug bis COIMBATORE, wo man Anschluss an den Nachtexpress hat (s. u.) oder die Nacht verbringen kann, um frühmorgens den *Nilgiri Express* (Abfahrt tgl. 5.15 Uhr) nach METTUPALAYAM zu besteigen, Ausgangspunkt für die Blue Mountain Railway (s. S. 529). Der täglich verkehrende *Chennai–Kanniyakumari Express* Nr. 2633 passiert Madurai zu nachtschlafender Zeit um 1.55 Uhr. Der *Howrah–Kanyakumari Express* Nr. 6803/6355 fährt um 7.15 Uhr ab (nur Sa, Di und Mi).

Züge nach:
BANGALORE (1x tgl., 11 1/4 Std.), CHENGALPATTU (6–7x tgl., 6 3/4–9 Std.), CHENNAI (7–9x tgl., 7 3/4–10 1/4 Std.), COIMBATORE (1–2x tgl., 6 1/4 Std.), KANNIYAKUMARI (1–2x tgl., 4 1/2–5 3/4 Std.), KODAIKANAL ROAD (2–4x tgl., 1/2–3/4 Std.) TIRUCHIRAPALLI (6–8x tgl., 2 1/4–3 1/4 Std.), TIRUPATI (2x wöchentl., 11 1/2 Std.).

FLÜGE – Madurais kleiner Inland-Flughafen, liegt 12 km südlich der Stadt, ✆ 0452/269 0433. Theoretisch müssten Touristeninfos am Schalter des **Government of Tamil Nadu Tourist Information Centre** beim Ausgang erhältlich sein, doch hat dieser nicht bei Ankunft jedes Flugzeuges geöffnet. Es gibt auch einen Buchladen und eine Filiale der *Indian Bank,* die aber nur Reiseschecks wechselt. **Taxis** verlangen Festpreise von ca. Rs 200 für Fahrten innerhalb der Stadt und zum Flughafen. Alternativ dazu fährt der Stadtbus Nr. 10A vom Periyar-Busbahnhof ab.

Indian Airlines fliegt tgl. nach MUMBAI via CHENNAI. Ihr Büro in der 7a West Veli St, unweit der Post, ✆ 0452/234 1234, ist effizient und hilfsbereit.
Jet Airways, am Flughafen ✆ 0452/269 0771, fliegt 2x tgl. (9 und 20.55 Uhr) nach CHENNAI.
Flüge nach:
CHENNAI (4x tgl., 55 Min.–1 Std. 20 Min. mit *Deccan Airlines, Indian Airlines* und *Jet Airways*), MUMBAI (1x tgl., 3 Std. 20 Min. mit *Indian Airlines*).

Rameshwaram

Die heilige Insel Rameshwaram, 163 km südöstlich von Madurai und weniger als 20 km von Sri Lanka jenseits des Golfs von Mannar entfernt, ist zusammen mit Madurai die wichtigste Wallfahrtsstätte Südindiens. Hindus sind im Allgemeinen entweder Anhänger Vishnus oder Shivas, doch Rameshwaram bringt sie zusammen, denn hier, so besagt das *Ramayana*, huldigte der Gott Rama, eine Inkarnation Vishnus, Shiva. Der berühmteste Tempel der Insel ist der **Tempelkomplex Ramalingeshwara** mit seinen wunderbaren, säulenbestandenen Wandelgängen, doch gibt es hier noch mehrere interessante kleinere Tempel, wie den **Gandhamadana Parvatam**, der Ramas Fußabdrücke beherbergt, und den für seine Heilkräfte berühmten **Tempel Nambunayagi Amman Kali**. In **Danushkodi**, „Ramas Bogen", am östlichen Ende soll Rama ein Bad genommen haben, und die Felsbrocken im Meer zwischen hier und Sri Lanka, „Adams Brücke" genannt, sind die Trittsteine, die Hanuman auf der Suche nach Ramas Frau Sita benutzte, nachdem sie von Ravana, dem dämonischen König von Lanka, entführt worden war. Die Stadt hat auch einige kaum erschlossene **Strände** zu bieten, die aber keineswegs zu den schönsten Indiens zählen.

Dennoch kann man hier gut ausspannen und sogar ein wenig schnorcheln.

Die Straßen von Rameshwaram gehen strahlenförmig von dem riesigen Komplex ab, von dem der Ramalingeshwara umschlossen wird. In der Stadt wimmelt es ständig von Tagesausflüglern und zerlumpten Bettlern, die außerhalb des Ramalingeshwara und **Ujainimahamariamman**, dem kleinen, einer Göttin geweihten Ufertempel, kampieren. Wichtiger Bestandteil der Wallfahrt ist ein Bad in den heiligen Teichen des Haupttempels und im Meer. Den schmalen Strandstreifen teilen sich Badende, Kühe und Mantras rezitierende, neben Lingams aus Sand sitzende Swamis. Abgesehen vom Fischfang – Krabben und Hummer, die verpackt und nach Japan exportiert werden – sind Muscheln in den Küstenorten eine bedeutende Einnahmequelle.

Ramalingeshwara-Tempel

Der größte Teil des Ramalingeshwara (oder Ramanathaswamy)-Tempels wurde im 12. Jh. von den Cholas erbaut, um zwei hochverehrte, mit dem *Ramayana* in Zusammenhang stehende **Shivalingams** unterzubringen. Nachdem Rama seine Gattin Sita aus den Klauen von Ravana befreit hatte, erhielt er den Rat, zur Vernichtung des bösen Königs Shiva zu huldigen. Daraufhin wurde Ramas Affenheerführer Hanuman in den Himalaya abkommandiert, um einen *shivalingam* zu besorgen, doch als er nicht zum festgesetzten Datum zurückkam, fertigte Sita einen Lingam aus Sand (den *Ramanathalingam)*, damit die Zeremonie ihren Lauf nehmen konnte. Hanuman tauchte schließlich doch noch mit seinem Lingam auf, und um den beschämten Affen zu beschwichtigen, ordnete Rama an, dass in Zukunft von den beiden Lingams jener von Hanuman Vorrang genießen sollte. Beide Lingams sind jetzt in der innersten Abteilung des Ramalingeshwara, die nur Hindus zugänglich ist, untergebracht. Ein Großteil dessen, was auch Nicht-Hindus offen steht, stammt aus dem 17. Jh., als der Tempel großzügige Zuwendungen aus den Kassen der Sethupathi-Rajas von Ramanathapuram erhielt.

Hohe Mauern umschließen den Tempel und bilden ein Rechteck mit riesigen, pyramidenförmigen *gopura*-Eingängen an jeder Seite. Alle Eingangstore führen zu einem weitläufigen, überdachten Wandelgang, der zu beiden Seiten von Plattformen mit mächtigen Säulen am Rande flankiert wird. Diese **Korridore** sind der berühmteste Teil des Tempels, und ihre extreme Länge – jeder misst 205 m, insgesamt ruhen sie auf 1212 reich verzierten Granitpfeilern an der Nord- und Südseite – vermittelt den Eindruck, als erstreckten sie sich bis ins Unendliche.

Von Pilgern wird erwartet, dass sie vor Betreten des innersten Heiligtums in jedem der 22 **Tirthas** (Tempelteiche) baden – daher die Gruppen triefend nasser Wallfahrer, die meisten völlig bekleidet, die von einer Wasserstelle zur anderen wandern, um von einem Tempelwächter mit einem Eimer Wasser übergossen zu werden. Jeder Teich besitzt seine besondere Kraft: Der Rama Vimosana Tirtha befreit von Schuld, der Sukreeva Tirtha spendet „absolute Weisheit" und der Draupadi Tirtha sichert Frauen ein langes Leben und „die Liebe ihrer Gatten".

Der Montag ist Ramas „Lieblingstag", dann findet die *puja*-Zeremonie des Padilingam statt. Zu den besonders wichtigen **Festen** im Tempel zählen **Mahashivaratri** (zehn Tage im Feb/März), **Brahmotsavam** (zehn Tage im März/April) und **Thirukalyanam** (Juli/Aug), wenn die Hochzeit von Shiva und Parvati gefeiert wird.

Übernachtung

Abgesehen von den TTDC-Hotels beschränken sich die Unterkünfte in Rameshwaram auf einfache Lodges, fast alle in den Car Streets rings um den Tempel. Der Tempel unterhält einige Zimmer für Pilger; Genaueres im *Devasthanam Office,* E Car St, ☎ 04573/221223.

Railway Retiring Rooms, im Bahnhof. Sechs große DZ und drei 3-Bett-Zimmer sowie Schlafsaal (Rs 30); zumeist sauberer (und ruhiger) als die städtischen Herbergen gleicher Preislage.

Chola Lodge, North Car St, ☎ 04573/221307. Einfache, aber adäquate Pilgerunterkunft in der ruhigsten der Car Streets. Die meisten Zimmer sind nicht klimatisiert, einige haben TV. ➋ – ➍

Maharaja's, 7 Middle St, ☎ 04573/221271, ✉ hotelmaharajas21271@sancharnet. Komfortable, saubere Zimmer mit Bad, teils AC und alle mit TV. Einige Zimmer haben Balkone mit Blick auf die Tempel. Kein Restaurant, aber

Mahlzeiten können aufs Zimmer bestellt werden. ❷–❹

Shriram Hotel Island Star, 41a South Car St, ☎ 04573/224172, 🖂 239332. Großes Hotel mit nett ausgestatteten Zimmern (teils AC), die meisten mit Meerblick. Die nicht klimatisierten Zimmer bieten ein besseres Preis-Leistungs-Verhältnis. ❷–❻

TTDC Hotel Tamil Nadu, in Strandnähe, 700 m nordöstlich des Haupttempels, ☎ 04573/221277, 🖥 www.tamilnadutourism.org. Die beste Unterkunft in Rameshwaram, hübsche Lage, Bar und Restaurant. Komfortable Zimmer (teils AC) mit Meerblick, die besten sind erstaunlicherweise die billigeren im neuen Block, mit angenehmen Sitzmöglichkeiten im Freien. ❷–❺

Essen

Verköstigung in Rameshwaram hat mehr mit Survival- als mit Geschmacksknospentraining zu tun – zumeist muss man sich mit nicht gerade umwerfenden „meals" für Rs 50–100 begnügen.

Ashoka Bhavan, West Car St. Das billige südindische Vegetarier-Restaurant serviert eine Vielfalt regionaler *thalis*.

Ganesh Mess, Middle St. Eines der besseren „meals"-Lokale, serviert mittags *thalis* und den ganzen Tag über klassische südindische Snacks.

TTDC Hotel Tamil Nadu, riesiges, lautes Glashaus in Strandnähe, hat gute südindische Snacks und „meals" sowie eine Bar im Hauptgebäude.

Sonstiges

INFORMATIONEN – **TTDC Tourist Office**, am Busbahnhof, ☎ 04573/221371, informiert über Guides, Unterkünfte und Bootsausflüge. ⊙ tgl. 10–17.45 Uhr.
TTDC betreibt auch einen Schalter im Bahnhof, ☎ 04573/221373, der bei Zugankunft geöffnet hat. Die beste Quelle für lokale Informationen ist jedoch der freundliche, offiziell zugelassene Guide **R. Kannan**, ☎ 04573/221277, der auch über das TTDC Hotel Tamil Nadu kontaktiert werden kann. Er gibt Ausländern bereitwillig Tipps, selbst wenn sie seine Dienste nicht in Anspruch nehmen.

POST – Das Postamt befindet sich neben dem Busbahnhof in der Pamban Rd.

Nahverkehrsmittel

Rot-weiße **Stadtbusse** fahren alle 10 Min. vom Busbahnhof zum Haupttempel; ansonsten gibt es **Fahrrad**- und **Motor-Rikschas** ohne Taxameter, die draußen vor dem Busbahnhof warten. **Jeeps** kann man in der Nähe des Bahnhofs mieten und **Fahrräder** in den Läden entlang der vier Car Streets rund um den Tempel.

Transport

Der NH-49, die Hauptstraße von Madurai her, verbindet Rameshwaram mit Mandapam auf dem Festland über die beeindruckende, 2 km lange Indira Gandhi-Brücke, ursprünglich von den Briten 1914 als Eisenbahnbrücke gebaut und 1988 durch Rajiv Gandhi für den Straßenverkehr wieder eröffnet.
Es gibt noch keine **Fährverbindung** nach Sri Lanka; diese soll jedoch wieder aufgenommen werden, möglicherweise zunächst vom weiter südlich gelegenen Tuticorin.

BUSSE – Busse von/nach MADURAI (alle 30 Min., 4 Std.) via Ramnad, KANNIYAKUMARI (4x tgl., 9–10 Std.), TRICHY, THANJAVUR und CHENNAI halten am **Busbahnhof**, der 2 km westlich der Innenstadt liegt.

EISENBAHN – Der 1 km südwestlich des Zentrums gelegene **Bahnhof** ist die Endstation der Züge aus CHENNAI, TRICHY und THIRUVARUR, hat ordentliche *retiring rooms* (s. o.), ein vegetarisches Restaurant und eine Gepäckaufbewahrung, ⊙ 5.30–22 Uhr.

Kanniyakumari

Eine Fahrt nach Kanniyakumari am südlichsten Zipfel Indiens ist für Hindus beinahe genauso zwingend wie nach Rameshwaram. Der Ort ist nicht nur seiner Verbindung mit der jungfräulichen Göttin Kanya Devi wegen bedeutsam, sondern auch aufgrund der Tatsache, dass hier der Golf von Bengalen, der Indische Ozean und das Arabische

Meer aufeinandertreffen. Die größte Attraktion ist das Betrachten des Sonnenauf- und -untergangs, insbesondere bei Vollmond im April, denn dann kann man die untergehende Sonne und den aufgehenden Mond zusammen am selben Horizont sehen. Obwohl Kanniyakumari im Bundesstaat Tamil Nadu liegt, kommen die meisten ausländischen Tagesbesucher aus Thiruvananthapuram, der 86 km nordwestlich gelegenen Hauptstadt von Kerala. Die Stadt ist von ungebrochener Anziehungskraft für Pilger und Touristen, die nur einmal die Südspitze Indiens gesehen haben wollen. Mancher Besucher hingegen gelangt vielleicht eher zu der Ansicht, dass die Atmosphäre und der Zauber durch hässliche Betonbauten und aufdringliche Straßenhändler, die Muscheln und Krimskrams verkaufen, verdorben wurden.

Kanniyakumari wurde 2004 schwer von dem verheerenden Tsunami getroffen. Tausende verloren ihr Leben, viele davon Pilger, die sich in der Hochsaison auf einer Busrundreise zu Tamil Nadus heiligen Stätten befanden. Uferbereich und Anleger wurden vollständig verwüstet, aber die riesige Statue auf einer winzigen Felseninsel lag weit genug vor der Küste und konnte der Wucht der brechenden Wellen standhalten.

Der **Kumari Amman-Ufertempel** ist der jungfräulichen Göttin **Kanya Devi** geweiht, die ursprünglich die hiesige Küstenschutzgöttin gewesen sein könnte, später jedoch in der Gestalt von Devi oder Parvati, der Gefährtin Shivas, aufging. Das Bildnis von Kanya Devi im Tempel ziert ein dermaßen glitzernder Diamantschmuck, dass er vom Meer aus zu sehen sein soll. Männliche Besucher dürfen den Tempel nur mit nacktem Oberkörper und *dhoti* betreten; das innerste Heiligtum ist Hindus vorbehalten. Pilger müssen sich unbedingt an der hiesigen *ghat* waschen. ⏱ tgl. 4.30–11.30 und 16–20 Uhr.

Das Gebäude des **Gandhi Mandapam**, 300 m nordwestlich des Kumari Amman-Tempels, sollte ein moderner Nachbau eines Orissa-Tempels werden und ist so konstruiert, dass an Gandhis Geburtstag, dem 2. Oktober, die Sonnenstrahlen kurz vor Sonnenuntergang im Meer jene Stelle berühren, an der seine Asche bestattet wurde. ⏱ tgl. 7–19 Uhr.

Im sakralen Mittelpunkt von Kanniyakumari standen ursprünglich wahrscheinlich zwei Felsen, rund 60 m voneinander entfernt und 500 m vor der Küste halb im Meer versunken, die so genannten **Pitru** und **Matru** *tirthas*. 1892 zogen sie die Aufmerksamkeit des hinduistischen Reformers Vivekananda (1862–1902) auf sich, der zu den Felsblöcken hinausschwamm, um dort über die Lehren seines kurz zuvor verstorbenen Gurus Ramakrishna Paramahamsa zu meditieren. Das 1970 erbaute **Vivekananda Memorial** weist aus dem ganzen Land entlehnte Stilelemente auf und beherbergt eine Statue des Heiligen. Außerdem sind hier, an der Stelle, an der sie ihre Bußübungen verrichtete, die Fußabdrücke von Kanya Devi zu sehen. ⏱ tgl. außer Di 7–11 und 14–17 Uhr. Das Memorial ist während der Öffnungszeiten alle 30 Min. mit der Poompuhar-Fähre von der Schiffsanlegestelle im Osten der Stadt aus zu erreichen. Der andere Felsen beherbergt eine 40 m hohe Statue des alten tamilischen Heiligen Thiruvalluva.

Näheres über das Leben und die Lehre von Vivekananda erfährt man im **Wandering Monk Museum (Vivekananda Puram)** unmittelbar nördlich des Tourist Office in der Hauptstraße. Mittels 41 Tafeln (auf Englisch, Tamil und Hindi) wird detailliert über die Odyssee des Swami durch den Subkontinent gegen Ende des 19. Jhs. berichtet. ⏱ tgl. 8–12 und 16–20 Uhr, Eintritt Rs 2.

Übernachtung

Da Kanniyakumari sowohl bei indischen Touristen als auch bei Pilgern als „absolutes Muss" gilt, können die Hotelbetten schon mittags belegt sein. Daher ist es ratsam, im Voraus zu reservieren. Allerdings haben zahlreiche Hotelneubauten – darunter viele identische Unterkünfte der mittleren Preisklasse – zu einer Verbesserung des Angebots beigetragen.

Lakshmi Tourist Home, East Car St, ✆ 04652/246333, ✉ 246627. Schicke Zimmer, einige mit Meerblick, zentrale Klimaanlage und ausgezeichnetes Restaurant. ➌–➍

Maadhini, East Car St, ✆ 04652/246787, ✉ 246657. Großes Hotel direkt am Meer, oberhalb des Fischerdorfes. Gute Aussicht, gemütliche Zimmer und eines der besten Restaurants der Stadt. ➌–➏

Manickam Tourist Home, North Car St, ✆ 04652/246387. Geräumige, einfache und saubere Zimmer, z. T. mit Balkon und Meerblick. Sicht auf den Sonnenaufgang und den Vivekananda-Felsen. ❸

Samudra, Sannathi St, ✆ 04652/246162, ✉ 246 627. Schickes Hotel nahe dem Tempeleingang, hübsch möblierte Deluxe-Zimmer mit Satelliten-TV, Blick auf den Sonnenaufgang und vegetarisches Restaurant. ❸–❺

TTDC Hotel Tamil Nadu, Seafront, ✆ 04652/246257, ✉ ttdc@md3.vsnl.net.in. Cottages (teils AC) und saubere Zimmer (im 1. Stock mit AC), zumeist mit Meerblick. Billigere und sehr einfache „Mini"-DZ im rückwärtigen Teil sowie Schlafsaal (Rs 50). Gutes, sättigendes Essen in schlichter Umgebung. ❷–❻

Essen

Außer den üblichen „meals"-Lokalen und Hotelspeisesälen gibt es noch einige beliebte vegetarische und nicht-vegetarische **Restaurants** in der Innenstadt, die meisten davon einem Hotel angegliedert.

Archana, Maadhini Hotel, East Car St. Umfangreiches vegetarisches und nicht-vegetarisches Angebot verschiedener Küchen, serviert in einem gut belüfteten Speisesaal oder im Freien auf einer Terrasse mit Meerblick (nur abends). Außerdem gibt es hier die größte Auswahl an Eiscreme der Stadt.

Saravana, nördlich des Kumari Amman-Tempels am Hauptbasar. Angeblich das beste „meals"-Restaurant in Kanniyakumari, serviert die üblichen Snacks, kalte Getränke und zur Mittagszeit gewaltige Portionen tamilischer *thalis,* um die Massen hungriger Pilger zu verkösten. Auch guter Kaffee. Eine weitere Filiale befindet sich ein Stück weiter vom Tempel entfernt.

Transport

BUSSE – Der neue, gut organisierte **Busbahnhof** Thiruvalluvar liegt unweit des Leuchtturms im Westteil der Stadt und bietet regelmäßige Verbindungen nach Thiruvananthapuram, Kovalam, Madurai, Rameshwaram und Chennai. Taxis und Motor-Rikschas sorgen für den Nahtransport.
Busse nach:
CHENNAI (10x tgl., 16–18 Std.),

KOVALAM (10–12x tgl., 2 Std.),
MADURAI (alle 30 Min., 6 Std.),
PONDICHERRY (10–12x tgl., 12–13 Std.),
RAMESHWARAM, via Madurai (4x tgl., 10 Std.),
THIRUVANANTHAPURAM (20x tgl., 2 3/4–3 1/2 Std.),
TIRUCHIRAPALLI (alle 30 Min., 10–12 Std.).

EISENBAHN – Züge aus Thiruvananthapuram, Delhi, Mumbai und Bangalore halten am **Bahnhof** im Norden der Stadt, 2 km von der Küste entfernt, ebenso der nur freitags verkehrende *Kanniyakumari–Jammu Tawi Himsagar Express* Nr. 6317/6787, mit dem sich die längste Bahnreise Indiens (73 Std.) in Angriff nehmen lässt.
Gepäckaufbewahrung im *Generator Room* hinter dem Fahrkartenbüro im Bahnhof (Rs 10 pro Gepäckstück).
Züge nach:
BANGALORE (1x tgl., 19 3/4 Std.),
CHENNAI (2–3x tgl., 13–15 1/2 Std.),
COIMBATORE (1x tgl., 11 1/4 Std.),
DELHI (nur Mi, 53 1/4 Std.),
KOCHI (2x tgl., 6 1/4–6 1/2 Std.),
MADURAI (1–2x tgl., 4 1/2–5 1/4 Std.),
MUMBAI (1x tgl., 44 1/4 Std.),
TIRUCHIRAPALLI (1–2x tgl., 7 1/4–8 1/4 Std.),
THIRUVANANTHAPURAM (2x tgl., 1 1/2–2 Std.).

Die Ghats

Vor 60 oder mehr Millionen Jahren war die heutige indische Halbinsel eine separate Landmasse, die nordwestwärts über den Ozean Richtung Zentralasien driftete. Gegenwärtige geologische Annahmen gehen davon aus, dass sich diese Landmasse ursprünglich vom afrikanischen Kontinent abtrennte. Diese Trennlinie ist heute sichtbar als eine von Norden nach Süden verlaufende Kette vulkanischer Berge, der **Westghats,** die sich 1400 km entlang der Westküste Indiens hinziehen. Die Gipfel erreichen bis zu 2500 m Höhe. Damit ist diese Gebirgskette die zweithöchste Indiens nach dem Himalaya.

Die Ghats (wörtlich: Stufen) stellen eine natürliche Barriere zwischen dem tamilischen Flachland und den an der Küste gelegenen Regionen Kerala und Karnataka dar und nehmen den Großteil des südwestlichen Monsuns auf, der über die riesigen Flussgebiete des Kaveri und des Krishna ostwärts zum Golf von Bengalen zieht. Die Unmenge an Niederschlägen (zweieinhalb Meter), die hier zwischen Juni und Oktober fallen, bringt eine unglaubliche **biologische Vielfalt** hervor. Fast ein Drittel aller Blüten tragenden Pflanzen Indiens finden sich in den dichten Wäldern, von denen die Ghats verhüllt werden. Das Unterholz ermöglicht die Existenz des artenreichsten Tierlebens auf dem Subkontinent.

Anfangs waren es der Überfluss an Wild und die kühleren Temperaturen der hoch gelegenen Täler und Weiden, die sonnenmüde Briten anzogen. Sie erkannten schnell das wirtschaftliche Potenzial des gemäßigten Klimas, fruchtbaren Bodens und vielen Regens. Die Wälder mussten Teeplantagen weichen; die zahlreichen Volksgruppen der Region – unter ihnen die Todas – wurden immer höher in die Berge getrieben und dauerhafte **Hill Stations** angelegt. Sie bieten heute ebenso wie zu Zeiten des Raj den Mittelklasse-Tamilen und ausländischen Touristen, die sich eine derartige Pause leisten können, eine willkommene Zuflucht vor der glühenden Sommerhitze.

Der bekannteste der Bergorte – bekannter und stärker besucht, als er es eigentlich verdient – ist **Udhagamandalam** (ehemals Ootacamund und meistens einfach nur „Ooty" genannt) in den **Nilgiris** (von *nila-giri*, „blaue Berge"). Die Fahrt mit der **Miniatureisenbahn** über Coonoor nach Ooty macht Spaß, und die Aussicht ist atemberaubend. Das Stadtzentrum leidet jedoch sehr unter Luftverschmutzung durch den Straßenverkehr und hat dem Besucher wenig zu bieten. Vor den Toren der Stadt gibt es einige landschaftlich schöne Wanderwege und mehrere Aussichtspunkte, die in Kombination mit Bootsfahrten und Ausritten für die typische Bollywood-Atmosphäre sorgen, von der sich ganze Schwärme indischer Touristen angezogen fühlen.

Weiter südlich und über eine landschaftlich reizvolle Berg- und Talstraße zu erreichen, liegt **Kodaikanal**, die zweite bedeutende Hill Station dieser Region. Bei Wanderungen durch den Ort lassen sich reizende Ausblicke und viel frische Luft genießen, während das geschäftige Treiben indischer Touristen rund um den See für eine nette Abwechslung vom Stadtleben sorgt.

Die über die Hill Stations zugänglichen Waldgebiete entlang der Bundesstaatsgrenze beherbergen die bedeutendsten Tierreservate Tamil Nadus, **Annamalai** und **Mudumalai**. Sie bilden zusammen mit Wayanad in Kerala und Nagarhole sowie Bandipur in Karnataka das ausgedehnte **Nilgiri-Biosphärenreservat**, das größte Gebiet geschützten Waldes im ganzen Bundesstaat. Die Aktivitäten der berüchtigten Sandelholzschmugglers und Banditen **Veerapan** haben dazu geführt, dass ein Großteil dieser Gegend für die Öffentlichkeit gesperrt ist, doch nachdem Veerapan im Oktober 2004 in einen Hinterhalt der Polizei geriet und dabei getötet wurde, kann es durchaus sein, dass einige Gebiete wieder für den Tourismus freigegeben werden. Beim Sandelholzschmuggel stehen allerdings satte Gewinne auf dem Spiel, und so bleibt abzuwarten, ob nicht irgendein anderer in die Fußstapfen von Veerapan tritt, der die Region 20 Jahre lang beherrschte.

Die Hauptroute zwischen Mysore und den Städten des tamilischen Flachlandes windet sich durch die Nilgiris, sodass viele für ein oder zwei Nächte unterwegs pausieren, und sei es nur, um die kalte Luft und die klare Landschaft der Teeterrassen zu genießen. Egal in welche Richtung man reist, ein kurzer Aufenthalt in der langweiligen Textilstadt **Coimbatore** lässt sich kaum vermeiden, und sei es nur zum Umsteigen in einen anderen Bus.

Kodaikanal

Hoch oben auf der Palani-Bergkette, ca. 120 km nordwestlich von Madurai, liegt Kodaikanal, auch als **Kodai** bekannt. Der sehr beliebte Ausflugsort auf einem Gipfel in über 2000 m Höhe bietet atemberaubende Ausblicke über die blaugrünen Weiten der Vaigai-Ebene. Bungalows aus der Raj-Ära und Blumengärten tragen zur Atmosphäre bei, und kurze Spaziergänge führen vom Zentrum aus zu Felsen, Wasserfällen und dichtem Shola-Wald. Da die weiter nördlich gelegenen Reservate und Waldgebiete der Ghats für Besucher geschlossen sind, stellt Kodais wunderschönes Hinterland auch Südindiens bestes **Wandergebiet** dar. Selbst wen die Aussicht auf offene Wege und frische, kühle Luft nicht lockt: Die atemberaubende **Busfahrt** vom Flachland herauf lohnt den Umweg zu diesem östlichsten Ausläufer der Ghats. Plant man, einige

Tage in Kodai zu verbringen, lohnt es sich, einen Tagesausflug nach Palani zu unternehmen.

Kodaikanals Geschichte ist ereignislos, ohne Kriege und ohne Kämpfe um die Vorherrschaft. Die einzigen Bauwerke der Vergangenheit sind die sauberen britischen Bungalows, die am östlichen Ende der Stadt auf den See und die Law's Ghat Road hinaus liegen. Die Briten kamen erstmals 1845 hierher. Später ließen sich auch Mitglieder der amerikanischen Mission hier nieder, die Schulen für europäische Kinder gründeten. Eine existiert heute noch unter dem Namen Kodai International School. Der Name trügt jedoch, da die Schülerschaft fast ausschließlich indisch ist. Die Schule legt großen Wert auf Musik, besonders Gitarrenspiel, und bietet ab und zu Workshops und Konzerte im Grünen direkt östlich des Sees an.

Hat man einige Zeit im südindischen Flachland verbracht, ist ein Rückzug auf die Höhen Kodais mehr als willkommen. Im Hochsommer jedoch (Juni–Aug), wenn die Temperaturen mit denen im Flachland durchaus mithalten können, lohnt sich das Herkommen nicht. Auch während des Monsuns (Okt–Dez) ist ein Besuch nicht ratsam, denn dann ist der Ort in Nebel gehüllt und es fallen heftige Regengüsse. Ende Februar und Anfang März sind die Nächte kühl. Touristische **Hochsaison** herrscht von April bis Juni; dann steigen die Preise.

Kodais Mittelpunkt ist sein **See**, der sich wie eine riesige Amöbe über 24 ha direkt westlich des Stadtzentrums ausbreitet. Dies ist ein beliebter Ort für Spaziergänge oder Fahrradfahrten auf dem 5 km langen Pfad, der das Ufer säumt. Am östlichen Ufer können Tret- und Ruderboote geliehen werden (Rs 20–100 für 30 Min., wer sich rudern lassen will, zahlt Rs 20–40 mehr). Es können auch Fahrräder für ca. Rs 10 pro Stunde gemietet werden, und Reitausflüge sind ebenfalls im Angebot, allerdings relativ teuer (Rs 80) und direkt am See auch ziemlich langweilig. Läden, Restaurants und Hotels liegen dicht beieinander in einer etwas überfüllten Gegend aus Backstein-, Holz- und Wellblechgebäuden östlich des Sees.

Weiter südlich liegt der **Bryant's Park** mit Blumenrabatten vor einem Hintergrund aus Pinien, Eukalypten, Rhododendren und Akazien. Er erstreckt sich südwärts bis zur Shola Road, weniger als 1 km von dem Punkt entfernt, wo der Berg abrupt zum Flachland hin abfällt. ☉ Sonnenauf- bis -untergang, Eintritt Rs 5, Fotokamera Rs 25, Videokamera Rs 500.

Ein als **Coaker's Walk** bekannter Pfad (Rs 2) windet sich den Berg entlang vom *Villa Retreat* zum *Greenland's Youth Hostel* (10 Min.). Unterwegs bieten sich bezaubernde Ausblicke, die an klaren Tagen bis nach Madurai reichen können.

Eine von Kodais beliebtesten natürlichen Attraktionen sind die **Pillar Rocks**, 7 km südlich der Stadt. Eine Reihe von Granitfelsen, die über 100 m die Bergwand hinauf ragen. Um dorthin zu kommen, folgt man der westwärts führenden, steilen Observatory Road vom nördlichsten Punkt des Sees aus bis zu einer Kreuzung. Die von hier Richtung Süden verlaufende Straße führt auf dem Weg zu den Pillar Rocks an den zahmen **Fairy Falls** vorbei. Auf der Observatory Road gelangt man dagegen von der Kreuzung weiter Richtung Westen zum **Astrophysical Observatory**, das auf Kodais höchstem Punkt (2347 m) liegt. Besucher haben keinen Zutritt, doch ein kleines Museum zeigt eine Sammlung von Instrumenten. ☉ tgl. (in der Nebensaison nur Fr) 10–12 und 14–17 Uhr, Eintritt frei. Etwa 2 km westlich des Sees liegen die „Wasserfälle" **Bear Shola Falls**, von denen es allenfalls noch tröpfelt, die aber nach wie vor als beliebter Picknickplatz und Fotomotiv von lokalen Touristen angesteuert werden.

Südöstlich vom Stadtzentrum, die Law's Ghat Road ungefähr 3 km nach Süden (in Richtung Flachland), zeigt das **Shenbaganur Natural Science Museum** eine wenig einladende Sammlung ausgestopfter Tiere. ☉ Mo–Sa 9–12 und 14–17 Uhr, Eintritt Rs 2,50. Das sehenswerte Orchideenhaus beherbergt dagegen eine der besten Sammlungen Indiens, die aber nur nach vorheriger Absprache besichtigt werden kann. Weiter auf der Law's Ghat Road erreicht man nach 2 km den Wasserfall **Silver Cascade**, wo das überlaufende Wasser aus dem Kodai Lake einen schönen Badepool geschaffen hat.

Der **Chettiar Park**, am Nordwestrand der Stadt, ca. 3 km vom See entfernt am Ende einer ansteigenden Straße, hat ganzjährig blühende Bäume und Blumen zu bieten. Alle zwölf Jahre wird er von einem Schleier aus zartblauen **Kurunji-Blüten** bedeckt (nächste Blüte: 2006). Diese ungewöhnlichen Blumen werden mit dem Gott Murugan, der tamilischen Form des Kriegsgottes Karttikeya (Shivas

TAMIL NADU

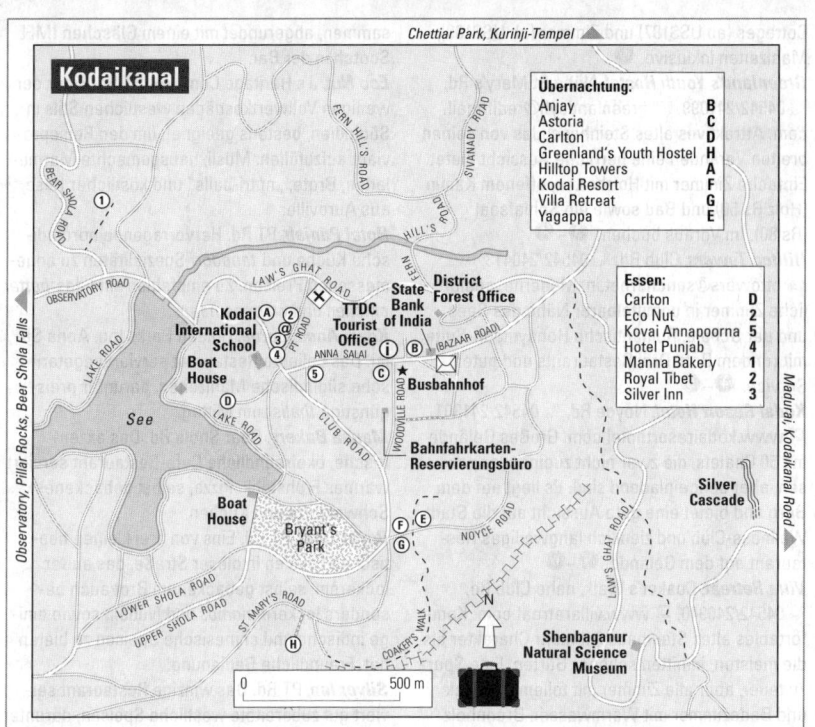

Kodaikanal

Übernachtung:

Anjay	B
Astoria	C
Carlton	D
Greenland's Youth Hostel	H
Hilltop Towers	A
Kodai Resort	F
Villa Retreat	G
Yagappa	E

Essen:

Carlton	D
Eco Nut	2
Kovai Annapoorna	5
Hotel Punjab	4
Manna Bakery	1
Royal Tibet	2
Silver Inn	3

Observatory, Pillar Rocks, Beer Shola Falls

Madurai, Kodaikanal Road

TAMIL NADU

Labels on map: FERN HILL'S ROAD, SIVANADY ROAD, BEAR SHOLA ROAD, OBSERVATORY ROAD, LAW'S GHAT ROAD, FERN HILL'S ROAD, PIT ROAD, ANNA SALAI, BAZAAR ROAD, LAKE ROAD, CLUB ROAD, WOODVILLE ROAD, LOWER SHOLA ROAD, UPPER SHOLA ROAD, ST MARY'S ROAD, COAKER'S WALK, NOYCE ROAD, LAW'S GHAT ROAD

District Forest Office, State Bank of India, TTDC Tourist Office, Kodai International School, Boat House, See, Boat House, Bryant's Park, Busbahnhof, Bahnfahrkarten-Reservierungsbüro, Silver Cascade, Shenbaganur Natural Science Museum

0 — 500 m

---

2. Sohn) und Gott von Kurinji, einer von fünf alten Regionen des tamilischen Landes, in Verbindung gebracht. Ein ihm geweihter Tempel steht direkt außerhalb des Parks.

Übernachtung

Kodaikanals billige Unterkünfte liegen am unteren Ende der Anna Salai. Es ist ratsam, sich gut umzusehen und immer zu fragen, ob Decken und warmes Wasser zur Verfügung stehen (es sollte kostenlos sein, doch in Budgetunterkünften wird häufig eine Extragebühr verlangt). Die Hotels mittlerer Preisklasse sind meistens ihren Preis wert, besonders wenn die Zimmer mit Aussicht sind. Aber sie erhöhen ihre Preise während der Hochsaison (April–Juni) drastisch. Die nachfolgenden Preisangaben gelten von Juli bis März.

Anjay, Anna Salai, ☎ 04542/241089. Einfache Billigunterkunft im Zentrum; gepflegter, als man von außen vermuten würde (alle Zimmer mit Balkon, in der Kategorie „Deluxe" auch mit Ausblick), aber die Zimmer zur Straße hin sind recht laut. Falls ausgebucht, kann man es auch beim dahinter liegenden, ebenfalls preisgünstigen *Jaya* probieren. ➋–➌

Astoria, Anna Salai, ☎ 04542/240524, ✉ astoria1 @eth.net. Gut geführtes Hotel gegenüber dem Busbahnhof, gemütliche Zimmer, ordentliches Restaurant mit moderaten Preisen. Kaum Aussicht, aber recht komfortabel. ➌–➍

Carlton, abseits der Lake Rd, ☎ 04542/240056, ✉ carlton@krahejahospitality.com. Das luxuriöseste Hotel in Kodaikanal. Großzügiges, geschmackvoll renoviertes Kolonialgebäude mit Seeblick, Bar und gemütlichem Aufenthaltsraum.

Cottages (ab US$187) und Zimmer (ab US$100), Mahlzeiten inklusive. **9**

Greenland's Youth Hostel, Nähe St Mary's Rd, ✆ 04542/241099, ✉ greenlandsyh@rediffmail.com. Attraktives altes Steinhaus, das von seinen breiten Veranden eine herrliche Aussicht bietet. Einfache Zimmer mit Holzbetten, offenem Kamin (Holz Rs 50) und Bad sowie ein Schlafsaal (Rs 80). Im Voraus buchen! **3**–**4**

Hilltop Towers, Club Rd, ✆ 04542/240413, ✉ httowers@sancharnet.in. Moderne, gemütliche Zimmer in unmittelbarer Nähe des Sees und der Schule. Romantische Honeymoon-Suite mit rundem Bett. Drei Restaurants und guter Service. **4**–**5**

Kodai Resort Hotel, Noyce Rd, ✆ 04542/241301, 🖥 www.kodairesorthotel.com. Großes Gelände mit 50 Chalets, die zwar nicht zueinander passen, aber sehr einladend sind. Es liegt auf dem Berg und bietet eine gute Aussicht auf die Stadt. Wellness-Club und ziemlich langweiliges Restaurant auf dem Gelände. **5**–**6**

Villa Retreat, Coaker's Walk, nahe Club Rd, ✆ 04542/240940, 🖥 www.villaretreat.com. Komfortables altes Steinhaus mit mehr Charakter als die meisten, inmitten schöner Gärten. Eine Spur zu teuer, aber alle Zimmer mit tollem Ausblick und Badezimmer mit Warmwasser. Brennholz und Elektroheizung auf Wunsch erhältlich. **4**–**7**

Yagappa, Noyce Rd, ✆ 04542/241235. Kleine, saubere Unterkunft in alten Gebäuden, die um einen grünen Hof herum liegen. Schöne Aussicht; beste Wahl der unteren Preisklasse. Winziges Restaurant und tolle kleine Bar. **2**–**3**

Essen

Wer nicht in einem Hotelrestaurant essen will, kann zu den Essenständen entlang der PT Road, nordwestlich des Busbahnhofs, gehen. Sie bieten indische, chinesische, westliche und tibetische Gerichte, und einige kochen nur für Vegetarier.

Auch nach den Bäckereien mit knusprig frischem Brot und Kuchen jeden Morgen Ausschau halten!

Carlton, Carlton Hotel, von der Lake Rd ab. Kodais Tophotel stellt ein Abendbuffet (Rs 330) zusammen, abgerundet mit einem Gläschen IMFL Scotch in der Bar.

Eco Nut, J's Heritage Complex, PT Rd. Einer der wenigen Vollwertkostläden westlichen Stils in Südindien, bestens geeignet, um den Reiseproviant aufzufüllen: Müsli, hausgemachte Marmeladen, Brote, „nutri-balls" und köstlicher Käse aus Auroville.

Hotel Punjab, PT Rd. Hervorragende nordindische Küche und *tandoori*-Spezialitäten zu angemessenen Preisen. Zu empfehlen sind das *butter chicken* und warmes *naan*.

Kovai Annapoorna, Goldan Parks Inn, Anna Salai. Das beliebte Restaurant serviert vegetarische südindische Mahlzeiten, darunter preisgünstige *thalis* zum Mittag.

Manna Bakery, Bear Shola Rd. Das exzentrische, ökofreundliche Café-Restaurant serviert warmes Frühstück, Pizza, selbst gebackenes Schwarzbrot und Kuchen.

Royal Tibet, PT Rd. Eins von drei kleinen tibetischen Lokalen in dieser Straße, das außer lockerem, selbst gebackenem Brot auch besonders leckere *momos* und Nudeln sowie einige indische und chinesische Speisen zu bieten hat. Freundliche Bedienung.

Silver Inn, PT Rd. Das winzige Restaurant serviert gut zubereitete westliche Speisen, darunter Lasagne.

Sonstiges

FAHRRÄDER – Gibt es an einem Stand in der Anna Salai für Rs 10 pro Tag zu mieten (die Räder, die am Seeufer verliehen werden, sind viel teurer).

Es mag Spaß machen, bergab freie Fahrt zu haben, die meisten Strecken erfordern aber auch eine Fahrt bergauf.

GELD – Die **State Bank of India** und die **Canara Bank**, beide in der Anna Salai, wechseln Geld. Ein SBI-Geldautomat steht in der Nähe vom Carlton Hotel.

INFORMATIONEN – **Tourist Office,** Anna Salai (Bazaar Rd), ✆ 04542/241675, hat außer ungenau skizzierten Karten der Umgebung wenig zu bieten. ⊙ Mo–Fr 10–17.45 Uhr.

INTERNET – *Alpha Net*, neben dem Restaurant Royal Tibet, PT Rd, ◷ tgl. 9–21 Uhr; Rs 40 pro Std.

REISEBÜROS – *King Tours and Travels* in der Woodville Rd reservieren Zug-, Bus- und Flugtickets für Reisen innerhalb Südindiens.

Nahverkehrsmittel

Wartende **Taxis** entlang der Anna Salai im Stadtzentrum bieten zu hohen Festpreisen Besichtigungstouren an. Die meisten Touristen ziehen es jedoch vor, die Gegend auf eigene Faust zu erforschen. Kodaikanal lässt es sich am besten zu Fuß oder per Fahrrad erkunden.

Transport

Wer nicht von so weit her wie Chennai oder Tiruchirapalli kommt, reist besser per Bus als Bahn: Der nächste Bahnhof, Kodaikanal Road, liegt drei Busstunden entfernt. Außerdem muss man wissen, dass die Straße von Palani (65 km, 3 1/2 Std. Busfahrt) die mit Abstand spektakulärste Anfahrtsmöglichkeit bietet, obwohl sie die am wenigsten befahrene ist (außer während des Monsuns, wenn die andere Zufahrt gesperrt ist).

BUSSE – Die Busse aus Madurai und Dindigul, die die landschaftlich reizvolle Straße den Berg hinauf nach Kodai befahren, halten am Busbahnhof im Zentrum.

EISENBAHN – Vom nächsten Bahnhof, **Kodaikanal Road** (3 Busstunden entfernt), bestehen Verbindungen nach DINDIGUL (30 Min.) und MADURAI (50 Min.). Fahrkarten für die Weiterreise per Bahn von Kodaikanal Road aus gibt es im *Southern Railway Office*, in einer Gasse neben dem Anjay Hotel, ◷ Mo–Sa 8–12 und 14.30–17, So 8–12 Uhr.

Coimbatore

Die meisten Besucher kommen in die geschäftige Industriestadt Coimbatore, um einen Zwischenaufenthalt auf dem Weg ins 90 km nordwestlich gelegene Ooty einzulegen. Nachdem man auf die Dachterrasse seines Hotels geklettert ist, um den

blauen, wolkenbedeckten Schleier der Nilgiris im Westen zu bewundern, lässt sich die Zeit nur totschlagen, indem man durch die Basare schlendert, in denen sich immer gleiche Textilstände, „General Traders" und Verkaufsstände für Motorteile aneinander reihen.

Übernachtung

Die meisten Übernachtungsmöglichkeiten von Coimbatore befinden sich in der Umgebung des Busbahnhofs. Die billigsten Hotels liegen entlang der Nehru und Shastri Rd, aber die allerbilligsten Absteigen gegenüber dem Busbahnhof sollte man meiden, da hier ab 4 Uhr morgens der Verkehrslärm einsetzt.

Blue Star, 369 Nehru St, ✆ 0422/223 0635. Sehr saubere Zimmer, einige mit Balkon, leisen Ventilatoren und Badezimmer in einem modernen, mehrstöckigen Gebäude, 5 Min. Fußweg vom Busbahnhof; beste Adresse unter den Hotels mittlerer Preisklasse in dieser Gegend. ❸–❺

City Tower, Sivasamy Rd, 2 Min. zu Fuß nach Süden vom zentralen Busbahnhof, ✆ 0422/223 0681, 🖳 www.hotelcitytower.com. Elegantes, teureres Hotel mit moderner Einrichtung (u. a. Kunstleder und Vinyl). Die „executive"-Zimmer sind geräumiger. Manche Zimmer mit AC. ❻–❼

Heritage Inn, 38 Sivasamy Rd, ✆ 0422/223 1451, ✉ heritageinn@vsnl.com. Das Tophotel von Coimbatore. 63 Zimmer mit zentraler AC, mehrere anspruchsvolle Restaurants und Geldwechsel. Kreditkarten werden akzeptiert. ❼–❽

KK Residency, 7 Shastri Rd, ✆ 0422/223 2433. Hotel in Hochhausblock, um die Ecke vom Busbahnhof. Sehr sauber, zwei gute Restaurants. ❸–❹

Meena, 109 Kalingarayar St, ✆ 0422/223 5420. Etwas abseits gelegen, aber vom Busbahnhof gut erreichbar. Die Zimmer sind sauber, mit Bad und kleinen Balkonen. Gute Wahl in der unteren Preisklasse. ❷–❸

TTDC Tamil Nadu, Dr Nanjappa Rd, ✆ 0422/230 2176. Gegenüber dem zentralen Busbahnhof. Günstig gelegen, sauber und zuverlässig, teils AC. Besser als die meisten Hotels in dieser Ecke und oft ausgebucht; möglichst vorher anrufen. ❸–❺

Essen

Zum Essengehen sind die großen Hotels die besten Adressen. Hauptgerichte kosten um Rs 100.
Cloud 9, im City Tower, exzellentes Dachterrassenrestaurant, vorwiegend von Geschäftsleuten besucht, bietet eine erstklassige, internationale Auswahl an Gerichten.
Gayathri Bhavan, gegenüber dem Hotel Blue Star in der Nehru St, ultramodern und die beste Wahl für südindisches vegetarisches Essen. Verfügt über ein sehr sauberes „meals"-Restaurant, eine offene Terrasse und eine ausgezeichnete kleine Saftbar. Das Essen ist vorzüglich und nur geringfügig teurer als der Durchschnitt.
Malabar, im ersten Stock des KK Residency, eine weniger teure Alternative, ihrer nicht-vegetarischen Kerala-Küche wegen beliebt.

Sonstiges

GELD – Geldwechsel bei der **State Bank of India** in der Nähe des Bahnhofs oder bei **American Express** in der Avanashi Rd. Gegenüber von *Amex* stehen zwei Geldautomaten.

INFORMATIONEN – Ein *Tourist Office* befindet sich in der Haupthalle des Bahnhofs, ⊙ tgl. 10–17.45 Uhr.

INTERNET – Überall in Coimbatore tauchen Internet-Lokale auf, die meisten verlangen um Rs 30 pro Std.
Globalnet, im 1. Stock der Krishna Towers, Nehru St, Ecke Sathyamangalam Rd, nördlich des Busbahnhofs.
STD, direkt gegenüber dem Blue Star Hotel.

Transport

BUSSE – Die beiden größten Busbahnhöfe von Coimbatore, **Central** und **Thiruvalluvar**, liegen im Norden des Stadtzentrums nah beieinander; der geschäftige Stadtbusbahnhof befindet sich genau dazwischen.
Vom Central-Busbahnhof in der Dr Nanjappa Rd fahren alle 15 Min. Busse nach OOTY ab.
Fahrkarten vom Central nach Bangalore und Mysore können am **Reservierungsschalter** im

Voraus gebucht werden; ⊙ tgl. 9–12 und 13–20 Uhr.
Der Busbahnhof **Ukkadam** liegt im Südwesten der Stadt unweit des Sees und ist für Orte der Umgebung sowie Ziele in Nord-Kerala zuständig.
Busse nach:
BANGALORE (10x tgl., 8–9 Std.),
CHENNAI (9x tgl., 10–12 Std.),
KANCHIPURAM (3x tgl., 9–10 Std.),
KANNIYAKUMARI (3x tgl., 14 Std.),
KODAIKANAL (2x tgl., 6 Std.),
MADURAI (25x tgl., 5–6 Std.),
MYSORE (3x tgl., 6 Std.),
OOTY (alle 15 Min., 3 1/2–4 Std.),
PONDICHERRY (8x tgl., 7 Std.),
RAMESHWARAM (2x tgl., 14 Std.),
SALEM (alle 15 Min., 3 1/2 Std.),
THIRUVANANTHAPURAM in Kerala (10–15x tgl., 12 Std.),
TIRUCHIRAPALLI (alle 30 Min., 5 Std.).

EISENBAHN – Der **Bahnhof**, 2 km südlich der beiden zentralen Busbahnhöfe, bietet gute Verbindungen zu Fahrtzielen im Süden. Richtung OOTY fährt tgl. der *Nilgiri Express* Nr. 2671 von CHENNAI (Abfahrt 21 Uhr) via Coimbatore (5.15 Uhr), Ankunft in Mettupalayam um 6.20 Uhr, wo man in den Schmalspurzug Nr. 662 nach Ooty umsteigt (Abfahrt 7.10 Uhr).
Züge nach:
BANGALORE (2–3x tgl., 6 3/4–9 Std.),
CHENNAI (5–6x tgl., 7 1/4–9 Std.),
DELHI (1–2x tgl., 43–47 1/2 Std.),
HYDERABAD (1x tgl., 21 1/4 Std.),
KANNIYAKUMARI (2–3x tgl., 12 Std.),
KOCHI (7–8x tgl., 2 1/4–5 1/2 Std.),
KOLKATA (7x wöchentl., 38 3/4 Std.),
MADURAI (1–2x tgl., 6 1/4–6 1/2 Std.),
MUMBAI (2x tgl., 31 1/4–32 3/4 Std.),
METTUPALAYAM, nach Ooty (1x tgl., 1 Std.),
SALEM (10–11x tgl., 2 1/2–3 1/4 Std.),
THIRUVANANTHAPURAM (4–5x tgl., 9 1/2–10 1/2 Std.),
TIRUCHIRAPALLI (2x tgl., 5 1/4–5 3/4 Std.).

FLÜGE – Der **Flughafen** von Coimbatore liegt 12 km nordöstlich der Innenstadt und besitzt Verbindungen vom und zum Stadtbusbahnhof (Taxis kosten ca. Rs 175).

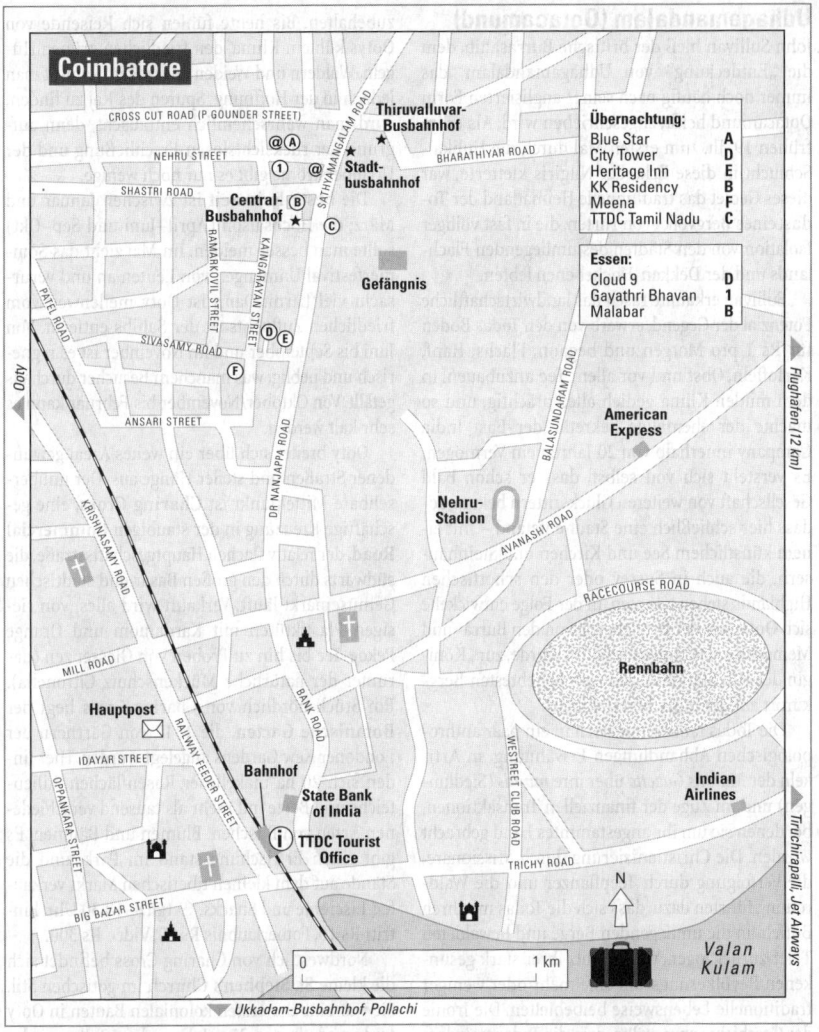

Coimbatore

CROSS CUT ROAD (P GOUNDER STREET)

NEHRU STREET

SHASTRI ROAD

Central-
Busbahnhof

@ (A)
①
@

Thiruvalluvar-
Busbahnhof

BHARATHIYAR ROAD

Stadt-
busbahnhof

(B)
(c)

SATHYAMANGALAM ROAD

KAINGAYAN STREET

RAMAKOVIL STREET

SIVASAMY ROAD

(D)(E)

(F)

ANSARI STREET

Gefängnis

Übernachtung:
Blue Star   A
City Tower   D
Heritage Inn   E
KK Residency   B
Meena   F
TTDC Tamil Nadu   C

Essen:
Cloud 9   D
Gayathri Bhavan   1
Malabar   B

American
Express

Nehru-
Stadion

BALASUNDARAM ROAD

DR NANJAPPA ROAD

AVANASHI ROAD

RACECOURSE ROAD

KRISHNASAMY ROAD

Rennbahn

MILL ROAD

PATEL ROAD

Ooty ◀

Hauptpost

IDAYAR STREET

OPPANKARA STREET

BIG BAZAR STREET

BANK ROAD

RAILWAY FEEDER STREET

Bahnhof

State Bank
of India

(i) TTDC Tourist
Office

TRICHY ROAD

WESTREET CLUB ROAD

Indian
Airlines

N ⬆

0   1 km

Valan
Kulam

▼ Ukkadam-Busbahnhof, Pollachi

Flughafen (12 km) ▶

Tiruchirapalli, Jet Airways ▶

TAMIL NADU

Das Büro von **Indian Airlines** liegt 2 km östlich
des Bahnhofs in der Trichy Rd, ✆ 0422/239 9833,
das von **Jet Airways** 4 km weiter in derselben
Straße, ✆ 0422/221 2034.
Flüge nach:
BANGALORE (DA 2x tgl., 40–55 Min.),
CHENNAI (DA, IA, JA, SA 3–4x tgl.,

1 Std. 5 Min.–1 Std. 55 Min.),
DELHI (IA, SA 1x tgl., 4 3/4 Std.),
KOCHI (JA 2x wöchentl., 30 Min.),
KOZHIKODE (IA 1x tgl., 30 Min.),
MUMBAI (IA, JA, SA 3x tgl., 1 3/4 Std.).
DA – Deccan Airlines, **IA** – Indian Airlines, **JA** –
Jet Airways, **SA** – Sahara Airlines.

John Sullivan hieß der britische Burrasahib, dem die „Entdeckung" von Udhagamandalam, das immer noch häufig nach seiner anglisierten Form Ootacamund heißt, zugeschrieben wird. Als er im frühen 19. Jh. zum ersten Mal durch die Hulikal-Schlucht in diese Ecke der Nilgiris kletterte, war dieses Gebiet das traditionelle Heimatland der **Todas**, eines Bergvolks von Hirten, die in fast völliger Isolation von den Städten des umliegenden Flachlands und der Dekkan-Hochebenen lebten.

Sullivan erkannte rasch das landwirtschaftliche Potenzial der Gegend, erwarb von den Todas Boden für Rs 1 pro Morgen und begann, Flachs, Hanf, Kartoffeln, Obst und vor allem **Tee** anzubauen. In dem milden Klima gedieh alles prächtig, und so machte der ehemalige Sekretär der East India Company innerhalb von 20 Jahren ein Vermögen. Es versteht sich von selbst, dass er schon bald Gesellschaft von weiteren Glücksrittern bekam, sodass hier schließlich eine Stadt entstand – mit einem künstlichem See und Kirchen und Steinhäusern, die auch in Surrey oder den schottischen Highlands stehen könnten. In der Folge entwickelte sich **Ooty**, wie der Ort liebevoll von den Burra- und Memsahibs des Südens genannt wurde, zur „Königin der Hill Stations" und zum beliebtesten Bergkurort auf der indischen Halbinsel.

Die Todas fanden nur noch in ein paar anthropologischen Abhandlungen Erwähnung, in Artikeln der *Madras Gazette* über ihre *munds* (Siedlungen) und im Zuge der finanziellen Transaktionen, bei denen sie um ihr angestammtes Land gebracht wurden. Die Christianisierung durch Missionare, die Verfolgung durch Teepflanzer und die Waldrodung führten dazu, dass sich die Todas mit ihren Büffeln in die umliegenden Berge und bewaldeten Täler zurückzogen, wo sie trotz ihrer stark gesunkenen Bevölkerungszahl eine mehr oder weniger traditionelle Lebensweise beibehielten. Die Ironie der Geschichte aber wollte, dass die Todas trotzdem die Siedler überdauerten, deren Landbau sie ursprünglich verdrängt hatte, wenn auch nur mit knapper Not.

Bis Mitte der 70er Jahre blieb „Snooty Ooty" das Zuhause vieler versnobter Briten, die sich nach der Unabhängigkeit zum Bleiben entschlossen hatten und von winzigen Renten zehrten, die es ihnen nur hier erlaubten, ihren gewohnten Lebensstil beizuhalten. Bis heute fühlen sich Reisende von Ootys kühlem Klima, den friedlichen grünen Hügeln, Wäldern und Weiden angezogen. Kommt man jedoch in der Hoffnung, Spuren des Raj zu finden, wird man wahrscheinlich enttäuscht, denn aufgrund der rücksichtslosen Erschließung und der Urlauberströme gibt es nur noch wenige.

Die **beste Reisezeit** ist zwischen Januar und März; die Hochsaison (April–Juni und Sep–Okt) sollte man besser meiden. Im Mai zieht das Sommerfestival Unmengen von Leuten an und verursacht viel Lärm. Dann ist Ooty meilenweit vom friedlichen Zufluchtsort der Sahibs entfernt. Von Juni bis September und im November ist es regnerisch und neblig, was manchem Besucher durchaus gefällt. Von Oktober/November bis Februar kann es sehr kalt werden.

Ooty breitet sich über ein weites Areal gewundener Straßen und steiler Hänge aus. Der unübersehbare Mittelpunkt ist **Charing Cross**, eine geschäftige Kreuzung in der staubigen **Commercial Road**, der relativ flachen Hauptgeschäftsstraße, die südwärts durch den großen Basar und städtischen Gemüsemarkt läuft. Verkauft wird alles, von riesigen Plastiktüten mit Kardamom und Orange Pekoe-Tee bis hin zu Proben von Ölessenzen (darunter der natürliche Mückenschutz Citronella). Ein Stück nördlich von Charing Cross liegt der **Botanische Garten**, die 1847 von Gärtnern der Londoner Kew Gardens angelegt wurden. Hier finden sich 20 ha makelloser Rasenflächen, Lilienteiche und Beete mit mehr als tausend verschiedenen Arten von Büschen, Blumen und Bäumen. Es gibt einen Erfrischungsstand im Park, und die Stände auf dem kleinen tibetischen Markt verkaufen Eiscreme und Snacks. ☉ tgl. 8–18.30 Uhr, Eintritt Rs 10, Fotoerlaubnis Rs 30, Video Rs 300.

Nordwestlich von Charing Cross befindet sich die kleine **St. Stephen's Church** im gotischen Stil. Sie war eine der ersten kolonialen Bauten in Ooty und wurde in den 20er Jahren des 19. Jhs. an der Stelle eines Toda-Tempels errichtet. Das Holz für das geschwungene Teakdach wurde vom Palast Tipu Sultans in Srirangapatnam beschafft und mit Elefanten heraufgebracht. Die Gegend um die Kirche vermittelt eine Vorstellung davon, wie die Hill Station in den Tagen des Raj ausgesehen haben muss. Rechter Hand der Kirche liegt der große und recht baufällige **Spencer's Store**, der 1909 eröffne-

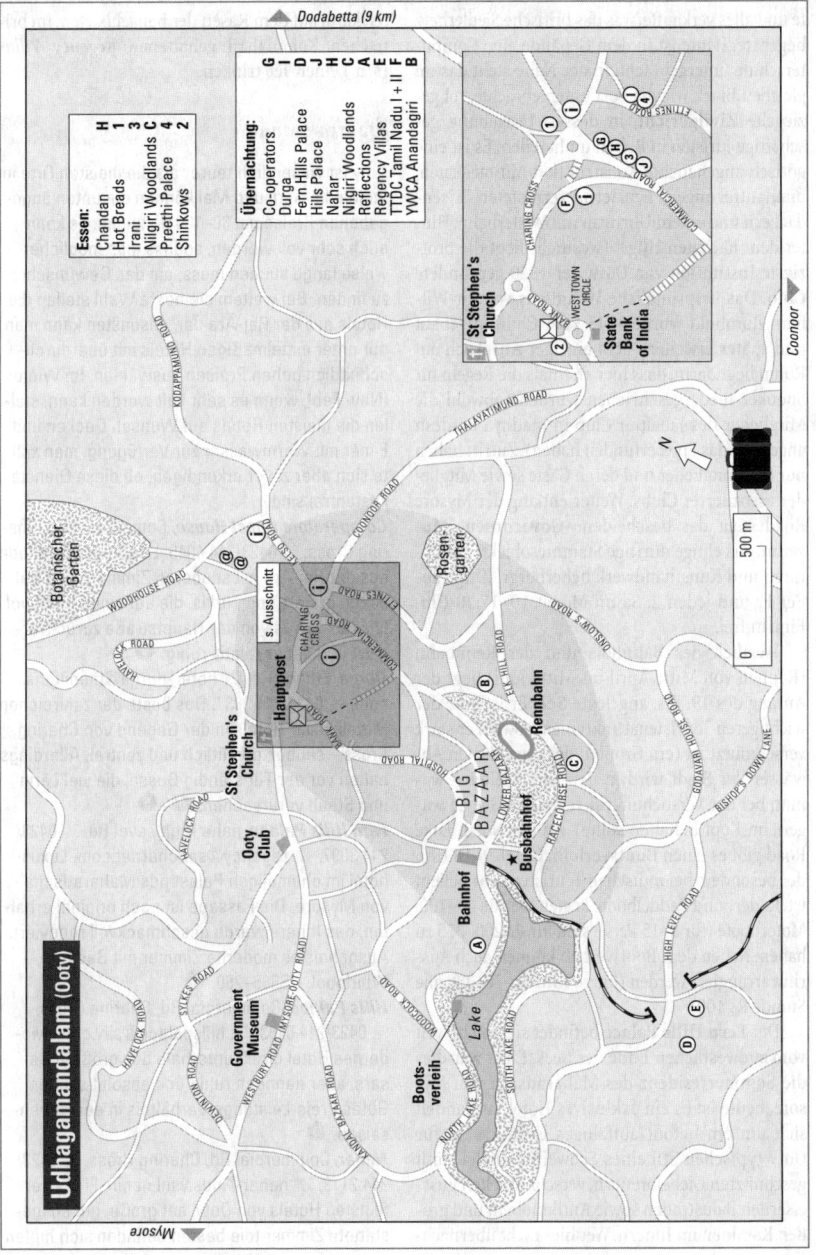

Udhagamandalam (Ooty)

▲ Dodabetta (9 km)

Essen:
Chandan	H
Hot Breads	1
Irani	3
Nilgiri Woodlands	C
Preethi Palace	4
Shinkows	2

Übernachtung:
Co-operators	G
Durga	I
Fern Hills Palace	D
Hills Palace	J
Nahar	H
Nilgiri Woodlands	C
Reflections	A
Regency Villas	E
TTDC Tamil Nadu I + II	F
YWCA Anandagiri	B

Botanischer Garten

Rosengarten

St Stephen's Church

Charing Cross

Hauptpost

s. Ausschnitt

WOODHOUSE ROAD

KODAPPAMUND ROAD

THALAYATAMUND ROAD

HAVELOCK ROAD

CLUB HILL ROAD

CLUB ROAD

COMMERCIAL ROAD

ETTINES ROAD

BANK ROAD

ELK HILL ROAD

HOSPITAL ROAD

RACECOURSE ROAD

ONSLOW S. ROAD

GODVAN HOUSE ROAD

BISHOP DOWN SHOLAS

HIGH LEVEL ROAD

West Town Circle

State Bank of India

St Stephen's Church

Ooty Club

Government Museum

Big Bazaar

Rennbahn

Busbahnhof

Bahnhof

Lake

Bootsverleih

HAVELOCK ROAD

SYLKS ROAD

DODABETTA ROAD

WESTBURY ROAD

MYSORE-OOTY ROAD

NORTH LAKE ROAD

SOUTH LAKE ROAD

KANDAL BAZAAR ROAD

▲ Mysore

▶ Coonoor

N

0 — 500 m

TAMIL NADU

te und alles verkaufte, was das britische Siedlerherz begehrte. Heute ist in dem Gebäude eine Computerschule untergebracht. In der Nähe steht das im gleichen Block wie die Post untergebrachte, rot geziegelte **Zivilgericht**, in dessen Umgebung geschäftige Juristen in Roben umhereilen. Es ist eine gotisch angehauchte Konstruktion mit bleiernen, diamantförmigen Fenstern, verrosteten Eisendächern und einem Uhrturm mit Wetterhahn. Hinter dem nächsten Hügel (westlich) liegt die protzigste Institution von Ooty, der 1830 gegründete **Club**. Das ursprüngliche Wohnhaus von Sir William Rumbold wurde 1843 zum Club umgebaut und später erweitert. Sein einziger Anspruch auf Ruhm liegt darin, dass hier erstmals die Regeln für Snooker niedergeschrieben wurden (obwohl die Mitglieder des Jabalpur Club in Madhya Pradesh angeblich das Spiel erfunden haben). Zutritt haben nur Clubmitglieder und deren Gäste sowie Mitglieder assoziierter Clubs. Weiter entlang der Mysore Road steht das bescheidene **Government Museum**, das einige dürftige Stammesobjekte, Skulpturen und Kunsthandwerk beherbergt. ⏲ tgl. außer Fr und jeden 2. Sa im Monat 10–17.30 Uhr, Eintritt frei.

Westlich des Bahnhofs und der Rennbahn (Rennen von Mitte April bis Mitte Juni) liegt der Anfang des 19. Jhs. angelegte **See**. Er ist eine der wichtigeren Touristenattraktionen, obwohl er stark verschmutzt ist (ein Großteil der ungeklärten Abwässer der Stadt wird in den See geleitet – was man bei der Versuchung, sich auf den See zu wagen, im Kopf behalten sollte). An der North Lake Road gibt es einen **Bootsverleih**, ⏲ tgl. 9–18 Uhr, der besonders bei indischen Touristen sehr beliebt ist. Ruder- und Paddelboote kosten hier Rs 60–100, Motorboote (für 8–15 Pers.) sind für Rs 200–375 zu haben. Neben dem Bootsverleih können auch Ausritte arrangiert werden (kurze Ritte Rs 50–75, eine Stunde Rs 100).

Der **Fern Hills Palace** befindet sich nicht weit vom südwestlichen Ende des Sees. Einst war dies die Sommerresidenz des Maharadscha von Mysore, heute ist es ein exklusives Hotel. Es handelt sich um ein betont auffälliges Gebäude im für Ooty typischen Stil eines Schweizer Chalets, mit geschnitzten Giebelbrettern, verschnörkelten gusseisernen Balustraden sowie Antikmöbeln und großen Kaminen im Innern. Wer hier nicht übernach-tet, kann auf dem Rasen der benachbarten, im britischen Kolonialstil gehaltenen *Regency Villas* (s. u.) einen Tee trinken.

Übernachtung

Ooty ist wesentlich teurer als die meisten Orte in Indien. Im April und Mai können die unten angegebenen Preise um 30–100% steigen. Es kann auch sehr voll werden, sodass man möglicherweise lange suchen muss, um das Gewünschte zu finden. Bei weitem die beste Wahl stellen die Hotels aus der Raj-Ära dar, ansonsten kann man nur unter mittelmäßigen Hotels mit überdurchschnittlich hohen Preisen auswählen. Im Winter (Nov–Feb), wenn es sehr kalt werden kann, stellen die meisten Hotels auf Wunsch Decken und Eimer mit Warmwasser zur Verfügung, man sollte sich aber zuvor erkundigen, ob diese Dienste kostenfrei sind.

Co-operators Guest House, Commercial Rd, Charing Cross, ✆ 0423/244 4046. L-förmiges Gebäude aus der Raj-Ära mit sauberen Zimmern und Balkonen in Gelb und Türkis, die auf einen Innenhof blicken. Etwas von der Hauptstraße zurückversetzt und daher relativ ruhig. ❷

Durga, Ettines Rd, ✉ hotel_durga@thenilgiris. com, ✆ 0423/244 3837. Das beste der zahlreichen Mittelklasse-Hotels in der Gegend von Charing Cross – sauber, gemütlich und zentral. Allerdings halten vor der Tür ständig Busse, die viel Lärm und Staub verursachen. ❹–❺

Fern Hills Palace, nahe High Level Rd, ✆ 0423/ 244 3097, ✉ regency@sancharnet.com. Luxushotel im ehemaligen Palast des Maharadscha von Mysore. Die Fassade ist noch original erhalten, das Innere wurde geschmackvoll renoviert. Ausnahmslos moderne Zimmer mit Bad und Whirlpool. US$85–250. ❾

Hills Palace, Commercial Rd, Charing Cross, ✆ 0423/244 6483, ✉ hillspalace@sify.com. Modernes Hotel direkt unterhalb des größten Basars, aber dennoch ruhig und absolut sauber. Gutes Preis-Leistungs-Verhältnis in der Nebensaison. ❸

Nahar, Commercial Rd, Charing Cross, ✆ 0423/ 244 2173, ✉ nahar@mds.vsnl.net.in. Eines der feinsten Hotels von Ooty, hat große, gut ausgestattete Zimmer (die besten befinden sich hinten

TAMIL NADU

im modernen Gebäude) und zwei vegetarische Restaurants. Sehr begehrt für indische Familienfeiern, daher rechtzeitig reservieren. **❻–❾**

Nilgiri Woodlands, Racecourse Rd, 1 km von Busbahnhof und Bahnhof, ✆ 0423/244 2451, ✉ nilgiris_woodlands@yahoo.com. Nach Absprache Abholung vom Bahnhof. Gebäude aus der Raj-Ära mit holzvertäfelter Empfangshalle, Jagdtrophäen und einfachen, sauberen Zimmern; besonders in der Nebensaison gutes Preis-Leistungs-Verhältnis. Die kleinen „Cottages" im Garten sind den Aufpreis wert. Freundliche, hilfsbereite Angestellte, gutes Restaurant. **❸–❻**

Reflections Guest House, North Lake Rd, ✆ 0423/244 3834, ✉ reflectionsin@yahoo.co.in. Heimelige Unterkunft am See, 5 Min. zu Fuß vom Bahnhof, mit Zimmern, die auf eine kleine Terrasse gehen. Mit Abstand das beste Hotel der unteren Preisklasse, aber sehr klein und daher schnell voll – Reservierung nötig. **❷–❸**

Regency Villas, Fernhill, nahe High Level Rd, ✆ 0423/244 3097, ✉ regency@sancharnet.com. Das ehemalige Gästehaus des Maharadscha ist jetzt ein etwas heruntergekommenes Hotel, aber mit viel Atmosphäre. Wer auf den Spuren des Raj wandeln möchte, ist hier richtig. Die Luxussuiten im Hauptgebäude versetzen einen mit ihren angekratzten Möbeln des 19. Jhs., Original-Badewannen und vergilbten Jagdfotos in eine andere Zeit. Die Cottages sind dagegen düster und überteuert, auch wenn sie von großzügigen Rasenflächen umgeben sind. Selbst wer sich eine Übernachtung hier nicht leisten kann, sollte mal herkommen, um sich umzuschauen und auf dem Rasen einen Kaffee zu trinken. **❻–❼**

TTDC Hotel Tamil Nadu Unit I & II, Unit I liegt in der nordwestlichen Ecke des Komplexes oberhalb von Charing Cross, erreichbar über eine Treppe; Unit II befinde sich in der nordöstlichen Ecke, ✆ beide 0423/244 4370, ✆ 244 4369. Zwei identische, große und charakterlose Komplexe im Stadtzentrum, aber mit preiswerten Restaurants, Bar und Billardtischen. **❸–❺**

YWCA Anandagiri, Ettines Rd, ✆ 0423/244 2218. Einladendes Gebäude aus den 20er Jahren auf einem großen Gelände nahe der Rennbahn. Sieben unterschiedliche Arten von Zimmern und Chalets, alle makellos, mit Warmwasser in Eimern und Bad. Es gibt einen Speiseraum, und im heimeligen „English Parlour" kann man einen angenehmen Abend verbringen. Sehr gutes Preis-Leistungs-Verhältnis und sehr sicher. Billige Wäscherei. Vorausbuchung erforderlich. **❷–❺**

Essen

Viele Hotels mittlerer Preislage servieren gutes südindisches Essen, aber Ooty fehlt bisher ein Gourmetrestaurant. Ein billiges *udipi*-Frühstück bekommt man in einem der Restaurants rund um Charing Cross, die *iddli-dosa* und Filterkaffee servieren.

Chandan, Nahar Hotel, Commercial Rd, Charing Cross. Preiswerte, sorgfältig zubereitete nordindische Spezialitäten (besonders lecker: *paneer kofta*) und eine kleine Auswahl an vegetarischen *tandoori*-Gerichten, die im vornehmen Restaurant oder auf der zum Rasen gelegenen Terrasse serviert werden. Bietet auch eine ganze Palette von *lassis* und Milchshakes.

Hot Breads, Charing Cross, von Franzosen gegründeter Laden, verkauft Backwaren und Brote aus der Bäckerei unten; im ziemlich langweiligen Café im 1. Stock werden darüber hinaus Pizza und andere schmackhafte Snacks serviert.

Irani, Commercial Rd. Düsteres, altmodisches persisches Lokal, absolut nicht-vegetarisch (v. a. Ziege, Leber und Hirn). Zu empfehlen aber auch für eine Tasse Kaffee in besonderer Atmosphäre; beliebter Treffpunkt sowohl für Männer als auch Frauen.

Preethi Palace, Ettines Rd. Mittags ausgezeichnete nord- und südindische *thalis* für Rs 25–45 und den ganzen Tag über köstliche, rein vegetarische Gerichte.

Shinkows, 42 Commissioners Rd. Authentische chinesische Küche: große, ziemlich scharf gewürzte Portionen, jedoch recht teuer – Fleischgericht um Rs 70–140, vegetarische Mahlzeit Rs 40–80.

Sonstiges

FAHRRÄDER – Fahrräder können zwar gemietet werden, doch die steilen Berge machen das Fahren zur Schwerstarbeit.

GELD – Die einzige Bank in Ooty, die Reisechecks und Bargeld wechselt, ist die *State Bank of India* am West Town Circle. Ein SBI-Geldautomat steht beim Hotel Nahar in der Commercial Rd.

INFORMATIONEN – *TTDC Tourist Office*, Kelso Rd, Ecke Woodhouse Rd, gleich nordöstlich von Charing Cross, ✆ 0423/244 3977. Buchung von Touren, darunter eine Tagestour, die Ooty, Pykara und Mudumalai (einschließlich Pykara-Stausee, Wasserfälle, Bootshaus und Mudumalai-Reservat) umfasst (tgl. 9.30–19 Uhr, Rs 200). Eine weniger anstrengende Tour durch Ooty und Coonoor (tgl. 9.30–17.30 Uhr, Rs 125) beinhaltet Sim's Park, den botanischen Garten, den See, Dodabetta Peak, Lamb's Rock und Dolphin's Nose. ☉ Mo–Sa 10–17.45 Uhr.
Eine private Touristeninformation, die mit Informationen zu Unterkünften, Restaurants und Sehenswürdigkeiten dient, befindet sich im Gebäude des Uhrturms, Charing Cross, ✆ 0423/245 0665. ☉ tgl. 10–19 Uhr.

INTERNET – Es gibt zahlreiche Internet-Läden in der Stadt, darunter *Cyber Link* und *Cyber Planet*, unmittelbar nördlich von Charing Cross (beide Rs 30/Std.).

POST – Ootys Postamt liegt nordwestlich von Charing Cross am West Town Circle, abseits der Spencers Rd, in der Nähe der St. Stephen's Church, und besitzt einen Poste-restante-Schalter; Abholung und Briefmarkenverkauf Mo–Fr 9–17 Uhr; Pakete Mo–Fr 9–15 und Sa 9–14 Uhr.

Nahverkehrsmittel

Der Lokaltransport besteht aus **Motor-Rikschas** und **Taxis**, die auf ankommende Züge bzw. Busse warten oder in der Commercial Road um Charing Cross zu finden sind.

Transport

Die meisten Besucher erreichen Ooty entweder per Bus von Mysore in Karnataka (die malerischere, aber auch steilere Route führt über Masinagudi) oder mit der Miniaturbergbahn Nilgiri Blue Mountain Railway von Coonoor und Mettupalayam. Busbahnhof und Bahnhof liegen nahe beieinander am westlichen Ende des großen Basars und der Rennbahn.

BUSSE – Busfahrkarten gibt es am Busbahnhof im Reservierungsbüro für staatliche Busse (☉ tgl. 9–12.30 und 13.30–17.30 Uhr) bzw. jenem für die lokale Gesellschaft *Cheran Transport* (☉ tgl. 9–13 und 13.30–17.30 Uhr).
Eine Kombination aus lokalen Bummelbussen und staatlichen „super-deluxe"-Bussen fährt nach BANGALORE und MYSORE (jeweils via Mudumalai), KODAIKANAL, THANJAVUR, THIRUVANANTHAPURAM und KANNIYAKUMARI sowie KOTAGIRI, COONOOR und COIMBATORE in der näheren Umgebung. Privatbusse nach Mysore, Bangalore und Kodaikanal können in den Hotels oder bei den Reisebüros in Charing Cross gebucht werden; aber selbst wenn sie als „super-deluxe" angepriesen werden, stellen sich viele Busse als enge Minibusse heraus.

EISENBAHN – Der Bahnhof von Ooty hat einen Reservierungsschalter, ☉ tgl. 8–12.30 und 14.30–16 Uhr, und einen Buchungsschalter, ☉ tgl. 6.30–19 Uhr, an dem man die Fahrkarten für die Nilgiri Blue Mountain Railway sowie Anschlusstickets zu den meisten anderen Fahrtzielen im Süden kaufen kann.
Von Ooty fahren in der Hochsaison tgl. vier Züge auf der Schmalspurbahn nach COONOOR (9.15, 12.15, 15 und 18 Uhr), von denen nur einer (der um 15 Uhr) bis METTUPALAYAM fährt, wo Anschluss an das Breitspurnetz besteht. Wenn man nach CHENNAI gelangen will, nimmt man den Zug nach Mettupalayam mit Anschluss an den tgl. verkehrenden *Nilgiri Express* Nr. 2672 (Abfahrt 19.45, Uhr, Ankunft in Chennai Central 5.15 Uhr).

TAMIL NADU

Die Nilgiri Blue Mountain Railway

Die berühmte Schmalspurbahn Nilgiri Blue Mountain Railway klettert **von Mettupalayam** im Flachland über Hillgrove (17 km) und Coonoor (27 km) **nach Udhagamandalam**. Die 46 km lange Fahrt geht durch 16 Tunnel, elf Bahnhöfe und über 19 Brücken. Es handelt sich um ein langsames, viereinhalbstündiges Getuckere – manchmal ist der Zug kaum schneller als ein Fußgänger und braucht in jedem Fall mindestens doppelt so lange wie der Bus –, aber die **Aussicht** ist absolut fantastisch, besonders entlang der steilsten Abschnitte der Hulikal-Schlucht.

Die Strecke wurde zwischen 1890 und 1908 gebaut und von den Teepflanzern und anderen britischen Bewohnern der Nilgiris finanziert. Sie unterscheidet sich von Indiens zwei weiteren vergleichbaren Schmalspurlinien nach Darjeeling und Shimla durch den Gebrauch eines **Schweizer Zahnstangensystems**, das es den kleinen Lokomotiven ermöglicht, extreme Steigungen zu bewältigen. Zwischen die Schienen ist eine spezielle Zahnstange montiert, deren Zahnräder im Kontakt mit den Rädern des Zugs wie ein Reißverschlussmechanismus funktionieren. Aufgrund dieser ungewöhnlichen Konstruktion können die steilsten Abschnitte nur von den Original-Lokomotiven befahren werden. Die Strecke zwischen Mettupalayam und Coonoor ist deswegen eine der letzten **Dampflokstrecken** in Südasien. Das Schnaufen und Pfeifen, das über die Täler schallt, während die blau- und cremefarbenen Waggons nach Coonoor hoch fahren (wo eine Diesellokomotive die Fahrt übernimmt), gehört zu den romantischsten Klängen in Südindien und beschwört den betont vornehmen Lebensstil der Raj-Ära herauf. Selbst wenn man sich nicht zu den Eisenbahnfans zählt, gehört die Ruckelfahrt mit der Blue Mountain Railway zu den Höhepunkten einer Überquerung der Nilgiris zwischen dem südlichen Karnataka und dem tamilischen Flachland. Details zum **Fahrplan** für diese Strecke s. unter Transport Coimbatore und Ooty.

TAMIL NADU

ANDHRA PRADESH

HIGHLIGHTS

Hyderabad – Die stark islamisch geprägte Stadt bietet eine faszinierende Mischung aus imposanten Bauwerken, Museen und lebendigen Basaren.

Golconda Fort – Die ehemalige Hauptstadt der Qutb-Shahi-Dynastie mit ihrer spektakulären Festung liegt in üppiger Landschaft unmittelbar westlich von Hyderabad.

Warangal – Die Stadt hat mit ihrer mittelalterlichen Festung und dem „1000 Säulen" umfassenden Shiva-Tempel zwei bedeutende Hindu-Stätten vorzuweisen.

Amaravati – Der kleine Ort am Ufer des Krishna beherbergt die Überreste eines großartigen buddhistischen Stupa.

Tirumala Hill, Tirupati – Der vom Venkateshvara-Tempel gekrönte Tirumala Hill ist der meistbesuchte Wallfahrtsort der Welt.

Puttaparthy – Der Haupt-Ashram von Guru Sai Baba zieht moderne Pilger aus aller Welt an und bildet das Zentrum einer wachsenden Gemeinde.

Andhra Pradesh umfasst einen ausgedehnten Landstrich im Osten Indiens, der sich auf einer Länge von über 1200 km an der Küste entlang von Orissa bis Tamil Nadu erstreckt und von den fruchtbaren Deltas der Flüsse Godavari und Krishna weit ins Binnenland bis zur Halbwüste des Dekkan-Plateaus reicht, aber es ist keine Gegend, die viele Touristen anzieht. Die meisten ausländischen Besucher streifen sie nur auf der Durchreise zu den attraktiveren Nachbarstaaten, und man kann es ihnen nicht verdenken, da es hier nur wenige und weit auseinander liegende sehenswerte Orte gibt. Die dünn gesäten Sehenswürdigkeiten von Andhra Pradesh sind beeindruckend und lohnen während einer längeren Indien-Reise zumindest ein paar Aufenthalte.

Die gegen Ende des 16. Jhs. gegründete und heute als großes Hightech-Zentrum florierende Bundeshauptstadt **Hyderabad** besitzt einen besonderen Reiz. Mit ihren ausgedehnten Basaren, dem ausgezeichneten Salar Jung Museum und dem wuchtigen, nahe gelegenen **Golconda Fort** stellt sie einen bezaubernden Aufenthaltsort für ein, zwei Tage dar. Die moderne Zwillingsschwester dagegen, die Handelsstadt **Secunderabad**, zeichnet sich durch einen eklatanten Mangel an Atmosphäre aus. In **Warangal**, 150 km nordöstlich von Hyderabad, findet man sowohl islamische als auch hinduistische Überbleibsel des 12. und 13. Jhs., und das buddhistische Erbe der Region – insbesondere meisterhafte Skulpturen – wird in Museen von Städten wie **Nagarjunakonda** und **Amaravati**, der ehemaligen Hauptstadt der längst vergangenen Satavahana-Dynastie, bewahrt.

Für einen Besuch der Großstadt **Vijayawada** im Osten spricht wenig, doch ist sie immerhin ein gutes Sprungbrett nach Amaravati. Dagegen ist die im äußersten Südwesten gelegene Tempelstadt **Tirupati** (am einfachsten von Chennai in Tamil Nadu aus zu erreichen) eine der ganz großen Hindu-Stätten Indiens und ein faszinierender Pilgerort, an dem sich unglaubliche Menschenmassen drängen – angeblich sogar mehr Pilger als in Mekka oder im Vatikan. Die kleine Stadt **Puttaparthy** im Südwesten des Bundesstaates ist Ziel einer internationalen Pilgerschar, die in der Hoffnung auf religiöse Unterweisung durch den spirituellen Lehrer Sai Baba herkommt.

Rings um die Hauptstadt hat sich eine moderne Industrie angesiedelt, und an der Küste spielen Schiffbau, Eisen- und Stahlindustrie eine wichtige Rolle, doch die meisten Menschen in Andhra Pradesh leben immer noch in Armut. Abgesehen von den Mündungen des Godavari und Krishna, wo der Boden reichhaltig genug ist, um den Anbau von Reis und Zuckerrohr zu ermöglichen, ist das Land größtenteils unfruchtbar.

Geschichte

Die frühesten Überlieferungen aus der Region datieren aus der Zeit von **Ashoka** (3. Jh. v. Chr.) und beziehen sich auf ein Volk namens Andhras. Von ihrer zweiten Hauptstadt Amaravati am Krishna aus erlangte die **Satavahana-Dynastie** (2. Jh. v. Chr.– 2.Jh. n. Chr.) der Andhras die Kontrolle über einen großen Teil Zentral- und Südindiens. Die Andhras unterhielten intensive Handelsbeziehungen mit Ostasien und Europa und waren strenge Anhänger des Buddhismus. Nach ihnen kamen sukzessive die Pallavas aus Tamil Nadu, die Chalukyas aus Karnataka und die Cholas an die Macht. Um das 13. Jh. herum sahen sich die Kakatiyas von Warangal der ständigen Bedrohung einer moslemischen Machtübernahme ausgesetzt, und später, nach dem Fall ihrer Stadt bei Hampi, verlegten die hinduistischen Vijayanagars ihre Geschäfte nach Chandragiri in der Nähe von Tirupati.

Der nächste historisch bedeutsame Einschnitt vollzog sich in der Mitte des 16. Jhs. mit dem Emporkommen der moslemischen **Qutb Shahi-Dynastie**. 1687 nahm der Sohn des Mogul-Kaisers Aurangzeb Golconda ein. Fünf Jahre nach Aurangzebs Tod im Jahre 1707 erklärte der Vizekönig von Hyderabad die Unabhängigkeit und errichtete die Asaf Jahi-Dynastie der **Nizam**. Im Gegenzug für ihre Allianz mit den Briten gegen Tipu Sultan, den Herrscher von Mysore, wurde der Nizam-Dynastie nach der britischen Machtübernahme über ganz Indien sogar etwas Autonomie eingeräumt.

Im Laufe des Unabhängigkeitskampfes begann die Harmonie zwischen Hindus und Moslems in Andhra Pradesh zu bröckeln. Die **Spaltung** erreichte ihren Höhepunkt zur Zeit der Landesteilung *(partition)*, als sich der Nizam ihren moslemischen Glaubensbrüdern in dem noch zu gründenden Staat **Pakistan** anschließen wollten. Als 1949 Unruhen in der Hauptstadt Hyderabad ausbrachen, wurden die indischen Streitkräfte entsandt, die das ihrige dazu beitrugen, dass das Gebiet schließlich

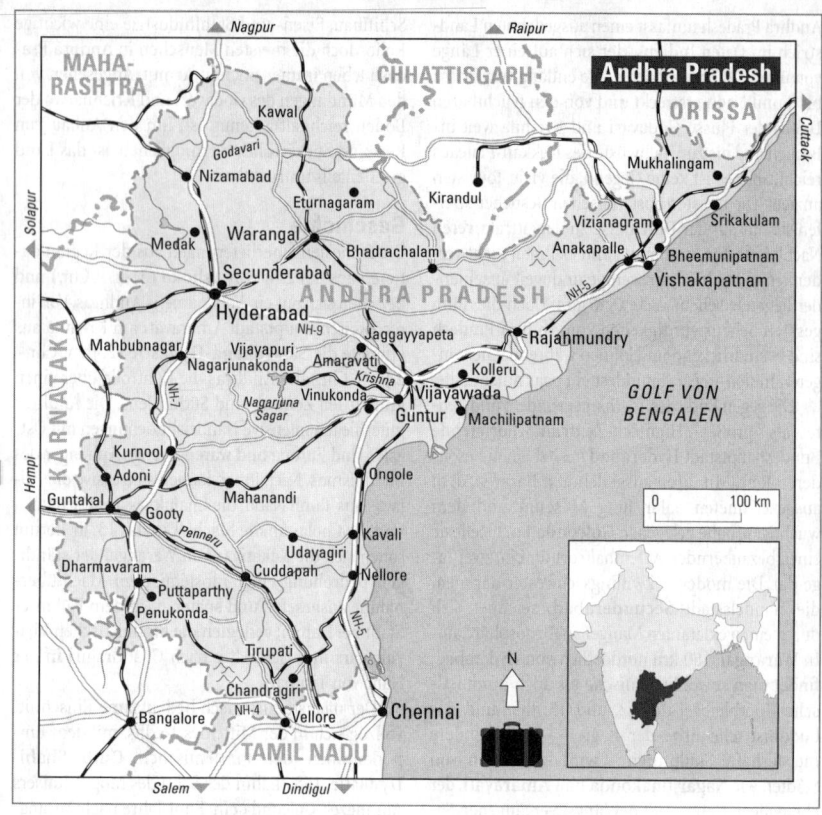

Teil der Republik Indien wurde. 1956 wurden die telugusprachigen Regionen (nur in Hyderabad wird fast überall Urdu gesprochen), die zuvor Teil der Madras Presidency an der Ostküste und des Fürstentums Hyderabad im Westen gewesen waren, zum Bundesstaat Andhra Pradesh. Heute sind fast 90% der Bevölkerung Hindus; die Moslems wohnen überwiegend in der Hauptstadt. Nach den jüngsten Wahlen kontrolliert die Kongresspartei erneut die Regierungsgeschäfte des Bundesstaats. Sie wirkt sich mäßigend auf immer noch schwelende sektiererische Tendenzen aus, während die in der Minderheit befindliche TRS-Partei eine Abspaltung von Telangana, dem nordwestlichen Teil von Andhra Pradesh, befürwortet.

Hyderabad und Secunderabad

Die Hauptstadt von Andhra Pradesh, ein Schmelztiegel moslemischer und hinduistischer Kultur, besteht aus den Zwillingsstädten Hyderabad und Secunderabad mit insgesamt fast sieben Millionen Einwohnern. Das für Besucher wenig interessante Secunderabad ist eine moderne, von den Briten gegründete Verwaltungsstadt; die alte Stadt Hyderabad hat dem Besucher dagegen eine Menge zu bieten, darunter ihre von Menschen wimmelnden **Basare**, **islamische Denkmäler** und das **Salar Jung Museum**. Dessen ungeachtet ging es mit Hyderabad nach der Unabhängigkeit unaufhaltsam bergab, immer wieder drohte die Situation aufgrund fehlender finanzieller Mittel zu eskalieren. Obwohl die alte Stadt nach wie vor unter Übervölkerung und unzureichenden öffentlichen Einrichtungen leidet, präsentiert sich das Ballungsgebiet inzwischen aber insgesamt als florierende Region. Hyderabad hat sogar die Stadt Bangalore als Südindiens Hightech-Hauptstadt überflügelt und konnte sich zum Zentrum der indischen Computer- und Informationstechnologie aufschwingen. Als Folge davon fließen große Einnahmen in die Stadt, die vielfach schon als „Cyberabad" bezeichnet wird.

Hyderabad wurde 1591 von **Mohammed Quli Shah** (1562–1612) am Fluss Musi gegründet, 8 km östlich von Golconda, der befestigten Hauptstadt des Golconda-Reiches, die um jene Zeit unter Überbevölkerung und Wassermangel litt. Für die damalige Zeit ungewöhnlich, wurde die neue Stadt gitterförmig angelegt, mit gewaltigen Steingebäuden und Bögen, darunter das berühmteste Wahrzeichen von Hyderabad, der **Charminar**. Ursprünglich gab es keine Stadtmauer; diese wurde erst 1740 als Verteidigungsanlage gegen die Marathen gebaut. Man erzählt sich, ein Geheimtunnel habe die Stadt mit dem mächtigen **Golconda Fort** verbunden. Die bedauernswerten Boten, die hindurchgeschickt wurden, konnten dank der in regelmäßigen Abständen angelegten Gewölbe wenigstens gelegentlich frische Luft schöpfen.

Während der 300-jährigen moslemischen Herrschaft lebten die Hindu-Mehrheit und die Moslem-Minderheit harmonisch zusammen. Damals war Hyderabad das oberste moslemische Machtzentrum Südindiens. Der sagenhafte Reichtum des Königshauses beruhte vor allem auf den wunderbaren Edelsteinen, vor allem Diamanten, die aus Bergwerken im Kistna-Tal bei Golconda zutage gefördert wurden. Im 17. Jh. war Golconda *das* Diamantenzentrum der Welt. Hier wurde der historische **Koh-i-Noor** gefunden – er wurde nur einmal geraubt, und zwar vom Mogulkaiser Aurangzeb, als sein Sohn 1687 das Golconda Fort einnahm. Er endete, in Stücke geschnitten, in der britischen Königskrone.

Orientierung

Die alte Stadt **Hyderabad** liegt beiderseits des Musi. Die meisten Sehenswürdigkeiten befinden sich südlich des Flusses, die meisten Unterkünfte dagegen nördlich davon. Noch weiter nördlich, am gegenüberliegenden Ufer des Hussain-Sagar-Sees, erstreckt sich die moderne Stadt **Secunderabad**, Endbahnhof mancher Fernzüge; hier müssen auch alle Besucher Hyderabads aussteigen, die mit weiterfahrenden Zügen ankommen.

Die Sehenswürdigkeiten

Hyderabad besteht aus drei recht unterschiedlichen Teilen: der alten Stadt Hyderabad, der neuen Stadt Secunderabad (ursprünglich Hussain Shah Pura genannt) und Golconda, der alten Festung. Die beiden Städte sind nur durch einen See getrennt, den **Hussain Sagar**, der im 16. Jh. angelegt und nach Hussain Shah Wali benannt wurde, der Ibrahim Quli Qutb Shah von einer schweren Krankheit geheilt hatte.

Die interessanteste Gegend ist jene südlich des Flusses Musi, hier befinden sich die **Basare**, der **Charminar** und das **Salar Jung Museum**. Die Breite des Musi beträgt nur etwa ein Zehntel der zur alten Stadt hinüberführenden Brücke und präsentiert sich selbst nach Regenfällen eher als tröpfelndes Rinnsal. Ein Großteil des Geländes unter der Brücke ist mit Palmen und Reis bepflanzt. Nördlich des Flusses, zehn Minuten östlich des Bahnhofes, liegen die wichtigsten Einkaufsgebiete: **Abids Circle** und **Sultan Bazaar** (Textilien, Obst, Gemüse und Seide). Vom Abids Circle erstreckt sich die MG Road nach Norden und trifft beim Hussain-Sagar-See auf die Tankbund Road, die weiter nach Secunderabad führt. Südlich des Abids Circle mündet die MG Road in die Jawaharal Nehru Road. Neue, moderne Geschäfte, Restaurants und Bars entstehen vor allem in dem schicken Viertel **Banjara Hills** im Westteil der Stadt.

Salar Jung Museum

Das unbedingt sehenswerte Salar Jung Museum am Südufer des Musi beherbergt einen Teil der umfangreichen Sammlung von Salar Jung, einem Nizam-Premierminister, und dessen Vorfahren. Salar Jung war ein wohlhabender, weit gereister Mann. Er erstand in Ost und West, was immer ihm gefiel, vom Erlesenen bis hin zum manchmal Kitschigen.

Die erstaunliche Ausbeute seiner Sammelleidenschaft umfasst indische Jadestücke, Miniaturen, Möbel, Lackarbeiten, Mogul-Kristallwaren, Textilien, Bronzen, buddhistische und hinduistische Skulpturen, Manuskripte und Waffen. Am Wochenende ist das Museum überfüllt. ◷ tgl. außer Fr 10–17 Uhr, Eintritt Rs 150.

Charminar, Lad Bazaar und Mecca Masjid

Im Herzen der aus quirligen Basaren bestehenden Altstadt steht der **Charminar** („Vier Türme"), ein Triumphbogen, der im Zentrum von Mohammed Quli Shahs Stadt 1591 zum Gedächtnis an das Ende der Pest errichtet wurde. Wie der Name vermuten lässt, besteht er aus vier graziösen, jeweils 56 m hohen Minaretten, deren obere Stockwerke über Wendeltreppen zu erreichen sind. Die mittlerweile geschlossene Moschee auf dem Dach ist die älteste von Hyderabad. Sie wurde erbaut, um die Königskinder im Koran zu unterweisen. Die gelbliche Farbe des Gebäudes rührt von einem Spezialmörtel aus zerstoßenem Marmor, *gram* (eine hiesige Hülsenfrucht) und Eigelb her.

Beim Charminar beginnt der faszinierende **Lad Bazaar**, der so alt ist wie die Stadt selbst und zum Mahboob Chowk führt, einem Marktplatz mit einer Moschee und einem viktorianischen Glockenturm. Auf dem Lad Bazaar gibt es alles nur Erdenkliche für eine hyderabadische Hochzeit: Es wimmelt von Armreifenverkäufern und alten Geschäften, in denen Rosenwasser, Kräuter und Gewürze angeboten werden. Außerdem findet man hier filigranen Silberschmuck, Antiquitäten, *bidri*-Waren, *hookah*

(Wasserpfeifen)-Zubehör mit kunstvollen Silber- und Messingintarsien. Von den Märkten in der Umgebung des Charminar haben sich viele auf **Perlen** spezialisiert – die Nizam liebten Perlen so sehr, dass sie sie nicht nur als Schmuck trugen, sondern auch zu Puder zerrieben und verzehrten! Hyderabad ist das Zentrum des indischen Perlenhandels.

Südwestlich, hinter dem Charminar, steht die **Mecca Masjid**, die sechstgrößte Moschee Indiens. Sie wurde 1598 im Auftrag des sechsten Königs, Abdullah Qutb Shah, aus einheimischen schwarzen Granitblöcken und kleinen roten Ziegeln aus Mekka, die über den Zentralbogen verteilt wurden, erbaut. Die Moschee selbst bietet Platz für 3000 Gläubige, der Hof für bis zu 10 000; linker Hand des Hofes liegen die Gräber der Nizam. Die **Charkaman** („Vier Bögen"), nördlich des Charminar, wurden 1594 erbaut und bildeten früher den Eingang zum Paradeplatz der Königspaläste (die längst nicht mehr stehen). Der Westbogen **Daulat-Khane-Ali**, der ursprünglich zum Palast führte, soll einst von teuren, mit Goldfäden durchwirkten Teppichen geschmückt gewesen sein.

Nördlich des Flusses

In einem begrünten Innenhof unweit südlich des Bahnhofs steht der von einer beeindruckenden gelben Kuppel gekrönte **Yusufian Dargah**, ein aus dem 17. Jh. stammender der Schrein für einen Sufi-Heiligen. Besucher, die eine Kopfbedeckung tragen, können die Grabstätte betreten und das mit Blumen geschmückte Grab betrachten. Rund 1 km nördlich des Bahnhofs, im geruhsamen Stadtpark von Hyderabad, zeigt das **AP State Museum** die bescheidene, aber gut ausgeschilderte Sammlung von Bronzen, prähistorischen Stücken, behauenen Kupferplatten, Waffen und Haushaltsgegenständen. Der Anbau beherbergt eine Galerie für moderne Kunst. ◷ tgl. außer Fr und 2. Sa im Monat 10.30–17 Uhr, Eintritt Rs 10.

Der Tempel **Birla Venkateshvara** am Kalabahad („Schwarzer Berg"), nördlich des Stadtparks, steht allen offen. Er wurde 1976 aus weißem Rajasthani-Marmor erbaut. Der Tempel selbst ist nicht überragend, die Aussicht dagegen schon. ◷ tgl. 7–12 und 15–21 Uhr.

Ganz in der Nähe und ebenfalls aus Geldern des *Birla Trust* errichtet, befindet sich das **Planeta-**

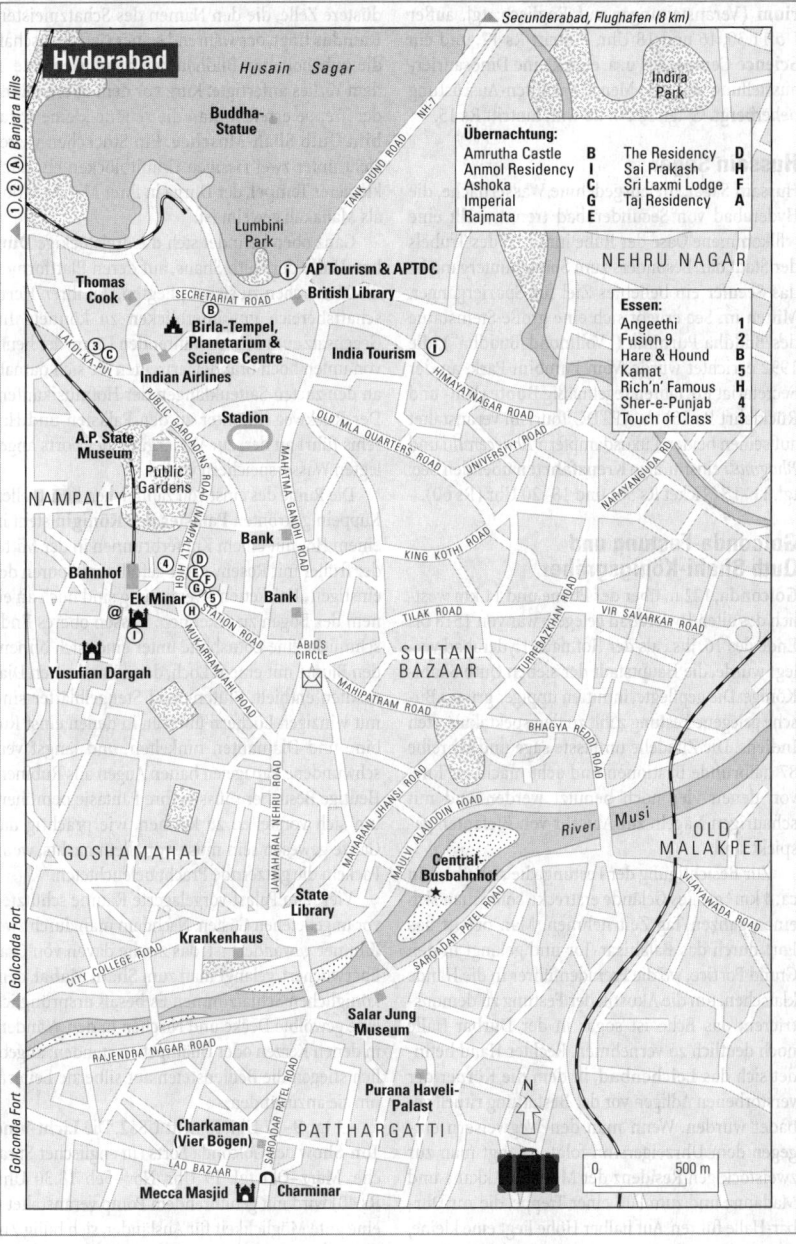

Hyderabad

Husain Sagar

Indira Park

Buddha-Statue

Lumbini Park

Thomas Cook

SECRETARIAT ROAD

Birla-Tempel, Planetarium & Science Centre

Indian Airlines

AP Tourism & APTDC
British Library

India Tourism

NEHRU NAGAR

Übernachtung:

Amrutha Castle	**B**	The Residency	**D**
Anmol Residency	**I**	Sai Prakash	**H**
Ashoka	**C**	Sri Laxmi Lodge	**F**
Imperial	**G**	Taj Residency	**A**
Rajmata	**E**		

Essen:

Angeethi	**1**
Fusion 9	**2**
Hare & Hound	**B**
Kamat	**5**
Rich'n' Famous	**H**
Sher-e-Punjab	**4**
Touch of Class	**3**

Stadion

A.P. State Museum

Public Gardens

NAMPALLY

Bank

Bahnhof

Ek Minar

Yusufian Dargah

Bank

ABIDS CIRCLE

SULTAN BAZAAR

MAHATMA GANDHI ROAD
KING KOTHI ROAD
TILAK ROAD
OLD MLA QUARTERS ROAD
UNIVERSITY ROAD
HIMAYATNAGAR ROAD
NARAYANGUDA ROAD
VIR SAVARKAR ROAD
TURREBAZKHAN ROAD
MAHIPATRAM ROAD
BHAGYA REDDY ROAD

GOSHAMAHAL

River Musi

OLD MALAKPET

Central-Busbahnhof

State Library

Krankenhaus

JAWAHARLAL NEHRU ROAD
MAHARANI JHANSI ROAD
MAULVI ALAUDDIN ROAD
SARDAR PATEL ROAD
VIJAYAWADA ROAD

CITY COLLEGE ROAD

RAJENDRA NAGAR ROAD

Salar Jung Museum

Purana Haveli-Palast

N

PATTHARGATTI

Charkaman (Vier Bögen)

LAD BAZAAR

Mecca Masjid   Charminar

0   500 m

◀ Banjara Hills
LAKDI-KA-PUL
TANK BUND ROAD
PUBLIC GARDENS ROAD
IMAMULLAH ROAD
MUKARRAMJAHI ROAD
STATION ROAD

◀ Golconda Fort

◀ Golconda Fort

ANDHRA PRADESH

rium (Veranstaltungen auf Englisch: tgl. außer Do 11.30, 16 und 18 Uhr, Eintritt Rs 17, und ein **Science Centre**, das u. a. eine kleine Dinosaurierausstellung und jede Menge Satelliten-Ausrüstung beherbergt. ⊙ tgl. 10.30–20 Uhr, Eintritt Rs 15.

Hussain Sagar

Hussain Sagar, die ausgedehnte Wasserfläche, die Hyderabad von Secunderabad trennt, stellt eine willkommene Oase der Ruhe inmitten des Trubels der Stadt dar. Besonders zum Sonnenuntergang ist das Seeufer ein beliebtes Ziel für Spaziergänger. Mitten im See erhebt sich eine große Steinstatue des Buddha Purnima („Vollmond-Buddha"), die 1992 errichtet wurde. Vom Lumbini Park, an der Secretariat Rd, fahren regelmäßig **Boote** (Hin- und Rückfahrt Rs 25) ab. APTDC Tourism veranstaltet auf seinen beiden Luxusdampfern *Bhageerathi* und *Bhagmati* einstündige **Kreuzfahrten** über den See: tgl. 11–15 (Ticket Rs 50) und 18–20 Uhr (Rs 60).

Golconda-Festung und Qutb Shahi-Königsgräber

Golconda, 122 m über der Ebene und 11 km westlich des alten Hyderabad gelegen, war von 1518 bis Ende des 16. Jhs., als der Hof nach Hyderabad verlegt wurde, die Hauptstadt der sieben Qutb Shahi-Könige. Die gepflegte, inmitten üppiger grüner Büsche gelegene Festung zählt zu den spektakulärsten Indiens. Die Zitadelle umfasste sage und schreibe 87 halbrunde Bastionen und acht mächtige Tore, von denen vier noch benutzt werden und mit schaurigen Nägeln zur Abwehr von Elefanten gespickt sind.

Zur Besichtigung der Festung, die sich über ein ca. 4 km² großes Gelände erstreckt, sollte man sich einen ganzen Tag Zeit nehmen. Man betritt das Fort durch das Balahisar-Tor und gelangt in den Grand Portico, wo die Fremdenführer in die Hände klatschen, um die Akustik der Festung zu demonstrieren; das Echo ist sogar in der Durbar-Halle noch deutlich zu vernehmen. Rechter Hand befindet sich das **Leichenbad**, in dem die Körper der verstorbenen Adligen vor der Bestattung rituell gebadet wurden. Wenn man den Wegweisern entgegen dem Uhrzeigersinn folgt, gelangt man zur zweistöckigen Residenz der Minister Akkana und Madanna und zum Fuß einer Treppe, die zur Durbar-Halle führen. Auf halber Höhe liegt eine kleine,

düstere Zelle, die den Namen des Schatzmeisters **Ramdas** trägt, der während seiner Gefangenschaft die unbeholfenen Bildhauereien und Gemälde in dem Verlies anfertigte. Kurz vor dem oberen Ende der Treppe erreicht man die schöne kleine **Ibrahim Qutb Shah-Moschee**. Ein Stückchen weiter steht unter zwei riesigen Granitblöcken ein noch kleinerer **Tempel**, der Durga in ihrer Manifestation als Mahakali geweiht ist.

Ganz oben befindet sich die dreistöckige **Durbar-Halle** der Qutb Shahs, auf deren Plattformen die Monarchen zu sitzen pflegten, um ihren Herrschaftsbereich gut überblicken zu können. Im Gegensatz zum immer während den Lärm, der heute von unten hoch brandet, erfreuten sie sich damals an den zarten Saitenklängen der Hofmusikanten. Der Rückweg hinunter zu den Palästen und Harems führt an der zur Versorgung des Forts angelegten Wasserspeichern vorbei.

Die Ruine des einst von zahlreichen kunstvollen Kuppeln gekrönten **Palastes der Königin** steht in einem Hof mit einem Kupferbrunnen in der Mitte, der früher mit Rosenwasser gefüllt war. Spuren der einstigen „Halsketten"-Verzierung sind noch an einem der Bögen zu erkennen. Dessen oberes Ende schmückt eine Lotusblüte unter einer sich öffnenden Blume mit einem Loch, das einmal einen Diamanten enthielt. Blüten- und Stengelblätter sind mit winzigen Löchern übersät, in denen einst Rubine und Diamanten funkelten, und längst verschwundene Papageien hatten Augen aus Rubinen. Heutige Besucher müssen ihre Fantasie bemühen, um sich vorstellen zu können, wie prächtig das Ganze gewesen sein muss, vor allem nachts, wenn Fackeln die glitzernde Pracht beleuchteten.

Vier dem Palast vorgelagerte Räume schützten vor ungebetenen Gästen. Nachdem man durch zwei Zimmer gewandert ist, das zweite davon von Gras überwuchert, gelangt man zum **Shahi Mahal**, dem königlichen Schlafzimmer. Es besaß ursprünglich eine gewölbte Decke und Nischen in den Wänden, in denen Kerzen oder Öllämpchen standen; angeblich stiegen die Bediensteten auf silberne Leitern, um sie anzuzünden.

⊙ tgl. 9–17 Uhr, Eintritt US$2. Die **Licht- und Ton-Show** des Golconda Forts (in englischer Sprache; März–Okt tgl. 19 Uhr, Nov–Feb 18.30 Uhr, Rs 40) wird mit gebührendem Pomp veranstaltet – eine gute Möglichkeit für Ausländer, sich billig Zu-

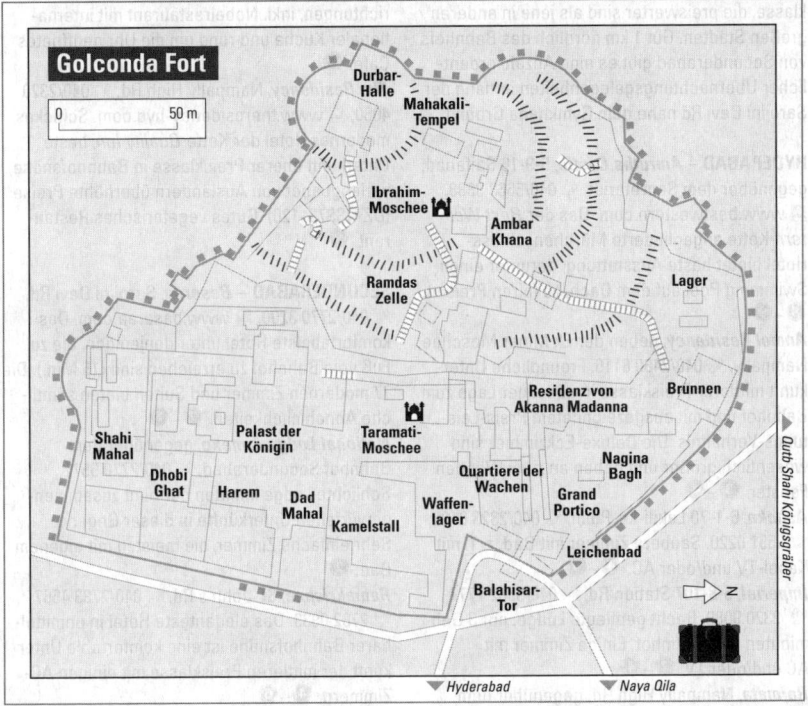

Golconda Fort

0   50 m

Durbar-Halle

Mahakali-Tempel

Ibrahim-Moschee

Ambar Khana

Ramdas Zelle

Lager

Residenz von Akanna Madanna

Brunnen

Shahi Mahal

Palast der Königin

Taramati-Moschee

Dhobi Ghat

Harem

Dad Mahal

Kamelstall

Waffen-lager

Quartiere der Wachen

Nagina Bagh

Grand Portico

Leichenbad

Balahisar-Tor

Hyderabad   *Naya Qila*

Qutb Shahi Königsgräber

gang zum Fort zu verschaffen, doch von der gesamten Anlage bekommt man so nur einen Bruchteil zu sehen.

Zur Festung gelangt man mit Bus Nr. 119 von der Nampally High Rd, und sowohl der Direktbus Nr. 66G vom Charminar als auch Bus Nr. 80D von Secunderabad halten vor dem Haupteingang.

Rund 1 km nördlich der Außenmauer, in einer ruhigen Grünanlage, liegen 82 **Gräber**. Hier ruhen Heeresführer, Verwandte der Könige, Tänzer, Sänger und Hofärzte sowie – mit zwei Ausnahmen – alle Qutb Shahi-Könige. Die inzwischen verblichenen Grabstätten waren in leuchtendem Türkis und Grün gestrichen und besitzen alle eine Kuppel sowie Zierbögen. Vom Fort aus lassen sich die Gräber entweder über die Straße oder (angenehmer) zu Fuß über die Rasenflächen und Felder unterhalb der Festungsmauer erreichen. ☉ tgl. außer Fr 9.30–16.30 Uhr, Eintritt Rs 5.

Vom Charminar fahren die Busse Nr. 123 und 142S zu den Gräbern. Von Secunderabad nimmt man die Buslinie Nr. 5, 5S oder 5R nach Mehdipattanam, wo man in den Bus Nr. 123 umsteigen muss. Man kann aber auch eine Rikscha nehmen und im Voraus einen Preis für die Wartezeit aushandeln.

Übernachtung

Die billigsten Übernachtungsmöglichkeiten befinden sich vor dem Bahnhof von Hyderabad (Nampally), aber selbst eine einfache Unterkunft ist kaum für weniger als Rs 250 zu haben. Die fünf finsteren, dicht beieinander stehenden Lodges, in deren Namen das Wort „Royal" auftaucht, sind normalerweise ausgebucht und alles andere als einladend. Besser aufgehoben ist man in den Hotels mittlerer und oberer Preisklasse, die preiswerter sind als jene in anderen großen Städten. Gut 1 km nördlich des Bahnhofs von Secunderabad gibt es eine Anzahl ordentlicher Übernachtungsgelegenheiten entlang der Sarojini Devi Rd nahe dem Gymkhana Ground.

HYDERABAD – Amrutha Castle, 5-9-16 Saifabad, gegenüber dem Secretariat, ✆ 040/5663 3888, 💻 www.bestwestern.com. Das der *Best Western*-Kette angegliederte Märchenschloss-Hotel bietet beste Ausstattung, darunter einen Swimming Pool auf dem Dach, zu fairen Preisen. ➑–➒

Anmol Residency, neben der Ek Minar Moschee, Nampally, ✆ 040/2460 8116. Freundliche Unterkunft mittlerer Preisklasse in günstiger Lage zum Bahnhof und mit ausgezeichnetem Preis-Leistungs-Verhältnis. Die Deluxe-Eckzimmer sind wesentlich größer und haben an zwei Wänden Fenster. ➌–➍

Ashoka, 6-1-70 Lakdi-ka-Pulm, ✆ 040/2323 0105, ✆ 5551 0220. Saubere Zimmer mit Bad, z. T. mit Kabel-TV und/oder AC. ➍–➎

Imperial, 5-8-107 Station Rd, ✆ 040/5582 7777, ✆ 2320 9089. Recht gepflegte Lodge, nur 3 Gehminuten vom Bahnhof. Einige Zimmer mit AC und/oder TV. ➋–➍

Rajmata, Nampally High Rd, gegenüber dem Bahnhof, ✆ 040/5566 5555, ✆ 2320 4133. Von der Straße zurückversetzt, in der Nähe der *Royal Lodges*. Saubere, große Zimmer ohne AC. Das dazugehörige *Lakshmi* bietet gute südindisch-vegetarische Küche. ➍

Sai Prakash, Station Rd, ✆ 040/2461 1726, ✉ hotelsaiprakash@rediffmail.com. Modernes Hotel, nur 5 Gehminuten vom Bahnhof. Komfortable Zimmer mit Teppichen und Kabel-TV. Die Zimmer ohne AC bieten ein prima Preis-Leistungs-Verhältnis und sind sehr begehrt. Gutes Restaurant und Bar. ➎–➏

Sri Laxmi Lodge, Gadwal Compound, Station Rd, ✆ 040/5563 4200. Ruhige Unterkunft in einer kleinen Gasse gegenüber dem Hotel *Sai Prakash*. Recht saubere Zimmer und sehr preisgünstig, besonders die EZ. ➋

Taj Residency, Rd No. 1, Banjara Hills, ca. 4 km vom Zentrum, 💻 www.tajhotels.com, ✆ 040/2666 3939. Das günstigste der drei *Taj*-Hotels (DZ US$140–160) bietet die üblichen Luxuseinrichtungen, inkl. Nobelrestaurant mit internationaler Küche und rund um die Uhr geöffnetes Café. ➒

The Residency, Nampally High Rd, ✆ 040/2320 4060, 💻 www.theresidency-hyd.com. Schickes, modernes Hotel der Kette *Quality Inn;* beste Unterkunft oberer Preisklasse in Bahnhofsnähe, verlangt aber von Ausländern überhöhte Preise (DZ US$72–120). Gutes vegetarisches Restaurant. ➒

SECUNDERABAD – Baseraa, Sarojini Devi Rd, ✆ 040/2770 3200, 💻 www.baseraa.com. Das komfortabelste Hotel unter denjenigen, die zu Fuß vom Bahnhof zu erreichen sind (15 Min.). Die 77 modernen Zimmer und Suiten bieten sämtliche Annehmlichkeiten. ➐–➑

National Lodge Annexe, gegenüber dem Bahnhof Secunderabad, ✆ 040/2770 5572. Schlichte Lodge inmitten der bunt zusammengewürfelten Unterkünfte in dieser Gegend. Sehr einfache Zimmer, die meisten mit eigenem Bad. ➋

Ramakrishna, St. John's Rd, ✆ 040/2783 4567, ✆ 2782 0933. Das eleganteste Hotel in unmittelbarer Bahnhofsnähe ist eine komfortable Unterkunft der mittleren Preisklasse mit einigen AC-Zimmern. ➍–➏

Sri Vinayak, in der Nähe des Regimental Bazaar, ✆ 040/2771 0146, ✆ 2780 2146. Ordentliche Unterkunft mittlerer Preisklasse mit einigen AC-Zimmern in einer ruhigen Gasse, nur drei Minuten vom Bahnhof entfernt. ➌–➎

Essen und Unterhaltung

Neben den Hotelrestaurants bieten zahlreiche „meals"-Lokale in allen Teilen der Stadt **hyderabadische Küche,** wie authentische *biriyanis*, oder die berühmten, scharf mit Chili gewürzten **Andhra-Spezialitäten.** Die Küche von Hyderabad geht auf Mogul-Spezialitäten (d. h. reichlich bemessene, mit nordindischen Zutaten wie Zimt, Kardamom, Gewürznelken und Knoblauch zubereitete Fleischgerichte) und traditionelle südindisch-vegetarische Speisen zurück, denen Ingredienzen wie Erdnüsse, Kokosnuss, Tamarindenblätter, Senfkörner und rote Chilis die richtige Würze verleihen.

In Hyderabad gibt es mittlerweile auch mehrere **Bars**, in denen nicht nur Männer verkehren – wenngleich noch nicht im gleichen Ausmaß wie in Bangalore. Die meisten konzentrieren sich in der Main Road No.1 in Banjara Hills: *Liquids* bietet bequeme weiße Ledersofas und Indo-Euro-Pop, *Cinnabar Redd* (über *Fusion 9*) lockt mit thematisch unterschiedlichen Disco-Abenden, und in der Kellerbar *Easy Rider* wird Rockmusik gespielt.

HYDERABAD – *Angeethi*, Main Rd No.1, Banjara Hills. Sehr renommiertes und entsprechend teures nordindisches Restaurant mit ausgezeichneten Punjabi- und *tandoori*-Gerichten.

Hare and Hound, Secretariat Rd, Saifabad. Das mit Ritterrüstungen dekorierte, internationale Restaurant/Bar im Hotel *Amrutha Castle* bietet eine umfangreiche Speisekarte und ein äußerst preisgünstiges Mittagbuffet (12.30–15 Uhr, Rs 175) neben dem Foyer.

Rich 'n' Famous, Station Rd. Das vornehmere und teurere der beiden Restaurants im Hotel *Sai Prakash*. Bequeme Stühle und fantasievolle Tagesgerichte mit Krabben und Garnelen, außerdem Spezialitäten aus Hyderabad und anderen Regionen. Das vegetarische Restaurant *Sukha Sagara* im Erdgeschoss serviert billigere südindische Snacks und nordindische Gerichte.

Sher-e-Punjab, Nampally High Rd, Ecke Bahnhofseingang. Beliebtes Souterrain-Lokal mit leckerem nordindischen Essen (auch vegetarisch) zu Niedrigpreisen.

Touch of Class, Lakdi-ka-Pul. Im kleinen Patio kredenzt das Restaurant des Hotels *Central Court* gute Hyderabadi-Küche, vegetarisch und nicht-vegetarisch, außerdem Kebabs, Mughlai-, westliche und chinesische Gerichte. Buffets am Mittag (Rs 175) und um Mitternacht (Rs 125).

Taj Residency, Road No. 1, Banjara Hills. Das hoteleigene Restaurant *Dakhni* bietet ausgezeichnete (kostspielige) authentische südindische Küche und Hyderabad-Spezialitäten.

SECUNDERABAD – *Akbar*, 1-7-190 MG Rd. Schöne Auswahl preiswerter hyderabadischer Gerichte, darunter *biryanis* in Spitzenqualität.

Paradise-Persis, MG Rd. Gut besuchter Restaurantkomplex mit sehr guter Hyderabadi-Küche zu moderaten Preisen.

Sonstiges

APOTHEKEN – *Apollo Pharmacy*, ☎ 040/2323 1380, und *Health Pharmacy*, ☎ 040/2331 0618, beide rund um die Uhr geöffnet.

AUTOVERMIETUNGEN – Autos mit oder ohne Fahrer vermieten rund um die Uhr:
Air Travels, Banjara Hills, Hyderabad, ☎ 040/2335 3099, ✆ 2335 5088;
Classic Travels, Secunderabad, ☎ 040/2775 5645.

BÜCHER – *A.A. Hussian & Co*, 5-8-551 Arastu Trust Building, Abid Rd, Hyderabad;
Akshara, 8-2-273 Pavani Estate, Road No.2, Banjara Hills, Hyderabad;
Higginbothams, 1 Lal Bahadur Stadium, Hyderabad;
Gangarams, 62 DSD Rd, nahe dem *Garden* Restaurant in Secunderabad;
Kalaujal, Hill Fort Rd, gegenüber den Public Gardens (Stadtpark), ist auf Kunstbände spezialisiert.

EINKAUFEN – *Lepakshi*, das staatliche Kaufhaus von AP, MG Rd, hat eine große Auswahl an Kunsthandwerk, darunter *bidri*-Arbeiten, sowie Schmuck und Seide.

Utkalika (Government of Orissa Handicrafts), Haus Nr. 60-1-67, zwischen dem Ravindra Bharati-Gebäude und dem Hotel *Ashoka*, verkauft Silberfiligranschmuck, handgewebte Stoffe, *ikhat*-Färbearbeiten, Jagannath-Papmâché-Figuren und Schnitzereien aus Büffelknochen.

Cheneta Bhavan ist ein modernes Einkaufszentrum, etwas südlich des Bahnhofs, das jede Menge Textilgeschäfte mit handgefertigten Waren aus verschiedenen Staaten beherbergt, darunter Andhra Pradesh.

Meena Bazaar, *Pochampally Silks and Sarees* und *Pooja Sarees*, alle an der Tilak Rd, verkaufen Seidenstoffe und Saris.

FAHRRÄDER – Fahrräder gibt es an einem Straßenstand in der Nampally High Rd, vom Bahnhof her kommend auf der rechten Straßenseite, für Rs 20 pro Tag zu mieten.

GELD – Die Zahl der **Geldautomaten** nimmt ständig zu, z. B. bei der Bank **SBI** in der Nampally

High Rd, der **Syndicate Bank** in der Station Rd und der **Oriental Bank** am Bahnhof Secunderabad. Im Gegensatz dazu sind überraschend wenige Banken darauf vorbereitet, ausländisches Geld zu wechseln. Zwei Ausnahmen: **Federal Bank**, 1st Floor, Orient Estate, MG Rd, ☉ Mo–Fr 10.30–14.30 und Sa 10.30–12.30 Uhr. **State Bank of Hyderabad**, MG Rd, ☉ Mo–Fr 10.30–14.30 Uhr.

Am einfachsten geht die Prozedur aber wahrscheinlich bei einer der folgenden Agenturen (beide ☉ Mo–Sa 9.30–17.30 Uhr):
L.K.P. Forex, Public Gardens Rd, nur 10 Gehminuten nördlich der Nampally Station, ✆ 040/2321 0094;
Thomas Cook, Nasir Arcade, Secretariat Rd, ✆ 040/2329 6521.

INFORMATIONEN – **AP Tourism**, Secretariat Rd, unmittelbar bevor sie in die Tank Bund Rd übergeht, unweit der Überführung, ✆ 040/2345 3110, 🖥 www.aptourism.com. Dies ist die Haupt-Touristeninformation von Hyderabad, ☉ tgl. 7–19 Uhr.
APTDC, nebenan, ✆ 040/2345 3036, 🖥 www.tourisminap.com, und der APTDC-Ableger in Secunderabad, Yatri Nivas, Sardar Patel Rd, fungieren in erster Linie als Buchungsbüros der eigenen Touren (s. u.), ☉ tgl. 7–20 Uhr.
India Tourism Office, Sandozi Buildings, Himayatnagar Rd, Hyderabad, ✆ 040/2763 1360, vergibt ein paar Broschüren. ☉ Mo–Fr 9–17 Uhr.
Die beste lokale Informationsquelle ist das monatlich erscheinende Veranstaltungsmagazin **Channel 6** (🖥 www.channel6magazine.com), das an den meisten Buchständen für Rs 15 verkauft wird.

INTERNET – Internet-Cafés gibt es in beiden Städten zuhauf, z. B. **Modi Xerox**, gegenüber der Ek Minar Moschee (Rs 20/Std.). Mehrere Net2phone-Anbieter konzentrieren sich hinter dem großen Medwin Hospital in der Nampally High Rd.

MEDIZINISCHE HILFE – **Gandhi Hospital**, staatliches Krankenhaus in Secunderabad, ✆ 040/2770 2222.
CDR Hospital, Privatkrankenhaus in Himayatnagar, Hyderabad, ✆ 040/2322 1221.

Tropical Diseases Hospital, in Nallakunta, ✆ 040/2766 7843.

POLIZEI – ✆ 040/2323 0191. Notruf ✆ 100.

REISEBÜROS – Flug- und Privatbustickets bieten z. B. **Travel Club Forex**, ✆ 040/2323 4180, Nasir Arcade, Saifabad, nahe **Thomas Cook**, und **Kamat Travels**, im Komplex des **Sai Prakash Hotel**, ✆ 040/2461 2096.
Büros zahlreicher privater Busgesellschaften befinden sich an der Nampally High Rd vor dem Bahnhof von Hyderabad.

ZAHNARZT – **Kakade's Dentistree**, gegenüber dem Hotel **Taj Banjara**, Rd No.1, ✆ 040/2330 2633.

Touren

APTDC bietet verschiedene geführte Touren an. Alle nachstehend genannten Zeiten beziehen sich auf die Abfahrt beim Büro in Secunderabad; Abholung in Hyderabad jeweils 45 Min. später. Die empfehlenswertere der beiden **Stadtrundfahrten** (tgl. 8–17.45 Uhr, Rs 190) führt zum Hussain Sagar, Birla-Tempel und Planetarium, den Qutb Shahi-Gräbern (außer Fr), dem Salar Jung Museum (außer Fr), Charminar und nach Golconda.

Es werden auch kürzere Vormittags- und Nachmittagsstadtrundfahrten angeboten, außerdem eine Tour zur **Licht- und Ton-Show im Golconda Fort** (tgl. 14–21 Uhr, Teilnahme Rs 170 inkl. Eintrittsgebühr), die auch am Botanischen Garten und an der Hi-Tech City vorbeiführt.

Im Rahmen einer kürzeren, **halbtägigen Stadtrundfahrt** steuert **AP Tourism** die meisten Hauptsehenswürdigkeiten an (2x tgl., 9–13 und 14–18 Uhr, Rs 125). Diese finden aber ebenso wie die abendliche Tour (tgl. 19–21 Uhr) nur bei ausreichender Nachfrage statt. Die Touren beginnen am Hauptbüro in Hyderabad.

Die vom APTDC angebotene **Nagarjunakonda Tour** (Sa und So 7–21.30 Uhr, Rs 310 zzgl. Eintrittsgelder) legt insgesamt 360 km zurück und bietet dabei die Möglichkeit einer (oberflächlichen) Besichtigung dieser faszinierenden Gegend.

Die längeren Touren nach **Tirupati/Tirumala**, d. h. zu Orten, die sich leichter von Chennai aus erreichen lassen, und zu noch entlegeneren Zielorten in Südindien, sind wenig empfehlenswert.

Transport

BUSSE – Der übersichtliche **Central Bus Stand** befindet sich auf einer Insel inmitten des Musi, 3 km südöstlich des Bahnhofs von Hyderabad. Von hier fahren Linienbusse zu zahlreichen Zielorten innerhalb des Bundesstaats und darüber hinaus.

Vor der Nampally Station befinden sich Büros vieler Privatbusgesellschaften, darunter *National Travels*, ✆ 040/2320 3614, deren **Deluxe- und Video-Busse** nach BANGALORE, CHENNAI, MUMBAI und zu anderen wichtigen Zielorten fahren.

Busse nach:
AMARAVATI (2x tgl., 7 Std.),
BANGALORE (stdl., 13 Std.),
BIDAR (alle 30–60 Min., 4 Std.),
CHENNAI (1x tgl., 16 Std.),
MUMBAI (7x tgl., 17 Std.),
PUTTAPARTHY (3x tgl., 10 Std.),
TIRUPATI (8x tgl., 12 Std.),
VIJAYAPURI (10x tgl., 4 Std.),
VIJAYAWADA (alle 15 Min., 6 Std.),
WARANGAL (alle 15–30 Min., 3 Std.).

EISENBAHN – Von Hyderabad/Secunderabad bestehen gute **Zugverbindungen** nach:
AURANGABAD (1x tgl., 12 1/4 Std.),
BANGALORE (2–4x tgl., 12–16 Std.),
BHUBANESWAR (4x tgl., 18 3/4–22 1/2 Std.),
CHENNAI (2x tgl., 14 1/4 Std.),
DELHI (3–4x tgl., 22 1/4–32 Std.),
KOLKATA (2–3x tgl., 26 3/4– 31 1/2 Std.),
MUMBAI (3x tgl., 16 1/4–17 Std.),
TIRUPATI (3–4x tgl., 13 1/2–15 1/2 Std.),
VARANASI (2x wöchentl., 30 1/4 Std.),
VIJAYAWADA (12–13x tgl., 5 1/2–7 3/4 Std.),
WARANGAL (11–13x tgl., 2 1/4–3 1/4 Std.).

Der **Bahnhof Hyderabad** (Nampally Station) liegt zentral und ist relativ gut organisiert. Zu den tgl. von hier abfahrenden Zügen zählen der Charminar Express Nr. 2760 nach CHENNAI (20.10 Uhr,

14 Std.), der Hyderabad–ERNAKULAM Express Nr. 7030 (12 Uhr, 26 Std.), der Andhra Pradesh Express Nr. 2723 nach DELHI (6.40 Uhr, 26 1/2 Std.), der Hyderabad–MUMBAI Express Nr. 7032 (20.40 Uhr, 16 1/4 Std.), der East Coast Express Nr. 7046 nach KOLKATA (6.50 Uhr, 31 1/4 Std.) via VIJAYAWADA (6 1/4 Std.) und BHUBANESHNAR (22 1/2 Std.) sowie der Rayasaleema Express Nr. 7429 nach TIRUPATI (17.25 Uhr, 15 1/2 Std.).
Fast alle Züge zu Zielorten im Nordosten halten in Warangal und Vijayawada.

Von Secunderabad fahren einige dort eingesetzte Züge und viele Durchgangszüge in alle Himmelsrichtungen. Nützlich sind z. B. der Konark Express Nr. 1020 nach MUMBAI (11.45 Uhr, 16 1/4 Std.), der Secunderabad–BANGALORE Express Nr. 7085 (18.40 Uhr, 12 1/2 Std.) und der Secunderabad–RAJENDRANAGAR Express Nr. 7091 über VARANASI (Mo und Mi 22.30 Uhr, 30 1/4 Std.).

Wenn man in Secunderabad den Zug verlassen muss, gilt das Bahnticket für jeden Anschlusszug nach Hyderabad; falls die Wartezeit auf den fahrplanmäßig nächsten zu lange ausfällt, kann man auch einen von zahlreichen Bussen nehmen, die zwischen den beiden Bahnhöfen pendeln, z. B. Nr. 5, Nr. 8 und Nr. 20.

Das **Fahrkartenreservierungsbüro in Hyderabad** befindet sich, wenn man den Bahnhof betritt, auf der linken Seite. ⊙ Mo–Sa 8–14 und 14.30– 20, So 8–14 Uhr. Schalter Nr. 211 (neben dem *enquiry counter*) ist eigentlich für Reservierungen zuständig, kümmert sich aber auch um Buchungen von Gruppenreisen und verloren gegangene Fahrkarten. Ausländische Besucher können Buchungen am Reisetag auch im Büro des Chief Reservation Inspectors am Bahnsteig 1 erledigen, ⊙ tgl. 9–17 Uhr.

Das **Fahrkartenreservierungsbüro in Secunderabad** befindet sich an der großen Kreuzung mit der St. John´s Rd, wenn man aus dem Bahnhof kommt rund 400 m weiter auf der rechten Seite. Schalter 34 ist für Ausländer zuständig.

FLÜGE – Von und zum **Flughafen** von Hyderabad, 8 km nördlich der Stadt in Begumpet, fahren Motor-Rikschas, Taxis und die Busse Nr. 9M oder Nr. 10 via Nampally Station, außerdem zahl-

reiche Buslinien von Secunderabad, darunter
Nr. 10, Nr. 45, Nr. 47 und Nr. 49.

Indian Airlines, Jet Airways und *Sahara* fliegen
regelmäßig zahlreiche Städte in ganz Indien an.
Als internationale Fluglinie bietet *Indian Airlines*
eine tägliche Verbindung nach DUBAI und Flüge
in andere Golfstaaten. *Air India* fliegt 2x wöchentl. nach SINGAPUR. *Silk Air,* ein regionaler
Ableger von *Singapore Airlines* (✆ 040/2340
2644), fliegt 3x wöchentl. nach SINGAPUR.

Flüge nach:
AHMEDABAD (5x wöchentl., 1 Std. 40 Min.),
BANGALORE (5x tgl., 1–1 1/2 Std.),
CHENNAI (7–8 tgl., 1–1 1/2 Std.),
DELHI (7x tgl., 2–4 1/4 Std.),
GOA (tgl., 3 Std.),
KOLKATA (3x tgl., 2–3 Std.),
MANGALORE (3 Std. 10 Min.),
MUMBAI (10x tgl., 1 1/4–3 1/4 Std.),
PUNE (tgl., 1 Std.),
TIRUPATI (4x wöchentl., 55 Min.)
VARANASI (tgl., 5 1/2 Std.).

Fluggesellschaften:
Air Canada, s. *Gulf Air;*
Air France, Gupta Estate 1st Floor, Basheerbagh,
✆ 040/2323 0947;
Air India, 5-9-193 HACA Bhavan, gegenüber dem
Public Garden Saifabad, ✆ 040/2338 9719;
Bangladesh Biman, s. *Gulf Air;*
British Airways, Nijhawan Travel Services,
5-9-88/4 Ainulaman Fateh Maidan Rd, ✆ 040/
2324 1661;
Delta/Sabena/Swissair/Singapore Airlines,
Aviation Travels, Navbharat Chambers, 6-3-
1109/1 Raj Bhavan Rd, ✆ 040/2340 2664;
Emirates, Floor F, Reliance Classic Building 3 und
4, Road No.1, Banjara Hills, ✆ 040/2332 1111;
*Gulf Air/Bangladesh Biman/Air Canada/Royal
Jordanian, Jet Air,* Flat 202, 5-9-58 Gupta Estate,
Basheerbagh, ✆ 040/2324 0870;
Indian Airlines, gegenüber der Assembly Saifa-
bad, ✆ 040/2329 9333;
Jet Airways, 6-3-1109/1 GF Nav Bharat Cham-
bers, Raj Bhavan Rd, ✆ 040/2340 1222;
Lufthansa, 3-5-823 Shop #B1–B3, Hyderaguda,
✆ 040/2323 5537;
Qantas, Transworld Travels, 3A 1st floor, 5-9-93
Chapel Rd, ✆ 040/2329 8495;

Qatar Airways, Reliance Krishna 5-10-197197/A,
B&C Hillfort Rd, Nowbat Pahad, ✆ 040/5536 7333;
Royal Jordanian, s. *Gulf Air;*
Sabena, s. *Delta Airlines;*
Sahara, 15 Sahara Manzil, gegenüber dem
Secretariat, Saifabad, ✆ 040/2321 2767;
Singapore Airlines, s. *Delta Airlines;*
Swissair, s. *Delta Airlines.*

Die Umgebung von Hyderabad

Von Hyderabad nach Norden, in Richtung der
Grenzen zu Maharashtra und Madhya Pradesh,
wird die Landschaft grüner und hügeliger und
weist hier und da fotogene schwarze Granitforma-
tionen auf. Es gibt nicht viel, was einen Aufenthalt
lohnt, abgesehen von der kleinen Stadt **Warangal**,
direkt an der Eisenbahnlinie und ein guter Ausgangspunkt für die Besichtigung der nahe gelegenen mittelalterlichen Festung und des Shiva-Tem-
pels. Fährt man von der Bundeshauptstadt nach
Süden, erstreckt sich eine riesige, landschaftlich
genutzte Ebene, die bis ins Zentrum des Staates
hinein reicht; dort ist durch den Bau des Nagarjuna
Sagar-Dammes ein großer See entstanden, in dessen Mitte sich auf einer Insel (einst ein Hügel) die
bedeutsame Buddhisten-Stätte **Nagarjunakonda**
befindet.

Warangal

Warangal („ein Stein"), 150 km nordöstlich von
Hyderabad, war im 12. und 13. Jh. die Hindu-
Hauptstadt des Kakatiyan-Königreiches. Wie ande-
re Städte im Dekkan wurde sie abwechselnd von
Hindus und Moslems beherrscht, was sich in der
Architektur der noch verbliebenen Baudenkmäler
spiegelt.

Die Besonderheit der **Festung** von Warangal
(◷ tgl. 9–17 Uhr, Rs 5), 4 km südlich der Stadt, ist
ihr doppelter Festungsring: Der äußere besteht aus
Lehmziegeln und hat einen Graben, der innere
wurde aus Stein errichtet. Vier Torwege treffen
sich in der Mitte bei den Ruinen des 1162 erbauten
Swayambhu-Tempels, der Shiva geweiht ist.
Am südlichen, frei stehenden Torweg steht ein weiterer, viel besser erhaltener Shiva-Tempel aus dem

14. Jh.; die Reste eines enormen Lingam im Inneren stammen aus dem Svayambhu-Schrein. Innerhalb der Zitadelle befindet sich auch die **Shirab Khan** (Audienzhalle), ein Bauwerk aus dem frühen 11. Jh., das große Ähnlichkeit mit dem Hindola Mahal in Mandu (Madhya Pradesh) aufweist.

Der überwiegend aus Basalt im Chalukya-Stil errichtete, „1000 Säulen" umfassende **Shiva-Tempel** liegt gleich bei der Hauptstraße am Fuß des Hanamkonda-Hügels (6 km nördlich) und wurde 1163 im Auftrag von König Rudra Deva erbaut. Das flach gedeckte, auf mehreren, über Stufen erreichbaren Ebenen gelegene und wunderbar verzierte Gebäude umfasst drei Schreine für Vishnu, Shiva und den Sonnengott Surya. Sie gehen von der Mandapa aus, deren zahlreiche kunstvoll geschnitzte Säulen dem Tempel seinen Namen gaben. Davor steht ein glatt polierter Nandi-Stier, der aus einem einzigen Steinblock gehauen wurde. Oben auf dem Hügel thront ein Bhadrakali-Tempel. ⏱ tgl. 10–18 Uhr, Eintritt US$2.

Übernachtung und Essen

Die Übernachtungsmöglichkeiten sind begrenzt.
Hotel Ashok, Main Rd, Hanamkonda, 6 km von Bushaltestelle und Bahnhof entfernt, ✆ 08712/285491. Zimmer mit AC, Restaurant und Bar. ❸–❺

Hotel Ratna, 2 km vom Bahnhof in der MG Rd, ✆ 08712/260645, ✉ 260096. ❷–❹
Einfache Unterkünfte in Bahnhofsnähe an der Station Rd sind z. B.
Vijaya, ✆ 08712/225851, das am nächsten gelegene und preisgünstigste. ❷–❸
Urvasi, Station Rd, Ecke JPN Rd, ✆ 08712/ 261 760. Hat auch ein paar Zimmer mit AC. ❷–❹

Entlang der Station Rd gibt es ein paar ordentliche **Esslokale**:
Das in einem Obergeschoss befindliche ***Titanic***, auf halber Strecke zwischen Bahnhof und Innenstadt, vom Bahnhof her kommend auf der rechten Straßenseite, serviert gute Tandooris und andere, nicht-vegetarische Gerichte.

Internet

Internetzugang bietet Grace*@Net* an der JPN Rd für Rs 30 pro Std.

Transport

Wenn man früh genug aufbricht, kann man Warangal im Rahmen eines Tagesausflugs von HYDERABAD aus besuchen. Zu der Stätte fahren tgl. mehrere Busse und Züge (ca. 3 Std.). Die Bushaltestelle und der Bahnhof von Warangal liegen einander gegenüber. Hier fahren Lokalbusse sowie Motor- und Fahrrad-Rikschas ab. Am einfachsten lässt sich die Stätte mit einem Mietfahrrad besuchen, das man an einem der Stände an der Station Rd für Rs 2 pro Std. ausleihen kann.

Um zur **Festung** zu gelangen, folgt man vom Bahnhof zunächst der Station Rd, biegt dann gleich hinter der Post links ab, unter der Eisenbahnbrücke durch, dann an der nächsten größeren Straße wieder links.

Nach **Hanamkonda** folgt man vom Bahnhof aus zunächst derselben Route, biegt aber an der ersten größeren Kreuzung hinter der Post rechts in die JPN Rd, bei der nächsten größeren Kreuzung links in die MG Rd und am Ende wieder rechts auf die Hauptstraße von Hanamkonda. Tempel und Hügel liegen rechter Hand.

Nagarjunakonda

Nagarjunakonda oder „Nagarjuna's Hill", 166 km südlich von Hyderabad und 175 km westlich von Vijayawada, ist das Einzige, was von dem weitläufigen, an archäologischen Stätten reichen Gebiet, das dem Bau des gewaltigen Nagarjuna Sagar-Dammes den Krishna 1960 zum Opfer fiel, übrig geblieben ist. Die ersten frühgeschichtlichen Niederlassungen in diesem Tal wurden 1926 entdeckt. Großflächige Ausgrabungen zwischen 1954 und 1960 förderten mehr als hundert Stätten zutage, deren Ursprünge von der frühen Steinzeit bis ins späte Mittelalter reichen. Nagarjunakonda war ehemals die Spitze eines Hügels, auf dem 200 m über der Talsenke eine Festung thronte. Heute ist es nur noch eine kleine, per Boot erreichbare Insel ungefähr in der Mitte des Sees Nagarjuna Sagar.

In einer Aktion ähnlich jener von Abu Simbel in Ägypten wurden mehrere buddhistische Denkmäler rekonstruiert und ein Museum eingerichtet, in dem die sehenswertesten Überreste aus dem Tal zu sehen sind. **Vijayapuri**, das Dorf am Seeufer, schaut über den fast 2 km langen Damm. Die tosenden Wasser seiner 26 Schleusen produzieren den Strom für die gesamte Region und bewässern ein fast 800 km² großes Gebiet. Als das Tal überflutet wurde, mussten viele Dörfer auf höher gelegenes Gelände umgesiedelt werden.

Insel und Museum

Die Ausflugsboote legen am Nordostufer der Insel Nagarjunakonda (© tgl. 9–17 Uhr, US$2) an und entlassen ihre Passagiere bei den Überresten eines der Festungstore. Das **Fort** wurde im 14. Jh. erbaut und Mitte des 16. Jhs. von den Vijayanagar-Königen umgestaltet. Niedrige Steinmauerruinen auf der Insel markieren die Umrisse der Festung, und man kann noch die Grundmauern der Hindu-Tempel sehen, in denen die Festungsbewohner ihren Glauben zelebrierten.

Zwischen der Anlegestelle und dem Museum, neben dem neun buddhistische Denkmäler aus unterschiedlichen Orten im Tal neu erbaut wurden, erstrecken sich gepflegte Grünanlagen. Westlich der Anlegestelle befindet sich eine rekonstruierte **Treppenanlage** *(ghat)*, die während der Herrschaft der Ikshvaku-Könige (3. Jh. n. Chr.) gänzlich aus Kalkstein erbaut wurde und zum Wasser hinab führt.

Der *maha-chaitya* oder **Stupa**, der während der Regierungszeit von König Chamtula im Auftrag seiner Schwester im 3. Jh. n. Chr. erbaut wurde, ist das älteste Buddha-Denkmal der Gegend. Er wurde über sterblichen Überresten des Buddha – ein Zahn soll auch darunter gewesen sein – errichtet und im Südwesten der Insel aufs Neue zusammengesetzt. In der Nähe ragt eine in kostbare Gewänder gehüllte **Buddhastatue** auf. Sie steht neben einem nur noch im Grundriss erhaltenen Kloster, das einen kleineren **Stupa** umschließt. Unweit davon gibt es noch andere Stupas; die Ziegelmauern des *svastika chaitya* wurden in Form einer Swastika angelegt, ein gebräuchliches Emblem der frühen buddhistischen Ikonografie.

Das **Museum** beherbergt buddhistische Bildhauereien, darunter große Steinpaneele mit künstlerischen Darstellungen von Szenen aus dem Leben von Buddha, und Statuen zeigen Buddha in verschiedenen Posen.

Zu den frühgeschichtlichen Fundstücken zählen Steinwerkzeuge und Töpferwaren aus dem Neolithikum (3. Jahrtausend v. Chr.) sowie Axtspitzen und Messer (1. Jahrtausend v. Chr.). Aus späterer Zeit datieren mehrere mit Inschriften versehene Säulen der Ikshvaku-Dynastie, auf denen buddhistische Klöster und Statuen zu sehen sind. Zu den aus dem Mittelalter stammenden Skulpturen zählen ein *tirthankara* (Jain-Heiliger) des 13. Jhs., ein Ganesh und ein Nandi aus dem 17. Jh. und zwei Statuen aus dem 18. Jh., die Shiva und Shakti darstellen. Im Museum ist auch ein Modell der Ausgrabungsstätten im Tal zu sehen. © tgl. außer Fr 9–17 Uhr, Eintritt Rs 3.

Die **Boote** zur Insel fahren tgl. um 9 und 13.30 Uhr ab und brauchen 45 Min.; Tickets (Rs 45) werden 25 Minuten vor Abfahrt verkauft. 90 Minuten nach Ankunft fährt das Boot wieder zurück – die Zeitspanne reicht für eine Museumsbesichtigung und einen schnellen Rundgang, aber wer sich alles in Ruhe ansehen und die Atmosphäre genießen möchte, sollte das Morgenboot nehmen und mit dem Nachmittagsboot zurückfahren (Proviant mitnehmen). Am Wochenende kann man auf einem Doppeldeckerschiff dreistündige Luxuskreuzfahrten über den See und zur Insel unternehmen (Rs 150 p. P.).

Übernachtung und Essen

In Vijayapuri gibt es nur wenige Unterkünfte, und man sollte beim Ausstieg aus dem Bus schon wissen, welche man ansteuert, denn der Ort besteht aus zwei 6 km voneinander entfernten Teilen dies- und jenseits des Dammes. Die Ausgrabungsstätten lassen sich von den Hotels in der Nähe der Anlegestelle am rechten Dammufer aus leichter erreichen – den Busfahrer bitten, an der *launch station* zu halten!

Nagarjuna Motel Complex, ☏ 08642/278188, von außen wenig einladender Betonklotz, jedoch durchaus annehmbare Zimmer, z. T. mit AC. ❷–❹

Golden Lodge, 500 m weiter im Dorf, ☏ 08642/278148, viel primitiver. ❶

Die beiden APTDC-Unterkünfte liegen an der anderen Seite des Dammes, dort, wo man sich dem See von Hyderabad aus nähert:

Punnami Vihar, ☎ 08680/277361, bietet geräumige Zimmer mit Balkon (❹ – ❺) und ein gutes Restaurant; es liegt 2 km hügelaufwärts vom *Punnami Hill Colony,* ☎ 08680/276540, hat u. a. einen Schlafsaal (Rs 100). ❷ – ❹

Transport

Die von der APTDC organisierten Wochenend-**Touren** von Hyderabad nach Nagarjunakonda (s. S. 540) umfassen den Besuch der Stätten und des Museums, der nahe gelegenen Ethiopothala-Wasserfälle (Eintritt Rs 20) und eines mit einer Inschrift versehenen buddhistischen Monolithen, Pylon genannt. Das Programm wird relativ schnell durchgeführt.

Wer mehr Zeit hier verbringen möchte, nimmt einen **Bus** in HYDERABAD (4 Std.; alle regulären Busse mit Ziel Macherla halten in Vijayapuri) oder von VIJAYAWADA (6 Std.; ein Direktbus fährt tgl. um 11 Uhr ab, außerdem zahlreiche Busse von Guntur aus).

Das östliche Andhra Pradesh

Die vielleicht am wenigsten besuchte Ecke Indiens ist das zwischen dem Golf von Bengalen im Osten sowie der roten Erde und den hohen Gipfeln der Eastern Ghats im Norden eingebettete östliche Andhra Pradesh. Seine einzige architektonische Sehenswürdigkeit ist die altehrwürdige Buddhisten-Stätte **Amaravati**, in der Nähe der Stadt **Vijayawada**, deren vereinzelte historische Tempel von unpersönlichen, modernen Bauten bei weitem in den Schatten gestellt werden.

Besucher mit ungebremstem Forscherdrang können allerdings entlang der Küste und in den Hügeln des östlichen Andhra Pradesh landschaftlich sehr reizvolle Ecken ausfindig machen. In dieser von der Moderne weithin unberührten Gegend grasen Rinder zwischen wiegenden Palmen, und das Grün der Reisfelder sticht malerisch gegen den rostfarbenen Sand ab.

Wer allerdings kein eigenes Fahrzeug hat und sich den unendlich langsamen öffentlichen Verkehrsmitteln anvertrauen möchte, braucht eine wahre Engelsgeduld, denn sie sind unendlich langsam.

Vijayawada und Umgebung

Fast 450 km nördlich von Chennai liegt Vijayawada, ein belebtes Handelszentrum am Rande des Krishna-Deltas, 90 km von der Küste entfernt vor einer Bergkulisse aus nackten Granitfelsen. Die Stadt mit einigen Parks sieht nur wenige Touristen, ist jedoch der angewiesene Umsteigeort für einen Besuch der 60 km westlich gelegenen, im 3. Jh. erbauten buddhistischen Stätte **Amaravati**.

Eine Hand voll Tempel in Vijayawada sind einen kurzen Blick wert. Der wichtigste, auf der Anhöhe Indrakila im Osten, ist der Schutzpatronin der Stadt, der Göttin **Kanaka Durga** (auch Vijaya genannt) geweiht, Göttin des Reichtums, der Macht und der Wohltätigkeit.

Jenseits des Flusses, rund 3 km außerhalb der Stadt, steht bei **Undavalli**, einem bäuerlichen Weiler abseits der Hauptstraße, ein uralter, unveränderter Höhlentempel (mit jedem Bus Richtung Guntur oder dem Lokalbus Nr. 13 zu erreichen).

Übernachtung und Essen

Als wichtige Handelsstadt verfügt Vijayawada über eine gute Auswahl an Hotels mittlerer Preisklasse, alle nicht mehr als 2 km vom Busbahnhof und Bahnhof entfernt.

Monika Lodge, gleich bei der Elluru Rd ca. 300 m nordöstlich der Bushaltestelle, ☎ 0866/257 1334, eines der Budget-Hotels, sehr einfach und etwas schäbig. ❷

Hotel Narayana Swamy, in der Atchutaramaiah St, die vom Bahnhof zur Elluru Rd führt, ☎ 0866/257 1221. Tadellos saubere Zimmer mit Kabel-TV, z. T. mit AC. ❸ – ❹

Sri Ram, ☎ 0866/257 9377, ähnlich wie *Narayana Swamy.* ❸ – ❹

Raj Towers, Elluru Rd, ☎ 0866/257 1311, ✆ 556 1714, modernes Hochhaus mit guten, erschwinglichen Zimmern und ordentlichem **Restaurant**. ❸ – ❻

Palace Heights, im Hotel *Swarna Palace,* Atchutaramaiah St, Ecke Elluru Rd. Das vierstöckige Restaurant serviert indische, chinesische und kontinentale Gerichte in großen Portionen und hat eine Bar.

Preiswerte *thali*-Restaurants gibt es in der ganzen Stadt.

Sonstiges

GELD – *Zen Global Finance*, 40-6-27 Krishna Nagar, in Labbipet, wechselt Geld. Am Busbahnhof gibt es einen *SBI*-Geldautomaten.

INFORMATIONEN – *Tourist Office*, beim Busbahnhof, ✆ 0866/252 3966. Erteilt Auskünfte über Hotels und Sehenswürdigkeiten vor Ort.
APTDC unterhält ein zentral gelegenes Büro im Hotel *Ilapuram Complex,* Gandhi Nagar, ✆ 0866/257 0255.

Transport

BUSSE – Die aus GUNTUR (alle 15 Min., 1– 1 1/2 Std.), AMARAVATI (stdl., 2 Std.), HYDERA-BAD (alle 15 Min., 6 Std.) und CHENNAI (1x tgl., 13–16 Std.) ankommenden Busse halten am **Busbahnhof** Pandit Nehru, 1,5 km westlich des Bahnhofs, jenseits des mitten durch die Stadt fließenden Ryes-Kanals.

EISENBAHN – Der an der Hauptstrecke Chennai–Kolkata gelegene Bahnhof von Vijayawada steht in der Stadtmitte.
Züge nach:
CHENNAI (7–12x tgl., 6 1/2–9 Std.),
DELHI (4–6x tgl., 23 1/4–32 3/4 Std.),
HYDERABAD/SECUNDERABAD (12–13x tgl., 5 1/4–8 1/4 Std.),
KOLKATA (5–7x tgl., 21 1/4–33 1/4 Std.),
TIRUPATI (4–6x tgl., 6 1/2–8 1/4 Std.).

Guntur

Die weitläufige, belebte Handelsstadt Guntur, 30 km südwestlich von Vijayawada ist bar jeglicher Sehenswürdigkeiten, aber immerhin ein besserer Ausgangspunkt nach Amaravati als Vijayawada, vor allem für Besucher, die von Nagarjuna Sagar her kommen.

Übernachtung

Wer hier übernachten möchte, findet zwei Hotels gegenüber der Bushaltestelle.
Annapurna Lodge, ✆ 0863/235 6493, geräumige Zimmer, z. T. mit AC. **❷ – ❹**

Padmasri Lodge, ✆ 0863/222 3813, Zimmer mit AC, darunter auch preisgünstige EZ. **❷ – ❹**

Transport

Am alten Busbahnhof (neben dem Haupt-Busbahnhof) fahren alle 10–15 Min. **Busse** nach VIJAYAWADA (45 Min.–1 Std.) und halbstündlich nach AMARAVATI ab.

Amaravati

In Amaravati, einem Dorf am Ufer des Krishna, 30 km westlich von Vijayawada, befindet sich die ehemals Chintapalli genannte buddhistische Niederlassung. Hier wurde im 3. Jh. v. Chr., während der Ashoka-Herrschaft, über den Gebeinen von Buddha ein Stupa errichtet, größer als jener von Sanchi in Madhya Pradesh. Der Stupa steht zwar nicht mehr, doch seine Ausmaße lassen sich noch an dem gewaltigen Hügel ermessen, der seinen Sockel bildete. Ursprünglich stand an jedem der Kardinalpunkte ein Tor, von denen eins rekonstruiert wurde. Die sorgfältigst ausgeführten Verzierungen stellen Szenen aus Buddhas Leben dar. Im Januar 2006 hat der Dalai Lama hier anlässlich des 2550. Geburtstags des Buddha eine zweiwöchige Kalachakra-Initiationsfeier abhalten.

Die Ausstellungsstücke in dem kleinen, aber faszinierenden **Museum** reichen von 3. Jh. v. Chr. bis ins 12. Jh. n.Chr. Sie umfassen Statuen von Buddha mit Lotus-Symbolen an den Füßen, dicht gekräuseltem Kopfhaar und langen Ohrläppchen, alles traditionelle Attribute eines erleuchteten Meisters. Weitere Bildhauereien zeigen buddhistische Symbole wie *chakra* (Dharma-Rad, das Rad des Lebens), Thron, Stupa und Bodhi-Baum. Spätere, aus Kalkstein gehauene Skulpturen stellen unter anderem die Göttin Tara und den Bodhisattva Padmapani dar; sie beweisen, dass der Mahayana-Buddhismus die frühere Hinayana-Lehre abgelöst hatte. Die hier zu betrachtenden Ausgrabungsstücke zählen zu den erleseneren – andere wurden ins Staatliche Museum von Chennai und ins British Museum in London gebracht. ⏱ tgl. außer Fr 10–17 Uhr, Eintritt US$2.

Ausgrabungsstätte und Museum liegen rund 1 km vom Busbahnhof entfernt. Trishaws (kleine Dreiräder mit Anhänger) befördern Besucher zur

Stätte und zum Flussufer, wo an Ständen Erfrischungsgetränke verkauft werden.

Die APTDC-Unterkunft *Poonami*, ✆ 08645/255332, hat vernünftige Zimmer und einen Schlafsaal (Rs 50). In der Kantine gibt es einfache Mahlzeiten und Snacks. ❷

Theoretisch fahren stündlich **Busse** von Vijayawada nach Amaravati, aber da der Fahrplan unzuverlässig ist, nimmt man besser einen Bus nach Guntur (alle 15 Min.; 3/4–1 Std.) und steigt dort in einen Bus nach Amaravati (1–1 1/2 Std.) um. Alle 30 Min. fährt ein Bus zurück nach Guntur.

Das südliche Andhra Pradesh

Je weiter man nach Süden vorstößt und sich von den fruchtbaren, durch die breiten Ströme Krishna und Godavari bewässerten Gegenden entfernt, desto unwirtlicher wird das Terrain, insbesondere im steinigen Südwesten des Staates. Für Hindus gibt es allerdings einen sehr wichtigen Ort im südlichen Andhra Pradesh: den aus dem 10. Jh. stammenden **Venkateshvara-Tempel**, außerhalb von **Tirupati**. Er zählt zu den meistbesuchten Vishnu-Schreinen Indiens und zieht Tag für Tag Tausende Pilger zum *darshan* an. **Puttaparthy**, die Heimatstadt des spirituellen Lehrers Sai Baba, ist der einzige andere Ort in der Region, der eine nennenswerte Zahl von Besuchern sieht.

Sowohl Tirupati als auch Puttaparthy liegen näher bei Chennai in Tamil Nadu und Bangalore in Karnataka als andere Zielorte von Andhra Pradesh, und für viele Touristen ist ein Abstecher zu einem der beiden (oder zu beiden) der einzige Vorstoß in den Bundesstaat.

Tirupati und Tirumala Hill

Inmitten einer wunderbaren Landschaft bei Tirumala (170 km nordwestlich von Chennai) liegt, umgeben von bewaldeten Hügeln, die ein Ring schroffer roter Felsen krönt, der **Tempel Shri Venkateshvara**. Als angeblich reichste und begehrteste Pilgerstätte der Welt zieht er mehr Gläubige an als Rom oder Mekka. Mit ihren vielen Schreinen und *dharamshalas* bietet die ganze Umgebung des Tirumala Hill, der nach einer strapaziösen Fahrt durch die Venkata-Berge mit 700 m Höhenunterschied erreicht ist, einen faszinierenden Einblick in den zeitgenössischen Hinduismus. Der Tirumala Hill liegt 12 km Luftlinie von seinem Versorgungszentrum **Tirupati** entfernt, aber mit dem Auto ist die Strecke doppelt so lang.

Govindarajaswamy-Tempel

Nur fünf Gehminuten vom Bahnhof entfernt liegt der einzige Tempel in Tirupati, der einen Besuch unbedingt lohnt, der Govindarajaswamy, dessen moderner grauer *gopura* von vielen Stellen der Stadt aus deutlich zu erkennen ist. Die Nayaks begannen im 16. Jh. mit dem Bau der interessanten Anlage, die über große, offene, mit Löwenstandbildern verzierte Höfe und einige kunstvoll geschnitzte Holzdächer verfügt. Das Tempelinnere steht auch Nicht-Hindus offen und beherbergt einen wunderbaren, großen, schwarzen, zurückgelehnten Vishnu in bronzener Rüstung, der von Blumen überhäuft ist. Anlässlich des *sanadarsanan* (tgl. 10–20.45 Uhr, Eintritt Rs 5) können Besucher die Gottheit betrachten und an Feuerweihen im Haupt- und in den Nebentempeln teilnehmen.

Ein eigener Komplex am Nebeneingang beherbergt das kleine, aber schöne **Venkateshvara Museum of Tempel Arts**. Der sehenswerte Tempelteich liegt 200 m weiter östlich. ☉ tgl. 8–20 Uhr, Rs 1.

Tirumala Hill, Venkateshvara-Tempel und Kapilateertham

Aus gutem Grund steht am Fuß des **Tirumala Hill** der kleine Ganesh-Tempel: Die Fahrt nach oben ist haarsträubend, und es lohnt sich, ein kurzes Gebet zu sprechen, bevor man sie antritt. Wenigstens kann es nicht zu Frontalzusammenstößen kommen, denn nach oben und unten führt jeweils eine Einbahnstraße. Überholen ist strengstens verboten, aber die Fahrer halten sich nicht daran; fast jede Kurve wird blind geschnitten und jede Bitte, vom Gas zu gehen, wird fröhlich ignoriert. Furchtlose sitzen links, um die beste Aussicht zu haben. Besonders Eifrige erklimmen den Hügel natürlich auf Schusters Rappen.

Der **Wanderweg** beginnt in Alipuri, 4 km außerhalb des Zentrums von Tirupati. Alle Pilgerbusse halten in dem Ort, der an einer großen Garuda-Statue und dem hoch aufragenden *gopura* des ersten Tempels zu erkennen ist. Die erste Stunde des Weges besteht aus Stufen einer Betontreppe, die manches Knie knirschen lassen und von den Pilgern beim Aufstieg mit gelber, orangefarbener und roter *tikka*-Paste beschmiert wird. Glücklicherweise führt der Weg danach durch relativ flaches Gelände, bevor etwa zwei Stunden später der abschließende Aufstieg beginnt. Bis zum Gipfel sind insgesamt mindestens vier Stunden zu veranschlagen – bei ausgeprägter Fitness vielleicht eine halbe Stunde weniger. Der Weg ist größtenteils überdacht und bietet daher Schutz gegen die glühende Sonne, außerdem gibt es zahlreiche Getränkestande entlang der gesamten Strecke. Es empfiehlt sich, früh aufzubrechen. Oben angelangt, sieht man Frisöre damit beschäftigt, Pilgern Tonsuren zu schneiden, denn eine Tonsur ist ein Zeichen von Frömmigkeit.

Mit dem Bau des Vishnu geweihten **Venkateshvara-Tempels** (auch Sri Vari genannt) wurde im 10. Jh. begonnen. Vor kurzem wurde er renoviert, um Einrichtungen für die vielen tausend Pilger zu schaffen, die täglich herbeiströmen. Ein unübersehbarer Wirrwarr aus Durchgängen und Warteräumen durchzieht die Anlage, in der sich ein ständiger Pilgerstrom auf das innerste Heiligtum zu schiebt; an Wochenenden, in den Ferien und an Feiertagen ist das Gedränge noch dichter. Am besten folgt man gleich nach Erreichen des Tempels den Wegweisern zum *special darshan* (tgl. 6–10 und 12–21 Uhr) und kauft für Rs 50 ein *darshan*-Ticket. Dadurch reduziert sich die Wartezeit um mehrere Stunden. Die Tickets gibt es auch im *Temple Tourism Office* in der Nähe der Haltestelle des Tempelbusses in der Station Road.

Drinnen angelangt bietet sich das etwas unerwartete Bild von vor Videoschirmen sitzenden Brahmanen, die die Vorgänge im innersten Heiligtum überwachen; Tempeldiener sind unaufhörlich damit beschäftigt, ganze Wagenladungen Speiseöl und anderen Nachschub an Lebensmitteln heranzuschaffen, und riesige Kochtöpfe werden über den Hof geschleppt. Vielleicht sieht man sogar Gottheiten, die zu den Klängen eines *nageswaram* (südindisches, der Oboe ähnelndes Blasinstrument) und einer *tavil*-Trommel, von einem bewaffneten Wächter begleitet, auf Sänften vorbeigetragen werden.

Am Eingang befindet sich eine mit lebensgroßen Kupfer- oder Steinplastiken königlicher Schutzpatronen gesäumte Kolonnade. Der zum Innenhof führende *gopura*-Torgang ist mit Silber-

gaufré bespannt. Außerhalb des innersten Heiligtums, neben einem in Gold gefassten Lotusblütensockel, steht ein goldener *stambha* (Fahnenmast).

Außerhalb, gegenüber dem Tempel, gibt es ein kleines Museum, die **Hall of Antiquities**, ☉ tgl. 8–20 Uhr. Wer im Besitz eines *darshan*-Tickets ist, darf die Riesenwarteschlange umgehen und sich in die kürzere einreihen, die sich gegenüber dem Ausgang bildet, und zwei kostenlose *laddu*-Süßigkeiten einstecken. Von den Tempeleinkünften werden eine Universität, ein Krankenhaus, Waisenhäuser und Schulen in Tirupati sowie billige, teilweise auch kostenlose Unterkünfte für Pilger finanziert.

Der am Fuß eines Hügels in Kapilateertham gelegene Tempel **Sri Kapileswaraswami** ist der einzige Tirumala-Tempel, der Shiva geweiht ist. Am Eingang liegt ein kleiner Hindu-Lustgarten, und ein heiliger Wasserfall stürzt in ein großes, von Bögen gesäumtes Becken, wo sich die Pilger in Massen zum reinigenden Bad einfinden.

Chandragiri Fort

Im 16. Jh. wurde 11 km südwestlich von Tirupati **Chandragiri**, die dritte Hauptstadt der Vijayanagars gebaut, deren Macht im Anschluss an den Fall der Stadt Vijayanagar (Hampi) in Karnataka im Niedergang begriffen war. Hier war es auch, wo die Briten den Landkauf aushandelten, um Fort St George zu erbauen, die erste Niederlassung an der Stelle des heutigen Chennai. Die ursprüngliche Festung, die wahrscheinlich um 1000 n. Chr. datiert, wurde 1782 von Haider Ali und 1792 von den Briten besetzt. Im Hauptgebäude, dem indo-sarazenischen Raja Mahal, ist ein kleines **Museum** mit Skulpturen, Waffen und Memorabilien untergebracht. ☉ tgl. außer Fr 10–17 Uhr, Eintritt US$2.

Ganz in der Nähe befindet sich ein weiteres Gebäude, das **Rani Mahal**, und dahinter liegt ein Hügel mit zwei frei stehenden Steinblöcken, die zu Vijayanagar-Zeiten als öffentliche Hinrichtungsstätte dienten. Oben auf dem Hügel stehen ein kleiner Tempel aus der Krishna Deva Raya-Periode und eine Zisterne.

Abends wird eine 45-minütige Licht- und Ton-Show geboten (auf Englisch Nov–Feb tgl. 19.30, März–Okt 20 Uhr, Rs 30), eine gute Gelegenheit, sich das Fort anzuschauen, ohne den ansonsten für Ausländer üblichen Eintrittspreis von US$2 zu bezahlen.

Übernachtung und Essen

Nur echte Pilger übernachten in den *dharam-shalas* beim Tempel. Ansonsten befinden sich alle zumutbaren Unterkünfte in Tirupati, in der Nähe des Bahnhofs und Busbahnhofs. Es steht eine Riesenauswahl an Hotels und Lodges in allen Preisklassen zur Verfügung. Die **Restaurants** sind fast ausschließlich vegetarisch, selbst in den Hotels, während es in der Stadt und auf dem Tirumala Hill viele billige „meals"-Lokale gibt. Fleischgerichte und Alkohol werden im Biergarten *Yalamuri* serviert, am Kreisverkehr gegenüber dem Busbahnhof.

Apsara, 213 TP Area, praktisch gegenüber dem Busbahnhof, ✆ 0877/557 8062. Standard-Unterkunft mit einfachen, aber sauberen Zimmern unterschiedlicher Größe. ❷
Balaji Bhavan, 189 Railway Station Rd, ✆ 0877/222 5930. Relativ neue Unterkunft mit geräumigen, sauberen Zimmern, teils mit AC, alle mit eigenem Bad. Die besseren Zimmer haben Kabel-TV. ❷–❺
Bhimas Deluxe, 34-38 G Car St, nahe dem Bahnhof, ✆ 0877/222 5521. Ordentliche, gemütliche Zimmer, zentrale Klimaanlage und so genannte „Transit Rooms" für 12 Std. Aufenthalt zum halben Preis. Das hauseigene, vegetarische Restaurant *Maya* serviert nord- und südindische Spezialitäten und abends ein paar chinesische Gerichte. ❺
Indira Rest House, Tiruchanur Rd, ✆ 0877/222 7479, vom Busbahnhof aus ein paar Minuten Fußmarsch, auf der anderen Seite der Eisenbahnschienen, 100 m hinter der *Poojith Residency*. Einfache, zweckdienliche Unterkunft, ein paar neue Zimmer mit AC; insgesamt ruhiger als der Durchschnitt. ❷–❸
Mayura, 209 TP Area, ✆ 0877/222 5925, ✉ mayura@nettlink.com. Das beste und teuerste unter zahlreichen Hotels gegenüber vom Busbahnhof: Durchschnittliche Zimmer der mittleren Preisklasse mit ordentlichem Bad und TV. ❹–❺
Raghunadha, 191 Railway Station Rd, ✆ 0877/222 3130. Gut, einfach, sauber, eine der empfehlenswerteren Budgetunterkünfte. Alle Zimmer mit Kabel-TV, z. T. auch preiswerte mit AC. ❷–❸

Sindhuri Park, neben dem Badeteich, ✆ 0877/225 6430, 🖥 www.hotelsindhuri.com. Das eleganteste Hotel im Zentrum zeichnet sich durch zentrale Klimaanlage, hervorragende Einrichtungen und eine herrliche Aussicht auf Teich und Tempel aus. Das Restaurant *Vrinda* im Tiefgeschoss serviert ausgezeichnete vegetarische Gerichte, inkl. verschiedene *thalis*; am Wochenende Abendbuffet für Rs 99. ❺–❼

Sonstiges

GELD – Die Banken **Syndicate** und **ICICI** haben **Geldautomaten** in der Netaji Rd, zwei weitere gibt es oben auf dem Tirumala Hill.

INFORMATIONEN – **APTDC**, 139 T.P. Area, 3rd Choultry, ✆ 0877/225 5385, die Haupt-Touristeninformation vor Ort. 🕐 tgl. 6.30–21 Uhr. Organisiert Touren zur Festung Chandragiri (außer Fr) und zu einer Reihe von Tempeln (10–17.30 Uhr, Rs 165 bzw. Rs 190 mit Chandragiri Sound- und Lightshow), jedoch nicht zum Venkateshvara-Tempel, weil dort die Wartezeiten zu lang sind. An Ständen im Bahnhof werden englische Ausgaben von TKT Viraraghava Charyas *History of Tirupati* verkauft, und eine Tür weiter gibt es einen Vivekananda-Buchladen. Im Bahnhof gibt es einen **Touristen-Informationsschalter** der APTDC, erreichbar von der Eingangshalle und Bahnsteig 1 aus.

INTERNET – Es gibt einige Internet-Anbieter in Tirupati, z. B.: *Net Hill*, im Einkaufszentrum an der Ecke des Busbahnhofs, und *Q Net N Play*, 340 Netaji Rd, eine Minute vom Bahnhof (am Ausgang links).

Nahverkehrsmittel

Das lokale Beförderungsmittel sind neben **Motor-Rikschas** liebevoll verzierte **Fahrrad-Rikschas**. An der Rückseite des Busbahnhofs fährt alle paar Minuten ein **Bus** nach Tirumala und zum Venkateshvara-Tempel ab (Rs 44 hin und zurück). Weitere Busse fahren von einer Haltestelle am Bahnhof auf den Berg. Außer am Wochenende und an Feiertagen dürfte die Warteschlange bei beiden nicht allzu lang sein.

Bequemer ist es jedoch, ein **Taxi** zu nehmen, am besten ein vom APTDC-Touristen-Informationsschalter im Bahnhof vermitteltes – die unlizenzierten Taxis vor dem Bahnhof sind nicht zu empfehlen.

Transport

BUSSE – Der APSRTC-Zentralbusbahnhof von Tirupati – mit 24-Std.-Gepäckaufbewahrung – ist rund 1 km vom Bahnhof entfernt. Hier halten in kurzen Abständen Busse aus CHENNAI (alle 15–30 Min., 4 Std.), aber die Bahnfahrt ist erheblich bequemer. Wer jedoch Richtung Süden unterwegs ist und Chennai umgehen möchte, kann einen der stdl. verkehrenden Busse nach KANCHIPURAM (3 1/2–5 Std.) nehmen, von denen drei weiter nach MAHABALIPURAM (5 1/2–7 Std.) fahren. Außerdem verkehren Busse nach PUTTAPARTHY (1x tgl. um 20 Uhr, 10 Std.) und HYDERABAD (8x tgl., 12 Std.).

EISENBAHN – Im Bahnhof gibt es einen **Infoschalter** (s. o.), erreichbar von der Eingangshalle und Bahnsteig 1 aus, wo sich eine rund um die Uhr geöffnete **Gepäckaufbewahrung** und eine vegetarische **Cafeteria** mit Selbstbedienung befinden.
Am einfachsten gelangt man per Zug von CHENNAI aus nach Tirupati; bei Abfahrt mit dem ersten der 3x tgl. verkehrenden Züge (3–3 1/4 Std.) ist die Fahrt an einem Tag machbar. Der Tirupati–NAGERCOIL Express Nr. 6351 (Mi und So) hält in den Tempelstädten Kanchipuram, Tiruchchirapalli und Madurai in Tamil Nadu.
Züge nach:
HYDERABAD/SECUNDERABAD (3–4x tgl., 12 3/4 –17 1/4 Std.),
KANCHIPURAM (2x wöchentl., 2 3/4 Std.),
KOLKATA (1x tgl., 38 1/2 Std.),
TIRUCHCHIRAPALLI (2x wöchentl., 8 1/2 Std.),
MADURAI (2x wöchentl., 12 1/4 Std.),
VARANASI (1x wöchentl., 39 3/4 Std.),
VIJAYAWADA (4–6x tgl., 7–8 3/4 Std.).

FLÜGE – nach HYDERABAD (4x wöchentl., 55 Min.).

Puttaparthy

Im tiefsten Südwesten des Staates, zwischen den kargen, steinigen Hängen an der Grenze zu Karnataka, ist rund um das ehemals unbedeutende Dorf Puttaparthy eine blühende Gemeinde entstanden, denn es ist der Geburtsort von Guru Sai Baba, dessen Anhänger ihn für die jüngste Inkarnation Gottes halten.

Puttaparthy besitzt Schulen, eine Universität, ein Krankenhaus und ein Sportzentrum, deren moderne Einrichtungen jedem offen stehen, sowie einen kleinen Flugplatz. Die Kleinstadt konzentriert sich um **Prasanthi Nilayam**, den Ashram, in dem Sai Baba von Juli bis März residiert. Dieser Ashram ist ein Riesenkomplex mit Platz für Tausende. Er beherbergt Lokale, Geschäfte, ein Museum und eine Bücherei sowie einen großen Saal, in dem Sai Baba zweimal täglich (um 6.40 und 15 Uhr) *darshan* abhält. Schon eine Stunde vorher bilden sich Warteschlangen, und das Los entscheidet, wer am weitesten vorn sitzen darf.

Das **Museum** zeigt eine detaillierte, spannende Ausstellung über die großen Glaubensrichtungen aus aller Welt mit Illustrationen und Auszügen aus ihren heiligen Schriften, versehen mit Kommentaren von Sai Baba. ☉ tgl. 10–12 Uhr.

Übernachtung und Essen

Viele Besucher übernachten in den Ashram-Unterkünften, wo die Unterbringung streng nach Geschlechtern getrennt ist (außer bei Familien). Der Kostenbeitrag ist minimal. Zwar werden keine Reservierungen entgegengenommen, doch man kann sich im Sekretariat, ✆ 08555/287583, nach freien Plätzen erkundigen.
Viele der einfachen Unterkünfte außerhalb des Ashram verlangen unangemessene Preise. Eine rühmliche Ausnahme:
Sai Ganesh Guest House, in der Nähe der Polizeistation, ✆ 08555/287079. Freundliche Unterkunft. ❷
Sri Sai Sadan, am entlegenen Ende der Hauptstraße, ✆ 08555/287507. Bietet ebenfalls ein hervorragendes Preis-Leistungs-Verhältnis. Alle Zimmer mit Kühlschrank, TV und Balkon mit Blick auf die Landschaft oder den Ashram, Meditationsraum und Dachrestaurant. ❷–❹

Shri Satya Sai Baba

Satya wurde am 23. November 1926 als **Satyanarayana Raju** in Puttaparthy geboren, damals ein völlig unbekanntes Dorf in der Madras Presidency. Von frühester Kindheit an verfügte Satya über hellseherische Kräfte, hegte eine ungewöhnliche Wahrheitsliebe und zeigte viel Mitgefühl. Seine offensichtlich übersinnlichen Fähigkeiten machten seiner Familie anfänglich Sorgen, man brachte ihn zu vedischen Ärzten und ließ schließlich eine Teufelsaustreibung durchführen. Nachdem festgestellt worden war, dass er nicht vom Bösen, sondern vom Göttlichen besessen war, erklärte Satya im Alter von vierzehn Jahren ruhig, er sei die neue Inkarnation von Sai Baba, einem Heiligen aus Shirdi in Maharashtra, der acht Jahre vor Satyas Geburt gestorben war.

Allmählich verbreitete sich sein Ruhm, und eine große Gefolgschaft wuchs heran. 1950 wurde der **Ashram** eingeweiht, und ein Jahrzehnt später erregte Sai Baba auch international Aufmerksamkeit. Heute besitzt er Millionen Anhänger in aller Welt, von denen eine beträchtliche Anzahl zu seiner Geburtstagsfeier in Puttaparthy anreist. An diesem Tag verkündet er seinen Jüngern eine Botschaft.

Poster, gerahmte Fotografien und Wandgemälde überall in Südindien zeigen Sai Babas nur 1,50 m große, lächelnde, in Safrangelb gekleidete Gestalt mit einer verblüffenden Afro-Frisur. Zu seinen **Wundergaben** zählt Berichten zufolge auch die Fähigkeit, *vibhuti* – geheiligte Asche – mit Heilkräften zu versehen. Doch für Sai Baba ist dies nicht die zentrale Aufgabe der Asche, sondern nur eine nebensächliche, die sich an diejenigen richtet, die fest im Materiellen verhaftet sind. Stattdessen stellt er seine Botschaft der **universellen Liebe** in den Vordergrund.

In den letzten Jahren erhoben ehemalige Anhänger schwere Vorwürfe gegen Satya wegen Nötigung und sogar sexuellen Missbrauchs, die jedoch vom Guru vehement zurückgewiesen wurden. Wie immer man auch zur Heiligkeit von Sai Baba steht, die Atmosphäre rings um den Ashram ist zweifellos eine friedliche, und dass eine dermaßen lebendige Gemeinde in dieser früher gottverlassenen Ecke entstehen konnte, ist an sich schon Wunder genug. Informationen über den Guru gibt es im Internet unter 🖳 www.saibabalinks.com.

Sai Towers, nahe dem Eingang zum Ashram, 📞 0855/287270, 🖳 www.saitowers.com, verlangt ziemlich viel Geld für die eher kleinen Zimmer (teils mit AC), hat aber ein gutes Restaurant im Erdgeschoss. ❺–❽
Auch wer nicht im Ashram wohnt, kann in der dortigen Cafeteria essen. Die am Ashram vorbeiführende Hauptstraße wird von einfachen Essenständen gesäumt. Ebenfalls sehr empfehlenswert sind die köstlichen tibetischen Speisen im Restaurant **Bamboo Nest**, Chitravathi Rd.

Transport

BUSSE – Puttaparthy ist am leichtesten von BANGALORE (4 Std.) in Karnataka aus zu erreichen, von wo tgl. 7 Busse zur Bushaltestelle vor dem Eingang zum Ashram fahren. Es gibt auch Verbindungen nach HYDERABAD (3x tgl.; 10 Std.) und CHENNAI (1x tgl; 11 Std.). Linienbusse befahren außerdem die 42 km lange Strecke nach DHARMAVARAM, wo sich der nächste Bahnhof befindet; von hier aus bestehen gute Zugverbindungen nach Norden und Süden.

FLÜGE – *Indian Airlines* fliegt 3x wöchentl. von und nach BANGALORE (Mo, Do und Sa 14 Uhr, 30 Min.), wobei die geringe Entfernung diese Ausgabe aber kaum rechtfertigen dürfte.

ORISSA

HIGHLIGHTS

Bhubaneswar – Am Stadtrand versteckt liegen ungefähr 500 architektonisch einzigartige Tempel mit kunstvollen Steinmetzarbeiten.

Pipli – Das kleine Dorf ist bekannt für seine ausgefallenen Applikationsarbeiten; sie hängen vor den Läden zum Verkauf aus und verwandeln die Hauptstraße in ein buntes Farbenmeer.

Puri – Tausende von Pilgern strömen besonders im Hochsommer, wenn das berühmte „Wagenfest" gefeiert wird, zum hiesigen Jagannath-Tempel.

Konarak – Der elegante Sonnentempel aus dem 13. Jh. wurde in Form eines riesigen Wagens erbaut.

Der Bundesstaat Orissa zählt zu den ärmsten Regionen Indiens, kann aber gleichwohl auf ein reiches kulturelles Erbe zurückblicken. Die größte Konzentration historischer und religiöser Monumente – Orissas Touristenattraktion Nummer eins – findet man in den Küstenebenen. **Puri**, die Stätte des berühmten **Jagannath-Tempels** und Schauplatz einer der spektakulärsten religiösen Prozessionen auf der ganzen Welt, verbindet gekonnt die intensive, fast schon berauschende Atmosphäre eines hinduistischen Pilgerzentrums mit den eher hedonistischen Vergnügungen eines Badeortes. Die Stadt selbst liegt nur einen Katzensprung von der Bahnlinie und Hauptstraße zwischen Kolkata und Chennai entfernt und zieht neben Pilgern auch viele Rucksacktouristen an, die am oder in der Nähe des Strandes unzählige Billigunterkünfte finden und das lässige Szeneleben genießen. Etwas weiter die Küste hinauf rühmt sich **Konarak** der Ruinen von Orissas prächtigstem mittelalterlichen Tempel. Das jahrelang unter einer gigantischen Sanddüne verborgene Bauwerk wird von hervorragend erhaltenen Reliefs verziert, darunter einige Aufsehen erregende erotische Darstellungen. Die uralten Felsenhöhlen und kunstvollen Sandsteintempel von **Bhubaneswar** – der Hauptstadt von Orissa, die von Besuchern leider nur allzu oft ausgelassen wird – gehen auf eine Ära zurück, in der von hier aus ein Königreich regiert wurde, das sich vom Ganges-Delta bis zur Mündung des Godavari erstreckte.

Außerhalb des zentralen „goldenen Dreiecks" an Sehenswürdigkeiten trifft man nur noch selten ausländische Touristen an – mit Ausnahme zahlreicher Großfamilien aus Bengalen, die während der Ferienzeit die Küste bevölkern. Wer in diesen abgelegenen Gegenden unterwegs ist, verfolgt meist ein ganz bestimmtes Interesse, sei es an der faszinierenden Tierwelt, den unzähligen Tempeln oder den verschiedenen Stammeskulturen. Allerdings gibt es hier kaum touristische Einrichtungen, und die öffentlichen Transportmittel sind hoffnungslos überlastet. Der **Nationalpark Simlipal**, inmitten der ausgedehnten Sal-Wälder des äußersten Nordostens gelegen, wartet nicht nur mit spektakulären Landschaften, sondern auch mit einem ebensolchen Tierleben auf: Hier gibt es noch Tiger, Elefanten sowie Hunderte anderer Spezies wie Vögel und Reptilien zu sehen. Zur Winterzeit verwandeln sich die kleinen Inseln im **Chilika Lake** süd-

lich von Bhubaneswar in eine riesige Salzwasserlagune – ein Paradies für Ornithologen.

In Anbetracht der großen Anzahl von Tempeln in Orissa ist man versucht zu denken, der brahmanische Hinduismus sei die allein herrschende Religion im Staat. Tatsächlich aber sind fast ein Viertel der Bewohner **Adivasi** (wörtlich: die „Ersten"), die von den prä-arischen Ureinwohnern dieses Gebietes abstammen sollen. In einigen abgelegeneren Ecken des Staates haben viele Gruppen bis heute ihre einzigartigen Traditionen und Sprachen bewahrt. Der so genannte „Ethno-Tourismus" ist der jüngste Eingriff in den Lebensstil der Adivasi, nachdem sie sich in der Vergangenheit schon gegen Einflüsse von Missionaren, Staudammprojekten und „Förderprogrammen" der Regierung hatten behaupten müssen. In Puri werden auf Werbeplakaten „Tribal Tours" zu saftigen Preisen angeboten, von denen nur wenige Dollars die Adivasi-Dörfer jemals erreichen.

Orissa erfreut sich fast das ganze Jahr über eines recht angenehmen **Klimas**. Zwischen November und März liegen die Durchschnittstemperaturen bei 17 °C und im Sommer – mit seiner hohen, aber durchaus erträglichen Luftfeuchtigkeit – bei 32 °C. Gegen Mitte Juni hält der Monsun Einzug, gerade rechtzeitig zum **Rath Yatra**, dem weltberühmten Wagenfest. Für einen Besuch eignen sich am besten die kühleren Wintermonate, insbesondere rund um Makar Sankranti im Januar, wenn die Landbewohner Orissas mit farbenprächtigen Festen das Ende der Erntezeit begehen. Wer lediglich die stärker besiedelten Küstengebiete bereist, dürfte kaum Transportprobleme haben. Die Hauptarterien dieser Region sind der National Highway 5 sowie die *Southeast Railway,* die beide durch die Küstenebene via Bhubaneswar führen. Der Ort Puri liegt an einer Nebenlinie und wird regelmäßig von direkten Expresszügen aus Delhi, Kolkata und Chennai angesteuert. Im restlichen Staat stellen Busse das beste Transportmittel dar. Staatliche Busse sowie ein immer größer werdendes Netz privater Busse (die in der Regel schneller und komfortabler sind) bedienen nicht nur die Hauptrouten, sondern auch viele entlegenere Gebiete.

Geschichte

Mit Ausnahme einiger verstreuter Spuren prähistorischer Besiedlung datieren die frühesten archäolo-

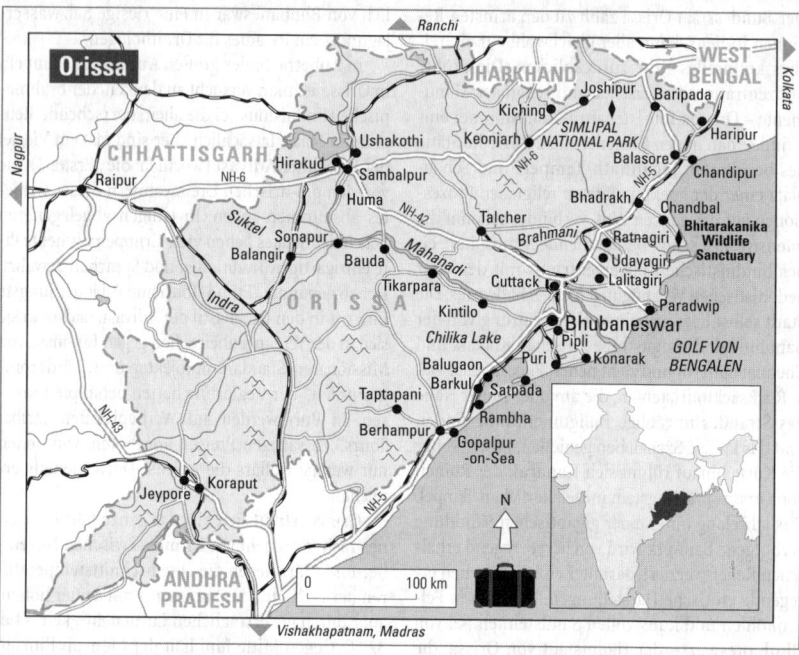

gischen Funde Orissas aus dem 4. Jh. v. Chr. Die befestigte Stadt **Sisupalgarh**, nahe dem modernen Bhubaneswar, war einst die Hauptstadt der **Kalinga-Dynastie**, über die allerdings nur wenig bekannt ist. Im 3. Jh. v. Chr. überfiel der ehrgeizige Maurya-Herrscher **Ashoka** mit seiner kaiserlichen Armee die Kalinga und besiegte das Königreich in einer überaus brutalen Schlacht. Angeblich soll dieses Blutbad der Auslöser für Ashokas legendäre Bekehrung zum **Buddhismus** gewesen sein. Im gesamten Reich ließ er in Felsen gehauene Edikte aufstellen, welche die Tugenden und Grundlehren seines neuen Glaubens (Dharma) priesen, den Ashoka den besiegten neuen Untertanen nahe zu bringen hoffte. Mit dem Niedergang der Maurya erlebte das Kalinga-Reich eine Art Renaissance. Unter der **Chedi-Dynastie**, die dem Jainismus anhing, wurden immense Summen zur Erweiterung der Hauptstadt und zur Schaffung der kunstvoll ausgestalteten Klosterhöhlen von **Khandagiri** und **Udaigiri** ausgegeben. Im Laufe des 2. Jhs. v. Chr. jedoch zerfiel das Königreich allmählich in mehrere krie-

gerische Fürstentümer und schlingerte in eine Art finsteres Mittelalter hinein. Der Einfluss des Buddhismus wurde schwächer, der Jainismus verschwand fast gänzlich von der Bildfläche, und der **Brahmanismus** – verbreitet durch die Lehren des shaivitischen Glaubensfanatikers Lakulisha – begann wieder an Boden zu gewinnen. Orissas goldenes Zeitalter erreichte im 12. Jh. mit den **östlichen Ganga** seinen Höhepunkt, als hier unter den wohlhabenden hinduistischen Herrschern einige der großartigsten künstlerischen und architektonischen Werke Südasiens entstanden. Dank immenser Gewinne aus ihrem blühenden Handelsnetz, das bis in den malaiischen Archipel (Gewürzinseln) reichte, errichteten die Ganga-Könige wundervolle Tempel, in denen die Anbetung Shivas sowie geheime tantrische Praktiken – wie sie die früheren Herrscher Orissas ausgeübt hatten – durch neuere Formen der Vishnu-Verehrung ersetzt wurden. Der Schrein der meistverehrten Gottheit, **Jagannath**, eine Manifestation Vishnus, in Puri galt nun als eines der vier heiligsten religiösen Zentren in ganz Indien.

Da in Orissa neben den üblichen hinduistischen Festen auch viele regionale Feste begangen werden, stehen die Chancen für Besucher gut, zumindest bei einem dieser Anlässe dabei zu sein.

Makar Mela (Mitte Jan): Pilger strömen zu einem kleinen Eiland im Chilika Lake, wo sie der Göttin Kali in einer Höhle Opfergaben darbringen.

Adivasis Mela (26. Jan–1. Feb): Bhubaneswars „Stammesfest" ist eine enttäuschende Mischung aus Jahrmarkt und Landwirtschaftsausstellung; einen Besuch lohnen nur die Musik- und Tanzaufführungen.

Magha Saptami (Jan und Feb): Während der Vollmondphase des hinduistischen Monats Magha suchen Tausende Gläubige zu Ehren Suryas – des Sonnengottes und Heilers von Hautkrankheiten – ein kleines Wasserbecken am Strand von Chandrabhaga bei Konarak auf.

Chaitra Parba (Mitte April): Die Santal (die größte ethnische Gruppe der Adivasi in Orissa) führen bei Baripada im nördlichen Distrikt Mayurbhunj Chhou-Tänze auf. Einige der Fischerkasten veranstalten so genannte „Pferde-Tänze", bei denen Pferdeverkleidungen aus Holz und Trommelmusik zum Einsatz kommen.

Panashankranti (Anfang April): Am 1. Tag des hinduistischen Monats Vaisakha lassen sich in mehreren Regionen des Staates safrangelb gekleidete, mit Pfauenfedern geschmückte Büßer in Trance versetzen und laufen über glühende Kohlen.

Ashokastami (April und Mai): Bei Bhubaneswars eigenem „Wagenfest" (Prozession von Tempelwagen) nimmt die Gottheit Lingaraj ein kurzes Bad im Bindu Sagar-Teich.

Sitalasasthi (Mai und Juni): Feierlichkeiten in Sambalpur und Bhubaneswar zu Ehren der Vermählung von Shiva und Parvati.

Rath Yatra (Juni und Juli): Orissas größtes und prächtigstes Fest. Riesige Bilder des Gottes Jagannath, seines Bruders Balabhadra und seiner Schwester Subhadra treten die heilige Reise vom Jagannath-Tempel zum Gundicha Mandir in Puri an.

Bali Yatra (Nov und Dez): Fest in Erinnerung an die Schiffsreisen der Händler aus Orissa in den malaiischen Archipel. Es findet bei Vollmond am Ufer des Flusses Mahanadi in Cuttack statt.

Konarak Festival (Anfang Dez): Tanz-Festival im Sonnentempel von Konarak, bei dem klassische Tänze aus Orissa sowie andere regionale Tanzformen aufgeführt werden.

Im 15. Jh. drangen die **Afghanen** von Bengalen nach Süden vor, um die Region zu annektieren, und 1592 folgte ihnen Man Singhs **Mogul**-Heer. Dass auch nur ein paar der mittelalterlichen Hindu-Monumente den Exzessen des darauf folgenden Bildersturms entgehen konnten, grenzt an ein Wunder – allerdings durfte seitdem nie wieder ein Nicht-Hindu seinen Fuß in die heiligsten Tempel von Puri und Bhubaneswar setzen. 1751 wurden die Moguln von den **Marathen** aus dem Westen Indiens als herrschende regionale Macht verdrängt. Die britische East India Company drang unterdessen entlang der Küste vor. 28 Jahre nach Clives Sieg bei Plassey im Jahre 1765 fiel Orissa unter **britische Herrschaft**.

Seit der **Unabhängigkeit** hat der Staat eine rasche Entwicklung durchlaufen. Die Entdeckung von Kohle, Bauxit, Eisenerz und anderen Mineralien führte zu einem beträchtlichen industriellen Wachstum sowie zu einer Verbesserung der Infrastruktur. Dieser städtische Fortschritt kann jedoch nicht darüber hinwegtäuschen, dass Orissa im Grunde ein armer Agrarstaat ist, der in hohem Maße von der Landwirtschaft abhängt, um die Grundbedürfnisse seiner 36 Millionen Einwohner zu stillen. Im vergangenen Jahrzehnt hatte die Region vor allem unter politischer Instabilität und schlimmen Naturkatastrophen zu leiden. Der Kelch der Tsunami zog im Dezember 2004 zwar an Orissa vorüber, doch schon im Oktober 1999 war der Bundesstaat schwer getroffen worden, als der verheerendste „Super-Zyklon" der jüngeren Geschichte über die nördlichen und zentralen Küstenebenen hinwegfegte, eine Schneise der Verwüstung hinterließ und Orissa kurzzeitig in den Mittelpunkt des weltweiten Medieninteresses rückte.

ORISSA

Bhubaneswar und Umgebung

Bhubaneswar

Mit seinen nichts sagenden Gebäuden aus den 50er Jahren und den verfallenden Einkaufsarkaden aus Beton erscheint Bhubaneswar auf den ersten Blick überraschend verschlafen für eine Stadt mit nahezu einer halben Million Einwohner und angesichts einer über 2000 Jahre zurückreichenden Siedlungsgeschichte. Dieses Bild ändert sich jedoch, sobald man die Grenzen der modernen, planmäßig angelegten Stadt hinter sich gelassen hat, denn die Nebenstraßen und das Ödland am südlichen Stadtrand beherbergen die Überreste von einigen der prächtigsten mittelalterlichen Tempeln Indiens – Zeugen einer wesentlich früheren und fantasievolleren Bautätigkeit als derjenigen nach der Unabhängigkeit und heute die Hauptattraktionen der Stadt. Ihre ohnehin faszinierende Ausstrahlung gewinnt durch das lebhafte religiöse Leben, das hier nach wie vor stattfindet, besonders zu Festzeiten, zusätzlich an Reiz.

Geschichte

In der Geschichte taucht Bhubaneswar erstmals im 4. Jh. v. Chr. als Hauptstadt des alten **Kalinga-Reiches** auf. Hier war es, wo Ashoka eines der heute besterhaltenen Felsenedikte des Subkontinents aufstellte. Es steht 5 km südlich von **Dhauli** noch immer an seinem ursprünglichen Platz. Unter den **Chedi** gewann das alte Kalinga die Kontrolle über den blühenden Handelsmarkt in der Region und avancierte zur größten Macht an der Nordostküste. Die kunstvolle Bildhauerkunst der Jain-Höhlen von **Khandagiri** und **Udaigiri**, welche die Stadt noch immer überblicken, gestattet einen Einblick in die militärische Stärke und den opulenten Lebensstil ihrer Herrscher.

Nach einer Phase des Verfalls machte sich Bhubaneswar als regionales Machtzentrum erst im 5. Jh. n. Chr. wieder einen Namen, denn damals war die Stadt Stützpunkt der revolutionären Pasupata-Sekte und ein bedeutendes Zentrum der Shaiviten. Gepaart mit dem außerordentlichen Reichtum der zwei Jahrhunderte später herrschenden **Sailodbhava-Dynastie**, brachte der wachsende religiöse Eifer eine außergewöhnliche Flut an Tempelbauten hervor. Zwischen dem 7. und 12. Jh. sollen allein in der heiligen Enklave um den Teich **Bindu Sagar**

rund 7000 Tempel errichtet worden sein. Die meisten wurden während moslemischen Invasion im Mittelalter dem Erdboden gleichgemacht, doch viele bleiben auch verschont und vermitteln selbst bei einem Kurzbesuch eine gute Vorstellung von der Entwicklung der Orissa-Architektur – von den bescheidenen Anfängen bis zum gigantischen, vor Selbstbewusstsein strotzenden **Lingaraj-Tempel**, dem Sitz von Trimbhubaneshwara ("Herr der drei Welten" und dem Namensgeber der Stadt). In der Folge fristete die Stadt ihre Existenz als abgelegenes Provinznest, bis sie nach der Unabhängigkeit zur neuen Hauptstadt des Bundesstaats ernannt wurde, weil die Nachbarstadt Cuttack in den 50er Jahren des 20. Jhs. aus allen Nähten zu platzen drohte.

Die Tempel

Von den rund 500 Tempeln, die es in Bhubaneswar heute noch gibt, lohnt eigentlich nur eine Hand voll den Besuch – es sei denn, man ist hoffnungslos der Tempelsucht verfallen. Zwar liegen alle diese Bauwerke im Süden der Stadt, aber sie sind so weit voneinander entfernt, dass man die wichtigsten Tempel am besten mit einer Motor-Rikscha besichtigt (mit Rs 150–200 inkl. Wartezeit ist zu rechnen).

Es ist durchaus sinnvoll, die Tempel in chronologischer Abfolge zu besuchen. Auf diese Weise bekommt man nicht nur ein Gefühl für die interessante Entwicklung der Stile, sondern bewahrt sich auch die beeindruckendsten Monumente bis zum Schluss auf. Da die meisten Tempelanlagen auch heute noch aktive Stätten der Verehrung einer Gottheit sind, sollte man entsprechend gekleidet sein, seine Schuhe (und alle Lederartikel) am Eingang ablegen und vor dem Fotografieren um Erlaubnis bitten, insbesondere innerhalb des Gebäudes. Natürlich erwartet der zuständige Priester nach einer Führung eine Spende, die jedoch in der Regel nichts mit den astronomischen Summen zu tun hat, die im Gästebuch aufgeführt sind. Der Eintritt zu allen Tempeln, mit Ausnahme des Rajrani, ist kostenlos.

Die zentrale Tempelgruppe

Die zentrale Tempelgruppe an der Lewis Road umfasst einige von Bhubaneswars berühmtesten Tempeln. Wer sich zunächst die ganz frühen Gebäude

Die Tempel von Orissa

Die Tempel von Orissa repräsentieren einen regionalen Stil sakraler Architektur, der zu den eindrucksvollsten in ganz Südasien gehört. Wie ihre Gegenstücke in anderen Teilen des Subkontinents wurden sie gemäß strenger Vorlagen errichtet, die bereits Jahrtausende zuvor in einer Sammlung kanonischer Texte mit dem Titel *Shilpa Shastras* festgeschrieben worden waren. Diese beschreiben mit akribischer Genauigkeit nicht nur jeden einzelnen Aspekt der Tempelbauweise – von den Proportion des Turms bis zum kleinsten bildhauerischen Detail –, sondern auch die symbolische Bedeutung des Gebäudes insgesamt.

Im Gegensatz zu Kirchen oder Moscheen dienen Hindu-Tempel nicht nur als Stätte der Andacht, sondern sind selbst ein Objekt der Verehrung. Es handelt sich um Verkörperungen der „Göttlichen Kosmischen Schöpfergestalt" oder der speziellen Gottheit, für die sie errichtet wurden. Für einen Hindu ist der Gang durch den Tempel wie der Eintritt in den Körper des Gottes, auf man im Schreinzimmer während des kurzen Momentes des *darshan* (rituelles Anschauen einer Gottheit) einen Blick erhaschen kann. In Orissa findet diese Vorstellung Ausdruck in den technischen Begriffen, die in den *Shastras* für die unterschiedlichen Gebäudeteile verwendet werden: der Fuß *(pabhaga),* das Schienbein *(jangha),* der Rumpf *(gandi),* der Nacken *(kantha),* der Kopf *(mastaka)* usw.

Die meisten Tempel gliedern sich in zwei Hauptbestandteile, das innere Heiligtum mit Turm *(deul)* und die Versammlungshalle *(jagamohana).* Der **Turm** ist ein nach oben hin abgerundeter Bau mit einem viereckigen Sockel und pilasterartigen Vorsprüngen, der Meru, den heiligen Berg im Zentrum des Universums, symbolisiert. Auf der Rundung des Turms befindet sich ein eine tropische Frucht darstellendes *amla* – eine gerillte dicke Scheibe, die als Unterlage für das Gefäß der

Unsterblichkeit *(kalasha)* dient. Der *kalasha* wird wiederum von der heiligen Waffe der herrschenden Gottheit gekrönt: einem Rad (Vishnus *chakra)* oder einem Dreizack (Shivas *trishul).* Die Gottheit des Tempels residiert in einem Zimmer im *deul.* Dieses innerste Heiligtum – auf Oriya *garbha grihya* genannt („Mutterschoß") – ist in Dunkelheit getaucht, damit der Geist des Gläubigen sich auf das göttliche Bildnis konzentrieren kann.

Die *jagamohana,* eine überdachte **Vorhalle** mit pyramidenförmigem Dach, grenzt an den *deul.* In ihr versammelt sich die Gemeinde zur Lesung religiöser Texte und zu anderen bedeutenden Zeremonien. Bei größeren Tempeln wie dem Lingaraj in Bhubaneswar und dem Jagannath in Puri sind der Vorhalle weitere Anbauten hinzugefügt, in denen die Musik- und Tanzdarbietungen stattfinden konnten, die damals häufig Teil von Tempelritualen waren. Wie beim *jagamohana* sind auch die Dächer des **Tanzsaales** *(nata mandir)* und der **Opferhalle** *(bhoga-mandapa)* in Form einer Pyramide konstruiert. Das ganze Ensemble, inklusive kleinerer Nebenschreine (häufig früher errichtete Tempel), ist üblicherweise von einer Mauer umgeben.

Mit Verfeinerung der Bautechniken und der künstlerischen Fertigkeiten wurden die Tempel von Orissa im Laufe der Jahrhunderte zunehmend größer und prächtiger. Besucht man die Tempel in chronologischer Reihenfolge, so lässt sich diese Entwicklung hervorragend beobachten. Zwischen den frühen Gebäuden in Bhubaneswar und dem architektonischen Höhepunkt der Region, dem einzigartigen Sonnentempel von Konarak, scheinen Welten zu liegen: Die Türme strebten immer höher in den Himmel, die Dächer erhielten immer mehr Stufen und die Bildhauerkunst, für die die Tempel auf der ganzen Welt berühmt sind, erreichte ein nie dagewesenes Maß an Vollkommenheit.

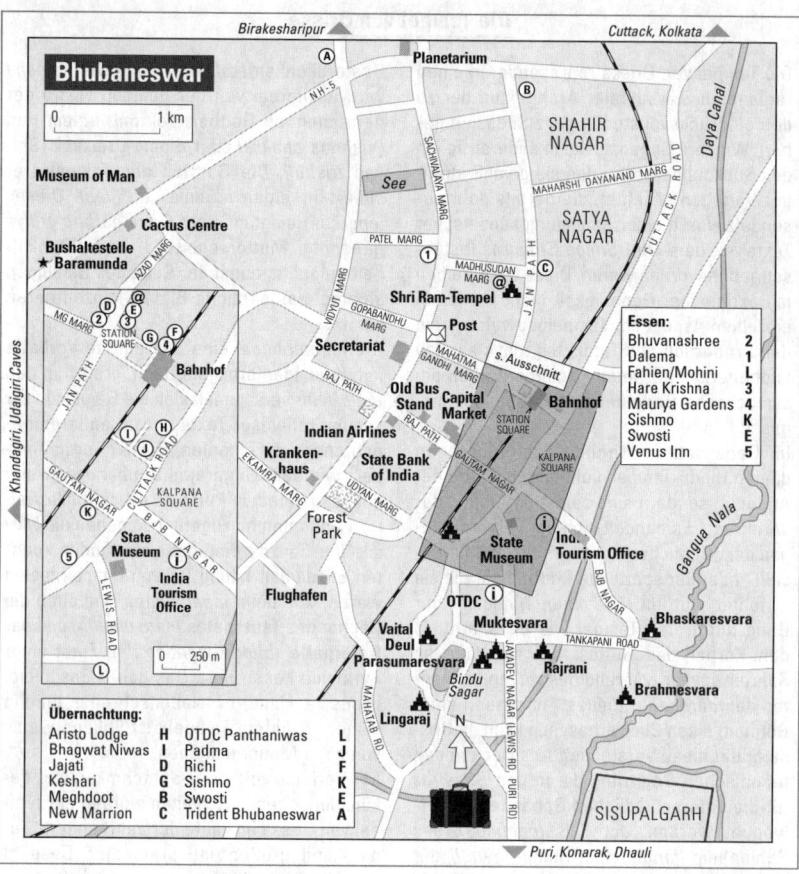

Bhubaneswar

0 — 1 km

Museum of Man

Cactus Centre

Bushaltestelle ★ Baramunda

Shri Ram-Tempel

Post

Secretariat

Old Bus Stand

Capital Market

Bahnhof

Indian Airlines

Kranken-haus

State Bank of India

Bahnhof

Planetarium

SHAHIR NAGAR

SATYA NAGAR

Forest Park

State Museum

India Tourism Office

Flughafen

State Museum

Ind. Tourism Office

OTDC

Vaital Deul

Muktesvara

Parasumaresvara

Rajrani

Bhaskaresvara

Brahmesvara

Bindu Sagar

Lingaraj

SISUPALGARH

0 — 250 m

See

Khandagiri, Udaigiri Caves ◄

ORISSA

Birakesharipur ▲

Cuttack, Kolkata ▲

Puri, Konarak, Dhauli ▼

ansehen möchte, folgt dem Fußpfad von der Hauptstraße – vorbei am jüngeren Muktesvara Mandir und dessen Wasserbecken – bis zu einem kleinen Platz, der von Ständen mit Erfrischungsgetränken und Souvenirläden gesäumt wird.

Der am besten erhaltene und schönste von Bhubaneswars frühen Tempeln, der verschwenderisch verzierte Parasumaresvara Mandir (um 650 n. Chr.), steht im Schatten eines riesigen Banyan-Baumes direkt hinter dem Platz. Mit seiner schlichten, viereckigen Versammlungshalle *(jagamohana)*, seinem einfach gestuften Dach und seinem untersetzten Turm *(deul)* in Form eines Bie-

nenstocks verkörpert der Tempel den klassischen Stil des späten 7. Jhs. in Orissa. Parasumaresvara ist jedoch nicht nur wegen seiner qualitativ hochwertigen Bildhauerkunst an den Außenwänden von Bedeutung, sondern markiert zugleich den Übergang vom Buddhismus zum Hinduismus. Interessant sind die Abbildungen von **Lakulisha**, einem shaivitischen Heiligen, dessen Sekte im 5. Jh. maßgeblich an der Konversion Orissas zum Hinduismus beteiligt war.

In den Ecken des *deul* kommt der Überlegenheitsanspruch des Hinduismus zum Ausdruck; hier entdeckt man z. B. bedrohlich aussehende **Löwen,** die über Elefanten (die Symbole des buddhistischen Glaubens) hocken oder stehen.

Der Mitte des 10. Jhs. errichtete **Muktesvara Mandir** wird dank seiner kompakten Bauweise und exquisiten bildhauerischen Details häufig als das Juwel der Orissa-Architektur bezeichnet. Er steht unweit der Hauptstraße in einem ummauerten Innenhof, neben dem kleinen Teich **Marichi Kund**, dessen trübgrünes Wasser Heilkräfte gegen Unfruchtbarkeit besitzen soll. Der Tempel wurde 200 Jahre nach dem Parasumaresvara erbaut und repräsentiert einen neuen, ausgefeilteren Stil, der sich in der Zwischenzeit in Bhubaneswar entfaltet hatte. Das Dach des *jagamohana* besitzt die für Orissas Tempel typische Pyramidenform, während der *deul* – trotz der Formähnlichkeit mit früheren Tempeltürmen – eher die vertikalen als die horizontalen Linien betont. Auch bei diesem Bauwerk sind die **Sandsteinreliefs** vorzüglich. Der dekorative **Torbogen** *(torana)* direkt vor dem Haupteingang, der von zwei ruhenden weiblichen Figuren gekrönt wird, gilt als Meisterwerk des Muktesvara. An zweiter Stelle rangieren die Zähne fletschenden Löwen und Zwerge rund um die Fenster der Vorhalle.

Am Rand der Terrasse des Muktesvara steht ein Beispiel für die reifere Phase des Tempelbaus in Orissa. Der unvollendete **Siddhesvara** wurde mehr oder weniger zur selben Zeit (11. Jh.) wie der Lingaraj (s. u.) errichtet, ist aber nicht annähernd so imposant. Zu seinen beiden herausstechendsten Merkmalen gehören die Gottheiten Ganesha und Karttikeya (Shivas Söhne) rund um den Turm.

Die östliche Tempelgruppe

Um das erste Gebäude der etwas verstreuter liegenden östlichen Tempelgruppe zu erreichen, läuft man wieder zur Lewis Road zurück und geht diese bis zur Kreuzung hinauf; hier biegt man rechts in die Tankapani Road und erreicht schließlich rechter Hand die Grünanlage des Rajrani Mandir. Vom Muktesvara benötigt man zu Fuß etwa 10 bis 15 Minuten.

Obwohl der **Rajrani Mandir** aus dem 12. Jh. nie vollendet wurde, gehört er zu den schönsten von Bhubaneswars späteren Tempeln. Zunächst richtet sich der Blick auf das Profil des eleganten, 18 m hohen *deul* des Tempels, der mitten in einem gut bewässerten Garten steht. Erst bei näherer Betrachtung erkennt man die Fülle der herausgearbeiteten Figuren, für die der Rajrani gleichermaßen berühmt ist. Die schönsten befinden sich rund 3 m über dem Boden an den Seiten des Turms, wo der Hauptschrein von den *dikpalas* „bewacht" wird. Umgeben von ihren jeweiligen Reittieren und Attributen bilden die Figuren einen spannungsreichen Kontrast zu den verführerischen Posen der weiblichen *nayikas,* die zwischen ihnen stehen. ⊙ tgl. Sonnenauf- bis -untergang, Eintritt Rs 100, Videokamera Rs 25.

Vom Rajrani ist es ein ziemlich langer Fußmarsch die Tankapani Road hinauf bis zur Abzweigung zum **Brahmesvara Mandir**, der nach rund 500 m auf der rechten Seite ins Blickfeld rückt. Im Gegensatz zu den meisten seiner Nachbarn wird der Tempel aus dem 11. Jh. noch immer von einer Gottheit bewohnt, wie durch die kleine, safrangelbe Flagge auf der Spitze des Heiligtums angekündigt wird. Auch hier werden die Ecken von *dikpalas* beherrscht. An der Westfassade befindet sich eine grimmig dreinblickende Chamunda, die auf einem Leichnam thront und einen Dreizack und einen abgetrennten Kopf in der Hand hält.

Kurvenreiche Mädchen bewundern sich selbst in Spiegeln oder erwidern auf Friesen rund um den Turm die Annäherungsversuche ihrer männlichen Gefährten. Gemäß einer Inschrift, die heute leider verschwunden ist, soll eine gewisse Königin Kovalavati dem Tempel einst „viele wunderschöne Frauen" gespendet haben – ein frühes Beispiel der *devadasis,* die in späteren Jahren ein wichtiger Bestandteil des Tempellebens in Orissa werden sollten (s. S. 579).

Die Bindu Sagar-Gruppe

Die bei weitem größte Tempelansammlung gruppiert sich rund um den **Bindu Sagar** 2 km südlich des Stadtzentrums. Dieser kleine, künstliche Teich, der in den *Puranas* Erwähnung findet, ist selbst eine Stätte von großer religiöser Bedeutung: Man sagt, er enthalte den Nektar, den Wein und das Wasser der heiligsten Flüsse der Welt. Kein Wunder also, dass der Bindu Sagar zum begehrtesten Badeplatz für Bhubaneswars Pilger und andere avancierte – der berühmteste Badegast ist die Gottheit Lingaraj, die alljährlich während des **Wagenfestes** (Ashokastami) zum Pavillon in der Mitte des Teichs getragen wird, um dort ihr rituelles Reinigungsbad zu nehmen.

Die schönste Zeit für einen Tempelbesuch sind die Stunden um Sonnenauf- und Sonnenuntergang; zu dieser Zeit ziehen auch die Bewohner der nahe gelegenen *dharamshalas* (Pilgerherbergen) durch die rauchgeschwängerten Gassen, um an den *ghats* zu beten.

Lingaraj Mandir

Unmittelbar südlich des Bindu Sagar erhebt sich der stilistisch ausgefeilteste Tempel Orissas. Der gewaltige Lingaraj Mandir wurde im frühen 11. Jh. von den Ganga-Königen erbaut – 100 Jahre vor dem Jagannath-Tempel in Puri – und ist auch heute noch eine sehr lebendige Kultstätte. Aus diesem Grund bleiben Ausländer außen vor, aber beim Haupteingang um die Ecke befindet sich eine **Aussichtsplattform**, die einen Blick über die Nordwand des Komplexes auf alle vier Hauptbereiche des Gebäudes erlaubt. Dem Eingang am nächsten liegen die *bhoga-mandapa* (Opferhalle) und der *nata mandir* (Tanzsaal – er steht in enger Verbindung mit dem Aufkommen des *devadasi*-Systems; s. S. 579), beides Anbauten späteren Datums. Die Wände im Tempelinnern zieren wundervolle **Skulpturen** mit Darstellungen der Musik- und Tanzrituale, die hier einst stattgefunden haben; ihre Schönheit ist jedoch mit dem bloßen Auge schwierig zu würdigen.

Der riesige, 45 m hohe *deul* ist nicht nur der tatsächliche, sondern auch der ästhetische Höhepunkt des Lingaraj; in punkto Schönheit übertrifft er sogar das *jagamohana*. Besondere Beachtung verdient die Skulptur eines Löwen mit einem niedergetrampelten Elefanten zu seinen Füßen – ein weiteres Symbol für den Triumph des Hinduismus über den Buddhismus – an der abgerundeten Turmseite. Die Spitze des *deul* ziert das typische Motiv Orissas, das abgeflachte, gerippte *amla*, das von Shivas Dreizack gekrönt wird. Wie im Brahmesvara-Tempel auch weist eine lange, safrangelbe Flagge darauf hin, dass hier eine Gottheit wohnt.

Sehr außergewöhnlich präsentiert sich der **Schrein** im Innern. Sein gewaltiger, 2,5 m dicker Lingam – einer der zwölf *jyotrilingas* in Indien – wird als halb Shiva, halb Vishnu betrachtet. Diese ungewöhnliche Verschmelzung rührt vermutlich von der Überlegenheit des Vaishnavismus über den Shaivismus im 12. und 13. Jh. her. Eine weitere Besonderheit des Schreins ist die fehlende Decke,

so dass man bis hinauf zur Turmspitze sehen kann.

Vaital Deul Mandir

Wendet man sich von der Aussichtsplattform des Lingaraj nach links und läuft die Hauptstraße hinauf, erreicht man den Vaital Deul, eines der ältesten Gebäude der Tempelgruppe und ein wahrer Hochgenuss tantrischer Kunst. Der um 800 n. Chr. erbaute Tempel zeigt eindeutige Anlehnungen an die alte buddhistische Kunst, weshalb sich sein Stil erheblich von dem seiner Altersgenossen in Bhubaneswar unterscheidet. Unter den Friesen hinduistischer Gottheiten an den Außenwänden finden sich Beispiele der frühesten **erotischen Skulpturen** Indiens.

Nachdem man den viergesichtigen *lingam*-Pfosten (zum Anbinden von Opfergaben) am Haupteingang passiert hat, gewöhnen sich die Augen schnell an die Dunkelheit im Innern, wo groteske Bildnisse die makabre Natur der esoterischen Riten vermitteln, die hier einst ausgeführt wurden. Aus dem Halbdunkel hinter dem Gitter am anderen Ende der Halle erscheint Durga in ihrer furchtbarsten Gestalt als **Chamunda** – ihr welker Körper erhebt sich über einer verrotteten Leiche. Ihr Haupt ist mit Totenschädeln bekränzt und sie wird von einer Eule und einem Schakal flankiert. Davor, rechter Hand der Tür, kann man eine noch schauerlichere Figur sehen: Ein Mann richtet sich vom Boden auf, nachdem er einen als Tasse dienenden Schädel mit dem Blut eines in seiner Nähe liegenden Enthaupteten gefüllt hat. Der grausame Fries ist gänzlich mit abgetrennten Köpfen und an Leichen nagenden Schakalen übersät.

Weitere Sehenswürdigkeiten

In einem großen, modernen Gebäude am oberen Ende der Lewis Road ist das **Orissa State Museum** untergebracht, zu dessen Ausstellungsstücken Gebrauchsgegenstände von Adivasi, Manuskripte und diverse archäologische Funde gehören. Die Galerien im Erdgeschoss zeigen Objekte religiöser Bildhauerkunst einschließlich buddhistischer Statuen aus der Zeit vor dem 12. Jh., Münzen sowie Schenkungsinschriften auf Stein- und Kupferplatten, die aus den Tempeln der Stadt gerettet wurden. Im Obergeschoss wird ethnographisches Material der indigenen Völker Orissas zur Schau gestellt. Neben

Tropische Früchte werden überall in Südindien angeboten

Shiva auf dem Stier Nandi

Elefanten sind immer wieder in Tempeln und auf Festen anzutreffen

Minarett im Fort Golconda, Hyderabad (Andhra Pradesh)

Reich geschmückte Lambadi-Frau (Andhra Pradesh)

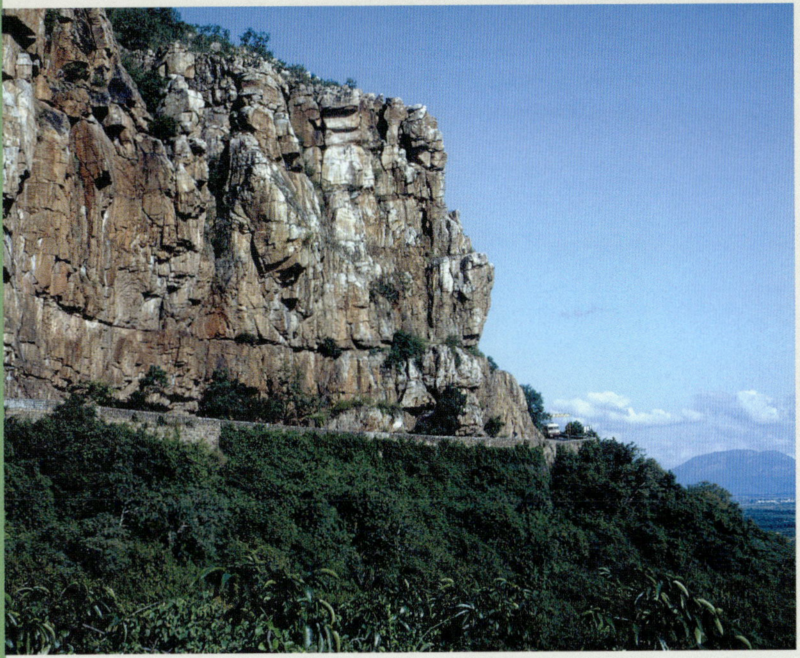

Felsplateau, Tirumala (Andhra Pradesh)

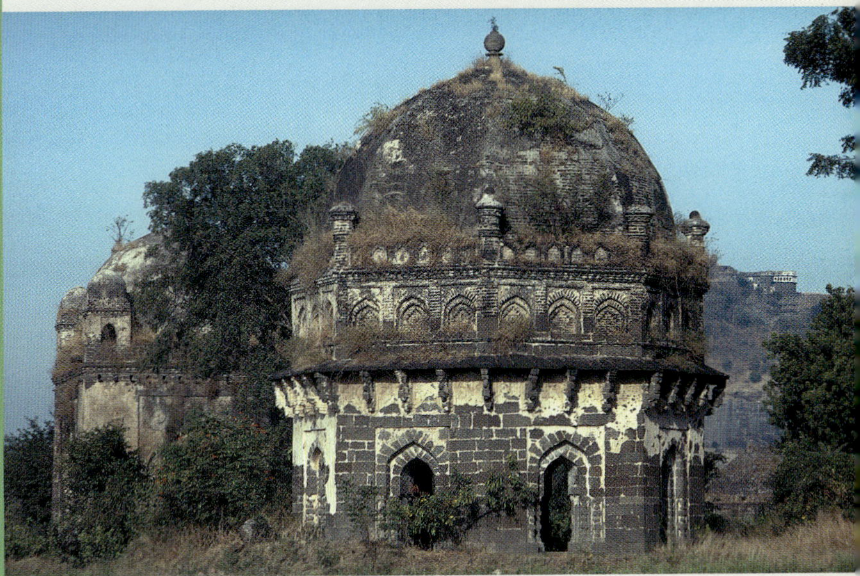

Mausoleum im Fort Golconda, Hyderabad (Andhra Pradesh)

In den Straßen von Trichy (Tamil Nadu)

Die Andamanen – Indiens abgeschiedenster Staat

schwerem Schmuck, Musikinstrumenten, Waffen, Werkzeugen und mottenzerfressenen traditionellen Trachten enthalten die Räume nach Nachbildungen von *chitra muriya*, volkstümlichen Wandmalereien, wie man sie in den Dorfhäusern rund um Puri entdecken kann. Das Highlight des Museums ist jedoch seine Sammlung antiker Gemälde und Palmblatt-Manuskripte (s. S. 572) – nur das Nationalmuseum in New Delhi verfügt über prächtigere Exemplare dieser traditionellen Kunstform Orissas. ☉ Di–So 10–17 Uhr, Eintritt Rs 50.

Versteckt am nordwestlichen Stadtrand, nahe dem Busbahnhof Baramunda am NH-5, liegt das **Museum of Man** des *Tribal Research Institute*. Die dortigen Exponate veranschaulichen die Kulturen und Kunststile der 62 Stammesgruppen von Orissa, die zumeist aus dem südlichen Hinterland stammen. In den Gärten befinden sich leicht idealisierte Nachbauten von Adivasi-Behausungen, die mit authentisch aussehenden Wandmalereien dekoriert sind. Hinter dem Hauptgebäude des Instituts liegt die Bibliothek mit allen Bücher und Zeitschriften, die jemals über die Adivasi von Orissa zusammengetragen wurden. ☉ Mo–Sa 10–17 Uhr, Eintritt frei.

Wer auf der Suche nach typischen Mitbringseln aus Orissa wie Handwebstühlen, Kunsthandwerk und Schmuck ist, der sollte unbedingt über den **Capital Market** schlendern. Die in einem Wohngebiet am Jan Path angesiedelten Stoff-Läden behaupten fast alle, offizielle Verkaufsstelle der Regierung zu sein – was sich sehr positiv auf die Preise für die wunderschön gewebten Stoffe und die Konfektionskleidung auswirkt.

Übernachtung

Bhubaneswar bietet die für die Hauptstadt eines Bundesstaats typische Auswahl an Übernachtungsmöglichkeiten. Während die Unterkünfte der oberen Kategorie gleichmäßig über die Stadt verteilt sind, konzentrieren sich die billigen Hotels eher rund um den Bahnhof sowie um den geschäftigen Kalpana Square am Ende der Cuttack Rd, etwa 5 Min. per Rikscha vom Bahnhof entfernt. Wer gar nicht mehr weiterweiß, kann auf die *Retiring Rooms* im Bahnhof zurückgreifen; Reservierungen hierfür müssen zuvor am Schalter in der Bahnhofshalle vorgenommen werden.

Aristo Lodge, Kalpana Square, ✆ 0674/231 1093. Sehr einfach, aber nett; einige Zimmer mit TV, alle mit Bad. ❶–❷

Bhagwat Niwas, 9 Buddha Nagar, direkt hinter dem *Pushpak*, ✆ 0674/231 3708. Unter Leitung eines Aurobindo-Anhängers; sicher und freundlich. Mehrere einfache, saubere Zimmer, z. T. mit Balkon und AC; ISD-Telefon und gutes Restaurant im Haus. ❷–❺

Jajati, MG Marg, ✆ 0674/240 0352. Modernes Hotel nahe dem Station Square, das einen leicht verschlissenen Eindruck macht; die Zimmer (mit AC) sind jedoch komfortabel und bieten ein gutes Preis-Leistungs-Verhältnis. ❸–❺

Keshari, Station Square, ✆ 0674/253 4994, ✉ 253 5553. Die Nähe zum Bahnhof ist der Pluspunkt dieses Hotels mit freundlichem Personal. Dunkle, aber saubere und gemütliche Zimmer, Restaurant mit einheimischen Spezialitäten und gutes Reisebüro. ❺–❽

Meghdoot, 5-B Sahid Nagar, ✆ 0674/254 5710. Im Norden der Stadt, aber gut ausgeschildert. Alle Zimmer – von sehr guten DZ bis zu luxuriösen Suiten – mit Badewanne und Fernseher. Guter Pool, Restaurant, Café und Geldwechsel. ❽

New Marrion, 6 Jan Path, ✆ 0674/250 2689, ✉ 250 3287, ✉ marrion@sancharnet.in. Freundliches Hotel mit Pool, Geldwechselmöglichkeit, Reiseagentur und zwei guten Restaurants, eines davon serviert chinesische Speisen. Die rund um die Uhr geöffnete Bar ist mit beeindruckenden Fresken geschmückt und steht auch Nicht-Gästen offen. ❼–❽

OTDC Panthaniwas, Lewis Rd, ✆ 0674/243 2515. Alteingesessenes staatliches Hotel in der Nähe des Museums und der Tempel. Nichts Besonderes, aber die Zimmer sind groß und komfortabel, die ohne AC allerdings besonders in der Hochsaison (Okt–Feb) überteuert. Das Hotel bietet TV, Klimaanlage, Zimmerservice und zwei Restaurants. Checkout ist um 8 Uhr – allerdings verhandelbar, sofern nicht zu viel los ist. ❸–❺

Padma, Kalpana Square, ✆ 0674/231 3330, ✉ 231 0904. Das kleine, geschäftige Hotel mit billigen und einfachen Zimmern ist eine gute Ausweichmöglichkeit, wenn die anderen Unterkünfte voll sind. Kein Restaurant. ❷

Richi, Station Square, ✆ 0674/253 4619, ✉ hotelrichi@sify.com. Großes, gut funktionierendes Hotel gegenüber dem Bahnhof, Kabel-TV in allen Zimmern; Frühstück inkl. ❸–❺

Sishmo, 86/A-1 Gautam Nagar, ☎ 0674/243 3600, 📠 243 3351. Schickes 4-Sterne-Hotel im Stadtzentrum mit angenehmen Zimmern, Bar, Pool, rund um die Uhr geöffnetem Café und exzellentem Restaurant. Preise inkl. Morgentee und Frühstück. ❽–❾

Swosti, 103 Jan Path, ☎ 0674/253 4678, 🖥 www.swosti.com. Prächtiges 4-Sterne-Hotel direkt im Stadtzentrum. Luxuriöse Zimmer, alle mit Kabel-TV, Reiseagentur, zwei Top-Restaurants und Bar. DZ ab US$83. ❾

Trident Bhubaneswar, Nayapalli, im nördlichen Zentrum, 🖥 www.trident-hilton.com, ☎ 0674/230 1010. Das zur Oberoi-Kette gehörende Haus ist unbestreitbar das Top-Hotel der Stadt. Wunderschön ausgestattet; exzellentes Restaurant, effizientes Reisebüro, Geldwechsel, Internet-Zugang und Pool. DZ ab US$120. ❾

Essen

Das Essengehen in Bhubaneswar beschränkt sich mehr oder weniger auf die komfortablen, klimatisierten Restaurants in 5-Sterne-Hotels wie dem *Sishmo,* oder man begnügt sich mit den billigen und scharfen südindischen Gerichten, die in Cafés wie *Swosti* und *Venus Inn* serviert werden (beide schon zum Frühstück geöffnet). Es lohnt sich unbedingt, die ein oder zwei Restaurants ausfindig zu machen, die traditionelle Gerichte Orissas auf ihrer Speisekarte haben; in den großen Hotels muss man jedoch mindestens 8 Std. im Voraus einen Tisch reservieren. Seafood-Gerichte, bestehend aus Garnelen oder köstlichem *pomfret* mit Reis, frischem Gemüse, Kokosnuss, Joghurt und Gewürzen, entdeckt man häufig in den Küstendörfern, aber nur selten in der Stadt.

Bhuvanashree, am oberen Ende des Station Square, neben dem *Jajati Hotel.* Ausgezeichnetes, sauberes vegetarisches Restaurant mit einigen südindischen Gerichten auf der Speisekarte sowie einer Auswahl an *thalis* und gutem Kaffee. Di geschlossen.

Dalema, Bhouma Nagar. Das dunkle, schlichte Lokal serviert authentische Orissa-Gerichte wie *macha bhaja* (Fisch-Curry), *chenguli tarkari* (Garnelen-Curry), *dahi machho* (Flussfisch in

Joghurtsoße) und vielfältiges Gemüse. Preiswerte Hauptgerichte um die Rs 40.

Fahien und **Mohini**, im *OTDC Panthaniwas*, Lewis Rd. Das *Fahien* und das *Mohini* besitzen eine identische internationale Speisekarte, doch das *Fahien* ist etwas gemütlicher.

Hare Krishna, Jan Path, wenig nördlich der Kreuzung mit MG Marg, der Eingang befindet sich am Ende einer Treppenflucht in einem kleinen Markt. Recht teuer, die Kellner tragen keine *dhotis,* sondern Smokingjacken; das Essen wird strikt nach den Regeln der Hare Krishna-Bewegung – ohne Knoblauch oder Zwiebeln – zubereitet; alles ist rein vegetarisch und einfach köstlich.

Maurya Gardens, 122A Station Square, neben dem *Richi* und unter derselben Leitung. Hübsche Inneneinrichtung und passable Preise. Indische und chinesische Küche, spezialisiert auf *tandoori*-Gerichte.

Sishmo, Sishmo Hotel. Qualitativ hochwertiges Essen mit sehr großer Auswahl an indischen *tandoori*-Gerichten, die man in einer schicken Umgebung genießen kann. Nicht ganz so teuer wie es aussieht (ca. Rs 1000 p. P. inkl. Wein).

Swosti, Swosti Hotel. Zuverlässiges Restaurant für gutes Essen zu moderaten Preisen; u. a. authentische Gerichte aus Orissa, wie z. B. *dahi machho.* Mindestens 2–3 Std. im Voraus bestellen.

Sonstiges

BÜCHER – **Modern Book Depot**, Station Square. Bietet u. a. ein Regal mit Trivialliteratur und Themenbereiche wie Geschichte, Tanz, Wirtschaft, Geografie und Naturgeschichte von Orissa.

The Bookshop, auf der anderen Seite des Platzes im Ashoka Market; große Auswahl an westlicher Literatur, Übersetzungen indischer Literatur sowie Bücher über Politik, Religion und Geschichte.

GELD – **Centurion Bank**, Hotel Arya Palace, 126/b Ashok Nagar, mit Geldautomat für *Visa* und *Cirrus.*

State Bank of India, Raj Path, effizienter Geldwechselschalter, Annahme aller bedeutenden Währungen.

INFORMATIONEN – *OTDC Tourist Office*, Lewis Rd, neben dem *Panthaniwas Hotel*, ✆ 0674/243 1299. Außenstellen im Bahnhof (24 Std.) und Flughafen, ✆ 0674/240 4006, 💻 www.orissa-tourism.com. Vermittlung von Taxis für Stadtrundfahrten und Hilfe bei Hotelbuchungen.

Das Büro in der Lewis Rd veranstaltet zudem eine eher hektische **Stadtrundfahrt** (Di–So 9–17 Uhr, Rs 150) und eine nicht minder gehetzte Tour nach Puri, Konarak und Pipli (tgl. 9–18.30 Uhr, Rs 155, AC Rs 170). Der OTDC-Luxusbus nach Berhampur fährt hier um 6.30 Uhr ab (Rs 75) und hält noch einmal um 7 Uhr am Busbahnhof Station Square. ☉ 10.30–17.30 Uhr, 2. Sa im Monat geschlossen.

ITDC Tourist Office, B-21 BJB Nagar, hinter dem Museum, ✆ 0674/243 2203. Hier erhält man auch Broschüren und Karten für andere Ecken des Landes. ☉ Mo–Fr 10–17 Uhr.

INTERNET – Es gibt reichlich Internet-Cafés in der Umgebung von Station Square, Cuttack Rd und Jan Path.

Iway, neben dem *Swosti Hotel*, am Ausstellungsgelände unweit des Tempels Shri Ram. Schnelle Verbindung für Rs 25/Std.

MEDIZINISCHE HILFE – *Capital Hospital and Homeopathic Clinic*, nahe dem Flughafen, ✆ 0674/240 1983. Zwischen dem *Panthaniwas Hotel* und dem Ramesvara-Tempel gibt es ein Krankenhaus, das nach ayurvedischen Gesichtspunkten behandelt, ✆ 0674/243 2347.

Ambulanz des Roten Kreuz ✆ 0674/240 2384. **Notruf** ✆ 0674/240 0688.

POST – *GPO*, MG Marg, Ecke Sachivalaya Marg. Postlagernde Sendungen bekommt man am mittleren Schalter („Enquiries").

Um das Verpacken von Paketen kümmert sich ein *pan-wallah* am Haupteingang. ☉ Mo–Sa 9–18 Uhr.

POLIZEI – Raj Path, nahe der *State Bank of India*, ✆ 0674/253 3732.

REISEBÜROS – *Swosti Travels*, im *Swosti Hotel*, 103 Jan Path, ✆ 0674/250 8738. Verkauft Flugtickets für *Indian Airlines* und *Jet Airways* und

bietet exklusive Pauschaltouren nach Bhubaneswar, Puri und Konarak.

Prime Tours and Travels, im Pushpak Complex, Kalpana Square. Vermittlung von Mietwagen sowie Flugtickets und Zugreservierungen.

Die **Hotels** *Keshari, New Marrion, Meghdoot, Sishmo* und *Trident Bhubaneswar* und *Marrion* besitzen alle eine hauseigene Reiseagentur.

TANZ – *Orissa Dance Academy*, 64 Kharwal Nagar, Unit 3, ✆ 0674/240 8494. Organisiert Besuche von Veranstaltungen und Unterrichtsstunden.

Rabindra Mandap Auditorium, Sachivalaya Marg, ✆ 0674/241 7677. Veranstaltet regelmäßig Musik-, Tanz- und Theateraufführungen.

TOUREN – Tickets für die etwas hektischen Stadtrundfahrten der *OTDC* (Di–So 9–17.30 Uhr, Rs 95 bzw. Rs 120 im AC-Bus) sind in deren Büro in der Lewis Rd (s. o.) zu bekommen; zu einem etwas höheren Preis kann man sich auch eine Motor-Rikscha mieten und seinem eigenen Tempo folgen. Auch auf der OTDC-Tour nach Puri und Konarak (Mo–Sa 9–18 Uhr, Rs 105 bzw. Rs 150 im AC-Bus) verbringt man zu viel Zeit im Bus und zu wenig an den eigentlichen Sehenswürdigkeiten. Gleichfalls im Angebot ist eine Tour im Luxusbus nach Berhampur via Chilika Lake und Gopalpur, die vom OTDC-Büro nahe dem *Panthaniwas Hotel* startet (7–14 Uhr, Rs 60).

Teurere Pauschaltouren nach Puri und Konarak inkl. einer Stadtrundfahrt durch Bhubaneswar können mit *Swosti Travels* (s. o.) unternommen werden; im Preis inbegriffen sind eine 4-Sterne-Unterkunft, Transport in Autos mit Klimaanlage sowie Führer. Die gleiche Agentur organisiert auch Touren zu speziellen Themen wie „Tierleben", „Stämme" und „Architektur".

Nahverkehrsmittel

Die moderne Stadt ist zu ausgedehnt, um sie zu Fuß zu erkunden; als Transportmittel für eine Rundtour eignen sich am besten **Fahrrad- oder Motor-Rikschas**.

Sehenswürdigkeiten außerhalb von Bhubaneswar wie beispielsweise Dhauli oder die Höhlen von Udaigiri und Khandagiri können mit **Nahverkehrsbussen** (von der Haltestelle in der Altstadt nahe dem Capital Market), Motor-Rikschas oder auf einer organisierten Tour der OTDC mit **Luxusbussen** besucht werden. Für dieselbe Strecke stehen auch Fahrrad-Rikschas zur Verfügung, allerdings dauert die Fahrt unendlich lange. Die privaten *Ambassador*-**Taxis** lassen sich über Reisebüros und teure Hotels vermitteln (Rs 800–1000 pro Tag), doch die Taxis am *OTDC Tourist Office* sind wesentlich günstiger.

Transport

BUSSE UND MINIBUSSE – Langstreckenbusse beenden ihre Fahrt am etwas ungünstig gelegenen **Baramunda**-Busbahnhof, 5 km außerhalb des Zentrums am westlichen Stadtrand; zuvor drehen sie allerdings eine Runde durchs Zentrum und lassen die Passagiere auf Zuruf aussteigen. Am besten lässt man sich am **Station Square** (nach einer Pferdestatue inmitten eines großen Kreisverkehrs Ausschau halten) absetzen, der in der Nähe vieler Hotels liegt. Sollte man diesen Stopp verpassen, kann man per Nahverkehrsbus via Raj Path oder Mahatma Gandhi Marg in Richtung Bahnhof fahren. Die Busse von *Orissa State Transport* fahren vom Busbahnhof Baramunda ab. Nach PURI gelangt man auch mit nahe dem State Museum abfahrenden Minibussen, die starten, sobald sie voll sind (Rs 19 p. P.). Allerdings sind sie meist hoffnungslos überfüllt und fahren gefährlich schnell.

Busse nach:
BALASORE (alle 30 Min., 3 1/2–5 Std.),
BERHAMPUR (6–8x tgl., 4 Std.),
CUTTACK (alle 15 Min., 45–60 Min),
KOLKATA (4x nächtl., 10 Std.),
KONARAK (1x tgl., 1 1/2–2 Std.),
PIPLI (alle 15 Min., 30 Min.),
PURI (alle 20 Min., 2 Std.).

EISENBAHN – Bhubaneswar liegt an der Hauptlinie von Howrah (Kolkata) nach Chennai und verfügt über einen regelmäßigen Zugverkehr, einschließlich des empfehlenswerten *Coromandel Express* Nr. 2841/42.
Richtung **Süden** fahren 1x wöchentl. (Fr) der *Guwahati–Cochin Express* Nr. 5624 sowie 2x wöchentl. (Di und So) der *Guwahati–Bangalore Express* Nr. 5626.

Nach DELHI gibt es u. a. den *Rajdhani Express* Nr. 2421 (Mi und So, der schnellste und praktischste) sowie eine tägliche Verbindung mit dem *New Delhi Express* Nr. 2815 bzw. Di, Fr und So mit dem *Neelachal Express* Nr. 8475 ab Puri. Der beste Zug nach KOLKATA ist der täglich verkehrende *Sri Jagannath Express* Nr. 8410.
Züge nach:
AGRA (1–2x tgl., 31 1/2–34 Std.),
BALASORE (14–15x tgl., 3 1/4–4 Std.),
BANGALORE (2x wöchentl., 31 Std.),
BERHAMPUR (10–11x tgl., 2 1/2–3 1/4 Std.),
CHENNAI (4–6x tgl., 20–22 3/4 Std.),
COCHIN (4x wöchentl., 34–35 Std.),
CUTTACK (14–15x tgl., 20–45 Min.),
DELHI (2–3x tgl., 23 1/2–34 1/4 Std.),
GAYA (1–2x tgl., 15 Std.),
GUWAHATI (1x tgl., 31 Std.)
HYDERABAD (1x tgl., 23 1/4 Std.),
KOLKATA (10–11x tgl., 7 1/2–10 1/2 Std.),
MUMBAI (1x tgl., 34 1/4 Std.),
PURI (7–9x tgl., 1 1/4–1 3/4 Std.),
THIRUVANANTHAPURAM (Trivandrum) (4x wöchentl., 42 Std.),
VARANASI (3x wöchentl., 20 Std.).

FLÜGE – *Indian Airlines,* Raj Path, nahe New Market, ✆ 0674/253 0533, am Flughafen ✆ 0674/253 5743, bietet Flüge von Bhubaneswar nach MUMBAI, DELHI, CHENNAI und HYDERABAD.
Air Sahara, am Flughafen, ✆ 0624/253 5729, fliegt nach KOLKATA und HYDERABAD.
Von Bhubaneswars nationalem Flughafen gibt es zwar keine regelmäßige Busverbindung für die 2–3 km lange Strecke in die Stadt, aber genügend Taxis und Motor-Rikschas bieten ihre Dienste an.
Flüge nach:
CHENNAI (4x wöchentl., 2 1/2 Std.),
DELHI (1x tgl., 2 Std.),
HYDERABAD (1–2x tgl., 1 1/2 Std.),
KOLKATA (1–2x tgl., 55 Min.),
MUMBAI (1–2x tgl., 2 Std.).

Die Höhlen von Udaigiri und Khandagiri

Einen interessanten Einblick in die Geschichte der Region vor dem Aufstieg des Hinduismus erlauben die Höhlen von Khandagiri und Udaigiri aus dem 2. Jh. v. Chr., 6 km westlich von Bhubaneswar, die per Motor-Rikscha in 15 Minuten vom Zentrum aus zu erreichen sind.

Vor über 2000 Jahren waren die in den weichen, gelben Sandstein gehauenen Höhlen die Heimat einer Gemeinschaft von **Jain-Mönchen**. Heutzutage sind sie verlassen – mit Ausnahme einiger Languren und gelegentlich aufkreuzender Touristen. Obwohl die Höhlen nicht annähernd mit denjenigen des Dekkan mithalten können, gehören sie zu Orissas bedeutendsten historischen Monumenten.

Laut einiger Inschriften war die **Chedi-Dynastie** – die ab dem 1. Jh. v. Chr. das alte Kalinga-Reich regierte – für den Großteil der Arbeiten verantwortlich. Neben einfachen Mönchszellen für Meditation und Gebet gibt es auch prächtige Räume, deren Eingangshallen, Veranden und Außenfassaden reich mit Steinmetzarbeiten verziert sind, darunter Abbildungen von Jagdausflügen, Schlachten oder Tanzdarbietungen, aufwendigen Prozessionen, höfischen Szenen sowie vielen häuslichen Details aus dem Alltagsleben von Kalingas oberer Gesellschaftsschicht. Die später hinzugefügten Skulpturen (aus dem Mittelalter, als der Jainismus in Orissa nicht länger unter königlichem Schutz stand) sind nüchterner und zeigen die 24 heroischen Jain-Propheten *(tirthankaras)*.

Von Bhubaneswar kann man die Höhlen auf einer Straße erreichen, die der Route eines alten **Pilgerpfads** folgt – und, so glauben Archäologen, zu einem inzwischen spurlos verschwundenen Stupa führt. Vor Ort (die Straße im Rücken) liegt Khandagiri („Broken Hill") zur Linken und Udaigiri („Sunrise Hill") zur Rechten. Seinen Rundgang beginnt man am besten bei der Udaigiri-Höhle, welche die schöneren frühen Steinmetzarbeiten aufweist. ◷ tgl. 8–17 Uhr, Eintritt Rs 100, Videokamera Rs 25.

Udaigiri

Die Höhlen von Udaigiri verteilen sich über ein recht kleines Gebiet am Südhang. **Höhle 1** (Rani Gumpha oder „Höhle der Königin"), rechter Hand des Hauptpfades, ist die größte und beeindruckendste der Gruppe. Ein langer, über die Rückwand verlaufender Fries zeigt tobende Elefanten, in Panik geratene Affen, Schwertkämpfe und die Entführung einer Frau – vielleicht Episoden aus

dem Leben von Kalingas König Kharavela. Die **Höhlen 3 und 4** enthalten Skulpturen eines Löwen mit seiner Beute sowie von Elefanten, die von Schlangen umschlungen sind; die Säulen werden von Paaren eigentümlicher geflügelter Tiere gekrönt. Läuft man den Hügel hinauf und rechts herum, stößt man auf **Höhle 9** mit einem beschädigten Relief, auf dem Figuren zu sehen sind, die ein schon lange verschwundenes Jain-Symbol anbeten. Die gekrönte Figur soll den Chedi-König Vakradeva darstellen, dessen Stiftungsinschrift noch immer nahe dem Dach ausgemacht werden kann. Im Innern der Schlafzellen aller Höhlen verlaufen in der hinteren Steinwand und im Boden tiefe Rinnen, in denen das Regenwasser vom Dach abgeleitet wurde – eine Art frühe Klimaanlage.

Um **Höhle 10** zu erreichen, muss man zu den Haupttreppen zurückkehren und den Hügel hinaufsteigen. Der volkstümliche Name der Höhle („Ganesha Gumpha") geht auf die Erscheinung des elefantenköpfigen Ganesha an der rechten hinteren Zellenwand zurück. Von Höhle 10 folgt man dem Pfad hinauf zu dem Felsvorsprung ganz oben auf dem Hügel. Zum einen bietet sich hier eine schöne Aussicht, und zum anderen kann man die Ruinen einer alten *chaitya*-**Halle** besichtigen. Vermutlich war dies einst der wichtigste Andachtsort für die Jain-Mönche, die unterhalb von ihr lebten.

Unterhalb der Ruinen liegen **Höhle 12** in Form eines Tigerkopfes und **Höhle 14** oder Hathi Gumpha, die bekannt ist für ihre lange **Inschrift** in altem Magadhi. Sie erinnert mit überschwänglichen Worten an die Lebensgeschichte von König Kharavela, dessen Heldentaten – auf dem Schlachtfeld wie anderswo – das Vermögen einbrachten, welches man für die Ausschachtung der Höhlen benötigte.

Khandagiri

Die Höhlen auf dem gegenüberliegenden Hügel, Khandagiri, können entweder über die lange Treppe von der Straße her erreicht werden (vom Haupteingang der Udaigiri-Höhlen geradewegs bergauf) oder aber über eine Abkürzung von Höhle 14 über die Stufen, die von Höhle 17 hinunterführen. Letztere Route führt direkt zu den **Höhlen 1 und 2**, die wegen ihrer Vogelverzierungen an den Eingangsbögen unter dem Namen Tatowa Gumpha („Papageienhöhlen") bekannt sind. Höhle 2 wurde im 1. Jh. v. Chr. ausgehoben und ist die größere und interessantere der beiden. An der Rückwand einer ihrer Zellen lassen sich gerade noch ein paar Zeilen in roter Brahmi-Schrift erkennen, die von einem Mönch stammen sollen, der hier vor 2000 Jahren seine Handschrift geübt hat. Die Reliefs in **Höhle 3**, der Ananta Gumpha („Schlangenhöhle", weil Schlangen ihren Eingang zieren), weisen die besten Steinmetzarbeiten des Hügels auf, wenngleich sie mancherorts schwer beschädigt sind. Linker Hand der Haupttreppe liegen die **Höhlen 7 und 8**, ehemals Schlafquartiere, aber im 11. Jh. zu Heiligtümern umfunktioniert. Beide Höhlen beherbergen sowohl Reliefs von *tirthankaras* als auch von Hindu-Gottheiten, die in das Jain-Pantheon aufgenommen wurden.

Vom **Jain-Tempel** aus dem 19. Jh. auf der Hügelspitze bieten sich schöne Ausblicke über Bhubaneswar bis zur weißen Kuppel von Dhauli.

Dhauli

8 km südlich von Bhubaneswar Richtung Pipli erhebt sich auf dem **Dhauli-Hügel** der strahlend weiße **Vishwa Shanti Stupa**. Er überblickt den Ort, an dem der Maurya-Herrscher **Ashoka** um 260 v. Chr. in einer entscheidenden Schlacht die Kalinga besiegte. Abgesehen davon, dass Ashoka damit das blühende Königreich Orissa in die Knie zwang und die Kontrolle über die östlichen Seehäfen gewann, hatte der blutige Sieg noch andere Folgen für ihn: Die Ermordung von 150 000 Menschen in der Schlacht soll bei Ashoka hernach so starke Schuldgefühle ausgelöst haben, dass er von da an den Weg der gewalttätigen Eroberung aufgab und den von Gautama Buddha gepredigten spirituellen Pfad einschlug. Der moderne, 1972 von einem Verband japanischer Buddhisten errichtete Stupa, der seinen älteren Nachbarn in den Schatten stellt, fungiert als Gedenkstätte für Ashokas legendären Gesinnungswandel und die von ihm ausgelöste radikale Veränderung. Die Reliefs an den Seitenwänden zeigen Episoden aus dem Leben Ashokas (unterhalb) und Buddhas (darüber), während die schirmförmigen Darstellungen an der Spitze die fünf wichtigsten buddhistischen Tugenden symbolisieren: Treue, Hoffnung, Mitgefühl, Vergebung und Gewaltlosigkeit.

Nach seiner Bekehrung machte sich Ashoka daran, die Grundsätze seines neuen Glaubens zu verbreiten, indem er sie in **Felsenedikte** einmeißeln und diese an Schlüsselstellen im Reich aufstellen ließ (s. S. 90). Eine dieser Inschriften – in der alten **Brahmi-Schrift**, dem Vorläufer aller nicht-islamischen indischen Schriften – kann noch immer am Fuße des Hügels bestaunt werden. Sie ist in einen Felsen gemeißelt, der zu einem wunderschönen Elefanten (dem Symbol des Buddhismus) gestaltet wurde. Das Denkmal hatte jahrhundertelang unter einer Gestrüppdecke verborgen gelegen und wurde erst 1837 von dem britischen Kohleschürfer Lieutenant Markham Kittoe wiederentdeckt, der ein Faksimile an den angesehenen Indologen James Prinsep nach Kalkutta schickte. Durch den Vergleich mit Kopien ähnlicher Inschriften in Nordindien gelang es Prinsep schließlich, die Schrift zu entschlüsseln und die vergessene Geschichte Ashokas und der Maurya freizulegen.

Die Übersetzung dieses Beispiels in Dhauli enthält eine Mischung aus weitschweifigen philosophischen Bemerkungen, Abhandlungen über die Rechte der Tiere und Ratschläge, wie man seine Sklaven zu behandeln habe. Besonders bemerkenswert sind die Zeilen, dass die buddhistische Doktrin der Gewaltlosigkeit von „den Königen Ägyptens, von Ptolemäus, von Antigonos und von den Magas" anerkannt wurde, womit erstmals die Existenz einer Verbindung zwischen den alten Zivilisationen Indiens und des Westens nachgewiesen werden konnte. Darüber hinaus ist auf dem Edikt von Dhauli auch die berühmte Erklärung „Alle Menschen sind meine Kinder…" zu lesen, wobei geflissentlich verschwiegen wird, wie viele Kalinga Ashoka dem Schwert unterwarf, bevor er endlich „das Licht erblickte".

Wer im Februar hier ist, sollte sich bei den Touristenbüros nach dem jährlich am Stupa stattfindenden Martial Dance Festival erkundigen, bei dem Tanzszenen aus Schlachten nachgespielt werden und traditionelle Kampfkunstformen aus Manipur, Orissa, Maharashtra und Kerala zur Aufführung kommen.

Wer nicht mit dem eigenen Fahrzeug oder einer organisierten Tour unterwegs ist, muss die letzten 2 km zum Hügel laufen. Vom Busfahrer sollte man sich am Dhauli Chowk, der Kreuzung auf der

Hauptstraße von Puri nach Bhubaneswar, absetzen lassen. Durch eine von Cashew-Bäumen flankierte Straße geht es am Felsenedikt vorbei zum Stupa und einem kleinen Parkplatz hinauf, wo an verschiedenen Ständen Postkarten und *chai* verkauft werden.

Pipli

Rund 20 km südlich von Dhauli liegt an der Straße nach Puri der kleine Ort Pipli, bekannt für seine Applikationsarbeiten und farbenfrohen Lampenschirme. Vieles, was die Kunsthandwerker heute auf ihren handbetriebenen Nähmaschinen kreieren, ist geschmackloser Kitsch – zumindest verglichen mit den detailversessenen Arbeiten, die traditionell für den Jagannath-Tempel ausgeführt wurden. Wer ausreichend Interesse bekundet, bekommt auch einige der edleren Stücke zu Gesicht, denen Pipli seinen Ruf verdankt. Zu den authentischsten Waren gehören Tagesdecken, Wandbehänge und kleine *chhatris* (Baldachine, die man normalerweise über Haus- und Tempelschreine hängt). Die Läden öffnen generell erst recht spät am Tag, so dass die beste Zeit für einen Bummel der Abend ist, zumal das schummrige Licht der Gaslampen und die religiöse Musik dann eine ganz besondere Stimmung schaffen.

Pipli ist in 30 Minuten mit Bussen (alle 15 Min.) ab Bhubaneswar erreichbar.

Puri

Ein aufrichtiger Pilger hat keine Angst, mit seinen lahmen Füßen ganze Königreiche zu durchmessen.
Altes Hindu-Sprichwort

Als Heimat des Gottes Jagannath und seiner Geschwister zählt Puri zu den bedeutendsten heiligen Stätten Indiens und wird Jahr für Jahr von riesigen Pilgermassen besucht. Die größten Menschenansammlungen sind während des Monsuns zum Fest **Rath Yatra** zu verzeichnen, dem berühmten „Car Festival", das in keiner Orissa-Touristenbroschüre fehlen darf. Anlässlich des Festes strömen Millionen Pilger in die Stadt, um drei riesige, bunte Festwagen zu bestaunen, die durch die Hauptstraße gezogen werden. Im Zentrum des Trubels thront der **Jagannath-Tempel** wie eine deplatzierte Weltraumrakete

über dem mittelalterlichen Herzen der Stadt mit ihren Vororten aus der Kolonialzeit. Das belebte Tempelgelände ist ausschließlich Hindus vorbehalten, wovon man sich aber nicht abhalten lassen sollte, die Stadt zu besuchen. Die Straßen und der Strand von Puri stehen das ganze Jahr über im Mittelpunkt intensiver religiöser Aktivitäten, und in den Basaren wimmelt es von Sammelobjekten im Zusammenhang mit dem Jagannath-Kult.

Nach Puri kommen drei unterschiedliche Besuchertypen: Bengalen der Mittelschicht, welche die Möglichkeit, *puja* und Strandvergnügen zu verbinden, zu schätzen wissen. Junge Rucksacktouristen aus dem Westen und aus Japan werden von Puris kleiner Traveller-Szene angezogen, während Tausende von Pilgern vor allem aus ländlichen Regionen Ostindiens herbeiströmen, um Jagannath zu huldigen. Im Laufe der Zeit hat jede dieser Gruppen eine bestimmte Ecke der Stadt für sich abgesteckt und ist dieser bis heute treu geblieben. All das trägt zu einer recht bizarren und berauschenden Atmosphäre bei, die sich innerhalb weniger Schritte ändern kann: Sobald man sich ein wenig von der Intensität des hinduistischen Indiens gelöst hat, geht es zum weltlichen Vergnügen ans Meer und anschließend zurück in die relative Stille der Hotelveranden.

Geschichte

Bis zum 7./8. Jh. war Puri nicht viel mehr als ein provinzieller Außenposten entlang der Küstenhandelsroute, die Ostindien mit dem Süden verband. Dank ihrer Beziehung zu dem hinduistischen Reformer **Shankara** begann die Stadt schließlich auf der religiösen Landkarte aufzutauchen. Shankara erkor Puri zu einem seiner vier *mathas*, sprich Zentren zur Ausübung einer radikal neuen, asketischeren Form des Hinduismus. Vom ganzen Subkontinent strömten heilige Männer hierher, um über die neue Philosophie zu debattieren – eine Tradition, die bis zum heutigen Tag in den Innenhöfen der Tempel gepflegt wird. Mit Eintreffen der **Ganga** Anfang des 12. Jhs. wuchs diese religiöse und politische Bedeutung noch weiter. Im Jahre 1135 gründete Anantavarman Chodaganga den prächtigen Tempel in Puri und widmete ihn Purushottama (einer der unzähligen Namen Vishnus). Unter der **Gajapati-Dynastie** änderte sich Purushottamas Name im 15. Jh. zu **Jagannath** („Herr des Universums"), und der Tempel wurde zu einem Zentrum des Vaishnavismus und der Verehrung Krishnas, einer Inkarnation von Vishnu. Heutzutage ist Puri eines der vier größten Pilgerzentren Indiens.

Der **Freizeittourismus** im westlichen Stil, der sich hauptsächlich um den langen Sandstrand konzentriert, ist ein vergleichsweise junges Phänomen. Zuallererst entdeckten die Briten Puris Potenzial als Badeort. Nach ihrem Verschwinden wurden die Bungalows von den Bengalen in Besitz genommen, die sich den Strand jedoch mit zugewanderten jungen Westlern teilen mussten, auf die das Haschisch im Überfluss nicht ohne Anziehungskraft geblieben war. Heute gibt es nur noch wenige Überbleibsel dieser Ära. Infolge einer konzertierten Kampagne der Stadtverwaltung zur Besserung von Puris Image ist die „Szene" auf eine Hand voll Cafés zusammengeschrumpft und hat nichts mehr mit dem wilden Hippieparadies zu tun, das einige immer noch zu finden hoffen.

Der Jagannath-Tempel

Puris mächtiger Jagannath-Tempel ist einer der vier heiligen geografischen Kardinalpunkte Indiens *(dham)* – neben Dwarka im Westen, Badrinath im Norden und Rameshwaram im Süden. Er zieht Pilger an, die drei glückliche Tage und Nächte in der Nähe der hier residierenden Gottheit Jagannath verbringen wollen. Das gegenwärtige Tempelgebäude wurde Anfang des 12. Jhs. vom Ganga-Herrscher Anantavarman Chodaganga nach dem Vorbild des älteren Lingaraj-Tempels in Bhubaneswar errichtet.

Nicht-Hindus dürfen die Vorgänge nur vom Flachdach der **Raghunandan-Bibliothek** (direkt gegenüber dem Haupteingang, ◷ Mo–Sa 10–12, 16–18 Uhr) beobachten. Einer der Angestellten geleitet die Besucher über die Treppen zum Aussichtspunkt hinauf. Für diesen Service wird eine Spende erwartet, wobei man den hohen, im Besucherbuch verzeichneten Summen keinen Glauben schenken sollte.

Vom Dach bietet sich ein schöner Blick auf den riesigen *deul* – mit seinen 65 m das bei weitem höchste Gebäude der gesamten Region. Archäologen haben den weißen Mörtel vom Turm entfernt, um die kunstvollen, an den Lingaraj erinnernden Steinmetzarbeiten sichtbar zu machen. Die Spitze des Turms zieren eine lange, scharlachrote Flagge und

das achtspeichige Rad *(chakra)* von Vishnu. Sie verweisen auf die Anwesenheit Jagannaths im Innern.

Die pyramidenförmigen Dächer der an den Tempel angrenzenden Mandapas streben Stufe für Stufe dem Turm entgegen und lassen an eine Gebirgskette denken. Dem Heiligtum am nächsten befindet sich das *jagamohana* (Versammlungshalle), welches Teil des ursprünglichen Gebäudes ist. Die anderen beiden, der kleinere *nata mandir* (Tanzsaal) und die *bhoga-mandapa* (Opferhalle) nahe dem Eingang wurden im 15. und 16. Jh. hinzugefügt. In diesen Hallen ist nach wie vor einiges los: Tagsüber marschieren die Gläubigen zum *darshan* hindurch; abends wird in den Räumen andächtige Musik gespielt. Hier wurden zur Unterhaltung von Jagannath, seinem Bruder Balabhadra und seiner Schwester Subhadra einst Tänze aufgeführt, die Episoden aus Jayadevs *Gita Govinda* (die beliebte Geschichte von Krishnas Leben) nachstellten. Heutzutage ersetzen Lieder aus dem Lautsprecher das traditionelle Theater.

Außerhalb des Hauptgebäudes, am linken Ende des ummauerten Tempelareals, befinden sich die **Küchen**. Das hier zubereitete Essen, *mahaprashad* genannt, wird vor dem Verzehr von Jagannath höchstpersönlich gesegnet. Es soll so rein sein, dass sogar ein Bissen aus dem Munde eines Hundes, den ein Harijan („Unberührbarer") einem Brahmanen reicht, den Körper von Sünden befreit. Überall laufen Gläubige mit kaputten Schüsseln voller *dhal* und Reis herum; sie können der Gottheit nur Essen aus einem beschädigten Gefäß anbieten, da in dieser Welt allein Jagannath vollkommen ist.

Die 6000 **Tempeldiener** werden unterteilt in 96 erbliche und hierarchische Kategorien, *chhatisha niyoga* genannt, und umfassen sowohl die Priester, welche für die Bedürfnisse der Gottheiten sorgen (Zähneputzen, Anziehen, Füttern, Zurechtmachen für den Nachmittagsschlaf usw.), als auch die einzelnen Handwerkszünfte, die all die Objekte für die täglichen Rituale produzieren.

Ein guter Platz, um ein bisschen am Tempelleben und an der Atmosphäre teilzuhaben, ist das wunderschöne Haupttor auf der Ostseite der Anlage. Gegenüber dem Tor steht eine zeremonielle **Säule**, die ihren Platz einst vor dem Surya-Tempel in Konarak hatte. Sie wurde im 18. Jh. von den Marathen hierher gebracht – obenauf thront Aruna, der Wagenlenker des Sonnengottes.

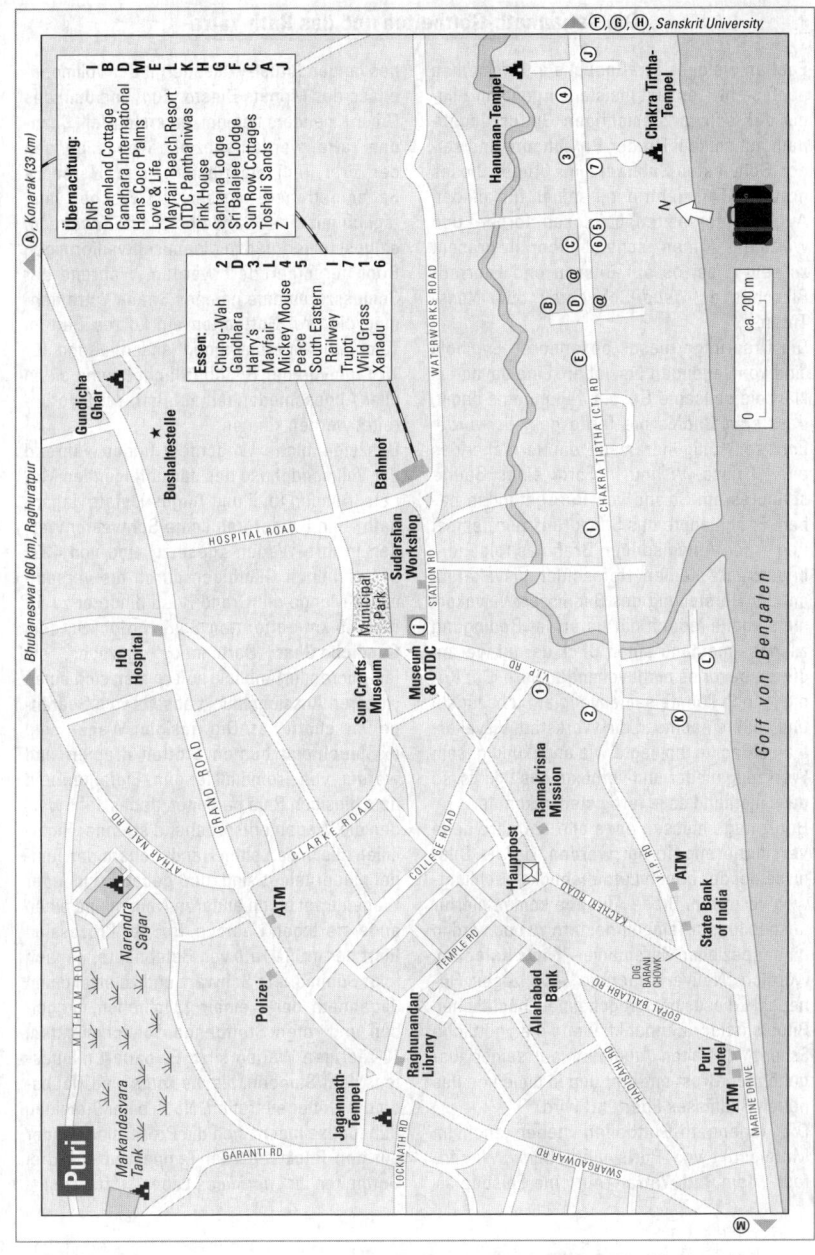

Puri

Übernachtung:
BNR I
Dreamland Cottage B
Gandhara International D
Hans Coco Palms M
Love & Life E
Mayfair Beach Resort K
OTDC Panthaniwas H
Pink House G
Santana Lodge F
Sri Balajee Lodge C
Sun Row Cottages A
Toshali Sands J
Z

Essen:
Chung-Wah 2
Gandhara D
Harry's 3
Mayfair L
Mickey Mouse 4
Peace 5
South Eastern
Railway 7
Trupti 1
Wild Grass 1
Xanadu 6

Konarak (33 km)

Bhubaneswar (60 km), Raghurajpur

Sanskrit University

ORISSA

Golf von Bengalen

Gundicha Ghar

Bushaltestelle

Bahnhof

HOSPITAL ROAD

Sudarshan Workshop

STATION RD

Municipal Park

Museum & OTDC

Sun Crafts Museum

HQ Hospital

GRAND ROAD

CLARKE ROAD

COLLEGE ROAD

ATM

Ramakrisna Mission

Hauptpost

TEMPLE ROAD

Narendra Sagar

ATM

Polizei

MITHAM ROAD

ATHAR NALA RD

Markandesvara Tank

Raghunandan Library

Jagannath-Tempel

GARANTI RD

LOCKNATH RD

Allahabad Bank

KACHERI ROAD

DIG BARANI CHOWK

GOPAL BALLABH RD

VIP RD

State Bank of India

ATM

Puri Hotel

HADASAHI RD

SWARGADWAR RD

MARINE DRIVE

WATERWORKS ROAD

CHAKRA TIRTHA (CT) RD

Hanuman-Tempel

Chakra Tirtha-Tempel

N

ca. 200 m

0

Puri   569

Die Jagannath-Gottheiten und das Rath Yatra

Egal an welcher Straßenecke in Orissa man auch steht – es fällt meistens irgendein Bildnis des schwarzgesichtigen Gottes Jagannath mit seinem Bruder **Balabhadra** und seiner Schwester **Subhadra** ins Auge. Dieses groteske Familientrio mit seinen funkelnden Augen, untersetzten, beinlosen Körpern und winzigen Armen scheint überall präsent zu sein – sei es auf Bussen und Fahrrad-Rikschas, auf *beedi*-Schachteln oder Nuss-Tüten.

Die Ursprünge dieses besonderen Symbols sind von Legenden umwoben. Eine davon erklärt die seltsame Gestalt Jagannaths damit, dass sein Bildnis nie fertig gestellt wurde: Einst soll König Indramena, ein Herrscher des alten Orissa, Vishnu in Form eines Baumstumpfes am Strand von Puri gefunden haben. Er schleppte das Stück Holz zum Tempel und – den Anweisungen Brahmas folgend – beauftragte seinen Hoftischler Visvakarma mit der Herstellung des Bildnisses. Visvakarma stimmte jedoch nur unter der Bedingung zu, dass niemand einen Blick darauf werfen dürfte, bevor es nicht vollendet wäre. Der König jedoch konnte seine Neugier nicht zügeln und spähte nachts in die Werkstatt. Visvakarma entdeckte ihn, legte wie angekündigt sein Werkzeug nieder und verhexte das Bildnis, so dass niemand es je fertig stellen konnte.

Heutzutage müssen etwa alle 12 Jahre neue Versionen angefertigt werden, da die Bildnisse bei der hohen Luftfeuchtigkeit schlichtweg verrotten. Diese Aufgabe kommt hierfür ausgebildeten Tempelpriestern zu und wird in einer speziellen Zeremonie – **Nava Kalebara**, wörtlich „Neuverkörperung" – vollzogen. Höhepunkt dieses höchst geheimen, nächtlichen Rituals ist der Zeitpunkt, wenn die „göttliche Essenz" des alten Jagannath aus seiner ausgehöhlten Brust entfernt und in diejenige des neuen Bildnisses überführt wird.

Die Jagannath-Gottheiten stehen auch im Mittelpunkt von Puris jährlichem „Wagenfest", dem **Rath Yatra** – nur eine Episode eines langen Ritualzyklus, der in der Vollmondphase des Monats Djesto (Juni und Juli) des Oriya-Kalenders beginnt. Im ersten Teil, **Chandan Yatra**, werden spezielle Nachbildungen der drei Tempelgottheiten zum Narendra Sagar getragen, wo sie drei Wochen lang täglich mit einer Sandelholzpaste *(chandan)* eingeschmiert und in einem schwanförmigen Boot herumgerudert werden. Während der Schlusszeremonie namens **Snana Yatra** nehmen die drei Gottheiten ein kurzes Bad im Teich und verschwinden anschließend für 15 Tage von der Bildoberfläche, damit sie in aller Abgeschiedenheit auf Rath Yatra vorbereitet werden können.

Das eigentliche Wagenfest findet während der Vollmondphase des darauffolgenden Monats, Asadho (Juli und August), statt. Jagannath, sein Bruder und seine Schwester werden in ihre Wagen „gesetzt" und von 4200 angesehenen Gläubigen durch die versammelte Menge die Grand Road hinunter zu ihrem 1,5 km entfernten Sommerdomizil, dem **Gundicha Ghar** („Gartenhaus"), gezogen – ein faszinierender Anblick, sofern man sich einen sicheren Aussichtspunkt abseits vom Gedränge verschafft hat. Die riesigen Wagen sind mit leuchtend bunten Stoffen drapiert und werden von Trommelklängen, Elefanten und dem hiesigen Raja begleitet. Jedes Jahr werden die Wagen entsprechend strenger Richtlinien, die in den alten Handbüchern der Tempel niedergelegt sind, neu gebaut, und jeder Wagen trägt einen anderen Namen und einen andersfarbigen Überzug. Bei der Prozession führt der grüne *rath* von Balabhadra, danach folgt Subhadra in Schwarz und zuletzt kommt Jagannath, der in einem 13 m hohen, mit gelben und roten Stoffbahnen geschmückten, 18-rädrigen Wagen sitzt. Es dauert mindestens acht Stunden, bis die *raths* am Urlaubsort der Götter eintreffen. Nach einer 9-tägigen Ruhepause macht sich die Prozession wieder auf den Rückweg zum Tempel, wo die drei Gottheiten ihr „normales Leben" fortsetzen.

Rund um den Tempel

In den Straßen rund um den Tempel herrscht eine hektische Betriebsamkeit sowohl religiöser als auch kommerzieller Natur. Die **Grand Road**, Puris breite Hauptgeschäftsstraße, wird von einem quirligen **Basar** begrenzt, dessen Stände zumeist auf *rudraksha malas* (shaivitische „Rosenkränze" aus 108 Perlen), Heilmittel der Ayurveda-Medizin oder die allgegenwärtigen Bildnisse von Jagannath spezialisiert sind. Außerdem sollte man unbedingt einen Blick auf die wundervollen „religiösen Karten" von Puri werfen.

Vom Hauptplatz im Tempelareal geht in südlicher Richtung die schmuddelige **Swargadwar Road** („Straße der Feuerbestattung") ab, die durch einen nicht minder schmierigen Basar zur Hauptpromenade führt. Der Ort der Feuerbestattung selbst liegt übrigens weit im Süden des Strandes und gehört zu Indiens verheißungsvollsten Begräbnisstätten. Neugierige Touristen, insbesondere solche mit einer Kamera um den Hals, sind hier nicht willkommen.

Ein etwas vergnüglicherer Ausflug führt vom Hauptplatz des Tempels aus zu den **heiligen Wasserbecken** im Norden der Stadt hinauf und wird am besten per Fahrrad unternommen. Zunächst folgt man der Nordmauer des Jagannath-Tempels bis zu einer kleinen Straßenkreuzung, wo man rechts in eine schmale, gewundene Nebenstraße abbiegt und nach etwa 1 km zum **Markandesvara-Teich** gelangt. Hier soll Vishnu einst in Form eines *neem*-Baumes ansässig gewesen sein, während sein Tempel tief unter einer Sanddüne begraben wurde. Von dem Baum ist nichts zu sehen, aber die Tempel an der Südseite lohnen einen Blick, insbesondere der kleinste in der Gruppe, der Bildnisse des Jagannath-Trios beherbergt.

Läuft man nun denselben Weg bis zur ersten Abzweigung zurück und biegt links ab, so erreicht man nach wiederum etwa 1 km den **Narendra Sagar**, Puris heiligsten Teich. Mittendrin steht ein kleiner Tempel, der mit den *ghats* über eine schmale Fußgängerbrücke verbunden ist. Während des jährlichen **Chandan Yatra** (s. Kasten) wird eine Nachbildung von Jagannath jeden Tag für eine Bootspartie hierher gebracht. Den Tempel zieren lebhafte **Wandmalereien**, die man gegen ein geringes Entgeld (dessen Höhe aus einer Liste zu ersehen ist) ablichten darf.

Museen und Sudarshan Workshop

Das **Sun Crafts Museum** nahe der Kreuzung von VIP Road und Station Road verspricht einen Einblick in den kommerziellen Aspekt des Jagannath-Phänomens. Es steht unter der Leitung eines Hare-Krishna-Anhängers und birgt eine große Sammlung von Bildnissen des Gottes und seiner Geschwister in diversen Erscheinungsformen. In einer Werkstatt werden kleine hölzerne Repliken geschnitzt und bemalt, bevor sie an ISKON-Zentren in der ganzen Welt gehen. Ein umstritteneres Bildnis der Gottheit Jagannath zeigt ihn auf einem christlichen Kreuz, das mitunter als symbolische Forderung nach mehr religiöser Toleranz interpretiert wird – angesichts von Feindseligkeiten in jüngerer Vergangenheit zwischen Hindus und Christen in Orissa. Auf diskrete Nachfrage bekommt man das Kruzifix möglicherweise gezeigt. ◷ tgl. 6–22 Uhr, Eintritt frei.

Über der Touristeninformation in der Station Road liegt versteckt Puris kleines, insgesamt wenig sehenswertes **Museum** mit geschmacklosen Nachbildungen von den Zeremonialgewändern der Jagannath-Gottheiten sowie Modellen der *raths* wie sie beim Wagenfest benutzt werden. ◷ Di–So 10–17 Uhr, Eintritt frei.

Läuft man von hier in Richtung Bahnhof, so stößt man in der Nähe des Shinto-Schreins auf den **Sudarshan Workshop**, eine der wenigen traditionellen Steinmetzwerkstätten, die es in Puri heute noch gibt. Ausnahmsweise scheinen die hiesigen Meister und ihre Lehrlinge ein größeres Interesse daran zu haben, ihrer Kunst nachzugehen als sie an Touristen zu verkaufen; sie verweisen potenzielle Kunden aber freudig auf den Laden nebenan. Viele der Objekte sind große religiöse Statuen, die aus jenem Sandstein, aus dem auch der Sonnentempel in Konarak erbaut ist, herausgemeißelt wurden.

Der Strand

Wer nach Puri kommt, um vorwiegend friedlich in der Sonne zu liegen und zu baden, wird enttäuscht sein. Das Problem liegt nicht nur im unablässigen Strom aufdringlicher Händler, sondern auch darin, dass der Strandabschnitt vor dem Fischerdorf im Osten zu einer 3 km langen öffentlichen Toilette und Müllhalde verkommen ist. Hygienischeres Eintauchen erlaubt der ruhigere

Strandabschnitt hinter der Sanskrit University, 3 km weiter östlich.

Am Westende der Stadt, entlang der **Marine Parade**, lässt die Atmosphäre dagegen beinahe an einen britisch-viktorianischen Badeort denken. Mit seinen vielen Hotels an der Promenade ist dieser Abschnitt fest in der Hand der einheimischen Tourismusindustrie, und auch der Strand präsentiert sich hier wesentlich sauberer. Man kann hier schön bummeln, besonders nach Sonnenuntergang, wenn der Souvenir-Markt zum Leben erwacht. Zum Essen bieten sich unzählige Fastfood-Lokale entlang der Promenade an, in den Nebenstraßen dahinter findet man auch viele *chai*-Stände und kleine Restaurants.

Der Strand selbst steht unter Aufsicht einheimischer Fischer, die in Funktion von **Lebensrettern** auf und ab patrouillieren. Zu erkennen sind sie an ihren dreieckigen Strohhüten und *dhotis*. Die **Unterströmung** ist hier so stark, dass jedes Jahr Menschen ertrinken – schlechte Schwimmer sollten daher sehr vorsichtig sein. Sofern sie nicht gerade Leben retten, sind die Fischer damit beschäftigt, sich traditionelleren Aufgaben wie dem Ausbessern von Netzen und Booten zu widmen (am Ende des Strandes, nahe der CT Road). Das **Fischerdorf** gehört zu den größten in Orissa. Dutzende winziger Segelboote kreuzen tagsüber vor der Küste hin und her. Nach ihrer Rückkehr an den Strand wird der Fang in Körbe verpackt, von den Frauen abgeholt und zum Verkauf auf den **Fischmarkt** ins Dorf gebracht.

Orissas Kunst und Künstler

Nur wenige Regionen Indiens verfügen über eine solche Vielfalt an traditionellen Kunstformen wie Orissa. Während man bei einem Bummel durch die Basare und Einkaufszentren von Puri und Bhubaneswar einen guten Überblick über die regionalen Stile und Techniken erhält, macht der Souvenirkauf in den Dörfern, wo die Waren hergestellt werden, wesentlich mehr Spaß. Die heutige hohe Nachfrage nach Souvenirs hat vielen alten Kunstformen zu einem zweiten Frühling verholfen.

• **Bildhauereien**: Da viele der modernen Tempel aus Stahlbeton erbaut werden, haben die Steinmetze in Orissa zunehmend zu kämpfen. In der Pathuria Sahi („Gasse der Steinmetze") oder im bekannten Sudarshan Workshop in Puri kann man ihnen bei der Arbeit zuschauen. Dort stellen Meisterhandwerker und ihre Lehrlinge noch immer nach alten Anleitungen Hindugötter und andere Votivobjekte her.

• **Malerei**: Die klassische Malerei Orissas, *patta chitra* genannt, ist eng mit dem Jagannath-Kult verbunden. Traditionell wurden die Künstler angestellt, um das Innere von Tempeln in Puri zu gestalten und die Überzüge für die Götter und Wagen für das Rath Yatra zu bemalen. Später übertrug man dieselben Motive auf Stoffe oder Palmblätter und verkaufte sie als heilige Souvenirs an Pilger. In dem kleinen Dorf Raghurajpur nahe Puri, wo ein Großteil der verbliebenen Künstler *(chitrakaras)* heute lebt, werden Farben verwendet, die aus Mineralen der Umgebung gewonnen werden.

• **Palmblatt-Manuskripte**: Palmblätter *(chitra pothi)* werden in Orissa seit Jahrhunderten als Schreibmaterial genutzt und die grundlegenden Techniken haben sich seither nur geringfügig verändert. Mit einem spitzen, stiftartigen Gegenstand *(lohankantaka)* kratzt der Künstler zunächst den Text oder die Verzierung auf die Oberfläche des Palmblatts und bestreicht es danach mit einer Paste aus Gelbwurz, getrockneten Blättern, Öl und Kohle – nach Abtragen dieses Belags sind die Zeichen besser zu erkennen. In der Raghunandan-Bibliothek von Puri kopieren Schüler sorgfältig alte Manuskripte, um sie anschließend an Touristen zu verkaufen. Die besten antiken Originalbücher aus Palmblättern sind im Nationalmuseum von New Delhi und im Orissa State Museum von Bhubaneswar zu bestaunen.

• **Textilien**: Überall in Orissa kann man beobachten, wie auf Handwebstühlen die unterschiedlichsten Stoffe produziert werden. Am berühmtesten sind die Seidensaris aus

Übernachtung

Praktisch alle Hotels in Puri befinden sich am oder in unmittelbarer Nähe zum Strand, wobei es einen elementaren Unterschied gibt: Während die Unterkünfte für einheimische Touristen hinter dem Marine Drive (der Promenade am westlichen Strandende) liegen, befinden sich die Billighotels für ausländische Besucher weiter östlich in der Umgebung der CT Rd, eingezwängt zwischen den Hochhausbauten der teuren Resorthotels und dem Fischerdorf.

Dieser Distrikt wird von den Einheimischen **Pentakunta** genannt. Die weniger teuren Hotels sind während der Sommermonate relativ ruhig, die teureren dagegen schon lange vor Rath Yatra ausgebucht, was u. a. an der Ferienzeit der Bengalen liegt, die in diese Periode fällt.

Da viele Züge bereits am frühen Morgen in Puri ankommen, gilt für die meisten Hotels als Checkout-Zeit 8 Uhr, in der Nebensaison wird diese Regel allerdings etwas lockerer gehandhabt.

BNR (South Eastern Railway Hotel), CT Rd, ✆ 06752/222063. Hier hat sich nichts geändert, seitdem dieses Hotel der beliebteste Schlupfwinkel für Kalkuttas Burra- und Memsahibs war. Träger mit Turban und breitem Gürtel huschen barfüßig über die breiten Veranden. Ein Muss für Liebhaber des Raj-Stils – und sei es nur zum Abendessen. ❹–❺

Dreamland Cottage, nahe der CT Rd, ✆ 06752/224122. Sehr heimelig; entspannte Atmosphäre;

Berhampur und Sambalpur. Ebenfalls sehr typisch ist *ikat*, das ursprünglich durch die alten Handelsverbindungen mit Südostasien nach Orissa gelangte. Seine Herstellungsweise beruht auf einer Art Knüpfbatik *(bandha)*, bei der man ganze Fadenstränge umwickelt und anschließend in unterschiedlichen Tönen färbt; beim Weben ergibt sich dann automatisch das Muster. Dasselbe Prinzip wird von den Webern aus dem Dorf Nuapatna (70 km von Bhubaneswar entfernt) angewandt: Sie stellen Seiden-*ikats* mit Versen aus den religiösen Schriften des Jagannath-Tempels her.

• **Applikationsarbeiten**: Pipli (s. S. 567) besitzt ein Monopol auf Applikationsarbeiten – ein weiteres Handwerk, das im Jagannath-Kult verwurzelt ist. Geometrische Motive sowie stilisierte Vögel, Tiere und Blumen werden aus bunten Stoffen ausgeschnitten und anschließend auf einen dunklen Hintergrund aufgenäht. Die Künstler von Pipli sind sowohl die Urheber der bunten Überzüge für die Wagen beim Rath Yatra als auch für die kleinen Baldachine oder *chhatris,* die in Orissa über den jeweiligen Tempelgottheiten angebracht werden.

• **Metallarbeiten**: Orissas bekannteste Metalltechnik ist *tarakashi* (wörtlich „gewebter Draht"), d. h. Filigranarbeiten aus Silber. Produziert werden Schmuck sowie Utensilien zum Gebrauch in religiösen Zeremonien. Die Muster sollen mit den Moguln aus Persien nach Indien gekommen sein, aber die Existenz einer identischen Kunstform in Indonesien (mit dem die ehemaligen Königreiche Orissas Handel trieben) lässt den Schluss zu, dass die Technik bereits um einiges älter ist. Eine nennenswerte Produktion von *tarakashi* findet heute nur noch in Cuttack statt, zweifellos handelt es sich um eine aussterbende Kunstform. Dies ist einerseits auf die Vorliebe der Hindus für Goldschmuck zurückzuführen und andererseits auf den Widerstand der Künstler, ihre Designs der modernen Zeit anzupassen.

• **Dhokra**: Hinter dem Begriff *dhokra* verbirgt sich eine Metallarbeit im Wachsausschmelzverfahren, die in Adivasi-Gemeinschaften in den Distrikten Mayurbhunj und Keonjhar heimisch ist und sich dank des wiederbelebten Interesses an „ethnischer" Kunst prächtig entwickelt. Die *dhokra*-Objekte – üblicherweise Tierfiguren oder Stammesgottheiten – sind relativ leicht an ihrer charakteristischen Verzierung mit Drahtfäden zu erkennen, die dem Wachsbild hinzufügt werden, bevor das flüssige Metall in die Gussform kommt.

ORISSA

ruhiger Garten mit vielen Vogelkäfigen. 5 Zimmer, alle mit Bad, aber ohne AC. **❶**

Gandhara International, CT Rd, ✆ 06752/222618, ✉ gandhara@india.com. Guter Deal für Rucksackreisende. Billige, saubere Zimmer und Schlafsäle (Rs 40) rund um den Innenhof sowie neuerer Anbau mit teureren Zimmern (AC, warme Duschen, TV). 2 Dachterrassen, Restaurant mit authentischen japanischen Gerichten auf Nachfrage, Internet, Reise- und kostenloser Poste-restante-Service. **❷–❺**

Hans Coco Palms, Marine Drive, ✆ 06752/230951, ✉ hanscocoplams@hotmail.com. Moderner Komplex in herrlicher Lage 2 km westlich des Zentrums; alle Zimmer mit AC und Meerblick, schöner Strand, Pool, Bar und Restaurant. **❽–❾**

Love and Life, CT Rd, ✆ 06752/224433, 📠 226 093. Besonders bei jungen Japanern beliebt, entspannte Atmosphäre und gutes Restaurant. Saubere Zimmer, alle mit Bad, entweder im Hauptgebäude oder in Cottages im Garten. Schlafsaal Rs 30 p. P. **❶–❺**

Mayfair Beach Resort, nahe der CT Rd, ✆ 06752/ 227800, 📠 224242. Luxus-Chalets und Zimmer mit Blick durch einen Palmenhain zum Pool und Strand. 5-Sterne-Einrichtungen, dazu gehören v. a. ein Massagesalon, eine Bar und ein exzellentes Restaurant. Sehr empfehlenswert. DZ ab US$68. **❾**

OTDC Panthaniwas, nahe der CT Rd, ✆ 06752/ 222562. Gutes Preis-Leistungs-Verhältnis; schlichte, aber geräumige Zimmer, einige davon mit angenehmer Meeresbrise; das alte Gebäude aus der Raj-Ära hat mehr Charakter. Nettes Restaurant, Bar und Garten. **❷–❻**

Pink House, nahe der CT Rd, am Rande des Fischerdorfes, ✆ 06752/222253. Lässige, pinkfarbene Herberge direkt am Strand mit angeschlossenem Restaurant. **❶–❷**

Santana Lodge, am östlichen Ende der CT Rd, ✆ 06752/251491. Kleines, angenehmes und auf Traveller ausgerichtetes Hotel, besonders beliebt bei Japanern. Preis inkl. Frühstück und gemeinschaftlichem Abendessen. **❶**

Sri Balajee Lodge, CT Rd, ✆ 06752/223388. Etwas abseits der anderen Hotels; kleine Lodge mit einfachen Zimmern rund um farbenfrohen Innenhof. **❶–❸**

Sun Row Cottages, CT Rd, gleich nach dem Gandhara International, ✆ 06752/223259, ✉ chitranjan@hotmail.com. Kleine Cottages, jedes mit Bad sowie einer eigenen Veranda und großen Korbstühlen. Bei längerem Aufenthalt werden Rabatte gewährt. **❶–❷**

Toshali Sands, Konarak Rd, ✆ 06752/250571, ✉ tsands@sancharnet.in. Nachgebautes „ethnisches Dorf" 9 km nördlich der Stadt, bestehend aus Cottages (mit AC) rund um einen Garten und Pool, gutem Restaurant, Fitness-Studio und Sauna; ideal für Familien. DZ ab US$57. **❽–❾**

Z, CT Rd, ✆ 06752/222554. Eine Institution – das Z ("dsched" ausgesprochen) hat sich seinen guten Ruf mit billigen, sauberen und gemütlichen Zimmern erworben. Die Preise sind zwischenzeitlich etwas angestiegen, aber die Räumlichkeiten noch immer sehr angenehm, darunter ein Gemeinschaftsraum mit TV; großer Garten. Schlafsäle nur für Frauen (Rs 60). **❷–❸**

Essen

Günstige Einkehrmöglichkeiten beschränken sich auf die Hand voll Cafés und Bäckereien entlang der CT Rd, von denen die meisten das typisch fade, speziell auf Traveller ausgerichtete Essen anbieten und wo man seine Bestellung dazu noch selbst notieren muss. Viele der Restaurants machen thalis, einige besser als andere, und fast überall gibt es auch guten **frischen Fisch**. Bessere Mahlzeiten bekommt man in den nahe gelegenen Resorthotels, im Angebot sind zumeist vegetarische und nicht-vegetarische indische Gerichte, Fisch sowie ein paar chinesische Speisen als Alternative.

Chung-Wah, Hotel Lee Garden, VIP Rd. Das von einer chinesischen Familie aus Kolkata geführte Lokal zählt zu den beliebtesten chinesischen Restaurants der Stadt. Schneller, effizienter Service und gute Auswahl an Fischgerichten.

Gandhara, Gandhara International Hotel, CT Rd. In erster Linie für Hotelgäste, wenn man jedoch rechtzeitig reserviert, kommt man auch als Außenstehender in den Genuss der authentischen japanischen Küche. Und nichts geht über ein kaltes Bier auf der Dachterrasse mit Blick übers Meer.

Harry's, CT Rd. Das rein vegetarische Restaurant zählt zu den beliebtesten Billiglokalen der Stadt und serviert leckere indische Gerichte ohne Zwiebeln oder Knoblauch in alter Hare-Krishna-Tradition; außerdem gute, frisch gepresste Säfte.

Mayfair, *Mayfair Beach Resort,* nahe der CT Rd. Kultiviertes Hotel mit AC-Restaurant drinnen und Essbereich auf der Veranda an der frischen Luft. Die beste Option in Puri für einen extravaganten Abend abseits von *dhal* und Reis. Der Starkoch des Hotels wartet mit einer ungewöhnlich abenteuerlichen Auswahl köstlicher Speisen auf, darunter Seafood-Spezialitäten aus Orissa (8 Std. im Voraus bestellen).

Mickey Mouse, CT Rd. Sehr beliebt für einen Drink am späten Abend. Hier gibt's die lauteste Musik und die originellsten Lampenschirme, außerdem kann man Schach spielen.

Peace, CT Rd. Das freundliche Lokal mit Tischen im Garten serviert alle üblichen Gerichte mit Betonung auf Seafood.

South Eastern Railway, *BNR/South Eastern Railway Hotel,* CT Rd, im Hotel gleichen Namens. Typischer kolonialer Charme mit karierten Tischdecken, silbernen Butterdosen und Kellnern mit Turbanen auf dem Kopf; die Menüs sind dagegen weniger beeindruckend. Nicht-Hotelgäste sollten sich ein paar Stunden zuvor ankündigen.

Trupti, CT Rd. Vegetarisches indisches Restaurant mit einer guten Auswahl regionaler *thalis* und Verkauf von Süßspeisen. Mittags sehr voll.

Wild Grass, VIP Rd, Ecke College Rd, 2 km von dem Gebiet um die CT Rd entfernt. Beliebt bei Einheimischen, exzellente *tandoori*-Gerichte, Meeresfrüchte, vegetarische Speisen und einheimische Spezialitäten zu sehr vernünftigen Preisen; die Tische stehen in einem herrlich schattigen Garten. Geöffnet zum Mittag- und Abendessen. Empfehlenswert.

Xanadu, CT Rd. Mit Abstand das beste der Billigrestaurants, schöner Garten, große Speisenauswahl (inkl. Frühstück speziell für Kinder).

Einkaufen

Utkalika und die anderen staatlichen Kunsthandwerkläden – alle nahe der Post in der Temple Rd – haben eine große Auswahl an einheimischem Kunsthandwerk zu festen Preisen.

Nachbildungen der Gottheit Jagannath kauft man am besten im **Basar** rund um den Tempel. Am Marine Drive, südlich des *Puri Hotel*, gibt es einen lebhaften **Nachtmarkt**, der jeden Abend bis etwa 22 Uhr geöffnet hat.

Antique India, neben dem *Holiday House,* CT Rd. Gute Adresse für Antiquitäten und Schmuck.

Patta Chitra Centre, Nabakalebar Rd. Verkauft klassische Gemälde aus Orissa.

Surdarshan, Station Rd, nahe der OTDC-Touristeninformation. Eignet sich hervorragend zum Kauf traditioneller Steinskulpturen.

Sonstiges

BÜCHER – ***Loknath Bookshop,*** CT Rd, neben dem Restaurant *Raju.* An- und Verkauf von Büchern sowie gut ausgestattete Bibliothek (Rs 300 Pfand), wo man für Rs 10 pro Tag ein Buch ausleihen kann.

FAHRRÄDER UND MOTORRÄDER – Puri ist recht weitläufig und flach, so dass **Fahrräder** (Rs 15–20 pro Tag) das ideale Transportmittel sind, um beispielsweise das Straßengewirr rund um den Jagannath-Tempel zu erkunden. Verleihmöglichkeiten gibt es in der Chakra Tirtha (CT) Rd, in der Traveller-Enklave zwischen *Gandhara International* und *Love and Life,* z. B. ***Unique Tours*** gegenüber dem *Z Hotel.*
In derselben Straße findet man auch mehrere Verleiher von **Mopeds** (Rs 150 pro Tag) und Enfield-**Motorrädern** (Rs 250 pro Tag) – praktisch für Ausflüge entlang der Küste nach Konarak.

GELD – ***State Bank of India,*** VIP Rd, hinter dem *Nilachal Ashok Hotel,* Tausch von *American Express*-Reiseschecks und Barem in Euro und US-Dollar, aber kein Bargeld mit Kreditkarten. Weitere Möglichkeiten zum Geldwechsel:
Allahabad Bank, Temple Rd, 200 m vom Hauptpostamt Richtung Tempel.
Trade Wings, über dem *Travellers Inn* in der CT Rd.
Ein Geldautomat der *ICCI Bank* steht unweit der Polizeistation in der Grand Rd, ein weiterer der *Andhra Bank* befindet sich in der Nähe des Hotels *Puri.* Beide akzeptieren auch ausländische Karten.

ORISSA

INFORMATIONEN – *OTDC Tourist Office,* Station Rd, ✆ 06752/222664, freundlich und hilfsbereit; ⏲ Mo–Sa 10–17 Uhr, jeden 2. Sa im Monat geschlossen. Die rund um die Uhr geöffnete Zweigstelle am Bahnhof dagegen kann man sich sparen.

INTERNET – Es gibt mehrere Anbieter in der CT Rd und der VIP Rd, doch die Verbindungen sind mitunter langsam und unzuverlässig. Das *Gandhara Hotel* bietet mit Rs 25 pro Std. ein gutes Preis-Leistungs-Verhältnis, *Nanako.com* stellt bessere Verbindungen als die meisten Konkurrenten in dieser Gegend bereit.

MEDIZINISCHE HILFE – Puris großes *HQ Hospital,* ✆ 06752/223742, liegt recht weit außerhalb des Zentrums in der Grand Rd. Hotels wie das *Panthaniwas* oder die Reiseagentur *Heritage Tours* im *Mayfair* sind gern bereit, im Notfall einen Arzt zu besorgen.

POLIZEI – Die Hauptdienststelle liegt in der Grand Rd, nahe dem Jagannath-Tempel. Eine weitere Filiale befindet sich in der Kacheri Rd, Ecke VIP Rd, ✆ 06952/222025.

POST – *GPO,* Kacheri Rd. Der Poste-restante-Service, ⏲ Mo–Fr 9–12 und 16–18, Sa 9–12 Uhr, ist durch eine Nebentür auf der linken Seite des Gebäudes zu erreichen.

REISEBÜROS / TOUREN – *Adventure Odyssey,* CT Rd, ✉ pulak_odessey@hotmail.com. Vermittelt ausgezeichnete Touren in die Umgebung, u. a. zum Chilika Lake.
Gandhara Travel, im Hotel *Gandhara International,* CT Rd. Verkauf von Tickets jeglicher Art sowie Organisation von Trips nach Konarak zum Tanzfestival.
Heritage Tours, im *Mayfair Beach Resort,* ✆ 06752/223656, ✉ namaskar@heritagetours.org. Äußerst zuverlässig, Buchung von Flügen, Bus- und Zugtickets, Auto-, Motorrad- und Fahrradverleih sowie unterschiedliche Touren, z. B. 6–10-tägige „tribal tours" in Orissa oder spezielle Touren für Hobbyarchäologen und -ornithologen.

Die *OTDC* unterhält Tourbusse, die vor dem *Panthaniwas* starten und nahe gelegene Sehenswürdigkeiten ansteuern, z. B. Bhubaneswar mit Umgebung und Konarak (Di–Sa 6.30–18.30 Uhr, Rs 130 bzw. Rs 160 im AC-Bus) oder Chilika Lake (tgl. 7–17.30 Uhr, Rs 110).

Nahverkehrsmittel

Jede Menge **Fahrrad-Rikschas** buhlen am Bahnhof, am Jagannath-Tempel und am Busbahnhof um Kunden. **Motor-Rikschas** sind relativ dünn gesät, aber am Bahnhof und vor den Hotels sind stets einige zu finden.

Transport

BUSSE, MINIBUSSE UND JEEPS – Nach BHUBANESWAR verkehren stündlich **Busse**, am leichtesten gestaltet sich die Fahrt jedoch mit **Minibussen**, die bis 17 Uhr sehr häufig hin und her pendeln (beide Rs 19). Die Fahrt dauert etwa eine Stunde – allerdings nur, wenn man eine der Direktverbindungen nimmt. Das Gleiche gilt für die Minibusse nach KONARAK (Rs 12), die, sobald sie voll sind, vom Busbahnhof im Nordosten der Stadt (nahe dem Gundicha Ghar) losfahren.
Jeeps bedienen dieselbe Route zum selben Preis, Abfahrtsort ist ebenfalls der Busbahnhof. Wer die Südküste Orissas erkunden möchte, kann mit dem Bus nach Satapada am CHILIKA LAKE (2–3 Std.) fahren, Abfahrt alle 30 Min. vom Busbahnhof; einige fahren auch vor dem OTDC-Buchungsschalter am Marine Drive ab.
Vom Busbahnhof fährt man etwa 10 Min. per Riksha ins Zentrum.
Busse nach:
BHUBANESWAR (alle 20 Min., 2 Std.),
KOLKATA (2x tgl., 12 Std.),
KONARAK (stdl., 40–60 Min.),
SATAPADA (alle 30 Min., 1 Std.).

EISENBAHN – Puris Kopfbahnhof ist über eine Nebenlinie an die Hauptstrecke Kolkata–Chennai angeschlossen, so dass gute Verbindungen in andere indische Städte bestehen.
Nach DELHI verkehrt der *Puri–New Delhi Express* Nr. 2815; er startet um 9.30 Uhr (Mo, Mi, Do und Sa) und hält in Bhubaneswar, Gaya und

Mughalsarai (Umsteigemöglichkeit nach Varanasi); Ankunft in Delhi um 17 Uhr am folgenden Tag. Der langsamere *Neelachal Express* Nr. 8475 (Di, Fr und So) verlässt Puri zur selben Zeit, stoppt an den gleichen Bahnhöfen, erreicht Delhi aber erst um 21.25 Uhr.

Ein schneller und bequemer Zug nach KOLKATA ist der *Jagannath Express* Nr. 8410, der um 22.00 Uhr in Puri abfährt und 11 Std. später sein Ziel erreicht.

Für Destinationen in **Zentralindien** wie Nagpur nimmt man den *Ahmedabad Express* Nr. 8403 (Abfahrt in Puri Di, Mi, Do und So 10.15 Uhr, Fahrtdauer 22 Std.). Wer nach Mumbai reisen möchte, muss in BHUBANESWAR (5–6x tgl., 1 1/2–2 Std.) umsteigen und mit einer Fahrtzeit von rund 40 Std. rechnen.

Touristen auf dem Weg nach **Südindien** sollten nach Bhubaneswar oder Khurda Road (44 km von Puri entfernt) fahren, wo man einen der Züge nach CHENNAI (19 1/2–27 Std.) nehmen kann, z. B. den *Coromandel Express* Nr. 2841 (tgl.) oder den etwas langsameren *Kanniyakumari Express* (Do, So und Mo).

Zwei Züge fahren von Bhubaneswar nach THIRUVANANTHAPURAM in Kerala: der *Howrah–Trivandrum Express* Nr. 6324 (Di und So, 40 Std.) und der *Guwahati–Trivandrum Express* Nr. 5628 (Mi, 40 3/4–43 Std.).

Reservierungen per Computer können im Bahnhof in Puri, ℡ 06752/222056, ⊙ Mo–Sa 8–20, So 8–14 Uhr, oder in einem von Puris zahlreichen Reisebüros vorgenommen werden.

Jeder Zug wird von einer wilden Horde **Fahrrad-Rikscha**-*wallahs* begrüßt, die sich schon beim Einfahren des Zuges in den Bahnhof ein Rennen um die ausländischen Touristen liefern.

Weitere Züge nach:

AHMEDABAD (5x wöchentl., 44 Std.),
AGRA (1x tgl., 36 Std.),
BALASORE (5–6x tgl., 4 3/4–5 3/4 Std.),
BHUBANESWAR (7–9x tgl., 1 1/2 –1 3/4 Std.),
DELHI (2x tgl., 31 1/2–36 Std.),
GAYA (1–2x tgl., 17 Std.),
KOLKATA (2x tgl., 10 1/2–11 Std.),
MUGHALSARAI (2–3x tgl., 21 Std.),
NAGPUR (5x wöchentl., 23 Std.),
VARANASI (1x tgl., 22 Std.).

Konarak

Wer in Orissa nur Zeit für einen einzigen Tempel hat, sollte sich unbedingt für Konarak, 35 km nördlich von Puri an der Küstenstraße, entscheiden. Der majestätische Gebäudekomplex aus oxidierendem Sandstein erhebt sich gebieterisch aus einer Grünanlage und wird nicht nur als Höhepunkt der Architektur Orissas betrachtet, sondern als eines der prächtigsten Sakralbauwerke weltweit.

Der Tempel ist umso bemerkenswerter, als er seit seiner Aufgabe vor rund 300 Jahren unter einer riesigen Sanddüne verborgen war. Erst Anfang des letzten Jahrhunderts, als man die Stätte von Sand und heruntergefallenem Mauerwerk zu säubern begann, wurde die ganze Schönheit dieses ehrgeizigen Bauprojektes ersichtlich. 1924 beschrieb der Earl of Ronaldshay den neu enthüllten Tempel als „eines der erstaunlichsten Bauwerke Indiens … ein Monument überragender Pracht, selbst in seinem Verfall". Die sieben galoppierenden Pferde und 24 kunstvoll herausgearbeiteten Räder, welche die Seiten des erhöhten Sockels zieren, machten deutlich, dass der Tempel in Form eines riesigen Prozessionswagens für den Sonnengott **Surya** geplant worden war. Nicht minder sensationell war die Entdeckung einiger außergewöhnlicher **erotischer Skulpturen** in den Ruinen. Wie Khajuraho verfügt auch Konarak über unzählige Stuckarbeiten von Paaren, die in fantasievollen Liebesstellungen aus dem *Kamasutra* festgehalten sind – was Abul Fazl, einen Abgesandten Kaiser Akbars aus dem 16. Jh., möglicherweise zu dem folgenden Kommentar veranlasste: „Selbst jene, die nur schwer zu befriedigen sind," schwärmte er, „sind von diesem Anblick überwältigt."

Abgesehen von dem Tempel, einem kleinen Museum und einem Strand hat das Dorf Konarak kaum etwas zu bieten. In den letzten Jahren sind rund um den staubigen Busbahnhof ein paar Cafés und Hotels eröffnet worden, die sich auf das Geschäft mit den Touristen spezialisiert haben. Tagsüber löst hier ein Bus den anderen ab, jeder voll besetzt mit Tagesausflüglern. Wer auf etwas Frieden und Ruhe hofft, sollte Sonn- und Feiertage unbedingt meiden. Am schönsten ist es kurz vor Sonnenuntergang, wenn die meisten Besucher das Areal bereits wieder verlassen haben und das intensive Abendlicht den bunten Sandstein so richtig zur Geltung bringt.

ORISSA

Geschichte

Inschrifttafeln sprechen die Tempelgründung dem Ganga-Monarchen **Narasimhadeva** aus dem 13. Jh. zu, der damit vermutlich seinen militärischen Erfolgen gegen die eindringenden Mosleme ein Denkmal setzen wollte. Wie dem auch sei – der Tempel vermittelt auf jeden Fall eine Aura der Macht.

Der 70 m hohe Tempelturm war zugleich ein Orientierungspunkt für europäische Seefahrer, welche die flachen Gewässer vor der Küste Orissas befuhren. Sie nannten das Bauwerk **Schwarze Pagode** und schrieben die häufigen Schiffsunfälle entlang der Küste dem Einfluss von zwei angeblich in den Turm eingebauten starken Magneten auf die Gezeiten zu. Der Turm erwies sich auch als nahe liegendes Ziel für Überfälle. Im 15. Jh. wurde Konarak von der moslemischen Yavana-Armee eingenommen. Diese schaffte es zwar nicht, den Tempel oder die Gottheit zu zerstören – die im Übrigen von den Priestern nach Puri geschmuggelt worden war –, beschädigte das Gebäude aber so stark, dass es hinfort den Elementen eine Angriffsfläche bot. Als das Meer zurückwich, wurde das Gebäude langsam vom Sand verschlungen und die salzigen Winde begannen ihre Arbeit an dem porösen Sandstein – die Oberflächen erodierten und der gesamte Bau wurde geschwächt.

Gegen Ende des 19. Jhs. hatte sich der Turm komplett in seine Bestandteile aufgelöst und die überdachte Vorhalle war bis zur Hälfte verschüttet – was einen damaligen Kunsthistoriker zu der Äußerung veranlasste, der Tempel sei „eine enorme Masse von Steinen, aus der hin und wieder ein paar Pipal-Bäume herausragen".

Mit einer ernsthaften **Restaurierung** wurde erst Anfang des 20. Jhs. begonnen. Die britischen Archäologen bereiteten zunächst den Aktivitäten der hiesigen Raja ein Ende, welche die Ruinen auf der Suche nach Mauerwerk und Skulpturen für ihren eigenen Tempel immer wieder geplündert hatten. Anschließend machten sie sich daran, die tadellos erhaltenen, verborgenen Teile des Gebäudes auszugraben und zu retten, was von den restlichen Trümmern zu retten war. Zu guter Letzt wurden Bäume gepflanzt, damit die Anlage besser vor den zerstörerischen Winden geschützt wäre.

In einem neu erbauten **Museum** wurden jene Skulpturen untergebracht, die nicht nach Delhi, Kalkutta oder London gingen. Heute ist Konarak eines von Indiens meistbesuchten alten Monumenten und das Aushängeschild für den Tourismus in Orissa, das seine Region damit als Alternative zum „goldenen Dreieck" von Delhi, Agra und Jaipur anpreist. Wie alle anderen bedeutenden Tempel besitzt auch Konarak seinen **Ursprungsmythos**. Danach soll Samba, einer der Söhne Krishnas, seiner Stiefmutter heimlich beim Baden im Fluss zugesehen haben. Von der Lüsternheit seines Sohnes entsetzt, schlug Krishna ihn mit Lepra und verbannte ihn aus dem Palast. Zwölf Jahre nach Verhängen dieser Strafe nahm sich Surya (der Sonnengott und gleichzeitig Heiler von Hautbeschwerden) des Jungen an und kurierte ihn von seiner Krankheit. Als Zeichen seines Dankes erbaute Samba daraufhin einen Tempel, den er dem Sonnengott widmete.

Der Tempel

Nach Betreten des Tempelkomplexes (⊙ tgl. 9–18 Uhr, Eintritt Rs 250) durch den Haupteingang auf der östlichen, zum Meer ausgerichteten Seite gelangt man direkt zur **Bhoga-Mandapa** („Opferhalle"). Kunstvolle Darstellungen von Liebespaaren, Musikern und Tänzern verzieren den Sockel und die Säulen und lassen vermuten, dass der heute dachlose Pavillon, ein späterer Tempelanbau, ursprünglich für rituelle Tanzvorführungen genutzt wurde.

Um ein Gefühl für das ganze Ausmaß des Komplexes zu bekommen, bietet sich vor dem Besuch der eigentlichen Ruinen ein Spaziergang entlang der niedrigen, die Südseite begrenzenden Mauer an. In Form von Suryas Kriegswagen erbaut, fungierte der überdimensionale Tempel als Opfergabe für den vedischen Sonnengott und zugleich als Symbol für den Lauf der Zeit. Die sieben **Pferde** (nur eins davon ist noch intakt), welche die Sonne unter großem Kraftaufwand über das Firmament gen Osten – dem Sonnenaufgang entgegen – ziehen, repräsentieren die Wochentage, während die 12 Paar achtspeichiger **Räder** rund um den Sockel für die zwölf Monate stehen. Vor dem Haupteingang befand sich ursprünglich eine **Steinsäule**, die von einem Bildnis Arunas – des Wagenlenkers des Sonnengottes – gekrönt wurde, aber heute vor dem Osttor des Jagannath-Tempels in Puri steht.

Der Odissi-Tanz

Selbst Besucher, die normalerweise kein Interesse an klassischen Tänzen haben, lassen sich von der Eleganz und Leichtigkeit des **Odissi**, Orissas eigenständigem Tanzstil, verzaubern. Wie Friese der Rani Gumpha-Höhle von Udaigiri (s. S. 565) zeigen, begeisterte man sich an den Höfen Orissas bereits im 2. Jh. v. Chr. für derartige Darbietungen. Während des „goldenen Zeitalters" der Hindus in der Region hatten die Tänze einen festen Platz bei religiösen Ritualen – spezielle Tanzsäle *(nata mandapas)* wurden den Tempeln angefügt und Mädchentanztruppen eingestellt. Die **Devadasis** (wörtlich „Ehefrauen des Gottes") wurden in jungem Alter von ihren Eltern dem Tempel übergeben und symbolisch mit der Gottheit „vermählt". Man lehrte sie lesen, singen, tanzen und – wie es ein missbilligender Chronist aus dem frühen 19. Jh. formulierte – männliche Tempelbesuchern „die eigenen Reize offen anzubieten". Allmählich verkam der rituelle Geschlechtsverkehr (ein Vermächtnis des Tantra-Einflusses auf den mittelalterlichen Hinduismus) zu bloßer Prostitution, und der Tanz, früher eine Kulthandlung, zu wenig mehr als einer Art kommerzieller Unterhaltung. Mit Beginn der Kolonialzeit war der Odissi-Tanz fast verloren gegangen. Vermutlich wäre der Odissi ausgestorben, hätte man in den 50er Jahren nicht das *Abhinaya Chandrika* wiederentdeckt, ein Handbuch des 15. Jhs. über den klassischen Tanz in Orissa. Wie der Bharatanatyam, Indiens bekanntester Tanzstil, verfügt auch der Odissi über seine ganz eigene, hoch komplexe Körper- und Schrittsprache. Die Bewegungen des Körpers, der Hände und der Augen bringen bestimmte Gefühle zum Ausdruck und stellen Episoden aus bekannten religiösen Texten dar – zumeist aus der *Gita Govinda*, der Lebensgeschichte Krishnas. Mit Hilfe des *Abhinaya* und der Tempelskulpturen konnten Tänzer und Choreographen diese „Grammatik" rekonstruieren, und im Laufe eines Jahrzehnts hatte der Odissi sich erneut zu einer blühenden Kunstform entwickelt. Heutzutage gehören Tanzstunden bei einem namhaften Guru zum guten Ton für die jungen Töchter aus Orissas Mittelklasse – eine amüsante Wende, wenn man die frühere Rolle der *devadasis* bedenkt.

Allein des Stils wegen können nur wenige andere Tanztypen mit dem Odissi verglichen werden. Die Tänzer putzen sich mit extravaganten Kostümen aus plissierten Seidenbrokatstoffen, Silberschmuck, Glocken, Jasminblüten und speziellen *dhotis* heraus, während die Musiker und Sänger vor der Bühne eingängige *talas* rezitieren – Zyklen religiöser Dichtung, die von Musik untermalt werden. Eine solche **Live-Darbietung** zu erleben, hängt leider davon ab, ob man sich zur rechten Zeit am rechten Ort befindet. Die einzigen regelmäßigen Aufführungen finden im Jagannath-Tempel statt. Für Nicht-Hindus stellt das jährliche **Tanzfestival** (erste Dezemberwoche) in Konarak eine gute Gelegenheit dar, Orissas Top-Künstler zu erleben. Für Lernbegierige bieten diverse Tanzakademien in Bhubaneswar **Kurse für Anfänger** an (s. S. 563).

Von dem einst stolzen **Turm** ist nur noch ein Haufen Sandsteinplatten übrig, die am Westflügel herumliegen. So avancierte die **Vorhalle** *(jagamohana)* zum neuen Mittelpunkt von Konarak. Ihr beeindruckendes, pyramidenförmiges Dach, das eine Höhe von 38 m erreicht, wird von mehreren Reihen ungemein lebensechter Statuen – zumeist Musiker und Tänzer, die dem Sonnengott auf seinem Weg über das Firmament ein Ständchen bringen – in drei Stufen unterteilt. Zwischen den Figuren der untersten Stufe findet sich ein vierköpfiger und sechsarmiger Shiva als Nataraja, den mehrere abgetrennte Schädel schmücken und der einen Todestanz aufführen. Der riesengroße würfelförmige **Innenraum** der Vorhalle, heute verschlossen, gilt als Wunder mittelalterlicher Architektur. Als seine ursprünglichen Erbauer die mit Ornamenten beladene Decke anbringen wollten, sahen sie sich mit erheblichen Statikproblemen konfrontiert, die man schließlich mit 10 m hohen Eisenstangen löste –

eine für die damalige Zeit recht bemerkenswerte Ingenieursleistung.

Kunstvolle **Skulpturen** zieren die Außenwände des Tempels mit einer verschwenderischen Fülle an Göttern, Tieren, Blumenmustern, mit Edelsteinen geschmückten Pärchen, sinnlichen Mädchen, Fabeltieren und Seeungeheuern. Einige der schönsten **Erotika** von Konarak findet man auf den Wänden der Vorhalle, etwa auf halber Höhe zwischen Boden und Decke. Bei genauerem Hinsehen entdeckt man die Sadhus, die ihrem Keuschheitsgelübde abtrünnig geworden sind, aber die Situation offensichtlich zu genießen wissen. Obszönere Szenen tauchen in Miniaturform entlang der Sockelseiten sowie rund um die zwei erhaltenen Türrahmen des Hauptgebäudes auf. Über die Jahre hinweg wurden viele Theorien laut, um das Phänomen der erotischen Darstellungen zu erklären. Im Falle von Konarak scheint es wahrscheinlich, dass die erotische Kunst als eine Art Metapher für die ekstatische Glückseligkeit diente, welche die Seele bei ihrer Vereinigung mit dem göttlichen Kosmos empfand – ein zentraler Gedanke des **Tantra** und der damit verbundenen Verehrung des weiblichen Prinzips, **Shakti**, das im mittelalterlichen Orissa vorherrschend war.

Läuft man von der Südseite der Haupttreppe im Uhrzeigersinn um den Tempel, passiert man zunächst die detailversessenen **Räder** und die außergewöhnlichen **Friese**, die in schmalen Bändern darüber und darunter verlaufen. Sie stellen Militärprozessionen (angeregt von den Auseinandersetzungen zwischen König Narasimhadeva und den Moslemen) und Jagdszenen sowie Tausende wilder Elefanten dar. Auf dem oberen Fries an der Südseite des Sockels bezeugt die Darstellung einer Giraffe, dass bereits im 13. Jh. Handel mit Afrika getrieben wurde.

Nach der Vorhalle gelangt man zu einer Doppeltreppe, die zu einem Schrein mit einer **Statue von Surya** hinaufführt. Das aus erstklassigem grünen Chlorit herausgemeißelte Bildnis – eines von dreien rund um die Basis des verfallenen Turms – gilt als eines der Meisterwerke von Konarak. Beachtenswert sind vor allem die charakteristischen hohen Reitstiefel und die kleine Figur des Wagenlenkers Aruna, der zu Suryas Füßen die Zügel der sieben Pferde hält. Auch die anderen beiden Statuen in der

Reihe sollten eines Blickes gewürdigt werden, und sei es nur, um ihren wechselnden Gesichtsausdruck zu beobachten, der sich mit dem Sonnenverlauf um den Tempel von Wachsamkeit am Morgen (Süden) zu Müdigkeit am Abend (Norden) ändert. Bevor man seinen Weg um das äußerste Ende der Vorhalle fortsetzt, kann man noch in die Überreste des **innersten Heiligtums** hinunterklettern, wo die Gottheit einst in einen Schrein eingeschlossen war. Am Fuße der Westwand befindet sich eine altarähnliche Plattform, die mit Steinmetzarbeiten verziert ist: Die kniende Figur auf der mittleren Tafel soll König Narasimhadeva, den Stifter dieses Tempels, darstellen.

Jedes Jahr Anfang Dezember findet am Tempel außerdem eines von Indiens besten **Tanzfestivals** statt, das eine beeindruckende Auswahl sowohl klassischer als auch folkloristischer Tanzgruppen aus dem ganzen Land anzieht. Die genauen Termine erfährt man bei der OTDC in Bhubaneswar, ✆ 0674/243 1299, oder Delhi, ✆ 011/2336 4580, die auch Ticket-Reservierungen vornehmen.

Übernachtung

Da Puri nur eine Stunde Fahrt von Konarak entfernt ist, bleiben nur wenige Leute über Nacht. Es gibt dennoch einige Unterkünfte, die sich anbieten, wenn man eine friedliche Nacht verbringen und sich in aller Ruhe die Tempelanlage anschauen möchte.

OTDC Panthaniwas, nahe dem Haupteingang zum Tempel, ✆ 06758/236831. Dunkle, aber saubere Zimmer (mit AC und Warmwasser) zu fairen Preisen. ❷ – ❸

OTDC Yatri Niwas, ebenfalls nahe dem Tempeleingang, ✆ 06758/236820. Zimmer mit Moskitonetzen (wichtig); Restaurant, Brunnen im Garten; der Manager weiß unglaublich viel über die Geschichte und den Tempel zu erzählen. ❷ – ❸

Travellers' Lodge, hinter dem *OTDC Yatri Niwas*, ✆ 06758/236820. Ebenfalls unter Leitung der OTDC und recht angenehm. ❷ – ❸

Labanya Lodge, etwas außerhalb des Dorfes am Meer, ✆ 06758/236824, ✉ labanyalodge1@ rediffmail.com. Das Backpacker-freundlichste Hotel am Ort hat einen kleinen Garten und Internet-Zugang. ❶

Essen

Beim Essengehen hat man die Wahl zwischen den *thali*- und Teeständen gegenüber dem Tempel oder einer etwas gehaltvolleren Mahlzeit in einem der Hotelrestaurants.

Das überaus beliebte und günstige **Geetanjali Café** im *Panthaniwas* serviert die übliche Auswahl an vegetarischen und Reisgerichten.

Im **Yatri Niwas**, das nicht nur den Hotelgästen offen steht, tummeln sich zur Mittagszeit meist unzählige Tourgruppen, die sich das gute *thali* nach Orissa-Art schmecken lassen.

Das **Sun Temple Hotel** gilt als das beste der *dhabas*.

Sonstiges

INFORMATIONEN – **OTDC Tourist Office**, im Hotel *Yatri Niwas*, ✆ 06758/236821. Das Personal hilft mit Informationen über lokale Feste und Touren weiter. ⏰ Mo–Sa 10–17 Uhr.

TOUREN – Die OTDC hat Tagestouren im Programm: Abfahrt vor dem Hotel *Panthaniwas* in Bhubaneswar und Zwischenstopps in Konarak und Dhauli (Di–So 6.30–18.30 Uhr, Rs 130 bzw. Rs 160 im AC-Bus).

Transport

Von PURI gelangt man am einfachsten per **Bus** oder **Jeep** ins 33 km entfernte Konarak. In beide Richtungen gibt es regelmäßige Verbindungen, und da die Fahrt nur etwa eine Stunde dauert, lässt sich der Ausflug gut an einem Tag bewerkstelligen – der letzte Bus von Konarak nach Puri startet um 18.30 Uhr. Wer etwas mehr Bargeld in der Tasche hat, kann auch eine Motor-Riksha nehmen, die für Rs 250–300 einschließlich Wartezeit hin und zurück fährt. Verglichen damit sind die Verbindungen von BHUBANESWAR wesentlich schlechter, von der langen Fahrtzeit für die 65 km – sage und schreibe 2–4 Std. – ganz zu schweigen; um 10 Uhr fährt in Bhubaneswar an der Haltestelle im Zentrum ein direkter Expressbus (speziell für Touristen) ab, ansonsten muss man auch noch in Pipli umsteigen.

Der Norden von Orissa

Nördlich von Bhubaneswar erstreckt sich beiderseits des Flusses Mahanadi die zweitgrößte Stadt Orissas, **Cuttack**, deren chaotisches Betonzentrum auf eine Insel im Fluss gepackt wurde. Mangels beachtenswerter historischer Denkmäler und mit einem ungewöhnlich tristen Basar ausgestattet, vermag die Stadt nur wenige Traveller auf der langen Reise von oder nach Kolkata aufzuhalten. Jenseits der unter Umweltverschmutzung leidenden Vororte befindet sich der Reisende jedoch schon bald in flachen Reisfeldern, Palmenhainen und den von Lehmmauern umgebenen Dörfern des **Mahanadi-Delta** wieder.

Die Haupteisenbahnlinie und der parallel dazu verlaufende NH-5 folgen dem berühmten **Pilgerpfad** namens Jagannath Sadak, der einst von Kalkutta nach Puri führte. Nach der Hungersnot im Jahre 1865, die beinahe ein Viertel von Orissas Bevölkerung auslöschte, sahen sich die Briten gezwungen, eine Straße und eine Eisenbahnlinie zu bauen, um die Verbindung zwischen Orissa und den wohlhabenderen Landesteilen zu gewährleisten. Heute zählt die Route zu den am meisten befahrenen Verkehrsadern Indiens.

Bei der Fahrt durch den Norden Orissas gibt es im Prinzip nur eine Attraktion, die einen Abstecher von der Hauptstraße lohnt, nämlich den **Simlipal-Nationalpark**, der über die Kleinstadt **Baripada** zu erreichen ist. Während der Schildkröten-Nistsaison trotzen eine Hand voll Touristen der minimalen Infrastruktur und machen sich auf den Weg in das 130 km nördlich von Bhubaneswar gelegene Schutzgebiet **Bhitarakanika Sanctuary**.

Baripada

Um den Nationalpark Simlipal von der Küstenstraße aus zu erreichen, wird zunächst die Stadt Baripada angesteuert. Das Zentrum des Distrikts **Mayurbhunj** besitzt nur wenige Sehenswürdigkeiten, eignet sich aber gut, um etwas Kleinstadtluft in Orissa zu schnuppern. Es gibt hier einen heruntergekommenen Basar und einen weiß getünchten **Jagannath-Tempel**. Am Stadtrand überleben noch einige langsam verfallende Villen und Bürgerhäuser aus den Tagen des Raj, als Mayurbhunj ein halbautonomer Fürstenstaat war (der sich übrigens

Feste in Mayurbhunj

Zusätzlich zu allen anderen Hindu-Festen, die von der Adivasi-Bevölkerung in vielen Fällen eine ganz besondere Prägung erhielten, besitzt der Distrikt Mayurbhunj auch seine eigenen, einzigartigen Feste, die nur selten von Außenstehenden besucht werden. Da die Termine vom Mondkalender abhängen, ändern sie sich von Jahr zu Jahr – aktuelle Infos bekommt man in der Touristeninformation, oder man konsultiert einen Oriya-Kalender, den es an jedem Zeitschriftenkiosk gibt.

Karam Puja (Mitte Jan): Ein von der Mahanta (Kshatriya)-Kaste und dem Munda-Volk begangenes Erntefest mit viel Musik und Tanz. Begleitet von einer großen Menschenansammlung macht sich die Prozession auf den Weg zum Fluss, wo Frauen Samen in den Sand setzen.

Chaitra Parbar (Mitte April): Ausgelassenes Hindufest zum Frühlingsende, an dem typischerweise der Chhou-Tanz – der sich aus den Aufwärmprozeduren vor Kämpfen entwickelt hat – aufgeführt wird.

Rath Yatra (Juni und Juli): Baripadas ureigenes Wagenfest kann dem von Puri zwar nicht das Wasser reichen, ist aber trotzdem eine sehr lebhafte und eindrucksvolle Angelegenheit. Der Wagen von Subhadra (Jagannaths Schwester) wird ausnahmslos von Frauen gezogen.

Damorda Yatra (Sep und Okt): Stammesritual der Ahnenverehrung.

Tusu Parbar (Nov und Dez): Unverheiratete Frauen tragen das Bildnis einer lokalen Heldin, die den Moguln Widerstand leistete, zum Teich und tauchen es unter, während eine Horde von Männern ein Huhn, das vom *neem*-Baum der Stadt hinabgeworfen wurde, in Stücke reißt.

als letzter dem unabhängigen Indien anschloss). Jahrhundertelang stand Mayurbhunj unter Führung der **Bhanja**, einer angeblich „fortschrittlichen" Herrscherfamilie, die von den Briten begünstigt wurde.

Mayurbhunj ist die traditionelle Stammesheimat der **Santal**, die als sesshafte Bauern eine Mixtur aus Ahnenverehrung und Hinduismus praktizieren und rund 70% der lokalen Adivasi-Bevölkerung ausmachen. Traditionell eine landlose Unterkaste, bildeten sie – wie im Laufe ihrer Geschichte die meisten Minderheiten Orissas – eine Zielgruppe für evangelische Missionare. Der Groll der örtlichen Hindu-Fundamentalisten entlud sich 1999, als ein australischer Missionar mit seinen zwei jungen Söhnen während eines Gebets ermordet wurde. Dank lokaler Unterstützung konnte die Mission sich jedoch halten und betreibt heute ein beeindruckendes Lepra-Krankenhaus.

Bei der Ankunft in Baripada passieren die Busse den Tempel am Fuße der breiten Hauptstraße und fahren dann den Hügel hinauf zum Busbahnhof und zum Markt. Von hier sind es rund 5 Min. zu Fuß zu den meisten **Hotels**. Das *Bishram*, ✆ 06792/253535 ❶, und das *Hotel Ambika*, ✆ 06792/252557 ❷ – ❹, sind beide schäbig, aber passabel; mit Zimmern unterschiedlicher Preislage, alle mit Bad und einer Befestigungsmöglichkeit für das absolut notwendige Moskitonetz. Der Manager vom *Ambika* kann den Transport nach Simlipal (s. u.) organisieren und verleiht **Fahrräder** sowie **Jeeps**. Im Erdgeschoss des *Ambika* befindet sich darüber hinaus Baripadas bestes **Restaurant**.

Das *OTDC Tourist Office*, ✆ 06792/252710, befindet sich 5 Min. vom Busbahnhof entfernt, in entgegengesetzter Richtung des Tempels, ◷ Mo–Fr 10–17 Uhr.

Simlipal-Nationalpark

Westlich von Baripada geht die Landschaft plötzlich von offenen Feldern in die dicht bewaldeten Hänge und Bergketten der Ostghats über. Mit über 1000 m ist der **Khairbhuru**, den man vom Stadtrand aus sehen kann, die höchste Erhebung der Region und zugleich eines der letzten echten Wildnisgebiete Ostindiens. Der gemischte Laubwald, die beständig Wasser führenden Flüsse und die Lichtungen mit Grassavanne an seinen Flanken ließen eine ungewöhnlich reiche Tier- und Pflanzenwelt gedeihen.

1979 wurde das gesamte 2750 km² umfassende Gebiet rund um den Berg zur Schutzzone erklärt, vor allem weil man der schrumpfenden Anzahl von Tigern (s. S. 83) Einhalt gebieten wollte. Davor hatte hier der Maharadscha von Mayurbhunj das Sagen, der die Wälder für die Jagd und zum Holzabbau nutzte – die Schmalspurbahn von Baripada zur Haupteisenbahnlinie an der Küste wurde eigens für den Abtransport des Holzes gebaut. 1985 schließlich erhob man Simlipal offiziell in den Rang eines Nationalparks, und im darauffolgenden Jahr avancierte die Stätte zu einem der ersten indischen Reservate des „Projekt Tiger".

Simlipal hätte es durchaus verdient, eine von Ostindiens Hauptattraktionen zu sein. Dass dem nicht so ist, hat weniger mit der Anzahl an Tieren innerhalb seiner Grenzen zu tun als mit seiner schlechten **Erreichbarkeit**. Im Gegensatz zu ähnlichen Parks in den Nachbarstaaten gestaltet sich der Transport zum und im Park als äußerst schwierig, außerdem mangelt es an Übernachtungsmöglichkeiten. Wem es gelingt, diese Hürden zu nehmen, der wird reich belohnt. Abgesehen von den **Tigern** (die Ranger sprechen etwas zu optimistisch von knapp 100 Exemplaren und einer etwas größeren Zahl an nicht minder scheuen Leoparden) leben im Reservat auch Lippenbären, Sambar- und Axishirsche, Indische Muntjaks, Gaur, Rhesusaffen und Languren. Bei Abendspaziergängen in Waldnähe zeigen sich mit etwas Glück Mungos, Dachse, Stachelschweine, Zibetkatzen, Dschungelkatzen, Füchse und Schakale. Herden wilder **Elefanten** durchstreifen das Gebiet – sehr zum Verdruss der Dorfbewohner, die nächtelang wartend in Baumhäusern sitzen, um die zerstörerischen Dickhäuter von ihren Feldern zu vertreiben. Die Gewässer des Parks und deren Umgebung beherbergen außerdem Sumpfkrokodile, Pythons, Fischkatzen und Bindenwarane. Nachweislich 231 **Vogelarten** bevölkern den Luftraum, darunter bunte Trogons, Bart- und Nashornvögel, Drosseln, Pirole, Spechte, Sittiche, Bienenfresser sowie Sporn- und Dschungelhühner. Die Landschaft selbst ist ebenso vielfältig – mit einer Kulisse schöner Granitberge und einem friedlichen, uralten Salwald. Außerdem hat man im Park nicht weniger als 1076 Pflanzenarten gezählt, davon allein 87 verschiedene **Orchideen**.

Die Mehrzahl der Tiger und Leoparden tummelt sich in der 338 ha umfassenden „Kernzone", die größtenteils jedoch nicht betreten werden darf. Es gibt zwei **Haupteingänge** zum Park: einen bei **Joshipur** im Westen (nahe den meisten Lodges und günstig für Ankömmlinge aus Kolkata) und einen bei **Pithabata** nahe Baripada auf der Ostseite. Von hier führen ungeteerte, aber gut befahrbare Straßen zu den Lodges sowie den zahlreichen Wasserfällen, Aussichtspunkten, Weidegebieten und Wasserlöchern in der „Pufferzone".

⏲ Nov bis Mitte Juni tgl. 6–12 Uhr, nach voheriger Anmeldung, ✆ 06792/252553, kann der Aufenthalt bis 14 Uhr ausgedehnt werden; die ideale Besuchszeit ist von Nov bis Feb. Eintritt pro Tag Rs 100 für Ausländer sowie zusätzliche Rs 100 pro Auto und Rs 100 pro Kamera.

Übernachtung

Mit Ausnahme einer Lodge, der *Aranya Niwas* (s. u.), sind für alle anderen Unterkünfte im Park **Vorausbuchungen** offiziell vorgeschrieben. Hierfür wendet man sich an folgende Adresse: Field Director of Project Tiger, Baripada 757002, Mayurbhunj, Orissa, ✆ 06792/252593. Als Zahlungsmittel werden übrigens nur Rupien – keine Fremdwährung oder Reisechecks – akzeptiert. Alle Unterkünfte liegen preislich etwa in der Kategorie ❸–❹.

Welche Ecke des Nationalparks man besucht, hängt im Wesentlichen von der Lage der insgesamt sechs **Lodges** ab. Die besten Chancen zur Tierbeobachtung bietet *Chahala* (83 km ab Baripada), eines der ehemaligen Jagdhäuser des Maharadschas, das kurz hinter der Grenze zur „Kernzone" nahe einer Salzlecke liegt, wo sich die Tiere zur Abendzeit versammeln. Wie bei allen anderen Unterkünften im Park ist die Ausstattung sehr einfach. Man muss sein eigenes Essen mitbringen, das jedoch vom *chowkidar* zubereitet wird.

Die anderen Lodges sind *Barheipani* (73 km ab Baripada), eine kleine Holzhütte mit einer breiten Rundum-Veranda in der Nähe eines Wasserfalls, der einen beeindruckenden Ausblick freigibt; *Newana* (60 km ab Baripada), das in einem „frostanfälligen Tal" liegt; *Gudugudia* (25 km ab Joshipur, angeblich besonders schön zur Beobachtung von Vögeln und Orchideen) und *Joranda* (64 km ab Baripada), das von allem etwas hat und dazu noch einen Wasserfall. Die einzige Lodge, in der man ohne vorherige

Anmeldung auftauchen kann, heißt **Aranya Niwas** (auf der Seite Baripadas in **Lulung** gelegen; Fahrtkosten per Jeep ab Baripada Rs 150). Man bekommt hier zwar nicht viel vom Tierleben mit, aber die Zimmer sind recht nett, es gibt einen billigen Schlafsaal (Rs 80) und ein Restaurant, und die Anlage liegt – umgeben von einem elefantensicheren Graben – mitten im Wald.

Transport

Am einfachsten lässt sich Simlipal im Rahmen einer geführten **Tour** erkunden. **Heritage Tours** in Puri, ✆ 06752/223656 oder 222747, und **Swosti Travels** in Bhubaneswar, ✆ 0674/253 5773, organisieren selbst nach kurzfristiger Vorankündigung vom Transport über die Unterkunft bis zum Führer alles, und das zu vernünftigen Preisen. Ansonsten bleibt als einzige Alternative ein **Mietwagen**, da im Park keine öffentlichen Transportmittel zur Verfügung stehen. In Baripada hilft z. B. der Manager des Hotels *Ambika* (s. S. 582) bei der Vermittlung eines Jeeps. Weniger verlässliche Partner sind die Taxi-*wallahs* am Busbahnhof – die Preise liegen generell bei sagenhaften Rs 1000 pro Tag.

Eine andere Möglichkeit zur Minimierung der Kosten besteht darin, **Joshipur** als Ausgangsbasis für einen Parkbesuch zu wählen. Zum einen liegt der Ort näher an den verschiedenen Sehenswürdigkeiten, und zum anderen gibt es hier eine Reihe sehr billiger – und sehr schlichter – Unterkünfte; auch Jeeps stehen zum Verleih. Weitere Infos erteilt der Parkaufseher in Joshipur, ✆ 06797/22474.

Der Süden von Orissa

Der National Highway mit seinen heruntergekommenen Siedlungen lässt nicht gerade viel Vorfreude auf den Küstenabschnitt zwischen Puri und Andhra Pradesh aufkommen. Dennoch gewährt eine Reihe landschaftlich schöner Abstecher eine willkommene Unterbrechung der langen Reise. Drei Stunden südlich der Hauptstadt, am Fuße eines kahlen Ausläufers der Ostghats – die hier bis zur Küste reichen – liegt Indiens größter Salzwassersee. Zu den Hauptattraktionen des **Chilika**

Lake gehören die rund eine Million Zugvögel, die hier im Winter nisten, sowie Bootsfahrten zu den Inseln. 70 km weiter trifft man auf den Ort **Gopalpur-on-Sea**, der abgelegen genug ist, um sich den Charme eines ruhigen Badeorts bewahrt zu haben.

Chilika Lake

Besäße der Chilika Lake nicht seine glasartige Oberfläche, so könnte man Asiens größte Lagune durchaus für das Meer halten. Von dem schlammigen Küstenvorland lassen sich der schmale Streifen sumpfiger Inseln und die Sandflächen, die den 1100 km^2 großen Brackwassersee vom Golf von Bengalen trennen, kaum ausmachen. Zwischen Dezember und Februar zeigt sich allerdings eine Vielfalt von **Vögeln**, darunter Flamingos, Pelikane, Buntstörche, Fischadler und Milane, vielfach handelt es sich um Zugvögel aus Sibirien, Iran und dem Himalaya. Chilika ist zudem einer der wenigen Orte in Indien, wo man Irawadi-Delfine beobachten kann. Am besten lassen sich See und Vögel im Rahmen einer **Bootsfahrt** (s. u.) erkunden. Viele Boote machen auch auf Chilikas **Inseln** fest, von denen einige unbewohnt und andere von sich selbst versorgenden Fischerfamilien besiedelt sind. Der beste Ort zur Vogelbeobachtung ist die als Vogelschutzgebiet ausgewiesene Insel Nalabana.

Die Fischerdörfer und das sagenumwobene „Inselkönigreich" **Parikud** an der Ostseite des Gewässers werden jedoch meist zugunsten einer Bootsfahrt zum Devi-Schrein auf **Kalijai** ignoriert. Der Legende nach ist einst ein einheimisches Mädchen auf dem Weg zu ihrer Hochzeit am anderen Seeufer ertrunken; ihre Stimme soll später aus der Tiefe des Sees gehört worden sein. In dem Glauben, dass die zukünftige Braut sich in eine Göttin verwandelt hat, errichteten die Einheimischen ihr zu Ehren einen Tempel, der über die Jahre mit **Kali** (Shivas Gemahlin Parvati in ihrem Furcht erregenden Aspekt) in Verbindung gebracht wurde. Seitdem strömen zu Makar Sankranti, nach der Ernte, alljährlich Pilger aus ganz Orissa und Westbengalen zu dem winzigen Eiland, um in der heiligen Höhle vor dem Schrein der Göttin Votivgaben darzubringen.

Die *OTDC* organisiert ab Barkul und Satapada Ausflüge in Motor- oder Ruderbooten (Rs 450/Std. für ein 7-sitziges Motorboot), oder man bucht einen Platz auf einem Boot mit 20 oder 30 Sitzen. Die

Fahrt nach **Kalijai Island** (Rs 40), bei einheimischen Touristen am beliebtesten, nimmt insgesamt etwa 2 Std. in Anspruch, während für eine Kombi-Tour nach Kalijai und **Nalabana Island** (Rs 175) 4 Std. zu veranschlagen sind. Ausflüge in Ruderbooten werden auch von Rambha aus angeboten, allerdings scheinen die Fischer hier eher an ihren Netzen interessiert zu sein als daran, ihre Kunden zu den Inseln zu schippern.

Übernachtung und Transport

Außerhalb der Saison sinken die Übernachtungspreise in Chilika beträchtlich.

Yatri Niwas, in **Satapada**, nur 45 km von Puri entfernt und mehrmals am Tag per Nahverkehrsbus erreichbar, ist die beste Übernachtungsmöglichkeit am See. Zimmer teils mit eigenem Balkon, gepflegter Garten reicht bis ans Seeufer. Im Restaurant kann man köstliche *thalis* und nach vorheriger Ankündigung auch frische Meeresfrüchte genießen. Reservierung über die Touristeninformation in Puri. ❶–❷

OTDC Panthaniwas, nahe dem Bahnhof in **Rambha**, 135 km von Bhubaneswar, ✆ 06810/ 278346. Billiges Hotel, das jedoch recht glanzlos daherkommt. Ein Plus ist die gute Lage für Wanderungen an der landschaftlich schöneren Südseite des Sees und Bootsfahrten nach Parikud. ❸

OTDC Panthaniwas, in **Barkul**, 34 km nördlich von Rambha, ✆ 06756/222 0488, besteht aus ein paar schäbigen, rosafarbenen Chalets, dafür sind die Zimmer mit Bad und Moskitonetz ausgestattet (ohne das man kaum ein Auge zumacht), und auch das Essen ist ganz passabel. Der Manager übernimmt Reservierungen für einen Bootsausflug (s. o.). Für die Anreise nimmt man in Puri oder Bhubaneswar einen Bus Richtung Berhampur, steigt in **Balugaon** aus und legt die letzten 7 km nach Barkul in einer Motor-Rikscha zurück. Bei einem Aufenthalt zwischen September und März wird eine Reservierung über die OTDC-Touristeninformation in Bhubaneswar empfohlen. ❸–❺

Saga Camp, auf Sonakada Island, eine kurze Bootsfahrt von Rambha entfernt, ✆ 06810/ 278518. Zelte mit komfortablen Feldbetten und eigenem Bad. Kein Strom, aber Warmwasser aus Eimern und eigene Boote für Touren entlang der Küste, zum Vogelschutzgebiet Nalabana und zu den südlichen Ausläufern des Sees. Rs 3500 pro Tag für 2 Pers inkl. aller Mahlzeiten und zwei Bootsfahrten täglich.

Eine Alternative zum öffentlichen Transport ist ein Tagestrip nach Chilika mit *Gandhara Travel* in Puri (Mo und Fr; Rs 100 p. P.).

Gopalpur-on-Sea

Vor 2000 oder mehr Jahren, als die Kalinga aus dem Perlen- und Seidenhandel mit Südostasien ordentlich Profit schlugen und fleißig ihren Reichtum anhäuften, muss Gopalpur-on-Sea – ehemals der alte Hafen von Paloura – ein recht umtriebiger Ort gewesen sein. Heute dagegen präsentiert sich das Städtchen eher ruhig und füllt sich nur während der Feiertage und Ferien mit Leben, wenn die Bengalen hier ihren Urlaub verbringen. Das restliche Jahr über steht die planlose Ansammlung heruntergekommener Bungalows und Strandhotels praktisch leer, wären da nicht die paar Rucksackreisenden, die dem Versprechen auf ein noch unentdecktes Strandparadies gefolgt sind, und die vielen fleißigen Fischer *(katias)* mit ihren traditionellen, spitzen Strohhüten, die vor Gopalpurs langer, einsamer Küste mit ihren Netzen auf Beutezug gehen. Eines steht fest: Das Paradies findet man hier nicht, wer jedoch entlang der Küste nach einem Ort zum Entspannen und Genießen der lauen Meeresbrise sucht, kann mit Gopalpur nicht viel falsch machen. Vom hiesigen **Strand** sollte man indes nicht zu viel erwarten, denn er ist alles andere als ideal zum Schwimmen und Sonnenbaden; wer sich im Sand niederlässt, steht ruckzuck im Mittelpunkt der Aufmerksamkeit von Einheimischen.

Übernachtung und Essen

Die Unterkünfte in Gopalpur kosten meist etwas mehr als anderswo, und ein bisschen Handeln kann nicht schaden. Eine rechtzeitige Reservierung ist nur in Ferienzeiten nötig. Die unten aufgeführten Preise gelten für die Nebensaison zwischen Oktober und März.

Der Mangel an Meeresfrüchten in den Restaurants überrascht doch ein wenig – ein paar lassen sich aber durchaus beschwatzen, nach

ORISSA

rechtzeitiger Vorankündigung einen *pomfret* oder Garnelen-Curry zuzubereiten. Die Hütte **Seashell** serviert billige und leckere Mahlzeiten mit Blick auf den Strand.

Holiday Inn, nahe dem Leuchtturm. Könnte nicht weniger mit seinem nordamerikanischen Namensvetter gemein haben: eine Hand voll einfacher Zimmer rund um einen netten Innenhof und eine Gemeinschaftsküche. ❶

Kalinga, an der Hauptstraße zum Meer, ☎ 0680/224 2069. Saubere, nette und luftige Zimmer mit Balkon und TV. ❷ – ❸

Mermaid, am nördlichen Strandende, ☎ 0680/224 2050. Freundliche Unterkunft, die auf wohlhabende Touristen aus Kolkata abzielt. Schlichte Zimmer mit Balkon und Meerblick. Nach vorheriger Anmeldung können Nicht-Gäste die köstlichen *thalis* nach bengalischer Art genießen. ❸

OTDC Panthaniwas, am Tempel, ☎ 0680/224 2088. Saubere Zimmer ohne Meerblick, aber mit eigenem Bad, und ein Schlafsaal (Rs 70). Restaurant mit hervorragendem Küchenchef, der schmackhafte indische Gerichte und auf Nachfrage auch ein Frühstück zubereitet. Das freundliche Personal erteilt auch Touristeninformationen. ❷ – ❸

Rosalin, ebenfalls am Strand, ☎ 0680/224 2071. Etwas chaotischer, aber billiger und freundlicher Familienbetrieb. Einfache, kleine Zimmer rund um einen Hof im Garten und ein Restaurant. ❶

Sea Pearl, direkt am Meer, ☎ 0680/242556. Gut geführtes Hotel mit sauberen, komfortablen Zimmern, effizientem Personal und Terrassenrestaurant mit Meerblick. ❹ – ❺

Swosti Palm Beach, nahe *Holiday Inn,* ☎ 0680/2242453. Eines der besten Hotels in Gopalpur. Geräumige, komfortabel eingerichtete AC-Zimmer ohne Meerblick und ein Garten. Das Restaurant serviert gutes indisches Seafood wie *chenguli malai* (Garnelen in Kokoscreme) und *macha tarkari* (Meeresfisch-Curry). ❼ – ❽

Transport

Nach Gopalpur-on-Sea gelangt man am einfachsten über BERHAMPUR, das an der Küstenhauptstraße und Eisenbahnlinie liegt. Von Berhampur fahren regelmäßig Minibusse und Jeeps in den 16 km entfernten Badeort (alle 15 Min., 30 Min.). Endstation ist das obere Ende von Gopalpurs „Hauptstraße", rund 10 Min. zu Fuß von den meisten Hotels und vom Meer entfernt.

ANDAMANEN

HIGHLIGHTS

Tauchen – Traumhafte Korallenriffe mit einer bunt schillernden Unterwasserwelt laden zu ausgiebigen Tauchgängen ein.

Wandoor – Die weißen Sandstrände und winzigen Inseln des Mahatma Gandhi National Marine Park sind ein begehrtes Tagesausflugsziel des Archipels.

Neill Island – Die kleine, gastfreundliche Nachbarinsel von Havelock ist ein beliebtes und geruhsames Erholungsziel, das sich hervorragend zum Schnorcheln eignet.

Indiens abgeschiedenster Staat, die Andamanen, liegt mehr als 1000 km vor der Ostküste mitten im Golf von Bengalen und ist vom Festland aus per Flugzeug oder Fähre von Kolkata, Chennai und Vishakapatnam zu erreichen. Der mit üppigen, dunkelgrünen Tropenwäldern überzogene Archipel erfreut sich einer reichhaltigen Fauna, darunter einige äußerst seltene Vogelarten, doch die Hauptattraktion für Touristen sind die fast unberührten Riffe rings um die meisten der Inseln. Die kristallklaren Gewässer der **Andamanensee** zählen mit ihren bunten Fischen und ihrer Korallenvielfalt zu den reichhaltigsten und unverdorbensten Meeresschutzgebieten der Erde – ein Paradies zum **Schnorcheln** und **Tauchen**. Ein Besuch der Andamanen ist allerdings mit einigen Anstrengungen und Sonderausgaben verbunden und erfordert Sensibilität den dortigen Menschen und der Umwelt gegenüber. Andererseits sind immer mehr Bewohner der zunehmend an Profil gewinnenden Andamanen auf den Tourismus angewiesen und könnten angesichts der extremen Verluste durch den Tsunami von 2004 (s. S. 590, Kasten) einen finanziellen Schub gewiss gut vertragen.

Aus verwaltungstechnischen Gründen wurden die Andamanen mit den **Nikobaren** zusammengefasst, einer Inselgruppe 200 km weiter südlich, die jedoch bislang für Ausländer tabu ist. Die Andamanen bestehen aus annähernd zweihundert Inseln, die Nikobaren aus neunzehn. Die unterschiedlich großen Inseln sind die Spitzen eines Unterwasser-Gebirgszuges, der sich auf einer Länge von 755 km von der Arakan Yoma-Kette in Myanmar (Burma) bis zu den Ausläufern Sumatras im Süden erstreckt. Mit Ausnahme der abgeschiedensten werden sie von **indigenen Volksgruppen** bewohnt, deren Zahl aufgrund europäischer Niederlassungen im 19. Jh. und in jüngerer Zeit wegen der erbarmungslosen **Abholzung** drastisch zurückgegangen ist. Inzwischen wurde dem Kahlschlag angeblich ein Riegel vorgeschoben – die Abholzung wird streng kontrolliert und beschränkt sich auf ausgewachsene Bäume bestimmter Arten, die mindestens 2 km von der Küste entfernt sind. Wie genau diese Vorschriften in der Praxis befolgt werden, ist allerdings kaum einschätzbar. Für eine zusätzliche Verschärfung der Lage sorgen illegale Holzfäller, die unter anderem auch aus Burma und Thailand herüberkommen.

Ausländische Touristen dürfen nur bestimmte Teile der durch den tiefen Ten Degree-Kanal den Nikobaren getrennten Andamanen besuchen. Anlaufpunkt der Schiffe und Flugzeuge ist **South Andaman** mit der kleinen, aber betriebsamen Hauptstadt **Port Blair**, deren überwiegend tamilische und bengalische Gemeinde schon fast die Hälfte der Gesamtbevölkerung ausmacht. Näheres zu den Transportverbindungen s. S. 591 f. und 599 f., Port Blair.

Die schönsten Strände und Korallenriffe findet man bei den weiter draußen gelegenen Inseln. Wer diese erkunden möchte, braucht eine gesunde Portion Abenteuerlust, denn auf die Verbindungen und Transportmöglichkeiten ist wenig Verlass, und vor allem auf den kleineren Inseln sind Letztere oft unbequem und äußerst begrenzt. Hat man sich von den Siedlungen entfernt, sind eigene Campingausrüstung und Proviant unerlässlich. Und noch ein Hinweis: Erstaunlich viele Traveller werden auf den Andamanen krank; die dichte Vegetation, die Sümpfe und die starken Regenfälle bilden zusammen eine hervorragende Brutstätte für Moskitos, und selbst in den abgelegensten Siedlungen herrscht **Malaria**. In bestimmten Gegenden stellen Sandfliegen eine wahre Plage dar; die aufgekratzten Stiche entwickeln sich nicht selten zu Geschwüren.

Das **Klima** ist das ganze Jahr über tropisch, mit Temperaturen zwischen 24 und 35 °C und einer Luftfeuchtigkeit, die nie unter 70% liegt. Die mit Abstand beste Zeit für einen Besuch ist von Januar bis Mai. Ab Mitte Mai bis in den Oktober hinein gehen über den Inseln heftige Regengüsse nieder, die nicht selten gewaltige Wirbelstürme mit sich bringen. Dann sind die Strände an der Westküste mit umgeknickten Bäumen übersät. Während des Nordostmonsuns im November und Dezember gibt es weniger dramatische Regenfälle. Obwohl sie so weit östlich liegen, gilt auf den Inseln indische Zeit, d. h. die Sonne geht im Sommer schon um 4.30 Uhr auf und kurz nach 17 Uhr bricht bereits die Dunkelheit herein.

Geschichte

Die erste Erwähnung der Andamanen und Nikobaren findet sich in geografischen Abhandlungen von **Ptolemäus** aus dem 2. Jh. n. Chr. Berichten des chinesischen Buddhistenmönches I'Tsing aus dem 7. Jh. n. Chr. und arabischer Reisender, die im 9. Jh.

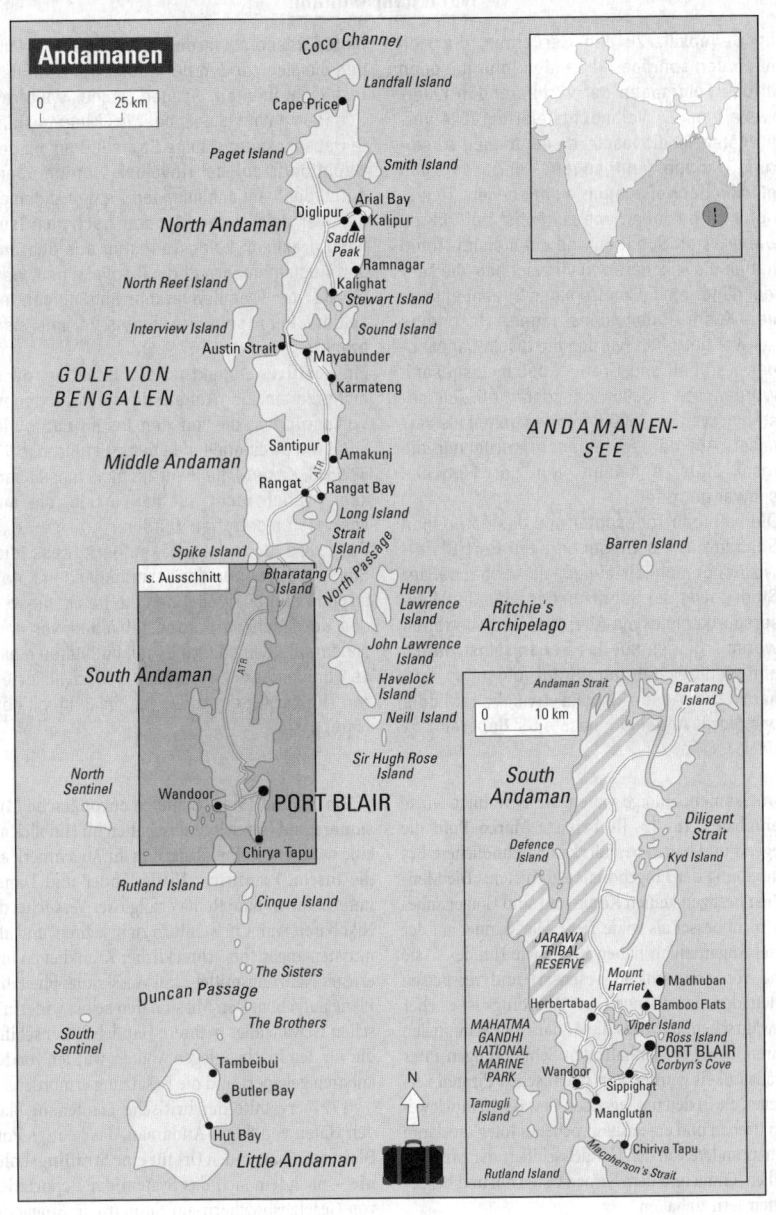

Nach dem Tsunami

Im Gegensatz zu den Gerüchten, die sich nach den spärlich fließenden Informationen in den Folgetagen der verheerenden Killerwelle vom 2. Weihnachtsfeiertag 2004 verbreiteten, ist die Inselkette der totalen Zerstörung knapp entgangen, und es gab glücklicherweise auch nicht so viele Todesopfer zu beklagen wie zunächst befürchtet. Die größten Schäden und die meisten Toten hatten die Nikobaren zu verzeichnen, die sehr viel näher am Epizentrum des Seebebens vor der Küste Indonesiens lagen. Besonders schwer getroffen wurden die Inseln Car Nicobar, Katchall und Great Nicobar. Insgesamt wurden etwa 3000 Todesopfer offiziell bestätigt, weitere 4500 Personen gelten als vermisst. Auf den Andamanen wurde nur die Insel Little Andaman von der Flutwelle schwer getroffen.

Die wenigen Todesopfer und die materiellen Schäden in der Umgebung von Port Blair – wo hauptsächlich einige alte Gebäude der Stadt sowie der Schiffsanleger und der Wassersportkomplex am Aberdeen Jetty betroffen waren – gingen auf das **Beben** selbst zurück und weniger auf den darauf folgenden Tsunami. Die Austin-Brücke zwischen Middle und North Andaman musste für Reparaturarbeiten gesperrt werden. Diejenigen Ausländer, die sich zur Zeit der Katastrophe auf den Inseln aufhielten, trugen keine weiteren Schäden davon als ein paar ins Meer gespülte Habseligkeiten. Einige Strandhütten auf der Haupttouristeninsel Havelock wurden überflutet, doch am schlimmsten für die Andamanen war, dass in den Monaten nach dem Tsunami praktisch keine Touristen aus dem In- und Ausland mehr auf die Inseln kamen, was für die vom Fremdenverkehr abhängigen Inselbewohner schwere Einbußen mit sich brachte.

Ein **positiver Aspekt** ist die Tatsache, dass nicht ein einziger Angehöriger der indigenen Volksgruppen, die auf den Inseln nach wie vor ihren traditionellen Lebensstil führen (s. S. 592/593, Kasten), bei dem Tsunami ums Leben kam – auch nicht auf den Inseln, die am schwersten getroffen wurden.

Das wird darauf zurückgeführt, dass die Stämme etwas von der bevorstehenden Katastrophe ahnten, weil ihnen die Panik der wilden Tiere nicht verborgen geblieben war, und sie daraufhin in höhere Lagen flüchteten – ein Lehrbeispiel an die Adresse der „zivilisierteren" Völker für ein Leben im Einklang mit der Natur.

---

vorbeikamen, zufolge waren die Bewohner wüste Kannibalen. Im 13. Jh. bereiste **Marco Polo** die Gegend und hatte ebenfalls keine freundlichere Beschreibung der Eingeborenen zu bieten: „Die Menschen besitzen keinen König und sind Götzenanbeter, nicht besser als wilde Tiere. Alle Männer auf der Insel Angamanian haben Köpfe wie Hunde ... sie sind von grausamster Wesensart und verspeisen jeden, den sie einfangen ..." Allerdings ist es eher unwahrscheinlich, dass die Andamaner Kannibalen waren, denn die lebhaftesten Schilderungen ihrer Grausamkeit wurden von malaiischen Piraten verbreitet, die in den umliegenden Gewässern ihr Unwesen trieben und ein ausgesprochenes Interesse daran hatten, andere von den Handelsschiffen, die zwischen Indien, China und dem Fernen Osten hin und her segelten, fern zu halten.

Im 18. und 19. Jh. richteten **europäische Missionare** und Handelsgesellschaften im Hinblick auf eine mögliche Kolonialisierung ihr Augenmerk auf die Inseln. Franzosen, Niederländer und Dänen unternahmen eine Reihe erfolgloser Versuche, die Nikobaren zum Christentum zu bekehren, und alle mussten angesichts schrecklicher Krankheiten und ernster Nahrungsmittel- und Wasserknappheit ihre Pläne aufgeben. Den Missionaren selbst widerfuhr selten Gewalt, aber mehrere Handelsflottenschiffe, die vor den Inseln anlegen wollten, wurden von Nikobaren gekapert und die Besatzung ermordet.

1777 erwählte der britische Lieutenant Blair den Hafen von South Andaman, das heutige **Port Blair**, zum passenden Ort für eine **Sträflingskolonie** – nachdem sich das System der Deportation von Gesetzesbrechern auf Sumatra, in Singapore und Penang bewährt hatte. Dieser Plan (sowie ein 1867 unternommener Versuch, die Nikobaren zu besiedeln) scheiterte jedoch an den unwirtlichen Bedingungen der Wälder. 1858 wurde Port Blair aber schließlich doch eine Sträflingssiedlung. Politische Aktivisten, die für den Aufstand von 1857 verantwortlich waren, mussten das Land roden und ihr eigenes Gefängnis bauen. Von 773 Gefangenen wurden innerhalb der ersten zwei Monate 292 gehängt, starben auf andere Weise oder flohen. Viele verloren ihr Leben auch bei Angriffen der andamanischen Völker, die sich der Waldrodung widersetzten, doch die Siedlung erhielt immer neuen Nachschub vom indischen Festland. Um 1864 belief sich die Zahl der Verbannten bereits auf 3000. Im Jahr 1896 wurde mit den Bauarbeiten an dem Gefängnis begonnen, das aus Hunderten winziger Zellen bestand. Es steht noch heute und ist eine der wenigen „Touristenattraktionen" von Port Blair.

1919 beschloss die britische Regierung in Indien die Schließung der Strafkolonie, doch kurz darauf wurde sie wieder gebraucht, um eine neue Generation von Freiheitskämpfern aus Indien, Malabar und Burma zu beherbergen. Im Zweiten Weltkrieg waren die Inseln von **japanischen Soldaten** besetzt, die Hunderte Ureinwohner, die der Kollaboration mit den Briten verdächtigt wurden, folterten und ermordeten und die Wohnstätten der Jarawa-Stämme bombardierten. 1945 kehrten die britischen Streitmächte zurück und lösten zumindest das Straflager auf.

Nach der Teilung Indiens erhielten **Flüchtlinge**, vorwiegend Hindus niedriger Kasten aus Bangladesh und Bengalen, Land in Port Blair und North Andaman, wo der Waldbestand abgeholzt wurde, um Platz für Reisfelder, Kakaoplantagen und Fabriken zu schaffen. Seit 1951 ist die Bevölkerungszahl um mehr als das Zehnfache gestiegen. Hinzu kommen repatriierte Tamilen aus Sri Lanka, Tausende von Arbeitern aus dem armen Bihar, ehemalige Armeeangehörige, denen Grundbesitz zugesprochen wurde, Wirtschaftsflüchtlinge aus ärmeren indischen Staaten und Legionen von Staatsdienern, die hier einen zweijährigen „Strafdienst" ableisten müssen. Die Zahl dieser Zugewanderten übertrifft bei weitem die der andamanischen Urbevölkerung, die derzeit ungefähr ein halbes Prozent der Gesamtbevölkerung ausmacht. Die Kontakte zwischen den beiden Gesellschaftsgruppen sind spärlich und nicht immer freundlich. Zudem herrscht innerhalb von Port Blair eine klare Trennung zwischen den relativ neu Hinzugekommenen und den so genannten „pre-42s" – Abkömmlingen der freigelassenen Sträflinge und Freiheitskämpfer, deren Familien sich hier noch vor dem starken Zustrom vom Festland niederließen. Diese kleine, aber einflussreiche Minderheit, die sich um den exklusiven Browning Club in der Hauptstadt konzentriert, verlangt seit einiger Zeit eine Zuzugsbeschränkung und neue Eigentumsgesetze, um die fortschreitende Besiedlung zu verlangsamen. Die Forderungen sind natürlich nicht uneigennützig, spiegeln jedoch eine zunehmende Besorgnis über das künftige Schicksal der Andamanen wider, wo durch die schnelle und größtenteils planlose Bebauung katastrophale Umweltschäden entstanden sind, ganz zu schweigen von den negativen Auswirkungen auf die indigene Bevölkerung.

Da die Tage der Gewinn bringenden Edelholzfällerei gezählt sind, hofft man jetzt auf den **Tourismus** als neue Haupteinkommensquelle. Allerdings werden die anvisierten Zahlen die jetzt schon unzureichende Infrastruktur über Gebühr strapazieren und die saisonal bedingte Wasserknappheit sowie das Problem der Müllbeseitigung noch verschärfen. Angesichts Indiens bisheriger Vorgehensweise in Sachen Tourismusförderung müssen die Prognosen eher düster ausfallen. Delhi erteilte bereits grünes Licht für Flüge aus Südostasien und schließlich auch für Charterflüge aus Europa, die auf der erst kürzlich erweiterten Piste des Flughafens landen sollen. Die ersten Maschinen aus Bangkok hätten im Januar 2005 ankommen sollen, was aber durch den Tsunami vereitelt wurde. Wird zukünftig auch nur ein Bruchteil der zwischen Thailand und Indien fließenden Touristenströme über die Andamanen geleitet, könnten die Folgen für diese kulturell und ökologisch fragile Region verheerend sein.

Transport zu den Andamanen

Touristen können sich das für den Besuch der Inseln erforderliche, einen Monat gültige **Permit** bei der Ankunft auf dem Flughafen von Port Blair besorgen; Schiffspassagiere sollten sich vor Verlassen des indischen Festlandes eines beim

Indigene Völker der Andamanen und Nikobaren

Wo genau die Urbevölkerung der Andamanen und Nikobaren herstammt, ist ein Rätsel, das Ethnologen beschäftigt, seit Radcliffe-Brown Anfang des 20. Jahrhunderts seine berühmte Feldforschung unter den Andamanern durchführte. Asiatisch aussehende Gruppen wie die Shompen könnten von Osten und Norden her eingewandert sein, als die Inseln mit Myanmar (Burma) verbunden waren, oder vielleicht war das Meer seicht genug, um in Kanus herzugelangen, doch dies erklärt nicht den Ursprung der schwarzen Bevölkerung, deren Erscheinungsbild auf afrikanische Wurzeln hindeutet. Woher auch immer sie kamen, das Überleben der ersten Inselbewohner wurde jedenfalls lange durch Händler und Kolonisten bedroht, die Krankheiten einschleppten und durch groß angelegte Waldrodungen ihre Territorien zerstörten. Außerdem gingen Tausende an Alkohol und Opium – gegen wertvolle Muscheln von Chinesen, Japanern und Briten eingetauscht – zugrunde. Von schätzungsweise 5000 Ureinwohnern im Jahr 1858, von sechs der zwölf indigenen Stämme, haben nur 5% überlebt. Weitere Hintergrundinformationen und Updates zu aktuellen Themen im Zusammenhang mit den auf den Andamanen (und andernorts) lebenden Volksstämmen finden sich auf der ausgezeichneten Website von Survival International 🖳 www.survival-international.org.

Die Ureinwohner der Andamanen, unterteilt in *eramtaga* (Dschungelbewohner) und *ar-yuato* (Küstenbewohner), lebten traditionellerweise als Jäger und Sammler von Fisch, Schildkröten, Schildkröteneiern, Schweinefleisch, Obst, Honig und Wurzelgemüse. Die größte überlebende Bevölkerungsgruppe mit rund 30 000 Angehörigen sind die **Nikobaris**. Als Obst- und Gemüsebauern passten sie sich im Gegensatz zu anderen Stämmen bereitwilliger an die moderne Kultur an, und viele Nikobaris ließen sich unter der britischen Herrschaft zum Christentum bekehren. Als Ironie des Schicksal ließe sich interpretieren, dass der Verlust ihrer traditionellen Kultur vielleicht zur Tatsache beitrug, dass die Nikobaris mit am schlimmsten von dem Tsunami getroffen wurden – für sie kam sie genauso unvorbereitet wie für die Siedler, und zwölf ihrer Dörfer auf Car Nicobar wurden dem Erdboden gleichgemacht.

Zu Beginn der Kolonialisierung der Inseln stellten die **Großen Andamanesen** die größte Volksgruppe dar, doch heute gibt es nur noch 43 Angehörige dieser Gruppe – sie wurden nach Strait Island, nördlich von South Andaman, zwangsumgesiedelt und sind völlig von der Versorgung durch staatliche Institutionen abhängig. Nach dem Tsunami wurden sie wieder nach Port Blair geschickt, was hoffentlich nur als Zwischenlösung gedacht ist. In den 60er Jahren des 19. Jhs. richtete Reverend Henry Corbyn auf Ross Island ein „Heim" für die Großen Andamanesen ein, um ihnen Englisch beizubringen. Er bestand darauf, dass sie Kleider trugen und Lesen und Schreiben lernten. Fünf Kinder und drei Erwachsene aus Corbyns Schule wurden 1864 als Kuriositäten nach Kolkata gebracht und zur Schau gestellt. Diese Erfahrung war für die Massen, die kamen, um die „Affenmenschen" zu beäugen, zweifellos anregender als für die Andamaner, von denen die Organisatoren des Ausflugs beleidigt berichteten, dass sie „... nie über irgend etwas, das sie erlebten, Staunen oder Bewunderung zeigten, egal um welche wunderbare Neuigkeit es sich in unseren Augen für sie auch handeln mochte".

Bei den ausländischen Siedlern steckten sich die Andamaner mit Krankheiten wie Syphilis, Masern, Mumps und Grippe an und wurden opiumabhängig. Innerhalb von drei Jahren war fast die gesamte Gruppe ausgelöscht.

Die **Jarawas**, die wegzogen, als ihre eigentliche Heimat für den Bau von Port Blair gerodet wurde, leben jetzt an den abgeschiedenen Westküsten von Middle und South Andaman, jenseits der Andaman Trunk Road (ATR), die sie seit den 70er Jahren von Jagdgründen und Süßwasserquellen abschneidet. Seit den 80er Jahren des 20. Jhs. setzen sich die Bewohner gegen Eindringlinge zur Wehr; Holzfäller, Straßenbauer und bengalische Siedler trafen auf grimmigen Widerstand. Bei Zusammenstößen sind Dutzende, vielleicht auch Hunderte Menschen umgekommen. Die meisten Zwischenfälle ereigneten sich auf oder in der Nähe der ATR, daher steigen an mehreren Punkten der Busfahrt nach Norden, von Port Blair nach Mayabunder, bewaffnete Eskorten zu.

Ein zaghafter Kontakt zwischen Siedlern und Stämmen kam Ende der 90er Jahre zustande, als jedes Mal bei Vollmond Geschenke ausgetauscht wurden. Pakete mit Kokosnüssen, Bananen und roten Stoffen wurden einer freundlich gesinnten Gruppe von Jarawas auf einem Boot übergeben, doch später wurde diese Initiative wieder abgebrochen, weil die Siedler befürchteten, die Jarawas könnten von derartigen Zuwendungen abhängig werden. Die Aktion trug trotzdem dazu bei, dass einige Jarawas mit Neugier auf die Errungenschaften der „Zivilisation" reagierten, indem sie die Insassen vorbeikommender Fahrzeuge um Geschenke baten und indischen Siedlungen am Rande ihres Territoriums Besuche abstatteten. Als die anfänglich freundliche Aufnahme in Irritation umschlug, kam es wiederholt zu Raubüberfällen, und im März 1998 wurde eine Polizeistation angegriffen. In den vergangenen sechs Jahren hat die Regierung versucht, die Kontakte auf ein Minimum zu beschränken. Das Territorium der Jarawas wurde sogar um 180 km^2 erweitert, doch ein Urteil des Obersten Indischen Gerichtshofes von 2002, die ATR in diesem Abschnitt zu sperren, wurde noch nicht umgesetzt. Der Stamm zählt derzeit rund 270 Mitglieder.

Die Beziehungen mit den **Onge**, die sich selbst Gaubolambe nennen, verliefen, abgesehen von ein paar gewalttätigen Zusammenstößen mit Seeleuten im 19. Jh. (bei der ersten Begegnung 1867 wurden siebzig massakriert), relativ friedlich. Sie sind an ihrer Körperbemalung aus weißem Lehm und Ocker zu erkennen, leben nach wie vor in gemeinschaftlichen Unterkünften (bera) und errichten temporäre strohgedeckte Hütten (korale) auf Little Andaman. Die ungefähr einhundert noch verbliebenen Onge gehen in zwei kleinen Reservaten ihrer traditionellen Lebensweise nach. In beiden hat die indische Regierung Holz- und Wellblechhütten aufgestellt, einen Lehrer geschickt, der Hindi-Unterricht geben soll, und den Anbau von Kokospalmen angeregt, doch mit wenig Erfolg. Die Kontakte mit der Außenwelt beschränken sich auf die eine oder andere Fahrt in die Stadt, um Alkohol zu kaufen, und seltene Besuche von Ethnologen. Die Reservate sind für Ausländer absolut tabu, doch wer sich für die traditionellen Jagdgewohnheiten, den Glauben und die Rituale der Onge interessiert, dem sei die hervorragende Ethnographie Above the Forest von Vishvajit Pandya empfohlen.

Nur sehr begrenzte Kontakte bestehen mit dem isoliert lebenden Stamm der **Shompen** auf Great Nicobar, dessen rund 380 Mitglieder auch heute noch nach althergebrachten Gewohnheiten leben. Am isoliertesten lebt die Gruppe der **Sentineler** auf North Sentinel Island, westlich von South Andaman. 1990 kam es zu einem vorsichtigen Kontakt, nachdem ein von der Lokalverwaltung zusammengestelltes Team zwei Jahre lang jeden Monat Geschenke am Strand deponiert hatte, doch sämtliche Folgebesuche endeten unweigerlich in einem Pfeilhagel. Seit Anfang der 90er Jahre hat die AAJVS, die staatliche Behörde für Stammesfragen, es aufgegeben, sich den Sentinelern, deren Zahl auf 50 bis 250 geschätzt wird, nähern zu wollen. Wenn man mit dem Flugzeug von oder nach Port Blair kommt, überfliegt man ihre von einem traumhaften Korallenriff eingerahmte Insel, und es ist ein gutes Gefühl zu wissen, dass die Menschen, die an den Feuern sitzen, deren Rauch durch die Baumwipfel dringt, schon so lange der „Zivilisation" die Stirn bieten.

Foreigners' Registration Office (s. S. 461 f.) abholen.

SCHIFFE – Schiffe von und nach CHENNAI verkehren mit verlässlicher Regelmäßigkeit 1x wöchentl. Die Fähren aus KOLKATA (alle zwei Wochen) und VISHAKAPATNAM (1x monatl., Info beim *Shipping Office*, ✆ 0891/ 256 5597), sind weniger verlässlich.
Eine Schiffsreise ist zwar erheblich billiger als ein Flug, doch die Überfahrt dauert lang (3–5 Tage, ab US$25), ist unbequem und wird oft durch schlechte Witterung verzögert.

FLÜGE – *Indian Airlines* bietet 2x tgl. **Flüge** von KOLKATA. IA und *Jet Airways* fliegen tgl. von und nach CHENNAI. Tickets für die jeweils 2-stündigen Flüge kosten US$205 (einfach), sofern keine Ermäßigung in Frage kommt.

South Andaman: Port Blair und Umgebung

South Andaman ist heute die am dichtesten bevölkerte Insel der Andamanen – insbesondere die Gegend rings um die Hauptstadt **Port Blair** –, was teilweise auf die drastische Baumrodung zurückzuführen ist. Irgendwann muss man in der Stadt mit ziemlicher Sicherheit ein bisschen Zeit totschlagen, während man auf ein Schiff wartet oder darauf, dass der Ticketverkauf beginnt. Anstatt Däumchen zu drehen, empfiehlt sich ein Abstecher an die Küste von South Andaman, die zwar erheblich dichter bevölkert ist als andere Inseln des Archipels, aber eine Hand voll leicht zugänglicher schöner Stellen und historischer Stätten besitzt. Ausländische Touristen dürfen nur den Süden und den mittleren Osten der Insel besuchen, darunter die Strände von **Corbyn's Cove** südöstlich der Stadt und den abgeschiedeneren **Chiriya Tapu**, beide innerhalb eines Tagesausflugs mit einem geliehenen Moped oder per Taxi leicht zu besuchen. Die lohnendste Tagesfahrt ist jedoch die mit dem Ausflugsschiff von **Wandoor** (35 km südwestlich von Port Blair) zur **Jolly Buoy** oder **Red Skin Island** im **Mahatma Gandhi Marine Reserve**, einem der besten Schnorchelgebiete der Andamanen. Die andere lohnenswerte Gegend ist jene um **Mount Harriet**, jenseits der Bucht nördlich von Port Blair.

Zu den historisch interessanten Orten zählen die Kolonialruinen auf **Viper Island** und **Ross Island**, die im Rahmen der täglich stattfindenden Hafenrundfahrten oder mit einer regulären Fähre von der Hauptstadt aus erreichbar sind.

Mit einem eigenen Fahrzeug findet man sich auf den schmalen, holprigen Straßen gut zurecht. Sie verbinden die kleinen Dörfer miteinander und führen, an den Sümpfen und Felsausläufern, die die Küstenlinie bilden, vorbei durch Wälder und Kokospalmenhaine.

Port Blair

Port Blair, eine erfrischend vegetationsreiche, aber langweilige Ansammlung von wellblechgedeckten Gebäuden, die sich nach Norden, Osten und Westen hin zum Meer erstrecken und nach Süden in Felder und Wälder übergehen, lohnt nur einen kurzen Aufenthalt. Es gibt wenig zu sehen – nur das Cellular Jail und ein paar kleine Museen –, aber da dies der Anlaufpunkt der Inseln und der einzige Ort mit einer Bank, Touristeninformationen und Hotels ist, führt kein Weg daran vorbei. Wer zu abgeschiedeneren Inseln aufbrechen will, kauft am besten hier die notwendige Ausrüstung und Proviant.

Straßennamen sind eine Seltenheit in Port Blair; meistens wird als Adresse einfach der Ortsteil angegeben. Das belebteste und zentralste Viertel ist **Aberdeen Bazaar**, wo sich die Polizeistation (zum Verlängern des Permits), das *SCI Office* (zur Buchung von Schiffspassagen, ✆ 03192/233590, und die *State Bank of India* befinden.

Das einzige sichtbare Zeichen der dunklen Vergangenheit Port Blairs ist das wuchtige, aus Ziegelsteinen erbaute Gefängnis **Cellular Jail**, das von einer kleinen Anhöhe im Nordosten der Stadt aufs Meer blickt. Es wurde zwischen 1896 und 1905 erbaut. Seine winzigen Einzelzellen waren weit schlimmer als die Gemeinschaftszellen anderer, früher errichteter Gefängnisblocks. Von den ursprünglich sieben Flügeln, die vom Turm in der Mitte ausgingen, sind nur noch drei erhalten. Besucher können in die 3 x 3,5 m messenden Zellen spähen und sich die grausamen Bedingungen vorstellen, unter denen die Häftlinge hier lebten. Die

Zellen waren dreckverkrustet und schlecht belüftet, Trinkwasser war auf zwei Gläser pro Tag rationiert, und waschen mussten sich die Gefangenen im Regen, während sie mit dem Roden von Wäldern und dem Bau von Sträflingsunterkünften beschäftigt waren. Die vom Festland gelieferten Lebensmittel wurden in Fässern aufbewahrt, und so wimmelte es im Reis und in den Hülsenfrüchten von Maden. Mehr als die Hälfte der Gefängnisinsassen starb lange vor Ablauf ihrer zwanzigjährigen Strafe. Aus Protest gegen die Haftbedingungen kam es 1932, 1933 und 1937 zu Hungerstreiks, was die Zahl der Toten noch erhöhte. An den Galgen, die immer noch in viereckigen Holzverschlägen in den Höfen stehen, wo sie von den Zellen aus gut zu sehen waren, fanden häufig Hinrichtungen statt. ⊙ Di–So 9–12 und 14–17 Uhr, Eintritt Rs 5.

Die **Sound and Light Show** (tgl. auf Englisch um 19.15 Uhr, auf Hindi um 18 Uhr, nicht während der Regenzeit von Mai–Sep und im Nov; Rs 20) erzählt die Geschichte des Gefängnisses. In einem kleinen **Museum** beim Eingangstor (gleiche Öffnungszeiten wie das Gefängnis) sind Gefangenenlisten, Fotos und schreckliche Folterwerkzeuge ausgestellt.

Im **Aquarium**, südlich vom Gefängnis in der Nähe des erstaunlich gut ausgestatteten Water Sports Complex, gibt es Fische und Korallen von den Riffen der Inseln zu sehen. ⊙ tgl. 9–13 und 14–16.45 Uhr, Eintritt Rs 5.

An der Küstenstraße Richtung Corbyn's Cove liegt 3 km außerhalb die neueste Attraktion von Port Blair, das **Science Centre**. Der Komplex beherbergt eine Reihe technischer Exponate und einige interaktive Objekte zu diversen wissenschaftlichen Themen sowie ein **Planetarium**, wo auf Nachfrage Vorführungen (Rs 5) geboten werden. ⊙ Mo–Sa 9–17.30 Uhr, Eintritt frei.

Im südlichen Teil der Stadt, unweit des *Directorate of Tourism,* steht das **Anthropological Museum**, das sich mit den Volksgruppen der Andamanen und Nikobaren beschäftigt. Zu den Ausstellungsstücken zählen Waffen, Werkzeuge und seltene Fotos der Ureinwohner, die in den 60er Jahren aufgenommen wurden, darunter eine Serie, auf denen Sentineler zu sehen sind. Sie wurde am 26. April 1967 geschossen, als eine Abordnung indischer Staatsdiener zum ersten Mal mit dieser Volksgruppe in Kontakt trat. Nachdem sie die Ureinwohner eingeschüchtert hatten, marschierten die Besucher in eines ihrer Jagdcamps und machten sich mit den Pfeilen, Bogen und anderen, jetzt im Museum ausgestellten Stücken davon. Der mit der Dokumentation der Expedition beauftragte Ethnologe notierte anschließend: „Die ganze Atmosphäre war so, als wenn ein Trupp Eroberer ein eingenommenes Gelände überrennt". ⊙ Mo–Sa 9–12 und 13–16 Uhr, Eintritt Rs 50.

Weiter nordwestlich, in Delanipur, gegenüber dem *Teal House Hotel* von *T&N Tourism,* befindet sich das **Samudrika Naval Maritime Museum**, eine ausgezeichnete Vorbereitung auf den Besuch abgelegener Inseln. Es verfügt über eine sagenhafte Muschelsammlung und informative Ausstellungen zu verschiedenen Aspekten der hiesigen Meeresbiologie. Eine Abteilung befasst sich mit den vielfältigen Korallen, die man an den Riffen der Andamanen sehen kann, sowie den zahlreichen Gefahren, denen diese empfindsamen Organismen ausgesetzt sind, vom Wasserentzug durch Mangroven und parasitäre Seesterne bis zu den Aktivitäten unbedachter Schnorchler. ⊙ Di–So 8.30–12 und 14–17 Uhr, Eintritt Rs 10.

Wer Tiere liebt, macht besser einen Bogen um den armseligen kleinen **Zoo**, ein Stück weiter Richtung Haddo. Seine einzige erfreuliche Seite ist, dass hier erfolgreich seltene Krokodile und Affen zur Entlassung in die Freiheit gezüchtet werden. ⊙ Di–So 8–17 Uhr, Eintritt Rs 2.

Das benachbarte **Forest Museum** bietet ebenfalls Unerfreuliches: Hier wird der vom Indian Forest Service angerichtete Kahlschlag in den Wäldern der Andamanen mit Hochglanzfotos der Abholzungsmethoden gefeiert. ⊙ Mo–Sa 8–12 und 14–17 Uhr, Eintritt frei.

Die knallharte Realität der lokalen Holzindustrie ist weiter nördlich in der **Chatham Sawmill** zu erleben, an der Spitze der Halbinsel, dem Nordrand von Port Blair. Als eines der ältesten Sägewerke Asiens zersägt und verarbeitet sie seltene Harthölzer, die von mehreren Inseln hergebracht werden – ein trauriger Beweis dafür, dass die internationalen Richtlinien zur Tropenholzproduktion nicht greifen. ⊙ Mo–Sa 7–14.30 Uhr, Eintritt Rs 2, Fotografieren verboten.

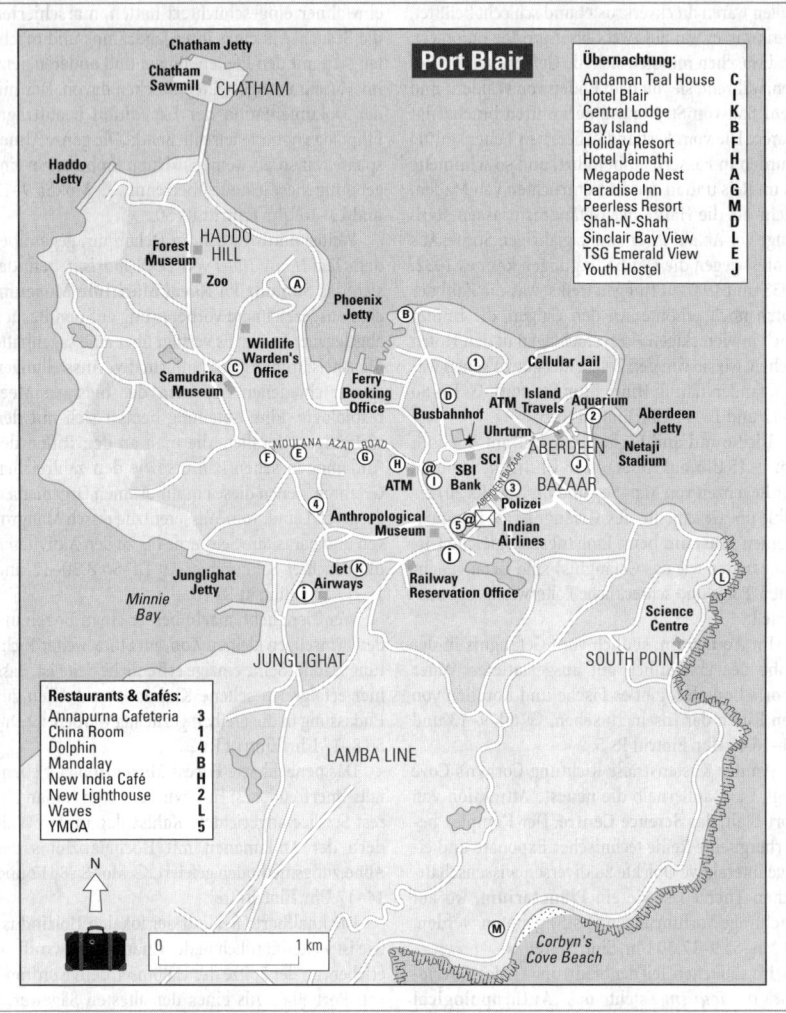

Port Blair

Chatham Jetty
Chatham
Sawmill   CHATHAM

Haddo
Jetty

HADDO
HILL
Forest
Museum
Zoo   Ⓐ

Phoenix
Jetty   Ⓑ

Wildlife
Warden's
Office   Ⓒ

Samudrika
Museum

Ferry
Booking
Office

Cellular Jail

Ⓓ   ATM   Island
Busbahnhof   Travels   Aquarium
Uhrturm   ③

MOULANA AZAD ROAD

Ⓕ Ⓔ   Ⓖ   Ⓗ   SCI   ABERDEEN
@   SBI
ATM   Ⓘ   Bank   Netaji
Stadium
Ⓙ
BAZAAR
Anthropological   Polizei
④   Museum   ⑤②
Indian
Airlines
Jet Ⓚ
Junglighat   Ⓘ Airways
Jetty   Ⓘ
Minnie   Railway
Bay   Reservation Office   Ⓛ

Science
Centre

JUNGLIGHAT   SOUTH POINT

LAMBA LINE

N

0   1 km

Ⓜ   Corbyn's
Cove Beach

Übernachtung

Port Blair hat eine nicht unbeträchtliche Auswahl an Unterkünften zu bieten. Die superbilligen Absteigen, zumeist im Stadtzentrum, sind genauso übel wie in jeder Hafenstadt des Festlandes. Besucher können davon ausgehen, dass eine Herberge, die nachstehend nicht aufgeführt ist, keinen Blick lohnt, vom Übernachten ganz zu schweigen. Die angenehmeren Hotels befinden sich in besseren Gegenden am Ortsrand. Dank der Fülle an Unterkünften entstehen nur selten Engpässe.

Andaman Teal House, Delanipur, hoch oben auf dem Hügel über dem Haddo Jetty, ☎ 03192/234060. Unterkunft des *Directorate of Tourism* mit herrlicher Aussicht, geräumigen und freundlichen Zimmern. Äußerst preiswert, jedoch ohne eigenes Fahrzeug etwas ungünstig gelegen. ❸–❺

Bay Island, Marine Hill, ✆ 03192/234101, 🖳 www.fortuneparkhotels.com. Die beste Adresse von Port Blair; sehr elegant und luftig, alle Zimmer mit Teppich, Balkon und Blick auf die Phoenix-Anlegestelle (die billigeren sind ein bisschen eng); ausgezeichnetes Restaurant, Grünanlage und offener Meerwasser-Pool. Der saftige Preis von US$134 pro DZ beinhaltet VP. ❾

Central Lodge, Middle Point, ✆ 03192/233634. Altersschwaches Holzhaus in einer stillen und abgelegenen Ecke der Stadt. Spottbillige, sehr einfache Zimmer und ein Schlafsaal (Rs 60). Möglichkeit zum Aufspannen einer Hängematte im Garten. ❶

Holiday Resort, Premnagar, 15 Min. zu Fuß vom Zentrum, ✆ 03192/230516, ✉ holidayresort88 @hotmail.com. Bietet ein wesentlich besseres Preis-Leistungs-Verhältnis als die meisten Billigunterkünfte, die nur geringfügig weniger kosten. Alle Zimmer sind sauber, geräumig und haben TV. ❸

Hotel Blair, im *HSKP Complex,* 5 Min. zu Fuß vom Busbahnhof, ✆ 03192/238109, ✉ hotelblair@ yahoo.com. Ziemlich übdeuertes, modernes Hotel mit großen, sauberen Zimmern in ruhiger und zentraler Lage. Das gut belüftete Dachrestaurant serviert Standardgerichte. ❹–❼

Hotel Jaimathi, Moulana Azad Rd, ✆ 03192/ 230836. Bei indischen und westlichen Besuchern gleichermaßen beliebt; große, ziemlich saubere Zimmer mit Gemeinschaftsbalkonen. Etwas billiger als das benachbarte *Jagannath.* ❷

Megapode Nest, Haddo Hill, ✆ 03192/232380, 🖳 www.aniidco.nic.in. Das exklusive ANIIDCO-Hotel hat 25 komfortable Zimmer und teurere Selbstversorger-Cottages, die sich um eine Rasenfläche gruppieren. Gute Aussicht und ein Qualitätsrestaurant. ❻–❼

Paradise Inn, Moulana Azad Rd, ✆ 03192/ 245772, ✇ 233479. Kompakte, moderne Lodge, alle Zimmer mit TV und Telefon. Hervorragendes Preis-Leistungs-Verhältnis; zudem Extra-Rabatte in der Nebensaison. ❸

Peerless Resort, Corbyn's Cove, ✆ 03192/33461, ✇ 03192/229263, ✉ pblbeachinn@sancharnet.

in. Nette Anlage inmitten von Palmen, Jasmin- und Bougainvillea-Sträuchern, direkt gegenüber einem weißen Sandstrand, doch die AC-Zimmer mit Balkon und die Cottages kommen angesichts der Preise ab Rs 3650 ein wenig schmuddelig daher. Bar und Restaurant mittlerer Preisklasse mit durchschnittlichem Abendbuffet. ❾

Shah-N-Shah, Mohanpura, zwischen Busbahnhof und Phoenix Jetty, ✆ 03192/233696. Einfaches, aber freundliches und komfortables Plätzchen. Zimmer mit Bad, gut besuchte Gemeinschaftsterrasse und Restaurant. ❸

Sinclair Bayview, an der Küstenstraße Richtung Corbyn's Cove, ✆ 03192/227824, ✉ pblsinbview @sancharnet.in. Das auf einem Felsen gelegene Hotel bietet makellose Zimmer (ab Rs 3240) mit Teppichboden, Balkon, Bad und atemberaubender Aussicht; außerdem Bar, Restaurant und Flughafen-Shuttle. ❾

TSG Emerald View, 25 Moulana Azad Rd, ✆ 03192/246488. Schickes neues Hotel der mittleren bis oberen Preisklasse mit geräumigen, farbenfroh eingerichteten Zimmern (teils AC) mit allem Komfort. ❸–❻

Youth Hostel, gegenüber dem Netaji Stadium, ✆ 03192/232459. Heruntergekommen und wie erwartet anstaltsverdächtig, aber die Dorm-Betten kosten nur Rs 50, und es gibt zwei DZ. Oft voll belegt mit Studenten oder Saisonarbeitern. ❶

Essen

Port Blairs Restaurants bieten Gerichte aus Nord- und Südindien, burmesische Spezialitäten und viel Seafood. Reisende mit schmaler Börse verköstigen sich an Straßenständen, wo man für Rs 10 eine Portion gegrillten Fisch bekommt, und in den üblichen, sehr anspruchslosen billigen „meals"-Cafés im Haupt-Basar: Die besten davon sind *Majestic, Gagan* und *Milan* im Aberdeen Bazaar. Das für seine schlechte Küche berüchtigte Lokal des *Dhanalakshmi* sollte man dagegen meiden. **Alkohol** ist zunehmend leichter zu bekommen, entweder in den besseren Hotels oder in einigen weniger ersprießlichen Bars wie der unterhalb vom *Jaimathi Hotel* (s. o.).

Annapurna Cafeteria, Aberdeen Bazaar, Richtung Postamt. Mit Abstand das beste südindische Speiselokal von Port Blair, bietet riesige, knusprige *dosas*, nordindische und chinesische Gerichte, ausgezeichneten Kaffee und köstliches *pongal* (mild gewürzter Reis mit Joghurt) zum Frühstück. Auch leckere *thalis* um die Mittagszeit. So geschlossen.

China Room, auf dem Hügel oberhalb der Phoenix-Anlegestelle, ✆ 03192/230759. Das am meisten auf Touristen ausgerichtete Speiselokal der Stadt, geführt von einem burmesisch-punjabischen Paar, was sich deutlich in der chili- und ingwerreichen Küche widerspiegelt, die chinesische Einflüsse aufweist. Besonders zu empfehlen ist das Seafood. Viele Tische im Freien; wenn es regnet, telefonisch einen Tisch im Trockenen reservieren lassen.

Dolphin, im *Marthoma Church Complex*, Golghar. Das hübsch eingerichtete Restaurant erfreut durch liebevoll zubereitete, indische und chinesische, aber auch ein paar westliche Gerichte sowie Spezialitäten des Hauses wie Hühnchen und Seafood.

Mandalay, *Fortune Resort*, Marine Hill. Speisen à la carte oder an einem ordentlichen Abendbuffet (Rs 350) unter freiem Himmel mit großartigem Blick auf die Bucht. Der Service ist mitunter etwas lax für das angestrebte Niveau. Die *Nico Bar* neben ist eine gute Adresse für einen Drink.

New India Cafe, Moulana Azad Rd, im Tiefgeschoss der *Jaimathi Lodge*. Billiges, bei Einheimischen und Touristen gleichermaßen beliebtes Lokal. Große Auswahl an vegetarischen und fleischhaltigen Speisen; manchmal lange Wartezeit.

New Lighthouse, nahe Aberdeen Jetty. In dem beliebten Restaurant mit Tischen unter freiem Himmel kann man bei sanfter Meeresbrise Hummer und Seafood schlemmen, und das so preisgünstig wie sonst kaum irgendwo in Indien.

Waves, *Peerless Resort*, Corbyn's Cove. Nicht ganz billiges, aber sehr gemütliches Hotelrestaurant im Freien unter schattigen Palmen und einem der wenigen Lokale der Stadt, in denen man zum Essen ein Bier bestellen kann. Die meisten Gerichte um Rs 100–150.

YMCA, in der Nähe der Post. Nord- und südindische Standardgerichte auf einer netten, überdachten Terrasse. Die vegetarischen *thalis* sind besonders gut.

GELD – *State Bank of India*, Aberdeen Bazaar, ⏰ Mo–Fr 9–13, Sa 9–11 Uhr.
Manche Hotels wechseln Reiseschecks, aber schneller und günstiger ist es bei *Island Travels*, ✆ 03192/233034. Besitzt eine Lizenz zum Geldwechseln, ein paar Schritte auf der Straße vom Uhrenturm des Aberdeen Bazaar nach Nordosten, ⏰ Mo–Sa 9–18 Uhr.
Ein **Geldautomat** der *ICICI Bank* steht am unteren Ende der Moulana Azad Rd, ein weiterer der *UTI Bank* befindet sich beim Netaji Stadium.

INFORMATIONEN – Am **Informationsschalter** im Flughafen, ✆ 03192/232414, bekommt man eine nützliche Broschüre mit allgemeinen Infos.
A&N Directorate of Tourism Office, in einem modernen Gebäude schräg gegenüber *Indian Airlines* am Südrand der Stadt, ✆ 03192/232747, 🖳 www.andaman.nic.in. Dem Personal im Foyer sind allenfalls Basisinformationen über Touren und Hotels zu entlocken. Tipp: im Obergeschoss jemanden fragen, der etwas höher in der Hierarchie angesiedelt ist. ⏰ Mo–Fr 10–17, Sa 10–13 Uhr.
India Tourism Office, südwestlich des Stadtzentrums an der Junglighat Main Rd, ✆ 03192/233006. Auch nicht viel besser, ⏰ Mo–Fr 8.30–17 Uhr.
Es ist zu beachten, dass vor einem Besuch auf Interview Island zunächst eine kostenlose Genehmigung vom **Chief Wildlife Warden** eingeholt werden muss, dessen Büro, ✆ 03192/233270, sich neben dem Zoo in Haddo befindet.

INTERNET – Internetzugang für Rs 30 pro Std. bieten *Cyber Point* in der Moulana Azad Rd und *Samsuras* neben dem Postamt oder das *Holiday Resort* (s. o.).

POLIZEI / PERMIT – *Superintendent of Police*, im Aberdeen Bazaar, ist die zuständige Stelle für Verlängerungen der Aufenthaltsgenehmigung.

Die **ANIIDCO-Touren**, die zu den wenigen Sehenswürdigkeiten der Insel und ein paar lang-

weiligen anderen Orten führen, sind reine Zeitverschwendung; besser mietet man einen Motorroller oder ein Taxi und besucht das Gefängnis und die Museen auf eigene Faust.
Lohnender sind die **ANIIDCO-Hafenrundfahrten** (tgl. 15–17 Uhr, Rs 65), die an der Phoenix-Anlegestelle beginnen und nach **Viper Island** und **Ross Island** führen.

Nahverkehrsmittel

Im hügeligen Port Blair herumzuspazieren ist dermaßen schweißtreibend und zeitraubend, dass man wirklich einen fahrbaren Untersatz benötigt.

TAXIS / MOTORRIKSCHAS – Taxis, zu erkennen an den gelben Autodächern, warten vor dem Busbahnhof. Sie sind zwar mit Taxameter versehen, doch ist es üblich, den Fahrpreis vor Abfahrt auszuhandeln. Die Fahrt vom Stadtzentrum nach Corbyn's Cove kostet ca. Rs 50. Seit 1999 gibt es auf den Inseln auch **Motor-Rikschas**, die jedoch meistens genauso viel kosten wie ein Taxi.

BUSSE – Lokalbusse fahren in unregelmäßigen Abständen vom Zentrum Port Blairs aus nach Wandoor und Chiriya Tapu und sind ganz brauchbar für Tagesausflüge, doch das bei weitem beste Fortbewegungsmittel auf South Andaman ist ein eigener fahrbarer Untersatz.

FAHRRÄDER – gibt es im Aberdeen Bazaar für Rs 5 pro Std. zu mieten.

MOTORROLLER / MOTORRÄDER – Die Straßen zu den Küsten lassen sich besser mit einem Motorroller oder einem Motorrad als per Rad bewältigen.
TSG Travels, Moulana Azad Rd, hinter der Phoenix Bay, ✆ 03192/232894, oder *GDM Tours*, ✆ 03192/232999, verleihen beides. Führerschein und Rs 500 Kaution erforderlich; der Mietpreis selbst beträgt nur Rs 120–150 pro Tag. ☾ Mo–Sa 8.30–19 Uhr.
Eine Tankstelle befindet sich an der Straßenkreuzung westlich des Busbahnhofs und eine weitere an der Straße Richtung Flughafen. Da es

außerhalb der Stadt schwierig ist, Benzin aufzutreiben, sollte man hier den Tank füllen.

Transport

Port Blair ist der Ausgangspunkt sämtlicher Flüge und Fähren zum **indischen Festland** und zudem der Verkehrsknotenpunkt aller Bus- und Fährverbindungen zwischen den Inseln der Andamanen. Leider kann die Reservierung von Tickets (insbesondere zurück nach Chennai, Kolkata oder Vishakapatnam) einige Zeit in Anspruch nehmen, daher sehen sich viele Traveller gezwungen, eine ganze Weile vor Ablauf des Permits hier zu erscheinen, um die Rückreise sicherzustellen (anschließend begeben sie sich wieder in freundlichere Gegenden der Inseln).

Ein Hinweis für Traveller, die nach der Ankunft auf dem Festland per **Bahn** weiterreisen möchten: In Port Blair gibt es ein effizientes, ans Computernetz angeschlossenes Southern Railways Reservation Office in der Nähe des Secretariat, ☾ Mo–Sa 8.30–13 und 14–16 Uhr.

Vom / zum Festland:

SCHIFFE – Wer mit dem Schiff auf die Andamanen gekommen ist, kann ein Lied davon singen, wie hart eine Überfahrt von drei oder noch mehr Tagen in der „bunk class" sein kann und wie schwierig die Tickets zu bekommen sind. Es kann also nicht schaden, sich mit anderen Travellern über die aktuellen Bedingungen auszutauschen, die sich von Jahr zu Jahr und von Schiff zu Schiff ändern. Absolut sicher ist nur, dass die Fähre mit ca. Rs 1500 das billigste Transportmittel ist. Nachteile sind die unzuverlässigen Fahrpläne und Schwierigkeiten beim Einholen akkurater Informationen – ärgerlich, wenn man nur eine 30 Tage gültige Aufenthaltsgenehmigung in der Tasche hat. Das wöchentlich verkehrende *DSS*-Schiff nach CHENNAI ist am zuverlässigsten (Infos im Ticketbüro am Phoenix Jetty).
Die einzige sichere Möglichkeit, auf den Andamanen herauszufinden, wann das nächste Schiff

zum Festland ausläuft, und sich ein Ticket nach KOLKATA (1x alle 2 Wochen, 72–96 Std.) oder VISHAKAPATNAM (1x monatl., 72–84 Std.) zu sichern, besteht darin, sich in Port Blair in die Schlange vor dem *SCI Office* (gegenüber dem *Dhanalakshmi Hotel* in Aberdeen Bazaar, ✆ 03192/233590) einzureihen.

Tickets werden ab eine Woche vor Abfahrt angeboten, doch darauf ist kein Verlass. Wer ein paar Tagesreisen von der Hauptstadt entfernt ist und nur noch ein Permit für eine Woche oder weniger besitzt, muss wissen, dass die hiesige Polizei mit Ausländern, die ihre Aufenthaltsgenehmigung überschreiten, nicht gerade freundlich umspringt.

Die Schiffe vom Festland legen am **Haddo Jetty** an, fast 2 km nordwestlich des Phoenix Jetty, wo die zwischen den Inseln verkehrenden Fähren anlegen. Beim *Director of Shipping Services* am Phoenix Jetty erhält man aktuelle Informationen zu Schiffen und Fähren. Näheres über bevorstehende Schiffsabfahrten kann man auch in der Kolumne *Shipping News* der lokalen Tageszeitung *Daily Telegrams* (Rs 1,50) nachlesen.

FLÜGE – Der moderne Flughafen **Veer Savarkar** liegt 4 km südlich der Stadt in Lamba Line. Taxis und Motor-Rikschas bringen Besucher für Rs 40–50 in die Stadt, doch auf Gäste, die ein Zimmer in einem Hotel der mittleren oder oberen Preisklasse reserviert haben oder am Flughafenschalter eine Reservierung tätigen, wartet vor dem Flughafengebäude normalerweise ein Shuttle-Bus. Häufig verkehrende Busse in die Stadt halten ca. 300 m vom Terminal entfernt an der Hauptstraße.

Die Rückkehr aufs Festland per Flugzeug erspart eine Menge Zeit, denn sie dauert nur 2 statt 72 Std., ist jedoch mit US$200 für den einfachen Flug (Studenten und Personen unter 30 Jahren zahlen US$157) alles andere als billig.

Seitdem neben *Indian Airlines* (4x wöchentl.) auch *Jet Airways* (1x tgl.) diese Verbindung auf dem Flugplan hat, sind Tickets von/nach CHENNAI in der Regel auch kurzfristig erhältlich – allerdings nicht in Stoßzeiten wie um Diwali oder Weihnachten.

Auch im Fall von KOLKATA hat sich die Lage entspannt. *Indian Airlines* bietet einen täglichen Flug

und einen weiteren an vier Tagen in der Woche.

Fluggesellschaften:

Indian Airlines, schräg gegenüber vom *ANIIDCO Office,* ✆ 03192/234744.

Jet Airways, 1. Stock, 189 Main Rd, Junglighat, neben dem *GITO Office,* ✆ 03192/236922.

Flüge nach:

KOLKATA (1–2x tgl., 2 Std.),
CHENNAI (1–2x tgl., 2 Std.).

Zwischen den Inseln:

BUSSE – Busse verbinden Port Blair mit den meisten größeren Niederlassungen auf South und Middle Andaman, hauptsächlich auf dem Weg über die Andaman Trunk Road. Vom leicht chaotischen Busbahnhof im Zentrum fährt mindestens 1x tgl. ein staatlicher Bus ab, meistens morgens um 4.30 bzw. 5 Uhr via RANGAT (6 Std.) und MAYABUNDER (9 Std.) nach DIGLIPUR (11 Std.). Ein weiterer Bus nach Rangat fährt 1x tgl. um 6 Uhr ab.

Mehrere Privatgesellschaften, darunter *Geetanjali Travels* (Tickets im *Tillai Teashop* am Busbahnhof) und die billigere *Ananda,* ✆ 03192/ 233252, betreiben Deluxe- oder Videobusse (Ohrstöpsel erforderlich), die ebenfalls an der Straße vor dem Busbahnhof abfahren.

Busse nach:

CHIRIYA TAPU (3x tgl., 1 1/4 Std.),
DIGLIPUR (2–3x tgl., 11–12 Std.),
MAYABUNDER (3–5x tgl., 9–10 Std.),
RANGAT (5x tgl., 6–7 Std.),
WANDOOR (4x tgl., 1 1/4 Std.).

SCHIFFE – Die meisten der für ausländische Touristen zugelassenen Inseln lassen sich auch per Schiff von der Phoenix-Anlegestelle aus erreichen:

ARIAL BAY auf North Andaman (3x wöchentl., 13–14 Std.),
BAMBOO FLATS (alle 30–60 Min.),
HAVELOCK ISLAND (1–2x tgl., 2–4 1/2 Std.),
LITTLE ANDAMAN (3–4x wöchentl., 9–10 Std.),
LONG ISLAND (4x wöchentl., 5–8 Std.),
NEILL ISLAND (1–2x tgl., 2–3 1/2 Std.),
RANGAT BAY (1–2x tgl., 6–9 Std.).

Die Abfahrtszeiten sind den Schiffskolumnen lokaler Tageszeitungen zu entnehmen, doch die einzig verlässliche Möglichkeit, sich einen Platz zu sichern, ist die Vorausbuchung bei dem Büro am Anleger zwischen 9 und 11 Uhr am Tag vor der Abreise – was reichlich an den Nerven zerren kann. Es ist zu **beachten**, dass es drei separate Warteschlangen gibt: die linke für Schiffe nach Hut Bay, die mittlere nach Diglipur und die rechte nach Neill, Havelock, Long und Rangat. Die Fahrpläne wechseln häufig, doch normalerweise fährt mindestens 1x tgl. ein Schiff nach HAVELOCK, NEILL und RANGAT, 4x wöchentl. nach LONG, 3x wöchentl. nach ARIAL BAY und jeden zweiten Tag nach HUT BAY auf Little Andaman. Wenn möglich, sollte man ein neueres Schiff nehmen, z. B. die *Ramanujam* oder *Long Island*. Die Überfahrten mit älteren Booten können erheblich länger und anstrengender sein als erwartet. Ab 9 Uhr herrscht an Bord eine Gluthitze, und es gibt keinen vernünftigen Sonnenschutz; die Bänke sind äußerst unbequem, und die Toiletten spotten jeder Beschreibung. Man sollte ausreichend Proviant und Trinkwasser mitnehmen, denn auf den Schiffen werden nur Kekse und Ähnliches verkauft.

Viper Island und Ross Island

Erste Anlaufstelle der Hafenrundfahrt von Port Blair aus (tgl. 15–17 Uhr, Rs 65, s. S. 599) ist für gewöhnlich **Viper Island** (Eintritt Rs 16), nicht nach den zahlreichen Schlangen benannt, die zweifellos im tropischen Unterholz leben, sondern nach einem Frachter, der hier im 19. Jh., in der Anfangszeit der Kolonie, auf Grund lief. Die nur ein kurzes Stück von Anleger Haddo entfernte Insel diente als Isolationsgelände des Hauptgefängnisses. Hierher wurden entlaufene Sträflinge und andere Verbrecher (dazu zählten auch die Hungerstreikenden) strafversetzt. Vom Foltergelände, zu erreichen von der Anlegestelle aus auf einem gewundenen Ziegelsteinpfad, sind noch Strafböcke und eingefallene Wände erhalten, und an der von allen Seiten am besten einsehbaren Stelle der Stätte stehen noch die alten Galgen.

Nicht weniger gruselig sind die Ruinen auf **Ross Island** (Eintritt Rs 16), an der Hafeneinfahrt von Port Blair, wo die Briten ihre erste Gefangenensiedlung auf den Andamanen errichteten. Die Insel wurde von Häftlingen gerodet, die eiserne Fußfesseln trugen (die meisten wurden im Anschluss an den Aufstand von 1857, dem Ersten Unabhängigkeitskrieg, nach Ross verbannt). Hier ereigneten sich einige der grausamsten Ausschreitungen der britischen Kolonialgeschichte, Ursprung der unrühmlichen Bezeichnung des Gefängnisses als **Kalapani**, „Schwarzes Wasser": Die Mehrheit der zahlreichen, hierher verbannten Verurteilten, die mit Brandzeichen auf der Stirn gekennzeichnet wurden, starb an Krankheiten oder unter der Folter, noch ehe 1860 die Inselrodung beendet war.

Danach befand sich hier kurzzeitig Rev. Henry Corbyns **Andaman Home** – ein Gefangenenlager zum Zwecke der „Zivilisierung" der Urbevölkerung – und schließlich das Hauptquartier der umgemodelten Strafkolonie, mit Theatersaal, Tennisplätzen, Swimmingpool, Krankenhäusern und prächtigen Villen. Diese ziemlich hochtrabend „das Paris des Ostens" titulierte Siedlung charakterisierte den menschenverachtenden Geist des Raj in seiner schlimmsten Ausprägung: Während sich die Burra- und Memsahibs zum Dinner kleideten und in der Kirche fromme Lieder sangen, vegetierten keine Meile entfernt die Gefangenen unter unglaublichen Bedingungen vor sich hin. Der Eintritt der Japaner in den Zweiten Weltkrieg, der sich unmittelbar nach einem heftigen Erdbeben 1941 ereignete, zwang die Briten schließlich zum Abzug von der Insel, und in den darauf folgenden Jahren wurden die meisten Gebäude von den neuen Machthabern demoliert, um ein Kriegsgefangenenlager zu errichten.

Abgesehen von der anglikanischen Kirche und dem dazugehörigen, überwucherten Friedhof oben auf einem Hügel ist fast alles der tropischen Vegetation zum Opfer gefallen. Ein Ausflug auf die Insel stellt daher eine friedliche Abwechslung zum lauten Port Blair dar. Zu erreichen mit einem der in regelmäßigen Abständen an der Phoenix-Anlegestelle ablegenden Boote (tgl. 8.30, 10.30, 12.30 Uhr, Rückfahrt 8.45, 10.45, 12.40 Uhr, Rs 65).

Corbyn's Cove und Chiriya Tapu

Der beste Strand in Reichweite der Hauptstadt liegt 6 km südöstlich bei **Corbyn's Cove**, ein kleiner, gebogener Streifen weißen Sandes vor der Kulisse sich wiegender Palmen. Hier steht ein großes Hotel, doch das Wasser ist nicht besonders sauber, und spärlich bekleidete Sonnenanbeter müssen damit rechnen, reges Interesse bei ganzen Trupps einheimischer Arbeiter zu erwecken.

Wer mehr Abgeschiedenheit sucht, nimmt ein Moped oder Taxi und fährt 30 km Richtung Süden nach **Chiriya Tapu** („Vogel-Insel") an der Spitze von South Andaman. Der befahrbare Weg, der hinter diesem kleinen Fischerdorf durch dichten Dschungel führt, endet bei einer großen Bucht, in der die Sümpfe in mit Muscheln übersäte Strände übergehen. Außer um die Mittagszeit, wenn oft ganze Busladungen hier Pause machen, ist der Strand, von dem aus Waldpfade landeinwärts führen, ruhig und friedlich, und in leicht erreichbarer Nähe befindet sich ein vorgelagertes Riff.

Allerdings ist das Wasser hier nicht annähernd so klar wie an manchen anderen Stellen des Archipels. Wer richtig toll schnorcheln und tauchen möchte, sollte sich schlau machen, ob von einem der großen Hotels ein Boot zur ein paar Stunden südlich gelegenen Vulkaninsel **Cinque Island** (s. S. 611) fährt. Man kann auch in Chirya Tapu ein Fischerboot chartern; am besten fragt man in der Dorfkneipe. Der gesamte Ausflug kostet ungefähr Rs 3000.

Wandoor und Mahatma Gandhi National Marine Park

Der weitaus begehrteste Ausflug von Port Blair ist die Bootsfahrt von Wandoor, 35 km südwestlich, zur einen oder anderen der 15 Mini-Inseln, die den **Mahatma Gandhi National Marine Park** ausmachen. Es ist zwar eine reine Touristenattraktion, doch die Fahrt lohnt sich, denn sie führt zu einem der artenreichsten Korallenriffe der Region – Nachteil: Der Eintritt zum Park kostet für Ausländer neuerdings Rs 500 (Inder zahlen Rs 50); Abfahrt der Boote in Wandoor tgl. außer Mo um 10 Uhr, Rs 100–150 plus Eintrittsgebühr. Man kann im Rahmen einer **Tour** von *A&N Tourism* (8.30–16.30 Uhr, Rs 104) oder mit einem Lokalbus zur Ablegestelle von Wandoor gelangen, aber am meisten Spaß macht es, wenn man mit einem Leih-Moped hinfährt.

Der lange weiße Strand von **Wandoor** ist mit knorrigen, verdorrten Baumästen übersät – Hinterlassenschaft der alljährlichen Wirbelstürme –, und nicht von Palmen, sondern von dichtem Wald gesäumt, in dem unzählige Vögel nisten. Schnorcheln sollte man hier nur bei Flut, denn die Korallen nehmen schnell Schaden, wenn das Wasser zu seicht ist. Von der Anlegestelle aus schippern die Boote durch von Mangrovensümpfen und unberührten Wäldern eingerahmte Wasserwege manchmal zur **Red Skin Island**, öfter jedoch nach **Jolly Buoy**. Letztere, eine idyllische, menschenleere Insel, bietet einen makellosen Muschelsandstrand, umringt von einer traumhaften Korallenbank. Leider hält das Boot hier nur rund eine Stunde, längst nicht lange genug, um die Küste und das Riff zu erkunden. Beim Schnorcheln abseits der Riffkanten ist auf **gefährliche Strömungen** zu achten.

Mount Harriet

An den dicht bewaldeten Hängen des Mount Harriet lässt es sich im Rahmen eines Tagesausflugs von Port Blair gut wandern. Man kann eine der Passagierfähren (alle 30–60 Min.) von Chatham Jetty nach **Bamboo Flats** oder eine der 8x tgl. zwischen 5.30 und 20.30 Uhr ablegenden Autofähren von der Phoenix Bay nehmen. Von Bamboo Flats führt eine hübsche, 7 km lange Wanderung an der Küste entlang Richtung Osten und dann auf einem Waldpfad nach Norden zum 365 m hohen Gipfel hinauf, wo sich herrliche Ausblicke über die Bucht eröffnen. Ab und zu befährt ein Bus die Strecke zwischen Bamboo Flats und **Hope Town**, dem Ausgangspunkt des Pfades; die Busfahrt erspart 3 km Fußmarsch. Jeeps und Taxis befördern Passagiere bis ganz nach oben, verlangen aber mindestens Rs 300. Der Eintritt zum **Mount Harriet National Park** kostet Rs 250 (Inder Rs 25, Schüler / Lehrer Rs 5), doch der Schlagbaum befindet sich an der Straße – wer den Pfad nimmt, wird daher möglicherweise nicht zur Kasse gebeten.

Inseln nördlich von Port Blair

Auf der Permit-Karte, die man bei der Ankunft auf den Andamanen ausgehändigt bekommt, ist eine Liste sämtlicher Inseln des Archipels abgedruckt, die besucht werden dürfen. Die meisten befinden sich nördlich von Port Blair. Angesichts der erheblichen Entfernungen, die es zu überbrücken gilt, der bisweilen unzulänglichen Verkehrsverbindun-

Die Gewässer rund um die Andamanen und Nikobaren zählen zu den unberührtesten der Welt. Sie beherbergen eine reiche Unterwasserwelt. In einem einzigen Riff leben schätzungsweise 750 verschiedene Fischarten. Papageienfische, Hornfische und Engelbarsche tummeln sich zwischen Manta-Rochen, Riffhaien und Karettschildkröten. Viele Fisch- und Korallenarten kommen nur in dieser Gegend vor. Ein faszinierendes Kleinstlebewesensystem findet sich in den Asche- und erstarrten Lavabetten rings um die Vulkaninsel **Barren Island**.

Einen Vorgeschmack auf das bunte Leben unter Wasser bekommt man schon beim Schnorcheln. Die meisten Hotels verleihen Masken und Schnorchel, doch die Ausrüstung ist bisweilen arg mitgenommen. Richtig nah heran und hinaus in tiefere Gewässer gelangt man allerdings nur beim Tauchen. Es ist ein unvergessliches Erlebnis, sich durch Korallenbetten zu schlängeln, Fischen direkt ins Gesicht zu schauen und Seite an Seite mit Delfinen und Barrakudas zu schwimmen.

Tauchveranstalter sind in den letzten Jahren häufiger gekommen und gegangen als der Regen, und das Angebot ändert sich ständig. Zur Zeit der Recherche waren die folgenden beiden Tauchschulen auf Havelock als einzige voll einsatzbereit und lizenziert, doch es lohnt sich in jedem Fall die Erkundigung danach, ob in Port Blair oder woanders eine neue aufgemacht hat. *Andaman Dive Club*, in der *MS Lodge* unweit des Anlegers, 🖳 www.andamandiveclub.com, ✆ 03192/282002, in Großbritannien 0044/20/7538 4643. Das britisch-indische Gemeinschaftsunternehmen verfügt über ein schickes Boot und nagelneue Ausrüstung. Das Angebot umfasst Touren mit zwei Tauchgängen (inkl. Essen) für US$80, PADI-Open-Water-Kurse für US$340 oder ein BSAC-Tiefsee-Zertifikat für US$400. Weiterführende Kurse werden ebenfalls angeboten.

Dive India, weiter die Küste hinunter am Hotel *Wild Orchid*, Strand Nr. 5, ✆ 03192/282472, 🖳 www.diveindia.com. Wird von freundlichen Tauchlehrern der Karen-Gemeinde aus der Gegend von Mayabunder geleitet. Einzel-

tauchgang Rs 2000, PADI-Kurs Rs 15 500.

Auch das *Jungle Resort* am Radhnagar Strand in der Nähe hat in Tauchausrüstung investiert und wollte gerade Gruppen aus Thailand in Empfang nehmen, als der Tsunami zuschlug und das Geschäft bis auf Weiteres lahm legte.

Das freundliche Schweizer-Duo im *Andaman Scuba Club* musste sein Geschäft in Havelock aufgrund von Schwierigkeiten mit der Aufenthaltsgenehmigung vor einiger Zeit dichtmachen; es ist aber einen Versuch wert, sich unter 🖳 www.andamanscubaclub.com zu informieren, ob die beiden wieder im Geschäft sind.

In der Unterwasserwelt der Andamanen stößt man nicht selten auf Schwärme von **Riffhaien**, die in den seltensten Fällen aggressiv reagieren, aber Vorsicht vor der schwarz-weißen **Seeschlange**. Sie greift zwar nicht oft an – und da sich ihre Fangzähne hinten im Kiefer befinden, ist die Wahrscheinlichkeit nicht sehr groß, dass sie ein menschliches Wesen zu packen bekommt –, doch ihr Biss ist 20-mal tödlicher als der einer Kobra.

Die steigenden Touristenzahlen wirken sich leider unweigerlich negativ auf das empfindliche ökologische Meeresgleichgewicht aus, und die finanziell unterversorgten Naturschutzorganisationen können wenig gegen die Schäden ausrichten, die von achtlosen Besuchern angerichtet werden.

Um sicherzustellen, dass man die Korallen nicht beschädigt, sollte man sich beim Tauchen oder Schnorcheln unbedingt an den **Green Coral Code** halten:

1. Niemals eine lebende Koralle berühren oder darauf treten, sonst stirbt sie.

2. Die Füße möglichst vom Riff weghalten, wenn man Flossen trägt: Die plötzliche Welle, die bei einem Fußstoß entsteht, kann schon ausreichen, um eine Koralle zu zerstören.

3. Beim Abtauchen immer auf die Geschwindigkeit achten; Taucher, die hart auf einem Korallenbett landen, richten enorme Schäden an.

4. Keine Korallen abbrechen, und nicht vergessen: Es ist verboten, tote Korallen als Souvenir mitzunehmen, selbst wenn es sich um Stücke handelt, die am Strand gefunden wurden.

gen zwischen den Inseln, und des durch das Permit auferlegten Zeitlimits ist es äußerst ratsam, gleich bei der Ankunft zu wissen, wohin die Reise gehen soll, statt die erstbeste Fähre zu nehmen, die an der Phoenix-Anlegestelle ausläuft. Die besten Tipps stammen erfahrungsgemäß von anderen Travellern.

Nachstehendes vermittelt eine Vorstellung dessen, was einen in der Region erwartet, doch werden Touristen jedes Jahr neue Inseln zugänglich gemacht (und gelegentlich wird auch eine wieder gesperrt), die jene Art Abenteuererlebnis bieten könnten, das man sich von einem Abstecher hierher erwartet.

Nachdem sie den weiten Weg zu den Andamanen gemacht haben, ist es eigentlich erstaunlich, wie viele Touristen schnurstracks die einzigen beiden erschlossenen Inseln des Archipels ansteuern: **Neill** und **Havelock**, beide von Port Blair aus unschwer zu erreichen. Um weiter nach Norden zu gelangen, wo der Tourismus bislang eine untergeordnete Rolle spielt, kann man einen Bus oder eine Fähre von Havelock zur Hüttensiedlung **Rangat**, am Südrand von **Middle Andaman**, nehmen, oder die Küstenregion insgesamt umgehen, indem man in einen Bus oder ein Boot direkt von Port Blair nach Diglipur steigt (der Hafen heißt Arial Bay), das an der Nordspitze von **North Andaman** liegt. In beiden Fällen darf man sich glücklich schätzen, wenn man nicht hin und wieder in einer der wirklich hässlichen kleinen Niederlassungen strandet, die entlang der mit Schlaglöchern gespickten, berüchtigten **Andaman Trunk Road** („ATR") liegen.

Auf Middle und North Andaman sowie deren kleineren Nebeninseln sind Unterkünfte absolute Mangelware. Abgesehen von einer Hand voll neuer ANIIDCO-Hotels (im Voraus in Port Blair zu buchen), bieten einige einfache und mitunter düstere Lodges Übernachtungsmöglichkeiten. Vorzuziehen sind aber die Rest Houses von APWD (s. S. 607, Kasten).

Wer sich außerhalb bewohnter Gegenden bewegen möchte, muss auf harte Bedingungen eingestellt sein, d. h. Fortbewegung in Fischkuttern, Schlafen am Strand und Essenszubereitung auf dem Campingkocher. Doch dafür wird man reich entschädigt. Die Strände, Buchten und Riffe der äußeren Andamanen, eingerahmt von dichten Wäldern, der Heimat in allen Farben schillernder

Vögel und Insekten, wimmeln nur so von Riesenkrabben, Pythons und Schildkröten bis zu Delfinen, Haien, Teufelsrochen und der einen oder anderen urtümlichen Seekuh (Dugong).

Unabdingbare Voraussetzungen für Abstecher in die Wildnis sind ein strapazierfähiges Moskitonetz, eine Schlafmatte (oder Hängematte), ein großer Plastik-Wasserkanister, ein hoch dosiertes Antiseptikum für Schnittwunden und Stiche (an vielen Stränden herrscht eine echte Sandfliegenplage) und vor allem Jodtabletten zur Wasserentkeimung – in Flaschen abgefülltes Wasser gibt es so gut wie nirgendwo. Überall sollte man allergrößte Rücksicht auf die Einheimischen nehmen, indem man ihnen keinerlei Müll hinterlässt (mitnehmen oder verbrennen) und sich angemessen kleidet (Nacktheit ist tabu).

Neill

Die winzige, dreieckige Insel Neill, knapp zwei Stunden nordöstlich von Port Blair gelegen und mit einer schnellen Fähre zu erreichen, ist die südlichste bewohnte Insel des **Ritchie's Archipelago** und fungiert als wichtigster Obst- und Gemüselieferant der Hauptstadt. Ihr von riesigen Tropenbäumen eingerahmtes, fruchtbares Zentrum besteht aus saftig grünen Reisfeldern, durchsetzt mit kleinen Gehöften und Bananenplantagen. Nach hiesigem Standard sind die Strände eher mittelmäßig, lohnen aber durchaus ein oder zwei Tage Aufenthalt entlang der Strecke von oder nach Havelock.

Auf Neill gibt es drei Strände, alle per Fahrrad leicht erreichbar (vom Anleger beim kleinen Basar die Gasse hoch). **Räder** gibt es an einigen Marktständen ab Rs 20–30 pro Tag zu mieten.

Der beste Ort zum Schwimmen ist **Neill Kendra**, ein sanft geschwungener weißer Sandstrand beiderseits der Anlegestelle, vor dem Fischerboote dümpeln.

Der Ort geht fließend in **Lakshmangar** über, das sich 3 km weiter nach Norden erstreckt; Anfahrt vom ANIIDCO-Hotel (s. u.) rund 20 Minuten der Straße folgen, bis sie in einen asphaltierten Weg übergeht, dann rechts ab. Hier schmiegt sich ein breiter Streifen weißen Muschelsandes um die Landspitze. Die Bedingungen zum Schnorcheln sind gut, doch das Wasser ist so seicht, dass man nur bei Flut problemlos hineingehen kann. Der

Strand **Sitapur**, 6 km südlich am Südzipfel der Insel, ist ungeschützt, daher sind hier die Wellen höher. Er ist aber sehr reizvoll und bietet den Vorteil, dass der sandige Boden bis ins Wasser reicht. Die Fahrt durch die Reisfelder im Landesinneren von Neill (mit dem Fahrrad oder dem stündlich verkehrenden Bus) ist recht angenehm, doch Tagesproviant muss mitgenommen werden, da es vor Ort keine Verpflegungsmöglichkeiten gibt.

Übernachtung

Die Insel verfügt inzwischen über vier Unterkünfte: **ANIIDCO Hawabill Nest**, 2 Min. zu Fuß von der Anlegestelle, ✆ 03192/282630, ungefähr ein Dutzend saubere Zimmer mit Teppichboden und Sitzgelegenheiten im Freien rings um einen Hof und Restaurant, Buchung in Port Blair ratsam. ❺
Die drei nichtstaatlichen Unterkünfte befinden sich alle in Lakshmangar oder auf dem Weg dorthin:
Tango Beach Resort, direkt am Strand, ✆ 03192/282634, ✉ tangobeachresort@rediffmail.com. Das beste Hotel dieser Gruppe ist eine freundliche Unterkunft mit zwei Luxus- und zehn erheblich schlichteren Bambushütten. ❶–❸
Cocon Huts, vor dem *Tango*, gut 500 m vom Anleger, ✆ 03192/282528, ✉ coconhuts@yahoo.com. Ähnliche Auswahl an Hütten, doch die Bar lockt bisweilen ungehobelte Gäste aus dem Dorf an. ❶–❸
Pearl Park Hotel, 2 km nördlich vom *Tango*, ✆ 03192/282510. Einige kleine Hütten und schickere, aber krass überteuerte AC-Bungalows. ❶–❻

Essen

Viele Gäste halten sich an die Restaurants der privaten Unterkünfte, doch das bei weitem beste Lokal ist das entzückende, freundliche **Gyan Garden**, 500 m außerhalb an der Straße nach Lakshmangar gegenüber dem Fußballplatz. Zu den Spezialitäten zählen frischer Fisch und vegetarische Gerichte mit Zutaten aus eigenem Anbau.
Unter den wenigen, winzigen Lokalen im Basar serviert das *Hotel Chand* das leckerste Essen, auch wenn es ein bisschen fettig ist.

Transport

Täglich legen in PORT BLAIR **Schiffe** nach Neill ab, die alle weiter nach HAVELOCK und teilweise auch nach RANGAT fahren.

Havelock

Havelock ist die größte und am intensivsten landwirtschaftlich genutzte Insel des Ritchie's Archipelago. Hier haben sich wie auf vielen Inseln der Region nach der Landesteilung zahlreiche Flüchtlinge aus Bengalen niedergelassen. Dank der regelmäßigen Fährverbindung (1–2x tgl., 2–4 1/2 Std.) mit der Hauptstadt ist auch der Zustrom von Touristen größer als anderswo auf den Andamanen. In den letzten Jahren tummelten sich hier während der Hochsaison weit über 300 Touristen. Dann wurde es an Havelocks fotogenem Strand Radhnagar, oft als schönster Strand Indiens gepriesen, eng. Seit einiger Zeit waren im Winter auch Partylöwen aus Goa hier aufgetaucht, komplett ausgestattet mit Surfausrüstung und dröhnenden Musikanlagen, was für die Zukunft Havelocks nichts Gutes verhieß. Der Tsunami hat den Besucherstrom jedoch praktisch zum Erliegen gebracht, und es kann noch zwei bis drei Jahre dauern, bis die Insel sich davon wieder erholt hat. Die Bootsfahrt von Neill her, an einer Reihe unbewohnter Inselchen vorbei und mit verschwommenen Ausblicken auf South Andaman im Westen, ist sehr schön, und trotz dichter Bebauung und Abholzung gibt es sowohl an Land als auch im Meer noch eine reichhaltige Fauna.

Die Haupt-Schiffsanlegestelle befindet sich am Nordrand der Insel bei einem Dorf namens **Havelock Nr. 1**. Hier, am mangrovengesäumten Ortsrand, gibt es drei kleine Lodges (s. u.), die man erreicht, wenn man nach Verlassen des Schiffes nach rechts geht, doch fast alle Besucher entscheiden sich für eine hübschere Unterkunft. Nach den Lodges geht die Straße noch etwa 3 km weiter, bevor sie hinter dem enttäuschenden Beach Nr. 6 endet. Man kann sich auch für ein paar Tage ein **Moped** (Rs 150 p. T.) oder **Fahrrad** (Rs 50 p. T.) ausleihen und zum 2 km südlich im Binnenland gelegenen **Basar** fahren. Dort gibt es noch mehr Stände und Geschäfte sowie die einzige Möglichkeit zum Geldwechseln auf der Insel, die *State Co-operative Bank*, ⏰ Mo–Fr 9–13, Sa 9–11 Uhr.

Um nach **Radhnagar** (alias Beach Nr. 7), 12 km südwestlich von Havelock Nr. 1, zu gelangen, biegt man von der Ostküstenstraße beim Beach Nr. 3 nach rechts ab. Der Weg führt an mehreren, von Bananenhainen und Reisfeldern eingerahmten Weilern vorbei durch wunderschönes Waldgelände zu einem 1 km langen Bogen perfekten weißen Sandstrandes hinab, der von riesigen *mowhar*-Bäumen gesäumt wird. Das Wasser ist herrlich türkisfarben, und obwohl es nur wenige Korallen gibt, findet man eine bunte Unterwasserwelt vor, insbesondere zwischen den Felsen um die Ecke vom Hauptstrand (zu Fuß zu erreichen, indem man ein Stück auf der Straße zurückgeht und dem Pfad durch den Wald und über den Felsvorsprung folgt). Der größte Nachteil sind die nervtötenden Sandfliegen, die das Sonnenbaden zu einem zweifelhaften Vergnügen machen können.

Da Radhnagar Brutplatz einer Kolonie von **Bastardschildkröten** *(Lepidochelys olivacea)* ist, steht der Ort unter dem Schutz des Forest Department. Die Tierhüter achten streng darauf, dass Touristen nicht am Strand schlafen oder Lagerfeuer entzünden. An der Straße zum Strand werden **Elefantenritte** für Rs 20 p. P. angeboten. Es verkehren 5x tgl. (7.30–17.30 Uhr) **Busse** zwischen Radhnagar und Anleger.

Übernachtung und Essen

HAVELOCK NR. 1 – Im Ort verstreut gibt es eine Hand voll einfacher Restaurants und Imbissbuden, und am Ortsrand stehen drei kleine Lodges; die beste davon ist das *M.S. Guest House*, ✆ 03192/282439. ❸

OSTKÜSTE – *Eco Villa*, Beach Nr. 2, ✆ 03192/282072. Die zehn Hütten der ersten anständigen Unterkunft an der Ostküste bieten nur Durchschnittliches fürs Geld, aber das Restaurant serviert leckere Mahlzeiten. ❶
Café del Mar, relaxte Unterkunft auf der anderen Seite des Basars am Beach Nr. 3, ✆ 03192/282343. ❶–❻
Pristine Beach Resort, hinter *Café del Mar*, ✆ 03192/282344. Das wunderbare Hotel hat einiges mit seinem Nachbarn gemeinsam: Beide erfreuen durch eine freundliche Atmosphäre und haben den Vorteil abschließbarer Hütten und

verfügen über Bungalows der solideren Bauart. ❶–❸

Es folgt eine Hand voll weiterer Unterkünfte am Beach Nr. 5. Die besten sind, der nachfolgenden Rangliste gemäß:

Sunrise, ✆ 03192/282408, mit einfachen Hütten in einem malerischen Palmenhain. ❶
Wild Orchid, ⌨ www.wildorchidandaman.com, ✆ 03192/282472. Das mit Abstand exklusivste Resorthotel auf dieser Seite der Insel bietet vorzüglich eingerichtete Zimmer, hübsch gestaltete Gärten und ein hervorragendes internationales Restaurant mit Bar. ❼
Emerald Gate, ein paar Hundert Meter die Straße hinunter und unter derselben Leitung wie das *Wild Orchid* (Kontakt. s. dort). Neues Hotel, das sich in erster Linie an Budget-Traveller richtet. ❺
Dolphin Resort, ✆ 03192/282411. Ganz ordentliches, aber anstaltsähnliches ANIIDCO-Hotel. ❸–❼
Coconut Grove, ✆ 03192/282427. Eine weitere gesellige Unterkunft mit robusten Hütten unterschiedlicher Größe. ❶–❷

RADHNAGAR – In Radhnagar gibt es nur wenige Übernachtungsmöglichkeiten.
Tent Camp, Zeltlager von ANIIDCO mit Stoffzelten unterschiedlicher Größe und Ausstattung und einem Toilettenhaus. ❶–❸
Jungle Resort, ⌨ www.barefootindia.com, ✆ 03192/237656. Das Hotel wurde von einer großen Unternehmensgruppe übernommen, die die luxuriösen, strohgedeckten Holzhütten modernisiert hat und Reisegruppen aus Thailand und anderen Ländern für sich gewinnen möchte. ❶–❷
Harmony Resort, 1 km landeinwärts, ✆ 03192/282421. Die einzige Anlage mit echten Budget-Hütten auf dieser Seite der Insel, aber trotzdem überteuert. ❸
Das *Jungle Resort* (s. o.) hat ein gutes Restaurant, einen Versuch wert ist aber auch das an ein Baumhaus erinnernde **Golden Sands** neben dem *Tent Camp*. Beide servieren chinesische und westliche Gerichte.
Die Straße zum Strand wird von schlichten Imbissständen gesäumt, von denen *Arati* der beste ist.

Schiffe von Havelock nach:
LONG ISLAND (3x wöchentl., 2–3 Std.),
NEILL ISLAND (5–6x wöchentl., 1–1 1/2 Std.),
PORT BLAIR (1–2x tgl., 2–4 1/2 Std.),
RANGAT BAY (4x wöchentl., 3–5 Std.).

Long Island

Direkt vor der Südostküste von Middle Andaman liegt Long Island, das von einer unansehnlichen Sägemühle beherrscht wird, doch davon sollte man sich nicht abschrecken lassen. Nur 4x wöchentlich legt hier ein Schiff von der Hauptstadt und Rangat, 2x täglich (7 und 14 Uhr) legt ein Boot aus Yeratta ab. Daher sieht die Insel weniger Besucher als Neill oder Havelock, obwohl sie ein paar ausgezeichnete Strände in **Marg Bay** und **Lalaji Bay** zu bieten hat, die am leichtesten mit einem gecharterten Fischerboot vom Kai aus (ca. Rs 500) zu erreichen sind, denn sie liegen gut zwei Stunden Fußmarsch vom Bootsanleger entfernt. Der Hauptort am Anleger verfügt über die einzigen Einrichtungen auf der Insel, darunter auch einige schmuddelige Lodges. Versuchen kann man es im *Kaniappa*, ✆ 03192/ 278529 ❶. Die meisten Ausländer machen sich mit Zelten, Hängematten und Vorräten auf den Weg zu den Stränden. Da die Pläne für einen Ausbau der Strände zu einem exklusiven Resort glücklicherweise wieder in der Schublade verschwanden, ist das Robinson-Crusoe-Erlebnis hier immer noch zu haben.

Middle Andaman

Für die meisten Traveller stellt Middle Andaman nur eine wenig anziehende, unvermeidliche Durchgangsstation auf dem Weg nach Norden oder zurück dar. Die berühmt-berüchtigte Andaman Trunk Road, beiderseits von Wald begrenzt, windet sich über lange Strecken durch Dschungel und überquert mittels einer rostzerfressenen Fähre die Meeresenge, die die Insel von der Bharatang Island trennt.

Die Grenzgebiet-Atmosphäre der Insel wird noch durch die Anwesenheit bewaffneter Busbegleiter und das Bewusstsein verstärkt, dass in den undurchdringlichen Wäldern westlich der ATR das **Jarawa Tribal Reserve** (s. S. 592/593) liegt.

Die nördlichere der beiden Hauptsiedlungen, **Mayabunder**, ist der Hafen des verführerischen Eilands **Interview Island** und aufgrund ihrer hübschen Lage am Meer ein kleines bisschen einladender als die weiter landeinwärts gelegene Ortschaft **Rangat**, doch keine lädt zum Verweilen ein.

Obwohl sie offiziell Regierungsbeamten und Ingenieuren vorbehalten sind, nehmen die *APWD Rest Houses* auch Traveller auf. Sie sind die besten und manchmal auch einzigen Unterkünfte in Middle und North Andaman. Um dort einkehren zu können, besorgt man sich am besten zunächst ein Empfehlungsschreiben vom *APWD Office* in Port Blair, vom *Hotel Blair* ein Stück die Straße hinauf, ✆ 03192/232294. Dabei müssen die genauen Reisedaten angegeben werden. Wer ohne dieses Schreiben auftaucht, wird möglicherweise abgewiesen, selbst wenn noch Zimmer frei sind. Die Chancen erhöhen sich erheblich, wenn man Fotokopien der Aufenthaltsgenehmigung, des Visums für Indien und der relevanten Seiten des Reisepasses vorlegen kann. Einzelheiten zu bestimmten Unterkünften finden sich in den folgenden Abschnitten. Alle Rest Houses haben Standardpreise, in punkto Komfort bestehen allerdings Unterschiede. Alle haben DZ, die aber pro Bett abgerechnet werden (Rs 200/400 mit/ohne AC) – gut für Alleinreisende.

Rangat und Umgebung

Die in der Südostecke von Middle Andaman gelegene Ortschaft **Rangat** besteht aus wenig mehr als zwei Reihen durch die ATR getrennter unhygienischer *chai*- und Krämerläden. Bei Monsun verwandelt sie sich in ein Fliegen umschwärmten Morast, der regelmäßig durch überladene Busse aufgewühlt wird. Da es sich jedoch um einen größeren Versorgungsort entlang der Strecke nach Norden handelt, führt kein Weg daran vorbei.

Sofern irgend möglich, sollte man nicht in Rangat verweilen. Am besten steigt man in den nächsten Bus nach Norden oder versucht, eine Mitfahrgelegenheit in einem Jeep zum **Amakunj Beach** (alias Cuthbert Bay) zu bekommen, der 9 km weiter an der Straße nach Mayabunder liegt. Rechter Hand der Straße, gleich hinter dem Hubschrauberlandeplatz, steht ein Schild des Forest Department mit der Aufschrift „Sand Collection Point" – hier beginnt ein 500 m langer Pfad, der ans Meer führt. Am Strand gibt es keinen nennenswerten Schatten, aber man kann gut schnorcheln, und vor allem steht in der Hauptstraße von Amakunj ein sehr nettes ANIIDCO-Hotel namens *Hawksbill Nest*, ✆ 03192/279022 ❸ – ❺, das fast immer leer ist.

Übernachtung und Essen

APWD Rest House, hübsche Lage auf einem Hügel nahe Basar mit Blick auf das Tal, ✆ 03192/274237. Die beste Adresse zum Übernachten und Essen (gute und sättigende Fisch-*thalis*. ❸–❺

RG Lodge, an der Hauptstraße, ✆ 03192/274237. Recht neue und ordentliche Lodge. ❷–❸ Das beste Restaurant des Ortes ist das *Hotel Vijay*, dessen freundlicher Besitzer große Portionen *thalis* auftischt – wenn das Schiff vor Anker liegt, auch Krabbencurry.

Transport

BUSSE – 2x tgl. fahren staatliche Busse nach PORT BLAIR (6–7 Std.) und nach MAYABUNDER (2 1/2–3 1/2 Std.), außerdem verkehren auf derselben Strecke einige Busse privater Unternehmen, die morgens auf ihrer Route nach Norden vorbeikommen.

SCHIFFE – Fähren von und nach PORT BLAIR (4x wöchentl., 9 Std.) legen an der Rangat Bay (alias Nimbutala), 8 km weiter östlich an. Sie fahren nach HAVELOCK ISLAND (4–5 Std.) und zum Teil auch nach LONG ISLAND (3x wöchentl., 1 1/2–2 Std.); außerdem legen 2x tgl. Boote vom nahe gelegenen Yeratta nach Long Island ab.

Schiffe nach:
HAVELOCK ISLAND (4x wöchentl., 3–5 Std.),
LONG ISLAND (2–3x tgl., 1–1 1/2 Std.),
NEILL ISLAND (2–3x wöchentl., 4–6 Std.),
PORT BLAIR (1x tgl., 6–9 Std.).

Mayabunder

Rund 70 km nördlich von Rangat liegt auf einer langen Landspitze genau am oberen Rand der Insel die von Mangrovensümpfen umgebene Ortschaft Mayabunder, das Sprungbrett für einen Besuch der abgeschiedenen nördlichen Andamanen. Die Fahrt von Rangat dauert aber oft mehr als drei Stunden, weil der Bus immer wieder an der überraschend dicht besiedelten Strecke hält. Der Ort wird von einer großen Minderheit ehemaliger burmesischer **Karen** bewohnt, die ursprünglich von den Briten als billige Holzfäller hergebracht wurden. Mayabunder ist weitläufiger und netter als Rangat, aber auch hier gibt es wenig, was einen längeren Aufenthalt lohnt.

Übernachtung

APWD Rest House, neben dem (relativ uninteressanten) Forest Museum, ✆ 03192/273211. Weitläufig und sehr nett, hübsche Gartenanlage mit Meerblick sowie ein Speiselokal, in dem gute Tagesgerichte angeboten werden. ❸–❺ Die einzigen anderen annehmbaren Unterkünfte in der Nähe:

Anmol Lodge, ✆ 03192/262695. Einige der Zimmer mit Bad haben auch TV. ❷–❸

S&S Lodge, mitten im Basar, ✆ 03192/273449. Saubere Zimmer mit Gemeinschaftsbad. ❶ Die heruntergekommene und verwanzte *Lakshminarayan Lodge* sollte auf jeden Fall gemieden werden!

Swiftlet Nest, am Karmateng Beach, 14 km südöstlich, ✆ 03192/273495. Außer diesem ANIIDCO-Hotel gibt es hier nichts. Theoretisch fährt 2x tgl. ein Bus dorthin (30 Min.); wenn er nicht auftaucht, muss ein Taxi oder eine Motor-Riksha her. ❸–❹

Transport

BUSSE – Die Busse aus PORT BLAIR fahren jetzt mindestens 2x tgl. weiter über die neue Brücke nach DIGLIPUR auf North Andaman. In Richtung Hauptstadt verkehren auch einige Privatbusse, z. B. von *Geetanjali Travels,* sowie ein staatlicher Bus. Alle fahren morgens in aller Frühe ab.
Busse nach:
KARMATENG BEACH (2x tgl., 30 Min.),

PORT BLAIR (2–4x tgl., 9–10 Std.),
RANGAT (5x tgl., 2 1/2–3 1/2 Std.).

SCHIFFE – Es besteht eine Verbindung nach
KALIGHAT (1x tgl., 2 1/2 Std.).

Interview Island

Mayabunder ist der Ausgangspunkt zur Interview
Island, einem windgepeitschten Naturschutzgebiet
vor der äußersten Nordwestküste von Middle Andaman. Wer der **Tierwelt** wegen auf die Andamanen gekommen ist, sollte Interview ganz oben auf
seine Liste setzen. Abgesehen von einer Hand voll
bemitleidenswerter Waldarbeiter, Küstenwachen
und Polizisten, die nach hier abkommandiert wurden, um Wilderern das Handwerk zu legen, ist die
große und überwiegend flache Insel unbewohnt.
Ausländer dürfen hier nicht übernachten, und für
einen Tagesausflug benötigt man zunächst eine Genehmigung vom Chief Wildlife Warden in Port
Blair (s. S. 598).

Die Insel lässt sich nur mit einem privaten Fischerboot von der Anlegestelle in Mayabunder aus
erreichen (ca. Rs 500). Man organisiert dies am
Vortag und sticht beim ersten Morgenlicht in See.
Man sollte versuchen, den Bootsmann dazu zu
bringen, den **Strand** an der Südspitze der Insel an-
zulaufen, wo sich in einer Höhle eine Süßwasser-
quelle befindet. Einer Legende nach hat diese Quelle, Nistplatz von Salanganen, keinen Boden.

Bei dem Waldposten, wo man ein Besucherfor-
mular ausfüllen muss, kann man die Wildhüter
nach dem Aufenthaltsort der wilden **Elefanten** von
Interview fragen, Nachkommen abgerichteter Ar-
beitselefanten, die in den 50er Jahren von einem in
Kolkata beheimateten Forstwirtschaftsbetrieb zurückgelassen wurden, nachdem das Unternehmen
Bankrott gemacht hatte.

North Andaman

Die mit dichtem Dschungel bewachsene Insel
North Andaman ist die am spärlichsten besiedelte
der großen Inseln in der Region. Nur eine einzige
Straße verbindet die verstreuten Bengali-Siedlun-
gen. In einigen Abschnitten wurde der Kahlschlag
mächtig vorangetrieben, doch da es absolut keine
befahrbaren Wege in die nördlichen und westlichen

Gebiete gibt, wurde ein ausgedehntes Küstenwald-
stück verschont, das sich von der Austin Strait im
Südosten bis zum Nordzipfel Cape Price erstreckt.
Selbst wenn es menschenmöglich wäre, in diese
Gegend vorzudringen, würde man keine Erlaubnis
dazu erhalten, und so bleibt immerhin ein ausgedehntes Stück unberührter Wildnis auf den Andamanen erhalten. Die Fertigstellung des letzten Ab-
schnitts der ATR und der 2002 eröffneten Brücke
nach Middle Andaman wird möglicherweise einen
neuen Zustrom von Siedlern mit sich bringen,
nachdem der Hauptort **Diglipur** und der nahe gelegene Hafen **Arial Bay** bislang ein abgeschiedenes
Dasein fristeten.

Kalighat

Durch die neue Brücke droht der Ort Kalighat, bislang Anlaufpunkt für Reisende aus Middle Andaman, in der Bedeutungslosigkeit zu verschwinden.
Am Ende des Bootsstegs liegt eine kleine, bunte
Ansammlung von Marktständen. Nichts spricht dafür, hier länger zu verweilen. Man kann nur hoffen,
dass ein Bus wartet, mit dem es weiter nach Diglipur geht. Wenn nicht, kann man sich in eine der
finsteren kleinen *chai*-Buden begeben und sich
aufs Warten verlegen.

Das einzige besuchenswerte Plätzchen in der
Umgebung ist **Ramnagar**, 10 km nordöstlich von
Kalighat und stündlich mit einem Bus zu erreichen. Hier gibt es einen schönen Sandstrand vor einem unberührten Wald, in dem man zelten kann.
Allerdings sollte man besser versuchen, an einem
der Stände in Kalighat ein **Fahrrad** zu mieten,
denn der Strand liegt 2 km außerhalb des Basars
von Radhnagar, der am nächsten gelegenen Stelle,
wo Erfrischungen erhältlich sind.

Diglipur, Arial Bay und Umgebung

Diglipur, zu Kolonialzeiten Port Cornwallis genannt, die größte Ortschaft von North Andaman,
ist ein weiterer trostloser Marktflecken, an dem
sich Traveller wahrscheinlich nur so lange aufhalten, bis sie einen Kurzstreckenbus Richtung Norden und Küste erwischen. Besser setzt man seine
Fahrt fort bis zum knapp 10 km entfernten **Arial
Bay**.

Noch empfehlenswerter ist es, sich 9 km weiter
nach **Kalipur** zu begeben, das mehrmals tgl. per
Bus erreichbar ist, denn nur fünf Minuten vom

Turtle Resort entfernt liegt ein malerisches, von Bäumen gesäumtes und mit Treibholz übersätes Stück Strand, zu erreichen auf dem Pfad, der an der scharfen Straßenkurve beim Hotel abzweigt. Schwimmen kann man dort am besten bei Flut, wenn die Gezeitentümpel überflutet sind.

Die Einheimischen beteuern, dass es möglich ist, von Kalipur aus den **Saddle Peak** zu besteigen, mit 737 m die höchste Erhebung der Andamanen. Er erhebt sich, von Dschungel eingerahmt, majestätisch im Süden. Die Erlaubnis zu der drei- bis viertägigen Bergwanderung muss beim Range Officer am Forest Check Post am Startpunkt des Wanderweges eingeholt werden, doch ohne einen ortskundigen Führer und viel Trinkwasser sollte man sich nicht auf den Weg machen.

Viele Touristen, die den Weg hier hoch finden, tun dies in der Absicht, die verschiedenen Inseln im Golf nördlich von Arial Bay zu erkunden, vor allem **Smith** und **Ross** (nicht zu verwechseln mit dem Namensvetter bei Port Blair). Auf beiden gibt es wunderschöne weiße Sandstrände, herrliche Korallenriffe und eine faszinierende Pflanzenwelt. Keine der beiden ist offiziell in der Aufenthaltsgenehmigung enthalten, doch Tagesausflüge werden nach Zahlung von Rs 500 vom Forestry Department in Arial Bay genehmigt. Um auf die Inseln zu gelangen, muss man für Rs 400 ein Boot chartern.

Übernachtung und Essen

ARIAL BAY – *APWD Rest House*, ✆ 03192/ 271230. Recht kleines Rest House auf einem Hügel mit Blick auf den kleinen Basar. ❸–❺ Während man auf das Schiff wartet, ist der Gemischtwarenladen *Annu* die beste Adresse für einen Snack oder ein Bier.

KALIGHAT – *APWD Rest House*, ✆ 03192/273360. Drei Zimmer auf der Anhöhe am entlegenen Straßenende. ❸–❺ Essen kann man nur an den *chai*-Ständen im Basar.

KALIPUR – *ANIIDCO Turtle Resort*, ✆ 03192/ 272553. In herrlicher Lage auf einer Anhöhe mit wunderbarer Aussicht landeinwärts und aufs Meer. Das für diese gottverlassene Gegend unglaublich große Hotel hat geräumige, saubere

Zimmer mit Ventilator und ein Restaurant (nur für Hotelgäste). ❸–❹ **Pristine Beach Resort**, auf der gegenüberliegenden Seite der unterhalb des Turtle Resorts vorbeiführenden Straße, ✆ 03192/27220603. Neue Anlage mit Bambushütten. ❶–❸

DIGLIPUR – *APWD Rest House*, auf dem Hügel oberhalb der Hauptstraße, ✆ 03192/272203. Die netteste Unterkunft im Ort. ❸–❺ **Maa Yashoda Lodge**, an der Hauptstraße, ✆ 03192/272258. Eine billigere Alternative. ❶ Wer Kohldampf schiebt, bekommt im zentral gelegenen Restaurant *Ganga Devi* vernünftige vegetarische und nicht-vegetarische Gerichte. **Ice Cube**, an der Straße nach Norden, serviert chinesische Gerichte und *tandooris*.

Transport

BUSSE – Normalerweise fahren 4x tgl. Busse von Kalighat Richtung Norden nach DIGLIPUR. Sie sind bis unters Dach voll gestopft, aber die Fahrt dauert nur 45 Min.
Von Diglipur nach:
ARIAL BAY (alle 1–2 Std., 20 Min.),
KALIGHAT (4x tgl., 45 Min.),
KALIPUR (5x tgl., 40 Min.),
PORT BLAIR (2–3x tgl., 11–12 Std.).

SCHIFFE – Obwohl man mittlerweile per Straße über die Austin Bridge nach Diglipur gelangt, tuckert immer noch eine kleine Fähre durch eine schmale Mangrovenmündung von MAYABUNDER nach KALIGHAT (Abfahrt 1x tgl. 9.30 Uhr, Rückfahrt 12.30 Uhr) – eine langsamere, aber entspanntere Form der Anreise.
Von Arial Bay kehrt das Schiff aus PORT BLAIR normalerweise direkt in die Hauptstadt zurück (3x wöchentl., 13–14 Std.).

Weitere Inseln

Die übrigen, für ausländische Touristen zugänglichen Inseln der Andamanen lassen sich alle nur sehr mühsam erreichen und sind mit Ausnahme von **Little Andaman** – wo ein Grüppchen vom Stamm der Onge sich gegen die massive Zuwanderung indischer Tamilen und einheimischer Nikobaren behaupten konnte – unbewohnt. Die zwei Bootsstunden südlich von Chiriya Tapu auf South Andaman gelegene **Cinque Island** bietet traumhafte Tauchgelegenheiten.

Cinque Island

Cinque besteht genau genommen aus zwei Inselchen, bei Ebbe verbunden durch eine reizvolle, sandige Landenge, die bei Flut völlig überschwemmt wird. Hauptanziehungspunkt sind die sagenhaften Tauch- und Schnorchelgründe bei den Riffen. Allerdings zeugen Haufen toter Korallen am Strand von den Verwüstungen, die vor einiger Zeit von der indischen Kriegsmarine beim Bau der schicken „Cottages" mit Ausblick auf den Strand angerichtet wurden. Angeblich entstanden sie anlässlich des Besuches einer thailändischen VIP 1996, doch jetzt werden sie von Regierungsbeamten aus Port Blair als Feriendomizile genutzt.

Es gibt zwar keine **Fährverbindung** nach Cinque, aber in dem Dorf Chiriya Tapu auf South Andaman (s. S. 602) lässt sich der Transport per Fischerkahn organisieren. Außerdem fahren die beiden Tauchveranstalter in Port Blair mit ihren Kunden regelmäßig hierher. Derzeit ist es verboten, auf der Insel zu übernachten.

Little Andaman

Mit einem normalen Monatsvisum kann man nicht weiter nach Süden reisen als bis Little Andaman. Der Großteil der zehn Bootsstunden von Port Blair entfernten Insel wird von einem Reservat der **Onge** eingenommen und ist daher für Besucher tabu. Es handelt sich zudem um die einzige für Ausländer geöffnete Insel, die 2004 von dem **Tsunami** schwer getroffen wurde. Zur Zeit der Recherche war noch nicht klar, was von dem gesamten Küstenstreifen in der Umgebung des Hafens von **Hut Bay** noch übrig geblieben ist. Der attraktivste Strand befindet sich rund 15 km nördlich in **Butler Bay**.

In der Hauptstadt legen jeden zweiten Tag Schiffe nach Little Andaman ab, doch angesichts der gegenwärtigen Ungewissheit können keine verlässlichen Angaben bezüglich der Übernachtungsmöglichkeiten gemacht werden. Die Insel leidet außerdem an chronischen Problemen wie **Malaria** und **Sandfliegen**. Wer sich von den geschilderten Schwierigkeiten nicht abhalten lässt und dringend benötigte Touristen-Dollars in die Taschen der Einheimischen fließen lassen möchte, sollte zuvor beim Touristenbüro in Port Blair ausführliche Informationen zur aktuellen Lage einholen. Noch besser ist es, sich bei anderen Travellern zu erkundigen, die schon dort gewesen sind.

ANDAMANEN

ANHANG

Bücherliste

Im Folgenden findet sich lediglich eine Auswahl jener Werke, die sich bei der Vorbereitung dieses Reiseführers als besonders nützlich oder unterhaltsam erwiesen haben. Die meisten sind in Deutschland, der Schweiz und Österreich, oft aber auch in Indien erhältlich, wo sie in der Regel erheblich billiger sind. Sofern ein Buch nur in Indien erschienen ist, steht dies hinter dem Verlag vermerkt. Aufgeführt sind auch Bücher, die nicht mehr verlegt werden, aber immer noch empfehlenswert sind. Sie sind eventuell in der Bibliothek oder übers Internet zu finden.

Geschichte

Jad Adams u. Phillip Whitehead *The Dynasty: The Nehru-Gandhi Story.* Eine meisterhafte, spannende Beschreibung der berühmtesten – oder berüchtigsten – Familie Indiens und der Art und Weise, wie ihre Mitglieder die Geschicke des Landes nach der Unabhängigkeit bestimmten. Allerdings nicht ganz aktuell: So fehlt die Darstellung von Sonia Gandhis Auftritten auf der Politbühne.

A. L. Basham *The Wonder That Was India.* Eine veritable Enzyklopädie von Indiens führender Autorität auf dem Gebiet der uralten Geschichte des Landes. Jede Seite dieses Meisterwerks ist von dem außerordentlichen Wissen des Autors erfüllt. Ein Begleitband von **S. A. Rizvi** reicht bis zur Ankunft der Briten.

William Dalrymple *White Mughals.* Bei seiner fünfjährigen Recherche über das Leben der frühen europäischen Kolonisten, die einheimische Sitten annahmen (und indische Frauen heirateten), stieß William Dalrymple auf die vergessene Geschichte von James Achilles Kirkpatrick, einem Briten, der Ende des 18. Jhs. in Hyderabad lebte und eine Großnichte des Nizam-Premierministers heiratete. Sowohl die Geschichte selbst als auch der Bericht des Autors, wie er dieses Puzzle zusammenfügte, haben ein außergewöhnliches Buch hervorgebracht, das durch Lesegenuss, umfangreiches Hintergrundwissen und Tempogefühl besticht und den Leser in den Bann zieht wie ein großer Roman aus dem 19. Jh.

Mike Davis *Late Victorian Holocausts.* Der Autor deckt schonungslos auf, wie die Eigeninteressen und die Wirtschaftspolitik der Briten zum Tod von Millionen Indern durch Hungersnöte im 19. und frühen 20. Jh. führten. Im Grunde ein Lehrbuch, aber eines, das die Errungenschaften des Raj in ein ganz dunkles Licht rückt.

A. T. Embree u. Friedrich Wilhelm *Indien. Geschichte des Subkontinents von der Induskultur bis zum Beginn der englischen Herrschaft* (Fischer Verlag). Eine solide Einführung auf Deutsch aus der Reihe Fischer Weltgeschichte.

Patrick French *Liberty or Death.* Die definitive Darstellung der letzten Jahre des britischen Raj. Material aus bis dahin unveröffentlichten Geheimdienstakten zeigt, wie Churchills „ausgeprägte Inkompetenz" und Atlees „klägliche Uneinsicht" zu dem Debakel der Teilung führten. Alles in allem eine vernichtende Anklage gegen die Rolle Großbritanniens, die mit vielen Mythen aufräumt.

Christopher Hibbert *The Great Mutiny.* Die Belagerungen, Schlachten und blutigen Folgen des „1. Unabhängigkeitskrieges" 1857 werden durch Hibberts lockeren Stil und einen riesigen Fundus an faszinierenden Informationen aus erster Hand zum Leben erweckt.

Dilip Hiro *The Rough Guide History of India.* Kein anderes Buch bietet so viel Hintergrundmaterial über Indien in einem solch kleinen Format – Geschichte für die Jackentasche mit einer groben Zeitleiste und Kästen zum Kontext, literarischen Extrakten, Kurzbiografien, Zitaten und Schwarzweißfotos. Ein idealer Reisebegleiter.

Lawrence James *Raj: the Making and Unmaking of British India.* Eine 700 Seiten umfassende Geschichte der britischen Herrschaft in Indien, basierend auf kürzlich freigegebenen offiziellen Dokumenten und persönlichen Erinnerungen. Die aktuellste und fundierteste Veröffentlichung dieser Art und eine hervorragende Lektüre zur Einführung.

John Keay *The Honourable East India Company.* In seinem typisch flüssigen Stil findet Keay den goldenen Mittelweg zwischen denjenigen, die die Ostindienkompanie als habgierige Institution mit bösen Absichten betrachten, und denjenigen, die die Aneignung des indischen Reiches als unbeabsichtigten, ja beinahe zufälligen Prozess bewerten.

John Keay *India Discovered.* Bis Mitte des 19. Jhs. war im Westen so gut wie gar nichts über Indiens Frühgeschichte bekannt. Dieses Buch erzählt, wie eine Gruppe von Indologen aus der Raj-Ära die Geheimnisse von Monumenten wie Sanchi, Ajanta und den Ashoka-Edikten lüftet, wobei die Biografien dieser Männer bisweilen ebenso faszinierend anmuten wie die Geschichte ihrer Forschungsobjekte. Hervorragende Sekundärliteratur für alle, die berühmte archäologische Stätten besuchen möchten.

Hermann Kulke u. Dietmar Rothermund *Geschichte Indiens* (Kohlhammer). Eines der wenigen umfassenden Geschichtswerke über Indien, das auch den Süden in angemessener Länge behandelt.

Heinz Mode *Das frühe Indien* (Phaidon Verlag 1985). Entwirft an Hand archäologischer Funde ein Bild der Kulturen des frühesten Indiens, also der zwei Jahrtausende vor dem Auftreten Buddhas; viele Abbildungen auf Tafeln.

Geoffrey Moorhouse *India Britannica*. Eine ausgewogene und lebendige Untersuchung über Aufstieg und Fall der britischen Herrschaft in Indien mit zahlreichen Abbildungen. Besonders für Einsteiger zu empfehlen, denn das Buch präsentiert sich knapp und bündig und leichter lesbar als *Raj* von Lawrence James – allerdings auch entsprechend weniger detailliert.

Romila Thapar u. Percival Spear *Indien – von den Anfängen bis zum Kolonialismus* (Kindler Verlag 1966). Aus der Reihe „Kindlers Kulturgeschichte"; das voluminöse Werk beginnt mit der Kultur der Indoarier und schließt mit dem Niedergang des Großmogul-Reichs.

Gesellschaft

B.K.S. Iyengar *Yoga: the Path to Holistic Health*. Der ultimative Führer durch die Welt des Yoga vom größten Lehrer der Welt, empfohlen von Praktizierenden aus allen Bereichen des Yoga-Spektrums. An Hand von rund 1900 Farbfotos werden die Stellungen illustriert, begleitet von einer ausführlichen Einführung zum philosophischen Hintergrund und zur Geschichte des Yoga. Das Buch ist zu schwer, um es nach Indien mitzuschleppen, aber als Nachschlagewerk unverzichtbar. Eine leichtere (und wesentlich billigere) Version – abgesegnet durch den großen Mann, aber konzipiert und geschrieben von drei altgedienten Schülern – ist *Yoga: the Iyengar Way* von Silva, Mira und Shyan Mehta.

Martin Fritz u. Martin Kämpchen *Krischna, Rikscha, Internet* (Beck'sche Reihe). Die Autoren versuchen, alle Facetten dieses komplexen Landes und seiner Kultur vorzustellen und auch die Entwicklungsprobleme zu beleuchten.

John Keay *Into India*. Als umfassende Einführung zu Indien wird dieses Buch (1973 verfasst und 1999 neu aufgelegt) immer wieder von Kennern der Materie empfohlen, darunter Mark Tully und William Dalrymple. Nach Regionen unterteilt, legt der Autor ein breites Mosaik der indischen Geschichte und Kultur vor, das er durch anschauliche persönliche Beobachtungen zusammenfügt.

Stefan Klein *Heilige Kühe und Computerchips. Indische Gegensätze* (Picus). Der Autor, langjähriger Asien-Korrespondent der Süddeutschen Zeitung, schreibt fesselnde Reportagen und Porträts über Indiens VIPs, das Schicksal der Parsen oder auch die Lage Surats nach der Lungenpest im Jahre 1994.

Gita Mehta *Karma Cola*. Satirische Betrachtung der psychedelischen Freakszene der 70er Jahre in Indien, mit einigen vergnüglichen Anekdoten und vielen sarkastischen Einblicken in die verschrobeneren Auswüchse des spirituellen Tourismus. Auf Deutsch liegt vor *Und immer wieder neue Himmel finden. Betrachtungen einer Inderin über ihr Land* (Droemersche Verlagsanstalt / Bertelsmann), das untersucht, wie Indien die ersten 50 Jahre seiner Unabhängigkeit erlebt hat.

Prafulla Mohanti *Changing Village, Changing Life*. Unterhaltsames Porträt des Alltags in einem ostindischen Dorf. Wer Orissa besuchen möchte, sollte unbedingt vorher dieses Buch lesen.

Vrinda Nabar *Caste as Woman* (Penguin India). Eine bittere Studie der Belastungen, die Frauen in unterschiedlichen Lebensabschnitten zu ertragen haben. Nabar untersucht an Hand von Schriften und der Alltagskultur Themen wie Identität und kulturelle Zwänge.

V. S. Naipaul *Indien. Ein Land im Aufruhr* (dtv). Dieser düstere politische Reisebericht, recherchiert und geschrieben während und kurz nach dem Ausnahmezustand, brachte Naipaul, einem Trinidad-Inder, den Ruf eines der strengsten Kritiker Indiens ein. Zwei Jahrzehnte später kehrte er zurück, um zu sehen, was passiert war, seit seine Eltern das Land verlassen hatten. Das Ergebnis, *Land der Finsternis. Fremde Heimat Indien* (Hoffmann und Campe), ist insgesamt ein freundlicheres und abgerundeteres Porträt – ein hervorragend zusammengestelltes Mosaik individueller Lebensgeschichten aus verschiedenen Gegenden des Subkontinents. Eines der besten Bücher, die je über Indien geschrieben wurden.

Christopher Pinney *Photos of the Gods.* In seiner Darstellung über die Bedeutung des bedruckten Bildes für die Volkskultur Indiens konzentriert sich Pinney auf politische, kulturelle und religiöse Themen und stellt dabei die Bedeutung der visuellen Kunst (in Form von Postern, Postkarten usw.) für die Geschichte Indiens seit den 70er Jahren des 19. Jhs. heraus. Ein faszinierendes Buch mit 80 Farb- und 87 Schwarzweißfotos.

Mark Tully *No Full Stops in India.* Der ehemalige BBC-Korrespondent erzählt Anekdoten und politische Begebenheiten aus dem Indien der letzten zwanzig Jahre. Sein neuestes Buch, *India in Slow Motion,* beschäftigt sich mit einer ähnlich vielfältigen Themenauswahl, u. a. Hindu-Extremismus, Kinderarbeit, Sufi-Mystizismus, Agrarkrise, Korruption und Kashmir-Konflikt. Beide Bücher räumen kräftig mit den Vorurteilen auf, die Ausländer in Bezug auf Indien und Inder selbst über ihr eigenes Land haben.

Verschiedene Autoren *India.* Mischung aus moderner Literatur, Kommentaren, Poesie, Reportagen und Memoiren von einem beeindruckenden Aufgebot indischer und ausländischer Autoren anlässlich des 50. Jahrestages der indischen Unabhängigkeit 1997. Zu den vielen Highlights des Buches zählen Auszüge aus den Tagebüchern V. S. Naipauls und ein fotografischer Essay zu Mumbai von Sebastião Salgado.

Reiseberichte

Richard Christ *Mein Indien* (Aufbau Verlag 1986). Der lebendig geschilderte Reisebericht, das Ergebnis von drei Reisen kreuz und quer durch den Subkontinent in den 80er Jahren des 20. Jhs., entwirft ein facettenreiches Bild Indiens mit vielen Hintergrundinformationen.

Trevor Fishlock *Cobra Road.* Der Reisebericht des ehemaligen *Times*-Korrespondenten Fishlock aus dem Jahre 1999 ist ein Allround-Klassiker über Indien. Humorvoll und ausgewogen beschreibt er allerlei Widersprüchliches und Komisches aus dem modernen Indien.

Alexander Frater *Regenragga. Eine Reise mit dem Monsun* (dtv). Fraters Spritztour in der Regenzeit, die Westküste entlang und über die Ganges-Ebene, führte ihn durch ein Indien der Schlammpfützen und grauen Wolken: eine eindringliche Beschreibung des Landes, wie es kaum ein Besucher zu se-

hen bekommt, und inzwischen eine Art Klassiker des Genres.

Justine Hardy *Bollywood Boy.* In einer frechen Reise durch die überlebensgroße Filmwelt von Bombay berichtet die Autorin über ihr Vorhaben, ein Interview mit Bollywood-Star und Frauenschwarm Hrithik Roshan auf der Höhe seines Ruhms zu bekommen. Dabei gerät sie an ein schrilles Ensemble aus abgetakelten Filmstars, Prostituierten aus der Grant Road, Gangstern und bemerkenswerten Stammgästen in ihrem lokalen Schönheitssalon. Ein Großteil der Anziehungskraft des Buches liegt darin, dass die Autorin den großen Glamour nicht weniger liebt als die große Seichtheit.

Dervla Murphy *Unter der Sonne von Coorg.* Dervla Murphy bereiste 1975 mit ihrer kleinen Tochter die tropischen Berge von Coorg, Karnataka. Vermutlich der berühmteste moderne Reisebericht zu Indien und ein Manifest für allein erziehende Budget-Reisende.

Tahir Shah *Sorcerer's Apprentice.* Eine Reise durch die kuriose Unterwelt des okkulten Indien. Singh, der als Schüler eines Zauberers unterwegs ist, trifft Henker, Skeletthändler, Sadhus und Scharlatane.

Mark Shand *Travels on My Elephant.* Spannender, humorvoller Bericht über einen mehr als 900 km langen Elefantenritt von Konarak in Orissa nach Bihar in Begleitung eines ständig betrunkenen Mahout.

Jean Baptiste Tavernier *Reisen zu den Reichtümern Indiens. Abenteuerliche Jahre beim Großmogul 1641–1667* (Edition Erdmann). Tavernier beschreibt seine abenteuerlichen Erlebnisse in dem Indien der moslemischen Blütezeit, u. a. in Goa und Golconda. Ebenfalls bei Edition Erdmann erschien **Vasco da Gama** *Die Entdeckung des Seewegs nach Indien.*

Michael Wood *The Smile of Murugan.* Ein äußerst gelungenes und liebevolles Porträt Tamil Nadus und seiner Bewohner Mitte der 90er Jahre. Im Mittelpunkt steht eine Pilgertour im Videobus zu den wichtigsten heiligen Stätten des Bundesstaates. Eines der inspirierendsten Bücher, die bislang über Südindien erschienen sind, und ein idealer Begleiter für Reisen in die Region.

Belletristik

Anita Desai *Feasting and Fasting.* Der Roman einer der führenden indischen Schriftstellerinnen beschreibt eindringlich die Frustration einer sensiblen jungen Frau, die in der muffigen Atmosphäre des Elternhauses „gefangen" ist, während ihr verhätschelter Bruder zum Studium nach Amerika geschickt wird. In deutscher Sprache von A. Desai erhältlich sind z. B. *Reise ins Licht* (Limes): In der Hoffnung, die Erleuchtung zu finden, geht ein junger, zivilisationsmüder Italiener mit seiner deutschen Frau nach Indien und gerät dort in einem Ashram vollkommen in den Bann der mysteriösen „Mutter". In *Der Hüter der wahren Freundschaft* (List) bricht ein indischer College-Lehrer aus dem Kleinstadtleben und seiner unglücklichen Ehe aus und zieht in der Hoffnung auf eine Karriere als Dichter nach Delhi. *Berg im Feuer* (List) ist ein psychologisch fein gesponnener Roman über drei indische Frauen in unterschiedlichen Lebensphasen.

Leslie Forbes *Bombay Ice* (Ullstein) Ein fesselnder Krimi. Bombay kurz vor dem Einsetzen des Monsuns: Die Journalistin Roz Bengal versucht inmitten der Intrigen der glitzernden Filmwelt und der brutalen Realität sich prostituierender Transvestiten ein Familiengeheimnis zu lüften.

E.M. Forster *Auf der Suche nach Indien* (Fischer Tb). Der hoch gelobte Roman Forsters, eine leidenschaftliche Kolonialismuskritik, spielt im Indien der 20er Jahre. Zeichnet ein einfühlsames Porträt der indischen Mittelklasse und deckt kulturelle Missverständnisse auf.

Thomas Hoover *Der Mogul* (Lübbe Tb). Historischer Roman über einen englischen Kapitän, der sich in eine Inderin verliebt. Hintergrund der Liebesgeschichte sind die Machtkämpfe der Mogul-Herrscher.

Veena Kade-Luthra (Hrsg.) *Sehnsucht nach Indien. Ein Lesebuch von Goethe bis Grass* (Beck'sche Reihe).

Rudyard Kipling *Kim* (dtv). Obwohl stellenweise so kolonialistisch, dass es fast weh tut, spricht aus jeder Zeile dieser Geschichte eines weißen Waisenjungen (die Vorlage für *Das Dschungelbuch*) Kiplings Liebe zu Indien. Weitere maßgebliche Werke Kiplings zu Indien sind: *Drei Soldaten* und *In Schwarz und Weiß*. Erschienen in: Rudyard Kipling, Gesammelte Werke, Paul List Verlag, München, Band 2.

Kamala Markandaya *Nektar in einem Sieb* (Unionsverlag). Die südindische Autorin behandelt anhand der Geschichte einer indischen Bäuerin die Konflikte des Landes zwischen Tradition und Moderne. Um die Landflucht eines Jungen, der in der Großstadt gegen Hunger und Armut kämpfen muss, geht es in *Eine Handvoll Reis* (Unionsverlag).

Gita Mehta *Die Maharani* (Bertelsmann). Leicht lesbare Unterhaltung und Vermittlung interessanten wie fundierten Hintergrundwissens. Eine wohl behütete, traditionell erzogene indische Prinzessin wird Anfang des 20. Jhs. von ihrem Vater aus politischen Erwägungen mit einem sehr westlich orientierten Maharadscha verheiratet.

Rohinton Mistry *Das Gleichgewicht der Welt* (W. Krüger). Zwei Freunde versuchen, ihrem niedrigkastigen Leben auf dem Lande in die Glitzerwelt der Großstadt zu entkommen. Ein fesselnder Roman über den wilden Triumph des menschlichen Geistes, der die Übel des Kastenwesens und Indira Gandhis brutale politische Maßnahmen Mitte der 70er Jahre offen legt. Mistrys *So eine lange Reise. Ein Indien-Roman* (Fischer) ist die hoch gelobte Schilderung des Kampfes eines Parsen aus Mumbai, angesichts von Verrat und Enttäuschungen seine persönliche Integrität zu wahren.

R.K. Narayan *Gods, Demons and Others*. Viele der Bücher von Narayan – voll subtil gezeichneter Charaktere und gutmütigem Humor – spielen im fiktiven südindischen Gebiet Malgudi. In diesem Buch leiht Narayan einem dörflichen Geschichtenerzähler seine Stimme, der klassische indische Märchen und Volksmythen erzählt. In deutscher Übersetzung erhältlich ist z. B. *Der Fremdenführer* (Unionsverlag): Der großtuerische Raju versucht sich als Fremdenführer und sieht sich plötzlich gegen seinen Willen in die Rolle eines Märtyrers versetzt.

Dieter Riemenschneider (Hrsg.) *Shiva tanzt. Das Indien-Lesebuch* (Unionsverlag). Eine Sammlung von Texten indischer Autoren und Autorinnen zu den verschiedensten Themenbereichen. Ein guter Einstieg.

Arundhati Roy *Der Gott der kleinen Dinge* (btb, Goldmann Verlag). Mit dem Booker Prize ausgezeichneter, beklemmender Roman über eine wohlhabende südindische Familie, gefangen in den versnobten Traditionen der höheren Kasten, der kolonialen Vergangenheit und den verschiedenen persönlichen Lebensgeschichten ihrer Mitglieder. Die aus der Sicht zweier Kinder dargestellten Szenen aus dem keralischen Leben sind ebenso unvergesslich wie die Charaktere selbst, während das komische und schließlich tragische Geschehen ebenso viel über die indische Geschichte verrät wie der wiederholte Ausspruch, der zum Motto des Romans wird: „Die Dinge können sich an einem einzigen Tag verändern".

Salman Rushdie *Mitternachtskinder* (Kindler). Diese Geschichte eines Mannes, dessen Geburtsstunde mit der Ausrufung der Unabhängigkeit zusammenfällt, und dessen Leben das des modernen Indien widerspiegelt, brachte Rushdie den Booker Prize und die Feindschaft Indira Gandhis ein, die das Buch auf den Index setzen ließ. *Des Mauren letzter Seufzer* (Knaur) spielt in Kerala und Mumbai. Rushdie legt hier auf typisch finstere Art die Widersprüche der Hauptstadt Maharashtras bloß, womit er sich vom Shiv Sena-Führer Bal Thackeray eine Verleumdungsklage einfing.

Vikram Seth *Eine gute Partie* (Heyne Tb, 1999). Ein umfangreicher, zahlreiche Schlüsselthemen umfassender Schmöker, spielt kurz nach der Unabhängigkeit; mit seinen wunderbaren Persönlichkeitsbeschreibungen und der überzeugenden Darstellung jener Zeit eine hervorragende Lektüre für lange Bahnfahrten.

William Sutcliffe *Meine Freundin, der Guru und ich* (Knaur). Witziger, leicht zu lesender Bericht eines jungen Briten über eine „typische" Rucksackreise durch Indien.

Shashi Tharoor *Der große Roman Indiens* (Suhrkamp). Mit Witz und Verstand geschriebene, messerscharf beobachtete, respektlose Parodie der Geschichte des Subkontinents im 20. Jh.

Altindische Literatur

Dandin *Die zehn Prinzen – Die merkwürdigen Erlebnisse und siegreichen Abenteuer des Prinzen von Magadha und seiner neun edlen Jugendgefährten* (C.H. Beck 1985). Ein altindischer Roman, aus dem Sanskrit übertragen von Johannes Hertel; der Dichter Dandin hat mit großer Wahrscheinlichkeit Ende des 7. und Anfang des 8. Jhs. im südindischen Kanchipuram gelebt.

Klaus Mylius (Übers.) *Älteste indische Dichtung und Prosa* (VMA-Verlag 1981). Vedische Hymnen, Legenden, Zauberlieder, philosophische und ritualistische Lehren; in deutscher Prosa, übersetzt aus dem Vedischen.

Märchen, Sagen, Balladen

G. L. Chandiramani (Übers.) *Pantschatantra – Das Fabelbuch des Pandit Wischnu Scharma* (Eugen Diederichs 1971). Märchenhafte, belehrende Fabeln mit politischem Akzent, um junge Prinzen zu unterweisen, entstanden in Kaschmir um 300 n. Chr.

Manfred Hesse (Übers.) *Vom guten König Vikrama – Die Erzählungen der zweiunddreißig Thronstatuetten* (Verlag Die Waage 1985). Noch heute sehr populäres Erzählwerk der Sanskrit-Literatur, das wie das Pantschatantra märchenhafte, belehrende Geschichten enthält; Entstehungszeit und Autor sind unbekannt, wahrscheinlich stammt es aus dem 13. Jh. n. Chr.

J. Hertel, Ch. Krause u. A. Weber (Übers.) *Der Prinz als Papagei* (Erich Röth Verlag 1976). „Märchenhafte Berichte von wunderbaren Glücks- und Unglücksfällen zur Belehrung und Erbauung, erzählt von indischen Jaina-Mönchen"; wie das buddhistische Jatakamala vor über 2000 Jahren entstanden.

Else Lüders (Übers.) *Buddhistische Märchen* (Eugen Diederichs 1961/1979). Eine Auswahl von 70 Jatakas (Märchen) aus dem Jatakamala, das mehr als 500 Geschichten enthält, übersetzt aus dem Pali.

Johannes Mehlig (Übers.) *Buddhistische Märchen* (Drei Lilien Verlag 1982). 123 Märchen aus dem Jatakamala, einer Sammlung, die vor über 2000 Jahren zusammengestellt wurde, als das indische Märchen in vollster Blüte stand.

Biografien und Autobiografien

Charles Allen *Plain Tales from the Raj.* Ehemalige Sahibs und Memsahibs berichten vom Alltag Britisch-Indiens, nach Themen geordnet („Der Club", „Die Kasernen", „Die Hitze" usw.).

James Cameron *An Indian Summer.* Der britische Journalist beschreibt auf liebevolle und humorvolle Weise seinen Aufenthalt in Indien 1972 und seine Heirat mit einer Inderin. Etwas veraltet, aber nach wie vor ein Klassiker.

Louis Fischer *The Life of Mahatma Gandhi.* Die erstmals 1950 erschienene Biographie wurde mehrmals neu aufgelegt, und das völlig zu Recht. Der erfahrene amerikanische Journalist kannte Gandhi persönlich, und sein Buch ist eine faszinierende Darstellung des Mahatma als Mensch, Politiker und Propagandist.

M.K. Gandhi *Eine Autobiographie oder Die Geschichte meiner Experimente mit der Wahrheit* (Hinder & Deelmann). Die faszinierende Autobiografie, die u. a. Gandhis spirituelle und moralische Suche, seine wechselhafte Beziehung zur britischen Regierung in Indien und sein allmähliches Vordringen an die politische Front behandelt.

Hans Wolfgang Schumann *Der historische Buddha* (Eugen Diederichs 1982). Buddhas 80 Lebensjahre in geschichtlich gesicherter Chronologie und psychologisch vertieft; eine entmythologisierte Biografie Gautamas im Zusammenhang mit den politischen, sozialen und wirtschaftlichen Strömungen seiner Zeit.

Mala Sen *Die Geschichte der Phoolan Devi* (Goldmann). Biografie über Phoolan Devi, die legendäre Räuberbandenführerin und Protagonistin von Shekar Kapurs Film *Bandit Queen*.

Dorothee Wenner *Zorros blonde Schwester. Das Leben der indischen Kinolegende Fearless Nadia* (Ullstein Metropolis). Mary Evans, Tochter schottisch-griechischer Eltern, wächst in Indien auf und wird in den 30er und 40er Jahren zur unumstrittenen Königin des indischen Kinos. Eine spannende Biografie über die als „Fearless Nadia" gefeierte Schauspielerin.

Entwicklung und Umweltschutz

Rainer Hörig *Auf Gandhis Spuren. Soziale Bewegungen und ökologische Tradition in Indien* (Beck'sche Reihe). Das schmale Buch enthält mehr, als der Titel ahnen lässt: Zwar geht es in erster Linie um Bürgerinitiativen gegen Waldrodung, Großstaudämme u. Ä., aber der Ethnologe und Indologe beschäftigt sich z. B. auch mit dem Deutschlandbild der Inder und dem Sinn der deutschen Entwicklungshilfe.

Palagummi Sainath *Everybody Loves a Good Drought.* Klassischer Bericht über Dörfer aus den ärmsten Gegenden Indiens, die im Gewirr der Entwicklungsstatistiken in der Regel untergehen. Seine Entsetzen erregenden Fallstudien riefen in der Hauptstadt solche Empörung hervor, dass sich die Regierung gezwungen sah, ein paar drastische Hilfsprogramme zu starten.

Kunst und Architektur

Roy Craven *Indian Art.* Umfassende allgemeine Einführung in die indische Kunst, von Siegeln der Harappa bis zu Miniaturmalereien der Moguln, mit vielen Illustrationen.

Rachel Dwyer u. Divia Patel *Cinema India: The Visual Culture of Hindi Film.* Der ultimative Bollywood-Führer verfolgt die Entwicklung des indischen Films ab 1913 mit reich bebilderten Kapiteln zu den Veränderungen bei Kostümen, Kulissen und Werbetrends.

Klaus u. Christa Fischer *Indische Baukunst islamischer Zeit* (Holle Verlag 1976). Beschäftigt sich mit den verschiedenen Bauformen einer Epoche, die vom 12. bis zum 20. Jh. reicht: Moscheen und Minarette, imposante Grabmale und Torbauten; Fotos in Farbe.

Hermann Goetz *Indien – Fünf Jahrtausende indischer Kunst* (Holle Verlag 1958/1979). Ein Band aus der bewährten Reihe „Kunst der Welt", der in knapper Form die Entwicklung der indischen Kunst über einen Zeitraum von 5000 Jahren darstellt, mit vielen Abbildungen.

Mohan Khokar *Traditions of Indian Classical Dance.* Dieses großzügig bebilderte Buch zeigt die religiösen und sozialen Ursprünge des indischen Tanzes auf, mit Abschnitten zu regionalen Traditionen. Eine hervorragende Einführung in das Thema.

George Michell *Der Hindu-Tempel. Baukunst einer Weltreligion* (DuMont). Vorstellung hinduistischer Tempel, ihrer Bedeutung und architektonischen Entwicklung. Der ideale Einstieg.

George Michell u. Antonio Martinelli *The Palaces of India.* Der jetzt auch als günstiges Taschenbuch erhältliche Überblick über Indiens herrschaftliche Architektur ist ein unverzichtbarer Bildband, der weniger durch seinen glanzlosen Erzählstil als vielmehr durch die herrlichen Abbildungen verfallender architektonischer Schätze besticht. Der Fotograf Antonio Martinelli fängt die Bauwerke aus ganz neuen Perspektiven ein, indem er ihre natürliche Umgebung betont und das Innere in natürlichem Licht zeigt.

Eckard Schleberger *Die indische Götterwelt – Gestalt, Ausdruck und Sinnbild* (Eugen Diederichs 1986). Ein Handbuch der hinduistischen Ikonographie (im Lexikonformat), das die vielen Gottheiten des Hindu-Pantheons, ihre Aspekte, Attribute und Biografien, ihre Körperhaltungen, Gesten, Kleider, Schmuckstücke und Tragtiere vorstellt; mit 246 Abbildungen.

Bonnie C. Wade *Music in India: The Classical Traditions.* Ein genaues Verzeichnis zur indischen Musik, mit einem Abriss der gebräuchlichsten Instrumente, Illustrationen und Partituren.

Stuart Cary Welch *India: Art and Culture 1300–1900.* Ursprünglich anlässlich einer Ausstellung im New Yorker Metropolitan Museum produzierter Band mit wunderschönen Illustrationen; behandelt in verständlichen Worten jeden Aspekt der vielfältigen Kultur Indiens. Sehr zu empfehlen.

Religion

Alois Essigman (Übers.) *Mahabharata* (Müller & Kiepenheuer 1982). Das große Epos Indiens aus dem 2. Jh. v.Chr., die Geschichte vom Kampf der Pandavas gegen die Kauravas; stark komprimierte, deutsche Prosagestaltung der Haupthandlung, übersetzt aus dem Sanskrit.

Helmuth von Glasenapp *Indische Geisteswelt* (Emil Vollmer Verlag). Eine umfangreiche Auswahl indischer Texte von den Veden bis Gandhi in deutscher Übersetzung; ein ursprünglich zweibändiges Werk (1958) als Sonderausgabe in einem Band: Bd. 1) Glaube und Weisheit des Hindus, Bd. 2) Weltliche Dichtung, Wissenschaft und Staatskunst der Hindus. Weitere Bücher des Tübinger Indologen v. Glasenapp (1891–1963):
Die Weisheit des Buddha (R. Löwit Verlag 1946); die Lehre Buddhas in allgemeinverständlicher Form.
Pfad zur Erleuchtung (Eugen Diederichs 1956/1980); Übersetzungen buddhistischer Grundtexte.

J.R. Hinnelle (Hg.) *A Handbook of Living Religions.* Gibt einen (auch sprachlich) gut verständlichen Überblick über die Rituale, Ikonographie und Wurzeln aller größeren, in Indien praktizierten Religionen. Wer sich näher in die Materie vertiefen möchte, findet am Ende jedes Kapitels eine ausführliche Bibliografie.

Stephen P. Huyler *Meeting God.* Das von der Kritik hoch gelobte Buch liefert einen einzigartigen Überblick über die Glaubensvorstellungen und Praktiken des modernen Hinduismus. Die Texte beschreiben allgemeine Grundsätze an Hand einzelner Akte der Verehrung, und Huylers Fotografien sind eine Klasse für sich – durchflutet von vollendeten Farben, magischem Licht und einem sehr intimen Gespür für Spiritualität.

Anneliese und Peter Keilhammer *Die Bildsprache des Hinduismus. Die indische Götterwelt und ihre Symbolik* (DuMont). Für alle, die die verschiedenen Götterbildnisse leichter einordnen und interpretieren können möchten. Mit zahlreichen Illustrationen.

David Kinsley *Die indischen Göttinnen. Weibliche Gottheiten im Hinduismus* (Insel). Umfasst Porträts der wichtigsten Göttinnen und bietet eine Einführung in die indische Mythologie, da weibliche Gottheiten laut Kinsley in keiner anderen Religion eine so große Rolle spielen wie im Hinduismus.

Sarah McDonald *Holy Cow.* Sehr gut lesbares Buch einer jungen australischen Journalistin über ihre Liebe zu Indien und wie das Land sie geprägt hat. Der Schwerpunkt liegt auf den persönlichen Erfahrungen der Autorin mit den verschiedenen spirituellen Traditionen des Landes. Gelegentlich etwas übertrieben, aber durchweg aufschlussreich und stellenweise zum Schreien komisch.

Richard Waterstone *Indien* (Evergreen/Taschen). Das reich bebilderte Buch aus der Reihe „Glaube und Rituale" erklärt in gut verständlicher Weise und mit knappen Worten die zentralen Glaubensinhalte von Hinduismus und Buddhismus.

Heinrich Zimmer *Philosophie und Religion Indiens* (Suhrkamp). Standardwerk des bedeutendsten deutschen Indologen (1890–1943) überhaupt, das eine wissenschaftlich fundierte Grundlage zum Thema bietet.

Bildbände

Denise Dersin (Hrsg.) *Wie sie damals lebten. Im Indien der Kolonialzeit 1600–1905* (Time-Life Bücher Amsterdam). Schön aufgemachte Darstellung des Alltags und der Geschichte der Kolonialzeit, basierend auf authentischen Quellen. Mit alten Stichen, Zeichnungen, historischen Fotografien und Aquarellen.

Gudrun John *Indien. Märchenland des Orients* (Art Color Verlag). Sehr erschwinglicher Bildband, der mit traumhaften Bildern durch den gesamten Subkontinent führt.

Jean-Louis Nou *Indische Feste – Bilder von Göttern und Menschen* (DuMont 1982). Vor Farben nur so strotzende Fotos von Festen in Rajasthan, Kolkata, Punjab, Kaschmir, Kerala, Tamil Nadu usw.; mit einem detaillierten Festkalender.

Manfred Pelz *Sadhus. Heilige Männer in Indien* (Bucher). Wenig Text, dafür um so eindringlichere Bilder. Sehr schön gestaltet!

Boris Potschka, Peter Pannke *Indien – Fest der Farben* (Frederking und Thaler) Prächtiger und entsprechend teurer Bildband, der die Wirkung von Farben ergründet.

Kleiner Sprachführer

In Indien werden nicht weniger als 18 verfassungsmäßig anerkannte Hauptsprachen gesprochen. Daneben gibt es noch zahlreiche Sprachen kleinerer Bevölkerungsgruppen und über tausend Dialekte. Als Indien nach der Unabhängigkeit neu strukturiert wurde, zog man die Bundesstaatsgrenzen übrigens größtenteils nach linguistischen Regionen. Angesichts der Tatsache, dass man sich so gut wie überall im Land auf Englisch verständigen kann, besteht für Reisende keine zwingende Notwendigkeit, eine der indischen Sprachen zu erlernen, doch wer ein wenig Hintergrundwissen besitzt und ein paar Worte in einer oder zwei Lokalsprachen parat hat, trägt an diesem Wissen nicht schwer und wird davon nur profitieren. Näheres zu Sprache s. S. 148.

Nützliche Wörter und Sätze auf Hindi
Grußformeln

Gruß	namaste (mit in Brusthöhe zusammengepressten Handflächen wie zum Gebet gesprochen – nicht gegenüber Moslems)
Hallo	namaskar (nicht gegenüber Moslems)
Gruß	aslaam alequm (gegenüber einem Moslem)
Antwort	wa' alequm aslaam
Wir werden uns wiedersehen (zum Abschied)	phir milenge
Auf Wiedersehen (zu einem Moslem)	khudaa haafiz (Gott segne dich)
Wie geht es Ihnen? (förmlich)	Aap kaise hain?
Wie geht es dir? (vertraut)	Kya hal hai?
Bruder (übliche Anrede eines Fremden)	bhaaii oder bhaiyaa
Schwester	didi
Herr	saahib
Herr	hazur (nur für Moslems)

Grundwortschatz

ja	ji haan
in Ordnung/gut	achhaa
nein	ji nahin
ich	main
Sie (formal, üblich)	aap
du	tum (sehr familiär, falscher Gebrauch kann als Beleidigung aufgefasst werden)
und/mehr	aur
genug/Schluss	bas
wie	kaise
wie viel	kitna
danke	dhanyavad/shukriya
gut	achhaa
schlecht	kharaab
groß	baraa
klein	chhotaa
heiß	garam
kalt	thandaa
scharf	mirchi
sauber	saaf

schmutzig	gandaa
offen	khulaa
teuer	mehngaa
komm!	aao
bitte komm!	aaiiye
geh!	jaao
verschwinde!	bhaago

Einfache Sätze

Mein Name ist...	Mera nam... hai.
Wie heißen Sie? (förmlich)	Aapka naam kya hai?
Wie heißt du? (vertraut)	Tumhara naam kya hai?
Ich (Maskulinum) komme aus ...	Main ... se aa rahaa hun.
Ich (Femininum) komme aus ...	Main ... se a rahii hun.
Woher kommen Sie?	Kahan se aate hain?
Ich weiß nicht.	Maalum nahin.
Ich verstehe nicht.	Samaj nahin aayaa.
Ich verstehe.	Samaj gayaa.
Ich spreche kein Hindi.	Main Hindi nahin bol sakta hun.
Bitte sprechen Sie langsam!	Aaiste se boliye!
Entschuldigen Sie bitte (Es tut mir Leid).	(Mujhe) maaf kiijiiye.
Was kostet das?	Iskaa daam kya hai?
Was sind Sie von Beruf?	Kya kaam karte hain?
Haben Sie Brüder oder Schwestern?	Bhaai behan hai?

Transport

Wo ist ... ?	... kahaan hai?
Ich möchte nach ...	Main ... jaanaa chaahtaa hun.
Wo ist das?	Kahaan hai?
Wie weit?	Kitnaa duur?
Welcher Bus fährt nach Gwalior?	Gwalior kaa bas kahaan hai?
Wann fährt der Zug ab?	Gaarii kab jayegi?
Halt!	Ruko!
Warte!	Thero!

Übernachtung

Ich brauche ein Zimmer.	Mujhe kamraa chaahiye.
Wie viel kostet das Zimmer?	Kamraa kaa bhaaraa kyaa hai?
Ich wohne im ...	Main ... mem rahta hun.
Ich bleibe für eine Nacht.	Main ek raat ke liiye theroonga.

Gesundheit

Ich habe Kopfschmerzen.	Sir me dard hai.
Ich habe Magenschmerzen.	Mere pet me dard hai.
Hier tut es weh.	Dard yahaan hai.
Wo ist die Arztpraxis?	Daaktarkhaanaa kahaan hai?
Wo ist das Krankenhaus?	Haspitaal kahaan hai?
Wo ist die Apotheke?	Dawaiikhaanaa kahaan hai?
Medizin	dawaaii

krank	bimar
Schmerz	dard
Magen	pet
Auge	aank
Nase	naakh
Ohr	kaan
Rücken	piith
Fuß	paao

Zahlen

0	shunya
1	ek
2	do
3	tiin
4	chaar
5	paanch
6	chhe
7	saat
8	aath
9	nau
10	das
11	gyaarah
12	baarah
13	terah
14	chaudah
15	pandrah
16	solah
17	satrah
18	athaarah
20	biis
30	tiis
40	chaaliis
50	pachaas
60	saath
70	sathar
80	assii
90	nabbe
100	sau
1000	hazaar
100 000	laakh

Zeitangaben

heute	aaj
morgen/gestern	kal
Tag	din
Nachmittag	dopahar
Abend	shaam
Nacht	raat
Woche	haftaah

Monat	mahiinaa
Jahr	saal
Montag	somvaar
Dienstag	mangalvaar
Mittwoch	budhvaar
Donnerstag	viirvaar
Freitag	shukravaar
Samstag	shanivaar
Sonntag	ravivaar

Kulinarisches Glossar
Allgemeines

bhat / chawal	gekochter Reis / ungekochter Reis
chamach	Löffel
cheeni	Zucker
cheeni mat dalna	bitte ohne Zucker (z. B. im Tee)
dahi	Joghurt
dudh	Milch
garam	scharf
gosht	Fleisch, meist Hammel
hath dhoney ka pani	Wasser zum Händewaschen
jaggery	Rohzucker aus Palmsaft
kala mirch	schwarzer Pfeffer
kam oder kamti	weniger, z. B. jhaal kam (weniger scharf)
kanta	Gabel
khaana	Essen
lal mirch	roter Pfeffer
macchi	Fisch
mehti	Kariblätter
mirch	Pfeffer
mirchi	scharfe Chilischote
murgi	Huhn
namak	Salz
pani – peeney ka pani	Wasser – Trinkwasser (kein Mineralwasser)
plate	Teller
sabji	jedes Gemüse-Curry
thandaa	kalt
ziadah oder awr	mehr

Gemüse

adrak	Ingwer
alu	Kartoffeln
brinjal	Auberginen
bhindi	Okraschoten
chana	Kichererbsen
dhal	Linsen, ausgesprochen „da'al", in der ein oder anderen Form in ganz Indien zu finden; im Süden oft durch sambar ersetzt
gaajar	Karotte

gobi	Blumenkohl
kaddoo	Kürbis
karela	Kürbisart
lasoon	Knoblauch
mattar	Erbsen
paneer	indischer Käse
piaz	Zwiebeln
sabzi	wörtlich: „Grünzeug"; wird für jede Art von Gemüse gebraucht
tamatar	Tomate

Gerichte und Zubereitungsarten

alu baingan	Kartoffeln und Auberginen; mild bis mittelscharf
alu methi	Kartoffeln mit Kari-Blättern; normalerweise mittelscharf
baingan bharta	Püree aus gebackenen Auberginen, mit Zwiebeln gemischt; schmeckt am besten mit dhal und roti
bhindi bhaji	gebratene Okraschoten; mild gewürzt
bhuna	gebratenes, anschließend angedicktes Curry; mittelscharf
biriyani	Reis mit Safran oder Kurkuma, ganzen Gewürzen, Fleisch (manchmal auch Gemüse) und oft einem hart gekochten Ei
Bombay duck	getrockneter südasiatischer Wels
chingri	Garnelen
chop	Hackfleisch oder klein gehacktes Gemüse, darum herum panierter Kartoffelbrei
cutlet	Hacksteak – oft Hackfleisch oder klein gehacktes Gemüse, das in Form eines flachen Kuchens gebraten wird
dahi maach	Fisch-Curry mit Joghurt, Ingwer und Kurkuma; ein mildes bengalisches Gericht
dhal gosht	mit Linsen gekochtes Fleisch; scharf
dhansak	Fleisch- und Linsen-Curry, eine Spezialität der Parsen; mittelscharf
dopiaza	mit Zwiebeln gekocht; mittelscharf
dum	in einer Kasserole gedämpft; das am weitesten verbreitete Gericht ist
aloo dum	mit Kartoffeln
jalfrezi	mit Tomaten und grünen Chilis; mittelscharf
jeera	Kreuzkümmel; eine so bezeichnete masala ist normalerweise mittelscharf
karahi	gusseiserner Wok und Fleischgerichte, die darin zubereitet werden; mittelscharf
keema	Hackfleisch
kofta	Gemüse- oder Hackfleischbällchen in einer Currysoße
korma	Fleisch, geschmort in einer Joghurtsoße, mild
maacher jhol	milder Fischeintopf, oft aus dem ganzen Fisch gemacht – eine Delikatesse aus Bengalen
malai kofta	Gemüsekebabs (Lotuswurzelbällchen) in einer sämigen Sahnesoße; eher mild
molee	Curry mit Kokosnuss und zumeist Fisch, ursprünglich malaiisch (daher der Name), inzwischen eine Spezialität von Kerala; scharf
mulligatawny	Gemüsesuppe mit Curry, ein klassisches anglo-indisches Gericht, das angeblich von „Mulligan Aunty" erfunden wurde, wahrscheinlich aber südindisch ist; mittelscharf

pathia	angedicktes Curry mit Limonensaft; scharf
pomfret	ein in Mumbai und Kolkata (Kalkutta) beliebter Plattfisch
pulau	auch als pilaf oder pullao bekannt, Reis, sanft gewürzt und vorgeba-
cken	
rogan josh	Lamm-Curry, ein klassisches Mughlai-Gericht; mittelscharf
sambar	Linsen- und Gemüse-Curry mit Asafoetida und Tamarinde; eine Beilage zu dosas, iddlis und vadas
sizzler	Fleisch, Fisch oder Gemüse, serviert auf Metalltellern in heißem Öl brutzelnd – daher der Name
stew oder estew	Schmorgericht mit unverkennbar keralischem Einschlag (enthält Chili und Kokosnuss); existiert auch noch in einer nordindisch-moslemischen Version
subje	weißes Kokosnuss-Chutney, wird oft zusammen mit vadas serviert
tarka dhal	Linsen mit einer masala aus Knoblauch, Zwiebeln und Gewürzen
vindaloo	goanisches Fleisch- (mit Essig gewürzt), manchmal auch Fisch-Curry, ursprünglich aus Schweinefleisch; sehr scharf

Brote und Pfannkuchen

appam*	Reispfannkuchen mit Löchern, in der Mitte weich, wird im Wok gebacken; eine Spezialität der Malabar-Küste von Kerala
bhatura	weiches Weißbrot, wird traditionell zu chana gereicht; weit verbreitet in Delhi
chapati	ungesäuertes Brot aus Vollkornmehl, gebacken auf einem runden, tawa genannten Blech
dosa*	Reispfannkuchen (sollte knusprig sein), heißt mit Füllung masala dosa, ansonsten sada dosa
iddli*	gedämpfter Reiskuchen, gewöhnlich mit sambar serviert
kachori	kleine, dicke Küchlein aus salzigem, frittiertem Brot
loochi	puri aus Weizenmehl; wird in Bengalen mit Joghurt vermischt im tandoor gebacken
papad oder poppadum	knuspriges, dünnes, rundes Knäckebrot aus Kichererbsenmehl
paratha oder parantha	Vollkornbrot, zubereitet mit Butter, zu dünnen Scheiben gerollt und auf dem Blech gebraten; schmeckt ein bisschen wie ein zäher Pfannkuchen, manchmal auch mit Fleisch oder Gemüse gefüllt
phulka	direkt auf der Herdplatte gebackenes chapati
puri	knuspriges, frittiertes Vollkornbrot
roti	schwammiger Begriff; oft lediglich ein anderer Name für chapati, obgleich es dicker und zäher sein und im tandoor gebacken werden sollte
uttapam*	dicker Reispfannkuchen, oft mit Zwiebeln gebacken
vada*	auch als vadai bekannt, ein frittierter Linsenkuchen in der Form eines Doughnuts (mit einem Loch in der Mitte)

*südindische Bezeichnung; alle anderen Namen sind entweder
Hindi-Wörter oder stammen aus der nordindischen Küche.

Tamil
Grundwortschatz

ja	aamaam
nein	illai
Auf Wiedersehen	varavaanga
bitte	koncham dhayavuseydhu
danke	nauri
Vielen Dank	Romba nanringa
Entschuldigen Sie	Enga
Verzeihung	Mannikkavum
dies	Idhu
jenes	Adhu
Was ist dies/jenes?	Idhu/adhu ennaanga
sehr gut	romba nallayirukkudhu
nicht schlecht	paravaayillai
Kommen Sie (jmd. einladend)	Vaanaga
Halt	Neruthu
diese (Pl.)	evaikal
groß	pareya
klein	sarreya
viel	athekam
wenig	kuvrairu

Zeit

heute	enrru
morgen	naalai
gestern	neerru
Tag	pakal/kezhamai
Nacht	eravu
früher Morgen	athekaalai
Morgen	kaalai
Nachmittag	matiyam
Abend	maalai
Montag	thengal
Dienstag	chavvaay
Mittwoch	buthan
Donnerstag	veyaacha
Freitag	valle
Samstag	chane
Sonntag	gnaayetrru/kezhama

Verständigung

Ich verstehe nicht. / Ich verstehe.	Enakku puriyavillaiye / Enakku puriyudhu
Ich kann kein Tamil.	Enakku thamizh theriyaathunga
Kennen Sie jemanden, der Englisch spricht?	Inge aangilam therinchavanga yaaraavadhu irukkiraangalaa?
Würden Sie bitte langsam sprechen?	Koncham methuvaa pesuveengalaa
Würden Sie bitte lauter sprechen?	Koncham balamaa pesunga
Was sagt er?	Avar enna sollugiraar

Essen und Einkaufen

Ich habe Hunger.	Enakku pasikkudhu
Ich habe Durst.	Enakku dhagamaayirukkudhu
Was kostet das?	Athanudaiya vilai enna?
Ich möchte nur Kaffee.	Enakku kaapi maththiram than vendum
Bitte zeigen Sie mir	Koncham kanpikkireengalaa
Kaffee	kaapi
Tee	teyneer
Milch	paal
Zucker	sakkaray
Wasser	neer
Reis	arese
gekochter Reis	satham
Gemüse	kaaykarikal
gekochtes Gemüse	kane
Quark/Joghurt	thayer
Kokosnuss	thaenkaay

Ortsangaben

weit	turam
nah	arukkil
Wo ist… ?	Enge irukkuthunga?
Ist es nah von hier?	Athu ingeyirundhu pakkam thaane?
Wie weit ist es von hier?	Athu ingeyirundhu evvalavu dhooramay irukkunga?
Wo bekomme ich ein Auto?	Enga auto enga kidaikunga?
Was kostet es bis dorthin?	Empaa, anga povad hukku evvalavu?
Wo ist die Bank?	Vangi enge irukkuthunga?
Wo ist die Bushaltestelle?	Bas staandu enge irukki radhu?
Wo ist der Bahnhof?	Tireyn staashan enge irukkuthunga?
Wo ist die Toilette?	Kakkoos enge irukkudhu
Wo ist die Auskunft / Information?	Visaranai enge irukkiradhu?
Wo ist die … Straße?	… Theru enge irukkiradhu?
Post	anja lagam
Tempel	kohvil

Zahlen

1	onru
2	eranndu
3	mundru
4	naangu
5	iyendhu
6	aaru
7	aezshu
8	ayttu
9	nbathu
10	patthu
11	pathenonrru
12	panereynndu

13	pathemoonrru
14	pathenaangu
15	pathenainthu
16	pathenaaru
17	pathnaezshu
18	pathenayttu
19	pathenthonbathu
20	erapathu
30	muppathu
40	naarpathu
50	iymbathu
60	arupathu
70	azhupathu
80	aennapathu
90	thonnoorru
100	noorru
1000	aayeram
100 000	latcham

Malayalam
Grundwortschatz

ja	aanaate
nein	alla
Hallo	namaste
bitte	dayavuchetu
danke	nanni
Entschuldigung	ksamikkuu
Was kostet das?	Etra?
Ich verstehe nicht.	Enikka arriyilla
Sprechen Sie Englisch?	Ninal englisha samsaarikkumo?
Mein Name ist…	Ente pero…
Wo ist…?	Eviteyaannaa?
Kaffee	kaappi
Tee	chaaya
Milch	paalu
Zucker	panchasara
Medikament	marunnu
Wasser	vellam
Gemüse	pachakkari
Fisch	meen
Quark/Joghurt	tairu
Reis	ari
Banane	eyttappalam
Kokosnuss	teynna

Zahlen

| 1 | onnu |
| 2 | randu |

3	muunu
4	naalu
5	anchu
6	aaru
7	eylu
8	ettu
9	ombatu
10	pattu
11	pationnu
12	pantrantu
13	pati-muunu
14–18	pati-…
19	pattonpattu
20	irupatu
21	irupattonnu
22	irupatti-randu
30	muppatu
31	muppati-yonnu
40	nalpatu
50	anpatu
60	arupatu
70	elapatu
80	enpatu
90	tonnuru
100	nuura
1000	aayiram
100 000	laksham

Telugu
Grundwortschatz

ja	awunu
nein	kaadu
Auf Wiedersehen	namaskaram
bitte	dayatesi
danke	dhanyawadalu
Entschuldigung	Ksamiynchannddi
Was kostet das?	Enta?
Wie heißen Sie?	Ni peru eymitti?
Mein Name ist…	Naa peru…
Ich verstehe nicht.	Naadu artham kaawattamleydu
Sprechen Sie Englisch?	Miku angalam vaacha?
Wo ist…?	Ekkada undi?
Wie weit ist…?	… enta duram?
groß	pedda
klein	tsinna
heute	iroju
Tag	pagalu
Nacht	raatri

Kaffee	kaafii
Tee	tti
Milch	palu
Zucker	chakkera
Salz	uppu
Wasser	nillu
Reis	biyyamu
Fisch	chepa
Gemüse	kuragayalu

Zahlen

1	okatti
2	renddu
3	muddu
4	naalugu
5	aaydu
6	aaru
7	eyddu
8	enimidi
9	tommidi
10	padi
11	pada-kondu
12	pad-rendu
13–19	pad–...
20	iruvay
21	iruvay-okatti
30	muppay
31	muppay-okati
40	nalapay
50	yaabay
60	aruvay
70	debbay
80	enabay
90	tombay
100	nuru/wanda
200	renddu-wanda
1000	veyi
100 000	laksha

Kannada
Grundwortschatz

ja	havdu
nein	illa
Hallo	namaskara
bitte	dayavittu
danke	vandanegallu
Entschuldigung	Kshamisi
Halt	Nillisu

Was kostet das?	Eshttu?
Wie heißen Sie?	Nimma hesaru eynu?
Mein Name ist…	Nanna hesaru…
Wo ist…?	Ellide?
Ich verstehe nicht.	Nanage artha aagalla
Sprechen Sie Englisch?	Neevu english mataaddtiiraa?
Tag	hagalu
Nacht	raatri
heute	ivattu
Kaffee	kaafi
Tee	tea
Milch	haalu
Zucker	sakkare
Wasser	neeru
Reis	akki
Gemüse	tarakari
Fisch	massali
Kokosmilch	yella-neeru

Zahlen

1	ondu
2	eradu
3	mooru
4	naalku
5	aydu
6	aaru
7	eylu
8	entu
9	ombhattu
10	hattu
11	hannondu
12	hanneradu
13	hadi- mooru
14–18	hadi-…
19	hattombhattu
20	ippattu
21	ippattondu
30	muvattu
31	muvattondu
40	naalvattu
50	aivattu
60	aravattu
70	eppattu
80	embattu
90	tombattu
99	tombattombattu
100	nooru
1000	ondu saavira
100 000	laksha

Grundwortschatz

ja	hoee
nein	na
Hallo	paypadta
Auf Wiedersehen	Miochay
bitte	upkar kor
danke	dio borem korunc
Entschuldigung	Upkar korkhi
Wie viel?	Kitlay?
Wie viel kostet das?	Kitlay poisha lakthele?
Ich möchte es nicht.	Mhaka naka tem
Ich verstehe nicht.	Mhaka kay samzona na
Wo ist…?	Khoy aasa?
Strand	prayia
Straße	rosto
Kaffee	kaafi
Tee	chai
Milch	dudh
Zucker	shakhar
Ohne Zucker	shakhar naka
Reis	tandul
Wasser	oodak
Kokosnuss	nal

Zahlen

1	ek
2	dohn
3	teen
4	char
5	paanch
6	soh
7	saht
8	ahrt
9	nou
10	dha
20	vees
30	tees
40	cha-ees
50	po-nas
100	chem-bor
1000	ek-azaar
100 000	laakh

Glossar

Allgemeine Begriffe

Aarti	abendliche Tempel-Puja mit Lichtern
Acharya	religiöser Lehrer, Meister
Adivasi	Ureinwohner, Stammesangehöriger
Ahimsa	Gewaltlosigkeit
Akhand Path	ununterbrochene Lesung aus dem heiligen Buch der Sikhs, dem *Adi Granth*
Amrit(a)	der Nektar der Unsterblichkeit
Angrezi	Sammelbegriff für Menschen aus dem Westen
Anna	Münze, die nicht mehr im Umlauf ist (16 Annas entsprechen dem Wert einer Rupie)
Apsara	himmlische Nymphe
Arak	aus Reis oder Kokosnuss gewonnenes alkoholisches Getränk
Asana	yogische Sitzhaltung; kleine Matte, die beim Gebet und zur Meditation benutzt wird
Ashram	spirituelles Lehrzentrum, Ort der religiösen Praxis
Asura	Dämon
Atman	Seele
Avatar	Reinkarnation Vishnus auf der Erde, in Menschen- oder Tiergestalt
Ayah	Kinderfrau
Ayurveda	altindische Medizin, die Kräuter, Minerale und Massagen anwendet
Baba	respektvoller Name für einen Sadhu
Bagh	Garten, Park
Baithak	Empfangsraum in einem Privathaus
Baksheesh	Trinkgeld, Spende; manchmal auch „erwartetes" Bestechungsgeld
Bandh	Generalstreik
Bandhani	Knüpfbatik
Baniya	ein anderer Begriff für einen Vaishya; Geldverleiher
Banyan	großer Feigenbaum, dient traditionell als Treffpunkt oder Schattenspender für Unterricht und Meditation. In Südindien auch Bezeichnung für eine Baumwollweste
Bastee	Slumgegend
Bazaar	Geschäftsviertel der Stadt; Markt
Beedi	aus einem Tabakblatt gerollte Zigarette, der „Glimmstengel des armen Mannes"
Begum	islamische Prinzessin; Mosleminnen der Oberschicht
Betel	Blatt, das im *paan* mit der Nuss der Areka-Palme gekaut wird: bezieht sich im weiteren Sinne auch auf die Nuss
Bhajan	Lied
Bhakti	religiöse Hingabe, die in einer persönlichen oder emotionalen Beziehung zu einer Gottheit zum Ausdruck kommt
Bhang	Marihuana, wird oft in *lassis* aufgelöst getrunken
Bharatanatyam	wörtlich: „Tanz von Indien", klassischer südindischer Ausdruckstanz, wurde früher *dasi attam* oder „Tanz der Devadasis" genannt
Bhumi	Erde oder Erdgöttin
Bindu	Samen; der rote Punkt (auch *bindi*), den Frauen zur Zierde auf der Stirn tragen
Bodhi	Erleuchtung

Bodhi-Baum / Bo-Baum	Pipal-Baum *(Ficus religiosa)*, steht in Zusammenhang mit Buddhas Erleuchtung
Bodhisattva	buddhistischer Heiliger, der seine Buddhaschaft aufschiebt, um anderen zur Erlösung zu verhelfen
Brahmane	Angehöriger der höchsten Kaste; hinduistischer Priester
Braj(a)	mythische Hindu-Landschaft, Geburtsort Krishnas
Bundh	Generalsteik
Burka oder burqa	ein den Körper verhüllender Umhang, den orthodoxe Musliminnen tragen
Burra-Sahib	Kolonialbeamter, Chef oder wichtige Person
Cantonment	Bezirk einer Stadt, in dem sich die Militärkasernen befinden
Chaat	Snack
Chaddar	Tuch zur Kopfbedeckung
Chakra	Scheibe; Zentrum spiritueller Kraft; Energiepunkt im Körper; Rad, das oft den Kreislauf von Tod und Wiedergeburt darstellt
Chandan	Sandelholzpaste
Chandra	Mond
Chang	Ladakh-Bier aus fermentierter Hirse, Weizen oder Reis
Chappal	Sandalen
Charas	Haschisch
Charpoi	indisches Bett: mit Stoffgurten bespannter Holzrahmen
Chauri	Fliegenwedel; königliches Symbol
Chela	Schüler
Chikan	Lucknow-Stickerei
Chillum	zylindrische Pfeife aus Ton oder Holz zum Rauchen von *charas* oder *ganja*
Choli	kurze, eng anliegende Bluse, die unter einem Sari getragen wird
Chor	Räuber, Bandit
Choultry	Unterkünfte für Pilger, die einem südindischen Tempel angegliedert sind.
Chowgan	Grünfläche im Zentrum eines Ortes oder Dorfes
Chowk	öffentlicher Platz, Kreuzung oder Hof
Chowkidar	Wächter/Hausmeister
Coolie (Kuli)	Gepäckträger/Arbeiter
Crore	zehn Millionen
Dabba	Lunchpaket
Dacoit	Bandit
Dalit	„unterdrückt", „ausgestoßen". Von Dr. B. R. Ambedkar eingeführter Begriff, der von den so genannten „Unberührbaren" zur Beschreibung ihrer gesellschaftlichen Stellung bevorzugt wird.
Darshan	das Anschauen einer Gottheit oder eines Heiligen; religiöse Unterweisungen erhalten
Dawan	Diener
Deva	Gott
Devadasi	Tempeltänzerin
Devi	Göttin

Dham	wichtige religiöse Stätte oder theologisches Seminar
Dharamshala	Pilgerherberge
Dharma	religiöses und soziales Pflichtgefühl (Hinduismus); das Gesetz der Natur, Lehre, Wahrheit (Buddhismus)
Dhobi	Wäscherei
Dholi	Sänfte, die von Trägern zu Bergtempeln hinauf getragen wird.
Dhoti	weißes, knöchellanges, von Männern getragenes Kleidungsstück, um die Taille gebunden und manchmal durch die Beine hoch gezogen
Digambara	wörtlich „luft-gekleidet": eine Jain-Sekte, bekannt für die Sitte ihrer Mönche, nackt herumzulaufen, was allerdings nicht mehr verbreitet ist
Dikpalas	Wächter der vier Himmelsrichtungen
Dravidisch	der südlichen Kultur angehörend
Dupatta	Schleier, der von Musliminnen zusammen mit der *salwar kamise* getragen wird.
Durbar oder darbar	Gerichtsgebäude; Regierungstreffen
Dzo	domestiziertes Nutztier; Kreuzung von Yak und Hausrind
Fakir	moslemischer Bettelasket
Feni	Goanisches alkoholisches Getränk, das aus der Cashewfrucht oder aus Kokospalmschößlingen abgezapftem Saft gewonnen wird.
Gada	Keule, eine der Waffen Vishnus
Gadi	Thron
Ganda	schmutzig
Gandharvas	Indras himmlische Musiker
Ganj	Markt
Ganja	Marihuana
Gari	Fahrzeug oder Wagen
Ghat	Berg, Anlegestelle oder Treppenanlage, die zum Wasser führt.
Ghazal	melancholisches Urdu-Lied
Ghee	geklärte Butter
Gopi	junges, Kühe hütendes Mädchen, taucht als Krishnas Spielgefährtin und Liebhaberin in der Volksmythologie auf
Guru	Religions-, Musik-, Tanz-, Astrologie- etc. Lehrer
Gurudwara	Gebetshaus der Sikhs
Haj	die Pilgerfahrt eines Moslems nach Mekka
Hajji	ein Moslem, der die *haj* unternimmt bzw. unternommen hat
Harijan	„Kinder Gottes", von Gandhi eingeführter Name für die „Unberührbaren".
Hartal	einen Tag dauernder Streik
Hijra	Mann, der sich wie eine Frau kleidet und dem der Penis und die Hoden operativ entfernt wurden. Hijras verehren eine Form der Muttergöttin und treten u. a. bei Hochzeiten und Tempelfesten auf.
Hill Station	Von den Briten als Sommerfrische eingerichteter Ort in den Bergen
Hinayana	wörtlich „Kleines Fahrzeug": der Name, der der ursprünglichen buddhistischen Schule von späteren Sekten gegeben wurde
Hookah	Wasserpfeife, mit der man starken Tabak oder Marihuana raucht.

Howdah	wuchtiger Elefantensattel, manchmal aus reinem Silber und oft von einem Baldachin überdacht
Idgah	Gebiet im Westen der Stadt, das während des islamischen Festes Id-ul-Zuha für Gebete reserviert ist.
Imam	islamischer Führer oder Lehrer
IMFL	*Indian-made foreign liquor* (in Indien hergestellter Alkohol)
Ishwara	Gott; Shiva
Jaghidar	Landbesitzer
Janapadas	kleine Republiken und Fürstentümer; wörtlich: „Clan-Territorium"
Jatakas	Volkserzählungen über Leben und Lehre Buddhas
Jati	Geburtsgruppe *(jata* = „geboren"), Unterkaste, bestimmt durch Familie und Beruf
Jhuta	durch Lippen besudelt: Essen oder Trinken, das durch Berührung verunreinigt ist.
-Ji	Suffix, das zum Zeichen des Respekts an einen Namen angehängt wird.
Jihad	arab. „Anstrengung", auch „Kampf", bezeichnet das Streben danach, sich den Gesetzen des Islam gemäß zu verhalten
Jina	eine andere Bezeichnung für die Jain-*tirthankaras*
Johar oder jauhar	alte Praxis der Selbstopferung von Frauen in Kriegszeiten, um nicht in die Hände des Feindes zu fallen
Jyotrilinga	die zwölf „großen Linga", die durch ihre Verbindung mit Shiva heilig sind
Kailasa oder Kailash	Berg in West-Tibet: Shivas Aufenthaltsort und in der Mythologie Ursprung des Ganges und Brahmaputra, der Weltenberg im Zentrum des Universums, Meru
Kalam	Malereischule
Kama	Begehren, Verlangen
Karma	die Summe aller guten und schlechten Taten, die den Status der Wiedergeburt bestimmen
Kaste	der mit der Geburt erworbene soziale Status
Katcha	das Gegenteil von *pukka;* unannehmbar
Kathakali	traditionelles keralisches Tanzdrama
Kavad	verzierte Schachtel, die sich in einen kleinen tragbaren Schrein verwandeln lässt
Khadi	handgesponnene Baumwolle; Gandhis Symbol der indischen Selbstgenügsamkeit
Khan	moslemischer Ehrentitel
Khejri	kleiner Baum, gedeiht in der Wüste Thar in Rajasthan
Kohl	schwarzer Eyeliner, auch als *surma* bekannt
Kirtan	das Singen von Hymnen
Kotwali	Polizeidienststelle
Kshatrya	Kaste der Krieger und Herrscher
Kumkum	rotes Zeichen auf der Stirn einer Hindu-Frau (Witwen sollen es nicht tragen)
Kund	Teich, See, Wasserreservoir
Kurta	langes Männerhemd, das über weiten *pajamas* getragen wird
Lakh	100 000
Lama	tibetischer buddhistischer Mönch und Lehrer
Lathi	schwerer Stock, den die Polizei einsetzt
Lingam	Phallussymbol in heiligen Stätten, das den Gott Shiva repräsentiert.
Loka	Reich oder Welt, z. B. *devaloka*, Götterreich

Lunghi	männliches Kleidungsstück; langes Tuch zum Umbinden, wie ein *dhoti*, aber gewöhnlich bunt
Madrasa	islamische Schule
Maha-	Präfix mit der Bedeutung „groß"
Mahadeva	wörtlich „Großer Gott", ein gebräuchlicher Beiname Shivas
Mahalla	Stadtviertel, Wohngebiet
Maharadscha	*(Maharana, Maharao)* König
Maharani	Königin
Mahatma	große Seele
Mahayana	„Großes Fahrzeug": buddhistische Schule, die sich in ganz Südostasien verbreitet hat.
Mahout	Elefantenhalter oder -führer
Maidan	großes offenes Gelände, Grünanlage
Mala	Halskette, Blumengewinde oder Rosenkranz
Mandala	religiöses Diagramm
Mandi	Markt
Mandir	Tempel
Mani-Stein	Stein, in den Tibeter buddhistische Gebetsformeln einritzen.
Mantra	Gebetsformel; dient, wenn ununterbrochen wiederholt, auch als Meditationshilfe.
Marg	Straße
Masjid	Moschee
Mataji	weiblicher Sadhu
Math	Hindu- oder Jain-Kloster
Mayur	Pfau
Mendi	Henna
Mela	Fest
Memsahib	respektvolle Anrede für europäische Frauen
Mithuna	sexuelle Vereinigung oder Liebespärchen in der hinduistischen und buddhistischen Bildkunst
Moksha	glückseliger Zustand der Befreiung vom Wiedergeburtszyklus, den Hindus und Jains anstreben
Mor	Pfau
Mridangam	zweifellige Fasstrommel; „König des Rhythmus und Königin der Melodie" genannt
Mudra	Geste, die in vedischen Ritualen sowie in Kunst und Tanz von Hinduismus, Buddhismus und Jainismus ausgeführt wird; im Buddhismus symbolisieren die *mudras* bestimmte Aspekte Buddhas und seiner Lehre
Muezzin	islamischer Gebetsrufer
Mullah	islamischer Lehrer und Gelehrter
Mutt	Hindu- oder Jain-Kloster
Nadi	Fluss
Naga	mythische Schlange; auch: Einwohner aus Nagaland
Natak	Tanz
Natya	Drama
Nautch	Vorführung von Tänzerinnen

Nawab	moslemischer Landbesitzer oder Prinz
Nirvana	(oder *Nibbana*) die buddhistische Entsprechung von *moksha*
Nizam	Titel der Herrscher von Hyderabad
Om	(auch *Aum*) Symbol, das den Ursprung aller Dinge bezeichnet, die höchste göttliche Essenz, wird von Hindus und Buddhisten in der Meditation gebraucht
Paan	Betelnuss, Kalk, Kalzium und Anis, in ein Blatt gewickelt und zur Verdauungsförderung gekaut; leichtes Suchtmittel (s. S. 47).
Pachisi	ein dem Schach und Mühlespiel verwandtes Brettspiel
Padma	Lotus; ein anderer Name für die Göttin Lakshmi
Paise	100 Paisa entsprechen einer Rupie
Pali	die Ursprache früher buddhistischer Schriften
Panchayat	Dorfrat
Panda	Priester der Pilger
Parikrama	rituelles Umschreiten eines Tempels, Schreins oder Berges
Parse	Anhänger des Zoroastrismus
Pinda	Reisbällchen, die bei Trauerritualen geopfert werden
Pir	moslemischer Heiliger
Pranayama	Kontrolle des Atems, in der Meditation angewandt
Prasad	Essen, das in Tempelheiligtümern gesegnet und unter die Gläubigen verteilt wird
Prayag	Glück verheißendes Zusammenfließen zweier oder mehrerer Flüsse
Puja	Andacht, Ritual der Götterverehrung, Opfergabe im Tempel
Pujari	Priester
Pukka	korrekt, recht, wie es sich gehört
Punya	religiöses Verdienst
Purnima	Vollmond
Qawwali	fromme Lieder, unter Sufis verbreitet
Raag oder **Raga**	Folge von Noten, die die Grundlage einer Melodie bilden
Raj	Herrschaft; Monarchie; besonders die Zeit der britischen Kolonialherrschaft 1857–1947.
Raja	König
Rajputen	Adlige, die früher einen Großteil Nord- und Westindiens beherrschten.
Rakshasa	Dämon (Dämonin: *rakshasi*)
Rangoli	geometrisches Muster aus Reispulver, das vor Häusern und Tempeln ausgelegt wird.
Rawal	Oberpriester (Hinduismus)
Rishi	„Seher"; philosophischer Weiser oder Dichter
Rudraksha	Perlen, die benutzt werden, um Shiva-Gebetskränze herzustellen.
Rumal	(besticktes) Taschentuch
Sadhak	ein Mensch, der sich der Spiritualität verschrieben hat, um mit Gott eins zu werden.
Sadhu	hinduistischer Heiliger ohne Kasten- oder Familienbindungen
Sagar	Stausee
Sahib	respektvoller Titel für Männer; allgemeine Anrede für männliche Europäer
Salabhanjika	Waldnymphe
Salwar kamise	langes Oberteil und weite, knöchellange Hosen, von Inderinnen getragen
Samadhi	letzte Stufe der Erleuchtung; Todes- oder Begräbnisstätte eines Heiligen

Samsara	Kreislauf von Tod und Wiedergeburt
Sanadarsanan	besondere Zeit für *darshan,* das Erblicken der Welt der Götter.
Sangam	heiliger Zusammenfluss zweier oder mehrerer Flüsse; Akademie
Sangeet	Musik
Sannyasin	besitzloser, heimatloser Asket (Hinduismus)
Sarai	Raststätte für Karawanen und Reisende auf den Handelsrouten durch Asien
Sati	eine Frau, die in Nachahmung von Shivas Frau ihr Leben auf dem Scheiterhaufen ihres verstorbenen Mannes opfert. Nicht mehr üblich und offiziell verboten.
Satsang	Unterweisung durch einen religiösen Führer
Satyagraha	Gandhis Kampagne für gewaltlosen Protest, wörtlich „die Wahrheit begreifen".
Scheduled Castes	offizielle Bezeichnung für „Unberührbare"
Sepoy	ein indischer Soldat in europäischen Diensten
Seth	Händler oder Geschäftsmann
Seva	freiwilliger Dienst in einem Tempel oder einer Gemeinde
Shaiva	ein Hindu, der Shiva als obersten Gott betrachtet.
Shankha	Muschel, Symbol Vishnus
Shastra	Abhandlung
Shikar	Jagd
Shishya	Schüler
Shri	respektvolles Präfix; ein anderer Name für Lakshmi
Shudra	die niedrigste der vier *varnas;* Diener
Shulab	öffentliche Toilette
Singha	Löwe
Sthala	eine Stätte, die als heilig gilt, da sie mit legendären Ereignissen in Zusammenhang steht.
Sitout	Veranda
Surya	Sonne oder Sonnengott
Sutra	*(sutta)* Verse in Sanskrit- und Palitexten (wörtlich „Leitfaden").
Svetambara	„weiß gekleidet", Jain-Sekte, die im Gegensatz zu den Digambara (s. o.) Nacktheit ablehnt und Nonnen zulässt.
Swami	Titel für einen heiligen Mann
Swaraj	„self rule"; Synonym für die Unabhängigkeit, von Gandhi eingeführter Begriff.
Tala	rhythmischer Zyklus in der klassischen Musik; in der Bildhauerei bedeutet ein *tala* eine Gesichtslänge.
Taluka	Distrikt, Bezirk
Tandoor	Lehmofen
Tapas	wörtlich „Hitze": körperliche und geistige Entbehrungen
Tempo	dreirädriges Taxi
Terma	wertvolles Manuskript (Begriff aus dem tibetischen Buddhismus)
Thakur	Landbesitzer
Thali	Kombination vegetarischer Gerichte, Chutneys, Eingelegtes, Reis und Brot, vor allem in Südindien als eine Mahlzeit serviert; der Metallteller, auf dem ein Gericht dargereicht wird.
Thangka	tibetisches religiöses Rollbild

Theravada	„Doktrin der Älteren": die ursprüngliche Bezeichnung des frühen Buddhismus, der noch heute in Sri Lanka und Thailand verbreitet ist
Tiffin	leichte Mahlzeit
Tiffin Carrier	Blechbehälter zum Transport von Mahlzeiten, eine Art Henkelmann
Tilak	roter Punkt, während der Andacht auf die Stirn geschmiert
Tirtha	Flussüberquerung, die unter Hinduisten als heilig gilt, auch der Übergang von der Erde in den Himmel; eine Pilgerstätte der Jains.
Tirthankara	„Furtbereiter": einer der 24 erleuchteten, vergöttlichten Jain-Lehrer
Tola	das Gewicht einer Silberrupie: 180 Gran, etwa 11,6 g.
Tonga	zweirädriger Pferdewagen
Trimurti	die hinduistische Trinität (Brahma, Vishnu, Shiva)
Trishula	Shivas Dreizack
Vahana	das „Fahrzeug" (Reittier) einer Gottheit: der Stier Nandi ist Shivas *vahana*.
Vaishya	Angehöriger der Händler- und Kaufmannskaste
Varna	wörtlich „Farbe"; eine der vier hierarchischen Gesellschaftskategorien: Brahmanen, Kshatryas, Vaishyas und Shudras.
Veden	heilige Schriften des frühen Hinduismus
Vina oder Veena	Langhalslaute mit sieben Saiten
Waddo	Südindische Bezeichnung für ein Stadtviertel innerhalb eines Distrikts
-Wallah	Suffix, das auf einen Beruf hinweist, z. B. Rikscha-*wallah*.
Yagna	vedisches Opferritual
Yaksha	prä-vedische Gestalt aus dem Volksglauben, die mit Fruchtbarkeit assoziiert wird und später in die Hindu-Ikonographie übernommen wurde.
Yakshi	weiblicher *yaksha*
Yali	mythischer Löwe
Yantra	kosmologisches Piktogramm oder Modell, das in einer Sternwarte steht.
Yatra	Wallfahrt
Yatri	Pilger
Yogi (weibl.: *yogini*)	Sadhu oder Priester mit magischen Kräften, die er durch Yoga erworben hat
Yoni	Symbol des weiblichen Geschlechtsorgans, findet sich um den unteren Teil eines Lingam in Tempelschreinen.
Yuga	die vier Weltzeitalter: das gegenwärtige, *kali-yuga,* ist das letzte des Zyklus, ein „schwarzes Zeitalter" der Degeneration und des spirituellen Niedergangs.
Zamindar	Landbesitzer
Zenana	Frauenabteilung; für Frauen abgegrenzter Bereich in einer Moschee.

Architektonische Begriffe

Amalaka oder amla	lacher, kreisrunder Stein in Form einer tropischen Frucht auf einem nordindischen Tempelturm, dient als Unterlage für den *kalasha*.
Anda	wörtlich „Ei": Kuppelaufbau eines Stupa
Bhavan	(auch *bhawan*) Gebäude, Haus, Palast oder Residenz
Bhumika	Stockwerk, Stufe
Biradiri	Sommerhaus, Pavillon
Chaitya	buddhistischer Tempel

Charbagh	Garten, der im Mogulstil in Viertelsegmente unterteilt ist
Chaumukh	Darstellung von vier Gesichtern, Hinterkopf an Hinterkopf
Chhatri	Grab; Tempelpavillon mit Kuppel
Chorten	tibet. für Stupa
Dargah	Sufi-Schrein
Darwaza	Eingang, Tür
Deul	Tempelheiligtum in Orissa
Diwan-i-Am	öffentliche Audienzhalle
Diwan-i-Khas	private Audienzhalle
Du-Khang	Haupttempel in einem *gompa*
Dukka	Teich und Brunnen im Hof einer Moschee
Durbar oder darbar	Gerichtsgebäude, Audienzsaal
Dvarpala	Wächterstatue am Eingang zu einem Heiligtum
Garbha Griha	Tempelheiligtum, wörtlich „Mutterschoß"
Garh	Festung
Godown	Lagerhaus
Go-Khang	Schutzgöttern geweihter Tempel eines *gompa*
Gopura	Turm als Eingang zu einem Tempel, in Südindien weit verbreitet
Gumbad	Kuppel einer Moschee oder einer Grabstätte
Hammam	Dampfbad im persischen Stil
Haveli	kunstvoll verziertes Haus
Imambara	Grab eines shiitischen Heiligen
Indo-sarazenisch	überladene Architektur der Raj-Zeit, die islamische, hinduistische, Jain- und westliche Elemente kombiniert
Iwan	der Haupt- (oft zentrale) Bogen in einer Moschee
Jali	durchbrochenes Steingitter
Jangha	Figurenszene an Tempelwand
Kalasha	Tempelbekrönung in Form einer steinernen Vase
Kangyu Lang	Bibliotheksgebäude in einem Gompa, Aufbewahrungsort heiliger tibetischer Schriften
Kenotaph	leeres Grab zum Gedenken an einen Toten
Kot	Fort
Kothi	Residenz
Kotla	Zitadelle
Kovil	Bezeichnung für Tempel in Tamil Nadu
Mahal	Palast; herrschaftliches Haus
Makara	Krokodil-ähnliches Tier auf Tempeltüren, symbolisiert den Ganges. Auch das Reittier Varunas, des vedischen Meeresgottes
Mandapa	Halle, oft mit vielen Säulen, die verschiedenen Zwecken dient: z. B. *kalyan(a) mandapa* für Hochzeitszeremonien und *nata mandapa* für Tanzdarbietungen
Medhi	Terrasse
Mihrab	Nische in der Wand einer Moschee, die die Gebetsrichtung (nach Mekka) anzeigt. In Indien befindet sich der *mihrab* in der Westwand.

Mimbar	Kanzel in einer Moschee, von der aus die Freitagspredigt gehalten wird
Pradakshina Patha	Prozessionsweg um ein Denkmal oder Heiligtum
Prakara	Umfriedung oder Hof in einem südindischen Tempel
Qabr	moslemisches Grab
Qila	Festung
Rath	Tempelwagen für Prozessionen in Südindien
Shikhara	Turm oder Spitze nordindischer Tempel
Stupa	großer, runder Hügel, der Buddhas Gegenwart repräsentiert und oft Reliquien Buddhas oder eines buddhistischen Heiligen bewahrt
Tala	ein Stockwerk
Tank	Teich; im Tempel wird er für rituelle Waschungen benutzt
Torana	Eingang; frei stehendes Tor aus zwei Säulen, die durch einen fein gearbeiteten Bogen miteinander verbunden sind
Tuk	befestigte Umfriedung eines Jain-Schreins oder Tempels
Vedika	Geländer um einen Stupa
Vihara	buddhistisches oder Jain-Kloster
Vimana	Turm über einem Tempelheiligtum

Index

ANHANG

ANHANG

ANHANG

ANHANG

ANHANG

Ägypten
Muriel Brunswig und
Martin Schemel, 476 Seiten

Australien
Anne Dehne, 832 Seiten

Australien – Der Osten
Anne Dehne, 608 Seiten

Bali – Lombok
Stefan Loose u.a., 304 Seiten

Brasilien
Nicolas Stockmann u.a., 640 Seiten

China
Jeremy Atiyah u.a., 1088 Seiten

China – Der Osten
Jeremy Atiyah u.a., 664 Seiten

Florida
Jeffrey Kennedy u.a., 448 Seiten

Guatemala
Frank Herrmann, 448 Seiten

Indien
David Abram u.a., 1232 Seiten

Indien – Der Norden
David Abram u.a., 912 Seiten

Indien – Der Süden
David Abram u.a., 656 Seiten

Indonesien
Stefan Loose u.a., 800 Seiten

Java – Bali – Lombok
Stefan Loose u.a., 524 Seiten

Kalifornien
Jeff Dickey u.a., 736 Seiten

Kambodscha
Beverley Palmer, 328 Seiten

Kanada – Der Osten
Tim Jepson u.a., 540 Seiten

Kanada – Der Westen
Tim Jepson u.a., 520 Seiten

Kenya
Richard Trillo, 684 Seiten

Kenya – Nationalparks/Strände
Richard Trillo, 376 Seiten

Kuba
Fiona McAuslan, Matthew
Norman, 576 Seiten

Laos
J. Düker, A. Monreal, 400 Seiten

Malaysia – Singapore – Brunei
Stefan Loose u.a., 704 Seiten

Mexiko
John Fisher u.a., 752 Seiten

Myanmar (Birma)
A.& M. Markand u.a., ca. 512 Seiten

Namibia
Livia und Peter Pack, 512 Seiten

Neuseeland
Laura Harper u.a., 832 Seiten

Peru Westbolivien
Frank Herrmann, 608 Seiten

Südafrika
Barbara McCrea u.a., 672 Seiten

Südostasien – Die Mekong-Region
Hrsg. Jan Düker, 800 Seiten

Thailand – Der Süden
Richard Doring u.a., 768 Seiten

Thailand
Richard Doring u.a., 872 Seiten

Trinidad – Tobago – Grenada
Christine De Vreese, 320 Seiten

USA – Der Osten
Samantha Cook u.a., 552 Seiten

USA – Der Westen
Samantha Cook u.a., 456 Seiten

Vietnam
Jan Dodd u. Mark Lewis, 600 Seiten

Stefan Loose
Travel Handbuch
Thailand

ISBN 3-7701-6128-9

Thailand

Stefan Loose
Travel Handbücher

Richard Doring, Renate Loose,
Stefan Loose, Ursula Spraul-Doring
Mit farbigem Reiseatlas auf 20 Seiten!

Stefan Loose
Travel Handbuch
Thailand
Der Süden
ISBN 3-7701-6129-7

Thailand
Der Süden
Von Bangkok bis Penang

Stefan Loose
Travel Handbücher

Richard Doring, Renate Loose,
Stefan Loose, Ursula Spraul-Doring

Mit farbigem Reiseatlas auf 12 Seiten!

Stefan Loose
Travel Handbuch
Indonesien

ISBN 3-7701-6106-8

Indonesien

Stefan Loose
Travel Handbücher

Renate Loose, Stefan Loose, Werner Mlyneck
Aktuelle Reisetipps auf 768 Seiten!

Vietnam

Stefan Loose
Travel Handbücher

Jan Dodd und Mark Lewis

Aktuelle Reisetipps auf 600 Seiten!

ANHANG

Notizen

Kartenverzeichnis

ANHANG